MÉMOIRES DU GÉNÉRAL BARON DE MARBOT

JEAN BAPTISTE ANTOINE MARCELLIN MARBOT

ALICIA EDITIONS

TABLE DES MATIÈRES

AVANT-PROPOS — 7

TOME I

Chapitre 1	13
Chapitre 2	17
Chapitre 3	21
Chapitre 4	25
Chapitre 5	30
Chapitre 6	35
Chapitre 7	37
Chapitre 8	44
Chapitre 9	52
Chapitre 10	57
Chapitre 11	64
Chapitre 12	71
Chapitre 13	75
Chapitre 14	80
Chapitre 15	83
Chapitre 16	89
Chapitre 17	95
Chapitre 18	103
Chapitre 19	107
Chapitre 20	109
Chapitre 21	115
Chapitre 22	120
Chapitre 23	126
Chapitre 24	135
Chapitre 25	140
Chapitre 26	146
Chapitre 27	156
Chapitre 28	160
Chapitre 29	164
Chapitre 30	170
Chapitre 31	176
Chapitre 32	183

Chapitre 33	188
Chapitre 34	194
Chapitre 35	202
Chapitre 36	206
Chapitre 37	212

TOME II

Chapitre 1	219
Chapitre 2	225
Chapitre 3	232
Chapitre 4	238
Chapitre 5	244
Chapitre 6	251
Chapitre 7	254
Chapitre 8	263
Chapitre 9	269
Chapitre 10	278
Chapitre 11	282
Chapitre 12	288
Chapitre 13	295
Chapitre 14	300
Chapitre 15	308
Chapitre 16	313
Chapitre 17	318
Chapitre 18	323
Chapitre 19	330
Chapitre 20	336
Chapitre 21	342
Chapitre 22	347
Chapitre 23	354
Chapitre 24	360
Chapitre 25	367
Chapitre 26	374
Chapitre 27	382
Chapitre 28	389
Chapitre 29	396
Chapitre 30	401
Chapitre 31	407
Chapitre 32	413
Chapitre 33	418
Chapitre 34	425

Chapitre 35	431
Chapitre 36	437
Chapitre 37	444
Chapitre 38	449
Chapitre 39	455
Chapitre 40	460
Chapitre 41	466
Chapitre 42	471

TOME III

Chapitre 1	479
Chapitre 2	482
Chapitre 3	492
Chapitre 4	498
Chapitre 5	502
Chapitre 6	506
Chapitre 7	512
Chapitre 8	520
Chapitre 9	524
Chapitre 10	530
Chapitre 11	537
Chapitre 12	544
Chapitre 13	550
Chapitre 14	554
Chapitre 15	560
Chapitre 16	566
Chapitre 17	572
Chapitre 18	578
Chapitre 19	584
Chapitre 20	591
Chapitre 21	597
Chapitre 22	602
Chapitre 23	609
Chapitre 24	614
Chapitre 25	620
Chapitre 26	626
Chapitre 27	632
Chapitre 28	637
Chapitre 29	643
Chapitre 30	649
Chapitre 31	657

Chapitre 32	663
Chapitre 33	670
Chapitre 34	676
Chapitre 35	683
LETTRES ÉCRITES PAR LE COLONEL DE MARBOT EN 1815	688

AVANT-PROPOS

Le général baron de Marbot (Marcellin), dont nous publions les *Mémoires*, appartenait à une famille du Quercy qui, dès le commencement du siècle dernier, jouissait dans cette province d'une haute situation. Mais cette famille s'est surtout illustrée dans la carrière des armes, en donnant en moins de cinquante ans trois généraux à la France.

Le père de l'auteur des *Mémoires* et des *Remarques critiques* entra aux gardes du corps du roi Louis XVI, et devint capitaine de dragons, aide de camp du comte de Schomberg. Lorsque la Révolution éclata, il s'engagea dans l'armée des Pyrénées, y conquit en quatre ans le grade de général de division, fut nommé à l'Assemblée législative en 1798, puis commanda en Ligurie une des divisions de l'armée de Masséna; il mourut enfin au siège de Gênes, des suites de ses blessures et du typhus, laissant quatre fils, dont deux seulement survécurent, Adolphe et Marcellin.

Adolphe, l'aîné, fit sa carrière dans les états-majors, devint général de brigade sous la monarchie de Juillet et mourut en 1844.

Des trois généraux de Marbot, la figure la plus caractéristique est assurément celle de l'auteur de ces écrits, type accompli de l'homme d'action, doué d'un véritable esprit militaire et d'une bravoure dont nous admirerons les traits héroïques, notamment à Ratisbonne et à Mölk.

En laissant à ses enfants les souvenirs de sa vie, le général de Marbot ne pensait écrire que pour le cercle étroit de son intimité. Il oubliait que sa carrière toute publique, illustrée par d'éclatants faits d'armes, liée aux événements les plus considérables de la République et de l'Empire, appartenait déjà à l'histoire.

Ses récits pleins de verve et de franchise, tour à tour piquants ou dramatiques, ses vives impressions et ses réflexions marquées au coin d'un véritable talent d'écrivain, achèvent de donner la peinture vivante d'une des périodes les plus passionnantes de notre histoire. Mieux encore, à un point de vue moral, ces écrits présentent un intérêt puissant, en nous donnant l'esprit des milieux où l'auteur a vécu. Souvent nous y trouverons les premières et intimes pensées de l'Empereur, et en pénétrant les états-majors, nous saisirons la vraie physionomie des principaux chefs de nos armées: nous admirerons leurs talents et leur valeur, en constatant aussi dans leur mésintelligence aux heures critiques l'une des causes de nos revers. Toutefois, et au-dessus de faiblesses inévitables, se dégagera le caractère élevé d'une époque toute vibrante de patriotisme et d'esprit militaire.

Telle est l'impression qui domine dans le récit de ces quinze années de luttes, où, soldat dès dix-sept ans, l'auteur se montrera en des circonstances si diverses l'officier intrépide, l'aide de camp des maréchaux, témoignant dans les missions les plus difficiles des rares qualités de dévouement, de tact et d'énergie. Chef de corps vigilant et prodigue de son sang, il soutiendra vaillamment les derniers efforts de nos armées en Russie, en Saxe, à Waterloo.

À cette dernière date s'arrêtent les *Mémoires*. Cette vie, momentanément interrompue par l'exil, se dévouera plus tard à la personne de Mgr le duc d'Orléans. Le général le suivra comme aide de camp, au siège d'Anvers et dans les brillantes campagnes d'Afrique, et s'attachera enfin en la même qualité à Mgr le comte de Paris. Le baron de Marbot, créé pair de France en 1845, mourut à Paris le 16 novembre 1854.

Les héritiers de ces manuscrits n'ont pas cru devoir refuser plus longtemps à des sollicitations pressantes la publication de documents précieux pour l'étude de cette période de notre histoire. Heureux si ces glorieux souvenirs peuvent offrir d'utiles enseignements et de nobles exemples à notre génération militaire, et lui inspirer, avec l'amour du métier des armes, la conscience dans la pratique du devoir et un peu aussi du sincère enthousiasme qui déborde de ces pages.

Puissent du moins ces récits donner le relief mérité à un nom qui vient de s'éteindre et à la figure héroïque d'un soldat qui aima passionnément l'armée et la patrie!

À MA FEMME ET À MES DEUX FILS.

Ma chère femme, mes chers enfants, j'ai assisté, quoique bien jeune encore, à la grande et terrible Révolution de 1789. J'ai vécu sous la Convention et le Directoire. J'ai vu l'Empire. J'ai pris part à ses guerres gigantesques et j'ai failli être écrasé par sa chute. J'ai souvent approché de l'empereur Napoléon. J'ai servi dans l'état-major de cinq de ses plus célèbres maréchaux, Bernadotte, Augereau, Murat, Lannes et Masséna. J'ai connu tous les personnages marquants de cette époque. J'ai subi l'exil en 1815. J'avais l'honneur de voir très souvent le roi Louis-Philippe, lorsqu'il n'était encore que duc d'Orléans, et après 1830, j'ai été pendant douze ans aide de camp de son auguste fils, le prince royal, nouveau Duc d'Orléans. Enfin, depuis qu'un événement funeste a ravi ce prince à l'amour des Français, je suis attaché à la personne de son auguste fils, le Comte de Paris.

J'ai donc été témoin de bien des événements, j'ai beaucoup vu, beaucoup retenu, et puisque vous désirez depuis longtemps que j'écrive mes Mémoires, en faisant marcher de front le récit de ma vie et celui des faits mémorables auxquels j'ai assisté, je cède à vos instances.

Comme vous désirez bien plus connaître les détails de ce qui m'est advenu, que de me voir retracer longuement des faits historiques déjà consignés dans une foule d'ouvrages, je n'en parlerai que sommairement, pour marquer les diverses époques des temps où j'ai vécu et l'influence que les événements ont eue sur ma destinée. Je serai plus explicite en ce qui concerne les personnes. Je rectifierai avec impartialité les jugements portés sur celles d'entre elles que j'ai été à même de connaître. Quant au style, il sera sans prétention, comme il convient à une simple narration faite en famille.

À côté de faits de la plus haute importance politique, j'en relaterai de gais, de bizarres, même de puérils, et entrerai, dans ce qui m'est personnel, dans des détails qui pourront peut-être paraître oiseux.

Presque tous les hommes se plaignent de leur destinée. La Providence m'a mieux traité, et quoique ma vie n'ait certainement pas été exempte de tribulations, la masse de bonheur s'est trouvée infiniment supérieure à celle des peines, et je recommencerais volontiers ma carrière sans y rien changer. Le dirai-je? j'ai toujours eu la conviction que j'étais né heureux. À la guerre comme en politique, j'ai surnagé au milieu des tempêtes qui ont englouti presque tous mes contemporains, et je me vois entouré d'une famille tendre et dévouée. Je rends donc grâces à la Providence du partage qu'elle m'a fait.

Mars 1844.

TOME I

CHAPITRE UN

Origines de ma famille.—Mon père entre aux gardes.—La famille de Certain.—Vie au château de Larivière.—Épisode d'enfance.

Je suis né le 18 août 1782, au château de Larivière, que mon père possédait sur les rives de la Dordogne, dans la belle et riante vallée de Beaulieu, sur les confins du Limousin et du Quercy, aujourd'hui département de la Corrèze. Mon père était fils unique. Son père et son grand-père l'ayant été aussi, une fortune territoriale fort considérable pour la province s'était accumulée sur sa tête. La famille de Marbot était de noble origine, quoique depuis longtemps elle ne fît précéder son nom d'aucun titre. Selon l'expression de ce temps-là, elle vivait *noblement*, c'est-à-dire de ses propres revenus, sans y joindre aucun état ni aucune industrie. Elle était alliée à plusieurs gentilshommes du pays et faisait société avec les autres, tels que les d'Humières, d'Estresse, Cosnac, La Majorie, etc., etc.

Je fais cette observation, parce que, à une époque où la noblesse était si hautaine et si puissante, l'amitié qui unissait la famille de Marbot à des maisons illustres, comptant plusieurs maréchaux de France parmi leurs aïeux, prouve que notre famille jouissait d'une grande considération dans le pays.

Mon père était né en 1753; il reçut une excellente éducation et était très instruit. Il aimait l'étude, les belles-lettres et les arts. Son caractère un peu violent avait été tempéré par l'habitude de la bonne société dans laquelle il vivait. Son cœur était d'ailleurs si bon que, le premier mouvement passé, il cherchait toujours à faire oublier les brusqueries qui lui étaient échappées. Mon père était un superbe homme, d'une très haute et forte stature. Sa figure brune, mâle et sévère, était très belle et régulière.

Mon grand-père étant devenu veuf pendant que son fils était encore au collège, sa maison était dirigée par une de ses vieilles cousines, l'aînée des demoiselles Oudinet de Beaulieu. Cette parente rendit de grands services à mon grand-père, qui, devenu presque aveugle à la suite d'un coup de foudre tombé à ses côtés, ne sortait plus de son manoir. Ainsi mon père, à son entrée dans le monde, se trouvant entre un vieillard infirme et une tante dévouée à ses moindres volontés, disposait à son gré de la fortune de la maison. Il n'en abusa pas, mais comme il avait pour l'état militaire un goût très prononcé qui se trouvait journellement excité par ses liaisons avec les jeunes seigneurs des environs, il accepta la proposition que lui fit le colonel marquis d'Estresse, voisin et ami de la famille, de le faire recevoir dans les gardes du corps du roi Louis XV.

En entrant dans les gardes, mon père avait reçu le brevet de sous-lieutenant. Au bout de quelques années, il fut fait garde-lieutenant. Comme, sous les auspices du marquis d'Estresse, il était reçu à Paris dans plusieurs maisons, notamment dans celle du lieutenant général comte de Schomberg, inspecteur général de cavalerie, celui-ci ayant apprécié les mérites de mon père, le fit nommer capitaine dans son régiment de dragons (1781) et le prit pour son aide de camp (1782).

Mon grand-père venait de mourir; mon père était encore garçon, et sa fortune ainsi que sa position (un capitaine était à cette époque, en province, un personnage de quelque importance) le mettaient en état de choisir une femme sans crainte d'être refusé.

Il existait alors, au château de Laval de Cère, situé à une lieue de celui de Larivière, qui appartenait à mon père, une famille noble, mais peu riche, nommée de Certain. Le chef de cette maison étant accablé par la goutte, ses affaires étaient dirigées par Mme de Certain, femme d'un rare mérite. Elle sortait de la famille noble de Verdal, qui, vous le savez, a la prétention de compter saint Roch parmi les parents de ses ancêtres du côté des femmes, un Verdal ayant, dit-elle, épousé une sœur de saint Roch, à Montpellier. J'ignore jusqu'à quel point cette prétention est fondée, mais il est certain qu'avant la révolution de 1789, il existait, à la porte du vieux château de Gruniac (que possède encore la famille de Verdal) un banc de pierre en très grande vénération parmi les habitants des montagnes voisines, parce que, selon la tradition, saint Roch, lorsqu'il venait passer quelque temps auprès de sa sœur, se complaisait à se placer sur ce banc, d'où l'on aperçoit la campagne, ce que l'on ne peut faire du château, espèce de forteresse des plus sombres.

M. et Mme de Certain avaient trois fils et une fille, et, selon l'usage de cette époque, ils ajoutèrent à leur nom de famille celui de quelque domaine. Ainsi, l'aîné des fils reçut le surnom de *Canrobert*, porté encore par son fils, notre cousin, qui l'a tant illustré depuis. Le fils aîné de la maison de Certain était, à l'époque dont je parle, chevalier de Saint-Louis et capitaine au régiment d'infanterie de Penthièvre; le second fils s'appela *de l'Isle*, il était lieutenant au régiment de Penthièvre; le troisième fils reçut le surnom de *La Coste* et servait, comme mon père, dans les gardes du corps; la fille s'appela Mlle *du Puy*, ce fut ma mère.

Mon père s'unit intimement avec M. Certain de La Coste, et il était difficile qu'il en fût autrement, car, outre les trois mois qu'ils passaient à l'hôtel de Versailles pendant leur service, les voyages qu'ils faisaient ensemble deux fois par an devaient achever de les lier.

Les voitures publiques étaient alors fort rares, sales, incommodes, et marchaient à très petites journées: il n'était d'ailleurs pas de bon ton d'y monter, aussi les nobles vieux ou malades prenaient seuls des voiturins, tandis que la jeune noblesse et les officiers voyageaient à *cheval*. Il s'était donc établi, parmi les gardes du corps, un usage qui, de nos jours, paraîtrait fort bizarre. Comme ces messieurs ne faisaient annuellement que trois mois de service, et que le corps se trouvait, par conséquent, partagé en quatre fractions à peu près égales, ceux d'entre eux qui habitaient la Bretagne, l'Auvergne, le Limousin et autres contrées fournissant de bons petits chevaux, en avaient acheté un certain nombre dont le prix ne devait pas dépasser *cent francs*, y compris la selle et la bride. Au jour fixé, tous les gardes du corps de la même province appelés à aller reprendre leurs fonctions se réunissaient à cheval sur le point désigné, et la joyeuse caravane se mettait en route pour Versailles. On faisait douze à quinze lieues par jour, certain de trouver tous les soirs, à des prix modérés et convenus, un bon gîte et un bon souper dans les hôtels choisis pour étapes, car on y était attendu à jours fixes. Le voyage se faisait gaiement, en devisant, chantant, bravant les mauvais temps ou la chaleur, ainsi que les mésaventures, et riant des bons contes que chacun devait faire tour à tour en cheminant. La caravane se grossissait en route par l'arrivée des gardes du corps des provinces qu'on traversait. Enfin, les divers groupes, arrivant de tous les points de la France, entraient à Versailles le jour même de l'expiration de leur congé, et par conséquent au moment du départ des gardes qu'ils devaient relever. Alors chacun de ceux-ci achetait l'un des bidets amenés par les arrivants, auxquels il les payait *cent francs*, et, formant de nouvelles caravanes, tous prenaient le chemin du castel paternel, puis, à leur rentrée dans leurs foyers, ils lâchaient les *criquets* dans les prairies, où ils les laissaient paître à l'aventure pendant neuf mois, jusqu'au moment où ils les ramenaient à Versailles et les cédaient à d'autres camarades; de sorte que ces chevaux, changeant continuellement de maîtres, allaient tour à tour dans les diverses provinces de la France.

Mon père s'était donc lié intimement avec M. Certain de La Coste, qui était du même quartier et appartenait comme lui à la compagnie de Noailles. De retour au pays, ils se voyaient fréquemment: il devint bientôt l'ami de ses frères. Mlle du Puy était jolie, spirituelle, et quoiqu'elle ne dût avoir qu'une très faible dot et que plusieurs riches partis fussent offerts à mon père, il préféra Mlle du Puy et l'épousa en 1776.

Nous étions quatre frères: l'aîné, Adolphe, aujourd'hui maréchal de camp; j'étais le second, Théodore le troisième, et Félix le dernier. Nos âges se suivaient à peu près à deux ans de distance.

J'étais très fortement constitué, et n'eus d'autre maladie que la petite vérole; mais je faillis périr d'un accident que je vais vous raconter.

Je n'avais que trois ans lorsqu'il advint; mais il fut si grave, que le souvenir en est reste gravé dans ma mémoire. Comme j'avais le nez un peu retroussé et la figure ronde, mon père m'avait surnommé le *petit chat*. Il n'en fallut pas davantage pour donner à un si jeune enfant le désir d'imiter le chat; aussi mon plus grand bonheur était-il de marcher à quatre pattes en miaulant, et j'avais pris ainsi l'habitude de monter tous les jours au second étage du château, pour aller joindre mon père dans une bibliothèque, où il passait les heures de la plus forte chaleur. Dès qu'il entendait les miaulements de son *petit chat*, il venait ouvrir la porte et me donnait un volume des œuvres de Buffon dont je regardais les gravures pendant que mon père continuait sa lecture. Ces séances me plaisaient infiniment; mais un jour ma visite ne fut pas aussi bien reçue qu'à l'ordinaire. Mon père, probablement occupé de choses sérieuses, n'ouvrit pas à son *petit chat*. En vain, je redoublai mes miaulements sur les tons les plus doux que je pus trouver, la porte restait close. J'avisai alors, au niveau du parquet, un trou nommé *chatière*, qui existe dans les châteaux du Midi au bas de toutes les portes, afin de donner aux chats un libre accès dans les appartements. Ce chemin me paraissait être tout naturellement le mien; je m'y glisse tout doucement. La tête passe d'abord, mais le corps ne peut suivre; alors je veux reculer, mais ma tête était prise, et je ne puis ni avancer ni reculer. J'étranglais.

Cependant, je m'étais tellement identifié avec mon rôle de chat, qu'au lieu de parler pour faire connaître à mon père la fâcheuse situation dans laquelle je me trouvais, je *miaulai* de toutes mes forces, non pas doucereusement, mais en chat fâché, en chat qu'on étrangle, et il paraît que je le faisais d'un ton si naturel, que mon père, persuadé que je plaisantais, fut pris d'un fou rire inextinguible. Mais tout à coup les miaulements s'affaiblirent, ma figure devint bleue, je m'évanouis. Jugez de l'embarras de mon père, qui comprit alors la vérité. Il enlève, non sans peine, la porte de ses gonds, me dégage et m'emporte sans connaissance dans les bras de ma mère, qui, me croyant mort, eut elle-même une crise terrible. Lorsque je revins à moi, un chirurgien était en train de me saigner. La vue de mon sang, et l'empressement de tous les habitants du château groupés autour de ma mère et de moi, firent une si vive impression sur ma jeune imagination, que cet événement est resté fortement gravé dans ma mémoire.

CHAPITRE DEUX

Premiers orages révolutionnaires.—Attitude de mon père.—Il rentre au service.—Je suis confié aux mains de Mlle Mongalvi.—Ma vie au pensionnat.

Pendant que mon enfance s'écoulait paisiblement de bien graves événements se préparaient. L'orage révolutionnaire grondait déjà, et ne tarda pas à éclater: nous étions en 1789.

L'assemblée des États généraux, remuant toutes les passions, détruisit la tranquillité dont jouissait la province que nous habitions, et porta la division dans presque toutes les familles, surtout dans la nôtre; car mon père, qui blâmait depuis longtemps les abus auxquels la France était assujettie, adopta le principe des améliorations qu'on projetait, sans prévoir les atrocités que ces changements allaient amener, tandis que ses trois beaux-frères et ses amis repoussaient toute innovation. De là de vives discussions, auxquelles je ne comprenais rien, mais qui m'affligeaient, parce que je voyais ma mère pleurer, en cherchant à calmer l'irritation de ses frères et de son époux. Cependant, sans trop savoir pourquoi, je me rangeais du côté des modérés démocrates qui avaient choisi mon père pour chef, car il était incontestablement l'homme le plus capable de la contrée.

L'Assemblée constituante venait de détruire les *rentes féodales*. Mon père, en qualité de gentilhomme, en possédait quelques-unes que son père avait achetées. Il fut le premier à se conformer à la loi. Les roturiers, qui attendaient pour se décider que mon père leur donnât l'exemple, ne voulurent plus rien payer, lorsqu'ils connurent sa renonciation aux rentes féodales qu'il possédait.

Peu de temps après, la France ayant été divisée *en départements*, mon père fut nommé administrateur de la Corrèze et, peu de temps après, membre de l'Assemblée législative.

Les trois frères de ma mère et presque toute la noblesse du pays n'avaient pas tardé à émigrer. La guerre paraissait imminente. Alors, pour engager tous les citoyens à s'armer, ou peut-être aussi pour savoir jusqu'à quel point il pouvait compter sur l'énergie des populations, le gouvernement, à un jour donné, fit répandre dans toutes les communes de France le bruit que les *brigands*, conduits par les émigrés, venaient pour détruire les nouvelles institutions. Le tocsin sonna sur toutes les églises, chacun s'arma de ce qu'il put trouver; on organisa les *gardes nationales*; le pays prit un aspect tout guerrier, et l'on attendait les prétendus brigands que, dans chaque commune, on disait être dans la commune voisine. Rien ne parut; mais l'effet était produit: la France se trouvait sous les armes, et avait prouvé qu'elle était en état de se défendre.

Nous étions alors à la campagne, seuls avec ma mère. Cette alerte, qu'on nomma dans le pays le *jour de la peur*, m'étonna et m'aurait probablement alarmé, si je n'eusse vu ma mère assez calme. J'ai toujours pensé que mon père, connaissant sa discrétion, l'avait prévenue de ce qui devait arriver.

Tout se passa d'abord sans excès de la part des paysans, qui, dans nos contrées, avaient conservé un grand respect pour les anciennes familles; mais, bientôt excités par les démagogues des villes, les campagnards se portèrent sur les habitations des nobles, sous prétexte de chercher les émigrés cachés, mais en réalité pour se faire donner de l'argent, et prendre les titres de rentes féodales qu'ils brûlaient dans d'immenses feux de joie. Du haut de notre terrasse, nous vîmes ces forcenés courir la torche en main vers le château d'Estresse, dont tous les hommes avaient émigré, et qui n'était plus habité que par des dames. C'étaient les meilleures amies de ma mère; aussi fut-elle vivement affectée de ce que, malgré mon extrême jeunesse, je taxai de *brigandage*. Les anxiétés de ma mère redoublèrent, lorsqu'elle vit arriver sa vieille mère qu'on venait de chasser de son château, déclaré *propriété nationale*, par suite de l'émigration de ses trois fils!... Jusque-là le foyer de mon père avait été respecté avec d'autant plus de raison que son patriotisme était connu et que, pour en donner des preuves nouvelles, il avait pris du service dans l'armée des Pyrénées comme capitaine des chasseurs des montagnes, à l'expiration de son mandat à l'Assemblée législative; mais le torrent révolutionnaire passant tout sous le même niveau, la maison de Saint-Céré, que mon père avait achetée dix ans avant de M. de Lapolonie, fut confisquée et déclarée *propriété nationale*, parce que l'acte de vente avait été passé sous seing privé, et que le vendeur avait émigré avant de ratifier devant le notaire. On n'accorda à ma mère que quelques jours pour en retirer son linge, puis la maison fut vendue aux enchères, et achetée par le président du district qui en avait lui-même provoqué la confiscation!... Enfin, les paysans, ameutés par quelques meneurs de Beaulieu, se portèrent en masse au château de mon père, où, avec tous les ménagements possibles, et même avec une espèce de politesse, ils dirent à ma mère qu'ils ne pouvaient se dispenser de brûler les titres de rentes féodales que nous avions encore, et de vérifier si les émigrés ses frères n'étaient pas cachés dans son château. Ma mère les reçut avec beaucoup de courage, leur remit les titres et leur fit observer que, connaissant ses frères pour des gens d'esprit, on ne devait pas supposer qu'ils eussent émigré pour revenir ensuite en France se cacher dans son château. Ils convinrent de la justesse de ce raisonnement, burent et mangèrent, brûlèrent les titres au milieu de la cour et se retirèrent sans faire aucun dégât, en criant: Vive la nation et le citoyen Marbot! et ils chargèrent ma mère de lui écrire qu'ils l'aimaient beaucoup, et que sa famille était en sûreté au milieu d'eux.

Malgré cette assurance, ma mère, comprenant que son titre de sœur d'émigrés pourrait lui attirer les plus grands désagréments, dont ne la sauverait peut-être pas celui d'épouse d'un défenseur de la patrie, résolut de s'éloigner momentanément. Elle m'a dit depuis que ce qui la décida à prendre ce parti fut la conviction que l'orage révolutionnaire ne durerait que quelques mois: bien des gens le croyaient aussi.

Ma grand'mère avait eu sept frères, qui, tous, selon l'usage de la famille de Verdal, avaient été militaires et chevaliers de Saint-Louis. L'un d'eux, ancien chef de bataillon au régiment de Penthièvre-infanterie, avait, en prenant sa retraite, épousé la riche veuve d'un conseiller au parlement de Rennes. Ma mère résolut de se rendre auprès d'elle, et se préparait à partir comptant m'emmener avec elle, quand je fus assailli par une quantité de gros clous très douloureux. Il était impossible de faire voyager un enfant de huit ans dans cet état, et comme il se prolongeait, ma mère était dans une grande perplexité… Elle en fut tirée par une respectable dame, Mlle Mongalvi, qui lui était bien dévouée et dont la mémoire me sera toujours chère. Mlle Mongalvi recevait à Turenne quelques pensionnaires dont ma mère avait été l'une des premières; elle proposa de me prendre chez elle pendant les quelques mois que durerait l'absence de ma mère. Celle-ci en référa à mon père, et son consentement étant arrivé, je partis et fus installé dans le pensionnat de demoiselles.—Quoi? direz-vous, un garçon avec des jeunes filles? Eh, oui!… Mais observez que j'étais un enfant très doux, paisible, obéissant, et n'ayant que huit ans.

Les pensionnaires entrées dans la maison de Mlle Mongalvi, depuis l'époque où ma mère en avait fait partie, étaient des jeunes personnes de seize à vingt ans; les plus jeunes avaient au moins quatorze ans, et étaient assez raisonnables pour qu'on pût m'admettre parmi elles.

À mon arrivée, tout le petit troupeau féminin accourut au-devant de moi et me reçut avec de tels cris de joie et de si bonnes caresses, que je me félicitai dès le premier instant d'avoir fait ce voyage. Je me figurais d'ailleurs qu'il serait de peu de durée, et je crois même que je regrettais intérieurement de n'avoir que peu de temps à passer avec ces bonnes jeunes demoiselles, qui me donnaient tout ce qui pouvait me faire plaisir, et se disputaient à qui me tiendrait par la main.

Cependant, ma mère partit et se rendit auprès de mon oncle. Les événements marchaient avec rapidité. La Terreur ensanglanta la France. La guerre civile éclata dans la Vendée et la Bretagne. Il devint absolument impossible d'y voyager, de telle sorte que ma mère, qui ne devait passer que deux ou trois mois à Rennes, s'y trouva retenue malgré elle pendant plusieurs années. Mon père combattait toujours dans les Pyrénées et en Espagne, où sa capacité et son courage l'avaient élevé au grade de général de division. Entré dans le pensionnat pour quelques mois, j'y restai donc au moins pendant quatre ans, qui furent pour moi autant d'années de bonheur, que venait bien obscurcir de temps en temps le souvenir de mes parents; mais les bonnes dames Mongalvi et leurs pensionnaires redoublaient alors de bonté pour moi et chassaient les pensées qui m'attristaient momentanément.

Lorsque, bien des années après, j'ai lu l'histoire de Vert-Vert vivant au milieu des Visitandines de Nevers, je me suis écrié: «C'est ainsi que j'étais dans le pensionnat de Turenne!» Comme lui, j'étais gâté au delà de toute expression par les maîtresses et par les pensionnaires. Je n'avais qu'à désirer pour obtenir; rien n'était assez bon ni assez beau pour moi. Ma santé était redevenue parfaite. J'étais blanc et frais; aussi c'était à qui m'embrasserait!

Dans les récréations qui avaient lieu dans un très vaste clos où se trouvaient un beau jardin, des prairies, des vignes, des bosquets, les jeunes filles me couronnaient, *m'enguirlandaient* de fleurs; puis, me plaçant sur un petit brancard couvert de roses, elles me portaient à tour de rôle en chantant.—D'autres fois je jouais aux barres avec elles, ayant le privilège de toujours prendre sans jamais être pris. Elles me lisaient des histoires, me chantaient des chansons; enfin c'était à qui chercherait à faire quelque chose pour moi.

Il me souvient qu'en apprenant l'horrible exécution de Louis XVI, Mme Mongalvi fit mettre toute la pension à genoux pour réciter des prières pour le repos de l'âme du malheureux roi. L'indiscrétion de quelqu'un d'entre nous aurait pu lui attirer à cette occasion de grands désagréments, mais toutes ses élèves étaient d'âge à le comprendre, et je sentis qu'il n'en fallait pas parler: on n'en sut rien au dehors de la maison.

CHAPITRE TROIS

Mon père est nommé au commandement de l'armée de Toulouse.—Il me rappelle auprès de lui.—Rencontre d'un convoi d'aristocrates.—Mon existence à Toulouse. —Je suis conduit à Sorèze.

Je restai dans ce doux asile jusqu'en novembre 1793. J'avais onze ans et demi lorsque mon père reçut le commandement d'un camp formé à Toulouse. Il profita de quelques jours de congé pour me voir et régler ses affaires, dont il n'avait pu s'occuper depuis plusieurs années. Il descendit à Turenne chez un de ses amis et courut à la pension. Il était en uniforme d'officier général, avec un grand sabre, les cheveux coupés, sans poudre, et portant des moustaches énormes, ce qui contrastait singulièrement avec le costume que j'avais l'habitude de lui voir lorsqu'il habitait paisiblement le château de Larivière.

J'ai dit que mon père, malgré sa mâle figure et son aspect sévère, était très bon, surtout pour les enfants, qu'il aimait passionnément. Je le revis donc avec de vifs transports de joie, et il me combla de caresses. Il passa quelques jours à Turenne, remerciant bien les bonnes dames Mongalvi des soins vraiment maternels qu'elles m'avaient prodigués; mais en me questionnant, il lui fut très facile de voir que si je savais bien les prières, les litanies et force cantiques, mes autres connaissances se bornaient à quelques notions d'histoire, de géographie et d'orthographe. Il considéra d'ailleurs qu'étant dans ma douzième année, il n'était plus guère possible de me laisser dans une pension de demoiselles, et qu'il était temps de me donner une éducation plus mâle et plus étendue. Il résolut donc de m'emmener avec lui à Toulouse, où il avait déjà fait venir Adolphe à sa sortie d'Effiat, afin de nous placer tous deux au collège militaire de Sorèze, le seul grand établissement de ce genre que la tourmente révolutionnaire eût laissé debout.

Je partis en embrassant mes jeunes amies. Nous nous dirigeâmes sur Cressensac, où nous trouvâmes le capitaine Gault, aide de camp de mon père. Pendant qu'on graissait la voiture, Spire, le vieux serviteur de mon père, qui savait que son maître voulait marcher jour et nuit, faisait provision de vivres et arrangeait les paquets. En ce moment, un spectacle nouveau pour moi se présente: une colonne mobile, composée de gendarmes, de gardes nationaux et de volontaires, entre dans le bourg de Cressensac, musique en tête. Je n'avais jamais rien vu de pareil et trouvai cela superbe; mais je ne pouvais m'expliquer pourquoi les soldats faisaient marcher au milieu d'eux une douzaine de voitures remplies de vieux messieurs, de dames et d'enfants ayant tous l'air fort triste.

Cette vue mit mon père en fureur. Il se retira de la fenêtre, et se promenant à grands pas avec son aide de camp dont il était sûr, je l'entendis s'écrier: «Ces misérables conventionnels ont gâté la Révolution qui pouvait être si belle! Voilà encore des innocents qu'on mène en prison parce qu'ils sont nobles ou parents d'émigrés; c'est affreux!» Je compris tout ce que mon père dit à ce sujet, et je vouai comme lui la haine la plus prononcée à ce parti terroriste qui gâta la révolution de 1789.

Mais pourquoi, dira-t-on, votre père servait-il encore un gouvernement qu'il méprisait?—Pourquoi?—C'est qu'il pensait que repousser les ennemis du territoire français était toujours une chose honorable et qui ne rendait pas les militaires solidaires des atrocités que la Convention commettait à l'intérieur.

Ce que mon père avait dit m'avait déjà intéressé en faveur des individus placés dans les voitures. Je venais d'apprendre que c'étaient des familles nobles qu'on avait arrachées le matin de leurs châteaux, et que l'on conduisait dans les prisons de Souilhac. Il y avait des vieillards, des femmes, des enfants, et je me demandais en moi-même comment ces êtres faibles pouvaient être dangereux pour le pays, lorsque j'entendis plusieurs des enfants demander à manger. Une dame pria un garde national de la laisser descendre pour aller acheter des vivres: il s'y refusa durement, et la dame lui ayant présenté un assignat en le priant de vouloir bien lui procurer du pain, le garde lui répondit: «Me prends-tu pour un de tes ci-devant laquais?...» Cette brutalité m'indigna. J'avais remarqué que Spire avait placé dans les poches de la voiture plusieurs petits pains, dans l'intérieur de chacun desquels on avait mis une saucisse. J'allai prendre deux de ces pains, et m'approchant de la voiture des enfants prisonniers, je leur jetai ces pains, pendant que les gardes tournaient le dos. La mère et les enfants me firent des signes de reconnaissance si expressifs, que je résolus d'approvisionner aussi les autres prisonniers, et je leur portai successivement toutes les provisions que Spire avait faites pour nourrir quatre personnes pendant les quarante-huit heures que nous devions passer en route, afin de nous rendre à Toulouse. Enfin, nous partons sans que Spire se soit douté de la distribution que je venais de faire. Les petits prisonniers m'envoient des baisers, les parents me saluent; mais à peine sommes-nous à cent pas du relais, que mon père, qui avait hâte de s'éloigner d'un spectacle dont il était navré, et qui n'avait pas voulu se mettre à table dans l'auberge, éprouva le besoin de manger et demanda les provisions. Spire indique les poches dans lesquelles, il les a placées. Mon père et M. Gault fouillent tout l'intérieur de la voiture et n'y trouvent rien. Mon père, s'emporte contre Spire qui, du haut de son siège, jure par tous les diables qu'il avait garni la voiture de vivres pour deux jours. J'étais un peu embarrassé; cependant, je ne voulus pas laisser gronder plus longtemps le pauvre Spire et déclarai ce que j'avais fait. Je m'attendais à être un peu repris pour avoir agi sans autorisation, mais mon père m'embrassa de la manière la plus tendre, et bien des années après il parlait encore avec bonheur de ma conduite en cette occasion. Voilà pourquoi, mes enfants, j'ai cru devoir vous la rappeler. On est si heureux de penser qu'on a obtenu dans quelques circonstances l'approbation de ceux qu'on a aimés et perdus!

De Cressensac à Toulouse, la route était couverte de volontaires qui se rendaient gaiement à l'armée des Pyrénées en faisant retentir les airs de chansons patriotiques. Ce mouvement me charmait, et j'aurais été heureux si je n'eusse souffert physiquement, car n'ayant jamais fait de longues courses en voiture, j'avais le *mal de mer* pendant le voyage, ce qui détermina mon père à s'arrêter toutes les nuits pour me faire reposer. J'arrivai cependant à Toulouse, très fatigué; mais la vue de mon frère, dont j'étais séparé depuis quatre ou cinq ans, me donna une joie fort grande qui me rétablit en peu de temps.

Mon père, en qualité de général de division commandant le camp situé au *Miral*, près de Toulouse, avait droit à être logé militairement, et la municipalité lui avait assigné le bel hôtel de Rességuier, dont le propriétaire avait émigré. Mme de Rességuier s'était retirée avec son fils dans les appartements les plus éloignés, et mon père avait ordonné qu'on eût les plus grands égards pour sa malheureuse position.

La maison de mon père était très fréquentée; il recevait tous les jours et devait faire beaucoup de dépenses, car, bien qu'un général de division reçût alors dix-huit rations de tous genres, et que ses aides de camp en eussent aussi, cela ne pouvait suffire; il fallait acheter une foule de choses, et cependant l'État ne donnait alors à l'officier général comme au simple sous-lieutenant que *huit francs par mois en numéraire*, le surplus de la solde étant payé en *assignats*, dont la valeur diminuait chaque jour, et comme mon père était très généreux, invitait de nombreux officiers du camp, avait de nombreux domestiques (qu'on appelait alors serviteurs), dix-huit chevaux, des voitures, une loge au théâtre, etc., etc..., il dépensait les économies qu'il avait faites au château de Larivière, et ce fut du moment de sa rentrée au service que date la diminution de sa fortune.

Quoiqu'on fût au plus fort de la Terreur, que la subordination fût très affaiblie en France, d'où le bon ton semblait éloigné pour toujours, mon père savait si bien en imposer aux nombreux officiers qui venaient chez lui, que la plus parfaite politesse régnait dans son salon comme à sa table.

Parmi les officiers employés au camp, mon père en avait pris deux en grande prédilection; aussi les invitait-il plus souvent que les autres.

L'un, nommé Augereau, était adjudant général, c'est-à-dire colonel d'état-major; l'autre était Lannes, simple lieutenant de grenadiers dans un bataillon de volontaires du département du Gers. Ils sont devenus maréchaux de l'Empire, et j'ai été leur aide de camp. Je vous donnerai leur biographie lorsque j'écrirai le récit de ce qui m'est advenu quand je servais auprès d'eux.

À cette époque, Augereau, après s'être évadé des prisons de l'inquisition de Lisbonne, venait de faire la guerre dans la Vendée, où il s'était fait remarquer par son courage et la facilité avec laquelle il maniait les troupes. Il était très bon *tacticien*, science qu'il avait apprise en Prusse, où il avait longtemps servi dans les gardes à pied du grand Frédéric; aussi l'appelait-on le *grand Prussien*. Il avait une tenue militaire irréprochable, toujours tiré à quatre épingles, frisé et poudré à blanc, longue queue, grandes bottes à l'écuyère des plus luisantes, et avec cela une tournure fort martiale. Cette tenue était d'autant plus remarquable qu'à cette époque ce n'était pas par là que brillait l'armée française, presque uniquement composée de *volontaires* peu habitués à porter l'habit d'uniforme et fort peu soigneux de leur toilette. Cependant, personne ne se permettait de railler Augereau sur cet article, car on savait qu'il était grand *bretteur*, très brave, et avait fait mettre les pouces au célèbre Saint-George, la plus forte lame de France.

J'ai dit qu'Augereau était bon tacticien; aussi mon père l'avait-il chargé de diriger l'instruction des bataillons des nouvelles levées dont se composait la majeure partie de la division. Ces bataillons provenaient du Limousin, de l'Auvergne, des pays basques, du Quercy, du Gers et du Languedoc. Augereau les forma très bien, et en agissant ainsi il ne se doutait pas qu'il travaillait pour sa gloire future, car les troupes que mon père commandait alors formèrent plus tard la célèbre division Augereau, qui fit de si belles choses dans les Pyrénées-Orientales et en Italie. Augereau venant presque tous les jours chez mon père, et s'en voyant apprécié, lui voua une amitié qui ne s'est jamais démentie et dont je ressentis les bons effets après la mort de ma mère.

Quant au lieutenant Lannes, c'était un jeune Gascon des plus vifs, spirituel, très gai, sans éducation ni instruction, mais désireux d'apprendre, à une époque où personne ne l'était. Il devint très bon instructeur, et comme il était fort vaniteux, il recevait avec un bonheur indicible les louanges que mon père lui prodiguait parce qu'il les méritait. Aussi, par reconnaissance, Lannes, gâtait-il autant qu'il le pouvait les enfants de son général.

Un beau matin, mon père reçoit l'ordre de lever le camp du Miral et de conduire sa division au corps d'armée du général Dugommier, qui faisait en ce moment le siège de Toulon, dont les Anglais s'étaient emparés par surprise. Alors, mon père me déclara que ce n'était pas dans une pension de demoiselles que je pouvais apprendre ce que je devais savoir; qu'il me fallait des études plus sérieuses, et qu'en conséquence il me mènerait le lendemain au collège militaire de Sorèze, où il avait déjà retenu ma place et celle de mon frère. Je restai confondu!... Ne plus retourner auprès de mes amies, avec les dames Mongalvi, cela me paraissait impossible!

Les routes étaient couvertes de troupes et de canons que mon père passa en revue à Castelnaudary. Ce spectacle, qui m'eût charmé quelques jours auparavant, ne put adoucir ma douleur, car je pensais constamment aux professeurs en présence desquels j'allais me trouver.

Nous couchâmes à Castelnaudary, où mon père apprit l'évacuation de Toulon par les Anglais (18 décembre 1793) et reçut l'ordre de se rendre avec sa division aux Pyrénées-Orientales. Il résolut donc de nous déposer le lendemain même à Sorèze, de n'y rester que quelques heures, et de se rendre promptement à Perpignan.

En sortant de Castelnaudary, mon père avait fait arrêter sa voiture devant l'arbre remarquable sous lequel le connétable de Montmorency fut fait prisonnier par les troupes de Louis XIII à la suite de la défaite infligée aux partisans de Gaston d'Orléans, révolté contre son frère. Il causa sur cet événement avec ses aides de camp, et mon frère, déjà fort instruit, prit part à la conversation. Quant à moi, qui n'avais que de très légères notions sur l'histoire générale de la France et n'en connaissais aucun détail, c'était pour la première fois que j'entendais parler de la bataille de Castelnaudary, de Gaston, de sa révolte, de la prise et de l'exécution du connétable de Montmorency. Aussi, comprenant parfaitement que mon père ne m'adressait aucune question à ce sujet parce qu'il avait la conviction que je ne pouvais y répondre, cela m'humilia beaucoup, et j'en conclus, à part moi, que mon père avait raison de me conduire au collège pour y faire mon éducation. Mes regrets se changèrent donc en résolution d'apprendre ce qu'il fallait savoir. Cependant, je n'en eus pas moins le cœur navré à la vue des hautes et sombres murailles du cloître dans lequel on allait m'enfermer. J'avais onze ans et quatre mois lorsque j'entrai dans l'établissement.

CHAPITRE QUATRE

Sorèze.—Dom Ferlus.—La vie à Sorèze.—Allures égalitaires.—Premières épreuves.
—Visite d'un représentant du peuple.

C'est ici le moment de vous donner un abrégé historique du célèbre collège de Sorèze, tel qu'il m'a été fait par dom Abal, ancien sous-principal, que je voyais très souvent à Paris, sous l'Empire.

Lorsque, sous Louis XV, on résolut de chasser les Jésuites de France, leurs défenseurs prétendant qu'eux seuls pouvaient élever la jeunesse, les Bénédictins, ennemis déclarés des Jésuites, voulurent prouver le contraire; mais comme il ne leur convenait pas, quoiqu'ils fussent très studieux et très instruits, de se transformer en pédagogues, ils choisirent quatre de leurs maisons pour en faire des collèges. Ce furent entre autres Sorèze et Pontlevoy, dans lesquels ils réunirent les membres de l'Ordre qui avaient le plus d'aptitude pour le professorat et qui, après l'avoir exercé plusieurs années, pouvaient se retirer dans les autres couvents de l'Ordre. Les nouveaux collèges prospérèrent; Sorèze surtout se fit remarquer, et la foule d'élèves qui y accoururent de toutes parts ayant rendu nécessaire un plus grand nombre de professeurs, les Bénédictins y attirèrent beaucoup de laïques des plus instruits. Ceux-ci s'établirent avec leur famille dans la petite ville où était le couvent, et les enfants de ces professeurs civils, élevés gratuitement au collège en qualité d'externes, formèrent plus tard une pépinière de maîtres de toutes les sciences et de tous les arts. Enfin, la facilité de faire donner des leçons à très bon compte ayant amené à Sorèze l'établissement de plusieurs pensionnats de demoiselles, cette petite ville devint remarquable en ce que les hommes, les femmes de la société, et jusqu'aux plus simples marchands, possédaient une instruction étendue et cultivaient tous les beaux-arts. Une foule d'étrangers, surtout des Anglais, des Espagnols et des Américains, venaient s'y fixer pour quelques années, afin d'être près de leurs fils et de leurs filles pendant la durée de leur éducation.

L'Ordre des Bénédictins était généralement composé d'hommes fort doux; ils allaient dans le monde et recevaient souvent; aussi étaient-ils fort aimés, ce qui fut d'une très grande utilité à ceux de Sorèze lorsque la Révolution éclata. L'établissement avait alors pour principal dom Despod, homme du plus grand mérite, mais qui, n'ayant pas cru devoir prêter le *serment civique* exigé des membres du clergé, se retira, passa plusieurs années dans la retraite et fut plus tard nommé par l'Empereur à l'un des principaux emplois de l'Université. Tous les autres Bénédictins de Sorèze s'étaient soumis au serment: dom Ferlus devint principal, dom Abal sous-principal, et le collège, malgré la tourmente révolutionnaire, continua à marcher, en suivant l'excellente impulsion que lui avait imprimée dom Despod. Enfin, une loi ayant ordonné la sécularisation des moines et la vente de leurs biens, l'établissement allait tomber. Mais tous les hommes importants du pays avaient été élevés à Sorèze et désiraient qu'il en fût de même pour leurs enfants; les habitants de la ville, les ouvriers, les paysans eux-mêmes, vénéraient les bons Pères et comprirent que la destruction du collège amènerait la ruine de la contrée. On engagea dom Ferlus à se porter acquéreur du collège et des immenses propriétés qui en dépendaient. Personne ne mit aux enchères, le principal devint donc *propriétaire* à bon compte de l'immense couvent et des terres qui y étaient annexées. Les administrateurs du département lui donnèrent beaucoup de temps pour payer. On lui prêta de toutes parts des assignats, qu'il remboursa avec quelques coupes de bois. Les vastes fermes du domaine fournirent à la nourriture du collège, et, faute d'argent, dom Ferlus payait les professeurs externes en denrées, ce qui leur convenait très fort, à une époque où la famine régnait en France.

Dom Ferlus fit l'usage le plus honorable de la fortune que les circonstances venaient de lui donner. Il y avait parmi les élèves une centaine de créoles de Saint-Domingue, la Guadeloupe, la Martinique et autres colonies, que la guerre maritime, et surtout la révolte des nègres, privaient de la faculté de correspondre avec leurs parents. Dom Ferlus les garda tous. À mesure que ces enfants arrivaient à l'âge d'homme, il les employait comme sous-maîtres et les faisait placer dans différentes administrations. Plus tard, l'horizon politique s'étant éclairci, le Directoire, puis l'Empereur, aidèrent dom Ferlus dans la bonne œuvre qu'il avait entreprise. C'est ainsi que la loyauté et l'humanité de ce supérieur estimable, augmentant la bonne réputation de son établissement, le firent prospérer de plus en plus.

À la mort de dom Ferlus, le collège passa aux mains de Raymond Ferlus, homme peu capable, frère du précédent, ancien Oratorien marié, mauvais poète et connu seulement par la guerre de plume qu'il a longtemps soutenue contre M. Baour-Lormian. Le collège allait en déclinant, lorsque la Restauration de 1814 ramena les Jésuites. Ceux-ci voulurent alors se venger des Bénédictins, en abattant l'édifice qu'ils avaient établi sur les ruines de leur Ordre. L'Université, dirigée par l'abbé Frayssinous, prit parti pour les Jésuites. M. Raymond Ferlus céda alors le collège à son gendre, M. Bernard, ancien officier d'artillerie, qui avait été mon condisciple. Celui-ci n'entendait rien à la direction d'un tel établissement; d'ailleurs, une foule de bons collèges vinrent lui faire concurrence, et Sorèze, perdant de jour en jour de son importance, est devenu une des plus médiocres maisons d'éducation.

Je reviens à l'époque où je fus placé à Sorèze. Je vous ai dit comment dom Ferlus avait sauvé ce collège de la ruine et comment, soutenu par les soins de cet homme éclairé, ce fut le seul grand établissement de ce genre que la Révolution laissa debout. Les moines prirent l'habit laïque, et le nom de *citoyen* remplaça celui de *dom*. À cela près, rien d'essentiel n'était changé dans le collège, qui subsistait paisiblement dans un coin de la France, pendant qu'elle était en proie aux plus cruels déchirements. Je dis que rien d'essentiel n'était changé, parce que les études y suivaient leur cours habituel et que l'ordre n'était point troublé; mais il était cependant impossible que l'agitation fébrile qui régnait au dehors ne se fît un peu sentir dans le collège. Je dirai même que dom Ferlus, en homme très habile, faisait semblant d'approuver ce qu'il ne pouvait empêcher. Les murs étaient donc couverts de sentences républicaines. Il était défendu de prononcer le nom de *monsieur*. Les élèves n'allaient au réfectoire ou à la promenade qu'en chantant la *Marseillaise* ou autres hymnes républicains, et comme ils entendaient parler constamment des hauts faits de nos armées, que même quelques-uns des plus âgés s'étaient enrôlés parmi les *volontaires*, et que d'autres en avaient aussi le désir, toute cette jeunesse qui, d'ailleurs, était élevée au milieu des armes, puisque, même avant la Révolution, Sorèze était un collège militaire où l'on apprenait l'exercice, l'équitation, la fortification, etc., etc., toute cette jeunesse, dis-je, avait pris depuis quelque temps une tournure et un esprit guerriers qui avaient amené des manières un peu trop sans façon. Ajoutez à cela que le costume contribuait infiniment à lui donner l'aspect le plus étrange. En effet, les élèves avaient de gros souliers que l'on ne nettoyait que le *décadi*, des chaussettes de fil gris, pantalon et veste ronde de couleur brune, pas de gilet, des chemises débraillées et couvertes de taches d'encre ou de crayon rouge, pas de cravate, rien sur la tête, cheveux en queue souvent défaite, et des mains!... de vraies mains de charbonnier.

Me voyez-vous, moi, propret, ciré, vêtu d'habits de drap fin, enfin tiré à quatre épingles, me voyez-vous lancé au milieu de sept cents gamins fagotés comme des diables et qui, en entendant l'un d'eux crier: «Voilà des nouveaux!» quittèrent tumultueusement leurs jeux pour venir se grouper autour de nous, en nous regardant comme si nous eussions été des bêtes curieuses!

Mon père nous embrassa et partit!... Mon désespoir fut affreux! Me voilà donc *seul*, seul pour la première fois de ma vie, mon frère étant dans la grande cour et moi dans la petite. Nous étions au plus fort de l'hiver; il faisait très froid, et d'après les règlements de la maison, jamais les élèves n'avaient de feu...

Les élèves de Sorèze étaient du reste bien nourris, surtout pour l'époque, car, malgré la famine qui désolait la France, la bonne administration de dom Ferlus faisait régner l'abondance dans la maison. L'ordinaire était certainement tout ce qu'on pouvait désirer pour des écoliers. Cependant, le souper me parut des plus mesquins, et la vue des plats servis devant moi me dégoûtait; mais m'eût-on offert des ortolans, je n'en eusse pas voulu, tant j'avais le cœur gros. Le repas fini, comme il avait commencé, par un chant patriotique. On se mit à genoux au couplet de la Marseillaise qui commence par ces mots: «Amour sacré de la patrie...», puis on défila, comme on était venu, au son du tambour; enfin, on gagna les dortoirs.

Les élévés de la grande cour avaient chacun une chambre particulière, dans laquelle on les enfermait le soir; ceux de la petite couchaient quatre dans la même chambre, dont chaque angle contenait un lit. On me mit avec Guiraud, Romestan et Lagarde, mes compagnons de table, presque aussi nouveaux que moi. J'en fus bien aise. Ils m'avaient paru bons enfants et l'étaient réellement; mais je demeurai pétrifié en voyant l'exiguïté de ma couchette et le peu d'épaisseur du matelas, et ce qui me déplaisait surtout, c'est que le lit fût en fer. Je n'en avais jamais vu de pareils! Cependant, tout était fort propre, et, malgré mon chagrin, je m'endormis profondément, tant j'avais été fatigué par les secousses morales que j'avais éprouvées pendant cette fatale journée.

Le lendemain, de grand matin, le tambour de service vint battre le réveil et faire d'horribles roulements dans les dortoirs, ce qui me parut atrocement sauvage. Mais que devins-je, lorsque je m'aperçus que, pendant mon sommeil, on m'avait enlevé mes beaux habits, mes bas fins et mes jolis souliers, pour y substituer les grossiers vêtements et la lourde chaussure de l'école! Je pleurai de rage...

Après avoir fait connaître les premières impressions que j'éprouvai à mon entrée au collège, je vous ferai grâce du récit des tourments auxquels je fus en butte pendant six mois. J'avais été trop bien choyé chez les dames Mongalvi, pour ne pas beaucoup souffrir moralement et physiquement dans ma nouvelle position. Je devins fort triste, et avec une constitution moins robuste je serais certainement tombé malade. Cette époque fut une des plus douloureuses de ma vie. Enfin, le travail et l'habitude me firent prendre peu à peu le dessus. J'aimais beaucoup les cours de littérature française, de géographie et surtout d'histoire, et j'y fis des progrès. Je devins un écolier passable en mathématiques, en latin, au manège et à la salle d'armes; j'appris parfaitement l'exercice du fusil et me plaisais beaucoup aux manœuvres du bataillon formé d'élèves que commandait un vieux capitaine retraité.

J'ai dit que l'époque de mon entrée au collège (fin de 1793) était celle où la Convention faisait peser son sceptre sanglant sur la France. Des représentants du peuple en mission parcouraient les provinces, et presque tous ceux qui dominaient dans le Midi, vinrent visiter l'établissement de Sorèze, dont le titre *militaire* sonnait agréablement à leurs oreilles. Le citoyen Ferlus avait un talent tout particulier pour leur persuader qu'ils devaient soutenir un établissement destiné à former une nombreuse jeunesse, l'*espoir de la patrie*; aussi en obtenait-il tout ce qu'il voulait, et très souvent ils lui firent délivrer une grande quantité de fascines destinées aux approvisionnements des armées, notre principal leur persuadant que nous en faisions partie et que nous en étions la pépinière. Aussi ces représentants étaient-ils reçus et fêtés comme des souverains.

À leur arrivée, tous les élèves, revêtaient leurs habits d'uniforme militaire; le bataillon manœuvrait devant les représentants. On montait la garde à toutes les portes, comme dans une place d'armes; on jouait des pièces de circonstance, dans lesquelles régnait le patriotisme le plus pur; on chantait des hymnes nationaux, et lorsqu'ils visitaient les classes, surtout celles d'histoire, on trouvait toujours l'occasion d'amener quelques tirades sur l'excellence du gouvernement *républicain* et les vertus *patriotiques* qui en dérivent. Il me souvient à ce propos que le représentant Chabot, ancien Capucin, me questionnant un jour sur l'histoire romaine, me demanda ce que je pensais de Coriolan, qui, se voyant outragé par ses concitoyens, oublieux de ses anciens services, s'était retiré chez les Volsques, ennemis jurés des Romains. Dom Ferlus et les professeurs tremblaient que je n'approuvasse la conduite du Romain; mais je la blâmai en disant: «Qu'un bon citoyen ne devait jamais porter les armes contre sa patrie, ni songer à se venger d'elle, quelque justes que fussent ses sujets de mécontentement.» Le représentant fut si content de ma réponse qu'il me donna l'accolade et complimenta le chef du collège et les professeurs sur les bons principes qu'ils inculquaient à leurs élèves.

Ce petit succès n'affaiblit pas la haine que j'avais pour les conventionnels, et tout jeune que j'étais, ces représentants me faisaient horreur; j'avais déjà assez de raison pour comprendre qu'il n'était pas nécessaire de se baigner dans le sang français pour sauver le pays, et que les *guillotinades* et les massacres étaient des crimes affreux.

Je ne vous parlerai pas ici du système d'oppression qui régnait alors sur notre malheureuse patrie: l'histoire vous l'a fait connaître; mais quelque fortes que soient les couleurs qu'elle a employées pour peindre les horreurs dont les terroristes se rendirent coupables, le tableau sera toujours bien au-dessous de la réalité. Ce qu'il y a surtout de plus surprenant, c'est la stupidité avec laquelle les masses se laissaient dominer par des hommes dont la plupart n'avaient aucune capacité; car, quoi qu'on en ait dit, presque tous les conventionnels étaient d'une *médiocrité* plus qu'ordinaire, et leur courage si vanté prenait sa source dans la *peur* qu'ils avaient les uns des autres, puisque par crainte d'être guillotinés ils consentaient à tout ce que voulaient les meneurs. J'ai vu pendant mon exil, en 1815, une foule de conventionnels qui, obligés comme moi de sortir de France, n'avaient pas la moindre fermeté, et qui m'ont avoué depuis qu'ils n'avaient voté la mort de Louis XVI et une foule de décrets odieux que pour sauver leur propre tête. Les souvenirs de cette époque m'ont tellement impressionné que j'abhorre tout ce qui tendrait à ramener la démocratie, tant je suis convaincu que les masses sont aveugles, et que le pire gouvernement est celui du peuple.

CHAPITRE CINQ

Je rejoins à Paris mon père et mes frères.—Mon père est nommé au commandement de la 17e division militaire à Paris. Il refuse de seconder les vues de Sieyès et cède la place à Lefebvre.

Je venais d'avoir seize ans au mois d'août 1798. Six mois après, vers la fin de février, je quittai le collège de Sorèze. Mon père avait un ami, nommé M. Dorignac, qui se chargea de me ramener avec lui dans la capitale.

Nous fûmes huit jours pour nous rendre à Paris, où j'entrai en mars 1799, le jour même où le théâtre de l'Odéon brûla pour la première fois. La clarté de l'incendie se projetant au loin sur la route d'Orléans, je crus bonnement que cette lueur provenait des nombreux réverbères réunis dans la capitale.

Mon père occupait alors un bel hôtel rue du Faubourg-Saint-Honoré, n° 87, au coin de la petite rue Verte. J'y arrivai au moment du déjeuner: toute la famille était réunie. Il me serait impossible d'exprimer la joie que j'éprouvai en les revoyant tous! Ce fut un des plus beaux jours de ma vie!...

Nous étions au printemps de 1799. La République existait encore, et le gouvernement se composait d'un *Directoire* exécutif de cinq membres et de deux Chambres, dont l'une portait le titre de Conseil des Anciens et l'autre de Conseil des Cinq-Cents.

Mon père recevait chez lui nombreuse société. J'y fis connaissance de son ami intime, le général Bernadotte, et des hommes les plus marquants de l'époque, tels que Joseph et Lucien Bonaparte, Defermont, Napper-Tandy, chef des Irlandais réfugiés en France, le général Joubert, Salicetti, Garau, Cambacérès. Je voyais aussi souvent chez ma mère Mme Bonaparte et Mme de Condorcet, et quelquefois Mme de Staël, déjà célèbre par ses œuvres littéraires.

Je n'étais que depuis un mois à Paris, lorsque, les pouvoirs de la législature étant expirés, il fallut procéder à de nouvelles élections. Mon père, fatigué des tiraillements incessants de la vie politique, et regrettant de ne plus prendre part aux beaux faits d'armes de nos armées, déclara qu'il n'accepterait plus la députation, et qu'il voulait reprendre du service actif. Les événements le servirent à souhait. À la rentrée des nouvelles Chambres, il y eut un changement de ministère. Le général Bernadotte eut celui de la guerre; il avait promis à mon père de l'envoyer à l'armée du Rhin, et celui-ci allait se rendre à Mayence, lorsque le Directoire, apprenant la défaite de l'armée d'Italie commandée par Schérer, lui donna pour successeur le général Joubert qui commandait à Paris la 17e division militaire (devenue depuis la 1re). Ce poste devenu vacant, et le Directoire comprenant que sa haute importance politique exigeait qu'il fût confié à un homme capable et très ferme, le fit proposer à mon père par le ministre de la guerre Bernadotte. Mon père, qui n'avait cessé de faire partie de la législature que pour retourner à la guerre, refusa le commandement de Paris; mais Bernadotte lui montrant la lettre de service déjà signée, en lui disant que comme ami il le priait d'accepter, et que comme ministre il le lui ordonnait, mon père se résigna, et dès le lendemain il alla s'installer au grand quartier général de la division de Paris, alors situé quai Voltaire, au coin de la rue des Saints-Pères, et qu'on a démoli depuis pour construire plusieurs maisons.

Mon père avait pris pour chef d'état-major le colonel Ménard, son ancien ami. J'étais charmé de tout le train militaire dont mon père était entouré. Son quartier général ne désemplissait pas d'officiers de tous grades. Un escadron, un bataillon et six bouches à feu étaient en permanence devant ses portes, et l'on voyait une foule d'*ordonnances* aller et venir. Cela me paraissait plus amusant que les thèmes et les versions de Sorèze.

La France, et surtout Paris, étaient alors fort agités. On était à la veille d'une catastrophe. Les Russes, commandés par le célèbre Souwaroff, venaient de pénétrer en Italie, où notre armée avait éprouvé une grande défaite à Novi. Le général en chef Joubert avait été tué. Souwaroff vainqueur se dirigeait sur notre armée de Suisse, commandée par Masséna.

Nous avions peu de troupes sur le Rhin. Les conférences de paix entamées à Rastadt avaient été rompues et nos ambassadeurs assassinés; enfin, toute l'Allemagne s'armait de nouveau contre nous, et le Directoire, tombé dans le mépris, n'ayant ni troupes ni argent pour en lever, venait, pour se procurer des fonds, de décréter un *emprunt forcé* qui avait achevé de lui aliéner tous les esprits. On n'avait plus d'espoir qu'en Masséna pour arrêter les Russes et les empêcher de pénétrer en France. Le Directoire impatient lui expédiait courrier sur courrier pour lui ordonner de livrer bataille; mais le moderne Fabius, ne voulant pas compromettre le salut de son pays, attendait que quelque fausse manœuvre de son pétulant ennemi lui donnât l'occasion de le battre.

Ici doit se placer une anecdote qui prouve à combien peu de chose tient quelquefois la destinée des États, comme aussi la gloire des chefs d'armée. Le Directoire, exaspéré de voir que Masséna n'obéissait pas à l'ordre réitéré de livrer bataille, résolut de le *destituer*; mais, comme il craignait que ce général en chef ne tînt pas compte de cette destitution et ne la mît dans sa poche, si on la lui adressait par un simple courrier, le ministre de la guerre reçut l'ordre d'envoyer en Suisse un officier d'état-major chargé de remettre *publiquement* à Masséna sa destitution et au chef d'état-major Chérin des lettres de service qui lui conféreraient le commandement de l'armée. Le ministre Bernadotte, ayant fait connaître confidentiellement ces dispositions à mon père, celui-ci les désapprouva en lui faisant comprendre ce qu'il y avait de dangereux, à la veille d'une affaire décisive, de priver l'armée de Suisse d'un général en qui elle avait confiance, pour remettre le commandement à un général plus habitué au service des bureaux qu'à la direction des troupes sur le terrain.

D'ailleurs, la position des armées pouvait changer: il fallait donc charger de cette mission un homme assez sage pour apprécier l'état des choses, et qui n'allât pas remettre à Masséna sa destitution, à la veille ou au milieu d'une bataille. Mon père persuada au ministre de confier cette mission à M. Gault, son aide de camp, qui, sous le prétexte ostensible d'aller vérifier si les fournisseurs avaient livré le nombre de chevaux stipulés dans leurs marchés, se rendit en Suisse avec l'autorisation de garder ou de remettre la destitution de Masséna et les lettres de commandement au général Chérin, selon que les circonstances lui feraient juger la chose utile ou dangereuse. C'était un pouvoir immense confié à la prudence d'un simple capitaine! M. Gault ne démentit pas la bonne opinion qu'on avait eue de lui. Arrivé au quartier général de l'armée suisse cinq jours avant la bataille de Zurich, il vit les troupes si remplies de confiance en Masséna, et celui-ci si calme et si ferme, qu'il ne douta pas du succès, et, gardant le plus profond silence sur ses pouvoirs secrets, il assista à la bataille de Zurich, puis revint à Paris, sans que Masséna se fût douté que ce modeste capitaine avait eu entre ses mains le pouvoir de le priver de la gloire de remporter une des plus belles victoires de ce siècle.

La destitution imprudente de Masséna eût probablement entraîné la défaite du général Chérin, l'entrée des Russes en France, celle des Allemands à leur suite, et peut-être enfin le bouleversement de l'Europe! Le général Chérin fut tué à la bataille de Zurich sans s'être douté des intentions du gouvernement à son sujet. La victoire de Zurich, tout en empêchant les ennemis de pénétrer dans l'intérieur, n'avait cependant donné au Directoire qu'un crédit momentané; le gouvernement croulait de toutes parts: personne n'avait confiance en lui. Les finances étaient ruinées; la Vendée et la Bretagne étaient en complète insurrection; l'intérieur dégarni de troupes; le Midi en feu; les Chambres en désaccord entre elles et avec le pouvoir exécutif; en un mot, l'État touchait à sa ruine.

Tous les hommes politiques comprenaient qu'un grand changement était nécessaire et inévitable; mais, d'accord sur ce point, ils différaient d'opinion sur l'emploi du remède. Les vieux républicains, qui tenaient à la Constitution de l'an VI, alors en vigueur, crurent que pour sauver le pays il suffisait de changer quelques membres du Directoire. Deux de ces derniers furent renvoyés et remplacés par Gohier et Moulins; mais ce moyen ne fut qu'un très faible palliatif aux calamités sous lesquelles le pays allait succomber, et anarchie continua de l'agiter. Alors, plusieurs directeurs, au nombre desquels était le célèbre Sieyès, pensèrent, ainsi qu'une foule de députés et l'immense majorité du public, que pour sauver la France il fallait remettre les rênes du gouvernement entre les mains d'un homme ferme et déjà illustré par les services rendus à l'État. On reconnaissait aussi que ce chef ne pouvait être qu'un *militaire* ayant une grande influence sur l'armée, capable, en réveillant l'enthousiasme national, de ramener la victoire sous nos drapeaux et d'éloigner les étrangers qui s'apprêtaient à franchir les frontières.

Parler ainsi, c'était désigner le général Bonaparte; mais il se trouvait en ce moment en Égypte, et les besoins étaient pressants. Joubert venait d'être tué en Italie. Masséna, illustré par plusieurs victoires, était un excellent général à la tête d'une armée active, mais nullement un *homme politique*. Bernadotte ne paraissait ni assez capable ni assez sage pour réparer les maux de la France. Tous les regards des novateurs se portèrent donc sur Moreau, bien que la faiblesse de son caractère et sa conduite assez peu claire au 18 fructidor inspirassent quelques craintes sur ses aptitudes gouvernementales. Cependant il est certain que, faute de mieux, on lui proposa de se mettre à la tête du parti qui voulait renverser le Directoire, et qu'on lui offrit de lui confier les rênes de l'État avec le titre de président ou de consul. Moreau, bon et brave guerrier, manquait de *courage politique*, et peut-être se défiait-il de ses propres moyens pour conduire des affaires aussi embrouillées que l'étaient alors celles de la France. D'ailleurs, égoïste et paresseux, il s'inquiétait fort peu de l'avenir de sa patrie et préférait le repos de la vie privée aux agitations de la politique; il refusa donc, et se retira dans sa terre de Grosbois pour se livrer au plaisir de la chasse qu'il aimait passionnément.

Abandonnés par l'homme de leur choix, Sieyès et ceux qui voulaient avec lui changer la forme du gouvernement, ne se sentant ni assez de force ni assez de popularité pour atteindre leur but sans l'appui de la puissante épée d'un général dont le nom rallierait l'armée à leurs desseins, se virent contraints de songer au général Bonaparte. Le chef de l'entreprise, Sieyès, alors président du Directoire, se flattait qu'après avoir mis Bonaparte au pouvoir, celui-ci, ne s'occupant que de la réorganisation et de la conduite des armées, lui laisserait la conduite du gouvernement dont il serait l'âme, et Bonaparte seulement le chef nominal. La suite prouva combien il s'était trompé.

Imbu de cette pensée, Sieyès, par l'entremise du député corse Salicetti, envoya en Égypte un agent secret et sûr pour informer le général Bonaparte du fâcheux état dans lequel se trouvait la France, et lui proposa de venir se mettre à la tête du gouvernement. Et comme il ne doutait pas que Bonaparte n'acceptât avec résolution et ne revînt promptement en Europe, Sieyès mit tout en œuvre pour assurer l'exécution du coup d'État qu'il méditait.

Il lui fut facile de faire comprendre à son collègue directeur Roger-Ducos que la puissance leur échappait journellement, et que, le pays étant à la veille d'une complète désorganisation, le bien public et leur intérêt privé devaient les engager à prendre part à l'établissement d'un gouvernement ferme, dans lequel ils trouveraient à se placer d'une manière moins précaire et bien plus avantageuse. Roger-Ducos promit son concours aux projets de changement; mais les trois autres directeurs, Barras, Gohier et Moulins, ne voulant pas consentir à quitter le pouvoir, Sieyès et les meneurs de son parti résolurent de se passer d'eux et de les sacrifier lors de l'événement qui se préparait.

Cependant, il était difficile, ou du moins périlleux, même avec la présence du général Bonaparte, de changer les constitutions, de renverser le Directoire et d'établir un autre gouvernement sans l'appui de l'armée et surtout de la division qui occupait Paris. Afin de pouvoir compter sur elle, il fallait être sûr du ministre de la guerre et du général commandant la 17e division militaire. Le président Sieyès chercha donc à gagner Bernadotte et mon père, en les faisant sonder par plusieurs députés de leurs amis, dévoués aux projets de Sieyès. J'ai su depuis que mon père avait répondu aux demi-ouvertures que l'astucieux Sieyès lui avait fait faire: «Qu'il convenait que les malheurs du pays demandaient un prompt remède; mais qu'ayant juré le maintien de la Constitution de l'an VI, il ne se servirait pas de l'autorité que son commandement lui donnait sur les troupes de sa division pour les porter à renverser cette Constitution.» Puis il se rendit chez Sieyès, lui remit sa démission de commandant de la division de Paris et demanda une division active. Sieyès s'empressa de la lui accorder, tant il était aise d'éloigner un homme dont la fermeté dans l'accomplissement de ses devoirs pouvait faire avorter le coup d'État projeté. Le ministre Bernadotte suivit l'exemple de mon père et fut remplacé par Dubois-Crancé.

Le président Sieyès fut pendant quelques jours assez embarrassé pour donner un successeur à mon père; enfin, il remit le commandement de Paris au général Lefebvre qui, récemment blessé à l'armée du Rhin, se trouvait en ce moment dans la capitale. Lefebvre était un ancien sergent des gardes françaises, brave militaire, bon général d'exécution, quand on le dirigeait de près, mais crédule au dernier point, et ne s'étant jamais rendu compte de la situation politique de la France; aussi, avec les mots habilement placés de *gloire*, *patrie* et *victoire*, on était certain de lui faire faire tout ce qu'on voulait. C'était un commandant de Paris tel que le voulait Sieyès, qui ne se donna même pas la peine de le gagner ni de le prévenir de ce qu'on attendait de lui, tant il était certain qu'au jour de l'événement Lefebvre ne résisterait pas à l'ascendant du général Bonaparte et aux cajoleries du président du Directoire. Il avait bien jugé Lefebvre, car, au 18 brumaire, celui-ci se mit avec toutes les troupes de sa division sous les ordres du général Bonaparte, lorsqu'il marcha contre le Directoire et les Conseils pour renverser le gouvernement établi et créer le Consulat, ce qui valut plus tard au général Lefebvre une très haute faveur auprès de l'Empereur, qui le nomma maréchal duc de Danzig, sénateur, et le combla de richesses.

J'ai retracé rapidement ces événements, parce qu'ils expliquent les causes qui conduisirent mon père en Italie et eurent une si grande influence sur sa destinée et sur la mienne.

CHAPITRE SIX

Mon père est envoyé en Italie.—Comment se fixa ma destinée.—Je deviens housard.

Après avoir remis son commandement au général Lefebvre, mon père retourna s'établir à l'hôtel du faubourg Saint-Honoré et ne s'occupa plus que des préparatifs de son départ pour l'Italie.

Des causes très minimes influent souvent sur la destinée des hommes! Mon père et ma mère étaient très liés avec M. Barairon, directeur de l'enregistrement. Or, un jour qu'ils allèrent déjeuner chez lui, ils m'emmenèrent avec eux. On parla du départ de mon père, de la bonne conduite de mes deux cadets; enfin M. Barairon ayant demandé: «Et Marcellin, qu'en ferez-vous?—Un marin, répondit mon père; le capitaine Sibille s'en charge et va l'emmener avec lui à Toulon...» Alors la bonne Mme Barairon, à laquelle j'en ai toujours su un gré infini, fit observer à mon père que la marine française était dans un désarroi complet, que le mauvais état des finances ne permettait pas qu'elle fût promptement rétablie, que du reste son état d'infériorité vis-à-vis de la marine anglaise la retiendrait longtemps dans les ports, qu'elle ne concevait donc pas que lui, général de division de l'armée de terre, mît son fils dans la marine, au lieu de le placer dans un régiment où le nom et les services de son père devaient le faire bien venir. Elle termina en disant: «Conduisez-le en Italie plutôt que de l'envoyer périr d'ennui à bord d'un vaisseau enfermé dans la rade de Toulon!» Mon père, qui avait été séduit un moment par la proposition du capitaine Sibille, avait un esprit trop juste pour ne pas apprécier le raisonnement de Mme Barairon.—«Eh bien, me demanda-t-il, veux-tu venir en Italie avec moi et servir dans l'armée de terre?...» Je lui sautai au cou et acceptai avec une joie que ma mère partagea, car elle avait combattu le premier projet de mon père.

Comme alors il n'existait plus d'école militaire, et qu'on n'entrait dans l'armée qu'en qualité de *simple soldat*, mon père me conduisit sur-le-champ à la municipalité du Ier arrondissement, place Beauvau, et me fit engager dans le 1er régiment de housards (ancien Bercheny), qui faisait partie de la division qu'il devait commander en Italie; c'était le 3 septembre 1799.

Mon père me mena chez le tailleur chargé de faire les modèles du ministère de la guerre et lui commanda pour moi un costume complet de housard du 1er, ainsi que tous les effets d'armement et d'équipement, etc., etc... Me voilà donc *militaire!*... housard!... Je ne me sentais pas de joie!... Mais ma joie fut troublée, lorsqu'en entrant à l'hôtel, je pensai qu'elle allait aggraver la douleur de mon frère Adolphe, âgé de deux ans de plus que moi et campé au collège comme un enfant! Je conçus donc le projet de ne lui apprendre mon engagement qu'en lui annonçant en même temps que je voulais passer avec lui le mois qui devait s'écouler avant mon départ. Je priai donc mon père de me permettre que je fusse réinstallé près d'Adolphe, à Sainte-Barbe, jusqu'au jour où nous nous mettrions en route pour l'Italie. Mon père comprit parfaitement le motif de cette demande; il m'en sut même très bon gré, et me conduisit le lendemain chez M. Lanneau.

Vous figurez-vous mon entrée au collège?... On était en récréation, les jeux cessent aussitôt; tous les élèves grands et petits m'environnent. C'est à qui touchera quelque partie de mon ajustement... bref, le succès du housard fut complet!

Le jour du départ arriva... et je me séparai de ma mère et de mes trois frères avec la plus vive douleur, malgré le plaisir que j'éprouvais d'entrer dans la carrière militaire.

CHAPITRE SEPT

Départ de mon père.—Rencontre de Bonaparte à Lyon.—Épisode de notre descente sur le Rhône.—Ce que coûte un banquet républicain.—Je suis présenté à mon colonel.

Depuis que mon père avait accepté un commandement en Italie, une division était devenue vacante à l'armée du Rhin, et il l'aurait préférée; mais une fatalité inévitable l'entraînait vers ce pays où il devait trouver son tombeau! Un de ses compatriotes et ami, M. Lachèze, que je pourrais appeler son mauvais génie, avait été longtemps consul de France à Livourne et à Gênes, où il avait quelques affaires d'intérêt personnel à régler. Ce maudit homme, pour entraîner mon père vers l'Italie, lui faisait sans cesse le tableau le plus exagéré des beautés de ce pays, de l'avantage qu'il y avait d'ailleurs à ramener la victoire sous les drapeaux d'une armée malheureuse, tandis qu'il n'y avait aucune gloire à acquérir pour lui à l'armée du Rhin, dont la situation était bonne. Le cœur de mon malheureux père se laissa prendre à ses beaux raisonnements. Il pensa qu'il y avait plus de mérite à se rendre là où il y avait le plus de dangers, et persista à aller en Italie, malgré les observations de ma mère, qu'un pressentiment secret portait à désirer que mon père fût plutôt sur le Rhin; ce pressentiment ne la trompait point... elle ne revit plus son époux!...

À son ancien aide de camp, le capitaine Gault, mon père venait d'adjoindre un autre officier, M. R***, que lui avait donné son ami le général Augereau. M. R*** avait le grade de chef d'escadron. Il appartenait à une famille de Maintenon, avait des moyens et de l'éducation dont il ne se servait que fort rarement, car, par un travers d'esprit alors assez commun, il se complaisait à prendre des airs de *sacripant*, toujours jurant, sacrant et ne parlant que de pourfendre les gens avec son grand sabre. Ce matamore n'avait qu'une seule qualité, très rare à cette époque: il était toujours mis avec la plus grande recherche. Mon père, qui avait accepté M. R*** pour aide de camp sans le connaître, en eut regret bientôt; mais il ne pouvait le renvoyer sans blesser son ancien ami Augereau. Mon père ne l'aimait pas, mais il pensait, peut-être avec raison, qu'un général doit utiliser les qualités militaires d'un officier, sans trop se préoccuper de ses manières personnelles. Comme il ne se souciait pas de faire société avec M. R*** pendant un long voyage, il l'avait chargé de conduire de Paris à Nice ses équipages et ses chevaux, ayant sous ses ordres le vieux piqueur Spire, homme dévoué et habitué à commander aux gens d'écurie. Celle de mon père était nombreuse: il avait alors quinze chevaux, qui, avec ceux de ses aides de camp, de son chef d'état-major et des adjoints de celui-ci, ceux des fourgons, etc., etc., formaient une assez forte caravane dont R*** était le chef. Il partit plus d'un mois avant nous.

Mon père prit dans sa berline le fatal M. Lachèze, le capitaine Gault et moi. Le colonel Ménard, chef d'état-major, suivait avec un de ses adjoints dans une chaise de poste. Un grand drôle de valet de chambre de mon père remplissait en avant les fonctions de courrier. Nous voyagions en uniforme. J'avais un bonnet de police fort joli. Il me plaisait tant, que je voulais l'avoir toujours sur la tête, et, comme je la passais fréquemment hors de la portière, parce que la voiture me donnait le mal de mer, il advint que pendant la nuit, et lorsque mes compagnons dormaient, ce bonnet tomba sur la route. La voiture attelée de six vigoureux chevaux allait un train de chasse, je n'osai faire arrêter et je perdis mon bonnet. Mauvais présage! Mais je devais éprouver de bien plus grands malheurs dans la terrible campagne que nous allions entreprendre. Celui-ci m'affecta vivement; cependant, je me gardai bien d'en parler, de crainte d'être raillé sur le peu de soin que le nouveau *soldat* prenait de ses effets.

Mon père s'arrêta à Mâcon, chez un ancien ami. Nous passâmes vingt-quatre heures chez lui et continuâmes notre course vers Lyon. Nous n'en étions plus qu'à quelques lieues et changions de chevaux au relais de Limonest, lorsque nous remarquâmes que tous les postillons avaient orné leurs chapeaux de rubans tricolores, et qu'il y avait des drapeaux pareils aux croisées de toutes les maisons. Nous étant informés du sujet de cette démonstration, on nous répondit que le général en chef Bonaparte venait d'arriver à Lyon!… Mon père, croyant avoir la certitude que Bonaparte était encore au fond de l'Égypte, traita cette nouvelle de conte absurde; mais il resta confondu, lorsque, ayant fait appeler le maître de poste qui arrivait à l'instant de Lyon, celui-ci lui dit: «J'ai vu le général Bonaparte que je connais parfaitement, car j'ai servi sous ses ordres en Italie. Il loge à Lyon, dans tel hôtel. Il a avec lui son frère Louis, les généraux Berthier, Lannes et Murat, ainsi qu'un grand nombre d'officiers et un mameluk.»

Il était difficile d'être plus positif. Cependant la révolution avait donné lieu à tant de supercheries, et les partis s'étaient montrés si ingénieux à inventer ce qui pouvait servir leurs projets, que mon père doutait encore lorsque nous entrâmes à Lyon par le faubourg de Vaise. Toutes les maisons étaient illuminées et pavoisées de drapeaux, on tirait des fusées, la foule remplissait les rues au point d'empêcher notre voiture d'avancer; on dansait sur les places publiques, et l'air retentissait des cris de: «Vive Bonaparte qui vient sauver la patrie!…» Il fallut bien alors se rendre à l'évidence et convenir que Bonaparte était vraiment dans Lyon. Mon père s'écria: «Je pensais bien qu'on le ferait venir, mais je ne me doutais pas que ce serait sitôt: le coup a été bien monté! Il va se passer de grands événements. Cela me confirme dans la pensée que j'ai bien fait de m'éloigner de Paris: du moins, à l'armée, je servirai mon pays sans prendre part à aucun coup d'État qui, tout nécessaire qu'il paraisse, me répugne infiniment.» Cela dit, il tomba dans une profonde rêverie, pendant les longs moments que nous mîmes à fendre la foule, pour gagner l'hôtel où notre logement était préparé.

Plus nous approchions, plus le flot populaire était compact, et en arrivant à la porte, nous la vîmes couverte de lampions et gardée par un bataillon de grenadiers. C'était là que logeait le général Bonaparte, auquel on avait donné les appartements retenus depuis huit jours pour mon père. Celui-ci, homme fort violent, ne dit mot cependant, et lorsque le maître d'hôtel vint d'un air assez embarrassé s'excuser auprès de lui d'avoir été contraint d'obéir aux ordres de la municipalité, mon père ne répondit rien, et l'aubergiste ayant ajouté qu'il avait fait faire notre logement dans un hôtel fort bon, quoique de second ordre, tenu par un de ses parents, mon père se contenta de charger M. Gault d'ordonner aux postillons de nous y conduire. Arrivés là, nous trouvâmes notre courrier. C'était un homme très vif qui, échauffé par la longue course qu'il venait de faire et par les nombreuses rasades qu'il avalait à chaque relais, avait fait un tapage du diable, lorsque, arrivé bien avant nous dans le premier hôtel, il y avait appris que les appartements retenus pour son maître avaient été donnés au général Bonaparte. Les aides de camp de ce dernier, entendant ce vacarme affreux, et en ayant appris la cause, étaient allés prévenir leur patron qu'on avait délogé le général Marbot pour lui. Dans le même instant, le général Bonaparte, dont les croisées étaient ouvertes, aperçut les deux voitures de mon père arrêtées devant la porte. Il avait ignoré jusque-là le mauvais procédé de son hôte envers mon père, et comme le général Marbot, commandant de Paris peu de temps avant, et actuellement chef d'une division de l'armée d'Italie, était un homme trop important pour être traité sans façon, et que d'ailleurs Bonaparte revenait avec l'intention de se *mettre bien avec tout le monde*, il ordonna à l'un de ses officiers de descendre promptement pour offrir au général Marbot de venir *militairement* partager son logement avec lui. Mais, voyant les voitures repartir avant que son aide de camp pût parler à mon père, le général Bonaparte sortit à l'instant même à pied pour venir *en personne* lui exprimer ses regrets. La foule qui le suivait jetait de grands cris de joie qui, en approchant de notre hôtel, auraient dû nous prévenir; mais nous en avions tant entendu depuis que nous étions en ville, qu'aucun de nous n'eut la pensée de regarder dans la rue. Nous étions tous réunis dans le salon où mon père se promenait à grands pas, plongé dans de profondes réflexions, lorsque tout à coup le valet de chambre, ouvrant la porte à deux battants, annonce: «Le général Bonaparte!»

Celui-ci courut, en entrant, embrasser mon père, qui le reçut très poliment, mais froidement. Ils se connaissaient depuis longtemps. L'explication relative au logement devait être, entre de tels personnages, traitée en peu de mots; il en fut ainsi. Ils avaient bien d'autres choses à se dire; aussi passèrent-ils seuls dans la chambre à coucher, où ils restèrent en conférence pendant plus d'une heure.

Durant ce temps, les généraux et officiers venus d'Égypte avec le général Bonaparte causaient avec nous dans le salon. Je ne pouvais me lasser de considérer leur air martial, leurs figures bronzées par le soleil d'Orient, leurs costumes bizarres et leurs sabres turcs suspendus par des cordons. J'écoutais avec attention leurs récits sur les campagnes d'Égypte et les combats qui s'y étaient livrés. Je me complaisais à entendre répéter ces noms célèbres: Pyramides, Nil, Grand-Caire, Alexandrie, Saint-Jean d'Acre, le désert, etc., etc. Mais ce qui me charmait le plus était la vue du jeune mameluk Roustan. Il était resté dans l'antichambre, où j'allai plusieurs fois pour admirer son costume qu'il me montrait avec complaisance. Il parlait déjà passablement français, et je ne me lassai pas de le questionner. Le général Lannes se rappela m'avoir fait tirer ses pistolets, lorsqu'en 1793 il servait à Toulouse sous les ordres de mon père, au camp du Miral. Il me fit beaucoup d'amitiés, et nous ne nous doutions pas alors ni l'un ni l'autre que je serais un jour son aide de camp, et qu'il mourrait dans mes bras à Essling!

Le général Murat était né dans la même contrée que nous, et comme il avait été garçon de boutique chez un mercier de Saint-Céré à l'époque où ma famille y passait les hivers, il était venu fréquemment apporter des marchandises chez ma mère. D'ailleurs, mon père lui avait rendu plusieurs services dont il fut toujours reconnaissant. Il m'embrassa donc en me rappelant qu'il m'avait souvent tenu dans ses bras dans mon enfance. Je ferai plus tard la biographie de cet homme célèbre, parti de si bas et monté si haut.

Le général Bonaparte et mon père, étant rentrés dans le salon, se présentèrent mutuellement les personnes de leur suite. Les généraux Lannes et Murat étaient d'anciennes connaissances pour mon père, qui les reçut avec beaucoup d'affabilité. Il fut assez froid avec le général Berthier, qu'il avait cependant vu jadis à Versailles, lorsque mon père était garde du corps et Berthier ingénieur. Le général Bonaparte, qui connaissait ma mère, m'en demanda très poliment des nouvelles, me complimenta affectueusement d'avoir, si jeune encore, adopté la carrière des armes, et me prenant doucement par l'oreille, ce qui fut toujours la caresse la plus flatteuse qu'il fît aux personnes dont il était satisfait, il dit, en s'adressant à mon père: «Ce sera un jour un second général Marbot.» Cet horoscope s'est vérifié; je n'en avais point alors l'espérance, cependant je fus tout fier de ces paroles: il faut si peu de chose pour enorgueillir un enfant!

La visite terminée, mon père ne laissa rien transpirer de ce qui avait été dit entre le général Bonaparte et lui; mais j'ai su plus tard que Bonaparte, sans laisser pénétrer positivement ses projets, avait cherché, par les cajoleries les plus adroites, à attirer mon père dans son parti, mais que celui-ci avait constamment éludé la question.

Choqué de voir le peuple de Lyon courir au-devant de Bonaparte comme s'il eût été déjà le souverain de la France, mon père déclara qu'il désirait partir le lendemain, dès l'aube du jour. Mais ses voitures ayant besoin de réparations, force lui fut de passer une journée entière à Lyon. J'en profitai pour me faire confectionner un nouveau bonnet de police, et, enchanté de cette emplette, je ne m'occupai nullement des conversations politiques que j'entendais autour de moi et auxquelles, à vrai dire, je ne comprenais pas grand'chose. Mon père alla rendre au général Bonaparte la visite qu'il en avait reçue. Ils se promenèrent fort longtemps seuls dans le petit jardin de l'hôtel, pendant que leur suite se tenait respectueusement à l'écart. Nous les voyions tantôt gesticuler avec chaleur, tantôt parler avec plus de calme; puis Bonaparte, se rapprochant de mon père avec un air patelin, passer amicalement son bras sous le sien, probablement pour que les autorités qui se trouvaient dans la cour et les nombreux curieux qui encombraient les croisées du voisinage, pussent dire que le général Marbot adhérait aux projets du général Bonaparte, car cet homme habile ne négligeait aucun moyen pour parvenir à ses fins; il séduisait les uns et voulait faire croire qu'il avait gagné aussi ceux qui lui résistaient par devoir. Cela lui réussit à merveille!

Mon père sortit de cette seconde conversation encore plus pensif qu'il n'était sorti de la première, et en entrant à l'hôtel, il ordonna le départ pour le lendemain; mais le général Bonaparte devait faire ce jour-là une excursion autour de la ville pour visiter les hauteurs fortifiables, et tous les chevaux de poste étaient retenus pour lui. Je crus pour le coup que mon père allait se fâcher. Il se contenta de dire: «Voilà le commencement de l'omnipotence!» et ordonna qu'on tâchât de se procurer des chevaux de louage, tant il lui tardait de s'éloigner de cette ville et d'un spectacle qui le choquait. On ne trouva point de chevaux disponibles. Alors le colonel Ménard, qui était né dans le Midi et le connaissait parfaitement, fit observer que la route de Lyon à Avignon étant horriblement défoncée, il était à craindre que nos voitures ne s'y brisassent, et qu'il serait préférable de les embarquer sur le Rhône, dont la descente nous offrirait un spectacle enchanteur. Mon père, fort peu amateur de pittoresque, aurait dans tout autre moment rejeté cet avis; mais comme il lui donnait le moyen de quitter un jour plus tôt la ville de Lyon, dont le séjour lui déplaisait dans les circonstances actuelles, il consentit à prendre le Rhône. Le colonel Ménard loua donc un grand bateau; on y conduisit les deux voitures, et le lendemain, de grand matin, nous nous embarquâmes tous. Cette résolution faillit nous faire périr.

Nous étions en automne, les eaux étaient très basses, le bateau touchait et s'engravait à chaque instant, on craignait qu'il ne se déchirât. Nous couchâmes la première nuit à Saint-Péray, puis à Tain, et mîmes deux jours à descendre jusqu'à la hauteur de l'embouchure de la Drôme. Là nous trouvâmes beaucoup plus d'eau et marchâmes rapidement; mais un de ces coups de vent affreux, qu'on nomme le mistral, nous ayant assaillis à un quart de lieue au-dessus de Pont-Saint-Esprit, les bateliers ne purent gagner le rivage. Ils perdirent la tête et se mirent en prières au lieu de travailler, pendant que le courant et un vent furieux poussaient le bateau vers le pont! Nous allions heurter contre la pile du pont et être engloutis, lorsque mon père et nous tous, prenant des perches à crocs et les portant en avant fort à propos, parâmes le choc contre la pile vers laquelle nous étions entraînés. Le contre-coup fut si terrible qu'il nous fit tomber sur les bancs; mais la secousse avait changé la direction du bateau, qui, par un bonheur presque miraculeux, enfila le dessous de l'arche. Les mariniers revinrent alors un peu de leur terreur et reprirent tant bien que mal la direction de leur barque; mais le mistral continuait, et les deux voitures, offrant une résistance au vent, rendaient la manœuvre presque impossible. Enfin, à six lieues au-dessus d'Avignon, nous fûmes jetés sur une très grande île, où la pointe du bateau s'engrava dans le sable, de manière à ne plus pouvoir l'en retirer sans l'assistance de beaucoup d'ouvriers, et nous penchions tellement de côté, que nous craignions d'être submergés à chaque instant. On plaça quelques planches entre le bateau et le rivage; puis, au moyen d'une corde qui servait d'appui, nous débarquâmes tous sans accident, mais non sans danger. Il était impossible de penser à se rembarquer par un vent aussi affreux, quoique sans pluie; nous pénétrâmes donc dans l'intérieur de l'île, qui était fort grande et que nous crûmes d'abord inhabitée; mais enfin, nous aperçûmes une espèce de ferme où nous trouvâmes des bonnes gens qui nous reçurent très bien. Nous mourions de faim, mais il était impossible d'aller chercher des provisions sur le bateau, et nous n'avions que très peu de pain. Ils nous dirent que l'île était remplie de poules qu'ils y laissaient vivre à l'état sauvage et qu'ils tuaient à coups de fusil quand ils en avaient besoin. Mon père aimait beaucoup la chasse, il avait besoin de faire trêve à ses soucis; on prit les fusils des paysans, des fourches, des bâtons, et nous voilà partis en riant pour la chasse aux poules. On en tua plusieurs, quoiqu'il ne fût pas facile de les joindre, car elles volaient comme des faisans. Nous ramassâmes beaucoup de leurs œufs dans les bois, et de retour à la ferme, on alluma en plein champ un grand feu autour duquel nous nous établîmes au bivouac, pendant que le valet de chambre, aidé par la fermière, accommodait les volailles et les œufs de diverses façons. Nous soupâmes gaiement et nous couchâmes ensuite sur du foin, personne n'ayant osé accepter les lits que les bons paysans nous offraient, tant ils nous parurent peu propres. Les bateliers et un domestique de mon père, qu'on avait laissés de garde près du bateau, vinrent nous prévenir au point du jour que le vent était tombé. Tous les paysans et matelots prirent alors des pelles et des pioches, et après quelques heures d'un travail fort pénible, ils remirent la barque à flot, et nous pûmes continuer notre voyage vers Avignon, où nous arrivâmes sans autre accident. Ceux que nous avions éprouvés furent augmentés par la renommée, de sorte que le bruit courut à Paris que mon père et toute sa suite avaient péri dans les eaux du Rhône. L'entrée d'Avignon, surtout lorsqu'on arrive par le Rhône, est très pittoresque; le vieux château papal, les remparts dont la ville est entourée, ses nombreux clochers et le château de Villeneuve, placés en face d'elle, font un effet admirable! Nous trouvâmes à Avignon Mme Ménard et une de ses nièces, et passâmes trois jours dans cette ville, dont nous visitâmes les charmants environs, sans oublier la fontaine de Vaucluse. Mon père ne se pressait pas de partir, parce que M. R*** lui avait écrit que les chaleurs, encore très fortes dans le Midi, l'avaient forcé de ralentir sa marche, et mon père ne voulait pas arriver avant ses chevaux.

D'Avignon, nous allâmes à Aix. Mais arrivés sur les bords de la Durance, qu'on traversait alors en bac, nous trouvâmes cette rivière tellement grossie et débordée qu'il était impossible de passer avant cinq ou six heures. On délibérait pour savoir si on allait retourner à Avignon, lorsque le fermier du bac, espèce de *monsieur*, propriétaire d'un charmant petit castel situé sur la hauteur à cinq cents pas du rivage, vint prier mon père de venir s'y reposer jusqu'à ce que ses voitures fussent embarquées. Il accepta, espérant que ce ne serait que pour quelques heures; mais il paraît que de grands orages avaient eu lieu dans les Alpes, où la Durance prend sa source, car cette rivière continua de croître toute la journée. Nous fûmes donc forcés d'accepter pour la nuit l'hospitalité qu'offrait très cordialement le maître du château, et comme il faisait beau, nous nous promenâmes toute la journée. Cet épisode de voyage ne me déplut nullement.

Le lendemain, les eaux étant encore plus furieuses que la veille, notre hôte, qui était un chaud républicain et qui connaissait assez bien la rivière pour juger qu'il nous serait impossible de la traverser avant vingt-quatre heures, se rendit en toute hâte, et à notre insu, dans la petite ville de Cavaillon, qui n'est qu'à deux lieues de là sur la même rive que Bompart. Il alla prévenir tous les *patriotes* de la localité et des environs qu'il avait chez lui le général de division Marbot. Puis ce monsieur revint triomphant dans son castel, où nous vîmes arriver une heure après une cavalcade composée des plus chauds patriotes de Cavaillon, qui venaient supplier mon père de vouloir bien accepter un *banquet* qu'ils lui offraient au nom des notables de cette ville «toujours si éminemment républicaine!»

Mon père, auquel ces ovations n'étaient nullement agréables, refusa d'abord; mais ces *citoyens* firent tant et tant d'instances, disant que tout était déjà ordonné et que les convives se trouvaient réunis, qu'il céda enfin, et nous nous rendîmes à Cavaillon.

Le plus bel hôtel était orné de guirlandes et garni de *chapeaux noirs* de la ville et de la banlieue. Après des compliments infinis, on prit place autour d'une table immense, couverte des mets les plus recherchés et surtout d'ortolans, oiseaux qui se plaisent beaucoup dans ce pays. On prononça des discours virulents contre les *ennemis de la liberté*; on porta de nombreuses santés, et le dîner ne finit qu'à dix heures du soir. Il était un peu tard pour retourner à Bompart; d'ailleurs, mon père ne pouvait convenablement se séparer de ses hôtes à la sortie de table; il se détermina donc à coucher à Cavaillon, de sorte que le reste de la soirée se passa en conversations assez bruyantes. Enfin, peu à peu, chaque invité regagna son logis, et nous restâmes seuls. Mais, le lendemain, à son réveil, M. Gault ayant demandé à l'aubergiste quelle était la quote-part que devait mon père pour l'immense festin de la veille, qu'il croyait être un *pique-nique*, où chacun paye son couvert, cet homme lui remit un compte de plus de 1,500 francs, les bons patriotes n'ayant pas payé un traître sou!... On nous dit bien que quelques-uns avaient exprimé le désir de payer leur part, mais que la très grande majorité avait répondu que ce serait faire injure au général Marbot!...

Le capitaine Gault était furieux de ce procédé, mais mon père, qui au premier moment n'en revenait pas d'étonnement, se prit ensuite à rire aux éclats, et dit à l'aubergiste de venir chercher son argent à Bompart, où nous retournâmes sur-le-champ, sans faire la moindre observation à notre châtelain, dont on récompensa très largement les serviteurs; puis nous profitâmes de la baisse des eaux pour traverser enfin la Durance et nous rendre à Aix.

Quoique je ne fusse pas encore en âge de parler politique avec mon père, ce que je lui avais entendu dire me portait à croire que ses idées républicaines s'étaient grandement modifiées depuis deux ans, et que ce qu'il avait entendu au dîner de Cavaillon avait achevé de les ébranler; mais il ne témoigna aucune mauvaise humeur au sujet du prétendu *pique-nique*. Il s'amusait même de la colère de M. Gault, qui répétait sans cesse: «Je ne m'étonne pas que, malgré la cherté des ortolans, ces drôles en eussent fait venir une si grande quantité, et demandassent tant de bouteilles de vins fins!...»

Après avoir passé la nuit à Aix, nous partîmes pour nous rendre à Nice. C'était notre dernière journée de poste; nous traversions la montagne et la belle forêt de l'Esterel, lorsque nous rencontrâmes le chef de brigade (ou colonel) du 1er de housards qui, escorté d'un officier et de plusieurs cavaliers conduisant des chevaux éclopés, revenait de l'armée, et se rendait au dépôt de Puy en Velay. Ce colonel se nommait M. Picart; on lui laissait son régiment en raison de ses qualités d'administrateur, et on l'envoyait souvent au dépôt pour y faire équiper des hommes et des chevaux, qu'il expédiait ensuite aux escadrons de guerre, où il paraissait très rarement et restait fort peu. En apercevant M. Picart, mon père fit arrêter sa voiture, mit pied à terre, et après m'avoir présenté à mon colonel, il le tira à part pour le prier de lui indiquer un sous-officier sage et bien élevé dont il pût faire mon *mentor*. Le colonel indiqua le maréchal des logis Pertelay. Mon père fit prendre le nom de ce sous-officier, et nous continuâmes notre route jusqu'à Nice, où nous trouvâmes le commandant R*** établi dans un excellent hôtel avec nos équipages et nos chevaux en très bon état.

CHAPITRE HUIT

Arrivée à Nice.—Mon mentor Pertelay.—Comment je deviens un vrai housard de Bercheny.—J'entre dans la *clique*.—Mon premier duel à la Madona près Savone.— Enlèvement d'un convoi de bœufs à Dego.

La ville de Nice était remplie de troupes, parmi lesquelles se trouvait un escadron du 1er de housards, auquel j'appartenais. Ce régiment, en l'absence de son colonel, était commandé par un très brave chef d'escadron nommé Muller (c'était le père de ce pauvre malheureux adjudant du 7e de housards qui fut blessé d'un coup de canon, auprès de moi, à Waterloo). En apprenant que le général de division venait d'arriver, le commandant Muller se rendit chez mon père, et il fut convenu entre eux qu'après quelques jours de repos je ferais le service dans la 7e compagnie, commandée par le capitaine Mathis, homme de mérite, qui plus tard devint colonel sous l'Empire et maréchal de camp sous la Restauration.

Quoique mon père fût fort bon pour moi, il m'en imposait tellement, que j'étais auprès de lui d'une très grande timidité, timidité qu'il supposait encore plus grande qu'elle ne l'était réellement; aussi disait-il que j'aurais dû être une fille, et il m'appelait souvent *mademoiselle Marcellin*: cela me chagrinait beaucoup, surtout depuis que j'étais housard. C'était donc pour vaincre cette timidité que mon père voulait que je fisse le service avec mes camarades; d'ailleurs, ainsi que je l'ai déjà dit, on ne pouvait entrer dans l'armée que comme *simple soldat*. Mon père aurait pu, il est vrai, m'attacher à sa personne, puisque mon régiment faisait partie de sa division; mais, outre la pensée indiquée ci-dessus, il désirait que j'apprisse à seller et brider mon cheval, soigner mes armes, et ne voulait pas que son fils jouît du moindre *privilège*, ce qui aurait produit un mauvais effet parmi les troupes. C'était déjà beaucoup qu'on m'admît à l'escadron sans me faire faire un long et ennuyeux apprentissage au dépôt.

Je passai plusieurs jours à parcourir avec mon père et son état-major les environs de Nice, qui sont fort beaux; mais le moment de mon entrée à l'escadron étant arrivé, mon père demanda au commandant Muller de lui envoyer le maréchal des logis Pertelay. Or, il faut que vous sachiez qu'il existait au régiment deux frères de ce nom, tous deux maréchaux des logis, mais n'ayant entre eux aucune ressemblance physique ni morale. On croirait que l'auteur de la pièce *les Deux Philibert* a pris ces deux hommes pour types, l'aîné des Pertelay étant Philibert le mauvais sujet, et le jeune Pertelay, Philibert le bon sujet. C'était ce dernier que le colonel avait entendu désigner pour mon *mentor*; mais comme, pressé par le peu de temps que mon père et lui avaient passé ensemble, M. Picart avait oublié en nommant Pertelay d'ajouter *le jeune*, et que, d'ailleurs, celui-ci ne faisait pas partie de l'escadron qui se trouvait à Nice, tandis que l'aîné servait précisément dans la 7e compagnie, dans laquelle j'allais entrer, le commandant Muller crut que c'était de l'aîné que le colonel avait parlé à mon père, et qu'on avait choisi cet enragé pour *déniaiser* un jeune homme aussi doux et aussi timide que je l'étais. Il nous envoya donc Pertelay aîné. Ce type des anciens housards était buveur, tapageur, querelleur, bretteur, mais aussi, brave jusqu'à la témérité; du reste, complètement ignorant de tout ce qui n'avait pas rapport à son cheval, à ses armes et à son service devant l'ennemi. Pertelay jeune, au contraire, était doux, poli, très instruit, et comme il était fort bel homme et tout aussi brave que son frère, il eût certainement fait un chemin rapide si, bien jeune encore, il n'eût trouvé la mort sur un champ de bataille.

Mais revenons à l'aîné. Il arrive chez mon père, et que voyons-nous? Un luron, très bien tenu, il est vrai, mais le shako sur l'oreille, le sabre traînant, la figure enluminée et coupée en deux par une immense balafre, des moustaches d'un demi-pied de long qui, relevées par la cire, allaient se perdre dans les oreilles, deux grosses nattes de cheveux tressés aux tempes, qui, sortant de son shako, tombaient sur la poitrine, et avec cela, un air!!... un air de chenapan, qu'augmentaient encore des paroles saccadées ainsi qu'un baragouin franco-alsacien des plus barbares. Ce dernier défaut ne surprit pas mon père, car il savait que le 1er de housards était l'ancien régiment de Bercheny, dans lequel on ne recevait jadis que les Allemands, et où les commandements s'étaient faits, jusqu'en 1793, dans la langue allemande, qui était celle le plus en usage parmi les officiers et les housards, presque tous nés dans les provinces des bords du Rhin; mais mon père fut on ne peut plus surpris de la tournure, des réponses et de l'air ferrailleur qu'avait mon *mentor*.

J'ai su plus tard qu'il avait hésité à me mettre entre les mains de ce gaillard-là, mais que M. Gault lui ayant fait observer que le colonel Picart l'avait désigné comme le *meilleur* sous-officier de l'escadron, mon père s'était déterminé à en essayer. Je suivis donc Pertelay, qui, me prenant sans façon sous le bras, vint dans ma chambre, me montra à placer mes effets dans mon portemanteau et me conduisit dans une petite caserne située dans un ancien couvent et occupée par l'escadron du 1er de housards. Mon *mentor* me fit seller et desseller un joli petit cheval que mon père avait acheté pour moi; puis il me montra à placer mon manteau et mes armes; enfin il me fit une démonstration complète, et songea, lorsqu'il m'eut tout expliqué, qu'il était temps d'aller dîner, car mon père, désirant que je mangeasse avec mon *mentor*, nous avait affecté une haute paye pour cette dépense.

Pertelay me conduisit dans une petite auberge dont la salle était remplie de housards, de grenadiers et de soldats de toutes armes. On nous sert, et l'on place sur la table une énorme bouteille d'un gros vin rouge des plus violents, dont Pertelay me verse une rasade. Nous trinquons. Mon homme vide son verre, et je pose le mien sans le porter à mes lèvres, car je n'avais jamais bu de vin pur, et l'odeur de ce liquide m'était désagréable. J'en fis l'aveu à mon *mentor*, qui s'écria alors d'une voix de stentor: «Garçon!... apporte une limonade à ce garçon qui ne boit jamais de vin!…» Et de grands éclats de rire retentissent dans toute la salle!… Je fus très mortifié, mais je ne pus me résoudre à goûter de ce vin et n'osai cependant demander de l'eau: je dînai donc sans boire!…

L'apprentissage de la vie de soldat est fort dur en tout temps. Il l'était surtout à l'époque dont je parle. J'eus donc quelques pénibles moments à passer. Mais ce qui me parut intolérable fut l'obligation de coucher avec un autre housard, car le règlement n'accordait alors qu'un lit pour deux soldats. Seuls, les sous-officiers couchaient isolément. La première huit que je passai à la caserne, je venais de me coucher, lorsqu'un grand escogriffe de housard qui arrivait une heure après les autres s'approche de mon lit, et voyant qu'il y avait déjà quelqu'un, décroche la lampe et la met sous mon nez pour m'examiner de plus près, puis il se déshabille. Tout en le voyant faire, j'étais loin de penser qu'il avait la prétention de se placer auprès de moi; mais bientôt je fus détrompé, lorsqu'il me dit durement: «Pousse-toi, conscrit!» Puis il entre dans le lit, se couche de manière à en occuper les trois quarts et se met à ronfler sur le plus haut ton! Il m'était impossible de fermer l'œil, surtout à cause de l'odeur affreuse que répandait un gros paquet placé par mon camarade sous le traversin pour s'exhausser la tête. Je ne pouvais comprendre ce que ce pouvait être. Pour m'en assurer, je coule tout doucement la main vers cet objet et trouve un tablier en cuir, tout imprégné de la poix dont se servent les cordonniers pour cirer leur fil!… Mon aimable camarade de lit était l'un des garçons du bottier du régiment! J'éprouvai un tel dégoût que je me levai, m'habillai et allai à l'écurie me coucher sur une botte de paille. Le lendemain, je fis part de ma mésaventure à Pertelay, qui en rendit compte au sous-lieutenant du peloton. Celui-ci était un homme bien élevé; il se nommait Leisteinschneider (en allemand, lapidaire). Il devint, sous l'Empire, colonel, premier aide de camp de Bessières, et fut tué. M. Leisteinschneider, comprenant combien il devait m'être pénible de coucher avec un bottier, prit sur lui de me faire donner un lit dans la chambre des sous-officiers, ce qui me causa un très grand plaisir.

Bien que la Révolution eût introduit un grand relâchement dans la tenue des troupes, le 1er de housards avait toujours conservé la sienne aussi exacte que lorsqu'il était Bercheny; aussi, sauf les dissemblances physiques imposées par la nature, tous les cavaliers devaient se ressembler par leur tenue, et comme les régiments de housards portaient alors non seulement une queue, mais encore de longues tresses en cadenettes sur les tempes, et avaient des moustaches retroussées, on exigeait que tout ce qui appartenait au corps eût moustaches, queue et tresses. Or, comme je n'avais rien de tout cela, mon *mentor* me conduisit chez le perruquier de l'escadron, où je fis emplette d'une fausse queue et de cadenettes qu'on attacha à mes cheveux déjà passablement longs, car je les avais laissés pousser depuis mon enrôlement. Cet accoutrement m'embarrassa d'abord; cependant je m'y habituai en peu de jours, et il me plaisait, parce que je me figurais qu'il me donnait l'air d'un *vieux housard;* mais il n'en fut pas de même des moustaches: je n'en avais pas plus qu'une jeune fille, et comme une figure imberbe aurait déparé les rangs de l'escadron, Pertelay, se conformant à l'usage de Bercheny, prit un pot de cire noire et me fit avec le pouce deux énormes crocs qui, couvrant la lèvre supérieure, me montaient presque jusqu'aux yeux. Et comme à cette époque les shakos n'avaient pas de visière, il arrivait que pendant les revues, ou lorsque j'étais en vedette, positions dans lesquelles on doit garder une immobilité complète, le soleil d'Italie, dardant ses rayons brûlants sur ma figure, pompait les parties humides de la cire avec laquelle on m'avait fait des moustaches, et cette cire en se desséchant tirait mon épiderme d'une façon très désagréable! cependant je ne sourcillais pas! J'étais housard! Ce mot avait pour moi quelque chose de magique; d'ailleurs, embrassant la carrière militaire, j'avais fort bien compris que mon premier devoir était de me conformer aux règlements.

Mon père et une partie de sa division étaient encore à Nice lorsqu'on apprit les événements du 18 brumaire, le renversement du Directoire et l'établissement du Consulat. Mon père avait trop méprisé le Directoire pour le regretter, mais il craignait qu'enivré par le pouvoir, le général Bonaparte, après avoir rétabli l'ordre en France, ne se bornât pas au modeste titre de Consul, et il nous prédit que dans peu de temps il voudrait se faire *roi*. Mon père ne se trompa que de titre; Napoléon se fit empereur quatre ans après.

Quelles que fussent ses prévisions pour l'avenir, mon père se félicitait de ne pas s'être trouvé à Paris au 18 brumaire, et je crois que s'il y eût été, il se serait fortement opposé à l'entreprise du général Bonaparte. Mais à l'armée, à la tête d'une division placée devant l'ennemi, il voulut se renfermer dans l'obéissance *passive* du militaire. Il repoussa donc les propositions que lui firent plusieurs généraux et colonels de marcher sur Paris à la tête de leurs troupes: «Qui, leur dit-il, défendra les frontières si nous les abandonnons, et que deviendra la France si à la guerre contre les étrangers nous joignons les calamités d'une guerre civile?» Par ces sages observations, il maintint les esprits exaltés; cependant, il n'en fut pas moins très affecté du coup d'État qui venait d'avoir lieu. Il idolâtrait sa patrie, et eût voulu qu'on pût la sauver sans l'asservir au joug d'un maître.

J'ai dit qu'en me faisant faire le service de simple housard, mon père avait eu pour but principal de me faire perdre cet air d'écolier un peu niais, dont le court séjour que j'avais fait dans le monde parisien ne m'avait pas débarrassé. Le résultat passa ses espérances, car vivant au milieu des housards tapageurs, et ayant pour mentor une espèce de *pandour* qui riait des sottises que je faisais, je me mis à hurler avec les loups, et de crainte qu'on se moquât de ma timidité, je devins un vrai diable. Je ne l'étais cependant pas encore assez pour être reçu dans une sorte de confrérie qui, sous le nom de *clique*, avait des adeptes dans tous les escadrons du 1er de housards.

La *clique* se composait des plus mauvaises têtes comme des plus braves soldats du régiment. Les membres de la *clique* se soutenaient entre eux envers et contre tous, surtout devant l'ennemi. Ils se donnaient entre eux le nom de *loustics* et se reconnaissaient à une échancrure pratiquée au moyen d'un couteau dans l'étain du premier bouton de la rangée de droite de la pelisse et du dolman. Les officiers connaissaient l'existence de la *clique*; mais comme ses plus grands méfaits se bornaient à marauder adroitement quelques poules et moutons, ou à faire quelques niches aux habitants, et que d'ailleurs les loustics étaient toujours les premiers au feu, les chefs fermaient les yeux sur la *clique*.

J'étais si étourneau, que je désirais très vivement faire partie de cette société de tapageurs; il me semblait que cela me poserait d'une façon convenable parmi mes camarades; mais j'avais beau fréquenter la salle d'armes, apprendre à tirer la pointe, la contre-pointe, le sabre, le pistolet et le mousqueton, donner en passant des coups de coude à tout ce qui se trouvait sur mon chemin, laisser traîner mon sabre et placer mon shako sur l'oreille, les membres de la *clique*, me regardant comme un enfant, refusaient de m'admettre parmi eux. Une circonstance imprévue m'y fit recevoir à l'unanimité, et voici comment.

L'armée d'Italie occupait alors la Ligurie et se trouvait étendue sur un long cordon de plus de soixante lieues de long, dont la droite était au golfe de la Spezzia, au delà de Gênes, le centre à Finale et la gauche à Nice et au Var, c'est-à-dire à la frontière de France. Nous avions ainsi la mer à dos et faisions face au Piémont, qu'occupait l'armée autrichienne dont nous étions séparés par la branche de l'Apennin qui s'étend du Var à Gavi. Dans cette fausse position, l'armée française était exposée à être coupée en deux, ainsi que cela advint quelques mois après; mais n'anticipons pas sur les événements.

Mon père ayant reçu l'ordre de réunir sa division à Savone, petite ville située au bord de la mer à dix lieues en deçà de Gênes, plaça son quartier général dans l'évêché. L'infanterie fut répartie dans les bourgs et villages voisins, pour observer les vallées par où débouchent les routes et chemins qui conduisent au Piémont. Le 1er de housards, qui de Nice s'était rendu à Savone, fut placé au bivouac, dans une plaine appelée la *Madona*. Les avant-postes ennemis étaient à Dego, à quatre ou cinq lieues de nous, sur le revers opposé de l'Apennin, dont les cimes étaient couvertes de neige, tandis que Savone et ses environs jouissaient de la température la plus douce. Notre bivouac eût été charmant, si les vivres y eussent été plus abondants; mais il n'existait point encore de grande route de Nice à Gênes; la mer était couverte de croiseurs anglais, l'armée ne vivait donc que de ce que lui portaient par la Corniche quelques détachements de mulets, ou de ce qui provenait du chargement de petites embarcations qui se glissaient inaperçues le long des côtes. Ces ressources précaires suffisaient à peine pour fournir au jour le jour le grain nécessaire pour soutenir les troupes; mais, heureusement, le pays produit beaucoup de vin, ce qui soutenait les soldats et leur faisait supporter les privations avec plus de résignation. Or donc, un jour que par un temps délicieux maître Pertelay, mon *mentor*, se promenait avec moi sur les rivages de la mer, il aperçoit un cabaret situé dans un charmant jardin planté d'orangers et de citronniers, sous lesquels étaient placées des tables entourées de militaires de toutes armes, et me propose d'y entrer. Bien que je n'eusse pu vaincre ma répugnance pour le vin, je le suis par complaisance.

Il est bon de dire qu'à cette époque, le ceinturon des cavaliers n'était muni d'aucun *crochet*, de sorte que quand nous allions à pied, il fallait tenir le fourreau du sabre dans la main gauche, en laissant le bout traîner par terre. Cela faisait du bruit sur le pavé et donnait un air *tapageur*. Il n'en avait pas fallu davantage pour me faire adopter ce genre. Mais voilà qu'en entrant dans le jardin public dont je viens de parler, le bout du fourreau de mon sabre touche le pied d'un énorme canonnier à cheval, qui se prélassait étendu sur une chaise, les jambes en avant. L'artillerie à cheval, qu'on nommait alors *artillerie volante*, avait été formée au commencement des guerres de la Révolution, avec des hommes de bonne volonté pris dans les compagnies de grenadiers, qui avaient profité de cette occasion pour se débarrasser des plus turbulents.

Les *canonniers volants* étaient renommés pour leur courage, mais aussi pour leur amour des querelles. Celui dont le bout de mon sabre avait touché le pied me dit d'une voix de stentor et d'un ton fort brutal: «Housard!... ton sabre traîne beaucoup trop!...» J'allais continuer de marcher sans rien dire, lorsque maître Pertelay, me poussant le coude, me souffle tout bas: «Réponds-lui: Viens le relever!» Et moi de dire au canonnier: «Viens le relever.—Ce sera facile», réplique celui-ci.—Et Pertelay de me souffler de nouveau: «C'est ce qu'il faudra voir!» À ces mots, le canonnier, ou plutôt ce Goliath, car il avait près de six pieds de haut, se dresse sur son séant d'un air menaçant... mais mon *mentor* s'élance entre lui et moi. Tous les canonniers qui se trouvent dans le jardin prennent aussitôt parti pour leur camarade, mais une foule de housards viennent se ranger auprès de Pertelay et de moi. On s'échauffe, on crie, on parle tous à la fois, je crus qu'il y allait avoir une mêlée générale; cependant, comme les housards étaient au moins deux contre un, ils furent les plus calmes. Les artilleurs comprirent que s'ils dégainaient, ils auraient le dessous, et l'on finit par faire comprendre au géant qu'en frôlant son pied du bout de mon sabre, je ne l'avais nullement insulté, et que l'affaire devait en rester là entre nous deux; mais comme, dans le tumulte, un trompette d'artillerie d'une vingtaine d'années était venu me dire des injures, et que dans mon indignation je lui avais donné une si rude poussée qu'il était allé tomber la tête la première dans un fossé plein de boue, il fut convenu que ce garçon et moi, nous nous battrions au sabre.

Nous sortons donc du jardin, suivis de tous les assistants, et nous voilà auprès du rivage de la mer, sur un sable fin et solide, disposés à ferrailler. Pertelay savait que je tirais passablement le sabre; cependant il me donne quelques avis sur la manière dont je dois attaquer mon adversaire, et attache la poignée de mon sabre à ma main avec un gros mouchoir qu'il roule autour de mon bras.

C'est ici le moment de vous dire que mon père avait le duel en horreur, ce qui, outre ses réflexions sur ce barbare usage, provenait, je crois, de ce que dans sa jeunesse, lorsqu'il était dans les gardes du corps, il avait servi de témoin à un camarade qu'il aimait beaucoup et qui fut tué dans un combat singulier dont la cause était des plus futiles. Quoi qu'il en soit, lorsque mon père prenait un commandement, il prescrivait à la gendarmerie d'arrêter et de conduire devant lui tous les militaires qu'elle surprendrait croisant le fer.

Bien que le trompette d'artillerie et moi connussions cet ordre, nous n'en avions pas moins mis dolman bas et sabre au poing! Je tournais le dos à la ville de Savone, mon adversaire y faisait face, et nous allions commencer à nous escrimer, lorsque je vois le trompette s'élancer de côté, ramasser son dolman et se sauver en courant!… «Ah! lâche! m'écriai-je, tu fuis!…» Et je veux le poursuivre, lorsque deux mains de fer me saisissent par derrière au collet!… Je tourne la tête… et me trouve entre huit ou dix gendarmes!… Je compris alors pourquoi mon antagoniste s'était sauvé, ainsi que tous les assistants que je voyais s'éloigner à toutes jambes, y compris maître Pertelay, car chacun avait peur d'être arrêté et conduit devant le général.

Me voilà donc prisonnier et désarmé. Je passe mon dolman et suis d'un air fort penaud mes gardiens, auxquels je ne dis pas mon nom, et qui me conduisent à l'évêché, où logeait mon père. Celui-ci était en ce moment avec le général Suchet (depuis maréchal), qui était venu à Savone pour conférer avec lui d'affaires de service. Ils se promenaient dans une galerie qui donne sur la cour. Les gendarmes me conduisent au général Marbot sans se douter que je suis son fils. Le brigadier explique le motif de mon arrestation. Alors mon père, prenant un air des plus sévères, me fait une très vive remontrance. Cette admonestation faite, mon père dit au brigadier: «Conduisez ce housard à la citadelle.» Je me retirai donc sans mot dire, et sans que le général Suchet, qui ne me connaissait pas, se fût douté que la scène à laquelle il venait d'assister se fût passée entre le père et le fils. Ce ne fut que le lendemain que le général Suchet connut la parenté des personnages, et depuis il m'a souvent parlé en riant de cette scène. Arrivé à la citadelle, vieux monument génois situé auprès du port, on m'enferma dans une immense salle qui recevait le jour par une lucarne donnant sur la mer. Je me remis peu à peu de mon émotion: la réprimande que je venais de subir me paraissait méritée; cependant j'étais moins affecté d'avoir désobéi au général que d'avoir fait de la peine à mon père. Je passai donc le reste de la journée assez tristement.

Le soir, un vieil invalide des troupes génoises m'apporta une cruche d'eau, un morceau de pain de munition et une botte de paille sur laquelle je m'étendis sans pouvoir manger. Je ne pus dormir, d'abord parce que j'étais trop ému, ensuite à cause des évolutions que faisaient autour de moi de gros rats qui s'emparèrent bientôt de mon pain. J'étais dans l'obscurité, livré à mes tristes réflexions, lorsque, vers dix heures, j'entends ouvrir les verrous de ma prison. J'aperçois Spire, l'ancien et fidèle serviteur de mon père. J'appris par lui qu'après mon envoi à la citadelle, le colonel Ménard, le capitaine Gault et tous les officiers de mon père lui ayant demandé ma grâce, le général l'avait accordée et l'avait chargé, lui Spire, de venir me chercher et de porter au gouverneur du fort l'ordre de mon élargissement. On me conduisit devant ce gouverneur, le général Buget, excellent homme qui avait perdu un bras à la guerre. Il me connaissait et aimait beaucoup mon père. Il crut donc, après m'avoir rendu mon sabre, devoir me faire une longue morale que j'écoutai assez patiemment, mais qui me fit penser que j'allais en subir une autre bien plus sévère de la part de mon père. Je ne me sentais pas le courage de la supporter et résolus de m'y soustraire si je le pouvais. Enfin, on nous conduit au delà des portes de la citadelle; la nuit était sombre, Spire marchait devant moi avec une lanterne, et tout en cheminant dans les rues étroites et tortueuses de la ville, le bonhomme, enchanté de me ramener, faisait l'énumération de tout le confortable qui m'attendait au quartier général; mais, par exemple, disait-il, tu dois t'attendre à une sévère réprimande de ton père!... Cette dernière phrase fixa mes irrésolutions, et, pour laisser à la colère de mon père le temps de se calmer, je me décide à ne pas paraître devant lui avant quelques jours, et à retourner rejoindre mon bivouac à la Madona. J'aurais bien pu m'esquiver sans faire aucune niche au pauvre Spire; mais, de crainte qu'il ne me poursuivît à la clarté de la lumière qu'il portait, je fais d'un coup de pied voler sa lanterne à dix pas de lui et je me sauve en courant, pendant que le bonhomme, cherchant sa lanterne à tâtons, s'écrie: «Ah! petit coquin... je vais le dire à ton père; il a, ma foi, bien fait de te mettre avec ces bandits de housards de Bercheny! belle école de garnements!...»

Après avoir erré quelque temps dans les rues solitaires, je retrouvai enfin le chemin de la Madona et j'arrivai au bivouac du régiment. Tous les housards me croyaient en prison. Dès qu'on me reconnut à la lueur des feux, on m'environne, on m'interroge et l'on rit aux éclats lorsque je raconte comment je me suis débarrassé de l'homme de confiance chargé de me conduire chez le général. Les membres de la *clique*, surtout, sont charmés de ce trait de résolution et décident à l'unanimité que je suis admis dans leur société, qui justement se préparait à faire cette nuit même une expédition, pour aller jusqu'aux portes de Dego enlever un troupeau de bœufs appartenant à l'armée autrichienne. Les généraux français, ainsi que les chefs de corps, étaient obligés de paraître ignorer les courses que les soldats faisaient au delà des avant-postes afin de se procurer des vivres, puisqu'on ne pouvait s'en procurer régulièrement. Dans chaque régiment, les plus braves soldats avaient donc formé des bandes de maraudeurs qui savaient, avec un talent merveilleux, connaître les lieux où l'on préparait les vivres pour les ennemis, et employer la ruse et l'audace pour s'en emparer.

Un fripon de maquignon étant venu prévenir la *clique* du 1er de housards qu'un troupeau de bœufs qu'il avait vendu aux Autrichiens parquait dans une prairie à un quart de lieue de Dego, soixante housards, armés seulement de leurs mousquetons, partirent pour les enlever. Nous fîmes plusieurs lieues dans la montagne, par des chemins détournés et affreux, afin d'éviter la grande route, et nous surprîmes cinq Croates commis à la garde du troupeau, endormis sous un hangar. Enfin, pour qu'ils n'allassent pas donner l'éveil à la garnison de Dego, nous les attachâmes, et les laissant là, nous enlevâmes le troupeau sans coup férir. Nous rentrâmes au bivouac harassés, mais ravis d'avoir fait une bonne niche à nos ennemis, et ensuite de nous être procuré des vivres.

Je n'ai cité ce fait que pour faire connaître l'état de misère dans lequel se trouvait déjà l'armée d'Italie, et pour montrer à quel point de désorganisation un tel abandon peut jeter les troupes, dont les chefs sont obligés non seulement de tolérer de semblables expéditions, mais de profiter des vivres qu'elles procurent, sans avoir l'air de savoir d'où ils proviennent.

CHAPITRE NEUF

Comment je devins d'emblée maréchal des logis.—J'enlève dix-sept housards de Barco.

Heureux dans ma carrière militaire, je n'ai point passé par le grade de brigadier, car de simple housard je devins d'emblée maréchal des logis, et voici comment.

À la gauche de la division de mon père, se trouvait celle que commandait le général Séras, dont le quartier général était à Finale. Cette division, qui occupait la partie de la Ligurie où les montagnes sont le plus escarpées, n'était composée que d'infanterie, la cavalerie ne pouvant se mouvoir que par petits détachements dans les rares passages qui sur ce point séparent le littoral de la Méditerranée d'avec le Piémont. Le général Séras, ayant reçu du général en chef Championnet l'ordre de pousser avec la plus forte partie de sa division une reconnaissance en avant du mont Santo-Giacomo, au delà duquel se trouvent quelques vallées, écrivit à mon père pour le prier de lui prêter pour cette expédition un détachement de cinquante housards. Cela ne pouvait se refuser. Mon père acquiesça donc à la demande du général Séras et désigna le lieutenant Leisteinschneider pour commander ce détachement, dont mon peloton faisait partie. Nous partîmes de la Madona pour nous rendre à Finale. Il n'y avait alors au bord de la mer qu'un fort mauvais chemin nommé *la Corniche*. Le lieutenant s'étant démis le pied à la suite d'une chute de cheval, le militaire le plus élevé en grade était après lui le maréchal des logis Canon, beau jeune homme, ayant beaucoup de moyens, d'instruction, et surtout d'assurance.

Le général Séras, à la tête de sa division, se porta le lendemain sur le mont Santo-Giacomo, que nous trouvâmes couvert de neige et sur lequel nous bivouaquâmes. On devait, le jour suivant, marcher en avant avec la presque certitude de trouver les ennemis; mais quel en serait le nombre?... C'est ce que le général ignorait complètement, et comme les ordres du général en chef lui prescrivaient de reconnaître la position des Autrichiens sur ce point de la ligne, mais avec défense d'engager le combat s'il trouvait les ennemis en force, le général Séras avait réfléchi qu'en portant sa division d'infanterie en avant au milieu des montagnes, où souvent on n'aperçoit les colonnes que lorsqu'on se trouve en face d'elles au détour d'une gorge, il pourrait être amené, malgré lui, à un combat sérieux contre des forces supérieures et obligé de faire une retraite dangereuse. Il avait donc résolu de marcher avec précaution et de lancer à deux ou trois lieues en avant de lui un détachement qui pût sonder le pays et surtout faire quelques prisonniers, dont il espérait tirer d'utiles renseignements, car les paysans ne savaient ou ne voulaient rien dire. Mais, comme le général sentait aussi qu'un détachement d'infanterie serait compromis s'il l'envoyait trop loin, et que, d'ailleurs, des hommes à pied lui apporteraient trop tard les nouvelles qu'il désirait ardemment savoir, ce fut aux cinquante housards qu'il donna la mission d'aller à la découverte et d'explorer le pays. Or, comme la contrée est fort entrecoupée, il remit une carte à notre sous-officier, lui donna toutes les instructions écrites et de vive voix, en présence du détachement, et nous fit partir deux heures avant le jour, en nous répétant qu'il fallait *absolument* marcher jusqu'à ce que nous ayons joint les avant-postes ennemis, auxquels il désirait vivement qu'on pût enlever quelques prisonniers.

M. Canon disposa parfaitement son détachement. Il plaça une petite avantgarde, mit des éclaireurs sur les flancs, et prit enfin toutes les précautions d'usage dans la guerre de partisans. Arrivés à deux lieues du camp que nous venons de quitter, nous trouvons une grande auberge. Notre sous-officier questionne le maître, et apprend qu'à une forte heure de marche nous rencontrerons un corps autrichien, dont il ne peut déterminer la force, mais il sait que le régiment qui est en tête est composé de housards très méchants, qui ont maltraité plusieurs habitants de la contrée.

Ces renseignements pris, nous continuons notre marche. Mais à peine étionsnous à quelques centaines de pas, que M. Canon se tord sur son cheval, en disant qu'il souffre horriblement, et qu'il lui est impossible d'aller plus loin, et il remet le commandement du détachement au sous-officier Pertelay aîné, le plus ancien après lui. Mais celui-ci fait observer qu'étant Alsacien, il ne sait pas lire le français, et ne pourra par conséquent rien connaître à la carte qu'on lui donne, ni rien comprendre aux instructions écrites données par le général: il ne veut donc pas du commandement. Tous les autres sous-officiers, anciens Bercheny aussi peu lettrés que Pertelay, refusent pour les mêmes motifs; il en est de même des brigadiers. En vain, pour les décider, je crus devoir offrir de lire les instructions du général et d'expliquer notre marche sur la carte à celui des sous-officiers qui voudrait prendre le commandement; ils refusèrent de nouveau, et, à ma grande surprise, toutes ces vieilles moustaches me répondirent: «Prends-le toi-même, nous te suivrons et t'obéirons parfaitement.»

Tout le détachement exprimant le même désir, je compris que si je refusais, nous n'irions pas plus loin, et que l'honneur du régiment serait compromis, car enfin il fallait bien que l'ordre du général Séras fût exécuté, surtout lorsqu'il s'agissait peutêtre d'éviter une mauvaise affaire à sa division. J'acceptai donc le commandement, mais ce ne fut qu'après avoir demandé à M. Canon s'il se trouvait en état de le reprendre. Alors il recommence à se plaindre, nous quitte et retourne à l'auberge. J'avoue que je le croyais réellement indisposé; mais les hommes du détachement, qui le connaissaient mieux, se livrèrent sur son compte à des railleries fort blessantes.

Je crois pouvoir dire sans jactance que la nature m'a accordé une bonne dose de courage. J'ajouterai même qu'il fut un temps où je me complaisais au milieu des dangers. Les treize blessures que j'ai reçues à la guerre et quelques actions d'éclat en sont, je pense, une preuve suffisante. Aussi, en prenant le commandement des cinquante hommes qu'une circonstance aussi extraordinaire plaçait sous mes ordres, moi simple housard, âgé de dix-sept ans, je résolus de prouver à mes camarades que, si je n'avais encore ni expérience ni talents militaires, j'avais au moins de la valeur. Je me mis donc résolument à leur tête, et marchai dans la direction où je savais que nous trouverions l'ennemi. Nous cheminions depuis longtemps, lorsque nos éclaireurs aperçoivent un paysan qui cherche à se cacher. Ils courent à lui, l'arrêtent et l'amènent. Je le questionnai; il venait, paraît-il, de quatre ou cinq lieues de là, et prétendait n'avoir rencontré aucune troupe autrichienne. J'étais certain qu'il mentait, par crainte ou par astuce, car nous devions être très près des cantonnements ennemis. Je me souvins alors d'avoir lu dans le *Parfait partisan*, dont mon père m'avait donné un exemplaire, que pour faire parler les habitants du pays qu'on parcourt à la guerre, il faut quelquefois les effrayer. Je grossis donc ma voix, et, tâchant de donner à ma figure juvénile un air farouche, je m'écriai: «Comment, coquin, tu viens de traverser un pays occupé par un gros corps d'armée autrichienne, et tu prétends n'avoir rien vu?... Tu es un espion!... Allons, qu'on le fusille à l'instant!»

Je fais mettre pied à terre à quatre housards, en leur faisant signe de ne faire aucun mal à cet homme, qui, se voyant saisi par les cavaliers dont les carabines venaient d'être armées devant lui, fut pris d'une telle frayeur, qu'il me jura de dire tout ce qu'il savait. Il était domestique d'un couvent, on l'avait chargé de porter une lettre aux parents du prieur, en lui recommandant, s'il rencontrait les Français, de ne pas leur dire où étaient les Autrichiens; mais puisqu'il était forcé de tout avouer, il nous déclara qu'il y avait à une lieue de nous plusieurs régiments ennemis cantonnés dans les villages, et qu'une centaine de housards de *Barco* se trouvaient dans un hameau que nous apercevions à une très petite distance. Questionné sur la manière dont ces housards se gardaient, le paysan répondit qu'ils avaient en avant des maisons une grand'garde composée d'une douzaine d'hommes à pied, placés dans un jardin entouré de haies, et qu'au moment où il avait traversé le hameau, le reste des housards se préparait à conduire les chevaux à l'abreuvoir, dans un petit étang situé de l'autre côté des habitations.

Après avoir entendu ces renseignements, je pris à l'instant ma résolution, qui fut d'éviter de passer devant la grand'garde qui, se trouvant retranchée derrière les haies, ne pouvait être attaquée par des cavaliers, tandis que le feu de ses carabines me tuerait peut-être quelques hommes et avertirait de l'approche des Français. Il fallait donc tourner le hameau, gagner l'abreuvoir et tomber à l'improviste sur les ennemis. Mais par où passer pour ne pas être aperçu? J'ordonnai donc au paysan de nous conduire, en faisant un détour, et lui promis de le laisser aller dès que nous serions de l'autre côté du hameau que j'apercevais. Cependant, comme il ne voulait pas marcher, je le fis prendre au collet par un housard, tandis qu'un autre lui tenait le bout d'un pistolet sur l'oreille. Force lui fut donc d'obéir!

Il nous guida fort bien; de grandes haies masquaient notre mouvement. Nous tournons complètement le village et apercevons, au bord du petit étang, l'escadron autrichien faisant tranquillement boire ses chevaux. Tous les cavaliers portaient leurs armes, selon l'usage des avant-postes; mais les chefs des Barco avaient négligé une précaution très essentielle à la guerre, qui consiste à ne faire boire et débrider qu'un certain nombre de chevaux à la fois, et à ne laisser entrer les pelotons dans l'eau que les uns après les autres, afin d'en avoir toujours la moitié sur le rivage, prêts à repousser l'ennemi. Se confiant à l'éloignement des Français et à la surveillance du posté placé en tête du village, le commandant ennemi avait jugé inutile de prendre cette précaution: ce fut ce qui le perdit.

Dès que je fus à cinq cents pas du petit étang, je fis lâcher notre guide, qui se sauva à toutes jambes, pendant que, le sabre à la main, et après avoir défendu à mes camarades de crier avant le combat, je me lance au triple galop sur les housards ennemis, qui ne nous aperçurent qu'un instant avant que nous fussions sur la rive de l'étang! Les berges de l'étang étaient presque partout trop élevées pour que les chevaux pussent les gravir, et il n'existait de passage praticable que celui qui servait d'abreuvoir au village: il est vrai qu'il était fort large. Mais plus de cent cavaliers étaient agglomérés sur ce point, ayant tous la bride au bras et la carabine au crochet, enfin dans une quiétude si parfaite que plusieurs chantaient. Qu'on juge de leur surprise! Je les fais assaillir tout d'abord par un feu de mousquetons qui en tue quelques-uns, en blesse beaucoup et met aussi une grande quantité de leurs chevaux à bas. Le tumulte est complet! Néanmoins, le capitaine, ralliant autour de lui les hommes qui se trouvent le plus près du rivage, veut forcer le passage pour sortir de l'eau et faire sur nous un feu qui, bien que mal nourri, blessa cependant deux hommes. Les ennemis fondent ensuite sur nous; mais Pertelay ayant tué d'un coup de sabre leur capitaine, les Barco sont refoulés dans l'étang. Plusieurs veulent s'éloigner de la mousqueterie et gagnent l'autre rive; plusieurs perdent pied, un bon nombre d'hommes et de chevaux se noient, et ceux des cavaliers autrichiens qui parviennent de l'autre côté de l'étang, ne pouvant faire franchir la berge à leurs chevaux, les abandonnent, et, s'accrochant aux arbres du rivage, se sauvent en désordre dans la campagne. Les douze hommes de la grand'garde accourent au bruit; nous les sabrons, et ils fuient aussi. Cependant une trentaine d'ennemis restaient encore dans l'étang; mais craignant de pousser leurs chevaux au large, voyant que la pièce d'eau n'avait pas d'autre issue abordable que celle que nous occupions, ils nous crièrent qu'ils se rendaient, ce que j'acceptai, et à mesure qu'ils parvenaient au rivage, je leur faisais jeter leurs armes à terre. La plupart de ces hommes et de ces chevaux étaient blessés; mais comme je voulais cependant avoir un trophée de notre victoire, je fis choisir dix-sept cavaliers et autant de chevaux en bon état, que je plaçai au milieu de mon détachement; puis, abandonnant tous les autres Barco, je m'éloignai au galop, en contournant de nouveau le village.

Bien me prit de faire prompte retraite, car, ainsi que je l'avais prévu, les fuyards avaient couru prévenir les cantonnements voisins, auxquels le bruit de la fusillade avait déjà donné l'éveil. Tous prirent les armes, et une demi-heure après, il y avait plus de quinze cents cavaliers sur les rives du petit étang, et plusieurs milliers de fantassins suivaient de près; mais nous étions déjà à deux lieues de là, nos blessés ayant pu soutenir le galop. Nous nous arrêtâmes un instant sur le haut d'une colline pour les panser, et nous rîmes beaucoup, en voyant au loin plusieurs colonnes ennemies se mettre sur nos traces, car nous avions la certitude qu'elles ne pouvaient nous joindre, parce que, craignant de tomber dans une embuscade, elles n'avançaient que fort lentement et en tâtonnant. Nous étions donc hors de danger. Je donnai à Pertelay deux housards des mieux montés et le fis partir au galop pour aller prévenir le général Séras du résultat de notre mission; puis, remettant le détachement dans l'ordre le plus parfait, nos prisonniers toujours au centre et bien surveillés, je repris au petit trot le chemin de l'auberge.

Il me serait impossible de décrire la joie de mes camarades et les félicitations qu'ils m'adressaient pendant le trajet; tous se résumaient en ces mots qui, selon eux, exprimaient le *nec plus ultra* des éloges: «Tu es vraiment digne de servir dans les housards de Bercheny, le premier régiment du monde!»

Cependant, que s'était-il passé à Santo-Giacomo pendant que je faisais mon expédition? Après plusieurs heures d'attente, le général Séras, impatient d'avoir des nouvelles, aperçoit, du haut de la montagne, de la fumée à l'horizon; son aide de camp place l'oreille sur un tambour posé à terre, et par ce moyen usité à la guerre, il entend le bruit lointain de la mousqueterie. Le général Séras, inquiet, et ne doutant plus que le détachement de cavalerie ne soit aux prises avec l'ennemi, prend un régiment d'infanterie pour se porter avec lui jusqu'à l'auberge. Arrivé là, il voit sous le hangar un cheval de housard attaché au râtelier: c'était celui du maréchal des logis Canon. L'aubergiste paraît, le général le questionne et apprend que le sous-officier de housards n'a pas dépassé l'auberge, et qu'il est depuis plusieurs heures dans la salle à manger. Le général y entre, et que trouve-t-il? M. Canon endormi au coin du feu, et ayant devant lui un énorme jambon, deux bouteilles vides et une tasse de café! On réveille le pauvre maréchal des logis; il veut encore s'excuser en parlant de son indisposition subite; mais les restes accusateurs du formidable déjeuner qu'il venait de faire, ne permettaient pas de croire à sa maladie; aussi le général Séras le traita-t-il fort rudement. Sa colère s'augmentait à la pensée qu'un détachement de cinquante cavaliers, confié à la direction d'un simple soldat, avait probablement été détruit par l'ennemi, lorsque Pertelay et les deux housards qui l'accompagnaient arrivèrent au galop, annonçant notre triomphe et la prochaine arrivée de dix-sept prisonniers. Comme le général Séras, malgré cet heureux résultat, accablait encore M. Canon de reproches, Pertelay lui dit avec sa rude franchise: «Ne le grondez pas, mon général; il est si poltron que, s'il nous eût conduits, jamais l'expédition n'eût réussi!» Cette manière d'arranger les choses aggrava naturellement la position déjà si fâcheuse de M. Canon, que le général fit aussitôt arrêter.

J'arrivai sur ces entrefaites. Le général Séras cassa le pauvre M. Canon, et lui fit ôter ses galons en présence du régiment d'infanterie et des cinquante housards; puis, venant à moi, dont-il ignorait le nom, il me dit: «Vous avez parfaitement rempli une mission qu'on ne confie ordinairement qu'à des officiers; je regrette que les pouvoirs d'un général de division n'aillent pas jusqu'à pouvoir faire un sous-lieutenant; le général en chef seul a cette faculté, je lui demanderai ce grade pour vous, mais en attendant je vous nomme *maréchal des logis*.» Et il ordonna à son aide de camp de me faire reconnaître devant le détachement. Pour remplir cette formalité, l'aide de camp dut me demander mon nom, et ce fut seulement alors que le général Séras apprit que j'étais le fils de son camarade le général Marbot. Je fus bien aise de cette aventure, puisqu'elle devait prouver à mon père que la faveur n'avait pas décidé ma promotion.

CHAPITRE DIX

Nous rejoignons le général Championnet en Piémont.—Le général Macard.—Combats entre Coni et Mondovi.—Nous enlevons six pièces de canon.—Je suis nommé sous-lieutenant.—Je deviens aide de camp de mon père envoyé à Gênes, puis à Savone.

Les renseignements que le général Séras tira des prisonniers l'ayant déterminé à se porter en avant, le lendemain, il envoya l'ordre à sa division de descendre des hauteurs de San-Giacomo et de venir bivouaquer le soir même auprès de l'auberge. Les prisonniers furent expédiés sur Finale; quant aux chevaux, ils appartenaient de droit aux housards. Ils étaient tous bons, mais, suivant l'usage du temps, qui avait pour but de favoriser les officiers mal montés, un *cheval de prise* n'était jamais vendu que cinq louis. C'était un prix convenu, et l'on payait au comptant. Dès que le camp fut établi, la vente commença. Le général Séras, les officiers de son état-major, les colonels et chefs de bataillon des régiments de sa division, eurent bientôt enlevé nos dix-sept chevaux, qui produisirent la somme de 85 louis. Elle fut remise à mon détachement, qui, n'ayant pas reçu de solde depuis plus de six mois, fut enchanté de cette bonne aubaine, dont les housards m'attribuèrent le mérite.

J'avais quelques pièces d'or sur moi; aussi, pour payer ma bienvenue comme sous-officier, non seulement je ne voulus pas prendre la part qui me revenait sur la vente des chevaux de prise, mais j'achetai à l'aubergiste trois moutons, un énorme fromage et une pièce de vin, avec lesquels mon détachement fit bombance. Ce jour, l'un des plus beaux de ma vie, était le 10 frimaire an VIII.

Le lendemain et les jours suivants, la division du général Séras eut avec l'ennemi divers petits engagements pendant lesquels je continuai à commander mes cinquante housards, à la satisfaction du général dont j'éclairais la division.

Le général Séras, dans son rapport au général Championnet, fit un éloge pompeux de ma conduite, dont il rendit également compte à mon père; aussi lorsque, quelques jours après, je ramenai le détachement à Savone, mon père me reçut-il avec les plus grandes démonstrations de tendresse. J'étais ravi! Je rejoignis le bivouac, où tout le régiment était réuni; mon détachement m'y avait devancé. Les cavaliers racontèrent ce que nous avions fait, et toujours en me donnant la plus belle part du succès. Je fus donc reçu avec acclamation par les officiers et soldats, ainsi que par mes nouveaux camarades les sous-officiers, qui m'offrirent les galons de maréchal des logis.

Ce fut ce jour-là que je vis pour la première fois Pertelay jeune, qui revenait de Gênes, où il avait été détaché plusieurs mois. Je me liai avec cet excellent homme et regrettai de ne l'avoir pas eu pour *mentor* au début de ma carrière, car il me donna de bons conseils qui me rendirent plus calme et me firent rompre avec les *gaillards de la clique*.

Le général en chef Championnet, voulant faire quelques opérations dans l'intérieur du Piémont, vers Coni et Mondovi, et n'ayant que fort peu de cavalerie, prescrivit à mon père de lui envoyer le 1er de housards qui, du reste, ne pouvait plus rester à la Madona, faute de fourrages. Je me séparai avec bien du regret de mon père, et partis avec le régiment.

Nous suivîmes la Corniche jusqu'à Albenga, traversâmes l'Apennin malgré la neige, et entrâmes dans les fertiles plaines du Piémont. Le général en chef soutint dans les environs de Fossano, de Novi et de Mondovi, une suite de combats dont les uns furent favorables et les autres contraires.

Dans quelques-uns de ces combats, j'eus l'occasion de voir le général de brigade Macard, soldat de fortune, que la tourmente révolutionnaire avait porté presque sans transition du grade de *trompette-major* à celui d'officier général! Le général Macard, véritable type de ces officiers créés par le hasard et par leur courage, et qui, tout en déployant une valeur très réelle devant l'ennemi, n'en étaient pas moins incapables par leur manque d'instruction d'occuper convenablement les postes élevés, était remarquable par une particularité très bizarre. Ce singulier personnage, véritable colosse d'une bravoure extraordinaire, ne manquait pas de s'écrier lorsqu'il allait charger à la tête de ses troupes: «Allons, je vais m'habiller en bête!...» Il ôtait alors son habit, sa veste, sa chemise, et ne gardait que son chapeau empanaché, sa culotte de peau et ses grosses bottes!... Ainsi nu jusqu'à la ceinture, le général Macard offrait aux regards un torse presque aussi velu que celui d'un ours, ce qui donnait à sa personne l'aspect le plus étrange! Une fois habillé en bête, comme il le disait lui-même avec raison, le général Macard se lançait à corps perdu, le sabre au poing, sur les cavaliers ennemis, en jurant comme un païen; mais il parvenait rarement à les atteindre, car à la vue si singulière et si terrible à la fois de cette espèce de géant à moitié nu, couvert de poils et dans un si étrange équipage, qui se précipitait sur eux en poussant des hurlements affreux, les ennemis se sauvaient de tous côtés, ne sachant trop s'ils avaient affaire à un homme ou à quelque animal féroce extraordinaire.

Le général Macard était nécessairement d'une complète ignorance, ce qui amusait quelquefois beaucoup les officiers plus instruits que lui placés sous ses ordres. Un jour, l'un de ceux-ci vint lui demander la permission d'aller à la ville voisine se commander une paire de bottes. «Parbleu, lui dit le général Macard, cela arrive bien, et puisque tu vas chez un bottier, mets-toi là, prends-moi mesure, et commande-m'en aussi une paire.» L'officier, fort surpris, répond au général qu'il ne peut lui prendre mesure, ignorant absolument comme il fallait s'y prendre pour cela, et n'ayant jamais été bottier.

«Comment, s'écrie le général, je te vois quelquefois passer des journées entières à crayonner et à tirer des lignes vis-à-vis des montagnes, et lorsque je te demande ce que tu fais là, tu me réponds: «Je prends la mesure de ces montagnes.» Donc, puisque tu mesures des objets éloignés de toi de plus d'une lieue, que viens-tu me conter que tu ne saurais me prendre mesure d'une paire de bottes, à moi qui suis là sous ta main?... Allons, prends-moi vite cette mesure sans faire de façon!»

L'officier assure que cela lui est impossible, le général insiste, jure, se fâche, et ce ne fut qu'à grand'peine que d'autres officiers, attirés par le bruit, parvinrent à faire cesser cette scène ridicule. Le général ne voulut jamais comprendre qu'un officier qui mesurait des montagnes ne pût prendre mesure d'une paire de bottes à un homme!...

Ne croyez pas par cette anecdote que tous les officiers généraux de l'armée d'Italie fussent du genre du brave général Macard. Loin de là, elle comptait un grand nombre d'hommes distingués par leur instruction et leurs manières; mais à cette époque, elle renfermait encore quelques chefs qui, ainsi que je l'ai dit tout à l'heure, étaient fort déplacés dans les rangs supérieurs de l'armée. Ils en furent évincés peu à peu.

Le 1er de housards prit part à tous les combats qui se livrèrent à cette époque dans le Piémont, et fut sur le point d'éprouver de très grandes pertes dans les rencontres avec la grosse cavalerie autrichienne. Après plusieurs marches et contre-marches et une suite de petits engagements presque journaliers, le général en chef Championnet, ayant réuni la gauche et le centre de son armée entre Coni et Mondovi, attaqua, le 10 nivôse, plusieurs divisions de l'armée ennemie. Le combat eut lieu dans une plaine entrecoupée de monticules et de bouquets de bois.

Le 1er de housards, attaché à la brigade du général Beaumont, fut placé à l'extrémité de l'aile droite française. Vous savez que la quantité de cavaliers et d'officiers qui entre dans la composition d'un escadron est déterminée par les règlements. Notre régiment, ayant souffert dans les affaires précédentes, au lieu de mettre quatre escadrons en ligne, ne put en mettre ce jour-là que trois; mais cela fait, il restait une trentaine d'hommes hors les rangs, dont cinq sous-officiers. J'étais du nombre, ainsi que les deux Pertelay. On nous forma en deux pelotons, dont le brave et intelligent Pertelay jeune eut le commandement. Le général Beaumont, qui connaissait sa capacité, le chargea d'éclairer le flanc droit de l'armée, en lui donnant, sans autre instruction, l'ordre d'agir pour le mieux suivant les circonstances. Nous nous éloignons donc du régiment et allons explorer la contrée. Pendant ce temps, le combat s'engage vivement entre les deux corps d'armée. Une heure après, nous revenions sur les nôtres sans avoir rien rencontré sur les flancs, lorsque Pertelay jeune aperçoit en face de nous, et par conséquent à l'extrémité gauche de la ligne ennemie, une batterie de huit pièces dont le feu faisait beaucoup de ravages dans les rangs français.

Par une imprudence impardonnable, cette batterie autrichienne, afin d'avoir un tir plus assuré, s'était portée sur un petit plateau situé à sept ou huit cents pas en avant de la division d'infanterie à laquelle elle appartenait. Le commandant de cette artillerie se croyait en sûreté, parce que le point qu'il occupait dominant toute la ligne française, il pensait que si quelque troupe s'en détachait pour venir l'attaquer, il l'apercevrait, et aurait le temps de regagner la ligne autrichienne. Il n'avait pas considéré qu'un petit bouquet de bois, placé fort près du point qu'il occupait, pouvait recéler quelque parti français. Il n'en contenait point encore, mais Pertelay jeune résolut d'y conduire son peloton et de fondre de là sur la batterie autrichienne. Pour cacher son mouvement aux artilleurs ennemis, Pertelay jeune, sachant très bien qu'à la guerre on ne fait aucune attention à un cavalier isolé, nous expliqua son dessein, qui était de nous faire aller individuellement prendre un détour par un chemin creux pour nous rendre les uns après les autres derrière le bois placé à gauche de la batterie ennemie, puis de nous élancer de là tous à la fois sur elle, sans crainte de ses boulets, puisque nous arriverions par le flanc des pièces que nous enlèverions et conduirions à l'armée française. Le mouvement s'exécute sans que les artilleurs autrichiens le remarquent. Nous partons un à un, et nous gagnons par une marche circulaire le derrière du petit bois, où nous reformons le peloton. Pertelay jeune se met à notre tête, nous traversons le bois et nous nous élançons le sabre à la main sur la batterie ennemie, au moment où elle faisait un feu terrible sur nos troupes! Nous sabrons une partie des artilleurs; le reste se cache sous les caissons, où nos sabres ne peuvent les atteindre.

Selon les instructions données par Pertelay jeune, nous ne devions ni tuer, ni blesser les soldats du train, mais les forcer, la pointe du sabre au corps, à pousser leurs chevaux en avant et à conduire les pièces jusqu'à ce que nous ayons atteint la ligne française. Cet ordre fut parfaitement exécuté pour six pièces, dont les conducteurs restés à cheval obéirent à ce qu'on leur prescrivit; mais ceux des deux autres canons, soit par frayeur, soit par résolution, se jetèrent à bas de leurs chevaux, et bien que quelques housards prissent ces animaux par la bride, ils ne voulurent pas marcher. Les bataillons ennemis peu éloignés arrivent au pas de course au secours de leur batterie; les minutes étaient des heures pour nous; aussi Pertelay jeune, satisfait d'avoir pris six pièces, ordonna-t-il d'abandonner les autres et de nous diriger au galop avec notre capture sur l'armée française.

Cette mesure était prudente, elle devint fatale à notre brave chef, car à peine eûmes-nous commencé notre retraite, que les artilleurs et leurs chefs, sortant de dessous les caissons où ils avaient trouvé un asile assuré contre nos sabres, chargent à mitraille les deux pièces que nous n'avions pu enlever, et nous envoient une grêle de biscaïens dans les reins!...

Vous concevez que trente cavaliers, six pièces attelées chacune de six chevaux conduits par trois soldats du train, tout cela, marchant en désordre, présente une grande surface; aussi les biscaïens portèrent-ils presque tous. Nous eûmes deux sous-officiers et plusieurs housards tués ou blessés, ainsi qu'un ou deux conducteurs; quelques chevaux furent aussi mis hors de combat, de sorte que la plupart des attelages, se trouvant désorganisés, ne pouvaient plus marcher. Pertelay jeune, conservant le plus grand sang-froid, ordonne de couper les traits des chevaux tués ou hors de service, de remplacer par des housards les conducteurs morts ou blessés, et de continuer rapidement notre course. Mais les quelques minutes que nous avions perdues à faire cet arrangement avaient été utilisées par le chef de la batterie autrichienne; il nous lance une seconde bordée de mitraille, qui nous cause de nouvelles pertes. Cependant nous étions si acharnés, si résolus à ne pas abandonner les six pièces que nous venions de prendre, que nous parvenons encore à tout réparer tant bien que mal et à nous remettre en marche. Déjà nous allions toucher la ligne française, et nous nous trouvions hors de la portée de la mitraille, lorsque l'officier d'artillerie ennemie fait changer les projectiles et nous envoie deux boulets, dont l'un fracasse les reins du pauvre Pertelay jeune!

Cependant notre attaque sur la batterie autrichienne et son résultat avaient été aperçus par l'armée française, dont les généraux portèrent les lignes en avant. Les ennemis reculèrent, ce qui permit aux débris du peloton du 1er de housards de revenir sur le terrain où nos malheureux camarades étaient tombés. Près d'un tiers du détachement était tué ou blessé. Nous étions cinq sous-officiers au commencement de l'action, trois avaient péri: il ne restait plus que Pertelay aîné et moi. Le pauvre garçon était blessé et souffrait encore plus moralement que physiquement, car il adorait son frère, que nous regrettions tous aussi bien vivement! Pendant que nous lui rendions les derniers devoirs et relevions les blessés, le général Championnet arriva auprès de nous avec le général Suchet, son chef d'état-major. Le général en chef avait vu la belle conduite du peloton. Il nous réunit auprès des six pièces que nous venions d'enlever, et après avoir donné les plus grands éloges au courage avec lequel nous avions débarrassé l'armée française d'une batterie qui lui faisait éprouver de très grandes pertes, il ajouta que pour nous récompenser d'avoir ainsi sauvé la vie à un grand nombre de nos camarades, et contribué au succès de la journée, il voulait user du pouvoir que lui donnait un décret récent du premier Consul, qui venait d'instituer des *armes d'honneur*, et qu'il accordait au peloton trois sabres d'honneur et une sous-lieutenance, nous autorisant à désigner nous-mêmes ceux qui devraient recevoir ces récompenses. Nous regrettions encore plus vivement la perte du brave Pertelay jeune, qui aurait fait un si bon officier! Pertelay aîné, un brigadier et un housard obtinrent des sabres d'honneur qui, trois ans après, donnèrent droit à la croix de la *Légion d'honneur*. Il restait à désigner celui d'entre nous qui aurait une *sous-lieutenance*. Tous mes camarades prononcèrent mon nom, et le général en chef, se rappelant ce que le général Séras lui avait écrit sur la conduite que j'avais tenue à San-Giacomo, me nomma sous-lieutenant!... Il n'y avait qu'un mois que j'étais maréchal des logis. Je dois avouer cependant que dans l'attaque et l'enlèvement des pièces, je n'avais rien fait de plus que mes camarades; mais, ainsi que je l'ai déjà dit, aucun de ces bons Alsaciens ne se sentait en état de commander et d'être officier. Ils me désignèrent donc à l'unanimité, et le général en chef voulut bien tenir compte de la proposition que le général Séras avait faite précédemment en ma faveur; peut-être aussi, je dois le dire, fut-il bien aise de faire plaisir à mon père. Ce fut du moins ainsi que celui-ci apprécia mon prompt avancement, car dès qu'il en fut informé, il m'écrivit pour me défendre d'accepter. J'obéis; mais comme mon père avait écrit dans le même sens au général Suchet, chef d'état-major, celui-ci lui ayant répondu que le général en chef se trouverait certainement blessé qu'un de ses généraux de division eût la prétention de désapprouver les nominations qu'il avait faites en vertu de pouvoirs à lui conférés par le gouvernement, mon père m'autorisa à accepter, et je fus reconnu sous-lieutenant le 10 nivôse an VII (décembre 1799).

Je fus un des derniers officiers promus par le général Championnet, qui, n'ayant pu se maintenir en Piémont devant des forces supérieures, se vit contraint de repasser l'Apennin et de ramener l'armée dans la Ligurie. Ce général éprouva tant de douleur, en voyant une partie de ses troupes se débander, parce qu'on ne lui donnait plus le moyen de les nourrir, qu'il mourut le 25 nivôse, quinze jours après m'avoir fait officier. Mon père, se trouvant le plus ancien général de division, fut provisoirement investi du commandement en chef de l'armée d'Italie, dont le quartier général était à Nice. Il s'y rendit et s'empressa de renvoyer en Provence le peu de cavalerie qui restait encore, car il n'existait plus aucune provision de fourrages en Ligurie. Le 1er de housards rentra donc en France, mais mon père me retint pour remplir auprès de lui les fonctions d'aide de camp.

Pendant notre séjour à Nice, mon père reçut du ministre de la guerre l'ordre d'aller prendre le commandement de l'avant-garde de l'armée du Rhin, où son chef d'état-major, le colonel Ménard, devait le suivre. Nous fûmes tous fort satisfaits de cette nouvelle situation, car la misère avait jeté les troupes de l'armée d'Italie dans un tel désordre qu'il paraissait impossible de se maintenir en Ligurie; mon père n'était pas fâché de s'éloigner d'une armée en décomposition, qui allait ternir ses lauriers par une honteuse retraite, dont le résultat serait de se faire rejeter en France derrière le Var. Mon père se prépara donc à partir dès que le général Masséna, nommé pour le remplacer, serait arrivé, et il dépêcha pour Paris M. Gault, son aide de camp, afin d'y acheter des cartes et faire divers préparatifs pour notre campagne sur le Rhin. Mais le destin en avait décidé autrement, et la tombe de mon malheureux père était marquée sur la terre d'Italie!

Masséna, en arrivant, ne trouva plus que l'ombre d'une armée: les troupes sans paye, presque sans habits et sans chaussures, ne recevant que le quart de la ration, mouraient d'inanition ou bien d'une épidémie affreuse, résultat des privations intolérables dont elles étaient accablées; les hôpitaux étaient remplis et manquaient de médicaments. Aussi des bandes de soldats, et même des régiments entiers, abandonnaient journellement leur poste, se dirigeant vers le pont du Var, dont ils forçaient le passage pour se rendre en France et se répandre dans la Provence, quoiqu'ils se déclarassent prêts à revenir quand on leur donnerait du pain! Les généraux ne pouvaient lutter contre tant de misère; leur découragement augmentait chaque jour, et tous demandaient des congés ou se retiraient sous prétexte de maladie.

Masséna avait bien l'espoir d'être rejoint en Italie par plusieurs des généraux qui l'avaient aidé à battre les Russes en Helvétie, entre autres par Soult, Oudinot et Gazan; mais aucun d'eux n'était encore arrivé, et il fallait pourvoir au besoin pressant.

Masséna, né à la Turbie, bourgade de la petite principauté de Monaco, était l'Italien le plus rusé qui ait existé. Il ne connaissait pas mon père, mais à la première vue il jugea que c'était un homme au cœur magnanime, aimant sa patrie par-dessus tout, et pour l'engager à rester, il l'attaqua par son endroit sensible, la générosité et le dévouement au pays, lui exposant combien il serait beau à lui de continuer à servir dans l'armée d'Italie malheureuse, plutôt que d'aller sur le Rhin, où les affaires de la France étaient en bon état. Il ajouta que, du reste, il prenait sur lui l'inexécution des ordres que le gouvernement avait adressés à mon père, si celui-ci consentait à ne pas partir. Mon père, séduit par ces discours, et ne voulant pas laisser le nouveau général en chef dans l'embarras, consentit à rester avec lui. Il ne mettait pas en doute que son chef d'état-major, le colonel Ménard, son ami, ne renonçât aussi à aller sur le Rhin, puisque lui restait en Italie; mais il en fut autrement. Ménard s'en tint à l'ordre qu'il avait reçu, bien qu'on l'assurât qu'on le ferait annuler s'il y consentait. Mon père fut très sensible à cet abandon. Ménard se hâta de regagner Paris, où il se fit accepter comme chef d'état-major du général Lefebvre.

Mon père se rendit à Gênes, où il prit le commandement des trois divisions dont se composait l'aile droite de l'armée. Malgré la misère, le carnaval fut assez gai dans cette ville; les Italiens aiment tant le plaisir! Nous étions logés au palais Centurione, où nous passâmes la fin de l'hiver 1799 à 1800. Mon père avait laissé Spire à Nice, avec le gros de ses bagages. Il prit le colonel Sacleux pour chef d'état-major; c'était un homme fort estimable, bon militaire, d'un caractère fort doux, mais grave et sérieux. Celui-ci avait pour secrétaire un charmant jeune homme nommé Colindo, fils du banquier Trepano, de Parme, qu'il avait recueilli à la suite d'aventures trop longues à raconter. Il fut pour moi un excellent ami.

Au commencement du printemps de 1800, mon père apprit que le général Masséna venait de donner le commandement de l'aile droite au général Soult, nouvellement arrivé et bien moins ancien que lui, et il reçut l'ordre de retourner à Savone se remettre à la tête de son ancienne division, la troisième. Mon père obéit, quoique son amour-propre fût blessé de cette nouvelle destination.

CHAPITRE ONZE

Combats de Cadibona et de Montenotte.—Retraite de l'aile droite de l'armée sur Gênes.—Mon père est blessé.—Siège et résistance de Gênes.—Ses conséquences.—Mon ami Trepano.—Mort de mon père.—Famine et combats.—Rigueur inflexible de Masséna.

Cependant, de bien grands événements se préparaient autour de nous en Italie. Masséna avait reçu quelques renforts, rétabli un peu d'ordre dans son armée, et la célèbre campagne de 1800, celle qui amena le mémorable siège de Gênes et la bataille de Marengo, allait s'ouvrir. Les neiges dont étaient couvertes les montagnes qui séparaient les deux armées étant fondues, les Autrichiens nous attaquèrent, et leurs premiers efforts portèrent sur la troisième division de l'aile droite, qu'ils voulaient séparer du centre et de la gauche en la rejetant de Savone sur Gênes. Dès que les hostilités recommencèrent, mon père et le colonel Sacleux envoyèrent à Gênes tous les non-combattants; Colindo était de ce nombre. Quant à moi, je nageais dans la joie, animé que j'étais par la vue des troupes en marche, les mouvements bruyants de l'artillerie et le désir qu'a toujours un jeune militaire d'assister à des opérations de guerre. J'étais loin de me douter que cette guerre deviendrait si terrible et me coûterait bien cher!

La division de mon père, très vivement attaquée par des forces infiniment supérieures, défendit pendant deux jours les célèbres positions de Cadibona et de Montenotte; mais enfin, se voyant sur le point d'être tournée, elle dut se retirer sur Voltri et de là sur Gênes, où elle s'enferma avec les deux autres divisions de l'aile droite.

J'entendais tous les généraux instruits déplorer la nécessité qui nous forçait à nous séparer du centre et de l'aile gauche; mais j'étais alors si peu au fait de la guerre, que je n'en étais nullement affecté. Je comprenais bien que nous avions été battus; mais comme j'avais pris de ma main, en avant de Montenotte, un officier de housards de Barco, et m'étais emparé de son panache que j'avais fièrement attaché à la têtière de la bride de mon cheval, il me semblait que ce trophée me donnait quelque ressemblance avec les chevaliers du moyen âge, revenant chargés des dépouilles des infidèles. Ma vanité puérile fut bientôt rabattue par un événement affreux. Pendant la retraite, et au moment où mon père me donnait un ordre à porter, il reçut une balle dans la jambe gauche, celle qui déjà avait été blessée d'une balle à l'armée des Pyrénées. La commotion fut si forte, que mon père serait tombé de cheval s'il ne se fût appuyé sur moi. Je l'éloignai du champ de bataille; on le pansa, je voyais couler son sang et je me mis à pleurer... Il chercha à me calmer et me dit qu'un guerrier devait avoir plus de fermeté... On transporta mon père à Gênes, au palais Centurione, qu'il avait occupé pendant le dernier hiver. Nos trois divisions étant entrées dans Gênes, les Autrichiens en firent le blocus par terre et les Anglais par mer.

Je ne me sens pas le courage de décrire ce que la garnison et la population de Gênes eurent à souffrir pendant les deux mois que dura ce siège mémorable. La famine, la guerre et un terrible typhus firent des ravages immenses!... La garnison perdit dix mille hommes sur seize mille, et l'on ramassait tous les jours dans les rues sept à huit cents cadavres d'habitants de tout âge, de tout sexe et de toute condition, qu'on portait derrière l'église de Carignan dans une énorme fosse remplie de chaux vive. Le nombre de ces victimes s'éleva à plus de trente mille, presque toutes mortes de faim!...

Pour comprendre jusqu'à quel point le manque de vivres se fit sentir parmi les habitants, il faut savoir que l'ancien gouvernement génois, pour contenir la population de la ville, s'était de temps immémorial emparé du monopole des grains, des farines et du pain, lequel était confectionné dans un immense établissement garni de canons et gardé par des troupes, de sorte que lorsque le doge ou le Sénat voulaient prévenir ou punir une révolte, ils fermaient les fours de l'État et prenaient le peuple par la famine. Bien qu'à l'époque où nous étions la Constitution génoise eût subi de grandes modifications, et que l'aristocratie n'y eût que fort peu de prépondérance, il n'y avait cependant pas une seule boulangerie particulière, et l'ancien usage de faire le pain aux fours publics s'était perpétué. Or, ces fours publics, qui alimentaient habituellement une population de plus de cent vingt mille âmes, restèrent fermés pendant quarante-cinq jours, sur soixante que dura le siège! les riches n'ayant pas plus que les pauvres le moyen de se procurer du pain!... Le peu de légumes secs et de riz qui se trouvait chez les marchands avait été enlevé à des prix énormes dès le commencement du siège. Les troupes seules recevaient une faible ration d'un quart de livre de chair de cheval et d'un quart de livre de ce qu'on appelait du pain, affreux mélange composé de farines avariées, de son, d'amidon, de poudre à friser, d'avoine, de graine de lin, de noix rances et autres substances de mauvaise qualité, auxquelles on donnait un peu de solidité en y mêlant quelques parties de cacao, chaque pain étant d'ailleurs intérieurement soutenu par de petits morceaux de bois, sans quoi il serait tombé en poudre. Le général Thibauld, dans son journal du siège, compare ce pain à de la tourbe mélangée d'huile!...

Pendant quarante-cinq jours, on ne vendit au public ni pain ni viande. Les habitants les plus riches purent (et seulement vers le commencement du siège) se procurer quelque peu de morue, des figues et autres denrées sèches, ainsi que du sucre. L'huile, le vin et le sel ne manquèrent jamais; mais que sont ces denrées sans aliments solides? Tous les chiens et les chats de la ville furent mangés. Un rat se vendait fort cher. Enfin, la misère devint si affreuse, que lorsque les troupes françaises faisaient une sortie, les habitants les suivaient en foule hors des portes, et là, riches et pauvres, femmes, enfants et vieillards, se mettaient à couper de l'herbe, des orties et des feuilles qu'ils faisaient ensuite cuire avec du sel... Le gouvernement génois fit faucher l'herbe qui croissait sur les remparts, puis il la faisait cuire sur les places publiques et la distribuait ensuite aux malheureux malades qui n'avaient pas la force d'aller chercher eux-mêmes et de préparer ce grossier aliment. Nos troupes elles-mêmes faisaient cuire des orties et toutes sortes d'herbes avec de la chair de cheval. Les familles les plus riches et les plus distinguées leur enviaient cette viande, toute dégoûtante qu'elle fût, car la pénurie des fourrages avait rendu presque tous les chevaux malades, et l'on distribuait même la chair de ceux qui mouraient d'étisie!...

Pendant la dernière partie du siège, l'exaspération du peuple génois était à craindre. On l'entendait s'écrier qu'en 1746 leurs pères avaient massacré une armée autrichienne, qu'il fallait essayer de se débarrasser de même de l'armée française, et qu'en définitive, il valait mieux mourir en combattant, que de mourir de faim après avoir vu succomber leurs femmes et leurs enfants. Ces symptômes de révolte étaient d'autant plus effrayants, que s'ils se fussent réalisés, les Anglais par mer et les Autrichiens par terre seraient indubitablement accourus joindre leurs efforts à ceux des insurgés pour nous accabler.

Au milieu de dangers si imminents et de calamités de tous genres, le général en chef Masséna restait impassible et calme, et pour éviter toute tentative d'émeute, il fit proclamer que les troupes françaises avaient ordre de faire feu sur toute réunion d'habitants qui s'élèverait à plus de quatre hommes. Nos régiments bivouaquaient constamment sur les places et dans les rues principales, dont les avenues étaient munies de canons chargés à mitraille. Ne pouvant se réunir, les Génois furent dans l'impossibilité de se révolter.

Vous vous étonnerez sans doute que le général Masséna mît tant d'obstination à conserver une place dont il ne pouvait nourrir la population et sustenter à peine la garnison. Mais Gênes pesait alors d'un poids immense dans les destinées de la France. Notre armée était coupée; le centre et l'aile gauche s'étaient retirés derrière le Var, tandis que Masséna s'était enfermé dans Gênes pour retenir devant cette place une partie de l'armée autrichienne, l'empêchant ainsi de porter toutes ses forces sur la Provence. Masséna savait que le premier Consul réunissait à Dijon, à Lyon et à Genève, une armée de réserve, avec laquelle il se proposait de passer les Alpes par le Saint-Bernard, afin de rentrer en Italie, de surprendre les Autrichiens et de tomber sur leurs derrières, pendant qu'ils ne s'occupaient que du soin de prendre Gênes. Nous avions donc un immense intérêt à conserver cette ville le plus longtemps possible, ainsi que le prescrivaient les ordres du premier Consul, dont les prévisions furent justifiées par les événements. Mais revenons à ce qui m'advint pendant ce siège mémorable.

En apprenant qu'on avait transporté à Gênes mon père blessé, Colindo Trepano accourut auprès de son lit de douleur, et c'est là que nous nous retrouvâmes. Il m'aida de la manière la plus affectueuse à soigner mon père, et je lui en sus d'autant plus de gré, qu'au milieu des calamités dont nous étions environnés, mon père n'avait personne auprès de lui. Tous les officiers d'état-major reçurent l'ordre d'aller faire le service auprès du général en chef. Bientôt on refusa des vivres à nos domestiques, qui furent contraints de prendre un fusil et de se ranger parmi les combattants pour avoir droit à la chétive ration que l'on distribuait aux soldats. On ne fit exception que pour un jeune valet de chambre nommé Oudin et pour un jeune jockey qui soignait nos chevaux; mais Oudin nous abandonna dès qu'il eut appris que mon père était atteint du typhus. Cette affreuse maladie, ainsi que la peste avec laquelle elle a beaucoup d'analogie, se jette presque toujours sur les blessés et sur les individus déjà malades. Mon père en fut atteint, et dans le moment où il avait le plus besoin de soins, il n'avait auprès de lui que moi, Colindo et le jockey Bastide. Nous suivions de notre mieux les prescriptions du docteur, nous ne dormions ni jour ni nuit, étant sans cesse occupés à frictionner mon père avec de l'huile camphrée et à le changer de lit et de linge. Mon père ne pouvait prendre d'autre nourriture que du bouillon, et je n'avais pour en faire que de la mauvaise chair de cheval; mon cœur était déchiré!...

La Providence nous envoya un secours. Les grands bâtiments des fours publics étaient contigus aux murs du palais que nous habitions; les terrasses se touchaient. Celle des fours publics était immense; on y faisait le mélange et le broiement des grenailles de toute espèce qu'on ajoutait aux farines avariées pour faire le pain de la garnison. Le jockey Bastide avait remarqué que lorsque les ouvriers de la manutention avaient quitté la terrasse, elle était envahie par de nombreux pigeons qui, nichés dans les divers clochers de la ville, avaient l'habitude de venir ramasser le peu de grains que le criblage avait répandus sur les dalles. Bastide, qui était d'une rare intelligence, franchissant le petit espace qui séparait les deux terrasses, alla tendre sur celle des fours publics des lacets et autres engins, avec lesquels il prenait des pigeons dont nous faisions du bouillon pour mon père, qui le trouvait excellent en comparaison de celui de cheval.

Aux horreurs de la famine et du typhus, se joignaient celles d'une guerre acharnée et incessante, car les troupes françaises combattaient toute la journée du côté de terre contre les Autrichiens, et dès que la nuit mettait un terme à leurs attaques, les flottes anglaise, turque et napolitaine, que l'obscurité dérobait au tir des canons du port et des batteries de la côte, s'approchaient de la ville, sur laquelle elles lançaient une immense quantité de bombes, qui faisaient des ravages affreux!... Aussi, pas un instant de repos!...

Le bruit du canon, les cris des mourants, pénétraient jusqu'à mon père et l'agitaient au dernier point: il regrettait de ne pouvoir se mettre à la tête des troupes de sa division. Cet état moral empirait sa position; sa maladie s'aggravait de jour en jour; il s'affaiblissait visiblement. Colindo et moi ne le quittions pas un instant. Enfin, une nuit, pendant que j'étais à genoux auprès de son lit pour imbiber sa blessure, il me parla avec toute la plénitude de sa raison, puis, sentant sa fin approcher, il plaça sa main sur ma tête, l'y promena d'une façon caressante en disant: «Pauvre enfant, que va-t-il devenir, seul et sans appui, au milieu des horreurs de ce terrible siège?...» Il balbutia encore quelques paroles, parmi lesquelles je démêlai le nom de ma mère, laissa tomber ses bras et ferma les yeux!...

Quoique bien jeune, et depuis peu de temps au service, j'avais vu beaucoup de morts sur le terrain de divers combats et surtout dans les rues de Gênes; mais ils étaient tombés en plein air, encore couverts de leurs vêtements, ce qui donne un aspect bien différent de celui d'un homme qui meurt dans son lit, et je n'avais jamais été témoin de ce dernier et triste spectacle. Je crus donc que mon père venait de céder au sommeil. Colindo comprit la vérité, mais n'eut pas le courage de me la dire, et je ne fus tiré de mon erreur que plusieurs heures après, lorsque M. Lachèze étant arrivé, je lui vis relever le drap du lit sur la figure de mon père, en disant: «C'est une perte affreuse pour sa famille et ses amis!...» Alors seulement je compris l'étendue de mon malheur... Ma douleur fut si déchirante qu'elle toucha même le général en chef Masséna, dont le cœur n'était cependant pas facile à émouvoir, surtout dans les circonstances présentes, où il avait besoin de tant de fermeté. La position critique dans laquelle il se trouvait lui fit prendre à mon égard une mesure qui me parut *atroce*, et que cependant je prendrais aussi moi-même si je commandais dans une ville assiégée.

Pour éviter tout ce qui aurait pu affaiblir le moral des troupes, le général Masséna avait défendu la pompe des funérailles, et comme il savait que je n'avais pas voulu quitter la dépouille mortelle de mon père bien-aimé, qu'il pensait que mon projet était de l'accompagner jusqu'à sa tombe, et qu'il craignait que les troupes ne s'attendrissent en voyant un jeune officier, à peine au sortir de l'enfance, suivre en sanglotant la bière de son père, général de division, victime de la terrible guerre que nous soutenions, Masséna vint le lendemain avant le jour dans la chambre où gisait mon père, et, me prenant par la main, il me conduisit sous un prétexte quelconque dans un salon éloigné, pendant que sur son ordre douze grenadiers, accompagnés seulement d'un officier et du colonel Sacleux, enlevèrent la bière en silence et allèrent la déposer dans la tombe provisoire, sur les remparts du côté de la mer. Ce ne fut qu'après que cette triste cérémonie fut terminée, que le général Masséna m'en instruisit en m'expliquant les motifs de sa décision... Non, je ne pourrai exprimer le désespoir dans lequel cela me jeta!... Il me semblait que je perdais une seconde fois mon pauvre père que l'on venait d'enlever à mes derniers soins!... Mes plaintes furent vaines, et il ne me restait plus que d'aller prier sur la tombe de mon père. J'ignorais où elle était, mais mon ami Colindo avait suivi de loin le convoi, et il me conduisit... Ce bon jeune homme me donna en cette circonstance les preuves d'une touchante sympathie, quand chaque individu ne pensait qu'à sa position personnelle.

Presque tous les officiers d'état-major de mon père avaient été tués ou emportés par le typhus. Sur *onze* que nous étions avant la campagne, il n'en restait plus que *deux*: Le commandant R*** et moi! Mais R*** ne s'occupait que de lui et, au lieu de servir d'appui au fils de son général, il continua d'habiter seul en ville. M. Lachèze m'abandonna aussi!... Il n'y eut que le bon colonel Sacleux qui me donna quelques marques d'intérêt; mais le général en chef lui ayant donné le commandement d'une brigade, il était constamment hors des murs, occupé à repousser les ennemis. Je restai donc seul dans l'immense palais Centurione, avec Colindo, Bastide et le vieux concierge.

Une semaine s'était à peine écoulée depuis que j'avais eu le malheur de perdre mon père, lorsque le général en chef Masséna, qui avait besoin d'un grand nombre d'officiers autour de lui (car il en faisait tuer ou blesser quelques-uns presque tous les jours), me fit ordonner d'aller faire auprès de lui le service d'aide de camp, ainsi que le faisaient R*** et tous les officiers des généraux morts ou hors d'état de monter à cheval. J'obéis... Je suivais toute la journée le général en chef dans les combats, et, lorsque je n'étais pas retenu au quartier général, je rentrais, et la nuit venue, Colindo et moi, passant au milieu des mourants et des cadavres d'hommes, de femmes et d'enfants qui encombraient les rues, nous allions prier au tombeau de mon père.

La famine augmentait d'une façon effrayante dans la place. Un ordre du général en chef prescrivait de ne laisser à chaque officier qu'un seul cheval, tous les autres devaient être envoyés à la boucherie. Mon père en avait laissé plusieurs; il m'aurait été très pénible de savoir qu'on allait tuer ces pauvres bêtes. Je leur sauvai la vie en proposant à des officiers d'état-major de les leur donner en échange de leurs montures usées que je livrai à la boucherie. Ces chevaux furent plus tard payés par l'État sur la présentation de l'ordre de livraison; je conservai un de ces ordres comme monument curieux; il porte la signature du général Oudinot, chef d'état-major de Masséna.

La perte cruelle que je venais d'éprouver, la position dans laquelle je me trouvais et la vue des scènes vraiment horribles auxquelles j'assistais tous les jours, avaient en peu de temps mûri ma raison plus que ne l'auraient fait plusieurs années de bonheur. Je compris que la misère et les calamités du siège rendant égoïstes tous ceux qui, quelques mois auparavant, comblaient mon père de prévenances, je devais trouver en moi-même assez de courage et de ressources, non seulement pour me suffire, mais pour servir d'appui à Colindo et à Bastide. Le plus important était de trouver le moyen de les nourrir, puisqu'ils ne recevaient pas de vivres des magasins de l'armée. J'avais bien, comme officier, deux rations de chair de cheval et deux rations de pain, mais tout cela réuni ne faisait qu'une livre pesant d'une très mauvaise nourriture, et nous étions trois!... Nous ne prenions plus que très rarement des pigeons, dont le nombre avait infiniment diminué. En ma qualité d'aide de camp du général en chef, j'avais bien mon couvert à sa table, sur laquelle on servait une fois par jour du pain, du cheval rôti et des pois chiches; mais j'étais tellement courroucé de ce que le général Masséna m'avait privé de la triste consolation d'accompagner le cercueil de mon père, que je ne pouvais me résoudre à aller prendre place à sa table, quoique tous mes camarades y fussent et qu'il m'y eût engagé une fois pour toutes. Mais enfin, le désir de secourir mes deux malheureux commensaux me décida à aller manger chez le général en chef. Dès lors, Colindo et Bastide eurent chacun un quart de livre de pain et autant de chair de cheval. Moi-même, je ne mangeais pas suffisamment, car à la table du général en chef les portions étaient extrêmement exiguës, et je faisais un service très pénible; aussi sentais-je mes forces s'affaiblir, et il m'arrivait souvent d'être obligé de m'étendre à terre pour ne pas tomber en défaillance.

La Providence vint encore à notre secours. Bastide était né dans le Cantal, et avait rencontré l'hiver d'avant un autre Auvergnat de sa connaissance établi à Gênes, où il faisait un petit commerce. Il alla le voir et fut frappé, en entrant chez lui, de sentir l'odeur que répand la boutique d'un épicier. Il en fit l'observation à son ami, en lui disant: «Tu as des provisions?...» Celui-ci en convint en lui demandant le secret, car les provisions de tout genre qu'on découvrait chez les particuliers étaient enlevées et transportées dans les magasins de l'armée. L'intelligent Bastide offrit alors de lui faire acheter la portion de denrées qu'il aurait de trop par quelqu'un qui le solderait sur-le-champ et garderait un secret inviolable, et il vint m'informer de sa découverte. Mon père avait laissé quelques milliers de francs. J'achetai donc et fis porter de nuit chez moi beaucoup de morue, de fromage, de figues, de sucre, de chocolat, etc., etc. Tout cela fut *horriblement cher*; l'Auvergnat eut presque tout mon argent, mais je m'estimai trop heureux d'en passer par où il voulut, car, d'après ce que j'entendais dire journellement au quartier général, le siège devait être encore fort long, et la famine aller toujours en augmentant, ce qui, malheureusement, se réalisa. Ce qui doublait le bonheur que j'avais eu de me procurer des subsistances, c'était la pensée que je sauvais la vie de mon ami Colindo qui, sans cela, serait littéralement mort de faim, car il ne connaissait dans l'armée que moi et le colonel Sacleux, qui ne tarda pas à être frappé d'un affreux malheur; voici en quelles circonstances:

Le général Masséna, attaqué de toutes parts, voyant ses troupes moissonnées par des combats continuels et par la famine, obligé de contenir une population immense que la faim poussait au désespoir, se trouvait dans une position des plus critiques, et sentait que pour maintenir le bon ordre dans l'armée, il fallait y établir une discipline de fer. Aussi tout officier qui n'exécutait pas ponctuellement ses ordres était-il impitoyablement destitué, en vertu des pouvoirs que les lois d'alors conféraient aux généraux en chef. Plusieurs exemples de ce genre avaient déjà été faits, lorsque, dans une sortie que nous poussâmes à six lieues de la place, la brigade commandée par le colonel Sacleux ne s'étant pas trouvée, à l'heure indiquée, dans une vallée dont elle devait fermer le passage aux Autrichiens, ceux-ci s'échappèrent, et le général en chef, furieux de voir manquer le résultat de ses combinaisons, destitua le pauvre colonel Sacleux, en le signalant dans un ordre du jour. Sacleux avait bien pu ne pas comprendre ce qu'on attendait de lui, mais il était fort brave. Certainement, il se serait, dans son désespoir, fait sauter la cervelle, s'il n'avait eu à cœur de rétablir son honneur. Il prit un fusil, et se plaça dans les rangs comme *soldat*... Il vint un jour nous voir; Colindo et moi eûmes le cœur navré, en voyant cet excellent homme habillé en simple fantassin. Nous fîmes nos adieux à Sacleux, qui, après la reddition de la place, fut réintégré dans son grade de colonel par le premier Consul, à la demande de Masséna lui-même, que Sacleux avait forcé, par son courage, à revenir sur son compte. Mais l'année suivante, Sacleux, voyant la paix faite en Europe, et voulant se laver complètement du reproche qui lui avait été adressé si injustement, demanda à aller faire la guerre à Saint-Domingue, où il fut tué au moment où il allait être nommé général de brigade!... Il est des hommes qui, malgré leur mérite, ont une destinée bien cruelle: celui-ci en est un exemple.

CHAPITRE DOUZE

Épisodes du siège.—Capture de trois mille Autrichiens.—Leur horrible fin sur les pontons.—Attaques constantes par terre et par mer.

Je ne puis parler que très succinctement des opérations du siège ou blocus que nous soutenions. Les fortifications de Gênes ne consistaient, à cette époque, du côté de la terre, qu'en une simple muraille flanquée de tours; mais ce qui rendait la place très susceptible d'une bonne défense, c'est qu'elle est entourée, à peu de distance, par des montagnes dont les sommets et les flancs sont garnis de forts et de redoutes. Les Autrichiens attaquaient constamment ces positions; dès qu'ils en enlevaient une, nous marchions pour la reprendre, et le lendemain ils cherchaient encore à s'en emparer; s'ils y parvenaient, nous allions les en chasser derechef. Enfin, c'était une navette continuelle, avec des chances différentes, mais, en résultat, nous finissions par rester maîtres du terrain. Ces combats étaient souvent très vifs. Dans l'un d'eux, le général Soult, qui était le bras droit de Masséna, gravissait à la tête de ses colonnes le *Monte-Corona*, pour reprendre le fort de ce nom que nous avions perdu la veille, lorsqu'une balle lui brisa le genou au moment où les ennemis, infiniment plus nombreux que nous, descendaient en courant du haut de la montagne. Il était impossible que le peu de troupes que nous avions sur ce point pût résister à une telle avalanche. Il fallut donc battre en retraite. Les soldats portèrent quelque temps le général Soult sur leurs fusils, mais les douleurs intolérables qu'il éprouvait le décidèrent à ordonner qu'on le déposât au pied d'un arbre, où son frère et un de ses aides de camp restèrent seuls auprès de lui, pour le préserver de la fureur des premiers ennemis qui arriveraient sur lui. Heureusement, il se trouva parmi ceux-ci des officiers qui eurent beaucoup d'égards pour leur illustre prisonnier. La capture du général Soult ayant exalté le courage des Autrichiens, ils nous poussèrent très vivement jusqu'au mur d'enceinte qu'ils se préparaient à attaquer, lorsqu'un orage affreux vint assombrir le ciel d'azur que nous avions eu depuis le commencement du siège. La pluie tombait à torrents. Les Autrichiens s'arrêtèrent, et la plupart d'entre eux cherchèrent à s'abriter dans les cassines ou sous des arbres. Alors le général Masséna, dont le principal mérite consistait à mettre à profit toutes les circonstances imprévues de la guerre, parle à ses soldats, ranime leur ardeur, et les faisant soutenir par quelques troupes venues de la ville, il leur fait croiser la baïonnette et les ramène au plus fort de l'orage contre les Autrichiens vainqueurs jusque-là, mais qui, surpris de tant d'audace, se retirent en désordre. Masséna les poursuivit si vigoureusement qu'il parvint à couper un corps de trois mille grenadiers, qui mirent bas les armes.

Ce n'était pas la première fois que nous faisions de nombreux prisonniers, car le total de ceux que nous avions enlevés depuis le commencement du siège se montait à plus de huit mille; mais n'ayant pas de quoi les nourrir, le général en chef les avait toujours renvoyés, à condition qu'ils ne serviraient pas contre nous avant six mois. Les officiers avaient tenu religieusement leur promesse; quant aux malheureux soldats qui, rentrés dans le camp autrichien, ignoraient l'engagement que leurs chefs avaient pris pour eux, on les incorporait dans d'autres régiments et on les forçait à combattre encore contre les Français. S'ils retombaient entre nos mains, ce qui arrivait souvent, nous les rendions de nouveau; on les incorporait derechef dans d'autres bataillons, et il y eut ainsi une grande quantité de ces hommes qui, de leur propre aveu, furent pris quatre ou cinq fois pendant le siège. Le général Masséna, indigné d'un tel manque de loyauté de la part des généraux autrichiens, décida cette fois que les trois mille grenadiers qu'il venait de prendre seraient retenus, officiers et soldats, et pour que le soin de les garder n'augmentât pas le service des troupes, il fit placer ces malheureux prisonniers sur des vaisseaux rasés, au milieu du port, et fit braquer sur eux une partie des canons du môle; puis il envoya un parlementaire au général Ott, qui commandait le corps autrichien devant Gênes, pour lui reprocher son manque de bonne foi et le prévenir qu'il ne se croyait tenu de donner aux prisonniers que la *moitié* de la ration que recevait un soldat français, mais qu'il consentait à ce que les Autrichiens s'entendissent avec les Anglais, pour que des barques apportassent tous les jours des vivres aux prisonniers et ne les quittassent qu'après les leur avoir vu manger, afin qu'on ne crût pas que lui, Masséna, se servît de ce prétexte pour faire entrer des vivres pour ses propres troupes. Le général autrichien, espérant qu'un refus amènerait Masséna à lui rendre ses trois mille hommes qu'il comptait probablement faire combattre encore contre nous, refusa la proposition philanthropique qui lui était faite; alors Masséna exécuta ce qu'il avait annoncé.

La ration des Français se composait d'un quart de livre d'un pain affreux et d'une égale quantité de chair de cheval: les prisonniers ne reçurent donc que la moitié de chacune de ces denrées; ils n'avaient par conséquent par jour qu'un quart de livre pesant pour toute nourriture!... Ceci avait lieu quinze jours avant la fin du siège. Ces pauvres diables restèrent tout ce temps-là au même régime. En vain, tous les deux ou trois jours, le général Masséna renouvelait-il son offre au général ennemi, celui-ci n'accepta jamais, soit par obstination, soit que l'amiral anglais (lord Keith) ne voulût pas consentir à fournir ses chaloupes, de crainte, disait-on, qu'elles ne rapportassent le typhus à bord de la flotte. Quoi qu'il en soit, les malheureux Autrichiens *hurlaient* de rage et de faim sur les pontons. C'était vraiment affreux!... Enfin, après avoir mangé leurs brodequins, havresacs, gibernes et même peut-être quelques cadavres, ils moururent presque tous d'inanition!... Il n'en restait guère que sept à huit cents, lorsque, la place ayant été remise à nos ennemis, les soldats autrichiens, en entrant dans Gênes, coururent vers le port et donnèrent à manger à leurs compatriotes avec si peu de précaution, que tous ceux qui avaient survécu jusque-là périrent...

J'ai voulu rapporter cet horrible épisode, d'abord comme un nouvel exemple des calamités que la guerre entraîne après elle, et surtout pour flétrir la conduite et le manque de bonne foi du général autrichien, qui contraignit ses malheureux soldats faits prisonniers et rendus sur parole à reprendre les armes contre nous, bien qu'il se fût engagé à les renvoyer en Allemagne.

Dans les divers combats qui signalèrent le siège de Gênes, je courus de bien grands dangers. Je me bornerai à citer les deux principaux.

J'ai déjà dit que les Autrichiens et les Anglais se relayaient pour nous tenir constamment sous les armes. En effet, les premiers nous attaquaient dès l'aurore du côté de terre, nous combattaient toute la journée et allaient se reposer la nuit, pendant que la flotte de lord Keith venait nous bombarder, et tâchait de s'emparer du port à la faveur de l'obscurité, ce qui forçait la garnison à une grande surveillance de ce côté et l'empêchait de prendre le moindre repos. Or, une nuit que le bombardement était encore plus violent que de coutume, le général en chef Masséna, prévenu qu'à la lueur des feux de Bengale allumés sur la plage, on apercevait de nombreuses embarcations anglaises chargées de troupes s'avançant vers les môles du port, monta sur-le-champ à cheval avec tout son état-major et l'escadron de ses guides qui l'accompagnait partout. Nous étions au moins cent cinquante à deux cents cavaliers, lorsque, passant sur une petite place nommée Campetto, le général en chef s'arrêta pour parler à un officier qui revenait du port, et comme chacun se pressait autour de lui, un cri se fait entendre: «Gare la bombe!»

Tous les yeux se portent en l'air, et l'on voit un énorme bloc de fer rouge prêt à tomber sur ce groupe d'hommes et de chevaux resserrés dans un très petit espace. Je me trouvais placé le long du mur du grand hôtel dont la porte était surmontée d'un balcon de marbre. Je pousse mon cheval dessous, et plusieurs de mes voisins firent de même; mais ce fut précisément sur le balcon que tomba la bombe. Elle le réduisit en morceaux, puis rebondissant sur le pavé, elle éclata avec un bruit affreux au milieu de la place qu'elle éclaira momentanément de ses lugubres flammes, auxquelles succéda la plus complète obscurité... On s'attendait à de grandes pertes; le plus profond silence régnait. Il fut interrompu par la voix du général Masséna qui demandait si quelqu'un était blessé... Personne ne répondit, car, par un hasard vraiment miraculeux, pas un des nombreux éclats de la bombe n'avait frappé les hommes ni les chevaux agglomérés sur la petite place! Quant aux personnes qui, comme moi, étaient sous le balcon, elles furent couvertes de poussière, de fragments de dalles et de colonnes, mais sans avoir été blessées.

J'ai dit qu'habituellement les Anglais ne nous bombardaient que la nuit; mais cependant, un jour qu'ils célébraient je ne sais quelle fête, leur flotte pavoisée s'approcha de la ville en plein midi et s'amusa à nous envoyer une grande quantité de projectiles. Celle de nos batteries qui avait le plus d'avantage pour répondre à ce feu était placée près du môle, sur un gros bastion en forme de tour nommé la *Lanterne*. Le général en chef me chargea de porter au commandant de cette batterie l'ordre de ne tirer qu'après avoir bien fait pointer, et de réunir tous ses feux sur un brick anglais, qui était venu insolemment jeter l'ancre à peu de distance de la *Lanterne*. Nos artilleurs tirèrent avec tant de justesse qu'une de nos bombes de cinq cents, tombant sur le brick anglais, le perça depuis le pont jusqu'à la quille, et il s'enfonça en un clin d'œil dans la mer. Cela irrita tellement l'amiral anglais qu'il fit avancer immédiatement toutes ses bombardes contre la *Lanterne*, sur laquelle elles ouvrirent un feu très violent. Ma mission remplie, j'aurais dû retourner auprès de Masséna; mais on dit avec raison que les jeunes militaires, ne connaissant pas le danger, l'affrontent avec plus de sang-froid que ne le font les guerriers expérimentés. Le spectacle dont j'étais témoin m'intéressait vivement. La plate-forme de la *Lanterne*, garnie de dalles en pierres, était tout au plus grande comme une cour de moyenne étendue et était armée de douze bouches à feu, dont les affûts étaient énormes. Bien qu'il soit très difficile à un navire en mer de lancer des bombes avec justesse sur un point qui présente aussi peu de surface que la plate-forme d'une tour, les Anglais en firent cependant tomber plusieurs sur la *Lanterne*. Au moment où elles arrivaient, les artilleurs s'abritaient derrière et dessous les grosses pièces de bois des affûts. Je faisais comme eux, mais cet asile n'était pas sûr, parce que la plate-forme présentant une grande résistance aux bombes qui ne pouvaient s'enfoncer, elles roulaient rapidement sur les dalles, sans qu'on pût prévoir la direction qu'elles prendraient, et leurs éclats passaient dessous et derrière les affûts en serpentant sur tous les points de la plate-forme. Il était donc absurde de rester là, lorsque, ainsi que moi, on n'y était pas obligé; mais j'éprouvais un *plaisir affreux*, si on peut s'exprimer ainsi, à courir çà et là avec les artilleurs dès qu'une bombe tombait, et à revenir ensuite avec eux aussitôt qu'elle avait éclaté et que ses débris étaient immobiles. C'était un jeu qui pouvait me coûter cher. Un canonnier eut les jambes brisées, d'autres soldats furent blessés très grièvement, car les éclats de bombe, énormes morceaux de fer, font d'affreux ravages sur tout ce qu'ils touchent. L'un d'eux coupa en deux une grosse poutre d'affût contre laquelle j'allais m'abriter. Cependant je restais toujours sur la plate-forme, lorsque le colonel Mouton, qui devint plus tard maréchal comte de Lobau, et qui, ayant servi sous les ordres de mon père, me portait intérêt, m'ayant aperçu en passant auprès de la *Lanterne*, vint m'ordonner impérativement d'en sortir et d'aller auprès du général en chef où était mon poste. Il ajouta: «Vous êtes bien jeune encore, mais apprenez qu'à la guerre c'est une folie de s'exposer à des dangers inutiles: seriez-vous plus avancé lorsque vous vous seriez fait broyer une jambe, sans qu'il en résultât aucun avantage pour votre pays?»

Je n'ai jamais oublié cette leçon, dont j'ai remercié depuis le maréchal Lobau, et j'ai souvent pensé à la différence qu'il y aurait eu dans ma destinée si j'eusse eu une jambe emportée à l'âge de dix-sept ans!…

CHAPITRE TREIZE

Bonaparte franchit le Saint-Bernard.—Masséna traite de l'évacuation de la place de Gênes.—Ma mission auprès de Bonaparte.—Bataille de Marengo.—Retour dans ma famille.—Extrême prostration morale.

La ténacité courageuse avec laquelle Masséna avait défendu la ville de Gênes allait avoir d'immenses résultats. Le chef d'escadron Franceschi, envoyé par Masséna auprès du premier Consul, était parvenu, tant en allant qu'en revenant, à passer de nuit au milieu de la flotte ennemie. Il rentra à Gênes le 6 prairial, en disant qu'il avait laissé Bonaparte descendant le grand Saint-Bernard à la tête de l'armée de réserve!... Le feld-maréchal Mélas était tellement convaincu de l'impossibilité de conduire une armée à travers les Alpes que, pendant qu'une partie de ses troupes, sous le général Ott, nous bloquait, il était parti avec le surplus pour aller, à cinquante lieues de là, attaquer le général Suchet sur le Var, pour pénétrer ensuite en Provence, donnant, ainsi au premier Consul la facilité de pénétrer sans résistance en Italie; aussi l'armée de réserve était-elle entrée à Milan avant que les Autrichiens eussent cessé de traiter son existence de chimère. La résistance de Gênes avait donc opéré une puissante diversion en faveur de la France. Une fois en Italie, le premier Consul aurait désiré venir au plus tôt secourir la brave garnison de cette place, mais il fallait pour cela qu'il réunît toutes ses troupes, ainsi que les parcs d'artillerie et de munitions de guerre, dont le passage à travers les défilés des Alpes éprouvait de grandes difficultés. Ce retard donna au maréchal Mélas le temps d'accourir de Nice, avec ses principales forces, pour s'opposer au premier Consul, qui dès lors ne pouvait continuer sa marche sur Gênes avant d'avoir battu l'armée autrichienne.

Mais pendant que Bonaparte et Mélas faisaient dans le Piémont et dans le Milanais des marches et contre-marches, pour se préparer à la bataille qui devait décider du sort de l'Italie et de celui de la France, la garnison de Gênes se trouvait réduite aux derniers abois. Le typhus faisait d'affreux ravages; les hôpitaux étaient devenus d'affreux charniers; la misère était à son comble. Presque tous les chevaux avaient été mangés, et bien que bon nombre de troupes ne reçussent depuis longtemps qu'une demi-livre de très mauvaise nourriture, la distribution du lendemain n'était pas assurée; il ne restait *absolument rien* lorsque, le 15 prairial, le général en chef réunit chez lui tous les généraux et les colonels, pour leur annoncer qu'il était déterminé à tenter de faire une trouée avec ce qui lui restait d'hommes valides, afin de gagner Livourne. Mais tous les officiers lui déclarèrent à l'unanimité que les troupes n'étaient plus en état de soutenir un combat, ni même une simple marche, si, avant le départ, on ne leur donnait assez de nourriture pour réparer leurs forces... et les magasins étaient absolument vides... Le général Masséna, considérant alors qu'après avoir exécuté les ordres du premier Consul en faisant son entrée en Italie, il était de son devoir de sauver les débris d'une garnison qui avait si vaillamment combattu, et que la patrie avait intérêt à conserver, prit enfin la résolution de traiter de l'évacuation de la place, car il ne voulut pas que le mot *capitulation* fût prononcé.

Depuis plus d'un mois, l'amiral anglais et le général Ott avaient fait proposer une entrevue au général Masséna, qui s'y était toujours refusé; mais enfin, dominé par les circonstances, il fit dire à ces officiers qu'il acceptait. La conférence eut lieu dans la petite chapelle qui se trouve au milieu du pont de Conegliano et qui, par sa position, se trouvait-entre la mer, les postes français et ceux des Autrichiens. Les états-majors français, autrichien et anglais occupaient les deux extrémités du pont. J'assistai à cette scène si pleine d'intérêt.

Les généraux étrangers donnèrent à Masséna des marques particulières de déférence, d'estime et de considération, et bien qu'il imposât des conditions défavorables pour eux, l'amiral Keith lui répétait à chaque instant: «Monsieur le général, votre défense est trop héroïque pour qu'on puisse rien vous refuser!...» Il fut donc convenu que la garnison ne serait pas prisonnière, qu'elle garderait ses armes, se rendrait à Nice, et pourrait, le lendemain de son arrivée dans cette ville, prendre part aux hostilités.

Le général Masséna, comprenant combien il était important que le premier Consul ne fût pas amené à faire quelque mouvement compromettant, par le vif désir qu'il devait avoir de venir secourir Gênes, demandait que le traité portât qu'il serait accordé passage, au travers de l'armée autrichienne, à deux officiers, qu'il se proposait d'envoyer au premier Consul, pour l'informer de l'évacuation de la place par les troupes françaises. Le général Ott s'y opposait, parce qu'il comptait partir bientôt avec vingt-cinq mille hommes du corps de blocus, pour aller joindre le feld-maréchal Mélas, et qu'il ne voulait pas que les officiers français, envoyés par le général Masséna, prévinssent le premier Consul de sa marche. Mais l'amiral Keith leva cette difficulté. On allait signer le traité, lorsque plusieurs coups de canon se firent entendre dans le lointain, au milieu des montagnes!... Masséna posa la plume en s'écriant: «Voilà le premier Consul qui arrive avec son armée!...» Les généraux étrangers restent stupéfaits, mais, après une longue attente, on reconnut que le bruit provenait du tonnerre, et Masséna se résolut à conclure.

Les regrets portaient non seulement sur la perte du complément de gloire que la garnison et son chef auraient acquis, s'ils eussent pu conserver Gênes jusqu'à l'arrivée du premier Consul; mais Masséna aurait désiré, en résistant quelques jours encore, retarder d'autant le départ du corps du général Ott. Il prévoyait bien que le général devait se rendre vers le feld-maréchal Mélas, auquel il serait d'une grande utilité pour la bataille que celui-ci allait livrer au premier Consul. Cette crainte, bien que fondée, ne se réalisa pas, car le général Ott ne put rejoindre la grande armée autrichienne que le lendemain de la bataille de Marengo, dont le résultat eût été bien différent pour nous, si les Autrichiens, que nous eûmes tant de peine à vaincre, eussent eu vingt-cinq mille hommes de plus à nous opposer. Ainsi, non seulement la puissante diversion que Masséna avait faite en défendant Gênes avait ouvert le passage des Alpes et livré le Milanais à Bonaparte, mais encore elle le débarrassa de vingt-cinq mille ennemis le jour de la bataille de Marengo.

Les Autrichiens prirent possession, le 16 prairial, de la ville de Gênes, dont le siège avait duré deux mois complets!...

Notre général en chef attachait tant d'importance à ce que le premier Consul fût prévenu en temps opportun du traité qu'il venait de conclure, qu'il avait demandé un sauf-conduit pour *deux* aides de camp, afin que si l'un des deux tombait malade, l'autre pût porter sa dépêche, et comme il pouvait être utile que l'officier chargé de cette mission parlât italien, le général Masséna la confia au commandant Graziani, Piémontais ou Romain au service de la France; mais notre général en chef, le plus soupçonneux de tous les hommes, craignant qu'un étranger se laissât gagner par les Autrichiens et ne fît pas toute la diligence possible, m'adjoignit à lui, en me recommandant, en particulier, de hâter sa marche jusqu'à ce que nous eussions joint le premier Consul. Cette recommandation était inutile. M. Graziani était un homme rempli de bons sentiments et qui comprenait l'importance de sa mission.

Nous partîmes le 16 prairial de Gênes, où je laissai Colindo que je comptais y venir prendre sous peu de jours, car on savait que l'armée du premier Consul était peu éloignée. M. Graziani et moi le joignîmes le lendemain soir à Milan.

Le général Bonaparte me parla avec intérêt de la perte que je venais de faire et me promit de me servir de père si je me conduisais bien, et il a tenu parole. Il ne pouvait se lasser de nous questionner, M. Graziani et moi, sur ce qui s'était passé dans Gênes, ainsi que sur la force et la marche des corps autrichiens que nous avions traversés pour venir à Milan. Il nous retint auprès de lui et nous fit prêter des chevaux de ses écuries, car nous avions voyagé sur des mulets de poste.

Nous suivîmes le premier Consul à Montebello et puis sur le champ de bataille de Marengo, où nous fûmes employés à porter ses ordres. Je n'entrerai dans aucun détail sur cette mémorable bataille, où il ne m'advint rien de fâcheux; on sait que nous fûmes sur le point d'être battus, et nous l'aurions été probablement, si les 25,000 hommes du corps d'Ott fussent arrivés sur le terrain pendant l'action. Aussi le premier Consul, qui craignait de les voir paraître à chaque instant, était-il fort soucieux et ne redevint gai que lorsque notre cavalerie et l'infanterie du général Desaix, dont il ignorait encore la mort, eurent décidé la victoire en enfonçant la colonne des grenadiers autrichiens du général Zach. S'apercevant alors que le cheval que je montais était légèrement blessé à la cuisse, le premier Consul me prit par l'oreille et me dit en riant: «Je te prêterai mes chevaux pour les faire arranger ainsi!» Le commandant Graziani étant mort en 1812, je suis le seul officier français qui ait assisté au siège de Gênes, ainsi qu'à la bataille de Marengo.

Après cette mémorable affaire, je revins à Gênes, que les Autrichiens évacuaient par suite du traité conclu à la suite de notre victoire. J'y retrouvai Colindo et le commandant R***. Je visitai la tombe de mon père, puis nous nous embarquâmes sur un brick français, qui en vingt-quatre heures nous transporta à Nice. Au bout de quelques jours, un vaisseau livournais amena la mère de Colindo qui venait chercher son fils. Cet excellent jeune homme et moi avions traversé ensemble de bien rudes épreuves qui avaient cimenté notre attachement; mais nos destinées étant différentes, il fallut nous séparer, malgré de vifs regrets.

J'ai dit plus haut que vers le milieu du siège, l'aide de camp Franceschi, porteur des dépêches du général Masséna au premier Consul, était parvenu en France, en passant la nuit au milieu de la flotte anglaise. On apprit par lui la mort de mon père. Alors, ma mère avait fait nommer un conseil de tutelle qui avait envoyé au vieux Spire, demeuré à Nice avec la voiture et les équipages de mon père, l'ordre de tout vendre et de revenir à Paris tout de suite, ce qu'il avait fait. Rien ne me retenait donc plus sur les rives du Var, et j'avais hâte de rejoindre ma bonne mère; mais la chose n'était pas facile, car à cette époque les voitures publiques étaient peu nombreuses: celle de Nice à Lyon ne partait que tous les deux jours, et elle était même retenue pour plusieurs semaines par une foule d'officiers blessés ou malades, venant comme moi de Gênes.

Pour sortir de l'embarras dans lequel cela nous jetait, le commandant R***, deux colonels, une douzaine d'officiers et moi, nous décidâmes de former une petite caravane afin de gagner Grenoble à pied, en traversant les contreforts des Alpes, par Grasse, Sisteron, Digne et Gap. Des mulets portaient nos petits bagages, ce qui nous permettait de faire huit ou dix lieues par jour. Bastide était avec moi et me fut d'un grand secours, car j'étais peu habitué à faire d'aussi longues routes à pied, et il faisait extrêmement chaud. Après huit jours d'une marche très difficile, nous parvînmes à Grenoble, où nous trouvâmes des voitures pour nous transporter à Lyon. Je revis avec peine cette ville et l'hôtel où j'avais logé avec mon père dans un temps plus heureux. Je désirais et redoutais de me retrouver auprès de ma mère et de mes frères. Il me semblait qu'ils allaient me demander compte de ce que j'avais fait de leur époux et de leur père! Je revenais *seul*, et je l'avais laissé dans un tombeau sur la terre étrangère! Ma douleur était des plus vives; j'aurais eu besoin d'un ami qui la comprît et la partageât, tandis que le commandant R***, heureux, après tant de privations, d'avoir enfin retrouvé l'abondance et la bonne chère, était d'une gaieté folle qui me perçait le cœur. Aussi je résolus de partir sans lui pour Paris; mais il prétendit, lorsque je n'avais aucun besoin de lui, qu'il était de son *devoir* de me ramener dans les bras de ma mère, et je fus obligé de subir sa compagnie jusqu'à Paris, où nous nous rendîmes par la malle-poste.

Il est des scènes que les gens de cœur comprennent et qu'il est impossible de décrire. Je ne chercherai donc pas à peindre ce qu'eut de déchirant ma première entrevue avec ma mère désolée et mes deux frères: vous pouvez vous en faire une idée!

Adolphe ne se trouvait pas à Paris, il était à Rennes auprès de Bernadotte, général en chef de l'armée de l'Ouest. Ma mère possédait une assez jolie maison de campagne à Carrière, auprès de la forêt de Saint-Germain. J'y passai deux mois avec elle, mon oncle de Canrobert, revenu d'émigration, et un vieux chevalier de Malte, M. d'Estresse, ancien ami de mon père. Mes jeunes frères, M. Gault, venaient se joindre à nous quelquefois, et malgré les prévenances et les témoignages d'attachement que tous me prodiguaient, je tombai dans une sombre mélancolie, et ma santé n'était plus bonne. J'avais tant souffert moralement et physiquement!... Je devins incapable d'aucun travail. La lecture, que j'ai toujours tant aimée, me devint insupportable. Je passais une grande partie de la journée seul, dans la forêt, où je me couchais sous l'ombrage et me plongeais dans de bien tristes réflexions!... Le soir, j'accompagnais ma mère, mon oncle et le vieux chevalier dans leur promenade habituelle sur les bords de la Seine, mais je ne prenais que fort peu de part à leur conversation et leur cachais mes tristes pensées, qui se reportaient toujours sur mon malheureux père, mourant faute de soins!... Bien que mon état alarmât ma mère, Canrobert et M. d'Estresse, ils eurent le bon esprit de ne pas l'aggraver par des observations qui ne font qu'irriter une âme malade, mais ils cherchèrent à éloigner insensiblement les tristes souvenirs qui déchiraient mon cœur en faisant avancer les vacances de mes deux jeunes frères, qui vinrent s'établir à la campagne. La présence de ces deux enfants, que j'aimais beaucoup, fut une bonne diversion à ma douleur, par le soin que je pris à leur rendre le séjour de Carrière agréable. Je les conduisis à Versailles, à Maisons, à Marly, et leur naïve satisfaction ranimait insensiblement mon âme qui venait d'être si cruellement froissée par la douleur. Qui m'eût dit alors que ces deux enfants si beaux, si pleins de vie, auraient bientôt cessé d'exister ?

CHAPITRE QUATORZE

Je suis nommé aide de camp *à la suite* à l'état-major de Bernadotte.—État-major de Bernadotte.—Nous formons à Tours la réserve de l'armée de Portugal.

La fin de l'automne de l'année 1800 approchait; ma mère revint à Paris, mes jeunes frères rentrèrent au collège, et je reçus l'ordre d'aller joindre à Rennes le général en chef Bernadotte. Il avait été le meilleur ami de mon père, qui, dans bien des circonstances, lui avait rendu des services en tous genres. Pour en témoigner sa reconnaissance à ma famille, Bernadotte m'avait écrit qu'il m'avait réservé auprès de lui une place d'aide de camp. J'avais trouvé sa lettre à Nice en revenant de Gênes, ce qui m'avait déterminé à refuser l'offre de Masséna de me prendre pour aide de camp titulaire, en m'autorisant à aller passer quelques mois avec ma mère avant de revenir auprès de lui à l'armée d'Italie. Mon père avait exigé que mon frère continuât les études nécessaires pour entrer à l'École polytechnique; Adolphe n'était donc pas encore militaire quand nous eûmes le malheur de perdre notre père; mais en apprenant cette triste nouvelle, son esprit se révolta à la pensée que son frère cadet était déjà officier et venait de faire la guerre, tandis qu'il était encore sur les bancs. Il renonça aux études exigées pour les armes savantes et préféra passer sur-le-champ dans l'infanterie, ce qui lui permettait de quitter l'école. Une bonne occasion s'offrit à lui. Le gouvernement venait d'ordonner la création d'un nouveau régiment qui se formait dans le département de la Seine. Les officiers de ce corps devaient être proposés par le général Lefebvre, qui, ainsi que vous l'avez vu plus haut, avait remplacé mon père dans le commandement de la division de Paris. Le général Lefebvre saisit avec empressement l'occasion d'être utile au fils de l'un de ses anciens camarades, mort en servant son pays; il nomma donc mon frère sous-lieutenant dans ce nouveau corps. Jusque-là tout allait bien; mais, au lieu d'aller joindre sa compagnie, et sans même attendre mon retour de Gênes, Adolphe s'empressa de se rendre à Rennes auprès de Bernadotte, qui, sans autre considération, donna la place à celui des deux frères qui arriva le premier, comme s'il se fût agi d'un prix à la course!... De sorte que, en rejoignant à Rennes l'état-major de l'armée de l'Ouest, j'appris que mon frère avait reçu le brevet d'aide de camp *titulaire* auprès du général en chef, et que je n'étais qu'aide de camp *à la suite*, c'est-à-dire provisoire. Cela me désappointa beaucoup, car si je m'y fusse attendu, j'aurais accepté la proposition du général Masséna, mais il n'était plus temps! En vain le général Bernadotte m'assura qu'il obtiendrait que le nombre de ses aides de camp fût augmenté, je ne l'espérais pas et compris que sous peu on me ferait aller ailleurs. Jamais je n'ai approuvé que deux frères servissent ensemble dans le même état-major ou dans le même régiment, parce qu'ils se nuisent toujours l'un à l'autre. Vous verrez que dans le cours de notre carrière il en fut souvent ainsi.

L'état-major de Bernadotte était alors composé d'officiers qui parvinrent presque tous à des grades élevés. Quatre d'entre eux étaient déjà colonels, savoir: Gérard, Maison, Willatte et Maurin. Le plus remarquable était incontestablement Gérard. Il avait beaucoup de moyens, de la bravoure et un grand instinct de la guerre. Se trouvant sous les ordres du maréchal Grouchy le jour de la bataille de Waterloo, il lui donna d'excellents conseils qui auraient pu nous assurer la victoire. Maison devint maréchal, puis ministre de la guerre sous les Bourbons. Willatte fut général de division sous la Restauration; il en fut de même de Maurin. Les autres aides de camp de Bernadotte étaient les chefs d'escadron Chalopin, tué à Austerlitz; Mergey, qui devint général de brigade; le capitaine Maurin, frère du colonel, devint lui-même général de brigade, de même que le sous-lieutenant Willatte. Mon frère Adolphe, qui fut général de brigade, complétait les aides de camp titulaires; enfin, Maurin, frère des deux premiers, qui devint colonel, et moi, étions tous deux aides de camp surnuméraires. Ainsi, sur onze aides de camp attachés à l'état-major de Bernadotte, deux parvinrent au grade de maréchal, trois à celui de lieutenant général, quatre furent maréchaux de camp, et un mourut sur le champ de bataille.

Dans l'hiver de 1800, le Portugal, soutenu par l'Angleterre, ayant déclaré la guerre à l'Espagne, le gouvernement français résolut de soutenir celle-ci. En conséquence, il envoya des troupes à Bayonne, à Bordeaux, et réunit à Tours les compagnies de grenadiers de nombreux régiments disséminés en Bretagne et en Vendée. Ce corps d'élite, fort de 7 à 8,000 hommes, devait former la réserve de l'armée dite de Portugal, dont Bernadotte était destiné à avoir le commandement. Ce général devait porter son quartier général à Tours, où l'on envoya ses chevaux et ses équipages, ainsi que tous ceux destinés aux officiers attachés à sa personne; mais le général, tant pour prendre les derniers ordres du premier Consul que pour reconduire Mme Bernadotte, devait se rendre à Paris, et comme en pareil cas il est d'usage que pendant l'absence du général les officiers de son état-major obtiennent la permission d'aller faire leurs adieux à leurs parents, il fut décidé que tous les aides de camp *titulaires* pourraient se rendre à Paris, et que les *surnuméraires* accompagneraient les équipages à Tours, afin de surveiller les domestiques, les payer chaque mois, s'entendre avec les commissaires des guerres pour les distributions de fourrages et la répartition des logements de ce grand nombre d'hommes et de chevaux. Cette désagréable corvée tomba donc sur le lieutenant Maurin et sur moi, qui n'avions pas l'avantage d'être aides de camp *titulaires*. Nous fîmes au plus fort de l'hiver et à cheval, par un temps affreux, les huit longues journées d'étape qui séparent Rennes de Tours, où nous eûmes toutes sortes de peine à établir le quartier général. On nous avait dit qu'il n'y resterait tout au plus que quinze jours, mais nous y restâmes six grands mois à nous ennuyer horriblement, tandis que nos camarades se divertissaient dans la capitale. Ce fut là un avant-goût des désagréments que j'éprouvai à être aide de camp surnuméraire. Ainsi se termina l'année 1800, pendant laquelle j'avais éprouvé tant de peines morales et physiques.

La ville de Tours était alors fort bien habitée; on aimait à s'y divertir, et bien que je reçusse de nombreuses invitations, je n'en acceptai aucune. L'attention que j'apportais à surveiller la grande quantité d'hommes et de chevaux me donnait heureusement beaucoup d'occupation; sans quoi l'isolement dans lequel je vivais m'eût été insupportable. Le nombre des chevaux du général en chef et des officiers de son état-major s'élevait à plus de quatre-vingts, et tous étaient à ma disposition. J'en montais deux ou trois chaque jour, et je faisais aux environs de Tours de longues promenades, qui, bien que solitaires, avaient un grand charme pour moi et me donnaient de douces distractions.

CHAPITRE QUINZE

Séjour à Brest et à Rennes.—Je suis nommé au 25e de chasseurs et envoyé à l'armée de Portugal.—Voyage de Nantes à Bordeaux et à Salamanque.—Nous formons avec le général Leclerc l'aile droite de l'armée espagnole.—1802.—Retour en France.

Cependant, le premier Consul avait changé ses dispositions relativement à l'armée de Portugal. Il en confia le commandement au général Leclerc, son beau-frère, et maintint Bernadotte dans celui de l'armée de l'Ouest. En conséquence, l'état-major que mon frère et les autres aidés de camp venaient de rejoindre à Tours reçut ordre de retourner en Bretagne et de se transporter à Brest, où le général en chef allait se rendre. Il y a loin de Tours à Brest, surtout lorsqu'on marche par journées d'étape; mais comme on était dans la belle saison, que nous étions nombreux et jeunes, le voyage fut fort gai. Ne pouvant monter à cheval, par suite d'une blessure accidentelle reçue à la hanche, je me plaçai dans l'une des voitures du général en chef. Nous retrouvâmes celui-ci à Brest.

La rade de Brest contenait alors non seulement un très grand nombre de vaisseaux français, mais encore la flotte espagnole, commandée par l'amiral Gravina, qui fut tué plus tard à la bataille de Trafalgar, où les flottes de France et d'Espagne combinées combattirent celle de l'Angleterre, commandée par le célèbre Nelson, qui périt dans cette journée. À l'époque où nous arrivâmes à Brest, les deux flottes alliées étaient destinées à transporter en Irlande le général Bernadotte et de nombreuses troupes de débarquement, tant françaises qu'espagnoles; mais en attendant qu'on fît cette expédition, qui ne se réalisa pas, la présence de tant d'officiers de terre et de mer rendait la ville de Brest fort animée. Le général en chef, les amiraux et plusieurs généraux recevaient tous les jours. Les troupes des deux nations vivaient dans la meilleure intelligence, et je fis connaissance de plusieurs officiers espagnols.

Nous nous trouvions fort bien à Brest, lorsque le général en chef jugea à propos de retransporter le quartier général à Rennes, ville fort triste, mais plus au centre du commandement. À peine y fûmes-nous établis, que ce que j'avais prévu arriva. Le premier Consul restreignit le nombre des aides de camp que le général en chef devait conserver. Il ne pouvait avoir qu'un colonel, cinq officiers de grade inférieur, et plus d'officiers *provisoires*. En conséquence, je fus averti que j'allais être placé dans un régiment de cavalerie légère. J'en eusse pris mon parti si c'eût été pour retourner au 1er de housards, où j'étais connu, et dont je portais l'uniforme; mais il y avait plus d'un an que j'avais quitté le corps; le colonel m'avait fait remplacer, et le ministre m'envoya une commission pour aller servir dans le 25e de chasseurs à cheval, qui venait d'entrer en Espagne et se rendait sur les frontières du Portugal, vers Salamanque et Zamora. Je sentis alors plus amèrement le tort que m'avait fait le général Bernadotte, car, sans ses promesses trompeuses, je serais entré comme aide de camp en pied auprès du maréchal Masséna, en Italie, ou j'eusse repris ma place au 1er de housards.

J'étais donc fort mécontent; mais il fallait obéir!… Une fois les premiers mouvements de mauvaise humeur passés,—ils passent vite à cet âge,—il me tardait de me mettre en route pour m'éloigner du général Bernadotte dont je croyais avoir à me plaindre. J'avais très peu d'argent, mon père en avait souvent prêté à ce général, surtout lorsqu'il fit l'acquisition de la terre de Lagrange; mais bien qu'il sût que le fils de son ami, à peine remis d'une récente blessure, allait traverser une grande partie de la France, la totalité de l'Espagne, et devait en outre renouveler ses uniformes, il ne m'offrit pas de m'avancer un sou, et pour rien au monde je ne le lui aurais demandé. Mais fort heureusement pour moi, ma mère avait à Rennes un vieil oncle, M. de Verdal (de Gruniac), ancien major au régiment de Penthièvre-infanterie. C'était auprès de lui que ma mère avait passé les premières années de la Révolution. Ce vieillard était un peu original, mais fort bon: non seulement il m'avança l'argent dont j'avais grand besoin, mais il m'en donna même de sa propre bourse.

Bien qu'à cette époque les chasseurs portassent le dolman des housards, si ce n'est qu'il était vert, je fus assez peu raisonnable pour verser quelques larmes, quand il me fallut quitter l'uniforme de Bercheny et renoncer à la dénomination de housard pour devenir chasseur!… Mes adieux au général Bernadotte furent assez froids. Il me donna des lettres de recommandation pour Lucien Bonaparte, alors ambassadeur de France à Madrid, ainsi que pour le général Leclerc, commandant de notre armée de Portugal.

Le jour de mon départ, tous les aides de camp se réunirent pour me donner à déjeuner; puis je me mis en route le cœur fort gros. J'arrivai à Nantes après deux jours de marche, brisé de fatigue, souffrant de mon côté, et bien persuadé que je ne pourrais jamais supporter le cheval pendant les quatre cent cinquante lieues que j'avais à faire pour parvenir aux frontières du Portugal. Je trouvai précisément chez un ancien camarade de Sorèze, qui habitait Nantes, un officier espagnol nommé don Raphaël, qui rejoignait le dépôt de son régiment en Estramadure, et il fut convenu que je le guiderais jusqu'aux Pyrénées, et que là il prendrait la direction du voyage que nous devions faire ensemble.

Nous traversâmes en diligence toute la Vendée, dont presque tous les bourgs et villages portaient encore les traces de l'incendie, bien que la guerre civile fût terminée depuis deux ans. Ces ruines faisaient peine à voir. Nous visitâmes la Rochelle, Rochefort et Bordeaux. De Bordeaux à Bayonne, on allait dans des espèces de berlines à quatre places qui ne marchaient jamais qu'au pas dans les sables des Landes; aussi mettions-nous souvent pied à terre, et, marchant gaiement, nous allions nous reposer sous quelque groupe de pins; alors, assis à l'ombre, don

Raphaël prenait sa mandoline et chantait. Nous mîmes ainsi cinq ou six jours pour gagner Bayonne.

Avant de passer les Pyrénées, je devais me présenter chez le général commandant à Bayonne. Il se nommait Ducos. C'était un excellent homme qui avait servi sous mon père. Il voulait, par intérêt pour moi, retarder de quelques jours mon entrée en Espagne, parce qu'il venait d'apprendre qu'une bande de voleurs avait détroussé des voyageurs non loin de la frontière. De tout temps, même avant les guerres de l'Indépendance et les guerres civiles, le caractère aventureux et paresseux des Espagnols leur a donné un goût décidé pour le brigandage, et ce goût était entretenu par le morcellement du pays en plusieurs royaumes, qui, ayant formé jadis des États indépendants, ont chacun conservé leurs lois, leurs usages et leurs frontières respectives. Quelques-uns de ces anciens États sont soumis aux droits de douane, tandis que d'autres, tels que la Biscaye et la Navarre, en sont exempts. Il en résulte que les habitants des provinces jouissant de la franchise du commerce cherchent constamment à introduire des marchandises prohibées dans celles dont les frontières sont gardées par des lignes de douaniers bien armés et fort braves. Les contrebandiers, de leur côté, ont de temps immémorial fourni des bandes qui agissent au moyen de la *force*, lorsque la ruse ne suffit pas, et leur métier n'a rien de déshonorant aux yeux des Espagnols, qui le considèrent comme une guerre juste contre l'abus des droits de douane. Préparer les expéditions, aller à la découverte, se garder militairement, se cacher dans les montagnes, y coucher, fumer et dormir, telle est la vie des contrebandiers, que les grands bénéfices d'une seule opération mettent à même de vivre largement sans rien faire pendant plusieurs mois. Cependant, lorsque les douaniers espagnols, avec lesquels ils ont de fréquents engagements, les ont battus et ont pris leurs convois de marchandises, les contrebandiers espagnols, réduits aux abois, ne reculent pas devant la pensée de se faire voleurs de grands chemins, profession qu'ils exerçaient alors avec une certaine magnanimité, car jamais ils n'assassinaient les voyageurs, et ils leur laissaient habituellement de quoi poursuivre leur route. C'est ainsi qu'ils venaient d'agir vis-à-vis d'une famille anglaise, et le général Ducos, désirant nous éviter le désagrément d'être dépouillés, avait résolu de retarder notre départ; mais don Raphaël lui ayant fait observer qu'il connaissait assez les habitudes des voleurs espagnols, pour être certain que le moment le plus favorable pour voyager dans une province était celui où les bandes venaient d'y commettre quelque délit, parce qu'elles s'en éloignent momentanément, le général autorisa notre départ.

À l'époque dont je parle, les chevaux de trait étaient inconnus en Espagne, où toutes les voitures, même celles du Roi, étaient traînées par des mules. Les diligences n'existaient pas, et il n'y avait dans les postes que des chevaux de selle, de sorte que les plus grands seigneurs, ayant des voitures à eux, étaient forcés, lorsqu'ils voyageaient, de louer des mules de trait et de marcher à petites journées. Les voyageurs aisés prenaient des voiturins qui ne faisaient que dix lieues par jour. Les gens du peuple se joignaient à des caravanes d'âniers qui transportaient les bagages à l'instar de nos rouliers, mais personne ne marchait isolément, tant à cause des voleurs que par le mépris qu'inspirait cette dernière manière de voyager. Après notre arrivée à Bayonne, don Raphaël, étant devenu le directeur de notre voyage, me dit que, n'étant ni assez grands seigneurs pour louer pour nous seuls une voiture avec attelage de mules, ni assez gueux pour aller avec les âniers, il nous restait à choisir de courir la poste à franc étrier ou de prendre place dans un voiturin. Le franc étrier, dont j'ai depuis tant fait usage, ne pouvait me convenir par l'impossibilité de pouvoir porter nos effets avec nous; il fut donc arrêté que nous irions par le voiturin.

Don Raphaël traita avec un individu qui, moyennant 800 francs par tête, s'engagea à nous transporter à Salamanque, en nous logeant et nourrissant à ses frais. Je trouvais cela bien cher, car c'était le double de ce qu'un pareil voyage eût coûté en France, et puis je venais de dépenser beaucoup d'argent pour me rendre à Bayonne. Mais c'était le *prix*, et il n'y avait pas moyen de faire autrement pour rejoindre mon nouveau régiment. J'acceptai donc.

Nous partîmes dans un immense et vieux carrosse, dont trois places étaient occupées par un habitant de Cadix, sa femme et sa fille. Un prieur de Bénédictins de l'Université de Salamanque complétait le chargement.

Tout devait être nouveau pour moi dans ce voyage. D'abord l'attelage, qui m'étonna beaucoup. Il se composait de six mules superbes dont, à mon grand étonnement, les deux du timon étaient les seules qui eussent des brides et des rênes; les quatre autres allaient en liberté, guidées par la voix du voiturier et de son *zagal*, ou garçon d'attelage. Le premier, perché magistralement sur un énorme siège, donnait gravement ses ordres au zagal, qui, leste comme un écureuil, faisait quelquefois plus d'une lieue à pied en courant à côté des mules allant au grand trot; puis, en un clin d'œil, il grimpait sur le siège à côté de son maître, pour redescendre et remonter encore, et cela vingt fois pendant la journée, tournant autour de la voiture et de l'attelage pour s'assurer que rien n'était dérangé, et faisant ce manège en chantant continuellement, afin d'encourager ses mules, qu'il appelait chacune par son nom; mais il ne les frappait jamais, sa voix suffisait pour ranimer celle des mules qui ralentissait son train.

Les manœuvres et surtout les chants de cet homme m'amusaient beaucoup. Je prenais aussi un vif intérêt à ce qui se disait dans la voiture, car, bien que je ne parlasse pas espagnol, ce que je savais de latin et d'italien me mettait à même de comprendre mes compagnons de voyage, auxquels je répondais en français. Ils l'entendaient passablement. Les cinq Espagnols, même les deux dames et le moine, allumèrent bientôt leurs cigares. Quel dommage que je n'eusse pas encore l'habitude de fumer! Nous étions tous de belle humeur. Don Raphaël, les dames et même le gros Bénédictin chantaient en chœur. Nous partions ordinairement le matin. On s'arrêtait de une heure à trois heures pour dîner, faire reposer les mules et laisser passer la forte chaleur, pendant laquelle on dormait, ce que les Espagnols appelaient *faire la sieste*. Puis on gagnait la couchée. Les repas étaient assez abondants, mais la cuisine espagnole me parut tout d'abord d'un goût atroce; cependant, je finis par m'y habituer. Mais je ne pus jamais me faire aux horribles lits qu'on nous offrait le soir dans les *posadas* ou auberges. Ils étaient vraiment dégoûtants, et don Raphaël, qui venait de passer un an en France, était forcé d'en convenir. Pour obvier à cet inconvénient, le jour de mon entrée en Espagne, je demandai à coucher sur une botte de paille. Malheureusement, j'appris qu'une botte de paille était chose inconnue en ce pays, parce qu'au lieu de battre les gerbes, on les fait fouler sous les pieds des mules, ce qui réduit la paille en petits brins à peine longs comme la moitié du doigt. Mais j'eus la bonne idée de faire remplir un grand sac de toile avec cette paille hachée; puis, le plaçant dans une grange, je me couchai dessus, enveloppé dans mon manteau, et évitai ainsi la vermine dont les lits et les chambres étaient infestés. Le matin, je vidai mon sac, qui fut placé dans la voiture, de sorte que, à chaque couchée, je le faisais remplir et avais une paillasse propre. Mon invention fut imitée par don Raphaël.

Nous traversâmes les provinces de Navarre, de Biscaye et d'Alava, pays de hautes montagnes; puis nous passâmes l'Èbre et entrâmes dans les immenses plaines de Castille. Nous vîmes Burgos, Valládolid, et arrivâmes enfin, après quinze jours de marche, à Salamanque. Ce fut là que je me séparai, non sans regret, de mon bon compagnon de voyage don Raphaël, que je devais retrouver plus tard, dans ces mêmes contrées, pendant la guerre de l'Indépendance. Le général Leclerc se trouvait à Salamanque; il me reçut parfaitement et me proposa même de rester auprès de lui comme aide de camp à la suite; mais je venais de faire une expérience qui m'avait démontré que si le service de l'état-major offre plus de liberté et d'agrément que celui des troupes, ce n'est que lorsqu'on s'y trouve comme aide de camp *titulaire*, sans quoi, toutes les corvées tombent sur vous, et vous n'avez qu'une position très précaire. Je refusai donc la faveur que le général en chef voulait m'accorder, et demandai à aller faire le service dans mon régiment. Bien me prit d'avoir eu tant de raison, car l'année suivante, le général, ayant eu le commandement de l'expédition de Saint-Domingue, emmena un lieutenant qui, sur mon refus, était entré à son état-major, et tous les officiers, ainsi que le général, moururent de la fièvre jaune.

Je trouvai le 25e de chasseurs à Salamanque. Le colonel, M. Moreau, était un vieil officier fort bon. Il me reçut très bien, mes nouveaux camarades aussi, et au bout de quelques jours je fus au mieux avec tous. On m'introduisit dans la société de la ville, car alors la position de Français était on ne peut plus agréable en Espagne, et entièrement opposée à ce qu'elle fut depuis. En effet, en 1804, nous étions alliés aux Espagnols. Nous venions combattre pour eux contre les Portugais et les Anglais; aussi nous traitaient-ils *en amis*. Les officiers français étaient logés chez les habitants les plus riches; c'était à qui en aurait; on les recevait partout, on les accablait d'invitations. Ainsi admis familièrement dans l'intérieur des Espagnols, nous pûmes, en peu de temps, beaucoup mieux connaître leurs mœurs que ne purent le faire, en plusieurs années, les officiers qui ne vinrent dans la Péninsule qu'à l'époque de la guerre de l'Indépendance. Je logeais chez un professeur de l'Université, qui m'avait placé dans une très jolie chambre donnant sur la belle place de Salamanque. Le service que je faisais au régiment étant peu fatigant me laissait quelques loisirs; j'en profitai pour étudier la langue espagnole, qui est, à mon avis, la plus majestueuse et la plus belle de l'Europe. Ce fut à Salamanque que je vis pour la première fois le célèbre général Lasalle, alors colonel du 10e de housards. Il me vendit un cheval.

Les quinze mille Français envoyés dans la Péninsule avec le général Leclerc formaient l'aile droite de la grande armée espagnole, que commandait le prince de la Paix, et se trouvaient ainsi sous ses ordres. Il vint nous passer en revue. Ce favori de la reine d'Espagne était alors le roi de fait. Il me parut fort satisfait de sa personne, bien qu'il fût petit et d'une figure sans distinction; mais il ne manquait ni de grâce ni de moyens. Il mit notre corps d'armée en mouvement, et notre régiment alla à Toro, puis à Zamora. Je regrettai d'abord Salamanque, mais nous fûmes aussi très bien dans ces autres villes, surtout à Zamora, où je logeai chez un riche négociant dont la maison avait un superbe jardin, dans lequel une nombreuse société se réunissait le soir pour faire de la musique et passer une partie de la nuit à causer au milieu des bosquets de grenadiers, de myrtes et de citronniers. Il est difficile de bien apprécier les beautés de la nature lorsqu'on ne connaît pas les délicieuses nuits des pays méridionaux!...

Il fallut cependant s'arracher à l'agréable vie que nous menions pour aller attaquer les Portugais. Nous entrâmes donc sur leur territoire. Il y eut quelques petits combats qui furent tous à notre avantage. Le corps français se porta sur Visen, pendant que l'armée espagnole descendait le Tage et pénétrait dans l'Alentejo. Nous comptions entrer bientôt en vainqueurs à Lisbonne; mais le prince de la Paix, qui avait appelé sans réflexion les troupes dans la Péninsule, s'effraya aussi sans réflexion de leur présence, et, pour s'en débarrasser, conclut avec le Portugal, à l'insu du premier Consul, un traité de paix qu'il eut l'adresse de faire ratifier par l'ambassadeur de France, Lucien Bonaparte, ce qui irrita vivement le premier Consul; et de ce jour data l'inimitié des deux frères.

Les troupes françaises restèrent encore quelques mois en Portugal, où nous commençâmes l'année 1802; puis nous retournâmes en Espagne, et revînmes successivement dans nos charmantes garnisons de Zamora, Toro et Salamanque, où nous étions toujours si bien reçus.

Cette fois, je traversai l'Espagne à cheval avec mon régiment, et n'eus plus à redouter les horribles lits des posadas, puisque nous étions logés chaque soir chez les propriétaires les plus aisés. Les marches par étapes, lorsqu'on les fait avec un régiment et par le beau temps, ne manquent pas d'un certain charme. On change constamment de lieux sans quitter ses camarades; on voit le pays dans ses plus grands détails; on cause tout le long de la route; on dîne ensemble, tantôt bien, tantôt mal, et l'on est à même d'observer les mœurs des habitants. Notre plus grand plaisir était de voir le soir les Espagnols, se réveillant de leur torpeur, danser le fandango et les boléros avec une agilité et une grâce parfaites, qui se trouvent même chez les villageois. Souvent le colonel leur offrait sa musique; mais ils préféraient, avec raison, la guitare, les castagnettes et la voix d'une femme, cet accompagnement laissant à leur danse le caractère national. Ces bals improvisés en plein air par la classes ouvrière, tant dans les villes que dans les campagnes, avaient un tel charme pour nous, bien que simples spectateurs, que nous avions peine à nous en éloigner. Après plus d'un grand mois de route, nous repassâmes la Bidassoa, et bien que je n'eusse qu'à me louer de mon séjour en Espagne, je revis la France avec plaisir.

CHAPITRE SEIZE

Aventure de route de Bayonne à Toulouse.—Amusant épisode d'inspection.

À cette époque, les régiments faisaient eux-mêmes leurs remontes, et le colonel avait été autorisé à acheter une soixantaine de chevaux, qu'il espérait se procurer en détail dans la Navarre française, en conduisant son régiment à Toulouse, où nous devions tenir garnison. Mais, pour mes péchés, nous arrivâmes à Bayonne le jour même de la foire de cette ville. Il s'y trouvait grand nombre de maquignons. Le colonel traita avec l'un d'eux, qui nous livra de suite les chevaux dont le corps avait besoin. On ne pouvait les payer au comptant, parce que les fonds annoncés par le ministre ne devaient arriver que dans huit jours. Le colonel ordonna donc qu'un officier resterait à Bayonne pour recevoir cet argent et le remettre au fournisseur. Je fus désigné pour cette maudite corvée, qui me valut plus tard une aventure fort désagréable, mais, pour le moment, je n'y voyais que la privation de l'agrément que j'aurais eu en voyageant avec mes camarades. Cependant, malgré la vive contrariété que j'éprouvais, il fallut obéir. Pour faciliter ma rentrée au corps, le colonel décida que mon cheval partirait avec le régiment, et qu'après avoir rempli ma mission, je prendrais la diligence de Toulouse. Je connaissais à Bayonne plusieurs élèves de Sorèze, qui me firent passer le temps agréablement. Les fonds envoyés par le ministre arrivent; je touche et paye. Me voilà dégagé de tout soin, et je me prépare à rejoindre mon régiment.

Je possédais un dolman en nankin, tressé de même, avec boutons en argent. J'avais fait faire ce costume de fantaisie lorsque j'étais à l'état-major de Bernadotte, où il était de mode d'être ainsi vêtu lorsqu'on voyageait par la chaleur. Je résolus de le prendre pour faire le trajet de Bayonne à Toulouse, puisque je n'étais pas avec la troupe. J'enferme donc mon uniforme dans ma malle et la fais porter à la diligence, où j'avais retenu, et malheureusement *payé*, ma place d'avance. Cette voiture partant à cinq heures du matin, je chargeai le garçon de l'hôtel où je logeais, de venir me réveiller à quatre heures, et le drôle m'ayant bien promis d'être exact, je m'endormis dans la sécurité la plus complète; mais il m'oublia, et lorsque j'ouvris les yeux, le soleil dardait ses rayons dans ma chambre: il était plus de huit heures!... Quel contretemps! J'en demeurai pétrifié!... Puis, après avoir bien pesté, un peu juré, et maudit le garçon négligent, je compris qu'il fallait prendre une résolution. La diligence ne partait que tous les deux jours, premier inconvénient; mais il n'était pas le plus grave, car la caisse du régiment avait payé ma place, puisque j'étais resté en arrière pour affaire de service; mais elle n'était pas tenue de la payer une seconde fois, et j'avais eu l'étourderie de la solder jusqu'à Toulouse, de sorte que, si je prenais une nouvelle place, elle devait être à mes frais. Or les diligences étaient très chères alors, et j'avais très peu d'argent. Puis, que devenir pendant quarante-huit heures à Bayonne, quand tous mes effets étaient partis?... Je résolus de faire le trajet à pied, et sortant à l'instant de la ville, je pris fort résolument le chemin de Toulouse. J'étais vêtu à la légère, n'ayant d'autre charge que mon sabre porté sur l'épaule; je fis donc assez lestement la première étape, et allai coucher à Peyrehorade.

Le lendemain, jour néfaste, je devais aller à Orthez, et j'avais déjà parcouru la moitié de l'étape, lorsque je fus assailli par l'un de ces orages épouvantables qu'on ne voit que dans le Midi. La pluie mêlée de grêle tombait vraiment à torrents et me fouettait la figure. La grande route, déjà mauvaise, devint un bourbier dans lequel j'avais toutes les peines du monde à marcher avec des bottes éperonnées. Le tonnerre abattit un noyer près de moi,... n'importe, j'avançais toujours avec une stoïque résignation. Mais voilà qu'au milieu des éclairs et de la tourmente, j'aperçois venir à moi deux gendarmes à cheval. Vous pouvez aisément vous figurer quelle mine j'avais, après avoir pataugé pendant deux heures dans la boue, avec mon pantalon et mon dolman de nankin!...

Les gendarmes appartenaient à la brigade de Peyrehorade, où ils retournaient; mais il paraît qu'ils avaient bien déjeuné à Orthez, car ils paraissaient passablement gris. Le plus âgé me demanda mes papiers. Je remets ma feuille de route sur laquelle j'étais désigné comme sous-lieutenant au 25e de chasseurs à cheval. «Toi, sous-lieutenant! s'écrie le gendarme, tu es trop jeune pour être déjà officier!—Mais lisez donc le signalement, et vous verrez qu'il porte que je n'ai pas encore vingt ans; d'ailleurs, il est exact de tous points.—C'est possible, mais tu l'as fait fabriquer, et la preuve, c'est que l'uniforme des chasseurs est vert et que tu as un dolman jaune! Tu es un conscrit réfractaire, et je t'arrête!—Soit; mais quand nous serons à Orthez, devant votre lieutenant, il me sera facile de prouver que je suis officier, et que cette feuille de route a été faite pour moi.»

Je m'inquiétais fort peu de mon arrestation. Mais voilà que le vieux gendarme déclare qu'il n'entend pas retourner à Orthez; qu'il est de la brigade de Peyrehorade, et que c'est là que je vais le suivre. Je déclare que je n'en ferai rien, que c'était ce qu'il pouvait faire si je n'avais pas de papiers; mais que lui ayant produit une feuille de route, il n'a pas le droit de me faire rétrograder, et qu'il doit, selon les règlements, m'accompagner à Orthez où je me rends. Le moins âgé des gendarmes, qui était aussi le moins aviné, dit que j'ai raison; alors une contestation des plus vives s'élève entre ces deux cavaliers; ils s'accablent d'injures, et bientôt, au milieu de l'effroyable tempête qui nous environne, ils mettent le sabre à la main et se chargent avec fureur. Quant à moi, craignant de recevoir quelque blessure dans ce ridicule combat, je descendis dans un des immenses fossés qui bordent la route, et bien que j'y eusse de l'eau jusqu'à la ceinture, je grimpai dans le champ voisin, d'où je me mis à contempler mes deux gaillards qui s'escrimaient à qui mieux mieux.

Heureusement, les manteaux mouillés et lourds qu'ils portaient embarrassaient leurs bras, et les chevaux effrayés par le tonnerre s'éloignant l'un de l'autre, les combattants ne pouvaient se porter que des coups mal assurés. Enfin, le cheval du vieux gendarme s'étant abattu, cet homme roula dans le fossé, et après en être sorti couvert de fange, il s'aperçut que sa selle s'était brisée, et qu'il ne lui restait plus qu'à continuer sa route à pied, en déclarant à son camarade qu'il le rendait responsable de son prisonnier. Resté seul avec le plus raisonnable des deux gendarmes, je lui fis comprendre que si j'avais quelque chose à me reprocher, il me serait facile de gagner la campagne, puisque j'étais séparé de lui par un large fossé plein d'eau que son cheval ne pouvait certainement pas franchir; mais que j'allais le repasser et me rendre vers lui, puisqu'il convenait qu'on ne devait pas me faire rétrograder. Je repris donc ma route, escorté par le gendarme qui acheva de se dégriser. Nous causâmes, et la manière dont je m'étais rendu lorsqu'il m'eût été si facile de me sauver, faisant comprendre à cet homme que je pourrais bien être ce que je disais, il m'aurait laissé aller, n'eût été la responsabilité dont son camarade l'avait chargé. Enfin, il devint tout à fait accommodant, et me déclara qu'il ne me conduirait pas à Orthez, et se bornerait à consulter le maire de Puyoo, où nous allions passer. Mon entrée fut celle d'un malfaiteur: tous les habitants que l'orage avait ramenés au village se mirent aux fenêtres et sur leurs portes pour voir le *criminel* conduit par un gendarme. Le maire de Puyoo était un bon gros paysan très sensé, que nous trouvâmes dans sa grange occupé à battre son blé. Dès qu'il eut parcouru ma feuille de route, il dit gravement au gendarme: «Rendez sur-le-champ la liberté à ce jeune homme que vous n'aviez pas le droit d'arrêter, car un officier en voyage est désigné par ses papiers et non par ses habits.» Salomon eût-il mieux jugé?

Le bon paysan ne se borna pas à cela: il voulut que je restasse chez lui jusqu'à la fin de l'orage, et m'offrit à goûter; puis, tout en causant, il me dit qu'il avait vu jadis à Orthez un général qui se nommait Marbot. Je lui répondis que c'était mon père et lui donnai son signalement. Alors ce brave homme, nommé Bordenave, redoublant de politesse, voulut faire sécher mes vêtements et me retenir à coucher; mais je le remerciai et repris la route d'Orthez, où j'arrivai à la nuit tombante, harassé de fatigue et tout courbaturé.

Le lendemain, je ne pus qu'à grand'peine remettre mes bottes, tant à cause de leur humidité, que parce que j'avais les pieds gonflés. Je me traînai cependant jusqu'à Pau, où, n'en pouvant plus, je fus contraint de m'arrêter toute la journée. Je n'y trouvai d'autre moyen de transport que la malle-poste, et, bien que les places y fussent très chères, j'en pris une jusqu'à Gimont, où je fus reçu à bras ouverts par M. Dorignac, un ami de mon père, chez lequel j'avais passé plusieurs mois à ma sortie de Sorèze. Je me reposai quelques jours auprès de sa famille, puis une diligence me transporta à Toulouse. J'avais dépensé quatre fois le prix de la place que j'avais perdue par la négligence du garçon de l'hôtel de Bayonne!

À mon arrivée à Toulouse, j'allais m'occuper de trouver un logement, lorsque le colonel me prévint qu'il en avait loué un pour moi chez un vieux médecin de ses amis nommé M. Merlhes, dont je n'oublierai jamais le nom, car cet homme vénérable, ainsi que sa nombreuse famille, furent parfaits pour moi. Pendant les quinze jours que je passai chez eux, j'y fus traité plutôt en enfant de la maison qu'en locataire.

Le régiment était nombreux et bien monté. Nous manœuvrions très souvent, ce qui m'intéressait beaucoup, bien que j'y gagnasse quelquefois les arrêts du chef d'escadron Blancheville, excellent officier, vieux troupier, avec lequel j'appris à servir avec exactitude, et sous ce rapport, je lui dois beaucoup. Ce commandant qui, avant la Révolution, avait été aide-major dans les gendarmes de Lunéville, possédait une grande instruction. Il portait un grand intérêt aux jeunes officiers capables d'apprendre, et les forçait, bon gré, mal gré, à étudier leur métier. Quant aux autres, qu'il nommait *têtes dures*, il se contentait de hausser les épaules lorsqu'ils ne savaient pas leur théorie ou faisaient des fautes à la manœuvre; mais il ne les punissait jamais pour cela. Nous étions trois sous-lieutenants qu'il avait distingués: c'étaient MM. Gaviolle, Demonts et moi; à ceux-là il ne passait pas un commandement inexact et nous mettait aux arrêts pour les fautes les plus légères. Comme il était fort bon en dehors du service, nous nous hasardâmes à lui demander pour quel motif il réservait sa sévérité pour nous: «Me croyez-vous assez sot, nous répondit-il, pour m'amuser à savonner la figure d'un nègre?... Messieurs tels et tels sont trop âgés et n'ont pas assez de moyens, pour que je m'occupe à perfectionner leur instruction. Quant à vous, qui avez tout ce qu'il faut pour parvenir, il vous faut étudier, et vous étudierez!...»

Je n'ai jamais oublié cette réponse, que je mis à profit lorsque je fus colonel. Il est de fait que le vieux Blancheville avait bien tiré l'horoscope des trois sous-lieutenants, car nous devînmes: Gaviolle lieutenant-colonel, Demonts général de brigade, et moi général de division.

À mon arrivée à Toulouse, j'avais troqué contre un charmant navarrais le cheval que j'avais acheté en Espagne; or, comme le préfet avait organisé des courses à l'occasion de je ne sais plus quelle fête, Gaviolle, très amateur de courses, y avait fait inscrire mon cheval. Un jour où j'entraînais mon animal sur le boulingrin, il s'engagea dans le cercle peu développé que formait cette allée, et, courant droit devant lui, avec la rapidité d'une flèche, il alla se frapper le poitrail contre l'angle aigu d'un mur de jardin; il tomba raide mort!... Mes camarades me crurent tué, ou du moins fortement blessé; mais, par un bonheur vraiment miraculeux, je n'avais pas la plus petite égratignure! Lorsqu'on me releva, et que j'aperçus mon pauvre cheval sans mouvement, j'éprouvai un vif chagrin... Je rentrai fort tristement au logis, me voyant dans l'obligation de me remonter et de demander pour cela de l'argent à ma mère, que je savais fort gênée. Le comte Defermont, ministre d'État et l'un de nos tuteurs, s'était opposé à la vente des propriétés qui nous restaient, parce que, prévoyant que la paix accroîtrait la valeur des terres, il pensait avec raison qu'il fallait les conserver et éteindre peu à peu les créances au moyen d'une sévère économie. C'est une des plus grandes obligations que nous eûmes à ce bon M. Defermont, l'ami le plus sincère de mon père; aussi ai-je conservé une grande vénération pour sa mémoire.

Dès que ma demande d'un nouveau cheval fut soumise au conseil de tutelle, le général Bernadotte, qui en faisait partie, se mit à rire aux éclats, disant que le tour était excellent, le prétexte bien choisi; enfin donnant à entendre que ma réclamation était ce qu'on a appelé depuis une *carotte*!... Mais, heureusement, ma demande était appuyée d'une attestation du colonel, et M. Defermont ajouta qu'il me croyait incapable d'artifice pour avoir de l'argent. Il avait raison, car, bien que je n'eusse que 600 francs de pension, que ma solde ne fût que de 95 francs par mois et mon indemnité de logement de 12 francs, jamais je ne fis un sou de dettes... Je les ai toujours eues en horreur!

J'achetai un nouveau cheval, qui ne valut pas le navarrais; mais les inspections générales rétablies par le premier Consul approchaient, et j'étais dans l'obligation d'être monté promptement, d'autant plus que nous devions être inspectés par le célèbre général Bourcier, qui avait une très grande réputation de sévérité. Je fus commandé pour aller au-devant de lui, avec un piquet de trente hommes. Il me reçut très bien, et me parla de mon père qu'il avait beaucoup connu, ce qui ne l'empêcha pas de me camper aux arrêts dès le lendemain. Voici à quel sujet; l'affaire est plaisante.

Un de nos capitaines, nommé B..., fort beau garçon, aurait été un des plus beaux hommes de l'armée, si ses mollets eussent été en harmonie avec le reste de sa personne; mais ses jambes ressemblaient à des échasses, ce qui était fort disgracieux avec le pantalon étroit, dit à la hongroise, que portaient alors les chasseurs. Pour parer à cet inconvénient, le capitaine B... s'était fait confectionner d'assez gros coussinets en forme de mollets, ce qui complétait sa belle tournure. Vous allez voir comment ces faux mollets me valurent des arrêts, mais ils n'en furent pas seuls la cause.

Les règlements prescrivaient aux officiers de laisser leurs chevaux à tous crins, comme ceux de la troupe. Notre colonel, M. Moreau, était toujours parfaitement monté; mais tous ses chevaux avaient la queue coupée, et comme il craignait que le général Bourcier, conservateur sévère des règlements, ne lui reprochât de donner un mauvais exemple à ses officiers, il avait, pour le temps de l'inspection, fait attacher à tous ses chevaux de fausses queues si bien ajustées, qu'il fallait le savoir pour ne pas les croire naturelles. C'est à merveille. Nous allons à la manœuvre, à laquelle le général Bourcier avait convoqué le général Suchet, inspecteur d'infanterie, ainsi que le général Gudin, commandant la division territoriale, qu'accompagnait un nombreux et brillant état-major.

La séance fut très longue: presque tous les mouvements, exécutés au galop, se terminèrent par plusieurs charges des plus rapides. Je commandais un peloton du centre, faisant partie de l'escadron de M. B..., auprès duquel le colonel vint se placer. Ils se trouvaient donc à deux pas devant moi, lorsque les généraux s'avancèrent pour complimenter M. Moreau de la belle exécution des manœuvres. Mais que vois-je alors?... L'extrême rapidité des mouvements que nous venions de faire avait dérangé la symétrie de l'accessoire ajouté à la tenue du capitaine et du colonel. La fausse queue du cheval de celui-ci s'étant en partie détachée, le tronçon, composé d'un tampon de filasse, traînait presque à terre en forme de quenouille, tandis que les faux crins se trouvaient en l'air, à quelques pieds plus haut, et s'étalaient en éventail sur la croupe du cheval, lequel paraissait avoir une énorme queue de paon! Quant aux faux mollets de M. B..., pressés par les quartiers de la selle, ils avaient glissé en avant sans qu'il s'en aperçût et se dessinaient en ronde bosse sur les os des jambes, ce qui produisait un effet des plus bizarres, pendant que le capitaine, se redressant fièrement sur son cheval, avait l'air de dire: «Regardez-moi, voyez comme je suis beau!»

On a fort peu de gravité à vingt ans; la mienne ne put résister au grotesque spectacle que j'avais là sous les yeux, et, malgré la présence importante de trois généraux, je ne pus retenir un fou rire des plus éclatants. Je me tordais sur ma selle, je mordais la manche de mon dolman, rien n'y faisait! Je riais, je riais à en avoir mal au côté. Alors l'inspecteur général, ignorant le motif de mon hilarité, me fait sortir des rangs pour me rendre aux *arrêts forcés*. J'obéis; mais obligé de passer entre les chevaux du colonel et du capitaine, mes yeux se reportèrent malgré moi sur cette maudite queue, ainsi que sur ces mollets d'un nouveau genre, et me voilà repris d'un rire inextinguible que rien ne put arrêter... Les généraux durent croire que j'étais devenu fou! Mais dès qu'ils furent partis, les officiers du régiment, s'approchant du colonel et du capitaine B..., surent bientôt à quoi s'en tenir, et rirent comme moi, mais du moins plus à leur aise.

Le commandant Blancheville se rendit le soir au cercle de Mme Gudin. Le général Bourcier, qui s'y trouvait, ayant parlé de ce qu'il appelait mon équipée, M. Blancheville expliqua les motifs de mes irrésistibles éclats de rire. À ce récit, les généraux, les dames et tout l'état-major rirent aux larmes, et leur gaieté redoubla en voyant entrer le beau capitaine B..., qui, ayant convenablement replacé ses faux mollets, venait se pavaner dans cette brillante société, sans se douter qu'il était une des causes de son hilarité. Le général Bourcier comprit que s'il n'avait pu s'empêcher de rire aux éclats, au simple exposé du tableau que j'avais eu sous les yeux, il était naturel qu'un jeune sous-lieutenant n'eût pu se contenir, lorsqu'il avait été témoin d'un spectacle aussi ridicule. Il leva donc mes arrêts, et m'envoya chercher à l'instant.

Dès que j'entrai dans le salon, l'inspecteur général et toute l'assemblée partirent d'un immense éclat de rire, auquel mes souvenirs du matin me firent prendre une large part, et la gaieté devint frénétique lorsqu'on vit M. B..., qui seul en ignorait la cause, aller de l'un à l'autre demander de quoi il s'agissait, tandis que chacun regardait ses mollets!

CHAPITRE DIX-SEPT

Concentration en Bretagne des troupes destinées à Saint-Domingue.—Événements de Rennes.—Mon frère Adolphe, impliqué dans l'affaire, est incarcéré.—Mort de mon frère Théodore.

Mais arrivons à des faits sérieux. Le traité de Lunéville avait été suivi de la paix d'Amiens, qui mit un terme à la guerre que la France et l'Angleterre se faisaient. Le premier Consul résolut de profiter de la tranquillité de l'Europe et de la liberté rendue aux mers, pour envoyer un nombreux corps de troupes à Saint-Domingue, qu'il voulait arracher à la domination des noirs, commandés par Toussaint-Louverture. Toussaint, sans être en rébellion ouverte avec la métropole, affectait cependant de grands airs d'indépendance. Le général Leclerc devait commander l'expédition; il ne manquait pas de moyens, et avait bien fait la guerre en Italie, ainsi qu'en Égypte; mais son lustre principal provenait de ce qu'il avait épousé Pauline Bonaparte, sœur du premier Consul. Leclerc était fils d'un meunier de Pontoise, si l'on peut appeler meunier un très riche propriétaire d'immenses moulins, qui fait un commerce considérable. Ce meunier avait donné une brillante éducation à son fils, ainsi qu'à sa fille, qui épousa le général Davout.

Pendant que le général Leclerc faisait ses préparatifs de départ, le premier Consul réunissait en Bretagne les forces qu'il destinait à l'expédition, et ces troupes, selon l'usage, se trouvaient placées, jusqu'au jour de l'embarquement, sous les ordres du général en chef de l'armée de l'Ouest, Bernadotte.

On sait qu'il exista toujours une très grande rivalité entre les troupes des armées du Rhin et d'Italie. Les premières étaient très attachées au général Moreau et n'aimaient pas le général Bonaparte, dont elles avaient vu à regret l'élévation à la tête du gouvernement. De son côté, le premier Consul avait une grande prédilection pour les militaires qui avaient fait avec lui les guerres d'Italie et d'Égypte, et bien que son antagonisme avec Moreau ne fût pas encore entièrement déclaré, il comprenait qu'il était de son intérêt d'éloigner autant que possible les corps dévoués à celui-ci. En conséquence, les régiments destinés à l'expédition de Saint-Domingue furent presque tous pris parmi ceux de l'armée du Rhin. Ces troupes, ainsi séparées de Moreau, furent très satisfaites de se trouver en Bretagne sous les ordres de Bernadotte, ancien lieutenant de Moreau, et qui avait presque toujours servi sur le Rhin avec elles.

Le corps d'expédition devait être porté à quarante mille hommes. L'armée de l'Ouest proprement dite en comptait un nombre pareil. Ainsi, Bernadotte, dont le commandement s'étendait sur tous les départements compris entre l'embouchure de la Gironde et celle de la Seine, avait momentanément sous ses ordres une armée de quatre-vingt mille hommes, dont la majeure partie lui était plus attachée qu'au chef du gouvernement consulaire.

Si le général Bernadotte eût eu plus de caractère, le premier Consul aurait eu à se repentir de lui avoir donné un commandement si important; car, je puis le dire aujourd'hui, comme un *fait historique*, et sans nuire à personne, Bernadotte conspira contre le gouvernement dont Bonaparte était le chef. Je vais donner sur cette conspiration des détails d'autant plus intéressants qu'ils n'ont jamais été connus du public, ni peut-être même par le général Bonaparte.

Les généraux Bernadotte et Moreau, jaloux de la position élevée du premier Consul, et mécontents du peu de part qu'il leur donnait dans les affaires publiques, avaient résolu de le renverser et de se placer à la tête du gouvernement, en s'adjoignant un administrateur civil ou un magistrat éclairé. Pour atteindre ce but, Bernadotte, qui, il faut le dire, avait un talent tout particulier pour se faire aimer des officiers et des soldats, parcourut les provinces de son commandement, passant la revue des corps de troupes, et employant tous les moyens pour se les attacher davantage: cajoleries de tous genres, argent, demandes et promesses d'avancement, tout fut employé envers les subalternes, pendant qu'en secret il dénigrait auprès des chefs le premier Consul et son gouvernement. Après avoir désaffectionné la plupart des régiments, il devint facile de les pousser à la révolte, surtout ceux qui, destinés à l'expédition de Saint-Domingue, considéraient cette mission comme une déportation.

Bernadotte avait pour chef d'état-major un général de brigade nommé Simon, homme capable, mais sans fermeté. Sa position le mettant à même de correspondre journellement avec les chefs de corps, il en abusa pour faire de ses bureaux le centre de la conspiration. Un chef de bataillon nommé Fourcart, que vous avez connu vieux et pauvre sous-bibliothécaire chez le duc d'Orléans, chez lequel je l'avais placé par pitié pour ses trente années de misère, était alors attaché au général Simon, qui en fit son agent principal. Fourcart, allant de garnison en garnison, sous prétexte de service, organisa une ligue secrète, dans laquelle entrèrent presque tous les colonels, ainsi qu'une foule d'officiers supérieurs, qu'on excitait contre le premier Consul, en l'accusant d'aspirer à la royauté, ce à quoi, paraît-il, il ne pensait pas encore.

Il fut convenu que la garnison de Rennes, composée de plusieurs régiments, commencerait le mouvement, qui s'étendrait comme une traînée de poudre dans toutes les divisions de l'armée; et comme il fallait que dans cette garnison il y eût un corps qui se décidât le premier, pour enlever les autres, on fit venir à Rennes le 82e de ligne, commandé par le colonel Pinoteau, homme capable, très actif, très brave, mais à la tête un peu exaltée, quoiqu'il parût flegmatique. C'était une des créatures de Bernadotte et l'un des chefs les plus ardents de la conspiration. Il promit de faire déclarer son régiment, dont il était fort aimé.

Tout était prêt pour l'explosion, lorsque Bernadotte, manquant de résolution, et voulant, en vrai Gascon, tirer les marrons du feu avec la patte du chat, persuada au général Simon et aux principaux conjurés qu'il était indispensable qu'il se trouvât à Paris au moment où la déchéance des Consuls serait proclamée par l'armée de Bretagne, afin d'être en état de s'emparer sur-le-champ des rênes du gouvernement, de concert avec Moreau, avec lequel il allait conférer sur ce grave sujet; en réalité, Bernadotte ne voulait pas être compromis si l'affaire manquait, se réservant d'en profiter en cas de réussite, et le général Simon, ainsi que les autres conspirateurs, furent assez aveugles pour ne pas apercevoir cette ruse. On convint donc du jour de la levée de boucliers, et celui qui aurait dû la diriger, puisqu'il l'avait préparée, eut l'adresse de s'éloigner.

Avant le départ de Bernadotte pour Paris, on rédigea une proclamation adressée au peuple français, ainsi qu'à l'armée. Plusieurs milliers d'exemplaires, préparés d'avance, devaient être affichés le jour de l'événement. Un libraire de Rennes, initié par le général Simon et par Fourcart au secret des conspirateurs, se chargea d'imprimer cette proclamation lui-même. C'était bien, pour que la publication pût avoir lieu promptement en Bretagne; mais Bernadotte désirait avoir à Paris un grand nombre d'exemplaires, qu'il était important de répandre dans la capitale et d'envoyer dans toutes les provinces, dès que l'armée de l'Ouest se serait révoltée contre le gouvernement, et comme on craignait d'être découvert en s'adressant à un imprimeur de Paris, voici comment fit Bernadotte pour avoir une grande quantité de ces proclamations sans se compromettre. Il dit à mon frère Adolphe, son aide de camp, qu'il venait de faire nommer lieutenant dans la légion de la Loire, qu'il l'autorisait à l'accompagner dans la capitale et qu'il l'engageait à y faire venir son cheval et son cabriolet, attendu que le séjour serait long. Mon frère, enchanté, remplit de divers effets les coffres de cette voiture, dont il confie la conduite à son domestique, qui devait venir à petites journées pendant qu'Adolphe s'en va par la diligence. Dès que mon frère est parti, le général Simon et le commandant Fourcart, retardant sous quelque prétexte le départ du domestique, ouvrent les coffres du cabriolet, dont ils retirent les effets, qu'ils remplacent par des paquets de proclamations; puis, ayant tout refermé, ils mettent en route le pauvre Joseph, qui ne se doutait pas de ce qu'il emmenait avec lui.

Cependant, la police du premier Consul, qui commençait à se bien organiser, avait eu vent qu'il se tramait quelque chose dans l'armée de Bretagne, mais sans savoir précisément ce qu'on méditait, ni quels étaient les instigateurs. Le ministre de la police crut devoir prévenir du fait le préfet de Rennes, qui était M. Mounier, célèbre orateur de l'Assemblée constituante. Par un hasard fort extraordinaire, le préfet reçut la dépêche le jour même où la conspiration devait éclater à Rennes pendant la parade, à midi, et il était déjà onze heures et demie!...

M. Mounier, auquel le ministre ne donnait aucun renseignement positif, crut qu'il ne pouvait mieux faire pour en obtenir que de s'adresser au chef d'état-major, en l'absence du général en chef. Il fait donc prier le général Simon de passer à son hôtel et lui montre la dépêche ministérielle. Le général Simon, croyant alors que tout est découvert, perd la tête comme un enfant, et répond au préfet qu'il existe en effet une vaste conspiration dans l'armée, que malheureusement il y a pris part, mais qu'il s'en repent; et le voilà qui déroule tout le plan des conjurés, dont il nomme les chefs, en ajoutant que dans quelques instants, les troupes réunies sur la place d'Armes vont, au signal donné par le colonel Pinoteau, proclamer la déchéance du gouvernement consulaire!... Jugez de l'étonnement de M. Mounier, qui se trouvait d'ailleurs fort embarrassé en présence du général coupable qui, d'abord troublé, pouvait revenir à lui, et se rappeler qu'il avait quatre-vingt mille hommes sous ses ordres, dont huit à dix mille se réunissaient au moment même, non loin de la préfecture!... La position de M. Mounier était des plus critiques; il s'en tira en habile homme.

Le général de gendarmerie Virion avait été chargé par le gouvernement de former à Rennes un corps de gendarmerie à pied, pour la composition duquel chaque régiment de l'armée avait fourni quelques grenadiers. Ces militaires, n'ayant aucune homogénéité entre eux, échappaient par conséquent à l'influence des colonels de l'armée de ligne et ne connaissaient plus que les ordres de leurs nouveaux chefs de la gendarmerie, qui eux-mêmes, d'après les règlements, obéissaient au préfet. M. Mounier mande donc sur-le-champ le général Virion, en lui faisant dire d'amener tous les gendarmes. Cependant, craignant que le général Simon ne se ravisât et ne lui échappât pour aller se mettre à la tête des troupes, il l'amadoue par de belles paroles, l'assurant que son repentir et ses aveux atténueront sa faute aux yeux du premier Consul, et l'engage à lui remettre son épée et à se rendre à la tour Labat, où vont le conduire les gendarmes à pied qui arrivaient dans la cour en ce moment. Voilà donc le premier moteur de la révolte en prison.

Pendant que ceci se passait à la préfecture, les troupes de ligne, réunies sur la place d'Armes, attendaient l'heure de la parade qui devait être celle de la révolte. Tous les colonels étaient dans le secret et avaient promis leur concours, excepté celui du 79e, M. Godard, qu'on espérait voir suivre le mouvement.

À quoi tiennent les destinées des empires!... Le colonel Pinoteau, homme ferme et déterminé, devait donner le signal, que son régiment, le 82e, déjà rangé en bataille sur la place, attendait avec impatience; mais Pinoteau, de concert avec Fourcart, avait employé toute la matinée à préparer des envois de proclamations, et dans sa préoccupation, il avait oublié de se raser.

Midi sonne. Le colonel Pinoteau, prêt à se rendre à la parade, s'aperçoit que sa barbe n'est pas faite et se hâte de la couper. Mais pendant qu'il procède à cette opération, le général Virion, escorté d'un grand nombre d'officiers de gendarmerie, entre précipitamment dans sa chambre, fait saisir son épée, et lui déclarant qu'il est prisonnier, le fait conduire à la tour, où était déjà le général Simon!... Quelques minutes de retard, et le colonel Pinoteau, se trouvant à la tête de dix mille hommes, ne se serait pas laissé intimider par la capture du général Simon et aurait certainement accompli ses projets de révolte contre le gouvernement consulaire; mais, surpris par le général Virion, que pouvait-il faire? Il dut céder à la force.

Cette seconde arrestation faite, le général Virion et le préfet dépêchent à la place d'Armes un aide de camp chargé de dire au colonel Godard, du 79e qu'ils ont à lui faire sur-le-champ une communication de la part du premier Consul, et, dès qu'il est arrivé près d'eux, ils lui apprennent la découverte de la conspiration, ainsi que l'arrestation du général Simon, du colonel Pinoteau; et l'engagent à s'unir à eux pour comprimer la rébellion. Le colonel Godard en prend l'engagement, retourne sur la place d'Armes sans faire part à personne de ce qui vient de lui être communiqué, commande par le flanc droit à son régiment, qu'il conduit vers la tour Labat, où il se réunit aux bataillons de gendarmes qui la gardaient. Il y trouve aussi le général Virion et le préfet, qui font distribuer des cartouches à ces troupes fidèles, et l'on attend les événements.

Cependant, les officiers des régiments qui stationnaient sur la place d'Armes, étonnés du départ subit du 79e, et ne concevant pas le retard du colonel Pinoteau, envoyèrent chez lui, et apprirent qu'il venait d'être conduit à la tour. Ils furent informés en même temps de l'arrestation du général Simon. Grande fut l'émotion!... Les officiers des divers corps se réunissent. Le commandant Fourcart leur propose de marcher à l'instant pour faire délivrer les deux prisonniers, afin d'exécuter ensuite le mouvement convenu. Cette proposition est reçue avec acclamation, surtout par le 82e, dont Pinoteau était adoré. On s'élance vers la tour Labat, mais on la trouve environnée par quatre mille gendarmes et les bataillons du 79e. Les assaillants étaient certainement plus nombreux, mais ils manquaient de cartouches, et en eussent-ils eu, qu'il aurait répugné à beaucoup d'entre eux de tirer sur leurs camarades pour amener un simple changement de personnes dans le gouvernement établi. Le général Virion et le préfet les haranguèrent pour les engager à rentrer dans le devoir. Les soldats hésitaient; ce que voyant les chefs, aucun d'eux n'osa donner le signal de l'attaque à la baïonnette, le seul moyen d'action qui restât. Insensiblement, les régiments se débandèrent, et chacun se retira dans sa caserne. Le commandant Fourcart, resté seul, fut conduit à la tour, ainsi que le pauvre imprimeur.

En apprenant que l'insurrection avait avorté à Rennes, tous les officiers des autres régiments de l'armée de Bretagne la désavouèrent; mais le premier Consul ne fut pas la dupe de leurs protestations. Il hâta leur embarquement pour Saint-Domingue et les autres îles des Antilles, où presque tous trouvèrent la mort, soit dans des combats, soit par la fièvre jaune.

Dès les premiers aveux du général Simon, et bien que la victoire ne fût pas encore assurée, M. Mounier avait expédié une estafette au gouvernement, et le premier Consul mit en délibération s'il ferait arrêter Bernadotte et Moreau. Cependant, il suspendit cette mesure faute de preuves; mais pour en avoir, il ordonna de visiter tous les voyageurs venant de Bretagne.

Pendant que tout cela se passait, le bon Joseph arrivait tranquillement à Versailles dans le cabriolet de mon frère, et grande fut sa surprise, lorsqu'il se vit empoigner par des gendarmes, qui, malgré ses protestations, le menèrent au ministère de la police. Vous pensez bien qu'en apprenant que la voiture conduite par cet homme appartenait à l'un des aides de camp de Bernadotte, le ministre Fouché en fit ouvrir les coffres, qu'il trouva pleins de proclamations; par lesquelles Bernadotte et Moreau, après avoir parlé du premier Consul en termes très violents, annonçaient sa chute et leur avènement au pouvoir. Bonaparte, furieux contre ces deux généraux, les manda près de lui. Moreau lui dit que n'ayant aucune autorité sur l'armée de l'Ouest, il déclinait toute responsabilité sur la conduite des régiments dont elle était composée; et l'on doit convenir que cette objection ne manquait pas de valeur, mais elle aggravait la position de Bernadotte, qui, en qualité de général en chef des troupes réunies en Bretagne, était responsable du maintien du bon ordre parmi elles. Cependant, non seulement son armée avait conspiré, mais son chef d'état-major était le meneur de l'entreprise, les proclamations des rebelles portaient la signature de Bernadotte, et l'on venait de saisir plus de mille exemplaires dans le cabriolet de son aide de camp!... Le premier Consul pensait que des preuves aussi évidentes allaient atterrer et confondre Bernadotte; mais il avait affaire à un triple Gascon, triplement astucieux. Celui-ci joua la surprise, l'indignation: «Il ne savait rien, absolument rien! Le général Simon était un misérable, ainsi que Pinoteau! Il défiait qu'on pût lui montrer l'original de la proclamation signé de sa main! Était-ce donc sa faute à lui si des extravagants avaient fait imprimer son nom au bas d'une proclamation qu'il désavouait de toutes les forces de son âme, ainsi que les coupables auteurs de toutes ces menées, dont il était le premier à demander la punition!»

Dans le fait, Bernadotte avait eu l'adresse de tout faire diriger par le général Simon, sans lui livrer un seul mot d'écriture qui pût le compromettre, se réservant de tout nier, au cas où, la conspiration manquant son effet, le général Simon viendrait à l'accuser d'y avoir participé. Le premier Consul, bien que convaincu de la culpabilité de Bernadotte, n'avait que des demi-preuves, sur lesquelles son conseil des ministres ne jugea pas qu'il fût possible de motiver un acte d'accusation contre un général en chef dont le nom était très populaire dans le pays et dans l'armée; mais on n'y regarda pas de si près avec mon frère Adolphe. Une belle nuit, on vint l'arrêter chez ma mère, et cela dans un moment où la pauvre femme était déjà accablée de douleur.

M. de Canrobert, son frère aîné, qu'elle était parvenue à faire rayer de la liste des émigrés, vivait paisiblement auprès d'elle, lorsque, signalé par quelques agents de police comme ayant assisté à des réunions dont le but était de rétablir l'ancien gouvernement, on le conduisit à la prison du Temple, où il fut retenu pendant onze mois! Ma mère s'occupait à faire toutes les démarches possibles pour démontrer son innocence et obtenir sa liberté, lorsqu'un affreux malheur vint encore la frapper.

Mes deux plus jeunes frères étaient élevés au prytanée français. Cet établissement possédait un vaste parc et une belle maison de campagne au village de Vanves, non loin des rives de la Seine, et dans la belle saison, les élèves allaient y passer les quelques jours de vacances. On faisait prendre des bains de rivière à ceux dont on avait été satisfait. Or, il arriva qu'une semaine, à la suite de quelque peccadille d'écoliers, le proviseur priva tout le collège du plaisir de la natation. Mon frère Théodore était passionné pour cet exercice; aussi résolut-il, avec quelques-uns de ses camarades, de s'en donner la joie, à l'insu de leurs régents. Pour cela, pendant que les élèves dispersés jouent dans le parc, ils gagnent un lieu isolé, escaladent le mur et, par une chaleur accablante, se dirigent en courant vers la Seine, dans laquelle ils s'élancent tout couverts de sueur. Mais à peine sont-ils dans l'eau, qu'ils entendent le tambour du collège donner le signal du dîner. Craignant alors que leur escapade ne soit signalée par leur absence du réfectoire, ils se hâtent de s'habiller, reprennent leur course, escaladent de nouveau le mur et arrivent haletants au moment où le repas commençait. Placés dans de telles conditions, ils eussent dû peu ou point manger; mais les écoliers ne prennent aucune précaution. Ceux-ci dévorèrent selon leur habitude; aussi furent-ils presque tous gravement malades, surtout Théodore, qui, atteint d'une fluxion de poitrine, fut transporté chez sa mère dans un état désespéré. Et ce fut lorsqu'elle allait du chevet de son fils mourant à la prison de son frère, qu'on vint arrêter son fils aîné!... Quelle position affreuse pour une mère!... Pour comble de malheur, le pauvre Théodore mourut!... Il avait dix-huit ans: c'était un excellent jeune homme, dont le caractère était aussi doux que le physique était beau. Je fus désolé en apprenant sa mort, car je l'aimais tendrement.

Les malheurs affreux dont ma mère était accablée coup sur coup augmentèrent l'intérêt que lui portaient les vrais amis de mon père. Au premier rang était le bon M. Defermont. Il travaillait presque tous les jours avec le premier Consul, et ne manquait presque jamais d'intercéder pour Adolphe et surtout pour sa mère désolée. Enfin, le général Bonaparte lui répondit un jour: «que bien qu'il eût mauvaise opinion du bon sens de Bernadotte, il ne le croyait pas assez dénué de jugement pour supposer qu'en conspirant contre le gouvernement, il eût mis dans sa confidence un lieutenant de vingt et un ans; que, d'ailleurs, le général Simon déclarait que c'était lui et le commandant Fourcart qui avaient mis les proclamations dans le coffre du cabriolet du jeune Marbot; que, par conséquent, s'il était coupable, il devait l'être bien peu, mais que lui, premier Consul, ne voulait relâcher l'aide de camp de Bernadotte que lorsque celui-ci viendrait en personne l'en solliciter.»

En apprenant la résolution de Bonaparte, ma mère courut chez Bernadotte pour le prier de faire cette démarche. Il le promit solennellement; mais les jours et les semaines s'écoulaient sans qu'il en fît rien. Enfin, il dit à ma mère: «Ce que vous me demandez me coûte infiniment; n'importe! Je dois cela à la mémoire de votre mari, ainsi qu'à l'intérêt que je porte à vos enfants. J'irai donc ce *soir même* chez le premier Consul et passerai chez vous en sortant des Tuileries. J'ai la certitude que je pourrai enfin vous annoncer la liberté de votre fils.» On comprend avec quelle impatience ma mère attendit pendant cette longue journée! Chaque voiture qu'elle entendait faisait battre son cœur. Enfin, onze heures sonnent, et Bernadotte ne paraît pas! Ma mère se rend alors chez lui, et qu'apprend-elle?... Que le général Bernadotte et sa femme viennent de partir pour les eaux de Plombières, d'où ils ne reviendront que dans deux mois! Oui, malgré sa promesse, Bernadotte avait quitté Paris sans voir le premier Consul! Ma mère désolée écrivit au général Bonaparte. M. Defermont, qui s'était chargé de remettre sa lettre, ne put, tant il était indigné de la conduite de Bernadotte, s'empêcher de raconter au premier Consul comment il avait agi à notre égard. Le général Bonaparte s'écria: «Je le reconnais bien là!...»

M. Defermont, les généraux Mortier, Lefebvre et Murat insistèrent alors pour que mon frère fût élargi, en faisant observer que si ce jeune officier avait ignoré la conspiration, il serait injuste de le retenir en prison, et que s'il en avait su quelque chose, on ne pouvait exiger de lui qu'il se portât accusateur de Bernadotte, dont il était l'aide de camp. Ce raisonnement frappa le premier Consul, qui rendit la liberté à mon frère et l'envoya à Cherbourg, dans le 49e de ligne, ne voulant plus qu'il fût aide de camp de Bernadotte. Mais Bonaparte, qui avait à son usage une mnémonique particulière, grava probablement dans sa tête les mots: *Marbot, aide de camp de Bernadotte, conspiration de Rennes*; aussi, jamais mon frère ne put rentrer en faveur auprès de lui, et quelque temps après, il l'envoya à Pondichéry.

Adolphe avait passé un mois en prison; le commandant Fourcart y resta un an, fut destitué, et reçut l'ordre de sortir de France. Il se réfugia en Hollande, où il vécut misérablement pendant *trente ans* du prix des leçons de français qu'il était réduit à donner, n'ayant aucune fortune.

Enfin, en 1832, il pensa à retourner dans sa patrie, et pendant le siège d'Anvers, je vis un jour entrer dans ma chambre une espèce de vieux maître d'école bien râpé; c'était Fourcart! Je le reconnus. Il m'avoua qu'il ne possédait pas un rouge liard!... Je ne pus m'empêcher, en lui offrant quelques secours, de faire une réflexion philosophique sur les bizarreries du destin! Voilà un homme qui, en 1802, était déjà chef de bataillon et que son courage, joint à ses moyens, eût certainement porté au grade de général, si le colonel Pinoteau n'eût pas songé à faire sa barbe au moment où la conspiration de Rennes allait éclater! Je conduisis Fourcart au maréchal Gérard, qui se souvenait aussi de lui. Nous le présentâmes au duc d'Orléans, qui voulut bien lui donner dans sa bibliothèque un emploi de 2.400 francs d'appointements. Il y vécut une quinzaine d'années.

Quant au général Simon et au colonel Pinoteau, ils furent envoyés et détenus à l'île de Ré pendant cinq ou six ans. Enfin, Bonaparte, devenu empereur, les rendit à la liberté. Pinoteau végétait depuis quelque temps à Ruffec, sa ville natale, lorsqu'en 1808 l'Empereur, se rendant en Espagne, s'y arrêta pour changer de chevaux. Le colonel Pinoteau se présenta résolument à lui et lui demanda à rentrer au service. L'Empereur savait que c'était un excellent officier, il le mit donc à la tête d'un régiment qu'il conduisit parfaitement bien pendant les guerres d'Espagne, ce qui, au bout de plusieurs campagnes, lui valut le grade de général de brigade.

Le général Simon fut aussi remis en activité. Il commandait une brigade d'infanterie dans l'armée de Masséna, lorsque, en 1810, nous envahîmes le Portugal. Au combat de Busaco, où Masséna commit la faute d'attaquer de front l'armée de lord Wellington, postée sur le haut d'une montagne d'un accès fort difficile, le pauvre général Simon, voulant faire oublier sa faute et récupérer le temps qu'il avait perdu pour son avancement, s'élance bravement, à la tête de sa brigade, franchit tous les obstacles, gravit les rochers sous une grêle de balles, enfonce la ligne anglaise et entre le premier dans les retranchements ennemis. Mais là, un coup de feu tiré à bout portant lui fracasse la mâchoire, au moment où la deuxième ligne anglaise, repoussait nos troupes, qui furent rejetées dans la vallée avec des pertes considérables. Les ennemis trouvèrent le malheureux général Simon couché dans la redoute parmi les morts et les mourants. Il n'avait presque plus figure humaine. Wellington le traita avec beaucoup d'égards, et dès qu'il fut transportable, il l'envoya en Angleterre comme prisonnier de guerre. On l'autorisa plus tard à rentrer en France; mais son horrible blessure ne lui permettant plus de servir, l'Empereur lui donna une pension, et l'on n'entendit plus parler de lui.

CHAPITRE DIX-HUIT

Séjour à l'école de Versailles.—Biographie des frères de ma mère.

Après le malheur qui venait de la frapper, ma mère désirait vivement réunir auprès d'elle les trois fils qui lui restaient. Mon frère ayant reçu l'ordre de faire partie de l'expédition envoyée par le gouvernement aux grandes Indes, sous le commandement du général Decaen, put obtenir la permission de venir passer deux mois auprès de ma mère; Félix était au prytanée, et une circonstance heureuse me rapprocha moi-même de Paris.

L'école de cavalerie était alors à Versailles; chaque régiment y envoyait un officier et un sous-officier qui, après avoir perfectionné leur instruction, retournaient la propager dans les corps auxquels ils appartenaient. Or, il arriva qu'au moment où j'allais solliciter la permission de me rendre à Paris, le lieutenant du régiment détaché à l'école de cavalerie ayant terminé son cours, notre colonel me proposa d'aller le remplacer, ce que j'acceptai avec joie, car cela me donnait non seulement la faculté de revoir ma mère, mais encore la certitude de passer un an ou dix-huit mois à peu de distance d'elle. Mes préparatifs furent bientôt faits. Je vendis mon cheval, et prenant la diligence, je m'éloignai du 25e de chasseurs, dans lequel je ne devais plus rentrer; mais comme je l'ignorais alors, les adieux que je fis à mes camarades furent bien moins pénibles. À mon arrivée à Paris, je trouvai ma mère très affligée, tant à cause de la perte cruelle que nous venions de faire, que du prochain départ d'Adolphe pour l'Inde et de la détention de mon oncle Canrobert, laquelle se prolongeait indéfiniment.

Nous passâmes un mois en famille, après quoi mon frère aîné se rendit à Brest, où il s'embarqua bientôt pour Pondichéry sur le *Marengo*. Quant à moi, j'allai m'établir à l'école de cavalerie, casernée aux grandes écuries de Versailles.

On me logea au premier, dans les appartements occupés jadis par le prince de Lambesc, grand écuyer. J'avais une très grande chambre et un immense salon ayant vue sur l'avenue de Paris et la place d'Armes. Je fus d'abord très étonné qu'on eût traité si bien l'élève le plus récemment arrivé, mais j'appris bientôt que personne n'avait voulu de cet appartement, à cause de son immensité, qui le rendait vraiment glacial, et que très peu d'officiers-élèves avaient le moyen de faire du feu. Heureusement que je n'en étais pas tout à fait réduit là. Je fis établir un bon poêle, et avec un très grand paravent, je fis dans le vaste appartement une petite chambre, que je meublai passablement, car on ne nous fournissait qu'une table, un lit et deux chaises, ce qui était peu en rapport avec les vastes pièces de mon logement. Je m'arrangeai cependant très bien dans mon appartement, qui devint même charmant au retour du printemps.

Il ne faut pas que le titre d'élève qui nous était donné vous porte à croire qu'on nous menait comme des écoliers, car nous étions libres de nos actions, trop libres même. Nous étions commandés par un vieux colonel, M. Maurice, que nous ne voyions presque jamais et qui ne se mêlait de rien. Nous avions, trois jours par semaine, manège civil sous les célèbres écuyers Jardins et Coupé, et nous nous y rendions quand cela nous convenait. L'après-midi, un excellent vétérinaire, M. Valois, faisait un cours d'hippiatrique, mais personne ne contraignait les élèves à l'assiduité ni à l'étude. Les trois autres jours étaient consacrés à la partie militaire. Le matin, manège réglementaire tenu par les deux seuls capitaines de l'école, et l'après-midi, théorie faite par eux. Une fois les exercices terminés, les capitaines disparaissaient, et chaque élève allait où bon lui semblait.

Il fallait, vous en conviendrez, une bien grande volonté d'apprendre pour réussir dans une école aussi mal tenue, et cependant la majeure partie des élèves faisaient des progrès, parce, que, destinés à devenir *instructeurs* dans leurs régiments respectifs, leur amour-propre les portait à craindre de ne pas être à la hauteur de ces fonctions. Ils travaillaient donc passablement, mais pas à beaucoup près autant qu'on le fait actuellement à l'école de Saumur. Quant à la conduite, nos chefs ne s'en informaient même pas, et pourvu que les élèves ne portassent pas le trouble dans l'intérieur de l'établissement, on leur laissait faire tout ce qui leur plaisait. Ils sortaient à toutes heures, n'étaient assujettis à aucun appel, mangeaient dans les hôtels qui leur convenaient, découchaient, et allaient même à Paris sans en demander la permission. Les élèves sous-officiers avaient un peu moins de liberté. Deux adjudants assez sévères les commandaient et les forçaient de rentrer à dix heures du soir.

Comme chacun de nous portait le costume de son régiment, la réunion de l'école offrait un spectacle étrange, mais intéressant, lorsque, le premier de chaque mois, nous passions en grande tenue la revue destinée à l'établissement des feuilles de solde, car on voyait dans cette revue tous les uniformes de la cavalerie française.

Les officiers-élèves appartenant à différents corps, et n'étant réunis que pour un temps limité à la durée des cours, il ne pouvait exister entre eux cette bonne camaraderie qui fait le charme de la vie de régiment. Nous étions d'ailleurs trop nombreux (quatre-vingt-dix) pour qu'il s'établît une grande intimité entre tous. Il y avait des coteries, mais pas de liaisons. Au surplus, je ne sentis nullement le besoin de faire société avec mes nouveaux camarades. Je partais tous les samedis pour Paris, où je passais toute la journée du lendemain et une bonne partie du lundi auprès de ma mère. Celle-ci avait à Versailles deux anciennes amies de Rennes, les comtesses de Châteauville, vieilles dames fort respectables, très instruites, et qui recevaient société choisie. J'allais deux ou trois fois par semaine passer la soirée chez elles. J'employais les autres soirs à la lecture, que j'ai toujours fort aimée, car si les collèges mettent l'homme sur la voie de l'instruction, il doit l'achever lui-même par la lecture. Quel bonheur j'éprouvais, au milieu d'un hiver fort rude, à rentrer chez moi après le dîner, à faire un bon feu, et là, seul, retranché derrière mon paravent en face de ma petite lampe, à lire jusqu'à huit ou neuf heures; puis je me couchais pour ménager mon bois et je continuais ma lecture jusqu'à minuit! Je relus ainsi Tacite, Xénophon, ainsi que presque tous les auteurs classiques grecs et latins. Je revis l'histoire romaine, celle de France et des principaux États de l'Europe. Mon temps, ainsi partagé entre ma mère, les exercices de l'école, un peu de bonne société et mes chères lectures, se passait fort agréablement.

Je commençai à Versailles l'année 1803. Le printemps amena quelques modifications dans mon genre de vie. Tous les officiers-élèves avaient un cheval à eux; je consacrai donc une partie de mes soirées à faire de longues promenades dans les bois magnifiques qui avoisinent Versailles, Marly et Meudon.

Dans le cours du mois de mai, ma mère éprouva une bien vive joie: son frère aîné, M. de Canrobert, sortit de la prison du Temple, et les deux autres, MM. de l'Isle et de la Coste, ayant été rayés de la liste des émigrés, rentrèrent en France et vinrent à Paris.

L'aîné des frères de ma mère, M. Certain de Canrobert, était un homme de beaucoup d'esprit et d'une amabilité parfaite. Il entra fort jeune au service, comme sous-lieutenant dans le régiment de Penthièvre-infanterie, et fit, sous le lieutenant général de Vaux, toutes les campagnes de la guerre de Corse, où il se distingua. Rentré en France après la conquête de ce pays, il compléta les vingt-quatre ans de service qui lui valurent la croix de Saint-Louis, et il était capitaine, lorsqu'il épousa Mlle de Sanguinet; il se retira alors au château de Laval de Cère. Devenu père d'un fils et d'une fille, M. de Canrobert vivait heureux dans son manoir, lorsque la révolution de 1789 éclata. Il fut contraint d'émigrer, pour éviter l'échafaud dont on le menaçait; tous ses biens furent confisqués, vendus, et sa femme fut incarcérée avec ses deux jeunes enfants. Ma mère obtint la permission d'aller visiter sa malheureuse belle-sœur, qu'elle trouva dans une tour froide et humide, accablée par la fièvre, qui emporta ce jour-là même sa petite fille! À force de démarches et de supplications, ma mère obtint l'élargissement de sa belle-sœur; mais celle-ci mourut peu de jours après, des suites de la maladie qu'elle avait contractée dans la prison. Ma mère prit alors soin du jeune garçon, nommé Antoine. Il fut mis par la suite au collège, puis à l'École militaire, dont il devint un des meilleurs élèves. Enfin, ce digne demi-frère de Marcellin de Canrobert devint officier d'infanterie et se fit bravement tuer sur le champ de bataille de Waterloo.

Mon oncle fut un des premiers émigrés qui, sous le Consulat, obtinrent l'autorisation de rentrer en France; il recouvra quelques parcelles de son bien, et épousa une des filles de M. Niocel, ancien ami de la famille. La nouvelle Mme de Canrobert devint mère de notre bon et brave cousin Marcellin de Canrobert[1], qui s'est si souvent distingué en Afrique, où il est aujourd'hui colonel de zouaves. Combien son père eût été fier d'un tel fils! Mais il mourut avant de pouvoir être témoin de ses succès.

M. Certain de l'Isle, second frère de ma mère, était un des plus beaux hommes de France. La Révolution le trouva lieutenant au régiment de Penthièvre, où servaient son frère aîné et plusieurs de ses oncles. Il suivit l'impulsion de presque tous ses camarades et émigra en compagnie de son plus jeune frère, M. Certain de la Coste, qui servait dans les gardes du corps du Roi. Depuis leur sortie de France, les deux frères ne se quittèrent plus. Ils se retirèrent d'abord dans le pays de Bade, mais leur tranquillité fut bientôt troublée: les armées françaises passèrent le Rhin, et comme tout émigré qui tombait en leur pouvoir était fusillé, en vertu des décrets de la Convention, force fut à mes oncles de s'enfoncer à la hâte dans l'intérieur de l'Allemagne. Le manque d'argent les obligeait à voyager à pied, ce qui accabla bientôt le pauvre la Coste. Ils éprouvaient beaucoup de difficultés pour se loger, car tout était occupé par les militaires autrichiens. La Coste tomba malade; son frère le soutenait; ils gagnèrent ainsi une petite ville du Wurtemberg, et ils entrèrent dans un mauvais cabaret, où ils trouvèrent un cabinet et un lit. Au point du jour, ils virent les Autrichiens s'éloigner et apprirent que les Français allaient occuper la ville. La Coste, incapable de se mouvoir, engageait de l'Isle à pourvoir à sa sûreté, en le laissant à la garde de Dieu; mais de l'Isle déclara formellement qu'il n'abandonnerait pas son frère mourant. Cependant, deux volontaires français se présentèrent bientôt au cabaret avec un billet de logement. L'hôte les conduisit au cabinet occupé par mes oncles, auxquels il signifia qu'ils eussent à s'éloigner. On a dit avec raison que, pendant la Révolution, l'honneur français s'était réfugié dans les armées. Les deux soldats, voyant la Coste mourant, déclarèrent à l'aubergiste que non seulement ils voulaient le garder avec eux, mais qu'ils demandaient au premier étage une grande chambre à plusieurs lits, où ils s'établirent avec mes deux oncles. En pays ennemi, le vainqueur étant le maître, l'aubergiste obéit aux deux volontaires français, qui, pendant quinze jours que leur bataillon resta cantonné dans la ville, eurent un soin infini de MM. de la Coste et de l'Isle; ils les faisaient participer aux bons repas que leur hôte était obligé de fournir, selon les usages de la guerre, et ce régime confortable, joint au repos, rétablit un peu la santé de la Coste.

En se séparant d'eux, les volontaires, qui appartenaient à un bataillon de la Gironde, voulant donner à leurs nouveaux amis le moyen de passer au milieu des colonnes françaises sans être arrêtés, ôtèrent de leurs uniformes les boutons de métal qui portaient le nom de leur bataillon, et les attachèrent aux habits bourgeois de mes oncles, qui purent ainsi se faire passer pour des cantiniers. Avec ce passe-port d'un nouveau genre, ils traversèrent tous les cantonnements français sans éveiller aucun soupçon. Ils se rendirent en Prusse et s'établirent ensuite dans la ville de Hall, où M. de l'Isle trouva de nombreuses leçons à donner. Ils y vécurent paisiblement jusqu'en 1803, époque où, ma mère étant parvenue à les faire rayer de la liste des émigrés, mes deux oncles rentrèrent en France, au bout de douze ans d'exil.

---

1. Aujourd'hui le maréchal Canrobert

CHAPITRE DIX-NEUF

Immenses préparatifs sur la côte.—Je suis nommé aide de camp d'Augereau.

Mais revenons à Versailles. Pendant que j'y suivais les cours de l'école de cavalerie, de grands événements se préparaient en Europe. La jalousie de l'Angleterre, excitée par la prospérité de la France, l'ayant portée à rompre la paix d'Amiens, les hostilités recommencèrent; et le premier Consul résolut de les pousser vivement, en conduisant une armée sur le sol de la Grande-Bretagne, opération hardie, très difficile, mais cependant pas impossible. Pour la mettre à exécution, Napoléon, qui venait de s'emparer du Hanovre, patrimoine particulier de l'Angleterre, forma sur les côtes de la mer du Nord et de la Manche plusieurs corps d'armée. Il fit construire et réunit à Boulogne, ainsi que dans les ports voisins, une immense quantité de péniches et bateaux plats, sur lesquels il comptait embarquer ses troupes.

Tout ce qui était militaire se mettant en mouvement pour cette guerre, je regrettais de ne pas y participer, et je comprenais combien la reprise des hostilités allait rendre ma position fausse: car, destiné à aller porter dans mon régiment l'instruction que j'avais acquise à l'école de cavalerie, je me voyais condamné à passer plusieurs années dans un dépôt, la cravache à la main, et faisant trotter les recrues sur de vieux chevaux, pendant que mes camarades feraient la guerre à la tête des cavaliers formés par moi. Cette perspective était peu agréable; mais comment la changer? Un régiment doit toujours être alimenté par des recrues, et il était certain que mon colonel, m'ayant envoyé à l'école de cavalerie pour apprendre à dresser ces recrues, ne voudrait pas se priver des services que je pouvais rendre sous ce rapport, et m'exclurait de ses escadrons de guerre! J'étais dans cette perplexité, lorsqu'un jour, me promenant au bout de l'avenue de Paris, mon livre de théorie à la main, il me vint une idée lumineuse, qui a totalement changé ma destinée, et infiniment contribué à m'élever au grade que j'occupe.

Je venais d'apprendre que le premier Consul, ayant à se plaindre de la cour de Lisbonne, avait ordonné de former à Bayonne un corps d'armée destiné à entrer en

Portugal, sous les ordres du général en chef Augereau. Je savais que celui-ci devait une partie de son avancement à mon père, sous les ordres duquel il avait servi au camp de Toulon et aux Pyrénées, et bien que l'expérience que j'avais acquise à Gênes, après la mort de mon père, ne dût pas me donner une bonne opinion de la reconnaissance des hommes, je résolus d'écrire au général Augereau pour lui faire connaître ma position et le prier de m'en sortir, en me prenant pour un de ses aides de camp. Ma lettre écrite, je l'envoyai à ma mère, pour savoir si elle l'approuvait: non seulement elle lui donna son assentiment, mais sachant qu'Augereau était à Paris, elle voulut la lui remettre elle-même. Augereau reçut la veuve de son ami avec les plus grands égards; montant sur-le-champ en voiture, il se rendit chez le ministre de la guerre, et, le soir même, il porta à ma mère mon brevet d'aide de camp. Ainsi se trouva accompli le désir que, vingt-quatre heures avant, je considérais comme un rêve!... Dès le lendemain, je courus remercier le général. Il me reçut à merveille, en m'ordonnant de venir le joindre le plus tôt possible à Bayonne, où il allait se rendre immédiatement. Nous étions au mois d'octobre, j'avais donc terminé le premier cours de l'école de cavalerie, et peu curieux de suivre le second, je quittai Versailles plein de joie; mes pressentiments me disaient que j'entrais dans une voie nouvelle, bien plus avantageuse que celle d'instructeur de régiment; ils ne me trompèrent point, car, neuf ans après, j'étais colonel, tandis que les camarades que j'avais laissés à l'école de cavalerie étaient à peine capitaines!

Je me rendis promptement à Bayonne, où je pris possession de mon emploi d'aide de camp du général en chef. Celui-ci occupait, à un quart de lieue de la ville, le beau château de Marac, dans lequel l'Empereur résida quelques années après. Je fus parfaitement reçu par le général Augereau, ainsi que par mes nouveaux camarades, ses aides de camp, qui presque tous avaient servi sous mon père. Cet état-major, bien qu'il n'ait pas donné à l'armée autant d'officiers généraux que celui de Bernadotte, était cependant fort bien composé. Le général Dongelot, chef d'état-major, était un homme d'une haute capacité qui devint plus tard gouverneur des îles Ioniennes, puis de la Martinique. Le sous-chef d'état-major se nommait le colonel Albert. Il mourut général, aide de camp du duc d'Orléans. Les aides de camp étaient: le colonel Sicard, qui périt à Heilsberg, les chefs d'escadron Brame, qui se retira à Lille après la paix de Tilsitt, et Massy, tué comme colonel à la Moskowa; le capitaine Chévetel et le lieutenant Mainvielle; le premier se retira dans ses terres de Bretagne, et le second finit sa carrière à Bayonne. J'étais le sixième et le plus jeune des aides de camp.

Enfin, l'état-major était complété par le docteur Raymond, excellent praticien et homme des plus honorables, qui me fut d'un grand-secours à la bataille d'Eylau.

Le demi-frère du maréchal, le colonel Augereau, suivait l'état-major; c'était un homme très doux, qui devint plus tard lieutenant général.

CHAPITRE VINGT

Augereau.—Divers épisodes de sa carrière.

Je dois maintenant vous donner la biographie du maréchal Augereau. La plupart des généraux qui se firent un nom dans les premières guerres de la Révolution étant sortis des rangs inférieurs de la société, on s'est imaginé, à tort, qu'ils n'avaient reçu aucune éducation, et n'avaient dû leurs succès qu'à leur bouillant courage. Augereau surtout a été fort mal jugé. On s'est complu à le représenter comme une espèce de sacripant, dur, tapageur et méchant; c'est une erreur, car bien que sa jeunesse ait été fort orageuse, et qu'il soit tombé dans plusieurs erreurs politiques, il était bon, poli, affectueux, et je déclare que des cinq maréchaux auprès desquels j'ai servi, c'était incontestablement celui qui allégeait le plus les maux de la guerre, qui était le plus favorable aux populations et traitait le mieux ses officiers, avec lesquels il vivait comme un père au milieu de ses enfants. La vie du maréchal Augereau fut des plus agitées; mais, avant de la juger, il faut se reporter aux usages et coutumes de l'époque.

Pierre Augereau naquit à Paris en 1757. Son père faisait un commerce de fruits fort étendu, et avait acquis une fortune qui lui permit de faire bien élever ses enfants. Sa mère était née à Munich; elle eut le bon esprit de ne jamais employer avec son fils que la langue allemande, que celui-ci parlait parfaitement, et cette circonstance lui fut fort utile dans ses voyages, ainsi qu'à la guerre. Augereau avait une belle figure; il était grand et bien constitué. Il aimait tous les exercices du corps, pour lesquels il avait une très grande aptitude. Il était bon écuyer et excellent tireur. À l'âge de dix-sept ans, Augereau ayant perdu sa mère, un frère de celle-ci, employé dans les bureaux de Monsieur, le fit entrer dans les carabiniers, dont ce prince était colonel propriétaire.

Il passa plusieurs années à Saumur, garnison habituelle des carabiniers. Sa manière de servir et sa bonne conduite le portèrent bientôt au grade de sous-officier. Malheureusement, on avait à cette époque la manie des duels. La réputation d'excellent tireur qu'avait Augereau le contraignit à en avoir plusieurs, car le grand genre parmi les bretteurs était de ne souffrir aucune supériorité. Les gentils-hommes, les officiers, les soldats, se battaient pour les motifs les plus futiles. Ainsi, Augereau se trouvant en semestre à Paris, le célèbre maître d'escrime Saint-George, le voyant passer, dit en présence de plusieurs tireurs que c'était une des meilleures lames de France. Là-dessus, un sous-officier de dragons, nommé Belair, qui avait la prétention d'être le plus habile après Saint-George, écrit à Augereau qu'il voulait se battre avec lui, à moins qu'il ne consentît à reconnaître sa supériorité. Augereau lui ayant répondu qu'il n'en ferait rien, ils se rencontrèrent aux Champs-Élysées, et Belair reçut un grand coup d'épée qui le perça de part en part... Ce bretteur guérit, et ayant quitté le service, il se maria et devint père de huit enfants, qu'il ne savait comment nourrir, lorsque, dans les premiers jours de l'Empire, il eut la pensée de s'adresser à son ancien adversaire, devenu maréchal. Cet homme, que j'ai connu, avait de l'esprit et une gaieté fort originale. Il se présenta chez Augereau avec un petit violon sous le bras, et lui dit que, n'ayant pas de quoi donner à dîner à ses huit enfants, il allait leur faire danser des contredanses pour les égayer, à moins que le maréchal ne voulût bien le mettre à même de leur servir une nourriture plus substantielle. Augereau reconnut Belair, l'invita à dîner, lui donna de l'argent, lui fit avoir peu de jours après un très bon emploi dans l'administration des messageries, et fit placer deux de ses fils dans un lycée. Cette conduite n'a pas besoin de commentaires.

Tous les duels qu'eut Augereau ne se terminèrent pas ainsi. Par suite d'un usage des plus absurdes, il existait entre divers régiments des haines invétérées, dont la cause, fort ancienne, n'était souvent pas bien connue, mais qui, transmise d'âge en âge, donnait lieu à des duels, chaque fois que ces corps se rencontraient. Ainsi, les gendarmes de Lunéville et les carabiniers étaient en guerre depuis plus d'un demi-siècle, bien qu'ils ne se fussent pas vus dans ce long espace de temps. Enfin, au commencement du règne de Louis XVI, ces deux corps furent appelés au camp de Compiègne; alors, pour ne point paraître moins braves que leurs devanciers, les carabiniers et les gendarmes résolurent de se battre, et cette habitude était tellement invétérée que les chefs crurent devoir fermer les yeux. Cependant, pour éviter la trop grande effusion du sang, ils parvinrent à faire régler qu'il n'y aurait qu'un seul duel, chacun des deux corps devant désigner le combattant qui le représenterait, après quoi, on ferait une trêve. L'amour-propre des deux partis étant engagé à ce que le champion présenté fût victorieux, les carabiniers choisirent leurs douze meilleurs tireurs, parmi lesquels se trouvait Augereau, et l'on convint que le sort désignerait celui auquel la défense de l'honneur du régiment serait confiée. Il fut ce jour-là plus aveugle encore que de coutume, car il indiqua un sous-officier ayant cinq enfants: il s'appelait Donnadieu. Augereau fit observer qu'on n'aurait pas dû mettre parmi les billets celui qui portait le nom d'un père de famille, qu'il demandait donc à être substitué à son camarade. Donnadieu déclare que, puisque le sort l'a désigné, il marchera; Augereau insiste; enfin, ce combat de générosité est terminé par les membres de la réunion, qui acceptent la proposition d'Augereau. On apprend bientôt quel est le combattant choisi par les gendarmes, et il ne reste plus qu'à mettre les adversaires en présence, pour qu'un simulacre de querelle serve de motif à la rencontre.

L'adversaire d'Augereau était un homme terrible, tireur excellent et duelliste de profession, qui, pour peloter, en attendant partie, avait les jours précédents tué deux sergents des gardes françaises. Augereau, sans se laisser intimider par la réputation de ce spadassin, se rend au café où il savait qu'il devait venir, et en l'attendant, il s'assied à une table. Le gendarme entre, et dès qu'on lui a désigné le champion des carabiniers, il retrousse les basques de son habit, et va s'asseoir insolemment sur la table, le derrière à un pied de la figure d'Augereau. Celui-ci, qui prenait en ce moment une tasse de café bien chaud, entr'ouvre doucement l'échancrure, appelée ventouse, qui existait alors derrière les culottes de peau des cavaliers, et verse le liquide brûlant sur les fesses de l'impertinent gendarme... Celui-ci se retourne en fureur!... Voilà la querelle engagée, et l'on se rend sur le terrain, suivi d'une foule de carabiniers et de gendarmes. Pendant le trajet, le féroce gendarme, voulant railler celui dont il comptait faire sa victime, demande à Augereau d'un ton goguenard: «Voulez-vous être enterré à la ville ou à la campagne?» Augereau répondit: «Je préfère la campagne, j'ai toujours aimé le grand air.»—«Eh bien, reprend le gendarme, en s'adressant à son témoin, tu le feras mettre à côté des deux que j'ai expédiés hier et avant-hier.» C'était peu encourageant, et tout autre qu'Augereau aurait pu en être ému. Il ne le fut pas; mais résolu à défendre chèrement sa vie, il joua, comme on dit, si serré et si bien, que son adversaire, furieux de ne pouvoir le toucher, s'emporta et fit de faux mouvements, dont Augereau, toujours calme, profita pour lui passer son épée au travers du corps, en lui disant: «Vous serez enterré à la campagne.»

Le camp terminé, les carabiniers retournèrent à Saumur. Augereau y continuait paisiblement son service, lorsqu'un événement fatal le jeta dans une vie fort aventureuse.

Un jeune officier d'une grande naissance et d'un caractère très emporté, ayant trouvé quelque chose à redire dans la manière dont on faisait le pansage des chevaux, s'en prit à Augereau, et, dans un accès de colère, voulut le frapper de sa cravache, en présence de tout l'escadron. Augereau, indigné, fit voler au loin la cravache de l'imprudent officier. Celui-ci, furieux, mit l'épée à la main et fondit sur Augereau, en lui disant: «Défendez-vous!» Augereau se borna d'abord à parer; mais ayant été blessé, il finit par riposter, et l'officier tomba raide mort!

Le général comte de Malseigne, qui commandait les carabiniers au nom de Monsieur, fut bientôt instruit de cette affaire, et bien que les témoins oculaires s'accordassent à dire qu'Augereau, provoqué par la plus injuste agression, s'était trouvé dans le cas de légitime défense, le général, qui portait intérêt à Augereau, jugea convenable de le faire éloigner. Pour cela, il fit venir un carabinier natif de Genève, nommé Papon, dont le temps de service expirait dans quelques jours, et l'invita à remettre sa feuille de route à Augereau, lui promettant de lui en faire délivrer plus tard une seconde. Papon consentit, et Augereau lui en témoigna toujours une vive reconnaissance. Augereau, arrivé à Genève, apprit que le conseil de guerre, nonobstant les déclarations des témoins, l'avait condamné à la peine de mort, pour avoir osé mettre l'épée à la main contre un officier!

La famille Papon faisait de grands envois de montres en Orient. Augereau résolut d'accompagner le commis qu'elle y envoyait, et se rendit avec lui en Grèce, dans l'archipel Ionien, à Constantinople et sur le littoral de la mer Noire. Il se trouvait en Crimée, lorsqu'un colonel russe, jugeant à sa belle prestance qu'il avait été militaire, lui offrit le grade de sergent. Augereau l'accepta, servit plusieurs années dans l'armée russe, que le célèbre Souwaroff commandait contre les Turcs, et fut blessé à l'assaut d'Ismaïloff. La paix ayant été faite entre la Porte et la Russie, le régiment dans lequel servait Augereau fut dirigé vers la Pologne; mais celui-ci, ne voulant pas rester davantage parmi les Russes, alors à demi barbares, déserta et gagna la Prusse, où il servit d'abord dans le régiment du prince Henri; puis sa haute taille et sa bonne mine le firent admettre dans le célèbre régiment des gardes du grand Frédéric. Il y était depuis deux ans, et son capitaine lui faisait espérer de l'avancement, lorsque le Roi, passant la revue de ses gardes, s'arrêta devant Augereau en disant: «Voilà un beau grenadier!... De quel pays est-il?—Il est Français, Sire.—Tant pis! répondit Frédéric, qui avait fini par détester les Français autant qu'il les avait aimés, tant pis! car s'il eût été Suisse ou Allemand, nous en eussions fait quelque chose.»

Augereau, persuadé dès lors qu'il ne serait jamais rien en Prusse, puisqu'il le tenait de la propre bouche du Roi, résolut de quitter ce pays; mais la chose était on ne peut plus difficile, parce que, dès que la désertion d'un soldat était signalée par un coup de canon, les populations se mettaient à sa poursuite pour gagner la récompense promise, et, le déserteur pris, on le fusillait sans rémission.

Pour éviter ce malheur et reconquérir sa liberté, Augereau, qui savait qu'un grand tiers des gardes, étrangers comme lui, n'aspirait qu'à s'éloigner de la Prusse, s'aboucha avec une soixantaine des plus courageux, auxquels il fit comprendre qu'en désertant isolément, on se perdrait, parce qu'il suffirait de deux ou trois hommes pour vous arrêter; mais qu'il fallait partir tous ensemble, avec armes et munitions, afin de pouvoir se défendre. C'est ce qu'ils firent, sous la conduite d'Augereau. Ces hommes déterminés, attaqués en route par des paysans et même par un détachement de soldats, perdirent plusieurs des leurs, mais tuèrent plus d'ennemis, et gagnèrent, en une nuit, un petit pays appartenant à la Saxe et qui n'est qu'à dix lieues de Potsdam. Augereau se rendit à Dresde, où il donna des leçons de danse et d'escrime, jusqu'à l'époque de la naissance du premier Dauphin, fils de Louis XVI, naissance que le gouvernement français célébra en amnistiant tous les déserteurs, ce qui permit à Augereau non seulement de revenir à Paris, mais aussi de rentrer aux carabiniers, son jugement ayant été cassé, et le général de Malseigne le réclamant comme un des meilleurs sous-officiers du corps. Augereau avait donc recouvré son grade et sa position, lorsqu'en 1788, le roi de Naples, sentant le besoin de remettre son armée sur un bon pied, pria le roi de France de lui envoyer un certain nombre d'officiers et de sous-officiers instructeurs, auxquels il donnerait le grade supérieur au leur. M. le comte de Pommereul, qui devint plus tard général et préfet de l'Empire, fut le directeur de tous les instructeurs envoyés à Naples. Augereau fit partie de ce détachement, et reçut le grade de sous-lieutenant, en arrivant à Naples. Il y servit plusieurs années, et venait d'être fait lieutenant, lorsque, s'étant épris de la fille d'un négociant grec, il la demanda en mariage. Celui-ci n'ayant pas voulu consentir à cette union, les deux amants se marièrent en secret, puis, montant sur le premier navire qu'ils trouvèrent en partance, ils se rendirent à Lisbonne, où ils vécurent paisiblement pendant quelque temps.

On était à la fin de 1792. La Révolution française marchait à grands pas, et tous les souverains de l'Europe, redoutant de voir introduire dans leurs États les principes nouveaux, étaient devenus fort sévères pour tout ce qui était Français. Augereau m'a souvent assuré que pendant son séjour en Portugal, il n'avait jamais rien fait, ni dit, qui pût alarmer le gouvernement; il fut cependant arrêté et conduit dans les prisons de l'Inquisition! Il y languissait depuis quelques mois, lorsque Mme Augereau, femme d'un grand courage, ayant vu entrer dans le port un navire avec un pavillon tricolore, se rendit à bord, pour remettre au capitaine une lettre par laquelle elle informait le gouvernement français de l'arrestation arbitraire de son mari. Bien que le capitaine du navire français n'appartînt pas à la marine militaire, il se rendit résolument auprès des ministres portugais, réclama son compatriote détenu à l'Inquisition, et sur leur refus, il leur déclara fièrement la guerre au nom de la France! Soit que les Portugais fussent effrayés, soit qu'ils comprissent qu'ils avaient agi injustement, Augereau fut rendu à la liberté et revint au Havre, ainsi que sa femme, sur le navire de ce brave capitaine.

Arrivé à Paris, Augereau fut nommé capitaine et envoyé dans la Vendée, où il sauva, par ses conseils et son courage, l'armée de l'incapable général Roucin, ce qui lui valut le grade de chef de bataillon. Dégoûté de combattre contre des Français, Augereau demanda à aller aux Pyrénées et fut envoyé au camp de Toulouse, commandé par mon père, qui, très satisfait de sa manière de servir, le fit nommer adjudant général (colonel d'état-major) et le combla de marques d'affection, ce qu'Augereau n'oublia jamais. Devenu général, il se distingua dans les guerres d'Espagne, puis en Italie, principalement à Castiglione.

La veille de cette bataille, l'armée française, cernée de toutes parts, se trouvait dans la position la plus critique, lorsque le général en chef Bonaparte convoqua un conseil de guerre, le seul qu'il ait jamais consulté. Tous les généraux, même Masséna, opinèrent pour la retraite, lorsque Augereau, expliquant ce qu'il fallait faire pour sortir d'embarras, termina en disant: «Dussiez-vous tous partir, je reste, et, avec ma division, j'attaque l'ennemi au point du jour.» Bonaparte, frappé des raisons qui venaient d'être produites par Augereau, lui dit: «Eh bien! je resterai avec toi!» Dès lors, il ne fut plus question de retraite, et le lendemain, une éclatante victoire, due en grande partie à la valeur et aux belles manœuvres d'Augereau, raffermit pour longtemps la position des armées françaises en Italie. Aussi, lorsque quelques jaloux se permettaient de gloser contre Augereau en présence de l'Empereur, il répondait: «N'oublions pas qu'il nous a sauvés à Castiglione.» Et lorsqu'il créa une nouvelle noblesse, il nomma Augereau duc de Castiglione.

Le général Hoche venait de mourir; Augereau le remplaça à l'armée du Rhin, et fut chargé, après l'établissement du consulat, de la direction de l'armée gallo-batave, composée de troupes françaises et hollandaises, avec lesquelles il fit en Franconie la belle campagne de 1800, et gagna la bataille de Burg-Eberach.

Après la paix, il acheta la terre et le château de La Houssaye. Je dirai, à propos de cette acquisition, qu'on a fort exagéré la fortune de certains généraux de l'armée d'Italie. Augereau, après avoir touché pendant vingt ans les appointements de général en chef ou de maréchal, avoir joui pendant sept ans d'une dotation de deux cent mille francs et du traitement de vingt-cinq mille francs sur la Légion d'honneur, n'a laissé à sa mort que quarante-huit mille francs de rente. Jamais homme ne fut plus généreux, plus désintéressé, plus obligeant. Je pourrais en citer plusieurs exemples; je me bornerai à deux.

Le général Bonaparte, après son élévation au consulat, forma une garde nombreuse, dont il mit l'infanterie sous le commandement du général Lannes. Celui-ci, militaire des plus distingués, mais nullement au fait de l'administration, au lieu de se conformer au tarif établi pour l'achat des draps, toiles et autres objets, ne trouvait jamais rien d'assez beau, de sorte que les employés de l'habillement et de l'équipement de la garde, enchantés de pouvoir traiter de gré à gré avec les fournisseurs, afin d'en obtenir des pots-de-vin, croyant du reste leurs déprédations couvertes par le nom du général Lannes, ami du premier Consul, établirent les uniformes avec un tel luxe, que lorsqu'il fallut régler les comptes, ils dépassaient de trois cent mille francs la somme accordée par les règlements ministériels. Le premier Consul, qui avait résolu de rétablir l'ordre dans les finances, et de forcer les chefs de corps à ne pas outrepasser les crédits alloués, voulut faire un exemple, et bien qu'il eût de l'affection pour le général Lannes et fût convaincu que *pas un centime* n'était entré dans sa poche, il le déclara responsable du déficit de trois cent mille francs, ne lui laissant que huit jours pour verser cette somme dans les caisses de la garde, sous peine d'être traduit devant un conseil de guerre! Cette sévère décision produisit un excellent effet, en mettant un terme au gaspillage qui s'était introduit dans la comptabilité des corps; mais le général Lannes, quoique récemment marié à la fille du sénateur Guéhéneuc, était dans l'impossibilité de payer, lorsque Augereau, informé de la fâcheuse position de son ami, court chez son notaire, prend trois cent mille francs, et charge son secrétaire de les verser au nom du général Lannes dans les caisses de la garde! Le premier Consul, informé de cette action, en sut un gré infini au général Augereau, et pour mettre Lannes en état de s'acquitter envers celui-ci, il lui donna l'ambassade de Lisbonne, qui était fort lucrative.

Voici un autre exemple de la générosité d'Augereau. Il était peu lié avec le général Bernadotte. Celui-ci venait d'acheter la terre de Lagrange, qu'il comptait payer avec la dot de sa femme; mais ces fonds ne lui ayant pas été exactement remis, et ses créanciers le pressant, il pria Augereau de lui prêter deux cent mille francs pour cinq ans. Augereau y ayant consenti, Mme Bernadotte s'avisa de lui demander quel serait l'intérêt qu'il prendrait. «Madame, répondit Augereau, je conçois que les banquiers, les agents d'affaires retirent un produit des fonds qu'ils prêtent; mais lorsqu'un maréchal est assez heureux pour obliger un camarade, il ne doit en recevoir d'autre intérêt que le plaisir de lui rendre service.»

Voilà cependant l'homme qu'on a représenté comme dur et avide! Je me bornerai, pour le moment, à ne rien citer de plus de la vie d'Augereau; le surplus de sa biographie se déroulera avec ma narration, qui signalera ses fautes, comme elle a fait et fera connaître ses belles qualités.

CHAPITRE VINGT-ET-UN

De Bayonne à Brest.—1804.—Conspiration de Pichegru, Moreau et Cadoudal.—
Mort du duc d'Enghien.—Bonaparte empereur.

Revenons à Bayonne, où je venais de rejoindre l'état-major d'Augereau. L'hiver est fort doux en cette contrée, ce qui permettait de faire manœuvrer les troupes du camp et de simuler de petites guerres, afin de nous préparer à aller combattre les Portugais. Mais la cour de Lisbonne ayant obtempéré à tout ce que voulait le gouvernement français, nous dûmes renoncer à passer les Pyrénées, et le général Augereau reçut l'ordre de se rendre à Brest, pour y prendre le commandement du 7e corps de l'armée des côtes, qui devait opérer une descente en Irlande.

La première femme du général Augereau, la Grecque, étant alors à Pau, celui-ci voulut aller lui faire ses adieux et prit avec lui trois aides de camp, au nombre desquels je me trouvais.

À cette époque, les généraux en chef avaient chacun un escadron de *guides*, dont un détachement escortait constamment leur voiture, tant qu'ils se trouvaient sur le territoire occupé par les troupes placées sous leurs ordres. Bayonne n'ayant pas encore de *guides*, on y suppléa en plaçant un peloton de cavalerie à chacun des relais situés entre Bayonne et Pau. C'était le régiment que je venais de quitter, le 25e de chasseurs, qui faisait ce service, de sorte que de la voiture dans laquelle je me prélassais avec le général en chef, je voyais mes anciens camarades trotter à la portière. Je n'en conçus aucun orgueil, mais j'avoue qu'en entrant à Puyoo, où vous m'avez vu deux ans avant arriver à pied, crotté et conduit par la gendarmerie, j'eus la faiblesse de me rengorger et de me faire reconnaître par le bon maire Bordenave, que je présentai au général en chef, auquel j'avais raconté ce qui m'était arrivé en 1801 dans cette commune; et comme la brigade de gendarmerie de Peyrehorade s'était jointe à l'escorte jusqu'à Puyoo, je reconnus les deux gendarmes qui m'avaient arrêté. Le vieux maire eut la malice de leur apprendre que l'officier qu'ils voyaient dans le bel équipage du général en chef était ce même voyageur qu'ils avaient pris pour un *déserteur*, bien que ses papiers fussent en règle, et le bonhomme était même tout fier du jugement qu'il avait rendu dans cette affaire.

Après vingt-quatre heures de séjour à Pau, nous retournâmes à Bayonne, d'où le général en chef fit partir Mainvielle et moi pour Brest, afin d'y préparer son établissement. Nous prîmes des places dans la malle-poste jusqu'à Bordeaux; mais là, nous fûmes obligés, faute de voitures publiques, d'enfourcher des bidets de poste, ce qui, de toutes les manières de voyager, est certainement la plus rude. Il pleuvait, les routes étaient affreuses, les nuits d'une obscurité profonde, et cependant il fallait se lancer au galop, malgré ces obstacles, car notre mission était pressée. Bien que je n'aie jamais été très bon écuyer, l'habitude que j'avais du cheval, et une année récemment passée au manège de Versailles, me donnaient assez d'assurance et de force pour enlever les affreuses rosses sur lesquelles nous étions forcés de monter. Je me tirai donc assez bien de mon apprentissage du métier de courrier, dans lequel vous verrez que les circonstances me forcèrent plus tard à me perfectionner. Il n'en fut pas de même de Mainvielle; aussi mîmes-nous deux jours et deux nuits pour nous rendre à Nantes, où il arriva brisé, rompu, et dans l'impossibilité de continuer le voyage à franc étrier. Cependant, comme nous ne pouvions pas exposer le général en chef à se trouver sans logement à son arrivée à Brest, il fut convenu que je me rendrais dans cette ville et que Mainvielle me rejoindrait en voiture.

Dès mon arrivée, je louai l'hôtel du banquier Pasquier, frère de celui qui fut chancelier et président de la Chambre des pairs. Plusieurs de mes camarades, et Mainvielle lui-même, vinrent me joindre quelques jours après, et m'aidèrent à ordonner tout ce qui était nécessaire à l'établissement du général en chef, qui le trouva convenable pour le grand état de maison qu'il avait le projet d'y tenir.

1804.—Nous commençâmes à Brest l'année 1804.

Le 7e corps se composait de deux divisions d'infanterie et d'une brigade de cavalerie; ces troupes n'étant pas campées, mais seulement cantonnées dans les communes voisines, tous les généraux et leurs états-majors logeaient à Brest, dont la rade et le port contenaient un grand nombre de vaisseaux de tout rang. L'amiral et les chefs principaux de la flotte étaient aussi en ville, et les autres officiers y venaient journellement, de sorte que Brest offrait un spectacle des plus animés. L'amiral Truguet et le général en chef Augereau donnèrent plusieurs fêtes brillantes, car de tout temps les Français préludèrent ainsi à la guerre.

Dans le courant de février, le général Augereau partit pour Paris, où le premier Consul l'avait mandé afin de conférer avec lui sur le projet de descente en Irlande. Je fus du voyage.

À notre arrivée à Paris, nous trouvâmes l'horizon politique très chargé. Les Bourbons, qui avaient espéré que Bonaparte, en prenant les rênes du gouvernement, travaillerait pour eux, et se préparait à jouer le rôle de Monck, voyant qu'il ne songeait nullement à leur rendre la couronne, résolurent de le renverser. Ils ourdirent à cet effet une conspiration ayant pour chefs trois hommes célèbres, mais à des titres bien différents: le général Pichegru, le général Moreau et Georges Cadoudal.

Pichegru avait été professeur de mathématiques de Bonaparte au collège de Brienne, qu'il avait quitté pour prendre du service. La Révolution le trouva sergent d'artillerie. Ses talents et son courage l'élevèrent rapidement au grade de général en chef. Ce fut lui qui fit la conquête de la Hollande au milieu de l'hiver; mais l'ambition le perdit. Il se laissa séduire par les agents du prince de Condé, et entretint une correspondance avec ce prince, qui lui promettait de grands avantages et le titre de connétable, s'il employait l'influence qu'il avait sur les troupes au rétablissement de Louis XVIII sur le trône de ses pères. Le hasard, ce grand arbitre des destinées humaines, voulut qu'à la suite d'un combat où les troupes françaises commandées par Moreau avaient battu la division du général autrichien Kinglin, le fourgon de celui-ci, contenant les lettres adressées par Pichegru au prince de Condé, fut pris et amené à Moreau. Il était l'ami de Pichegru, auquel il devait en partie son avancement, et dissimula la capture qu'il avait faite tant que Pichegru eut du pouvoir; mais ce général, devenu représentant du peuple au conseil des Anciens, ayant continué d'agir en faveur des Bourbons, fut arrêté ainsi que plusieurs de ses collègues. Alors Moreau s'empressa d'adresser au Directoire les pièces qui démontraient la culpabilité de Pichegru, ce qui amena la déportation de celui-ci dans les déserts de la Guyane, à Sinamary. Il parvint, par son courage, à s'évader, gagna les États-Unis, puis l'Angleterre, et n'ayant, dès lors, plus de ménagements à garder, il se mit ouvertement à la solde de Louis XVIII et résolut de venir en France renverser le gouvernement consulaire. Cependant, comme il ne pouvait se dissimuler que destitué, proscrit, absent de France depuis plus de six ans, il ne pouvait plus avoir sur l'armée autant d'influence que le général Moreau, le vainqueur de Hohenlinden, et par cela même fort aimé des troupes dont il était inspecteur général, il consentit, par dévouement pour les Bourbons, à faire taire les motifs d'inimitié qu'il avait contre Moreau, et à s'unir à lui pour le triomphe de la cause à laquelle il s'était dévoué.

Moreau, né en Bretagne, faisait son cours de droit à Rennes lorsque la révolution de 1789 éclata; les étudiants, cette jeunesse turbulente, l'avaient pris pour chef, et lorsqu'ils formèrent un bataillon de volontaires, ils nommèrent Moreau commandant. Celui-ci, débutant dans la carrière des armes par un emploi d'officier supérieur, se montra brave, capable, et fut promptement élevé au généralat et au commandement en chef des armées. Il gagna plusieurs batailles et fit devant le prince Charles une retraite justement célèbre. Mais, bon militaire, Moreau manquait de *courage civil*. Nous l'avons vu refuser de se mettre à la tête du gouvernement, pendant que Bonaparte était en Égypte; et bien qu'il eût aidé celui-ci au 18 brumaire, il devint jaloux de sa puissance, dès qu'il le vit premier Consul; enfin il chercha tous les moyens de le supplanter, ce à quoi le poussait aussi, dit-on, la jalousie de sa femme et de sa belle-mère contre Joséphine.

D'après cette disposition d'esprit de Moreau, il ne devait pas être difficile de l'amener à s'entendre avec Pichegru pour le renversement du gouvernement.

Un Breton nommé Lajolais, agent de Louis XVIII et ami de Moreau, devint l'intermédiaire entre celui-ci et Pichegru; il allait continuellement de Londres à Paris; mais comme il s'aperçut bientôt que, tout en consentant au renversement de Bonaparte, Moreau avait le projet de garder le pouvoir pour lui-même, et nullement de le remettre aux Bourbons, on espérait qu'une entrevue du général avec Pichegru le ramènerait à de meilleurs sentiments. Celui-ci, débarqué par un vaisseau anglais sur les côtes de France, près du Tréport, se rendit à Paris, où Georges Cadoudal l'avait précédé, ainsi que M. de Rivière, les deux Polignac et autres royalistes.

Georges Cadoudal était le plus jeune des nombreux fils d'un meunier du Morbihan; mais comme un usage fort bizarre, établi dans une partie de la basse Bretagne, donnait tous les biens au dernier-né de chaque famille, Georges, dont le père était aisé, avait reçu une certaine éducation. C'était un homme court, aux épaules larges, au cœur de tigre, et que son courage audacieux avait appelé au commandement supérieur de toutes les bandes des chouans de la Bretagne.

Il vivait à Londres depuis la pacification de la Vendée; mais son zèle fanatique pour la maison de Bourbon ne lui permettant de goûter aucun repos, tant que le premier Consul serait à la tête du gouvernement français, il forma le dessein de le tuer, non par assassinat caché, mais en plein jour, en l'attaquant sur la route de Saint-Cloud avec un détachement de trente à quarante chouans à cheval, bien armés et portant l'uniforme de la garde consulaire. Ce projet avait d'autant plus de chances de réussir, que l'escorte de Bonaparte n'était ordinairement alors que de quatre cavaliers.

Une entrevue fut ménagée entre Pichegru et Moreau. Elle eut lieu la nuit, auprès de l'église de la Madeleine, alors en construction. Moreau consentait au renversement et même à la mort du premier Consul, mais refusait de concourir au rétablissement des Bourbons. La police particulière de Bonaparte lui ayant signalé de sourdes menées dans Paris, il ordonna l'arrestation de quelques anciens chouans qui s'y trouvaient, et l'un d'eux fit des révélations importantes, qui compromirent gravement le général Moreau, dont l'arrestation fut résolue au conseil des ministres.

Je me souviens que cette arrestation fit le plus mauvais effet dans le public, parce que Georges et Pichegru n'étant pas encore arrêtés, personne ne les croyait en France; aussi disait-on que Bonaparte avait *inventé* la conspiration pour prendre Moreau. Le gouvernement avait donc le plus grand intérêt à prouver que Pichegru et Georges étaient à Paris, et qu'ils avaient vu Moreau. Toutes les barrières furent fermées pendant plusieurs jours, et une loi terrible fut portée contre ceux qui recèleraient les conspirateurs. Dès ce moment, il leur devint fort difficile de trouver un asile, et bientôt Pichegru, M. de Rivière et les Polignac tombèrent entre les mains de la police. Cette arrestation commença à ramener l'esprit public sur la réalité de la conspiration, et la capture de Georges acheva de dissiper les doutes qui auraient pu subsister encore à ce sujet. Georges ayant déclaré dans ses interrogatoires qu'il était venu pour tuer le premier Consul, et que la conspiration devait être appuyée par un prince de la famille royale, la police fut conduite à rechercher en quels lieux se trouvaient tous les princes de la maison de Bourbon. Elle apprit que le duc d'Enghien, petit-fils du grand Condé, habitait depuis peu de temps à Ettenheim, petite ville située à quelques lieues du Rhin, dans le pays de Bade. Il n'a jamais été prouvé que le duc d'Enghien fût un des chefs de la conspiration, mais il est certain qu'il avait commis plusieurs fois l'imprudence de se rendre sur le territoire français. Quoi qu'il en soit, le premier Consul fit passer secrètement le Rhin, pendant la nuit, à un détachement de troupes, commandé par le général Ordener, qui se rendit à Ettenheim, d'où il enleva le duc d'Enghien. On le dirigea sur-le-champ sur Vincennes, où il fut jugé, condamné à mort et fusillé avant que le public eût appris son arrestation. Cette exécution fut généralement blâmée. On concevrait que si le prince eût été pris sur le territoire français, on lui eût appliqué la loi qui dans ce cas portait la peine de mort; mais aller l'enlever au delà des frontières, en pays étranger, cela parut une violation inqualifiable du droit des gens.

Il sembla cependant que le premier Consul n'avait pas l'intention de faire exécuter le prince et ne voulait qu'effrayer le parti royaliste qui conspirait sa mort; mais le général Savary, chef de la gendarmerie, s'étant rendu à Vincennes, s'empara du prince après l'arrêt prononcé, et, par un excès de zèle, il le fit fusiller, afin, dit-il, d'éviter au premier Consul la peine d'ordonner la mort du duc d'Enghien, ou le danger de laisser la vie à un ennemi aussi dangereux. Savary a depuis nié ce propos, mais il l'aurait cependant tenu, à ce que m'ont assuré des témoins auriculaires. Il n'est pas moins certain que Bonaparte blâma l'empressement de Savary; mais le fait étant accompli, il dut en accepter les conséquences.

Le général Pichegru, honteux de s'être associé à des assassins, et ne voulant pas montrer en public le vainqueur de la Hollande mis en jugement avec des chouans criminels, se pendit avec sa cravate dans la prison. On prétendit qu'il avait été étranglé par des mameluks de la garde, mais le fait est controuvé. D'ailleurs, Bonaparte n'avait pas besoin de ce crime, et il avait plus d'intérêt à montrer Pichegru avili devant un tribunal que de le faire tuer en secret.

Georges Cadoudal, condamné à mort ainsi que plusieurs de ses complices, fut exécuté. Les frères Polignac et M. de Rivière, compris dans la même sentence, virent leur peine commuée en celle de la détention perpétuelle. Enfermés à Vincennes, ils obtinrent au bout de quelque temps l'autorisation d'habiter sur parole une maison de santé; mais, en 1814, à l'approche des alliés, ils s'évadèrent et allèrent rejoindre le comte d'Artois en Franche-Comté; puis, en 1815, ils furent les plus acharnés à poursuivre les bonapartistes.

Quant au général Moreau, il fut condamné à deux ans de détention. Le premier Consul le gracia, à condition qu'il se rendrait aux États-Unis. Il y vécut dans l'obscurité jusqu'en 1813, où il vint en Europe se ranger parmi les ennemis de son pays, et mourir en combattant les Français, confirmant par sa conduite toutes les accusations portées contre lui, à l'époque de la conjuration de Pichegru.

La nation française, fatiguée des révolutions, et voyant combien Bonaparte était nécessaire au maintien du bon ordre, oublia ce qu'il y avait eu d'odieux dans l'affaire du duc d'Enghien, et éleva Bonaparte sur le pavois, en le proclamant empereur le 25 mai 1804. Presque toutes les cours reconnurent le nouveau souverain de la France. À cette occasion, dix-huit généraux, pris parmi les plus marquants, furent élevés à la dignité de maréchaux de l'Empire, savoir, pour l'armée active: Berthier, Augereau, Masséna, Lannes, Davout, Murat, Moncey, Jourdan, Bernadotte, Ney, Bessières, Mortier, Soult et Brune; et pour le Sénat, Kellermann, Lefebvre, Pérignon et Sérurier.

CHAPITRE VINGT-DEUX

1805.—Institution de la Légion d'honneur.—Camp de Boulogne.—Je suis fait lieutenant.—Mission.—Mort de mon frère Félix.—La Russie et l'Autriche nous déclarent la guerre.

Après le jugement de Moreau, nous retournâmes à Brest, d'où nous revînmes bientôt à Paris, le maréchal devant assister, le 14 juillet, à la distribution des décorations de la *Légion d'honneur*, ordre que l'Empereur avait nouvellement institué pour récompenser tous les genres de mérite. Je dois à ce sujet rappeler une anecdote qui fit grand bruit à cette époque. Pour faire participer aux décorations tous les militaires qui s'étaient distingués dans les armées de la République, l'Empereur se fit rendre compte des hauts faits de ceux qui avaient reçu des armes d'honneur, et il désigna un grand nombre d'entre eux pour la Légion d'honneur, bien que plusieurs de ceux-ci fussent rentrés dans la vie civile. M. de Narbonne, émigré rentré, vivait alors paisiblement à Paris, rue de Miromesnil, dans la maison voisine de celle qu'habitait ma mère. Or, le jour de la distribution des croix, M. de Narbonne, apprenant que son valet de pied, ancien soldat d'Égypte, venait d'être décoré, le fait venir, au moment de se mettre à table, et lui dit: «Il n'est pas convenable qu'un chevalier de la Légion d'honneur donne des assiettes; il l'est encore moins qu'il quitte sa décoration pour faire son service; asseyez-vous donc auprès de moi, nous allons dîner ensemble, et demain vous irez occuper dans mes terres l'emploi de garde-chasse, qui n'a rien d'incompatible avec le port de votre décoration.»

L'Empereur, informé de ce trait de bon goût, et désirant depuis longtemps connaître M. de Narbonne, dont il avait entendu vanter le bon sens et l'esprit, le fit venir, et fut si satisfait de lui, que par la suite il le prit pour aide de camp. M. de Narbonne est le père de Mme la comtesse de Rambuteau. Après avoir distribué les croix à Paris, l'Empereur se rendit dans le même but au camp de Boulogne, où l'armée fut réunie sur un emplacement demi-circulaire, en face de l'Océan. La cérémonie fut imposante. L'Empereur y parut pour la première fois sur un trône, environné de ses maréchaux. L'enthousiasme fut indescriptible... La flotte anglaise, qui apercevait la cérémonie, envoya quelques navires légers pour essayer de la troubler par une forte canonnade, mais nos batteries des côtes leur ripostaient vivement. La fête terminée, l'Empereur, retournant à Boulogne suivi de tous les maréchaux et d'un cortège immense, s'arrêta derrière ces batteries, et, appelant le général Marmont, qui avait servi dans l'artillerie: «Voyons, lui dit-il, si nous nous souvenons de notre ancien métier, et lequel de nous deux enverra une bombe sur ce brick anglais qui s'est tellement rapproché pour nous narguer...» L'Empereur, écartant alors le caporal d'artillerie chef de pièce, pointe le mortier; on met le feu, et la bombe, frôlant les voiles du brick, va tomber dans la mer. Le général Marmont pointe à son tour, approche aussi du but, mais n'atteint pas non plus le brick, qui, voyant la batterie remplie de généraux, redoublait la vivacité de son feu. «Allons, reprends ton poste», dit Napoléon au caporal. Celui-ci ajuste à son tour, et fait tomber la bombe au beau milieu du brick, qui, percé d'outre en outre par ce gros projectile, se remplit d'eau à l'instant, et coule majestueusement en présence de toute l'armée française. Celle-ci, enchantée de cet heureux présage, fit éclater les vivat les plus bruyants, tandis que ta flotte anglaise s'éloignait à toutes voiles. L'Empereur félicita le caporal d'artillerie, et attacha la décoration à son habit.

Je participai aussi aux grâces distribuées ce jour-là. J'étais sous-lieutenant depuis cinq ans et demi, et j'avais fait plusieurs campagnes. L'Empereur, sur la demande du maréchal Augereau, me nomma lieutenant; mais je crus un moment qu'il allait me refuser ce grade, car, se souvenant qu'un Marbot avait figuré comme aide de camp de Bernadotte dans la conspiration de Rennes, il fronça le sourcil, lorsque le maréchal lui parla pour moi, et me dit en me regardant fixement: «Est-ce vous qui...?—Non, Sire! ce n'est pas moi qui...! lui répliquai-je vivement.—Oh! tu es le bon, toi... celui de Gênes et de Marengo, je te fais lieutenant...» L'Empereur m'accorda aussi une place à l'École militaire de Fontainebleau, pour mon jeune frère Félix, et à dater de ce jour, il ne me confondit plus avec mon frère aîné, qui lui fut toujours très antipathique, bien qu'il n'eût rien fait pour mériter sa haine.

Les troupes du 7e corps n'étant pas réunies dans des camps, la présence du maréchal Augereau était fort peu utile à Brest; aussi obtint-il l'autorisation de passer le reste de l'été, et de l'automne dans sa belle terre de la Houssaye, près Tournan, en Brie. Je crois même que l'Empereur préférait le savoir là qu'au fond de la Bretagne, à la tête d'une nombreuse armée. Au surplus, les appréciations de Napoléon, au sujet du peu de dévouement du maréchal Augereau, n'étaient nullement fondées, et provenaient des menées souterraines d'un général S...

C'était un général de brigade employé au 7e corps. Il avait beaucoup de moyens et une ambition démesurée, mais il était tellement décrié sous le rapport de la probité, qu'aucun des officiers généraux ne frayait avec lui. Ce général, piqué de se voir ainsi repoussé par ses camarades, et voulant s'en venger, fit parvenir à l'Empereur une lettre où il dénonçait tous les généraux du 7e corps, ainsi que le maréchal, comme conspirant contre l'Empire! Je dois à Napoléon la justice de dire qu'il n'employa aucun moyen secret pour s'assurer de la vérité, se bornant à faire passer au maréchal Augereau la lettre de S...

Le maréchal croyait être certain qu'il ne se passait rien de grave dans son armée; cependant, comme il savait que plusieurs généraux et colonels tenaient des propos inconsidérés, il résolut de faire cesser cet état de choses; mais craignant de compromettre des officiers auxquels il voulait *laver la tête*, il préféra leur faire porter ses paroles par un aide de camp, et il voulut bien m'accorder sa confiance pour cette importante mission.

Je partis de la Houssaye au mois d'août, par une chaleur affreuse, fis à franc étrier les cent soixante lieues qui séparent ce château de la ville de Brest, et autant pour revenir. Je n'étais resté que vingt-quatre heures dans cette ville; aussi arrivai-je exténué de fatigue, car de tous les métiers du monde, je ne crois pas qu'il en soit un plus pénible que de courir la poste à cheval.

J'avais trouvé l'état des choses beaucoup plus grave que le maréchal ne l'avait pensé; il régnait en effet une grande fermentation dans l'armée. Les paroles dont j'étais porteur ayant calmé les esprits des généraux, presque tous dévoués au maréchal, je retournai à la Houssaye.

Je commençais à me remettre de la terrible fatigue que je venais d'éprouver, lorsque le maréchal me dit un matin que les généraux veulent chasser S... comme *espion*. Le maréchal ajoute qu'il faut absolument qu'il envoie l'un de ses aides de camp, et qu'il vient me demander si je me sens en état de recommencer cette course à *franc étrier*, qu'il ne m'en donne pas l'ordre, s'en rapportant à moi pour décider si je le puis... J'avoue que s'il se fût agi d'une récompense, même d'un grade, j'aurais refusé la mission; mais il était question d'être utile à l'ami de mon père, au maréchal qui m'avait accueilli avec tant de bienveillance; je n'hésitai pas et déclarai que je partirais dans une heure. Seulement, ce qui m'inquiétait, c'était la crainte de ne pouvoir faire derechef trois cent vingt lieues à franc étrier, tant cette manière de voyager est fatigante. Je pris cependant l'habitude de m'arrêter deux heures sur vingt-quatre, et me jetais alors sur la paille dans l'écurie d'une maison de poste.

Il faisait une chaleur affreuse; cependant j'allai à Brest et en revins sans accident, ayant ainsi fait dans *le même mois* six cent quarante lieues à franc étrier!... Mais j'eus au moins la satisfaction d'apprendre au maréchal que les généraux se borneraient à témoigner leur mépris à S...

Le général S..., déconsidéré, déserta en Angleterre, s'y maria, bien qu'il fût déjà marié, fut condamné aux galères pour bigamie, et, après s'être évadé et avoir erré vingt ans en Europe, il finit dans la misère.

À mon second retour de Brest, le bon maréchal Augereau redoubla de marques d'affection pour moi, et, pour m'en donner une nouvelle preuve, en me mettant en rapport direct avec l'Empereur, il me désigna au mois de septembre pour aller à Fontainebleau chercher et conduire au château de la Houssaye Napoléon, qui vint y passer vingt-quatre heures, en compagnie de plusieurs maréchaux. Ce fut en s'y promenant avec ces derniers que l'Empereur, les entretenant de ses projets et de la manière dont il voulait soutenir sa dignité ainsi que la leur, fit présent à chacun d'eux de la somme nécessaire pour acquérir un hôtel à Paris. Le maréchal Augereau acheta celui de Rochechouart, situé rue de Grenelle-Saint-Germain, et qui sert à présent au ministère de l'instruction publique. Cet hôtel est superbe; cependant le maréchal préférait le séjour de la Houssaye, où il tenait un fort grand état de maison; car, outre ses aides de camp, qui y avaient chacun un appartement, le nombre des invités était toujours considérable. On y jouissait d'une liberté complète, et le maréchal laissait tout faire, pourvu que le bruit n'approchât pas de l'aile du château occupée par Mme la maréchale.

Cette excellente femme, toujours malade, vivait très retirée et paraissait rarement à table ou au salon; mais lorsqu'elle y venait, loin de contraindre notre gaieté, elle se complaisait à l'encourager. Elle avait auprès d'elle deux dames de compagnie fort extraordinaires. La première portait constamment des habits d'homme et était connue sous le nom de *Sans-gêne*. Elle était fille d'un des chefs qui, en 1793, défendirent Lyon contre la Convention. Elle s'échappa avec son père; ils se déguisèrent tous deux en soldats, et allèrent se réfugier dans les rangs du 9e régiment de dragons, où ils prirent des surnoms de guerre et firent campagne. Mlle Sans-gêne, qui joignait à la tournure et à la figure d'un homme un courage des plus mâles, reçut plusieurs blessures, dont une à Castiglione, où son régiment faisait partie de la division Augereau. Le général Bonaparte, souvent témoin des prouesses de cette femme intrépide, étant devenu premier Consul, lui accorda une pension et la plaça auprès de sa femme; mais la cour convenait peu à Mlle Sans-gêne; elle se sépara donc de Mme Bonaparte, qui, d'un commun accord, la céda à Mme Augereau, dont elle devint secrétaire et lectrice. La seconde dame placée auprès de la maréchale était la veuve du sculpteur Adam, qui, malgré ses quatre-vingts ans, était le boute-en-train du château. La grosse joie et les mystifications étaient à l'ordre du jour à cette époque, et surtout à la Houssaye, dont le maître n'était heureux que lorsqu'il voyait la gaieté animer ses hôtes et les jeunes gens de son état-major.

Le maréchal rentra à Paris au mois de novembre. L'époque du couronnement de l'Empereur, approchait, et déjà le Pape, venu pour le sacre, était aux Tuileries. Une foule de magistrats et de députations des divers départements avaient été convoqués dans la capitale, où se trouvaient aussi tous les colonels de l'armée, avec un détachement de leurs régiments, auxquels l'Empereur distribua au Champ de Mars ces aigles devenues si célèbres!… Paris resplendissant étalait un luxe jusqu'alors inconnu. La cour du nouvel Empereur devint la plus brillante du monde; ce n'étaient partout que fêtes, bals et joyeuses réunions.

Le couronnement eut lieu le 2 décembre. J'accompagnai le maréchal à cette cérémonie que je m'abstiendrai de décrire, car le récit en a été fait dans plusieurs ouvrages. Quelques jours après, les maréchaux offrirent un bal à l'Empereur et à l'Impératrice. Vous savez qu'ils étaient dix-huit. Le maréchal Duroc, bien qu'il ne fût que préfet du palais, se joignit à eux, ce qui portait à dix-neuf le nombre des payants, dont chacun versa 25,000 francs pour les frais de la fête, qui coûta par conséquent 475,000 francs. Ce bal eut lieu dans la grande salle de l'Opéra: on ne vit jamais rien d'aussi magnifique. Le général du génie Samson en était l'ordonnateur; les aides de camp des maréchaux en furent les commissaires chargés d'en faire les honneurs et de distribuer les billets. Tout Paris voulait en avoir; aussi les aides de camp furent-ils assaillis de lettres et de demandes: je n'eus jamais autant d'amis! Tout se passa dans l'ordre le plus parfait, et l'Empereur parut satisfait.

1805.—Nous terminâmes au milieu des fêtes l'année 1804, et commençâmes l'année 1805, qui devait être fertile en si grands événements.

Pour faire participer son armée à l'allégresse générale, le maréchal Augereau jugea convenable de se rendre à Brest, malgré les rigueurs de l'hiver, donnant des bals magnifiques et traitant successivement les officiers et même bon nombre de soldats. Dès les premiers jours du printemps, il revint à la Houssaye, en attendant le moment de la descente en Angleterre.

Cette expédition, qu'on traitait de chimérique, fut cependant sur le point d'aboutir. Une escadre anglaise de quinze vaisseaux environ croisant sans cesse dans la Manche, il devenait impossible de passer l'armée française en Angleterre sur des bateaux et péniches, qui eussent été coulés par le moindre choc de vaisseaux de haut bord; mais l'Empereur pouvait disposer de soixante vaisseaux de ligne, tant français qu'étrangers, dispersés dans les ports de Brest, Lorient, Rochefort, Le Ferrol et Cadix. Il s'agissait de les réunir à l'improviste dans la Manche, d'y écraser par des forces immenses la faible escadre qu'y avaient les Anglais, et de se rendre ainsi maîtres du passage, ne fût-ce que pour trois jours.

Pour obtenir ce résultat, l'Empereur prescrivit à l'amiral Villeneuve, commandant en chef de toutes ces forces, de faire sortir simultanément des ports de France et d'Espagne tous les vaisseaux disponibles, et de se diriger, non sur Boulogne, mais sur la Martinique, où il était certain que les flottes anglaises le suivraient. Pendant qu'elles courraient aux Antilles, Villeneuve devait quitter ces îles avant l'arrivée des Anglais et, revenant par le nord de l'Écosse, rentrer dans la Manche par le haut de ce canal avec soixante vaisseaux, qui, battant facilement les quinze que les Anglais entretenaient devant Boulogne, eussent rendu Napoléon maître du passage. Les Anglais, en arrivant à la Martinique, et n'y trouvant pas la flotte de Villeneuve, eussent tâtonné avant de commencer leurs mouvements, et perdu ainsi un temps précieux.

Une partie de ce beau projet fut exécuté. Villeneuve sortit, non pas avec soixante, mais avec trente et quelques navires. Il gagna la Martinique. Les Anglais déroutés coururent aux Antilles, dont Villeneuve venait de partir; mais l'amiral français, au lieu de revenir par l'Écosse, se dirigea vers Cadix, afin d'y prendre la flotte espagnole, comme si trente navires ne suffisaient pas pour vaincre ou éloigner les quinze vaisseaux des Anglais!... Ce n'est pas encore tout... Arrivé à Cadix, Villeneuve perdit beaucoup de temps à faire réparer ses navires; pendant ce temps, les flottes ennemies regagnèrent aussi l'Europe et s'établirent en croisière devant Cadix; enfin l'équinoxe vint rendre difficile la sortie de ce port, où Villeneuve se trouva bloqué. Ainsi avorta l'habile combinaison de l'Empereur. Comprenant que les Anglais ne s'y laisseraient plus prendre, il renonça à ses projets d'invasion dans la Grande-Bretagne, ou les remit indéfiniment, pour reporter ses regards vers le continent.

Mais avant de raconter les principaux événements de cette longue guerre et la part que j'y pris, je dois vous faire connaître un affreux malheur dont notre famille fut frappée.

Mon frère Félix, entré à l'École militaire de Fontainebleau, était un peu myope; aussi avait-il hésité à prendre la carrière militaire; néanmoins, une fois décidé, il travailla avec une telle ardeur qu'il devint bientôt sergent-major, poste difficile à exercer dans une école. Les élèves, fort espiègles, avaient pris l'habitude d'enfouir sous les terres du remblai des redoutes qu'ils construisaient, les outils qu'on leur remettait pour leurs travaux. Le général Bellavène, directeur de l'École, homme très sévère, ordonna que les outils fussent donnés en compte aux sergents-majors, qui en deviendraient ainsi responsables.

Un jour qu'on était au travail, mon frère, voyant un élève enterrer une pioche, lui fit une observation à laquelle celui-ci répondit fort grossièrement, ajoutant que dans quelques jours ils sortiraient de l'École, et qu'alors, devenu l'égal de son ancien sergent-major, il lui demanderait raison de sa réprimande. Mon frère, indigné, déclara qu'il n'était pas nécessaire d'attendre si longtemps, et, faute d'épées, ils prirent des compas fixés au bout de bâtons. Jacqueminot, depuis lieutenant général, fut le témoin de Félix. La mauvaise vue de celui-ci lui donnait un désavantage marqué; il blessa cependant son adversaire, mais il reçut un coup qui lui traversa le bras droit. Ses camarades le pansèrent en secret. Malheureusement, les sous-officiers sont tenus de porter l'arme dans la main droite, et la fatalité voulut que l'Empereur, étant venu à Fontainebleau, fît manœuvrer pendant plusieurs heures sous un soleil brûlant. Mon malheureux frère, obligé de courir sans cesse, en ayant le bras droit constamment tendu sous le poids d'un lourd fusil, fut accablé par la chaleur, et sa blessure se rouvrit!... Il aurait dû se retirer, en prétextant quelque indisposition; mais il était devant l'Empereur, qui devait, à la fin de la séance, distribuer les brevets de sous-lieutenants, si ardemment désirés!... Félix fit donc des efforts surhumains pour résister à la douleur; mais enfin ses forces s'épuisèrent, il tomba, on l'emporta mourant!...

Le général Bellavène écrivit durement à ma mère: «Si vous voulez voir votre fils, accourez promptement, car il n'a plus que quelques heures à vivre!...» Ma mère en fut plongée dans un désespoir si affreux qu'elle ne put aller à Fontainebleau, où je me rendis en poste sur-le-champ. À mon arrivée, j'appris que mon frère n'existait plus!... Le maréchal Augereau fut parfait pour nous dans cette circonstance douloureuse, et l'Empereur envoya le maréchal du palais Duroc faire un compliment de condoléances à ma mère.

Mais bientôt, un nouveau chagrin vint assiéger son cœur; j'allais être forcé de m'éloigner d'elle, car la guerre venait d'éclater sur le continent: voici à quel sujet.

Au moment où l'Empereur avait le plus besoin d'être en paix avec les puissances continentales, afin de pouvoir exécuter son projet de descente en Angleterre, il réunit par un simple décret l'État de Gênes à la France. Cela servit merveilleusement les Anglais, qui profitèrent de cette décision pour effrayer tous les peuples du continent, auxquels ils représentèrent Napoléon comme aspirant à envahir l'Europe entière. La Russie et l'Autriche nous déclarèrent la guerre, et la Prusse, plus circonspecte, s'y prépara sans se prononcer encore. L'Empereur avait prévu sans doute ces hostilités, et le désir de les voir éclater l'avait peut-être porté à s'emparer de l'État de Gênes, car désespérant de voir Villeneuve se rendre maître pour quelques jours de la Manche, par la réunion de toutes les flottes de France et d'Espagne, il voulait qu'une guerre continentale le délivrât du ridicule que son projet de descente, annoncé depuis trois ans et jamais exécuté, aurait fini par jeter sur ses armes, en montrant son impuissance vis-à-vis de l'Angleterre. La nouvelle coalition le tira donc fort à propos d'une position fâcheuse.

Un séjour de trois ans dans les camps avait produit un excellent effet sur nos troupes: jamais la France n'avait eu une armée aussi instruite, aussi bien composée, aussi avide de combats et de gloire, et jamais général ne réunit autant de puissance, autant de forces matérielles et morales, et ne fut aussi habile à les utiliser. Napoléon accepta donc la guerre avec joie, tant il avait la certitude de vaincre ses ennemis et de faire servir leurs défauts à son affermissement sur le trône, car il connaissait l'enthousiasme que la gloire a de tout temps produit sur l'esprit chevaleresque des Français.

CHAPITRE VINGT-TROIS

L'armée se dirige vers le Rhin.—Début des hostilités.—Mission auprès de Masséna. —Trafalgar.—Jellachich met bas les armes à Bregenz.—Ruse du colonel des housards de Blankenstein.—Son régiment nous échappe.

La grande armée que l'Empereur allait mettre en mouvement contre l'Autriche tournait alors en quelque sorte le dos à cet empire ainsi qu'à l'Europe, puisque les deux camps français, répartis sur les rivages de la mer du Nord, de la Manche et de l'Océan, faisaient face à l'Angleterre. En effet, la droite du 1er corps, commandée par Bernadotte, occupait le Hanovre; le 2e, aux ordres de Marmont, se trouvait en Hollande; le 3e, sous Davout, était à Bruges; les 4e, 5e et 6e, que commandaient Soult, Lannes et Ney, campaient à Boulogne ou dans les environs; enfin le 7e, aux ordres d'Augereau, se trouvait à Brest et formait l'extrême gauche.

Pour rompre ce long cordon de troupes et en former une masse considérable destinée à marcher sur l'Autriche, il fallait opérer un immense changement de front en arrière. Chaque corps d'armée exécuta donc un demi-tour pour faire face à l'Allemagne, sur laquelle il se dirigea par le chemin le moins long. L'aile droite devint ainsi la gauche, et la gauche la droite.

On conçoit que pour se porter du Hanovre ou de la Hollande sur le Danube, le 1er et le 2e corps avaient beaucoup moins de trajet à parcourir que ceux qui venaient de Boulogne, et que ceux-ci se trouvaient moins éloignés que le corps d'Augereau, qui pour se rendre de Brest aux frontières de Suisse, dans le Haut-Rhin, devait traverser la France dans toute sa largeur: le trajet était de trois cents lieues. Les troupes furent deux mois en route. Elles voyageaient sur plusieurs colonnes. Le maréchal Augereau, parti le dernier de Brest, les devança, et s'arrêtant d'abord à Rennes, puis successivement à Alençon, Melun, Troyes et Langres, il inspecta les divers régiments dont sa présence ranimait encore l'ardeur. Le temps était superbe. Je passai ces deux mois, courant sans cesse en calèche de poste, pour aller d'une colonne à l'autre transmettre aux généraux les ordres du maréchal. Je pus m'arrêter deux fois à Paris pour voir ma mère. Nos équipages avaient pris les devants; j'avais un assez médiocre domestique, mais trois excellents chevaux.

Pendant que la grande armée se dirigeait vers le Rhin et le Danube, les troupes françaises cantonnées dans la haute Italie, sous le commandement de Masséna, se réunissaient dans le Milanais, afin d'attaquer les Autrichiens dans le pays vénitien.

Pour transmettre des ordres à Masséna, l'Empereur était obligé de faire passer ses aides de camp par la Suisse, restée neutre. Or, il arriva que pendant le séjour du maréchal Augereau à Langres, un officier d'ordonnance, porteur des dépêches de Napoléon, fut renversé de sa voiture et se cassa la clavicule. Il se fit transporter chez le maréchal Augereau, auquel il déclara qu'il était dans l'impossibilité de remplir sa mission. Le maréchal, sentant combien il importait que les dépêches de l'Empereur arrivassent promptement en Italie, me chargea de les y porter, en passant par Huningue, où je devais transmettre ses ordres pour l'établissement d'un pont sur le Rhin. Cette mission me fit grand plaisir, car j'allais ainsi faire un beau voyage, avec la certitude de rejoindre le 7e corps avant qu'il fût aux prises avec les Autrichiens. Je gagnai rapidement Huningue et Bâle, je me rendis de là à Berne, à Raperschwill, où je laissai ma voiture; puis je traversai à cheval, et non sans danger, le mont Splügen, alors presque impraticable. J'entrai en Italie par Chiavenna et joignis le maréchal Masséna auprès de Vérone.

Mais je ne fis que *toucher barre*, car Masséna était aussi impatient de me voir repartir avec sa réponse à l'Empereur, que je l'étais moi-même de rejoindre le maréchal Augereau, afin d'assister aux combats que son corps d'armée allait livrer. Cependant, ma course ne fut pas aussi rapide, au retour, qu'elle l'avait été en allant, parce qu'une neige fort épaisse, tombée depuis peu, couvrait non seulement les montagnes, mais aussi les vallées de la Suisse: il gelait très fort, les chevaux tombaient à chaque pas, et ce ne fut qu'en donnant 600 francs que je trouvai deux guides qui voulussent traverser le Splügen avec moi. Nous mîmes plus de douze heures à faire ce trajet, en marchant à pied dans la neige jusqu'aux genoux! Les guides furent même sur le point de renoncer à aller en avant, assurant qu'il y avait danger imminent. Mais j'étais jeune, hardi, et comprenais l'importance des dépêches que l'Empereur attendait.

Je déclarai donc à mes deux guides que, s'ils reculaient, je continuerais ma route sans eux. Chaque profession a son point d'honneur; celui des guides consiste principalement à ne jamais abandonner le voyageur qui s'est confié à eux. Les miens marchèrent donc, et après des efforts vraiment extraordinaires, nous arrivâmes à la grande auberge située au bas du Splügen, au moment où la nuit commençait. Nous eussions infailliblement péri si elle nous eût surpris dans la montagne, car le sentier, à peine tracé, était bordé de précipices que la neige nous eût empêchés de distinguer. J'étais harassé!... mais après m'être reposé, et avoir repris mes forces, je repartis au point du jour et gagnai Raperschwill, où je retrouvai une voiture et des routes carrossables.

Le plus pénible du voyage était fait; aussi, malgré la neige et un froid très vif, je parvins à Bâle, et puis à Huningue, où le 7e corps se trouva réuni le 19 octobre. Dès le lendemain, il commença à passer le Rhin sur un pont de bateaux jeté à cet effet; car, bien qu'à une petite demi-lieue de là il y eût un pont de pierre dans la ville de Bâle, l'Empereur avait ordonné au maréchal Augereau de respecter la neutralité de la Suisse, neutralité que neuf ans plus tard les Suisses violèrent eux-mêmes, en livrant, en 1814, ce pont aux ennemis de la France.

Me voilà donc faisant la guerre derechef. Nous étions en 1805, année qui vit s'ouvrir pour moi une longue série de combats, dont la durée fut de dix ans consécutifs, puisqu'elle ne se termina que dix ans après, à Waterloo. Quelque nombreuses qu'aient été les guerres de l'Empire, presque tous les militaires français ont joui d'une ou de plusieurs années de repos, soit parce qu'ils tenaient garnison en France, soit parce qu'ils se trouvaient en Italie ou en Allemagne lorsque nous n'avions la guerre qu'en Espagne; mais, ainsi que vous allez le voir, il n'en fut pas de même pour moi, qui constamment envoyé du nord au midi et du midi au nord, partout où l'on se battait, ne passai pas une seule de ces dix années sans aller au feu, et sans arroser de mon sang quelque contrée de l'Europe.

Je n'ai pas l'intention de faire ici le récit détaillé de la campagne de 1805, dont je me bornerai à rappeler les faits principaux.

Les Russes, qui marchaient au secours de l'Autriche, étaient encore fort loin, lorsque le feld-maréchal Mack, à la tête de quatre-vingt mille hommes, s'étant imprudemment avancé en Bavière, y fut battu par Napoléon, dont les savantes manœuvres le contraignirent à se réfugier dans la place d'Ulm, et à mettre bas les armes avec la plus grande partie de son armée, dont deux corps seulement échappèrent au désastre.

L'un, sous les ordres du prince Ferdinand, parvint à gagner la Bohême; l'autre, commandé par le vieux feld-maréchal Jellachich, se jeta dans le Vorarlberg, vers le lac de Constance, où il s'appuyait à la neutralité suisse et gardait les défilés de la forêt Noire. C'est à ces dernières troupes que le maréchal Augereau allait être opposé.

Après avoir traversé le Rhin à Huningue, le 7e corps se trouva dans le pays de Bade, dont le souverain, ainsi que celui de Bavière et de Wurtemberg, venait de contracter une alliance avec Napoléon; aussi fûmes-nous reçus en amis par la population de Brisgau. Le feld-maréchal Jellachich n'avait pas osé se mesurer avec les Français dans un pays où les communications sont si faciles, mais il nous attendait au delà de Fribourg, à l'entrée de la forêt Noire, dont il comptait nous faire acheter le passage par beaucoup de sang. Il espérait surtout nous arrêter au *Val d'Enfer*, défilé étroit, fort long, et dominé de tous côtés par des rochers à pic, faciles à défendre. Mais les troupes du 7e corps, qui venaient d'apprendre les brillants succès remportés par leurs camarades à Ulm et en Bavière, jalouses de montrer aussi leur bravoure, s'élancèrent avec ardeur dans la forêt Noire, qu'elles franchirent en trois jours, malgré les obstacles du terrain, la résistance de l'ennemi et la difficulté de se procurer des vivres dans cet affreux désert. Enfin, l'armée déboucha dans un pays fertile et campa autour de Donaueschingen, ville fort agréable, où se trouve le magnifique château de l'antique maison des princes de Furstenberg.

Le maréchal Augereau et ses aides de camp logèrent au château, dans la cour duquel se trouve la source du Danube; ce grand fleuve montre sa puissance en naissant, car à sa sortie de terre il porte déjà bateau. Les attelages de l'artillerie et nos équipages avaient éprouvé de très grandes fatigues dans les défilés rocailleux et montueux de la forêt Noire, que le verglas rendait encore plus difficiles. Il fallut donc donner aux chevaux plusieurs jours de repos, pendant lesquels les cavaliers autrichiens venaient de temps à autre tâter nos avant-postes, placés à deux lieues en avant de la ville; mais tout se bornait à un tiraillement qui nous amusait, nous exerçait à la petite guerre, et nous apprenait à connaître les divers uniformes ennemis.

Je vis là pour la première fois les uhlans du prince Charles, les dragons de Rosenberg et les housards de Blankenstein. Nos chevaux d'attelage ayant repris leur vigueur, l'armée continua sa marche, et pendant plusieurs semaines nous eûmes des combats continuels qui nous rendirent maîtres d'Engen et de Stockach.

Quoique souvent très exposé dans ces divers engagements, je n'éprouvai qu'un seul accident, mais il pouvait être fort grave. La terre était couverte de neige, surtout auprès de Stockach. L'ennemi défendait cette position avec acharnement. Le maréchal m'ordonne d'aller reconnaître un point sur lequel il voulait diriger une colonne; je pars au galop, le sol me paraissant très uni, parce que le vent, en poussant la neige, avait comblé tous les fossés. Mais tout à coup mon cheval et moi enfonçons dans un grand ravin, ayant de la neige jusqu'au cou… Je tâchais de me tirer de cette espèce de gouffre, lorsque deux housards ennemis parurent au sommet et déchargèrent leurs mousquetons sur moi. Heureusement, la neige dans laquelle je me débattais ainsi que mon cheval, ayant empêché les cavaliers autrichiens de bien ajuster, je ne reçus aucun mal; mais ils allaient réitérer leur feu, lorsque l'approche d'un peloton de chasseurs, que le maréchal Augereau envoyait à mon secours, les contraignit à s'éloigner promptement. Avec un peu d'aide, je sortis du ravin; mais on eut beaucoup de peine à en retirer mon cheval, qui cependant n'était pas blessé non plus, ce qui permit à mes camarades de rire de l'étrange figure que j'avais, à la suite de mon bain de neige.

Après avoir conquis tout le Vorarlberg, nous nous emparâmes de Bregenz, et acculâmes le corps autrichien de Jellachich au lac de Constance et au Tyrol. L'ennemi se couvrit de la forteresse de Feldkirch et du célèbre défilé de ce nom, derrière lesquels il pouvait nous résister avec avantage: nous nous attendions à livrer un combat très meurtrier pour enlever cette forte position, lorsque, à notre grand étonnement, les Autrichiens demandèrent à capituler, ce que le maréchal Augereau s'empressa d'accepter.

Pendant l'entrevue que les deux maréchaux eurent à cette occasion, les officiers autrichiens, humiliés des revers que leurs armes venaient d'essuyer, se donnèrent le malin plaisir de nous annoncer une très fâcheuse nouvelle, tenue cachée jusqu'à ce jour, mais que les Russes et les Autrichiens avaient apprise par la voie de l'Angleterre. La flotte franco-espagnole avait été battue par lord Nelson, le 20 octobre, non loin de Cadix, au cap Trafalgar. Notre malencontreux amiral Villeneuve, que les ordres précis de Napoléon n'avaient pu déterminer à sortir de l'inaction, lorsque l'apparition subite de toutes les flottes de la France et de l'Espagne dans la Manche pouvait assurer le passage en Angleterre de nombreuses troupes réunies à Boulogne, Villeneuve, en apprenant que par ordre de Napoléon il allait être remplacé par l'amiral Rosily, passa tout à coup d'un excès de circonspection à une très grande audace. Il sortit de Cadix, livra une bataille qui, eût-elle tourné à notre avantage, eût été à peu près inutile, puisque l'armée française, au lieu de se trouver à Boulogne pour profiter de ce succès et passer en Angleterre, était à plus de deux cents lieues des côtes, faisant la guerre au centre de l'Allemagne. Après un combat des plus acharnés, les flottes d'Espagne et de France furent battues par celle d'Angleterre, dont l'amiral, le célèbre Nelson, fut tué, emportant dans la tombe la réputation de premier homme de mer de l'époque. De notre côté, nous perdîmes le contre-amiral Magon, officier d'un très grand mérite. Un de nos vaisseaux sauta; dix-sept, tant français qu'espagnols, furent pris. Une tempête horrible, qui s'éleva vers la fin de la bataille, dura toute la nuit et les jours suivants. Elle fut sur le point de faire périr les vainqueurs et les vaincus; aussi les Anglais, ne s'occupant plus que de leur propre salut, furent-ils obligés d'abandonner presque tous les vaisseaux qu'ils nous avaient pris et qui, pour la plupart, furent conduits à Cadix par les débris de leurs braves et malheureux équipages; d'autres périrent en se brisant sur les rochers.

Ce fut à cette terrible bataille que mon excellent ami France d'Houdetot, aujourd'hui lieutenant général, aide de camp du Roi, reçut à la cuisse une forte blessure qui l'a rendu boiteux. D'Houdetot sortait à peine de l'enfance; il était aspirant de marine et attaché à l'état-major du contre-amiral Magon, ami de mon père. Après la mort de ce brave amiral, le vaisseau l'*Algésiras* qu'il montait fut pris à la suite d'un sanglant combat, et les Anglais placèrent à son bord une garde de soixante hommes. Mais lorsque la tempête eut séparé l'*Algésiras* des vaisseaux ennemis, ceux des officiers et marins français qui avaient survécu au combat déclarèrent aux officiers et au détachement anglais qu'ils eussent à se rendre à leur tour, ou à se préparer à recommencer la lutte au milieu des horreurs de la nuit et de la tempête. Les Anglais, n'étant pas disposés à se battre, consentirent à capituler, sous condition de ne pas être retenus prisonniers de guerre, et les Français, bien que menacés de faire naufrage, replacèrent avec des transports de joie leur pavillon sur les débris d'un mât. Après avoir été vingt fois sur le point d'être engloutis, tant le navire était en mauvais état et la mer furieuse, ils eurent enfin le bonheur d'entrer dans la rade de Cadix. Le vaisseau qui portait Villeneuve ayant été pris, cet amiral infortuné fut conduit en Angleterre, où il resta pendant trois ans prisonnier de guerre. Ayant été échangé, il prit la détermination de se rendre à Paris; mais, arrêté à Rennes, il se fit sauter la cervelle.

Au moment où le feld-maréchal Jellachich était obligé de capituler devant le 7e corps de l'armée française, cette résolution du chef ennemi nous étonnait d'autant plus que, bien que battu par nous, il lui restait encore la ressource de se retirer dans le Tyrol, placé derrière lui, et dont les habitants sont depuis des siècles très attachés à la maison d'Autriche. La grande quantité de neige dont le Tyrol était couvert rendait sans doute ce pays d'un accès difficile; mais les difficultés qu'il présentait eussent été bien plus grandes pour nous, ennemis de l'Autriche, que pour les troupes de Jellachich se retirant dans une province autrichienne. Cependant, si ce vieux et méthodique feld-maréchal ne pouvait se résoudre à faire la guerre en hiver dans de hautes montagnes, il n'en était pas de même des officiers placés sous ses ordres, car beaucoup d'entre eux blâmaient sa pusillanimité et parlaient de se révolter contre son autorité. Le plus ardent des opposants était le général prince de Rohan, officier français au service de l'Autriche, homme fort brave et très capable. Le maréchal Augereau, craignant que Jellachich, entraîné par les conseils que lui donnait M. de Rohan, ne parvînt à échapper à l'armée française en se jetant dans le Tyrol, où il nous eût été presque impossible de le suivre, s'empressa d'accorder au maréchal ennemi toutes les conditions qu'il demandait.

La capitulation portait donc que les troupes autrichiennes déposeraient les armes, livreraient leurs drapeaux, étendards, canons et chevaux, mais ne seraient pas conduites en France et pourraient se retirer en Bohême, après avoir juré de ne pas servir contre la France pendant un an. En annonçant cette capitulation dans un de ses bulletins de la grande armée, l'Empereur témoigna d'abord un peu de mécontentement de ce qu'on n'avait pas exigé que les troupes autrichiennes fussent envoyées prisonnières en France; mais il revint sur cette pensée, lorsqu'il eut acquis la certitude que le maréchal Augereau n'avait aucun moyen de les y contraindre, parce qu'elles avaient la facilité de s'échapper. En effet, dans la nuit qui précéda le jour où les ennemis devaient déposer les armes, une révolte éclata dans plusieurs brigades autrichiennes contre le feld-maréchal Jellachich. Le prince de Rohan, refusant d'adhérer à la capitulation, partit avec sa division d'infanterie, à laquelle se joignirent quelques régiments des autres divisions, et se jeta dans les montagnes qu'il traversa malgré les rigueurs de la saison; puis, par une marche audacieuse, passant au milieu des cantonnements des troupes du maréchal Ney, qui occupaient les villes du Tyrol, il vint tomber entre Vérone et Venise sur les derrières de l'armée française d'Italie, pendant que celle-ci, aux ordres de Masséna, suivait en queue le prince Charles, qui se retirait sur le Frioul. L'arrivée du prince de Rohan dans le pays vénitien, alors que Masséna en était déjà loin, pouvait avoir les conséquences les plus graves; heureusement, une armée française venant de Naples, sous les ordres du général Saint-Cyr, battit ce prince et le contraignit à se rendre prisonnier de guerre; mais du moins il ne céda qu'à la force et fut en droit de dire que, si le feld-maréchal Jellachich était venu avec toutes ses troupes, les Autrichiens seraient peut-être parvenus à vaincre Saint-Cyr et à s'ouvrir un passage.

Lorsqu'une troupe capitule, il est d'usage que le vainqueur envoie auprès de chaque division un officier d'état-major pour en prendre en quelque sorte possession et la conduire, au jour et à l'heure indiqués, sur le lieu où elle doit déposer les armes. Celui de mes camarades qui fut envoyé auprès du prince de Rohan fut laissé par celui-ci dans le camp qu'il quittait, parce que ce prince, opérant sa retraite en arrière de la place forte de Feldkirch, et dans une direction opposée au camp des Français, n'avait pas à redouter d'être arrêté par eux dans sa marche; mais il n'en était pas de même de la cavalerie autrichienne. Elle bivouaquait dans une petite plaine en avant de Feldkirch, en face et à peu de distance de nos avant-postes. J'avais été chargé par le maréchal Augereau de me rendre auprès de la cavalerie autrichienne pour la conduire au lieu du rendez-vous convenu; cette brigade, composée de trois forts régiments, n'avait point de général-major; elle était commandée par le colonel des housards de Blankenstein, vieux Hongrois des plus braves et des plus madrés, dont je regrette de n'avoir pu retenir le nom, car je l'estime beaucoup, bien qu'il m'ait fait subir une mystification fort désagréable.

À mon arrivée dans son camp, le colonel m'avait offert pour la nuit l'hospitalité dans sa baraque, et nous étions convenus de nous mettre en route au point du jour, afin de nous rendre au lieu indiqué sur les grèves du lac de Constance, entre les villes de Bregenz et de Lindau. Nous avions tout au plus trois lieues à parcourir. Je fus très étonné lorsque, vers minuit, j'entendis les officiers monter à cheval... Je m'élance hors de la baraque, et vois qu'on forme les escadrons et qu'on se prépare à partir. Les colonels des uhlans du prince Charles et des dragons de Rosenberg, placés sous les ordres du colonel des housards, mais auxquels celui-ci n'avait pas fait part de ses projets, vinrent lui demander le motif de ce départ précipité; j'en fis autant. Alors, le vieux colonel nous répond, avec une froide hypocrisie, que le feld-maréchal Jellachich craignant que quelques quolibets lancés aux soldats autrichiens par les Français (dont il faudrait longer le camp, si l'on se rendait par la route directe à la plage de Lindau) n'amenassent des querelles entre les troupes des deux nations, Jellachich, d'accord avec le maréchal Augereau, avait ordonné aux troupes autrichiennes de faire un long circuit sur la droite, afin de tourner le camp français et la ville de Bregenz, pour ne pas rencontrer nos soldats. Il ajouta que le trajet étant beaucoup, plus long et les chemins difficiles, les chefs des deux armées avaient avancé le départ de quelques heures, et qu'il s'étonnait que je n'en eusse pas été prévenu; mais que probablement la lettre qu'on m'avait adressée à ce sujet avait été retenue aux avant-postes par suite d'un malentendu; il poussa même la dissimulation jusqu'à ordonner à un officier d'aller réclamer cette dépêche sur toute la ligne.

Les motifs allégués par le colonel de Blankenstein parurent si naturels à ses deux camarades, qu'ils ne firent aucune observation. Je n'en élevai pas non plus, bien que, par instinct, je trouvasse tout cela un peu louche; mais, seul au milieu de trois mille cavaliers ennemis, que pouvais-je faire? Il valait mieux montrer de la confiance, que d'avoir l'air de douter de la bonne foi de la brigade autrichienne. Comme j'ignorais, du reste, la fuite de la division du prince de Rohan, j'avoue qu'il ne me vint pas dans l'esprit que le chef de la cavalerie cherchait à la soustraire à la capitulation. Je marchai donc avec lui à la tête de la colonne. Le commandant autrichien, qui connaissait parfaitement le pays, avait si bien pris ses dispositions pour s'éloigner des postes français, dont l'emplacement était, du reste, indiqué par des feux, que nous ne passâmes à proximité d'aucun d'eux. Mais ce à quoi le vieux colonel ne s'attendait pas, ou ce qu'il ne put éviter, ce fut la rencontre de patrouilles volantes, que la cavalerie fait ordinairement la nuit dans la campagne à une certaine distance d'un camp; car tout à coup un Qui vive? se fait entendre, et nous nous trouvons en présence d'une forte colonne de cavalerie française, que le clair de lune permet de distinguer parfaitement. Alors le vieux colonel hongrois, sans laisser paraître le moindre trouble, me dit: «Ceci vous regarde, monsieur l'aide de camp; veuillez venir avec moi pour donner des explications au chef de ce régiment français.»

Nous nous portons en avant, je donne le mot d'ordre, et me trouve en présence du 7e de chasseurs à cheval, qui, reconnaissant en moi un aide de camp du maréchal Augereau, et sachant d'ailleurs qu'on attendait les troupes autrichiennes pour la remise de leurs armes, ne fit aucune difficulté pour laisser passer la brigade que je conduisais. Le commandant français, dont la troupe avait le sabre en main, eut même l'attention de le faire remettre au fourreau, en témoignage du bon accord qui devait régner entre les deux colonnes, qui se côtoyèrent paisiblement en continuant leur route. J'avais bien questionné l'officier supérieur de nos chasseurs, relativement au changement d'heure de la remise des armes que devaient opérer les Autrichiens; mais il n'en était pas informé, ce qui n'éveilla aucun soupçon dans mon esprit, sachant qu'un ordre de ce genre n'était point du nombre de ceux que l'état-major communique d'avance aux régiments. Je continuai donc à marcher avec la colonne étrangère pendant tout le reste de la nuit, trouvant cependant que le détour qu'on nous faisait faire était bien long, et que les chemins étaient fort mauvais. Enfin, à l'aube du jour, le vieux colonel, apercevant un terrain uni, me dit d'un ton goguenard que bien qu'il soit dans l'obligation de remettre sous peu les chevaux des trois régiments entre les mains des Français, il veut au moins les leur livrer en bon état, et avoir soin de ces pauvres animaux jusqu'au dernier moment; qu'en conséquence, il va ordonner de faire donner l'avoine.

La brigade s'arrête, se forme, met pied à terre, et lorsque les chevaux sont attachés, le colonel des Blankenstein, resté seul à cheval, réunit en cercle autour de lui les officiers et cavaliers des trois régiments, et là, d'un ton d'inspiré qui rendait ce vieux guerrier vraiment superbe, il leur annonce que la division du prince de Rohan, préférant l'honneur à une honteuse sécurité, a refusé de souscrire à la honteuse capitulation par laquelle le feld-maréchal Jellachich a promis de livrer aux Français les drapeaux et les armes des troupes autrichiennes, et que la division de Rohan s'est jetée dans le Tyrol, où il conduirait, lui aussi, la brigade de cavalerie, s'il ne craignait de ne pouvoir trouver dans ces âpres montagnes de quoi nourrir un aussi grand nombre de chevaux. Mais puisque voilà la plaine, ayant, par une ruse dont il se félicite, gagné six lieues d'avance sur les troupes françaises, il propose à tous ceux d'entre eux qui ont le cœur vraiment autrichien de le suivre à travers l'Allemagne jusqu'en Moravie, où il va rejoindre les troupes de leur auguste empereur François II.

Les housards de Blankenstein répondirent à cette allocution de leur colonel par un bruyant *hurrah* d'approbation; mais les dragons de Rosenberg et les uhlans du prince Charles gardaient un morne silence!... Quant à moi, bien que je ne susse pas encore assez bien l'allemand pour saisir parfaitement le discours du colonel, les paroles que j'avais comprises, ainsi que le ton de l'orateur et la position dans laquelle il se trouvait, m'avaient fait deviner de quoi il s'agissait, et j'avoue que je restai fort *penaud* d'avoir, quoique à mon insu, servi d'instrument à ce diable de Hongrois. Cependant, un tumulte affreux s'éleva dans l'immense cercle qui m'environnait, et je fus à même d'apprécier l'inconvénient qui résulte de l'amalgame hétérogène des divers peuples dont se compose la monarchie et par conséquent l'armée autrichienne. Tous les housards sont Hongrois; les Blankenstein approuvaient donc ce que proposait un chef de leur nation; mais les dragons étaient Allemands et les uhlans Polonais; le Hongrois n'avait par cela même aucune influence morale sur ces deux régiments, qui, dans ce moment difficile, n'écoutèrent que leurs propres officiers; ceux-ci déclarèrent que, se considérant comme engagés par la capitulation que le maréchal Jellachich avait signée, ils ne voulaient pas, par leur départ, aggraver la position de ce feld-maréchal et de ceux de leurs camarades qui se trouvaient déjà au pouvoir des Français. Ces derniers seraient en effet en droit de les envoyer prisonniers en France, si une partie des troupes autrichiennes violait le traité convenu. À cela, le colonel de housards répondit que lorsque le général en chef d'une armée, perdant la tête, manque à ses devoirs et livre ses troupes à l'ennemi, les subalternes ne doivent plus prendre conseil que de leur courage et de leur attachement au pays. Alors le colonel, brandissant son sabre d'une main et saisissant de l'autre l'étendard de son régiment, s'écrie: «Allez, dragons, allez, allez remettre aux Français vos étendards avilis et les armes que notre Empereur nous avait données pour le défendre. Quant à nous, braves housards, nous allons rejoindre notre auguste Souverain, auquel nous pourrons encore montrer avec honneur notre drapeau sans tache et nos sabres de soldats intrépides!» Puis, s'approchant de moi, et lançant un coup d'œil de mépris aux uhlans et dragons, il ajoute: «Je suis certain que si ce jeune Français se trouvait dans notre position, et forcé d'imiter votre conduite ou la mienne, il prendrait le parti le plus courageux, car les Français aiment la gloire autant que leur pays et s'y connaissent en honneur!...» Cela dit, le vieux chef hongrois pique des deux, et, enlevant son régiment au galop, il se lance rapidement dans l'espace, où ils disparaissent bientôt!...

Il y avait du vrai dans chacun des deux raisonnements que je venais d'entendre, mais celui du colonel de housards me paraissait le plus juste, parce qu'il était le plus conforme aux intérêts de son pays; j'approuvais donc intérieurement sa conduite, mais je ne pouvais raisonnablement conseiller aux dragons et aux uhlans de l'imiter; c'eût été sortir de mon rôle et manquer à mes devoirs. Je gardai donc une stricte neutralité dans cette discussion, et, dès que les housards furent partis, je proposai aux deux colonels des autres régiments de me suivre, et nous nous mîmes en route pour Lindau. Nous y trouvâmes sur la plage du lac les maréchaux Jellachich et Augereau, ainsi que l'armée française, et les deux régiments d'infanterie autrichienne qui n'avaient pas suivi le prince de Rohan. En apprenant par moi que les housards de Blankenstein, refusant de reconnaître la capitulation, se dirigeaient vers la Moravie, les deux maréchaux entrèrent dans une grande colère. Celle d'Augereau était principalement motivée par la crainte que ces housards ne jetassent une grande perturbation sur les derrières de l'armée française, car la route qu'ils allaient suivre traversait les contrées dans lesquelles l'Empereur, en marchant sur Vienne, avait laissé de nombreux dépôts de blessés, de parcs d'artillerie, etc., etc. Mais le colonel ne crut pas devoir signaler sa présence par un coup de main, tant il avait hâte de s'éloigner du pays où rayonnaient les armées françaises; aussi, évitant tous nos postes et suivant constamment des chemins de traverse, se cachant le jour dans les bois, puis marchant rapidement toute la nuit, il parvint à gagner sans encombre les frontières de la Moravie, et s'y réunit au corps d'armée autrichien qui l'occupait.

Quant aux troupes restées avec le feld-maréchal Jellachich, après avoir déposé leurs armes, étendards et drapeaux, et nous avoir remis leurs chevaux, elles devinrent prisonnières *sur parole* pour un an, et se dirigèrent dans un morne silence vers l'intérieur de l'Allemagne, pour gagner tristement la Bohême. Je me rappelais, en les voyant partir, la noble allocution du vieux colonel hongrois, et crus voir sur bien des figures de uhlans et de dragons que beaucoup regrettaient de n'avoir pas suivi ce vieux guerrier, et gémissaient en comparant la position glorieuse des Blankenstein à leur propre humiliation.

Parmi les trophées que le corps de Jellachich fut contraint de nous livrer, se trouvaient dix-sept drapeaux et deux étendards, que le maréchal Augereau s'empressa, selon l'usage, d'envoyer à l'Empereur, par deux aides de camp. Il désigna pour remplir cette mission le chef d'escadron Massy et moi. Nous partîmes le soir même dans une bonne calèche, faisant marcher devant nous un fourgon de poste, qui contenait les drapeaux gardés par un sous-officier. Nous nous dirigeâmes sur Vienne par Kempten, Branau, Munich, Linz et Saint-Pœlten. Quelques lieues avant d'arriver dans cette dernière ville, nous admirâmes, en longeant les rives du Danube, la superbe abbaye de Mölk, l'une des plus riches du monde. Ce fut en ce lieu que, quatre ans plus tard, je courus un bien grand danger, et méritai les éloges de l'Empereur, pour avoir accompli sous ses yeux le fait d'armes le plus éclatant de ma carrière militaire, ainsi que vous le verrez, lorsque nous serons au récit de la campagne de 1809. Mais n'anticipons pas sur les événements.

CHAPITRE VINGT-QUATRE

Marche sur Vienne.—Combat de Dirnstein.—Les maréchaux Lannes et Murat enlèvent les ponts du Danube sans coup férir.

Vous avez vu qu'au mois de septembre 1805, les sept corps composant la grande armée française étaient en marche pour se rendre des côtes de l'Océan sur les rives du Danube. Ils occupaient déjà le pays de Bade et le Wurtemberg, lorsque le 1er octobre l'empereur Napoléon se transporta de sa personne au delà du Rhin, qu'il passa à Strasbourg. Une partie de la nombreuse armée que la Russie envoyait au secours de l'Autriche arrivant en ce moment en Moravie, le cabinet de Vienne aurait dû, par prudence, attendre que ce puissant renfort eût rejoint les troupes autrichiennes; mais emporté par une ardeur qui ne lui était pas habituelle, et qui lui fut inspirée par le feld-maréchal Mack, il avait lancé celui-ci à la tête de quatre-vingt mille hommes contre la Bavière, dont l'Autriche convoitait la possession depuis plusieurs siècles, et que la politique de la France a constamment défendue contre les invasions. L'Électeur de Bavière, contraint d'abandonner ses États, se retira avec sa famille et ses troupes à Wurtzbourg, d'où il implora l'assistance de Napoléon. Ce dernier lui accorda son alliance, ainsi qu'aux souverains de Bade et de Wurtemberg.

L'armée autrichienne, sous le feld-maréchal Mack, occupait déjà Ulm, lorsque Napoléon, passant le Danube, à Donauwerth, s'empara d'Augsbourg et de Munich.

L'armée française, ainsi placée sur les derrières de Mack, coupait les communications entre les Autrichiens et les Russes, dont on savait que les premières colonnes étaient déjà à Vienne et s'avançaient à marches forcées. Le feld-maréchal Mack, reconnaissant alors, mais trop tard, la faute qu'il avait commise en se laissant enfermer par les troupes françaises dans un cercle dont la place d'Ulm était le centre, essaya d'en sortir; mais, successivement battu dans les combats de Wertingen, de Günzbourg, et surtout à celui d'Elchingen, où le maréchal Ney se couvrit de gloire, Mack, de plus en plus resserré, fut contraint de se renfermer dans Ulm avec son armée, moins les corps de l'archiduc Ferdinand et de Jellachich qui parvinrent à s'échapper, le premier vers la Bohême, l'autre vers le lac de Constance. Ulm fut investi par l'Empereur. Cette place, bien qu'elle ne fût pas alors très fortifiée, pouvait néanmoins résister longtemps, grâce à sa position, ainsi qu'à sa très nombreuse garnison, et donner ainsi aux Russes le temps d'arriver à son secours. Mais le feld-maréchal Mack, passant de la jactance la plus exaltée au découragement le plus complet, mit bas les armes devant Napoléon, qui avait, en trois, semaines, dispersé, pris ou détruit 80,000 Autrichiens, et délivré la Bavière, dans laquelle il ramena l'Électeur. Nous verrons, en 1813, celui-ci reconnaître un tel bienfait par la plus odieuse trahison.

Maître de la Bavière, débarrassé de l'armée de Mack, l'Empereur accéléra sa marche sur Vienne, en longeant la rive droite du Danube. Il s'empare de Passau, puis de Linz, où il apprend que 50,000 Russes, commandés par le général Koutousoff, renforcés par 40,000 Autrichiens, que le général Kienmayer est parvenu à réunir, ont passé le Danube à Vienne et ont pris position à Mölk et à Saint-Pœlten. Il est informé en même temps que l'armée autrichienne, commandée par le célèbre archiduc Charles, ayant été battue par Masséna dans le pays vénitien, se retire dans le Frioul par la direction de Vienne; enfin que l'archiduc Jean occupe le Tyrol avec plusieurs divisions. Ces deux princes menaçaient donc la droite de l'armée française pendant qu'elle avait les Russes devant elle. Pour se prémunir contre une attaque de flanc, l'Empereur, qui avait déjà le corps du maréchal Augereau vers Bregenz, envoie celui du maréchal Ney envahir Innspruck et le Tyrol, et porte le corps de Marmont à Léoben, afin d'arrêter le prince Charles, venant d'Italie.

Napoléon, ayant par ces sages précautions assuré son flanc droit, voulut avant d'avancer de front sur les Russes, dont l'avant-garde venait de se heurter contre la sienne à Amstetten, près de Steyer, prémunir son flanc gauche contre toute attaque des troupes autrichiennes réfugiées en Bohême, sous les ordres de l'archiduc Ferdinand. À cet effet, l'Empereur donna au maréchal Mortier les divisions d'infanterie Dupont et Gazan, et lui prescrivit de traverser le Danube sur les ponts de Passau et de Linz, puis de descendre le fleuve par la rive gauche, tandis que le gros de l'armée continuerait sa marche sur la rive droite. Cependant, pour ne pas laisser le maréchal Mortier trop isolé, Napoléon imagina de réunir sur le Danube un grand nombre de bateaux, pris dans les affluents de ce fleuve, et d'en former une flottille qui, conduite par les marins de la garde, devait descendre en se tenant constamment à la hauteur du corps de Mortier, afin de lier les troupes des deux rives.

Vous allez me trouver bien audacieux d'oser critiquer une des opérations du grand capitaine; cependant je ne puis m'empêcher de dire que l'envoi du corps de Mortier sur la rive gauche n'était pas suffisamment motivé et fut une faute qui pouvait avoir les plus fâcheux résultats. En effet, le Danube, le plus grand des fleuves de l'Europe, est, à partir de Passau, d'une telle largeur en hiver, qu'à l'œil nu on n'aperçoit pas un homme d'une rive à l'autre; il est en outre très profond et fort rapide. Le Danube, auquel s'appuyait la gauche de l'armée française, offrait donc une garantie de parfaite sécurité. Il suffisait de couper les ponts à mesure qu'on s'avançait vers Vienne pour mettre à l'abri de toute attaque le flanc gauche de la grande armée marchant sur la rive droite, d'autant plus que cette attaque n'aurait pu être faite que par l'archiduc Ferdinand, venant de Bohême. Mais celui-ci, fort heureux d'avoir échappé aux Français devant Ulm, avec fort peu de troupes, presque toutes de cavalerie, ne pouvait avoir ni l'envie ni les moyens de venir les attaquer en franchissant un obstacle tel que le Danube, dans lequel il aurait couru risque de se faire jeter, tandis qu'en détachant deux de ses divisions isolées au delà de cet immense fleuve, Napoléon les exposa à être prises ou exterminées. Ce malheur, qu'il était facile de prévoir, fut sur le point de se réaliser.

Le feld-maréchal Koutousoff, qui attendait avec résolution les Français dans la forte position de Saint-Pœlten, parce qu'il les supposait suivis en queue par l'armée de Mack, ayant appris la capitulation de cette armée devant Ulm, ne se trouva plus assez fort pour résister seul à Napoléon, et ne voulant pas non plus compromettre ses troupes pour sauver la ville de Vienne, il résolut de mettre l'obstacle du Danube entre lui et le vainqueur: il passa le fleuve sur le pont de Krems, qu'il fit brûler derrière lui.

À peine arrivé sur la rive gauche avec toute son armée, le maréchal russe rencontre les éclaireurs de la division Gazan, qui se dirigeait de Dirnstein sur Krems, ayant en tête le maréchal Mortier. Koutousoff, en apprenant l'existence d'un corps français isolé sur la rive gauche, résolut de l'écraser, et pour y parvenir, il le fait attaquer de front sur l'étroite chaussée qui longe le Danube, tandis qu'en s'emparant des hauteurs escarpées qui dominent ce fleuve, ses troupes légères vont occuper Dirnstein et couper ainsi la retraite de la division Gazan. Cette division était alors dans une position d'autant plus critique, que la plus grande partie de la flottille étant restée en arrière, on n'avait que deux petites barques, ce qui ne permettait pas d'aller chercher du renfort sur la rive droite. Attaqués en tête, en queue, et sur un de leurs flancs, par des ennemis six fois plus nombreux, se trouvant en outre enfermés entre des rochers escarpés occupés par les Russes, et les gouffres du Danube, les soldats français, entassés sur une étroite chaussée, ne furent pas démoralisés un seul moment. Le brave maréchal Mortier leur donna l'exemple d'un noble courage; car quelqu'un lui ayant proposé de profiter d'une barque pour passer sur la rive droite, où il se trouverait au milieu de la grande armée, et éviterait par là de donner aux Russes la gloire de prendre un maréchal, Mortier répondit qu'il mourrait avec ses soldats, ou passerait avec eux sur le ventre des Russes!...

Un combat sanglant s'engage à la baïonnette: cinq mille Français résistent à trente mille Russes!... La nuit vint ajouter ses horreurs à celles du combat. La division Gazan, massée en colonne, parvint à regagner Dirnstein, au moment où la division Dupont, restée en arrière en face de Mölk et attirée par le bruit du canon, accourait à son secours. Enfin, le champ de bataille resta aux Français.

Dans ce combat corps à corps, où la baïonnette fut presque seule employée, nos soldats, plus agiles et plus adroits que les colosses russes, avaient un immense avantage sur eux; aussi la perte des ennemis fut-elle de quatre mille cinq cents hommes, et la nôtre de trois mille hommes seulement. Mais si nos divisions n'eussent pas été composées de soldats aguerris, le corps de Mortier aurait probablement été détruit. L'Empereur le comprit si bien, qu'il se hâta de le rappeler sur la rive droite, et ce qui me prouve qu'il avait reconnu la faute qu'il avait commise en jetant ce corps isolé au delà du fleuve, c'est que, bien qu'il récompensât largement les braves régiments qui s'étaient battus à Dirnstein, les bulletins firent à peine mention de cette sanglante affaire, et l'on parut vouloir cacher les résultats de cette opération d'outre-Danube, parce qu'on ne pouvait en expliquer militairement le motif. De plus, ce qui me confirme dans l'opinion que je prends la liberté d'émettre, c'est que, dans la campagne de 1809, l'Empereur, se trouvant sur le même terrain, n'envoya aucun corps au delà du fleuve, et, conservant au contraire toute son armée réunie, il descendit avec elle jusqu'à Vienne. Mais revenons à la mission dont le commandant Massy et moi étions chargés.

Lorsque nous arrivâmes à Vienne, Napoléon et le gros de son armée avaient déjà quitté cette ville, dont ils s'étaient emparés sans coup férir. Le passage du Danube, qu'il fallait franchir, avant de poursuivre les Autrichiens et les Russes qui se retiraient en Moravie, n'avait pas même été disputé, grâce à une ruse, peut-être blâmable, qu'employèrent les maréchaux Lannes et Murat. Cet épisode, qui influa si grandement sur le résultat de cette célèbre campagne, mérite d'être raconté.

La ville de Vienne est située sur la rive droite du Danube, fleuve immense, dont un faible bras passe dans cette cité, le grand bras se trouvant à plus d'une demi-lieue au delà. Le Danube forme sur ce dernier point une grande quantité d'îles, réunies par une longue série de ponts en bois, terminée par celui qui, jeté sur le grand bras, s'appuie sur la rive gauche au lieu nommé Spitz. La route de Moravie passe sur cette longue série de ponts. Lorsque les Autrichiens défendent un passage de rivière, ils ont la très mauvaise habitude d'en conserver les ponts jusqu'au dernier moment, afin de se ménager la faculté de faire des retours offensifs contre l'ennemi, qui presque jamais ne leur en donne le temps, et leur enlève de vive force les ponts qu'ils ont négligé de brûler. C'est ce qu'avaient fait les Français dans la campagne d'Italie, en 1796, aux mémorables affaires de Lodi et d'Arcole. Cependant, ces exemples n'avaient pu corriger les Autrichiens, car, après avoir abandonné Vienne, qui n'était pas susceptible de défense, ils se retirèrent de l'autre côté du Danube, sans détruire un seul des ponts jetés sur ce vaste cours d'eau, et se bornèrent à disposer des matières incendiaires sur le tablier du grand pont, afin de le brûler lorsque les Français paraîtraient. Ils avaient en outre établi sur la rive gauche, à l'extrémité du pont de Spitz, une forte batterie d'artillerie, ainsi qu'une division de six mille hommes, aux ordres du prince d'Auersperg, brave militaire, mais homme de peu de moyens. Or, il faut savoir que quelques jours avant l'entrée des Français dans Vienne, l'Empereur avait reçu le général autrichien comte de Giulay, venu en parlementaire pour lui faire des ouvertures de paix qui n'avaient pas eu de résultats. Mais à peine l'avant-garde fut-elle maîtresse de Vienne, et Napoléon établi au château royal de Schœnbrünn, qu'on vit revenir le général de Giulay, qui passa plus d'une heure en tête-à-tête avec l'Empereur. Dès lors, le bruit qu'un armistice venait d'être conclu courut tant parmi les régiments français entrant à Vienne, que parmi les troupes autrichiennes qui sortaient de la ville pour se porter au delà du Danube.

Murat et Lannes, auxquels l'Empereur avait ordonné de tâcher de s'emparer du passage du Danube, marchèrent vers les ponts, placèrent les grenadiers d'Oudinot derrière les plantations touffues, puis s'avancèrent, accompagnés seulement de quelques officiers parlant allemand. Les petits postes ennemis tirent sur eux en se repliant. Les deux maréchaux font crier aux Autrichiens qu'*il y a armistice*, et, continuant à marcher, ils traversent sans obstacle tous les petits ponts, et, arrivés au grand, ils renouvellent leur assertion au commandant de Spitz, qui n'ose faire tirer sur deux maréchaux presque seuls, et affirmant que les hostilités sont suspendues. Cependant, avant de les laisser passer, il veut aller lui-même prendre les ordres du général d'Auersperg; mais pendant qu'il se rend près de lui, en laissant le poste à un sergent, Lannes et Murat persuadent à celui-ci que, le traité portant que le pont leur sera livré, il faut qu'il aille avec ses soldats rejoindre son officier sur la rive gauche. Le pauvre sergent hésite... On le pousse tout doucement en continuant à lui parler, et par une marche lente, mais continue, on arrive à l'extrémité du grand pont.

Un officier autrichien veut alors allumer les matières incendiaires; on lui arrache des mains la lance à feu en lui disant qu'il se perdra s'il commet un tel crime!... Cependant la colonne des grenadiers d'Oudinot paraît et s'engage sur le pont... Les canonniers autrichiens vont faire feu... Les maréchaux français courent vers le commandant de cette artillerie, auquel ils renouvellent l'assurance d'un armistice conclu; puis, s'asseyant sur les pièces, ils engagent les artilleurs à faire prévenir de leur présence le général d'Auersperg. Celui-ci arrive enfin; il est sur le point d'ordonner le feu, bien que les grenadiers français entourent déjà les batteries et les bataillons autrichiens; mais les deux maréchaux l'assurent qu'il y a un traité, dont la principale condition est que les Français occuperont les ponts. Le malheureux général, craignant de se compromettre en versant du sang inutilement, perd la tête au point de s'éloigner en emmenant toutes ses troupes qu'on lui avait données pour défendre les ponts!...

Sans la faute du général d'Auersperg, le passage du Danube eût certainement été exécuté avec beaucoup de difficultés. Il pouvait même se faire qu'il devînt impraticable, et dans ce cas l'empereur Napoléon, ne pouvant plus poursuivre les armées russes et autrichiennes en Moravie, eût manqué sa campagne. Il en eut alors la conviction, qui fut confirmée trois ans après, lorsqu'en 1809, les Autrichiens ayant brûlé les ponts du Danube, nous fûmes contraints, pour assurer le passage de ce fleuve, de livrer les deux batailles d'Essling et de Wagram qui nous coûtèrent plus de trente mille hommes, tandis qu'en 1805 les maréchaux Lannes et Murat enlevèrent les ponts sans avoir un seul blessé!... Mais le stratagème dont ils s'étaient servi était-il admissible? Je ne le pense pas. Je sais que dans les guerres d'État à État on élargit sa conscience, sous prétexte que tout ce qui assure la victoire peut être employé afin de diminuer les pertes d'hommes, tout en donnant de grands avantages à son pays. Cependant, malgré ces graves considérations, je ne pense pas que l'on doive approuver le moyen employé pour s'emparer du pont de Spitz; quant à moi, je ne voudrais pas le faire en pareille circonstance.

Pour conclusion de cet épisode, je dirai que la crédulité du général Auersperg fut très sévèrement punie. Un conseil de guerre le condamna à la dégradation, à être traîné sur la claie dans les rues de Vienne, et enfin mis à mort par la main du bourreau!... Le même jugement fut porté contre le feld-maréchal Mack, en punition de la conduite qu'il avait tenue à Ulm. Mais ils obtinrent l'un et l'autre grâce de la vie, et leur peine fut commuée en celle de la prison perpétuelle. Ils la subirent pendant dix ans et furent enfin élargis. Mais, privés de leur grade, chassés des rangs de la noblesse, reniés par leur famille, ils moururent tous deux peu de temps après leur mise en liberté.

Le stratagème des maréchaux Lannes et Murat ayant assuré le passage du Danube, l'empereur Napoléon avait dirigé son armée à la poursuite des Autrichiens et des Russes. Ici commence la seconde phase de la campagne.

CHAPITRE VINGT-CINQ

Hollabrünn.—Je remets à l'Empereur les drapeaux pris à Bregenz.—Dangers d'un mensonge de complaisance.

Le maréchal russe Koutousoff de Krems se dirigeait par Hollabrünn sur Brünn, en Moravie, afin de s'y réunir à la seconde armée que l'empereur Alexandre conduisait en personne; mais, en approchant d'Hollabrünn, il fut consterné en apprenant que les corps de Murat et de Lannes étaient déjà maîtres de cette ville, ce qui lui coupait tout moyen de retraite. Pour se tirer de ce mauvais pas, le vieux maréchal russe, employant à son tour la ruse, envoya le général prince Bagration en parlementaire vers Murat, auquel il *assura* qu'un aide de camp de l'Empereur venait de conclure à Vienne un armistice avec l'empereur Napoléon, et qu'indubitablement la paix s'ensuivrait sous peu. Le prince Bagration était un homme fort aimable; il sut si bien flatter Murat, que celui-ci, trompé à son tour par le général russe, s'empressa d'accepter l'armistice, malgré les observations du maréchal Lannes, qui voulait combattre; mais Murat ayant le commandement supérieur, force fut au maréchal Lannes d'obéir.

La suspension d'armes dura trente-six heures, et pendant que Murat respirait l'encens que ce Russe madré lui prodiguait, l'armée de Koutousoff, faisant un détour et dérobant sa marche derrière un rideau de monticules, échappait au danger et allait prendre, au delà d'Hollabrünn, une forte position qui lui ouvrit la route de Moravie et assurait sa retraite ainsi que sa jonction avec la seconde armée russe, cantonnée entre Znaïm et Brünn. Napoléon était alors au palais de Schœnbrünn, près de Vienne; il entra dans une grande colère en apprenant que Murat, se laissant abuser par le prince Bagration, s'était permis d'accepter un armistice sans son ordre, et lui prescrivit d'attaquer sur-le-champ Koutousoff.

Mais la situation des Russes était bien changée à leur avantage; aussi reçurent-ils les Français très vigoureusement. Le combat fut des plus acharnés; la ville d'Hollabrünn, prise et reprise plusieurs fois par les deux partis, incendiée par les obus, remplie de morts et de mourants, resta enfin au pouvoir des Français. Les Russes se retirèrent sur Brünn; nos troupes les y poursuivirent, et occupèrent cette ville sans combat, bien qu'elle soit fortifiée et dominée par la célèbre citadelle de Spielberg.

Les armées russes et une partie des débris des troupes autrichiennes s'étant réunies en Moravie, l'Empereur, pour lui donner un dernier coup, se rendit à Brünn, capitale de cette province. Mon camarade Massy et moi le suivîmes dans cette direction; mais nous avancions lentement et avec beaucoup de peine, d'abord parce que les chevaux de poste étaient sur les dents, puis à cause de la grande quantité de troupes, de canons, de caissons, de bagages dont les routes étaient encombrées. Nous fûmes obligés de nous arrêter vingt-quatre heures à Hollabrünn, afin d'attendre que le passage fût rétabli dans ses rues détruites par l'incendie et remplies de planches, de poutres, de débris de meubles encore enflammés. Cette malheureuse ville avait été si complètement brûlée que nous n'y trouvâmes pas une *seule* maison pour nous abriter!...

Pendant le séjour que nous fûmes contraints d'y faire, un spectacle horrible, épouvantable, consterna nos âmes. Les blessés, mais principalement ceux des Russes, s'étaient réfugiés pendant le combat dans les habitations où l'incendie les avait bientôt atteints. Tout ce qui pouvait encore marcher s'était enfui à l'approche de ce nouveau danger; mais les estropiés, ainsi que les hommes gravement frappés, avaient été brûlés vifs sous les décombres!... Beaucoup avaient cherché à fuir l'incendie en rampant sur la terre, mais le feu les avait poursuivis dans les rues, où l'on voyait des milliers de ces malheureux à demi calcinés et dont plusieurs respiraient encore!... Les cadavres des hommes et des chevaux tués pendant le combat avaient été aussi grillés, de sorte que l'infortunée cité d'Hollabrünn répandait à plusieurs lieues à la ronde une épouvantable odeur de chair grillée, qui soulevait le cœur!... Il est des contrées et des villes qui, par leur situation, sont destinées à servir de champ de bataille, et Hollabrünn est de ce nombre, parce qu'elle offre une excellente position militaire; aussi, à peine avait-elle réparé les malheurs que lui causa l'incendie de 1805, que je la revis, quatre ans après, brûlée de nouveau, et jonchée de cadavres et de mourants à demi rôtis, ainsi que je le rapporterai dans mon récit de la campagne de 1809.

Le commandant Massy et moi quittâmes ce foyer d'infection aussitôt que nous le pûmes et gagnâmes Znaïm où, quatre ans plus tard, je devais être blessé. Enfin nous joignîmes l'Empereur à Brünn le 22 novembre, dix jours avant la bataille d'Austerlitz.

Le lendemain de notre arrivée, nous nous acquittâmes de notre mission et fîmes la remise des drapeaux, avec le cérémonial prescrit par l'Empereur pour les solennités de ce genre, car il ne négligeait aucune occasion de rehausser aux yeux des troupes tout ce qui pouvait exciter leur amour pour la gloire. Voici quel fut ce cérémonial.

Une demi-heure avant la parade, qui avait lieu tous les jours à onze heures devant la maison servant de palais à l'Empereur, le général Duroc, grand maréchal, envoya à notre logement une compagnie de grenadiers de la garde, avec musique et tambours. Les dix-sept drapeaux et les deux étendards furent remis à autant de sous-officiers. Le commandant de Massy et moi, guidés par un officier d'ordonnance de l'Empereur, nous plaçâmes en tête du cortège, qui se mit en marche au son des tambours et de la musique. La ville de Brünn était remplie de troupes françaises, dont les soldats, en nous voyant passer, célébraient par de nombreux vivat la victoire de leurs camarades du 7e corps. Tous les postes rendirent les honneurs militaires, et à notre entrée dans la cour du lieu où logeait l'Empereur, les corps réunis pour la parade battirent aux champs, présentèrent les armes et poussèrent avec enthousiasme les cris répétés de: *Vive l'Empereur!*

L'aide de camp de service vint nous recevoir et nous présenta à Napoléon, auprès duquel nous fûmes introduits, toujours accompagnés des sous-officiers qui portaient les drapeaux autrichiens. L'Empereur examina ces divers trophées, et après avoir fait retirer les sous-officiers, il nous questionna beaucoup, tant sur les divers combats que le maréchal Augereau avait livrés, que sur tout ce que nous avions vu et appris pendant le long trajet que nous venions de faire dans les contrées qui avaient été le théâtre de la guerre. Puis, il nous ordonna d'attendre ses ordres et de suivre le quartier impérial. Le grand maréchal Duroc fit prendre les drapeaux, dont il nous donna reçu selon l'usage; puis il nous prévint que des chevaux seraient mis à notre disposition, et nous invita pour le temps de notre séjour à la table qu'il présidait.

La grande armée française était alors massée autour et en avant de Brünn. L'avant-garde des Austro-Russes occupait Austerlitz; le gros de leur armée était placé autour de la ville d'Olmütz, où s'étaient réunis l'empereur Alexandre et l'empereur d'Autriche. Une bataille paraissait inévitable, mais on comprenait si bien de part et d'autre que ses résultats auraient une influence immense sur les destinées de l'Europe, que chacun hésitait à entreprendre quelque chose de décisif. Aussi Napoléon, ordinairement si prompt dans ses mouvements, resta-t-il onze jours à Brünn, avant d'attaquer sérieusement. Il est vrai que chaque journée de retard augmentait ses forces, par l'arrivée successive d'un très grand nombre de soldats qui, restés en arrière pour cause d'indisposition ou de fatigue, se hâtaient, dès qu'ils retrouvaient leur vigueur, de rejoindre l'armée, tant ils étaient désireux d'assister à la grande bataille que l'on prévoyait. Ceci me rappelle que je fis à cette occasion un mensonge de complaisance, qui aurait pu ruiner ma carrière militaire; voici le fait.

L'Empereur traitait habituellement les officiers avec bonté, mais il était un point sur lequel il était peut-être trop sévère, car il rendait les colonels responsables du maintien d'un grand nombre d'hommes dans les rangs de leur régiment, et comme c'est précisément ce qu'il y a de plus difficile à obtenir en campagne, c'était là-dessus que l'Empereur était le plus trompé. Les chefs de corps craignaient tant de lui déplaire, qu'ils s'exposaient à ce qu'on leur donnât à combattre un nombre d'ennemis disproportionné à la force de leurs troupes, plutôt que d'avouer que les maladies, la fatigue et la nécessité de se procurer des vivres avaient forcé beaucoup de soldats à rester en arrière. Aussi Napoléon, malgré sa puissance, n'a-t-il jamais su *exactement* le nombre de combattants dont il pouvait disposer un jour de bataille.

Or, il advint que, pendant notre séjour à Brünn, l'Empereur, dans une des courses incessantes qu'il faisait pour visiter les positions et les divers corps d'armée, aperçut les chasseurs à cheval de sa garde en marche pour changer de cantonnement. Il affectionnait particulièrement ce régiment, dont ses guides d'Italie et d'Égypte formaient le noyau. L'Empereur, dont le coup d'œil exercé appréciait très exactement la force des colonnes, trouvant celle-ci très diminuée, sortit de sa poche un petit carnet, et l'ayant parcouru, il fit appeler le général Morland, colonel des chasseurs à cheval de la garde, et lui dit d'un ton sévère: «Votre régiment est porté sur mes notes comme ayant mille deux cents combattants, et bien que vous n'ayez pas encore été engagé avec l'ennemi, vous n'avez pas là plus de huit cents cavaliers: que sont devenus les autres?...»

Le général Morland, excellent et très brave officier de guerre, mais n'ayant pas la réplique facile, resta presque interdit, et répondit dans son langage franco-alsacien qu'il ne manquait qu'un très petit nombre d'hommes. L'Empereur soutint qu'il y en avait près de quatre cents de moins, et pour en avoir le cœur net, il voulut les faire compter à l'instant. Mais comme il savait que Morland était fort aimé de son état-major, et qu'il craignait les *complaisances*, il crut être plus sûr de son fait en prenant un officier qui n'appartenait ni à sa maison, ni à sa garde, et m'apercevant, il m'ordonna de compter les chasseurs et de venir rendre compte à *lui-même* de leur nombre. Cela dit, l'Empereur s'éloigne au galop. Je commençai mon opération, qui était d'autant plus facile que les cavaliers marchaient au pas sur quatre de front. Le pauvre général Morland, qui savait combien l'évaluation de Napoléon approchait de l'exactitude, était dans une grande agitation, car il prévoyait que mon rapport allait attirer sur lui une très sévère réprimande. Il me connaissait à peine, et n'osait me proposer de me compromettre pour lui épargner un désagrément. Il restait donc là silencieusement auprès de moi, lorsque, heureusement pour lui, son capitaine adjudant-major vint le rejoindre. Cet officier, nommé Fournier, avait débuté dans la carrière militaire comme sous-aide chirurgien; puis, devenu chirurgien-major et se sentant plus de vocation pour le sabre que pour la lancette, il avait demandé et obtenu de prendre rang parmi les officiers combattants, et Morland, avec lequel il avait servi jadis, l'avait fait entrer dans la garde.

J'avais beaucoup connu le capitaine Fournier, lorsqu'il était encore chirurgien-major. Je lui avais même gardé de très grandes obligations, car non seulement il avait pansé mon père au moment où il venait d'être blessé, mais il l'avait suivi à Gênes, où, tant que mon père exista, il vint plusieurs fois par jour pour lui prodiguer ses soins; si les médecins chargés de combattre le typhus eussent été aussi assidus et aussi zélés que Fournier, mon père n'aurait peut-être pas succombé. Je m'étais dit cela bien souvent; aussi fis-je l'accueil le plus amical à Fournier, que je n'avais d'abord pas reconnu sous la pelisse de capitaine de chasseurs. Le général Morland, témoin du plaisir que nous avions à nous revoir, conçut l'espoir de profiter de notre amitié réciproque pour m'amener à ne pas dire à l'Empereur combien il y avait de chasseurs hors des rangs. Il tire donc son adjudant-major à part, confère un moment avec lui; puis le capitaine vient me supplier, au nom de notre ancienne *amitié*, d'éviter au général Morland un fort grand désagrément, en cachant à l'Empereur l'affaiblissement de l'effectif du régiment. Je refusai positivement et continuai à compter. L'estimation de l'Empereur était fort exacte, car il n'y avait que huit cents et quelques chasseurs présents: il en manquait donc quatre cents.

Je partais pour aller faire mon rapport, lorsque le général Morland et le capitaine Fournier renouvelèrent leurs instances auprès de moi, en me faisant observer que la plus grande partie des hommes absents, étant restés en arrière pour différentes causes, rejoindraient sous peu, et que, comme il était probable que l'Empereur ne livrerait pas bataille avant d'avoir fait venir les divisions Friant et Gudin, qui se trouvaient encore aux portes de Vienne, à trente-six lieues de nous, cela prendrait plusieurs jours, pendant lesquels les chasseurs de la garde restés en arrière rejoindraient l'étendard. Ils ajoutèrent que l'Empereur était d'ailleurs trop occupé pour vérifier le rapport que j'allais lui faire. Je ne me dissimulai pas qu'on me demandait de *tromper l'Empereur*, ce qui était très mal; mais je sentais aussi que je devais beaucoup de reconnaissance à M. Fournier pour les soins vraiment affectueux qu'il avait donnés à mon père mourant. Je me laissai donc entraîner et promis de dissimuler une grande partie de la vérité.

À peine fus-je seul, que je compris l'énormité de ma faute; mais il était trop tard… L'essentiel était de m'en tirer le moins mal possible. Pour cela, je me gardai bien de reparaître devant l'Empereur tant qu'il fut à cheval, car j'avais à craindre qu'il ne se portât au bivouac de chasseurs, dont la faiblesse numérique, le frappant derechef, démentirait mon rapport, ce qui m'aurait très gravement compromis. Je rusai donc, et ne revins au quartier impérial qu'à la nuit close, et lorsque Napoléon, ayant mis pied à terre, était rentré dans ses appartements. Introduit auprès de lui pour lui rendre compte de ma mission, je le trouvai étendu tout de son long sur une immense carte posée sur le plancher. Dès qu'il m'aperçut, il s'écria: «Eh bien! Marbot, combien y a-t-il de chasseurs à cheval présents dans ma garde? Leur nombre est-il de douze cents, comme le prétend Morland?»—«Non, Sire, je n'en ai compté que onze cent vingt, c'est-à-dire quatre-vingts de moins!»—«J'étais bien sûr qu'il en manquait beaucoup!…» Le ton dont l'Empereur prononça ces dernières paroles prouva qu'il s'attendait à un déficit beaucoup plus considérable; et en effet, s'il n'eût manqué que quatre-vingts hommes sur un régiment de douze cents qui venait de faire cinq cents lieues en hiver, en couchant presque toutes les nuits au bivouac, c'eût été fort peu; aussi lorsqu'en allant dîner, l'Empereur traversa la pièce où se réunissaient les chefs de la garde, il se borna à dire à Morland: «Vous voyez bien!… il vous manque quatre-vingts chasseurs; c'est près d'un escadron!… Avec quatre-vingts de ces braves, on arrêterait un régiment russe! Il faut tenir la main à ce que les hommes ne restent pas en arrière.» Puis, passant au chef des grenadiers à pied, dont l'effectif des soldats présents était aussi beaucoup diminué, Napoléon lui fit une forte réprimande. Morland, s'estimant très heureux d'en être quitte pour quelques observations, s'approcha de moi, dès que l'Empereur fut à table, vint me remercier vivement, et m'apprendre qu'une trentaine de chasseurs venaient de rejoindre, et qu'un courrier arrivant de Vienne en avait rencontré plus de cent entre Znaïm et Brünn et beaucoup d'autres en deçà d'Hollabrünn, ce qui donnait la certitude qu'avant quarante-huit heures le régiment aurait récupéré la plus grande partie de ses pertes. Je le désirais autant que lui, car je comprenais la difficulté de la position dans laquelle mon trop de reconnaissance pour Fournier m'avait placé. Je ne pus dormir de la nuit, tant je redoutais le juste courroux de l'Empereur, à la confiance duquel j'avais gravement manqué.

Ma perplexité fut encore plus grande le lendemain, lorsque Napoléon, visitant les troupes selon son habitude, se dirigea vers le bivouac des chasseurs de la garde, car une simple question adressée par lui à un officier pouvait tout dévoiler. Je me considérais donc comme perdu, lorsque j'entendis la musique des troupes russes campées sur les hauteurs de Pratzen, à une demi-lieue de nos postes. Poussant alors mon cheval vers la tête du nombreux état-major avec lequel j'accompagnais l'Empereur, je m'approchais le plus près possible de celui-ci et dis à haute voix: «Il se fait sans doute quelque mouvement dans le camp des ennemis, car voilà leur musique qui joue des marches…» L'Empereur qui entendit mes observations quitta brusquement le sentier qui conduisait au bivouac de sa garde, et se dirigea vers Pratzen, pour examiner ce qui se passait dans l'avant-garde ennemie. Il resta longtemps en observation, et la nuit approchant, il rentra à Brünn sans aller voir ses chasseurs. Je fus ainsi plusieurs jours dans des transes mortelles, bien que j'apprisse l'arrivée successive de nombreux détachements. Enfin, l'approche de la bataille et les grandes occupations de l'Empereur éloignèrent de son esprit la pensée de faire la vérification que j'avais tant redoutée; mais la leçon fut bonne pour moi. Aussi, lorsque, devenu colonel, j'étais questionné par l'Empereur sur le nombre des combattants présents dans les escadrons de mon régiment, je déclarais toujours l'exacte vérité.

CHAPITRE VINGT-SIX

L'ambassadeur de Prusse et Napoléon.—Austerlitz.—Je sauve un sous-officier russe sous les yeux de l'Empereur dans l'étang de Satschan.

Si Napoléon était souvent trompé, il usait souvent aussi de ruse pour faire réussir ses projets, ainsi que le prouve la comédie diplomatico-militaire que je vais raconter, et dans laquelle je jouai mon rôle. Pour bien comprendre ceci, qui vous donnera la clef des intrigues, causes, l'année suivante, de la guerre entre Napoléon et le roi de Prusse, il faut nous reporter à deux mois en arrière, au moment où les troupes françaises, parties des rives de l'Océan, se dirigeaient à marches forcées sur le Danube. Pour se rendre du Hanovre sur le haut Danube, le premier corps d'armée, commandé par Bernadotte, n'avait pas de chemin plus court que de passer par Anspach. Ce petit pays appartenait à la Prusse; mais comme il était assez éloigné de son territoire, dont plusieurs principautés de troisième ordre le séparaient, on l'avait toujours considéré dans les anciennes guerres comme un territoire *neutre*, sur lequel chaque parti pouvait passer, en payant ce qu'il prenait et en s'abstenant de toute hostilité.

Les choses étant établies sur ce pied, les armées autrichiennes et françaises avaient très souvent traversé le margraviat d'Anspach, du temps du Directoire, sans en prévenir la Prusse et sans que celle-ci le trouvât mauvais. Napoléon, profitant de cet usage, ordonna donc au maréchal Bernadotte de passer par Anspach. Celui-ci obéit; mais en apprenant la marche de ce corps français, la reine de Prusse et sa cour, qui détestaient Napoléon, s'écrièrent que le territoire prussien venait d'être violé, et profitèrent de cela pour exaspérer la nation et demander hautement la guerre. Le roi de Prusse et son ministre, M. d'Haugwitz, résistèrent seuls à l'entraînement général: c'était au mois d'octobre 1805, au moment où les hostilités allaient éclater entre la France et l'Autriche, et que les armées russes venaient renforcer celle-ci. La reine de Prusse et le jeune prince Louis, neveu du Roi, pour déterminer celui-ci à faire cause commune avec la Russie et l'Autriche, firent inviter l'empereur

Alexandre à se rendre à Berlin, dans l'espoir que sa présence déciderait Frédéric-Guillaume.

Alexandre se rendit en effet dans la capitale de la Prusse, le 25 octobre. Il y fut reçu avec enthousiasme par la Reine, le prince Louis et les partisans de la guerre contre la France. Le roi de Prusse lui-même, circonvenu de tous côtés, se laissa entraîner en mettant toutefois pour condition (d'après les conseils du vieux prince de Brunswick et du comte d'Haugwitz) que son armée n'entrerait pas en campagne avant qu'on eût vu la tournure que prendrait la guerre sur le Danube, entre les Austro-Russes et Napoléon. Cette adhésion incomplète ne satisfit pas l'empereur Alexandre, ni la reine de Prusse; mais ils ne purent pour le moment en obtenir de plus explicite. Une scène de mélodrame fut jouée à Potsdam, où le roi de Prusse et l'empereur de Russie, descendus à la lueur des flambeaux sous les voûtes sépulcrales du palais, se jurèrent en présence de la Cour une amitié éternelle, sur la tombe du grand Frédéric. Ce qui n'empêcha pas Alexandre d'accepter dix-huit mois après, et d'englober dans l'empire russe, une des provinces prussiennes que Napoléon lui donna par le traité de Tilsitt, et cela en présence de son malheureux ami Frédéric-Guillaume. L'empereur de Russie se rendit ensuite en Moravie pour se remettre à la tête de ses armées, car Napoléon avançait à grands pas vers la capitale de l'Autriche, dont il s'empara bientôt.

En apprenant l'hésitation du roi de Prusse et le traité de Potsdam, Napoléon, désireux d'en finir avec les Russes, avant que les Prussiens se déclarassent, se porta à la rencontre des premiers jusqu'à Brünn, où nous sommes actuellement.

On a dit depuis longtemps, avec raison, que les ambassadeurs sont des *espions privilégiés*. Le roi de Prusse, qui apprenait chaque jour les nouvelles victoires de Napoléon, voulant savoir à quoi s'en tenir sur la position respective des parties belligérantes, trouva convenable d'envoyer M. d'Haugwitz, son ministre, au quartier général français, afin qu'il pût juger les choses par lui-même. Or, comme il fallait un prétexte pour cela, il le chargea de porter la réponse à une lettre que Napoléon lui avait adressée pour se plaindre du traité conclu à Potsdam entre la Prusse et la Russie. M. d'Haugwitz arriva à Brünn quelques jours avant la bataille d'Austerlitz, et aurait bien voulu pouvoir y rester jusqu'au résultat de la grande bataille qui se préparait, afin de conseiller à son souverain de ne pas bouger, si nous étions vainqueurs, et de nous attaquer, dans le cas où nous serions battus.

Sans être militaires, vous pouvez juger sur la carte quel mal une armée prussienne, partant de Breslau en Silésie, pouvait faire en se portant par la Bohême sur nos derrières, vers Ratisbonne. Comme l'Empereur savait que M. d'Haugwitz expédiait tous les soirs un courrier à Berlin, il voulut que ce fût par lui qu'on apprît en Prusse la défaite et la prise du corps d'armée du feld-maréchal Jellachich, qui ne devait pas y être encore connue, tant les événements se précipitaient à cette époque! Voici comment l'Empereur s'y prit pour y arriver.

Le maréchal du palais Duroc, après nous avoir prévenus de ce que nous avions à faire, fit replacer en secret dans le logement que Massy et moi occupions, tous les drapeaux autrichiens que nous avions apportés de Bregenz; puis, quelques heures après, lorsque l'Empereur causait dans son cabinet avec M. d'Haugwitz, nous renouvelâmes la cérémonie de la remise des drapeaux, absolument de la même manière qu'elle avait été faite la première fois. L'Empereur, en entendant la musique dans la cour de son palais, feignit l'étonnement, s'avança vers les croisées suivi de l'ambassadeur, et voyant les trophées portés par les sous-officiers, il appela l'aide de camp de service, auquel il demanda de quoi il s'agissait. L'aide de camp ayant répondu que c'étaient deux aides de camp du maréchal Augereau, venant apporter à l'Empereur les drapeaux du corps autrichien de Jellachich, pris à Bregenz, on nous fit entrer, et là, sans sourciller, et comme s'il ne nous avait pas encore vus, Napoléon reçut la lettre du maréchal Augereau qu'on avait recachetée, et la lut, bien qu'il en connût le contenu depuis quatre jours. Puis il nous questionna, en nous faisant entrer dans les plus grands détails. Duroc nous avait prévenus qu'il fallait parler haut, parce que l'ambassadeur prussien avait l'oreille un peu dure. Cela arrivait fort mal à propos pour mon camarade Massy, chef de la mission, car une extinction de voix lui permettait à peine de parler. Ce fut donc moi qui répondis à l'Empereur, et entrant dans sa pensée, je peignis des couleurs les plus vives la défaite des Autrichiens, leur abattement, et l'enthousiasme des troupes françaises. Puis, présentant les trophées les uns après les autres, je nommai tous les régiments ennemis auxquels ils avaient appartenu. J'appuyai principalement sur deux, parce que leur capture devait produire un plus grand effet sur l'ambassadeur prussien.

«Voici, dis-je, le drapeau du régiment d'infanterie de S. M. l'empereur d'Autriche, et voilà l'étendard des uhlans de l'archiduc Charles, son frère.»—Les yeux de Napoléon étincelaient et semblaient me dire: «Très bien, jeune homme!»—Enfin, il nous congédia, et en sortant, nous l'entendîmes dire à l'ambassadeur: «Vous le voyez, monsieur le comte, mes armées triomphent sur tous les points... l'armée autrichienne est anéantie, et bientôt il en sera de même de celle des Russes.» M. d'Haugwitz paraissait atterré, et Duroc nous dit, lorsque nous fûmes hors de l'appartement: «Ce diplomate va écrire ce soir à Berlin pour informer son gouvernement de la destruction du corps de Jellachich; cela calmera un peu les esprits portés à nous faire la guerre, et donnera au roi de Prusse de nouvelles raisons pour temporiser; or, c'est ce que l'Empereur souhaite ardemment.»

La comédie jouée, l'Empereur, pour se débarrasser d'un témoin dangereux qui pouvait rendre compte des positions de son armée, insinua à M. l'ambassadeur qu'il serait peu sûr pour lui de rester entre deux armées prêtes à en venir aux mains, et l'engagea à se rendre à Vienne, auprès de M. de Talleyrand, son ministre des affaires étrangères, ce que M. d'Haugwitz fit dès le soir même. Le lendemain, l'Empereur ne nous dit pas un mot relatif à la scène jouée la veille; mais voulant sans doute témoigner sa satisfaction sur la manière dont nous avions compris sa pensée, il demanda affectueusement au commandant Massy des nouvelles de son rhume et me pinça l'oreille, ce qui, de sa part, était une caresse.

Cependant, le dénouement du grand drame approchait, et des deux côtés, on se préparait à combattre vaillamment. Presque tous les auteurs militaires surchargent tellement leur narration de détails, qu'ils jettent la confusion dans l'esprit du lecteur, si bien que dans la plupart des ouvrages publiés sur les guerres de l'Empire, je n'ai absolument rien compris à l'historique de plusieurs batailles auxquelles j'ai assisté, et dont toutes les phases me sont cependant bien connues. Je pense que pour conserver la clarté dans le récit d'une action de guerre, il faut se borner à indiquer la position respective des deux armées avant l'engagement, et ne raconter que les faits principaux et décisifs du combat. C'est ce que je vais tâcher de faire pour vous donner une idée de la bataille dite d'Austerlitz, bien qu'elle ait eu lieu en avant du village de ce nom; mais comme la veille de l'affaire les empereurs d'Autriche et de Russie avaient couché au château d'Austerlitz, dont Napoléon les chassa, il voulut accroître son triomphe en en donnant le nom à la bataille qui se livra le lendemain.

Vous verrez sur la carte que le ruisseau de Goldbach, qui prend sa source au delà de la route d'Olmütz, va se jeter dans l'étang de Menitz. Ce ruisseau, qui coule au fond d'un vallon dont les abords sont assez raides, séparait les deux armées. La droite des Austro-Russes s'appuyait à un bois escarpé, situé en arrière de la maison de poste de Posoritz, au delà de la route d'Olmütz. Leur centre occupait Pratzen et le vaste plateau de ce nom. Enfin, leur gauche était près des étangs de Satschan et des marais qui l'avoisinent. L'empereur Napoléon appuyait sa gauche à un mamelon d'un accès fort difficile, que nos soldats d'Égypte nommèrent le Santon, parce qu'il était surmonté d'une petite chapelle dont le toit avait la forme d'un minaret. Le centre français était auprès de la mare de Kobelnitz; enfin la droite se trouvait à Telnitz. Mais l'Empereur avait placé fort peu de monde sur ce point, afin d'attirer les Russes sur le terrain marécageux où il avait préparé leur défaite, en faisant cacher à Gross-Raigern, sur la route de Vienne, le corps du maréchal Davout.

Le 1er décembre, veille de la bataille, Napoléon, ayant quitté Brünn dès le matin, employa toute la journée à examiner les positions, et fit établir le soir son quartier général en arrière du centre de l'armée française, sur un point d'où l'œil embrassait les bivouacs des deux partis, ainsi que le terrain qui devait leur servir de champ de bataille le lendemain. Il n'existait d'autre bâtiment en ce lieu qu'une mauvaise grange: on y plaça les tables et les cartes de l'Empereur, qui s'établit de sa personne auprès d'un immense feu, au milieu de son nombreux état-major et de sa garde. Heureusement, il n'y avait point de neige, et quoiqu'il fît très froid, je me couchai sur la terre et m'endormis profondément; mais nous fûmes bientôt obligés de remonter à cheval pour accompagner l'Empereur dans la visite qu'il allait faire à ses troupes. Il n'y avait point de lune, et l'obscurité de la nuit était augmentée par un épais brouillard qui rendait la marche fort difficile. Les chasseurs d'escorte auprès de l'Empereur imaginèrent d'allumer des torches formées de bois de sapin et de paille, ce qui fut d'une très grande utilité. Les troupes, voyant venir à elles un groupe de cavaliers ainsi éclairé, reconnurent aisément l'état-major impérial, et dans l'instant, comme par enchantement, on vit sur une ligne immense tous nos feux de bivouac illuminés par des milliers de torches portées par les soldats qui, dans leur enthousiasme, saluaient Napoléon de vivat d'autant plus animés que la journée du lendemain était l'anniversaire du couronnement de l'Empereur, coïncidence qui leur paraissait d'un bon augure. Les ennemis durent être bien étonnés lorsque, du haut du coteau voisin, ils aperçurent au milieu de la nuit soixante mille torches allumées et entendirent les cris mille fois répétés de: Vive l'Empereur! s'unissant au son des nombreuses musiques des régiments français. Tout était joie, lumière et mouvement dans nos bivouacs, tandis que du côté des Austro-Russes, tout était sombre et silencieux.

Le lendemain 2 décembre, le canon se fit entendre au point du jour. Nous avons vu que l'Empereur avait montré peu de troupes à sa droite; c'était un piège qu'il tendait aux ennemis, afin qu'ils eussent la possibilité de prendre facilement Telnitz, d'y passer le ruisseau de Goldbach et d'aller ensuite à Gross-Raigern s'emparer de la route de Brünn à Vienne, afin de nous couper ainsi tout moyen de retraite. Les Austro-Russes donnèrent en plein dans le panneau, car, dégarnissant le reste de leur ligne, ils entassèrent maladroitement des forces considérables dans le bas-fond de Telnitz, ainsi que dans les défilés marécageux qui avoisinent les étangs de

Satschan et de Menitz. Mais comme ils se figuraient, on ne sait trop pourquoi, que Napoléon pensait à se retirer sans vouloir accepter la bataille, ils résolurent, pour rendre le succès plus complet, de nous attaquer, vers le Santon, à notre gauche, ainsi que sur notre centre, devant Puntowitz, afin que notre défaite fût complète, lorsque, obligés de reculer sur ces deux points, nous trouverions derrière nous la route de Brünn à Vienne occupée par les Russes. Mais à notre gauche, le maréchal Lannes non seulement repoussa toutes les attaques des ennemis contre le Santon, mais il les rejeta de l'autre côté de la route d'Olmütz jusqu'à Blasiowitz, où le terrain, devenant plus uni, permit à la cavalerie de Murat d'exécuter plusieurs charges brillantes, dont le résultat fut immense, car les Russes furent menés tambour battant jusqu'au village d'Austerlitz.

Pendant que notre gauche remportait cet éclatant succès, le centre, formé par les troupes des maréchaux Soult et Bernadotte, placé par l'Empereur au fond du ravin de Goldbach où il était caché par un épais brouillard, s'élançait vers le coteau sur lequel est situé le village de Pratzen. Ce fut à ce moment que parut dans tout son éclat ce brillant *soleil d'Austerlitz*, dont Napoléon se plaisait tant à rappeler le souvenir. Le maréchal Soult enlève non seulement le village de Pratzen, mais encore l'immense plateau de ce nom qui était le point culminant de toute la contrée, et par conséquent la clef du champ de bataille. Là s'engagea, sous les yeux de l'Empereur, un combat des plus vifs, dans lequel les Russes furent battus. Mais un bataillon du 4e de ligne, dont le prince Joseph, frère de Napoléon, était colonel, se laissant emporter trop loin à la poursuite des ennemis, fut chargé et enfoncé par les chevaliers-gardes et les cuirassiers du grand-duc Constantin, frère d'Alexandre, qui lui enlevèrent son aigle!... De nombreuses lignes de cavalerie russe s'avancèrent rapidement pour appuyer le succès momentané des chevaliers-gardes; mais Napoléon ayant lancé contre lui les mameluks, les chasseurs à cheval et les grenadiers à cheval de sa garde, conduits par le maréchal Bessières et par le général Rapp, il y eut une mêlée des plus sanglantes. Les escadrons russes furent enfoncés et rejetés au delà du village d'Austerlitz, avec une perte immense. Nos cavaliers enlevèrent beaucoup d'étendards et de prisonniers, parmi lesquels se trouvait le prince Repnin, commandant des chevaliers-gardes. Ce régiment, composé de la plus brillante jeunesse de la noblesse russe, perdit beaucoup de monde, parce que les fanfaronnades que les chevaliers-gardes avaient faites contre les Français étant connues de nos soldats, ceux-ci, surtout les grenadiers à cheval, s'acharnèrent contre eux et criaient en leur passant leurs énormes sabres en travers du corps: «Faisons pleurer les dames de Saint-Pétersbourg!»

Le peintre Gérard, dans son tableau de la bataille d'Austerlitz, a pris pour sujet le moment où le général Rapp, sortant du combat, blessé, tout couvert du sang des ennemis et du sien, présente à l'Empereur les drapeaux qui viennent d'être enlevés, ainsi que le prince Repnin, fait prisonnier. J'étais présent à cette scène imposante, que ce peintre a reproduite avec une exactitude remarquable. Toutes les têtes sont des portraits, même celle de ce brave chasseur à cheval qui, sans se plaindre, bien qu'ayant le corps traversé d'une balle, eut le courage de venir jusqu'à l'Empereur et tomba raide mort en lui présentant l'étendard qu'il venait de prendre!... Napoléon, voulant honorer la mémoire de ce chasseur, prescrivit au peintre de le placer dans sa composition. On remarque aussi dans ce tableau un mameluk, qui, portant d'une main un drapeau ennemi, tient de l'autre la bride de son cheval mourant. Cet homme, nommé Mustapha, connu dans la garde pour son courage et sa férocité, s'était mis pendant la charge à la poursuite du grand-duc Constantin, qui ne se débarrassa de lui qu'en lui tirant un coup de pistolet, dont le cheval du mameluk fut grièvement blessé. Mustapha, désolé de n'avoir qu'un étendard à offrir à l'Empereur, dit dans son jargon, en le lui présentant: «Ah! si moi joindre prince Constantin, moi couper tête et moi porter à l'Empereur!...» Napoléon, indigné, lui répondit: «Veux-tu bien te taire, vilain sauvage!»

Mais terminons le récit de la bataille. Pendant que les maréchaux Lannes, Soult, Murat, et la garde impériale, battaient le centre et la droite des Austro-Russes et les rejetaient au delà du village d'Austerlitz, la gauche des ennemis, donnant dans le piège que Napoléon leur avait tendu, en paraissant garder les environs des étangs, se jeta sur le village de Telnitz, s'en empara, et passant le Goldbach, se préparait à occuper la route de Vienne. Mais l'ennemi avait mal auguré du génie de Napoléon en le supposant capable de commettre une faute aussi grande que celle de laisser sans défense une route qui assurait sa retraite en cas de malheur, car notre droite était gardée par les divisions du maréchal Davout, cachées en arrière, dans le bourg de Gross-Raigern. De ce point, le maréchal Davout fondit sur les Austro-Russes, dès qu'il vit leurs masses embarrassées dans les défilés entre les étangs de Telnitz, Menitz et le ruisseau.

L'Empereur, que nous avons laissé sur le plateau de Pratzen, débarrassé de la droite et du centre ennemis qui fuyaient derrière Austerlitz, l'Empereur, descendant alors des hauteurs de Pratzen avec les corps de Soult et toute sa garde, infanterie, cavalerie et artillerie, se précipite vers Telnitz, où il prend à dos les colonnes ennemies, que le maréchal Davout attaque de front. Dès ce moment, les nombreuses et lourdes masses austro-russes, entassées sur les chaussées étroites qui règnent le long du ruisseau de Goldbach, se trouvant prises entre deux feux, tombèrent dans une confusion inexprimable; les rangs se confondirent, et chacun chercha son salut dans la fuite. Les uns se précipitent pêle-mêle dans les marais qui avoisinent les étangs, mais nos fantassins les y suivent; d'autres espèrent échapper par le chemin qui sépare les deux étangs: notre cavalerie les charge et en fait une affreuse boucherie; enfin, le plus grand nombre des ennemis, principalement les Russes, cherchent un passage sur la glace des étangs. Elle était fort épaisse, et déjà cinq ou six mille hommes, conservant un peu d'ordre, étaient parvenus au milieu du lac Satschan, lorsque Napoléon, faisant appeler l'artillerie de sa garde, ordonne de tirer à boulets sur la glace. Celle-ci se brisa sur une infinité de points, et un énorme craquement se fit entendre!... L'eau, pénétrant par les crevasses, surmonta bientôt les glaçons, et nous vîmes des milliers de Russes, ainsi que leurs nombreux chevaux, canons et chariots, s'enfoncer lentement dans le gouffre!... Spectacle horriblement majestueux que je n'oublierai jamais!... En un instant, la surface de l'étang fut couverte de tout ce qui pouvait et savait nager; hommes et chevaux se débattaient au milieu des glaçons et des eaux. Quelques-uns, en très petit nombre, parvinrent à se sauver à l'aide de perches et de cordes que nos soldats leur tendaient du rivage; mais la plus grande partie fut noyée!...

Le nombre des combattants dont l'Empereur disposait à cette bataille était de soixante-huit mille hommes; celui des Austro-Russes s'élevait à quatre-vingt-douze mille hommes. Notre perte en tués ou blessés fut d'environ huit mille hommes; les ennemis avouèrent que la leur, en tués, blessés ou noyés, allait à quatorze mille. Nous leur avions fait dix-huit mille prisonniers, enlevé cent cinquante canons, ainsi qu'une grande quantité d'étendards et de drapeaux.

Après avoir ordonné de poursuivre l'ennemi dans toutes les directions, l'Empereur se rendit à son nouveau quartier général, établi à la maison de poste de Posoritz, sur la route d'Olmütz. Il était radieux, cela se conçoit, bien qu'il exprimât plusieurs fois le regret que la seule aigle que nous ayons perdue appartînt au 4e de ligne, dont le prince Joseph son frère était colonel, et qu'elle eût été prise par le régiment du grand-duc Constantin, frère de l'empereur de Russie; cela était, en effet, assez piquant, et rendait la perte plus sensible; mais Napoléon reçut bientôt une grande consolation. Le prince Jean de Lichtenstein vint, de la part de l'empereur d'Autriche, lui demander une entrevue, et Napoléon, comprenant que cela devait amener la paix et le délivrer de la crainte de voir les Prussiens marcher sur ses derrières avant qu'il fût délivré de ses ennemis actuels, y consentit.

De tous les corps de la garde impériale française, le régiment des chasseurs à cheval était celui qui avait éprouvé le plus de pertes dans la grande charge exécutée sur le plateau de Pratzen contre les gardes russes. Mon pauvre ami le capitaine Fournier avait été tué, ainsi que le général Morland. L'Empereur, toujours attentif à ce qui pouvait exciter l'émulation parmi les troupes, décida que le corps du général Morland serait placé dans un monument qu'il se proposait de faire ériger au centre de l'esplanade des Invalides, à Paris. Les médecins n'ayant sur le champ de bataille ni le temps, ni les ingrédients nécessaires pour embaumer le corps du général, l'enfermèrent dans un tonneau de rhum, qui fut transporté à Paris; mais les événements qui se succédèrent ayant retardé la construction du monument destiné au général Morland, le tonneau dans lequel on l'avait placé se trouvait encore dans l'une des salles de l'École de médecine lorsque Napoléon perdit l'Empire en 1814. Peu de temps après, le tonneau s'étant brisé par vétusté, on fut très étonné de voir que le rhum avait fait pousser les moustaches du général d'une façon si extraordinaire qu'elles tombaient plus bas que la ceinture. Le corps était parfaitement conservé, mais la famille fut obligée d'intenter un procès pour en obtenir la restitution d'un savant qui en avait fait un objet de curiosité. Aimez donc la gloire, et allez vous faire tuer pour qu'un olibrius de naturaliste vous place ensuite dans sa bibliothèque, entre une corne de rhinocéros et un crocodile empaillé!…

À la bataille d'Austerlitz, je ne reçus aucune blessure, bien que je fusse souvent très exposé, notamment lors de la mêlée de la cavalerie de la garde russe sur le plateau de Pratzen. L'Empereur m'avait envoyé porter des ordres au général Rapp, que je parvins très difficilement à joindre au milieu de cet épouvantable pêle-mêle de gens qui s'éntr'égorgeaient. Mon cheval heurta contre celui d'un chevalier-garde, et nos sabres allaient se croiser, lorsque nous fûmes séparés par les combattants; j'en fus quitte pour une forte contusion. Mais le lendemain, je courus un danger bien plus grand, et d'un genre tout différent de ceux qu'on rencontre ordinairement sur le champ de bataille; voici à quelle occasion.

Le 3 au matin, l'Empereur monta à cheval et parcourut les diverses positions témoins des combats de la veille. Arrivé sur les bords de l'étang de Satschan, Napoléon, ayant mis pied à terre, causait avec plusieurs maréchaux autour d'un feu de bivouac, lorsqu'il aperçut flottant, à cent pas de la digue, un assez fort glaçon isolé, sur lequel était étendu un pauvre sous-officier russe décoré, qui ne pouvait s'aider, parce qu'il avait la cuisse traversée d'une balle… Le sang de ce malheureux avait coloré le glaçon qui le supportait: c'était horrible! Cet homme, voyant un très nombreux état-major entouré de gardes, pensa que Napoléon devait être là; il se souleva donc comme il put, et s'écria que les guerriers de tous les pays devenant frères après le combat, il demandait la vie au puissant empereur des Français. L'interprète de Napoléon lui ayant traduit cette prière, celui-ci en fut touché, et ordonna au général Bertrand, son aide de camp, de faire tout ce qu'il pourrait pour sauver ce malheureux.

Aussitôt plusieurs hommes de l'escorte et même deux officiers d'état-major, apercevant sur le rivage deux gros troncs d'arbres, les poussèrent dans l'étang, et puis, se plaçant tout habillés à califourchon dessus, ils espéraient, en remuant les jambes d'un commun accord, faire avancer ces pièces de bois. Mais à peine furent-elles à une toise de la berge, qu'elles roulèrent sur elles-mêmes, ce qui jeta dans l'eau les hommes qui les chevauchaient. En un instant leurs vêtements furent imbibés d'eau, et comme il gelait très fort, le drap des manches et des pantalons des nageurs devint raide, et leurs membres, pris comme dans des étuis, ne pouvaient se mouvoir; aussi plusieurs faillirent-ils se noyer, et ils ne parvinrent à remonter qu'à grand'peine, à l'aide des cordes qu'on leur lança.

Je m'avisai alors de dire que les nageurs auraient dû se mettre tout nus, d'abord pour conserver la liberté de leurs mouvements, et en second lieu afin de n'être pas exposés à passer la nuit dans des vêtements mouillés. Le général Bertrand ayant entendu cela, le répéta à l'Empereur, qui déclara que j'avais raison, et que les autres avaient fait preuve de zèle sans discernement. Je ne veux pas me faire meilleur que je ne suis; j'avouerai donc que venant d'assister à une bataille où j'avais vu des milliers de morts et de mourants, ma sensibilité s'en étant émoussée, je ne me trouvais plus assez de philanthropie pour risquer de gagner une fluxion de poitrine, en allant disputer aux glaçons la vie d'un ennemi dont je me bornais à déplorer le triste sort; mais la réponse de l'Empereur me piquant au jeu, il me parut qu'il serait ridicule à moi d'avoir donné un avis que je n'oserais mettre à exécution. Je saute donc à bas de mon cheval, me mets tout nu, et me lance dans l'étang... J'avais beaucoup couru dans la journée et avais eu chaud; le froid me saisit donc fortement... Mais jeune, vigoureux, très bon nageur et encouragé par la présence de l'Empereur, je me dirigeai vers le sous-officier russe, lorsque mon exemple, et probablement les éloges que l'Empereur me donnait, déterminèrent un lieutenant d'artillerie, nommé Roumestain, à m'imiter.

Pendant qu'il se déshabillait, j'avançais toujours, mais j'éprouvais beaucoup plus de difficultés que je ne l'avais prévu, car, par suite de la catastrophe qui s'était produite la veille sur l'étang, l'ancienne et forte glace avait presque entièrement disparu, mais il s'en était formé une nouvelle de l'épaisseur de quelques lignes, dont les aspérités fort pointues m'égratignaient la peau des bras, de la poitrine, et du cou, d'une façon très désagréable. L'officier d'artillerie, qui m'avait rejoint au milieu du trajet, ne s'en était point aperçu, parce qu'il avait profité de l'espèce de sentier que j'avais tracé dans la nouvelle glace. Il eut la loyauté de me le faire observer en demandant à passer à son tour le premier, ce que j'acceptai, car j'étais déchiré cruellement. Nous atteignîmes enfin l'ancien et énorme glaçon sur lequel gisait le malheureux sous-officier russe, et nous crûmes avoir accompli la plus pénible partie de notre entreprise. Nous étions dans une bien grande erreur; car dès qu'en poussant le glaçon nous le fîmes avancer, la couche de nouvelle glace qui couvrait la superficie de l'eau, étant brisée par son contact, s'amoncelait devant le gros glaçon, de sorte qu'il se forma bientôt une masse qui non seulement résistait à nos efforts, mais brisait les parois du gros glaçon dont le volume diminuait à chaque instant et nous faisait craindre de voir engloutir le malheureux que nous voulions sauver. Les bords de ce gros glaçon étaient d'ailleurs fort tranchants, ce qui nous forçait à choisir les parties sur lesquelles nous appuyions nos mains et nos poitrines en le poussant; nous étions exténués! Enfin, pour comble de malheur, en approchant du rivage, la glace se fendit sur plusieurs points, et la partie sur laquelle était le Russe ne présentait plus qu'une table de quelques pieds de large, incapable de soutenir ce pauvre diable qui allait couler, lorsque mon camarade et moi, sentant enfin que nous avions pied sur le fond de l'étang, passâmes nos épaules sous la table de glace et la portâmes au rivage, d'où on nous lança des cordes que nous attachâmes autour du Russe, et on le hissa enfin sur la berge. Nous sortîmes aussi de l'eau par le même moyen, car nous pouvions à peine nous soutenir, tant nous étions harassés, déchirés, meurtris, ensanglantés… Mon bon camarade Massy, qui m'avait suivi des yeux avec la plus grande anxiété pendant toute la traversée, avait eu la pensée de faire placer devant le feu du bivouac la couverture de son cheval, dont il m'enveloppa dès que je fus sur le rivage. Après m'être bien essuyé, je m'habillai et voulus m'étendre devant le feu; mais le docteur Larrey s'y opposa et m'ordonna de marcher, ce que je ne pouvais faire qu'avec l'aide de deux chasseurs. L'Empereur vint féliciter le lieutenant d'artillerie et moi, sur le courage avec lequel nous avions entrepris et exécuté le sauvetage du blessé russe, et, appelant son mameluk Roustan, dont le cheval portait toujours des provisions de bouche, il nous fit verser d'excellent rhum, et nous demanda en riant comment nous avions trouvé le bain…

Quant au sous-officier russe, l'Empereur, après l'avoir fait panser par le docteur Larrey, lui fit donner plusieurs pièces d'or. On le fit manger, on le couvrit de vêtements secs, et, après l'avoir enveloppé de couvertures bien chaudes, on le déposa dans une des maisons de Telnitz qui servait d'ambulance; puis, le lendemain, il fut transporté à l'hôpital de Brünn. Ce pauvre garçon bénissait l'Empereur, ainsi que M. Roumestain et moi, dont il voulait baiser la main. Il était Lithuanien, c'est-à-dire né dans une province de l'ancienne Pologne réunie à la Russie; aussi, dès qu'il fut rétabli, il déclara qu'il ne voulait plus servir que l'empereur Napoléon. Il se joignit donc à nos blessés lorsqu'ils rentrèrent en France, et fut incorporé dans la légion polonaise; enfin, il devint sous-officier aux lanciers de la garde, et chaque fois que je le rencontrais, il me témoignait sa reconnaissance dans un jargon fort expressif.

Le bain glacial que j'avais pris, et les efforts véritablement surhumains que j'avais dû faire pour sauver ce malheureux, auraient pu me coûter cher, si j'eusse été moins jeune et moins vigoureux; car M. Roumestain, qui ne possédait pas le dernier de ces avantages au même degré, fut pris le soir même d'une fluxion de poitrine des plus violentes: on fut obligé de le transporter à l'hôpital de Brünn, où il passa plusieurs mois entre la vie et la mort. Il ne se rétablit même jamais complètement, et son état souffreteux lui fit quitter le service quelques années après. Quant à moi, bien que très affaibli, je me fis hisser à cheval dès que l'Empereur s'éloigna de l'étang pour gagner le château d'Austerlitz, où son quartier général venait d'être établi. Napoléon n'allait jamais qu'au galop; brisé comme je l'étais, cette allure ne me convenait guère; je suivis cependant, parce que, la nuit approchant, je craignais de m'éloigner du champ de bataille, et d'ailleurs, en allant au pas, le froid m'eût saisi.

Lorsque j'arrivai dans la cour du château d'Austerlitz, il fallut plusieurs hommes pour m'aider à mettre pied à terre. Un frisson général s'empara de tout mon corps, mes dents claquaient, j'étais fort malade. Le colonel Dahlmann, major des chasseurs à cheval de la garde, qui venait d'être nommé général en remplacement de Morland, sans doute reconnaissant du service que j'avais rendu à celui-ci, me conduisit dans une des granges du château, où il s'était établi avec ses officiers. Là, après m'avoir fait prendre du thé bien chaud, son chirurgien me frictionna tout le corps avec de l'huile tiède; on m'emmaillota dans plusieurs couvertures et l'on me glissa dans un énorme tas de foin, en ne me laissant que la figure dehors. Une douce chaleur pénétra peu à peu mes membres engourdis; je dormis fort bien, et grâce à ces bons soins, ainsi qu'à mes vingt-trois ans, je me retrouvai le lendemain matin frais, dispos, et je pus monter à cheval pour assister à un spectacle d'un bien haut intérêt.

CHAPITRE VINGT-SEPT

Entrevue des empereurs.—Retour au corps.—1806.—Darmstadt et Francfort.—
Bons procédés d'Augereau.

La défaite éprouvée par les Russes avait jeté leur armée dans une telle confusion que tout ce qui avait échappé au désastre d'Austerlitz se hâta de gagner la Galicie, afin de se soustraire au vainqueur. La déroute fut complète; les Français firent un très grand nombre de prisonniers et trouvèrent les chemins couverts de canons et de bagages abandonnés. L'empereur de Russie, qui avait cru marcher à une victoire certaine, s'éloigna navré de douleur, en autorisant son allié François II à traiter avec Napoléon. Le soir même de la bataille, l'empereur d'Autriche, pour sauver son malheureux pays d'une ruine complète, avait fait demander une entrevue à l'empereur des Français, et d'après l'assentiment de Napoléon, il s'était arrêté au village de Nasiedlowitz. L'entrevue eut lieu le 4, près du moulin de Poleny, entre les lignes des avant-postes autrichiens et français. J'assistai à cette conférence mémorable.

Napoléon, parti de fort grand matin du château d'Austerlitz, accompagné de son nombreux état-major, se trouva le premier au rendez-vous, mit pied à terre et se promenait autour d'un bivouac lorsque, voyant arriver l'empereur d'Autriche, il alla à lui et l'embrassa cordialement... Spectacle bien fait pour inspirer des réflexions philosophiques! Un empereur d'Allemagne venant s'humilier et solliciter la paix auprès d'un petit gentilhomme corse, naguère sous-lieutenant d'artillerie, que ses talents, des circonstances heureuses et le courage des armées françaises avaient élevé au faîte du pouvoir et rendu l'arbitre des destinées de l'Europe!

Napoléon n'abusa pas de la position dans laquelle se trouvait l'empereur d'Autriche; il fut affectueux et d'une politesse extrême, autant que nous pûmes en juger de la distance à laquelle se tenaient respectueusement les deux états-majors. Un armistice fut conclu entre les deux souverains, qui convinrent d'envoyer de part et d'autre des plénipotentiaires à Brünn, afin d'y négocier un traité de paix entre la France et l'Autriche. Les empereurs s'embrassèrent de nouveau en se séparant: celui d'Allemagne retourna à Nasiedlowitz, et Napoléon revint coucher au château d'Austerlitz. Il y passa deux jours, pendant lesquels il nous donna, au commandant Massy et à moi, notre audience de congé, en nous chargeant de raconter au maréchal Augereau ce que nous avions vu. L'Empereur nous remit en même temps des dépêches pour la cour de Bavière, qui était rentrée à Munich, et nous prévint que le maréchal Augereau avait quitté Bregenz et que nous le trouverions à Ulm. Nous regagnâmes Vienne, et nous continuâmes notre voyage en marchant nuit et jour, malgré la neige qui tombait à flocons.

Je n'entrerai ici dans aucun détail sur les changements politiques qui furent le résultat de la bataille d'Austerlitz et de la paix de Presbourg. L'Empereur s'était rendu à Vienne, puis à Munich, où il devait assister au mariage de son beau-fils, Eugène de Beauharnais, avec la fille du roi de Bavière. Il paraît que les dépêches que nous étions chargés de remettre à cette cour avaient trait à ce mariage, car nous y fûmes on ne peut mieux reçus. Nous ne restâmes néanmoins que quelques heures à Munich, et gagnâmes la ville d'Ulm, où nous trouvâmes le 7e corps et le maréchal Augereau. Nous y passâmes une quinzaine de jours.

Pour rapprocher insensiblement le 7e corps de la Hesse électorale, intime alliée de la Prusse, Napoléon lui donna l'ordre de se rendre de Ulm à Heidelberg, où nous arrivâmes vers la fin de décembre et commençâmes l'année 1806. Après un court séjour dans cette ville, le 7e corps se rendit à Darmstadt, capitale du landgrave de Hesse-Darmstadt, prince fort attaché au roi de Prusse, tant par les liens du sang que par ceux de la politique. Bien que ce monarque, en acceptant le Hanovre, eût conclu un traité d'alliance avec Napoléon, il l'avait fait avec répugnance et redoutait l'approche de l'armée française.

Le maréchal Augereau, avant de faire entrer ses troupes dans le pays de Darmstadt, crut devoir en prévenir le landgrave par une lettre qu'il me chargea de lui porter. Le trajet n'était que de quinze lieues; je le fis en une nuit; mais en arrivant à Darmstadt, j'appris que le landgrave, auquel on avait insinué que les Français voulaient s'emparer de sa personne, venait de quitter cette résidence pour se retirer dans une autre partie de ses États, d'où il pourrait facilement se réfugier en Prusse. Ce départ me contraria beaucoup; cependant, ayant appris que Mme la landgrave était encore au palais, je demandai à lui être présenté.

Cette princesse, dont la personne avait beaucoup de ressemblance avec les portraits de l'impératrice Catherine de Russie, avait, comme elle, un caractère mâle, une très grande capacité, et toutes les qualités nécessaires pour diriger un vaste empire. Aussi gouvernait-elle le prince son époux, ainsi que ses États; c'était, sous tous les rapports, ce qu'on peut appeler une maîtresse femme. En voyant dans mes mains la lettre adressée au landgrave par le maréchal Augereau, elle la prit sans plus de façons, comme si c'eût été pour elle-même. Elle me dit ensuite, avec la plus grande franchise, que c'était d'après ses conseils que le landgrave son époux s'était éloigné à l'approche des Français, mais qu'elle se chargeait de le faire revenir, si le maréchal lui donnait l'assurance qu'il n'avait aucun ordre d'attenter à la liberté de ce prince. Je compris que l'arrestation et la mort du duc d'Enghien effrayaient tous les princes, qui pensaient que Napoléon pouvait avoir à se plaindre d'eux ou de leurs alliances. Je protestai autant que je le pus de la pureté des intentions du gouvernement français, et offris de retourner à Heidelberg chercher auprès du maréchal Augereau les assurances que désirait la princesse, ce qui fut accepté par elle.

Je partis et revins le lendemain, avec une lettre du maréchal, conçue en termes si bienveillants que Mme la landgrave, après avoir dit: «Je me confie à l'honneur d'un maréchal français», se rendit sur-le-champ à Giessen, où était le landgrave, qu'elle ramena à Darmstadt, et tous les deux accueillirent parfaitement le maréchal Augereau lorsqu'il vint établir son quartier général en cette ville.

Le maréchal leur sut si grand gré de la confiance qu'ils avaient eue en lui que, quelques mois après, lorsque l'Empereur, remaniant tous les petits États de l'Europe, en réduisit le nombre à trente-deux, dont il forma la Confédération du Rhin, non seulement Augereau parvint à faire conserver le landgrave de Darmstadt, mais il lui obtint le titre de grand-duc et fit tellement agrandir ses États que la population en fut portée de cinq cent mille âmes à peine à plus d'un million d'habitants. Le nouveau grand-duc joignit quelques mois après ses troupes aux nôtres contre la Russie, en demandant qu'elles servissent dans le corps du maréchal Augereau. Ce prince dut ainsi sa conservation et son élévation au courage de sa femme.

Quoique je fusse encore bien jeune à cette époque, je pensai que Napoléon commettait une grande faute, en réduisant le nombre des petites principautés de l'Allemagne. En effet, dans les anciennes guerres contre la France, les huit cents princes des corps germaniques ne pouvaient agir ensemble; il y en avait qui ne fournissaient qu'une compagnie, d'autres qu'un peloton, plusieurs un *demi-soldat*; de sorte que la réunion de ces divers contingents composait une armée totalement dépourvue d'ensemble et se débandant au premier revers. Mais lorsque Napoléon eut réduit à trente-deux le nombre des principautés, il y eut un commencement de centralisation dans les forces de l'Allemagne. Les souverains conservés et agrandis formèrent une petite armée bien constituée. C'était le but que l'Empereur se proposait, dans l'espoir d'utiliser ainsi à son profit toutes les ressources militaires de ce pays, ce qui eut lieu, en effet, tant que nous eûmes des succès; mais, au premier revers, les trente-deux souverains, s'étant entendus, se réunirent contre la France, et leur coalition avec la Russie renversa l'empereur Napoléon, qui fut ainsi puni pour n'avoir pas suivi l'ancienne politique des rois de France.

Nous passâmes une partie de l'hiver à Darmstadt en fêtes, bals et galas. Les troupes du grand-duc étaient commandées par un respectable général, de Stoch. Il avait un fils de mon âge, lieutenant des gardes, charmant jeune homme avec lequel je me liai intimement et dont je reparlerai. Nous n'étions qu'à dix lieues de Francfort-sur-Mein; cette ville, encore libre, et que son commerce rendait immensément riche, était depuis longtemps le foyer de toutes les intrigues ourdies contre la France, et le point de départ de toutes les fausses nouvelles qui circulaient en Allemagne contre nous. Aussi, le lendemain de la bataille d'Austerlitz, et lorsque le bruit se répandit qu'il y avait eu un engagement dont on ne savait pas le résultat, les habitants de Francfort assuraient que les Russes étaient vainqueurs; plusieurs journaux poussèrent même la haine jusqu'à dire que les désastres de notre armée avaient été si grands que pas un seul Français n'en avait échappé!... L'Empereur, auquel on rendait compte de tout, dissimula jusqu'au moment où, prévoyant la possibilité d'une rupture avec la Prusse, il rapprocha insensiblement ses armées des frontières de ce royaume. Voulant alors punir l'impertinence des Francfortois, il ordonna au maréchal Augereau de quitter à l'improviste Darmstadt et d'aller s'établir avec *tout son corps d'armée* dans Francfort et sur son territoire.

L'ordre de l'Empereur portait que la ville devait, le jour de l'entrée de nos troupes, donner comme bienvenue *un louis d'or* à chaque soldat, deux aux caporaux, trois aux sergents, dix aux sous-lieutenants et ainsi de suite!... Les habitants devaient, en outre, loger, nourrir la troupe et payer pour frais de table, savoir: au maréchal six cents francs par jour, aux généraux de division quatre cents, aux généraux de brigade deux cents, aux colonels cent: le Sénat était tenu d'envoyer tous les mois un million de francs au Trésor impérial à Paris.

Les autorités de Francfort, épouvantées d'une contribution aussi exorbitante, coururent chez l'envoyé de France; mais celui-ci, auquel Napoléon avait donné des instructions, leur répondit: «Vous prétendiez que pas un seul Français n'avait échappé au fer des Russes; l'empereur Napoléon a donc voulu vous mettre à même de compter ceux dont se compose un seul corps de la grande armée: il y en a six autres d'égale force, et la garde viendra ensuite...» Cette réponse, rapportée aux habitants, les plongea dans la consternation, car, quelque immenses qu'aient été leurs richesses, ils eussent été ruinés si cet état de choses eût duré quelque temps. Mais le maréchal Augereau ayant fait appel à la clémence de l'Empereur en faveur des Francfortois, il reçut l'autorisation de faire ce qu'il voudrait, de sorte qu'il prit sur lui de ne garder dans la ville que son état-major et un seul bataillon: les autres troupes furent réparties dans les principautés voisines. Dès ce moment, la joie reparut, et les habitants, pour témoigner leur reconnaissance au maréchal Augereau, lui donnèrent un grand nombre de fêtes. J'étais logé chez un riche négociant nommé M. Chamot. Je passai près de huit mois chez lui, pendant lesquels il fut, ainsi que sa famille, plein d'attentions pour moi.

CHAPITRE VINGT-HUIT

Missions auprès de l'Empereur et du roi de Prusse.—Situation de la Prusse.

Pendant que nous étions à Francfort, un accident très douloureux survenu à un officier du 7e corps me valut une double mission, dont la première partie fut très pénible, et la seconde fort agréable et même brillante.

À la suite d'une fièvre cérébrale, le lieutenant N..., du 7e chasseurs, tomba complètement en enfance; le maréchal Augereau me chargea de conduire ce pauvre jeune homme à Paris d'abord, auprès de Murat, qui s'y était toujours intéressé, et ensuite dans le Quercy, si celui-ci m'en priait. Comme je n'avais pas vu ma mère depuis mon départ pour la campagne d'Austerlitz, et la savais non loin de Saint-Céré, au château de Bras, que mon père avait acheté quelque temps avant sa mort, je reçus avec plaisir une mission qui, tout en me mettant à même de rendre service au maréchal Murat, me permettait d'aller passer quelques jours auprès de ma mère. Le maréchal me prêta une bonne calèche, et je pris la route de Paris. Mais la chaleur et l'insomnie exaltèrent tellement mon pauvre camarade que, passant de l'idiotisme à la fureur, il faillit me tuer d'un coup de clef de voiture. Je ne fis jamais un voyage plus désagréable. Enfin, j'arrivai à Paris et conduisis le lieutenant N... auprès de Murat, qui résidait pendant la belle saison au château de Neuilly. Le maréchal me pria d'achever la tâche que j'avais commencée et de conduire N... dans le Quercy. J'y consentis, dans l'espoir de revoir ma mère, tout en faisant observer que je ne pouvais partir que dans vingt-quatre heures, le maréchal Augereau m'ayant chargé de dépêches pour l'Empereur, que j'allai rejoindre à Rambouillet, où je me rendis officiellement le jour même.

J'ignore ce que contenaient les dépêches dont j'étais porteur, mais elles rendirent l'Empereur fort soucieux. Il manda M. de Talleyrand et partit avec lui pour Paris, où il m'ordonna de le suivre et de me présenter chez le maréchal Duroc le soir. J'obéis.

J'attendais depuis longtemps dans un des salons des Tuileries, lorsque le maréchal Duroc, sortant du cabinet de l'Empereur dont il laissa la porte entr'ouverte, ordonna de vive voix à un officier d'ordonnance de se préparer à partir en poste pour une longue mission. Mais Napoléon s'écria: «Duroc, c'est inutile, puisque nous avons ici Marbot qui va rejoindre Augereau; il poussera jusqu'à Berlin, dont Francfort est à moitié chemin.» En conséquence, le maréchal Duroc me prescrivit de me préparer à me rendre à Berlin avec les dépêches de l'Empereur. Cela me contraria, parce qu'il fallait renoncer à aller embrasser ma mère; mais force fut de me résigner. Je courus donc à Neuilly prévenir Murat. Quant à moi, croyant ma nouvelle mission très pressée, je retournai aux Tuileries; mais le maréchal Duroc me donna jusqu'au lendemain matin. J'y fus au lever de l'aurore, on me remit au soir; puis le soir au lendemain, et ainsi de suite pendant plus de huit jours.

Cependant, je prenais patience, parce que chaque fois que je me présentais, le maréchal Duroc ne me tenait qu'un instant, ce qui me permettait de courir dans Paris. Duroc m'avait remis une somme assez forte, destinée à renouveler mes uniformes tout à neuf, afin de paraître sur un bon pied devant le roi de Prusse, entre les mains duquel je devais remettre *moi-même* une lettre de l'Empereur. Vous voyez que Napoléon ne négligeait aucun détail, lorsqu'il s'agissait de relever le militaire français aux yeux des étrangers.

Je partis enfin, après avoir reçu les dépêches et les instructions de l'Empereur, qui me recommanda surtout de bien examiner les troupes prussiennes, leur tenue, leurs armes, leurs chevaux, etc… M. de Talleyrand me remit un paquet pour M. Laforest, ambassadeur de France à Berlin, chez lequel je devais descendre. Arrivé à Mayence, qui se trouvait alors faire partie du territoire français, j'appris que le maréchal Augereau était à Wiesbaden. Je m'y rendis et le surpris fort en lui disant que j'allais à Berlin par ordre de l'Empereur. Il m'en félicita et m'ordonna de continuer ma route. Je marchai nuit et jour par un temps superbe du mois de juillet, et arrivai à Berlin un peu fatigué. À cette époque, les routes de Prusse n'étant pas encore ferrées, on roulait presque toujours au pas sur un sable mouvant où les voitures, enfonçant profondément, soulevaient des nuages de poussière insupportables.

M. Laforest me reçut à merveille. Je logeai à l'ambassade et fus présenté au Roi et à la Reine, ainsi qu'aux princes et aux princesses. En recevant la lettre de l'Empereur, le roi de Prusse parut fort ému. C'était un grand et bel homme, dont la figure exprimait la bonté; mais il manquait de cette animation qui dénote un caractère ferme. La Reine était vraiment très belle; une seule chose la déparait: elle portait toujours une grosse cravate, afin, disait-on, de cacher un goître assez prononcé qui, à force d'être tourmenté par les médecins, s'était ouvert et répandait une matière purulente, surtout lorsque cette princesse dansait, ce qui était son divertissement de prédilection. Du reste, sa personne était remplie de grâce, et sa physionomie spirituelle et majestueuse exprimait une volonté ferme. Je fus reçu très gracieusement, et comme la réponse que je devais rapporter à l'Empereur se fit attendre plus d'un mois, tant il paraît qu'elle était difficile à faire, la Reine voulut bien m'inviter aux fêtes et bals qu'elle donna pendant mon séjour.

De tous les membres de la famille royale, celui qui me traita avec le plus de bonté, du moins en apparence, fut le prince Louis, neveu du Roi. On m'avait prévenu qu'il exécrait les Français et surtout leur empereur; mais comme il aimait passionnément l'état militaire, il me questionnait sans cesse sur le siège de Gênes, les batailles de Marengo et d'Austerlitz, ainsi que sur l'organisation de notre armée. Le prince Louis de Prusse était un homme superbe, et sous le rapport de l'esprit, des moyens et du caractère, c'était de tous les membres de la famille royale le seul qui eût quelque ressemblance avec le grand Frédéric. Je fis connaissance avec plusieurs personnes de la Cour, et surtout avec des officiers que je suivais tous les jours à la parade et aux manœuvres. Je passais donc mon temps fort agréablement à Berlin, où notre ambassadeur me comblait de prévenances; mais je finis par m'apercevoir qu'il voulait me faire jouer dans une affaire délicate un rôle qui ne pouvait me convenir, et je devins très réservé.

Mais examinons la position de la Prusse vis-à-vis de Napoléon. Les dépêches que j'apportais y avaient trait, ainsi que je l'ai su plus tard.

En acceptant de Napoléon le don de l'électorat du Hanovre, patrimoine de la famille régnante d'Angleterre, le cabinet de Berlin s'était aliéné non seulement le parti antifrançais, mais aussi presque toute la nation prussienne. L'amour-propre allemand se trouvait en effet blessé des succès remportés par les Français sur les Autrichiens, et la Prusse craignait aussi de voir son commerce ruiné par suite de la guerre que le cabinet de Londres venait de lui déclarer. La Reine et le prince Louis cherchaient à profiter de cette effervescence des esprits pour amener le Roi à faire la guerre à la France, en se joignant à la Russie, qui, bien qu'abandonnée par l'Autriche, espérait encore prendre sa revanche de la défaite d'Austerlitz. L'empereur Alexandre était encore entretenu dans ses projets contre la France par un Polonais, son aide de camp favori, le prince Czartoryski.

Cependant le parti antifrancais, qui s'augmentait tous les jours, n'avait encore pu déterminer le roi de Prusse à rompre avec Napoléon; mais se sentant appuyé par la Russie, ce parti redoubla d'efforts, et profita habilement des fautes que commit Napoléon en plaçant son frère Louis sur le trône de Hollande, et en se nommant lui-même protecteur de la *Confédération du Rhin*, acte qu'on présenta au roi de Prusse comme un acheminement au rétablissement de l'empire de Charlemagne. Napoléon voulait, disait-on, en finir, pour faire descendre tous les souverains d'Allemagne au rang de ses vassaux!... Ces assertions, fort exagérées, avaient néanmoins produit un grand changement dans l'esprit du Roi, dont la conduite avec la France devint dès lors tellement équivoque, qu'elle détermina Napoléon à lui écrire de sa main, et sans suivre la marche habituelle de la diplomatie, pour lui demander: «Êtes-vous pour ou contre moi?...» Tel était le sens de la lettre que j'avais remise au Roi. Son conseil, voulant gagner du temps pour compléter les armements, fit retarder la réponse, et ce fut la cause qui me retint si longtemps à Berlin.

Enfin, au mois d'août, une explosion générale eut lieu contre la France, et l'on vit la Reine, le prince Louis, la noblesse, l'armée, la population entière, demander la guerre à grands cris. Le Roi se laissa entraîner; mais comme, bien que décidé à rompre la paix, il conservait encore un faible espoir d'éviter les hostilités, il paraît que dans sa réponse à l'Empereur il s'engageait à désarmer, si celui-ci ramenait en France toutes les troupes qu'il avait en Allemagne, ce que Napoléon ne voulait faire que lorsque la Prusse aurait désarmé, de sorte que l'on tournait dans un cercle vicieux d'où l'on ne pouvait sortir que par la guerre.

Avant mon départ de Berlin, je fus témoin du délire auquel la haine de Napoléon porta la nation prussienne, ordinairement si calme. Les officiers que je connaissais n'osaient plus me parler ni me saluer; plusieurs Français furent insultés par la populace; enfin les gendarmes de la garde noble poussèrent la jactance jusqu'à venir aiguiser les lames de leurs sabres sur les degrés en pierre de l'hôtel de l'ambassadeur français!... Je repris en toute hâte la route de Paris, emportant avec moi de nombreux renseignements sur ce qui se passait en Prusse. En passant à Francfort, je trouvai le maréchal Augereau fort triste; il venait d'apprendre la mort de sa femme, bonne et excellente personne qu'il regretta beaucoup, et dont la perte fut sentie par tout l'état-major, car elle avait été excellente pour nous.

Arrivé à Paris, je remis à l'Empereur la réponse autographe du roi de Prusse. Après l'avoir lue, il me questionna sur ce que j'avais vu à Berlin. Lorsque je lui dis que les gendarmes de la garde étaient venus aiguiser leurs sabres sur l'escalier de l'ambassade de France, il porta vivement la main sur la poignée de son épée et s'écria avec indignation: «Les insolents fanfarons apprendront bientôt que nos armes sont en bon état!...»

Ma mission étant dès lors terminée, je retournai auprès du maréchal Augereau et passai tout le mois de septembre à Francfort, où nous nous préparâmes à la guerre en continuant à nous amuser le plus possible, car nous pensions que rien n'étant plus incertain que la vie des militaires, ils doivent s'empresser d'en jouir.

CHAPITRE VINGT-NEUF

État de l'armée prussienne.—Marche sur Wurtzbourg.—Combat de Saalfeld et mort du prince Louis de Prusse.—Augereau et son ancien compagnon d'armes.—Retour à Iéna.—Épisode.

Cependant les différents corps de la grande armée se rapprochaient des rives du Mein. L'Empereur venait d'arriver à Wurtzbourg, et sa garde passait le Rhin. Les Prussiens, de leur côté, s'étant mis en marche et traversant la Saxe, avaient contraint l'Électeur à joindre ses troupes aux leurs; cette alliance forcée, et par conséquent peu sûre, était la seule que le roi de Prusse eût en Allemagne. Il attendait, il est vrai, les Russes; mais leur armée était encore en Pologne, derrière le Niémen, à plus de cent cinquante lieues des contrées où les destinées de la Prusse allaient être décidées.

On a peine à concevoir l'impéritie qui présida pendant sept ans aux décisions des cabinets des ennemis de la France. Nous avions vu, en 1805, les Autrichiens nous attaquer sur le Danube et se faire battre isolément à Ulm, au lieu d'attendre que les Russes les eussent rejoints, et que la Prusse se fût déclarée contre Napoléon. Voici, à présent, qu'en 1806, ces mêmes Prussiens qui, l'année d'avant, auraient pu empêcher la défaite des Austro-Russes en se joignant à eux, non seulement nous déclarent la guerre, lorsque nous sommes en paix avec le cabinet de Vienne, mais, imitant sa faute, nous attaquent sans attendre les Russes!... Enfin, trois ans après, en 1809, les Autrichiens renouvelèrent seuls la guerre contre Napoléon, au moment où celui-ci était en paix avec la Prusse et la Russie! Ce désaccord assura la victoire à la France. Malheureusement, il n'en fut pas de même en 1813, où nous fûmes écrasés par la coalition de nos ennemis.

Le roi de Prusse eut d'autant plus tort, en 1806, de se déclarer contre Napoléon avant l'arrivée des Russes, que ses troupes, bien que fort instruites, n'étaient pas en état de se mesurer avec les nôtres, tant leur composition et leur organisation étaient mauvaises. En effet, à cette époque, les capitaines prussiens étaient propriétaires de leur compagnie ou escadron: hommes, chevaux, armes, habillements, tout leur appartenait. C'était une espèce de ferme qu'ils louaient au gouvernement, moyennant un prix convenu. On conçoit que toutes les pertes étant à leur compte, les capitaines avaient un grand intérêt à ménager leur compagnie, tant dans les marches que sur les champs de bataille, et comme le nombre d'hommes qu'ils étaient tenus d'avoir était fixé, et qu'il n'existait pas de conscription, ils enrôlaient à prix d'argent d'abord les Prussiens qui se présentaient, ensuite tous les vagabonds de l'Europe que leurs enrôleurs embauchaient dans les États voisins. Mais cela ne suffisant pas, les recruteurs prussiens enlevaient de vive force un très grand nombre d'hommes, qui, devenus soldats malgré eux, étaient tenus de servir jusqu'à ce que l'âge les mît hors d'état de porter les armes; alors on leur délivrait un brevet de mendiant, car la Prusse n'était pas assez riche pour leur donner les Invalides ou la pension de retraite. Pendant la durée de leur service, ces soldats étaient encadrés entre de vrais Prussiens, dont le nombre devait être au moins de moitié de l'effectif de chaque compagnie, afin de prévenir les révoltes.

Pour maintenir une armée composée de parties aussi hétérogènes, il fallait une discipline *de fer*; aussi la plus légère faute était-elle punie par la bastonnade. De très nombreux sous-officiers, tous Prussiens, portaient constamment une canne, dont ils se servaient très souvent, et, selon l'expression admise, on comptait une canne pour sept hommes. La désertion du soldat étranger était irrémissiblement punie de mort. Vous figurez-vous l'affreuse position de ces étrangers, qui, s'étant engagés dans un moment d'ivresse, ou ayant été enlevés de force, se voyaient, loin de leur patrie et sous un ciel glacial, condamnés à être soldats prussiens, c'est-à-dire esclaves, pendant toute leur vie!... et quelle vie! À peine nourris, couchés sur la paille, n'ayant que des habits très légers, point de capotes, même dans les hivers les plus froids, et ne touchant qu'une solde insuffisante pour leurs besoins. Aussi n'attendaient-ils pas pour mendier qu'on leur en donnât l'autorisation en les renvoyant du service, car, lorsqu'ils n'étaient pas sous les yeux de leurs chefs, ils tendaient la main, et il m'est arrivé plusieurs fois, tant à Potsdam qu'à Berlin, de voir les grenadiers à la porte même du Roi me supplier de leur faire l'aumône!...

Les officiers prussiens étaient généralement instruits et servaient fort bien; mais la moitié d'entre eux, nés hors du royaume, étaient de pauvres gentilshommes de presque toutes les contrées de l'Europe qui, n'ayant pris du service que pour avoir de quoi vivre, manquaient de patriotisme et n'étaient nullement dévoués à la Prusse; aussi l'abandonnèrent-ils presque tous, lorsqu'elle fut dans l'adversité. Enfin, l'avancement n'ayant lieu que par ancienneté, la très grande majorité des officiers prussiens, vieux, cassés, se trouvaient hors d'état de supporter les fatigues de la guerre. C'était une armée ainsi composée et commandée qu'on allait opposer aux vainqueurs d'Italie, d'Égypte, de l'Allemagne et d'Austerlitz!... Il y avait folie! mais le cabinet de Berlin, abusé par les victoires que le grand Frédéric avait obtenues avec des troupes mercenaires, espérait qu'il en serait encore de même; il oubliait que les temps étaient bien changés!...

Le 6 octobre, le maréchal Augereau et le 7e corps quittèrent Francfort, pour se diriger, ainsi que toute la grande armée, vers les frontières de Saxe, déjà occupées par les Prussiens. L'automne était superbe; il gelait un peu pendant la nuit, mais le jour nous avions un soleil brillant. Mon petit équipage était bien organisé; j'avais pris un bon domestique de guerre, François Woirland, ancien soldat de la légion noire, vrai sacripant et grand maraudeur: mais ce sont là les meilleurs serviteurs en campagne; car avec eux on ne manque jamais de rien. J'avais trois excellents chevaux, de bonnes armes, un peu d'argent; je me portais très bien, je marchais donc gaiement au-devant des événements futurs!...

Nous nous dirigeâmes sur Aschaffenbourg, d'où nous gagnâmes Wurtzbourg. Nous y trouvâmes l'Empereur, qui fit défiler les troupes du 7e corps, dont l'enthousiasme était fort grand. Napoléon, qui possédait des notes sur tous les régiments, et qui savait en tirer très habilement parti pour flatter l'amour-propre de chacun d'eux, dit en voyant le 44e de ligne: «Vous êtes de tous les corps de mes armées celui où il y a le plus de *chevrons*; aussi vos trois bataillons comptent-ils à mes yeux pour six!...» Les soldats enthousiasmés répondirent: «Nous vous le prouverons devant l'ennemi!» Au 7e léger, presque tout composé d'hommes du bas Languedoc et des Pyrénées, l'Empereur dit: «Voilà les meilleurs marcheurs de l'armée; on n'en voit jamais un seul en arrière, surtout quand il faut joindre l'ennemi!» Puis il ajouta en riant: «Mais, pour vous rendre justice entière, je dois vous dire que vous êtes les plus *criards* et les plus maraudeurs de l'armée!—C'est vrai, c'est vrai!» répondirent les soldats, dont chacun avait un canard, une poule ou une oie sur son sac, abus qu'il fallait tolérer, car, comme je vous l'ai dit, les armées de Napoléon, une fois qu'elles étaient en campagne, ne recevaient de distributions que fort rarement, chacun vivant sur le pays comme il pouvait. Cette méthode présentait sans doute de graves inconvénients, mais elle avait un avantage immense, celui de nous permettre de pousser toujours en avant, sans être embarrassés de convois et de magasins, et ceci nous donnait une très grande supériorité sur les ennemis, dont tous les mouvements étaient subordonnés à la cuisson ou à l'arrivée du pain, ainsi qu'à la marche des troupeaux de bœufs, etc., etc.

De Wurtzbourg, le 7e corps se dirigea vers Cobourg, où le maréchal fut logé au palais du prince, dont toute la famille s'était éloignée à notre approche, excepté le célèbre feld-maréchal autrichien prince de Cobourg. Ce vieux guerrier, qui avait si longtemps combattu contre les Français, dont il appréciait le caractère, eut assez de confiance en eux pour les attendre. Cette confiance ne fut pas trompée, car le maréchal Augereau lui envoya une garde d'honneur, lui rendit avec empressement la visite qu'il en avait reçue, et prescrivit d'avoir les plus grands égards pour lui.

Nous n'étions plus éloignés des Prussiens, dont le Roi se trouvait à Erfurt. La Reine l'accompagnait et parcourait à cheval les rangs de l'armée, dont elle cherchait à exciter l'ardeur par sa présence. Napoléon, trouvant que ce rôle n'appartenait pas à une princesse, lança contre elle dans ses bulletins des observations fort blessantes. Les avant-gardes française et prussienne se rencontrèrent enfin le 9 octobre à Schleitz; il y eut sous les yeux de l'Empereur un petit combat, où les ennemis furent battus: c'était pour eux un début de mauvais augure.

Le même jour, le prince Louis se trouvait, avec un corps de dix mille hommes, posté à Saalfeld. Cette ville est située sur les rives de la Saale, au milieu d'une plaine à laquelle on arrive en traversant des montagnes fort abruptes. Les corps des maréchaux Lannes et Augereau s'avançant sur Saalfeld par ces montagnes, le prince Louis, puisqu'il voulait attendre les Français, aurait dû se placer dans cette contrée difficile et remplie de défilés étroits, où peu de troupes peuvent en arrêter de fort nombreuses; mais il négligea cet avantage, probablement par suite de la persuasion où il était que les troupes prussiennes valaient infiniment mieux que les troupes françaises. Il poussa même le mépris de toute précaution jusqu'à placer une partie de ses forces en avant d'un ruisseau marécageux, ce qui rendait leur retraite fort difficile en cas de revers. Le vieux général Muller, Suisse au service de la Prusse, que le Roi avait placé auprès de son neveu pour modérer sa fougue, ayant fait à celui-ci quelques observations à ce sujet, le prince Louis les reçut fort mal, en ajoutant que pour battre les Français il n'était pas besoin de prendre tant de précautions, et qu'il suffisait de tomber dessus dès qu'ils paraîtraient.

Ils parurent le 10 au matin, le corps du maréchal Lannes en première ligne, celui d'Augereau en seconde; mais ce dernier n'arriva pas à temps pour prendre part au combat. Sa présence était d'ailleurs inutile, les troupes du maréchal Lannes se trouvant plus que suffisantes. En attendant que son corps d'armée fût sorti du défilé, le maréchal Augereau, suivi de son état-major, se plaça sur un mamelon d'où nous dominions parfaitement la plaine et pouvions suivre de l'œil toutes les péripéties du combat.

Le prince Louis aurait encore pu faire retraite sur le corps prussien qui occupait Iéna; mais ayant été le premier instigateur de la guerre, il lui parut inconvenant de se retirer sans combattre. Il fut bien cruellement puni de sa témérité. Le maréchal Lannes, profitant habilement des hauteurs au bas desquelles le prince Louis avait si imprudemment déployé ses troupes, les fit d'abord mitrailler par son artillerie, et dès qu'il les eut ébranlées, il lança plusieurs masses d'infanterie qui, descendant rapidement des hauteurs, fondirent comme un torrent impétueux sur les bataillons prussiens et les enfoncèrent en un instant!... Le prince Louis, éperdu, et reconnaissant probablement sa faute, espéra la réparer en se mettant à la tête de sa cavalerie, avec laquelle il attaqua impétueusement les 9e et 10e de housards. Il obtint d'abord quelque succès; mais nos housards, ayant fait avec furie une nouvelle charge, rejetèrent la cavalerie prussienne dans les marais, tandis que leur infanterie fuyait en désordre devant la nôtre.

Au milieu de la mêlée, le prince Louis s'étant trouvé aux prises avec un sous-officier du 10e de housards, nommé Guindet, qui le sommait de se rendre, répondit par un coup du tranchant de son épée qui coupa la figure du Français; alors celui-ci, passant son sabre au travers du corps du prince, l'étendit raide mort!...

Après le combat et la déroute complète de l'ennemi, le corps du prince ayant été reconnu, le maréchal Lannes le fit honorablement porter au château de Saalfeld, où il fut remis à la famille princière de ce nom, alliée à la maison royale de Prusse, et chez laquelle le prince Louis avait passé la journée et la soirée précédentes à se réjouir de la prochaine arrivée des Français et même, dit-on, à donner un bal aux dames du lieu. À présent on le leur rapportait vaincu et mort!... Je vis le lendemain le corps du prince étendu sur une table de marbre; on avait fait disparaître toutes traces de sang; il était nu jusqu'à la ceinture, ayant encore sa culotte de peau et ses bottes, et paraissait dormir. Il était vraiment beau! Je ne pus m'empêcher de faire de tristes réflexions sur l'instabilité des choses humaines, en voyant ce qui restait de ce jeune homme, né sur les marches d'un trône, et naguère encore si aimé, si entouré et si puissant!... La nouvelle de la mort du prince Louis jeta la consternation dans l'armée ennemie, ainsi que dans toute la Prusse, dont il était adoré.

Le 7e corps passa la journée du 11 à Saalfeld. Nous allâmes le 12 à Neustadt et le 13 à Kala, où nous rencontrâmes quelques débris des troupes prussiennes battues devant Saalfeld. Le maréchal Augereau les ayant fait attaquer, elles opposèrent très peu de résistance et mirent bas les armes. Parmi les prisonniers se trouvait le régiment du prince Henri, dans lequel Augereau avait été jadis *soldat*, et comme, à moins d'être d'une haute naissance, il était fort difficile de devenir officier supérieur en Prusse, et que les sergents ne parvenaient jamais au grade de sous-lieutenant, cette compagnie avait encore le même capitaine et le même sergent-major!... Remis, par la bizarrerie du destin, en présence de son ancien soldat devenu maréchal et illustré par de hauts faits d'armes, le capitaine prussien, qui reconnut parfaitement Augereau, se conduisit en homme d'esprit, et parla constamment au maréchal comme s'il ne l'avait jamais vu. Celui-ci l'invita à dîner, le fit asseoir auprès de lui, et sachant que les bagages de cet officier avaient été pris, il lui prêta tout l'argent dont il avait besoin, et lui donna des lettres de recommandation pour la France. Quelles réflexions dut faire ce capitaine! Mais aucune expression ne pourrait peindre le saisissement du vieux sergent-major prussien, en voyant son ancien soldat couvert de décorations, entouré d'un nombreux état-major et commandant un corps d'armée! Tout cela lui paraissait un rêve! Le maréchal fut plus expansif avec cet homme qu'il ne l'avait été avec le capitaine; appelant le sergent par son nom, il lui tendit la main et lui fit donner vingt-cinq louis pour lui et deux pour chacun des soldats qui se trouvaient dans la compagnie à l'époque où il en faisait partie, et qui y étaient encore. Nous trouvâmes cela de fort bon goût.

Le maréchal comptait coucher à Kala, qui n'est qu'à trois lieues d'Iéna, lorsque, à la tombée de la nuit, le 7e corps reçut l'ordre de se rendre sur-le-champ dans cette dernière ville, où l'Empereur venait d'entrer sans coup férir à la tête de sa garde et des troupes du maréchal Lannes.

Les Prussiens avaient abandonné Iéna en silence, mais quelques chandelles oubliées par eux dans les écuries y avaient probablement mis le feu, et l'incendie, se propageant, dévorait une partie de cette malheureuse cité, lorsque le corps du maréchal Augereau y entra vers minuit. C'était un triste spectacle que de voir les habitants, les femmes et les vieillards à demi nus, emportant leurs enfants et cherchant à se soustraire par la fuite au fléau destructeur, tandis que nos soldats, retenus dans les rangs par le devoir et le voisinage de l'ennemi, restaient impassibles, l'arme au bras, comme des gens qui comptent l'incendie pour peu de chose, en comparaison des dangers auxquels ils vont être exposés sous peu.

Le quartier de la ville par lequel les Français arrivaient n'était point incendié, les troupes pouvaient circuler facilement, et pendant qu'elles se massaient sur les places et les grandes rues, le maréchal s'établit avec son état-major dans un hôtel d'assez belle apparence. J'y rentrais en revenant de porter un ordre, lorsque des cris perçants se firent entendre dans une maison voisine dont une porte était ouverte. J'y monte à la hâte, et guidé par les cris, je pénètre dans un bel appartement, où j'aperçois deux charmantes filles de dix-huit à vingt ans, en chemise, se débattant contre les entreprises de quatre ou cinq soldats de Hesse-Darmstadt, faisant partie des régiments que le landgrave avait joints aux troupes françaises du 7e corps. Bien que ces hommes, pris de vin, n'entendissent pas un mot de français, et moi fort peu d'allemand, ma présence, mes menaces, leur en imposèrent, et l'habitude d'être bâtonnés par leurs officiers leur fit même recevoir sans mot dire les coups de pied et les horions que, dans mon indignation, je leur distribuai largement, en les jetant au bas de l'escalier; en quoi je fus peut-être imprudent, car, au milieu de la nuit, et dans une ville où régnait un affreux tumulte, seul, en face de ces hommes, je m'exposais à me faire tuer par eux; mais ils s'enfuirent, et je plaçai dans une salle basse un peloton de l'escorte du maréchal.

Remonté dans l'appartement où les deux jeunes demoiselles s'étaient vêtues à la hâte, je reçus l'expression de leur chaleureuse reconnaissance. Elles étaient filles d'un professeur de l'Université, qui, s'étant porté avec sa femme et ses domestiques au secours de l'une de leurs sœurs récemment accouchée, dans le quartier incendié, les avait laissées seules, quand les soldats hessois se présentèrent. L'une de ces jeunes filles me dit avec exaltation «Vous marchez au combat au moment où vous venez de nous sauver l'honneur; Dieu vous en récompensera, soyez certain qu'il ne vous arrivera rien de fâcheux!...» Le père et la mère, qui rentraient au même instant, en rapportant la nouvelle accouchée et son enfant, furent d'abord fort surpris de me trouver là; mais dès qu'ils connurent le motif de ma présence, ils me comblèrent aussi de bénédictions. Je m'arrachai aux remerciements de cette famille reconnaissante, pour me rendre auprès du maréchal Augereau qui se reposait dans l'hôtel voisin en attendant les ordres de l'Empereur.

CHAPITRE TRENTE

Iéna.—Le curé d'Iéna.—Auerstædt.—Conduite de Bernadotte.—Entrée à Berlin.

La ville d'Iéna est dominée par une hauteur, nommée le Landgrafenberg, au bas de laquelle coule la Saale; les abords du côté d'Iéna sont très escarpés, et il n'existait alors qu'une seule route, celle de Weimar, par Mühlthal, défilé long et difficile, dont le débouché, couvert par un petit bois, était gardé par les troupes saxonnes alliées des Prussiens. Une partie de l'armée prussienne était en ligne, en arrière, à une portée de canon. L'Empereur, n'ayant que ce seul passage pour arriver sur les ennemis, s'attendait à éprouver de grandes pertes en l'attaquant de vive force, car il ne paraissait pas possible de le tourner. Mais l'*heureuse étoile* de Napoléon, qui le guidait encore, lui fournit un moyen inespéré, dont je ne sache pas qu'aucun historien ait parlé, mais dont j'atteste l'exactitude.

Nous avons vu que le roi de Prusse avait contraint l'électeur de Saxe à joindre ses troupes aux siennes. Le peuple saxon se voyait à regret engagé dans une guerre qui ne pouvait lui procurer aucun avantage futur et qui, pour le présent, portait la désolation dans son pays, théâtre des hostilités. Les Prussiens étaient donc détestés en Saxe, et Iéna, ville saxonne, partageait ce sentiment de réprobation. Exalté par l'incendie qui la dévorait en ce moment, un prêtre de cette ville, qui considérait les Prussiens comme les ennemis de son roi et de sa patrie, crut pouvoir donner à Napoléon le moyen de les chasser de son pays, en lui indiquant un petit sentier par lequel des fantassins pouvaient gravir la rampe escarpée du Landgrafenberg. Il y conduisit donc un peloton de voltigeurs et des officiers de l'état-major. Les Prussiens, croyant ce passage impraticable, avaient négligé de le garder. Mais Napoléon en jugea différemment, et, sur le rapport que lui en firent les officiers, il y monta lui-même, accompagné du maréchal Lannes, et dirigé par le curé saxon. L'Empereur ayant reconnu qu'il existait entre le haut du sentier et la plaine qu'occupait l'ennemi, un petit plateau rocailleux, résolut d'en faire le point de réunion d'une partie de ses troupes, qui déboucheraient de là comme d'une citadelle pour attaquer les Prussiens.

L'entreprise eût été d'une difficulté insurmontable pour tout autre que pour Napoléon, commandant à des Français; mais lui, faisant prendre sur-le-champ quatre mille outils de pionniers dans les caissons du génie et de l'artillerie, ordonna que tous les bataillons travailleraient à tour de rôle, pendant une heure, à élargir et adoucir le sentier, et lorsque chacun d'eux aurait fini sa tâche, il irait se former en silence sur le Landgrafenberg, pendant qu'un autre le remplacerait. Les travaux étaient éclairés par des torches, dont la lueur se confondait aux yeux de l'ennemi avec celle de l'incendie d'Iéna. Les nuits étant fort longues à cette époque de l'année, nous eûmes le temps de rendre cette rampe accessible non seulement aux colonnes d'infanterie, mais encore aux caissons et à l'artillerie, de sorte que, avant le jour, les corps des maréchaux Lannes, Soult, et la première division d'Augereau, ainsi que la garde à pied, se trouvèrent massés sur le Landgrafenberg. Jamais l'expression *massée* ne fut plus exacte, car la poitrine des hommes de chaque régiment touchait presque le dos des soldats placés devant eux. Mais les troupes étaient si bien disciplinées que, malgré l'obscurité et l'entassement de plus de quarante mille hommes sur cet étroit plateau, il n'y eut pas le moindre désordre, et bien que les ennemis qui occupaient Cospoda et Closevitz ne fussent qu'à une demi-portée de canon, ils ne s'aperçurent de rien!

Le 14 octobre au matin, un épais brouillard couvrait la campagne, ce qui favorisa nos mouvements. La deuxième division d'Augereau, faisant une fausse attaque, s'avança d'Iéna par le Mühlthal sur la route de Weimar. Comme c'était le seul point par lequel l'ennemi crût qu'il nous fût possible de sortir d'Iéna, il y avait établi des forces considérables; mais, pendant qu'il se préparait à défendre vigoureusement ce défilé, l'empereur Napoléon, faisant déboucher du Landgrafenberg les troupes qu'il y avait agglomérées pendant la nuit, les rangea en bataille dans la plaine. Les premiers coups de canon et une brise légère ayant dissipé le brouillard, auquel succéda le plus brillant soleil, les Prussiens furent vraiment stupéfaits en voyant les lignes de l'armée française déployées en face d'eux et s'avançant pour les combattre!... Ils ne pouvaient comprendre comment nous étions arrivés sur le plateau, lorsqu'ils nous croyaient au fond de la vallée d'Iéna, sans avoir d'autre moyen de venir à eux que la route de Weimar, qu'ils gardaient si bien. En un instant, la bataille s'engage, et les premières lignes des Prussiens et des Saxons, commandées par le prince de Hohenlohe, se trouvent forcées de reculer. Leurs réserves avançaient, mais, de notre côté, nous reçûmes un puissant renfort. Le corps du maréchal Ney et la cavalerie de Murat, retardés dans les défilés, débouchèrent dans la plaine et prirent part à l'action. Cependant, un corps d'armée prussien, commandé par le général Ruchel, arrêta un moment nos colonnes; mais, chargé par la cavalerie française, il fut presque entièrement détruit, et le général Ruchel tué.

La 1re division du maréchal Augereau, en débouchant du Landgrafenberg dans la plaine, se réunit à la 2e, arrivant par le Mühlthal, et le corps d'armée longeant la route d'Iéna à Weimar s'empara d'abord de Cospoda, et puis du bois d'Iserstædt, tandis que le maréchal Lannes prenait Viersehn-Heilingen et le maréchal Soult Hermstædt.

L'infanterie prussienne, dont j'ai déjà fait connaître la mauvaise composition, se battit fort mal, et la cavalerie ne fit guère mieux. On la vit à plusieurs reprises s'avancer à grands cris sur nos bataillons; mais, intimidée par leur attitude calme, elle n'osa jamais charger à fond; arrivée à cinquante pas de notre ligne, elle faisait honteusement demi-tour au milieu d'une grêle de balles et des huées de nos soldats.

Les Saxons combattaient avec courage: ils résistèrent longtemps au corps du maréchal Augereau, et ce ne fut qu'après la retraite des troupes prussiennes que, s'étant formés en deux grands carrés, ils commencèrent leur retraite, tout en continuant à tirer. Le maréchal Augereau, admirant le courage des Saxons, et voulant ménager le sang de ces braves gens, venait d'envoyer un parlementaire pour les engager à se rendre, puisqu'ils n'avaient plus d'espoir d'être secourus, lorsque le prince Murat, arrivant avec sa cavalerie, lança les cuirassiers et les dragons, qui, chargeant à outrance sur les carrés saxons, les enfoncèrent et les contraignirent à mettre bas les armes; mais, le lendemain, l'Empereur les rendit à la liberté et les remit à leur souverain, avec lequel il ne tarda pas à faire la paix.

Tous les corps prussiens qui avaient combattu devant Iéna se retiraient dans une déroute complète sur la route de Weimar, aux portes de laquelle les fuyards, leur artillerie et leurs bagages étaient accumulés, lorsque apparurent tout à coup les escadrons de la cavalerie française!… À leur aspect, la terreur se répand dans la cohue prussienne; tout fuit dans le plus grand désordre, laissant en notre pouvoir un grand nombre de prisonniers, de drapeaux, de canons et de bagages.

La ville de Weimar, surnommée la nouvelle Athènes, était habitée à cette époque par un grand nombre de savants, d'artistes et de littérateurs distingués, qui s'y réunissaient de toutes les parties de l'Allemagne, sous le patronage du duc régnant, protecteur éclairé des sciences et des arts. Le bruit du canon, le passage des fuyards, l'entrée des vainqueurs émurent vivement cette paisible et studieuse population. Mais les maréchaux Lannes et Soult maintinrent le plus grand ordre, et, sauf la fourniture des vivres nécessaires à la troupe, la ville n'eut à souffrir d'aucun excès. Le prince de Weimar servait dans l'armée prussienne; son palais, dans lequel se trouvait la princesse son épouse, fut néanmoins respecté, et aucun des maréchaux ne voulut y loger.

Le quartier du maréchal Augereau fut établi aux portes de la ville, dans la maison du chef des jardins du prince. Tous les employés de cet établissement ayant pris la fuite, l'état-major, ne trouvant rien à manger, fut réduit à souper avec des ananas et des prunes de serre chaude! C'était par trop léger pour des gens qui, n'ayant rien pris depuis vingt-quatre heures, avaient passé la nuit précédente sur pied, et toute la journée à combattre!… Mais nous étions vainqueurs, et ce mot magique fait supporter toutes les privations!…

L'Empereur retourna coucher à Iéna, où il apprit un succès non moins grand que celui qu'il venait de remporter lui-même. La bataille d'Iéna eut cela d'extraordinaire qu'elle fut *double*, si je puis m'exprimer ainsi, car ni l'armée française, ni celle de Prusse ne se trouvaient réunies devant Iéna. Chacune d'elles, séparée en deux parties, livra deux batailles différentes. En effet, pendant que l'Empereur débouchant d'Iéna à la tête des corps d'Augereau, de Lannes, de Soult, de Ney, de sa garde et de la cavalerie de Murat, battait, ainsi que je viens de l'expliquer, les corps prussiens du prince de Hohenlohe et du général Ruchel, le roi de Prusse, à la tête de son armée principale, commandée par le célèbre prince de Brunswick, les maréchaux Mollendorf et Kalkreuth, se rendant de Weimar à Naumbourg, avait couché au village d'Auerstædt, non loin des corps français de Bernadotte et de Davout, qui se trouvaient dans les villages de Naumbourg et alentour. Pour aller rejoindre l'Empereur du côté d'Apolda, dans les plaines au delà d'Iéna, Bernadotte et Davout devaient passer la Saale en avant de Naumbourg et traverser le défilé étroit et montueux de Kösen.

Bien que Davout pensât que le roi de Prusse et le gros de son armée étaient devant l'Empereur et ne les crût pas si près de lui à Auerstædt, ce guerrier vigilant s'empara la nuit du défilé de Kösen et de ses rampes escarpées, que le roi de Prusse et ses maréchaux avaient négligé de faire occuper, imitant en cela la faute qu'avait commise devant Iéna le prince de Holenlohe, en ne faisant pas garder le Landgrafenberg.

Les troupes de Bernadotte et de Davout réunies ne s'élevaient qu'à quarante-quatre mille hommes, tandis que le roi de Prusse en avait quatre-vingt mille à Auerstædt.

Dès le point du jour du 14, les deux maréchaux français connurent quelles forces supérieures ils allaient combattre; tout leur faisait donc un devoir d'agir avec ensemble. Davout, en comprenant la nécessité, déclara qu'il se placerait volontiers sous les ordres de Bernadotte; mais celui-ci, comptant pour rien les lauriers partagés, et ne sachant pas se sacrifier aux intérêts de son pays, voulut agir seul, et sous prétexte que l'Empereur lui avait ordonné de se trouver le 13 à Dornbourg, il voulut s'y rendre le 14, bien que Napoléon lui écrivît dans la nuit que si par hasard il était encore à Naumbourg, il devait y rester et soutenir Davout. Bernadotte, ne trouvant pas cette mission assez belle, laissa au maréchal Davout le soin de se défendre comme il le pourrait; puis, longeant la Saale, il se rendit à Dornbourg, et bien qu'il n'y trouvât pas un seul ennemi, et que du haut des positions qu'il occupait il vît le terrible combat soutenu à deux lieues de là par l'intrépide Davout, Bernadotte ordonna à ses divisions d'établir leurs bivouacs et de faire tranquillement la soupe!... En vain les généraux qui l'entouraient lui reprochèrent-ils son inaction coupable, il ne voulut pas bouger!... De sorte que le général Davout, n'ayant avec lui que les vingt-cinq mille hommes dont se composaient les divisions Friant, Morand et Gudin, résista avec ces braves à près de quatre-vingt mille Prussiens, animés par la présence de leur roi!...

Les Français, en sortant du défilé de Kösen, s'étaient formés près du village de Hassenhausen; ce fut vraiment sur ce point que la bataille eut lieu, car l'Empereur était dans l'erreur lorsqu'il croyait avoir devant lui à Iéna le Roi et le gros de l'armée prussienne. Le combat que soutinrent les troupes de Davout fut un des plus terribles de nos annales, car ses divisions, après avoir victorieusement résisté à toutes les attaques des fantassins ennemis, se formèrent en carrés, repoussèrent les charges nombreuses de la cavalerie et, non contentes de cela, marchèrent en avant avec une telle résolution, que les Prussiens reculèrent sur tous les points, laissant le terrain couvert de cadavres et de blessés. Le prince de Brunswick et le général Schmettau furent tués, le maréchal Mollendorf grièvement blessé et fait prisonnier. Le roi de Prusse et ses troupes exécutèrent d'abord leur retraite en assez bon ordre sur Weimar, espérant s'y rallier derrière le corps du prince de Hohenlohe et du général Ruchel qu'ils supposaient vainqueurs, tandis que ceux-ci, vaincus par Napoléon, allaient de leur côté chercher un appui auprès des troupes que dirigeait le Roi. Ces deux énormes masses de soldats vaincus et démoralisés s'étant rencontrées sur la route d'Erfurt, il suffit de l'apparition de quelques régiments français pour les jeter dans la plus grande confusion. La déroute fut complète!... Ainsi fut punie la jactance des officiers prussiens. Les résultats de cette victoire furent incalculables et nous rendirent maîtres de presque toute la Prusse.

L'Empereur témoigna sa haute satisfaction au maréchal Davout, ainsi qu'aux divisions Morand, Friant et Gudin, par un ordre du jour qui fut lu à toutes les compagnies et même dans toutes les ambulances des blessés. L'année suivante, Napoléon nomma Davout duc d'Auerstædt, bien qu'il se fût moins battu dans ce village que dans celui de Hassenhausen; mais le roi de Prusse avait eu son quartier général à Auerstædt, et les ennemis en avaient donné le nom à la bataille que les Français nomment Iéna. L'armée s'attendait à voir Bernadotte sévèrement puni, mais il en fut quitte pour une verte réprimande, l'Empereur craignant d'affliger son frère Joseph, dont Bernadotte avait épousé la belle-sœur, Mlle Clary. Nous verrons plus tard comment l'attitude de Bernadotte, au jour de la bataille d'Auerstædt, lui servit en quelque sorte de premier échelon pour monter au trône de Suède.

Je ne fus point blessé à Iéna, mais j'éprouvai une mystification dont le souvenir excite encore ma colère après quarante ans... Au moment où le corps d'Augereau attaquait les Saxons, ce maréchal m'envoya porter au général Durosnel, commandant une brigade de chasseurs, l'ordre de charger sur la cavalerie ennemie. Je devais conduire cette brigade par un chemin que j'avais déjà reconnu. Je cours me mettre en tête de nos chasseurs qui s'élancent sur les escadrons saxons: ceux-ci résistent bravement; il y eut une mêlée, mais enfin nos adversaires furent contraints de se retirer avec perte. Je me trouvai vers la fin du combat en face d'un officier de housards vêtu de blanc et appartenant au régiment du prince Albert de Saxe. Je lui appuie sur le corps la pointe de mon sabre en le sommant de se rendre, ce qu'il fait en me remettant son arme. Le combat fini, j'ai la générosité de la lui rendre, ainsi que cela se pratique en pareil cas entre officiers, et j'ajoute que bien que son cheval m'appartienne d'après les lois de la guerre, je ne veux pas l'en priver. Il me remercie beaucoup de ce bon traitement, et me suit dans la direction que je prends pour retourner auprès du maréchal, auquel je me faisais une fête de ramener mon prisonnier. Mais dès que nous fûmes à cinq cents pas des chasseurs français, le maudit officier saxon, qui était à ma gauche, dégainant son sabre, fend l'épaule de mon cheval et allait me frapper, si je ne me fusse jeté sur lui, bien que n'ayant pas mon sabre à la main. Mais nos corps se touchant, il n'avait plus assez d'espace pour que son bras pût diriger sa lame contre moi; ce que voyant, il me prend par mon épaulette, car j'étais en habit ce jour-là, et tirant avec force, il me fait perdre l'équilibre. Ma selle tourne sous le ventre du cheval, et me voilà une jambe en l'air et la tête en bas, pendant que le Saxon, s'éloignant au triple galop, va rejoindre les débris de l'armée ennemie. J'étais furieux, tant de la position dans laquelle je me trouvais que de l'ingratitude dont cet étranger payait mes bons procédés; aussi, dès que l'armée saxonne fut prisonnière, j'allai chercher mon officier de housards afin de lui administrer une bonne leçon; mais il avait disparu!...

J'ai dit que notre nouvel allié, le grand-duc de Hesse-Darmstadt, avait réuni ses troupes à celles de l'Empereur. Cette brigade, attachée au 7e corps, avait des uniformes absolument pareils à celui des Prussiens; aussi plusieurs Hessois furent-ils blessés ou tués pendant l'action. Le jeune lieutenant de Stoch, mon ami, était sur le point d'avoir le même sort, et déjà nos housards s'étaient emparés de lui, lorsque, m'ayant reconnu, il m'appela, et je le fis relâcher.

L'Empereur combla de bienfaits le curé d'Iéna, et l'électeur de Saxe, devenu roi, par suite des victoires de Napoléon son nouvel allié, récompensa aussi ce prêtre, qui vécut fort tranquillement jusqu'en 1814, époque à laquelle il se réfugia en France pour échapper à la vengeance des Prussiens. Ceux-ci l'y firent enlever et l'enfermèrent dans une forteresse où il passa deux ou trois ans. Enfin le roi de Saxe ayant intercédé en faveur du curé auprès de Louis XVIII, celui-ci réclama le prêtre comme ayant été arrêté sans autorisation, et les Prussiens ayant consenti à le relâcher, il vint s'établir à Paris.

L'Empereur, victorieux à Iéna, ayant ordonné de poursuivre les ennemis dans toutes les directions, nos colonnes firent un nombre infini de prisonniers. Le roi de Prusse ne parvint qu'à grand'peine à gagner Magdebourg, puis Berlin, et l'on prétend même que la Reine fut sur le point de tomber au pouvoir des coureurs de notre avant-garde.

Le corps d'Augereau passa l'Elbe auprès de Dessau. Il serait trop long de raconter les désastres de l'armée prussienne; il suffit de dire que des troupes qui avaient marché contre les Français, *pas un bataillon* ne parvint à s'échapper; ils furent tous pris avant la fin du mois. Les forteresses de Torgau, Erfurt et Wittemberg ouvrirent leurs portes aux vainqueurs, qui, franchissant l'Elbe sur plusieurs points, se dirigèrent vers Berlin. Napoléon s'étant arrêté à Potsdam, y visita le tombeau du grand Frédéric; puis il se rendit à Berlin, où, contre son habitude, il voulut faire une entrée triomphale. Le corps du maréchal Davout marchait en tête du cortège; cet honneur lui était bien dû, car il avait plus combattu que les autres. Venait ensuite le corps d'Augereau, puis la garde.

CHAPITRE TRENTE-ET-UN

Déroute et démoralisation des Prussiens.—Origine de la fortune des Rothschild et de la situation de Bernadotte.—J'accompagne Duroc auprès du roi de Prusse, à Graudentz.—Épisode.—L'armée sur la Vistule.

En revoyant Berlin, que j'avais laissé naguère si brillant, je ne pus me défendre d'une impression pénible... Cette population si pleine de jactance était maintenant morne, abattue et plongée dans l'affliction, car les Prussiens ont beaucoup de patriotisme. Ils se sentaient humiliés par la défaite de leur armée et l'occupation de leur pays par les Français; d'ailleurs, presque toutes les familles avaient à pleurer un parent, un ami, tué ou pris dans les combats. Je compatissais à cette juste douleur, mais j'avoue que j'éprouvai un sentiment tout opposé lorsque je vis entrer à Berlin, comme prisonnier de guerre, marchant tristement à pied et désarmé, le régiment des gendarmes nobles, ces mêmes jeunes officiers si arrogants, qui avaient poussé l'insolence jusqu'à venir aiguiser leurs sabres sur les degrés de l'ambassade de France!... Rien ne saurait dépeindre leur état d'abattement et d'humiliation, en se voyant vaincus par ces mêmes Français qu'ils s'étaient vantés de faire fuir par leur seule présence!... Les gendarmes avaient demandé qu'on leur fît faire le tour de Berlin sans y entrer, parce qu'il leur était pénible de défiler comme prisonniers de guerre dans cette ville où ils étaient si connus, et dont les habitants avaient été témoins de leurs fanfaronnades; mais ce fut précisément pour cela que l'Empereur ordonna de les y faire passer entre deux lignes de soldats français, qui les dirigèrent par la rue dans laquelle se trouvait l'ambassade de France. Les habitants de Berlin ne désapprouvèrent pas cette petite vengeance de Napoléon, car ils en voulaient beaucoup aux gendarmes nobles, qu'ils accusaient d'avoir poussé le Roi à nous faire la guerre.

Le maréchal Augereau fut logé hors de la ville, au château de Bellevue, appartenant au prince Ferdinand, le seul des frères du grand Frédéric qui vécût encore. Ce respectable vieillard, père du prince Louis, tué naguère à Saalfeld, était plongé dans une douleur d'autant plus sincère, que contrairement à l'avis de toute la cour, et surtout du fils qu'il pleurait, il s'était fortement opposé à la guerre, en prédisant les malheurs qu'elle attirerait sur la Prusse. Le maréchal Augereau crut devoir faire visite au prince Ferdinand, qui s'était retiré dans un palais de la ville; il en fut parfaitement reçu. Ce malheureux père dit au maréchal qu'on venait de l'informer que son fils cadet, le prince Auguste, le seul qui lui restât, se trouvait aux portes de la ville dans une colonne de prisonniers, et qu'il désirait bien l'embrasser avant qu'on le dirigeât vers la France. Comme son grand âge l'empêchait de se rendre auprès de son fils, le maréchal, certain de ne pas être désapprouvé par l'Empereur, me fit sur-le-champ monter à cheval, avec ordre d'aller chercher le prince Auguste et de le ramener avec moi, ce qui fut exécuté à l'instant.

L'arrivée de ce jeune prince donna lieu à une scène des plus touchantes. Son vénérable père et sa vieille mère ne pouvaient se lasser d'embrasser ce fils, qui leur rappelait la perte de l'autre!… Pour consoler cette famille autant que cela dépendait de lui, le bon maréchal Augereau se rendit chez l'Empereur et revint avec l'autorisation de laisser le jeune prince prisonnier sur parole au sein de sa famille, faveur à laquelle le prince Ferdinand fut infiniment sensible.

La victoire d'Iéna avait eu des résultats immenses. La démoralisation la plus complète avait gagné non seulement les troupes qui tenaient la campagne, mais aussi les garnisons des places fortes. Magdebourg se rendit sans même essayer de se défendre; Spandau fit de même; Stettin ouvrit ses portes à une division de cavalerie, et le gouverneur de Custrin envoya des bateaux en deçà de l'Oder, pour porter dans cette place les troupes françaises, qui sans cela n'auraient pu s'en emparer qu'après plusieurs mois de siège!… On apprenait tous les jours la capitulation de quelque corps d'armée ou la reddition de quelque place. L'organisation vicieuse des troupes prussiennes se fit alors sentir plus que jamais: les soldats étrangers, principalement ceux enrôlés par force, saisissant l'occasion de recouvrer la liberté, désertaient en masse ou restaient en arrière pour se rendre aux Français.

Aux conquêtes faites sur les Prussiens, Napoléon ajouta la confiscation des États de l'électeur de Hesse-Cassel, dont la duplicité méritait cette punition. En effet, ce prince, sommé quelque temps avant la guerre de se déclarer pour la Prusse ou pour la France, les avait bercées toutes les deux de promesses, en réservant de se ranger du côté du vainqueur. Souverain avide, l'Électeur avait formé un grand trésor, en vendant ses propres sujets aux Anglais, qui les employaient à combattre les Américains pendant les guerres de l'Indépendance, où il en périt un fort grand nombre. Mauvais parent, il avait offert de joindre ses troupes à celles des Français, à condition que l'Empereur lui donnerait leurs États. Aussi personne ne regretta l'Électeur, dont le départ précipité donna lieu à un fait remarquable, encore peu connu.

Obligé de quitter Cassel à la hâte pour se réfugier en Angleterre, l'électeur de Hesse, qui passait pour le plus riche capitaliste d'Europe, ne pouvant emporter la totalité de son trésor, fit venir un Juif francfortois, nommé Rothschild, banquier de troisième ordre et peu marquant, mais connu pour la scrupuleuse régularité avec laquelle il pratiquait sa religion, ce qui détermina l'Électeur à lui confier quinze millions en espèces. Les intérêts de cet argent devaient appartenir du banquier, qui ne serait tenu qu'à rendre le capital.

Le palais de Cassel ayant été occupé par nos troupes, les agents du Trésor français y saisirent des valeurs considérables, surtout en tableaux; mais on n'y trouva pas d'argent monnayé. Il paraissait cependant impossible que, dans sa fuite précipitée, l'Électeur eût enlevé la totalité de son immense fortune. Or, comme, d'après ce qu'on était convenu d'appeler les *lois de la guerre*, les capitaux et les revenus des valeurs trouvées en pays ennemi appartiennent de droit au vainqueur, on voulut savoir ce qu'était devenu le trésor de Cassel. Les informations prises à ce sujet ayant fait connaître qu'avant son départ l'Électeur avait passé une journée entière avec le Juif Rothschild, une commission impériale se rendit chez celui-ci, dont la caisse et les registres furent minutieusement examinés. Mais ce fut en vain; on ne trouva aucune trace du dépôt fait par l'Électeur. Les menaces et l'intimidation n'eurent aucun succès, de sorte que la commission, bien persuadée qu'aucun intérêt mondain ne déterminerait un homme aussi religieux que Rothschild à se parjurer, voulut lui déférer le *serment*. Il refusa de le prêter. Il fut question de l'arrêter, mais l'Empereur s'opposa à cet acte de violence, le jugeant inefficace. On eut alors recours à un moyen fort peu honorable. Ne pouvant vaincre la résistance du banquier, on espéra le gagner par l'appât du gain. On lui proposa de lui laisser la moitié du trésor s'il voulait livrer l'autre à l'administration française; celle-ci lui donnerait un récépissé de la totalité, accompagné d'un acte de saisie, prouvant qu'il n'avait fait que céder à la force, ce qui le mettrait à l'abri de toute réclamation; mais la probité du Juif fit encore repousser ce moyen, et, de guerre lasse, on le laissa en repos.

Les quinze millions restèrent donc entre les mains de Rothschild depuis 1806 jusqu'à la chute de l'Empire, en 1814. À cette époque, l'Électeur étant rentré dans ses États, le banquier francfortois lui rendit exactement le dépôt qu'il lui avait confié. Vous figurez-vous quelle somme considérable avait dû produire dans un laps de temps de huit années un capital de quinze millions, entre les mains d'un banquier juif et francfortois?... Aussi est-ce de cette époque que date l'opulence de la maison des frères Rothschild, qui durent ainsi à la probité de leur père la haute position financière qu'ils occupent aujourd'hui dans tous les pays civilisés.

Mais il faut reprendre le récit que cet épisode avait suspendu.

L'Empereur, logé au palais de Berlin, passait tous les jours en revue les troupes qui arrivaient successivement dans cette ville, pour marcher de là sur l'Oder à la poursuite des ennemis. Ce fut pendant le séjour de Napoléon dans la capitale de la Prusse qu'il accomplit le beau trait de magnanimité si connu, en accordant à la princesse de Hatzfeld la grâce de son mari, qui avait accepté les fonctions de bourgmestre de Berlin et se servait des facilités que lui donnait cet emploi pour informer les généraux prussiens des mouvements de l'armée française, conduite qui chez tous les peuples civilisés est traitée d'*espionnage* et punie de mort. La générosité dont l'Empereur fit preuve à cette occasion produisit un très bon effet sur l'esprit du peuple prussien.

Pendant notre séjour à Berlin, je fus très agréablement surpris de voir arriver mon frère Adolphe, que je croyais à l'île de France. En apprenant la reprise des hostilités sur le continent, il avait demandé et obtenu du général Decaen, commandant des troupes françaises aux Indes orientales, l'autorisation de revenir en France, d'où il s'était empressé de joindre la grande armée. Le maréchal Lefebvre avait offert à mon frère de le prendre auprès de lui; mais celui-ci, par suite d'un calcul erroné, préféra servir à la *suite* de l'état-major d'Augereau, dont je faisais partie, ce qui devait nous nuire à tous les deux.

Je fis encore à Berlin une rencontre non moins imprévue. Je me promenais un soir avec mes camarades sur le boulevard des *Tilleuls*, lorsque je vis venir à moi un groupe de sous-officiers du 1er de housards. L'un d'eux s'en détacha et vint en courant me sauter au cou. C'était mon ancien *mentor*, le vieux Pertelay, qui pleurait de joie en disant: «Te voilà, mon petit!...» Les officiers avec lesquels je me trouvais furent d'abord très étonnés de voir un maréchal des logis aussi familier avec un lieutenant; mais leur surprise cessa, lorsque je leur eus fait connaître mes anciennes relations avec ce vieux brave, qui, ne pouvant se lasser de m'embrasser, disait à ses camarades: «Tel que vous le voyez, c'est cependant moi qui l'ai formé!» Et le bonhomme était réellement persuadé que je devais à ses leçons ce que j'étais devenu. Aussi, dans un déjeuner que je lui offris le lendemain, m'accabla-t-il des conseils les plus bouffons, mais qu'il croyait fort sensés et faits pour perfectionner mon éducation militaire. Nous retrouverons en Espagne ce type des anciens housards.

Napoléon, étant encore à Berlin, apprit la capitulation du prince de Hohenlohe, qui venait de mettre bas les armes avec seize mille hommes à Prenzlow, devant les troupes du maréchal Lannes et la cavalerie de Murat. Il ne restait plus de corps ennemi en campagne, si ce n'est celui du général Blücher, devenu depuis si célèbre. Ce général, serré de près par les divisions des maréchaux Soult et Bernadotte, viola la neutralité de la ville de Lubeck, dans laquelle il chercha un refuge; mais les Français l'y poursuivirent, et Blücher, l'un des plus ardents instigateurs de la guerre contre Napoléon, fut obligé de se rendre prisonnier avec les seize mille hommes qu'il commandait.

Je dois ici vous faire connaître un fait des plus remarquables, et qui prouve combien le hasard influe sur la destinée des empires et des hommes.

Vous avez vu que le maréchal Bernadotte, manquant à ses devoirs le jour d'Iéna, s'était tenu à l'écart pendant que le maréchal Davout combattait non loin de lui, contre des forces infiniment supérieures. Eh bien! cette conduite inqualifiable lui servit à monter sur le trône de Suède, et voici comment.

Après la bataille d'Iéna, l'Empereur, bien que furieux contre Bernadotte, le chargea de poursuivre les ennemis, parce que le corps d'armée que ce général commandait, n'ayant même pas tiré un coup de fusil, était plus à même de combattre que ceux qui avaient essuyé des pertes. Bernadotte se mit donc sur la trace des Prussiens, qu'il battit d'abord à Hall, puis à Lubeck, avec l'appui du maréchal Soult. Or, le hasard voulut qu'à l'heure même où les Français attaquaient Lubeck, des vaisseaux portant une division d'infanterie suédoise, que le roi Gustave IV envoyait au secours des Prussiens, entrassent dans le port de cette ville. Les troupes suédoises étaient à peine débarquées, lorsque, attaquées par les troupes françaises et abandonnées par les Prussiens, elles furent obligées de mettre bas les armes devant le corps de Bernadotte. Ce maréchal, qui, je dois l'avouer, avait, lorsqu'il le voulait, des manières fort engageantes, était surtout désireux de se faire aux yeux des étrangers la réputation d'un homme bien élevé; il traita donc les officiers suédois avec beaucoup d'affabilité, car, après leur avoir accordé une honorable capitulation, il leur fit rendre leurs chevaux et bagages, pourvut à leurs besoins, et invitant chez lui le commandant en chef comte de Mœrner, ainsi que les généraux et officiers supérieurs, il les combla de bontés et de prévenances, si bien qu'à leur retour dans leur patrie, les Suédois vantèrent partout la magnanimité du maréchal Bernadotte.

Quelques années après, une révolution ayant éclaté en Suède, le roi Gustave IV, qu'un grand désordre d'esprit rendait incapable de régner, fut renversé du trône et remplacé par son vieil oncle, le duc de Sudermanie. Ce nouveau monarque n'ayant pas d'enfants, les États assemblés pour lui désigner un successeur portèrent leur choix sur le prince de Holstein-Augustenbourg, qui prit le titre de prince royal. Mais il ne jouit pas longtemps de cette dignité, car il mourut en 1811 à la suite d'une très courte maladie qu'on attribua au poison. Les États, assemblés derechef pour élire un nouvel héritier de la couronne, hésitèrent entre plusieurs princes d'Allemagne qui se portaient comme candidats, lorsque le général comte de Mœrner, l'un des membres les plus influents des États et ancien commandant de la division suédoise prise à Lubeck en 1806 par les troupes françaises, proposa le maréchal Bernadotte, dont il rappela la conduite généreuse. Il vanta, en outre, les talents militaires de Bernadotte, et fit observer que ce maréchal était par sa femme allié à la famille de Napoléon, dont l'appui pouvait être si utile à la Suède. Une foule d'officiers, jadis pris à Lubeck, ayant joint leurs voix à celle du général de Mœrner, Bernadotte fut élu presque à l'unanimité successeur du roi de Suède, et monta sur le trône quelques années plus tard.

Nous verrons plus loin comment Bernadotte, porté sur les marches d'un trône étranger par la gloire qu'il avait acquise à la tête des troupes françaises, se montra ingrat envers sa patrie. Mais revenons en Prusse.

En un mois, les principales forces de ce royaume, jadis si florissant, avaient été détruites par Napoléon, qui occupait sa capitale ainsi que la plupart de ses provinces, et nos armées triomphantes touchaient déjà aux rives de la Vistule, cette grande barrière de séparation entre le nord et le centre de l'Europe.

Le corps du maréchal Augereau, resté pendant quinze jours à Berlin pour renforcer la garde pendant le long séjour que l'Empereur fit dans cette ville, en partit vers la mi-novembre, et se dirigea d'abord sur l'Oder, que nous passâmes à Custrin, puis sur la Vistule, dont nous rejoignîmes les rives à Bromberg. Nous étions en Pologne, le plus pauvre et le plus mauvais pays de l'Europe... Depuis l'Oder, plus de grandes routes: nous marchions dans les sables mouvants ou dans une boue affreuse. La plupart des terres étaient incultes, et le peu d'habitants que nous trouvions étaient d'une saleté dont rien ne peut donner une idée. Le temps, qui avait été magnifique pendant le mois d'octobre et la première partie de novembre, devint affreux. Nous ne vîmes plus le soleil; il pleuvait ou neigeait constamment; les vivres devinrent fort rares; plus de vin, presque jamais de bière, encore était-elle atrocement mauvaise; de l'eau bourbeuse, pas de pain, et des logements qu'il fallait disputer aux vaches et aux cochons!... Aussi les soldats disaient-ils: «Quoi! les Polonais osent appeler cela une patrie!...»

L'Empereur lui-même était désillusionné, car venu pour reconstituer la Pologne, il avait espéré que toute la population de ce vaste pays se lèverait comme un seul homme à l'approche des armées françaises; mais personne ne bougea!... En vain, pour exciter l'enthousiasme des Polonais, l'Empereur avait-il fait écrire au célèbre général Kosciusko, le chef de la dernière insurrection, de venir se joindre à lui; mais Kosciusko resta paisiblement en Suisse, où il s'était retiré, et répondit aux reproches qu'on lui faisait à ce sujet qu'il connaissait trop bien l'incurie et le caractère léger de ses compatriotes pour oser espérer qu'ils parvinssent à s'affranchir, même avec l'aide des Français. Ne pouvant attirer Kosciusko, l'Empereur, voulant au moins se servir de sa renommée, adressa au nom de ce vieux Polonais une proclamation aux Polonais. Pas un seul ne prit les armes, bien que nos troupes occupassent plusieurs provinces de l'ancienne Pologne et même sa capitale. Les Polonais ne voulaient courir aux armes qu'après que Napoléon aurait déclaré le rétablissement de la Pologne, et celui-ci ne comptait prendre cette détermination qu'après que les Polonais se seraient soulevés contre leur oppresseur, ce qu'ils ne firent pas.

Pendant le séjour que le 7e corps fit à Bromberg, Duroc, grand maréchal du palais impérial, étant arrivé au milieu de la nuit chez le maréchal Augereau, celui-ci m'envoya chercher et m'ordonna de me préparer à accompagner le maréchal Duroc, qui se rendait en parlementaire auprès du roi de Prusse à Graudentz et avait besoin d'un officier pour remplacer son aide de camp qu'il venait d'expédier à Posen avec des dépêches pour l'Empereur. Augereau et Duroc m'avaient choisi parce qu'ils se rappelaient qu'au mois d'août précédent j'avais été en mission à la cour de Prusse, dont je connaissais presque tous les officiers ainsi que les usages.

Je fus bientôt prêt. Le maréchal du palais me prit dans sa voiture, et descendant la rive gauche de la Vistule qu'occupaient les troupes françaises, nous allâmes passer le fleuve dans un bac en face de Graudentz. Nous prîmes un logement dans la ville de ce nom, et nous nous rendîmes ensuite à la citadelle, où toute la famille royale de Prusse s'était réfugiée après la perte des quatre cinquièmes de ses États. La Vistule séparait les deux armées. Le Roi avait l'air calme et résigné. La Reine, que j'avais vue naguère si belle, était très changée et paraissait dévorée de chagrin. Elle ne pouvait se dissimuler qu'ayant poussé le Roi à faire la guerre, elle était la principale cause des malheurs de son pays, dont les populations élevaient la voix contre elle. L'Empereur n'aurait pu envoyer au roi de Prusse un parlementaire qui lui fût plus agréable que Duroc, qui, ayant rempli les fonctions d'ambassadeur à Berlin, était très connu du Roi et de la Reine. Tous deux avaient apprécié l'aménité de son caractère. J'étais un trop petit personnage pour être compté; cependant le Roi et la Reine me reconnurent et m'adressèrent quelques mots de politesse.

Je trouvai les officiers prussiens attachés à la Cour bien loin de la jactance qu'ils avaient au mois d'août. Leur défaite récente avait grandement modifié leur opinion sur l'armée française; je ne voulus néanmoins pas m'en prévaloir, et évitai soigneusement de parler d'Iéna et de nos autres victoires. Les affaires que le maréchal Duroc avait à traiter avec le roi de Prusse, ayant rapport à une lettre que ce monarque avait adressée à Napoléon afin d'en obtenir la paix, durèrent deux jours, que j'employai à lire et à me promener sur la triste place d'armes de la forteresse, car je ne voulus pas monter sur les remparts, bien qu'on y jouisse d'une admirable vue sur la Vistule; je craignais qu'on pût me soupçonner d'examiner les travaux de défense et d'armement.

Dans les combats qui venaient d'avoir lieu depuis Iéna jusqu'à la Vistule, les Prussiens ne nous avaient enlevé qu'une centaine de prisonniers, qu'ils employaient aux terrassements de la forteresse de Graudentz, dans laquelle ils étaient enfermés. Le maréchal Duroc m'avait chargé de distribuer des secours à ces pauvres diables, qui étaient d'autant plus malheureux que, du haut de la citadelle, ils apercevaient les troupes françaises dont ils n'étaient séparés que par la Vistule. Ce voisinage, et la comparaison de sa position avec celle de ses camarades libres et heureux sur la rive gauche, portèrent un prisonnier français, cavalier d'élite au 3e de dragons, nommé Harpin, à employer tous les moyens en son pouvoir pour s'évader des mains des Prussiens. La chose n'était pas facile, car il fallait d'abord sortir de la forteresse et traverser ensuite la Vistule; mais que ne peut une volonté ferme? Harpin, employé par le maître charpentier prussien à empiler du bois, avait fabriqué en secret un petit radeau; il avait pris un grand câble et s'en était servi pour descendre la nuit son radeau au pied des remparts et sortir lui-même de la citadelle. Déjà il avait mis le radeau dans la Vistule et se préparait à y monter, lorsque, surpris par une patrouille, il avait été ramené dans la forteresse et mis au cachot. Le lendemain, le commandant prussien, selon l'usage alors en vigueur dans l'armée prussienne, avait condamné Harpin à recevoir cinquante coups de bâton. En vain ce dragon faisait-il observer qu'étant Français, il ne pouvait être soumis au règlement prussien; sa qualité de *prisonnier* rendait sa réclamation nulle. Déjà même on le conduisait vers le chevalet de bois auquel on allait l'attacher, et deux soldats se préparaient à le frapper, lorsque, ayant voulu prendre un livre dans la voiture du maréchal Duroc, qui stationnait sur la place d'armes, j'aperçus Harpin se débattant au milieu des soldats prussiens qui voulaient l'attacher.

Indigné de voir un militaire français prêt à subir la bastonnade, je m'élance vers lui le sabre à la main, en menaçant de tuer le premier qui oserait flétrir du bâton un soldat de mon empereur!... La voiture du maréchal Duroc était gardée par un courrier de Napoléon connu, dans tous les relais de l'Europe, sous le nom de Moustache. Cet homme, doué d'une force herculéenne et d'un courage à toute épreuve, avait accompagné l'Empereur sur vingt champs de bataille. Dès qu'il me vit au milieu des Prussiens, il accourut vers moi, et d'après mon ordre il apporta quatre pistolets chargés qui se trouvaient dans la voiture. Nous dégageâmes Harpin; je l'armai de deux pistolets, et, le faisant monter dans la voiture, je plaçai Moustache auprès de lui, et déclarai au major de place que cet équipage appartenant à l'Empereur, dont il portait les armes, il devenait pour le dragon français un asile sacré dont j'interdisais l'entrée à tout Prussien, sous peine de recevoir une balle dans la tête, et j'ordonnai à Moustache et à Harpin de faire feu si l'on entrait dans la voiture. Le major de place, me voyant si résolu, abandonna momentanément son prisonnier pour aller prendre des ordres de ses chefs. Alors, laissant Moustache et Harpin, les pistolets au poing, dans la voiture, je me rendis au logement du Roi, et priai l'un de ses aides de camp de vouloir bien entrer dans le cabinet de Sa Majesté pour dire au maréchal Duroc que j'avais à lui parler d'une affaire qui ne pouvait souffrir aucun retard. Duroc sortit, et je lui rendis compte de ce qui se passait.

En apprenant qu'on voulait bâtonner un soldat français, le maréchal, partageant mon indignation, retourna sur-le-champ auprès du Roi, auquel il adressa une chaleureuse protestation, ajoutant que si on exécutait cette sentence, il était certain que l'Empereur ferait par représailles appliquer la bastonnade, non point aux soldats, mais aux officiers prussiens prisonniers de guerre... Le Roi était un homme fort doux; il comprit qu'il fallait traiter les militaires de chaque nation selon leur point d'honneur; il prescrivit donc de mettre le dragon Harpin en liberté, et pour se rendre agréable à Napoléon, dont il sollicitait en ce moment la paix, il offrit au maréchal Duroc de lui rendre les cent cinquante prisonniers français, s'il s'engageait à lui renvoyer un pareil nombre de Prussiens. Duroc ayant accepté, un aide de camp du Roi et moi fûmes annoncer la bonne nouvelle aux prisonniers français, dont la joie fut extrême... Nous les fîmes embarquer de suite, et une heure après ils étaient de l'autre côté de la Vistule, au milieu de leurs frères d'armes.

Le maréchal Duroc et moi quittâmes Graudentz la nuit suivante; il approuva ma conduite et me dit plus tard qu'il en avait rendu compte à l'Empereur, dont elle avait obtenu l'assentiment, à tel point que, éclairé par ce qui s'était passé à Graudentz, il avait prévenu les Prussiens et les Russes que s'ils bâtonnaient ses soldats prisonniers, il ferait fusiller tous ceux de leurs officiers qui tomberaient en son pouvoir.

Je retrouvai à Bromberg le 7e corps, qui remonta bientôt la rive gauche de la Vistule pour se rapprocher de Varsovie. Le quartier général du maréchal Augereau fut établi à Mallochiché. L'Empereur arriva à Varsovie le 19 décembre et se prépara à passer la Vistule. Le 7e corps redescendit alors la rive gauche du fleuve jusqu'à Utrata, où pour la première fois de cette campagne nous aperçûmes les avant-postes russes, sur la rive opposée.

CHAPITRE TRENTE-DEUX

Passage de l'Ukra.—Affaires de Kolozomb et de Golymin.—Épisodes divers.—
Affaire de Pultusk.—Établissement des cantonnements sur la Vistule.

La Vistule est rapide et fort large; on s'attendait à ce que l'Empereur bornerait là ses opérations d'hiver et se couvrirait de ce fleuve pour établir son armée dans des cantonnements jusqu'au printemps. Il en fut autrement. Les corps des maréchaux Davout et Lannes, ainsi que la garde, passèrent la Vistule à Varsovie, Augereau et ses troupes la franchirent à Utrata et se dirigèrent sur Plusk, d'où nous gagnâmes ensuite les rives de l'Ukra, l'un des affluents du Bug et de la Vistule. Toute l'armée française ayant traversé ce dernier fleuve se trouvait en présence des Russes, contre lesquels l'Empereur ordonna une attaque pour le 24 décembre. Le dégel et la pluie rendaient les mouvements infiniment difficiles sur un terrain glaiseux, car il n'existait aucune route ferrée dans ce pays.

Je m'abstiendrai de relater les combats divers que livrèrent ce jour-là plusieurs corps de l'armée française pour forcer le passage du Bug. Je me bornerai à dire que le maréchal Augereau, chargé de s'assurer de celui de l'Ukra, fit attaquer à la fois Kolozomb par la division du général Desjardins et Sochoczyn par la division du général Heudelet. Le maréchal dirigeait en personne l'attaque de Kolozomb. Les Russes, après avoir brûlé le pont qui existait en ce lieu, avaient élevé une redoute sur la rive gauche, qu'ils défendaient avec du canon et une nombreuse infanterie; mais ils oublièrent de détruire un magasin de poutres et de madriers placé sur la rive droite par laquelle nous arrivions. Nos sapeurs se servirent habilement de ces matériaux pour établir un pont provisoire; malgré la vivacité du feu de l'ennemi, qui nous fit perdre quelques hommes du 24e de ligne marchant en tête de nos colonnes. Les planches du nouveau pont n'étaient pas encore fixées et vacillaient sous les pas de nos fantassins, lorsque le colonel du 24e de ligne, M. Savary, frère de l'aide de camp de l'Empereur, eut la témérité d'y passer à cheval, afin d'aller se mettre à la tête des tirailleurs; mais à peine eut-il débouché sur la rive opposée, qu'un Cosaque, s'élançant au galop, lui plongea sa lance dans le cœur et s'enfuit dans les bois!... C'était le cinquième colonel du 24e de ligne tué devant l'ennemi! Vous verrez plus tard quelle fatale destinée accompagnait toujours ce malheureux régiment. Le passage de l'Ukra fut enlevé, les pièces furent prises, les Russes mis en fuite, et la division Desjardins s'établit à Sochoczyn, où l'ennemi avait repoussé l'attaque de la division Heudelet; mais comme il suffisait d'un seul passage, l'attaque était absolument inutile. Cependant le général Heudelet, par suite d'un amour-propre mal entendu, ordonna de la renouveler. Il fut repoussé derechef et fit tuer ou blesser une trentaine d'hommes, dont un capitaine du génie, officier de très grande espérance. Je me suis toujours révolté contre ce mépris de la vie des hommes, qui porte parfois les généraux à les sacrifier au désir de se voir nommé dans les bulletins...

Le 25 décembre, lendemain du passage de l'Ukra, l'Empereur, poussant les Russes devant lui, se dirigea sur Golymin, ayant avec lui sa garde, la cavalerie de Murat et les corps de Davout et d'Augereau. Celui-ci faisait tête de colonne. Le maréchal Lannes prit la direction de Pultusk. Il y eut ce jour-là quelques rencontres insignifiantes, les ennemis se retirant en toute hâte. Nous couchâmes au bivouac dans les bois.

Le 26, le 7e corps se remit à la poursuite des Russes. Nous étions à l'époque de l'année où les jours sont les plus courts, et dans cette partie de la Pologne, à la fin de décembre, la nuit commence vers deux heures et demie du soir. Elle était d'autant plus sombre, au moment où nous approchions de Golymin, qu'il tombait de la neige mêlée de pluie. Nous n'avions pas vu d'ennemis depuis le matin, lorsque, arrivés devant le village de Ruskowo, aux portes de Golymin, nos éclaireurs, apercevant dans l'obscurité une forte masse de troupes dont un marais les empochait d'approcher, vinrent avertir le maréchal Augereau, qui ordonna au colonel Albert d'aller reconnaître ce corps à la tête de vingt-cinq chasseurs à cheval de son escorte, qu'il mit sous mon commandement. La mission était difficile, car nous étions dans une immense plaine rase, où l'on pouvait facilement s'égarer. Le terrain, déjà très boueux, était entrecoupé de marécages, que l'obscurité nous empochait de distinguer. Nous avançâmes donc avec précaution, et nous nous trouvâmes enfin à vingt-cinq pas d'une ligne de troupes. Nous crûmes d'abord que c'était le corps de Davout, que nous savions dans le voisinage; mais personne ne répondant à nos *Qui vive?* nous ne doutâmes plus que ce fussent des ennemis.

Cependant, pour en avoir une certitude plus complète, le colonel Albert m'ordonna d'envoyer un cavalier des mieux montés jusque sur la ligne que nous apercevions dans l'ombre. Je désignai pour cela un brigadier décoré nommé Schmit, homme d'un courage éprouvé. Ce brave, s'avançant seul jusqu'à dix pas d'un régiment que ses casques lui font reconnaître pour russe, tire un coup de carabine au milieu d'un escadron et revient lestement.

Pour se rendre compte du silence que les ennemis avaient gardé jusque-là, il faut savoir que le corps russe placé devant nous, se trouvant séparé du gros de son armée qu'il cherchait à rejoindre, s'était égaré dans ces vastes plaines, qu'il savait occupées par les troupes françaises se dirigeant sur Golymin. Les généraux russes, espérant passer auprès de nous à la faveur de l'obscurité, sans être reconnus, avaient défendu de parler, et en cas d'attaque de notre part, les blessés devaient tomber sans faire entendre une seule plainte!... Cet ordre, que des troupes russes seules peuvent exécuter, le fut si ponctuellement, que le colonel Albert, dans le but de prévenir le maréchal Augereau que nous étions en face de l'ennemi, ayant ordonné aux vingt-cinq chasseurs de faire un feu de peloton, pas un cri, pas un mot ne se firent entendre, et personne ne nous riposta!... Nous aperçûmes seulement, malgré l'obscurité, une centaine de cavaliers qui s'avançaient en silence pour nous couper la retraite. Nous voulûmes alors prendre le galop pour rejoindre nos colonnes; mais plusieurs de nos chasseurs s'étant embourbés dans les marais, force nous fut d'aller moins vite, bien que nous fussions serrés de près par les cavaliers russes, qui heureusement éprouvaient dans leur marche autant de difficultés que nous. Un incendie ayant éclaté tout à coup dans une ferme voisine, et la plaine se trouvant éclairée, les cavaliers russes prirent le galop, ce qui nous força d'en faire autant. Le danger devint imminent; parce que, étant sortis des lignes françaises par la division du général Desjardins, nous y rentrions par le front de celle du général Heudelet, qui, ne nous ayant pas vus partir, se mit à faire feu du côté de l'ennemi, de sorte que nous avions derrière nous un escadron russe qui nous poussait à outrance, tandis que par devant il nous arrivait une grêle de balles, qui blessèrent plusieurs de nos chasseurs et quelques chevaux. Nous avions beau crier: «Nous sommes Français! ne tirez plus!» le feu continuait toujours, et l'on ne pouvait blâmer les officiers qui nous prenaient pour l'avant-garde d'une colonne russe, dont les chefs, pour les tromper, se servaient de la langue française si répandue chez les étrangers, afin de surprendre par ce stratagème nos régiments pendant la nuit, ainsi que cela était déjà arrivé. Le colonel Albert, moi, et mon peloton de chasseurs, passâmes là un bien mauvais moment. Enfin, il me vint à l'esprit que le seul moyen de me faire reconnaître était d'appeler par leurs noms les généraux, colonels et chefs de bataillon de la division Heudelet, noms qu'ils savaient fort bien ne pouvoir être connus des ennemis. Cela nous réussit, et nous fûmes enfin reçus dans la ligne française.

Les généraux russes se voyant découverts, et voulant continuer leur retraite, prirent une détermination que j'approuve fort, et qu'en pareille circonstance les Français n'ont jamais pu se résoudre à imiter. Les Russes braquèrent toute leur artillerie dans la direction des troupes françaises; puis, emmenant leurs chevaux d'attelage, ils firent un feu des plus violents pour nous tenir éloignés. Pendant ce temps, ils faisaient filer leurs colonnes, et lorsque leurs munitions furent épuisées, les canonniers se retirèrent en nous abandonnant les pièces. Cela ne valait-il pas mieux que de perdre beaucoup d'hommes en cherchant à sauver cette artillerie qui se serait embourbée à chaque instant, ce qui aurait retardé la retraite?

Cette violente canonnade des Russes nous fit d'autant plus de mal, que divers incendies s'étant propagés dans les villages de la plaine, la lueur qu'ils répandaient au loin permettait aux canonniers ennemis de distinguer nos masses de troupes, surtout celles des cuirassiers et dragons que le prince Murat venait d'amener, et qui, portant des manteaux blancs, servaient de point de mire aux artilleurs russes. Ces cavaliers éprouvèrent donc plus de pertes que les autres corps, et l'un de nos généraux de dragons, nommé Fénérol, fut coupé en deux par un boulet. Le maréchal Augereau, après s'être emparé de Kuskowo, fit son entrée dans Golymin, que le maréchal Davout attaquait d'un autre côté. Ce bourg était traversé en ce moment par les colonnes russes, qui, sachant que le maréchal Lannes marchait pour leur couper la retraite en s'emparant de Pultusk, situé à trois lieues de là, cherchaient à gagner promptement ce point avant lui, n'importe à quel prix. Aussi, quoique nos soldats tirassent sur les ennemis à vingt-cinq pas, ceux-ci continuaient leur route sans riposter, parce que pour le faire, il aurait fallu s'arrêter, et que les moments étaient trop précieux.

Chaque division, chaque régiment, défila donc sous notre fusillade sans mot dire, ni ralentir sa marche un seul instant!... Les rues de Golymin étaient remplies de mourants et de blessés, et l'on n'entendait pas un seul gémissement, car ils étaient défendus! On eût dit que nous tirions sur des ombres!... Enfin nos soldats se précipitèrent à la baïonnette sur ces masses, et ce ne fut qu'en les piquant qu'ils acquirent la conviction qu'ils avaient affaire à des hommes!... On fit un millier de prisonniers; le surplus s'éloigna. Les maréchaux mirent alors en délibération s'ils poursuivraient l'ennemi; mais le temps était si horrible, la nuit si noire, dès qu'on quittait le voisinage des incendies, les troupes étaient tellement mouillées et harassées, qu'il fut décidé qu'elles se reposeraient jusqu'au jour.

Golymin étant encombré de morts, de blessés et de bagages, les maréchaux Murat et Augereau, accompagnés de plusieurs généraux et de leur nombreux état-major, cherchant un asile contre la pluie glaciale, s'établirent dans une immense écurie située auprès du bourg. Là, chacun, s'étendant sur le fumier, chercha à se réchauffer et à dormir, car il y avait plus de vingt heures que nous étions à cheval par un temps affreux!... Les maréchaux, les colonels, tous les *gros bonnets* enfin, s'étant, comme de raison, établis vers le fond de l'écurie, afin d'avoir moins froid, moi, pauvre lieutenant, entré le dernier, je fus réduit à me coucher auprès de la porte, ayant tout au plus le corps à l'abri de la pluie, mais exposé à un vent glacial, car la porte n'avait plus de battants. La position était très désagréable. Ajoutez à cela que je mourais de faim, n'ayant pas mangé depuis la veille; mais ma bonne étoile vint encore à mon secours. Pendant que les *grands*, bien abrités, dormaient dans la partie chaude de l'écurie, et que le froid empêchait les lieutenants placés à la porte d'en faire autant, un domestique du prince Murat se présenta pour entrer. Je lui fais observer à voix basse que son maître dort; alors il me remet pour le prince un panier contenant une oie rôtie, du pain et du vin, en me priant de prévenir son maître que les mulets portant les vivres arriveraient dans une heure. Cela dit, il s'éloigna pour aller au-devant d'eux.

Muni de ces provisions, je tins conseil à petit bruit avec Bro, Mainvielle et Stoch, qui, aussi mal placés que moi, grelottaient et n'en étaient pas moins affamés. Le résultat de cette délibération fut que le prince Murat dormant, et ses cantines devant arriver sous peu, il trouverait à déjeuner en s'éveillant, tandis qu'on nous lancerait à cheval dans toutes les directions, sans s'informer si nous avions de quoi manger; qu'en conséquence, nous pouvions, sans trop charger nos consciences, croquer ce que contenait le panier; ainsi fut fait en un instant... Je ne sais si l'on peut excuser ce *tour de page*; mais ce qu'il y a de certain, c'est que j'ai fait peu de repas aussi agréables!...

Pendant que les troupes qui venaient de se battre à Golymin faisaient cette halte, Napoléon et toute sa garde erraient dans la plaine, parce que, dès le commencement de l'action, l'Empereur, averti par la canonnade, ayant précipitamment quitté le château où il était établi à deux lieues de Golymin, espérait pouvoir se joindre à nous en se dirigeant à vol d'oiseau vers l'incendie; mais le terrain était si détrempé, la plaine tellement coupée de marécages, et le temps si affreux, qu'il employa toute la nuit à faire ces deux lieues et n'arriva sur le champ de bataille que bien longtemps après que l'affaire était terminée.

Le jour même du combat de Golymin, le maréchal Lannes, n'ayant avec lui que vingt mille hommes, combattit à Pultusk quarante-deux mille Russes, qui se retiraient devant les autres corps français, et leur fit éprouver des pertes immenses, mais sans pouvoir les empêcher de passer, tant les forces ennemies étaient supérieures à celles que Lannes pouvait leur opposer. Pour que l'Empereur fût en état de poursuivre les Russes, il aurait fallu que la gelée raffermît le terrain, qui se trouvait au contraire tellement mou et délayé, qu'on y enfonçait à chaque pas et qu'on vit plusieurs hommes, notamment le domestique d'un officier du 7e corps, se noyer, eux et leurs chevaux, dans la boue!... Il devenait donc impossible de faire mouvoir l'artillerie et de s'engager plus loin dans ce pays inconnu; d'ailleurs, les troupes manquaient de vivres ainsi que de chaussures, et leur fatigue était extrême. Ces considérations décidèrent Napoléon à leur accorder quelques jours de repos, en cantonnant toute l'armée en avant de la Vistule, depuis les environs de Varsovie jusqu'aux portes de Danzig. Les soldats, logés dans les villages, furent enfin à l'abri du mauvais temps, reçurent leurs rations et purent raccommoder leurs effets.

L'Empereur retourna à Varsovie pour y préparer une nouvelle campagne. Les divisions du corps d'Augereau furent réparties dans les villages autour de Plusk, si on peut donner ce nom à un amas confus d'ignobles baraques habitées par de sales Juifs; mais presque toutes les prétendues *villes* de Pologne sont ainsi bâties et peuplées, les seigneurs, grands et petits, se tenant constamment à la campagne, où ils font valoir leurs terres en y employant leurs paysans.

Le maréchal se logea à Christka, espèce de château construit en bois selon la coutume du pays. Il trouva dans ce manoir un appartement passable; les aides de camp se placèrent comme ils purent dans les appartements et dans les granges. Quant à moi, à force de fureter, je découvris chez le jardinier une assez bonne chambre garnie d'une cheminée; je m'y établis avec deux camarades, et laissant au jardinier et à sa famille leurs lits fort peu ragoûtants, nous en formâmes avec des planches et de la paille, sur lesquels nous fûmes très bien.

CHAPITRE TRENTE-TROIS

1807.—Je suis nommé capitaine.—Bataille d'Eylau.—Dissolution du corps d'Augereau.—Reprise des cantonnements.

Nous fêtâmes à Christka le 1er janvier de l'année 1807, qui faillit être la dernière de mon existence. Elle commença cependant fort agréablement pour moi, car l'Empereur, qui n'avait accordé aucune faveur à l'état-major d'Augereau pendant la campagne d'Austerlitz, répara largement cet oubli en le comblant de récompenses. Le colonel Albert fut nommé général de brigade, le commandant Massy lieutenant-colonel du 44e de ligne; plusieurs aides de camp furent décorés; enfin les lieutenants Bro, Mainvielle et moi, nous fûmes nommés capitaines. Cet avancement me fit d'autant plus de plaisir que je ne l'attendais pas, n'ayant rien fait de remarquable pour l'obtenir, et je n'étais âgé que de vingt-quatre ans. En remettant à Mainvielle, à Bro et à moi nos brevets de capitaine, le maréchal Augereau nous dit: «Nous verrons lequel de vous trois sera colonel le premier!...» Ce fut moi, car six ans après je commandais un régiment, tandis que mes deux camarades étaient encore simples capitaines: il est vrai que dans ce laps de temps j'avais reçu six blessures!...

Nos cantonnements établis, les ennemis prirent les leurs en face, mais assez loin des nôtres. L'Empereur s'attendait à ce qu'ils nous laisseraient passer l'hiver tranquillement; mais il en fut autrement; notre repos ne dura qu'un mois: c'était beaucoup, sans être assez.

Les Russes, voyant la terre couverte de neige durcie par de très fortes gelées, pensèrent que cette rigueur du temps donnerait aux hommes du Nord un immense avantage sur les hommes du Midi, peu habitués à supporter les grands froids. Ils résolurent, en conséquence, de nous attaquer, et pour exécuter ce projet, ils firent dès le 25 janvier passer derrière les immenses forêts qui nous séparaient d'eux la plupart de leurs troupes, placées en face des nôtres en avant de Varsovie, et les dirigèrent vers la basse Vistule, sur les cantonnements de Bernadotte et de Ney, qu'ils espéraient surprendre et accabler par leurs masses, avant que l'Empereur et les autres corps de son armée pussent venir au secours de ces deux maréchaux. Mais Bernadotte et Ney résistèrent vaillamment, et Napoléon, prévenu à temps, se dirigea avec des forces considérables sur les derrières de l'ennemi, qui, menacé de se voir coupé de sa base d'opérations, se mit en retraite vers Kœnigsberg. Il nous fallut donc, le 1er février, quitter les cantonnements où nous étions assez bien établis pour recommencer la guerre et aller coucher sur la neige.

En tête de la colonne du centre, commandée par l'Empereur en personne, se trouvait la cavalerie du prince Murat, puis le corps du maréchal Soult, soutenu par celui d'Augereau; enfin venait la garde impériale. Le corps de Davout marchait sur le flanc droit de cette immense colonne, et celui du maréchal Ney à sa gauche. Une telle agglomération de troupes, se dirigeant vers le même point, eut bientôt épuisé les vivres que pouvait fournir le pays; aussi souffrîmes-nous beaucoup de la faim. La garde seule, ayant des fourgons, portait avec elle de quoi subvenir aux distributions; les autres corps vivaient comme ils pouvaient, c'est-à-dire manquant à peu près de tout.

Je suis d'autant plus disposé à donner peu de détails sur les affaires qui précédèrent la bataille d'Eylau, que les troupes du maréchal Augereau, marchant en deuxième ligne, ne prirent aucune part à ces divers combats, dont les plus importants eurent lieu à Mohrungen, Bergfried, Guttstadt et Valtersdorf. Enfin, le 6 février, les Russes, poursuivis l'épée dans les reins depuis huit jours, résolurent de s'arrêter et de tenir ferme en avant de la petite ville de Landsberg. Pour cela, ils placèrent huit bataillons d'élite dans l'excellente position de Hoff, leur droite appuyée au village de ce nom, leur gauche à un bois touffu, leur centre couvert par un ravin fort encaissé, que l'on ne pouvait passer que sur un pont très étroit; huit pièces de canon garnissaient le front de cette ligne.

L'Empereur, arrivé en face de cette position avec la cavalerie de Murat, ne jugea pas à propos d'attendre l'infanterie du maréchal Soult, qui était encore à plusieurs lieues en arrière, et fit attaquer les Russes par quelques régiments de cavalerie légère qui, s'élançant bravement sur le pont, franchirent le ravin… Mais, accablés par la fusillade et la mitraille, nos escadrons furent rejetés en désordre dans le ravin, d'où ils sortirent avec beaucoup de peine. L'Empereur, voyant les efforts de la cavalerie légère superflus, la fit remplacer par une division de dragons, dont l'attaque, reçue de la même façon, eut un aussi mauvais résultat. Napoléon fit alors avancer les terribles cuirassiers du général d'Hautpoul, qui, traversant le pont et le ravin sous une grêle de mitraille, fondirent avec une telle rapidité sur la ligne russe, qu'ils la couchèrent littéralement par terre! Il y eut en ce moment une affreuse boucherie; les cuirassiers, furieux des pertes que leurs camarades, housards et dragons, venaient d'éprouver, exterminèrent presque entièrement les huit bataillons russes! Tout fut tué ou pris; le champ de bataille faisait horreur… Jamais on ne vit une charge de cavalerie avoir des résultats si complets. L'Empereur, pour témoigner sa satisfaction aux cuirassiers, ayant embrassé leur général en présence de toute la division, d'Hautpoul s'écria: «Pour me montrer digne d'un tel honneur, il faut que je me fasse tuer pour Votre Majesté!…» Il tint parole, car le lendemain il mourait sur le champ de bataille d'Eylau. Quelle époque et quels hommes!

L'armée ennemie, qui, du haut des plateaux situés au delà de Landsberg, fut témoin de la destruction de son arrière-garde, se retira promptement sur Eylau, et nous prîmes possession de la ville de Landsberg. Le 7 février, le général en chef russe Benningsen, étant bien résolu à recevoir la bataille, concentra son armée autour d'Eylau et principalement sur les positions situées en arrière de cette ville.

La cavalerie de Murat et les fantassins du maréchal Soult s'emparèrent de cette position, après un combat des plus acharnés, car les Russes tenaient infiniment à conserver Ziegelhof qui domine Eylau, comptant en faire le centre de leur ligne pour la bataille du lendemain; mais ils furent contraints de se retirer de la ville. La nuit paraissait devoir mettre un terme au combat, prélude d'une action générale, lorsqu'une vive fusillade éclata dans les rues d'Eylau.

Je sais que les écrivains militaires qui ont écrit cette campagne prétendent que l'Empereur, ne voulant pas laisser cette ville au pouvoir des Russes, ordonna de l'attaquer; mais j'ai la certitude que c'est une erreur des plus grandes, et voici sur quoi je fonde mon assertion.

Au moment où la tête de colonne du maréchal Augereau, arrivant par la route de Landsberg, approchait de Ziegelhof, le maréchal gravit ce plateau où se trouvait déjà l'Empereur, et j'entendis Napoléon dire à Augereau: «On me proposait d'enlever Eylau ce soir; mais, outre que je n'aime pas les combats de nuit, je ne veux pas pousser mon centre trop en pointe avant l'arrivée de Davout, qui est mon aile droite, et de Ney, qui est mon aile gauche; je vais donc les attendre jusqu'à demain sur ce plateau, qui, garni d'artillerie, offre à notre infanterie une excellente position; puis, quand Ney et Davout seront en ligne, nous marcherons tous ensemble sur l'ennemi!» Cela dit, Napoléon ordonna d'établir son bivouac au bas de Ziegelhof, et de faire camper sa garde tout autour.

Mais pendant que l'Empereur expliquait ainsi ses plans au maréchal Augereau, qui louait fort sa prudence, voici ce qui se passait. Les fourriers du palais impérial, venant de Landsberg, suivis de leurs bagages et valets, arrivèrent jusqu'à nos avant-postes, situés à l'entrée d'Eylau, sans que personne leur eût dit de s'arrêter auprès de Ziegelhof. Ces employés, habitués à voir le quartier impérial toujours très bien gardé, n'ayant pas été prévenus qu'ils se trouvaient à quelques pas des Russes, ne songèrent qu'à choisir un bon logement pour leur maître, et ils s'établirent dans la maison de la poste aux chevaux, où ils déballèrent leur matériel, et se mirent à faire la cuisine et à installer leurs chevaux... Mais, attaqués au milieu de leurs préparatifs par une patrouille ennemie, ils eussent été enlevés sans le secours du détachement de la garde qui accompagnait constamment les équipages de l'Empereur. Au bruit de la fusillade qui éclata sur ce point, les troupes du maréchal Soult, établies aux portes de la ville, accoururent au secours des bagages de Napoléon, que les troupes russes pillaient déjà. Les généraux ennemis, croyant que les Français voulaient s'emparer d'Eylau, envoyèrent de leur côté des renforts, de sorte qu'un combat sanglant s'engagea dans les rues de la ville, qui finit par rester en notre pouvoir.

Bien que cette attaque n'eût pas été ordonnée par l'Empereur, il crut cependant devoir en profiter et vint s'établir à la maison de poste d'Eylau. Sa garde et le corps de Soult occupèrent la ville, qu'entoura la cavalerie de Murat. Les troupes d'Augereau furent placées à Zehen, petit hameau dans lequel nous espérions trouver quelques ressources; mais les Russes avaient tout pillé en se retirant, de sorte que nos malheureux régiments, qui n'avaient reçu aucune distribution depuis huit jours, n'eurent pour se réconforter que quelques pommes de terre et de l'eau!... Les équipages de l'état-major du 7e corps ayant été laissés à Landsberg, notre souper ne fut même pas aussi bon que celui des soldats, car nous ne pûmes nous procurer des pommes de terre!... Enfin, le 8 au matin, au moment où nous allions monter à cheval pour marcher à l'ennemi, un domestique ayant apporté un pain au maréchal, celui-ci, toujours plein de bonté, le partagea entre tous ses aides de camp, et après ce frugal repas, qui devait être le dernier pour plusieurs d'entre nous, le corps d'armée se rendit au poste que l'Empereur lui avait assigné.

Conformément au plan que je me suis tracé en écrivant ces Mémoires, je ne fatiguerai pas votre attention par le récit trop circonstancié des diverses phases de cette terrible bataille d'Eylau, dont je me bornerai à raconter les faits principaux.

Le 8 février, au matin, la position des deux armées était celle-ci: les Russes avaient leur gauche à Serpallen, leur centre en avant d'Auklapen, leur droite à Schmoditten, et ils attendaient huit mille Prussiens qui devaient déboucher par Althoff et former leur extrême droite. Le front de la ligne ennemie était couvert par cinq cents pièces d'artillerie, dont un tiers au moins de gros calibre. La situation des Français était bien moins favorable, puisque leurs deux ailes n'étant pas encore arrivées, l'Empereur n'avait, au commencement de l'action, qu'une partie des troupes sur lesquelles il avait compté pour livrer bataille. Le corps du maréchal Soult fut placé à droite et à gauche d'Eylau, la garde dans cette ville, le corps d'Augereau entre Rothenen et Eylau, faisant face à Serpallen. Vous voyez que l'ennemi formait un demi-cercle autour de nous, et que les deux armées occupaient un terrain sur lequel se trouvent de nombreux étangs; mais la neige les couvrait. Aucun des partis ne s'en aperçut, ni ne tira de boulets à ricochets pour briser la glace, ce qui aurait amené une catastrophe pareille à celle qui eut lieu sur le lac Satschan, à la fin de la bataille d'Austerlitz.

Le maréchal Davout, que l'on attendait sur notre droite, vers Molwitten, et le maréchal Ney, qui devait former notre gauche, du côté d'Althoff, n'avaient pas encore paru, lorsque, au point du jour, vers huit heures environ, les Russes commencèrent l'attaque par une canonnade des plus violentes, à laquelle notre artillerie, quoique moins nombreuse, répondit avec d'autant plus d'avantage que nos canonniers, bien plus instruits que ceux des ennemis, pointaient sur des masses d'hommes que rien n'abritait, tandis que la plupart des boulets russes frappaient contre les murs de Rothenen et d'Eylau. Une forte colonne ennemie s'avança bientôt pour enlever cette dernière ville; elle fut vivement repoussée par la garde et par les troupes du maréchal Soult. L'Empereur apprit en ce moment avec bonheur que du haut du clocher on apercevait le corps de Davout arrivant par Molwitten et marchant sur Serpallen, dont il chassa la gauche des Russes, qu'il refoula jusqu'à Klein-Sausgarten.

Le maréchal russe Benningsen, voyant sa gauche battue et ses derrières menacés par l'audacieux Davout, résolut de l'écraser en portant une grande partie de ses troupes contre lui. Ce fut alors que Napoléon, voulant empêcher ce mouvement en faisant une diversion sur le centre des ennemis, prescrivit au maréchal Augereau d'aller l'attaquer, bien qu'il prévît la difficulté de cette opération. Mais il y a sur les champs de bataille des circonstances dans lesquelles il faut savoir sacrifier quelques troupes pour sauver le plus grand nombre et s'assurer la victoire. Le général Corbineau, aide de camp de l'Empereur, fut tué auprès de nous d'un coup de canon, au moment où il portait au maréchal Augereau l'ordre de marcher. Ce maréchal, passant avec ses deux divisions entre Eylau et Rothenen, s'avança fièrement contre le centre des ennemis, et déjà le 14e de ligne, qui formait notre avant-garde, s'était emparé de la position que l'Empereur avait ordonné d'enlever et de garder à tout prix, lorsque les nombreuses pièces de gros calibre qui formaient un demi-cercle autour d'Augereau lancèrent une grêle de boulets et de mitraille telle, que de mémoire d'homme on n'en avait vu de pareille!...

En un instant, nos deux divisions furent broyées sous cette pluie de fer! Le général Desjardins fut tué, le général Heudelet grièvement blessé. Cependant on tint ferme, jusqu'à ce que le corps d'armée étant presque complètement détruit, force fut d'en ramener les débris auprès du cimetière d'Eylau, sauf toutefois le 14e de ligne qui, totalement environné par les ennemis, resta sur le monticule qu'il occupait. Notre situation était d'autant plus fâcheuse qu'un vent des plus violents nous lançait à la figure une neige fort épaisse qui empêchait de voir à plus de quinze pas, de sorte que plusieurs batteries françaises tirèrent sur nous en même temps que celles des ennemis. Le maréchal Augereau fut blessé par un biscaïen.

Cependant, le dévouement du 7e corps venait de produire un bon résultat, car non seulement le maréchal Davout, dégagé par notre attaque, avait pu se maintenir dans ses positions, mais il s'était emparé de Klein-Sausgarten et avait même poussé son avant-garde jusqu'à Kuschitten, sur les derrières de l'ennemi. Ce fut alors que l'Empereur, voulant porter le grand coup, fit passer entre Eylau et Rothenen quatre-vingt-dix escadrons commandés par Murat. Ces terribles masses, fondant sur le centre des Russes, l'enfoncent, le sabrent et le jettent dans le plus grand désordre. Le vaillant général d'Hautpoul fut tué dans la mêlée à la tête de ses cuirassiers, ainsi que le général Dahlmann, qui avait succédé au général Morland dans le commandement des chasseurs de la garde. Le succès de notre cavalerie assurait le gain de la bataille.

En vain huit mille Prussiens, échappés aux poursuites du maréchal Ney, débouchant par Althoff, essayèrent-ils une nouvelle attaque en se portant, on ne sait trop pourquoi, sur Kuschitten, au lieu de marcher sur Eylau; le maréchal Davout les repoussa, et l'arrivée du corps de Ney, qui parut vers la chute du jour à Schmoditten, faisant craindre à Benningsen de voir ses communications coupées, il ordonna de faire la retraite sur Kœnigsberg et de laisser les Français maîtres de cet horrible champ de bataille, couvert de cadavres et de mourants!... Depuis l'invention de la poudre, on n'en avait pas vu d'aussi terribles effets, car, eu égard au nombre de troupes qui combattaient à Eylau, c'est de toutes les batailles anciennes ou modernes celle où les pertes furent relativement les plus grandes. Les Russes eurent vingt-cinq mille hommes hors de combat, et bien qu'on n'ait porté qu'à dix mille le nombre des Français atteints par le fer ou le feu, je l'évalue au moins à vingt mille hommes. Le total pour les deux armées fut donc de quarante-cinq mille hommes, dont plus de la moitié moururent!

Le corps d'Augereau était presque entièrement détruit, puisque, de quinze mille combattants présents sous les armes au commencement de l'action, il n'en restait le soir que trois mille, commandés par le lieutenant-colonel Massy: le maréchal, tous les généraux et tous les colonels avaient été blessés ou tués.

On a peine à comprendre pourquoi Benningsen, sachant que Davout et Ney étaient encore en arrière, ne profita point de leur absence pour attaquer au point du jour la ville d'Eylau, avec les très nombreuses troupes du centre de son armée, au lieu de perdre un temps précieux à nous canonner; car la supériorité de ses forces l'aurait certainement rendu maître de la ville avant l'arrivée de Davout, et l'Empereur aurait alors regretté de s'être tant avancé, au lieu de se fortifier sur le plateau de Ziegelhof et d'y attendre ses ailes, ainsi qu'il en avait eu le projet la veille. Le lendemain de la bataille, l'Empereur fit poursuivre les Russes jusqu'aux portes de Kœnigsberg; mais cette ville ayant quelques fortifications, on ne jugea pas prudent de l'attaquer avec des troupes affaiblies par de sanglants combats, d'autant plus que presque toute l'armée russe était dans Kœnigsberg ou autour.

Napoléon passa plusieurs jours à Eylau, tant pour relever les blessés que pour réorganiser ses armées. Le corps du maréchal Augereau étant presque détruit, ses débris en furent répartis entre les autres corps, et le maréchal reçut la permission de retourner en France, afin de se guérir de sa blessure. L'Empereur, voyant le gros de l'armée russe éloigné, établit ses troupes en cantonnement dans les villes, bourgs et villages, en avant de la basse Vistule. Il n'y eut, pendant la fin de l'hiver, de fait remarquable que la prise de la place forte de Danzig par les Français. Les hostilités en rase campagne ne recommencèrent qu'au mois de juin, ainsi que nous le verrons plus loin.

CHAPITRE TRENTE-QUATRE

Épisodes de la bataille d'Eylau.—Ma jument Lisette—Je cours les plus grands dangers en joignant le 14e de ligne.—J'échappe à la mort par miracle.—Je regagne Varsovie et Paris.

Je n'ai pas voulu interrompre la narration de la bataille d'Eylau, pour vous dire ce qui m'advint dans ce terrible conflit; mais pour vous mettre à même de bien comprendre ce triste récit, il faut que je remonte à l'automne de 1805, au moment où les officiers de la grande armée, faisant leurs préparatifs pour la bataille d'Austerlitz, complétaient leurs équipages. J'avais deux bons chevaux, j'en cherchais un troisième meilleur, un *cheval de bataille*. La chose était difficile à trouver, car, bien que les chevaux fussent infiniment moins chers qu'aujourd'hui, leur prix était encore fort élevé et j'avais peu d'argent; mais le hasard me servit merveilleusement.

Je rencontrai un savant allemand, nommé M. d'Aister, que j'avais connu lorsqu'il professait à Sorèze; il était devenu précepteur des enfants d'un riche banquier suisse, M. Schérer, établi à Paris et associé de M. Finguerlin. M. d'Aister m'apprit que M. Finguerlin, alors fort opulent et menant grand train, avait une nombreuse écurie dans laquelle figurait au premier rang une charmante jument appelée Lisette, excellente bête du Mecklembourg, aux allures douces, légère comme une biche et si bien dressée qu'un enfant pouvait la conduire. Mais cette jument, lorsqu'on la montait, avait un défaut terrible et heureusement fort rare: elle mordait comme un bouledogue et se jetait avec furie sur les personnes qui lui déplaisaient, ce qui détermina M. Finguerlin à la vendre. Elle fut achetée pour le compte de Mme de Lauriston, dont le mari, aide de camp de l'Empereur, avait écrit de lui préparer un équipage de guerre. M. Finguerlin, en vendant la jument, ayant omis de prévenir de son défaut, on trouva le soir même sous ses pieds un palefrenier auquel elle avait arraché les entrailles à belles dents!... Mme de Lauriston, justement alarmée, demanda la rupture du marché. Non seulement elle fut prononcée, mais, pour prévenir de nouveaux malheurs, la police ordonna qu'un écriteau, placé dans la crèche de

Lisette, informerait les acheteurs de sa férocité, et que tout marché concernant cette bête serait nul, si l'acquéreur ne déclarait par écrit avoir pris connaissance de l'avertissement.

Vous concevez qu'avec une pareille recommandation, la jument était très difficile à placer; aussi M. d'Aister me prévint-il que son propriétaire était décidé à la céder pour ce qu'on voudrait lui en donner. J'en offris mille francs, et M. Finguerlin me livra Lisette, bien qu'elle lui en eût coûté cinq mille: Pendant plusieurs mois, cette bête me donna beaucoup de peine; il fallait quatre ou cinq hommes pour la seller, et l'on ne parvenait à la brider qu'en lui couvrant les yeux et en lui attachant les quatre jambes; mais une fois qu'on était placé sur son dos, on trouvait une monture vraiment incomparable...

Cependant, comme, depuis qu'elle m'appartenait, elle avait déjà mordu plusieurs personnes et ne m'avait point épargné, je pensais à m'en défaire, lorsque, ayant pris à mon service François Woirland, homme qui ne doutait de rien, celui-ci, avant d'approcher Lisette, dont on lui avait signalé le mauvais caractère, se munit d'un gigot rôti bien chaud, et lorsque la bête se jeta sur lui pour le mordre, il lui présenta le gigot qu'elle saisit entre ses dents; mais s'étant brûlé les gencives, le palais et la langue, la jument poussa un cri, laissa tomber le gigot et dès ce moment fut soumise à Woirland qu'elle n'osa plus attaquer. J'employai le même moyen et j'obtins un pareil résultat. Lisette, docile comme un chien, se laissa très facilement approcher par moi et par mon domestique; elle devint même un peu plus traitable pour les palefreniers de l'état-major, qu'elle voyait tous les jours; mais malheur aux étrangers qui passaient auprès d'elle!... Je pourrais citer vingt exemples de sa férocité, je me bornerai à un seul.

Pendant le séjour que le maréchal Augereau fit au château de Bellevue, près de Berlin, les domestiques de l'état-major, s'étant aperçus que lorsqu'ils allaient dîner, quelqu'un venait prendre les sacs d'avoine laissés dans l'écurie, engagèrent Woirland à laisser près de la porte Lisette détachée. Le voleur arrive, se glisse dans l'écurie, et déjà il emportait un sac, lorsque la jument, le saisissant par la nuque, le traîne au milieu de la cour, où elle lui brise deux côtes en le foulant aux pieds. On accourt aux cris affreux poussés par le voleur, que Lisette ne voulut lâcher que lorsque mon domestique et moi l'y contraignîmes, car, dans sa fureur, elle se serait ruée sur tout autre. La méchanceté de cet animal s'était accrue depuis qu'un officier de housards saxons, dont je vous ai parlé, lui avait traîtreusement fendu l'épaule d'un coup de sabre sur le champ de bataille d'Iéna.

Telle était la jument que je montais à Eylau, au moment où les débris du corps d'armée du maréchal Augereau, écrasés par une grêle de mitraille et de boulets, cherchaient à se réunir auprès du grand cimetière. Vous devez vous souvenir que le 14e de ligne était resté seul sur un monticule qu'il ne devait quitter que par ordre de l'Empereur. La neige ayant cessé momentanément, on aperçut cet intrépide régiment qui, entouré, par l'ennemi, agitait son aigle en l'air pour prouver qu'il tenait toujours et demandait du secours. L'Empereur, touché du magnanime dévouement de ces braves gens, résolut d'essayer de les sauver, en ordonnant au maréchal Augereau d'envoyer vers eux un officier chargé de leur dire de quitter le monticule, de former un petit carré et de se diriger vers nous, tandis qu'une brigade de cavalerie marcherait à leur rencontre pour seconder leurs efforts.

C'était avant la grande charge faite par Murat; il était presque impossible d'exécuter la volonté de l'Empereur, parce qu'une nuée de Cosaques nous séparant du 14e de ligne, il devenait évident que l'officier qu'on allait envoyer vers ce malheureux régiment serait tué ou pris avant d'arriver jusqu'à lui. Cependant l'ordre étant *positif*, le maréchal dut s'y conformer.

Il était d'usage, dans l'armée impériale, que les aides de camp se plaçassent en file, à quelques pas de leur général, et que celui qui se trouvait en tête marchât le premier, puis vînt se placer à la queue lorsqu'il avait rempli sa mission, afin que, chacun portant un ordre à son tour, les dangers fussent également partagés. Un brave capitaine du génie, nommé Froissard, qui, bien que n'étant pas aide de camp, était attaché au maréchal, se trouvant plus près de lui, fut chargé de porter l'ordre au 14e. M. Froissard partit au galop: nous le perdîmes de vue au milieu des Cosaques, et jamais nous ne le revîmes ni sûmes ce qu'il était devenu. Le maréchal, voyant que le 14e de ligne ne bougeait pas, envoya un officier nommé David: il eut le même sort que Froissard, nous n'entendîmes plus parler de lui!... Il est probable que tous les deux, ayant été tués et dépouillés, ne purent être reconnus au milieu des nombreux cadavres dont le sol était couvert. Pour la troisième fois le maréchal appelle: «L'officier à marcher!»—C'était mon tour!...

En voyant approcher le fils de son ancien ami, et j'ose le dire, son aide de camp de prédilection, la figure du bon maréchal fut émue, ses yeux se remplirent de larmes, car il ne pouvait se dissimuler qu'il m'envoyait à une mort presque certaine; mais il fallait obéir à l'Empereur; j'étais soldat, on ne pouvait faire marcher un de mes camarades à ma place, et je ne l'eusse pas souffert: c'eût été me déshonorer. Je m'élançai donc! Mais, tout en faisant le sacrifice de ma vie, je crus devoir prendre les précautions nécessaires pour la sauver. J'avais remarqué que les deux officiers partis avant moi avaient mis le sabre à la main, ce qui me portait à croire qu'ils avaient le projet de se défendre contre les Cosaques qui les attaqueraient pendant le trajet, défense irréfléchie selon moi, puisqu'elle les avait forcés à s'arrêter pour combattre une multitude d'ennemis qui avaient fini par les accabler. Je m'y pris donc autrement, et laissant mon sabre au fourreau, je me considérai comme un cavalier qui, voulant gagner un prix de course, se dirige le plus rapidement possible et par la ligne la plus courte vers le but indiqué, sans se préoccuper de ce qu'il y a, ni à droite ni à gauche, sur son chemin. Or, mon but étant le monticule occupé par le 14e de ligne, je résolus de m'y rendre sans faire attention aux Cosaques, que j'annulai par la pensée.

Ce système me réussit parfaitement. Lisette, plus légère qu'une hirondelle, et volant plus qu'elle ne courait, dévorait l'espace, franchissant les monceaux de cadavres d'hommes et de chevaux, les fossés, les affûts brisés, ainsi que les feux mal éteints des bivouacs. Des milliers de Cosaques éparpillés couvraient la plaine. Les premiers qui m'aperçurent firent comme des chasseurs dans une traque, lorsque, voyant un lièvre, ils s'annoncent mutuellement sa présence par les cris: «À vous! à vous!...» Mais aucun de ces Cosaques n'essaya de m'arrêter, d'abord à cause de l'extrême rapidité de ma course, et probablement aussi parce qu'étant en très grand nombre, chacun d'eux pensait que je ne pourrais éviter ses camarades placés plus loin. Si bien que j'échappai à tous et parvins au 14e de ligne, sans que moi ni mon excellente jument eussions reçu la moindre égratignure!

Je trouvai le 14e formé en carré sur le haut du monticule; mais comme les pentes de terrain étaient fort douces, la cavalerie ennemie avait pu exécuter plusieurs charges contre le régiment français, qui, les ayant vigoureusement repoussées, était entouré par un cercle de cadavres de chevaux et de dragons russes, formant une espèce de rempart, qui rendait désormais la position presque inaccessible à la cavalerie, car, malgré l'aide de nos fantassins, j'eus beaucoup de peine à passer par-dessus ce sanglant et affreux retranchement. J'étais enfin dans le carré!—Depuis la mort du colonel Savary, tué au passage de l'Ukra, le 14e était commandé par un chef de bataillon. Lorsque, au milieu d'une grêle de boulets, je transmis à ce militaire l'ordre de quitter sa position pour tâcher de rejoindre le corps d'armée, il me fit observer que l'artillerie ennemie, tirant depuis une heure sur le 14e lui avait fait éprouver de telles pertes que la poignée de soldats qui lui restait serait infailliblement exterminée si elle descendait en plaine; qu'il n'aurait d'ailleurs pas le temps de préparer l'exécution de ce mouvement, puisqu'une colonne d'infanterie russe, marchant sur lui, n'était plus qu'à cent pas de nous.

«Je ne vois aucun moyen de sauver le régiment, dit le chef de bataillon; retournez vers l'Empereur, faites-lui les adieux du 14e de ligne, qui a fidèlement exécuté ses ordres, et portez-lui l'aigle qu'il nous avait donnée et que nous ne pouvons plus défendre; il serait trop pénible en mourant de la voir tomber aux mains des ennemis!» Le commandant me remit alors son aigle, que les soldats, glorieux débris de cet intrépide régiment, saluèrent pour la dernière fois des cris de: *Vive l'Empereur!*... eux qui allaient mourir pour lui! C'était le *Cæsar, morituri te salutant!* de Tacite; mais ce cri était ici poussé par des héros!

Les aigles d'infanterie étaient fort lourdes, et leur poids se trouvait augmenté d'une grande et forte hampe en bois de chêne, au sommet de laquelle on la fixait. La longueur de cette hampe m'embarrassait beaucoup, et comme ce bâton, dépourvu de son aigle, ne pouvait constituer un trophée pour les ennemis, je résolus, avec l'assentiment du commandant, de la briser pour n'emporter que l'aigle; mais au moment où, du haut de ma selle, je me penchais le corps en avant pour avoir plus de force pour arriver à séparer l'aigle de la hampe, un des nombreux boulets que nous lançaient les Russes traversa la corne de derrière de mon chapeau à quelques lignes de ma tête!... La commotion fut d'autant plus terrible que mon chapeau, étant retenu par une forte courroie de cuir fixée sous le menton, offrait plus de résistance au coup. Je fus comme anéanti, mais ne tombai pas de cheval. Le sang me coulait par le nez, les oreilles et même par les yeux; néanmoins j'entendais encore, je voyais, je comprenais et conservais toutes mes facultés intellectuelles, bien que mes membres fussent paralysés au point qu'il m'était impossible de remuer un seul doigt!...

Cependant, la colonne d'infanterie russe que nous venions d'apercevoir abordait le monticule; c'étaient des grenadiers, dont les bonnets garnis de métal avaient la forme de mitres. Ces hommes, gorgés d'eau-de-vie, et en nombre infiniment supérieur, se jetèrent avec furie sur les faibles débris de l'infortuné 14e dont les soldats ne vivaient, depuis quelques jours, que de pommes de terre et de neige fondue; encore, ce jour-là, n'avaient-ils pas eu le temps de préparer ce misérable repas!... Néanmoins nos braves Français se défendirent vaillamment avec leurs baïonnettes, et lorsque le carré eut été enfoncé, ils se groupèrent en plusieurs pelotons et soutinrent fort longtemps ce combat disproportionné.

Durant cette affreuse mêlée, plusieurs des nôtres, afin de n'être pas frappés par derrière, s'adossèrent aux flancs de ma jument, qui, contrairement à ses habitudes, restait fort impassible. Si j'eusse pu remuer, je l'aurais portée en avant pour l'éloigner de ce champ de carnage; mais il m'était absolument impossible de serrer les jambes pour faire comprendre ma volonté à ma monture!... Ma position était d'autant plus affreuse que, ainsi que je l'ai déjà dit, j'avais conservé la faculté de voir et de penser... Non seulement on se battait autour de moi, ce qui m'exposait aux coups de baïonnette, mais un officier russe, à la figure atroce, faisait de constants efforts pour me percer de son épée, et comme la foule des combattants l'empêchait de me joindre, il me désignait du geste aux soldats qui l'environnaient et qui, me prenant pour le chef des Français, parce que j'étais seul à cheval, tiraient sur moi par-dessus la tête de leurs camarades, de sorte que de très nombreuses balles sifflaient constamment à mes oreilles. L'une d'elles m'eût certainement ôté le peu de vie qui me restait, lorsqu'un incident terrible vint m'éloigner de cette affreuse mêlée.

Parmi les Français qui s'étaient adossés au flanc gauche de ma jument, se trouvait un fourrier que je connaissais pour l'avoir vu souvent chez le maréchal, dont il copiait les états de situation. Cet homme, attaqué et blessé par plusieurs grenadiers ennemis, tomba sous le ventre de Lisette et saisissait ma jambe pour tâcher de se relever, lorsqu'un grenadier russe, dont l'ivresse rendait les pas fort incertains, ayant voulu l'achever en lui perçant la poitrine, perdit l'équilibre, et la pointe de sa baïonnette mal dirigée vint s'égarer dans mon manteau gonflé par le vent. Le Russe, voyant que je ne tombais pas, laissa le fourrier pour me porter une infinité de coups d'abord inutiles, mais dont l'un, m'atteignant enfin, traversa mon bras gauche, dont je sentis avec un plaisir affreux couler le sang tout chaud... Le grenadier russe, redoublant de fureur, me portait encore un coup, lorsque la force qu'il y mit le faisant trébucher, sa baïonnette s'enfonça dans la cuisse de ma jument, qui, rendue par la douleur à ses instincts féroces, se précipita sur le Russe et d'une seule bouchée lui arracha avec ses dents le nez, les lèvres, les paupières, ainsi que toute la peau du visage, et en fit une *tête de mort vivante* et toute rouge!... C'était horrible à voir! Puis, se jetant avec furie au milieu des combattants, Lisette, ruant et mordant, renverse tout ce qu'elle rencontre sur son passage!... L'officier ennemi, qui avait si souvent essayé de me frapper, ayant voulu l'arrêter par la bride, elle le saisit par le ventre, et l'enlevant avec facilité, elle l'emporta hors de la mêlée, au bas du monticule, où, après lui avoir arraché les entrailles à coups de dents et broyé le corps sous ses pieds, elle le laissa mourant sur la neige!... Reprenant ensuite le chemin par lequel elle était venue, elle se dirigea au triple galop vers le cimetière d'Eylau. Grâce à la selle à la housarde dans laquelle j'étais assis, je me maintins à cheval, mais un nouveau danger m'attendait.

La neige venait de recommencer à tomber, et de gros flocons obscurcissaient le jour, lorsque, arrivé près d'Eylau, je me trouvai en face d'un bataillon de la vieille garde, qui, ne pouvant distinguer au loin, me prit pour un officier ennemi conduisant une charge de cavalerie. Aussitôt le bataillon entier fit feu sur moi... Mon manteau et ma selle furent criblés de balles, mais je ne fus point blessé, non plus que ma jument, qui, continuant sa course rapide, traversa les trois rangs du bataillon avec la même facilité qu'une couleuvre traverse une haie... Mais ce dernier élan ayant épuisé les forces de Lisette, qui perdait beaucoup de sang, car une des grosses veines de sa cuisse avait été coupée, cette pauvre bête s'affaissa tout à coup et tomba d'un côté en me faisant rouler de l'autre!

Étendu sur la neige parmi des tas de morts et de mourants, ne pouvant me mouvoir d'aucune façon, je perdis insensiblement et sans douleur le sentiment de moi-même. Il me sembla qu'on me berçait doucement... Enfin, je m'évanouis complètement, sans être ranimé par le grand fracas que les quatre-vingt-dix escadrons de Murat allant à la charge firent en passant auprès de moi et peut-être sur moi! J'estime que mon évanouissement dura quatre heures, et lorsque je repris mes sens, voici l'horrible position dans laquelle je me trouvais: j'étais complètement nu, n'ayant plus que le chapeau et la botte droite. Un soldat du train, me croyant mort, m'avait dépouillé selon l'usage, et voulant m'arracher la seule botte qui me restât, me tirait par une jambe, en m'appuyant un de ses pieds sur le ventre! Les fortes secousses que cet homme me donnait m'ayant sans doute ranimé, je parvins à soulever le haut du corps et à rendre des caillots de sang qui obstruaient mon gosier. La commotion produite par le vent du boulet avait amenée une ecchymose si considérable que j'avais la figure, les épaules et la poitrine noires, tandis que le sang sorti de ma blessure au bras rougissait les autres parties de mon corps... Mon chapeau et mes cheveux étaient remplis d'une neige ensanglantée; je roulais des yeux hagards et devais être horrible à voir. Aussi le soldat du train détourna la tête et s'éloigna avec mes effets, sans qu'il me fût possible de lui adresser une seule parole, tant mon état de prostration était grand!... Mais j'avais repris mes facultés mentales, et mes pensées se portèrent vers Dieu et vers ma mère!...

Le soleil, en se couchant, jeta quelques faibles rayons à travers les nuages; je lui fis des adieux que je crus bien être les derniers... Si du moins, me disais-je, on ne m'eût pas dépouillé, quelqu'un des nombreux individus qui passent auprès de moi, remarquant les tresses d'or dont ma pelisse est couverte, reconnaîtrait que je suis aide de camp d'un maréchal et me ferait peut-être transporter à l'ambulance; mais en me voyant nu, on me confond avec les nombreux cadavres dont je suis entouré; bientôt, en effet, il n'y aura plus aucune différence entre eux et moi. Je ne puis appeler à mon aide, et la nuit qui s'approche va m'ôter tout espoir d'être secouru; le froid augmente, pourrai-je le supporter jusqu'à demain, quand déjà je sens se raidir mes membres nus? Je m'attendais donc à mourir, car si un miracle m'avait sauvé au milieu de l'affreuse mêlée des Russes et du 14e pouvais-je espérer qu'un autre miracle me tirerait de l'horrible position dans laquelle je me trouvais?... Ce second miracle eut lieu, et voici comment. Le maréchal Augereau avait un valet de chambre nommé Pierre Dannel, garçon très intelligent, très dévoué, mais un peu raisonneur. Or, il était arrivé, pendant notre séjour à la Houssaye, que Dannel ayant mal répondu à son maître, celui-ci le renvoya. Dannel, désolé, me supplia d'intercéder pour lui. Je le fis avec tant de zèle que je parvins à le faire rentrer en grâce auprès du maréchal. Depuis ce moment, le valet de chambre m'avait voué un grand attachement. Cet homme, qui avait laissé à Landsberg tous les équipages, en était parti de son chef, le jour de la bataille, pour apporter à son maître des vivres qu'il avait placés dans un fourgon très léger, passant partout, et contenant les objets dont le maréchal se servait le plus souvent. Ce petit fourgon était conduit par un soldat ayant servi dans la compagnie du train à laquelle appartenait le soldat qui venait de me dépouiller. Celui-ci, muni de mes effets, passait auprès du fourgon stationné à côté du cimetière, lorsque, ayant reconnu le postillon, son ancien camarade, il l'accosta pour lui montrer le brillant butin qu'il venait de recueillir sur un mort.

Or, il faut que vous sachiez que pendant notre séjour dans les cantonnements de la Vistule, le maréchal ayant envoyé Dannel chercher des provisions à Varsovie, je l'avais chargé de faire ôter de ma pelisse la fourrure d'astrakan noir dont elle était garnie, pour la faire remplacer par de l'astrakan gris, nouvellement adopté par les aides de camp du prince Berthier, qui donnaient la mode dans l'armée. J'étais encore le seul officier du maréchal Augereau qui eût de l'astrakan gris. Dannel, présent à l'étalage que faisait le soldat du train, reconnut facilement ma pelisse, ce qui l'engagea à regarder plus attentivement les autres effets du prétendu mort, parmi lesquels il trouva ma montre, marquée au chiffre de mon père, à qui elle avait appartenu. Le valet de chambre ne douta plus que je ne fusse tué, et tout en déplorant ma perte, il voulut me voir pour la dernière fois, et se faisant conduire par le soldat du train, il me trouva vivant!...

La joie de ce brave homme, auquel je dus certainement la vie, fut extrême: il s'empressa de faire venir mon domestique, quelques ordonnances, et de me faire transporter dans une grange, où il me frotta le corps avec du rhum, pendant qu'on cherchait le docteur Raymond, qui arriva enfin, pansa ma blessure du bras, et déclara que l'expansion du sang qu'elle avait produite me sauverait.

Bientôt, je fus entouré par mon frère et mes camarades. On donna quelque chose au soldat du train qui avait pris mes habits, qu'il rendit de fort bonne grâce; mais comme ils étaient imprégnés d'eau et de sang, le maréchal Augereau me fit envelopper dans des effets à lui. L'Empereur avait autorisé le maréchal à se rendre à Landsberg; mais sa blessure l'empêchant de monter à cheval, ses aides de camp s'étaient procuré un traîneau sur lequel était placée une caisse de cabriolet. Le maréchal, qui ne pouvait se résoudre à m'abandonner, m'y fit attacher auprès de lui, car j'étais trop faible pour me tenir assis!

Avant qu'on me relevât du champ de bataille, j'avais vu ma pauvre Lisette auprès de moi. Le froid, en coagulant le sang de sa plaie, en avait arrêté la trop grande émission; la bête s'était remise sur ses jambes et mangeait la paille dont les soldats s'étaient servis pour leurs bivouacs la nuit précédente. Mon domestique, qui aimait beaucoup Lisette, l'ayant aperçue lorsqu'il aidait à me transporter, retourna la chercher, et découpant en bandes la chemise et la capote d'un soldat mort, il s'en servit pour envelopper la cuisse de la pauvre jument, qu'il mit ainsi en état de marcher jusqu'à Landsberg. Le commandant de la petite garnison de cette place ayant eu l'attention de faire préparer des logements pour les blessés, l'état-major fut placé dans une grande et bonne auberge, de sorte qu'au lieu de passer la nuit sans secours, étendu tout nu sur la neige, je fus couché sur un bon lit et environné des soins de mon frère, de mes camarades et du bon docteur Raymond. Celui-ci avait été obligé de couper la botte que le soldat du train n'avait pu m'ôter, et qu'il fut encore difficile de me retirer tant mon pied était gonflé. Vous verrez plus loin que cela faillit me coûter une jambe et peut-être la vie.

Nous passâmes trente-six heures à Landsberg. Ce repos, les bons soins qu'on prit de moi, me rendirent l'usage de la parole et des membres, et lorsque le surlendemain de la bataille le maréchal Augereau se mit en route pour Varsovie, je pus, quoique bien faible, être transporté dans le traîneau. Notre voyage dura huit jours, parce que l'état-major allait à petites journées avec ses chevaux. Je reprenais peu à peu mes forces; mais, à mesure qu'elles revenaient, je sentais un froid glacial à mon pied droit. Arrivé à Varsovie, je fus logé dans l'hôtel réservé pour le maréchal, ce qui me fut d'autant plus favorable que je ne pouvais quitter le lit. Cependant la blessure de mon bras allait bien, le sang extravasé sur mon corps par suite de la commotion du boulet commençait à se résoudre, ma peau reprenait sa couleur naturelle; le docteur ne savait à quoi attribuer l'impossibilité dans laquelle j'étais de me lever, et m'entendant me plaindre de ma jambe, il voulut la visiter, et qu'aperçut-il?... Mon pied était gangrené!... Un accident remontant à mes premières années était la cause du nouveau malheur qui me frappait. J'avais eu, à Sorèze, le pied droit percé par le fleuret démoucheté d'un camarade avec lequel je faisais des armes. Il paraîtrait que les muscles, devenus sensibles, avaient beaucoup souffert du froid pendant que je gisais évanoui sur le champ de bataille d'Eylau; il en était résulté un gonflement qui explique la difficulté qu'avait eue le soldat du train à m'arracher la botte droite. Le pied était gelé, et n'ayant pas été soigné à temps, la gangrène s'était déclarée sur l'ancienne blessure provenant du coup de fleuret; elle était couverte d'une escarre large comme une pièce de cinq francs... Le docteur pâlit en voyant mon pied; puis, me faisant tenir par quatre domestiques et s'armant d'un bistouri, il enleva l'escarre et creusa dans mon pied pour extirper les chairs mortes, absolument comme on cure les parties gâtées d'une pomme.

Je souffris beaucoup, cependant ce fut sans me plaindre; mais il n'en fut pas de même lorsque le bistouri, arrivé à la chair vive, eut mis à découvert les muscles et les os dont on apercevait les mouvements! Le docteur, montant sur une chaise, trempa une éponge dans du vin chaud sucré, qu'il fit tomber goutte à goutte dans le trou qu'il venait de creuser dans mon pied. La douleur devint intolérable!... Je dus néanmoins, pendant huit jours, subir soir et matin cet affreux supplice, mais ma jambe fut sauvée...

Aujourd'hui, où l'on est si prodigue d'avancement et de décorations, on accorderait certainement une récompense à un officier qui braverait les dangers que je courus en me rendant vers le 14e de ligne; mais, sous l'Empire, on considéra ce trait de dévouement comme si naturel qu'on ne me donna pas la croix, et qu'il ne me vint même pas à la pensée de la demander.

Un long repos ayant été jugé nécessaire pour la guérison de la blessure du maréchal Augereau, l'Empereur lui écrivit pour l'engager à se faire traiter en France, et fit venir d'Italie le maréchal Masséna, auprès duquel mon frère, Bro et plusieurs de mes camarades furent placés. Le maréchal Augereau me prit avec lui, ainsi que le docteur Raymond et son secrétaire. On était obligé de me porter pour monter et descendre de voiture; je sentais, du reste, que ma santé se raffermissait à mesure que je m'éloignais des régions glaciales pour marcher vers un climat plus doux. Ma jument passa son hiver dans les écuries de M. de Launay, administrateur des fourrages de l'armée. Le maréchal se dirigea de Varsovie sur la Silésie, par Rawa. Tant que nous fûmes dans l'affreuse Pologne, où il n'existait aucune route ferrée, il fallut douze et jusqu'à seize chevaux pour tirer la voiture des fondrières et des marécages au milieu desquels nous marchions; encore n'allait-elle qu'au pas, et ce ne fut qu'en arrivant en Allemagne que nous trouvâmes enfin un pays civilisé et de véritables routes.

Nous nous arrêtâmes à Dresde, et passâmes dix à douze jours à Francfort-sur-Mein, d'où nous étions partis au mois d'octobre précédent pour marcher contre la Prusse.

Enfin nous arrivâmes à Paris vers le 15 mars. Je marchais avec beaucoup de peine, j'avais un bras en écharpe et me ressentais encore du terrible ébranlement produit par la commotion du vent du boulet; mais le bonheur de revoir ma mère et les bons soins qu'elle me donna, joints à la douce influence du printemps, achevèrent ma guérison.

Avant de quitter Varsovie, j'avais voulu jeter le chapeau que le boulet avait percé; mais le maréchal, l'ayant fait garder comme objet de curiosité, le donna à ma mère. Il existe encore aujourd'hui entre mes mains, et c'est un monument de famille qu'il faudra conserver.

CHAPITRE TRENTE-CINQ

Missions auprès de l'Empereur.—Je rejoins le maréchal Lannes.—Reprise des hostilités le 11 juin.—Les armées se joignent sur l'Alle, à Friedland.

Je passai à Paris la fin du mois de mars, tout avril et la première semaine de mai. Ce fut pendant ce séjour que je connus la famille Desbrières, dans laquelle mon mariage devait me faire prochainement entrer. Ma santé étant rétablie, je compris que je ne pouvais rester à Paris. Le maréchal Augereau m'adressa au maréchal Lannes, qui me reçut de fort bonne grâce dans son état-major.

L'Empereur, pour être à même de surveiller les mouvements que les ennemis seraient tentés de faire pendant l'hiver, s'était établi au milieu des cantonnements de ses troupes, d'abord à Osterode, puis au château de Finkenstein, d'où, en préparant une nouvelle campagne, il gouvernait la France et dirigeait ses ministres, qui lui adressaient chaque semaine leurs rapports. Les portefeuilles contenant les documents divers fournis par chaque ministre étaient réunis tous les mercredis soir chez M. Denniée père, sous-secrétaire d'État à la guerre, qui les expédiait tous les jeudis matin par un auditeur au conseil d'État chargé de les remettre à l'Empereur. Mais ce service se faisait fort mal, parce que la plupart des auditeurs n'étant jamais sortis de France, ne sachant pas un mot d'allemand, ne connaissant ni les monnaies ni les règlements de poste des pays étrangers, ne savaient plus comment se conduire dès qu'ils avaient passé le Rhin. D'ailleurs, ces messieurs, n'étant pas habitués à la fatigue, se trouvaient bientôt accablés par celle d'un voyage de plus de trois cents lieues, qui exigeait une marche continuelle de dix jours et dix nuits. L'un d'eux poussa même l'incurie jusqu'à laisser voler ses dépêches.

Napoléon, furieux de cette aventure, adressa une estafette à Paris pour ordonner à M. Denniée de ne confier à l'avenir les portefeuilles qu'à des officiers connaissant l'Allemagne et qui, habitués aux fatigues et aux privations, rempliraient cette mission avec plus d'exactitude. M. Denniée était fort embarrassé d'en trouver un, quand je me présentai avec la lettre du maréchal Lannes, me demandant auprès de lui. Enchanté d'assurer le prochain départ des portefeuilles, il me prévint de me tenir prêt pour le jeudi suivant et me remit cinq mille francs pour les frais de poste et pour l'achat d'une calèche, ce qui venait fort à propos pour moi, qui avais peu d'argent pour rejoindre l'armée au fond de la Pologne.

Nous partîmes de Paris vers le 10 mai. Mon domestique et moi étions bien armés, et lorsque l'un de nous était forcé de quitter momentanément la voiture, l'autre la surveillait. Nous savions assez d'allemand pour presser les postillons, qui, me voyant en uniforme, obéissaient infiniment mieux à un officier qu'à des auditeurs; aussi, au lieu d'être, comme ces messieurs, neuf jours et demi, et même dix jours, pour faire le trajet de Paris à Finkenstein, j'y arrivai en huit jours et demi.

L'Empereur, enchanté d'avoir ses dépêches vingt-quatre heures plus tôt, loua d'abord mon zèle, qui m'avait fait demander à revenir à l'armée malgré mes récentes blessures, et ajouta que puisque je courais si bien la poste, j'allais repartir la nuit même pour Paris, d'où je rapporterais d'autres portefeuilles, ce qui ne m'empêcherait pas d'assister à la reprise des hostilités, qui ne pouvait avoir lieu que dans les commencements de juin.

Bien que je n'eusse pas, à beaucoup près, dépensé les cinq mille francs que M. Denniée m'avait remis, le maréchal du palais m'en fit donner autant pour retourner à Paris, où je me rendis au plus vite. Je ne restai que vingt-quatre heures dans cette ville, et je repartis pour la Pologne. Le ministre de la guerre me remit encore cinq mille francs pour ce troisième voyage; c'était beaucoup plus qu'il ne fallait, mais l'Empereur le voulait ainsi. Il est vrai que ces voyages étaient très fatigants et surtout fort ennuyeux, bien que le temps fût très beau, car je roulai près d'un mois jour et nuit, en tête-à-tête avec mon domestique. Je retrouvai l'Empereur au château de Finkenstein. Je craignais de continuer à *postillonner* au moment où on allait se battre, mais heureusement on avait trouvé des officiers pour porter les dépêches, et ce service était déjà organisé. L'Empereur m'autorisa à me rendre auprès du maréchal Lannes, qui se trouvait à Marienbourg lorsque je le rejoignis, le 25 mai. Il avait avec lui le colonel Sicard, aide de camp d'Augereau, qui avait eu la complaisance de ramener mes chevaux. Je revis avec grand plaisir ma chère jument Lisette, qui pouvait encore faire un bon service.

La place de Danzig, assiégée par les Français pendant l'hiver, était tombée en leur pouvoir. Le retour de la belle saison fit bientôt rouvrir la campagne. Les Russes attaquèrent nos cantonnements le 5 juin, et furent vivement repoussés sur tous les points. Il y eut le 10, à Heilsberg, un combat tellement sanglant, que plusieurs historiens l'ont qualifié de bataille. Les ennemis y furent encore battus. Je n'entrerai dans aucun détail sur cette affaire, parce que le corps du maréchal Lannes n'y prit que fort peu de part, n'étant arrivé qu'à la nuit tombante. Nous reçûmes cependant une assez grande quantité de boulets, dont l'un blessa mortellement le colonel Sicard, qui, déjà frappé d'une balle à Eylau, revenait, à peine guéri, prendre part à de nouveaux combats. Le bon colonel Sicard, avant d'expirer, me chargea de faire ses adieux au maréchal Augereau et me remit un billet pour sa femme. Cette pénible scène m'affligea beaucoup.

L'armée s'étant mise à la poursuite des Russes, nous passâmes par Eylau. Ces champs, que trois mois avant nous avions laissés couverts de neige et de cadavres, offraient alors de charmants tapis de verdure émaillés de fleurs!... Quel contraste!... Combien de braves guerriers reposaient sous ces vertes prairies!... Je fus m'asseoir à la même place où j'étais tombé, où j'avais été dépouillé, où je devais aussi mourir, si un concours de circonstances vraiment providentielles ne m'eût sauvé!... Le maréchal Lannes voulut voir le monticule où le 14e de ligne s'était si vaillamment défendu. Je l'y conduisis. Les ennemis avaient occupé ce terrain depuis l'époque de la bataille; cependant, nous retrouvâmes encore intact le monument que tous les corps de l'armée française avaient élevé à leurs infortunés camarades du 14e dont trente-six officiers avaient été enterrés dans la même fosse! Ce respect pour la gloire des morts honore les Russes. Je m'arrêtai quelques instants sur l'emplacement où j'avais reçu le boulet et le coup de baïonnette, et pensai aux braves qui gisaient dans la poussière et dont j'avais été si près de partager le sort.

Les Russes, battus le 10 juin à Heilsberg, firent une retraite précipitée et gagnèrent une journée d'avance sur les Français, qui se trouvaient le 13 au soir réunis en avant d'Eylau, sur la rive gauche de l'Alle.

Les ennemis occupaient Bartenstein, sur la rive droite de cette même rivière que les deux armées descendaient parallèlement. Benningsen, ayant ses magasins de vivres et de munitions à Kœnigsberg, où se trouvait le corps prussien, désirait se porter sur cette ville avant l'arrivée des Français; mais, pour cela, il devait repasser sur la rive gauche de l'Alle, sur laquelle se trouvaient les troupes de Napoléon venant d'Eylau. Le général russe espéra les devancer à Friedland, assez à temps pour franchir la rivière avant qu'elles pussent s'y opposer. Les motifs qui portaient Benningsen à conserver Kœnigsberg faisant désirer à l'Empereur de s'en emparer, il avait constamment manœuvré depuis plusieurs jours pour déborder la gauche des ennemis, afin de les éloigner de cette place vers laquelle il avait détaché Murat, Soult et Davout, pour s'opposer aux Russes s'ils y arrivaient avant nous.

Mais l'Empereur ne s'en tint pas à cette précaution, et prévoyant que pour gagner Kœnigsberg les Russes chercheraient à passer l'Alle à Friedland, il voulut occuper avant eux cette ville, sur laquelle il dirigea, dans la nuit du 13 au 14 juin, les corps des maréchaux Lannes et Mortier, ainsi que trois divisions de cavalerie. Le surplus de l'armée devait suivre.

Le maréchal Lannes, qui faisait l'avant-garde avec les grenadiers d'Oudinot et une brigade de cavalerie, arrivant à Posthenen, une lieue en deçà de Friedland, à deux heures du matin, fit reconnaître cette dernière ville par le 9e de housards, qui fut repoussé avec pertes, et le soleil levant nous permit de voir une grande partie de l'armée russe massée de l'autre côté de l'Alle, sur les plateaux élevés entre Allenau et Friedland. L'ennemi commençait à passer sur l'ancien pont de la ville, auprès duquel il en construisait deux nouveaux.

Le but que chacune des deux armées se proposait était bien facile à comprendre: les Russes veulent traverser l'Alle pour se rendre à Kœnigsberg; les Français veulent les en empêcher et les refouler de l'autre côté de la rivière, dont les bords sont très escarpés. Il n'y a que le pont de Friedland. Les Russes éprouvaient d'autant plus de peine à déboucher de cette ville dans la plaine de la rive gauche, que la sortie de Friedland est resserrée sur ce point par un vaste étang, ainsi que par le ruisseau dit *du Moulin*, qui coule dans un ravin fort encaissé. Les ennemis, pour protéger leur passage, avaient établi deux fortes batteries sur la rive droite, d'où ils dominaient la ville et une partie de la plaine entre Posthenen et Heinrichsdorf. Les projets et les positions respectives des deux armées étant ainsi connus, je vais vous expliquer succinctement les principaux événements de cette bataille décisive, qui amena la paix.

L'Empereur était encore à Eylau: les divers corps d'armée se dirigeaient sur Friedland, dont ils se trouvaient à plusieurs lieues, lorsque le maréchal Lannes, ayant marché toute la nuit, arrivait devant cette ville. Si le maréchal n'eût écouté que son impatience, il eût attaqué les ennemis sur-le-champ; mais déjà ceux-ci avaient trente mille hommes formés dans la plaine en avant de Friedland, et leurs lignes, dont la droite était en face de Heinrichsdorf, le centre au ruisseau du Moulin et la gauche au village de Sortlack, se renforçaient sans cesse, tandis que le maréchal Lannes n'avait que dix mille hommes; mais il les plaça fort habilement dans le village de Posthenen et dans le bois de Sortlack, d'où il menaçait le flanc gauche des Russes, pendant qu'avec deux divisions de cavalerie il tâchait d'arrêter leur marche sur Heinrichsdorf, village situé sur la route de Friedland à Kœnigsberg. Le feu s'engagea vivement, mais le corps du maréchal Mortier ne tarda pas à paraître, et pour disputer aux Russes la route de Kœnigsberg, en attendant de nouveaux renforts, il occupa Heinrichsdorf et l'espace situé entre ce village et celui de Posthenen. Cependant, il n'était pas possible que Mortier et Lannes pussent résister avec vingt-cinq mille hommes aux soixante-dix mille Russes qui allaient bientôt se trouver en face d'eux. Le moment devenait donc très critique... Le maréchal Lannes expédiait à tout moment des officiers pour prévenir l'Empereur de hâter l'arrivée des corps d'armée qu'il savait en marche derrière lui. Monté sur la rapide Lisette et envoyé le premier vers l'Empereur, que je ne rejoignis qu'à sa sortie d'Eylau, je le trouvai rayonnant de joie!... Il me fit placer à côté de lui, et tout en galopant, je dus lui expliquer ce qui s'était passé avant mon départ du champ de bataille. Mon récit achevé, l'Empereur me dit en souriant: «As-tu bonne mémoire?—Passable, Sire.—Eh bien, quel anniversaire est-ce aujourd'hui, 14 juin?—Celui de Marengo.—Oui, oui, reprit l'Empereur, celui de Marengo, et je vais battre les Russes comme je battis les Autrichiens!»

Napoléon avait une telle conviction à ce sujet qu'en longeant les colonnes dont les soldats le saluaient par de nombreux vivat, il ne cessait de leur dire: «C'est aujourd'hui un jour heureux, l'anniversaire de Marengo!...»

CHAPITRE TRENTE-SIX

Bataille de Friedland.—Dangers auxquels je suis exposé.—Entrevue et traité de Tilsitt.

Il était plus de onze heures, lorsque l'Empereur arriva sur le champ de bataille, où plusieurs corps d'armée étaient déjà venus se joindre à Lannes et à Mortier. Les autres, ainsi que la garde, arrivaient successivement. Napoléon rectifia les lignes: Ney forma la droite placée dans le bois de Sortlack; Lannes et Mortier, le centre entre Posthenen et Heinrichsdorf; la gauche se prolongeait au delà de ce dernier village. La chaleur était accablante. L'Empereur accorda aux troupes une heure de repos, et décida qu'au signal donné par vingt-cinq pièces tirant à la fois, on ferait une attaque générale, ce qui fut exécuté.

Le corps du maréchal Ney avait la plus rude mission, car, caché dans le bois de Sortlack, il devait en sortir et pénétrer dans Friedland, où se trouvaient agglomérées les principales forces et les réserves ennemies, s'emparer des ponts et couper ainsi toute retraite aux Russes. On comprend difficilement comment Benningsen avait pu se résoudre à placer son armée en face du défilé de Friedland, où elle avait à dos l'Alle avec ses bords escarpés et se trouvait en présence des Français, maîtres de la plaine. Le général russe, pour expliquer sa conduite, a répondu, plus tard, qu'ayant une journée d'avance sur Napoléon, et ne pouvant admettre que les Français fissent en douze heures un trajet égal à celui que ses troupes avaient mis vingt-quatre heures à parcourir, il avait pensé que le corps de Lannes, qu'il trouvait à Friedland, était une avant-garde isolée de l'armée française, et qu'il lui serait facile d'écraser; quand son illusion s'était dissipée, il était trop tard pour reporter son armée de l'autre côté de l'Alle, parce que le défilé de Friedland lui eût fait éprouver une perte certaine, et qu'il avait préféré combattre avec énergie.

Vers une heure de l'après-midi, les vingt-cinq canons placés à Posthenen ayant tiré tous ensemble par ordre de l'Empereur, la bataille s'engagea sur toute la ligne; mais notre gauche et notre centre marchèrent d'abord très lentement, afin de donner à la droite, commandée par Ney, le temps d'enlever la ville. Ce maréchal, sortant du bois de Sortlack, s'empara du village de ce nom, d'où il se porta très rapidement sur Friedland, renversant tout sur son passage; mais dans le trajet du bois et du village de Sortlack aux premières maisons de Friedland, les troupes de Ney, marchant à découvert, se trouvèrent exposées au terrible feu des batteries russes, qui, placées en arrière de la ville sur les hauteurs de la rive opposée, leur firent éprouver des pertes immenses. Ce feu était d'autant plus dangereux que les canonniers ennemis, séparés de nous par la rivière, ajustaient avec sécurité, en voyant que nos fantassins étaient dans l'impossibilité de les attaquer. Ce grave inconvénient pouvait faire manquer la prise de Friedland, mais Napoléon y remédia par l'envoi de cinquante bouches à feu qui, placées par le général Sénarmont sur la rive gauche de l'Alle, tirèrent par-dessus cette rivière contre les batteries russes, et firent pleuvoir sur elles une grêle de boulets, qui les eurent bientôt démontées. Dès que le feu des canons ennemis fut éteint, Ney, continuant sa marche audacieuse, refoule les Russes dans Friedland et pénètre pêle-mêle avec eux dans les rues de cette malheureuse ville, où les obus venaient d'allumer un immense incendie!... Il y eut là un terrible combat à la baïonnette, où les Russes, entassés les uns sur les autres et pouvant à peine se mouvoir, éprouvèrent des pertes énormes!... Enfin, ils furent contraints, malgré leur courage, de se retirer en désordre, pour chercher un refuge sur la rive opposée, en repassant les ponts. Mais ici un nouveau danger les attendait; l'artillerie du général Sénarmont, s'étant rapprochée de la ville, prenait en flanc les ponts, qu'elle brisa bientôt, après avoir tué un très grand nombre de Russes, qui s'empressaient d'y passer en fuyant. Tout ce qui restait encore dans Friedland fut pris, tué ou noyé, en voulant traverser la rivière.

Jusque-là, Napoléon avait pour ainsi dire fait marquer le pas à son centre et à son aile gauche; il les porta rapidement en avant. Le général russe Gortschakoff qui commandait le centre et l'aile droite ennemie, n'écoutant que son courage, veut reprendre la ville (ce qui ne lui eût été d'aucune utilité, puisque les ponts étaient brisés; mais il l'ignorait). Il s'élança donc à la tête de ses troupes dans Friedland embrasé; mais, repoussé de front par les troupes du maréchal Ney qui occupaient cette ville, et contraint de regagner la campagne, le général ennemi se voit bientôt entouré par notre centre, qui l'accule à l'Alle en face de Kloschenen. Les Russes, furieux, se défendent héroïquement, et, bien qu'enfoncés de toutes parts, ils refusent de se rendre. Une grande partie meurt sous nos baïonnettes, et le reste se laisse rouler du haut des berges dans la rivière, où presque tous se noyèrent...

L'extrême droite des ennemis, composée en grande partie de cavalerie, avait essayé pendant la bataille d'enlever ou de tourner le village d'Heinrichsdorf; mais, vivement repoussée par nos troupes, elle avait regagné les rives de l'Alle sous les ordres du général Lambert. Celui-ci, voyant Friedland occupé par les Français, la gauche et centre russes détruits, réunit ce qu'il put de régiments de l'aile droite, et s'éloigna du champ de bataille en descendant l'Alle. La nuit empêcha les Français de les poursuivre; aussi fut-ce le seul corps ennemi qui échappa au désastre. Notre victoire fut des plus complètes: toute l'artillerie des Russes tomba en notre pouvoir. Nous avions fait peu de prisonniers pendant l'action, mais le nombre des ennemis tués ou blessés était immense et s'élevait à plus de vingt-six mille. Notre perte n'allait qu'à trois mille morts et à quatre à cinq mille blessés. De toutes les batailles livrées par l'Empereur, ce fut *la seule* où le nombre de ses troupes fut supérieur à celui des ennemis; les Français avaient quatre-vingt mille combattants, les Russes seulement soixante-quinze mille. Les débris de l'armée ennemie marchèrent en désordre toute la nuit, et se retirèrent derrière le Prégel, dont ils coupèrent les ponts.

Les maréchaux Soult, Davout et Murat n'avaient pu assister à la bataille de Friedland, mais leur présence avait déterminé les Prussiens à abandonner Kœnigsberg, dont nos troupes s'emparèrent. On trouva dans cette ville d'immenses approvisionnements de toute espèce.

Je n'éprouvai aucun accident fâcheux pendant la bataille de Friedland, bien que j'y eusse été exposé aux plus grands dangers; voici comment:

Vous m'avez vu partant le matin de Posthenen par ordre du maréchal Lannes, pour aller à toute bride prévenir l'Empereur que, l'ennemi passant l'Alle à Friedland, une bataille paraissait imminente. Napoléon était à Eylau. J'avais donc près de six lieues à faire pour le joindre, ce qui eût été peu de chose pour mon excellente jument si j'eusse trouvé les routes libres; mais, comme elles étaient encombrées par les troupes des divers corps se portant en toute hâte au secours du maréchal Lannes, devant Friedland, il m'était absolument impossible de galoper en suivant le chemin; je me jetai donc à travers champs, de sorte que Lisette ayant eu à franchir des barrières, des haies et des ruisseaux, était déjà très fatiguée lorsque je joignis l'Empereur, au moment où il sortait d'Eylau. Cependant, je dus, sans prendre une minute de repos, retourner avec lui à Friedland, et bien que cette fois les troupes se rangeassent pour nous laisser passer, ma pauvre jument ayant fait tout d'une traite douze lieues au galop, dont six à travers champs et par une très forte chaleur, se trouvait vraiment harassée, lorsque, arrivé sur le champ de bataille, je rejoignis le maréchal Lannes. Je compris que Lisette ne pouvait faire un bon service pendant l'action; je profitai donc du moment de repos que l'Empereur accorda aux troupes pour chercher mon domestique et changer ma monture; mais au milieu d'une armée aussi considérable comment trouver mes équipages?... Cela me fut impossible. Je revins donc à l'état-major, toujours monté sur Lisette hors d'haleine.

Le maréchal Lannes et mes camarades, témoins de mon embarras, m'engagèrent à mettre pied à terre pour faire reposer ma jument pendant quelques heures, lorsque j'aperçus un de nos housards conduisant en main un cheval qu'il avait pris sur l'ennemi. J'en fis l'acquisition, et confiant Lisette à l'un des cavaliers de l'escorte du maréchal, afin qu'il passât derrière les lignes pour la faire manger et la remettre à mon domestique dès qu'il l'apercevrait, je montai mon nouveau cheval, repris mon rang parmi les aides de camp, et fis les courses à mon tour. Je fus d'abord très satisfait de ma monture, jusqu'au moment où le maréchal Ney étant entré dans Friedland, le maréchal Lannes me chargea de me rendre auprès de lui, pour le prévenir d'un mouvement que faisait l'ennemi. À peine fus-je dans cette ville, que mon diable de cheval, qui avait été si bien en rase campagne, se trouvant sur une petite place dont toutes les maisons étaient en feu, et dont le pavé était couvert de meubles et de poutres enflammés au milieu desquels grillaient un grand nombre de cadavres, la vue des flammes et l'odeur des chairs calcinées l'effrayèrent tellement, qu'il ne voulut plus avancer ni reculer, et, joignant les quatre pieds, il restait immobile et renâclait fortement, sans que les nombreux coups d'éperon que je lui donnais parvinssent à l'émouvoir. Cependant, les Russes, reprenant momentanément l'avantage dans une rue voisine, repoussent nos troupes jusqu'au point où j'étais, et du haut d'une église et des maisons environnantes, font pleuvoir une grêle de balles autour de moi, pendant que deux canons, conduits à bras par les ennemis, tiraient à mitraille sur les bataillons au milieu desquels je me trouvais. Beaucoup d'hommes furent tués autour de moi, ce qui me rappela la position dans laquelle je me trouvais à Eylau, au milieu du 14e. Comme je n'étais nullement curieux de recevoir de nouvelles blessures, et que d'ailleurs, en restant là, je n'accomplissais pas ma mission, je mis tout simplement pied à terre, et abandonnant mon satané cheval, je me glissai le long des maisons pour aller joindre le maréchal Ney sur une autre place que des officiers m'indiquèrent.

Je passai un quart d'heure auprès de lui; il y tombait des balles, mais pas, à beaucoup près, autant qu'au lieu où j'avais laissé ma monture. Enfin les Russes, repoussés à la baïonnette, ayant été forcés de reculer de toutes parts vers les ponts, le maréchal Ney m'engagea à aller donner cette bonne nouvelle au maréchal Lannes. Je repris pour sortir de la ville le chemin par lequel j'étais venu et repassai sur la petite place sur laquelle j'avais laissé mon cheval. Elle avait été le théâtre d'un combat des plus sanglants; on n'y voyait que morts et mourants, au milieu desquels j'aperçus mon cheval entêté, les reins brisés par un boulet et le corps criblé de balles!… Je gagnai donc à pied l'extrémité du faubourg en hâtant le pas, car de tous côtés les maisons embrasées s'écroulaient, et me faisaient craindre d'être englouti sous leurs décombres. Je parvins enfin à sortir de la ville et à gagner les bords de l'étang.

La chaleur du jour, jointe à celle répandue par le feu qui dévorait les rues que je venais de traverser, m'avait mis en nage. J'étouffais, et tombais de fatigue et de besoin, car j'avais passé la nuit à cheval pour venir d'Eylau à Friedland; j'étais ensuite retourné au galop à Friedland et je n'avais pas mangé depuis la veille. Je me voyais donc avec déplaisir obligé de traverser à pied, sous un soleil brûlant, et au milieu de blés très élevés, l'immense plaine qui me séparait de Posthenen, où j'avais laissé le maréchal Lannes; mais un heureux hasard vint encore à mon secours. La division de dragons du général Grouchy, ayant eu non loin de là un vif engagement avec l'ennemi, avait, quoique victorieuse, perdu un certain nombre d'hommes, et les colonels, selon l'usage, avaient fait réunir les chevaux des cavaliers tués, menés en main par un détachement qui s'était mis à l'écart. J'aperçus ce piquet, dont chaque dragon conduisait quatre ou cinq chevaux, se diriger vers l'étang pour les faire boire. Je m'adressai à l'officier, qui, embarrassé par tant de chevaux de main, ne demanda pas mieux que de m'en laisser prendre un, que je promis de renvoyer le soir à son régiment. Il me désigna même une excellente bête que montait un sous-officier tué pendant la charge. J'enfourchai donc ce cheval et revins rapidement vers Posthenen. J'avais à peine quitté les rives de l'étang qu'il devint le théâtre d'un combat des plus sanglants, auquel donna lieu l'attaque désespérée que fit le général Gortschakoff pour se rouvrir le chemin de la retraite en reprenant la route de Friedland occupée par le maréchal Ney. Pris entre les troupes de ce maréchal et celles de notre centre qui se portèrent en avant, les Russes de Gortschakoff se défendirent vaillamment dans les maisons qui avoisinaient l'étang, de sorte que si je fusse resté en ce lieu, où j'avais eu l'intention de me reposer quelques instants, je me serais trouvé au milieu d'une terrible mêlée. Je rejoignis le maréchal Lannes au moment où il se portait sur l'étang pour attaquer par derrière le corps de Gortschakoff, que Ney repoussait de front de la ville, et je pus par conséquent lui donner de bons renseignements sur la configuration du terrain sur lequel nous combattions.

Si l'armée française avait fait peu de prisonniers sur le champ de bataille de Friedland, il n'en fut pas ainsi le lendemain et les jours suivants, car les Russes, poussés l'épée dans les reins, mis dans une déroute complète, exténués de fatigue, abandonnaient leurs rangs et se couchaient dans les champs, où nous en prîmes un très grand nombre. On ramassa aussi beaucoup d'artillerie. Tout ce qui put échapper de l'armée de Benningsen se hâta de repasser le Niémen, derrière lequel se trouvait l'empereur de Russie, qui, se rappelant probablement les dangers auxquels il avait été exposé à Austerlitz, n'avait point jugé à propos d'assister en personne à la bataille de Friedland et s'était empressé, le surlendemain de notre victoire, de demander un armistice que Napoléon lui accorda.

Ce fut trois jours après la mémorable bataille de Friedland que l'armée française aperçut enfin la ville de Tilsitt et le Niémen qui, sur ce point, n'est éloigné que de quelques lieues des frontières de l'Empire russe. Après une bataille, tout est douleur sur les derrières d'une armée victorieuse dont la marche est jalonnée de cadavres, de mourants et de blessés, tandis que les guerriers qui ont survécu, oubliant bientôt ceux de leurs camarades qui sont tombés dans les combats, se réjouissent de leurs succès et marchent gaiement à de nouvelles aventures. La joie de nos soldats fut immense en voyant le Niémen, dont la rive opposée était occupée par les débris de cette armée russe qu'ils venaient de battre dans tant de rencontres; aussi nos troupes chantaient, tandis qu'un morne silence régnait dans le camp ennemi. L'empereur Napoléon s'établit à Tilsitt; ses troupes campèrent autour de la ville.

Le Niémen séparait les deux armées, les Français occupant la rive gauche; les Russes, la rive droite. L'empereur Alexandre ayant fait demander une entrevue à Napoléon, elle eut lieu le 25 juin, dans un pavillon construit sur un radeau ancré au milieu du fleuve, à la vue des deux armées qui en bordaient-les rives. Ce fut un spectacle des plus imposants. Les deux empereurs arrivèrent chacun de leur côté, suivis seulement de cinq des principaux personnages de leur armée. Le maréchal Lannes, qui, à ce titre, s'était flatté d'accompagner l'Empereur, se vit préférer le maréchal Bessières, ami intime du prince Murat, et ne pardonna pas à ces maréchaux ce qu'il considérait comme un passe-droit.

Le maréchal Lannes resta donc avec nous sur le quai de Tilsitt, d'où nous vîmes les deux empereurs s'embrasser en s'abordant, ce qui excita de nombreux vivat dans les deux camps. Le lendemain 26, dans une seconde entrevue, qui eut lieu encore au pavillon sur le Niémen, l'empereur de Russie présenta à Napoléon son malheureux ami le roi de Prusse. Ce prince, auquel les événements de la guerre avaient fait perdre un vaste royaume, dont il ne lui restait plus que la petite ville de Memel et quelques misérables villages, conserva une attitude digne du descendant du grand Frédéric. Napoléon le reçut avec politesse, mais froidement, parce qu'il croyait avoir à se plaindre de lui et projetait de confisquer une grande partie de ses États.

Pour faciliter les entretiens des deux empereurs, la ville de Tilsitt fut déclarée neutre, et Napoléon en céda la moitié à l'empereur de Russie, qui vint s'y établir avec sa garde. Ces deux souverains passèrent ensemble une vingtaine de jours, pendant lesquels ils réglèrent le sort de l'Europe. Le roi de Prusse, pendant ces conférences, était relégué sur la rive droite et n'avait pas même de logement dans Tilsitt, où il ne venait que fort rarement. Napoléon alla un jour rendre visite à l'infortunée reine de Prusse, dont la douleur était, disait-on, fort grande. Il invita cette princesse à dîner pour le lendemain, ce qu'elle accepta sans doute à contre-cœur; mais au moment de conclure la paix, il fallait bien chercher à adoucir la colère du vainqueur. Napoléon et la reine de Prusse se détestaient cordialement: elle l'avait outragé dans plusieurs proclamations, et il le lui avait rendu dans ses bulletins. Leur entrevue ne se ressentit cependant pas de leur haine mutuelle. Napoléon fut respectueux et empressé, la Reine gracieuse et cherchant à captiver son ancien ennemi, dont elle avait d'autant plus besoin qu'elle n'ignorait pas que le traité de paix créait, sous la dénomination de royaume de Westphalie, un nouvel État dont la Hesse électorale et la Prusse fournissaient le territoire.

La Reine se résignait bien à la perte de plusieurs provinces, mais elle ne pouvait consentir à celle de la place forte de Magdebourg, dont la conservation fait la sécurité de la Prusse. De son côté, Napoléon, dont le projet était de nommer son frère Jérôme roi de Westphalie, voulait ajouter Magdebourg à ce nouvel État. Il paraît que, pour conserver cette ville importante, la reine de Prusse employait pendant le dîner tous les efforts de son amabilité, lorsque Napoléon, pour changer la conversation, ayant fait l'éloge d'une superbe rose que la Reine avait au côté, celle-ci lui aurait dit: «Votre Majesté veut-elle cette rose en échange de la place de Magdebourg?...» Peut-être eût-il été chevaleresque d'accepter, mais l'Empereur était un homme trop *positif* pour se laisser gagner par de jolis propos, et on assure qu'il s'était borné à louer la beauté de la rose, ainsi que de la main qui l'offrait, mais qu'il n'avait pas pris la fleur, ce qui amena des larmes dans les beaux yeux de la Reine! Mais le vainqueur n'eut pas l'air de s'en apercevoir. Il garda Magdebourg, et conduisit poliment la Reine jusqu'au bateau qui devait la porter sur l'autre rive.

Pendant notre séjour à Tilsitt, Napoléon passa en revue sa garde et son armée en présence d'Alexandre, qui fut frappé de l'air martial ainsi que de la tenue de ces troupes. L'empereur de Russie fit paraître à son tour quelques beaux bataillons de ses gardes, mais il n'osa montrer ses troupes de ligne, tant le nombre en avait été réduit à Heilsberg et à Friedland. Quant au roi de Prusse, auquel il ne restait plus que de faibles débris de régiments, il ne les fit pas paraître.

Napoléon conclut avec la Russie et la Prusse un traité de paix, dont les principaux articles furent la création du royaume de Westphalie au profit de Jérôme Bonaparte. L'électeur de Saxe, devenu l'allié et l'ami de la France, fut élevé à la dignité de roi et reçut en outre le grand-duché de Varsovie, composé d'une vaste province de l'ancienne Pologne qu'on reprenait aux Prussiens. Je passe sous silence les articles moins importants du traité, dont le résultat fut de rétablir la paix entre les grandes puissances de l'Europe continentale.

En élevant son frère Jérôme sur le trône de Westphalie, Napoléon ajoutait aux fautes qu'il avait déjà commises, lorsqu'il avait donné le royaume de Naples à Joseph et celui de Hollande à Louis. Les populations se sentirent humiliées d'être forcées d'obéir à des étrangers qui, n'ayant rien fait de grand par eux-mêmes, étaient au contraire assez nuls, et n'avaient d'autre mérite que d'être frères de Napoléon. La haine et le mépris que s'attirèrent ces nouveaux rois contribuèrent infiniment à la chute de l'Empereur. Le roi de Westphalie fut surtout celui dont les agissements firent le plus d'ennemis à Napoléon. La paix conclue, les deux empereurs se séparèrent avec les assurances mutuelles d'un attachement qui, alors, paraissait sincère.

CHAPITRE TRENTE-SEPT

Mission à Dresde.—Contrebande involontaire.—Incident à Mayence.—Séjour à Paris et à la Houssaye.

L'armée française fut répartie dans diverses provinces d'Allemagne et de Pologne sous le commandement de cinq maréchaux, dont Lannes avait demandé à ne pas faire partie, parce que le soin de sa santé le rappelait en France. Ainsi, quand bien même j'aurais été son aide de camp titulaire, j'aurais dû retourner à Paris; à plus forte raison devais-je quitter l'armée pour rejoindre le maréchal Augereau, à l'état-major duquel je n'avais pas cessé d'appartenir, ma mission auprès du maréchal Lannes n'étant que temporaire. Je me préparai donc à retourner à Paris. Je vendis tant bien que mal mes deux chevaux, et envoyai Lisette au régisseur général, M. de Launay, qui, l'ayant prise en affection, m'avait prié de la remettre en dépôt chez lui, lorsque je n'en aurais plus besoin. Je lui prêtai *indéfiniment* cette bête, calmée désormais par ses blessures et ses fatigues. Il la faisait monter à sa femme et la garda sept ou huit ans, jusqu'à ce qu'elle mourût de vieillesse.

Pendant les vingt jours que l'Empereur venait de passer à Tilsitt, il avait expédié une très grande quantité d'officiers tant à Paris que sur les divers points de l'Empire; aussi le nombre des disponibles pour ce service était presque complètement épuisé. Napoléon, ne voulant pas qu'on prît des officiers dans les régiments, ordonna qu'il serait dressé une liste de tous ceux qui, venant de faire volontairement la campagne, n'appartenaient à aucun des corps de l'armée, ni à l'état-major des cinq maréchaux qui devaient les commander. Je fus donc inscrit sur cette liste, certain d'avance que l'Empereur, dont j'avais porté les dépêches, me désignerait de préférence à des officiers inconnus. En effet, le 9 juillet, l'Empereur me fit appeler, et, me remettant de volumineux portefeuilles, ainsi que des dépêches pour le roi de Saxe, il m'ordonna de me rendre à Dresde et de l'y attendre. L'Empereur devait quitter Tilsitt ce jour-là, mais faire un très long détour pour visiter Kœnigsberg, Marienwerden et la Silésie. J'avais donc plusieurs jours d'avance sur lui. Je traversai de nouveau la Prusse, revis plusieurs de nos champs de bataille, gagnai Berlin et arrivai à Dresde deux jours avant l'Empereur. La cour de Saxe savait déjà que la paix était faite, qu'elle élevait son électeur au rang de roi et lui concédait le grand-duché de Varsovie; mais on ignorait encore que l'Empereur dût passer à Dresde en se rendant à Paris, et ce fut moi qui en portai l'avis au nouveau roi.

Jugez de l'effet que cela produisit! En un instant, la cour, la ville et l'armée furent en émoi pour se préparer à faire une magnifique réception au grand empereur, qui, après avoir si généreusement rendu la liberté aux troupes saxonnes prises à Iéna, comblait son souverain de bienfaits!... Je fus reçu à merveille; on me logea au château, dans un charmant appartement, où j'étais servi magnifiquement. Les aides de camp du Roi me montrèrent tout ce que le palais et la ville avaient de remarquable. Enfin l'Empereur arriva, et, selon l'usage que je connaissais déjà, je m'empressai de remettre les portefeuilles à M. de Méneval, et fis demander les ordres de l'Empereur. Ils furent conformes à mes désirs, car je fus chargé de porter de nouveaux portefeuilles à Paris, et l'Empereur me confia une lettre que je devais remettre moi-même à l'impératrice Joséphine. Le maréchal du palais Duroc me fit toucher 8,000 francs pour frais de poste de Tilsitt à Dresde et de Dresde à Paris. Je me mis gaiement en route. Je venais de faire trois belles campagnes, pendant lesquelles j'avais obtenu le grade de capitaine et m'étais fait remarquer par l'Empereur; nous allions jouir des délices de la paix, ce qui me permettrait de rester longtemps auprès de ma mère; j'étais bien rétabli, je n'avais jamais possédé autant d'argent: tout me conviait donc à être joyeux, et je l'étais beaucoup.

J'arrivai ainsi à Francfort-sur-Mein. Un lieutenant-colonel de la garde impériale, nommé M. de L..., y commandait. L'Empereur m'avait donné une lettre pour cet officier, auquel il demandait, je pense, des renseignements particuliers, car M. de L... était en rapport avec M. Savary, chargé de la police secrète. Ce colonel, après m'avoir fait déjeuner avec lui, voulut me reconduire jusqu'à ma calèche; mais en y montant, j'aperçus un assez gros paquet qui ne faisait pas partie de mes dépêches. J'allais appeler mon domestique pour avoir des explications à ce sujet, lorsque le colonel de L... m'en empêcha en me disant à voix basse que ce paquet contenait des robes de *tricot de Berlin* et autres étoffes prohibées en France, destinées à l'*impératrice Joséphine*, qui me saurait un gré infini de les lui apporter!... Je me souvenais trop bien des cruelles anxiétés que j'avais éprouvées, par suite du rapport de complaisance que j'avais eu la faiblesse de faire à l'Empereur, au sujet des chasseurs à cheval de sa garde présents à la bataille d'Austerlitz, pour consentir à m'engager encore dans une mauvaise affaire; aussi je refusai très positivement. J'aurais été désireux, sans doute, de complaire à l'Impératrice, mais je connaissais l'inflexible sévérité de Napoléon envers les personnes qui faisaient la contrebande, et, après avoir couru tant de dangers et avoir répandu une aussi grande quantité de mon sang dans les combats, je ne voulais pas perdre le bénéfice du mérite que cela m'avait donné aux yeux de l'Empereur en transgressant ses lois pour obtenir un sourire de remerciement de l'Impératrice. Le colonel de L..., afin de vaincre ma résistance, me fit observer que le paquet était sous plusieurs enveloppes, dont l'extérieure, adressée au ministre de la guerre, portait le cachet du 7e léger, ainsi que la désignation: «Pièces de comptabilité.» Il en concluait que les douaniers n'oseraient ouvrir ce paquet, dont j'arracherais la première enveloppe en arrivant à Paris, et porterais les étoffes à l'Impératrice sans avoir été compromis; mais, malgré tous ces beaux raisonnements, je refusai positivement de m'en charger et ordonnai au postillon de marcher.

Arrivé au relais situé à moitié chemin de Francfort à Mayence, m'étant avisé de gronder mon domestique pour avoir reçu un paquet dans ma calèche, il me répondit que pendant le déjeuner, M. de L... ayant placé *lui-même* CES *paquets* dans la calèche, il avait pensé que c'était un surcroît de dépêches, et n'avait pas cru pouvoir les refuser de la main du commandant de place.—«Comment! ces paquets; il y en a donc plusieurs? m'écriai-je, et il n'en a repris qu'un seul!...»

En effet, en remuant les portefeuilles de l'Empereur, j'aperçus un second ballot de contrebande que le colonel avait laissé dans ma malle à mon insu... Je fus atterré de cette supercherie et délibérai si je ne jetterais pas ces robes sur la grande route. Cependant, je ne l'osai, et continuai mon chemin, bien résolu, si la contrebande était saisie, à déclarer comment elle avait été mise dans ma calèche, et par qui le cachet du 7e léger avait été apposé sur l'enveloppe, car je voulais me préserver de la colère de l'Empereur. Cependant, comme ce moyen de défense aurait compromis l'Impératrice, je pensai qu'il n'en fallait user qu'à la dernière extrémité et faire tout ce qui dépendrait de moi pour que ma calèche ne fût pas visitée. Le hasard et un petit subterfuge me tirèrent de ce mauvais pas; voici comment.

J'arrivais tout soucieux au pont du Rhin qui sépare l'Allemagne de Mayence, et mon inquiétude était augmentée par une grande réunion de chefs de la douane, d'officiers et de troupes en grande tenue qui attendaient à ce poste avancé, lorsque le factionnaire ayant, selon l'usage, arrêté ma voiture, deux hommes se présentent simultanément aux deux portières, savoir, un douanier pour procéder à la visite, et un aide de camp du maréchal Kellermann, commandant à Mayence, pour s'informer si l'Empereur arriverait bientôt.—Voilà qui est parfait, me dis-je à part moi, et feignant de ne pas voir le douanier inquisiteur, je réponds à l'aide de camp: «L'Empereur me suit!...» Je ne mentais point, il me suivait, mais à deux jours de distance... ce que je jugeai inutile d'ajouter!...

Mes paroles ayant été entendues de tous les assistants, les jetèrent dans un fort grand émoi. L'aide de camp s'élance à cheval, traverse le pont au galop, au risque de se précipiter dans le Rhin, et court prévenir le maréchal Kellermann. La garde prend les armes; les douaniers et leurs chefs cherchent à se placer le plus militairement possible pour paraître, convenablement devant l'Empereur, et, comme ma voiture les gênait, ils disent au postillon de filer... et me voilà hors des griffes de ces messieurs!... Je gagne la poste et fais promptement changer de chevaux; mais, pendant qu'on y procède, un orage vraiment épouvantable éclate sur Mayence, la pluie tombait à torrents!... Il était cinq heures du soir; c'était le moment de dîner; mais à la nouvelle de l'arrivée prochaine de l'Empereur, la générale bat dans toute la ville. À ce signal, maréchal, généraux, préfet, maire, autorités civiles et militaires, chacun, jetant la serviette, s'empresse d'endosser son plus beau costume et de se rendre à son poste sous une pluie battante, et à travers les ruisseaux qui débordaient dans toutes les rues, tandis que moi, cause de cet immense hourvari, je riais comme un fou en m'éloignant au galop de trois bons chevaux de poste!... Mais aussi, pourquoi l'Impératrice, désobéissant à son auguste époux, voulait-elle porter des robes d'étoffes prohibées? Pourquoi un colonel glissait-il, à mon insu, de la contrebande dans ma calèche? La ruse dont je me servis me paraît donc excusable. Nous étions, du reste, au mois de juin, de sorte que le bain que je fis prendre à tous les fonctionnaires de Mayence ne fut nuisible qu'à leurs habits! Je me trouvais à plus de deux lieues de Mayence, que j'entendais encore le bruit des tambours, et je sus depuis que les autorités étaient restées toute la nuit sur pied, et que l'Empereur n'était arrivé que deux jours après!... Mais, comme il était survenu un accident à sa voiture, les bons Mayençais purent attribuer à cela le retard dont leurs beaux habits furent victimes.

J'avançais rapidement et joyeusement vers Paris, lorsqu'un événement très désagréable vint interrompre ma course et changer ma joie en mécontentement. Vous savez que lorsqu'un souverain voyage, on ne pourrait atteler les nombreuses voitures qui précèdent ou suivent la sienne, si on ne renforçait leurs relais par des chevaux dits de tournée, qu'on fait venir des postes établies sur d'autres routes. Or, comme je sortais de Domballe, petit bourg en deçà de Verdun, un maudit postillon de tournée qui, arrivé la nuit précédente, n'avait pas remarqué une forte descente qu'on rencontre en quittant le relais, n'ayant pu maîtriser ses chevaux dès qu'ils furent dans la descente, versa ma calèche, dont les ressorts et la caisse furent brisés!… Pour comble de malheur, c'était un dimanche, et toute la population s'était rendue à la fête d'un village voisin. Il me fut donc impossible de trouver un ouvrier. Ceux que je me procurai le lendemain étaient fort maladroits, de sorte que je dus passer deux mortelles journées dans ce misérable bourg. J'allais enfin me remettre en route, lorsqu'un avant-courrier ayant annoncé l'arrivée de l'Empereur, je me permis de faire arrêter sa voiture pour l'informer de l'accident qui m'était survenu. Il en rit, reprit la lettre qu'il m'avait remise pour l'Impératrice et repartit. Je le suivis jusqu'à Saint-Cloud, d'où, après avoir remis les portefeuilles entre les mains du secrétaire du cabinet, je me rendis chez ma mère à Paris.

Je repris mon service d'aide de camp du maréchal Augereau, service des plus doux, car il consistait à aller passer chaque mois une ou deux semaines au château de la Houssaye, où l'on menait tous les jours joyeuse vie. Ainsi s'écoula la fin de l'été et l'automne. Pendant ce temps-là, la politique de l'Empereur préparait de nouveaux événements et de nouveaux orages, dont les terribles commotions faillirent m'engloutir, moi, fort petit personnage, qui dans mon insouciante jeunesse ne pensais alors qu'à jouir de la vie après avoir vu la mort de si près!…

On l'a dit avec raison, jamais l'Empereur ne fut si grand, si puissant, qu'en 1807, lorsque, après avoir vaincu les Autrichiens, les Prussiens et les Russes, il venait de conclure une paix si glorieuse pour la France et pour lui. Mais à peine Napoléon eut-il terminé la guerre avec les puissances du Nord, que son mauvais génie le porta à en entreprendre une bien plus terrible au midi de l'Europe, dans la péninsule Ibérique.

FIN DU PREMIER TOME

TOME II

CHAPITRE UN

État du Portugal.—Marche de Junot sur Lisbonne.—La famille royale d'Espagne.—
Toute-puissance de Godoy.—Intrigues de Napoléon.

Pour l'intelligence de ce que je vais raconter, il est indispensable de jeter un coup d'œil rapide sur la position dans laquelle se trouvaient le Portugal et l'Espagne à l'époque du traité de Tilsitt.

La couronne de Portugal était, en 1807, sur la tête de dona Maria, veuve de Pierre III; mais comme cette princesse était en démence, son fils, qui régna depuis et porta le nom de Jean VI, gouvernait pour elle avec le titre de régent. Le Portugal, pays généralement rocailleux, ayant fort peu de grandes routes, est séparé de l'Espagne par des montagnes stériles, habitées par des pâtres à demi sauvages. Ce n'est qu'au revers méridional, sur les rivages de la mer, dans les vallées du Tage, du Mondego, du Douro et du Minho, que l'on trouve un terrain fertile et des populations civilisées. Toutefois, cette région, riche en produits du sol, n'ayant pas une seule fabrique, était devenue un vaste champ ouvert au commerce et à l'industrie des Anglais. Ils en faisaient une sorte de colonie et en exploitaient les richesses, sans avoir les charges du gouvernement: *de fait*, sinon de droit, ce pays leur appartenait.

Napoléon attendait depuis longtemps l'occasion de les en chasser et d'y ruiner leur commerce. Il crut l'avoir trouvée après la paix de Tilsitt. Pour compléter le blocus continental, il enjoignit au Portugal d'interdire ses ports aux Anglais. L'exécution de cette mesure était très difficile, car la nation portugaise ne vivait que de l'échange de ses produits naturels avec ceux de l'industrie anglaise. Vous verrez, par la suite de ces *Mémoires*, que je suis loin d'approuver en tout la politique de Napoléon; cependant, je dois dire que la mesure était politiquement excusable, parce qu'elle devait contraindre l'Angleterre d'adhérer à la paix générale.

L'Empereur réunit donc à Bayonne, au mois de septembre 1807, une armée de vingt-cinq mille hommes destinée à envahir le Portugal. Mais il commit alors deux fautes graves: la première, de former le corps expéditionnaire avec des régiments nouvellement organisés; la seconde, de donner au général Junot le commandement de cette armée.

Napoléon tomba dans plus d'une erreur sur le choix des personnes, parce qu'il écoutait plutôt ses affections que la voix publique. L'armée voyait en Junot un homme très brave, plutôt qu'un véritable capitaine. La première fois que je l'aperçus, je fus frappé et inquiété par ses yeux hagards; sa fin justifia mes appréhensions. On connaît l'origine de sa fortune, alors que simple fourrier du bataillon de la Côte-d'Or, il gagna par un bon mot l'affection du capitaine d'artillerie Bonaparte, dans la tranchée de Toulon. Il le suivit en Égypte, commanda à Paris, et devint ambassadeur à Lisbonne. Sa gaieté, sa franchise militaire, sa réputation de bravoure, enfin sa prodigalité, lui conquirent l'amitié des grands et la sympathie populaire. Ses succès en Portugal déterminèrent sans doute l'Empereur à le choisir pour commander l'armée d'occupation, et c'eût été en effet un avantage, si Junot se fût montré moins imprévoyant comme général.

L'Espagne, alors notre alliée, devait fournir à nos troupes sur leur passage le logement et les vivres. Le devoir d'un général en chef était de s'assurer de l'exécution de cette promesse; mais Junot, négligeant cette précaution, fit entrer son armée en Espagne le 17 octobre, et lança ses colonnes sur les routes, où rien n'était prêt pour les recevoir. Nos troupes couchèrent à la belle étoile et ne reçurent qu'une demi-ration de vivres.

On était à la fin de l'automne; l'armée traversait les contreforts des Pyrénées dont le climat était très rude, et nos malheureux soldats couvrirent bientôt la route de malades et de traînards. Quel spectacle pour les populations espagnoles qui accouraient de toutes parts pour contempler les vainqueurs de Marengo, d'Austerlitz et de Friedland, et ne voyaient que de chétifs conscrits, pouvant à peine porter leurs sacs et leurs armes, et dont la réunion ressemblait plutôt à l'évacuation d'un hôpital qu'à une armée marchant à la conquête d'un royaume!… Ce triste spectacle donna aux Espagnols une fort mauvaise impression de nos troupes, et entraîna l'année suivante des effets désastreux.

Napoléon méprisa trop les nations de la Péninsule, et crut qu'il suffirait de montrer des troupes *françaises* pour obtenir d'elles tout ce qu'on voudrait. Ce fut une grande erreur! Il faut dire aussi que, n'étant pas mis au courant des difficultés qui s'opposaient à la marche des troupes, l'Empereur réitérait l'ordre d'avancer promptement. Junot abusa de ces injonctions, et son armée, composée de soldats enfants, se trouva bientôt disséminée par petits détachements sur un espace de plus de deux cents lieues de route, entre Bayonne et Salamanque. Heureusement que les Espagnols n'étaient pas encore en guerre avec la France; cependant, pour *s'entretenir la main*, ils assassinèrent une cinquantaine de nos soldats.

Arrivé à Ciudad-Rodrigo, une des dernières villes d'Espagne, Junot fit faire à sa tête de colonne une halte de quelques jours. Il avait laissé plus de quinze mille hommes en arrière. Dès qu'un tiers l'eut rejoint, il traversa les montagnes de Penha-Parda, qui les séparaient de la vallée du Tage, en n'emportant qu'une demi-ration de pain par homme!… Ces montagnes, que j'ai traversées, sont incultes et habitées par des populations pauvres et barbares. Les troupes les franchirent à travers toutes les difficultés, au prix des plus grandes fatigues, sans logements et sans vivres, ce qui les força à s'emparer de quelques troupeaux appartenant aux habitants, et ceux-ci en tirèrent vengeance par l'assassinat d'une centaine de traînards français. Enfin, l'armée atteignit la ville d'Alcantara, et fit son entrée en Portugal par la ville de

Castello-Branco. Ce ne fut qu'après beaucoup d'efforts, et en souffrant de toutes les intempéries, qu'on parvint à Abrantès avec cinq ou six mille hommes exténués de fatigue et presque tous nu-pieds. C'est à Abrantès que commence la belle partie de la vallée du Tage. Les traînards et les malades, encore engagés dans les montagnes, informés du bien-être qui les attendait à Abrantès, s'empressèrent d'arriver, et l'armée se rallia peu à peu.

Un général prévoyant lui eût donné le temps de se réunir; mais Junot, sous prétexte que l'Empereur lui avait ordonné de saisir toutes les marchandises appartenant aux Anglais, et pour les empêcher de les enlever en arrivant promptement à Lisbonne, réunit quatre mille hommes des moins fatigués, et se porta sur la capitale avec cette faible colonne, laissant à ses généraux le soin de ramasser le surplus de son armée et de venir le joindre. Cette audacieuse entreprise pouvait perdre son armée, car Lisbonne contenait une garnison de douze à quinze mille hommes, et une flotte anglaise stationnait à l'embouchure du Tage: c'était plus qu'il n'en fallait pour repousser les quatre mille hommes de troupes conduits par Junot. Mais l'effet magique que produisaient les victoires de Napoléon était si grand, que le gouvernement portugais, accédant à toutes les demandes de l'Empereur, s'empressa de déclarer la guerre aux Anglais, dans l'espoir que Junot arrêterait sa marche. Mais l'avant-garde du général français, continuant d'avancer, jeta dans la capitale une confusion inexprimable. Le régent, ne sachant d'abord quel parti prendre, finit par se décider à transporter au Brésil le siège du gouvernement. La reine folle, le régent, la famille royale, les grandes familles, en tout neuf à dix mille individus, s'embarquèrent sur une flotte considérable, emportant avec eux d'immenses richesses, et le 28 novembre firent voile vers le Brésil.

Ce même jour, Junot attaquait Santarem; mais la petite colonne ayant dû traverser la plaine de Golegan couverte de deux pieds d'eau, un si grand nombre de soldats furent pris de fièvre, qu'il ne se trouva plus le lendemain que quinze cents hommes en état de suivre Junot, qui n'en continua pas moins sa marche avec cette faible escorte, et fit audacieusement son entrée à Lisbonne. On doit rendre à Junot la justice de convenir qu'après avoir rallié ses troupes, il pourvut avec zèle à tous leurs besoins; aussi, dans le courant de décembre, l'armée présentait un effectif de vingt-trois mille hommes en assez bon état. Junot, embarrassé des troupes portugaises, licencia les soldats indigènes qui voulurent rester dans leurs foyers, et forma des autres une division qu'il envoya en France. Elle servit assez bien, et fit la campagne de Russie.

Laissons Junot s'organiser en Portugal, et jetons un coup d'œil sur l'état où se trouvait la cour de Madrid à l'époque du traité de Tilsitt.

Le roi Charles IV, prince nul, ennemi des affaires, n'ayant de passion que pour la chasse, régnait alors sur l'Espagne, et laissait à la Reine le soin de gouverner. La reine Marie-Charlotte, princesse de Parme, cousine du Roi, femme de moyens et aimant le pouvoir, dominait complètement son époux. Vers 1788, un très pauvre gentillâtre, nommé Emmanuel Godoy, entré nouvellement aux gardes du corps, s'étant fait remarquer dans la société de Madrid par son talent sur la guitare, la Reine voulut l'entendre. C'était un homme de petite taille, très bien fait, d'une figure agréable, ayant de l'esprit, de l'ambition et beaucoup d'audace. Il plut à la Reine, qui en fit son favori. Telle fut la cause première des malheurs de l'Espagne, qui ont si grandement contribué à ceux de la France.

Les courtisans pensèrent que la faveur dont jouissait Godoy ne serait que passa-

221

gère; mais celui-ci, prenant pour modèle le célèbre Potemkin, qui, de simple garde de Catherine II, était devenu son amant et son premier ministre, sut si bien gagner la confiance de la Reine, que celle-ci le fit nommer par le Roi commandant en chef des gardes, membre du conseil, officier général, et enfin premier ministre!

La Révolution française ayant amené la guerre entre la France et l'Espagne, nos troupes s'étaient emparées de plusieurs provinces au delà des Pyrénées, lorsqu'en 1795 Godoy obtint de la France un traité des plus honorables, par lequel les conquêtes faites sur l'Espagne lui étaient rendues. La nation lui en fut reconnaissante, et le Roi lui donna d'immenses dotations avec le titre de *prince de la Paix*; enfin la Reine lui fit épouser une princesse du sang royal!... Dès ce moment, la puissance de Godoy ne connut plus de bornes, et le nouveau prince de la Paix régna tranquillement sur la monarchie espagnole.

Mais à l'époque de la bataille d'Iéna, Godoy ayant imprudemment publié un manifeste qui pouvait être considéré comme une menace à l'adresse de Napoléon, celui-ci lui demanda des explications et exigea l'envoi en Allemagne d'un corps d'armée de vingt-cinq mille hommes, sous les ordres du général marquis de La Romana. Plus encore, Godoy dut bientôt fournir un corps de même importance pour soutenir Junot en Portugal; il est vrai que par le traité secret de Fontainebleau, l'Empereur lui assurait le titre de prince des Algarves et donnait à la reine d'Étrurie, fille de Charles IV, la province de Beira.

L'insolence dont Godoy avait toujours fait preuve à l'égard de Ferdinand, prince des Asturies, ne fit alors qu'augmenter. Ferdinand avait vingt-trois ans; il était veuf et sans enfants, et, naturellement grave, il avait contracté, au milieu d'une situation de famille des plus pénibles, l'habitude de la solitude. Mais la nation espagnole, généralement hostile au prince de la Paix, semblait vouloir protester par son affection pour Ferdinand contre la haine dont il était l'objet: fondant sur lui toutes ses espérances, elle attendait impatiemment son arrivée au trône comme un véritable soulagement et y voyait la fin de toutes ses misères.

Une cause imprévue précipita les événements. Vers la fin de 1807, à l'époque où Junot se dirigeait vers le Portugal à la tête d'une armée française, le roi d'Espagne tomba très gravement malade. Le prince des Asturies, croyant voir dans les manœuvres de la Reine l'intention de l'éloigner du trône, consulta trois personnes sur lesquelles il pouvait compter; et d'après le conseil des ducs de l'Infantado, de San Carlos, et du chanoine Escoïquiz, son ancien précepteur, il recourut à Napoléon, en lui demandant la main d'une princesse de sa famille. La lettre fut remise à notre ambassadeur à Madrid, le comte de Beauharnais. Mais le brouillon en ayant été indignement soustrait et porté à la Reine, celle-ci poussa Charles IV à agir avec la dernière violence. Ferdinand fut arrêté, privé de son épée et mis en accusation pour avoir voulu attenter à la *vie* du Roi!... Ses conseillers furent également saisis et mis en jugement comme complices. Cependant, il faut reconnaître que si Ferdinand avait eu des torts, le besoin de défendre ses droits à la couronne, et même peut-être sa vie, les atténua bien grandement.

Ces faits étaient trop graves pour que le roi d'Espagne n'en informât pas les souverains et surtout l'empereur des Français, son puissant voisin. On a dit, et malheureusement avec raison, que l'ambition de Napoléon l'avait perdu. Mais on a généralement mal compris cette ambition, qui se rapportait surtout à la France. Napoléon voulait la voir si grande et si puissante de son vivant qu'elle fût inattaquable après lui: d'abord, en abaissant la puissance de l'Angleterre; en second lieu, en ne laissant subsister dans l'Europe centrale et méridionale que des États ayant les mêmes intérêts que la France, la considérant comme leur appui, et toujours prêts à la soutenir. Ce projet gigantesque eût exigé le travail lent et méthodique de deux règnes et de deux souverains comme Napoléon. La précipitation le perdit, et ses premiers succès l'aveuglèrent. Il crut ne pas trouver plus de résistance en Espagne qu'il n'en avait éprouvé en Hollande, en Westphalie, à Naples, où il avait établi ses frères, non plus que dans le Portugal, si facilement conquis.

En apprenant les scènes de l'Escurial, l'Empereur crut le moment favorable et voulut profiter de l'occasion. Il espérait que la nation espagnole, lasse de tant de turpitudes, se jetterait dans ses bras. Il ne connaissait pas ce peuple qui pousse jusqu'à la frénésie la haine de l'étranger. Mais en admettant, ce qui est vrai, que beaucoup d'Espagnols éclairés portassent leurs yeux sur Napoléon pour régénérer leur pays, il faut convenir que sa conduite fut bien faite pour détruire leurs illusions.

En effet, sous prétexte qu'il fallait garantir les côtes de la Péninsule d'une invasion anglaise, l'Empereur, au lieu de rendre à l'Espagne l'armée du marquis de La Romana qui lui avait été prêtée pour la guerre du Nord, et dont il n'avait plus besoin depuis la paix de Tilsitt, fit entrer en Espagne un corps de vingt-cinq mille hommes commandé par Dupont, qui fut bientôt suivi de trente-quatre mille soldats conduits par le maréchal Moncey. L'arrivée de ce grand nombre de troupes étrangères fut considérée comme une réponse à la demande de secours adressée par le prince des Asturies. Napoléon pouvait en ce moment s'attacher pour toujours la nation espagnole, en donnant à ce dernier la fille de son frère Lucien, qui fût devenue un trait d'union entre les deux peuples. Malheureusement, l'Empereur ne crut pas ce moyen d'une efficacité suffisante.

L'arrestation et la mise en jugement de Ferdinand avaient produit dans toutes les parties du royaume une telle irritation et soulevé à un si haut degré l'indignation publique contre la Reine et Godoy, que celui-ci, n'osant poursuivre ses projets, se décida à jouer le rôle de médiateur entre le Roi et son fils; toutefois personne n'en fut dupe.

Bientôt survint une préoccupation plus grave. Un agent, M. Yzquierdo, que le prince de la Paix entretenait à Paris, arriva à conclure du silence de l'Empereur et de la marche constante des troupes vers la Péninsule, que le vrai projet de Napoléon n'était pas de rétablir le bon accord entre Charles IV et son fils, mais bien de profiter de leurs dissensions pour les chasser l'un et l'autre du trône afin d'y placer un prince de la famille impériale. L'avis qu'il donna à ce sujet jeta la Reine dans la consternation, et elle résolut de suivre l'exemple de la famille royale de Portugal, en transportant le siège du gouvernement en Amérique.

Ce fut un grand malheur pour la France que ce projet n'ait pas été exécuté; car la nation espagnole, abandonnée par ses princes, aurait accepté, faute de mieux, un roi de la main de Napoléon, ou du moins eût opposé à ses armées une moins vive résistance. Le Roi se refusa à prendre le parti de fuir, et se décidant à demander à Napoléon la main d'une princesse de sa famille, il en écrivit directement à l'Empereur. Cependant, voulant gagner du temps, et poussé par son mauvais génie, Napoléon faisait avancer de nouvelles troupes sur l'Espagne, dans l'espoir, sans doute, d'effrayer la famille royale et de la décider à lui abandonner la Péninsule.

Pendant que ce royaume était ainsi agité, je continuais à vivre paisiblement auprès de ma mère, à Paris, où je passai une partie de l'hiver et assistai aux fêtes nombreuses qui s'y donnèrent. La plus belle fut celle offerte par la ville, à l'occasion du retour de la garde impériale.

Ainsi se termina pour moi l'année 1807, pendant laquelle j'avais couru de si grands dangers et éprouvé tant de vicissitudes. Je ne me doutais point que dans le cours de l'année que nous commencions, je verrais encore la mort de bien près! Mais revenons aux affaires de la Péninsule, dont l'historique se trouve lié à ce qui m'advint en 1808 et dans les années suivantes.

CHAPITRE DEUX

1808. Je suis nommé aide de camp de Murat.—Nouvelles intrigues de Napoléon.—
Révolution d'Aranjuez.—Abdication de Charles IV.—Je sauve Godoy du massacre.
—Entrée de Ferdinand VII à Madrid et départ pour Bayonne.

Dans le courant de janvier, Napoléon répondit enfin au roi d'Espagne, mais d'une façon évasive; car, sans refuser positivement de donner au prince des Asturies la main d'une de ses nièces, il ajournait indéfiniment l'époque de ce mariage. La réception de cette réponse augmenta d'autant plus les craintes de la cour de Madrid, qu'elle apprit la marche de nouvelles troupes françaises vers la Catalogne et l'Aragon, ce qui, en comptant l'armée de Portugal, porterait à cent vingt-cinq mille hommes les forces que l'Empereur allait avoir dans la Péninsule.

Enfin, Napoléon souleva une grande partie du voile qui avait caché ses projets. Sous prétexte d'envoyer des troupes sur la flotte française stationnée à Cadix, il fit avancer, en février, un nombreux corps d'armée vers Madrid, par où passe la route qui conduit de Bayonne à Cadix, et nomma le prince Murat généralissime de toutes les forces françaises qui se trouvaient en Espagne.

Je venais de passer plus de six mois à Paris, et bien que le maréchal Augereau, dont j'étais toujours aide de camp, fût loin de prévoir la guerre qui allait éclater dans la Péninsule, il ne jugea pas convenable, ni favorable à mon avancement, que je restasse à Paris, du moment qu'une nombreuse armée se réunissait au delà des Pyrénées. Se voyant retenu en France par les suites de sa blessure, il me conduisit chez le prince Murat, pour le prier de m'attacher provisoirement à son état-major. J'ai déjà dit que mon père, compatriote de Murat, lui avait rendu plusieurs services. Murat, qui s'en était toujours montré reconnaissant, consentit de fort bonne grâce à me prendre auprès de lui, jusqu'au moment où le maréchal Augereau aurait un commandement. Je fus très satisfait de cette décision, malgré les désagréments attachés à la position d'officier *à la suite*: mais je tenais à faire preuve de zèle, je comptais sur la bienveillance de l'Empereur, et j'étais aussi bien aise de revoir l'Espagne et d'être témoin des grands événements qui s'y préparaient. Il fallait faire des dépenses considérables pour paraître convenablement à l'état-major de Murat, alors le plus brillant de l'armée; ces dépenses me furent facilitées par ce qui me restait des splendides frais de poste touchés pendant et après la campagne de Friedland. J'achetai donc trois bons chevaux, avec lesquels mon domestique Woirland alla m'attendre à Bayonne, où je me rendis après avoir renouvelé mes uniformes.

C'était la troisième fois qu'en changeant de position je me trouvais à Bayonne. Le prince Murat m'y reçut parfaitement bien; ses aides de camp firent de même. Je fus bientôt au mieux avec tous, bien que je résistasse aux instances qu'ils ne cessaient de me faire pour que je jouasse avec eux. Ces messieurs avaient toute la journée les cartes ou les dés en main, gagnant ou perdant plusieurs milliers de francs avec la plus grande indifférence. Mais, outre que j'ai toujours détesté le jeu, je comprenais que je devais conserver ce que j'avais pour subvenir au renouvellement de mes équipages en cas d'accidents, et que l'honneur m'imposait de ne pas risquer ce que je ne pourrais peut-être pas payer.

Une partie des troupes que Murat devait commander se trouvant déjà en Castille, ce prince entra en Espagne le 10 mars 1808, et nous fûmes en cinq jours à Burgos, où le quartier général fut établi. Murat, réglant ensuite sa marche sur celle des colonnes, se transporta successivement à Valladolid et à Ségovie. Les Espagnols, se flattant toujours que les Français venaient pour protéger le prince des Asturies, reçurent fort bien nos troupes, dont l'extrême jeunesse et la faiblesse renouvelèrent chez eux l'étonnement qu'ils avaient éprouvé en voyant l'armée de Junot; car, par suite d'une aberration incompréhensible, Napoléon s'était obstiné à n'envoyer dans la Péninsule que des régiments de nouvelle formation.

Nous n'occupions en Espagne que des villes ouvertes, et seulement deux places fortes, Barcelone et Pampelune; mais, comme les citadelles et les forts étaient entre les mains des troupes espagnoles, l'Empereur prescrivit aux généraux de tâcher de s'en emparer. On employa, à cet effet, une ruse vraiment indigne. Le gouvernement espagnol, tout en défendant à ses généraux de laisser occuper les citadelles et les forts, avait prescrit de recevoir les troupes françaises en amies et de tout faire pour contribuer à leur bien-être. Les commandants de nos corps demandèrent qu'on leur permît d'installer leurs malades et leurs magasins dans les citadelles, ce qui leur fut accordé. Ils firent alors déguiser leurs grenadiers en malades et cacher des armes dans les sacs de distribution de plusieurs compagnies qui, sous prétexte d'aller chercher du pain dans les magasins, pénétrèrent dans la place et désarmèrent les Espagnols. C'est ainsi que le général Duhesme, qui n'avait que cinq mille hommes, s'empara de la citadelle de Barcelone et du fort Mont-Jouy. La citadelle de Pampelune et presque toutes celles de la Catalogne eurent le même sort.

Cette conduite produisit un très fâcheux effet et remplit d'effroi la Reine et le prince de la Paix, qui se trouvaient déjà à Aranjuez. Comprenant les intentions de Napoléon, ils résolurent de se retirer d'abord en Andalousie et de gagner ensuite Cadix et l'Amérique, si les circonstances s'aggravaient. Cependant, Ferdinand, entretenu par le comte de Beauharnais, notre ambassadeur, dans l'espoir d'obtenir la main d'une nièce de Napoléon, ne voyait en nous que des libérateurs. Appuyé par les membres de la famille royale, par les grands, par plusieurs ministres et surtout par le Conseil des Indes, Ferdinand refusa de suivre la Reine et Godoy en Amérique. Ceux-ci prétextèrent d'une visite au port de Cadix et aux troupes du camp de Saint-Roch, près de Gibraltar, et ordonnèrent de commencer les préparatifs de voyage. En voyant charger sur les voitures et fourgons de la Cour les caisses du trésor, l'argenterie et les meubles les plus riches, les nobles, le peuple et la garnison d'Aranjuez comprirent la vérité! L'indignation fut générale et s'étendit à Madrid.

Malgré tout, le Roi allait partir le 16 mars au matin, lorsqu'une émeute populaire, soutenue par les troupes, et surtout par les gardes du corps, ennemis de Godoy et dévoués au prince des Asturies, vint s'opposer au départ de la famille royale. Charles IV, comprenant la vérité, déclare alors qu'il ne partira pas. Une proclamation, publiée dans ce sens, parut calmer la multitude; mais, pendant la nuit, la garnison et une partie de la population de Madrid s'étant rendues à Aranjuez, qui n'est qu'à huit lieues de la capitale, s'y réunirent à l'émeute, qu'augmentait une foule de paysans accourus des environs, et, tous ensemble, ils se portèrent au palais en criant: «Vive le Roi! Mort à Godoy!» Le torrent populaire, se dirigeant ensuite vers l'hôtel du prince de la Paix, l'enfonce, le saccage et, pénétrant jusqu'à l'appartement de sa femme, princesse de sang royal, l'environne de respect et la reconduit au palais du Roi. Les housards dont se composait la garde récemment donnée au prince de la Paix, s'étant présentés devant son hôtel, pour favoriser au moins son évasion, les gardes du corps du Roi les attaquèrent, et les ayant dispersés à coups de sabre, autorisèrent la foule à chercher Godoy, dont chacun demandait la mort.

Les ministres, pour sauver la vie du favori, en donnant satisfaction au peuple, firent signer au Roi un décret par lequel le prince de la Paix était déchu de tous ses titres, grades et dignités. Cette nouvelle remplit la foule d'une joie délirante, à laquelle Ferdinand eut l'inconvenance de s'associer.

Godoy, qu'on avait inutilement cherché dans les réduits les plus obscurs de son palais, n'en était cependant pas sorti, car dès les premiers moments de l'émeute, il était monté dans un grenier rempli d'un grand nombre de nattes de jonc. Elles étaient toutes roulées: il en déploya une, s'y roula lui-même, et la laissa ensuite tomber au milieu des autres, dont elle avait à peu près la dimension. Aucun des assassins, entrés dans le grenier, n'avait découvert le prince, qui passa péniblement quarante-huit heures dans cette retraite. Enfin, vaincu par la faim et la soif, il en sortit; mais en voulant gagner la rue, il fut arrêté par un factionnaire, qui eut l'indignité de le livrer à la populace, laquelle, se ruant sur Godoy, lui fit de nombreuses blessures.

Déjà ce malheureux avait la cuisse percée par une broche de cuisine, un œil presque crevé, la tête fendue, et allait être assommé, lorsqu'un piquet de gardes du corps, commandé par un estimable officier et composé d'hommes moins cruels que la majorité de leurs camarades, arracha le prince de la Paix à ses bourreaux et parvint, non sans peine, à le jeter dans la caserne, sur le fumier d'une écurie!… Chose remarquable, c'était dans cette même caserne d'Aranjuez qu'Emmanuel Godoy avait été reçu simple garde du corps vingt ans avant, en 1788.

En apprenant l'arrestation de leur favori, le Roi et la Reine, craignant pour sa vie, firent appel à la générosité du prince des Asturies et le supplièrent d'user de son influence pour aller arracher Godoy des mains des révoltés. Ferdinand arriva à la caserne au moment où la populace en enfonçait les portes. À la voix du prince des Asturies, la foule, à laquelle il promit la mise en jugement de Godoy, s'écarta respectueusement. Celui-ci attendait courageusement la mort, lorsque dans l'écurie où il gisait tout sanglant il vit entrer l'héritier du trône… À l'aspect de son ennemi personnel, il retrouva toute son énergie, et Ferdinand lui ayant dit, avec une véritable ou feinte générosité: «Je te fais grâce!…» Godoy lui répondit, avec une fierté toute castillane, dont sa triste position rehaussait encore la valeur: «Il n'y a que le

Roi qui ait le droit de faire grâce, et tu ne l'es pas encore!» On prétend que Ferdinand aurait répondu: «Cela ne tardera pas!...» Mais le fait n'est pas prouvé. Quoi qu'il en soit, la couronne était, une demi-heure après, sur la tête du prince des Asturies.

En effet, Ferdinand retournait au palais au milieu des acclamations de la populace et des troupes, lorsque le Roi et la Reine, entendant ces cris, et tremblant pour la vie de leur favori et peut-être aussi pour la leur, cédèrent à la terreur et aux mauvais conseils de quelques âmes timorées. Pensant que le meilleur moyen de calmer la multitude était de déposer l'autorité royale entre les mains de leur fils, ils signèrent l'acte de leur abdication!

Dès que cet acte fut publié, une joie frénétique s'empara de la population d'Aranjuez et gagna bientôt Madrid, ainsi que toute l'Espagne, sans qu'il vînt à personne la pensée que l'arrivée des Français pourrait venir troubler ce bonheur, tant on était aveuglé sur les projets de l'Empereur. Cependant, ses troupes descendaient en ce moment les hauteurs de Somo-Sierra et de la Guadarrama, marchant sur deux colonnes, dont l'une était à Buitrago et l'autre auprès de l'Escurial, c'est-à-dire à une journée de Madrid, où le prince Murat pouvait entrer le lendemain avec trente mille hommes que suivaient de très nombreux renforts!

Le prince des Asturies, que je nommerai désormais Ferdinand VII, n'était cependant pas sans inquiétudes sur l'effet que son avènement illicite à la couronne produirait sur l'esprit de Napoléon et de Murat. Il s'empressa donc d'envoyer plusieurs grands seigneurs vers l'Empereur pour lui demander derechef son amitié et la main d'une de ses nièces, et dépêcha le duc del Parque vers Murat pour lui expliquer, à sa manière, les faits importants qui venaient de s'accomplir à Aranjuez. Ces premières dispositions prises, Ferdinand VII organisa son ministère, rappela ses amis, les ducs de San Carlos, de l'Infantado et le chanoine Escoïquiz, et les combla tous trois de faveurs.

Ce fut le 19 mars, au moment où l'état-major de Murat traversait les monts de Guadarrama, que nous eûmes les premières nouvelles du soulèvement d'Aranjuez. Le 20 mars, nous apprîmes l'abdication de Charles IV et l'avènement de Ferdinand VII. Murat hâta sa marche, et le 21 son quartier général fut établi au bourg d'El Molar, à quelques lieues de Madrid.

Un tumulte affreux régnait dans cette ville, dont la population, dans sa joie féroce, brûla et pilla les hôtels du prince de la Paix, celui de sa mère, de sa famille et de ses amis; on les eût même massacrés, sans l'énergie du comte de Beauharnais, qui leur offrit à l'ambassade de France un asile que personne n'osa violer.

En apprenant la révolution d'Aranjuez, le prince Murat, ordinairement si expansif, devint sombre, préoccupé, et fut plusieurs jours sans adresser la parole à aucun de nous; il est certain qu'à sa place, au milieu d'un pays bouleversé, tout autre maréchal eût trouvé la tâche fort difficile. Mais la position personnelle de Murat la compliquait encore, car en voyant trois des frères de l'Empereur déjà pourvus de couronnes et le quatrième, Lucien, ayant refusé d'en accepter une, Murat pouvait se flatter que l'intention de Napoléon fût de lui donner le trône d'Espagne, si la famille royale, abandonnant la patrie, s'enfuyait en Amérique. Il apprenait donc à très grand regret l'avènement de Ferdinand, autour duquel la nation espagnole, dont il était adoré, allait se presser. Aussi Murat, se fondant sur ce qu'il n'avait pas d'ordre de l'Empereur pour reconnaître la royauté de Ferdinand VII, continua à lui donner dans ses lettres le titre de prince des Asturies, et fit conseiller à Charles IV de protester contre une abdication qui lui avait été arrachée par la révolte et la menace.

Le vieux roi et la Reine, qui regrettaient le pouvoir, écrivirent à Napoléon pour se plaindre amèrement de leur fils, dont ils représentèrent la conduite à Aranjuez comme une sorte de *parricide*, ce qui n'était pas dénué de fondement. Le 23, Murat fit son entrée à Madrid à la tête du corps d'armée du maréchal Moncey. Le nouveau roi avait invité la population à bien recevoir les troupes de son *ami* Napoléon. Il fut obéi ponctuellement, car nous ne vîmes que des figures bienveillantes, au milieu de cette foule immense et curieuse; mais il était facile de reconnaître combien leur étonnement était grand à l'aspect de nos jeunes soldats d'infanterie.

L'effet moral fut tout à notre désavantage; aussi, en comparant les larges poitrines et les membres robustes des Espagnols qui nous entouraient, à ceux de nos faibles et chétifs fantassins, mon amour-propre national fut-il humilié, et, sans prévoir les malheurs qu'amènerait la mauvaise opinion que les Espagnols allaient concevoir de nos troupes, je regrettai vivement que l'Empereur n'eût pas envoyé dans la Péninsule quelques-uns des vieux corps de l'armée d'Allemagne. Cependant, notre cavalerie, surtout les cuirassiers, arme inconnue des modernes Espagnols, excita enfin leur admiration. Il en fut de même de l'artillerie. Mais un cri d'enthousiasme s'éleva à l'arrivée de plusieurs régiments de cavalerie et d'infanterie de la garde impériale qui fermaient la marche. La vue des mameluks étonna beaucoup les Espagnols, qui ne concevaient pas que des Français *chrétiens* eussent admis des *Turcs* dans leurs rangs, car, depuis l'invasion des Maures, les peuples de la Péninsule exècrent les musulmans, tout en redoutant d'avoir à combattre contre eux; quatre mameluks feraient fuir vingt Castillans. Nous ne tardâmes pas à en avoir la preuve.

Murat alla s'établir dans un des palais du prince de la Paix, le seul que la populace eût épargné, croyant qu'il appartenait encore à la couronne. On me logea près de ce palais, chez un respectable conseiller de la Cour des Indes. J'avais à peine mis pied à terre, que le prince Murat, apprenant que les ennemis de Godoy l'envoyaient dans les prisons de Madrid, sans doute pour l'y faire massacrer, et que ce malheureux était déjà aux portes de la ville, m'ordonna de partir avec un escadron de dragons et d'empêcher *à tout prix* l'entrée du prince de la Paix dans la capitale, en signifiant aux chefs de ceux qui le conduisaient que lui, Murat, les rendait *responsables* de la vie du prisonnier.

Je rencontrai Godoy à deux lieues du faubourg de Madrid. Bien que cet infortuné fût horriblement blessé et tout couvert de sang, les gardes du corps qui l'escortaient avaient eu la cruauté de lui mettre des fers aux pieds et aux mains, et de l'attacher par le corps sur une mauvaise charrette découverte, où il était exposé aux brûlants rayons du soleil et à des milliers de mouches qu'attirait le sang de ses plaies à peine recouvertes de lambeaux de toile grossière!... Ce spectacle m'indigna, et je vis avec plaisir qu'il produisait le même effet sur l'escadron français qui m'accompagnait.

Les gardes du corps chargés de conduire le prince de la Paix étaient au nombre d'une centaine et soutenus par un demi-bataillon d'infanterie. J'expliquai poliment au chef des gardes quel était le but de ma mission; mais cet officier m'ayant répondu, avec une arrogance extrême, qu'il n'avait pas d'ordre à recevoir du commandant de l'armée française, et qu'il allait continuer sa marche sur la ville, je lui dis sur le même ton que moi, qui devais exécuter les ordres de mon chef, le prince Murat, j'allais m'opposer par tous les moyens à ce que le prisonnier allât plus loin!... Mes dragons n'étaient pas des conscrits, mais de vieux et braves soldats d'Austerlitz, dont les mâles figures annonçaient la résolution. Je les plaçai en bataille, de manière à barrer le passage de la charrette, et dis au chef des gardes du corps que j'attendais qu'il fît tirer le premier coup de feu, mais qu'aussitôt je fondrais sur sa troupe et sur lui, suivi de tout mon escadron; j'étais bien résolu à le faire, certain d'être approuvé par le prince Murat.

Les officiers de mes dragons leur avaient déjà fait mettre le sabre hors du fourreau, ce qui paraissait calmer un peu l'ardeur des gardes du corps, lorsque le commandant du demi-bataillon qui se trouvait derrière eux ayant gagné la tête de leur colonne pour savoir quel était le sujet de ce tumulte, je reconnus en lui don Miguel Rafaël Cœli, ce jovial officier avec lequel j'avais voyagé de Nantes à Salamanque en 1802, lors de ma première entrée en Espagne. C'était un homme modéré; il comprit les raisons qui portaient le maréchal Murat à s'opposer à ce qu'on fît entrer dans Madrid le prince de la Paix, dont le massacre certain couvrirait d'opprobre l'armée française si elle ne l'empêchait pas, et amènerait une collision sanglante si elle voulait repousser les assassins. Don Rafaël Cœli, en sa qualité de commandant en second de l'escorte, avait le droit d'émettre son avis; il parla dans le même sens que moi au chef des gardes du corps, et il fut convenu que Godoy serait provisoirement détenu dans la prison du bourg de Pinto. Ce pauvre malheureux, témoin de ce qui venait de se passer, était resté impassible, et lorsqu'il fut dans la prison où je l'accompagnai, il m'adressa des remerciements en très bon français, en me chargeant d'exprimer sa reconnaissance au prince Murat.

Je me permis alors de faire observer aux gardes du corps ce qu'il y avait d'atrocement barbare dans la manière dont ils traitaient leur prisonnier; qu'il était honteux pour l'uniforme espagnol que quatre cents militaires armés jusqu'aux dents ne se crussent pas assez forts pour garder un homme désarmé et eussent recours à des chaînes pour s'assurer de lui!... Le bon Rafaël Cœli, qui n'eût certainement pas pris de telles mesures s'il eût été commandant supérieur de l'escorte, ayant appuyé ce que je disais, nous obtînmes qu'on débarrasserait le prince de la Paix de son collier de fer, ainsi que de ses menottes et des entraves qu'il avait aux pieds: il ne fut plus attaché que par le milieu du corps. Je ne pus gagner qu'on le laissât libre dans sa prison, mais du moins il pouvait se mouvoir un peu, et coucher sur des matelas que je lui fis donner. Depuis cinq jours que Godoy avait été blessé, on ne l'avait même pas pansé!... Sa chemise, imbibée de sang coagulé, était collée à sa peau; il n'avait qu'un soulier, pas de mouchoir, était à demi nu, et la fièvre le dévorait!... Le chirurgien de nos dragons visita ses plaies; des officiers, des sous-officiers et jusqu'à de simples cavaliers français apportèrent du linge et furent touchés de la manière digne et cependant reconnaissante dont le prisonnier recevait leurs offrandes.

Bien que je comptasse sur la loyauté du commandant de l'infanterie, don Rafaël Cœli, j'étais néanmoins peu rassuré sur ce qui arriverait au prince de la Paix dès que je l'aurais quitté, en le laissant aux mains de ses cruels ennemis les gardes du corps; je pris donc sur moi de faire loger l'escadron français dans le bourg et convins avec le capitaine qu'il aurait constamment un poste dans l'intérieur de la prison, pour surveiller celui que les gardes du corps y avaient placé. Je retournai ensuite à Madrid. Non seulement le prince Murat approuva tout ce que j'avais fait, mais pour assurer plus efficacement encore la vie de Godoy, il envoya sur-le-champ un bataillon cantonner à Pinto, en lui donnant l'ordre de veiller à ce que les gardes du corps n'entreprissent rien contre le prince de la Paix. Au surplus, Ferdinand VII étant passé le lendemain par le bourg de Pinto, en se rendant à Madrid, et le chef des gardes du corps lui ayant rendu compte de la scène de la veille, le nouveau roi et ses ministres, qui redoutaient par-dessus tout de se compromettre avec les Français, le louèrent fort d'avoir évité d'en venir aux mains avec nos dragons, et ordonnèrent de laisser Godoy dans la prison de Pinto, d'où, quelques jours après, ils le firent transporter dans celle du vieux château fort de Villaviciosa, qui se trouve plus éloigné de la capitale.

Le 24 mars, Ferdinand VII fit son entrée royale dans Madrid, sans autre escorte que ses gardes du corps. Il y fut reçu aux acclamations de tout le peuple: ce fut une joie *délirante*, dont aucune description ne pourrait donner une idée!... Les rues, les balcons, les fenêtres, les toits même, étaient garnis d'une foule immense, accueillant par de nombreux vivat le nouveau souverain dont elle avait si impatiemment attendu l'avènement!... Les femmes jonchaient de fleurs le passage du Roi, et les hommes étendaient leurs manteaux sous les pieds de son cheval!... Un grand nombre de Français assistèrent comme curieux à cette cérémonie, mais aucune de nos troupes n'y parut officiellement; le prince Murat n'alla même pas rendre visite à Ferdinand, et véritablement il ne le devait pas, avant que l'Empereur se fût prononcé, en faisant savoir lequel, du père ou du fils, il reconnaissait pour souverain des Espagnes. Il était probable que si Napoléon avait l'intention de s'emparer de la couronne, il préférerait qu'elle fût momentanément restituée au faible et vieux Charles IV, plutôt que de la laisser à Ferdinand VII, entre les mains duquel l'amour de la nation la rendrait beaucoup plus difficile à prendre. Murat ne mit donc pas en doute que l'Empereur ne se refusât à reconnaître le nouveau roi.

Cependant, Ferdinand, inquiet sur la manière dont Napoléon apprécierait son avènement, ayant fait part de ses craintes à M. de Beauharnais, qui lui avait toujours témoigné beaucoup d'attachement, ce dernier, dont l'honnêteté était incapable de s'arrêter à la pensée que Napoléon pût attenter à la liberté d'un prince qui venait réclamer son arbitrage, conseilla à Ferdinand VII de se rendre auprès de l'Empereur, dont on annonçait l'arrivée prochaine à Bayonne. Les amis du nouveau roi, consultés par lui, hésitaient, lorsque le général Savary, premier aide de camp et confident de Napoléon, arrivant inopinément à Madrid, remit à Ferdinand VII des lettres de l'Empereur qui déterminèrent d'autant plus facilement ce roi à se rendre à Bayonne, qu'ayant appris que son père et sa mère allaient plaider leur cause auprès de Napoléon, il croyait utile de les devancer.

Le prince Murat et le général Savary, connaissant la confiance que Ferdinand avait en M. de Beauharnais, soufflèrent à cet ambassadeur les conseils qu'il devait donner au nouveau roi, et celui-ci, résolu à faire le voyage, envoya l'infant don Carlos, son frère, au-devant de Napoléon. L'Empereur avait quitté Paris le 2 avril pour se rendre à Bayonne, mais il marchait lentement, afin de donner aux événements le temps de se dessiner.

CHAPITRE TROIS

Ferdinand au pouvoir de Napoléon.—Charles IV et Godoy à Bayonne.—Émeute et bataille dans les rues de Madrid.

Ferdinand VII partit de Madrid le 10 avril, allant à la rencontre de l'Empereur, que le général Savary annonçait devoir être déjà à Bayonne. Le peuple de la capitale, quoiqu'il ne soupçonnât point encore le sort qu'on réservait à son souverain, mais guidé par une sorte d'instinct, le vit avec regret s'éloigner. Ferdinand VII, toujours accompagné du général Savary, s'avança jusqu'à Burgos au milieu des acclamations des populations accourues sur son passage. Toutefois, ne trouvant pas Napoléon, qu'on leur avait dit être à Burgos, et voyant les nombreuses colonnes de troupes françaises dont les routes étaient couvertes, le nouveau roi et ses confidents commencèrent à craindre quelque guet-apens et refusèrent d'aller plus loin. Le général Savary calma leurs appréhensions par l'assurance que Napoléon était à Vitoria. Ferdinand se rendit dans cette ville, où il apprit avec une surprise mêlée d'un mécontentement qu'il ne put cacher, que non seulement l'Empereur n'avait pas encore passé la frontière, mais qu'il n'était même pas arrivé à Bayonne!... L'orgueil espagnol se trouva blessé; les conseillers de Ferdinand VII pensèrent que la dignité de leur roi ne permettait pas qu'il allât plus loin au-devant d'un, souverain étranger, si peu empressé à le voir. Il fut donc résolu qu'on resterait à Vitoria, malgré les instances de Savary, qui, furieux de voir sa proie sur le point de lui échapper, se rendit à franc étrier à Bayonne, où l'Empereur venait enfin d'arriver le 14 avril.

Le lendemain de ce jour, Ferdinand, qui se croyait encore libre, ne l'était déjà plus, car le maréchal Bessières, commandant un corps d'armée établi dans Vittoria, avait reçu l'ordre secret d'*arrêter* le nouveau roi, dans le cas où il voudrait rétrograder vers le centre de l'Espagne, et le vigilant Savary, qui avait arraché cet ordre à l'Empereur, arrivait pour en assurer l'exécution. Mais il ne fut pas besoin d'employer la violence. En effet, pendant la courte absence de Savary, Ferdinand apprit que sa sœur, l'ancienne reine d'Étrurie, avec laquelle il était au plus mal, avait déterminé son père et sa mère à aller sans retard implorer l'appui de Napoléon, et que les vieux souverains, auxquels l'Empereur avait donné des escortes et des relais avec des chevaux de trait des équipages français, avaient déjà quitté Madrid et s'avançaient à très grandes journées vers Bayonne. À cette nouvelle, Ferdinand et ses conseillers éperdus, craignant de trouver l'Empereur prévenu contre eux s'ils se laissaient devancer par Charles IV et la Reine mère, demandèrent à partir sur-le-champ, malgré les protestations du peuple et les sages avis d'un vieux ministre, M. d'Urquijo, qui prédisait tout ce qui se vérifia depuis.

Le 20 avril, Ferdinand traversa la Bidassoa. Il s'attendait à y être reçu en souverain, mais il ne trouva pas au delà du pont un seul piquet d'infanterie française pour lui rendre les honneurs, ni un cavalier pour l'escorter... Enfin, les officiers de la maison de l'Empereur qui vinrent à sa rencontre, à quelques lieues de Bayonne, ne lui donnèrent que le titre de prince des Asturies!... Le voile était déchiré et les prédictions d'Urquijo accomplies!... Mais il était trop tard, Ferdinand se trouvait en *France* au pouvoir de Napoléon.

Celui-ci occupait aux portes de Bayonne le fameux château de Marac, dans lequel j'avais logé en 1803 avec le maréchal Augereau. L'Empereur se rendit en ville, fit une première visite à Ferdinand, le combla de politesses, l'emmena dîner avec lui, mais sans lui donner le titre de roi... Le lendemain, sans plus attendre, Napoléon, se démasquant complètement, annonça à Ferdinand et à ses ministres que, chargé par la Providence de créer un grand Empire, en abaissant la puissance de l'Angleterre, et le passé lui ayant démontré qu'il ne pouvait compter sur l'Espagne tant que la famille de Bourbon gouvernerait ce pays, il avait pris la ferme résolution de n'en rendre la couronne ni à Ferdinand ni à Charles IV, mais de la placer sur la tête d'un membre de sa famille; que, du reste, il assurerait au Roi ainsi qu'aux princes d'Espagne une existence des plus honorables, conforme au rang qu'ils avaient occupé. Ferdinand VII et ses conseillers, atterrés par cette déclaration, refusèrent d'abord d'y adhérer, répondant avec raison que dans tous les cas aucun membre de la famille impériale de France n'avait droit à la couronne d'Espagne. Bientôt la présence du vieux roi et de la Reine vint apporter un nouvel intérêt à cette scène mémorable.

Avant de quitter Madrid. Charles IV et la Reine ayant eu une entrevue avec Murat, qui les reçut comme s'ils n'eussent jamais cessé de régner, réclamèrent son intervention pour mettre en liberté le prince de la Paix, au sort duquel ils portaient toujours le plus vif intérêt. Les instructions données par l'Empereur à son beau-frère portant qu'il fallait à tout prix sauver la vie de Godoy, le prince Murat s'adressa d'abord à la Junte, ou gouvernement provisoire, à qui Ferdinand avait confié le gouvernement des affaires pendant son absence. Mais cette Junte, présidée par l'infant don Antonio, oncle de Ferdinand et ennemi du prince de la Paix, ayant répondu qu'elle n'avait pas le pouvoir de relâcher un prisonnier de cette importance, Murat, agissant militairement, fit cerner pendant la nuit le château de Villaviciosa par une brigade française, dont le général avait l'ordre de ramener le prince de la Paix, de gré ou de force. Mais comme on savait que les gardes du corps préposés à sa garde avaient déclaré qu'ils le *poignarderaient* plutôt que de le rendre vivant, et que le marquis de Chasteler, Belge au service de l'Espagne, commandant de Villaviciosa, avait exprimé la même intention, Murat fit prévenir ces forcenés que, s'ils exécutaient leur horrible projet, ils seraient tous fusillés sans aucune rémission, sur le cadavre du prince de la Paix!... Cette menace les fit réfléchir; ils en référèrent à la Junte, qui, apprenant la résolution de Murat, donna enfin l'ordre de lui remettre le prince de la Paix. Ce malheureux nous arriva au camp sous Madrid, malade, sans habit, ayant une longue barbe, enfin dans un état pitoyable, mais enchanté de se trouver au milieu des Français et loin de ses implacables ennemis.

Le maréchal Murat lui fit l'accueil que réclamait son infortune, et, après l'avoir généreusement pourvu de tout ce dont il avait besoin, il le fit monter en voiture avec un de ses aides de camp, qui reçut l'ordre de le faire constamment escorter par des piquets de cavalerie française, en marchant jour et nuit jusqu'à ce qu'il fût à Bayonne, tant il craignait que la populace ne se portât aux derniers excès contre Godoy!... Celui-ci, m'ayant reconnu au milieu de l'état-major, vint me serrer la main, en me remerciant affectueusement de ce que j'avais fait pour lui au bourg de Pinto. Il aurait bien désiré être conduit par moi jusqu'à Bayonne, et j'aurais reçu cette mission avec plaisir; mais, ainsi que je l'ai déjà dit, les aides de camp *auxiliaires* n'ont jamais que les mauvaises missions; ce fut donc à un des aides de camp en pied que le prince Murat confia celle-ci, et je ne tardai pas à en avoir une fort dangereuse.

Cependant, les vieux souverains approchaient de Bayonne. Ils y entrèrent le 20 avril. Napoléon leur fit une réception royale, envoya sa garde et sa cour au-devant d'eux: les troupes se formèrent en haie, l'artillerie fit les saluts d'usage; l'Empereur se rendit avec le Roi et la Reine à l'hôtel préparé pour ces anciens souverains de l'Espagne et les conduisit dîner au château de Marac, où ils trouvèrent leur cher Emmanuel Godoy, dont ils étaient séparés depuis la révolution d'Aranjuez. Pendant cette touchante entrevue, Ferdinand VII s'étant présenté pour rendre ses devoirs à son père, Charles IV le reçut avec indignation, et l'aurait chassé de sa présence s'il n'eût été dans le palais de l'Empereur.

Dès le lendemain de son arrivée à Bayonne, Charles IV, informé des projets de Napoléon, ne parut y mettre aucune opposition, la Reine et le prince de la Paix lui ayant persuadé que, puisqu'il lui était désormais impossible de régner sur l'Espagne, il fallait qu'il acceptât la position que l'Empereur lui offrait en France et qui lui procurerait le double avantage d'assurer le repos de ses vieux jours et de punir l'odieuse conduite de Ferdinand. Ce raisonnement d'une mauvaise mère était faux, en ce qu'il privait tous ses enfants de leurs droits à la couronne pour les faire passer dans la famille de Napoléon.

Tandis que de grands événements se préparaient à Bayonne, le prince Murat, resté provisoirement maître du gouvernement à Madrid, avait fait publier la protestation de Charles IV, et supprimer sur tous les actes publics le nom de Ferdinand VII. Ces mesures mécontentèrent infiniment le peuple et les grands, dont l'agitation s'accrut par l'arrivée des nouvelles de Bayonne, qu'apportaient des émissaires secrets déguisés en paysans et envoyés par les amis de Ferdinand VII. L'orage grondait autour de nous; il ne tarda pas à éclater à Madrid; voici à quelle occasion.

Charles IV, la Reine, Ferdinand et son frère don Carlos se trouvant à Bayonne, il ne restait plus en Espagne des membres de la famille royale que l'ex-reine d'Étrurie, son fils, le vieil infant don Antonio et le plus jeune des fils du roi Charles IV, don Francisco de Paolo, qui n'avait alors que douze à treize ans. Murat ayant reçu l'ordre d'envoyer à Bayonne ces membres de la famille de Bourbon, la reine d'Étrurie et l'infant don Antonio déclarèrent qu'ils étaient prêts à s'éloigner de l'Espagne; le jeune don Francisco, qui n'était pas majeur, se trouvait sous la tutelle de la Junte, qui, alarmée de voir enlever successivement tous les princes de la maison royale, s'opposa formellement au départ de cet enfant. L'agitation populaire devint alors extrême, et, dans la journée du 1er mai, des rassemblements nombreux se formèrent dans les principales rues de Madrid et surtout à la *Puerta del Sol*, immense place située au centre de Madrid. Quelques-uns de nos escadrons parvinrent cependant à les dissiper; mais le 2 au matin, au moment où les princes allaient monter en voiture, quelques domestiques de la maison du Roi sortent du palais en s'écriant que le jeune don Francisco pleure à chaudes larmes et se cramponne aux meubles, déclarant qu'étant né en Espagne, il ne veut pas quitter ce pays... Il est facile de comprendre l'effet que produisirent sur l'esprit d'un peuple fier et libre des sentiments aussi généreux, exprimés par un enfant royal, que l'absence de ses deux frères rendait l'espoir de la nation!...

En un instant, la foule court aux armes et massacre impitoyablement tous les Français qui se trouvent isolés dans la ville!... Presque toutes nos troupes étant campées hors de Madrid, il fallait les prévenir, et cela n'était pas facile.

Dès que j'entendis les premiers coups de fusil, je voulus me rendre à mon poste auprès du maréchal Murat, dont l'hôtel était voisin de mon logement. Je montai donc précipitamment à cheval et j'allais sortir, lorsque mon hôte, le vénérable conseiller à la Cour des Indes, s'y opposa, en me montrant la rue occupée par une trentaine d'insurgés armés, auxquels je ne pouvais évidemment pas échapper; et comme je faisais observer à ce digne homme que l'honneur exigeait que je bravasse tous les périls pour me rendre auprès de mon général, il me conseilla de sortir à pied, me mena au bout de son jardin, ouvrit une petite porte et eut l'extrême obligeance de me conduire lui-même, par des ruelles détournées, jusque sur les derrières de l'hôtel du prince Murat, où je trouvai un poste français. Ce respectable conseiller, auquel je dus probablement la vie, se nommait don Antonio Hernandès; je ne l'oublierai jamais...

Je trouvai le quartier général dans une agitation extrême, car bien que Murat n'eût encore auprès de lui que deux bataillons et quelques escadrons, il se préparait à marcher résolument au-devant de l'émeute; chacun montait à cheval, et j'étais à pied!... Je me désolais... Mais bientôt, le général Belliard, chef d'état-major, ayant ordonné d'envoyer des piquets de grenadiers pour repousser les tirailleurs ennemis qui occupaient déjà les abords du palais, je m'offris pour en diriger un à travers la rue dans laquelle se trouvait l'hôtel de don Hernandès, et dès que la porte fut dégagée, je pris mon cheval et me joignis au prince Murat qui sortait en ce moment.

Il n'y a pas de fonctions militaires plus dangereuses que celles d'un officier d'état-major dans un pays, et surtout dans une ville en insurrection, parce que, marchant presque toujours seul au milieu des ennemis pour porter des ordres aux troupes, il est exposé à être assassiné sans pouvoir se défendre. À peine en dehors de son palais, Murat expédia des officiers vers tous les camps dont Madrid était entouré, avec ordre de prévenir et d'amener les troupes par toutes les portes à la fois. La cavalerie de la garde impériale, ainsi qu'une division de dragons, étaient établies au *Buen retiro*; c'était un des camps les plus voisins du quartier général, mais aussi le trajet était des plus périlleux, car, pour s'y rendre, il fallait traverser les deux plus grandes rues de la ville, celles d'Alcala et de San Geronimo, dont presque toutes les croisées étaient garnies de tireurs espagnols. Il va sans dire que cette mission étant celle qui présentait le plus de difficultés, le général en chef ne la donna pas à l'un de ses aides de camp *titulaires*; ce fut à moi qu'elle fut dévolue, et je partis au grand trot sur un pavé que le soleil rendait fort glissant.

À peine étais-je à cent toises de l'état-major, que je fus accueilli par de nombreux coups de fusil; mais l'émeute ne faisant que commencer, le feu était tolérable, d'autant plus que les hommes placés aux fenêtres étaient des marchands et des ouvriers de la ville, peu habitués à manier le fusil; cependant, le cheval d'un de mes dragons ayant été abattu par une balle, la populace sortit des maisons pour égorger le pauvre soldat; mais ses camarades et moi fondîmes à grands coups de sabre sur le groupe d'émeutiers, et, en ayant couché au moins une douzaine sur le carreau, tous les autres s'enfuirent, et le dragon, donnant la main à l'un de ses camarades, put suivre en courant, jusqu'au moment où nous atteignîmes enfin les avant-postes du camp de notre cavalerie.

En défendant le dragon démonté, j'avais reçu un coup de stylet dans la manche de mon dolman, et deux de mes cavaliers avaient été légèrement blessés. J'avais ordre de conduire les divisions sur la place de la *Puerta del Sol*, centre de l'insurrection. Elles se mirent en mouvement au galop. Les escadrons de la garde, commandés par le célèbre et brave Daumesnil, marchaient en tête, précédés par les mameluks. L'émeute avait eu le temps de grossir; on nous fusillait de presque toutes les maisons, surtout de l'hôtel du duc de Hijar, dont toutes les croisées étaient garnies de plusieurs adroits tireurs; aussi perdîmes-nous là plusieurs hommes, entre autres le terrible Mustapha, ce brave mameluk qui, à Austerlitz, avait été sur le point d'atteindre le grand-duc Constantin de Russie. Ses camarades jurèrent de le venger; mais il n'était pas possible pour le moment de s'arrêter; la cavalerie continua donc de défiler rapidement, sous une grêle de balles, jusqu'à la *Puerta del Sol*. Nous y trouvâmes le prince Murat aux prises avec une foule immense et compacte d'hommes armés, parmi lesquels on remarquait quelques milliers de soldats espagnols avec des canons tirant à mitraille sur les Français.

En voyant arriver les mameluks qu'ils redoutaient beaucoup, les Espagnols essayèrent néanmoins de faire résistance; mais leur résolution ne fut pas de longue durée, tant l'aspect des *Turcs* effrayait les plus braves!... Les mameluks, s'élançant le cimeterre à la main sur cette masse compacte, firent en un instant voler une centaine de têtes, et ouvrirent passage aux chasseurs de la garde, ainsi qu'à la division de dragons, qui se mit à sabrer avec furie. Les Espagnols, refoulés de la place, espéraient échapper par les grandes et nombreuses rues qui y aboutissent de toutes les parties de la ville; mais ils furent arrêtés par d'autres colonnes françaises, auxquelles Murat avait indiqué ce point de réunion. Il y eut aussi dans d'autres quartiers plusieurs combats partiels, mais celui-ci fut le plus important et décida la victoire en notre faveur. Les insurgés eurent douze à quinze cents hommes tués et beaucoup de blessés, et leur perte eût été infiniment plus considérable, si le prince Murat n'eût fait cesser le feu.

Comme militaire, j'avais dû combattre des hommes qui attaquaient l'armée française; mais je ne pouvais m'empêcher de reconnaître, dans mon for intérieur, que notre cause était mauvaise, et que les Espagnols avaient raison de chercher à repousser des étrangers qui, après s'être présentés chez eux en *amis*, voulaient détrôner leur souverain et s'emparer du royaume par la force! Cette guerre me paraissait donc impie, mais j'étais soldat et ne pouvais refuser de marcher sans être taxé de lâcheté!... La plus grande partie de l'armée pensait comme moi, et cependant obéissait de même!...

Les hostilités ayant cessé presque partout, et la ville étant occupée par nos troupes d'infanterie, la cavalerie qui encombrait les rues reçut l'ordre de rentrer dans ses camps. Les insurgés qui, du haut de l'hôtel du duc de Hijar, avaient tiré si vivement sur la garde impériale à son premier passage, avaient eu l'imprudente audace de rester à leur poste et de recommencer le feu au retour de nos escadrons; mais ceux-ci, indignés à la vue des cadavres de leurs camarades, que les habitants avaient eu la barbarie de hacher en petits morceaux, firent mettre pied à terre à un bon nombre de cavaliers, qui, après avoir escaladé les fenêtres du rez-de-chaussée, pénétrèrent dans l'hôtel et coururent à la vengeance!... Elle fut terrible!... Les mameluks, sur lesquels avait porté la plus grande perte, entrèrent dans les appartements, le cimeterre et le tromblon à la main, et massacrèrent impitoyablement tous les révoltés qui s'y trouvaient; la plupart étaient des domestiques du duc de Hijar. Pas un seul n'échappa, et leurs cadavres, jetés par-dessus les balcons, mêlèrent leur sang à celui des mameluks qu'ils avaient égorgés le matin.

CHAPITRE QUATRE

Mission à Bayonne auprès de l'Empereur.—Abdication de Charles IV.—Joseph est nommé roi.—Soulèvement général de l'Espagne.

Le combat ainsi terminé et la victoire assurée, Murat s'occupa de deux choses importantes: rendre compte à l'Empereur de ce qui venait de se passer à Madrid et faire partir la reine d'Étrurie, le vieux prince Antonio et surtout le jeune infant don Francisco, qui, effrayé par le bruit du canon et de la fusillade, consentait à présent à suivre sa sœur et son oncle. Mais ce convoi ne pouvait aller qu'à petites journées, tandis qu'il était fort important que les dépêches de Murat parvinssent au plus tôt à l'Empereur.

Vous prévoyez ce qui advint. Tant que l'Espagne avait été paisible, le prince Murat avait confié à ses aides de camp *titulaires* les nombreux rapports qu'il envoyait à l'Empereur; mais maintenant qu'il s'agissait de traverser une grande partie du royaume, au milieu des populations que la nouvelle du combat de Madrid devait porter à assassiner les officiers français, ce fut le rôle d'un aide de camp *auxiliaire*, et l'on me confia cette périlleuse mission. Je m'y attendais, et, bien qu'en suivant la liste des tours de service, ce ne fût pas à moi à marcher, je ne fis aucune observation.

Murat, appréciant fort mal le caractère de la nation castillane, s'imaginait que, terrifiée par la répression de la révolte de Madrid, elle n'oserait plus prendre les armes et se soumettrait entièrement. Comme il se flattait que Napoléon lui destinait le trône de Charles IV, il était radieux, et me dit plusieurs fois en me remettant ses dépêches: «Répétez à l'Empereur ce que je lui mande dans cette lettre: la victoire que je viens de remporter sur les révoltés de la capitale *nous* assure la paisible possession de l'Espagne!...» Je n'en croyais rien, mais me gardai bien de le dire, et me bornai à demander au prince Murat la permission de profiter, jusqu'à Buitrago, de l'escorte qui devait accompagner la voiture des princes espagnols, car je savais qu'un grand nombre de paysans des environs de Madrid, étant venus prendre part à l'insurrection, s'étaient, après leur défaite, dispersés et cachés dans les villages et campagnes du voisinage, d'où ils pouvaient fondre sur moi si je sortais de la ville. Murat ayant reconnu la justesse de mon observation, je pris un cheval de poste, et, marchant avec le régiment qui escortait les Infants, j'arrivai le soir même à Buitrago, où les princes espagnols devaient coucher; ainsi, à partir de ce bourg, plus d'escorte pour moi, j'allais m'élancer dans l'inconnu!...

Buitrago est situé au pied d'une des ramifications des monts Guadarrama; les officiers de nos dragons, me voyant prêt à partir à l'entrée de la nuit pour traverser ces montagnes, m'engageaient à attendre le jour; mais, d'une part, je savais que ces dépêches étaient pressées et ne voulais pas que l'Empereur et le prince Murat pussent m'accuser d'avoir ralenti ma course par *peur*; en second lieu, je comprenais que plus je m'éloignerais rapidement des environs de la capitale et devancerais la nouvelle du combat qui s'y était livré, moins j'aurais à craindre l'exaspération des populations que j'allais traverser. Je fus confirmé dans cette pensée par l'ignorance où je trouvai les habitants de Buitrago au sujet des événements qui avaient eu lieu le matin même à Madrid, et qu'ils n'apprirent que par les muletiers conducteurs des voitures des princes; mais comme le postillon que je venais de prendre à Buitrago avait probablement appris la nouvelle de celui qui m'avait conduit, je résolus de m'en débarrasser par une ruse. Après avoir parcouru deux lieues, je dis à cet homme que j'avais oublié dans l'écurie de sa poste un mouchoir contenant 20 douros (100 francs), et que tout en considérant cet argent comme à peu près perdu, je croyais cependant encore possible que personne ne l'eût trouvé; qu'il lui fallait donc retourner sur-le-champ à Buitrago, et que s'il me rapportait le mouchoir et son contenu au relais prochain où j'allais l'attendre, il y aurait cinq douros pour lui... Le postillon, enchanté de cette bonne aubaine, tourna bride à l'instant, et je continuai jusqu'au prochain relais. On n'y avait encore aucun avis du combat; j'étais en uniforme, mais, pour mieux écarter les soupçons que le maître de poste et ses gens pourraient avoir en me voyant arriver seul, je me hâtai de leur dire que le cheval du postillon qui m'accompagnait s'étant abattu et fortement blessé, j'avais engagé cet homme à le reconduire au pas à Buitrago. Cette explication paraissait fort naturelle; on me donna un nouveau cheval, un autre postillon, et je repartis au galop, sans m'inquiéter du désappointement qu'éprouverait le postillon de Buitrago. L'essentiel, c'est que j'étais désormais maître de mon secret, et en ne m'arrêtant nulle part, j'avais la certitude d'arriver à Bayonne avant que la voix publique eût fait connaître les événements de Madrid.

Je marchai toute la nuit dans les montagnes; le chemin y est fort beau, et j'entrai au point du jour à l'Herma. Il y avait garnison française dans cette ville, ainsi que dans toutes celles que j'avais à traverser pour me rendre à Bayonne. Partout nos généraux et nos officiers m'offraient des rafraîchissements, en me demandant ce qu'il y avait de nouveau; mais je tenais bouche close, de crainte qu'un accident me forçant à m'arrêter quelque part, je ne fusse devancé par les nouvelles que j'aurais moi-même répandues, ce qui m'aurait exposé aux attaques des paysans.

Il y a de Madrid à Bayonne la même distance que de cette dernière ville à Paris, c'est-à-dire deux cent vingt-cinq lieues, trajet bien long, surtout lorsqu'on le parcourt à franc étrier, le sabre au côté, sans prendre un seul quart d'heure de repos et par une chaleur brûlante... Aussi étais-je exténué!... Le besoin de sommeil m'accablait, mais je n'y cédai pas une seule minute, tant je comprenais la nécessité d'avancer rapidement. Pour me tenir éveillé, j'augmentais le pourboire des postillons, à condition qu'ils me chanteraient, tout en galopant, ces chansons espagnoles que j'aime tant, à cause de leur naïveté romantique et du charme de leurs airs expressifs, empruntés aux Arabes… Enfin je vis la Bidassoa et entrai en France!…

Marac n'est plus qu'à deux relais de Saint-Jean de Luz; j'y arrivai tout couvert de poussière, le 5 mai, au moment où l'Empereur, sortant de dîner, se promenait dans le parc en donnant le bras à la reine d'Espagne et ayant à côté de lui Charles IV. L'impératrice Joséphine, les princes Ferdinand et don Carlos les suivaient; le maréchal du palais, Duroc, et plusieurs dames venaient après.

Dès que l'aide de camp de service eut prévenu l'Empereur de l'arrivée d'un officier expédié en courrier par le prince Murat, il s'avança vers moi suivi des membres de la famille royale d'Espagne et me demanda à haute voix: «Qu'y a-t-il de nouveau à Madrid?» Embarrassé par la présence des personnages qui nous écoutaient, et pensant que Napoléon serait sans doute bien aise d'avoir les prémices des nouvelles que j'apportais, j'eus la prudence de me borner à présenter mes dépêches à l'Empereur en le regardant *fixement* sans répondre à sa question… Sa Majesté me comprit et s'éloigna de quelques pas pour lire ce que Murat lui annonçait.

Cette lecture terminée, Napoléon, m'appelant, se dirigea vers une allée isolée en me faisant de nombreuses questions sur le combat de Madrid, et il me fut aisé de voir qu'il partageait l'opinion de Murat, et qu'il considérait la victoire du 2 mai comme devant éteindre toute résistance en Espagne. Je croyais le contraire; et si Napoléon m'eût demandé ma façon de penser, j'aurais cru manquer à l'honneur en la dissimulant; mais je devais respectueusement me borner à répondre aux questions de l'Empereur, et je ne pouvais lui faire connaître mes tristes pressentiments que d'une manière indirecte. Aussi, en racontant la révolte de Madrid, je peignis des couleurs les plus vives le désespoir du peuple, en apprenant qu'on voulait conduire en France les membres de la famille royale qui se trouvaient encore en Espagne, le courage féroce dont les habitants, et même les femmes, avaient fait preuve pendant l'action, l'attitude sombre et menaçante qu'avait conservée la population de Madrid et des environs après notre victoire… J'allais peut-être me laisser aller à dévoiler toute ma pensée, lorsque Napoléon me coupa la parole en s'écriant: «Bah! bah!… ils se calmeront et me béniront lorsqu'ils verront leur patrie sortir de l'opprobre et du désordre dans lesquels l'avait jetée l'administration la plus faible et la plus corrompue qui ait jamais existé!…» Après cette boutade, prononcée d'un ton sec, Napoléon m'ordonna de retourner au bout du jardin, afin de prier le roi Charles IV et la Reine de venir le joindre, et pendant que je hâtais le pas, il me suivit lentement en relisant les dépêches de Murat.

Les anciens souverains de l'Espagne s'étant avancés seuls vers l'Empereur, celui-ci leur annonça probablement la révolte et le combat de Madrid, car Charles IV s'approchant vivement de son fils Ferdinand, lui dit à haute voix avec l'accent de la plus grande colère: «Misérable! sois satisfait; Madrid vient d'être baigné dans le sang de mes sujets, répandu par suite de ta criminelle rébellion contre ton père!… Que ce sang retombe sur ta tête!…» La Reine, se joignant au Roi, accabla son fils des plus aigres reproches et leva même la main sur lui!… Alors les dames et les officiers s'éloignèrent par convenance de cette scène dégoûtante, à laquelle Napoléon vint mettre un terme. Ferdinand, qui n'avait pas répondu un seul mot aux remontrances sévères de ses parents, résigna le soir même la couronne à son père; il le fit moins par repentir que par crainte d'être traité comme l'auteur de la conspiration qui avait renversé Charles IV.

Le lendemain, le vieux roi, cédant à un ignoble désir de vengeance que fomentaient la Reine et le prince de la Paix, fit à l'Empereur l'abandon de tous ses droits à la couronne d'Espagne, moyennant quelques conditions, dont la principale lui conférait la propriété du château et de la forêt de Compiègne, ainsi qu'une pension de sept millions et demi de francs. Ferdinand eut la lâcheté de se désister aussi de ses droits héréditaires en faveur de Napoléon, qui lui accorda un million de traitement et le beau château de Navarre, en Normandie. Ce château, ainsi que celui de Compiègne, se trouvant alors en réparation, le roi Charles IV, la reine d'Espagne, celle d'Étrurie et le prince de la Paix allèrent habiter provisoirement Fontainebleau, tandis que Ferdinand, ses deux frères et son oncle furent envoyés à Valençay, fort belle terre du Berry appartenant à M. de Talleyrand. Ils y furent bien traités, mais exactement surveillés par la garnison que commandait le colonel Bertemy, ancien officier d'ordonnance de l'Empereur. Ainsi se trouva consommée la spoliation la plus inique dont l'histoire moderne fasse mention.

De tout temps, la victoire a donné au vainqueur le droit de s'emparer des États du vaincu à la suite d'une guerre franche et loyale; mais disons-le sincèrement, la conduite de Napoléon dans cette scandaleuse affaire fut indigne d'un grand homme tel que lui. S'offrir comme médiateur entre le père et le fils pour les attirer dans un piège, les dépouiller ensuite l'un et l'autre... ce fut une atrocité, un acte odieux, que l'histoire a flétri et que la Providence ne tarda pas à punir, car ce fut la guerre d'Espagne qui prépara et amena la chute de Napoléon.

Il faut cependant être juste: tout en manquant de probité politique, l'Empereur ne se faisait pas d'illusions sur ce qu'il y avait de répréhensible dans sa conduite, et je tiens de M. le comte Defermont, l'un de ses ministres, qu'il en fit l'aveu en plein conseil; mais il ajouta qu'en politique il ne fallait jamais oublier ce grand axiome: «Le bon résultat et la nécessité justifient les moyens.» Or, à tort ou à raison, l'Empereur avait la ferme conviction que, pour contenir le Nord, il fallait fonder sous la protection de la France un grand empire dans le midi de l'Europe, ce qu'on ne pouvait exécuter sans posséder l'Espagne. Napoléon, ainsi mis en mesure de disposer de ce beau royaume, l'offrit à Joseph, son frère aîné, alors à Naples.

Plusieurs historiens ont blâmé l'Empereur de n'avoir pas mis sur le trône d'Espagne son beau-frère Murat, qui, habitué au commandement des troupes, ainsi qu'aux périls de la guerre, paraissait bien mieux convenir au gouvernement d'une nation ardente et fière, que le timide et nonchalant Joseph, ami des arts, totalement étranger aux occupations militaires, et récemment amolli par les délices de Naples. Il est certain que dès l'entrée de Murat en Espagne, sa réputation guerrière, sa haute stature, sa belle prestance martiale, ses manières, tout enfin, jusqu'à son costume bizarre, toujours empanaché et bariolé, partie à l'espagnole, partie à la française, plurent infiniment à la nation castillane, et je suis convaincu que si elle eût cru devoir accepter un roi pris dans la famille de Napoléon, elle aurait à cette époque préféré le chevaleresque Murat au faible Joseph. Mais depuis le combat de Madrid, dont la voix publique avait infiniment exagéré les résultats, l'admiration que le peuple espagnol avait eue d'abord pour Murat s'était changée en haine implacable!...

Je crois être certain que l'Empereur avait d'abord jeté les yeux sur Murat pour le faire roi des Espagnols, mais qu'informé plus tard de la répulsion que la nation avait conçue contre ce prince, il regarda la chose comme impossible et l'envoya régner à Naples en remplacement de Joseph, auquel il donna la couronne d'Espagne. Ce fut un grand malheur, car Murat eût été fort utile pour la guerre qui éclata bientôt dans la Péninsule, tandis que le roi Joseph ne fut qu'un embarras.

Pour donner une couleur de légalité à l'avènement de son frère au trône d'Espagne, Napoléon avait invité toutes les provinces de ce royaume à nommer des députés qui devaient se réunir à Bayonne pour rédiger une Constitution. Beaucoup s'abstinrent, mais le plus grand nombre se rendit à l'appel, les uns par curiosité, les autres par patriotisme, espérant qu'on leur rendrait l'un de leurs deux rois. Ils se formèrent en assemblée, mais bientôt ils s'aperçurent que leurs délibérations ne seraient pas libres. Cependant, les uns, guidés par la conviction qu'un frère du puissant empereur des Français pouvait seul rendre l'Espagne heureuse, les autres, poussés par le désir de sortir de la souricière dans laquelle ils se voyaient pris, tous reconnurent la royauté de Joseph, mais fort peu restèrent avec lui; la plupart s'empressèrent de rentrer en Espagne, où, dès leur arrivée, ils protestèrent contre le vote qu'ils prétendaient leur avoir été arraché.

J'avais quitté Bayonne le 11 mai pour retourner à Madrid auprès de Murat, auquel je portais les dépêches de l'Empereur. Je trouvai dans toutes les provinces que je traversai les esprits fort agités, car on y connaissait l'abdication forcée de Ferdinand VII, l'idole du peuple, et l'on comprenait que Napoléon allait s'emparer du trône d'Espagne; aussi l'insurrection s'organisait-elle de toutes parts. Heureusement, nos troupes occupaient toutes les villes et bourgs situés entre la France et Madrid, sans quoi j'eusse été certainement assassiné. On m'escortait d'un poste à l'autre, ce qui ne m'empêcha point d'être attaqué plusieurs fois: un cavalier fut même tué auprès de moi au passage du célèbre défilé de Pancorbo, et je trouvai deux cadavres de nos fantassins dans la montagne de Somo-Sierra. C'étaient les prémices de ce que les Espagnols nous préparaient!

Les dépêches que je portais au prince Murat contenaient la lettre par laquelle l'Empereur lui annonçait officiellement son élévation au trône de Naples, car il fut très sombre pendant quelques jours et tomba enfin si gravement malade que Napoléon, prévenu par le chef d'état-major Belliard, dut envoyer le général Savary pour prendre la direction des mouvements de l'armée, ce qui était au-dessus de ses talents militaires, surtout dans les circonstances difficiles qui allaient se présenter.

La maladie dont Murat venait d'être atteint mit sa vie en danger; aussi, dès qu'il fut convalescent, il s'empressa de quitter l'Espagne, où il n'avait plus l'espoir de régner, et se fit transporter en France. Avant son départ, il me fit appeler dans son cabinet pour me demander si je voulais rester à Madrid auprès du général Belliard, qui désirait me garder. J'avais prévu cette question, et comme il ne me convenait nullement, après avoir servi plusieurs maréchaux et un prince, d'aller obscurément me confondre dans la foule des nombreux officiers de l'état-major général, pour y faire à peu près le métier de courrier au milieu des coups de fusil, sans gloire ni espoir d'avancement, je répondis que le maréchal Augereau, dont j'étais l'aide de camp, avait consenti à ce que j'allasse servir auprès du prince Murat, mais que, du moment que ce prince quittait l'Espagne, je considérais ma mission comme terminée et demandais à retourner auprès du maréchal Augereau.

Je partis donc de Madrid le 17 juin, avec Murat. Il était porté en litière; ses officiers et une nombreuse escorte l'accompagnaient: nous voyagions à petites journées et arrivâmes le 3 juillet à Bayonne, où se trouvaient encore l'Empereur et le nouveau roi d'Espagne.

Ce fut là que le prince Murat prit le titre de roi de Naples. Les officiers de son état-major ayant été le complimenter à ce sujet, il nous proposa de le suivre en Italie, promettant un avancement rapide à ceux qui passeraient à son service. Tous acceptèrent, excepté le chef d'escadron Lamothe et moi, qui avais bien résolu de ne jamais porter d'autre uniforme que celui de l'armée française. Je laissai mes chevaux en pension à Bayonne, et je me rendis à Paris auprès de ma mère et du maréchal Augereau, où je passai trois mois fort heureux.

Le combat du 2 mai et l'enlèvement de la famille royale avaient exaspéré la nation; toutes les populations se mirent en insurrection contre le gouvernement du roi Joseph, qui, bien qu'arrivé et *proclamé* à Madrid le 23 juillet, n'avait aucune autorité sur le pays. L'Espagne offre cela de particulier que Madrid, résidence habituelle des souverains, n'a aucune influence sur les provinces, dont chacune, ayant formé jadis un petit royaume séparé, en a conservé le titre. Chacun de ces anciens États a sa capitale, ses usages, ses lois et son administration particulières, ce qui lui permet de se suffire à lui-même lorsque Madrid est au pouvoir de l'ennemi. C'est ce qui arriva en 1808. Chaque province eut sa *Junte*, son armée, ses magasins et ses finances. Cependant la Junte de Séville fut reconnue comme pouvoir dirigeant central.

CHAPITRE CINQ

Capitulation de Baylen et ses conséquences.—Nos troupes se retirent sur l'Èbre.—
Évacuation du Portugal.—Je suis décoré et attaché à l'état-major du maréchal
Lannes.

L'Espagne se levant alors comme un seul homme contre l'armée française, celle-ci se fût trouvée dans une position critique, lors même que, dirigée par un général habile, sa composition eût été aussi forte qu'elle était faible. Nous essuyâmes des revers sur terre comme sur mer, car une escadre fut forcée de se rendre en rade de Cadix, en même temps que le maréchal Moncey dut se retirer du royaume de Valence. La Junte souveraine de Séville déclara la guerre à la France au nom de Ferdinand VII. Le général Dupont, que Savary avait imprudemment lancé sans soutien en Andalousie, au delà des montagnes de la Sierra-Morena, voyant au commencement de juillet toutes les populations s'insurger autour de lui, et apprenant que les dix mille hommes du camp de Saint-Roch, les seules troupes de ligne espagnoles qui fussent réunies en corps d'armée, s'avançaient sous les ordres du général Castaños, résolut de se retirer vers Madrid et envoya à cet effet la division Vedel pour s'emparer de la Sierra-Morena et rouvrir les communications. Mais au lieu de suivre promptement cette avant-garde, le général Dupont, qui d'excellent divisionnaire était devenu un fort mauvais général en chef, prit la résolution de combattre où il se trouvait, et donna ordre à la division Vedel, déjà éloignée de plus de dix lieues, de revenir sur ses pas!... À cette première faute, Dupont joignit celle d'éparpiller les troupes qui restaient auprès de lui et de perdre un temps précieux à Andujar, sur les rives du Guadalquivir.

Les Espagnols, renforcés de plusieurs régiments suisses, profitèrent de ce retard pour envoyer une partie de leurs forces sur la rive opposée à celle qu'occupait notre armée, qui se trouva ainsi prise entre deux feux!... Rien, cependant, n'était encore perdu, si l'on eût combattu courageusement et avec ordre; mais Dupont avait si mal organisé ses troupes que, arrivées devant le défilé de Baylen, la queue de la colonne se trouvait à trois lieues de la tête!… Alors le général Dupont, au lieu de réunir ses forces, engagea successivement tous ses régiments, à mesure qu'ils arrivaient. Il en fit de même des pièces d'artillerie. Nos jeunes et faibles soldats, exténués par quinze heures de marche et huit heures de combat, tombaient de fatigue sous les rayons brûlants du soleil d'Andalousie; la plupart ne pouvaient plus ni marcher ni porter les armes, et se couchaient au lieu de combattre encore… Alors Dupont demanda une suspension d'armes, que les Espagnols acceptèrent avec d'autant plus d'empressement qu'ils craignaient un prochain changement à leur désavantage.

En effet, la division Vedel, qui la veille avait reçu l'ordre de joindre le général en chef, arrivait en ce moment derrière le corps espagnol qui barrait le passage à Dupont. Le général Vedel attaquant les Espagnols avec succès, ceux-ci envoyèrent un parlementaire le prévenir qu'ils étaient convenus d'un armistice avec le général Dupont. Vedel n'en tint aucun compte et continua vigoureusement le combat. Déjà deux régiments espagnols avaient mis bas les armes, plusieurs autres fuyaient, et le général Vedel n'était plus qu'à une petite lieue des troupes de Dupont qu'il allait dégager complètement, lorsque arrive un aide de camp de ce dernier qui, après avoir traversé l'armée ennemie, apporte à Vedel l'ordre de ne *rien entreprendre, parce que l'on traite d'un armistice*. Le général Vedel, au lieu de persister dans la bonne inspiration qui l'avait porté peu d'instants avant à refuser de reconnaître l'autorité d'un chef entouré d'ennemis, et obligé de faire passer par leurs mains les ordres qu'il donnait à ses subordonnés, Vedel s'arrête au milieu de sa victoire et ordonne de cesser le feu. Les Espagnols n'avaient cependant plus que huit cartouches par homme, mais il leur arrivait des renforts, et ils voulaient gagner du temps. Le général Dupont demanda au général Reding, Suisse au service de l'Espagne, la *permission* de passer avec son armée pour retourner à Madrid!… Reding, après y avoir consenti, déclara ne pouvoir rien faire sans l'autorisation du général Castaños, son supérieur, qui se trouvait à plusieurs lieues de là; celui-ci voulut à son tour en référer à la Junte supérieure, qui éleva toutes sortes de difficultés.

Pendant ce temps-là, les jeunes conscrits de Dupont étaient dans la plus pénible position. Dupont donnait des ordres contradictoires, ordonnant tour à tour à Vedel d'attaquer ou de ramener sa division sur Madrid. Vedel, prenant ce dernier parti, se trouvait le lendemain 21 juillet au pied de la Sierra-Morena, hors de l'atteinte de Castaños.

Mais, malheureusement, le général Dupont s'était décidé à *capituler*, et, par une faiblesse vraiment inqualifiable, il avait compris dans cette capitulation les troupes du général Vedel, auxquelles il donna l'ordre de *revenir* à Baylen. Ces dernières, mises désormais en position de regagner Madrid, s'y refusèrent avec tumulte. Leur général, au lieu de profiter de cet enthousiasme, leur fit comprendre à quelles représailles elles exposaient les huit mille hommes de Dupont, ajoutant que la capitulation n'avait rien de rigoureux, puisqu'elle stipulait leur transport en France, où leurs armes leur seraient rendues. Les officiers et soldats déclarèrent que mieux valait alors se retirer immédiatement tout armés sur Madrid; mais à force de prêcher l'obéissance *passive*, le général Vedel parvint à ramener sa division à Baylen, où elle mit bas les armes.

Le fait d'avoir compris dans la capitulation une division déjà hors d'atteinte de l'ennemi, fut de la part du général Dupont un acte des plus blâmables; mais que penser du général Vedel, obéissant aux ordres de Dupont qui n'était plus libre, et remettant aux Espagnols toute sa division d'un effectif de près de dix mille hommes? Dupont poussa l'égarement jusqu'à comprendre dans son traité toutes les troupes de son corps d'armée et même celles qui n'avaient pas passé la Sierra-Morena!

Le général Castaños exigea que ces détachements feraient vingt-cinq lieues pour venir rendre les armes! Entraînés par l'exemple, les commandants des corps isolés se conformèrent aux ordres du général Dupont. *Un seul*, il faut le citer, un seul, le brave chef de bataillon de Sainte-Église, répondit qu'il n'avait plus d'ordre à recevoir d'un général prisonnier de guerre, et marchant rapidement, malgré l'attaque des paysans insurgés, il parvint avec peu de pertes à rejoindre les avant-postes du camp français qui couvrait Madrid. L'Empereur donna à ce courageux et intelligent officier le grade de colonel.

À l'exception du bataillon de M. de Sainte-Église, toute l'armée du général Dupont, forte de 25,000 hommes, se trouva ainsi désarmée. Alors, les Espagnols, n'ayant plus rien à craindre, refusèrent de tenir les articles de la capitulation qui stipulaient le retour des troupes françaises dans leur patrie, et non seulement ils les déclarèrent prisonnières de guerre, mais, les maltraitant indignement, laissèrent égorger plusieurs milliers de soldats par les paysans!

Dupont, Vedel et quelques généraux obtinrent seuls la permission de retourner en France. Les officiers et les soldats furent d'abord entassés sur des pontons stationnés sur la rade de Cadix; mais une fièvre épidémique fit de tels ravages parmi eux, que les autorités espagnoles, craignant que Cadix n'en fût infesté, reléguèrent les survivants dans l'île déserte de Cabrera, qui ne possède ni eau ni maisons! Là, nos malheureux Français, auxquels on apportait toutes les semaines quelques tonnes d'eau saumâtre, du biscuit de mer avarié et un peu de viande salée, vécurent presque en sauvages, manquant d'habits, de linge, de médicaments, ne recevant aucune nouvelle de leurs familles et même de la France, et étant obligés, pour s'abriter, de creuser des tanières comme des bêtes fauves!... Cela dura six ans, jusqu'à la paix de 1814; aussi, presque tous les prisonniers moururent de misère et de chagrin. M. de Lasalle, qui devint officier d'ordonnance du roi Louis-Philippe, était du nombre de ces malheureux Français, et lorsqu'on le délivra, il était, comme la plupart de ses camarades, presque entièrement nu depuis plus de six ans!... Les Espagnols, lorsqu'on leur faisait observer que la violation du traité de Baylen était contraire au *droit des gens*, admis chez tous les peuples civilisés, répondaient que l'arrestation de Ferdinand VII leur roi n'avait pas été plus légale, et qu'ils ne faisaient que suivre l'exemple que Napoléon leur avait donné!... Il faut convenir que ce reproche ne manquait pas de fondement.

Lorsque l'Empereur apprit le désastre de Baylen, sa colère fut d'autant plus terrible, que jusque-là il avait considéré les Espagnols comme aussi lâches que les Italiens, et pensé que leur levée de boucliers ne serait qu'une révolte de paysans, que la présence de quelques bataillons français disperserait en peu de jours; aussi versa-t-il des larmes de sang en voyant ses aigles humiliées et le prestige d'invincibles s'éloigner des troupes françaises!... Combien il devait regretter d'avoir composé ses armées d'Espagne de jeunes et inhabiles conscrits, au lieu d'y envoyer les vieilles bandes qu'il avait laissées en Allemagne! Mais rien ne saurait peindre sa colère contre les généraux Dupont et Vedel, qu'il eut le tort d'enfermer pour éviter le scandale d'une procédure retentissante, et qui furent désormais considérés comme victimes du pouvoir arbitraire. On ne les traduisit en conseil de guerre que cinq ans après: c'était trop tard.

Il est facile de concevoir l'effet que la capitulation de Baylen produisit sur l'esprit d'un peuple orgueilleux et aussi exalté que le peuple espagnol!... L'insurrection prit un immense développement. En vain le maréchal Bessières avait-il battu l'armée des Asturies dans les plaines de Miranda de Rio-Seco; rien ne pouvait arrêter l'incendie.

La Junte de Séville correspondit par l'entremise de l'Angleterre avec le général La Romana, commandant les 25,000 hommes fournis par l'Espagne à Napoléon en 1807. Ce corps, placé maladroitement sur les côtes par Bernadotte, fut ramené dans sa patrie et augmenta le nombre de nos ennemis. Les places fortes encore occupées par les Espagnols se défendaient avec vigueur, et plusieurs villes ouvertes se transformèrent en places fortes. Saragosse avait donné l'exemple, et bien qu'attaquée depuis quelque temps, elle se défendait avec un acharnement qui tenait de la rage.

La capitulation de Baylen allait permettre à l'armée espagnole d'Andalousie de marcher sur Madrid, ce qui contraignit le roi Joseph à s'éloigner le 31 juillet de sa capitale, dans laquelle il n'avait passé que huit jours! Il se retira avec un corps d'armée derrière Miranda del Ebro, où le fleuve offre une bonne ligne de défense. Nos troupes abandonnèrent le siège de Saragosse, ainsi que celui de plusieurs places fortes de la Catalogne, et le rendez-vous général fut sur l'Èbre. Telle était la position de notre armée en Espagne au mois d'août. On ne tarda pas à être informé d'un nouveau malheur: le Portugal venait de nous être enlevé!... L'imprudent général Junot avait tellement disséminé ses troupes, qu'il occupait tout le royaume avec sa petite armée et faisait, par exemple, garder l'immense province des Algarves, située à plus de quatre-vingts lieues de lui, par un simple détachement de 800 hommes. Il y avait vraiment folie!

Aussi, on apprit que les Anglais, après avoir débarqué un corps nombreux aux portes de Lisbonne, et s'être donné pour auxiliaire la population révoltée contre les Français, avaient attaqué Junot avec des forces tellement supérieures que celui-ci, après avoir combattu toute une journée, avait été obligé de capituler à Vimeira, devant le général Arthur Wellesley, qui fut depuis le célèbre lord Wellington. Ce général, alors le plus jeune de l'armée anglaise, n'eut ce jour-là le commandement que par suite du retard apporté au débarquement de ses chefs. Sa réputation et sa fortune datent de cette journée. La capitulation portait que l'armée française évacuerait le Portugal et serait transportée en France par mer, sans être prisonnière de guerre ni déposer les armes. Les Anglais exécutèrent fidèlement ces traités; mais comme ils prévoyaient que l'Empereur se hâterait d'envoyer en Espagne les troupes que Junot ramènerait de Lisbonne, ils les conduisirent à Lorient, à trente jours de marche de Bayonne, au lieu de les débarquer à Bordeaux.

En effet, Napoléon dirigeait vers la Péninsule des forces immenses; mais cette fois ce n'étaient plus de jeunes et faibles conscrits auxquels les Espagnols allaient avoir affaire, car l'Empereur fit venir d'Allemagne trois corps d'armée d'infanterie et plusieurs de cavalerie, tous composés de vieilles bandes qui avaient combattu à Iéna, Eylau, Friedland, et il y joignit une grande partie de sa garde; puis il se prépara à se rendre lui-même en Espagne à la tête de ces troupes, dont l'effectif s'élevait à plus de 100,000 hommes, sans compter les divisions de jeunes soldats restés sur la ligne de l'Èbre et dans la Catalogne, ce qui devait porter l'armée à 200,000 hommes!

Quelques jours avant son départ, l'Empereur, qui avait l'intention d'emmener Augereau avec lui, si sa blessure reçue à Eylau lui permettait d'accepter un commandement, l'avait fait venir à Saint-Cloud. J'accompagnais le maréchal auprès duquel j'étais de service, et me tenais à l'écart avec les aides de camp de Napoléon pendant que celui-ci se promenait avec Augereau. Il paraît qu'après avoir traité du sujet qui motivait cette démarche, leur conversation étant tombée sur la bataille d'Eylau et sur la conduite glorieuse du 14e de ligne, Augereau parla du dévouement avec lequel j'avais été porter des ordres à ce régiment, en traversant des milliers de Cosaques, et entra dans les plus grands détails sur les dangers que j'avais courus en remplissant cette périlleuse mission, ainsi que sur la manière vraiment miraculeuse dont j'avais échappé à la mort, après avoir été dépouillé et laissé tout nu sur la neige. L'Empereur lui répondit: «La conduite de Marbot est fort belle; aussi lui ai-je donné la croix!» Le maréchal lui ayant déclaré avec raison que je n'avais reçu aucune récompense, Napoléon soutint ce qu'il avait avancé, et pour le prouver, il fit appeler le major général prince Berthier. Celui-ci alla compulser ses registres, et le résultat de cet examen fut que l'Empereur, informé de ce que j'avais fait à Eylau, avait bien porté le nom de Marbot, aide de camp du maréchal Augereau, parmi les officiers qu'il voulait décorer, mais sans ajouter mon prénom, parce qu'il ignorait que mon frère fût à la suite de l'état-major du maréchal; de sorte qu'au moment de délivrer les brevets, le prince Berthier, toujours très occupé, avait dit pour tirer son secrétaire d'embarras: «Il faut donner la croix à l'aîné.» Mon frère avait donc été décoré, bien que ce fût la première affaire à laquelle il assistât et que, récemment arrivé des Indes, par suite d'un congé temporaire, il ne fît même pas partie officiellement de la grande armée, son régiment étant à l'île de France. Ainsi se trouva vérifiée la prédiction qu'Augereau avait faite à Adolphe, lorsqu'il lui dit: «En vous plaçant dans le même état-major que votre frère, vous vous nuirez mutuellement.»

Quoi qu'il en soit, l'Empereur, après avoir un peu grondé Berthier, se dirigea vers moi, me parla avec bonté, et prenant la croix d'un de ses officiers d'ordonnance, il la plaça sur ma poitrine!... C'était le 29 octobre 1808. Ce fut l'un des plus beaux jours de ma vie, car, à cette époque, la Légion d'honneur n'avait point encore été prodiguée, et on y attachait un prix qu'elle a malheureusement bien perdu depuis... Être décoré à vingt-six ans!... Je ne me sentais pas de joie!... La satisfaction du bon maréchal égalait la mienne, et pour la faire partager à ma mère, il me conduisit auprès d'elle. Aucun de mes grades ne me causa un tel bonheur. Mais ce qui mit le comble à ma satisfaction, c'est que le maréchal du palais, Duroc, envoya chercher le chapeau qu'un boulet avait troué sur ma tête à la bataille d'Eylau: Napoléon voulait le voir!...

Sur le conseil même de Napoléon, Augereau ne pouvait faire campagne; il pria donc le maréchal Lannes, qui avait un commandement en Espagne, de vouloir bien me prendre avec lui, non plus comme aide de camp *auxiliaire*, tel que je l'avais été auprès du même maréchal pendant la campagne de Friedland, mais comme aide de camp en pied, ce qui fut fait. Toutefois je devais retourner auprès d'Augereau s'il reprenait du service.

Je partis donc en novembre pour Bayonne, qui, pour la quatrième fois, était mon point de rendez-vous avec le nouveau chef auprès duquel je devais servir. Mes équipages, laissés à Bayonne, se trouvèrent tout préparés, et il me fut possible de prêter un cheval au maréchal Lannes, les siens n'étant pas encore arrivés lorsque l'Empereur passa la frontière. Je connaissais parfaitement le pays que nous devions parcourir, ses usages et un peu sa langue; je pus donc rendre quelques services au maréchal, qui n'était jamais venu dans cette partie de l'Europe.

Presque tous les officiers que le maréchal Lannes avait eus près de lui pendant les campagnes précédentes ayant obtenu de l'avancement dans divers régiments à la paix de Tilsitt, ce maréchal s'était trouvé en 1808 dans la nécessité de former un nouvel état-major pour aller en Espagne, et bien que Lannes fût un homme des plus fermes, diverses considérations l'avaient déterminé à prendre des officiers dont les uns, faute de goût pour le métier, les autres par jeunesse et inexpérience, n'avaient aucune connaissance de la guerre. Aussi, quoiqu'à l'exemple du maréchal chacun fût très brave, c'était le moins militaire des états-majors dans lesquels j'ai servi.

Le premier aide de camp était le colonel O'Meara, descendant de l'un de ces Irlandais ramenés en France par Jacques II. Le général Clarke, duc de Feltre, son beau-frère, l'avait fait admettre auprès de Lannes; il était brave, mais pouvait rendre peu de services; il fut préposé dans la suite au commandement d'une petite place forte de Belgique, où il mourut.

Le second aide de camp était le chef d'escadron Guéhéneuc, beau-frère du maréchal Lannes, homme fort instruit et aimant l'étude; devenu colonel du 26e léger, il se fit bravement blesser à la Bérésina. Il commanda en dernier lieu à Bourges, en qualité de lieutenant général.

Le troisième aide de camp, le chef d'escadron Saint-Mars, excellent homme, ancien ingénieur auxiliaire, devint colonel du 3e de chasseurs et fut fait prisonnier en Russie. Comme général de brigade, il finit par remplir les fonctions de secrétaire général de l'ordre de la Légion d'honneur.

J'étais le quatrième aide de camp du maréchal Lannes.

Le cinquième était le marquis Seraphino d'Albuquerque, grand seigneur espagnol, bon vivant et fort brave. Il avait eu de nombreux démêlés avec le prince de la Paix et finit par entrer dans la compagnie des gendarmes d'ordonnance, d'où il passa à l'état-major du maréchal Lannes. Un boulet lui brisa les reins à la bataille d'Essling et le jeta raide mort sur la poussière!

Le sixième aide de camp était le capitaine Watteville, fils du grand landmann de la République helvétique et représentant la nation suisse auprès du maréchal Lannes, qui avait le titre de colonel des troupes suisses au service de la France. Il fit la campagne de Russie comme chef d'escadron des lanciers rouges de la garde, et je le retrouvai un bâton à la main au passage de la Bérésina. J'eus beau lui offrir l'un des onze chevaux que je ramenais dans cette retraite, je ne pus l'empêcher de succomber au froid et à la fatigue en approchant de Vilna.

Le septième aide de camp était le célèbre Labédoyère, qui sortait des gendarmes d'ordonnance. Labédoyère était beau, grand, spirituel, brave, instruit, parlant bien, quoique bredouillant un peu. Devenu aide de camp du prince Eugène de Beauharnais, il était colonel en 1814. On sait comment il amena son régiment à l'Empereur au retour de l'île d'Elbe. La Restauration le fit juger et fusiller.

Le huitième aide de camp se nommait de Viry, fils du sénateur de ce nom, appartenant à une très ancienne famille de Savoie, alliée aux rois de Sardaigne. Je ne lui connaissais que des qualités; aussi m'étais-je lié intimement avec lui. Je l'aimais comme un frère. Élève de l'École militaire, il devint capitaine en Espagne en 1808 et fut grièvement blessé à Essling l'année suivante; il mourut dans mes bras à Vienne.

Outre les huit aides de camp *titulaires*, le maréchal avait attaché à son état-major deux officiers *auxiliaires*: le capitaine Dagusan, compatriote et ami de Lannes, qui se retira comme chef de bataillon, et le sous-lieutenant Le Couteulx de Canteleu, fils du sénateur de ce nom, sortant de l'école, très bien élevé, intelligent, brave et actif.

Il suivit le prince Berthier en Russie, où il faillit périr pour s'être vêtu à la russe. Un grenadier à cheval lui enfonça la lame de son sabre à travers la poitrine! L'Empereur le ramena dans ses voitures. Il devint colonel aide de camp du Dauphin et mourut en me recommandant son fils.

CHAPITRE SIX

Marche sur l'Èbre.—Bataille de Burgos.—Le maréchal Lannes remplace Moncey dans le commandement de l'armée de l'Èbre.—Bataille de Tudela.

Dès mon arrivée à l'état-major, le maréchal Lannes me prévint qu'il comptait beaucoup sur moi, tant à cause de ce qu'Augereau lui avait dit sur mon compte, que pour la manière dont j'avais déjà servi auprès de lui-même pendant la campagne de Friedland. «Si vous n'êtes pas tué», me dit-il, «je vous ferai avancer très rapidement.» Le maréchal ne promettait jamais en vain, et la haute faveur dont il jouissait auprès de l'Empereur lui rendait tout possible. Je me promis donc de servir avec le courage et le zèle les plus soutenus.

En quittant Bayonne, nous marchâmes avec les colonnes de troupes jusque sur l'Èbre, où nous joignîmes le roi Joseph et la jeune armée qui avait fait la dernière campagne. Le repos et l'habitude des camps avaient donné à ces jeunes conscrits des forces et un air militaire qu'ils étaient loin d'avoir au mois de juillet précédent. Mais ce qui relevait surtout leur moral, c'était de se voir commandés par l'Empereur en personne et d'apprendre l'arrivée des anciens corps de la grande armée. Les Espagnols furent saisis d'étonnement et de crainte à l'aspect des vieux grenadiers de la *véritable* grande armée, et comprirent que les choses allaient changer de face.

En effet, à peine arrivé sur l'Èbre, l'Empereur lança au delà de ce fleuve de nombreuses colonnes. Tout ce qui voulut tenir devant elles fut exterminé ou ne dut son salut qu'à une fuite rapide. Cependant, les Espagnols, étonnés, mais non découragés, ayant réuni plusieurs de leurs corps d'armée sous les murs de Burgos, osèrent attendre la bataille. Elle eut lieu le 9 novembre et ne fut pas longue, car les ennemis, enfoncés dès le premier choc, s'enfuirent dans toutes les directions, poursuivis par notre cavalerie qui leur fit éprouver des pertes immenses.

Il arriva pendant cette bataille un fait extraordinaire, et heureusement fort rare. Deux jeunes sous-lieutenants de l'infanterie du maréchal Lannes, s'étant querellés, se battirent en duel devant le front de leur bataillon, sous une grêle de boulets ennemis... L'un d'eux eut la joue fendue d'un coup de sabre. Le colonel les fit arrêter et conduire devant le maréchal, qui les envoya dans la citadelle de Burgos et en rendit compte à l'Empereur. Celui-ci augmenta la punition, en interdisant à ces officiers de suivre leur compagnie au combat avant un mois. Ce laps de temps écoulé, le régiment de ces deux étourdis se trouvait à Madrid, lorsque l'Empereur, le passant en revue, ordonna au colonel de lui présenter, selon l'usage, les sujets qu'il proposait pour remplacer les officiers tués. Le sous-lieutenant qui avait eu la joue fendue était un excellent militaire. Son colonel ne crut pas devoir le priver d'avancement pour une faute qui, bien que grave, n'avait cependant rien de déshonorant; il le proposa donc à l'Empereur, qui, en apercevant une balafre de fraîche date sur la figure du jeune homme, se rappela le duel de Burgos et demanda d'un ton sévère à cet officier: «Où avez-vous reçu cette blessure?» Alors le sous-lieutenant, qui ne voulait ni mentir, ni avouer sa faute, tourna fort habilement la difficulté, car, plaçant son doigt sur sa joue, il répondit: «Je l'ai reçue *là*, Sire!...» L'Empereur comprit, et comme il aimait les hommes d'un esprit prompt, loin d'être choqué de cette originale repartie, il sourit et dit à l'officier: «Votre colonel vous propose pour le grade de lieutenant, je vous l'accorde; mais, à l'avenir, soyez plus sage, ou je vous casserai!...»

Je trouvai à Burgos mon frère qui faisait la campagne à l'état-major du prince Berthier, major général. Les talents militaires du maréchal Lannes grandissant tous les jours, l'Empereur, qui en avait une très haute opinion, ne lui donnait plus de commandement *fixe*, voulant le réserver auprès de sa personne pour l'envoyer partout où les affaires se trouveraient compromises, certain qu'il les rétablirait promptement. Aussi Napoléon, prêt à continuer sa marche sur Madrid, considérant qu'il avait laissé à sa gauche la ville de Saragosse occupée par les insurgés d'Aragon et soutenue par l'armée de Castaños, victorieuse de Dupont, et que le vieux maréchal Moncey tâtonnait, Napoléon, dis-je, ordonna au maréchal Lannes de se rendre à Logroño, centre de l'armée de l'Èbre, d'en prendre le commandement et d'attaquer Castaños. Moncey se trouva ainsi sous les ordres de Lannes; ce fut le premier exemple d'un maréchal de l'Empire commandant à son égal: Lannes méritait cette marque de confiance et de distinction. Il partit avec son état-major seulement. Nous prîmes la poste pour éviter les lenteurs qu'aurait entraînées le transport de nos équipages et de nos chevaux dans un trajet de cinquante kilomètres, et leur retour sur Burgos et Madrid: le capitaine Dagusan fut chargé de les conduire à la suite de Napoléon.

Vous savez qu'à cette époque, les relais espagnols n'avaient pas de chevaux de trait, mais qu'ils possédaient les meilleurs *bidets* de l'Europe. Le maréchal et nous, partîmes donc à franc étrier, escortés de poste en poste par des détachements de cavalerie. Nous rétrogradâmes ainsi jusqu'à Miranda del Ebro, d'où nous parvînmes à Logroño en longeant le fleuve. Le maréchal Moncey se trouvait dans cette ville et parut fort mécontent de ce que l'Empereur le plaçât sous les ordres du plus jeune des maréchaux, lui qui en était le doyen; mais force lui fut d'obéir.

Voyez ce que peut la présence d'un seul homme capable et énergique! Cette armée de *conscrits*, que Moncey n'osait mener à l'ennemi, mise en mouvement par le maréchal Lannes le jour de son arrivée, se porta avec ardeur contre l'ennemi, que nous joignîmes le lendemain 23, en avant de Tudela, où, après trois heures de combat, les fiers vainqueurs de Baylen furent enfoncés, battus, mis en pleine déroute, et s'enfuirent précipitamment vers Saragosse, en laissant des milliers de cadavres sur le champ de bataille!... Nous prîmes un grand nombre d'hommes, plusieurs drapeaux et toute l'artillerie... La victoire fut complète!

Dans cette affaire, une balle perça ma sabretache. J'avais eu au début de l'affaire une vive altercation avec Labédoyère. Voici à quel sujet. Ce dernier venait d'acheter un cheval fort jeune et peu dressé, qui, au premier bruit du canon, se cabra et refusa absolument d'avancer. Furieux, Labédoyère s'élança à terre, tira son sabre et coupa les jarrets du malheureux cheval, qui tomba tout sanglant sur l'herbe, où il se traînait en rampant. Je ne pus retenir mon indignation et la lui exprimai vivement. Mais Labédoyère prit très mal la chose, et nous en serions venus aux mains, si nous n'avions été en présence de l'ennemi. Le bruit de l'aventure s'étant répandu dans l'état-major, le maréchal Lannes, indigné, déclara que Labédoyère ne compterait plus au nombre de ses aides de camp. Désespéré, ce dernier saisissait déjà ses pistolets pour se brûler la cervelle, quand notre ami de Viry lui fit comprendre qu'il serait plus honorable d'aller chercher la mort dans les rangs ennemis que de se la donner lui-même. Précisément, de Viry, qui s'était rapproché du maréchal, reçut l'ordre de conduire un régiment de cavalerie contre une batterie espagnole. Labédoyère rejoint le régiment qui allait à la charge et s'élance un des premiers sur la batterie, qui fut enlevée, et nous vîmes de Viry et Labédoyère ramenant un canon qu'ils avaient pris ensemble!... Aucun d'eux n'était blessé, mais ce dernier avait reçu un biscaïen dans son colback, à deux doigts de la tête! Le maréchal fut d'autant plus touché du trait de courage que venait d'accomplir Labédoyère, que celui-ci, après lui avoir remis le canon, se préparait à se précipiter de nouveau sur les baïonnettes ennemies! Le maréchal le retint, et, lui pardonnant sa faute, il lui rendit sa place dans son état-major. Le soir même, Labédoyère vint noblement me serrer la main, et nous vécûmes depuis en bonne intelligence. Labédoyère et de Viry furent cités dans le bulletin de la bataille et nommés capitaines quelque temps après.

CHAPITRE SEPT

Mission périlleuse de Tudela à Aranda.—Incidents de route.—Je suis attaqué et grièvement blessé à Agreda.—Retour à Tudela.

Nous voici arrivés à l'une des phases les plus terribles de ma carrière militaire. Le maréchal Lannes venait de remporter une grande victoire, et, le lendemain, après avoir reçu les rapports de tous les généraux, il dicta le bulletin de la bataille qui devait être porté à l'Empereur par l'un de ses officiers. Or, comme Napoléon accordait habituellement un grade à l'officier qui venait lui annoncer un important succès, les maréchaux, de leur côté, donnaient ces missions à celui qu'ils désiraient faire avancer promptement. C'était une sorte de proposition à laquelle Napoléon ne manquait pas de faire droit. Le maréchal Lannes m'ayant fait l'honneur de me désigner pour aller informer l'Empereur de la victoire de Tudela, je pus me livrer à l'espoir d'être bientôt chef d'escadron; mais, hélas! mon sang devait encore couler bien des fois avant que j'obtinsse ce grade!…

La grande route de Bayonne à Madrid par Vitoria, Miranda del Ebro, Burgos et Aranda, se bifurque à Miranda avec celle qui conduit à Saragosse par Logroño et Tudela. Un chemin allant de Tudela à Aranda, au travers des montagnes de Soria, les unit et détermine un immense triangle. L'Empereur s'était avancé de Burgos jusqu'à Aranda, pendant le temps qu'il avait fallu au maréchal Lannes pour aller à Tudela et y livrer bataille; il était donc beaucoup plus court, pour aller le joindre, de se rendre directement de Tudela à Aranda que de revenir sur Miranda del Ebro. Mais cette dernière route avait l'immense avantage d'être couverte par les armées françaises, tandis que l'autre devait être remplie de fuyards espagnols, qui, échappés à la déroute de Tudela, pouvaient s'être réfugiés dans les montagnes de Soria. Cependant, comme l'Empereur avait prévenu le maréchal Lannes qu'il dirigeait le corps du maréchal Ney, d'Aranda sur Tudela par Soria, Lannes, qui croyait Ney peu éloigné, et avait envoyé le lendemain de la bataille une avant-garde à Tarazone, pour communiquer avec lui, pensait que cette réunion me garantirait de toute attaque jusqu'à Aranda; il m'ordonna donc de prendre la route la plus courte, celle de Soria. J'avouerai franchement que si l'on m'eût laissé le choix, j'aurais préféré faire le grand détour par Miranda et Burgos; mais l'ordre du maréchal étant positif, pouvais-je exprimer des craintes pour ma personne, devant un homme qui, ne redoutant jamais rien pour lui, était de même pour les autres?...

Le service des aides de camp des maréchaux fut terrible en Espagne!... Jadis, pendant les guerres de la Révolution, les généraux avaient des courriers payés par l'État pour porter leurs dépêches; mais l'Empereur, trouvant que ces hommes étaient incapables de donner aucune explication sur ce qu'ils avaient vu, les réforma, en ordonnant qu'à l'avenir les dépêches seraient portées par des aides de camp. Ce fut très bien tant qu'on fit la guerre au milieu des bons Allemands, qui n'eurent jamais la pensée d'attaquer un Français courant la poste; mais les Espagnols leur firent une guerre acharnée, ce qui fut très utile aux insurgés, car le contenu de nos dépêches les instruisait du mouvement de nos armées. Je ne crois pas exagérer en portant à plus de deux cents le nombre d'officiers d'état-major qui furent tués ou pris pendant la guerre de la Péninsule, depuis 1808 jusqu'en 1814. Si la mort d'un simple courrier était regrettable, elle devait l'être moins que la perte d'un officier d'espérance, exposé d'ailleurs aux risques du champ de bataille, ajoutés à ceux des voyages en poste. Un grand nombre d'hommes robustes et sachant bien leur métier demandèrent à faire ce service, mais l'Empereur n'y consentit jamais.

Au moment de mon départ de Tudela, le bon commandant Saint-Mars ayant hasardé quelques observations pour détourner le maréchal Lannes de me faire passer par les montagnes, celui-ci lui répondit: «Bah! bah! il va rencontrer cette nuit l'avant-garde de Ney, dont les troupes sont échelonnées jusqu'au quartier impérial d'Aranda!...» Je ne pouvais rien opposer à une telle décision. Je partis donc de Tudela le 24 novembre, à la chute du jour, avec un peloton de cavalerie, et arrivai sans encombre jusqu'à Tarazone, à l'entrée des montagnes. Je trouvai dans cette petite ville l'avant-garde du maréchal Lannes, dont le commandant, n'ayant aucune nouvelle du maréchal Ney, avait poussé un poste d'infanterie à six lieues en avant, vers Agreda, par où l'on attendait ce maréchal. Mais comme ce détachement se trouvait éloigné de tout secours, il avait reçu l'ordre de se replier et de rentrer à Tarazone, si la nuit se passait sans qu'il vît les éclaireurs du maréchal Ney.

À partir de Tarazone, il n'y a plus de grands chemins; on marche constamment dans des sentiers montueux, couverts de cailloux et d'éclats de rochers. Le commandant de notre avant-garde n'avait donc que de l'infanterie et une vingtaine de housards du 2e régiment (Chamborant). Il me fit donner un cheval de troupe, deux ordonnances, et je continuai mon chemin par un clair de lune des plus brillants. J'avais fait deux ou trois lieues, lorsque nous entendîmes plusieurs coups de fusil dont les balles sifflèrent très près de nous; nous ne vîmes pas ceux qui venaient de tirer; ils étaient cachés dans les rochers. Un peu plus loin, nous trouvâmes les cadavres de deux fantassins français nouvellement assassinés; ils étaient entièrement dépouillés, mais leurs shakos étant auprès d'eux, je pus lire les numéros gravés sur les plaques et reconnaître que ces infortunés appartenaient à l'un des régiments du corps du maréchal Ney. Enfin, à quelque distance de là, nous aperçûmes, chose horrible à dire!... un jeune officier du 10e de chasseurs à cheval, encore revêtu de son uniforme, cloué par les mains et les pieds à la porte d'une grange!... Ce malheureux avait la tête en bas, et l'on avait allumé un petit feu dessous!... Heureusement pour lui, ses tourments avaient cessé; il était mort!... Cependant, comme le sang de ses plaies coulait encore, il était évident que son supplice était récent et que les assassins n'étaient pas loin! Je mis donc le sabre à la main, et mes deux housards la carabine au poing.

Bien nous en prit d'être sur nos gardes, car peu d'instants après, sept ou huit Espagnols, dont deux montés, firent feu sur nous d'un buisson derrière lequel ils étaient blottis. Aucun de nous n'étant blessé, nos deux housards ripostèrent avec leurs carabines et tuèrent chacun un ennemi, puis, mettant le sabre à la main, ils fondirent rapidement sur les autres. J'aurais bien voulu les suivre, mais le cheval que je montais, s'étant déferré sur les cailloux, boitait si fortement qu'il me fut impossible de le mettre au galop. J'enrageais d'autant plus que je craignais que les housards, se laissant emporter à la poursuite des ennemis, n'allassent se faire tuer dans quelque embuscade. Je les appelai pendant cinq minutes; enfin, j'entendis la voix de l'un d'eux qui disait avec un accent fortement alsacien: «Ah! les brigands!… Vous ne connaissez pas encore les housards de Chamborant! Vous verrez qu'ils ne plaisantent pas!…» Mes cavaliers venaient encore d'abattre deux Espagnols, savoir: un Capucin, monté sur le cheval du pauvre lieutenant de chasseurs, dont il s'était passé la giberne autour du cou, et un paysan placé sur une mule, dont le dos portait aussi les habits des malheureux fantassins que j'avais trouvés morts. Il était évident que nous tenions les assassins!… Un ordre de l'Empereur prescrivait *formellement* de fusiller sur-le-champ tout Espagnol *non militaire* pris les armes à la main. Que faire d'ailleurs de ces deux brigands déjà grièvement blessés et qui venaient de tuer trois Français d'une façon si barbare?… Je poussai donc mon cheval en avant, afin de ne pas être témoin de l'exécution, et les housards passèrent le moine et le paysan par les armes, en répétant: «Ah! vous ne connaissez pas les Chamborant!»

Je ne pouvais comprendre comment un officier de chasseurs et deux fantassins du corps du maréchal Ney se trouvaient aussi près de Tarazone, lorsque leurs régiments n'y étaient point encore passés; mais il est probable que ces malheureux, pris ailleurs, étaient dirigés sur Saragosse, lorsque les Espagnols qui les conduisaient, ayant su la défaite de leurs compatriotes à Tudela, s'en étaient vengés en massacrant les prisonniers.

Je continuai ma route, dont le début était fort peu encourageant! Enfin, après quelques heures de marche, nous aperçûmes, en plein champ, un feu de bivouac. C'était celui du poste détaché par l'avant-garde française que j'avais laissée à Tarazone. Le sous-lieutenant qui commandait ce détachement, n'ayant aucune nouvelle du maréchal Ney, se disposait à retourner vers Tarazone au point du jour, ainsi qu'il en avait reçu l'ordre. Il savait que nous n'étions qu'à deux petites lieues d'Agreda, mais ignorait si ce bourg était occupé par des troupes de l'une ou de l'autre nation. Je me trouvai alors dans une bien grande perplexité, car le détachement d'infanterie devait s'éloigner dans quelques heures, et si je retournais avec lui, quand je n'avais peut-être qu'une lieue à faire pour rencontrer la tête des colonnes du maréchal Ney, c'était faire preuve de peu de courage et m'exposer aux reproches du maréchal Lannes. D'un autre côté, si les troupes du maréchal Ney se trouvaient encore à un ou deux jours de marche, il était à peu près certain que je serais massacré par les paysans de ces montagnes ou par les soldats qui s'y étaient réfugiés, d'autant plus que je serais obligé de voyager *seul*. En effet, les deux braves housards qui avaient reçu l'ordre de m'accompagner jusqu'à ce que nous trouvions le peloton d'infanterie, devaient retourner à Tarazone.

N'importe!… Je me décidai à pousser en avant; mais, cette détermination prise, il restait encore une grande difficulté à vaincre: c'était de trouver une monture. Il n'y avait dans cette solitude ni ferme, ni village où je pusse me procurer un cheval;

celui que je montais boitait horriblement; ceux des housards étaient très fatigués; d'ailleurs, aucun de ces hommes n'aurait pu me prêter le sien, sans être sévèrement puni par ses chefs, les règlements étant formels à ce sujet; enfin, le cheval de l'officier de chasseurs, ayant reçu pendant le combat une balle dans la cuisse, ne pouvait me servir. Il ne restait donc plus que la mule du paysan. Elle était magnifique et appartenait, d'après les lois de la guerre, aux deux housards, qui comptaient bien la vendre à leur retour au corps d'armée; cependant, ces deux bons soldats n'hésitèrent pas à me la prêter, et placèrent ma selle sur son dos. Mais cette maudite bête, plus habituée à porter le bât qu'à être montée, se montra tellement rétive et si entêtée que, dès que je voulus lui faire quitter le groupe des chevaux, elle se mit à ruer et ne voulut jamais marcher seule!... Je fus obligé d'en descendre, sous peine d'être jeté dans quelque précipice.

Je me décidai donc à partir à pied. J'avais déjà pris congé de l'officier d'infanterie, lorsque cet excellent jeune homme, nommé M. Tassin, ancien élève de l'École militaire de Fontainebleau, où il avait été lié avec mon malheureux frère Félix, courut après moi, en disant qu'il avait trop de regret de me voir ainsi m'exposer tout seul, et que, bien qu'il n'eût pas d'ordres à ce sujet, et que ses voltigeurs improvisés fussent tous des conscrits inhabiles et fort peu aguerris, il voulait m'en donner un, afin que j'eusse au moins un fusil et quelques cartouches en cas d'attaque. J'acceptai, et il fut convenu que je renverrais le fantassin avec le corps du maréchal Ney.

Je me mis donc en route avec le soldat qui devait m'accompagner. C'était un bas Normand, au parler lent, et cachant beaucoup de malice sous une apparente bonhomie. Les Normands sont généralement braves; j'en ai eu la preuve lorsque je commandais le 23e de chasseurs, dans lequel il y en avait 5 à 600; cependant, pour savoir jusqu'à quel point je pouvais compter sur celui qui me suivait, je causai avec lui chemin faisant, et lui demandai s'il tiendrait ferme dans le cas où nous serions attaqués. Mais lui, sans dire ni oui ni non, me répondit: «Dam... il faudra *vouèr*!...» D'où je conclus que mon nouveau compagnon pourrait bien, au moment du danger, aller voir ce qui se passait en arrière.

La lune venait de terminer son cours; le jour ne paraissait point encore, l'obscurité était devenue profonde, et nous trébuchions à chaque pas sur les gros cailloux dont les sentiers de ces montagnes sont couverts. La situation était pénible, mais j'avais l'espérance de trouver sous peu de temps les troupes du maréchal Ney, espérance qu'augmentait encore la rencontre que nous venions de faire des cadavres de soldats appartenant à son corps. J'avançai donc résolument, tout en écoutant, pour charmer mon ennui, les récits que le Normand faisait sur son pays. Enfin, l'aube commençant à paraître, j'aperçus les premières maisons d'un gros bourg: c'était Agreda.

Je fus consterné de ne pas trouver de postes avancés, car cela dénotait non seulement qu'aucune troupe du maréchal n'occupait ce lieu, mais encore que son corps d'armée était à une demi-journée au delà, puisque la carte n'indiquait de village qu'à cinq ou six lieues d'Agreda, et il n'était pas possible qu'on eût établi les régiments dans les montagnes, loin de toute habitation. Je me tins donc sur mes gardes, et avant de pénétrer plus avant, j'examinai la position.

Agreda, situé dans un vallon assez large, est bâti au pied d'une colline élevée, très escarpée des deux côtés. Le revers méridional, qui touche au bourg, est couvert de vignobles importants, la crête est hérissée de rochers et le revers nord garni de taillis fort épais, au bas desquels coule un torrent. On aperçoit au delà de hautes montagnes incultes et inhabitées. Agreda est traversé dans toute sa longueur par une principale rue, à laquelle viennent aboutir des ruelles fort étroites, que prennent les paysans pour se rendre à leurs vignes. En entrant dans le bourg, je laissai ces ruelles et les collines à ma droite. Pénétrez-vous bien de cette position, car c'est important pour comprendre mon récit.

Tout dormait dans Agreda; c'était un moment favorable pour le traverser; j'avais d'ailleurs l'espoir, bien faible il est vrai, qu'arrivé à l'autre extrémité, j'apercevrais peut-être les feux de l'avant-garde du maréchal Ney. J'avance donc, après avoir mis le sabre à la main et ordonné au fantassin d'armer son fusil. La grande rue était couverte d'une épaisse couche de feuilles mouillées, que les habitants y placent pour les convertir en fumier; nos pas ne faisaient donc aucun bruit, ce dont j'étais très satisfait…

Je marchais au milieu de la rue, ayant le soldat à ma droite; mais celui-ci, se trouvant sans doute trop en évidence, obliqua insensiblement jusqu'aux maisons, dont il rasait les murs, afin d'être moins en vue en cas d'attaque, ou plus à portée de gagner une des ruelles qui donnent dans la campagne. Cela me prouva combien je devais peu compter sur cet homme. Je ne lui fis néanmoins aucune observation.

Le jour commençait à poindre. Nous parcourûmes toute la grande rue sans rencontrer personne. Je m'en félicitais déjà, lorsque arrivé aux dernières maisons du bourg, je me trouve face à face à vingt-cinq pas de quatre carabiniers royaux espagnols à cheval, ayant le sabre à la main!… J'aurais pu, en toute autre circonstance, prendre ces cavaliers pour des gendarmes français, leurs uniformes étant absolument semblables; mais les gendarmes ne marchent pas à l'extrême avant-garde; ces hommes ne pouvaient donc appartenir au corps du maréchal Ney, et je compris tout de suite que c'étaient des ennemis. Je fis donc sur-le-champ demi-tour; mais, au moment où je le terminais pour faire face au côté par lequel j'étais venu, je vis briller une lame à six pouces de ma figure… Je portai vivement la tête en arrière, cependant je reçus au front un terrible coup de sabre, dont je porte encore la cicatrice au-dessus du sourcil gauche!… Celui qui venait de me blesser était le brigadier des carabiniers qui, ayant laissé ses quatre cavaliers en dehors du bourg, avait été, selon les usages militaires, reconnaître s'il ne contenait pas d'ennemis. Cet homme, que je n'avais pas rencontré, probablement parce qu'il se trouvait dans quelque ruelle, pendant que je parcourais la grande rue, venait de la reprendre pour rejoindre ses cavaliers, quand, m'apercevant, il s'était approché de moi sans bruit, sur l'épaisse couche de feuilles mouillées; il allait me fendre la tête par derrière, lorsque mon demi-tour m'ayant fait lui présenter la figure, je reçus le coup sur le front.

À l'instant même, les quatre carabiniers, qui n'avaient pas bougé, parce qu'ils voyaient ce que leur brigadier me préparait, vinrent le joindre au trot, et tous les cinq fondirent sur moi! Je courus machinalement vers les maisons qui étaient à ma droite, afin de m'adosser contre un mur; mais, par bonheur, une de ces ruelles étroites et escarpées qui montaient dans les vignes, se trouve à deux pas de moi. Le fantassin l'avait déjà gagnée; je m'y élance aussi, et les cinq carabiniers m'y suivent; mais du moins, ils ne pouvaient m'attaquer tous à la fois, car il n'y avait place que pour un seul cheval de front. Le brigadier marchait en tête; les quatre autres avançaient à la file. Bien que ma position ne fût pas aussi défavorable qu'elle eût pu l'être dans la grande rue, où j'eusse été entouré, elle demeurait néanmoins terrible. Le sang abondant qui sortait de ma blessure avait à l'instant même couvert mon œil gauche, dont je ne voyais plus du tout, et je sentais qu'il gagnait l'œil droit; j'étais donc forcé, de crainte d'être aveuglé, de tenir ma tête penchée sur l'épaule gauche, pour entraîner le sang de ce côté; il m'était impossible de l'étancher, étant obligé de me défendre contre le brigadier ennemi, qui me portait de grands coups de sabre! Je les parais de mon mieux, tout en montant à reculons, après m'être débarrassé du fourreau, ainsi que de mon colback, dont le poids me gênait.

N'osant tourner la tête, afin de ne pas perdre de vue mon adversaire avec lequel j'avais l'arme croisée, je dis au voltigeur, que je croyais derrière moi, de placer son fusil sur mon épaule, d'ajuster le brigadier espagnol et de faire feu... mais ne voyant pas passer le canon, je tourne vivement la tête, en rompant d'une semelle, et qu'aperçois-je?... Mon vilain soldat normand qui fuyait à toutes jambes vers le haut de la colline!... Le brigadier espagnol redoublant alors la vigueur de ses attaques, et voyant qu'il ne peut m'atteindre, enlève son cheval, dont les pieds de devant me frappent plusieurs fois en pleine poitrine; heureusement, ce ne fut pas avec force, parce que le terrain allant en montant, le cheval était mal assuré sur ses jambes de derrière, et chaque fois qu'il retombait à terre, je lui campais un coup de sabre sur le nez, si bien que l'animal ne voulut bientôt plus s'enlever contre moi.

Alors le brigadier exaspéré cria au cavalier qui marchait après lui: «Prends ta carabine, le terrain va en montant, je vais me baisser, et tu ajusteras ce Français par-dessus mes épaules...» Je compris que cet ordre était le signal de ma mort! Mais comme pour l'exécuter il fallait que le cavalier mît son sabre au fourreau, décrochât sa carabine, et que, pendant ce temps, le brigadier ne cessait de me porter de grands coups de pointe, en avançant le corps jusque sur l'encolure de sa monture, je me déterminai à tenter un acte de désespoir, qui devait me sauver ou me perdre!... Ayant l'œil fixé sur l'Espagnol, et lisant dans les siens qu'il allait se courber encore sur son cheval pour m'atteindre, je ne bougeai pas, mais à la seconde même où le haut de son corps se baissait vers moi, je fais un pas à droite, et portant vivement mon buste de ce côté, en me penchant, j'esquive le coup de mon adversaire et lui plonge plus de la moitié de la lame de mon sabre dans le flanc gauche!... Le brigadier, poussant un cri affreux, tomba à la renverse sur la croupe de son cheval! Il allait probablement rouler à terre, si le cavalier qui le suivait n'eût poussé en avant pour le recevoir dans ses bras...

Le mouvement rapide que je venais de faire en me baissant ayant fait sortir de la poche de ma pelisse les dépêches que je portais à l'Empereur, je les ramassai promptement et montai aussitôt au bout de la ruelle où commençaient les vignes. Là je me retournai, et vis les carabiniers espagnols s'empresser autour de leur brigadier blessé, et paraissant fort embarrassés de lui, ainsi que de leurs chevaux, dans cet étroit et rapide défilé.

Ce combat eut lieu dans bien moins de temps qu'il n'en faut pour le raconter. Me voyant débarrassé de mes ennemis, au moins momentanément, je traversai les vignes et gagnai la crête de la colline; alors je considérai qu'il me serait impossible de remplir ma mission et d'aller joindre l'Empereur à Aranda. Je résolus donc de retourner auprès du maréchal Lannes, en regagnant d'abord le lieu où j'avais laissé M. Tassin et son piquet d'infanterie. Je n'avais plus l'espoir de les y retrouver, mais enfin c'était la direction dans laquelle était l'armée que j'avais quittée la veille. Je cherchai vainement des yeux mon voltigeur et ne l'aperçus pas, mais je vis quelque chose de plus utile pour moi, une source fort limpide. Je m'y arrêtai un moment, et déchirant un coin de ma chemise, j'en fis une compresse que je fixai sur ma blessure au moyen de mon mouchoir. Le sang jaillissant de mon front avait taché les dépêches que je tenais à la main; je ne m'en inquiétai pas, tant j'étais préoccupé de la fâcheuse position dans laquelle je me trouvais.

Les émotions de cette nuit agitée, la marche à pied que j'avais faite au milieu des cailloux, avec des bottes éperonnées, le combat que je venais de soutenir, les douleurs que j'éprouvais à la tête, le sang que j'avais perdu, tout cela avait épuisé mes forces… Je n'avais pris aucune nourriture depuis mon départ de Tudela et je ne trouvais que de l'eau pour me réconforter!… J'en bus à longs traits et me serais reposé plus longtemps auprès de cette charmante fontaine, si je n'eusse aperçu trois des carabiniers espagnols qui, sortant à cheval d'Agreda, se dirigeaient vers moi par les sentiers des vignes. Si ces hommes eussent eu le bon esprit de mettre pied à terre et d'ôter leurs bottes fortes, il est probable qu'ils seraient arrivés à me joindre; mais leurs chevaux, ne pouvant passer au milieu des ceps de vigne, gravissaient très péniblement les sentiers étroits et rocailleux; ils ne purent même plus monter, lorsque, arrivés à l'extrémité supérieure des vignobles, ils se trouvèrent arrêtés par les énormes rochers sur lesquels je m'étais réfugié.

Les cavaliers, longeant alors le bas de ces blocs de pierre, marchèrent parallèlement à la même direction que moi, à une grande portée de carabine, en me criant de me rendre; qu'étant militaires, ils me traiteraient en prisonnier de guerre, tandis que si les paysans me prenaient, je serais infailliblement égorgé. Ce raisonnement ne manquait pas de justesse; aussi, j'avoue que si je n'eusse pas été chargé de dépêches pour l'Empereur, je me serais peut-être rendu, car j'étais exténué!

Cependant, désirant conserver, autant qu'il me serait possible, le précieux dépôt que le maréchal avait confié à ma valeur, je continuai à marcher sans répondre; alors les trois cavaliers, prenant leurs carabines, firent feu sur moi. Leurs balles frappèrent les rochers à mes pieds, aucune ne m'atteignit, la distance étant trop grande pour que le tir pût être juste; je n'en fus pas ému, mais je m'effrayai en pensant que le bruit produit par les détonations des armes à feu allait attirer les paysans, que le soleil levant appelait d'ailleurs à leurs travaux. Je m'attendais donc à être assailli par les hordes des féroces habitants de ces montagnes. Ce triste pressentiment parut se vérifier, car j'aperçus, à une demi-lieue, une quinzaine d'hommes s'avançant au pas de course dans la vallée, en se dirigeant sur moi!… Ils portaient dans leurs mains quelque chose qui brillait au soleil; je ne doutai pas que ce fussent des paysans armés de leurs bêches, dont le fer reluisait ainsi. Je me considérais déjà comme perdu, et, dans mon désespoir, j'allais me laisser glisser le long des rochers du versant nord de la colline, afin de descendre dans le torrent, le traverser comme je le pourrais et aller me cacher dans quelque fondrière des grandes montagnes qui s'élèvent au delà de cette profonde gorge; puis, si je n'étais pas découvert, je me mettrais en route pendant la nuit, en me dirigeant vers Tarazone, si j'en avais la force…

Ce projet présentait bien des chances de perte, mais enfin c'était mon dernier espoir. J'allais le mettre à exécution, lorsque je m'aperçois que les trois carabiniers cessent de tirer sur moi et se portent en avant, pour reconnaître le groupe que je prenais pour des paysans. À leur approche, les instruments de fer, que je croyais être des bêches ou des pioches, s'abaissent, et j'ai la joie inexprimable de voir un feu de peloton dirigé contre les carabiniers espagnols, qui, tournant bride aussitôt, s'enfuirent rapidement vers Agreda, bien que deux d'entre eux parussent blessés!… Les arrivants sont donc des Français! m'écriai-je… Allons vers eux!… Et le bonheur de me voir délivré me rendant un peu de force, je descendis en m'appuyant sur la lame de mon sabre. Les Français m'avaient aperçu; ils gravirent la colline, et je me trouvai dans les bras du brave lieutenant Tassin!... Voici quelles circonstances m'avaient valu ce secours providentiel.

Le soldat qui m'avait abandonné pendant que j'étais aux prises avec les carabiniers dans les rues d'Agreda, avait promptement gagné les vignes, d'où, bondissant comme un chevreuil à travers les ceps, les fossés, les rocs et les haies, il avait parcouru en fort peu de temps les deux lieues qui le séparaient du point où nous avions laissé le poste de M. Tassin. Le détachement allait se mettre en route pour Tarazone et mangeait la soupe, lorsque mon voltigeur normand, arrivant tout essoufflé, mais ne voulant pas perdre un coup de dent, s'assoit auprès d'une gamelle et se met à déjeuner fort tranquillement, sans dire un mot de ce qui venait de se passer à Agreda!... Fort heureusement, il fut aperçu par M. Tassin, qui, étonné de le voir de retour, lui demanda où il avait quitté l'officier qu'il était chargé d'escorter, «Ma foi! répondit le Normand, je l'ai laissé dans le gros village, la tête à moitié fendue et se battant avec des cavaliers espagnols qui lui donnaient de grands coups de sabre.» À ces mots, le lieutenant Tassin fait prendre les armes à son détachement, choisit les quinze plus lestes et s'élance au pas de course vers Agreda. Cet officier et sa petite troupe avaient déjà fait une lieue, lorsque, entendant des coups de feu, ils en conclurent que je vivais encore, mais avais besoin d'un très prompt secours. Stimulés par l'espoir de me sauver, ces braves gens redoublent la vitesse de leur marche, et m'aperçoivent enfin sur la crête de la colline, servant de point de mire aux balles de trois cavaliers espagnols!...

M. Tassin et sa troupe étaient harassés; moi-même je n'en pouvais plus; on fit donc une petite halte, pendant laquelle vous pensez bien que j'exprimai ma vive reconnaissance au lieutenant ainsi qu'à ses voltigeurs, dont la joie égalait presque la mienne. Nous regagnâmes le bivouac, où M. Tassin avait laissé la moitié de son monde; la cantinière de la compagnie s'y trouvait; son mulet portait deux outres de vin, du pain, du jambon: je les achetai pour les donner aux voltigeurs, et on fit un déjeuner dont j'avais bien besoin et auquel participèrent les deux housards laissés dans ce poste la nuit précédente. L'un d'eux, montant la mule du moine, me prêta un cheval, et nous partîmes pour Tarazone. Je souffrais horriblement, parce que le sang durci formait une croûte sur ma blessure. Arrivé à Tarazone, je retrouvai l'avant-garde du maréchal Lannes. Le général qui la commandait me fit panser, puis me donna un cheval et deux housards pour m'escorter jusqu'à Tudela, où j'arrivai au milieu de la nuit.

Le maréchal, bien que malade, me reçut aussitôt et parut fort touché de ma mésaventure. Il fallait cependant que le bulletin de la bataille de Tudela fût promptement transmis à l'Empereur, qui devait attendre avec impatience des nouvelles du corps d'armée de l'Èbre. J'aurais d'autant plus désiré les lui porter que le maréchal, éclairé par ce qui venait de m'arriver dans les montagnes de Soria, consentait à ce que l'officier chargé de se rendre auprès de Napoléon, passât par Miranda et Burgos, dont les routes couvertes de troupes françaises ne présentaient aucun danger; mais j'étais tellement souffrant et harassé, qu'il m'eût été physiquement impossible de courir la poste à franc étrier. Le maréchal confia donc cette mission au commandant Guéhéneuc, son beau-frère. Je lui remis les dépêches: elles étaient rougies de mon sang. Le commandant Saint-Mars, chargé du secrétariat, voulait les recopier et changer l'enveloppe: «Non! non! s'écria le maréchal, il est bon que l'Empereur voie combien le capitaine Marbot les a défendues vaillamment!...» Il expédia donc le paquet tel qu'il se trouvait, en y joignant un billet pour expliquer à Sa Majesté la cause du retard, faire mon éloge et demander une récompense pour le lieutenant Tassin et les hommes qui étaient accourus avec tant de zèle à mon secours, sans calculer les dangers auxquels ils pouvaient s'exposer si les ennemis eussent été nombreux.

Effectivement, l'Empereur accorda quelque temps après la croix à M. Tassin ainsi qu'à son sergent, et une gratification de 100 francs à chacun des voltigeurs qui les avaient accompagnés. Quant au soldat normand, traduit devant un conseil de guerre, pour avoir abandonné son poste devant l'ennemi, il fut condamné à traîner le boulet pendant deux ans et à achever son temps de service dans une compagnie de pionniers.

CHAPITRE HUIT

Nous rejoignons Napoléon.—Somo-Sierra.—Marche sur le Portugal.—Passage du Guadarrama.—Benavente.—Échec de Benavente.—Marche sur Astorga.

Le maréchal Lannes poussa ses troupes jusqu'aux portes de Saragosse; mais comme il manquait de grosse artillerie pour faire le siège de cette ville, dans laquelle s'étaient renfermés plus de soixante mille militaires, soldats et paysans, il se contenta pour le moment d'en faire garder les principales avenues, et remettant le commandement au maréchal Moncey, il partit pour aller rejoindre l'Empereur, ainsi que le portaient ses instructions. J'ai dit que le maréchal Lannes était tombé malade; il ne pouvait donc voyager à franc étrier, ainsi qu'il l'avait fait en venant. On trouva une voiture à Tudela, et l'on établit des relais avec les chevaux du train de l'armée.

Bien que je susse que le maréchal, voulant coucher tous les soirs, ne ferait qu'une vingtaine de lieues par jour, je prévoyais que le voyage serait très pénible pour moi, car les aides de camp doivent suivre à franc étrier la voiture du maréchal, et je sentais que le mouvement d'un cheval au galop, que j'allais subir plusieurs heures pendant sept à huit jours, aggraverait les douleurs affreuses que me faisait éprouver ma blessure; mais le maréchal eut la bonté de me donner une place dans sa voiture, où se trouvaient aussi les généraux Pouzet et Frère, ses deux amis. Ceux-ci aimaient beaucoup à causer, et même à s'égayer aux dépens du prochain, et comme ils ne me connaissaient que depuis quelque temps, ma présence les embarrassa d'abord; mais le maréchal leur ayant dit: «C'est un brave garçon, vous pouvez parler devant lui...», ils profitèrent largement de cet avis.

Ce voyage fut pour moi bien pénible, bien qu'on se reposât toutes les nuits. Nous revîmes Logroño, Miranda, Burgos, et montâmes à pied le célèbre défilé de Somo-Sierra, enlevé quelques jours avant sous les yeux de l'Empereur par les lanciers polonais de sa garde, qui, ce jour-là, virent le feu pour la première fois. Ce combat donna au général Montbrun, devenu célèbre depuis, l'occasion de se signaler.

Montbrun suivait le quartier général, lorsque l'Empereur, marchant d'Aranda sur Madrid, et devançant de quelques heures son infanterie, arriva au pied du Somo-Sierra, n'ayant avec lui que les lanciers polonais. La grande route, très escarpée sur ce point, et resserrée entre deux montagnes, se trouvait barrée par un petit retranchement de campagne, défendu par quelques milliers d'Espagnols. Napoléon qui voulait arriver ce jour-là même à Buitrago, se voyant arrêté dans sa marche et calculant que l'infanterie ne pourrait arriver de longtemps, ordonna aux Polonais de forcer le passage du défilé.

Les Polonais n'ont qu'une qualité, mais ils la possèdent au plus haut degré: ils sont généralement très braves. Leurs chefs, n'ayant aucune connaissance de la guerre qu'ils n'avaient jamais faite, ignoraient que pour passer un défilé il est nécessaire de laisser entre les escadrons un espace vide égal à la profondeur de chacun d'eux, afin que si les premiers sont repoussés, ils trouvent en arrière un terrain libre pour se reformer et ne se jettent pas sur les escadrons qui suivent. Les chefs polonais lancèrent donc à l'étourdie le régiment dans le défilé sans prendre les dispositions convenables. Mais, accueillis sur les deux flancs par une grêle de balles et trouvant la route barrée au sommet, ils éprouvèrent des pertes d'autant plus sensibles, que le premier escadron se jeta en désordre sur le deuxième, celui-ci sur le troisième, et ainsi de suite; de sorte que le régiment, ne formant plus qu'une masse informe sur une route encaissée, ne pouvait faire demi-tour et se trouvait fusillé presque à bout portant par les Espagnols placés sur les rochers voisins!

Il était fort difficile de débrouiller cette cohue. Enfin on y parvint, et les Polonais allèrent se reformer dans la plaine sous les yeux de l'Empereur, qui loua leur courage, en blâmant le peu de méthode qu'ils avaient mis dans l'attaque. Les chefs en convinrent, en exprimant le regret de n'avoir pas été conduits par un général expérimenté. Alors le major général Berthier, voulant du bien à Montbrun en ce moment peu en faveur, mais qu'il connaissait pour un excellent et très brave officier de cavalerie, informa Napoléon de la présence de ce général. L'Empereur le fit appeler et lui donna le commandement des lanciers, en lui ordonnant de recommencer l'attaque.

Montbrun était un homme superbe, dans le genre de Murat: haute taille, figure balafrée, barbe noire, attitude des plus militaires et excellent écuyer. Il plut aux Polonais, et ceux-ci ayant promis de se conformer à ses instructions, Montbrun, après avoir espacé leurs escadrons et pris toutes les dispositions nécessaires, se met fièrement à leur tête. Il s'élance dans le défilé... Quelques escadrons sont d'abord ébranlés par la fusillade; mais les diverses parties de la colonne ayant assez d'espace entre elles pour qu'il n'en résultât aucun désordre grave, on se remet et l'on parvient enfin au sommet de la montagne.

Le général Montbrun met pied à terre et court le premier aux retranchements pour arracher les palissades sous une grêle de balles. Les Polonais suivent son exemple; les retranchements sont enlevés; on remonte à cheval, et le régiment fond sur les Espagnols, dont il fait un massacre d'autant plus grand que le terrain, s'élargissant et allant en descendant jusqu'à Buitrago, permettait aux lanciers de joindre les fantassins ennemis qui fuyaient dans le plus grand désordre. Le défilé enlevé, l'Empereur le franchit, et arrivé au sommet, non seulement il voit le drapeau français flottant sur Buitrago, mais aperçoit à une lieue au delà de cette ville la cavalerie de Montbrun poursuivant les Espagnols en déroute!... Le soir, Napoléon félicita les Polonais, nomma Montbrun général de division et l'emmena quelques mois après en Autriche, où il commanda si bien une division que l'Empereur le nomma, en

1810, général en chef de toute la cavalerie de son armée de Portugal et lui confia un corps de la même arme pendant la campagne de Russie. Il fut tué à la bataille de la Moskowa.

Le maréchal Lannes ayant examiné la position dont je viens de parler, nous descendîmes le Somo-Sierra et allâmes coucher à Buitrago, d'où nous gagnâmes Madrid le lendemain. L'Empereur était depuis quelques jours dans cette ville, dont il n'avait pu se rendre maître qu'après un combat sérieux. Il y avait établi son frère, le roi Joseph. Le maréchal Lannes me présenta à Napoléon, qui me reçut avec bonté, en me disant que sous peu il récompenserait la conduite que j'avais tenue à Agreda. Nous trouvâmes M. Guéhéneuc à Madrid. Il portait les insignes de colonel dont l'Empereur lui avait conféré le grade, en recevant de sa main le bulletin de la bataille de Tudela, teint de mon sang. Guéhéneuc était un brave garçon; il vint à moi et me dit: «C'est vous qui avez couru les dangers et reçu le coup de sabre, et c'est moi qui ai obtenu le grade; mais j'espère que vous ne tarderez pas à être avancé.» Je l'espérais aussi; cependant j'avouerai franchement que j'en voulais un peu au maréchal pour l'obstination qu'il avait mise à me faire passer par Agreda; mais il fallait se soumettre à sa destinée!

Le maréchal Lannes fut logé à Madrid dans l'hôtel qu'avait occupé Murat. J'y trouvai le bon conseiller Hernandès, qui, sachant mon arrivée, était venu m'offrir d'habiter chez lui, ce que j'acceptai avec d'autant plus de reconnaissance que ma blessure s'était envenimée, et que de bons soins m'étaient nécessaires. Mon hôte me les prodigua, et j'étais en voie de guérison, lorsque de nouveaux événements me forcèrent à rentrer en campagne au milieu de l'hiver.

En effet, nous étions à peine depuis une semaine à Madrid, lorsque, le 21 décembre, l'Empereur apprenant que l'armée de Portugal osait marcher contre la capitale de l'Espagne, dont elle n'était plus qu'à quelques journées, fit à l'instant même battre la générale et sortit de la ville à la tête de sa garde et de plusieurs corps d'armée, pour se porter dans la direction de Valladolid, par où arrivaient les Anglais commandés par le général Moore. Le maréchal Lannes, étant rétabli, devait suivre l'Empereur, non plus en voiture, mais à cheval. Il me le fit observer, en me proposant de rester à Madrid jusqu'à ce que ma blessure fût complètement guérie. Mais deux motifs m'en empêchaient: d'abord, je voulais assister à la bataille qu'on allait livrer aux Anglais; en second lieu, je savais que l'Empereur ne donnait presque jamais d'avancement aux *absents*, et je tenais à obtenir le grade de chef d'escadron qui m'avait été promis. Je fis donc mes préparatifs de départ.

Une seule chose m'embarrassait: je ne pouvais, à cause de ma blessure au front, porter ni chapeau ni colback; ma tête était enveloppée avec des mouchoirs blancs, mais c'était une coiffure peu militaire pour figurer dans un état-major qui devait marcher constamment avec celui de l'Empereur! Pendant que cette pensée me tourmentait, j'aperçus un mameluk de la garde, coiffé de son turban à calotte rouge. J'avais un charmant képi de cette couleur brodé en or; je fis tortiller et coudre alentour un joli foulard, ce qui produisit une espèce de turban, que je plaçai au-dessus des bandes et des compresses qui couvraient ma blessure.

Nous sortîmes de Madrid à la chute du jour pour aller coucher au pied du mont Guadarrama, que l'Empereur voulait traverser le lendemain. Il gelait très fort; la route était couverte de verglas, les troupes, et surtout la cavalerie, marchaient péniblement. Le maréchal envoyait fréquemment des officiers pour s'assurer que les colonnes étaient en bon ordre pendant cette marche de nuit; mais comprenant ce que je devais souffrir, il eut l'attention de m'exempter des courses.

Pendant que tous mes camarades étaient à porter des ordres, N... et moi nous trouvâmes seuls auprès du maréchal. N... me fait signe qu'il veut me parler et me présente une bouteille de kirsch. Je le remercie sans accepter, mais mon homme embouche le goulot du flacon dont, en moins d'un quart d'heure, il absorbe tout le contenu! Tout à coup, il roule à terre comme un colosse qu'on abat! Le maréchal n'ayant pu contenir son indignation, N... lui répondit: «Ce n'est pas ma faute, car il y a du verglas entre ma selle et mes cuisses!» Le maréchal trouva l'excuse si nouvelle et si bizarre que, malgré sa mauvaise humeur, il ne put s'empêcher d'en rire, puis il me dit: «Faites-le jeter dans un de mes fourgons.» J'exécutai l'ordre, et notre compagnon s'endormit sur les sacs de riz, au milieu des jambons et des casseroles.

Nous arrivâmes au pied du Guadarrama pendant la nuit; nous n'y trouvâmes qu'un très pauvre village où l'on s'établit comme l'on put. Le froid avait gagné ma blessure, et je souffrais beaucoup. Au point du jour, l'armée allait se mettre en marche, lorsque les bataillons d'avant-garde déjà engagés dans la montagne rétrogradèrent, et l'on vint prévenir l'Empereur et le maréchal qu'une tourmente affreuse empêchait d'avancer. La neige aveuglait hommes et chevaux; un vent des plus impétueux venait même d'en enlever plusieurs et de les jeter dans un précipice. Tout autre que Napoléon se fût arrêté; mais voulant joindre les Anglais à tout prix, il parla aux soldats et ordonna que ceux d'un même peloton se tiendraient par les bras afin de ne pas être emportés par le vent. La cavalerie, mettant pied à terre, dut marcher dans le même ordre, et pour donner l'exemple, l'Empereur forma l'état-major en plusieurs pelotons, se plaça entre Lannes et Duroc, auprès desquels nous nous rangeâmes en entrelaçant nos bras; puis, au commandement fait par Napoléon lui-même, la colonne se porta en avant, gravit la montagne, malgré le vent impétueux qui nous refoulait, la neige qui nous fouettait au visage et le verglas qui nous faisait trébucher à chaque pas. Je souffris cruellement pendant les quatre mortelles heures que dura cette ascension.

Arrivés à mi-côte, les maréchaux et les généraux qui portaient de grandes bottes à l'écuyère ne purent plus avancer... Napoléon se fit alors hisser sur un canon où il se mit à califourchon; les maréchaux et généraux firent de même; nous continuâmes à marcher dans ce grotesque équipage, et nous parvînmes enfin au couvent situé sur le sommet de la montagne. L'Empereur s'y arrêta pour rallier l'armée; on trouva du vin et du bois qu'on fit distribuer aux troupes. Le froid était des plus vifs; tout le monde grelottait; cependant, au bout de quelques heures, on se remit en route. La descente, quoique très pénible, le fut beaucoup moins que la montée. Nous parvînmes à la nuit tombante dans une petite plaine, où se trouve le gros bourg de Saint-Raphaël, et plusieurs villages qui procurèrent à l'armée des vivres, du vin et des abris. Ma blessure, déjà un peu cicatrisée à notre départ de Madrid, s'était rouverte, et comme mon turban ne me garantissait que le haut de la tête, la neige avait pénétré dans le cou et la nuque, et s'y était fondue; j'avais le corps tout mouillé, et nos équipages n'étaient pas arrivés; je passai donc une bien cruelle nuit.

Les jours suivants, l'armée continua sa marche sur Espinar, Villacastin, Arevalo et Medina del Campo. Plus nous nous éloignions des monts Guadarrama, plus la température s'adoucissait. Bientôt de grandes pluies succédèrent à la gelée, et les chemins devinrent des bourbiers. Nous passâmes le Douro à Tordesillas, où nous joignîmes enfin les traînards de l'armée anglaise qui s'enfuyait à notre approche vers le port de la Corogne. L'Empereur, désirant la joindre avant qu'elle pût s'embarquer, pressa la marche des troupes, auxquelles il fit faire dix à douze lieues par jour, malgré le mauvais temps et des routes affreuses. Cette précipitation donna lieu à un échec, qui fut d'autant plus sensible à Napoléon qu'il fut éprouvé par un corps de sa garde. Voici le fait.

L'armée couchait à Villapanda, lorsque l'Empereur, furieux de courir toujours après les Anglais, apprit que leur arrière-garde était à quelques lieues de nous dans la ville de Benavente, derrière la petite rivière d'Esla. Il fit partir dès le point du jour une colonne d'infanterie, précédée par les mameluks et les chasseurs de la garde, sous les ordres du général Lefebvre-Desnouettes, officier très brave, mais très imprudent. Ce général, parvenu avec sa cavalerie sur les rives de l'Esla, en face de Benavente, situé à une demi-lieue au delà de ce cours d'eau, n'apercevant aucun ennemi, veut faire reconnaître la ville: c'était militaire; mais un peloton suffisait pour cela, car vingt-cinq hommes voient tout aussi loin que deux mille, et, s'ils donnent dans une embuscade, la perte est du moins peu importante. Le général Desnouettes devait donc attendre l'infanterie avant de s'engager à l'étourdie au milieu de l'Esla. Cependant, sans écouter aucune observation, il fait passer la rivière à gué à *tout* le régiment des chasseurs, et s'avance vers la ville, qu'il fait fouiller par les mameluks. Ceux-ci n'ayant même pas rencontré un seul habitant, c'était un indice presque certain que l'ennemi préparait une embuscade; le général français aurait dû prudemment rétrograder, puisqu'il n'était pas en force pour lutter contre une nombreuse arrière-garde ennemie. Au lieu de cela, Desnouettes pousse toujours en avant; mais, pendant qu'il traverse la ville, quatre à cinq mille cavaliers anglais la tournent, en masquant leur mouvement par les maisons des faubourgs, et tout à coup ils fondent sur les chasseurs de la garde impériale, qui, se hâtant de sortir de la ville, se défendirent si vaillamment qu'ils firent une large trouée au milieu des Anglais, regagnèrent la rivière et la repassèrent sans grande perte. Mais lorsque, arrivé sur la rive gauche, le régiment se reforma, on s'aperçut que le général Desnouettes n'était plus présent. Un parlementaire ennemi vint annoncer que le cheval de Lefebvre-Desnouettes ayant été tué pendant le combat, ce général était prisonnier de guerre!…

L'Empereur arrivait en ce moment. Jugez de son courroux, lorsqu'il apprit que non seulement son régiment favori venait d'essuyer un échec, mais que le chef était resté au pouvoir des Anglais!… Bien que Napoléon fût très mécontent de l'imprudence de Lefebvre-Desnouettes, il fit cependant proposer au général en chef ennemi de l'échanger contre un officier du même grade détenu en France. Mais le général Moore était trop fier de pouvoir montrer au peuple anglais un des chefs de la garde de l'empereur des Français, prisonnier de guerre, pour consentir à cet échange. En conséquence, il refusa. Le général Desnouettes fut traité avec beaucoup d'égards, mais on l'envoya à Londres comme un trophée, ce qui augmenta encore la colère de Napoléon!

Malgré le petit succès que les Anglais venaient de remporter sur les chasseurs à cheval de la garde impériale, ils continuèrent leur retraite. Nous traversâmes l'Esla et occupâmes Benavente. De cette ville à Astorga, la distance est au moins de quinze à seize lieues de France, et il faut traverser plusieurs cours d'eau. Cependant, l'Empereur était si impatient d'atteindre les ennemis, qu'il voulut que son armée fît ce trajet en un seul jour, bien que les jours fussent alors très courts: nous étions au 31 décembre. J'ai rarement fait de marche aussi pénible; une pluie glaciale perçait nos vêtements, les hommes et les chevaux enfonçaient dans un terrain marécageux; on n'avançait qu'avec les plus grands efforts, et comme tous les ponts avaient été coupés par les Anglais, nos fantassins furent obligés de se déshabiller cinq ou six fois, de placer leurs armes et leurs effets sur leur tête, et d'entrer tout nus dans l'eau glaciale des ruisseaux qu'il nous fallut traverser.

Je le dis à regret, je vis trois vieux grenadiers de la garde qui, se trouvant dans l'impossibilité de continuer cette pénible marche, et ne voulant pas rester en arrière de crainte d'être torturés et massacrés par les paysans, se brûlèrent la cervelle avec leurs propres fusils!... Une nuit des plus sombres et toujours pluvieuse vint augmenter la fatigue des troupes; les soldats, exténués, se couchaient dans la boue... Un très grand nombre s'arrêta au village de Bañeza; les têtes des régiments seules arrivèrent à Astorga, le surplus resta sur les chemins. La nuit était déjà fort avancée, lorsque l'Empereur et le maréchal Lannes, n'ayant pour toute escorte que leurs états-majors et quelques centaines de cavaliers, entrèrent dans Astorga, qu'on visita à peine, tant chacun était harassé et désireux de trouver un abri pour se réchauffer! Si les ennemis, prévenus de cela, fussent revenus sur leurs pas, ils auraient peut-être enlevé l'Empereur; mais heureusement ils étaient trop pressés, et nous n'en trouvâmes pas un seul dans cette ville. À chaque instant, du reste, arrivait une partie des soldats français restés en arrière, ce qui assurait la défense du quartier impérial.

Astorga est une assez grande ville: chacun s'y logea à la hâte. Nous plaçâmes le maréchal Lannes dans une maison d'assez belle apparence, voisine de celle où s'établit l'Empereur. Nous étions trempés jusqu'aux os, et il faisait très froid, car nous étions auprès des montagnes des Asturies. Nos domestiques et les bagages n'arrivaient pas; il fallait cependant trouver un moyen de se réchauffer. Les grands feux que nous fîmes ne pouvaient suffire; le maréchal grelottait; je l'engageai à quitter tous ses vêtements, même sa chemise, à se rouler dans une couverture de laine et à se placer ensuite entre deux matelas, ce qu'il fit, ainsi que nous tous, car les maisons, dont tous les habitants avaient pris la fuite, étaient très bien garnies de lits. Nous terminâmes ainsi l'année 1808.

CHAPITRE NEUF

1809. Bataille de la Corogne.—Napoléon quitte l'armée.—Lannes est dirigé sur Saragosse.—Siège et prise de cette ville.—Je suis grièvement blessé.

Le lendemain 1er janvier 1809, le mauvais temps continuant, et l'Empereur sentant d'ailleurs la nécessité de réunir son armée, on fit séjour à Astorga, où les troupes se groupèrent successivement. Elles trouvèrent en abondance des vivres, dont elles purent disposer avec d'autant plus de liberté qu'il n'y avait plus un seul habitant dans la ville. L'Empereur avait été vivement affecté en apprenant que trois grenadiers de sa garde s'étaient suicidés; aussi, malgré la pluie et la boue, il visita successivement toutes les maisons dans lesquelles les soldats s'étaient mis à l'abri; il leur parla, releva leur moral; et l'on s'attendait à partir le lendemain à la poursuite des Anglais, lorsque Napoléon reçut par un aide de camp du ministre de la guerre des lettres qui le déterminèrent à ne pas aller plus loin en personne. C'était probablement l'annonce des mouvements hostiles que faisait déjà l'Autriche pour attaquer l'Empire français, pendant que Napoléon et une partie de la grande armée étaient au fond de l'Espagne. L'Empereur résolut donc de retourner en France avec sa garde, afin de se préparer à la nouvelle guerre dont les Autrichiens le menaçaient; mais ne voulant cependant pas perdre l'occasion de punir les Anglais, il les fit poursuivre par les corps des maréchaux Ney et Soult, qui, en partant, défilèrent devant lui.

Les troupes anglaises sont excellentes; mais comme elles ne se recrutent que par des engagements volontaires qui deviennent fort difficiles en temps de guerre, on est obligé d'admettre les hommes mariés, auxquels on permet de se faire suivre par leurs familles; aussi les régiments traînent-ils à leur suite un nombre considérable de femmes et d'enfants. C'est là un grave inconvénient, auquel la Grande-Bretagne n'a jamais pu remédier. Or, il advint qu'au moment où l'Empereur faisait défiler devant lui les corps de Soult et Ney, hors des murs d'Astorga, on entendit des cris dans une immense grange… on l'ouvrit… elle contenait mille à douze cents femmes et enfants anglais qui, accablés par la longue marche des jours précédents, faite sous une pluie glaciale, au milieu des boues et des torrents débordés, n'avaient pu suivre l'armée du général Moore et s'étaient réfugiés dans cette vaste grange où, depuis quarante-huit heures, ils vivaient d'orge crue!... Presque toutes ces femmes et ces enfants étaient beaux, malgré les guenilles fangeuses qui les couvraient. Ils entourèrent bientôt l'Empereur, qui, touché de leur triste position, les fit loger en ville, où ils reçurent des vivres, et Napoléon envoya un parlementaire avertir le général anglais que, dès que le temps le permettrait, les femmes et les enfants de ses soldats lui seraient rendus.

Le maréchal Soult joignit l'armée ennemie dans les montagnes de Léon et battit son arrière-garde à Villafranca, où nous perdîmes le général Colbert et son aide de camp Latour-Maubourg. L'armée anglaise gagna en toute hâte le port de la Corogne; mais une tempête horrible rendant son embarquement très difficile, elle fut dans l'obligation de livrer bataille aux troupes du maréchal Soult qui la suivaient de très près. Le général en chef sir John Moore fut tué, et son armée ne parvint à gagner ses vaisseaux qu'après des pertes immenses. Cependant, cet événement, que les Français considérèrent d'abord comme un avantage, leur devint bien fatal, car le général Moore fut remplacé par Wellington, qui nous fit depuis tant de mal.

Ce fut à Astorga que mon frère, attaché à l'état-major du prince Berthier, ayant été chargé de passer des dépêches à Madrid, fut pris par les guérillas, ce dont je ne fus informé que longtemps après. J'aurai l'occasion de revenir sur cet événement.

Pendant que le maréchal Soult poursuivait les ennemis dans leur retraite vers la Corogne, l'Empereur, accompagné du maréchal Lannes, partit d'Astorga avec sa garde pour rétrograder sur Valladolid, afin d'y joindre la route de France. Napoléon séjourna deux jours dans cette ville, où il ordonna au maréchal Lannes d'aller prendre le commandement des deux corps d'armée qui faisaient le siège de Saragosse, et de venir le retrouver à Paris après avoir pris cette place. Mais avant de se séparer de nous, l'Empereur voulant donner à l'état-major du maréchal Lannes un témoignage de satisfaction, invita celui-ci à lui remettre l'état des propositions d'avancement qu'il avait à faire pour les officiers. J'y fus compris pour le grade de chef d'escadron, et je me préparais à le recevoir, surtout en apprenant que le maréchal, sortant du cabinet de l'Empereur, me faisait demander; mais mon espoir fut cruellement déçu!... Le maréchal me dit avec bonté qu'en demandant un grade pour moi, il avait cru devoir proposer aussi le vieux capitaine Dagusan, son ancien *ami*; mais que l'Empereur l'avait prié de choisir entre Dagusan et moi: «Je n'ai pu me décider encore, dit le maréchal, car la blessure que vous avez reçue à Agreda, et la conduite que vous avez tenue dans cette circonstance difficile, mettent le *droit* de votre côté; mais Dagusan est vieux et fait sa dernière campagne. Cependant, aucune considération ne me porterait à commettre une injustice; je m'en rapporte à vous pour indiquer lequel des deux noms je dois faire inscrire sur le brevet que l'Empereur va signer...» Ma position était très embarrassante; j'avais le cœur bien gros... Cependant, je répondis qu'il fallait mettre sur le brevet le nom de M. Dagusan!... Le maréchal, les larmes aux yeux, m'embrassa, en me promettant qu'après le siège de Saragosse, je serais certainement nommé chef d'escadron. Le soir, le maréchal réunit ses officiers pour annoncer les promotions. Guéhéneuc était confirmé dans le grade de colonel; Saint-Mars, nommé lieutenant-colonel; Dagusan, chef de bataillon; d'Albuquerque et Watteville, légionnaires; de Viry et Labédoyère, capitaines... moi, rien!

Nous quittâmes Valladolid le lendemain, pour nous diriger à petites journées avec nos chevaux sur Saragosse, où le maréchal Lannes prit le commandement de toutes les troupes qui faisaient le siège et dont le nombre s'élevait à 30,000 hommes, savoir: le 5e corps de la grande armée, venu d'Allemagne, sous les ordres du maréchal Mortier, et l'ancien corps du maréchal Moncey, que Junot venait de remplacer. Ces dernières troupes étaient de nouvelle formation; mais n'ayant plus de longues marches à faire, et d'ailleurs aguerries par leur succès de la bataille de Tudela, elles combattirent avec beaucoup de courage.

Avant la grande insurrection amenée par la captivité de Ferdinand VII, la ville de Saragosse n'était pas fortifiée; mais en apprenant les événements de Bayonne et les violences que Napoléon voulait faire à l'Espagne pour placer son frère Joseph sur le trône, Saragosse donna le signal de la résistance. Sa nombreuse population se leva comme un seul homme; les moines, les femmes et même les enfants prirent les armes. D'immenses couvents, aux murailles épaisses et solides, entouraient la ville; on les fortifia, et des canons y furent placés; toutes les maisons furent crénelées, les rues barricadées; on fabriqua de la poudre, des boulets, des balles, et l'on réunit de très grands approvisionnements de bouche. Tous les habitants s'enrégimentèrent et prirent pour chef le comte Palafox, l'un des colonels des gardes du corps et ami dévoué de Ferdinand VII, qu'il avait suivi à Bayonne, d'où il s'était rendu en Aragon après l'arrestation de ce roi.

Ce fut pendant l'été de 1808 que l'Empereur apprit la révolte et les projets de défense de Saragosse, et comme il était encore dans l'illusion que les dépêches de Murat avaient fait naître dans son esprit, il considéra cette insurrection comme un feu de paille qui s'éteindrait à l'approche de quelques régiments français. Néanmoins, avant d'employer la force des armes, il voulut essayer de la persuasion. Il s'adressa au prince Pignatelli, le plus grand seigneur de l'Aragon, qui se trouvait alors à Paris, et l'engagea à user de son influence sur les Aragonais pour calmer leur effervescence. Le prince Pignatelli accepta cette mission pacifique et arriva à Saragosse. La population accourt au-devant de lui, ne doutant pas qu'à l'exemple de Palafox, il vienne combattre les Français; mais dès que Pignatelli parle de soumission, il se voit assailli par la foule, qui allait le pendre si Palafox ne l'avait fait conduire dans un cachot où il passa huit à neuf mois.

Cependant, plusieurs divisions françaises, conduites par le général Verdier, se présentèrent en juin 1808 devant Saragosse, dont les fortifications étaient encore très imparfaites. On voulut brusquer une attaque; mais à peine nos colonnes furent-elles dans les rues, qu'un feu meurtrier partant des fenêtres, des clochers, des toits et des soupiraux de caves, leur fit éprouver de telles pertes qu'elles furent obligées de battre en retraite. Nos troupes cernèrent alors la place, dont elles commencèrent le siège plus méthodiquement. Il aurait probablement réussi, si la retraite du roi Joseph n'eût contraint le corps français placé devant Saragosse à se retirer aussi, en abandonnant une partie de son artillerie.

Ce premier siège fut ainsi manqué; mais nos troupes étant rentrées victorieuses en Aragon, le maréchal venait en 1809 attaquer de nouveau Saragosse. Cette ville se trouvait alors dans de bien meilleures conditions de défense, car ses fortifications étaient achevées, et toute la population belliqueuse de l'Aragon s'était mise dans la place, dont la garnison avait été renforcée par une grande partie des troupes espagnoles de l'armée de Castaños, battues par nous à Tudela, de sorte que le nombre des défenseurs de Saragosse s'élevait à plus de 80,000 hommes, le maréchal n'en ayant que 30,000 pour en faire le siège; mais nous avions d'excellents officiers. L'ordre et la discipline régnaient dans nos rangs, tandis que dans la ville tout était inexpérience et confusion. Les assiégés n'étaient d'accord que sur un seul point: se défendre *jusqu'à la mort!*... Les paysans étaient les plus acharnés! Entrés dans la ville avec leurs femmes, leurs enfants et même leurs troupeaux, on avait assigné à chaque groupe le quartier ou la maison qu'il devait habiter, en jurant de le défendre. Là, les gens vivaient entassés pêle-mêle avec leur bétail et plongés dans la saleté la plus dégoûtante, car ils ne jetaient aucune ordure au dehors. Les entrailles des animaux pourrissaient dans les cours, dans les chambres, et les assiégés ne prenaient même pas la peine d'enlever les cadavres des hommes morts par suite de l'affreuse épidémie qu'une telle négligence ne tarda pas à développer.

Le fanatisme religieux et l'amour sacré de la patrie exaltant leur courage, ils s'abandonnèrent aveuglément à la *volonté de Dieu*... Les Espagnols ont beaucoup conservé du caractère des Arabes et sont fatalistes; aussi répétaient-ils sans cesse: «Lo que ha de ser no puede faltar...» (Ce qui doit être ne peut manquer.) En conséquence, ils ne prenaient aucune précaution.

Attaquer de pareils hommes de vive force, dans une ville où chaque habitation était une forteresse, c'eût été renouveler la faute commise pendant le premier siège et s'exposer à de grandes pertes, sans aucune chance de succès. Le maréchal Lannes et le général Lacoste, chef du génie, agirent donc avec une prudente méthode, qui, malgré sa lenteur, devait amener la reddition ou la destruction de la ville. On commença, selon l'usage, à établir des tranchées pour atteindre les premières maisons; arrivé là, ces maisons furent minées; on les faisait sauter avec leurs défenseurs; puis on minait les suivantes, et ainsi de suite. Mais ces travaux n'étaient pas sans de très grands dangers pour les Français, car dès que l'un d'eux paraissait, il était en butte aux coups de fusil tirés par les Espagnols cachés dans les bâtiments voisins. Ce fut ainsi que périt le général Lacoste, au moment où il se plaçait devant une lucarne pour examiner l'intérieur de la ville. L'acharnement des Espagnols était si grand que pendant qu'on minait une maison, et que le bruit sourd des coups de marteau les prévenait de l'approche de la mort, pas un ne quittait l'habitation qu'il avait juré de défendre... Nous les entendions chanter les litanies; puis, aussitôt que les murs, volant en l'air, retombaient avec fracas, en écrasant la plupart d'entre eux, tous ceux qui échappaient au désastre se groupaient sur les décombres et cherchaient à les défendre en se retranchant derrière le moindre abri, d'où ils recommençaient à tirailler!... Mais nos soldats, prévenus du moment où la mine devait jouer, se tenaient prêts, et dès que l'explosion s'était produite, ils s'élançaient rapidement sur les décombres, tuaient tout ce qu'ils rencontraient, s'établissaient derrière des pans de mur, élevaient des retranchements avec des meubles, des poutres, et pratiquaient au milieu de ces décombres des passages pour les sapeurs qui allaient miner la maison voisine... Un grand tiers de la ville ayant été détruit de la sorte, les communications établies dans cet amas de ruines formaient un dédale inextricable, où l'on ne pouvait se reconnaître qu'à l'aide de jalons placés par les officiers du génie. Outre la mine, les Français employèrent une nombreuse artillerie et jetèrent jusqu'à onze mille bombes dans la ville!...

Malgré cela, Saragosse tenait toujours!... En vain le maréchal, ému de pitié pour ces héroïques défenseurs, envoya un parlementaire pour leur proposer une capitulation honorable... elle ne fut pas acceptée. Le siège continua. Mais si la mine arrivait à détruire les maisons, il n'en fut pas de même des vastes couvents fortifiés, car cela eût exigé de grands travaux. On se bornait donc à faire sauter un pan de leurs épaisses murailles, et, dès que la brèche était faite, on y lançait une colonne à l'assaut. Les assiégés accouraient à la défense: elle était terrible; aussi fut-ce dans ce genre d'attaques que nous perdîmes le plus de monde.

Les couvents les mieux fortifiés étaient ceux de l'Inquisition et de Santa-Engracia. Nos sapeurs, arrivés auprès de ce dernier, avaient miné l'un des murs, lorsque le maréchal, me faisant appeler au milieu de la nuit, me dit que, pour me faire promptement avoir le grade de chef d'escadron, il m'a réservé une mission des plus importantes: «Au point du jour, on mettra le feu à la mine destinée à ouvrir le mur de Santa-Engracia; huit compagnies de grenadiers sont prêtes pour l'assaut; j'ai ordonné que tous les capitaines fussent pris parmi les moins anciens que vous; je vous donne le commandement de cette colonne; allez enlever le couvent, et je suis certain que l'un des premiers courriers de Paris m'apportera votre brevet de chef d'escadron!» J'acceptai avec reconnaissance, bien que je fusse, sur le moment, très souffrant de mon ancienne blessure. Les chairs avaient en se cicatrisant formé un bourrelet qui m'aurait empêché de porter une coiffure militaire; aussi le docteur Assalagny, chirurgien-major des chasseurs de la garde, les avait-il réduites avec la pierre infernale. Cette très douloureuse opération ayant été faite la veille, j'avais eu la fièvre toute la nuit, et me trouvais, par conséquent, dans d'assez mauvaises conditions pour monter à l'assaut. N'importe! il n'y avait pas à hésiter; du reste, j'avouerai que j'étais tout fier du commandement que le maréchal me confiait: huit compagnies de grenadiers, à moi simple capitaine, c'était magnifique!...

Je cours donc faire mes préparatifs, et, au jour naissant, je me rends à la tranchée, où je trouve le général Razout, qui, après m'avoir remis le commandement des grenadiers, me fait observer que le feu ne pouvant être mis aux poudres avant une heure, je ferais bien de profiter de ce temps pour aller examiner la muraille que la mine doit renverser, et calculer la largeur de la brèche qui en résultera, afin de préparer mon attaque. Je pars, accompagné d'un adjudant du génie qui devait me diriger au milieu des ruines d'un immense quartier déjà abattu, et j'arrive enfin au pied du mur du couvent. Là se terminait le terrain conquis par nous. Je me trouvai dans une petite cour; un piquet de voltigeurs, occupant une espèce de cave voisine, avait dans cette cour un factionnaire abrité contre les coups de fusil par un amas de planches et de portes. L'adjudant du génie, me montrant alors un gros mur placé en face de nous, me dit que c'était celui qu'on allait faire sauter dès que la mine serait chargée. Dans l'un des coins de la cour, où l'on avait arraché une pompe, la chute de quelques pierres avait laissé un vide; le factionnaire me fait observer qu'en se baissant, on aperçoit par cette ouverture les jambes d'une nombreuse troupe ennemie stationnée dans le jardin du couvent. Pour vérifier le fait, et reconnaître la configuration du terrain sur lequel j'allais combattre, je me baisse... mais, à l'instant, un Espagnol posté sur le clocher de Santa-Engracia me tire un coup d'arme à feu, et je tombe sur le pavé!...

Je n'éprouvai d'abord aucune douleur, et pensai que l'adjudant placé auprès de moi m'avait poussé par inadvertance; mais bientôt le sang sortit à gros bouillons; j'avais reçu une balle dans le côté gauche, à peu de distance du cœur!... L'adjudant m'aida à me relever, et nous entrâmes dans la cave où se trouvaient les voltigeurs. Je perdis tant de sang que je fus sur le point de m'évanouir. Il n'y avait pas de brancards; les soldats me passèrent donc un fusil sous les deux bras, un autre sous les jarrets, et m'emportèrent ainsi à travers les mille et un passages pratiqués dans les décombres de ce vaste quartier jusqu'au point où j'avais quitté le général Razout. Là, je repris mes sens. Le général voulait me faire panser, mais je préférais l'être par le docteur Assalagny, et comprimant ma plaie avec mon mouchoir, je me fis conduire au quartier général du maréchal Lannes, établi à une portée de canon de la ville, dans l'immense bâtiment d'une auberge abandonnée, au lieu dit des *Écluses du canal d'Aragon.*

En me voyant arriver tout couvert de sang, porté par des soldats dont l'un me soutenait la tête, le maréchal et mes camarades me crurent mort. Le docteur Assalagny assura le contraire et s'empressa de me panser; mais on ne savait où me placer, car tous les meubles de l'hôtellerie ayant été brûlés pendant le siège, il n'y avait plus un seul lit; nous couchions sur les briques dont les chambres étaient pavées. Le maréchal et tous mes camarades donnèrent à l'instant leurs manteaux, dont on forma une pile, sur laquelle on me coucha. Le docteur visita ma blessure et reconnut que j'avais reçu dans le corps un projectile dont la forme devait être *plate*, puisqu'il avait passé entre deux côtes sans les briser, ce que n'aurait pu faire une balle ordinaire.

Pour trouver ce projectile, Assalagny enfonce une sonde dans la plaie... il ne trouve rien!... Sa figure devient soucieuse, et voyant que je me plains d'éprouver les plus vives douleurs dans les reins, il me place sur le ventre et visite mon dos... Mais à peine a-t-il touché le point où les côtes aboutissent à l'épine dorsale, que je ne pus retenir un cri: le projectile était là! Assalagny, s'armant alors d'un bistouri, fait une grande incision, aperçoit un corps métallique se présentant entre deux côtes, et veut l'extraire avec des pinces. Mais ne pouvant y parvenir, malgré de violents efforts qui me soulevaient, il fait asseoir l'un de mes camarades sur mes épaules, un autre sur mes jarrets, et réussit enfin à arracher une balle de plomb du plus fort calibre, à laquelle les fanatiques Espagnols avaient donné la forme d'un petit écu, en l'aplatissant à coups de marteau. Une croix avait été gravée sur chaque face; enfin, des entailles pratiquées tout autour faisaient ressembler cette balle à la roue d'une montre. C'étaient ces espèces de dents qui, s'étant prises entre les muscles, avaient rendu l'extraction si difficile. La balle ainsi écrasée, présentant trop de surface pour entrer dans un fusil, avait dû être lancée par un tromblon; se présentant de biais, elle avait agi comme un instrument tranchant, passé entre deux côtes, contourné l'intérieur du coffre pour sortir de la même façon qu'elle était entrée, en conservant heureusement assez de force pour traverser les muscles et les chairs du dos.

Le maréchal, voulant faire connaître à l'Empereur avec quel fanatique acharnement les habitants de Saragosse se défendaient, lui fit passer la balle extraite de mon corps. Napoléon, après l'avoir examinée, la fit porter à ma mère, en lui annonçant que j'allais être nommé chef d'escadron.

Le docteur Assalagny était un des premiers chirurgiens de l'époque, et, grâce à lui, ma blessure, qui pouvait être mortelle, fut une de celles qui se guérissent le plus promptement. Le maréchal possédait un lit mécanique qui le suivait partout en campagne; il eut la bonté de me prêter un matelas et des draps; mon portemanteau servit d'oreiller, et le manteau de couverture; malgré cela, j'étais fort mal, car la chambre n'ayant ni portes ni fenêtres, le vent et même la pluie y pénétraient. Ajoutez à cela que le rez-de-chaussée de l'hôtellerie servant d'ambulance, j'avais au-dessous de moi un grand nombre de blessés, dont les gémissements aggravaient mes douleurs. L'odeur nauséabonde que répandait cet hôpital pénétrait jusqu'à moi; plus de deux cents cantiniers avaient établi leurs échoppes autour du quartier général; un camp était auprès de là; c'étaient donc des chants, des cris, des roulements de tambour continuels, et pour compléter cette musique infernale, la basse était faite par un très grand nombre de bouches à feu, tirant nuit et jour contre la ville!... Je ne pouvais dormir. Je passai quinze jours dans cette triste position; enfin, ma forte constitution prit le dessus, et je pus me lever.

Le climat de l'Aragon étant fort doux, j'en profitai pour faire de petites promenades, appuyé sur le bras du bon docteur Assalagny ou de l'ami de Viry; mais leurs devoirs les empêchaient de venir longtemps avec moi, et je m'ennuyais souvent. Mon domestique vint un jour m'annoncer qu'un vieux housard, baigné de larmes, demandait à me voir; vous devinez que c'était mon ancien mentor, le maréchal des logis Pertelay, dont le régiment venait d'arriver en Espagne, et qui, en apprenant que j'étais blessé, était accouru vers moi. Je revis ce brave homme avec plaisir et le reçus à merveille; aussi venait-il souvent me tenir compagnie et me distraire par ses interminables histoires et les conseils bizarres qu'il croyait encore pouvoir me donner. Ma convalescence fut courte, et vers le 15 mars je fus à peu près rétabli, quoique bien faible encore.

La mort faisait des ravages affreux parmi les habitants et la garnison de Saragosse, dont le typhus, la famine, le fer et le feu avaient fait périr près d'un grand tiers, sans que les autres pensassent à se rendre, et cependant les forts les plus importants avaient été pris, et la mine avait déjà détruit une partie très considérable de la ville. Les moines ayant persuadé à ces malheureux que les Français les égorgeraient, aucun n'osait sortir de la place, lorsque le hasard et la clémence du maréchal Lannes amenèrent la fin de ce siège mémorable.

Le 20 mars, les Français ayant pris d'assaut un couvent de religieuses, y trouvèrent non seulement les nonnes, mais plus de trois cents femmes de toutes conditions, qui s'étaient réfugiées dans l'église. Elles furent traitées avec beaucoup d'égards et conduites auprès du maréchal. Ces infortunées, s'étant trouvées cernées de toutes parts pendant plusieurs jours, n'avaient pu recevoir des vivres de la ville: elles mouraient de faim!... Le bon maréchal Lannes les conduisit lui-même au marché du camp, où, faisant appeler tous les cantiniers, il ordonna d'apporter à manger à ces femmes, en ajoutant qu'il se chargerait du payement. La générosité du maréchal ne se borna pas là; il les fit toutes reconduire à Saragosse. À leur rentrée dans la ville, la population, qui du haut des toits et des clochers les avait suivies des yeux, se précipita au-devant d'elles pour entendre le récit de leur aventure. Toutes firent l'éloge du maréchal et des soldats français; aussi, dès ce moment, l'exaltation de cette malheureuse population s'apaisa, et il fut convenu qu'on se rendrait. Le soir même, Saragosse capitula.

Le maréchal Lannes, craignant qu'avant de rendre les armes quelques fanatiques n'égorgeassent le prince Fuentès Pignatelli, mit pour première condition qu'on le lui rendrait vivant. Nous vîmes donc arriver ce malheureux, conduit par un geôlier à figure atroce qui, après l'avoir très durement maltraité pendant sa longue captivité, eut l'effronterie de l'escorter, les pistolets à la ceinture, jusque dans la chambre du maréchal, voulant avoir, disait-il, un reçu de la propre main du chef de l'armée française. Le maréchal le fit mettre à la porte; mais cet homme ne voulant pas s'en aller sans un reçu, Labédoyère, fort peu endurant, se mit en fureur, et lui fit descendre les escaliers à grands coups de pied dans le derrière. Quant au prince Pignatelli, il faisait vraiment peine à voir, tant il avait souffert pendant son emprisonnement! La fièvre le dévorait, et on n'avait pas un seul lit à lui offrir; car, ainsi que je l'ai déjà dit, le maréchal s'était logé dans une maison entièrement nue, mais qui avait l'avantage d'être placée auprès du point d'attaque, tandis que le général Junot, bien moins consciencieux, s'était établi à une grosse lieue de la ville, dans un riche couvent. Il y menait très bonne vie et offrit l'hospitalité au prince, qui l'accepta. Elle lui devint funeste, car Junot lui fit faire une telle *bombance* que son estomac, délabré par le régime de la prison, ne put supporter ce brusque changement, et le prince Pignatelli mourut au moment où son retour à la liberté le rendait si heureux! Il laissa plus de 900,000 francs de rente à un collatéral qui n'avait presque rien!

Lorsqu'une place capitule, il est d'usage que les officiers gardent leurs épées. Il en fut ainsi pour ceux de la garnison de Saragosse, excepté pour le gouverneur Palafox, à l'égard duquel le maréchal avait reçu des instructions particulières de l'Empereur: en voici les motifs. Le comte Palafox, colonel dans les gardes du corps et ami dévoué de Ferdinand VII, l'avait suivi à Bayonne. L'abdication de ce prince et celle de Charles IV ayant jeté dans la consternation les seigneurs espagnols que Napoléon avait réunis en assemblée nationale, presque tous reconnurent Joseph pour leur roi, parce que, se voyant en France au pouvoir de l'Empereur, ils craignaient d'être arrêtés. Il paraît que le comte Palafox, ayant eu les mêmes craintes, avait aussi reconnu le roi Joseph; mais, à peine rentré en Espagne, il s'empressa de protester contre la violence morale qu'il prétendait lui avoir été faite, et courut se mettre à la tête des insurgés de Saragosse.

L'Empereur considéra cette conduite comme une perfidie, et ordonna qu'après la prise de la ville, le comte Palafox serait traité, non en prisonnier de guerre, mais en prisonnier d'*État*, par conséquent désarmé et conduit au donjon de Vincennes. Le maréchal Lannes se vit donc obligé d'envoyer un officier pour arrêter le gouverneur de Saragosse et lui demander son épée. Ce fut à d'Albuquerque qu'il donna cette mission. Elle lui parut d'autant plus pénible que non seulement d'Albuquerque était Espagnol, mais parent, ancien compagnon, et ami de Palafox. Je n'ai jamais pu me rendre compte des motifs qui portèrent le maréchal à faire un tel choix pour une telle mission. D'Albuquerque, forcé d'obéir, entra plus mort que vif dans Saragosse. Il se présenta chez Palafox, qui, en lui remettant son épée, dit avec une noble fierté: «Si vos aïeux, les illustres d'Albuquerque, revenaient au monde, il n'en est pas un qui ne préférât se trouver à la place du prisonnier qui rend cette épée couverte de gloire, plutôt qu'à celle du renégat qui vient la prendre au nom des ennemis de l'Espagne, sa patrie!»

Le pauvre d'Albuquerque, terrifié et sur le point de tomber en défaillance, fut obligé de s'appuyer contre un meuble. La scène nous fut racontée par le capitaine Pasqual, qui, chargé par l'Empereur de recevoir Palafox après son arrestation, assistait à l'entrevue de ce général et de d'Albuquerque. Le comte Palafox fut conduit et demeura en France, depuis le mois de mars 1809 jusqu'en 1814.

Bizarrerie des choses humaines! Palafox ayant été proclamé gouverneur de Saragosse au moment de l'insurrection, la renommée et l'histoire lui ont attribué le mérite de l'héroïque défense de cette ville, et il y a cependant fort peu contribué, car il tomba gravement malade dès les premiers jours du siège, et remit le commandement au général Saint-Marc, Belge au service de l'Espagne; ce fut donc celui-ci qui soutint toutes nos attaques avec un courage et un talent remarquables. Mais, comme il était *étranger*, l'orgueil espagnol reporta toute la gloire de la défense sur Palafox, dont le nom passera à la postérité, tandis que celui du brave et modeste général Saint-Marc est resté ignoré, car aucune relation ne l'a mentionné.

Le jour qui suivit la capitulation, la garnison de Saragosse, après avoir défilé devant le maréchal Lannes, déposa les armes et fut dirigée sur la France comme prisonnière de guerre; mais, comme elle était encore au nombre de 40,000 hommes, les deux tiers s'évadèrent pour recommencer à tuer des Français, en se joignant à divers partisans qui nous faisaient une guerre acharnée. Cependant, une très grande partie des hommes sortis de Saragosse moururent du typhus, dont ils avaient emporté le germe. Quant à la ville, ses rues, presque entièrement détruites, étaient de vrais charniers remplis de morts et de mourants! La contagion s'étendit même sur les troupes françaises qui formèrent la nouvelle garnison.

CHAPITRE DIX

J'accompagne Lannes à Lectoure, Bordeaux et Paris, en faisant fonction de courrier.
—Épisode.—Départ pour Augsbourg.—Mouton à Landshut.

Saragosse pris, la mission du maréchal Lannes était accomplie; il se mit donc en route pour rejoindre l'Empereur à Paris et l'accompagner en Allemagne, où la guerre avec l'Autriche paraissait imminente. Nous parcourûmes avec nos chevaux le trajet qui sépare l'Aragon de la Bidassoa. Le célèbre partisan Mina ayant attaqué notre escorte dans les Pyrénées, auprès de Pampelune, le domestique du maréchal, qui courait habituellement devant sa voiture, fut tué. Arrivé à Saint-Jean de Luz, le maréchal trouva sa berline et y offrit une place à MM. de Saint-Mars, Le Couteulx et moi. Je fis vendre mes chevaux, et de Viry ramena mon domestique. L'un des valets de chambre du maréchal ayant inutilement tenté de faire l'office de courrier, et les postillons manquant, nous nous dévouâmes, Le Couteulx, Saint-Mars et moi, à fournir chacun trois relais. J'avouerai qu'il m'en coûta beaucoup de courir la poste à franc étrier, lorsque j'étais à peine guéri de mes deux blessures; mais je comptais sur ma jeunesse et ma forte constitution. Je commençai mon service par une nuit des plus noires et sous un orage des plus violents; en outre, n'étant précédé d'aucun postillon, comme l'est d'habitude le courrier porteur de dépêches, je me jetais dans les mauvais pas et poussais mon cheval dans les trous; la berline me talonnait; enfin, je ne connaissais pas l'emplacement des maisons de poste, difficiles à trouver dans une nuit aussi obscure et par un temps pareil. Pour comble de malheur, je dus attendre longtemps le bac sur les rives de l'Adour, en face de Peyrehorade; aussi je me refroidis; je grelottais et je souffrais beaucoup de ma blessure, quand je pris place dans la berline. Vous voyez par ces détails que tout n'est pas rose dans la vie d'aide de camp. Nous passâmes quarante-huit heures à Lectoure, où le maréchal possédait les bâtiments de l'ancien évêché, qu'il avait transformés en château des plus confortables.

Nous reprîmes ensuite la route de Paris en courant chacun à notre tour. Comme le maréchal voyageait jour et nuit et ne pouvait supporter l'odeur des mets, nous étions obligés de jeûner à peu près pendant six relais et de ne manger qu'en galopant. Je fus donc bien surpris, lorsqu'un soir le maréchal me pria de l'attendre au relais de Pétignac ou du Roulet, et d'annoncer qu'il s'y arrêterait une heure pour souper. Je fus surtout très étonné, en voyant que la maison indiquée n'était pas une hôtellerie. Mais, à l'annonce de l'arrivée du maréchal, les habitants font éclater la joie la plus vive, dressent la table, la couvrent de mets succulents et s'élancent en pleurant de joie au-devant de sa voiture. Le maréchal, les larmes aux yeux, embrasse tout le monde, y compris les plus petits marmots, et comble le maître de poste des marques de la plus tendre amitié. Après dîner, il ordonne à Saint-Mars de tirer de son portefeuille une superbe montre en or et une chaîne de même métal fermée d'un gros diamant, offre ces bijoux au maître et à la maîtresse de poste, donne 3 ou 400 francs aux servantes, et s'éloigne au milieu des plus tendres embrassements.

Je crus que cette famille était alliée au maréchal; mais, dès que nous fûmes en voiture, il nous dit: «Vous êtes sans doute étonnés des marques d'intérêt que je donne à ces braves gens; mais le mari m'a rendu un bien grand service, car il m'a sauvé la vie en Syrie!» Alors, le maréchal nous raconta qu'étant général de division, il dirigeait un nouvel assaut contre la tour de Saint-Jean d'Acre, quand il reçut une balle au travers du cou et tomba évanoui. Ses soldats, le croyant mort, se retirèrent en désordre devant des milliers de Turcs, qui les poursuivaient en décapitant ceux qu'ils pouvaient atteindre, et plaçaient leurs têtes sur la pointe des palissades! Un brave capitaine fait appel à ses soldats pour ramener le corps de leur général, l'enlève, et bientôt, épuisé, le traîne par une jambe jusqu'à la queue de la tranchée. Le sol était sablonneux; la tête du général ne reçut aucune meurtrissure, et les secousses l'ayant ranimé, il fut soigné par Larrey, qui le rendit entièrement à la vie. Le capitaine; ayant reçu une blessure grave, rentra dans ses foyers, obtint une petite pension et se maria avec une femme peu aisée; mais le maréchal devint une seconde providence pour cette famille; il acheta pour elle un relais de poste, des champs, des chevaux, une maison, et faisait élever à ses frais le fils aîné, en attendant que les autres fussent en âge de quitter leurs parents; aussi la reconnaissance de ces braves gens égalait-elle celle du maréchal pour son libérateur. Cet ancien capitaine perdit sans doute beaucoup à la mort du maréchal Lannes, qu'il vit ce jour-là pour la dernière fois.

Nous continuâmes notre route par un froid toujours croissant, qui rendit on ne peut plus pénible le trajet d'Orléans à Paris, où j'arrivai enfin le 2 avril, horriblement fatigué et très souffrant.

Je retrouvai ma mère avec un bonheur mêlé d'amertume, car elle venait d'apprendre que mon frère avait été fait prisonnier par les guérillas espagnoles, et j'allais partir pour une nouvelle campagne!

À peine arrivé à Paris, le maréchal me conduisit chez le ministre de la guerre pour savoir ce qu'il avait fait pour moi. Il ne manquait à mon brevet de chef d'escadron que la sanction impériale; mais comme Napoléon était alors très préoccupé des mouvements de l'armée autrichienne, il ne demanda pas au ministre le travail préparé et ne fit aucune promotion. Un mauvais génie me poursuivait!

La capitale était très agitée; les Anglais, nous voyant engagés en Espagne, crurent l'heure venue de soulever contre Napoléon tout le nord de l'Europe: ce projet était prématuré, car l'Empereur disposait encore en Allemagne d'une influence immense et de forces considérables. La Prusse n'osa bouger; les princes et rois de la Confédération germanique mirent leurs armées au service de Napoléon, auquel la Russie même envoya un corps de vingt-cinq mille hommes. Malgré cela, les Autrichiens, soldés par l'Angleterre, venaient de nous déclarer la guerre. Leurs armées s'avançaient sur la Bavière notre alliée, et l'Empereur se préparait à se rendre en Allemagne, où le maréchal Lannes devait le suivre. Toutes les calèches étant retenues par des centaines d'officiers généraux ou autres, j'étais fort embarrassé, car l'Empereur, ainsi que le maréchal, devaient quitter Paris le 13 avril, et j'avais reçu l'ordre de partir un jour avant eux. Il fallut donc me résigner à courir encore une fois la poste à franc étrier, par un très mauvais temps!... Heureusement, une semaine de repos avait calmé l'irritation de ma blessure au côté; celle du front était cicatrisée, et je pris la précaution de remplacer mon lourd colback par un chapeau. Mon domestique Woirland me suivit, mais, fort mauvais écuyer, il roulait fréquemment à terre et se bornait à me dire en se relevant: «Comme vous êtes dur au mal!... Oh! oui, vous êtes dur!...»

Je parcourus en quarante-huit heures les cent douze lieues qui séparent Paris de Strasbourg, malgré la pluie et la neige. Woirland n'en pouvait plus; il fallait changer notre manière d'aller. D'ailleurs, je savais qu'en Allemagne on ne courait pas la poste à franc étrier, et nous n'étions encore qu'à moitié chemin d'Augsbourg, notre lieu de réunion. Je pus enfin trouver une calèche, et par la forêt Noire, je gagnai Augsbourg, où je rejoignis plusieurs de mes camarades. L'Empereur, le maréchal, presque toutes les troupes étaient déjà en campagne. En courant la ville, je réussis à acheter un cheval; je troquai ma voiture contre une autre, et nous partîmes sur nos selles de voyage. Ainsi, en quelques semaines, nous avions vendu nos chevaux à vil prix, fait des déboursés considérables, et tout cela pour courir au-devant des balles et des boulets qui devaient ôter la vie à plusieurs d'entre nous!... Qu'on nomme amour de la gloire, ou bien folie, le sentiment qui nous excitait, il nous dominait impérieusement, et nous marchions sans regarder derrière nous!...

Nous joignîmes l'état-major impérial le 20 avril, pendant le combat d'Abensberg. Le maréchal Lannes, après nous avoir complimentés sur notre zèle, nous lança immédiatement au milieu des coups de fusil pour porter ses ordres. Les Autrichiens, commandés par le prince Charles, frère de l'Empereur, se retirèrent derrière le Danube, par Landshut, au delà de la rivière d'Isar, dont, selon leur habitude, ils négligèrent de détruire les ponts. Le lendemain, Napoléon fit attaquer Landshut par notre infanterie, qui traversa deux fois le pont sous une grêle de balles; mais arrivée à l'autre extrémité, elle fut arrêtée devant une immense porte, que l'arrière-garde ennemie défendait du haut des murs de la ville par une vive fusillade, et deux fois nos colonnes furent repoussées avec perte!... Cependant, l'Empereur qui tenait infiniment à prendre Landshut, afin d'y passer l'Isar avant que le prince Charles pût y préparer de plus grands moyens de résistance, venait d'ordonner une troisième attaque, et les troupes commandées à cet effet se préparaient à marcher, lorsque Napoléon, apercevant le général Mouton, son aide de camp, venant rendre compte d'une mission qu'il lui avait donnée le matin, lui dit: «Vous arrivez fort à propos!... Placez-vous à la tête de cette colonne et enlevez la ville de Landshut!»

Une aussi périlleuse mission, donnée à l'improviste, aurait pu étonner un homme moins intrépide que le général Mouton. Celui-ci n'en fut nullement ému; il abandonne son cheval, et mettant bravement l'épée à la main, il fait battre la charge, et s'élance le premier sur le pont à la tête des grenadiers!... Mais se trouvant arrêté par la porte de Landshut, il la fait enfoncer à coups de hache, passe au fil de l'épée tout ce qui résiste, s'empare de la ville, et revient tranquillement rendre compte à l'Empereur de la mission dont il avait été chargé le matin!... Chose bizarre! dans la conversation qu'ils eurent ensemble, il ne fut pas dit un seul mot relatif à la prise de Landshut, et jamais l'Empereur n'en parla au général Mouton... Mais, après la campagne, il fit porter chez lui un remarquable tableau d'Hersent, dans lequel ce général est représenté marchant à la tête de sa colonne à l'attaque de Landshut. Ce souvenir de Napoléon valait mieux que les plus grands éloges.

CHAPITRE ONZE

Remonte improvisée.—Épisodes de la bataille d'Eckmühl.—Combat de cavalerie devant Ratisbonne.—Déroute de l'ennemi.

L'armée française, traversant l'Isar, se dirigea sur Eckmühl qu'occupait le gros des forces de l'armée autrichienne. L'Empereur et le maréchal Lannes passèrent la nuit à Landshut. Une bataille paraissait imminente pour le lendemain. La ville et ses environs étaient remplis de troupes et sillonnés en tous sens par des officiers d'état-major, allant porter des ordres ou revenant d'en porter. Mes camarades et moi eûmes de très nombreuses courses à faire, et comme, par suite de notre rapide voyage d'Espagne en Allemagne, nous ne possédions que de très médiocres chevaux achetés au hasard, et que ces animaux se trouvaient très fatigués, nous prévoyions avec peine combien il nous serait difficile de faire un bon service dans la bataille du jour suivant.

Je rentrais vers dix heures du soir, venant de remplir une mission à trois ou quatre lieues de Landshut, lorsque le maréchal Lannes m'ordonna d'aller porter un ordre au général Gudin, dont la division se trouvait fort éloignée; je devais ensuite attendre près de ce général que le maréchal arrivât sur le champ de bataille. Mon embarras fut très grand alors, car le cheval que je venais de quitter était harassé; le maréchal n'avait pas de chevaux à me prêter, et il ne se trouvait pas à Landshut de cavalerie française à laquelle on pût ordonner de m'en fournir un. Je ne pouvais entrer chez l'Empereur pour dire au maréchal que j'étais à peu près démonté; cependant, sans un bon coursier, comment porter un ordre dont allait peut-être dépendre le salut de l'armée? Je me tirai de cet embarras par une assez mauvaise action, je l'avoue, mais que ma situation difficile rendait peut-être excusable. Vous en jugerez.

J'appelle Woirland, mon domestique, homme de sac et de corde, qui avait fait son apprentissage dans la légion noire d'Humbert, et n'était embarrassé *de rien*. Je lui fais part de mes perplexités et le charge de se procurer à tout prix un cheval...

enfin il m'en faut un!...—Vous allez l'avoir, me répondit-il, et tout de ce pas Woirland, sortant de la ville qu'entouraient divers corps de troupes de la Confédération germanique, entre dans le camp de la cavalerie wurtembergeoise. Tous les hommes dormaient, les factionnaires comme les autres. Woirland passe tranquillement l'inspection des chevaux, en voit un qui lui convient, le détache, et au risque de se faire assommer, si quelqu'un l'apercevait, il le conduit hors du camp, jette tout l'équipage à bas, rentre en ville, place ma selle sur le dos de l'animal, et vient me prévenir que *tout est prêt*! Les chevaux de troupes de la cavalerie wurtembergeoise portent pour marque un bois de cerf imprimé sur la cuisse gauche; il me fut donc très facile de reconnaître d'où provenait la nouvelle monture qu'amenait mon *Figaro*. Il ne s'en défendit pas!... Ce cheval venait d'être maraudé, ou, pour parler franchement, *volé*. Mais voyez combien une situation difficile élargit la conscience! Pour faire taire la mienne, je me dis: «Si je ne prends pas cet animal qui appartient au roi de Wurtemberg, il me devient impossible de porter au général Gudin les ordres qu'il doit exécuter au point du jour, ce qui peut compromettre le gain de la bataille et amener la chute de la couronne du roi de Wurtemberg; je lui rends donc un service *indirect* en me servant d'un cheval de son armée; d'ailleurs, puisque l'Empereur a donné un royaume à ce prince, celui-ci peut bien lui *prêter* un cheval que je rendrai après m'en être servi dans leur intérêt commun!» Je ne sais, mes chers enfants, si un casuiste approuverait ce raisonnement, mais, pressé par les circonstances, je m'élançai en selle et partis au galop!

Maître Woirland avait choisi en connaisseur; la bête était excellente. Une seule chose me contrariait, c'était que le maudit bois de cerf marqué sur la cuisse du cheval, indiquant sa provenance, m'exposait à le voir réclamer par quelque officier wurtembergeois. J'arrivai enfin au point du jour auprès du général Gudin, dont les troupes se mirent en marche. Je le suivis jusqu'à ce que l'Empereur et le maréchal Lannes nous eussent rejoints avec le gros de l'armée. La bataille s'engagea, la victoire ne fut point un moment douteuse: le maréchal Davout s'y distingua, ce qui lui valut plus tard le titre de prince d'Eckmühl.

Mon cheval faisait merveille; mais son dernier jour était arrivé!... Au plus fort de l'action, le maréchal Lannes ayant envoyé un de ses aides de camp les moins expérimentés porter au général Saint-Sulpice l'ordre de charger avec ses cuirassiers sur un corps de cavalerie ennemi, cet aide de camp s'expliqua si mal que le général prenait une tout autre direction que celle indiquée par le maréchal, lorsque celui-ci, s'en étant aperçu, m'ordonna d'aller me placer à la tête de la division Saint-Sulpice, et de la conduire à l'ennemi par la grande route qui forme la principale rue du village d'Eckmühl. Pendant que le maréchal Lannes m'expliquait ses intentions, en examinant une carte que le général Cervoni, lui et moi, tenions chacun d'un côté, un boulet la traversa et étendit le général Cervoni raide mort sur l'épaule du maréchal, qui fut couvert du sang de son ami, arrivé la veille de Corse, tout exprès pour faire cette campagne avec lui!... Le maréchal, pénétré de douleur, n'en continua pas moins à me donner des ordres avec clarté, et je courus vers le général Saint-Sulpice, auprès duquel je marchai à la tête des cuirassiers sur Eckmühl.

Un régiment de Croates occupait les maisons de ce village; mais, au lieu de tirer sur nous par les croisées où ils se trouvaient hors d'atteinte des sabres de notre cavalerie, ces hommes, quittant stupidement l'excellente position qu'ils occupaient, descendirent bravement dans la rue, où ils espéraient arrêter nos escadrons avec leurs baïonnettes, en se formant en colonne serrée. Les cuirassiers français ne leur en donnèrent pas le temps; ils arrivèrent si rapidement que les Croates, surpris en désordre, au moment où ils sortaient des maisons, furent enfoncés, sabrés, et jonchèrent bientôt la rue de leurs cadavres! Néanmoins, ils ne cédèrent pas sans se défendre vaillamment. Un de leurs bataillons surtout opposa une vigoureuse résistance, et mon cheval ayant reçu pendant la mêlée un coup de baïonnette dans le cœur, fit quelques pas et tomba mort contre une borne, de sorte qu'une de mes jambes restant prise sous le corps de ce pauvre animal, tandis que mon genou appuyait contre la borne, je ne pouvais faire le moindre mouvement! En pareil cas, malheur au cavalier démonté! car personne ne s'arrête pour le relever; d'ailleurs, on ne le pourrait pas. Aussi le premier régiment de nos cuirassiers, après avoir haché tous les Croates qui ne s'empressaient pas de jeter leurs armes, continua la charge et traversa le village, suivi de toute la division au galop.

Il est fort rare que des chevaux, à moins qu'ils ne soient très fatigués, posent les pieds sur les corps des hommes étendus par terre; aussi toute la division de cuirassiers passa-t-elle sur moi sans que je reçusse la moindre atteinte. Cependant, je ne pouvais me dégager, et ma situation était d'autant plus pénible que, ayant aperçu, avant la charge, un très gros corps de cavalerie ennemie placé au delà d'Eckmühl, je prévoyais que nos cuirassiers seraient repoussés et ramenés à travers ce village, et je craignais que les cavaliers autrichiens, voulant venger les Croates, ne me fissent un mauvais parti!... Pendant le moment de calme qui succéda dans la rue au tumulte du combat et du passage de la cavalerie de la division Saint-Sulpice, j'aperçus non loin de moi deux grenadiers ennemis, qui, ayant posé leurs fusils, relevaient leurs camarades blessés. Je leur fais signe de venir à moi et de m'aider à dégager ma jambe; ils obéissent, soit par bonté, soit par crainte que je ne les fasse tuer, quoique je n'eusse en ce moment aucun Français à mes ordres. Les deux Croates, sachant nos cuirassiers en ayant, se considéraient comme prisonniers; d'ailleurs, cette espèce de soldats réfléchit peu. Ils vinrent, et j'avoue qu'en voyant l'un d'eux tirer de sa poche un grand couteau pour couper la courroie de l'étrier qui retenait mon pied sous le cheval, je craignis qu'il ne lui prît la fantaisie de m'en plonger la lame dans le ventre, ce qu'il eût pu faire sans danger. Mais il fut loyal, et avec l'aide de son camarade il parvint à me remettre sur pied. Je leur fis prendre mon équipage et je sortis d'Eckmühl pour rejoindre notre infanterie restée en dehors.

Les deux Croates me suivirent très docilement, et bien leur en prit; car à peine étions-nous hors du village, qu'un bruit affreux s'éleva derrière nous. Il était produit par le retour de nos escadrons, qui, selon mon attente, étaient ramenés par les forces supérieures des ennemis, et ceux-ci, à leur tour, sabraient tout ce qui restait en arrière. Nos cuirassiers, furieux de se voir repoussés, cherchaient, en passant au galop auprès de moi, à pointer les Croates qui portaient ma selle. Ces deux soldats m'avaient secouru; je m'opposai donc à ce qu'on les tuât et leur lis signe de se coucher dans un fossé, où les sabres ne pouvaient les atteindre. Je m'y serais placé moi-même, si je n'eusse vu en tête du corps autrichien des uhlans dont les lances auraient pu me percer. Heureusement pour nous, la division Saint-Sulpice n'avait que trois ou quatre cents pas à faire pour être secourue; car, en la voyant revenir, l'Empereur lança deux divisions de cavalerie qui accouraient rapidement au-devant de nous. Mais si courte que fût la distance que j'avais à parcourir pour ne pas tomber sous les lances autrichiennes, elle était immense pour un homme à pied!... Deux cuirassiers me placèrent alors entre eux, et me tendant chacun une main, ils m'enlevèrent si bien que, faisant de très grandes enjambées, je pus suivre pendant deux, minutes le galop de leurs chevaux. C'était tout ce qu'il fallait; car le secours envoyé par l'Empereur arrivant promptement, les ennemis cessèrent leur poursuite, et furent même rejetés au delà d'Eckmühl, dont nos troupes rentrèrent en possession.

Il était temps que ma course extragymnastique eût un terme, car j'étais hors d'haleine et n'aurais pu la continuer. J'eus lieu de reconnaître en cette occasion combien les fortes et grosses bottes, telles qu'en portaient alors nos cuirassiers, sont défavorables à la guerre. Un jeune officier de l'escadron qui me sauva, ayant eu son cheval tué, deux de ses cuirassiers lui tendaient les mains pour l'aider à courir ainsi que je le faisais; mais, bien qu'il fût grand, mince, et infiniment plus leste que moi, sa lourde et raide chaussure l'empêchant de remuer assez vivement les jambes, il ne put suivre le galop des chevaux; fut contraint d'abandonner les mains secourables qui lui étaient tendues, et lorsque nous revînmes sur le terrain parcouru si rapidement, nous trouvâmes le lieutenant tué d'un coup de lance; on voyait qu'il avait cherché à se débarrasser de ses grandes bottes, dont l'une était à demi tirée. Mes petites bottes à la housarde ne m'avaient nullement gêné, parce qu'elles étaient légères et flexibles.

Dans l'espoir de ravoir ma selle et ma bride, je retournai vers le fossé où j'avais caché les deux Croates; je les aperçus tranquillement couchés. Plusieurs charges avaient eu lieu au-dessus de leur gîte, sans qu'ils eussent reçu la moindre égratignure. Je leur donnai une récompense et les fis marcher devant moi jusqu'au mamelon qu'occupaient l'Empereur et le maréchal Lannes, bien certain que celui-ci, ne voulant pas se priver de mes services pendant le reste de la bataille, me ferait prêter un cheval par un des régiments français qui se trouvaient auprès de lui. En effet, il en donna l'ordre; mais comme il n'y avait en ce moment que des cuirassiers dans notre voisinage, on m'amena un animal énorme, lourd et incapable de porter rapidement un aide de camp d'un point à un autre. Le maréchal en ayant fait l'observation, un colonel des chevau-légers wurtembergeois qui se trouvait derrière l'Empereur s'empressa de faire sa cour en prescrivant à son ordonnance de mettre pied à terre, et me voilà de nouveau sur un excellent cheval marqué du bois de cerf!… L'obligeance de ce bon colonel renouvelait un peu mes remords pour la mauvaise action que j'avais commise le matin, mais je les faisais taire en répétant mon raisonnement un peu *jésuitique*. Le plaisant de l'affaire, c'est qu'en portant un ordre à la réserve, je rencontrai mon domestique Woirland, qui, s'étant approché de moi pour me donner des vivres dont ses sacoches étaient toujours amplement garnies, s'écria: «Mais ce cheval est donc le diable! Ce matin il était gris, à présent il est noir!…»

La bataille d'Eckmühl avait commencé et se continua toute la journée sur un terrain accidenté, couvert de monticules et de bouquets de bois; mais à mesure qu'on avance dans la direction du Danube, le pays se découvre, s'aplatit, et l'on entre enfin dans une immense plaine qui s'étend jusqu'à Ratisbonne. Les Autrichiens ont une des meilleures cavaleries de l'Europe; mais, sous prétexte qu'il faut la réserver pour couvrir la retraite, dans le cas où ils seraient battus, ils ne l'emploient pas, ou du moins très peu, pendant le combat, ce qui amène leur défaite et nécessite une retraite qu'ils auraient pu éviter; mais alors leur cavalerie couvre admirablement bien leurs mouvements rétrogrades. C'est ce qui eut lieu à Eckmühl; car, dès que le prince Charles vit la bataille perdue pour lui, et son infanterie, repoussée du pays montueux, exposée à faire une retraite difficile en plaine devant les nombreux escadrons français, il fit prendre l'offensive à toute sa cavalerie, qui se présenta bravement pour nous arrêter, pendant que les fantassins, l'artillerie et les bagages autrichiens se retiraient sur Ratisbonne. L'Empereur, de son côté, fit avancer nos housards et chasseurs, soutenus par les fortes divisions de Saint-Sulpice et Nansouty, auxquelles les ennemis opposèrent deux divisions de même arme. Les cavaliers légers des divers partis se jetèrent promptement sur les flancs, pour éviter d'être écrasés par ces formidables masses couvertes de fer qui, s'avançant rapidement l'une sur l'autre, se choquèrent, se pénétrèrent et ne formèrent plus qu'une immense mêlée!

Ce combat, à la fois terrible et majestueux, n'était éclairé que par un faible crépuscule et la clarté de la lune naissante. Les cris des combattants étaient couverts par les sons que rendaient plusieurs milliers de casques et de cuirasses, frappés à coups redoublés par des sabres pesants, qui en faisaient jaillir de nombreuses étincelles!... Autrichiens et Français, chacun voulait rester maître du champ de bataille. Des deux côtés, même courage, même ténacité, forces pareilles, mais non pas égales armes défensives; car les Autrichiens n'étant cuirassés que par devant, leur dos ne se trouve nullement garanti dans une mêlée. Ils recevaient dans le dos de grands coups de pointe portés par les cavaliers français qui, ayant deux cuirasses, et ne craignant pas d'être blessés par derrière, ne s'occupaient qu'à frapper, tuaient un grand nombre d'ennemis et n'éprouvaient que de légères pertes. Ce combat inégal dura quelques minutes: enfin, les Autrichiens, dont le nombre de blessés et de morts était immense, furent contraints, malgré leur bravoure, de céder le terrain. Dès qu'ils eurent fait volte-face, ils comprirent encore mieux combien il est défavorable de ne pas être cuirassé par derrière comme par devant, car le combat ne fut plus qu'une *boucherie!*... Nos cuirassiers poursuivaient les ennemis en leur enfonçant leurs sabres dans les reins, et, sur l'espace d'une demi-lieue, le terrain fut jonché de cuirassiers autrichiens morts ou blessés. Il n'en serait échappé que fort peu, si les nôtres ne se fussent arrêtés pour charger plusieurs bataillons de grenadiers hongrois, qu'ils enfoncèrent et prirent presque en entier.

Ce combat décida sans appel une question débattue depuis longtemps, celle de la nécessité des cuirasses *doubles*; car le nombre des blessés se trouva de *huit* Autrichiens pour un Français, et celui des morts de *treize* ennemis pour un Français!

Après cette terrible charge, les ennemis, n'ayant plus aucun moyen de résistance, s'éloignèrent dans le plus grand désordre, vivement poursuivis sur la chaussée, où les fuyards couraient pêle-mêle avec les vainqueurs. Le maréchal Lannes proposa à l'Empereur de profiter de la déroute des Autrichiens pour détruire complètement leur armée, en l'acculant au Danube, et en entrant avec elle dans Ratisbonne au milieu de la confusion; mais les autres maréchaux ayant fait observer que nous étions encore à trois lieues de cette place, que notre infanterie était harassée, enfin qu'il y aurait danger à s'exposer aux hasards d'un combat de nuit contre des ennemis qui venaient de faire preuve de tant de résolution, l'Empereur ordonna de faire cesser la poursuite, et l'armée bivouaqua dans la plaine. Les Autrichiens avouèrent avoir perdu cinq mille tués et quinze mille prisonniers, douze drapeaux et seize pièces de canon; ils ne nous prirent que quelques hommes et nous en tuèrent quinze cents. Les ennemis se retirèrent dans un tel désordre que, dans la nuit, un de leurs régiments de cavalerie errait autour de nos camps sans trouver aucune issue pour faire retraite, lorsque le colonel Guéhéneuc, allant porter un ordre, tomba dans ce corps, dont le chef, après s'être emparé de la personne de M. Guéhéneuc, lui dit: «Vous étiez mon prisonnier, à présent je suis le vôtre!...» En effet, nous vîmes arriver Guéhéneuc avec le régiment autrichien qui s'était rendu à lui. Cet épisode amusa beaucoup l'Empereur.

Vous concevez qu'après un tel succès remporté par l'armée française, les chevaux de prise étaient nombreux dans le camp; j'en achetai trois excellents pour quelques louis, et me trouvant ainsi parfaitement monté pour le reste de la campagne, j'abandonnai les deux rosses provenant de mes acquisitions antérieures et renvoyai aux Wurtembergeois le cheval qu'on m'avait prêté.

CHAPITRE DOUZE

L'Empereur est blessé devant Ratisbonne.—Je monte le premier à l'assaut avec Labédoyère, et nous pénétrons dans la ville.

Le prince Charles avait profité de la nuit pour gagner Ratisbonne, dont le pont lui servit à faire passer sur la rive gauche du Danube ses bagages, ainsi que la meilleure partie de ses troupes. Ce fut alors qu'on reconnut combien avait été grande la prévoyance de l'Empereur, lorsque, dès l'ouverture de la campagne, il avait ordonné au maréchal Davout, venant de Hambourg et de Hanovre, pour se réunir à la grande armée sur la rive droite du Danube vers Augsbourg, de s'assurer la possession de Ratisbonne et de son pont en y laissant un régiment. Davout avait établi dans cette ville le 65e de ligne, commandé par le colonel Coutard, son parent, auquel il voulait donner l'occasion de se distinguer par une belle défense; mais Coutard ne put tenir et, après quelques heures de combat, rendit aux Autrichiens la place de Ratisbonne, dont le pont assura leur retraite après notre victoire d'Eckmühl; autrement ils étaient forcés de mettre bas les armes. Le colonel Coutard ayant stipulé que lui et les officiers du 65e de ligne seraient seuls renvoyés en France, l'Empereur décréta qu'à l'avenir les officiers d'un corps réduit à capituler suivraient le sort de leurs soldats, ce qui devait porter les chefs à faire une plus vive résistance.

Cependant, l'Empereur ne pouvait se porter sur Vienne sans avoir repris Ratisbonne; autrement, dès qu'il s'en serait éloigné, le prince Charles, traversant le Danube sur le pont de cette ville, eût ramené son armée sur la rive droite et attaqué la nôtre *par derrière*. Il fallait donc à tout prix se rendre maître de la place.

Le maréchal Lannes fut chargé de cette mission difficile. Les ennemis avaient six mille hommes dans Ratisbonne et pouvaient, au moyen du pont, en augmenter le nombre à volonté. Ils placèrent beaucoup d'artillerie sur les remparts, tandis que les fantassins garnissaient les parapets. Les fortifications de Ratisbonne étaient fort anciennes, mauvaises, les fossés à sec et cultivés en légumes; cependant, bien que ces moyens de défense fussent insuffisants pour résister à un siège en règle, la ville était en état de repousser un coup de main, d'autant plus aisément que la garnison communiquait avec une armée de plus de quatre-vingt mille hommes, et que, pour pénétrer dans la place, il fallait descendre avec des échelles dans un fossé profond, le passer sous le feu des ennemis, escalader enfin le rempart, dont les angles flanqués de canons se commandaient réciproquement.

L'Empereur, ayant mis pied à terre, alla se poster sur un monticule situé à une petite portée de canon de la ville. Ayant remarqué près de la porte dite de Straubing une maison qu'on avait eu l'imprudence d'adosser au mur du rempart, il fit avancer les pièces de douze, ainsi que les obusiers de réserve, et ordonna de diriger tous les feux sur cette maison; en s'éboulant dans le fossé, elle devait le combler en partie et former au pied de la muraille une rampe par laquelle nos troupes pourraient monter à l'assaut.

Pendant que notre artillerie exécutait cet ordre, le maréchal Lannes fit approcher la division Morand auprès de la promenade qui contourne la ville, et pour mettre ses troupes à l'abri du feu de l'ennemi jusqu'au moment de l'attaque, il les plaça derrière une immense grange en pierre, qu'un hasard des plus heureux semblait avoir établie en ce lieu pour favoriser notre entreprise. Des chariots remplis d'échelles prises dans les villages voisins furent conduits sur ce point, où l'on était parfaitement garanti contre les projectiles que les Autrichiens lançaient à profusion.

En attendant que tout fût prêt pour l'assaut, le maréchal Lannes, s'étant rendu auprès de l'Empereur pour recevoir ses derniers ordres, causait avec lui, lorsqu'une balle ennemie, lancée probablement du haut des remparts par l'une de ces carabines à très longue portée dont se servent les Tyroliens, vint frapper Napoléon à la cheville du pied droit!... La douleur fut d'abord si vive que l'Empereur, ne pouvant plus se tenir debout, fut obligé de s'appuyer sur le maréchal Lannes. Le docteur Larrey accourut et reconnut que la blessure était fort légère. Si elle eût été assez grave pour nécessiter l'opération, on eût certainement considéré cet événement comme un très grand malheur pour la France; cependant, il lui eût peut-être évité bien des calamités!...

Cependant, le bruit se répand dans l'armée que l'Empereur vient d'être blessé; officiers et soldats accourent de toutes parts; en un instant, des milliers d'hommes entourent Napoléon, malgré les canons ennemis qui réunissent leurs feux sur cet immense groupe. L'Empereur voulut soustraire ses troupes à ce danger inutile, et tranquilliser l'inquiétude des corps éloignés qui s'ébranlaient déjà pour venir à lui; à peine pansé, il monte à cheval et parcourt le front de toutes les lignes, au milieu des acclamations de ces braves guerriers, qu'il avait si souvent conduits à la victoire!

Ce fut dans cette revue improvisée et passée en présence de l'ennemi, que Napoléon accorda pour la première fois des *dotations* à de simples soldats, en les nommant *chevaliers* de l'Empire, en même temps que membres de la Légion d'honneur. Les présentations étaient faites par les chefs de corps; mais l'Empereur permettait cependant que les militaires qui se croyaient des droits incontestables vinssent les faire valoir devant lui; puis il décidait et jugeait seul. Or, il advint qu'un vieux grenadier, qui avait fait les campagnes d'Italie et d'Egypte, ne s'entendant pas appeler, vint d'un ton flegmatique demander la croix: «Mais, lui dit Napoléon, qu'as-tu fait pour mériter cette récompense?—C'est moi, Sire, qui dans le désert de Jaffa, par une chaleur affreuse, vous présentai un melon d'eau.—Je t'en remercie de nouveau, mais le don de ce fruit ne vaut pas la croix de la Légion d'honneur.» Alors le grenadier, jusque-là froid comme glace, s'exaltant jusqu'au paroxysme, s'écrie avec la plus grande volubilité: «Eh! comptez-vous donc pour rien sept blessures reçues au pont d'Arcole, à Lodi, à Castiglione, aux Pyramides, à Saint-Jean d'Acre, à Austerlitz, à Friedland... onze campagnes en Italie, en Egypte, en Autriche, en Prusse, en Pologne, en...» Mais l'Empereur l'interrompant, et contrefaisant en riant la vivacité de son langage, s'écria: «Ta, ta, ta, comme tu t'emportes, lorsque tu arrives aux points essentiels! car c'est par là que tu aurais dû commencer, cela vaut bien mieux que ton melon!... Je te fais chevalier de l'Empire avec 1,200 francs de dotation... Es-tu content?—Mais, Sire, je préfère la croix!...—Tu as l'un et l'autre, puisque je te fais chevalier.—Moi, j'aimerais mieux la croix!...» Le brave grenadier ne sortait pas de là, et l'on eut toutes sortes de peines à lui faire comprendre que le titre de chevalier de l'Empire entraînait avec lui celui de chevalier de la Légion d'honneur. Il ne fut tranquillisé à ce sujet que lorsque l'Empereur lui eut attaché la décoration sur la poitrine, et il parut infiniment plus sensible à cela qu'au don de 1,200 francs de rente. Par cette familiarité, l'Empereur se faisait adorer du soldat; mais ce moyen ne peut être convenablement employé que par un chef d'armée illustré par de nombreuses victoires; il nuirait à tout autre général et le déconsidérerait.

Le maréchal Lannes ayant été prévenu que tout était prêt pour l'attaque, nous retournâmes vers Ratisbonne, pendant que l'Empereur remontait sur le monticule d'où il pouvait être témoin de l'assaut. Les divers corps d'armée rangés autour de lui attendaient en silence ce qui allait se passer...

Notre artillerie ayant complètement abattu la maison du rempart, ses débris tombés dans le fossé formaient un talus assez praticable, mais dont le sommet était encore de huit à dix pieds moins élevé que le mur du côté de la ville: il fallait donc placer des échelles sur ces décombres pour gagner le haut du rempart. Elles étaient aussi nécessaires pour descendre de la promenade dans le fossé, car il n'existait aucune rampe de ce côté. En arrivant à la grange derrière laquelle la division Morand, commandée pour l'attaque, était abritée du feu de la place, le maréchal Lannes ayant demandé cinquante hommes de bonne volonté pour marcher à la tête de la colonne et planter les échelles, afin de monter les premiers à l'assaut, il s'en présenta un nombre infiniment supérieur, qu'il fallut réduire à celui prescrit par le maréchal. Ces braves, conduits par des officiers choisis, partent avec une ardeur admirable; mais à peine ont-ils dépassé les murs de la grange qui les abritait, qu'assaillis par une grêle de balles, ils furent presque tous couchés par terre!... Quelques-uns seulement parvinrent à descendre de la promenade dans le fossé, mais le canon les mit bientôt hors de combat, et les débris de cette première colonne vinrent, tout sanglants, rejoindre la division derrière la grange protectrice...

Cependant, à la voix du maréchal Lannes et du général Morand, cinquante nouveaux volontaires se présentent, prennent des échelles et marchent vers les fossés; mais dès que, arrivés sur la promenade, ils sont aperçus par l'ennemi, un feu plus terrible encore que le premier détruit presque entièrement cette seconde colonne!... Ces deux échecs consécutifs ayant refroidi l'ardeur des troupes, personne ne bougea plus lorsque, pour la troisième fois, le maréchal demanda des hommes de *bonne volonté!* Il aurait pu commander à une ou plusieurs compagnies de marcher, et certainement elles eussent obéi; mais il savait par expérience l'énorme différence qui existe entre ce que le soldat fait par obéissance et ce qu'il fait par élan. Pour braver cet immense péril, des *volontaires* étaient infiniment préférables à une troupe commandée. Mais vainement le maréchal renouvelle son appel aux plus *braves* de la *brave* division Morand; vainement il leur fait observer que l'Empereur et toute la grande armée les contemplent; on ne lui répond que par un morne silence, tant chacun avait la conviction que dépasser les murs de la grange; sous les feux de l'ennemi, c'était courir à une mort *certaine!*... Alors l'intrépide Lannes s'écrie: «Eh bien! je vais vous faire voir qu'avant d'être maréchal j'ai été grenadier et le suis encore!...» Il saisit une échelle, l'enlève, et veut la porter vers la brèche... Ses aides de camp cherchent à l'en empêcher, mais il résiste et s'indigne contre nous!... Je me permis alors de lui dire: «Monsieur le maréchal, vous ne voudriez pas que nous fussions déshonorés, et nous le serions si vous receviez la plus légère blessure en portant une échelle contre le rempart, avant que tous vos aides de camp aient été tués!...» Alors, malgré ses efforts, je lui arrachai le bout de l'échelle qu'il tenait et le plaçai sur mon épaule, pendant que de Viry prenait l'autre extrémité et que nos camarades, se réunissant par couples, prenaient aussi des échelles.

À la vue d'un maréchal de l'Empire disputant avec ses aides de camp à qui monterait le premier à l'assaut, un cri d'enthousiasme s'éleva dans toute la division! Officiers et soldats voulurent marcher en tête, et réclamant cet honneur, ils nous poussaient, mes camarades et moi, en cherchant à s'emparer des échelles; mais en les cédant, nous aurions eu l'air d'avoir joué une comédie pour exciter l'élan des troupes: *le vin était tiré, il fallait le boire*, quelque amer qu'il pût être!... Le maréchal le comprit, et nous laissa faire, bien qu'il s'attendît à voir exterminer une grande partie de son état-major qui devait marcher en tête de cette périlleuse attaque!...

Je vous ai déjà dit que mes camarades, quoique tous fort braves, manquaient d'expérience et principalement de ce qu'on nomme le *tact militaire*. Je m'emparai donc sans façon du commandement de la petite colonne: la gravité des circonstances m'y autorisait, et il ne me fut refusé par personne. J'organisai derrière la grange le détachement qui devait nous suivre. J'avais attribué la destruction des deux premières colonnes à l'imprudence avec laquelle ceux qui la conduisaient avaient aggloméré les soldats dont elles se composaient, circonstance qui présentait un double inconvénient: d'abord, elle facilitait le tir des ennemis, toujours infiniment plus meurtrier sur une masse que sur des hommes isolés; en second lieu, nos grenadiers chargés d'échelles n'ayant formé qu'un seul groupe, et s'étant embarrassés les uns les autres, leur marche n'avait pu être assez rapide pour les soustraire promptement au feu des Autrichiens. En conséquence, je décidai que de Viry et moi, qui portions la première échelle, partirions d'abord seuls en courant; que la seconde échelle nous suivrait à vingt pas de distance, et ainsi de suite pour les autres; qu'arrivés sur la promenade, les échelles seraient placées à cinq pieds l'une de l'autre, afin d'éviter la confusion; que, descendus dans le fossé, on laisserait les échelles numéros *pairs* dressées contre le mur de la promenade, pour que les troupes pussent nous suivre sans retard; que les échelles numéros *impairs* seraient enlevées et portées rapidement sur la brèche, où nous les poserions seulement à un pied de distance entre elles, tant à cause du peu de largeur du passage que pour aborder avec plus d'ensemble le haut du rempart et repousser les assiégés qui voudraient nous précipiter en bas. Ces explications bien données et bien comprises, le maréchal Lannes, qui les approuvait, s'écria: «Partez, mes braves enfants, et Ratisbonne est enlevé!...»

À ce signal, de Viry et moi nous élançons, traversons la promenade en courant, et plongeons notre échelle dans le fossé, où nous descendons. Nos camarades et cinquante grenadiers nous suivent... En vain le canon de la place tonne, la fusillade roule, les biscaïens et les balles frappent les arbres et les murs; comme il est fort difficile d'ajuster des individus isolés, allant très rapidement, et espacés de vingt en vingt pas, nous arrivâmes dans le fossé sans qu'aucun des hommes de la petite colonne fût blessé!... Les échelles désignées d'avance étant enlevées, nous les portons au sommet des décombres de la maison abattue, et les appuyant contre le parapet, nous nous élançons vers le rempart!...

Je montais entête d'une des premières échelles; Labédoyère, qui gravissait celle à côté de moi, sentant que la base en était mal assujettie sur les décombres, me prie de lui donner la main pour le soutenir, et nous parvenons enfin tous les deux sur le haut du rempart, à la vue de l'Empereur et de toute l'armée, qui nous salue d'une immense acclamation!... Ce fut un des plus beaux jours de ma vie!... MM. de Viry et d'Albuquerque nous joignirent en un instant, ainsi que les autres aides de camp et les cinquante grenadiers; enfin, un régiment de la division Morand se dirigeait vers le fossé au pas de course.

Les chances de la guerre sont parfois bien bizarres!... Les deux premières colonnes françaises avaient été détruites avant d'arriver au pied de la brèche, tandis que la troisième n'éprouva aucune perte; mon ami de Viry seul fut atteint par une balle qui enleva un bouton de sa pelisse. Cependant, si les ennemis placés sur le parapet eussent conservé assez de présence d'esprit pour fondre la baïonnette en avant sur Labédoyère et sur moi, il est plus que probable qu'ils nous eussent accablés par leur nombre et tués ou rejetés dans le fossé; mais les Autrichiens perdent très facilement la tête: notre audace et la vivacité de l'attaque les étonnèrent tellement, qu'en nous voyant courir sur la brèche, ils ralentirent d'abord leur feu et cessèrent bientôt de tirer. Non seulement pas une de leurs compagnies ne marcha contre nous, mais toutes s'éloignèrent dans la direction opposée au point que nous venions d'enlever!...

Vous savez que l'attaque avait lieu près de la porte de Straubing. Le maréchal Lannes m'avait ordonné de la faire ouvrir ou enfoncer, afin qu'il pût pénétrer dans la ville avec la division Morand; aussi, dès que je vis sur le rempart mes cinquante grenadiers qu'allait bientôt joindre le régiment envoyé pour nous soutenir, et dont la tête arrivait déjà dans le fossé où de plus nombreuses échelles assuraient le passage, je descendis dans la ville sans plus attendre. Les moments étaient précieux. Nous marchons donc résolument vers la porte de Straubing, située à cent pas de la brèche, et là, mon étonnement est grand, en voyant un bataillon autrichien massé sous l'immense voûte qui précède cette porte vers laquelle tous les hommes faisaient face pour être plus à même de la défendre si les Français l'enfonçaient. Uniquement préoccupé de la mission qu'on lui avait confiée, le chef de bataillon ennemi, ne tenant pas compte du bruit qu'on entendait sur le rempart voisin, n'avait pas même placé un factionnaire en dehors de la voûte, pour le prévenir de ce qui se passait, tant il se croyait certain que les Français échoueraient dans leurs attaques; aussi fut-il stupéfait en nous voyant arriver *par derrière!*... Il était placé à la queue de sa troupe, de sorte que, ayant fait demi-tour en nous voyant approcher, il se trouva face à face avec la petite colonne française, dont il lui était impossible de juger la force, car je l'avais formée en deux pelotons qui, s'appuyant aux côtés de la voûte, la barraient complètement!... Aux cris de surprise que fit le commandant ennemi, tout son bataillon se retourna, et les dernières sections, devenues les premières, nous couchèrent en joue!... Nos grenadiers les ajustèrent aussi, et comme on n'était qu'à un pas les uns des autres, jugez quel horrible massacre eût suivi le premier coup de fusil tiré!... La situation des deux partis était très périlleuse; cependant, le grand nombre des Autrichiens leur donnait un immense avantage, car si le feu s'engageait à brûle-pourpoint, notre petite colonne était détruite, ainsi que la compagnie des ennemis que nous tenions au bout de nos fusils; mais le surplus de leur bataillon était dégagé. Nous fumes donc très heureux que nos adversaires ne pussent connaître notre petit nombre, et je m'empressai de dire au chef de bataillon que, la ville étant prise d'assaut et occupée par nos troupes, il ne lui restait plus qu'à mettre bas les armes, sous peine d'être passé au fil de l'épée!

Le ton d'assurance avec lequel je parlais intimida d'autant plus facilement cet officier qu'il entendait le tumulte produit par l'arrivée successive des soldats du régiment français qui, nous ayant suivis par la brèche, accouraient se former devant la voûte. Le commandant ennemi harangua son bataillon, et après lui avoir expliqué la situation dans laquelle il se trouvait, il ordonna de déposer les armes. Les compagnies placées au bout de nos fusils obéirent, mais celles qui, réunies près de la porte, à l'autre extrémité de la voûte, étaient à l'abri de nos coups, se mirent à vociférer, refusèrent de se rendre et poussèrent la masse du bataillon qui faillit nous renverser. Cependant les officiers parvinrent à calmer leur troupe, et tout paraissait s'arranger, lorsque le fougueux Labédoyère, impatienté de cette lenteur, fut sur le point de tout perdre par un accès de colère; car saisissant le commandant autrichien à la gorge, il allait lui plonger son sabre dans le corps, si mes camarades et moi n'eussions détourné le coup. Les soldats ennemis reprirent alors leurs armes, et une sanglante mêlée allait s'engager, lorsque la porte de la ville retentit extérieurement sous les violents coups de hache que lui portaient les sapeurs de la division Morand, conduite par le maréchal Lannes en personne. Les soldats ennemis, comprenant alors qu'ils allaient se trouver entre deux feux, se rendirent, et nous les fîmes sortir sans armes de la voûte, en les dirigeant vers la ville, afin de dégager la porte, que nous ouvrîmes au maréchal, dont les troupes se précipitèrent comme un torrent dans la place.

Le maréchal, après nous avoir complimentés, ordonna de marcher vers le pont du Danube pour couper toute retraite aux régiments ennemis qui se trouvaient dans Ratisbonne, et empêcher le prince Charles de leur envoyer des renforts. Mais à peine fûmes-nous entrés dans la grande rue, qu'un nouveau danger vint nous menacer: nos obus avaient incendié plusieurs maisons, et le feu allait se communiquer à une trentaine de voitures que les ennemis avaient abandonnées après en avoir emmené les chevaux. L'incendie de ces chariots eut certainement embarrassé le passage de nos troupes; mais, en se glissant le long des murs, on espérait éviter cet obstacle, lorsque tout à coup le chef de bataillon ennemi, que je présentai au maréchal, s'écrie avec l'accent du plus profond désespoir: «Vainqueurs et vaincus, nous sommes tous perdus; ces chariots sont remplis de poudre!» Le maréchal pâlit, ainsi que nous tous; mais reprenant bientôt son calme, en présence de la mort que nous avions sous les yeux, le maréchal fait ouvrir les rangs de la colonne française, poser les fusils contre les maisons, et ordonne aux soldats de pousser à bras ces voitures, en se les passant de mains en mains, jusqu'à ce qu'elles aient traversé la voûte et soient hors de la ville. Le maréchal donnant l'exemple, officiers, généraux et soldats, chacun se mit à l'œuvre. Les prisonniers autrichiens firent comme les Français, car il y allait aussi pour eux de la vie!... Une grande quantité de charbons ardents tombait déjà sur les fourgons, et si l'un d'eux se fût enflammé, nous aurions tous été broyés et la ville entièrement détruite!... Mais on travailla avec tant d'ardeur, qu'en peu de minutes toutes les voitures de poudre furent poussées hors de la place, d'où on les fit traîner par des prisonniers jusqu'au grand parc de notre artillerie.

CHAPITRE TREIZE

Une Française nous dirige vers le pont du Danube.—Récits erronés au sujet du siège de Ratisbonne.—Masséna à Ébersberg.—Incertitudes de Napoléon.—Arrivée à Mölk.

Le terrible danger que nous venions de courir s'étant dissipé par l'éloignement des caissons, le maréchal fit avancer la division d'infanterie jusqu'au centre de la ville. Arrivé sur ce point, et voulant assurer contre des retours offensifs les quartiers qu'il avait déjà pris, il fit, à l'exemple des Espagnols, occuper toutes les croisées des principales rues. Ces sages dispositions prises, le maréchal prescrivit de continuer à diriger la colonne vers le pont, m'ordonna de me placer en tête pour la conduire. J'obéis, quoique la chose me parût fort difficile, car c'était la première fois que je me trouvais dans Ratisbonne, dont je ne connaissais par conséquent aucune rue.

Cette ville appartenant au roi de Bavière, notre allié, les habitants dévoués à notre cause auraient dû nous indiquer le chemin du pont; mais la crainte les retenait chez eux, et l'on n'en voyait aucun. Toutes les portes et les fenêtres étaient closes, et nous étions trop pressés pour les enfoncer, car de chaque carrefour sortaient des groupes d'Autrichiens, qui faisaient feu sur nous tout en se retirant. Les ennemis n'avaient d'autre retraite que le pont du Danube; je pensais donc que j'y arriverais en les suivant; mais il régnait si peu d'ensemble parmi les Autrichiens, que la plupart de leurs pelotons de tirailleurs placés devant nous s'enfuyaient à notre approche dans des directions différentes. Ainsi égaré au milieu de ce dédale de rues inconnues, je ne savais par où diriger la colonne, lorsque, tout à coup, une porte s'ouvre, une jeune femme pâle, les yeux hagards, s'élance tout éperdue vers nous en criant: «Je suis Française, sauvez-moi!» C'était une marchande de modes parisienne qui, établie à Ratisbonne et craignant que sa qualité de Française ne la fît maltraiter par les Autrichiens, était venue se jeter à l'étourdie dans les bras de ses compatriotes, dès qu'elle avait entendu parler français.

En voyant cette femme, une idée lumineuse m'éclaira sur le parti que nous pouvions tirer de sa rencontre.—«Vous savez où est le pont? lui dis-je.—Certainement.—Eh bien, conduisez-nous.—Mon grand Dieu! au milieu des coups de fusil! Je meurs de frayeur et venais vous supplier de me donner quelques soldats pour défendre ma maison dans laquelle je rentre à l'instant!...—J'en suis bien fâché, mais vous n'y rentrerez qu'après m'avoir montré le pont. Que deux grenadiers prennent madame sous les bras et la fassent marcher en tête de la colonne!...» Ainsi fut fait, malgré les pleurs et les cris de la belle Française, qu'à chaque angle de rue je questionnais sur la direction qu'il fallait prendre. Plus nous avancions vers le Danube, plus le nombre des tirailleurs augmentait. Les balles sifflaient aux oreilles de la craintive marchande de modes, qui, ne sachant ce que c'était, paraissait bien moins touchée de ce petit sifflement que des détonations des fusils. Mais tout à coup, un des grenadiers qui la soutenaient ayant eu le bras percé d'une balle, et le sang ayant rejailli sur elle, ses genoux s'affaissèrent; il fallut la porter. Ce qui venait d'arriver à son voisin me rendant plus circonspect pour elle, je la fis passer derrière le premier peloton, dont les hommes la garantissaient en partie contre les balles. Enfin nous arrivons à une petite place en face du pont. L'ennemi qui en occupait l'autre extrémité, ainsi que le faubourg de la rive gauche, nommé Stadt-am-hof, apercevant la colonne, se met alors à nous canonner! Je pensai qu'il était inutile d'exposer plus longtemps la Parisienne, et pour tenir la parole que je lui avais donnée, je lui rendis la liberté. Mais comme la pauvre femme, plus morte que vive, ne savait où se cacher, je lui proposai d'entrer provisoirement dans une chapelle de la Vierge située au bout de la place: elle accepte, les grenadiers l'enlèvent par-dessus la petite grille qui en défend l'entrée, et elle court se mettre à l'abri des projectiles, en se blottissant derrière la statue de la Vierge, où, je vous assure, elle tenait fort peu de place.

Le maréchal, informé que nous étions au bord du Danube, gagna la tête de la colonne et reconnut par lui-même l'impossibilité de passer le pont, les ennemis ayant incendié le faubourg de Stadt-am-hof, sur lequel il s'appuie à la rive gauche.

Pendant que les Français donnaient l'assaut et s'emparaient de Ratisbonne, six bataillons autrichiens placés sur les remparts, loin du point d'attaque, étaient restés fort tranquillement à regarder dans la campagne s'ils ne voyaient venir personne. Ils ne sortirent de leur stupide inaction qu'en entendant tirer du côté du pont. Ils y accoururent; mais leur retraite était coupée, d'abord par nous, en second lieu par l'incendie du faubourg qu'ils n'auraient pu traverser, quand même ils seraient parvenus à passer le pont: ils furent donc réduits à mettre bas les armes.

L'Empereur fit le jour même son entrée dans Ratisbonne, et prescrivit aux troupes qui n'avaient point combattu de se joindre aux malheureux habitants pour lutter contre l'incendie qui dévorait la ville; mais, malgré ce puissant secours, un grand nombre de maisons furent brûlées.

Napoléon, après avoir visité et récompensé les blessés, glorieux débris des deux premières colonnes dont les efforts avaient échoué, voulut aussi voir la troisième colonne, celle qui avait enlevé Ratisbonne sous ses yeux. Il nous adressa des témoignages de satisfaction et donna plusieurs décorations. Le maréchal lui ayant rappelé mes anciens et nouveaux titres au grade de chef d'escadron, Napoléon répondit: «C'est une chose que vous pouvez considérer comme faite.» Puis, se tournant vers le maréchal Berthier: «Vous me ferez signer ce brevet au premier travail que vous me présenterez.» Je n'avais qu'à me féliciter, et ne pouvais raisonnablement espérer que l'Empereur suspendrait ses importants travaux pour expédier mon brevet quelques jours plus tôt; j'étais d'ailleurs enivré des témoignages de satisfaction que l'Empereur venait de me donner, ainsi que le maréchal Lannes, et des louanges que mes camarades et moi recevions de toutes parts.

Vous pensez bien qu'avant de m'éloigner du pont, j'avais fait retirer de la chapelle la Parisienne, qu'un officier reconduisit chez elle. Le maréchal, voyant les soldats occupés à faire passer cette femme par-dessus la petite grille, me demanda comment elle se trouvait là: je lui contai l'histoire; il la redit le soir à l'Empereur, qui rit beaucoup, et déclara qu'il serait bien aise de voir cette dame.

Je vous ai déjà dit qu'au moment où nous donnions l'assaut, toute la grande armée, rangée à peu de distance de la place, était témoin de ce combat. Parmi les nombreux spectateurs, se trouvait le maréchal Masséna, ainsi que ses aides de camp, dont M. Pelet, aujourd'hui lieutenant général directeur du dépôt de la guerre et auteur d'une excellente relation de la campagne de 1809. Voici ce qu'on lit dans cet ouvrage, à propos de l'assaut de Ratisbonne: «Le maréchal Lannes saisit une échelle et va pour la placer lui-même; ses aides de camp l'arrêtent et luttent contre lui. À l'aspect de ce noble débat, la foule de nos guerriers se précipita, enleva les échelles et franchit l'espace… les coups meurtriers se perdent au milieu d'elle; les aides de camp la précèdent. En un clin d'œil les échelles sont posées, le fossé est franchi… Sur le sommet on voit paraître les premiers, se tenant par la main, Labédoyère et Marbot; nos grenadiers les suivent…»

Ce récit d'un témoin oculaire est fort exact, il donna avec raison une égale part de gloire à mon camarade et à moi; mais l'auteur de la biographie du malheureux Labédoyère n'a pas été aussi juste. Après avoir copié la narration du général Pelet, il a jugé à propos de supprimer mon nom et d'attribuer à Labédoyère seul le mérite d'être monté le premier à l'assaut de Ratisbonne. Je n'ai pas jugé convenable de réclamer; d'ailleurs, l'ouvrage du général Pelet constate le fait, qui se passa sous les yeux de cent cinquante mille hommes.

Ratisbonne avait été pris le 23 avril. L'Empereur passa les journées du 24 et du 25 dans cette ville, dont il ordonna de réparer à ses frais tous les dégâts. Pendant que Napoléon, accompagné par le maréchal Lannes, parcourait les rues, j'aperçus la marchande de modes française que j'avais contrainte la veille à guider la colonne d'attaque vers le pont. Je la désignai au maréchal. Celui-ci la montra à l'Empereur, qui, s'approchant d'elle, lui fit en plaisantant des compliments sur son *courage*, et lui envoya ensuite une fort belle bague en souvenir de l'assaut de Ratisbonne. La foule, tant civile que militaire, qui entourait l'Empereur s'étant informée du motif de cette petite scène, le fait fut légèrement dénaturé, car on représenta cette dame comme une *héroïne française* qui, *de son propre mouvement*, s'était exposée à la mort pour assurer le salut de ses compatriotes. Ce fut ainsi que la chose fut racontée, non seulement dans l'armée, mais encore dans toute l'Allemagne, et par le général Pelet lui-même, trompé par la voix publique. Si la Parisienne fut quelque temps sous le feu de l'ennemi, l'amour de la gloire n'y était pour rien.

Pendant le court séjour que nous fîmes à Ratisbonne, le maréchal attacha à son état-major M. le lieutenant de La Bourdonnaye, jeune officier rempli d'esprit et fort brave, qui lui était recommandé par le sénateur Guéhéneuc, père de Mme la maréchale. M. de La Bourdonnaye se désolait de n'être arrivé parmi nous qu'après l'assaut; mais il trouva bientôt d'autres occasions de montrer son courage. Il lui arriva même à ce sujet quelque chose de bizarre. Les élégants de l'armée avaient adopté des pantalons d'une largeur démesurée, qui ne manquaient pas de grâce lorsqu'on était à cheval, mais qui étaient on ne peut plus embarrassants à pied. Or, La Bourdonnaye avait un de ces pantalons immenses, lorsqu'au combat de Wels, le maréchal lui ayant prescrit de mettre pied à terre et de courir sur le pont pour transmettre un ordre aux troupes, les éperons de ce bon jeune homme s'embarrassèrent dans son pantalon; il tomba, et nous le crûmes mort!... Il se releva fort lestement, et, voulant courir de nouveau, il entendit le maréchal s'écrier: «N'est-il pas absurde de venir faire la guerre avec six aunes de drap autour des jambes?» La Bourdonnaye, qui combattait pour la première fois sous les yeux du maréchal, désirant faire preuve de zèle, tire alors son sabre, coupe et déchire son pantalon à mi-cuisses, et, devenu plus leste, reprend sa course, genoux et jambes nus! Quoiqu'on se trouvât sous les balles ennemies, le maréchal et son état-major rirent aux larmes de ce nouveau costume, et, à son retour, La Bourdonnaye fut complimenté sur sa présence d'esprit.

Après avoir confié à une forte garnison le soin de garder Ratisbonne et son pont, l'Empereur dirigea l'armée sur Vienne par la rive droite du Danube, pendant que le gros des ennemis prenait la même direction, en longeant la rive gauche. Je ne fatiguerai pas votre attention par le récit des nombreux combats que nous eûmes à livrer aux corps autrichiens qui cherchaient à s'opposer à notre marche vers la capitale; je me bornerai à faire observer que le maréchal Masséna, dont les circonstances avaient tenu jusque-là le corps éloigné de tout engagement, commit l'imprudence énorme d'attaquer, le 3 mai, le pont d'Ebersperg, sur la Traun, bien qu'il fût défendu par 40,000 hommes appuyés à un château fort. Cette attaque devenait complètement inutile, puisque, avant qu'elle eût commencé, le corps du maréchal Lannes avait passé la Traun à cinq lieues au-dessus d'Ebersberg, et marchait pour prendre les Autrichiens par derrière. Ceux-ci se fussent certainement retirés le jour même à notre approche, sans que Masséna perdît un seul homme. Il attaqua donc pour passer une rivière *déjà passée*; il réussit, mais il eut plus de 1,000 soldats tués et 2,000 blessés! L'Empereur blâma ce déplorable abus du sang des hommes, et, sans doute pour donner une leçon à Masséna, il fit partir de Wels une simple brigade de cavalerie légère, sous les ordres du général Durosnel, qui, redescendant la rive gauche de la Traun, parvint à Ebersberg sans tirer un coup de pistolet, en même temps que les troupes de Masséna y entraient, après y avoir subi des pertes considérables et eu deux colonels tués et trois autres blessés! Napoléon se rendit de Wels à Ebersberg par la rive droite, ce qui prouva que la route était parfaitement libre. Arrivé sur le champ de bataille, la vue de ce grand nombre d'hommes, si inutilement tués, le navra de douleur; il s'éloigna et ne vit personne de la soirée!... Si tout autre que Masséna se fût permis de faire sans ordre une attaque aussi imprudente, il eût probablement été renvoyé sur les derrières; mais c'était Masséna, l'enfant chéri de la victoire, et l'Empereur crut devoir se borner à quelques sévères observations. L'armée, moins indulgente, critiqua hautement Masséna. Celui-ci, pour s'excuser, disait que les 40,000 Autrichiens qui défendaient Ebersberg, sous les ordres du général Hiller, ayant non loin de leur droite un pont sur le Danube, à Mauthausen, il était à craindre que, si l'on n'eût promptement attaqué ce corps, sans attendre l'arrivée des troupes qui le tournaient par Wels, le général Hiller passât le Danube et allât se joindre au prince Charles sur la rive gauche. Mais cette supposition se fût-elle vérifiée, il n'en fût résulté aucun inconvénient pour l'armée française; au contraire, puisque toutes les troupes se trouvaient alors au delà du Danube et que nous n'eussions pas eu un seul coup de fusil à tirer pour marcher sur Vienne par la rive droite, entièrement dépourvue de défenseurs. Au surplus, le but que Masséna avait poursuivi en attaquant Ebersberg ne fut pas atteint. Le général Hiller, après avoir reculé d'une ou deux marches sur la rive droite, alla passer le Danube à Stein, et, descendant ce fleuve sur la rive gauche, il se rendit en toute diligence à Vienne.

Quoi qu'il en soit, après avoir traversé la Traun, brûlé le pont de Mauthausen et franchi la rivière de l'Ens, l'armée de Napoléon s'avança jusqu'à Mölk, sans qu'on sût si le général Hiller se trouvait entre Vienne et nous, ou s'il avait traversé le Danube pour aller joindre le prince Charles sur la rive gauche. Quelques espions assuraient que c'était au contraire le prince qui avait passé le Danube pour se réunir au général Hiller, et que nous rencontrerions le lendemain toute la grande armée autrichienne dans une forte position en avant de Saint-Pölten. Dans ce cas, nous devions nous préparer à livrer une grande bataille; dans le cas contraire, il fallait marcher rapidement sur Vienne, afin d'y arriver avant l'armée ennemie, qui se dirigeait vers la capitale par la rive opposée à celle que nous occupions.

L'incertitude de l'Empereur était fort grande, faute de renseignements positifs qui le missent à même de résoudre la question ainsi posée: le général Hiller a-t-il passé le Danube, ou se trouve-t-il encore devant nous, masqué par un rideau de cavalerie légère qui, fuyant toujours, ne se laisse pas approcher, pour qu'on ne puisse lui faire aucun prisonnier, dont on obtiendrait quelques éclaircissements?... Rien n'était encore positif, lorsque le 7 mai nous arrivâmes à Mölk.

C'est à Mölk, mes chers enfants, que j'accomplis celle de toutes mes actions de guerre dont le souvenir me flatte le plus, parce que les dangers que j'avais courus jusqu'à ce jour m'étaient imposés pour l'exécution des ordres donnés par mes chefs, tandis qu'ici ce fut volontairement que je bravai la mort, pour être utile à mon pays, servir mon Empereur, et acquérir un peu de gloire..

CHAPITRE QUATORZE

L'Empereur me propose de tenter une expédition des plus périlleuses.—Je l'accepte et me dévoue pour l'armée.—Résultats considérables de mon expédition.

La jolie petite ville de Mölk, située sur le bord du Danube, est dominée par un immense rocher en forme de promontoire, sur le haut duquel s'élève un couvent de Bénédictins, qui passe pour le plus beau et le plus riche de la chrétienté. Des appartements du monastère, l'œil découvre sur une très vaste étendue le cours et les deux rives du Danube. L'Empereur et plusieurs maréchaux, au nombre desquels était le maréchal Lannes, s'établirent au monastère, et notre état-major logea chez le curé de la ville. Il était tombé beaucoup d'eau pendant la semaine, et la pluie, qui n'avait pas cessé depuis vingt-quatre heures, continuait encore; aussi le Danube et ses nombreux affluents étaient-ils débordés. La nuit venue, mes camarades et moi, charmés d'être à l'abri d'un aussi mauvais temps, soupions gaiement avec le curé, jovial garçon, qui nous faisait les honneurs d'un excellent repas, lorsque l'aide de camp de service auprès du maréchal Lannes vient me prévenir que celui-ci me demande, et qu'il faut que je monte à l'instant même au couvent. Je me trouvais si bien où j'étais, que je fus très contrarié d'être obligé de quitter un bon souper et un bon logis pour aller me mouiller derechef; mais il fallait obéir!...

Tous les corridors et toutes les salles basses du monastère étaient remplis de grenadiers et de chasseurs de la garde, auxquels le bon vin des moines faisait oublier les fatigues des jours précédents. En arrivant dans les salons, je compris que j'étais appelé pour quelque grave motif, car généraux, chambellans, officiers d'ordonnance, tous me répétaient: «L'Empereur vous a fait demander!» Quelques-uns ajoutaient: «C'est probablement pour vous remettre votre brevet de chef d'escadron.» Mais je n'en crus rien, car je n'avais pas encore assez d'importance auprès du souverain pour qu'il m'envoyât chercher à pareille heure pour me remettre lui-même ma nomination! Je fus donc introduit dans une immense et magnifique galerie, dont le balcon donne sur le Danube. J'y trouvai l'Empereur dînant avec plusieurs maréchaux et l'abbé du couvent, qui a le titre d'évêque. En me voyant, l'Empereur quitte la table et s'approche du grand balcon, suivi du maréchal Lannes, auquel je l'entends dire à voix basse: «L'exécution de ce projet est presque impossible; ce serait envoyer inutilement ce brave officier à une mort presque certaine!— Il ira, Sire, j'en suis certain, répond le maréchal, il ira; d'ailleurs, nous pouvons toujours lui en faire la proposition.»

Me prenant alors par la main, le maréchal ouvre la fenêtre du balcon qui domine au loin le Danube, dont l'immense largeur, triplée en ce moment par une très forte inondation, était de près d'une lieue!... Un vent des plus impétueux agitait le fleuve, dont nous entendions mugir les vagues. Il pleuvait à torrents, et la nuit était des plus obscures; on apercevait néanmoins de l'autre côté une immense ligne de feux de bivouac. Napoléon, le maréchal Lannes et moi étant seuls auprès du balcon, le maréchal me dit: «Voilà de l'autre côté du fleuve un camp autrichien; mais l'Empereur désire très vivement savoir si le corps du général Hiller en fait partie, ou s'il se trouve encore sur cette rive. Il faudrait que, pour s'en assurer, un homme de *cœur* eût le courage de traverser le Danube, afin d'aller enlever quelque soldat ennemi, et j'ai affirmé à l'Empereur que vous iriez!» Napoléon me dit alors: «Remarquez bien que ce n'est pas un *ordre* que je vous donne; c'est un désir que j'exprime; je reconnais que l'entreprise est on ne peut plus périlleuse, mais vous pouvez la refuser sans crainte de me déplaire. Allez donc réfléchir quelques instants dans la pièce voisine, et revenez nous dire franchement votre décision.»

J'avouerai qu'en entendant la proposition du maréchal Lannes, une sueur froide avait inondé tout mon corps! Mais à l'instant même, un sentiment que je ne saurais définir, et dans lequel l'amour de la gloire et de mon pays se mêlait peut-être à un noble orgueil, exaltant au dernier degré mon ardeur, je me dis: Comment! l'Empereur a ici une armée de 150,000 guerriers dévoués, ainsi que 25,000 hommes de sa garde, tous choisis parmi les plus braves; il est entouré d'aides de camp, d'officiers d'ordonnance, et cependant, lorsqu'il s'agit d'une expédition pour laquelle il faut autant d'intelligence que d'intrépidité, c'est moi, moi! que l'Empereur et le brave maréchal Lannes choisissent!!! «J'irai, Sire! m'écriai-je sans hésiter. J'irai!... et si je péris, je lègue ma mère à Votre Majesté!» L'Empereur me prit l'oreille en signe de satisfaction, et le maréchal me tendit la main en s'écriant: «J'avais bien raison de dire à Votre Majesté qu'il irait!... Voilà ce qu'on appelle un brave soldat[1]!...»

Mon expédition étant ainsi résolue, il fallut songer à réunir les moyens pour l'exécuter. L'Empereur fit appeler le général Bertrand, son aide de camp, le général Dorsenne, des grenadiers de la garde, ainsi que le commandant du grand quartier impérial, et leur ordonna de mettre à ma disposition tout ce dont je croirais avoir besoin. Sur ma demande, un piquet d'infanterie alla chercher en ville le bourgmestre, le syndic des bateliers et cinq de ses meilleurs matelots. Un caporal et cinq grenadiers à pied de la vieille garde, parlant tous allemand, et pris parmi les plus braves, quoique n'étant pas encore décorés, furent aussi appelés et consentirent volontairement à m'accompagner. L'Empereur fit d'abord introduire les six militaires, et leur ayant promis qu'à leur retour ils recevraient immédiatement la croix, ces braves gens répondirent par un «Vive l'Empereur!» et allèrent se préparer. Quant aux cinq bateliers, lorsque l'interprète leur eut expliqué qu'il s'agissait de conduire une barque de l'autre côté du Danube, ils tombèrent à genoux et se mirent à pleurer. Le syndic déclara qu'il valait autant les fusiller tout de suite que de les envoyer à une mort certaine; l'expédition était *absolument impossible*, non seulement à cause de la force des eaux qui retourneraient la nef, mais aussi parce que les affluents du Danube ayant amené dans ce fleuve une grande quantité de sapins nouvellement abattus dans les montagnes voisines, ces arbres qu'on ne pourrait éviter dans l'obscurité viendraient heurter et défoncer la barque. D'ailleurs, comment aborder sur la rive opposée, au milieu des saules qui crèveraient le bateau, et d'une inondation dont on ne connaissait pas l'étendue?... Le syndic concluait donc que l'opération était matériellement impraticable...

En vain l'Empereur, pour les séduire, fit-il étaler devant chacun d'eux 6,000 francs en or, cette offre ne put les décider, et cependant, disaient-ils, nous sommes de pauvres matelots, tous pères de famille; cet or assurerait notre fortune et celle de nos enfants; notre refus doit donc vous prouver l'impossibilité de traverser le fleuve en ce moment!... Je l'ai déjà dit: à la guerre, la nécessité d'épargner la vie d'un grand nombre d'hommes, en sacrifiant celle de quelques-uns, rend, dans certaines circonstances, les chefs de l'armée impitoyables. L'Empereur fut donc inflexible. Les grenadiers reçurent l'ordre d'emmener ces pauvres gens malgré eux, et nous descendîmes à la ville.

Le caporal qu'on m'avait donné était un homme fort intelligent; je le pris pour mon interprète et le chargeai, chemin faisant, de dire au syndic des matelots que, puisqu'il était forcé de venir avec nous, il devait, dans son propre intérêt, nous désigner la meilleure barque et indiquer tous les objets dont il fallait la garnir. Le malheureux obéit, tout en se livrant au plus affreux désespoir. Nous eûmes donc une excellente embarcation et prîmes sur les autres tout ce qui fut à notre convenance. Nous avions deux ancres; mais comme il ne me paraissait guère possible de nous en servir, je fis prendre des câbles et coudre au bout de chacun d'eux un morceau de toile, dans lequel était enveloppé un gros caillou. J'avais vu dans le midi de la France des pêcheurs arrêter leurs bateaux en lançant sur les saules du rivage les cordes ainsi préparées, qui, s'entortillant autour de ces arbres, faisaient office d'ancre et arrêtaient la nacelle. Je couvris ma tête d'un képi, les grenadiers prirent leurs bonnets de police, car toute autre coiffure eût été très embarrassante. Nous avions des vivres, des cordes, des haches, des scies, une échelle, enfin tout ce que la prévoyance m'avait suggéré de prendre.

Nos préparatifs terminés, j'allais donner le signal du départ, lorsque les cinq bateliers me supplièrent en sanglotant de les faire conduire chez eux par mes soldats et de leur accorder la grâce d'aller, pour la dernière fois peut-être, embrasser leurs femmes et leurs enfants!... Mais l'attendrissement qu'eût produit cette scène ne pouvant qu'amoindrir le courage déjà si faible de ces malheureux, je refusai. «Eh bien! dit alors le syndic, puisque nous n'avons plus que quelques instants à vivre, donnez-nous cinq minutes pour recommander nos âmes à Dieu, et faites de même que nous, car vous allez aussi périr!...» Ils se prosternèrent tous; les grenadiers et moi les imitâmes, ce qui parut faire grand plaisir à ces braves gens. La prière terminée, je fis distribuer à chacun d'eux un verre de l'excellent vin des moines, et la barque fut poussée au large!...

J'avais recommandé aux grenadiers d'exécuter en silence toutes les prescriptions du syndic qui tenait le gouvernail. Le courant était trop rapide pour que nous puissions traverser directement de Mölk à la rive opposée; nous remontâmes donc à la voile le long de la berge du fleuve pendant plus d'une lieue, et bien que le vent et les vagues fissent bondir le bateau, ce trajet se fit sans accident. Mais lorsqu'il fallut enfin s'éloigner de terre, pour commencer la traversée à force de rames, le mât qu'on abattit, au lieu de venir se placer dans la longueur du bateau, tomba de côté, et la voile, trempant dans l'eau, offrait une grande résistance au courant, ce qui nous fit tellement pencher que nous fûmes sur le point d'être submergés!... Le patron ordonna de couper les câbles et de jeter le mât dans le fleuve; mais les matelots, perdant la tête, se mirent à prier sans bouger!... Alors, le caporal, tirant son sabre, leur dit: «On peut prier en travaillant! Si vous n'obéissez sur-le-champ, je vous tue!...»

Ces pauvres diables, obligés de choisir entre une mort incertaine et une mort positive, prirent des haches, aidèrent les grenadiers; le mât fut promptement coupé et lancé dans le courant... Il était temps, car à peine fûmes-nous débarrassés de ce dangereux fardeau, que nous ressentîmes une secousse épouvantable: un des nombreux sapins qu'entraînait le Danube venait de heurter le bateau... nous frémîmes tous!... Heureusement, le bordage n'était point encore défoncé; mais la barque résisterait-elle aux chocs qu'elle pouvait recevoir des autres arbres que nous n'apercevions pas et dont le voisinage nous était signalé par un plus grand balancement des vagues?... Plusieurs nous touchèrent, sans qu'il en résultât de graves accidents; cependant, le courant nous poussant avec force, et nos rames gagnant fort peu sur lui, pour nous faire prendre le biais nécessaire à la traversée du fleuve, je craignis un moment qu'il ne nous entraînât au delà du camp ennemi, ce qui eût fait manquer mon expédition. Enfin, à force de rames, nous étions parvenus aux trois quarts du trajet, lorsque, malgré l'obscurité, j'aperçois une énorme masse noire sur les eaux, puis tout à coup un frôlement aigu se fait entendre, des branchages nous atteignent au visage, et la barque s'arrête!... Le patron, questionné, répond que nous sommes sur un îlot garni de saules et de peupliers, dont l'inondation a presque atteint le sommet... Il fallut employer des haches à tâtons pour s'ouvrir un passage à travers ces branches; on y parvint, et dès que nous eûmes franchi cet obstacle, nous trouvâmes un courant bien moins furieux que dans le milieu du fleuve et atteignîmes enfin la rive gauche, en face du camp autrichien. Cette rive était bordée d'arbres aquatiques très touffus qui, avançant en forme de dôme au-dessus de la berge, en rendaient sans doute l'approche fort difficile, mais qui en même temps s'opposaient à ce que du camp on pût apercevoir notre barque. Les feux de bivouac éclairaient le rivage, tout en nous laissant dans l'obscurité que les branches de saules projetaient sur nous. Je laissai la barque courir le long du bord, cherchant de l'œil un endroit propice pour prendre terre. Tout à coup, j'aperçois une rampe pratiquée sur la berge par les ennemis, afin que les hommes et les chevaux de leur camp pussent arriver jusqu'à l'eau. L'adroit caporal lance alors parmi les saules l'une des pierres que j'avais fait préparer; la corde s'enroule autour de l'un de ces arbres, et la barque s'arrête contre la terre, à un ou deux pieds de la rampe. Je pense qu'il était alors minuit. Les Autrichiens, se trouvant séparés des Français par l'immensité du Danube débordé, étaient dans une si grande sécurité que, excepté le factionnaire, tout dormait dans le camp.

Il est d'usage à la guerre que, quelle que soit la distance qui sépare de l'ennemi, les canons et les sentinelles doivent toujours faire face vers lui. Une batterie placée en avant du camp était donc tournée du côté du fleuve, et des factionnaires se promenaient sur le haut du rivage, dont les arbres empêchaient de voir l'extrême bord, tandis que du bateau j'apercevais à travers les branches une grande partie des bivouacs. Jusque-là ma mission avait été plus heureuse que je n'aurais pu l'espérer; mais pour que le résultat fût complet, il fallait enlever un prisonnier, et une telle opération, exécutée à cinquante pas de plusieurs milliers d'ennemis, qu'un seul cri pouvait réveiller, me paraissait bien difficile!... Cependant, il fallait agir... J'ordonne donc aux cinq matelots de se coucher au fond de la barque, en les prévenant que deux grenadiers vont les surveiller et tueront impitoyablement celui qui proférera une parole ou essayera de se lever. Je place un autre grenadier sur la pointe du bateau qui avoisine la berge, et mettant le sabre à la main, je débarque, suivi du caporal et de deux grenadiers. Il s'en fallait de quelques pieds que la barque touchât terre; nous fûmes donc obligés de marcher dans l'eau, mais enfin nous voilà sur la rampe... Nous la montons, et je me préparais à courir sur le factionnaire le moins éloigné de nous, pour le désarmer, le faire bâillonner et le traîner sur le bateau, lorsqu'un bruit métallique et un petit chant à demi-voix vinrent frapper mes oreilles... Un homme portant un gros bidon de fer-blanc venait en fredonnant puiser de l'eau. Nous redescendons promptement vers le fleuve, pour nous cacher sous la voûte de branches qui couvre la barque, et dès que l'Autrichien se baisse pour remplir son bidon, mon caporal et les deux grenadiers le saisissent à la gorge, lui placent sur la bouche un mouchoir rempli de sable mouillé, et lui mettant la pointe de leur sabre au corps, menacent de le tuer s'il fait la moindre résistance ou cherche à pousser un cri!... Cet homme, stupéfait, obéit et se laisse conduire au bateau; nous le hissâmes dans les bras du grenadier placé sur ce point, et celui-ci le fit coucher à plat ventre à côté des matelots. Pendant qu'on enlevait cet Autrichien, son costume m'avait fait reconnaître que ce n'était pas un soldat proprement dit, mais un soldat domestique d'officier.

J'aurais préféré prendre un combattant, parce que j'aurais eu des renseignements plus positifs; néanmoins, faute de mieux, j'allais me contenter de cette capture, lorsque j'aperçois au sommet de la rampe deux militaires portant chacun le bout d'un bâton au milieu duquel était suspendu un chaudron. Ces hommes n'étant plus qu'à quelques pas, il était impossible de se rembarquer sans être vu. Je fis donc signe à mes grenadiers de se cacher de nouveau, et lorsque ces deux Autrichiens se baissèrent pour remplir leur vase, des bras vigoureux, les saisissant par derrière, leur plongèrent la tête dans l'eau, parce que ces soldats ayant leurs sabres, je craignais qu'ils ne voulussent résister; il fallait donc les étourdir. Puis, à mesure qu'on en relevait un, sa bouche était couverte par un mouchoir rempli de sable, et des lames de sabre placées sur sa poitrine le contraignaient à nous suivre! Ils furent successivement embarqués comme l'avait été le domestique, et je remontai à bord, suivi du caporal et des deux grenadiers.

Jusque-là, tout allait admirablement bien. Je fais lever les matelots; ils reprennent leurs rames, et j'ordonne au caporal de détacher le bout de la corde qui nous fixait au rivage; mais elle était si mouillée, et le fort tirage du bateau qu'elle retenait, malgré la violence du courant, avait tellement resserré le nœud, qu'il devint impossible de la défaire. Nous fûmes obligés de scier la corde, ce qui nous prit deux ou trois minutes. Mais les efforts que nous faisions ayant imprimé un grand mouvement au câble dont l'extrémité était entortillée autour d'un saule, les branches de cet arbre agitèrent celles qui l'avoisinaient. Il en résulta un frôlement assez bruyant pour attirer l'attention du factionnaire. Cet homme approche, n'aperçoit pas la barque; mais voyant l'agitation des branches et le bruit augmenter, il crie: «Wer da?» (Qui vive?) Pas de réponse!... Nouvelle sommation de la sentinelle ennemie... Nous gardons encore le silence, en continuant notre travail... J'étais dans des transes mortelles; car, après avoir bravé tant de périls, il eût été vraiment cruel d'échouer au port!... Enfin, enfin, la corde est coupée et le bateau poussé au large!... Mais à peine est-il en dehors de la voûte que les saules formaient au-dessus de nous, que, éclairé par la lueur des feux de bivouac, il est aperçu par le factionnaire autrichien qui crie: *Aux armes!* et tire sur nous!... Personne n'est atteint; mais à ce bruit, toutes les troupes du camp se lèvent précipitamment, et les artilleurs, dont les pièces braquées sur le Danube se trouvaient toutes chargées, me font l'honneur de tirer le canon sur ma barque!... Mon cœur bondit de joie au bruit de cette détonation, qui devait être entendue par l'Empereur et par le maréchal Lannes!.... Mes yeux, se portèrent vers le couvent de Mölk, dont, malgré l'éloignement, je n'avais cessé d'apercevoir les nombreuses croisées éclairées. Elles furent probablement toutes ouvertes à l'instant; mais la lumière d'une seule me parut augmenter de vivacité: c'était celle de l'immense fenêtre du balcon, qui, grâce à ses dimensions, pareilles à celles d'un portail d'église, projetait au loin une grande clarté sur les eaux du fleuve. Il était évident qu'on venait de l'ouvrir en entendant gronder le canon; aussi je me dis: «L'Empereur et les maréchaux sont certainement sur ce balcon; ils me savent parvenu sur la rive gauche dans le camp ennemi et font des vœux pour mon retour!» Cette pensée exaltant encore mon courage, je ne fis aucune attention aux boulets, d'ailleurs fort peu dangereux, car la rapidité du courant nous emportait avec une telle vitesse que les artilleurs ennemis ne pouvaient pointer avec précision sur un objet aussi mobile, et il aurait fallu être bien malheureux pour qu'ils atteignissent notre embarcation; il est vrai qu'un seul boulet pouvait la briser et nous plonger dans le gouffre, mais tous allèrent se perdre dans le Danube. Je me trouvai bientôt hors de la portée des ennemis et pus concevoir l'espérance que mon entreprise aurait une heureuse issue. Cependant, tous les périls n'étaient pas encore surmontés, car il fallait retraverser le fleuve qui roulait toujours des troncs de sapin, et nous fûmes jetés plusieurs fois sur des îles submergées, où les branches des peupliers nous arrêtèrent longtemps. Nous parvînmes enfin à nous rapprocher de la rive droite, à plus de deux lieues au-dessous de Mölk. Ici une nouvelle crainte vint m'assaillir. J'aperçus les feux de bivouac, et rien ne me donnait la certitude qu'ils appartinssent à un régiment français, car l'ennemi avait des troupes sur les deux rives, et je savais que, sur celle de droite, l'avant-garde du maréchal Lannes se trouvait à peu de distance de Mölk, en face d'un corps autrichien placé à Saint-Pölten.

Notre armée devait sans doute se porter en avant au point du jour, mais occupait-elle déjà ce lieu, et les feux que je voyais étaient-ils entourés d'amis ou d'ennemis? Je craignais que le courant ne m'eût entraîné trop bas, mais je fus tiré de ma perplexité par le son de plusieurs trompettes, qui sonnaient le réveil de la cavalerie française. Alors, toute incertitude cessant, nous fîmes force de rames vers la plage, où l'aube nous fit apercevoir un village. Nous en étions peu éloignés, lorsqu'un coup de mousqueton se fit entendre, et une balle siffla à nos oreilles!... Il était évident que le poste français nous prenait pour une embarcation ennemie. Je n'avais pas prévu ce cas, et ne savais trop comment nous parviendrions à nous faire reconnaître, lorsque j'eus l'heureuse pensée de faire pousser fréquemment par mes six grenadiers le cri de: *Vive l'empereur Napoléon!*... Cela ne suffisait certainement pas pour prouver que nous étions Français, mais devait cependant attirer l'attention des officiers, qui, entourés de beaucoup de soldats, ne pouvaient craindre notre petit nombre et empêcheraient sans doute qu'on ne tirât sur nous, avant de savoir si nous étions Français ou Autrichiens. En effet, peu d'instants après, j'étais reçu sur le rivage par le colonel Gautrin et le 9e de housards appartenant au corps du maréchal Lannes. Si nous fussions débarqués une demi-lieue plus bas, nous tombions dans les postes ennemis!... Le colonel de housards me prêta un cheval et me fit donner plusieurs chariots, sur lesquels je plaçai les grenadiers, les matelots et les prisonniers; puis la petite caravane se dirigea sur Mölk. Pendant ce trajet, le caporal ayant, par mon ordre, questionné les trois Autrichiens, j'appris avec bonheur que le camp d'où je venais de les enlever appartenait au corps du général Hiller, celui dont l'Empereur désirait si vivement connaître la position.

Ainsi, plus de doute, le général Hiller avait rejoint le prince Charles de l'autre côté du Danube; il ne pouvait donc plus être question de bataille sur la route que nous occupions, et Napoléon n'ayant plus devant lui que la cavalerie ennemie, placée en avant de Saint-Pölten, pouvait en toute sécurité pousser ses troupes sur Vienne, dont nous n'étions plus qu'à trois petites marches. Ces renseignements obtenus, je lançai mon cheval au galop, pour les porter au plus vite à l'Empereur.

Il faisait grand jour quand je parvins à la porte du monastère. J'en trouvai les abords obstrués par toute la population de la petite ville de Mölk, au milieu de laquelle on entendait les cris déchirants des femmes, enfants, parents et amis des matelots enlevés la veille. Je fus à l'instant entouré par ces bonnes gens, dont je calmai les vives inquiétudes en leur disant en fort mauvais allemand: «Vos parents et amis vivent, et vous allez les voir dans quelques instants!» Un immense cri de joie s'étant alors élevé du sein de la foule, l'officier français chargé de la garde des portes se présenta, et dès qu'il me vit, il courut, ainsi qu'il en avait reçu l'ordre, prévenir les aides de camp de service d'informer l'Empereur de mon arrivée. En un instant, tout ce qui se trouvait dans le palais fut sur pied; le bon maréchal Lannes vint à moi, m'embrassa cordialement et me conduisit sur-le-champ auprès de l'Empereur, en s'écriant: «Le voilà, Sire, je savais bien qu'il reviendrait!... il amène trois prisonniers du corps du général Hiller!...» Napoléon me reçut on ne peut mieux, et quoique je fusse mouillé et crotté de toutes parts, il posa sa main sur mon épaule, sans oublier sa plus grande preuve de satisfaction, le pincement de l'oreille. Je vous laisse à juger combien je fus questionné!... L'Empereur voulut connaître en détail tout ce qui m'était advenu pendant ma périlleuse entreprise, et lorsque j'eus terminé mon récit, Sa Majesté me dit: «Je suis très content de vous, *chef d'escadron* Marbot!...»

Ces paroles équivalant à un brevet, je fus au comble de la joie!... Un chambellan ayant annoncé en ce moment que l'Empereur était servi, je comptais attendre dans la galerie qu'il fût sorti de table, lorsque Napoléon, me montrant du doigt la salle à manger, me dit: «Vous déjeunerez avec moi.» Je fus d'autant plus flatté de cet honneur, qu'il n'avait *jamais* été fait à aucun officier de mon grade. Pendant le déjeuner, j'appris que l'Empereur et les maréchaux ne s'étaient pas couchés, et qu'en entendant le canon gronder sur la rive opposée, ils s'étaient tous précipités au balcon! L'Empereur me fit répéter de quelle manière j'avais surpris les trois prisonniers, et rit beaucoup de la frayeur et de l'étonnement qu'ils avaient dû éprouver.

On vint enfin annoncer que les chariots étaient arrivés, mais ne pouvaient pénétrer que très difficilement dans le couvent, tant la foule des habitants de Mölk s'empressait pour voir les matelots. Napoléon, trouvant cet empressement très naturel, ordonna de faire ouvrir les portes et de laisser entrer tout le monde dans la cour. Peu d'instants après, les grenadiers, les matelots et les prisonniers furent introduits dans la galerie. L'Empereur, ayant auprès de lui son interprète, fit d'abord questionner les trois soldats autrichiens, et apprenant avec satisfaction que non seulement le corps du général Hiller, mais le prince Charles et toute son armée se trouvaient sur la rive gauche, il prescrivit au prince Berthier de donner l'ordre à toutes les troupes de se mettre sur-le-champ en marche sur Saint-Pölten, où il allait les suivre. Puis, faisant approcher le brave caporal et les cinq soldats de sa garde, il plaça la croix de la Légion d'honneur sur leurs poitrines, les nomma chevaliers de l'Empire, en accordant à chacun une dotation de 1,200 francs de rente.

Toutes ces vieilles moustaches pleuraient de joie! Vint le tour des matelots, auxquels l'Empereur fit dire que les dangers qu'ils avaient courus étant beaucoup plus grands qu'il ne l'avait d'abord pensé, il était juste qu'il augmentât leur récompense; qu'en conséquence, au lieu de 6,000 francs promis, ils allaient en recevoir chacun 12,000, qui leur furent délivrés à l'instant même, en or. Rien ne pourrait exprimer le contentement de ces bonnes gens; ils baisaient les mains de l'Empereur et de tous les assistants, en s'écriant: «Nous voilà riches!...» Napoléon, voyant leur joie, fit en riant demander au syndic si, à un tel prix, il recommencerait un semblable voyage la nuit suivante; mais cet homme répondit que, échappé par miracle à une mort qu'il avait considérée comme certaine, il n'entreprendrait pas une pareille course au milieu des mêmes périls, quand bien même Mgr l'abbé de Mölk lui donnerait le monastère et les immenses propriétés qui en dépendent. Les matelots se retirèrent, bénissant la générosité de l'empereur des Français, et les grenadiers, impatients de faire briller leur décoration aux yeux de leurs camarades, allaient s'éloigner en emmenant leurs trois prisonniers, lorsque Napoléon s'aperçut que le domestique autrichien pleurait à chaudes larmes! Il le fit rassurer sur le sort qui l'attendait; ce pauvre garçon répondit en sanglotant qu'il savait bien que les Français traitaient fort bien leurs prisonniers, mais que, portant sur lui une ceinture contenant presque toute la fortune de son capitaine, il craignait que cet officier ne l'accusât d'avoir déserté pour le voler! Cette pensée lui arrachait le cœur! L'Empereur, touché du désespoir de cet honnête homme, lui fit dire qu'il était *libre*, et que, dans deux jours, dès que nous serions devant Vienne, on lui ferait passer les avant-postes, afin qu'il pût se rendre auprès de son maître. Puis Napoléon, prenant dans sa cassette un rouleau de 1,000 francs, le mit dans la main du domestique, en disant: «Il faut honorer la vertu partout où elle se montre!» Enfin, l'Empereur donna quelques pièces d'or à chacun des deux autres prisonniers, en ordonnant qu'on les rendît aussi aux avant-postes autrichiens, «afin de leur faire oublier la frayeur que nous leur avions causée, et qu'il ne fût pas dit que des soldats, même ennemis, eussent parlé à l'empereur des Français sans recevoir quelque bienfait».

---

1. Ce témoignage me fit un bien vif plaisir, et je pus m'écrier comme Montluc, qui venait d'être félicité pour son courage par le maréchal de Trivulce: «Il faut que je dise que j'estimai plus la louange que me donna cet homme que s'il m'eût donné la meilleure des terres siennes, encore que pour lors je fus bien peu riche! Cette gloire me fit enfler le cœur!»

CHAPITRE QUINZE

Entrée dans Saint-Pölten.—Prise de possession du Prater.—Attaque et reddition de Vienne.—Soulèvements partiels en Allemagne.

Après avoir fait le bonheur de tous ceux que la barque avait amenés, Napoléon alla se préparer à marcher sur Saint-Pölten, et je quittai la galerie. Je trouvai le salon de service rempli de généraux et d'officiers de la garde; tous mes camarades y étaient aussi, et chacun me félicitait, tant sur mon expédition que sur le nouveau grade que l'Empereur m'avait accordé, en me donnant dans la conversation le titre de *chef d'escadron*. Le brevet ne m'en fut néanmoins accordé que le mois suivant, après que je l'eus encore acheté par une nouvelle blessure! N'accusez cependant pas l'Empereur d'ingratitude: les événements de la guerre l'absorbèrent dans le mois de mai, et comme il me donnait toujours le titre de *commandant*, Napoléon pensait que, confiant dans sa promesse, je devais me considérer comme tel.

Pendant le trajet de Mölk à Saint-Pölten, l'Empereur et le maréchal Lannes m'adressèrent encore plusieurs questions sur les événements de la nuit. Ils s'arrêtèrent en face du vieux château de Dirnstein, situé sur la rive opposée. Ce lieu avait un double intérêt. C'est au pied des collines où se trouve ce château que fut livré en 1805 le mémorable combat que le maréchal Mortier, séparé du reste de l'armée française, soutint avec courage pour s'ouvrir un passage à travers les troupes russes, et dans le moyen âge, les tours du château de Dirnstein avaient servi de prison à Richard Cœur de lion. En examinant ces ruines, et en pensant au sort du royal guerrier qu'on y retint si longtemps, Napoléon tomba dans une profonde rêverie. Pressentait-il alors que, enfermé un jour par ses ennemis, il terminerait sa vie dans la captivité?

Le maréchal Lannes ayant entendu plusieurs coups de canon vers Saint-Pölten, se porta rapidement sur cette ville, dans les rues de laquelle s'étaient effectuées plusieurs charges entre notre avant-garde et le peu de cavalerie légère que les ennemis avaient encore sur la rive droite, et qui, trop faible pour nous résister, se retira promptement sur Vienne.

Tous mes camarades étant occupés à porter des ordres, je me trouvais seul auprès du maréchal, lorsqu'en entrant dans Saint-Pölten et passant devant un monastère de religieuses, nous en vîmes sortir l'abbesse, une crosse à la main, et suivie de toutes ses nonnes. Les saintes femmes, effrayées, venaient demander protection. Le maréchal les rassura, et comme les ennemis fuyaient de toutes parts et que nos troupes occupaient la ville, il crut pouvoir mettre pied à terre. Un soleil brûlant avait succédé à la tempête de la nuit précédente; le maréchal venait de faire trois lieues au galop; il avait très chaud; l'abbesse lui proposa de venir prendre quelques rafraîchissements. Il accepta, et nous voilà tous les deux dans le couvent, au milieu d'une cinquantaine de religieuses!... En un instant, une table élégante fut dressée et un goûter splendide servi. Je ne vis jamais une telle profusion de sirops, de confitures, de bonbons de toutes sortes, auxquels nous fîmes honneur. Les religieuses en remplirent nos poches et en offrirent plusieurs caisses au maréchal, qui les accepta en disant qu'il les porterait à ses enfants de la part de ces dames. Hélas! il ne devait plus les revoir, ses chers enfants!...

L'Empereur et le maréchal Lannes couchèrent ce soir-là à Saint-Pölten, d'où l'armée se rendit en deux jours à Vienne. Nous arrivâmes devant cette ville le 10 mai, de très grand matin. L'Empereur se rendit immédiatement au château royal de Schœnbrünn, situé à une demi-lieue de cette ville. Ainsi, vingt-sept jours après son départ de Paris, il était aux portes de la capitale de l'Autriche!... On avait pensé que le prince Charles, hâtant sa marche sur la rive gauche du Danube et repassant ce fleuve par le pont de Spitz, serait dans Vienne avant notre arrivée; mais ce prince était en retard de plusieurs jours, et la capitale ne se trouvait défendue que par une faible garnison. La ville de Vienne, proprement dite, est fort petite, mais elle se trouve entourée d'immenses faubourgs, dont chacun, isolément, est plus vaste et plus peuplé que la ville. Ces faubourgs n'étant enfermés que dans un simple mur d'enceinte, trop faible pour arrêter une armée, l'archiduc Maximilien, qui commandait dans Vienne, les abandonna et se retira dans la place, derrière les vieilles fortifications, avec tous les combattants. Cependant, s'il eût voulu utiliser le courage et les efforts de la population qui s'offrait à lui, il aurait pu résister quelque temps. Il n'en fit rien, et, dès leur arrivée, les troupes françaises occupèrent les faubourgs sans coup férir. Le maréchal Lannes, trompé par un rapport inexact, crut que l'ennemi avait aussi abandonné la ville et s'empressa d'envoyer le colonel Guéhéneuc prévenir l'Empereur que nous occupions Vienne; Napoléon, impatient d'annoncer cette grande nouvelle, ordonna à M. Guéhéneuc de partir sur-le-champ pour Paris.

Mais la place tenait toujours, et lorsque le maréchal Lannes voulut y entrer à la tête d'une division, nous fûmes reçus à coups de canon; le général Tharreau fut blessé, et plusieurs soldats tués. Le maréchal fit revenir les troupes dans les faubourgs, et après les avoir mises à couvert du feu de la place, il crut devoir envoyer le colonel Saint-Mars, son aide de camp, porter une sommation au gouverneur, en le faisant accompagner de M. de La Grange, qui avait été longtemps attaché à l'ambassade française à Vienne, et connaissait parfaitement les localités. Un parlementaire doit s'avancer seul, accompagné d'un trompette; mais, au lieu de se conformer à cet usage, le colonel Saint-Mars prit trois ordonnances; M. de La Grange en fit autant, de sorte qu'en comprenant le trompette, ils étaient *neuf*. C'était beaucoup trop; aussi les ennemis crurent, ou firent semblant de croire, que ce groupe venait plutôt pour examiner les fortifications que pour transmettre une sommation. Une porte s'ouvrit tout à coup et donna passage à un peloton de housards hongrois, qui, fondant le sabre à la main sur les parlementaires, les blessèrent tous grièvement et les emmenèrent prisonniers dans la ville. Les cavaliers ennemis qui commirent cet acte de barbarie appartenaient au régiment de Szecklers, le même qui, en 1799, avait massacré devant Rastadt les plénipotentiaires français Roberjot et Bonnier, et grièvement blessé Jean Debry.

En apprenant avec quelle indignité les Autrichiens avaient versé le sang des parlementaires envoyés par le maréchal Lannes, l'Empereur, révolté, accourut et fit venir un grand nombre d'obusiers, pour tirer la nuit suivante sur Vienne, dont les défenseurs ouvrirent à l'instant même sur les faubourgs un feu terrible, qui dura vingt-quatre heures, au risque de tuer leurs concitoyens.

Le 11 au matin, l'Empereur parcourut les environs de Vienne, et s'étant aperçu que l'archiduc Maximilien avait commis l'énorme faute de ne pas garnir de troupes la promenade du Prater, il résolut de s'en emparer, en jetant un pont sur le petit bras du Danube qui baigne le Prater.

À cet effet, deux compagnies de voltigeurs passèrent d'abord en bateau sur l'autre rive et occupèrent le pavillon de Lusthaus, ainsi que le bois voisin, d'où elles protégèrent la construction du pont, qui fut terminé pendant la nuit.

Dès qu'on apprit dans Vienne que les Français, maîtres du Prater, pouvaient marcher de là vers les portes de Spitz, unique moyen de retraite de la garnison, l'agitation fut très grande; de nouveaux événements vinrent bientôt l'augmenter. En effet, vers dix heures du soir, nos artilleurs, abrités par les vastes et solides bâtiments des écuries impériales, commencèrent à lancer des obus sur la ville, et bientôt le feu se manifesta dans plusieurs quartiers, notamment à la place du Graben, la plus belle de la cité.

On a dit, et le général Pelet a répété à tort, que l'archiduchesse Louise se trouvant alors malade dans le palais de son père, le commandant de la garnison en avait fait prévenir l'empereur des Français, et que celui-ci avait ordonné de changer l'emplacement des batteries. Cela est un conte fait à plaisir, car Marie-Louise ne se trouvait pas à Vienne pendant l'attaque, et si elle y eût été, les généraux autrichiens n'eussent certainement pas exposé la fille de leur empereur aux périls de la guerre, lorsqu'en quelques minutes un bateau pouvait la transporter de l'autre côté du grand bras du Danube, ce qui, avec des soins convenables, n'eût pas aggravé sa situation. Mais il est des gens qui, voulant trouver du *merveilleux* en toutes choses, se sont plu à faire sauver la vie de l'archiduchesse par celui dont elle devait bientôt partager le trône.

Nos obus continuaient à tirer sur la ville, lorsqu'au milieu de la nuit, Napoléon, laissant aux généraux d'artillerie le soin de diriger le feu, se mit en marche pour retourner à Schœnbrünn, où le maréchal Lannes logeait aussi. Il faisait un superbe clair de lune, la route était belle, l'Empereur partit donc au galop selon son habitude. Il montait pour la première fois un charmant cheval dont le roi de Bavière lui avait fait présent. M. le comte de Canisy, écuyer de Napoléon, qui par ses fonctions était tenu d'essayer les montures qu'il présentait à l'Empereur, ayant sans doute négligé cette précaution, affirmait cependant que le cheval était *parfait*; mais au bout de quelques pas, le cheval s'abat, l'Empereur roule à terre et reste étendu, sans donner aucun signe de vie!… Nous le crûmes mort!… Il n'était qu'évanoui; on s'empressa de le relever, et, malgré les observations du maréchal Lannes, il voulut achever le trajet à cheval. Il prit une autre monture et repartit au galop pour Schœnbrünn. Arrivé dans la vaste cour de ce palais, l'Empereur fit ranger en cercle autour de lui le nombreux état-major et l'escadron de sa garde, témoins de l'accident qu'il venait d'éprouver, et défendit qu'il en fût parlé. Ce secret confié à plus de deux cents personnes, dont la moitié étaient de simples soldats, fut si religieusement gardé que l'armée et l'Europe ignorèrent que Napoléon avait failli périr!… L'écuyer comte de Canisy s'attendait à être sévèrement réprimandé; mais Napoléon ne lui infligea d'autre punition que celle de monter *chaque jour* le cheval bavarois, et, dès le lendemain, M. de Canisy ayant été jeté plusieurs fois par terre, tant la bête avait les jambes faibles, l'Empereur fit grâce à son écuyer, en l'engageant à mieux examiner à l'avenir les chevaux qu'il lui présentait.

Apprenant que sa retraite était menacée par les troupes françaises maîtresses du Prater, et voyant la capitale de l'Autriche sur le point d'être totalement incendiée par les obus, l'archiduc Maximilien évacua Vienne pendant la nuit et se retira derrière le grand bras du Danube, par le pont de Spitz, qu'il détruisit. C'était par ce même pont que l'armée française avait traversé le Danube en 1805, après que les maréchaux Lannes et Murat s'en furent emparés, au moyen d'une ruse que je vous ai fait connaître en parlant de la campagne d'Austerlitz. Le départ de l'archiduc Maximilien et de ses troupes laissait la ville de Vienne sans défense et livrée à la populace, qui déjà commençait à piller. Les autorités de la ville s'empressèrent donc de députer vers Napoléon le respectable général O'Reilly, l'archevêque, ainsi que le président des États et les principaux magistrats, afin d'implorer la clémence et le secours du vainqueur. Aussitôt, plusieurs régiments entrèrent dans la place, plutôt en protecteurs qu'en conquérants; la populace fut contenue; on lui retira ses armes, mais la garde bourgeoise conserva les siennes, dont elle avait fait un très bon usage pour le maintien de l'ordre en 1805, et elle se montra de nouveau digne de cette marque de confiance.

Le corps d'armée du maréchal Lannes fut établi à Vienne ainsi que dans les faubourgs, et son quartier général au palais du prince Albert de Saxe-Teschen, que son mariage avec la célèbre archiduchesse Christine, gouvernante des Pays-Bas, avait rendu le plus riche seigneur de l'Empire autrichien. Ce palais, situé sur le rempart, près de la porte de Carinthie, était vraiment magnifique. Le prince Murat l'avait occupé lors de la campagne d'Austerlitz, mais le maréchal n'y entra qu'une seule fois pour quelques instants, préférant loger à Schœnbrünn dans une maison particulière, d'où il pouvait plus facilement communiquer avec l'Empereur.

À notre arrivée dans Vienne, nous trouvâmes MM. Saint-Mars et de La Grange, ainsi que l'escorte qu'ils avaient eue en allant parlementer.

Ils étaient tous grièvement blessés. Le maréchal fit transporter M. Saint-Mars au palais du prince Albert.

Dès le début de la campagne de 1809, les Anglais avaient fait tout ce qui était en leur pouvoir pour susciter de nouveaux ennemis à Napoléon, en soulevant les populations allemandes contre lui et ses alliés. Ce fut d'abord le Tyrol, que les traités de 1805 avaient arraché à l'Autriche pour le donner à la Bavière, qui se révolta, pour retourner à son ancien souverain. Les Bavarois, commandés par le maréchal Lefebvre, eurent à soutenir plusieurs engagements sanglants contre les montagnards tyroliens, qui avaient pris pour chef un simple aubergiste, nommé Hofer, et qui combattirent avec un courage héroïque; mais, après quelques brillants succès, ils furent battus par les troupes françaises venant d'Italie, et leur commandant Hofer fut pris et fusillé.

La Prusse, humiliée par la défaite d'Iéna, mais n'osant, malgré les instances de l'Angleterre, courir les chances d'une nouvelle guerre ouverte contre Napoléon, voulut cependant entraver ses succès; elle prit entre la guerre et la paix un terme moyen, réprouvé par le droit des gens de toutes les nations civilisées. En effet, le major Schill, sortant en plein jour de Berlin, à la tête de son régiment de housards, parcourut le nord de l'Allemagne, tuant, pillant les Français, et appelant les populations à la révolte. Il parvint à former ainsi une bande de plus de 600 hommes, à la tête de laquelle il eut l'audace d'attaquer, avec le soutien de la flotte anglaise, la place forte de Stralsund, défendue par le brave général Gratien. On se battit dans les rues, et le major Schill fut tué. L'Empereur fit traduire devant les tribunaux les jeunes gens des meilleures familles de Prusse, pris en combattant à la suite de Schill, et ces malheureux, condamnés comme *voleurs* et *assassins* aux travaux forcés à perpétuité, furent envoyés au bagne de Brest! La nation prussienne s'indigna de ce traitement, mais le gouvernement, comprenant le vrai caractère de pareils actes de brigandage, n'osa élever aucune réclamation, et se borna à désavouer Schill et sa bande. Il les eût récompensés si leur entreprise eût amené le soulèvement de l'Allemagne.

Le prince de Brunswick-Œls, que le traité de Tilsitt avait dépossédé de ses États, quitta l'Angleterre, où il s'était réfugié, se rendit dans la Lusace, et leva une bande de 2,000 hommes, avec laquelle il fit la guerre de partisan contre les Français et les Saxons, leurs alliés. En Westphalie, le colonel Derneberg, l'un des chefs de la garde du roi Jérôme, entraîna quelques districts et marcha même sur Cassel, dans l'intention d'enlever Jérôme, dont quelques jours avant il était le favori!

Plusieurs officiers prussiens, entre autres Katt, levèrent aussi des bandes sur divers points, et il fut prouvé depuis qu'ils avaient reçu le consentement tacite du gouvernement prussien. La jonction de ces différents corps d'insurgés, conduits par des chefs habiles et entreprenants, pouvait avoir de grands et fâcheux résultats et soulever contre nous une partie de l'Allemagne; mais à la nouvelle de la bataille d'Eckmühl et de la prise de Vienne, tout s'évanouit. Le moment de réunir toutes les forces de la Germanie contre Napoléon n'était pas encore arrivé; il aurait fallu le concours de la Russie, alors notre alliée, et qui nous fournissait même un corps de 20,000 hommes. Ces troupes agirent très mollement en Galicie, ce qui n'empêcha pas la Russie de réclamer, à la paix, sa part des dépouilles autrichiennes, qu'elle ne rendit jamais. Mais retournons aux événements qui se passaient près de Vienne.

CHAPITRE SEIZE

Occupation et abandon de l'Île Schwartze-Laken.—Établissement des ponts contre l'île de Lobau.—La bataille s'engage entre Essling et Aspern.

Napoléon, occupant Vienne, réunissait ses principales forces autour de cette capitale. Cependant, moins heureux qu'en 1805, il avait trouvé les ponts de Spitz rompus et ne pouvait terminer la guerre, ni atteindre son ennemi, qu'en passant l'immense fleuve du Danube, dont la rive gauche était défendue par l'armée du prince Charles. À cette époque du printemps, la fonte des neiges gonfle tellement le fleuve qu'il devient immense, et chacun de ses bras est semblable à une grande rivière; le passage du Danube présentait, par conséquent, beaucoup de difficultés; mais comme il promène ses eaux au milieu d'un très grand nombre d'îles, dont quelques-unes sont fort vastes, on y trouve des points d'appui pour l'établissement des ponts. L'Empereur, après avoir visité avec la plus minutieuse attention les rivages du fleuve, tant au-dessus qu'en dessous de Vienne, reconnut deux emplacements favorables pour le passage: le premier, par l'île de Schwartze-Laken, située en face de Nussdorf, à une demi-lieue en amont de Vienne; le second, à pareille distance en aval de cette ville, en face du village de Kaiser-Ebersdorf, au travers de la grande île de Lobau. Napoléon fit travailler aux deux ponts à la fois, afin de profiter de celui qui serait prêt le plus tôt et de partager l'attention des ennemis. La construction du premier fut confiée au maréchal Lannes, celle du second au maréchal Masséna.

Le maréchal Lannes ordonna au général Saint-Hilaire de faire porter en bateau 500 voltigeurs dans l'île de Schwartze-Laken, séparée de la rive gauche par un petit bras du fleuve et touchant presque à la tête du pont de Spitz. Cet ordre fut exécuté; mais, au lieu de former ce détachement de soldats pris dans un même corps, et d'en confier le commandement à un colonel intelligent, le général Saint-Hilaire le composa d'hommes du 72e et du 105e de ligne, conduits par deux chefs de bataillon, ce qui devait nuire à l'ensemble des opérations. Aussi, en arrivant dans l'île, ces deux officiers n'agirent pas de concert et commirent la faute énorme de ne pas laisser de réserve dans une grande maison qui pouvait protéger de nouveaux débarquements; puis, s'élançant à l'étourdie, ils poursuivirent sans méthode quelques détachements ennemis qui défendaient Schwartze-Laken; mais bientôt ceux-ci reçurent des renforts considérables, amenés par des bateaux de la rive gauche. Nos soldats repoussèrent vigoureusement les premières attaques; ils se formèrent en carré et combattirent vaillamment à la baïonnette; mais enfin, accablés par le nombre, plus de la moitié furent tués, tous les autres blessés et pris, avant que les troupes disposées pour les soutenir pussent aller les rejoindre. L'Empereur et le maréchal Lannes arrivèrent sur le bord du Danube pour être témoins de cette catastrophe! Ils adressèrent de vifs reproches au général Saint-Hilaire, qui, malgré sa grande entente de la guerre, avait eu le tort d'envoyer dans l'île un détachement d'une composition vicieuse, et de le faire partir avant d'être en mesure de le soutenir par des envois prompts et successifs de renforts puissants. Saint-Hilaire avait, il est vrai, peu de barques à sa disposition, mais on en amenait un grand nombre; il aurait dû les attendre et ne pas précipiter le mouvement. Les troupes autrichiennes qui combattirent dans cette affaire étaient commandées par un émigré français, le général Nordmann, qui ne tarda pas à être puni d'avoir porté les armes contre sa patrie, car il fut tué par un boulet à la bataille de Wagram.

L'Empereur et le maréchal Lannes, désespérés d'avoir vu périr inutilement tant de braves gens, parcouraient le rivage dans une très grande agitation, lorsque le maréchal, s'étant embarrassé les pieds dans un câble, tomba dans le Danube!... Napoléon, seul en ce moment auprès de lui, s'avança rapidement dans l'eau jusqu'à la ceinture, tendit la main au maréchal et l'avait déjà relevé, lorsque nous accourûmes à son secours. Cet accident accrut leur mécontentement déjà si grand, car, après l'échec que nous venions d'éprouver, il ne fallait plus songer à tenter le passage par l'île de Schwartze-Laken, dans laquelle l'ennemi, éclairé sur nos projets, venait d'envoyer plusieurs milliers d'hommes. Il ne restait plus qu'un seul point sur lequel on pût traverser le Danube, celui d'Ebersdorf.

Pour se rendre de ce village à la rive gauche, nous devions franchir quatre branches du fleuve. La première a 250 toises de largeur. Jugez de l'immense longueur du pont qu'il fallait jeter entre la rive que nous occupions et une petite île située au milieu du fleuve! Au delà de cette île, se trouve le second bras, large de 180 toises; c'est le plus rapide: ces deux bras baignent un îlot après lequel vient une île marécageuse et le troisième cours d'eau, large d'une vingtaine de toises. Quand on a franchi ces divers obstacles, on n'est encore arrivé que dans l'immense île de Lobau, séparée du continent par le quatrième bras, dont la largeur est de 70 toises. Ainsi, l'ensemble des quatre rivières, présentant une largeur totale de 520 toises, nécessitait l'établissement de quatre ponts, ce qui exigeait des travaux immenses. Le point choisi par l'Empereur devant Ebersdorf avait cet avantage que les deux îles et l'îlot servaient à appuyer et consolider nos ponts, et que la Lobau formait une vaste place d'armes, d'où l'on pouvait arriver avec plus d'assurance sur la rive gauche. Enfin, cette île faisant un coude rentrant offrait un débouché très avantageux au milieu de la plaine qui s'étend entre les villages de Gross-Aspern et d'Essling: c'était pour le passage d'une armée la configuration la plus désirable.

L'archiduc Charles, arrivant en face de Vienne par la rive gauche du Danube, et trouvant Napoléon arrêté par cette redoutable barrière, espéra pouvoir l'empêcher de la franchir en menaçant ses derrières. Il fit donc attaquer la tête du pont que nous avions à Linz et commença même à Krems des préparatifs pour passer le fleuve avec toute son armée et venir nous combattre sur la rive droite. Mais ses troupes furent repoussées partout, et il se borna à s'opposer à notre passage devant Ebersdorf. L'établissement de nos ponts éprouvait de très grands obstacles, car, faute de matériaux, on fut réduit à se servir de bateaux de formes et de dimensions différentes. Il fallut employer des cordages, des bois et des fers qui n'avaient pas la solidité nécessaire. Les ancres manquaient; on y suppléa avec des caisses remplies de boulets. Ces travaux, abrités par des plantations, étaient protégés par le corps d'armée du maréchal Masséna.

Celui du maréchal Lannes, situé devant Nussdorf, simulait sur ce point des préparatifs de passage, afin de distraire l'attention des ennemis, qui crurent longtemps que nous voulions renouveler l'attaque sur l'île de Schwartze-Laken. Mais comme ces démonstrations n'étaient pas réelles, le maréchal Lannes suivit de sa personne l'Empereur, lorsque celui-ci se rendit le 19 au soir à Ebersdorf pour présider à l'établissement des ponts. Napoléon, après avoir examiné dans le plus grand détail ce qui avait été préparé, et s'être assuré qu'on avait réuni tout ce que les circonstances permettaient de se procurer, fit monter une brigade de la division Molitor sur quatre-vingts grandes barques et dix forts radeaux, qui, malgré la difficulté qu'opposait l'extrême largeur du Danube et la violence des vagues, atteignirent l'île de Lobau. Les troupes s'y établirent sans obstacle, l'ennemi ayant négligé de faire garder ce point, tant il était préoccupé par la pensée que nous voulions traverser le fleuve devant Nussdorf, au-dessus de Vienne. L'Empereur fit occuper de même plusieurs îles de moindre importance, et la construction des ponts commença. Elle dura toute la nuit, par un temps magnifique, et fut terminée le 20 à midi. Toutes les divisions du corps de Masséna passèrent immédiatement dans l'île de Lobau. Il n'y a peut-être pas d'exemple d'aussi grands travaux exécutés en si peu de temps.

Le 20 mai, à quatre heures du soir, l'Empereur ayant fait jeter un pont sur le quatrième et dernier bras du Danube, les divisions d'infanterie de Masséna, commandées par les généraux Legrand, Boudet, Carra Saint-Cyr et Molitor, débouchèrent de l'île de Lobau pour aller occuper sur la terre ferme les villages d'Essling et d'Aspern. Ces troupes furent suivies par les divisions de cavalerie légère Lasalle, Marulaz, ainsi que par les cuirassiers du général Espagne; en tout 25,000 hommes.

Quelques escadrons ennemis parurent seuls à l'horizon; le gros de l'armée autrichienne était encore à Gérarsdorf, mais allait se mettre en marche pour venir s'opposer à notre établissement sur la rive gauche du Danube. L'Empereur, de son côté, dirigeait de fortes masses vers l'île de Lobau. Le corps du maréchal Lannes dut quitter les environs de Nussdorf pour se rendre à Ebersdorf; mais divers obstacles embarrassèrent son passage dans Vienne, et il n'arriva que le lendemain fort tard. La garde à pied suivait.

Dans la soirée du 20 mai, l'Empereur et le maréchal Lannes ayant été se loger dans la seule maison qui existât dans l'île de Lobau, mes camarades et moi nous établîmes auprès de là, sur de beaux gazons qu'éclairait la lune dans tout son éclat. La nuit était délicieuse, et dans notre insouciance militaire, sans songer aux périls du lendemain, nous causions gaiement et chantions des ariettes nouvelles, entre autres deux fort à la mode alors dans l'armée, parce qu'on les attribuait à la reine Hortense et que les paroles avaient beaucoup de rapport avec les circonstances dans lesquelles nous nous trouvions; c'était:

Vous me quittez pour aller à la gloire,
   Mon tendre cœur suivra partout vos pas...

Et puis:

> L'astre des nuits de son paisible éclat
> Lançait des feux sur les tentes de France!...

Le capitaine d'Albuquerque était le plus joyeux de nous tous, et après nous avoir charmés par sa belle voix, il nous faisait rire aux éclats par le récit des plus bouffonnes aventures de sa vie romanesque. Le pauvre garçon ne prévoyait pas que le soleil qui allait se lever éclairerait son dernier jour!... pas plus que nous ne pensions que la plaine située en face de nous, sur l'autre rive, serait bientôt arrosée du sang de notre bon maréchal, ainsi que de celui de presque chacun de nous.

Le 21 au matin, les lignes autrichiennes parurent et vinrent se ranger en face des nôtres, en avant d'Essling et d'Aspern. Le maréchal Masséna, qui occupait ces deux villages depuis la veille, aurait dû en faire créneler les maisons et couvrir les approches par quelques travaux de campagne; mais il avait malheureusement négligé de prendre cette prudente précaution. L'Empereur l'en blâma; mais comme l'ennemi approchait, et qu'on n'avait plus le temps de réparer cette faute, Napoléon ne pouvant fortifier Essling ni Aspern, y suppléa, autant que possible, en couvrant ce dernier point par une tête qu'il traça lui-même et à laquelle il fit travailler à l'instant. Si le corps d'armée du maréchal Lannes, la garde impériale et les autres troupes que Napoléon attendait, eussent été présents, il n'aurait certainement pas donné au prince Charles le temps de déployer son armée devant lui et l'aurait attaqué sur-le-champ; mais n'ayant que trois divisions d'infanterie et quatre de cavalerie à opposer aux forces considérables de l'ennemi, l'Empereur dut se borner pour le moment à la défensive. Pour cela, il appuya au village d'Aspern son aile gauche, composée de trois divisions d'infanterie sous les ordres du maréchal Masséna. L'aile droite, formée par la division Boudet, s'appuyait au Danube, auprès du grand bois qui se trouve entre ce fleuve et le village d'Essling, qu'elle occupait aussi. Enfin, les trois divisions de cavalerie et une partie de l'artillerie formaient le centre, sous les ordres du maréchal Bessières, et se déployèrent dans l'espace resté vide entre Essling et Aspern. Ainsi, d'après les expressions de l'Empereur, qui comparait sa position à un camp retranché, Aspern et Essling figuraient des bastions qu'unissait une courtine formée par la cavalerie et l'artillerie.

Les deux villages, bien que n'étant pas retranchés, étaient susceptibles d'une bonne défense, car ils sont bâtis en maçonnerie et entourés de petites levées de terre qui les protègent contre l'inondation du Danube; l'église et le cimetière d'Aspern pouvaient résister longtemps; Essling avait pour citadelle un vaste enclos et un immense grenier d'abondance construit en pierre de taille. Ces derniers points nous furent très utiles.

Quoique les troupes dont se composaient la droite et le centre ne fissent pas partie du corps de Lannes, qui se trouvait encore sur l'autre rive du Danube, l'Empereur avait voulu, dans des circonstances aussi difficiles, utiliser les talents de ce maréchal et lui en avait confié le commandement supérieur. On lui entendit dire au maréchal Bessières: «Vous êtes sous les ordres du maréchal Lannes»; ce qui parut fortement contrarier Bessières. Je rapporterai tout à l'heure le grave conflit auquel cette déclaration donna lieu, et comment je m'y trouvai engagé bien malgré moi.

Vers deux heures après midi, l'armée autrichienne s'avança sur nous, et la bataille s'engagea très vivement. La canonnade fut terrible! Les forces des ennemis étaient tellement supérieures aux nôtres, qu'il leur eût été facile de nous jeter dans le Danube, en perçant la ligne de cavalerie qui seule constituait notre centre; et si l'Empereur eût été à la place du prince Charles, il aurait certainement pris ce parti. Mais le généralissime autrichien était trop *méthodique* pour agir avec autant de résolution; aussi, au lieu de marcher franchement vers notre tête de pont avec une masse considérable, il employa toute cette première journée de la bataille à attaquer Aspern et Essling, qu'il enleva et perdit cinq ou six fois, après des combats très meurtriers. Car dès qu'un de ces villages était occupé par l'ennemi, l'Empereur le faisait reprendre par ses réserves, et si on nous l'enlevait de nouveau, il le reprenait encore, malgré l'incendie qui les dévorait tous les deux.

Pendant ces alternatives de succès et de revers, la cavalerie autrichienne menaça plusieurs fois notre centre, mais la nôtre la repoussait et revenait ensuite prendre sa place entre les deux villages, malgré les grands ravages que l'artillerie ennemie faisait dans ses rangs. L'action se soutint ainsi jusqu'à dix heures du soir. Les Français restèrent maîtres d'Essling et d'Aspern, tandis que les Autrichiens, faisant rétrograder leur gauche et leur centre, se bornèrent pendant la nuit à quelques attaques infructueuses sur Aspern; mais ils faisaient avancer de nombreux renforts pour l'action du lendemain.

Pendant cette première journée de la bataille, l'état-major du maréchal Lannes, toujours occupé à porter des ordres sur les points les plus exposés, avait couru de très grands dangers, sans que nous eussions néanmoins aucun malheur à déplorer, et déjà nous nous félicitions, lorsqu'au soleil couchant, les ennemis, voulant couvrir leur retraite par un redoublement de feu d'artillerie, firent pleuvoir sur nous une grêle de projectiles. En ce moment, d'Albuquerque, La Bourdonnaye et moi, rangés en face du maréchal, venions lui rendre compte des ordres qu'il nous avait chargés de transmettre, et nous tournions, par conséquent, le dos aux canons ennemis. Un boulet, frappant le malheureux d'Albuquerque au bas des reins, l'enlève, le lance par-dessus la tête de son cheval, et le jette raide mort aux pieds du maréchal qui s'écrie: «Voilà la fin du roman de ce pauvre garçon!... mais c'est, du moins, une belle mort!...»

Un second boulet passa entre la selle et l'épine dorsale du cheval de La Bourdonnaye, sans toucher le cavalier ni l'animal!... Ce fut un coup vraiment miraculeux! Mais les arcades de l'arçon furent si violemment brisées entre les cuisses de La Bourdonnaye, que le bois et les bandes de fer s'incrustèrent dans les chairs de cet officier. Il souffrit très longtemps de cette blessure extraordinaire.

Placé entre mes deux camarades, je les vis tomber au même instant. Je me portai alors vers le peloton d'escorte pour ordonner à ces cavaliers de venir relever La Bourdonnaye; mais à peine avais-je fait quelques pas, qu'un aide de camp du général Boudet, s'étant avancé pour parler au maréchal, eut la tête emportée d'un coup de canon, sur le terrain même que je venais de quitter!... Décidément, la place n'était plus tenable; nous nous trouvions justement en face d'une batterie ennemie; aussi le maréchal, malgré tout son courage, jugea-t-il à propos de se placer à une centaine de toises sur la droite.

Le dernier ordre que le maréchal Lannes m'avait ordonné de porter était adressé au maréchal Bessières, et donna lieu à une très vive altercation entre ces deux maréchaux, qui se détestaient cordialement. Il est indispensable de connaître les motifs de cette haine pour bien comprendre la scène que je vais rapporter.

CHAPITRE DIX-SEPT

Rivalité de Lannes et Bessières.—Vive altercation entre ces maréchaux.—
L'Empereur reprend l'offensive contre le centre ennemi.

Lorsque, en 1796, le général Bonaparte alla prendre le commandement de l'armée d'Italie, il emmena comme premier aide de camp Murat, qu'il venait de faire colonel, et pour lequel il avait beaucoup d'affection; mais, dès les premières affaires, Bonaparte, qui avait remarqué les talents militaires, le zèle et le courage de Lannes, chef du 4e de ligne, lui accorda une part non moins grande dans son estime et dans son amitié; cette faveur excita la jalousie de Murat. Ces deux colonels étant devenus généraux de brigade, Bonaparte, dans les moments les plus difficiles, confiait à Murat la direction des charges de cavalerie et faisait conduire par Lannes la réserve des grenadiers. L'un et l'autre firent merveille; mais bien que l'armée les louât tous les deux, il s'établit, entre ces braves officiers, une rivalité qui, il faut bien le dire, ne déplaisait pas au général en chef, parce qu'elle lui servait à surexciter leur zèle et leur amour de bien faire. Il vantait les hauts faits du général Lannes devant Murat et les mérites de celui-ci en présence de Lannes. Dans les altercations que ne tarda pas à amener cette rivalité, Bessières, alors simple capitaine des guides du général Bonaparte, auprès duquel il était aussi en très grande faveur, prenait constamment le parti de Murat, son compatriote, et saisissait toutes les occasions de dénigrer le maréchal Lannes, ce que celui-ci n'ignorait pas.

Après les belles campagnes d'Italie, Lannes et Murat, devenus généraux de division, suivirent Bonaparte en Égypte, où leur hostilité réciproque ne fit qu'augmenter. Enfin, cette inimitié s'accrut encore par le désir qu'ils conçurent tous deux d'épouser Caroline Bonaparte, la sœur de leur général en chef. En cette circonstance, Bessières agit auprès de Mme Bonaparte en faveur de Murat, et pour la gagner à sa cause, il saisit l'occasion qui se présenta de porter un coup décisif au rival de son ami. Lannes commandait alors la garde consulaire, et dans son trop grand désir de bien faire, il avait dépassé de 300,000 francs le crédit alloué pour l'équipement de ses soldats. Bessières, membre du conseil d'administration, chargé de la répartition des fonds, signala à Murat le fait, qui ne tarda pas à arriver aux oreilles du premier Consul. Ce dernier, qui en prenant le pouvoir avait résolu de ramener l'ordre dans l'administration, voulut faire un exemple et retira à Lannes le commandement de sa garde, en lui accordant le délai d'un mois pour combler ce déficit!... Lannes n'aurait pu le faire sans le généreux concours d'Augereau. Le premier Consul lui rendit alors sa faveur, mais on conçoit que Lannes ait voué une haine profonde au général Bessières, aussi bien qu'à Murat, son heureux rival, qui avait enfin épousé Caroline Bonaparte. Telle était l'antipathie qui existait entre Lannes et Bessières, lorsqu'ils se trouvèrent en contact sur le champ de bataille d'Essling.

Au moment de la vive canonnade qui venait de tuer le malheureux d'Albuquerque, le maréchal Lannes, voyant les Autrichiens exécuter un mouvement rétrograde, voulut les faire charger par toute sa cavalerie. Il m'appela pour en porter l'ordre au général Bessières, qui, vous le savez, venait d'être placé sous son commandement par l'Empereur; mais, comme j'étais en course, l'aide de camp, le premier à marcher, s'approcha: c'était de Viry. Le maréchal Lannes lui donna l'ordre suivant: «Allez dire au maréchal Bessières que je lui *ordonne* de charger à fond!» Or, vous saurez que ce dernier mot signifiant qu'on doit aller jusqu'à ce que les sabres piquent le corps des ennemis, il devient un reproche, puisqu'il semble dire que jusque-là la cavalerie n'a pas agi assez vigoureusement. L'expression *je lui ordonne* était également très dure, employée par un maréchal vis-à-vis d'un autre maréchal; mais c'était précisément pour cela que le maréchal se servait des mots *ordonne* et *charger à fond*.

Le capitaine de Viry part, remplit sa mission et revient auprès du maréchal, qui lui demande: «Qu'avez-vous dit au maréchal Bessières?»—«Je l'ai informé que Votre Excellence le priait de faire charger toute la cavalerie.»—Le maréchal Lannes, haussant les épaules, s'écria: «Vous êtes un enfant... faites approcher un autre officier.» C'était Labédoyère. Le maréchal, le sachant plus ferme que de Viry, lui donne la même mission, en appuyant fortement sur les expressions vous ordonne et charger à fond; mais Labédoyère, ne comprenant pas non plus l'intention du maréchal Lannes, n'osa répéter mot à mot au maréchal Bessières l'ordre qu'il avait à lui transmettre, et, de même que de Viry, il se servit d'une circonlocution. Aussi, à son retour, le maréchal Lannes, lui ayant demandé ce qu'il avait dit, lui tourna le dos.— Je rentrais à ce moment au galop dans le groupe de l'état-major, et, bien que ce ne fût pas à moi à marcher, le maréchal m'appela et me dit: «Marbot, le maréchal Augereau m'a assuré que vous étiez un homme sur lequel on pouvait compter; votre manière de servir auprès de moi m'a confirmé dans cette pensée; j'en désire une nouvelle preuve: allez dire au maréchal Bessières que je lui ordonne de charger à fond; vous entendez bien, monsieur, à fond!...» Et en parlant ainsi il me pointait les côtes avec ses doigts. Je compris parfaitement que le maréchal Lannes voulait humilier le maréchal Bessières, d'abord en lui faisant durement sentir que l'Empereur lui avait donné pleine autorité sur lui; en second lieu, en blâmant la manière dont il dirigeait la cavalerie. J'étais navré de la nécessité où j'étais de transmettre au maréchal Bessières des expressions blessantes, dont il était facile de prévoir les fâcheux résultats; mais enfin, je devais obéir à mon chef direct!...

Je m'élance donc au galop vers le centre, en désirant qu'un des nombreux boulets qui tombaient autour de moi, abattant mon cheval, me donnât une bonne excuse pour ne pas remplir la pénible mission dont j'étais chargé!... J'aborde très respectueusement le maréchal Bessières, auquel j'exprime le désir de parler en particulier. Il me répond fort sèchement: «Parlez haut, monsieur!»—Je fus donc contraint de lui dire en présence de son nombreux état-major et d'une foule de généraux et colonels: «M. le maréchal Lannes m'a chargé de dire à Votre Excellence qu'il lui *ordonnait* de *charger à fond...*»—Alors Bessières, en fureur, s'écrie: «Est-ce ainsi, monsieur, qu'on parle à un maréchal?... Quels termes! vous *ordonne* et *charger à fond!...* Je vous ferai sévèrement punir de cette inconvenance!...»—Je répondis: «Monsieur le maréchal, plus les expressions dont je me suis servi paraissent fortes à Votre Excellence, plus elle doit être convaincue que je ne fais qu'obéir aux ordres que j'ai reçus!...» Puis je saluai et revins auprès du maréchal Lannes. «Eh bien! qu'avez-vous dit au maréchal Bessières?—Que Votre Excellence lui *ordonnait de charger à fond!...*—C'est cela, voilà au moins un aide de camp qui me comprend!...»

Vous sentez que, malgré ce compliment, je regrettais fort d'avoir été obligé d'accomplir un tel message. Cependant, la charge de cavalerie eut lieu, le général Espagne y fut tué, mais le résultat fut très bon, ce qui fit dire au maréchal Lannes: «Vous voyez bien que ma sévère injonction a produit un excellent effet; sans cela, M. le maréchal Bessières eût *tâtonné* toute la journée!»

La nuit vint, et le combat cessa tant au centre que vers notre droite, ce qui détermina le maréchal Lannes à se rendre auprès de l'Empereur, dont le bivouac se trouvait dans les ouvrages de la tête de pont; mais à peine étions-nous en marche que le maréchal, entendant une vive fusillade dans Aspern, où commandait Masséna, voulut aller voir ce qui se passait dans ce village. Il ordonna à son état-major de se rendre au bivouac impérial, et, ne gardant que moi et une ordonnance, il me dit de le conduire dans Aspern, où j'avais été plusieurs fois dans la journée. Je pris donc cette direction; la lune et l'incendie qui dévorait Essling et Aspern nous éclairaient parfaitement; cependant, comme les nombreux sentiers qui sillonnent la plaine étaient souvent cachés par des blés d'une très grande hauteur, et que je craignais de m'y perdre, je mis pied à terre pour mieux les reconnaître. Bientôt le maréchal, descendant aussi de cheval, se mit à marcher à mes côtés, en causant du combat du jour et des chances de celui qui se préparait pour le lendemain. Au bout d'un quart d'heure, nous arrivons auprès d'Aspern, dont les abords étaient couverts par les feux de bivouac des troupes de Masséna. Le maréchal Lannes, voulant parler à celui-ci, m'ordonne de passer devant pour m'informer du lieu où il était établi. Nous avions à peine fait quelques pas que j'aperçois, sur le front de bandière du camp, Masséna se promenant avec le maréchal Bessières. La blessure que j'avais reçue au front en Espagne m'empêchant de porter un colback, j'étais le seul aide de camp des maréchaux de l'armée qui eût un chapeau. Bessières, m'ayant reconnu à ce détail, mais n'apercevant point encore le maréchal Lannes, s'avance vers moi en disant: «Ah! c'est vous, monsieur!... Si ce que vous avez dit tantôt provient de vous seul, je vous apprendrai à mieux choisir vos expressions en parlant à vos supérieurs; et si vous n'avez fait qu'obéir à votre maréchal, il me rendra raison de cette injure, et je vous charge de le lui dire!» Le maréchal Lannes, s'élançant alors comme un lion, passe devant moi et, me saisissant le bras, s'écrie: «Marbot, je vous dois une réparation; car, bien que je crusse être certain de votre dévouement, il m'était resté quelques doutes sur la manière dont vous aviez transmis mes ordres à monsieur; mais je reconnais mes torts à votre égard!...» Puis, s'adressant à Bessières: «Je vous trouve bien osé de gronder un de mes aides de camp! Celui-ci, monté le premier à l'assaut de Ratisbonne, a traversé le Danube en bravant une mort presque certaine, et vient d'être blessé en Espagne, tandis qu'il est de prétendus militaires qui de leur vie n'ont reçu aucune égratignure et n'ont fait leur avancement qu'en espionnant et dénonçant leurs camarades. Et que reprochez-vous à cet officier?—Monsieur, dit Bessières, votre aide de camp est venu me dire que vous m'ordonniez de charger à fond. Il me semble que de telles expressions sont inconvenantes.—Elles sont justes, monsieur, et c'est moi qui les ai dictées!... L'Empereur ne vous a-t-il pas dit que vous étiez sous mes ordres?» Alors Bessières répondit avec embarras: «L'Empereur m'a prévenu que je devais obtempérer à vos avis.—Sachez, monsieur, s'écria le maréchal, que, dans l'état militaire, on n'obtempère pas, on obéit à des ordres! Si l'Empereur avait la pensée de me placer sous votre commandement, je lui offrirais ma démission; mais, tant que vous serez sous le mien, je vous donnerai des ordres, et vous obéirez; sinon, je vous retirerai la direction des troupes. Quant à charger à fond, je vous l'ai prescrit parce que vous ne le faisiez pas, et que, depuis ce matin, vous paradiez devant l'ennemi sans l'aborder franchement!—Mais ceci est un outrage! cria Bessières avec colère; vous m'en rendrez raison!—À l'instant même si vous voulez», répondit Lannes en portant la main à son épée.

Pendant cette discussion, le vieux Masséna, s'interposant entre les adversaires, cherchait à les calmer; enfin, ne pouvant y parvenir, il prit à son tour le haut ton: «Je suis votre ancien, messieurs; vous êtes dans mon camp, je ne souffrirai pas que vous donniez à mes troupes le spectacle scandaleux de voir deux maréchaux mettre l'épée à la main, et cela devant l'ennemi! Je vous somme donc, au nom de l'Empereur, de vous séparer sur-le-champ!» Puis, se radoucissant, il prit le maréchal Lannes par le bras et le conduisit à l'extrémité du bivouac, pendant que Bessières retournait au sien.

Je vous laisse à penser combien je fus affecté de cette scène déplorable!... Enfin le maréchal Lannes, remontant à cheval, prit le chemin de la tête de pont, et, dès que nous fûmes au bivouac de l'Empereur, auprès duquel mes camarades s'étaient établis, il prit Napoléon en particulier et lui raconta ce qui venait de se passer. Celui-ci envoya aussitôt chercher le maréchal Bessières, qu'il reçut fort mal; puis, s'éloignant avec lui et marchant à grands pas, Sa Majesté paraissait fort agitée, croisait les bras et semblait lui adresser de vifs reproches. Le maréchal Bessières avait l'air confondu, et dut l'être davantage encore lorsque l'Empereur, se mettant à table, ne l'invita pas à dîner, tandis qu'il faisait asseoir le maréchal Lannes à sa droite.

Autant mes camarades et moi avions été gais la nuit précédente, autant nous fûmes tristes pendant celle du 21 au 22. Nous venions de voir périr le malheureux d'Albuquerque, nous avions à nos côtés La Bourdonnaye horriblement blessé, dont les gémissements nous déchiraient le cœur; enfin, de tristes pressentiments nous agitaient sur le résultat de la bataille dont nous venions de voir seulement la première partie. Nous fûmes, du reste, sur pied toute la nuit, pour faire passer le Danube au corps du maréchal Lannes, composé de trois divisions des grenadiers d'Oudinot, commandées par les généraux Demont, Claparède et Tharreau, et de la division Saint-Hilaire, ainsi que des cuirassiers de Nansouty. Ces troupes étaient suivies par la garde impériale.

Cependant le Danube augmentait à vue d'œil; beaucoup de gros arbres que ses flots entraînaient vinrent heurter les ponts de bateaux, qu'ils rompirent plusieurs fois; mais on les réparait promptement, et, malgré ces accidents, les troupes dont je viens de faire l'énumération avaient traversé le fleuve et se trouvaient réunies sur le champ de bataille, lorsque, aux premières lueurs de l'aurore du 22 mai, le bruit du canon annonça le renouvellement du combat.

L'Empereur, ayant à sa disposition le double des troupes de la veille, prit des mesures pour attaquer l'ennemi. Le maréchal Masséna et ses trois premières divisions d'infanterie restèrent dans Aspern; la quatrième, celle du général Boudet, fut laissée à Essling, sous les ordres du maréchal Lannes, dont le corps d'armée vint occuper l'espace entre ces deux villages, ayant en seconde ligne la cavalerie du maréchal Bessières, encore placé sous les ordres du maréchal Lannes. La garde impériale formait la réserve.

La réprimande faite par l'Empereur au maréchal Bessières avait été si sévère que, dès que celui-ci aperçut Lannes, il vint lui demander comment il désirait qu'il plaçât ses troupes. Le maréchal, voulant constater son autorité, lui répondit: «Je vous ordonne, monsieur, de les placer sur tel point, puis vous attendrez mes ordres.» Ces expressions étaient dures, mais il ne faut pas oublier les agissements de Bessières à l'égard de Lannes à l'époque du Consulat. Bessières parut fortement blessé, mais il obéit en silence.

L'archiduc Charles, qui, par une attaque vigoureuse, aurait pu la veille percer notre faible ligne entre Essling et Aspern, renouvela ses efforts contre ces villages. Mais si nous avions résisté le 21 à toute son armée, avec le seul corps de Masséna et une portion de notre cavalerie, à plus forte raison étions-nous en mesure de le faire, à présent que la garde impériale, le corps du maréchal Lannes et une division de cuirassiers venaient de nous rejoindre. Les Autrichiens furent donc repoussés partout. Une de leurs colonnes fut même coupée et prise dans Aspern; elle se composait d'un millier d'hommes commandés par le général Weber et de six pièces de canon.

Jusqu'à ce moment l'Empereur n'avait fait que se défendre en attendant les troupes qui traversaient le fleuve; mais le nombre de celles qui se trouvaient sur le champ de bataille ayant été doublé, et le corps du maréchal Davout réuni à Ebersdorf commençant à s'engager sur les ponts, Napoléon jugea qu'il était temps de passer de la défense à l'attaque, et ordonna au maréchal Lannes de se mettre à la tête des divisions d'infanterie Saint-Hilaire, Tharreau, Claparède et Demont, suivies de deux divisions de cuirassiers, et d'aller enfoncer le centre de l'armée ennemie... Le maréchal Lannes s'avance alors fièrement dans la plaine!... Rien ne lui résiste... il prend en un instant un bataillon, cinq pièces et un drapeau. Les Autrichiens se retirent d'abord avec régularité; mais leur centre, étant obligé de s'élargir sans cesse à mesure que nous avancions, finit par être percé! Le désordre se met parmi les troupes ennemies, à tel point que nous voyions les officiers et les sergents frapper à coups de bâton leurs soldats, sans pouvoir les retenir dans leurs rangs. Si notre marche eût continué quelques moments de plus, c'en était fait de l'armée du prince Charles!

CHAPITRE DIX-HUIT

Rupture des ponts du Danube.—Nous conservons nos positions.—Le maréchal Lannes est blessé.—Nous nous fortifions dans l'île de Lobau.

Tout nous présageait une victoire complète. Déjà Masséna et le général Boudet se préparaient à déboucher d'Aspern et d'Essling pour aller assaillir les Autrichiens, lorsque, à notre très grande surprise, un aide de camp de l'Empereur vint apporter au maréchal Lannes l'ordre de suspendre son mouvement d'attaque!... Les arbres et autres corps flottants sur le Danube avaient causé une nouvelle rupture aux ponts, ce qui retardait l'arrivée des troupes du maréchal Davout ainsi que des munitions. Enfin, après une heure d'attente, le passage fut rétabli, et bien que l'ennemi eût profité de ce temps pour renforcer son centre et mettre de l'ordre dans ses lignes, nous recommençâmes notre attaque, et les Autrichiens reculaient de nouveau, lorsqu'on apprit qu'une immense partie du grand pont venant d'être emportée, et ne pouvant être réparée avant quarante-huit heures, l'Empereur ordonnait au maréchal Lannes d'arrêter son mouvement sur le terrain conquis!...

Voici ce qui avait donné lieu à ce contretemps, qui nous privait d'une victoire éclatante. Un officier autrichien, placé en observation avec quelques compagnies de chasseurs dans les îles situées au-dessus d'Aspern, était monté sur un petit bateau, puis s'était avancé vers le milieu du fleuve, pour voir de loin nos troupes passer les ponts. Il fut ainsi témoin de la première rupture occasionnée par les arbres que le fleuve entraînait, ce qui lui inspira la pensée de renouveler ces accidents, à mesure que nous les réparerions. Il fit donc pousser à l'eau un grand nombre de poutres et plusieurs barques chargées de matières enflammées qui détruisirent quelques-uns de nos pontons; mais comme nos pontonniers les remplaçaient aussitôt, l'officier ordonna de mettre le feu à un énorme moulin flottant, le fit conduire au milieu du fleuve et le lança sur notre grand pont, dont il brisa et entraîna une forte partie!... Dès ce moment, l'Empereur, acquérant la certitude qu'il fallait renoncer à l'espoir de rétablir ce jour-là le passage et de faire arriver le corps de Davout sur le champ de bataille, prescrivit au maréchal Lannes de rapprocher peu à peu ses troupes de leur première position, entre Essling et Aspern, afin que, appuyés à ces villages, ils pussent tenir contre les efforts des ennemis. Ce mouvement s'exécutait dans le plus grand ordre, lorsque l'archiduc Charles, étonné d'abord de notre retraite, et apprenant bientôt la rupture complète du grand pont, conçut l'espoir de jeter l'armée française dans le Danube. Il fait dans ce but avancer la cavalerie contre la division Saint-Hilaire qui se trouvait la plus rapprochée de ses lignes; mais nos bataillons ayant repoussé toutes les charges de l'ennemi, celui-ci dirigea contre eux un feu terrible d'artillerie!... Le maréchal Lannes me chargea en ce moment de porter un ordre au général Saint-Hilaire. À peine étais-je arrivé auprès de celui-ci, qu'une grêle de mitraille tomba sur son état-major!... Plusieurs officiers furent tués, le général Saint-Hilaire eut la jambe brisée: il fallut l'amputer et il mourut pendant l'opération; enfin je fus frappé à la cuisse droite par un biscaïen qui m'enleva un morceau de chair gros comme un œuf. Cette blessure n'étant pas dangereuse, je pus aller rendre compte de ma mission au maréchal. Je le trouvai auprès de l'Empereur, qui, me voyant couvert de sang, dit: «Votre tour vient bien souvent!...» Napoléon et le maréchal, auxquels j'appris la blessure mortelle du brave général Saint-Hilaire, furent très affectés de cette perte.

Le maréchal voyant la division Saint-Hilaire assaillie de toutes parts, va lui-même en prendre le commandement et la ramène lentement, en se retournant souvent contre l'ennemi, jusqu'à ce que notre droite s'appuyât à Essling, que la division Boudet occupait toujours. Bien que ma blessure ne fût point encore pansée, je crus devoir accompagner le maréchal dans cette expédition, pendant laquelle mon ami de Viry eut l'épaule brisée par une balle. Je le fis à grand'peine transporter dans les retranchements de la tête de pont.

La position était fort critique; l'Empereur, réduit à la défensive, donne à son armée la forme d'un arc dont le Danube figurait la corde. Notre droite touchait au fleuve, derrière Essling. Notre gauche s'appuyait derrière Aspern. Il fallait, sous peine d'être jeté dans le Danube, entretenir le combat pendant le reste de la journée. Il était neuf heures du matin, et nous devions attendre la nuit pour nous retirer dans l'île de Lobau par le faible pont du petit bras. Le prince Charles, comprenant combien notre situation était défavorable, renouvelait constamment ses attaques contre les deux villages et le centre; mais, heureusement pour nous, il ne lui vint pas dans l'esprit de forcer notre extrême droite, entre Essling et le Danube. C'était le point faible de notre position: une forte colonne, lancée vigoureusement, pouvait arriver par là sur notre tête de pont, et dès lors nous étions perdus!... Sur tous les points de notre ligne le carnage fut terrible, mais absolument nécessaire pour sauver l'honneur français et la partie de l'armée qui avait passé le Danube.

Pour arrêter la vivacité des attaques des ennemis, le maréchal Lannes faisait souvent des retours offensifs sur leur centre, qu'il refoulait au loin; mais bientôt ils revinrent avec de nombreux renforts. Dans une de ces attaques, Labédoyère reçut un coup de biscaïen dans le pied, et Watteville eut une épaule luxée, à la suite d'une chute occasionnée par la mort de son cheval abattu par un boulet. Ainsi, de tout l'état-major du maréchal Lannes, il ne restait que le sous-lieutenant Le Coulteux et moi. Il était impossible que je le laissasse seul avec ce jeune officier, très brave sans doute, mais inexpérimenté. Le maréchal, désirant me garder, me dit: «Allez vous faire panser; et si vous pouvez encore vous soutenir à cheval, revenez me joindre» Je gagnai la première ambulance; l'affluence des blessés y était énorme; on manquait de linge et de charpie... Un chirurgien remplit ma plaie avec de la grosse étoupe dont on se sert pour bourrer les canons. L'introduction de ces filaments dans ma cuisse me fit beaucoup souffrir, et dans toute autre circonstance je me serais retiré du combat; mais il fallait que chacun déployât toute son énergie. Je retournai donc auprès du maréchal Lannes, que je trouvai fort inquiet; il venait d'apprendre que les Autrichiens avaient enlevé à Masséna la moitié d'Aspern!... Ce village fut pris et repris plusieurs fois. Celui d'Essling était aussi vivement attaqué en ce moment. Les régiments de la division Boudet le défendaient courageusement. Les deux partis étaient si acharnés qu'en se battant au milieu des maisons embrasées, ils se retranchaient avec les cadavres amoncelés qui obstruaient les rues. Les grenadiers hongrois furent repoussés cinq fois; mais leur sixième attaque ayant réussi, ils parvinrent à s'emparer du village, moins le *grenier d'abondance*, dans lequel le général Boudet retira ses troupes comme dans une citadelle.

Pendant ce terrible combat, le maréchal m'envoya plusieurs fois dans Essling, où je courus de bien grands dangers; mais j'étais si animé que ma blessure ne me faisait éprouver aucune douleur.

S'apercevant enfin que, renouvelant sa faute de la veille, il use ses forces contre Essling et Aspern, les deux bastions de notre ligne, tandis qu'il néglige le centre, où une vive attaque de ses réserves pouvait le conduire jusqu'à nos ponts et amener la destruction de l'armée française, le prince Charles lance sur ce point des masses énormes de cavalerie, soutenues par de profondes colonnes d'infanterie. Le maréchal Lannes, sans s'étonner de ce déploiement de forces, ordonne de laisser approcher les Autrichiens à petite portée et les reçoit avec un feu d'infanterie et de mitraille tellement violent qu'ils s'arrêtent, sans que la présence ou les excitations du prince Charles puissent les déterminer à faire un seul pas de plus vers nous!... Il est vrai qu'ils apercevaient derrière nos lignes les bonnets à poil de la vieille garde, qui, formée en colonne, s'avançait majestueusement l'arme au bras!

Le maréchal Lannes, profitant habilement de l'hésitation des ennemis, les fait charger par le maréchal Bessières, à la tête de deux divisions de cavalerie, qui renversèrent une partie des bataillons et escadrons autrichiens. L'archiduc Charles, se voyant obligé de renoncer à une attaque sur notre centre, veut au moins profiter de l'avantage que lui offre l'occupation d'Essling par ses troupes; mais l'Empereur ordonne en ce moment à l'intrépide général Mouton, son aide de camp, de reprendre le village avec la jeune garde, qui se précipite sur les grenadiers hongrois, les repousse et reste en possession d'Essling. La jeune garde et son chef se couvrirent de gloire dans ce combat, qui valut plus tard au général Mouton le titre de comte de Lobau.

Le succès que nous venions d'obtenir sur le centre et dans Essling ayant ralenti l'ardeur de l'ennemi, l'archiduc Charles, dont les pertes étaient énormes, renonça à l'espoir de forcer notre position et ne fit plus, le reste de la journée, qu'entretenir une lutte sans résultat. Cette terrible bataille de trente heures consécutives touchait enfin à son terme!... Il était temps, car nos munitions étaient presque épuisées, et nous en aurions totalement manqué, sans l'activité du brave maréchal Davout qui, pendant toute la journée, n'avait cessé de nous en envoyer de la rive droite, au moyen de quelques légers bateaux. Mais comme elles arrivaient lentement et en petite quantité, l'Empereur ordonna de les ménager, et le feu se changea sur notre ligne en un tiraillement auquel les ennemis réduisirent aussi le leur.

Pendant que les deux armées en présence s'observaient mutuellement sans faire aucun mouvement, et que les chefs, se groupant derrière les bataillons, causaient des événements de la journée, le maréchal Lannes, fatigué d'être à cheval, avait mis pied à terre et se promenait avec le général de brigade Pouzet, lorsqu'une balle égarée frappa celui-ci à la tête et l'étendit *raide mort* auprès du maréchal!...

Le général Pouzet, ancien sergent du régiment de Champagne, s'était trouvé au commencement de la Révolution au camp du Miral, que commandait mon père.

Le bataillon de volontaires du Gers, dans lequel Lannes servait comme sous-lieutenant, faisait aussi partie de cette division. Les sergents des vieux régiments de ligne ayant été chargés d'instruire les bataillons de volontaires, celui du Gers échut à Pouzet, qui reconnut bientôt l'aptitude du jeune sous-lieutenant Lannes, et ne se bornant pas à lui montrer le maniement des armes, il lui apprit aussi les manœuvres. Lannes devint un excellent tacticien. Or, comme il attribuait son premier avancement aux leçons que lui avait données Pouzet, il lui voua un grand attachement, et à mesure qu'il s'élevait en grade, il se servit de son crédit pour faire avancer son ami. La douleur du maréchal fut donc extrême en le voyant tomber à ses pieds!

Nous étions en ce moment un peu en avant de la tuilerie située à gauche en arrière d'Essling; le maréchal fort ému, voulant s'éloigner du cadavre, fit une centaine de pas dans la direction de Stadt-Enzersdorf, et s'assit tout pensif sur le revers d'un fossé d'où il observait les troupes. Au bout d'un quart d'heure, quatre soldats, portant péniblement dans un manteau un officier mort, dont on n'apercevait pas la figure, s'arrêtent pour se reposer en face du maréchal. Le manteau s'entr'ouvre, et Lannes reconnaît Pouzet!—«Ah! s'écrie-t-il, cet affreux spectacle me poursuivra donc partout!...» Il se lève et va s'asseoir sur le bord d'un autre fossé, la main sur les yeux, et les jambes croisées l'une sur l'autre. Il était là, plongé dans de sombres réflexions, lorsqu'un petit boulet de trois, lancé par le canon d'Enzersdorf, arrive en ricochant et va frapper le maréchal au point où ses deux jambes se croisaient!... La rotule de l'une fut brisée, et le jarret de l'autre déchiré!

Je me précipite à l'instant vers le maréchal, qui me dit: «Je suis blessé... c'est peu de chose... donnez-moi la main pour m'aider à me relever...» Il essaya, mais cela lui fut impossible! Les régiments d'infanterie placés devant nous envoyèrent promptement quelques hommes pour transporter le maréchal vers une ambulance, mais nous n'avions ni brancard, ni manteau: nous prîmes donc le blessé dans nos bras. Cette position le faisait horriblement souffrir. Alors, un sergent apercevant au loin les soldats qui portaient le cadavre du général Pouzet, courut leur demander le manteau dans lequel il était enveloppé. On allait poser le maréchal dessus, ce qui eût rendu son transport moins douloureux; mais il reconnut le manteau et me dit: «C'est celui de mon pauvre ami; il est couvert de son sang; je ne veux pas m'en servir, faites-moi plutôt traîner comme vous pourrez!»

J'aperçus alors un bouquet de bois non loin de nous; j'y envoyai M. Le Coulteux et quelques grenadiers, qui revinrent bientôt avec un brancard couvert de branchages. Nous transportâmes le maréchal à la tête de pont, où les chirurgiens en chef procédèrent à son pansement. Ces messieurs tinrent au préalable un conciliabule secret dans lequel ils furent en dissidence sur ce qu'il fallait faire. Le docteur Larrey demandait l'amputation de la jambe dont la rotule était brisée; un autre, dont j'ai oublié le nom, voulait qu'on les coupât toutes les deux; enfin, le docteur Yvan, de qui je tiens ces détails, s'opposait à ce qu'il fût fait aucune amputation. Ce chirurgien, connaissant depuis longtemps le maréchal, assurait que la fermeté de son moral donnait quelques chances de guérison, tandis qu'une opération pratiquée par un temps aussi chaud conduirait infailliblement le blessé dans la tombe. Larrey était le chef du service de santé des armées; son avis l'emporta donc: une des jambes du maréchal fut amputée!...

Il supporta l'opération avec un grand courage. Elle était à peine terminée lorsque l'Empereur survint. L'entrevue fut des plus touchantes. L'Empereur, à genoux au pied du brancard, pleurait en embrassant le maréchal, dont le sang teignit bientôt son gilet de casimir blanc.

Quelques personnes malintentionnées ont écrit que le maréchal Lannes, adressant des reproches à l'Empereur, le conjura de ne plus faire la guerre; mais moi, qui soutenais en ce moment le haut du corps du maréchal et entendais tout ce qu'il disait, je déclare que le fait est inexact. Le maréchal fut, au contraire, très sensible aux marques d'intérêt qu'il reçut de l'Empereur, et lorsque celui-ci, forcé d'aller donner des ordres pour le salut de l'armée, s'éloigna en lui disant: «Vous vivrez, mon ami, vous vivrez!...» le maréchal lui répondit en lui pressant les mains: «Je le désire, si je puis encore être utile à la France et à Votre Majesté!»

Les cruelles souffrances du maréchal ne lui firent point oublier la position des troupes dont il fallait à chaque instant lui donner des nouvelles. Il apprit avec plaisir que l'ennemi n'osant les poursuivre, elles profitaient de la chute du jour pour rentrer dans l'île de Lobau. Sa sollicitude s'étendit sur ses aides de camp frappés auprès de lui; il s'informa de leur état, et sachant que j'avais été pansé avec de grossières étoupes, il invita le docteur Larrey à visiter ma blessure. J'aurais voulu faire transporter le maréchal à Ebersdorf, sur la rive droite du Danube; mais la rupture du pont s'y opposait, et nous n'osions l'embarquer sur une frêle nacelle. Il fut donc forcé de passer la nuit dans l'île, où, faute de matelas, j'empruntai une douzaine de manteaux de cavalerie pour lui faire un lit.

Nous manquions de tout et n'avions même pas de bonne eau à donner au maréchal, qu'une soif ardente dévorait. On lui offrit de celle du Danube; mais la crue du fleuve l'avait rendue tellement bourbeuse qu'il ne put en boire et dit avec résignation: «Nous voilà comme ces marins qui meurent de soif, bien qu'environnés par les flots!» Le vif désir que j'avais de calmer ses souffrances me fit employer un filtre d'un nouveau genre. Un des valets que le maréchal avait laissés dans l'île, en allant au combat, portait constamment un petit portemanteau contenant du linge. J'y fis prendre une chemise du maréchal: elle était très fine; on ferma avec de la ficelle toutes les ouvertures, à l'exception d'une, et plongeant cette espèce d'outre dans le Danube, on la retira pleine, puis on la suspendit sur des piquets au-dessous desquels on plaça un gros bidon pour recevoir l'eau, qui, filtrant à travers la toile, se débarrassa de presque toutes les parties terreuses. Le pauvre maréchal, qui avait suivi toute mon opération avec des yeux avides, put enfin avoir une boisson, sinon parfaite, au moins fraîche et limpide: il me sut très bon gré de cette invention. Les soins que je donnai à mon illustre malade ne pouvaient éloigner les craintes que j'avais sur le sort qui lui serait réservé si les Autrichiens, traversant le petit bras du fleuve, nous eussent attaqués dans l'île de Lobau: qu'aurais-je alors pu faire pour le maréchal? Je crus un moment que ces craintes allaient se réaliser, car une batterie ennemie, établie près d'Enzersdorf, nous envoya plusieurs boulets; mais le feu ne dura pas longtemps.

Dans la position qu'occupait le prince Charles, il avait deux choses à faire: attaquer avec furie les dernières divisions françaises restées sur le champ de bataille, ou bien, s'il n'osait prendre cette résolution, il pouvait du moins, sans compromettre ses troupes, placer son artillerie sur la berge du petit bras, depuis Enzersdorf jusqu'à Aspern, et couvrir de boulets l'île de Lobau, dans laquelle se trouvaient entassés 40,000 Français, qu'il eût exterminés! Mais, heureusement pour nous, le généralissime ennemi ne prit aucun de ces partis, de sorte que le maréchal Masséna, auquel Napoléon avait confié le commandement de la partie de l'armée qui se trouvait encore sur la rive gauche, put, sans être inquiété, évacuer pendant la nuit les villages d'Essling et d'Aspern, ainsi que le champ de bataille, faire passer les blessés, toutes les troupes, ainsi que l'artillerie, dans l'île de Lobau, puis enlever le pont jeté sur le petit bras du Danube, de sorte que le 23, au point du jour, tous ceux de nos régiments qui avaient combattu les 21 et 22 étaient rentrés dans l'île, où les ennemis ne lancèrent plus aucun boulet, pendant les quarante-cinq jours que dura l'occupation de Masséna.

Le 23 au matin, l'un des premiers soins de l'Empereur fut d'envoyer vers l'île de Lobau une barque de moyenne grandeur, afin de transporter le maréchal Lannes sur la rive droite. Je l'y fis placer, ainsi que nos camarades blessés; puis, en arrivant à Ebersdorf, je dirigeai ces derniers sur Vienne, sous la surveillance de M. Le Coulteux, qui les conduisit à l'hôtel du prince Albert, où se trouvaient les colonels Saint-Mars et O'Meara; je restai donc seul avec le maréchal, qui fut conduit dans une des meilleures maisons d'Ebersdorf, où je fis ordonner à tous ses gens de venir le joindre.

Cependant nos troupes accumulées dans l'île de Lobau, manquant de vivres, de munitions, réduites à manger du cheval, et séparées de la rive droite par l'immensité du fleuve, étaient dans une position des plus critiques. On craignait que l'inaction du prince Charles ne fût simulée, et l'on s'attendait d'un instant à l'autre à ce que, remontant le Danube jusqu'au-dessus de Vienne, il le passât pour venir nous attaquer à revers sur la rive droite et faire révolter la capitale contre nous. Dans ce cas, le corps de l'intrépide maréchal Davout, qui gardait Vienne et Ebersdorf, eût certainement opposé une très vive résistance. Mais aurait-il pu vaincre toute l'armée ennemie, et que seraient devenues pendant ce temps toutes les troupes françaises enfermées dans l'île de Lobau?

L'empereur Napoléon profita très habilement du temps que les Autrichiens lui laissaient, et jamais sa prodigieuse activité ne fut mieux employée. Secondé par l'infatigable maréchal Davout et les divisions de son corps d'armée, il fit dans la seule journée du 23 ce qu'un général ordinaire n'aurait pu obtenir en une semaine. Un service de bateaux bien organisé approvisionna de vivres et de munitions les divisions enfermées dans l'île de Lobau; on ramena tous les blessés à Vienne; des hôpitaux furent créés, des matériaux immenses furent réunis pour réparer les ponts, en faire de nouveaux et les garantir par une estacade; cent pièces d'artillerie du plus fort calibre, prises dans l'arsenal de Vienne, furent conduites à Ebersdorf.

Le 24, la communication ayant été rétablie avec l'île, l'Empereur fit repasser sur la rive droite les troupes du maréchal Lannes, la garde et toute la cavalerie, ne laissant dans l'île de Lobau que le corps de Masséna chargé de la fortifier, de la défendre et de mettre en batterie les gros canons qu'on y avait amenés.

Rassuré sur ce point, l'Empereur fit approcher de Vienne le corps d'armée du maréchal Bernadotte et les nombreuses divisions de troupes de la Confédération germanique, ce qui le mettait en état de repousser le prince Charles, dans le cas où il oserait traverser le fleuve pour venir nous attaquer.

Peu de jours après, nous reçûmes un puissant renfort. Une armée française arrivant d'Italie, sous les ordres du vice-roi Eugène de Beauharnais, vint se ranger à notre droite. Au commencement de la campagne, cette armée, dont je n'ai point encore parlé, avait éprouvé un échec en combattant à Sacile; mais les Français ayant renouvelé leurs attaques, et battu les ennemis, les avaient non seulement chassés d'Italie, mais poussés au delà des Alpes. Ils venaient enfin de rejeter le prince Jean derrière le Danube, en Hongrie, ce qui mettait le vice-roi en communication avec la grande armée de l'empereur Napoléon, dont ces troupes formèrent désormais l'aile droite, en face de Presbourg.

CHAPITRE DIX-NEUF

Considérations sur la bataille d'Essling.—Lannes meurt entre mes bras.—Séjour à Vienne.

Je vous ai promis de ne pas vous fatiguer par des détails stratégiques; cependant, la bataille d'Essling et les événements imprévus qui nous privèrent d'une victoire éclatante ayant eu un retentissement immense, je crois devoir faire quelques observations sur les causes qui amenèrent ce résultat, d'autant qu'elles ont été dénaturées par un Français, qui a imputé à l'Empereur des fautes qu'il n'a pas commises. M. le général Rogniat, dans son ouvrage intitulé: *Considérations sur l'art de la guerre*, prétend «qu'à Essling Napoléon donna sans réflexion dans un piège que lui tendit l'archiduc Charles, en prescrivant au centre de son armée de *reculer*, afin d'attirer les Français pendant qu'il faisait couper les ponts, dont la destruction était préparée d'avance par le général autrichien». Non seulement cette assertion est contraire à la vérité, mais elle est absurde, ainsi que je crois l'avoir démontré dans la réponse critique adressée par moi au général Rogniat, en 1820.

En effet, si le prince Charles savait qu'il avait en son pouvoir le moyen de détruire les ponts, pourquoi ne les a-t-il pas fait briser le 21 au soir, lorsque le nombre des troupes françaises passées sur la rive gauche n'étant encore que de vingt-cinq mille hommes, il aurait eu la certitude de les écraser ou de les faire prisonniers, puisqu'il disposait de plus de cent vingt mille soldats?... Cela ne valait-il pas mieux que de laisser pendant toute la nuit le passage du fleuve à la disposition de Napoléon, qui en profita pour faire arriver sur la rive gauche sa garde, le corps du maréchal Lannes, ainsi que les cuirassiers de Nansouty, ce qui doublait les forces que nous pouvions opposer aux ennemis? Si le prince Charles avait préparé la rupture des ponts, pourquoi, dans l'après-midi du 21, fit-il attaquer les villages d'Essling et d'Aspern, où il perdit quatre à cinq mille hommes?... Il était bien plus sage d'attendre que le faible corps de Masséna, n'ayant plus aucun moyen de retraite, fût réduit à capituler. Enfin, pourquoi, le 22 au matin, le prince Charles renouvela-t-il avec furie ses attaques contre Essling et Aspern, au lieu d'attendre que les ponts fussent brisés?... C'est évidemment parce que le généralissime autrichien ignorait qu'il fût en son pouvoir de les détruire, et que le hasard seul, et la crue du fleuve, amenèrent contre les pontons des arbres flottants qui causèrent les premières ruptures partielles, et que, plus tard, l'intelligence d'un officier autrichien prépara la destruction du grand pont, en livrant au courant plusieurs barques chargées de bois enflammés, et surtout en lançant un immense moulin flottant qui entraîna presque tout ce pont. Mais rien n'avait été *préparé d'avance*, ainsi que nous l'ont avoué depuis plusieurs généraux ennemis, que nous eûmes l'occasion de voir après l'armistice de Znaïm.

S'il restait quelques doutes à ce sujet, ils seraient entièrement détruits par l'argument irrésistible que voici. De toutes les décorations militaires de l'empire d'Autriche, la plus difficile à obtenir était celle de Marie-Thérèse, car elle n'était accordée qu'à l'officier qui pouvait prouver qu'il avait fait *plus que son devoir*. Il devait solliciter cette décoration *lui-même*, et s'il échouait, il lui était interdit à tout jamais de reproduire sa demande. Or, malgré la sévérité de ce règlement, le commandant des chasseurs autrichiens obtint la croix de *Marie-Thérèse*, ce qui prouve incontestablement qu'il avait agi d'après ses propres inspirations, et non par ordre du prince Charles. Ce raisonnement, que j'ai développé dans mes *Remarques critiques* sur l'ouvrage du général Rogniat, est un de ceux que Napoléon approuva le plus, lorsque, pendant sa captivité à Sainte-Hélène, il lut mon livre et celui de Rogniat, et ce fut sans doute afin de punir ce général de sa partialité pour nos ennemis que l'Empereur, en me faisant un legs de cent mille francs, ajouta dans son testament: «J'engage le colonel Marbot à continuer à écrire pour la défense de la gloire des armées françaises, et à en confondre les calomniateurs et les apostats!...»

Dès que les troupes, dont la vaillance avait si noblement éclaté à la bataille d'Essling, eurent opéré leur retraite dans l'île de Lobau et sur la rive droite du Danube, Napoléon s'établit à Ebersdorf, afin de surveiller les préparatifs d'un nouveau passage, pour lequel il fallait construire non plus un seul pont, mais *trois*, ayant tous en amont une forte estacade en pilotis, destinée à détourner les corps flottants que l'ennemi pourrait lancer contre eux.

Malgré les soins qu'il donnait aux travaux nécessaires pour ces importantes constructions, l'Empereur, accompagné du prince Berthier, venait soir et matin visiter le maréchal Lannes, dont la situation fut aussi bonne que possible pendant les quatre premiers jours qui suivirent sa blessure. Il conservait toute sa présence d'esprit et causait avec beaucoup de calme. Il était si loin de renoncer à servir son pays, ainsi que l'ont annoncé quelques écrivains, que faisant des projets pour l'avenir, et sachant que le célèbre mécanicien viennois Mesler avait fait pour le général autrichien, comte de Palfi, une jambe artificielle, avec laquelle celui-ci marchait et montait à cheval comme s'il n'eût éprouvé aucun accident, le maréchal me chargea d'écrire à cet artiste pour l'inviter à venir lui prendre la mesure d'une jambe. Mais les fortes chaleurs qui nous accablaient depuis quelque temps redoublèrent d'intensité, et leur effet produisit un bien fâcheux résultat sur le blessé. Une fièvre ardente s'empara de lui, et bientôt survint un délire affreux. Le maréchal, toujours préoccupé de la situation critique dans laquelle il avait laissé l'armée, se croyait encore sur le champ de bataille; il appelait à haute voix ses aides de camp, ordonnant à l'un de faire charger les cuirassiers, à l'autre de conduire l'artillerie sur tel point, etc., etc... En vain le docteur Yvan et moi cherchions-nous à le calmer, il ne nous comprenait plus; sa surexcitation allait toujours croissant; il ne reconnaissait même plus l'Empereur!... Cet état dura plusieurs jours sans que le maréchal dormît un seul instant, ou cessât de combattre imaginairement!... Enfin, dans la nuit du 29 au 30, il s'abstint de donner des ordres de combat; un grand affaissement succéda au délire; il reprit toutes ses facultés mentales, me reconnut, me serra la main, parla de sa femme et de ses cinq enfants, de son père... et, comme j'étais très près de son chevet, il appuya sa tête sur mon épaule, parut sommeiller, et rendit le dernier soupir!... C'était le 30 mai au point du jour.

Peu d'instants après ce fatal événement, l'Empereur arrivant pour sa visite du matin, je crus devoir aller au-devant de Sa Majesté, pour lui annoncer la malheureuse catastrophe, et l'engager à ne pas entrer dans l'appartement infecté de miasmes putrides; mais Napoléon, m'écartant de la main, s'avança vers le corps du maréchal, qu'il embrassa en le baignant de larmes, disant à plusieurs reprises: «Quelle perte pour la France et pour moi!...»

En vain le prince Berthier voulait éloigner l'Empereur de ce triste spectacle; il résista pendant plus d'une heure et ne céda que lorsque Berthier lui fit observer que le général Bertrand et les officiers du génie l'attendaient pour l'exécution d'un travail important, dont il avait lui-même fixé le moment. Napoléon, en s'éloignant, m'exprima sa satisfaction pour les soins que je n'avais cessé de donner à mon maréchal; il me chargea de le faire embaumer et de tout préparer pour l'envoi du corps en France.

J'étais navré de douleur!... Ma désolation s'accrut encore par la nécessité où je me trouvai d'assister à l'embaumement fait par les docteurs Larrey et Yvan, afin d'en dresser procès-verbal. Puis il me fallut présider au départ du corps qui, placé dans une voiture, fut transporté à Strasbourg sous la conduite d'un officier et de deux sergents de la garde impériale. Cette journée fut bien pénible pour moi!... Que de tristes réflexions je fis sur la destinée de cet homme, qui, sorti des dernières classes de la société, mais doué d'une haute intelligence et d'un courage à toute épreuve, s'était élevé par son propre mérite au premier rang, et qui, au moment où il jouissait de tant d'honneurs et d'une fortune immense, venait de terminer sa carrière en pays étranger, loin de sa famille, entre les bras d'un simple aide de camp!

De terribles secousses morales et physiques avaient ébranlé ma santé; ma blessure, fort simple d'abord et facile à guérir, si, après l'avoir reçue, j'eusse pu jouir de quelque repos de corps et d'esprit, s'était horriblement enflammée, pendant les dix jours que je venais de passer dans de terribles angoisses et des fatigues continuelles; car personne ne m'avait secondé dans les soins qu'exigeait l'affreuse position du maréchal, pas même ses deux valets de chambre. L'un d'eux, espèce de *mirliflor*, avait abandonné son maître dès les premiers jours, sous prétexte que la mauvaise odeur des plaies lui soulevait le cœur. Le second valet de chambre montra plus de zèle, mais, les émanations putrides, qu'une chaleur de 30 degrés rendait encore plus dangereuses, le forcèrent à garder le lit, et je fus obligé de faire venir un infirmier militaire, homme rempli de bonne volonté, mais dont la figure inconnue, et surtout le costume, paraissaient déplaire au maréchal, qui ne voulait rien prendre que de ma main. Je le veillai donc jour et nuit; aussi la fatigue ayant aggravé ma blessure, j'avais la cuisse infiniment gonflée et pouvais à peine me tenir debout, lorsque, après le départ du corps du maréchal, je me déterminai à me rendre à Vienne pour m'y faire soigner.

Je trouvai dans l'hôtel du prince Albert tous mes camarades blessés. L'Empereur ne les avait pas perdus de vue, car le chirurgien en chef de la cour d'Autriche, logé au palais de Schœnbrünn, lui ayant offert ses services pour les blessés français, Napoléon l'avait chargé de soigner les aides de camp du maréchal Lannes, et le bon docteur Franck venait deux fois par jour au palais du prince Albert. Dès qu'il eut examiné ma blessure, qui lui parut être en très mauvais état, il me prescrivit un repos absolu. Cependant, malgré ses avis, je traversais souvent les corridors pour me rendre auprès de mon ami de Viry, qu'une blessure bien plus grave que la mienne retenait au lit. J'eus bientôt le malheur de perdre cet excellent camarade, que je regrettai infiniment, et comme j'étais le seul aide de camp qui connût son père, je fus dans la triste obligation d'annoncer cette fatale nouvelle au malheureux vieillard, qui, déchiré par la douleur, survécut peu de temps à son fils bien-aimé!

Réduit à l'immobilité, je lisais beaucoup et consignais par écrit les faits les plus saillants de la campagne que nous venions de faire, ainsi que quelques anecdotes que j'avais recueillies à ce sujet. Voici la plus intéressante.

Deux ans avant l'établissement de l'Empire, il n'existait dans les régiments français aucun grade intermédiaire entre celui de colonel et celui de chef de bataillon ou d'escadron. Bonaparte, alors premier Consul, voulant combler cette lacune, qu'avait créée dans la hiérarchie militaire un décret de la Convention, consulta le Conseil d'État. On reconnut la nécessité de rétablir dans chaque corps de l'armée un officier dont le grade et les attributions fussent analogues à ceux des anciens *lieutenants-colonels*. Ce point arrêté, le premier Consul demanda qu'il fût délibéré sur le *titre* que porterait cet officier. Le général Berthier et quelques conseillers d'État répondirent que, puisqu'il devait remplir les fonctions de lieutenant-colonel, il paraissait tout naturel de lui en donner le titre; mais Bonaparte s'y opposa formellement. Il fit observer que, sous l'ancien régime, les colonels étant de grands seigneurs qui passaient leur vie à la cour et ne paraissaient que fort rarement à leur régiment, l'administration et l'instruction en étaient confiées à des officiers remplaçants, toujours présents au corps; qu'il avait donc paru juste de donner à ceux-ci un encouragement et une importance nécessaires à la dignité du commandement, en leur accordant le titre de *lieutenant-colonel*, puisqu'en réalité ils étaient les chefs des régiments dont les colonels étaient titulaires. Mais, depuis, les choses étaient bien changées; les colonels étant devenus les commandants réels de leurs corps, il ne fallait pas créer une rivalité entre eux et l'officier dont on venait de rétablir le grade. Que si l'on donnait à celui-ci le titre de lieutenant-colonel, on le rapprocherait beaucoup trop de son chef, parce qu'en lui parlant, les inférieurs le nommeraient par abréviation *mon colonel*; or, il n'était pas convenable que, lorsqu'un soldat dirait qu'il va chez son colonel, on pût lui demander *chez lequel*.—En conséquence, le premier Consul proposa de donner au second officier de chaque régiment le titre de *major*. Cette sage opinion prévalut, et, en rétablissant le grade, on ne reprit pas la dénomination de *lieutenant-colonel*. Cette désignation qui, au premier abord, paraît avoir fort peu d'importance, en a cependant une très grande, ainsi que le prouve le fait que voici.

Le 21 mai, premier jour de la bataille d'Essling, les Autrichiens s'étant emparés du village de ce nom, le régiment français qu'on y avait placé se retirait avec quelque désordre devant des forces très supérieures, lorsque le maréchal Lannes, auprès duquel était l'Empereur, m'ayant envoyé sur ce point, j'appris en arrivant que le colonel venait d'être tué. Je trouvai les officiers et les soldats bien résolus à le venger et à reprendre Essling, car, sous les ordres du major, ils reformaient promptement leurs rangs à peu de distance des premières maisons, bien qu'ils fussent exposés au feu de l'ennemi.

Je courus informer le maréchal de l'état des choses; mais dès que j'eus dit à voix basse: «Le colonel est mort!... » Napoléon, fronçant le sourcil, prononça un *Chut!* qui m'imposa silence, et, sans me rendre compte du parti que Sa Majesté voulait tirer de cet événement, je compris que, pour le moment, *Elle ne voulait pas savoir* que le colonel eût été tué!

L'Empereur, que ses calomniateurs ont accusé de manquer de courage personnel, s'élançant au galop malgré les balles qui sifflaient autour de nous, arrive au centre du régiment et demande où est le colonel. Personne ne dit mot. Napoléon ayant renouvelé sa question, quelques soldats répondent: «Il vient d'être tué!—Je ne demande pas s'il est mort, mais où il est.» Alors une voix timide annonce qu'il est resté dans le village. «Comment, soldats! dit Napoléon, vous avez abandonné le corps de votre colonel au pouvoir de l'ennemi! Sachez qu'un brave régiment doit être toujours en mesure de montrer son aigle et son colonel, mort ou vif!... Vous avez laissé votre colonel dans ce village, allez le chercher!»

Le major, saisissant la pensée de Napoléon, s'écria: «Oui, nous sommes déshonorés si nous ne rapportons notre colonel!...» Et il s'élance au pas de course. Le régiment le suit au cri de: «Vive l'Empereur!» s'élance dans Essling, extermine quelques centaines d'Autrichiens, reste maître de la position et reprend le cadavre de son colonel, qu'une compagnie de grenadiers vient déposer aux pieds de l'Empereur. Vous comprenez parfaitement que Napoléon ne tenait nullement à avoir le corps de ce malheureux officier; mais il avait voulu atteindre le double but de reprendre le village et d'inculquer dans l'esprit des troupes que le colonel est un *second drapeau*, qu'un bon régiment ne doit jamais abandonner. Cette conviction, dans les moments difficiles, exalte le courage des soldats et les porte à soutenir le combat avec acharnement autour de leur chef, mort ou vif. Aussi, se tournant vers le prince Berthier, l'Empereur, en lui rappelant la discussion du Conseil d'État, ajouta: «Si, lorsque j'ai demandé le colonel, il y eût eu ici un *lieutenant-colonel* au lieu du *major*, on m'aurait répondu: Le voilà! L'effet que je voulais obtenir aurait été bien moins grand; car, aux yeux du soldat, les titres de *lieutenant-colonel* et de *colonel* sont à peu près synonymes.» Cet incident terminé, l'Empereur fit dire au major, qui venait d'enlever si bravement le régiment, qu'il le nommait colonel.

Vous pouvez juger, par ce que je viens de vous raconter, du pouvoir magique que Napoléon exerçait sur ses troupes, puisque sa présence et quelques mots suffisaient pour les précipiter au milieu des plus grands dangers, et avec quelle présence d'esprit il savait mettre à profit tous les incidents du champ de bataille. Cet épisode m'a paru d'autant plus utile à rapporter que, sous la Restauration, on rétablit fort mal à propos le titre de lieutenant-colonel.

Voici une autre anecdote, qui n'a d'intérêt que parce qu'elle donna lieu à une réflexion fort sage faite par le maréchal Lannes.

Pendant que l'infanterie de notre corps d'armée défilait sur les ponts et que la cavalerie attendait son tour, un chef d'escadron du 7e de chasseurs, beau-frère du général Moreau, nommé M. Hulot d'Hozery, aujourd'hui général (que nous vîmes en 1814 dans l'état-major de l'empereur Alexandre, lors de l'entrée des armées étrangères à Paris), M. Hulot, dis-je, homme très brave, poussé par la *curiosité* de savoir ce qui se passait sur le champ de bataille, quitta son régiment à Ebersdorf, prit une nacelle et alla sur la rive gauche. Là, il monte à cheval et vient auprès d'Essling caracoler en *amateur* autour de notre état-major; mais en ce moment-là même, un boulet lui emporte le bras! Dès que cet officier eut été conduit à l'ambulance pour être amputé, le maréchal Lannes nous dit: «Souvenez-vous, messieurs, qu'à la guerre les fanfaronnades sont toujours déplacées, et que le vrai courage consiste à braver les périls auxquels on est exposé en restant à son poste, et non à aller parader au milieu des combats sans y avoir été appelé par le devoir!»

CHAPITRE VINGT

Biographie du maréchal Lannes.—L'Empereur me nomme chef d'escadron et chevalier de l'Empire.—J'entre dans l'état-major de Masséna.

Bien que je vous aie déjà fait connaître plusieurs particularités de la vie du maréchal Lannes, je crois devoir vous donner plus complètement sa biographie.

Lannes naquit en 1769 à Lectoure, petite ville de la Gascogne. Son père était simple ouvrier teinturier, ayant trois fils et une fille. Lectoure possédait alors un évêché, dont un des grands vicaires, ayant eu l'occasion de remarquer l'intelligence et la bonne conduite du fils aîné du teinturier, le fit instruire et le plaça au séminaire, où il devint prêtre. Cet aîné, qui devint lui-même grand vicaire sous l'Empire, était un homme de beaucoup de mérite, qui, rempli de sollicitude pour sa famille, se fit l'instituteur de ses jeunes frères. Le second, celui qui fut maréchal, profita de ces leçons, autant que le lui permettait le peu de temps dont il pouvait disposer, après avoir aidé son père dans les travaux manuels de son petit commerce; et lorsque la Révolution éclata, son instruction se bornait à savoir lire, écrire correctement, et à connaître les quatre règles de l'arithmétique.

Le dernier garçon avait fort peu de moyens. Le maréchal avait voulu le pousser dans l'état militaire; mais, reconnaissant sa médiocrité, il lui fit quitter le service, le maria richement pour sa province, et le confina dans sa ville natale. Quant à la fille, comme elle était encore enfant lorsque le second de ses frères parvint au grade de général, il la mit dans une bonne pension, la dota et lui fit faire un très bon mariage.

Lannes était de taille moyenne, mais très bien proportionné; sa physionomie était agréable et très expressive; ses yeux petits, mais annonçant un esprit des plus vifs; son caractère très bon, mais emporté, jusqu'à l'époque où il parvint à le dominer; son ambition était immense, son activité prodigieuse et son courage à toute épreuve. Après avoir passé sa jeunesse dans l'état d'apprenti teinturier, Lannes vit s'ouvrir devant lui la carrière des armes, dans laquelle il était appelé à marcher à pas de géant. Entraîné par l'enthousiasme qui, en 1791, détermina la plupart des hommes de son âge à voler à la défense du pays injustement attaqué, il s'enrôla dans le 1er bataillon des volontaires du Gers, et servit comme simple grenadier jusqu'au moment où ses camarades, séduits par sa bonne tenue, son zèle et la vivacité de son esprit, le nommèrent sous-lieutenant. À compter de ce moment, il se livra sans relâche à l'étude, et alors même qu'il était maréchal, il passait une partie de ses nuits à travailler; aussi devint-il un homme convenablement instruit. Il fit ses premières armes sous mon père, au camp de Miral, près de Toulouse, puis à l'armée des Pyrénées-Orientales, où son intrépidité et sa rare intelligence l'élevèrent rapidement au grade de chef de bataillon, qu'il occupait, lorsque la division de mon père passa sous les ordres du général Augereau. Celui-ci, à la suite d'un combat sanglant dans lequel Lannes s'était couvert de gloire, le fit nommer chef de brigade (colonel). Lannes, ayant été blessé dans cette affaire, fut obligé d'aller passer quelques mois à Perpignan, où il fut logé chez un riche banquier, M. Méric. L'esprit et les bonnes manières du jeune officier le firent apprécier de toute la famille, particulièrement de Mlle Méric, qu'il épousa. Ce mariage était alors infiniment au-dessus de ce qu'il pouvait espérer.

La paix ayant été conclue entre la France et l'Espagne, en 1795, Lannes suivit en Italie la division d'Augereau et fut placé *à la suite*, à la 4e demi-brigade de ligne, qui se trouvait réellement sous ses ordres, en l'absence du chef titulaire, à l'époque où Bonaparte vint prendre le commandement de l'armée. Celui-ci ne tarda pas à reconnaître le mérite de Lannes; aussi, lorsqu'un arrêté du Directoire prescrivit à tous les officiers *à la suite* de rentrer dans leurs foyers, Bonaparte prit sur lui de le retenir en Italie, où il fut blessé deux fois pendant les célèbres campagnes de 1796 et 1797, sans faire officiellement partie de l'armée. Sans la perspicacité du général en chef, Lannes, éloigné malgré lui du service, serait allé enfouir ses talents militaires dans les bureaux de son beau-père, et la France n'aurait pu compter un grand capitaine de plus. Lorsque, en 1796, Bonaparte conduisit une armée en Égypte, il prit avec lui Lannes, devenu général de brigade, et par conséquent rendu officiellement à l'activité.

Le nouveau général se distingua partout et fut si grièvement blessé à l'assaut de Saint-Jean d'Acre que ses troupes le crurent mort! Je vous ai raconté comment il fut miraculeusement sauvé par un capitaine de grenadiers qui, au péril de sa vie, le traîna jusqu'au bout de la tranchée. Le général Lannes ayant eu dans cette affaire le cou traversé d'une balle, portait depuis cette époque la tête constamment penchée sur l'épaule gauche et conserva toujours certain embarras dans le larynx. À peine rétabli de cette cruelle blessure, le général Lannes fut accablé d'une douleur morale des plus poignantes; il apprit que sa femme, auprès de laquelle il ne s'était pas trouvé depuis près de deux ans, venait d'accoucher d'un garçon, dont elle prétendait lui attribuer la paternité. Il s'ensuivit un procès, et le divorce fut prononcé.

Le général Lannes quitta l'Égypte en même temps que Bonaparte et le suivit à Paris: il l'accompagna à Saint-Cloud lors du 18 brumaire. Lannes fit brillamment la campagne de Marengo et sauva l'armée, en repoussant au combat de Montebello les corps autrichiens qui accouraient pour s'opposer aux troupes françaises. Une grande partie de notre armée, engagée dans les défilés des Alpes, n'aurait pu déboucher dans les plaines du Milanais, si le courage et les bonnes dispositions du général Lannes n'eussent éloigné les ennemis. Sa conduite en cette circonstance lui valut plus tard le titre de duc de Montebello. Ce fut au retour de cette campagne que, dégagé des liens de son mariage avec Mlle Méric, le général Lannes conçut l'espoir d'épouser Caroline Bonaparte. Vous avez vu comment les intrigues de

Bessières firent pencher la balance en faveur de Murat. Nommé ambassadeur à Lisbonne, le général Lannes épousa Mlle Guéhéneuc, fille du sénateur de ce nom, qui lui apporta une fort belle dot, à laquelle, outre les grands émoluments de sa place, le général ajouta une bonne aubaine qui rétablit complètement ses affaires.

Un règlement fort ancien donnait à l'ambassadeur français arrivant pour la première fois à Lisbonne le droit de faire entrer, avec franchise de l'impôt des douanes, toutes les marchandises placées sur le navire qui l'amenait. Le général Lannes, suivant l'usage établi, céda ce privilège à des négociants moyennant 300,000 fr. Quelque temps après, Mme Lannes étant accouchée à Lisbonne d'un fils (qui fut depuis ministre de la marine sous Louis-Philippe), le prince régent de Portugal voulut être parrain de l'enfant, et le jour du baptême, sous prétexte de visiter une des salles du palais contenant des curiosités envoyées du Brésil, il conduisit le général Lannes dans la pièce où se trouvaient les caisses renfermant les pierreries. Il en fit ouvrir une, et prenant avec ses deux mains trois fortes jointées de diamants bruts, il les versa dans le chapeau du général, en disant: «La première est pour mon filleul, la seconde est pour Mme l'ambassadrice sa mère, et la troisième pour M. l'ambassadeur.» Dès ce moment, le maréchal, de qui je tiens ces détails, fut vraiment riche.

Le destin ne borna pas là ses faveurs envers lui. Le premier Consul, monté sur le trône impérial, ayant établi en 1804 la dignité de maréchal de France, un général du mérite de Lannes devait nécessairement faire partie de la première promotion. Le bâton de commandement lui fut donc envoyé, et il reçut en même temps le titre de duc de Montebello. Le nouveau maréchal alla prendre au camp de Boulogne le commandement du 5e corps de la grande armée, qu'il conduisit l'année suivante en Autriche. Il s'y distingua, particulièrement à Austerlitz, où il commandait l'aile gauche.

Il se fit aussi remarquer en 1806 et en 1807, tant en Prusse qu'en Pologne, surtout à Saalfeld, à Iéna, à Pultusk et à Friedland. Il en fut de même en 1808 et 1809, en Espagne, où non seulement il seconda vaillamment l'Empereur à la bataille de Burgos, mais gagna lui-même celle de Tudela et soumit la ville de Saragosse jusque-là réputée imprenable. Enfin, sans se donner aucun repos, il courut d'Espagne en Allemagne, et je viens de raconter ses exploits, tant à la bataille d'Eckmühl qu'à Ratisbonne et à Essling, où ce nouveau Bayard termina sa glorieuse carrière.

Pour vous mettre plus à même d'apprécier le maréchal Lannes, je crois devoir rapporter un fait qui donne une haute opinion de son caractère et de l'empire qu'il savait prendre sur lui-même.

Dans les relations ordinaires, le maréchal était calme et doux; mais sur les champs de bataille il s'emportait jusqu'à la fureur, dès que ses ordres n'étaient pas bien exécutés. Or, il arriva pendant la bataille de Burgos qu'au moment décisif, un capitaine d'artillerie, ayant mal compris la manœuvre indiquée, conduisit sa batterie dans une direction opposée à celle prescrite, lorsque le maréchal, s'en étant aperçu, s'élance au galop, et, poussé par la colère, va lui-même réprimander sévèrement cet officier en présence de l'Empereur. Mais comme, en s'éloignant rapidement, il avait entendu Napoléon commencer une phrase dont il n'avait pu saisir que ces mots: «Ce diable de Lannes...», il revint tout pensif, et me tirant à part, dès que ce fut possible, il exigea, au nom de la confiance qu'il avait en moi et du dévouement que je lui portais, de lui faire connaître entièrement l'observation de l'Empereur. Je répondis avec franchise: «Sa Majesté a dit: Ce diable de Lannes possède toutes les qualités qui font les grands capitaines; mais il ne le sera jamais, parce qu'il ne maîtrise pas sa colère et s'emporte même contre les officiers d'un grade subalterne, ce qui est un des plus graves défauts que puisse avoir un chef d'armée.» Le maréchal avait tellement à cœur de devenir un grand capitaine, qu'il résolut probablement d'acquérir la *seule* qualité qui lui manquât, au dire d'un aussi bon juge que l'Empereur, car, dès ce moment, *jamais* je ne le vis plus en colère, bien que souvent ses ordres fussent mal exécutés, surtout au siège de Saragosse. Lorsqu'il s'apercevait d'une faute essentielle, son naturel bouillant le poussait d'abord vers l'emportement, mais à l'instant sa ferme volonté prenait le dessus; il devenait très pâle, ses mains se crispaient, mais il faisait ses observations avec tout le calme d'un homme flegmatique. J'en citerai un exemple.

Pour peu qu'on ait fait la guerre, on sait qu'au lieu de se servir de tire-bourre pour retirer les balles de leurs fusils, lorsqu'ils doivent les laver, les soldats ont la mauvaise habitude de les décharger, en faisant feu en l'air, ce qui est très dangereux dans une réunion de troupes. Or, malgré les défenses faites à ce sujet, il arriva pendant le siège de Saragosse que des fantassins ayant tiré leurs fusils de la sorte, au moment où le maréchal passait auprès de leur camp, une balle, décrivant une parabole, vint tomber sur la bride de son cheval, dont elle coupa les rênes, près de sa main. Le soldat coupable de cette infraction aux règlements ayant été arrêté, le maréchal, contenant son premier mouvement de vivacité, se borna à lui dire: «Vois à quoi tu t'exposes et quelle serait ta douleur si tu m'eusses tué.» Puis il fit relâcher cet homme. Quelle force d'âme il faut pour dompter ainsi son caractère!

En apprenant que le maréchal venait d'être grièvement blessé, Mme la maréchale partit aussitôt avec son frère, le colonel Guéhéneuc, qui venait d'annoncer à Paris la capitulation de Vienne. Mais une dépêche l'ayant informée, à Munich, de la mort du maréchal, elle regagna Paris dans un profond désespoir, car elle aimait beaucoup son mari. Nommée l'année suivante dame d'honneur de la nouvelle impératrice, l'archiduchesse Marie-Louise, elle allait la recevoir à Branau, sur les frontières de Bavière, quand, en passant à Strasbourg, elle voulut voir le corps de son mari déposé dans une église de cette ville: spectacle au-dessus de ses forces, car, dès qu'on ouvrit la bière, la maréchale fut saisie d'une violente attaque de nerfs qui mit sa vie en danger pendant plusieurs jours.

Puisque j'écris l'histoire de ma vie, je suis dans la nécessité de revenir constamment sur ce qui m'est personnel. Je vous rappellerai donc qu'après le décès du maréchal Lannes, j'étais allé rejoindre mes camarades à Vienne pour soigner ma blessure. Je gisais sur mon lit de douleur, plongé dans de tristes réflexions, car non seulement je regrettais pour *lui-même* le maréchal qui avait été si bon pour moi, mais je ne pouvais me dissimuler que la perte d'un tel appui changeait infiniment ma position. En effet, l'Empereur m'avait bien dit au couvent de Mölk qu'il me faisait *chef d'escadron*, et, de même que le maréchal Berthier, il m'en donnait le nom; cependant, comme les préoccupations de la guerre les empêchaient d'expédier les brevets, je n'étais encore par le *fait* que simple capitaine. Un heureux hasard vint mettre un terme aux craintes que j'éprouvais pour mon avenir.

Mon camarade La Bourdonnaye, bien plus gravement blessé que moi, occupait la chambre voisine de la mienne; nous en faisions souvent ouvrir la porte afin de causer ensemble. M. Mounier, secrétaire de l'Empereur, et depuis pair de France, venait souvent visiter La Bourdonnaye, son ami; nous fîmes connaissance, et comme il avait beaucoup entendu parler au quartier général de mes actions de guerre et de mes blessures, et qu'il me voyait encore frappé par le feu de l'ennemi, il me demanda quelle récompense j'avais reçue. «Rien, lui dis-je.—Ce ne peut être que par suite d'un oubli, répondit M. Mounier, car je suis certain d'avoir vu votre nom sur un des brevets déposés dans le portefeuille de l'Empereur.» Le lendemain, j'appris par M. Mounier que, ayant mis ce brevet sous les yeux de l'Empereur, celui-ci, au lieu de le signer, avait écrit en marge: «Cet officier sera, par exception, placé comme chef d'escadron dans les chasseurs à cheval de ma garde.» L'Empereur m'accordait ainsi une faveur immense et *sans exemple*, car les officiers de la garde ayant le grade supérieur à celui qu'ils occupaient réellement dans ce corps d'élite, Napoléon, en m'y admettant comme chef d'escadron, me faisait franchir deux échelons à la fois et me donnait le grade de major (ou lieutenant-colonel) de la ligne: c'était magnifique!...

Cependant, cet avantage ne m'éblouit pas, bien qu'il s'y joignît celui de voir plus souvent ma mère à Paris, où la garde tenait garnison. Mais, outre que le maréchal Bessières, commandant supérieur de la garde, recevait fort mal les officiers qu'il n'avait pas proposés, j'avais à craindre sa rancune au sujet de l'incident d'Essling.

J'étais dans une cruelle incertitude, lorsque le prince Eugène, vice-roi d'Italie, arriva à Vienne et fut logé dans l'hôtel du prince Albert. Il reçut la visite de tous les maréchaux présents, et entre autres de Masséna, qui chercha à témoigner quelque bienveillance aux aides de camp du maréchal Lannes, auxquels Napoléon portait lui-même intérêt. Masséna monta dans nos appartements et s'arrêta quelque temps près de moi, qu'il connaissait depuis le siège de Gênes. Je lui fis part de mon embarras; il me répondit: «Ce serait sans doute fort avantageux pour toi d'entrer dans la garde, mais tu t'exposerais à la vengeance du maréchal Bessières. Viens avec moi, en qualité d'aide de camp, tu seras reçu comme l'enfant de la maison, comme le fils d'un bon général qui est mort en combattant sous mes ordres, et j'aurai soin de ton avancement.» Séduit par ces promesses, j'acceptai. Masséna se rendit aussitôt auprès de l'Empereur, qui finit par consentir à sa demande, et m'expédia un brevet de chef d'escadron, aide de camp de Masséna; ce fut le 18 juin.

Malgré la joie que j'éprouvais d'être enfin *officier supérieur*, je ne tardai pas à me repentir d'avoir accepté les offres de Masséna. Une heure après avoir reçu ma commission d'aide de camp, je vis arriver le maréchal Bessières m'apportant lui-même ma nomination dans la garde; il m'assura du plaisir qu'il aurait à me recevoir dans ce corps, sachant, du reste, que je n'avais fait qu'obéir aux instructions du maréchal Lannes en lui transmettant des ordres sur le champ de bataille d'Essling. Je fus pénétré de reconnaissance pour cette démarche loyale et regrettai vivement de m'être si promptement engagé avec Masséna; mais il n'était plus temps de revenir sur ma décision. Je craignais alors que mon avancement en souffrît; mais heureusement il n'en fut rien, car M. Mounier, nommé à ma place aux chasseurs de la garde, était encore chef d'escadron lorsque j'étais déjà colonel. Il est vrai qu'il resta les deux années suivantes à Paris, tandis que je les passai au milieu des coups de fusil et reçus deux nouvelles blessures, ainsi que je le dirai plus loin.

Napoléon combla de récompenses l'état-major du maréchal Lannes. Le colonel Guéhéneuc devint aide de camp de l'Empereur, qui prit Watteville et La Bourdonnaye pour officiers d'ordonnance. Saint-Mars fut nommé colonel du 3e de chasseurs et Labédoyère aide de camp du prince Eugène. Quant à moi, qui venais d'être nommé chef d'escadron, dès que je pus me rendre à Schœnbrünn pour remercier l'Empereur, Sa Majesté me fit l'honneur de me dire: «Je voulais vous placer dans ma garde; cependant, puisque le maréchal Masséna désire vous avoir pour aide de camp, et que cela vous convient, j'y consens; mais pour vous témoigner d'une manière *toute spéciale* combien je suis content de vous, je vous nomme chevalier de l'Empire, avec une dotation de 2,000 francs de rente.»

Si j'eusse osé, j'aurais prié l'Empereur de revenir à sa première pensée et de m'admettre dans sa garde; mais pouvais-je lui dire quelle avait été la cause de mon refus? C'était impossible. Je me bornai donc à remercier, mais j'avais le cœur navré!... Cependant, forcé de me résigner à la position dans laquelle je m'étais placé par mon étourderie, je cherchai à éloigner d'inutiles regrets et soignai plus attentivement ma blessure, afin d'être en état d'accompagner mon nouveau maréchal, dans les combats auxquels devait donner lieu le nouveau passage du Danube.

CHAPITRE VINGT-ET-UN

État-major de Masséna.—M. de Sainte-Croix.—Faveur méritée dont il jouit auprès de Napoléon.

Vers la fin de juin, me trouvant assez bien rétabli, j'allai rejoindre le quartier général de Masséna dans l'île de Lobau. Les aides de camp, dont je devenais le camarade, me reçurent très bien. Cet état-major était fort nombreux et comptait plusieurs officiers distingués, mais il s'y trouvait aussi quelques médiocrités. Je ne veux cependant interrompre momentanément le récit de la campagne de 1809 que pour vous faire connaître le premier aide de camp, colonel de Sainte-Croix, parce qu'il joua un fort grand rôle dans les événements qui précédèrent la bataille de Wagram.

Charles d'Escorches de Sainte-Croix, fils du marquis de ce nom, ancien ambassadeur de Louis XVI à Constantinople, était sous tous les rapports un homme vraiment supérieur. Sa carrière militaire fut bien courte, mais d'une rapidité et d'un éclat extraordinaires. Nos deux familles étant liées, la plus tendre amitié m'unissait à cet officier; aussi le désir de servir auprès de lui avait beaucoup contribué à me faire accepter les propositions du maréchal Masséna. Bien que Sainte-Croix eût un goût inné pour les armes, il ne put s'y livrer que très tard, parce que sa famille, le destinant à la diplomatie, l'avait placé au secrétariat du ministère des affaires étrangères, auprès de M. de Talleyrand, avec lequel elle était en relation intime. Tant que dura la paix conclue à Amiens, Sainte-Croix supporta patiemment la position sédentaire qu'on lui avait faite, mais l'ouverture de la campagne de 1805 réveilla son ardeur guerrière. Cependant, comme il était âgé de vingt-trois ans, et avait par conséquent passé l'âge fixé pour entrer à l'École militaire, il est probable qu'il n'aurait jamais fait partie de l'armée, si une circonstance favorable n'eût secondé ses désirs.

L'Empereur voulait utiliser un grand nombre d'émigrés et de jeunes nobles qui, bien que souhaitant se rattacher à son gouvernement, ne pouvaient néanmoins se résoudre à prendre du service comme simples soldats; il fit donc choisir, parmi les prisonniers faits à Austerlitz, les six mille plus beaux hommes, dont il ordonna de former deux régiments à la solde de la France. Ces nouveaux corps n'étant pas assujettis aux mêmes règles de formation que les régiments nationaux, Napoléon donna tous les emplois d'officiers selon son bon plaisir. Il n'était donc pas nécessaire d'avoir été militaire pour obtenir d'emblée même un grade d'officier supérieur; il suffisait d'appartenir à une famille ayant une bonne position et de montrer du zèle pour le service de l'Empereur. Ces promotions étaient sans doute contraires aux usages établis, mais Napoléon y trouvait l'avantage de rattacher à lui plus de cent cinquante jeunes gens bien élevés et riches, qu'il arrachait à l'oisiveté et à la corruption de Paris. Le neveu du célèbre La Tour d'Auvergne fut nommé colonel du 1er régiment étranger, et un grand seigneur allemand, le prince d'Isembourg, obtint le second. Ces corps furent désignés par les noms de leur chef. L'Empereur voulut que leur administration et leur organisation fussent calquées sur les *capitulations* des anciens régiments étrangers au service de France avant la Révolution, et comme, de temps immémorial, le ministre des affaires étrangères avait été chargé de la levée de ces troupes, Napoléon ordonna à M. de Talleyrand de faire faire dans ses archives des recherches à ce sujet.

Le ministre connaissant les goûts militaires du jeune Sainte-Croix et le désir qu'il avait d'entrer dans l'armée, le chargea de ce travail. Le diplomate ne se borna pas à tracer l'historique des anciens régiments étrangers, mais il y proposa des modifications nécessaires. L'Empereur, frappé du bon sens qui avait présidé à la rédaction de ce projet et sachant le désir de l'auteur d'être compris parmi les officiers d'un des corps en nouvelle formation, le nomma d'abord chef de bataillon, et, quelques mois après, major du régiment de La Tour d'Auvergne. Cette faveur était d'autant plus grande que l'Empereur n'avait jamais vu Sainte-Croix, mais elle faillit aussi le perdre dès son entrée dans la carrière.

Un M. de M..., cousin de l'impératrice Joséphine, s'était bercé de l'espoir d'obtenir d'emblée le grade de lieutenant-colonel; il n'eut que celui de chef de bataillon. Son amour-propre en fut blessé; il prit dès lors Sainte-Croix en aversion et le provoqua en duel sous un prétexte des plus frivoles. M. de M... était de première force dans le tir des armes de tout genre; ses nombreux amis, certains de sa victoire, formèrent une cavalcade pour l'accompagner au bois de Boulogne, mais un seul entra avec lui dans le massif, où son adversaire et un témoin l'attendaient. Le combat eut lieu au pistolet; M. de M... reçut dans la poitrine une balle qui l'étendit raide mort!... À cette vue, le témoin, dont le devoir était d'aller chercher du secours, se trouble en pensant aux conséquences que peut avoir pour lui la fin tragique d'un parent de l'Impératrice, et, sans reprendre son cheval, ni prévenir les amis de M. de M..., il s'éloigne à travers bois et va se réfugier loin de Paris!... De leur côté, Sainte-Croix et ses amis étaient rentrés en ville, de sorte que le corps resta seul sur le terrain.

Cependant, les personnes qui attendaient dans l'allée le retour de M. de M..., ne le voyant pas revenir après la détonation des coups de pistolet, pénétrèrent dans le massif et trouvèrent le cadavre du malheureux jeune homme. Or, il était arrivé qu'en tombant de son haut frappé à mort, M. de M... s'était défoncé le crâne sur un chicot fort dur. Ses amis, après avoir examiné la blessure qu'il avait à la poitrine, en apercevant une seconde à la tête, pensèrent que Sainte-Croix, après avoir blessé mortellement son adversaire avec la balle de son pistolet, l'avait achevé en lui enfonçant le crâne avec la crosse de cette arme, ce qui expliquait, selon eux, la disparition du témoin du mort, qui n'avait pas eu la force ou le courage de s'opposer à cet assassinat.

Dominés par cette prévention, ces messieurs courent à Saint-Cloud et la font partager à l'Impératrice, qui va demander *justice* à l'Empereur!... L'ordre est donné de mettre Sainte-Croix en jugement. Il ne s'était nullement caché; on l'arrête et on l'enferme. Il aurait sans doute langui en prison pendant une longue instruction, si Fouché, ministre de la justice et ami de sa famille, bien persuadé que Sainte-Croix était incapable d'avoir commis le crime dont on l'accusait, n'eût fait sur-le-champ les recherches les plus actives pour découvrir le lieu où s'était réfugié le témoin de M. de M... Celui-ci, ramené à Paris, déclara que tout s'était passé loyalement; d'ailleurs, les magistrats chargés de l'enquête découvrirent, auprès du cadavre, un chicot de racine imprégné de sang et auquel étaient collés quelques cheveux du défunt. Dès lors l'innocence de Sainte-Croix fut reconnue; il fut mis en liberté et s'empressa d'aller rejoindre son régiment qui se formait en Italie.

M. de La Tour d'Auvergne, homme des plus estimables, manquait d'aptitude pour les choses militaires; ce fut donc le major Sainte-Croix qui organisa le nouveau régiment, dont il s'occupa avec tant de zèle qu'il en fit un des meilleurs et un des plus beaux corps de l'armée. Envoyé dans le royaume de Naples, et chargé de réprimer l'insurrection des Calabres, il se distingua dans plusieurs combats. Le maréchal Masséna, qui commandait alors dans la basse Italie, ayant reconnu le mérite de Sainte-Croix, le prit en grande affection. Appelé en Pologne, après la bataille d'Eylau, ce maréchal tint à y emmener Sainte-Croix, bien qu'il ne fût pas encore son aide de camp et que les règlements s'opposassent à ce que personne pût retirer un officier, surtout un major, de son régiment. En arrivant à Varsovie, Masséna ayant présenté Sainte-Croix à l'Empereur, celui-ci se rappela la mort de M. de M..., reçut le major froidement et exprima même au maréchal son mécontentement de ce qu'il eût éloigné cet officier du corps auquel il appartenait.

À cette première cause du mauvais accueil que l'Empereur fit d'abord à Sainte-Croix, s'en joignit une autre. Napoléon, bien que de petite taille, avait une grande prédilection pour les hommes grands, forts, à la figure mâle; or, Sainte-Croix était petit, mince, blondin, et avait une charmante figure féminine; mais dans ce corps qui, au premier abord, paraissait faible et peu propre aux rudes travaux de la guerre, se trouvaient une âme de fer, un courage vraiment héroïque et une activité dévorante. L'Empereur ne tarda pas à reconnaître ces qualités; cependant, comme il pensa que le grade de major, donné de prime abord à Sainte-Croix, devait suffire pour quelque temps, il ne fit rien pour lui pendant cette campagne, et, après la paix de Tilsitt, cet officier retourna à Naples avec Masséna. Mais quand, en 1809, le maréchal fut appelé au commandement d'un des corps de l'armée destinée à marcher contre l'Autriche, il se rappela les reproches que l'Empereur lui avait adressés, pour avoir, sans autorisation, attaché Sainte-Croix à son état-major; il le demanda donc pour aide de camp, ce qui fut accordé.

Dans un des combats qui précédèrent notre entrée dans Vienne, Sainte-Croix prit un drapeau ennemi, et l'Empereur le nomma colonel. Il fit des prodiges de valeur et montra une rare intelligence à la bataille d'Essling; mais ce qui acheva de détruire les préventions que l'Empereur avait conçues contre Sainte-Croix, depuis son duel avec M. de M..., ce furent les services importants qu'il rendit au corps de Masséna, placé en avant-garde dans l'île de Lobau, pendant le laps de temps qui s'écoula entre la bataille d'Essling et celle de Wagram. L'Empereur, qui faisait élever dans cette île d'immenses fortifications, l'arma de plus de cent canons de gros calibre. Il allait visiter tous les jours les travaux, et voulant tout voir par lui-même, il marchait à pied pendant sept et huit heures. Ces longues courses fatiguaient le maréchal Masséna, déjà un peu cassé, et le général Becker, chef d'état-major, ne pouvait la plupart du temps répondre aux questions de l'Empereur, tandis que le colonel Sainte-Croix, dont l'activité était infatigable et l'intelligence prodigieuse, avait tout vu avant l'arrivée de l'Empereur, savait tout, prévoyait tout et donnait sur tout les renseignements les plus exacts. Napoléon prit donc l'habitude de s'adresser à lui, et peu à peu Sainte-Croix devint, sinon de droit, du moins de fait, le chef d'état-major du corps d'armée qui défendait l'île de Lobau.

Il eût été si facile aux Autrichiens de nous chasser de cette île, ou d'exterminer par une vive canonnade les quatre divisions que nous y avions, que l'Empereur ne s'en éloignait qu'à regret chaque soir pour retourner à Schœnbrünn. Il passait alors les nuits dans de cruelles inquiétudes; aussi voulait-il avoir, dès son réveil, des nouvelles du corps d'armée de Masséna; il avait donc ordonné à Sainte-Croix de se trouver tous les matins dans son appartement, au lever de l'aurore, afin de lui rendre compte de l'état des choses. Pour que ses rapports fussent plus exacts, le colonel faisait à pied, toutes les nuits, le tour de l'immense île de Lobau, visitant les postes, examinant ceux de l'ennemi; puis, montant à cheval, il parcourait rapidement les deux lieues qui le séparaient du palais de Schœnbrünn, où les aides de camp avaient ordre de l'introduire à l'instant dans la chambre à coucher de l'Empereur, qui, tout en s'habillant devant lui, causait de la position respective des deux armées. On partait ensuite au galop pour l'île, où l'Empereur, toujours accompagné de M. de Sainte-Croix, passait la journée entière à examiner les travaux, et montait souvent avec lui au haut d'une immense échelle double que le colonel avait eu l'heureuse idée de faire établir en forme d'observatoire. De là, la vue dominait les arbres les plus élevés et découvrait au loin les campagnes de la rive gauche, occupées par les troupes ennemies, dont on connaissait ainsi tous les mouvements. Le soir, Sainte-Croix reconduisait l'Empereur à Schœnbrünn, retournait dans l'île, où, après quelques instants de repos, il passait toute la nuit à visiter les postes, et recommençait le lendemain les courses de la veille.

Pendant quarante-quatre jours, et par une chaleur excessive, Sainte-Croix supporta ces fatigues sans en être accablé et sans que son zèle et son activité se ralentissent un seul instant. Il faisait en même temps preuve d'une telle intelligence sur les plus hautes questions militaires, que Napoléon l'appelait constamment auprès de lui, lorsqu'il conférait avec les maréchaux Masséna et Berthier relativement au moyen de faire déboucher l'armée sur la rive gauche. Il s'agissait de traverser le petit bras du Danube sur un autre point que celui qui avait servi de passage lors de la bataille d'Essling, parce qu'on savait que le prince Charles avait fait élever de nombreux retranchements en ce lieu.

Sainte-Croix proposa de tourner les fortifications de l'ennemi, en exécutant le passage devant Stadt-Enzersdorf, ce qui fut adopté. Enfin, Napoléon conçut une si grande opinion du mérite de ce colonel, qu'il dit un jour à M. de Czernitcheff, envoyé de l'empereur de Russie: «Depuis que je commande les armées, je n'ai pas rencontré d'officier plus capable, qui comprît mieux mes pensées et les fît mieux exécuter; il me rappelle le maréchal Lannes et le général Desaix; aussi, à moins que la foudre ne l'emporte, la France et l'Europe seront étonnées du chemin que je lui ferai faire!» Ces paroles, rapportées par M. de Czernitcheff, furent bientôt connues de tous, et l'on prévit que Sainte-Croix serait rapidement maréchal: malheureusement, la foudre l'emporta! Il fut tué, l'année suivante, d'un coup de canon, sur les rives du Tage, aux portes de Lisbonne, ainsi que je le dirai en racontant la campagne que je fis, en 1810, en Portugal.

Napoléon, qui tenait habituellement à distance les chefs qu'il estimait le plus, se familiarisait par exception avec l'un d'eux et se complaisait même parfois à exciter sa franchise et ses reparties. Il en était ainsi de Lasalle, Junot et Rapp, qui disaient à l'Empereur tout ce qui leur passait par la tête. Les deux premiers, qui se ruinaient tous les deux ans, allaient ainsi raconter leurs fredaines à Napoléon, qui payait toujours leurs dettes. Sainte-Croix avait trop d'esprit et de tenue pour abuser de la faveur dont il jouissait; néanmoins, lorsque l'Empereur l'y poussait, il avait la repartie prompte et incisive. Ainsi Napoléon, qui prenait très souvent le bras du colonel pour marcher dans les sables de l'île de Lobau, lui ayant dit dans une de leurs nombreuses courses: «Je me souviens qu'après ton duel avec le cousin de ma femme, je voulais te faire fusiller; je conviens que c'eût été une faute et un bien grand dommage!—C'est très vrai, Sire, répond Sainte-Croix, et je suis certain qu'à présent que Votre Majesté me connaît mieux, Elle ne me donnerait pas pour un des cousins de l'Impératrice...—Comment, pour un!... dis donc pour *tous!*...» répliqua l'Empereur.

Un autre jour que Sainte-Croix assistait au lever de Napoléon, celui-ci dit en buvant un grand verre d'eau fraîche: «Je pense qu'en allemand Schœnbrünn signifie *belle fontaine*; on a eu raison de donner ce nom à cette résidence, car la source de son parc produit une eau délicieuse, dont je bois tous les matins. Aimes-tu aussi l'eau fraîche, toi?—Ma foi, non, Sire, je préfère un bon verre de vin de Bordeaux ou de Champagne.» L'Empereur, se tournant alors vers son valet de chambre, lui dit: «Vous enverrez au colonel cent bouteilles de bordeaux et autant de Champagne.» En effet, le soir même, pendant que les aides de camp de Masséna dînaient au bivouac sous une baraque de feuillages, nous vîmes arriver dans l'île plusieurs mulets des écuries impériales, portant à Sainte-Croix deux cents bouteilles d'excellent vin, avec lequel nous bûmes à la santé de l'Empereur.

CHAPITRE VINGT-DEUX

Préparatifs faits en vue d'un nouveau passage du Danube.—Arrestation d'un espion.—Bataille de Wagram.—Prise d'Enzersdorf.—Combat sur le Russbach.

Plus le moment du nouveau passage du Danube approchait, plus les Autrichiens surveillaient les rives du petit bras de ce fleuve qui nous séparait d'eux. Ils fortifiaient même Enzersdorf, et si quelque groupe de militaires français approchait trop de la partie de l'île située en face de ce bourg, les postes ennemis faisaient feu sur eux; mais lorsqu'on s'avançait isolément, ou au nombre de deux ou trois personnes, ils ne tiraient pas. L'Empereur désirait voir de près les préparatifs de l'ennemi. On a dit que pour y parvenir, sans courir de danger, il s'était déguisé en soldat et s'était placé en faction. Le fait a été inexactement rapporté: voici ce qui se passa.

L'Empereur et le maréchal Masséna, revêtus de capotes de sergents, et suivis de Sainte-Croix costumé en simple soldat, s'avancèrent jusqu'au bord du rivage. Le colonel se déshabille complètement et se met dans l'eau, tandis que Napoléon et Masséna, pour éloigner tout soupçon de l'esprit des ennemis, quittent leurs capotes, comme s'ils se proposaient de se baigner, et examinent alors tout à leur aise le point où ils voulaient jeter des ponts et opérer le passage. Telle était l'habitude de voir nos soldats venir par très petits groupes se baigner en ce lieu, que les Autrichiens restèrent tranquillement couchés sur l'herbe. Ce fait prouve qu'à la guerre les chefs doivent sévèrement prohiber ces espèces de *trêves* et ces désignations de points neutres, que les troupes des deux partis établissent souvent pour leur convenance respective.

L'Empereur, ayant alors résolu de passer le bras du fleuve à cet endroit, décida que plusieurs ponts y seraient construits; mais comme il était plus que probable que, dès que les postes ennemis donneraient l'éveil, les troupes autrichiennes placées à Enzersdorf accourraient pour s'opposer à l'établissement de nos ponts, il fut convenu que l'on ferait d'abord transporter deux mille cinq cents grenadiers sur l'autre rive, et qu'en y arrivant, ils iraient attaquer Enzersdorf, afin que la garnison ainsi occupée ne pût venir troubler nos travaux et s'opposer à notre passage. Cela bien arrêté, l'Empereur dit à Masséna: «Comme cette première colonne sera évidemment très exposée, puisque ce sera contre elle que l'ennemi dirigera d'abord tous ses efforts, il faut la composer de nos meilleures troupes et choisir pour la commander un colonel brave et intelligent.—Mais, Sire, cela me revient! s'écria Sainte-Croix.—Pourquoi donc? répondit l'Empereur, charmé de ce zèle, et qui n'avait probablement fait la demande que pour entraîner la réplique.—Pourquoi? reprit le colonel, mais parce que de tous les officiers qui sont dans l'île, c'est moi qui depuis six semaines ai supporté le plus de fatigues, étant constamment sur pied jour et nuit pour faire exécuter vos ordres, et je demande que Votre Majesté veuille bien m'accorder comme récompense le commandement des deux mille cinq cents grenadiers qui doivent aborder les premiers sur la rive ennemie!—Eh bien, tu l'auras!» répliqua Napoléon, auquel cette noble hardiesse plut infiniment. Le projet de passage étant définitivement réglé, la nuit du 4 au 5 juillet fut désignée pour l'attaque.

Dans l'intervalle qui s'écoula avant cette époque, deux graves événements se produisirent dans notre corps d'armée. Le général de division Becker était un bon officier, quoique assez paresseux; mais il avait le tort de tout critiquer. Il se permit donc de désapprouver hautement le plan d'attaque conçu par Napoléon. Celui-ci, en ayant été informé, ordonna au général de rentrer en France. Nous verrons le général Becker se venger de cette disgrâce en 1815. Le général Fririon devint chef d'état-major; c'était un homme capable, d'un excellent caractère, mais manquant de la fermeté qu'il fallait auprès d'un homme tel que Masséna.

Le second événement faillit priver l'Empereur du concours de Masséna, pour la bataille qui se préparait. Un jour où Napoléon et le maréchal parcouraient l'île de Lobau, le cheval de ce dernier s'étant abattu dans un trou caché par de hautes herbes, le maréchal fut assez grièvement blessé à une jambe pour ne plus pouvoir se tenir en selle. Ce contretemps affligea d'autant plus l'Empereur que Masséna avait la confiance des troupes et connaissait parfaitement le terrain sur lequel nous devions combattre, puisque c'était celui sur lequel avait eu lieu la bataille d'Essling, à laquelle le maréchal avait pris une part si glorieuse. Masséna fit alors preuve d'une grande force d'âme; car, malgré les vives souffrances qu'il éprouvait, il voulut conserver son commandement, déclarant qu'à l'exemple du maréchal de Saxe à Fontenoy, il se ferait porter sur le champ de bataille par des grenadiers. Un brancard fut établi à cet effet; mais, sur les observations que je pris la liberté de faire au maréchal, il comprit que ce moyen de transport semblerait prétentieux et présenterait moins de sécurité qu'une calèche légère qui, traînée par quatre bons chevaux, transporterait bien plus rapidement le maréchal d'un point à un autre, que ne pourraient le faire des hommes. Il fut convenu que Masséna irait sur le champ de bataille dans sa calèche découverte, ayant auprès de lui son chirurgien, le docteur Brisset. Celui-ci, bien que placé par état parmi les non-combattants, ne voulut pas quitter le maréchal, parce qu'il fallait renouveler toutes les heures les compresses qui recouvraient sa jambe, et il s'acquitta de ce soin périlleux avec le plus grand sang-froid, au milieu des boulets, non seulement pendant les deux jours que dura la bataille de Wagram, mais encore pendant les divers combats qui s'ensuivirent.

Napoléon savait que les ennemis s'attendaient à le voir déboucher de l'île de Lobau, en passant entre Essling et Aspern, ainsi qu'il l'avait fait au mois de mai, et qu'ils venaient de construire des retranchements dans l'intervalle qui sépare ces deux villages; or, comme il sentait aussi combien il importait de cacher aux Autrichiens le projet conçu par lui de les tourner, en traversant le petit bras du Danube devant Enzersdorf, il faisait surveiller tout ce qui entrait dans l'île de Lobau par les grands ponts qui l'unissaient à Ebersdorf. Cependant, vers les derniers jours, les préparatifs indispensables avaient dévoilé ce secret à toutes les personnes placées dans l'île; mais, comme on pensait avoir la certitude qu'il ne s'y trouvait que des militaires français ou des domestiques d'officiers, ayant chacun une garde de sûreté, on se croyait à l'abri des investigations des ennemis: c'était une erreur. Le prince Charles était parvenu à introduire un espion parmi nous, et déjà cet homme se préparait à l'avertir que nous devions l'attaquer par Enzersdorf, lorsqu'une lettre anonyme, écrite en hongrois et adressée à l'Empereur, fut apportée à son mameluk Roustan par une petite fille bien mise, qui se borna à lui dire que cette lettre était *importante* et *très pressée!* On crut d'abord qu'il s'agissait d'une demande d'argent; mais les interprètes, ayant traduit la dépêche, se hâtèrent d'en donner connaissance à l'Empereur, qui se rendit à l'instant dans l'île de Lobau, où, dès son arrivée, il donna l'ordre de suspendre les travaux de tous genres, de faire former en rangs non seulement les troupes, mais les états-majors, les administrateurs, les boulangers, bouchers, cantiniers, et même les domestiques, qui devaient chacun se placer derrière leurs maîtres. Ces dispositions prises, et lorsqu'il n'y eut plus un seul individu hors des rangs, l'Empereur fit annoncer aux troupes qu'un espion s'était glissé dans l'île, espérant qu'on ne pourrait le découvrir au milieu des 30,000 hommes qui s'y trouvaient; qu'il fallait donc, à présent que tout le monde était à son rang, que chacun regardât ses voisins de droite et de gauche. Le succès de cet ingénieux moyen fut instantané; car, au milieu du plus profond silence, on entendit deux soldats s'écrier: «Voici un inconnu!» On arrêta cet homme, on le questionna, et il avoua s'être déguisé en fantassin français avec les effets des morts laissés sur le champ de bataille d'Essling.

Ce misérable était né à Paris et paraissait bien élevé, instruit même. La passion du jeu l'ayant ruiné, il avait fui la France pour éviter les poursuites de ses créanciers, s'était réfugié en Autriche, où, poussé par le désir de se procurer des moyens de jouer encore, il s'était offert pour servir d'espion à l'état-major autrichien. Pendant la nuit, une très petite nacelle le transportait de la rive gauche du Danube à la rive droite, à une lieue au-dessous d'Ebersdorf, et venait le reprendre la nuit suivante à un signal convenu. Il avait déjà fait de très fréquents voyages de ce genre, entrant dans l'île de Lobau et en sortant, en se mêlant, vêtu en soldat, aux nombreux détachements de nos troupes qui allaient constamment à Ebersdorf pour chercher des vivres ou des matériaux. Craignant d'être remarqué s'il restait seul, l'espion se portait toujours sur les lieux où il y avait foule et travaillait aux retranchements avec les soldats. Il achetait sa nourriture chez les cantiniers, passait la nuit auprès des camps, et dès le point du jour, muni d'une bêche comme s'il allait rejoindre des travailleurs, il parcourait l'île en tous sens, examinant les ouvrages, qu'il dessinait à la hâte, en se couchant parmi les osiers; puis, la nuit suivante, il allait faire un rapport aux Autrichiens et revenait pour continuer ses observations. Cet homme, traduit devant un conseil de guerre, fut condamné à mort. Il exprimait un vif repentir d'avoir servi les ennemis de la France, ce qui portait l'Empereur à commuer sa peine, lorsque, dans l'espoir de décider Napoléon à lui accorder la vie, l'espion proposa de tromper le prince Charles, en allant lui faire un faux rapport sur ce qu'il avait vu dans l'île, et de revenir dire aux Français ce que faisaient les Autrichiens. Cette nouvelle infamie indigna l'Empereur, qui, abandonnant le coupable à sa fatale destinée, le laissa fusiller.

Cependant, le jour de la grande bataille approchait. Napoléon avait réuni autour d'Ebersdorf toute l'armée venant d'Italie, les corps des maréchaux Davout, Bernadotte, la garde, et transformé l'île de Lobau en une immense forteresse, armée de cent pièces de gros calibre et de vingt mortiers. Trois solides ponts sur pilotis, défendus par des estacades, assuraient le passage du grand Danube entre Ebersdorf et l'île. Enfin, on était en mesure de jeter plusieurs ponts de moindre dimension sur le petit bras, le seul qui nous séparât de la rive gauche.

Pour confirmer le prince Charles dans la pensée qu'il chercherait encore à passer entre Essling et Aspern, Napoléon ordonna, le 1er juillet au soir, de faire reconstruire pendant la nuit le petit pont qui avait servi à notre retraite après la bataille d'Essling et de jeter sur la rive opposée, dans les bois, deux divisions dont les tirailleurs devaient attirer l'attention des ennemis sur ce point, pendant que tout se préparait pour notre attaque sur Enzersdorf. On ne comprend pas comment le prince Charles, qui avait entouré Essling et Aspern d'immenses fortifications, garnies de cent cinquante bouches à feu, ait pu croire que Napoléon viendrait les attaquer de front: c'eût été prendre le taureau par les cornes!

Les journées du 2 et du 3 se passèrent en préparatifs de part et d'autre.

L'armée française, traversant le grand bras du Danube sur les trois ponts d'Ebersdorf, se massa dans l'île de Lobau, où l'Empereur réunit 150,000 hommes. Le prince Charles, de son côté, rassembla des forces égales sur la rive gauche, où les troupes autrichiennes, placées sur deux lignes, formaient un arc immense, afin d'envelopper les parties de l'île de Lobau qui leur faisaient face. À la droite des ennemis, la pointe de cet arc s'appuyait au Danube à Florisdorf, Spitz et Iedelsée. Leur centre occupait les villages d'Essling et d'Aspern, fortement retranchés et nouvellement reliés l'un à l'autre par des ouvrages armés d'une nombreuse artillerie. Enfin, la gauche de l'arc formé par l'armée autrichienne se trouvait à Gross-Enzersdorf, ayant un fort détachement à Mühlleiten. Le prince Charles surveillait donc exactement tous les points de l'île de Lobau par où nous pouvions déboucher; mais comme il était persuadé, on ne sait pourquoi, que Napoléon l'attaquerait par son centre, en passant le petit bras du Danube entre Essling et Aspern, ainsi qu'il l'avait fait au mois de mai, le généralissime avait concentré toutes ses forces dans les vastes plaines qui s'étendent depuis ces villages jusqu'à Deutsch-Wagram et à Markgrafen-Neusiedel, gros bourg situé sur le ruisseau de Russbach, dont les rives, fort encaissées et dominées par des hauteurs, offrent une excellente position défensive. Du reste, le prince Charles avait peu de troupes à sa droite, et encore moins à sa gauche, parce qu'il avait prescrit à l'archiduc Jean, son frère, commandant l'armée de Hongrie, de quitter Presbourg avec les 35,000 hommes dont il disposait, et de se trouver le 5 juillet au matin à Unter-Siebenbrünn, pour s'y relier avec la gauche de la seconde ligne de la grande armée autrichienne: mais le prince Jean n'exécuta pas cet ordre.

D'après les instructions de l'empereur Napoléon, l'armée française commença son attaque le 5 juillet, à neuf heures du soir. Un orage épouvantable éclatait en ce moment; la nuit était des plus obscures, la pluie tombait à torrents, et le bruit du tonnerre se mêlait à celui de notre artillerie, qui, garantie des boulets ennemis par un épaulement, dirigeait tous ses feux sur Essling et Aspern, afin de confirmer le prince Charles dans la pensée que nous allions déboucher sur ce point; aussi ce fut là qu'il porta toute son attention, sans s'inquiéter aucunement d'Enzersdorf, sur lequel nos principales forces se dirigeaient.

Dès que les premiers coups de canon se firent entendre, le maréchal Masséna, très souffrant encore, fut placé dans une petite calèche découverte, que ses aides de camp entouraient, et il se fit conduire vers le point sur lequel devait commencer l'attaque. L'Empereur nous rejoignit bientôt; il était très gai et dit au maréchal: «Je suis enchanté de cet orage: quelle belle nuit pour nous! Les Autrichiens ne peuvent voir nos préparatifs de passage en face d'Enzersdorf, et ils n'en auront connaissance que quand nous aurons enlevé ce poste essentiel, quand nos ponts seront placés et une partie de mon armée formée sur la rive qu'ils prétendent défendre…»

En effet, le brave colonel Sainte-Croix, après avoir fait débarquer en silence les 2,500 grenadiers, prit terre sur la rive ennemie en face d'Enzersdorf. Un régiment de Croates bivouaquait sur ce point. Attaqué à l'improviste, il se défend néanmoins avec acharnement à la baïonnette; mais nos grenadiers, animés par la voix de Sainte-Croix qui s'était jeté au plus fort de la mêlée, enfoncent les ennemis, et ceux-ci se retirent en désordre sur Enzersdorf. Ce gros bourg, environné d'une muraille crénelée, précédé d'une digue taillée en forme de parapet, était rempli d'infanterie, tandis que des flèches en terre couvraient toutes les entrées. Enlever ce bourg était d'autant plus difficile que le feu avait incendié les maisons, et que la garnison pouvait être d'un moment à l'autre soutenue par la brigade autrichienne du général Nordmann, placée un peu en arrière, entre le bourg d'Enzersdorf et celui de Mühl-leiten. Mais aucun obstacle n'arrête Sainte-Croix, qui, marchant à la tête de ses grenadiers, enlève les ouvrages extérieurs, poursuit les ennemis l'épée dans les reins et entre pêle-mêle avec eux dans le redan qui couvre la porte du Midi. Cette porte était fermée; Sainte-Croix la fait enfoncer sous une grêle de balles, que la garnison lançait par les créneaux du mur d'enceinte. Une fois maîtres de ce passage, le colonel et ses braves soldats se précipitent dans l'intérieur du bourg, dont la garnison, affaiblie par les énormes pertes qu'elle vient d'éprouver, se réfugie dans le château; mais à la vue des échelles que Sainte-Croix fait apporter pour donner l'assaut, le commandant autrichien demande à capituler. Ainsi, Sainte-Croix, auquel ce beau fait d'armes fit le plus grand honneur, resta maître d'Enzersdorf, à la grande satisfaction de l'Empereur, dont cette capture servait merveilleusement les projets. Il prescrivit à l'instant de jeter huit ponts sur le petit bras du Danube, entre l'île de Lobau et le bourg d'Enzersdorf.

Le premier de ces ponts, d'une construction jusqu'alors inconnue, avait été inventé par l'Empereur. Il paraissait n'être que d'une seule pièce; cependant, il se trouvait divisé en quatre sections qu'unissaient des charnières, ce qui lui permettait de contourner et de suivre les sinuosités du rivage. Arrivé dans le bras du Danube, un de ses bouts fut fixé aux arbres de l'île de Lobau, tandis qu'à l'aide d'un câble, porté par un bateau, on dirigeait l'autre extrémité vers la rive opposée. Poussé par le courant, ce pont d'un nouveau genre, tournant sur lui-même, fit un à-droite complet, et put servir à l'instant même. Les sept autres furent complètement établis un quart d'heure après, ce qui permit à Napoléon de faire passer rapidement sur la rive gauche les corps de Masséna, Oudinot, Bernadotte, Davout, Marmont, l'armée du prince Eugène, les réserves d'artillerie, toute la cavalerie, enfin la garde.

Pendant que l'Empereur s'empressait de profiter des avantages que lui offrait la prise du bourg d'Enzersdorf, le prince Charles, toujours persuadé que son adversaire voulait déboucher entre Essling et Aspern, perdait son temps et ses munitions, pour jeter une grêle de boulets et d'obus sur la partie de l'île de Lobau située en face de ces deux villages, pensant qu'il faisait éprouver de grandes pertes aux troupes françaises, qu'il supposait être agglomérées en ce lieu. Ces projectiles ne produisirent aucun effet, car nous n'avions sur ce point que quelques éclaireurs dispersés et protégés par des épaulements en terre, tandis que le gros de nos troupes, massé du côté d'Enzersdorf, traversait le petit bras du Danube et se massait sur la rive gauche. Le généralissime autrichien fut stupéfait, le 5 juillet au matin, lorsqu'en se dirigeant sur l'ancien champ de bataille, entre Essling et Aspern, où il comptait nous combattre avec avantage, au moment où nous déboucherions de l'île de Lobau, il s'aperçut que son aile gauche était tournée par l'armée française qui marchait déjà sur Sachsengang, dont elle ne tarda pas à s'emparer. Surpris sur sa gauche et menacé sur ses derrières, le prince Charles fut obligé, pour nous faire face, d'exécuter un immense mouvement rétrograde vers le ruisseau de Russbach, en reculant constamment devant Napoléon, tandis que nos divers corps d'armée se plaçaient à leur ordre de bataille, dans l'immense plaine ouverte devant eux.

Afin de n'être pas surpris par l'arrivée du prince Jean, dans le cas où celui-ci, venant de Hongrie, paraîtrait sur notre aile droite, à Unter-Siebenbrünn, l'Empereur envoya en observation sur ce point trois fortes divisions de cavalerie, ainsi que plusieurs bataillons, soutenus par de l'artillerie légère. Ces troupes étaient considérées comme hors ligne et destinées à arrêter le premier effort du prince Jean jusqu'à l'arrivée des réserves. Quant au gros de l'armée, sa droite, formée par le corps de Davout, se porta sur Glinzendorf et le Russbach. Le centre était composé par les Bavarois, les Wurtembergeois, les corps d'Oudinot, de Bernadotte, et l'armée d'Italie. La gauche, aux ordres de Masséna, longeait le petit bras du Danube, dans la direction d'Essling et d'Aspern. Chacun de ces corps devait enlever en marchant les villages qui se trouvaient devant lui. La réserve se composait du corps de Marmont, de trois divisions de cuirassiers, d'une nombreuse artillerie et de toute la garde impériale. Enfin, le général Régnier, avec une division d'infanterie et de nombreux artilleurs, restait à la garde de l'île de Lobau, en avant de laquelle on rétablit l'ancien pont, qui nous avait servi lors de la bataille d'Essling.

À la plus horrible des nuits avait succédé la plus belle journée. L'armée française, en grande tenue de parade, s'avance majestueusement dans l'ordre le plus parfait, précédée par une immense artillerie qui écrase tout ce que l'ennemi tente de lui opposer. Les régiments dont se composait la gauche autrichienne, précédée par le général Nordmann, furent les premiers exposés à nos coups. Chassés d'Enzersdorf et de Mühlleiten, ils essayèrent de défendre Raschdorf, mais ils furent repoussés, et le général Nordmann périt dans le combat. Cet officier était Alsacien; ancien colonel des housards de Bercheny, il avait passé à l'ennemi en 1793, avec une partie de son régiment, en même temps que Dumouriez, et s'était mis au service de l'Autriche.

La marche de l'armée française n'éprouvant aucune résistance sérieuse, nous occupâmes successivement Essling, Aspern, Breitenlée, Raschdorf et Süssenbrünn. Jusqu'à ce moment, la première partie du plan de Napoléon avait réussi, puisque ses troupes venaient de franchir le dernier bras du Danube et occupaient les plaines de la rive gauche. Cependant, rien n'était encore décidé, tant que nous n'avions pas battu et entamé sérieusement l'ennemi. Celui-ci, au lieu de réunir toutes ses forces sur le ruisseau de Russbach, commit la faute énorme de les diviser, en opérant sa retraite par deux lignes très divergentes, l'une sur Markgrafen-Neusiedel, derrière le Russbach, et l'autre sur les hauteurs de Stamersdorf, où les troupes de l'aile droite autrichienne se trouvaient évidemment trop éloignées du champ de bataille.

La position qui borde le Russbach est forte, domine la plaine et se trouve protégée par ce ruisseau qui, bien que peu large, forme un très bon obstacle, parce que ses bords étant très escarpés, l'infanterie ne peut les franchir qu'avec difficulté, et que la cavalerie et l'artillerie n'avaient d'autre passage que les ponts situés dans les villages occupés par les Autrichiens. Cependant, comme le Russbach était la clef de la position des deux armées, Napoléon résolut de s'en emparer, et fit en conséquence attaquer Markgrafen-Neusiedel par Davout, Baumersdorf par Oudinot et Deutsch-Wagram par Bernadotte, tandis que le prince Eugène, secondé par Macdonald et Lamarque, passait le ruisseau entre ces deux villages. L'artillerie légère de la garde écrasa par son feu les masses autrichiennes; mais le maréchal Bernadotte, à la tête des Saxons, fit une attaque si molle sur Wagram, qu'il ne réussit pas. Les généraux Macdonald et Lamarque, franchissant le Russbach, mirent un moment en péril le centre ennemi; mais le prince Charles, s'élançant bravement sur ce point avec ses réserves, contraignit nos troupes à repasser le ruisseau.

Ce mouvement s'exécuta d'abord avec le plus grand ordre; mais la nuit étant survenue, nos fantassins, qui venaient de résister à une attaque de front faite par les chevau-légers autrichiens, ayant aperçu sur leurs derrières une brigade de cavalerie française amenée à leur secours par le général Salme, se crurent coupés; il en résulta un peu de désordre qui s'aggrava par suite d'une méprise: quelques bataillons saxons tirèrent sur la division Lamarque. Cependant, le trouble occasionné par ces accidents fut promptement réparé. L'attaque faite par le maréchal Oudinot sur Baumersdorf fut aussi repoussée; elle avait été faite sans ensemble. Le maréchal Davout seul avait eu des succès, car, après avoir forcé le passage du Russbach et tourné Markgrafen-Neusiedel, il allait s'emparer de ce bourg, malgré une défense des plus opiniâtres, lorsque la nuit l'obligea à suspendre son attaque, et peu d'instants après l'Empereur lui ordonna de revenir sur ses pas, afin de ne pas l'exposer, en le laissant isolé au delà de ce cours d'eau.

CHAPITRE VINGT-TROIS

Deuxième journée.—Alternatives du combat et défaite du prince Charles.—Considérations diverses sur la bataille de Wagram.

Tels furent les principaux événements de la journée du 5 juillet, qui ne firent que préparer la bataille décisive du lendemain. La nuit se passa fort tranquillement; l'armée française, ayant toujours à sa droite trois divisions de cavalerie en observation à Léopoldsdorf, avait sa droite véritable vers Grosshofen; notre centre était à Aderklaa, et la gauche en retour à Breitenlée, ce qui donnait à notre ligne la forme d'un angle, dont Wagram était le sommet. Les tentes de l'Empereur et de sa garde étaient un peu en avant de Raschdorf.

Si on jette un coup d'œil sur le plan de la bataille de Wagram, on voit que la droite ennemie, partant des environs de Kampfendorf, longeant ensuite la rive gauche du Russbach jusqu'à Helmhof, d'où elle se dirigeait par Sauring vers Stamersdorf, on voit, dis-je, que la ligne ennemie formait ainsi un angle rentrant, dont le sommet se trouvait également à Deutsch-Wagram. C'était donc le point essentiel, dont chacun des deux adversaires désirait s'emparer; pour y parvenir, ils voulurent l'un et l'autre tourner leur ennemi par son flanc gauche. Mais le prince Charles, ayant beaucoup trop étendu son armée, était obligé de transmettre *par écrit* des ordres qui étaient mal compris ou mal exécutés, tandis que l'Empereur, ayant des réserves sous sa main, donnait des instructions positives dont il pouvait voir et surveiller l'exécution.

Le 6 juillet, à la pointe du jour, l'action recommença plus vivement que la veille; mais, au grand étonnement de Napoléon, le prince Charles, qui, dans la journée du 5, s'était borné à se défendre, venait de prendre l'offensive et de nous enlever Aderklaa!... Bientôt la canonnade se prolongea sur toute la ligne: de mémoire d'homme on n'avait vu une aussi nombreuse artillerie sur un champ de bataille, car le total des bouches à feu mises en action par les deux armées s'élevait à plus de douze cents!

L'aile gauche des Autrichiens, conduite par le prince Charles en personne, passant le ruisseau du Russbach, déboucha sur trois colonnes vers Léopoldsdorf, Glinzendorf et Grosshofen; mais le maréchal Davout et la cavalerie de Grouchy opposèrent une vive résistance à l'ennemi, et l'avaient même arrêté, lorsque Napoléon parut à la tête d'une immense réserve. En voyant le combat s'engager à l'extrême droite de sa ligne, vers Léopoldsdorf, l'Empereur avait cru un moment que l'archiduc Jean, arrivant de Hongrie, venait de joindre la grande armée ennemie. Non seulement le prince Jean n'avait pas paru à notre droite, mais on a su depuis qu'il se trouvait en ce moment à Presbourg, à huit lieues du champ de bataille; aussi l'aile gauche autrichienne, privée du secours qu'elle avait espéré, se repentit bientôt d'être venue nous attaquer. En effet, accablée par des forces supérieures, et surtout par l'artillerie, elle éprouva des pertes considérables, et fut rejetée au delà du Russbach par le maréchal Davout, qui franchit ce ruisseau avec une partie de ses troupes, et marcha par les deux rives à l'attaque de Markgrafen-Neusiedel.

L'Empereur, ainsi rassuré sur sa droite, revient au centre avec sa garde, et tandis que Bernadotte attaque Wagram, et qu'Oudinot marche sur Baumersdorf, il ordonne à Masséna de reprendre Aderklaa. Ce village disputé, pris et repris, reste enfin aux grenadiers autrichiens, conduits à une nouvelle attaque par le prince Charles, qui lance en même temps une forte colonne de cavalerie contre les Saxons du corps de Bernadotte et les met dans une déroute si complète qu'ils se jetèrent sur les troupes de Masséna, dont ils troublèrent momentanément le bon ordre. Ce maréchal était toujours dans sa calèche. Les ennemis, en apercevant au milieu de la bataille cette voiture attelée de quatre chevaux blancs, comprirent qu'elle ne pouvait être occupée que par un personnage fort important; ils dirigèrent donc sur elle une grêle de boulets. Le maréchal et ceux qui l'entouraient coururent les plus grands dangers; nous étions entourés de morts et de mourants; le capitaine Barain, aide de camp de Masséna, eut un bras emporté, et le colonel Sainte-Croix fut blessé par un boulet.

L'Empereur, arrivant au galop sur ce point, reconnut que l'archiduc, cherchant à le tourner et même à l'envelopper, faisait avancer l'aile droite qui occupait déjà Süssenbrünn, Léopoldsdorf, Stadlau, et marchait sur Aspern, menaçant ainsi l'île de Lobau!... Napoléon monte pour un instant dans la calèche, auprès de Masséna, afin de mieux être aperçu des troupes. À son aspect, l'ordre se rétablit; il prescrit à Masséna de faire un changement de front en arrière, pour porter sa gauche à Aspern et faire face à Hirschstatten; puis il fait garnir par trois divisions de Macdonald le terrain que quitte Masséna. Ces divers mouvements s'opèrent très régulièrement, quoique faits sous le canon de l'ennemi. Napoléon, profitant alors de l'immense avantage que lui donne la réunion de ses principales forces sur le centre, fait avancer, pour soutenir Macdonald, non seulement de fortes réserves d'infanterie, d'artillerie et de cuirassiers, mais encore la garde impériale, qui, massée sur trois lignes, vient se ranger derrière ces troupes.

La position des deux armées offrait en ce moment un spectacle fort bizarre, car leurs lignes opposées avaient pris la configuration de deux lettres Z mises à côté l'une de l'autre. En effet, l'aile gauche des Autrichiens, placée à Markgrafen-Neusiedel, reculait devant notre droite, tandis que les deux centres se maintenaient respectivement, et que notre aile gauche battait en retraite le long du Danube, devant la droite des ennemis. Les deux parties paraissaient donc avoir des chances à peu près égales. Cependant, ces chances étaient toutes en faveur de Napoléon, d'abord parce qu'il était plus que probable que le village de Markgrafen-Neusiedel, n'offrant d'autre moyen de résistance qu'une vieille tour fortifiée, ne pourrait tenir longtemps contre les efforts du maréchal Davout, qui l'attaquait avec sa vigueur accoutumée. Or, il était facile de prévoir qu'une fois Markgrafen-Neusiedel pris, la gauche des Autrichiens se trouvant débordée, et n'ayant plus aucun appui, reculerait indéfiniment et se séparerait du centre, tandis que notre aile gauche, quoique battue en ce moment, se rapprocherait par sa marche rétrograde de l'île de Lobau, dont la formidable artillerie devait arrêter la droite des Autrichiens et l'empêcher de pousser plus loin ses succès. En second lieu, Napoléon occupait une position *concentrique*, ce qui lui avait permis de garder une grande partie de ses troupes en réserve, tout en faisant face de divers côtés, tandis que le prince Charles, ayant été obligé de beaucoup étendre son armée, pour exécuter son grand mouvement *excentrique*, au moyen duquel il espérait nous envelopper, ne se trouvait en force sur aucun point. L'Empereur, ayant remarqué cette faute, était d'un calme parfait, bien qu'il lût sur les visages de son entourage l'inquiétude, causée par la marche victorieuse de l'aile droite ennemie. En effet, celle-ci, poussant toujours le corps de Masséna devant elle, se trouvait déjà entre Essling et Aspern, sur l'ancien champ de bataille du 22 mai, d'où, après avoir écrasé la division Boudet par une terrible charge de cavalerie, elle menaçait nos derrières.

Mais les alarmes cessèrent bientôt, et le succès des Autrichiens fut de bien courte durée, car les cent pièces de gros calibre dont la prévoyance de Napoléon avait armé l'île de Lobau ouvrirent un feu terrible et foudroyèrent la droite des ennemis, qui, sous peine d'être exterminée, fut contrainte d'arrêter sa marche triomphante et de reculer à son tour. Masséna put alors reformer ses divisions, dont les pertes étaient considérables. Nous pensâmes que Napoléon, profitant du désordre que la canonnade de l'île venait de jeter dans l'aile droite autrichienne, allait la faire attaquer par ses réserves: le maréchal Masséna m'envoya même lui demander des instructions à ce sujet. Mais l'Empereur, toujours impassible, les yeux constamment fixés vers l'extrême droite, sur Markgrafen-Neusiedel, dont la position élevée est surmontée par une haute tour, qu'on aperçoit de tous les points du champ de bataille, attendait, pour fondre sur la droite et le centre des ennemis, que Davout, après avoir battu leur aile gauche, l'eût rejetée au delà de Markgrafen-Neusiedel, défendu très vaillamment par le prince de Hesse-Hambourg, qui y fut blessé.

Tout à coup, on voit la fumée des canons du maréchal Davout dépasser la tour de Markgrafen-Neusiedel... Plus de doute, la gauche ennemie est vaincue!... Alors l'Empereur, se tournant vers moi, me dit: «Courez dire à Masséna qu'il tombe sur tout ce qui est devant lui, et la bataille est gagnée!...» En même temps, les aides de camp des divers corps d'armée sont expédiés vers leurs chefs pour leur porter l'ordre d'une attaque générale et simultanée. Ce fut en ce moment solennel que l'empereur Napoléon dit au général Lauriston: «Prenez cent pièces d'artillerie, dont soixante de ma garde, et allez écraser les masses ennemies.» Cette formidable batterie ayant ébranlé les Autrichiens, le maréchal Bessières les fait charger par six régiments de carabiniers et de cuirassiers, que soutenait une partie de la cavalerie de la garde. En vain le prince Charles forme ses troupes en plusieurs carrés; ils sont enfoncés, perdent leurs canons et un très grand nombre d'hommes. L'infanterie de notre centre s'avance à son tour, conduite par Macdonald; les villages de Süssenbrünn, de Breitenlée et d'Aderklaa sont emportés après une vive résistance.

Pendant ce temps, non seulement le maréchal Masséna reprend le terrain que notre gauche venait de perdre, mais poussant très vivement l'ennemi, il le rejette au delà de Stadlau et de Kagran. Enfin, le maréchal Davout, se faisant soutenir par Oudinot, occupe toutes les hauteurs du Russbach et s'empare de Deutsch-Wagram!... Dès ce moment, la bataille fut perdue pour les Autrichiens; ils se mirent en retraite sur toute la ligne et se retirèrent en fort bon ordre dans la direction de la Moravie par Sauring, Stamersdorf et Strebersdorf.

On a reproché à l'Empereur de n'avoir pas poursuivi les vaincus avec sa vigueur habituelle; mais la critique n'est pas fondée, car plusieurs motifs des plus graves durent empêcher Napoléon de lancer trop promptement ses troupes sur les traces des ennemis. D'abord, dès que ceux-ci eurent traversé la grande route de Moravie, ils se trouvèrent dans une contrée fort accidentée, entrecoupée de collines boisées, de ravins et de défilés qui, dominés par le mont et la forêt de Bisamberg, offraient aux Autrichiens d'excellentes positions défensives, positions d'autant plus difficiles à enlever que le prince Charles les occupait avec des forces très considérables, formées de tous ses bataillons de grenadiers et de plusieurs divisions qui n'avaient pas été engagées; une nombreuse artillerie protégeait cette puissante arrière-garde. On devait donc s'attendre à une très vive résistance qui, en se prolongeant, amènerait un combat *de nuit*, dont les chances, toujours incertaines, pouvaient compromettre la victoire déjà obtenue par l'Empereur.

En second lieu, pour que l'armée française fût réunie le 4 dans l'île de Lobau, il avait fallu, dès le 1er juillet, mettre en mouvement les corps alors cantonnés sur le haut Danube ou vers la Hongrie, et qui, pour se trouver au rendez-vous général, avaient dû faire des marches forcées, auxquelles venait de succéder sans repos, et par une très grande chaleur, une bataille d'une nuit et de deux jours. Nos troupes étaient donc exténuées, tandis que les Autrichiens, campés depuis plus d'un mois auprès de l'île de Lobau, n'avaient eu à supporter que les fatigues de la bataille: tous les avantages eussent été par conséquent du côté du prince Charles, si nous l'eussions attaqué dans la forte position qu'il venait de prendre sur les hauteurs d'un accès difficile.

Mais une troisième considération, bien plus puissante, modéra l'ardeur de Napoléon et le détermina à laisser reposer ses troupes et à les réunir sur le terrain qui avait servi de champ de bataille. Il venait d'être averti par les généraux de sa cavalerie légère, placée par lui en observation à Léopoldsdorf, au delà de son extrême droite, de l'apparition d'un corps de 35 à 40,000 ennemis qui, arrivant de Hongrie, sous le commandement du prince Jean, débouchait vers Unter-Siebenbrünn, c'est-à-dire sur nos derrières actuels, depuis le changement de front opéré par les deux armées. Les fortes réserves ménagées par l'Empereur auraient sans doute suffi pour repousser et battre le prince Jean; cependant, il faut reconnaître que la prudence devait porter Napoléon à ne pas engager ses troupes contre les positions formidables que le prince Charles paraissait résolu à défendre avec acharnement, lorsque lui-même pouvait être attaqué sur ses derrières par le prince Jean, à la tête d'un corps nombreux, qui n'avait pas encore tiré un coup de fusil.

L'Empereur ordonna donc de cesser la poursuite de l'ennemi, et fit établir les bivouacs de son armée de manière qu'une partie faisait face du côté où se trouvait le corps du prince Jean, qu'il s'apprêtait à bien recevoir, s'il osait s'aventurer dans la plaine. Mais celui-ci, craignant d'entrer en contact avec nos troupes victorieuses, se hâta de battre en retraite et de regagner la Hongrie. Il est probable que si Napoléon eût poursuivi les vaincus avec son activité ordinaire, les trophées de la bataille de Wagram eussent été plus nombreux; mais cependant on ne peut que louer sa circonspection, en considérant les motifs qui le décidèrent à s'arrêter, et s'il eût toujours agi avec tant de prudence, il aurait évité de bien grandes calamités à la France et à lui-même.

D'après la détermination de l'Empereur, son armée victorieuse put enfin avoir quelques heures de repos; elle prit position: la gauche à Florisdorf, le centre en avant de Gérarsdorf, et la droite au delà du Russbach. Les tentes de l'Empereur furent dressées entre Aderklaa et Raschsdorf. Le quartier général de Masséna fut placé à Léopoldau. Napoléon fit rétablir l'ancien pont de Spitz: l'armée fut alors en communication directe avec Vienne, circonstance favorable au transport des blessés dans les hôpitaux et à l'arrivage des vivres et munitions de guerre.

Les Autrichiens ont adressé de très vifs reproches à l'archiduc Jean sur les retards de sa marche et la nonchalance avec laquelle il exécuta les ordres du prince Charles: ces reproches sont mérités. En effet, dès le 4 juillet au soir, l'archiduc Charles écrivit à son frère de quitter Presbourg sur-le-champ pour se rendre à Unter-Siebenbrünn et s'y lier à la gauche des troupes autrichiennes; mais bien que le prince Jean eût reçu cet ordre le 5 juillet à quatre heures du matin, il ne se mit en marche qu'à onze heures du soir, et sa marche fut si lente que, bien qu'il n'eût que huit lieues à faire, il n'atteignit Unter-Siebenbrünn que vingt heures après son départ de Presbourg, c'est-à-dire le 6 juillet, à sept heures du soir, au moment où la bataille était perdue pour les Autrichiens, qui se trouvaient déjà en pleine retraite. L'archiduc Charles ne pardonna jamais à son frère la non-exécution de ses ordres: le prince Jean perdit son commandement et fut relégué en Styrie[1].

Faute de poursuite, les pertes des Autrichiens furent bien moins considérables qu'elles n'auraient pu l'être. Ils avouèrent cependant vingt-quatre mille tués ou blessés: trois de leurs généraux étaient morts. L'un d'entre eux, Wukassowitz, officier de très grand mérite, s'était distingué en combattant en Italie le général Bonaparte; les deux autres, Nordmann et d'Apre, étaient des Français portant les armes contre leur patrie. Selon les bulletins, nous fîmes vingt mille prisonniers et enlevâmes trente canons; mais je crois ce calcul fort exagéré; nous ne prîmes que quelques drapeaux. Notre perte en tués ou blessés fut à peu près égale à celle des ennemis. Les généraux Lacour, Gauthier et Lasalle, ainsi que sept colonels, furent tués. Les ennemis avaient eu dix généraux blessés, parmi lesquels était le prince Charles. Le nombre des nôtres, en y comprenant le maréchal Bessières, s'éleva à vingt et un. Parmi les douze colonels blessés, s'en trouvaient trois que l'Empereur affectionnait le plus: Daumesnil, Corbineau et Sainte-Croix. Les deux premiers, qui appartenaient aux chasseurs à cheval de la garde, perdirent chacun une jambe: l'Empereur les combla de bienfaits. Quant à Sainte-Croix, dont un boulet avait frôlé le tibia, sa blessure n'était pas dangereuse; ses amis s'en réjouirent, et cependant, s'il eût été amputé, il vivrait peut-être encore, ainsi que son glorieux frère Robert, dont une jambe est restée sur le champ de bataille de la Moskova!

Bien que Sainte-Croix ne fût colonel que depuis deux mois et n'eût pas encore vingt-sept ans, l'Empereur le nomma général de brigade, comte, avec vingt mille francs de rente, grand-croix de l'ordre de Hesse et commandeur de celui de Bade. Le soir même de la bataille, l'Empereur, voulant récompenser les bons services de Macdonald, Oudinot et Marmont, remit à chacun d'eux le bâton de maréchal; mais il n'était pas en son pouvoir de leur donner les talents de chefs d'armée: courageux et bons généraux d'*exécution*, entre les mains de l'Empereur, ils se montraient embarrassés lorsqu'ils étaient loin de lui, soit pour concevoir un plan de campagne, soit pour l'exécuter ou le modifier, selon les circonstances. On prétendit dans l'armée que l'Empereur, ne pouvant remplacer Lannes, avait voulu en avoir la monnaie; ce jugement était sévère, mais il faut reconnaître que ces trois maréchaux eurent une part souvent malheureuse dans les campagnes qui aboutirent à la chute de Napoléon et à la ruine du pays.

---

1. Après quarante ans d'exil, le prince reparut sur la scène du monde en 1848: les révolutionnaires allemands le nommèrent vicaire général de l'Empire germanique.

CHAPITRE VINGT-QUATRE

Le général Lasalle.—Incidents de la bataille de Wagram et observations diverses.—
Disgrâce de Bernadotte.

Le général Lasalle, tué à Wagram, fut vivement regretté par l'Empereur ainsi que par l'armée. C'était l'officier de cavalerie légère qui entendait le mieux la guerre des avant-postes et possédait le coup d'œil le plus sûr. Il explorait en un instant toute une contrée, et se trompait rarement; aussi les rapports qu'il faisait sur la position de l'ennemi étaient-ils clairs et précis.

Lasalle était un bel homme, spirituel, mais qui, quoique instruit et bien élevé, avait adopté le genre de se poser en sacripant. On le voyait toujours buvant, jurant, chantant à tue-tête, brisant tout, et dominé par la passion du jeu. Il était excellent cavalier et d'une bravoure poussée jusqu'à la témérité.

Cependant, bien qu'il eût fait les premières guerres de la Révolution, il était peu connu avant la célèbre campagne de 1796 en Italie, alors que simple capitaine du 7e *bis* de housards, il se fit remarquer du général en chef Bonaparte, à la bataille de Rivoli. On sait qu'elle eut lieu sur un plateau très élevé, bordé d'un côté par une partie rocailleuse très escarpée, au bas de laquelle coule l'Adige, que longe la route du Tyrol. Les Autrichiens, ayant été battus par l'infanterie française, s'éloignèrent du champ de bataille par toutes les issues. Une de leurs colonnes espérait s'échapper, en gagnant la vallée à travers les rochers; mais Lasalle la suit avec deux escadrons dans ce passage difficile. En vain on lui représente qu'il est impossible d'engager de la cavalerie sur un terrain aussi dangereux; il s'élance au galop dans la descente, ses housards le suivent; l'ennemi, étonné, précipite sa retraite, Lasalle le joint et lui fait plusieurs milliers de prisonniers, sous les yeux du général Bonaparte et de l'armée qui, du haut des monts voisins, admiraient un tel courage. À compter de ce jour, Lasalle fut en très grande faveur auprès de Bonaparte, qui l'avança promptement et l'emmena avec lui en Égypte, où il le fit colonel. Dans un des nombreux engagements qui eurent lieu contre les mameluks, le cordon qui retenait le sabre de Lasalle à son poignet s'étant rompu, cet officier met bravement pied à terre, au plus fort de la mêlée, et, sans s'étonner du danger, il ramasse son arme, remonte lestement à cheval et s'élance de nouveau sur les ennemis! Il faut avoir assisté à un combat de cavalerie pour apprécier ce qu'exige de courage, de sang-froid et de dextérité l'exécution d'un tel acte, surtout en présence de cavaliers tels que les mameluks.

Lasalle était intimement lié avec une dame française de haut parage, et pendant son séjour en Égypte, leur correspondance fut saisie par les Anglais, puis injurieusement imprimée et publiée par leur gouvernement, dont l'acte fut généralement blâmé, même en Angleterre. Cet éclat entraîna le divorce de la dame, et Lasalle l'épousa à son retour en Europe. Devenu officier général, Lasalle fut mis par l'Empereur à la tête de l'avant-garde de la grande armée. Il se distingua dans la campagne d'Austerlitz et surtout dans celle de Prusse, où, avec deux régiments de housards, il eut l'audace inouïe de se présenter devant la place forte de Stettin et de la sommer de se rendre!... Le gouverneur, effrayé, s'empressa de lui apporter les clefs!... Si ce dernier s'en fût servi pour fermer les portes de sa forteresse, toute la cavalerie de l'Europe n'aurait pu la prendre; mais il n'y songea pas! Quoi qu'il en soit, la reddition de Stettin fit le plus grand honneur à Lasalle et accrut infiniment l'affection que lui portait l'Empereur. Il le gâtait à un point vraiment incroyable, riant de toutes ses fredaines et ne lui laissant jamais payer ses dettes. Lasalle était sur le point d'épouser la dame divorcée dont j'ai parlé plus haut, et Napoléon lui avait fait donner deux cent mille francs sur sa cassette. Huit jours après, il le rencontre aux Tuileries et lui demande: «À quand la noce?—Elle aura lieu, Sire, quand j'aurai de quoi acheter la corbeille et les meubles.—Comment! mais je t'ai donné deux cent mille francs la semaine dernière... qu'en as-tu fait?—J'en ai employé la moitié à payer mes dettes, et j'ai perdu le reste au jeu!...» Un pareil aveu aurait brisé la carrière de tout autre général; il fit sourire l'Empereur, qui, se bornant à tirer assez fortement la moustache de Lasalle, ordonna au maréchal Duroc de lui donner encore deux cent mille francs.

À la fin de la bataille de Wagram, Lasalle, dont la division n'avait pas encore été engagée, vint solliciter de Masséna l'autorisation de poursuivre l'ennemi. Le maréchal y consentit, à condition que ce serait *avec prudence*. Mais à peine Lasalle a-t-il pris les devants, qu'il aperçoit une brigade d'infanterie ennemie qui, restée en arrière et serrée de près, se hâtait de gagner le bourg de Léopoldau, afin d'y obtenir une capitulation en règle, tandis qu'en plaine elle redoutait la furie du vainqueur. Lasalle devine le projet du général autrichien, et craignant qu'il n'échappe à sa cavalerie, il parle à ses hommes, leur montre le soleil prêt à se coucher: «La bataille va finir, s'écrie-t-il, et nous sommes les seuls qui n'ayons pas contribué à la victoire! Allons, suivez-moi!...» Il s'élance, le sabre à la main, suivi de nombreux escadrons, et pour empêcher les bataillons ennemis d'entrer dans le bourg, le général se dirige dans l'espace très resserré qui existait encore entre Léopoldau et la tête de colonne des ennemis. Ceux-ci, se voyant coupés de l'asile qu'ils espéraient gagner, s'arrêtent et commencent un feu roulant des plus vifs. Une balle atteint Lasalle à la tête, et il tombe raide mort!... Sa division perdit une centaine de cavaliers et eut beaucoup de blessés. Les bataillons autrichiens s'ouvrirent un passage et occupèrent le bourg; mais à l'approche de nos divisions d'infanterie, ils mirent bas les armes, et les chefs déclarèrent que telle avait été leur intention, en cherchant un refuge dans Léopoldau. La charge exécutée par Lasalle était donc inutile, et il paya bien cher l'insertion de son nom au bulletin!

Sa mort laissa un grand vide dans la cavalerie légère, dont il avait perfectionné l'éducation militaire; mais, sous un autre rapport, il lui avait beaucoup nui, car les masses imitant les travers et les ridicules des chefs qu'elles aiment, parce qu'ils les conduisent à la victoire, les exemples donnés par le général Lasalle furent pernicieux pour la cavalerie légère, où la tradition s'en est longtemps perpétuée. On ne se serait pas cru chasseur, et surtout housard, si, prenant le célèbre Lasalle pour modèle, on n'eût été, comme lui, sans-gêne, jureur, tapageur et buveur!... Bien des officiers copièrent les défauts de ce général d'avant-garde, mais aucun d'eux n'acquit les grandes qualités qui les lui faisaient pardonner.

Lorsqu'un combat a lieu pendant l'été, il arrive souvent que les obus et les bourres de fusil mettent le feu aux blés déjà mûrs; mais Wagram fut, de toutes les batailles de l'Empire, celle où l'on vit le plus d'incendies de ce genre. L'année était précoce; il faisait une chaleur affreuse, et le terrain sur lequel nous combattions était une immense plaine entièrement couverte de céréales. À la veille d'être moissonnées, les récoltes s'enflammaient très facilement; et lorsque le feu prenait sur un point, il se propageait avec une rapidité effrayante pour les deux armées, dont les mouvements furent souvent entravés par la nécessité d'éviter le fléau destructeur. Malheur aux troupes qui se laissaient atteindre! La poudre contenue dans les gibernes et les caissons s'enflammait et portait la mort dans les rangs. On voyait donc des bataillons, et même des régiments entiers, s'élancer au pas de course pour éviter l'incendie, et gagner des emplacements où le blé eût déjà été brûlé; mais les hommes valides pouvaient seuls profiter de ce refuge. Quant aux militaires grièvement blessés, un grand nombre périrent dans les flammes, et, parmi ceux que le feu n'atteignit pas, beaucoup passèrent plusieurs jours sur le champ de bataille, où la grande hauteur des moissons empêchait de les apercevoir. Ils vécurent pendant ce temps de grains de blé. L'Empereur fit parcourir la plaine par de nombreux détachements de cavalerie, suivis des voitures qu'on avait pu trouver dans Vienne, et les blessés furent relevés, sans distinction d'amis ni d'ennemis. Mais ceux sur lesquels l'incendie avait passé succombèrent presque tous, ce qui fit dire aux soldats que le feu de paille avait tué presque autant d'hommes que le feu du combat.

Les deux jours que dura la bataille furent remplis d'anxiété pour les habitants de Vienne, qui, n'étant séparés des armées que par le Danube, non seulement entendaient le canon et la fusillade, mais voyaient parfaitement les manœuvres des combattants. Les toits, les clochers de Vienne, et surtout les hauteurs qui dominent cette ville et la rive droite, étaient couverts par la population, qui, selon les phases de la bataille, passait de la crainte à l'espérance. Quel rare et magnifique panorama les spectateurs avaient sous les yeux!... Trois cent mille hommes combattant dans une plaine immense!...

Le célèbre et spirituel feld-maréchal prince de Ligne, quoique déjà bien âgé, avait réuni la haute société de Vienne dans sa maison de campagne, située au point le plus élevé des collines, d'où l'œil embrassait tout le champ de bataille. Son expérience de la guerre et son esprit supérieur lui firent promptement comprendre le projet de Napoléon et les fautes du prince Charles, dont il prédit la défaite. Les événements de la journée du 5 laissèrent l'affaire indécise; mais lorsque, dans celle du 6, les Viennois virent la droite de l'armée autrichienne refouler notre aile gauche, qui perdit beaucoup de terrain, une joie frénétique éclata parmi eux, et, à l'aide de nos longues-vues, nous apercevions des milliers d'hommes et de femmes agitant leurs chapeaux et leurs mouchoirs, pour exciter encore le courage de leurs troupes victorieuses sur ce point, mais sur ce point seulement. Aussi le prince de Ligne ne partageait-il pas la joie des Viennois, et je tiens d'une personne qui se trouvait alors chez ce vieux guerrier, qu'il dit à ses invités: «Ne vous réjouissez pas encore; dans moins d'un quart d'heure le prince Charles sera battu, car il n'a pas de *réserves*, et vous voyez les masses de celles de Napoléon encombrer la plaine!...» L'événement justifia cette prédiction.

Comme il faut, avant tout, rendre justice à chacun, même à ses ennemis, je dirai, après avoir critiqué les manœuvres faites par le prince Charles à Wagram, que ses fautes sont infiniment atténuées par l'espoir qu'il devait avoir dans l'arrivée du prince Jean avec un corps de 35 à 40,000 hommes, qui pouvait déboucher sur notre aile droite et même sur nos derrières. Il faut aussi convenir que l'archiduc Charles montra beaucoup de vigueur dans l'exécution du plan qu'il avait conçu, et fit preuve d'un grand courage personnel, ainsi que de beaucoup d'aptitude à soutenir le moral de ses troupes. J'en citerai un exemple remarquable.

On sait que, outre le colonel commandant, chaque régiment a un colonel *propriétaire*, dont il porte le nom: c'est habituellement un prince ou un officier général, à la mort duquel le régiment est donné à un autre, de sorte que ces corps changent souvent de dénomination et sont obligés de quitter le nom qu'ils ont illustré sur vingt champs de bataille, pour en prendre un nouveau totalement inconnu. Ainsi, les dragons de Latour, si célèbres dans les premières guerres de la Révolution, et dont la gloire s'étendait dans toute l'Europe, durent, à la mort du général Latour, prendre le nom du général Vincent, ce qui, en détruisant une belle tradition, blessait infiniment l'amour-propre de ce régiment, dont le zèle fut considérablement affaibli par ce changement. Or, il advint, à la première journée de Wagram, que le prince Charles, voyant le centre de son armée sur le point d'être enfoncé par le corps d'Oudinot, voulut essayer de l'arrêter en l'attaquant avec de la cavalerie.

Les dragons de Vincent se trouvaient sous sa main; il leur ordonna de charger: ils le firent mollement, furent repoussés, et les Français avançaient toujours! Le prince lança de nouveau contre eux ce même régiment de Vincent, qui recula une seconde fois devant nos bataillons! La ligne autrichienne était percée!... Dans ce pressant danger, le prince court vers les dragons, les arrête dans leur fuite, et, pour les faire rougir de leur peu de vigueur, il leur dit à haute voix: «Dragons de Vincent, on voit bien que vous n'êtes plus les dragons de Latour!» Le régiment, humilié par ce reproche sanglant, mais mérité, ayant répondu: «Si, si, nous le sommes encore!— Eh bien! s'écria le prince en mettant fièrement l'épée à la main, pour vous montrer encore dignes de votre ancienne gloire, suivez-moi!» Et, quoique atteint d'une balle, il s'élance contre les Français! Le régiment de Vincent le suit avec une ardeur inexprimable; la charge fut terrible, et les grenadiers d'Oudinot reculèrent en subissant de grandes pertes. C'est ainsi qu'un général habile et énergique sait tirer parti de tout ce qui peut ranimer le courage chancelant de ses troupes.

L'allocution du prince Charles exalta à un si haut degré les dragons de Vincent, qu'après avoir arrêté les grenadiers d'Oudinot, ils fondirent sur la division Lamarque et lui reprirent 2,000 prisonniers et cinq drapeaux qu'elle venait d'enlever aux Autrichiens! Le prince Charles félicita les dragons en leur disant: «À présent, vous porterez avec orgueil le nom de Vincent, que vous venez de rendre aussi glorieux que celui de Latour!» Ce régiment fut un de ceux qui, le lendemain, contribuèrent le plus à mettre en déroute la division d'infanterie du général Boudet.

La bataille de Wagram donna lieu à une foule d'épisodes, dont le plus important n'a été rapporté par aucun auteur, bien qu'il produisît alors une très grande sensation dans l'armée et dans le public. Je veux parler de la disgrâce du général Bernadotte, que l'Empereur chassa du champ de bataille! Ces deux illustres personnages n'avaient jamais eu d'affection l'un pour l'autre, et depuis la conspiration de Rennes, ourdie par Bernadotte contre le gouvernement consulaire, ils étaient fort mal ensemble. Malgré cela, Napoléon, devenu empereur, avait compris Bernadotte dans la première promotion de maréchaux, et le créa prince de Ponte-Corvo, à la sollicitation de Joseph Bonaparte, dont Bernadotte avait épousé la belle-sœur. Mais rien ne put calmer la haine et l'envie que ce général avait conçues contre Napoléon, qu'il flattait lorsqu'il était devant lui et dont il blâmait et critiquait ensuite tous les actes, ce que l'Empereur n'ignorait pas.

La capacité et le courage dont Bernadotte fit preuve à Austerlitz auraient porté l'Empereur à oublier ses torts, s'il ne les eût aggravés par la conduite qu'il tint à la bataille d'Iéna, où, malgré les sollicitations des généraux de son armée, il laissa ses trois divisions dans l'inaction la plus complète, et ne voulut jamais porter secours au maréchal Davout, qui, placé à une lieue de lui, soutenait seul devant Auerstaëdt les efforts de la moitié de l'armée prussienne, commandée par le Roi en personne! Non seulement Davout, abandonné par son camarade, résista glorieusement, mais il battit ses nombreux ennemis. L'armée et la France s'indignèrent contre Bernadotte. L'Empereur se borna à le réprimander très fortement, ce qui réveilla un peu le zèle de ce maréchal, qui fit assez bien à Hall ainsi qu'à Lubeck. Mais, retombant bientôt dans ses habitudes de mollesse et peut-être même de mauvais vouloir, il n'arriva à Eylau que deux jours après la bataille, malgré les ordres qu'il avait reçus.

Cette nonchalance ranima le mécontentement de l'Empereur, mécontentement qui ne fit que s'accroître pendant la campagne de 1809 en Autriche, où Bernadotte, commandant un corps d'armée composé de troupes saxonnes, arrivait toujours trop tard, agissait mollement, et critiquait non seulement les manœuvres de l'Empereur, mais la manière dont les maréchaux dirigeaient leurs troupes. Cette attitude acheva d'irriter Napoléon. Néanmoins, il se contenait encore, lorsque, le 5 juillet, première journée de la bataille de Wagram, le peu de vigueur et les fausses dispositions de Bernadotte permirent aux Autrichiens de reprendre le village de Deutsch-Wagram, dont la possession était d'une très grande importance.

Il paraît qu'après cet échec Bernadotte aurait dit à un groupe d'officiers «que le passage du Danube et l'action qui s'en était suivie ce jour-là avaient été mal dirigés, et que s'il eût commandé, il aurait par une *savante manœuvre*, et presque sans combat, réduit le prince Charles à la nécessité de mettre bas les armes». Ce propos fut rapporté le soir même à l'Empereur, qui en fut justement indigné. Telle était la disposition des esprits entre Napoléon et Bernadotte, lorsque le 6 juillet vit recommencer entre les deux armées l'engagement mémorable qui devait décider la victoire, encore incertaine la veille.

Nous avons vu qu'au plus fort de l'action, les Saxons, commandés par Bernadotte et mal dirigés par lui, furent repoussés, et que, chargés par la cavalerie ennemie, ils se jetèrent en désordre sur le corps d'armée de Masséna, qu'ils faillirent entraîner dans leur fuite. Les Saxons sont braves, mais les meilleures troupes peuvent être mises en déroute et essuyer une défaite. Or, il est de principe qu'en pareil cas les chefs ne doivent pas chercher à rallier ceux de leurs soldats qui sont à la portée des sabres et des baïonnettes ennemis, parce que c'est une chose à peu près impossible. Les généraux et colonels doivent donc gagner promptement la tête de la masse des fuyards, et, faisant alors demi-tour, se présenter en face d'eux, leur en imposer par leur présence, leurs paroles, arrêter le mouvement rétrograde, reformer les bataillons et résister ainsi à la poursuite de l'ennemi. Pour se conformer à cette règle, Bernadotte, dont le courage personnel ne peut être mis en doute, cède au torrent de ses troupes en désordre, et, suivi d'un nombreux état-major, il s'élance au grand galop dans la plaine, afin de devancer les fuyards et de les arrêter. Mais à peine est-il sorti de cette cohue, dont les cris de détresse retentissaient au loin, qu'il se trouve face à face avec l'Empereur, qui lui dit d'un ton ironique: «Est-ce par cette *savante manœuvre* que vous comptez réduire le prince Charles à la nécessité de mettre bas les armes?...» Bernadotte, déjà fortement ému de voir son armée dans la plus complète déroute, le fut encore plus vivement en apprenant que l'Empereur était informé des propos inconsidérés qu'il avait tenus la veille. Il resta stupéfait!... puis, se remettant un peu, il cherchait à balbutier quelques mots d'explication; mais l'Empereur, d'un ton sévère, et la parole haute, lui dit: «Je vous retire le commandement du corps d'armée que vous dirigez si mal, monsieur!... Éloignez-vous de moi sur-le-champ et quittez la grande armée dans les vingt-quatre heures; je n'ai que faire d'un brouillon tel que vous!...» Cela dit, Napoléon tourna le dos au maréchal, et prenant momentanément le commandement direct des Saxons, il rétablit l'ordre dans leurs rangs et les ramena contre l'ennemi!

Dans toute autre circonstance, Bernadotte eût été certainement désolé d'un tel éclat; mais comme son expulsion avait été prononcée au moment où il galopait en tête des fuyards, ce qui pouvait laisser place à la médisance au sujet de son courage, bien que sa retraite précipitée eût pour but d'aller arrêter ses soldats, il comprit combien sa fâcheuse situation en était aggravée, et on assure que, dans son désespoir, il voulut se précipiter sur les baïonnettes ennemies pour se donner la mort!...

Ses aides de camp le retinrent et l'éloignèrent des troupes saxonnes. Il erra toute la journée sur le champ de bataille; enfin, vers le soir, il s'arrêta derrière les lignes de notre aile gauche, au village de Léopoldau, où ses officiers le déterminèrent à passer la nuit dans le joli petit château qui se trouve en ce lieu. Mais à peine y était-il installé, que Masséna, dont le corps d'armée enveloppait Léopoldau, où il avait ordonné de placer son quartier général, arrive pour occuper le château. Or, comme il est d'usage à la guerre que les maréchaux et généraux s'établissent au centre de leurs troupes, et ne vont jamais prendre logement dans les villages où se trouvent les régiments commandés par un de leurs camarades, Bernadotte voulut céder la place à Masséna. Celui-ci, qui ignorait encore la mésaventure de son collègue, le pria instamment de rester et de partager le gîte avec lui, ainsi qu'ils l'avaient si souvent pratiqué dans les guerres d'Italie. Bernadotte accepte; mais pendant qu'on arrange le logement, un officier témoin de la scène qui avait eu lieu entre l'Empereur et Bernadotte vint la raconter à Masséna, qui, en apprenant la disgrâce éclatante de son camarade, se ravise et trouve que la maison n'est pas assez vaste pour recevoir deux maréchaux et leurs états-majors. Voulant cependant simuler la générosité, il dit à ses aides de camp: «Ce logement m'appartenait de droit; mais puisque ce pauvre Bernadotte est dans le malheur, je dois le lui céder; cherchez-moi un autre gîte, fût-ce une grange...» Puis il se fait replacer en calèche et s'éloigne du château, sans revoir ni prévenir Bernadotte, qui fut très affecté de cet abandon.

Son exaspération lui fit commettre une nouvelle faute très grave, car, bien que le commandement des troupes saxonnes lui eût été retiré, il leur adressa un ordre du jour, dans lequel il exaltait au plus haut point leurs exploits, et par conséquent les siens, sans attendre, selon les usages militaires, que le chef suprême de l'armée eût fait à chacun sa part de gloire. Cette infraction aux règlements accrut encore la colère de l'Empereur, et Bernadotte fut obligé de se retirer de l'armée. Il retourna en France.

Parmi les incidents remarquables auxquels la bataille de Wagram donna lieu, je dois citer le combat de deux régiments de cavalerie, qui, bien que servant dans des armées opposées l'une à l'autre, appartenaient au même colonel propriétaire, le prince Albert de Saxe-Teschen. Celui-ci avait épousé la célèbre archiduchesse Christine d'Autriche, gouvernante des Pays-Bas. Ayant le titre de prince dans les deux États, il possédait un régiment de housards en Saxe et un de cuirassiers en Autriche. L'un et l'autre portaient son nom; et d'après les usages de ces deux États, il nommait à tous les emplois d'officiers dans ces corps. Comme depuis de longues années l'Autriche et la Saxe vivaient en paix, lorsque le prince Albert avait un officier à placer, il le mettait indistinctement dans celui de ces deux régiments où se trouvait une vacance, de sorte qu'on voyait des membres d'une même famille servir, les uns dans les housards saxons du prince Albert, et les autres dans les cuirassiers autrichiens d'Albert. Or, par une circonstance déplorable et fort extraordinaire, ces deux régiments se trouvèrent en présence sur le champ de bataille de Wagram, où, stimulés par le devoir et le point d'honneur, ils se chargèrent mutuellement. Chose remarquable, les cuirassiers furent enfoncés par les housards, qui combattirent avec la plus grande vigueur, tant ils étaient désireux de réparer sous les yeux de Napoléon et de l'armée française le double échec qu'avait éprouvé l'infanterie saxonne!... Celle-ci, quoique ayant fait preuve de courage dans maintes circonstances, n'est pas, à beaucoup près, aussi solidement constituée, ni aussi instruite, que la cavalerie, qui passe avec raison pour une des meilleures de l'Europe.

CHAPITRE VINGT-CINQ

Ce qui m'advint à la bataille de Wagram.—Brouille avec Masséna.—Prise d'Hollabrünn et entrée à Guntersdorf.

Après avoir lu le récit des épisodes dont j'ai cru devoir accompagner le récit succinct de la bataille de Wagram, vous désirez probablement savoir ce qui m'advint de personnel dans ce terrible conflit.

J'eus le bonheur de n'être pas blessé, quoique ayant été souvent très exposé, surtout le second jour, au moment où l'artillerie ennemie faisait converger presque tous ses feux sur la calèche du maréchal Masséna. Nous étions, à la lettre, sous une grêle de boulets, qui abattit bien du monde autour de moi. Je courus aussi de très grands dangers, lorsque la cavalerie autrichienne ayant enfoncé et mis en déroute la division Boudet, le maréchal m'envoya vers ce général, perdu dans la foule de dix mille fuyards, que la cavalerie taillait en pièces!... Je fus encore souvent mis en péril lorsque, pour porter des ordres, j'étais obligé de passer auprès des incendies partiels qui, sur une infinité de points, dévoraient les moissons dans la plaine. Grâce à de nombreux détours, je parvenais à éviter les flammes; mais il était presque impossible de ne pas traverser les champs, sur lesquels les cendres des pailles consumées conservaient encore assez de chaleur pour excorier les pieds des chevaux. Deux des miens furent pour quelque temps mis hors de service par les blessures qu'ils y reçurent, et l'un d'eux souffrit tant, qu'il fut sur le point de me rouler dans ces débris de paille mal éteinte. Enfin, je m'en tirai sans autre accident grave. Mais si ma personne échappa à l'incendie, ainsi qu'au plomb et au fer des ennemis, il m'arriva un désagrément dont les suites me furent bien funestes, car, le second jour de la bataille, je me brouillai presque complètement avec Masséna. Voici à quel sujet.

Chargé par ce maréchal d'une mission auprès de l'Empereur, que je n'avais pu rejoindre qu'avec les plus grandes peines, je revenais, après avoir fait plus de trois lieues au galop sur les cendres encore brûlantes des moissons consumées. Mon cheval, exténué de fatigue et les jambes à moitié brûlées, ne pouvait plus marcher, lorsqu'en arrivant auprès de Masséna, je le trouvai dans un bien grand embarras. Son corps d'armée, vivement poussé par la droite des ennemis, battait en retraite le long du Danube, et les fantassins de la division Boudet, chargés et enfoncés par la cavalerie autrichienne qui les sabrait sans relâche, couraient pêle-mêle dans l'immensité de la plaine! Ce fut le moment le plus critique de la bataille.

Le maréchal, du haut de sa calèche, voyait le danger imminent qui nous menaçait, et prenait avec calme des dispositions pour maintenir en bon ordre les trois divisions d'infanterie qui n'avaient point été entamées. Pour cela, il avait été obligé d'envoyer tant d'aides de camp vers ses généraux, qu'il n'avait plus auprès de lui que le jeune lieutenant Prosper Masséna, son fils, lorsqu'il s'aperçut que les soldats de la division Boudet, toujours poursuivis par la cavalerie autrichienne, se portaient vers les trois divisions qui combattaient encore, et allaient, en se jetant dans leurs rangs, les entraîner dans une commune déroute! Pour prévenir cette catastrophe, le maréchal voulut détourner le torrent des fuyards, en faisant dire aux généraux et officiers de le diriger vers l'île de Lobau, qui, armée d'une nombreuse artillerie, offrait aux troupes débandées un asile assuré. La mission était périlleuse, et il était plus que probable que l'aide de camp qui irait au milieu de cette multitude désordonnée serait attaqué par quelques-uns des cavaliers ennemis qui la sabraient. Le maréchal ne pouvait donc se résoudre à exposer son fils à un danger aussi imminent; cependant, il n'avait que cet officier auprès de lui, et il fallait bien que cet ordre fût transmis!

Je survins fort à propos pour tirer Masséna du cruel embarras dans lequel il se trouvait; aussi, sans me donner le temps de respirer, il m'ordonna d'aller me précipiter dans les dangers qu'il craignait pour son fils. Mais s'apercevant que mon cheval pouvait à peine se soutenir, il me prêta l'un des siens, qu'une ordonnance conduisait en main. J'avais trop le sentiment des devoirs militaires pour ne pas comprendre qu'un maréchal ou général ne peut s'astreindre à suivre le règlement que ses aides de camp ont fait entre eux, pour marcher à tour de rôle, quelque périlleuse que soit la mission: il faut que, dans certaines circonstances, le chef puisse employer l'officier qu'il juge le plus propre à faire exécuter ses ordres. Aussi, bien que Prosper n'eût de toute la journée fait une seule course, et que ce fût à lui de marcher, je ne fis aucune observation. Je dirai même que mon amour-propre m'empêchant de pénétrer le véritable motif qui avait porté le maréchal à me donner une mission aussi difficile que périlleuse, lorsqu'elle devait échoir à un autre, j'étais fier de la confiance qu'il avait en moi! Mais Masséna détruisit bientôt mon illusion, en me disant d'un ton patelin: «Tu comprends, mon ami, pourquoi je n'envoie pas mon fils, bien que ce soit à lui de marcher... Je crains qu'on ne me le tue... tu comprends... tu comprends?...» J'aurais dû me taire; mais indigné d'un égoïsme aussi peu déguisé, je ne pus m'empêcher de répondre, et cela devant plusieurs généraux: «Monsieur le maréchal, je partais croyant aller remplir un devoir; je regrette que vous me tiriez de cette erreur, car je comprends parfaitement, à présent, que, forcé d'envoyer l'un de vos aides de camp à une mort presque certaine, vous préfériez que ce soit moi plutôt que votre fils; mais je pense que vous auriez pu m'épargner cette cruelle vérité!...» Et sans attendre la réponse, je m'élançai au grand galop vers la division Boudet, dont les cavaliers ennemis faisaient un affreux massacre!...

En m'éloignant de la calèche, j'avais entendu un commencement de discussion entre le maréchal et son fils, mais le bruit du champ de bataille et la rapidité de ma course m'avaient empêché de saisir leurs paroles, dont le sens me fut bientôt expliqué; car à peine avais-je joint la division Boudet, et commencé à faire tous mes efforts pour diriger cette masse épouvantée vers l'île de Lobau, que j'aperçois Prosper Masséna auprès de moi!… Ce brave garçon, indigné de ce que son père m'eût exposé à sa place et voulût le réduire à l'inaction, s'était échappé à l'improviste pour me suivre. «Je veux, me dit-il, partager au moins les dangers que j'aurais dû vous éviter, si l'aveugle tendresse de mon père ne l'eût rendu injuste envers vous, puisque c'était à moi à marcher!…»

La noble simplicité de ce jeune homme me plut: à sa place, j'aurais agi de même. Cependant, j'aurais désiré qu'il fût bien loin de moi à ce moment critique, car, à moins de l'avoir vu, on ne peut se faire une idée exacte de ce qu'est une masse de fantassins dont les rangs ont été enfoncés par la cavalerie, qui les poursuit avec vigueur, et dont les sabres et les lances font un terrible ravage au milieu de ce pêle-mêle d'hommes épouvantés, courant en désordre, au lieu de se pelotonner et de se défendre à coups de baïonnette, ce qui serait pourtant facile et moins dangereux que de tourner le dos en fuyant! Prosper Masséna était très brave; le péril ne l'étonna nullement, bien qu'à chaque instant nous nous trouvassions dans ce *tohu-bohu* face à face avec des cavaliers ennemis. Ma position devenait alors fort critique, parce que j'avais une triple tâche à remplir: d'abord, parer les coups qu'on portait au jeune Masséna, qui, n'ayant de sa vie manié un sabre, s'en servait très maladroitement; en second lieu, défendre ma personne; enfin, parler à nos fantassins en désordre pour leur faire comprendre qu'ils devaient se rendre vers l'île de Lobau, et non sur les divisions qui se trouvaient encore en ligne. Prosper et moi ne reçûmes aucune blessure. Dès que les cavaliers autrichiens nous voyaient décidés à nous défendre énergiquement, ils nous quittaient pour aller frapper les fantassins qui n'opposaient aucune résistance.

Lorsqu'une troupe est en désordre, les soldats se jettent *moutonnement* du côté où ils voient courir leurs camarades; aussi, dès que j'eus transmis l'ordre du maréchal à un certain nombre d'officiers, et qu'ils eurent crié à leurs gens de courir vers l'île de Lobau, le torrent des fuyards se dirigea sur ce point. Le général Boudet, que j'avais enfin trouvé, parvint à rallier ses troupes, sous la protection de notre artillerie, dont le feu arrêta les ennemis. Ma mission ainsi terminée, je retournai vers le maréchal avec Prosper; mais voulant prendre le chemin le plus court, j'eus l'imprudence de passer auprès d'un bouquet de bois, derrière lequel étaient postés une centaine de uhlans autrichiens. Ils s'élancent à l'improviste sur nous, qui gagnons la plaine à toutes jambes, en nous dirigeant vers une ligne de cavalerie française qui venait dans notre direction. Il était temps! car l'escadron ennemi était sur le point de nous joindre et nous serrait de si près que je crus un moment que nous allions être tués ou faits prisonniers. Mais à l'approche des nôtres, les uhlans firent demi-tour, à l'exception d'un officier, qui, parfaitement monté, ne voulut pas nous quitter sans avoir déchargé ses pistolets sur nous. Une balle traversa le cou du cheval de Prosper, et l'animal, en balançant fortement la tête, inonda de sang la figure du jeune Masséna. Je le crus blessé, et me préparais à le défendre contre l'officier de uhlans, lorsque nous fûmes joints par les éclaireurs du régiment français qui, tirant leurs mousquetons sur l'officier autrichien, l'étendirent mort sur la place, au moment où il s'éloignait au galop.

Prosper et moi retournâmes alors auprès du maréchal, qui jeta un cri de douleur en voyant son fils couvert de sang… Mais en apprenant qu'il n'était pas blessé, il donna un libre cours à sa colère, et en présence de plusieurs généraux, de ses aides de camp, et de deux officiers d'ordonnance de l'Empereur, il gronda vertement son fils et termina sa mercuriale en lui disant: «Qui vous a ordonné, jeune étourdi, d'aller vous fourrer dans cette bagarre?...» La réponse de Prosper fut vraiment sublime! «Qui me l'a ordonné?... mon honneur! Je fais ma première campagne; je suis déjà lieutenant, membre de la Légion d'honneur; j'ai reçu plusieurs décorations étrangères, et cependant je n'ai encore rendu aucun service. J'ai donc voulu prouver à mes camarades, à l'armée, à la France, que si je ne suis pas destiné à avoir les talents militaires qui ont illustré mon père, je suis du moins, par ma valeur, digne de porter le nom de Masséna!...» Le maréchal, voyant que tous ceux qui l'entouraient approuvaient les nobles sentiments de son fils, ne répliqua pas; mais sa colère concentrée retomba principalement sur moi, qu'il accusait d'avoir entraîné son fils, quand, tout au contraire, celui-ci m'embarrassa fort par sa présence.

Les deux officiers d'ordonnance de l'Empereur, qui venaient d'être témoins de la scène entre le maréchal et son fils, l'ayant racontée à leur tour au grand quartier général, Napoléon en fut informé, et Sa Majesté étant venue le soir à Léopoldau, où se trouvait l'état-major de Masséna, fit appeler Prosper et lui dit, en le prenant amicalement par l'oreille: «C'est bien, c'est très bien, mon cher enfant; voilà comment des jeunes gens tels que toi doivent débuter dans la carrière!» Puis, se tournant vers le maréchal, il lui dit à voix basse, mais de manière à être entendu par le général Bertrand, de qui je le tiens: «J'aime mon frère Louis autant que vous chérissez votre fils; mais, lorsqu'il était mon aide de camp en Italie, il faisait son service comme les autres, et j'aurais craint de le déconsidérer, en exposant l'un de ses camarades à sa place.»

La réponse que j'avais eu le tort de faire à Masséna, le blâme que l'Empereur lui infligeait, ne pouvaient que l'aigrir encore davantage contre moi; aussi, à compter de ce jour, il ne me tutoya plus, et quoique ostensiblement il me traitât fort bien, je compris qu'il me garderait toujours rancune: vous verrez que mes prévisions se vérifièrent.

Jamais les Autrichiens ne combattirent depuis avec autant de vigueur qu'à Wagram; leur retraite même fut admirable par le calme et le bon ordre qui y régnèrent. Il est vrai qu'ils eurent l'avantage de pouvoir quitter le champ de bataille sans être poursuivis; j'ai donné les motifs qui retinrent Napoléon le 6 au soir; mais il ne me serait pas possible d'expliquer les causes du retard qu'il mit, le 7 au matin, à suivre les traces des ennemis. On a prétendu qu'ayant devant lui la route de Bohême et celle de Moravie, qui toutes deux aboutissent au pont de Spitz, près de Florisdorf, l'Empereur, avant de s'éloigner du champ de bataille, voulait savoir quel était à peu près le nombre des troupes que le prince Charles avait engagées sur chacune de ces routes, et qu'il attendait le rapport des reconnaissances faites à ce sujet. Mais il est à remarquer que les reconnaissances ne donnent en pareil cas que des renseignements très imparfaits, parce qu'elles ne peuvent apercevoir ce qui se trouve au delà des arrière-gardes ennemies, qui les arrêtent au bout d'une demi-lieue: c'est ce qui arriva aux nôtres. On perdit donc inutilement un temps précieux; et puisqu'on avait vu la veille les colonnes ennemies s'engager sur les deux routes, il aurait fallu les poursuivre le 7 au matin, dès l'aurore, sur l'une ou sur l'autre; nous avions assez de troupes disponibles pour être en force sur tous les points. Quoi qu'il en soit, l'Empereur ne fit commencer la poursuite qu'à deux heures de l'après-midi et ne franchit, de sa personne, que trois petites lieues, pour aller coucher au château de Volkersdorf, du haut duquel l'empereur d'Autriche avait, les deux jours précédents, observé les mouvements des armées belligérantes.

L'Empereur confia au général Vandamme le soin de garder la ville de Vienne. Le général Régnier resta donc dans l'île de Lobau; Oudinot prit position à Wagram, et Macdonald à Florisdorf. Après avoir ainsi assuré ses derrières, Napoléon fit suivre l'ennemi sur la route de Moravie par les corps de Marmont et de Davout, et sur celle de Bohême par Masséna. Enfin, l'armée d'Italie et la garde devaient marcher entre ces deux grandes routes dans la direction de Laa, prêtes à se porter où besoin serait.

La plus forte partie de l'armée autrichienne s'était engagée sur la route de Bohême, que suivait le corps de Masséna. Mais le prince Charles avait très bien utilisé la nuit du 6 au 7 et une partie de ce jour, que Napoléon lui avait laissée, et tous ses bagages, chariots, caissons et l'artillerie étaient déjà loin et hors de notre atteinte, lorsqu'en quittant le champ de bataille, nous rencontrâmes les éclaireurs de l'arrière-garde ennemie, au défilé de Langen-Enzersdorf. Par sa longueur et son resserrement, ce passage aurait été fatal au prince Charles si, la veille, nous eussions pu le pousser jusque-là. Après avoir traversé le défilé, nous entrâmes dans une vaste plaine, au centre de laquelle se trouve Korneubourg. Cette petite ville, ayant un mur d'enceinte, était occupée par neuf bataillons de Croates et de chasseurs tyroliens, et l'on apercevait, sur les deux flancs, de fortes masses de cavalerie et une nombreuse artillerie. Ainsi postée, cette arrière-garde nous attendait avec un calme imposant.

Il faut, sans doute, être entreprenant à la guerre, surtout devant un ennemi déjà battu; néanmoins, on ne doit pas forcer les conséquences de cette règle jusqu'à manquer de prudence. Les généraux et la cavalerie française sont souvent trop *téméraires*: ils renouvelèrent ici la faute que Montbrun avait commise au mois de juin devant Raab, lorsque, ne voulant pas attendre l'infanterie, il mena ses escadrons trop près de cette place, dont le canon fit un très grand ravage dans leurs rangs. Malgré cette sévère leçon, le général Bruyère, qui avait remplacé Lasalle dans le commandement de la division de cavalerie légère attachée au corps de Masséna, ayant pris les devants en sortant du défilé, n'attendit pas que notre infanterie l'eût passé aussi et fût formée dans la plaine. Déployant ses escadrons, il s'avança vers les ennemis, qui restèrent impassibles, le laissèrent approcher jusqu'à une portée de canon, et qui, ouvrant alors un feu terrible, lui firent éprouver de grandes pertes!…

À cette vue, Masséna, qui arrivait en ce moment à l'entrée de la plaine, se mit en fureur et m'envoya vers Bruyère pour lui exprimer son extrême mécontentement. Je trouvai ce général très bravement placé à la tête de sa division, sous une grêle de boulets, mais bien peiné de s'être tellement aventuré, et fort embarrassé du parti qu'il devait prendre. En effet, s'il chargeait la cavalerie autrichienne, deux fois plus nombreuse que la sienne, il faisait hacher sa division; d'un autre côté, s'il battait en retraite pour s'éloigner du canon et se rapprocher de notre infanterie, il était certain que, dès que ses régiments auraient fait demi-tour, la cavalerie ennemie s'élancerait sur eux et les pousserait en désordre sur nos bataillons, à leur sortie du défilé, ce qui pouvait avoir les résultats les plus graves!… Rester où l'on se trouvait et y attendre l'infanterie, était donc ce qu'il y avait de moins mauvais; aussi, le général Bruyère m'ayant fait l'honneur de me demander mon avis, ce fut celui que je me permis de lui donner. Le maréchal, auquel j'avais été en rendre compte, approuva ce que j'avais fait, mais je le trouvai dans une colère noire contre le général Bruyère, et il s'écriait à chaque instant: «Est-il croyable qu'on fasse tuer de braves gens aussi inutilement!…» Cependant, il presse l'arrivée de la division Legrand, et, dès qu'elle est formée hors du défilé, il fait attaquer Korneubourg par le 26e léger, qui s'en empare, pendant que la cavalerie ennemie est repoussée par les escadrons de

Bruyère, qui courent à la charge avec joie, les dangers d'une charge étant infiniment moins grands que ceux résultant de la canonnade à laquelle ils étaient soumis depuis une demi-heure! Le général Bruyère fit merveille durant ce combat de mains, ce qui n'empêcha pas le maréchal de le réprimander fortement.

Le 8 juillet, Masséna, ayant quatre divisions d'infanterie, une de cavalerie légère, une de cuirassiers et une nombreuse artillerie, continua la poursuite de l'arrière-garde ennemie. Il n'y eut cependant qu'un petit engagement, et nous occupâmes la ville de Stockerau, dans laquelle nos troupes s'emparèrent de plusieurs magasins autrichiens contenant une immense quantité de provisions de bouche, surtout en vins, ce qui excita une joie des plus vives. Le corps d'armée de Masséna continuant sa marche le 9, sur la route de Bohême, fut arrêté devant Hollabrünn par des forces nombreuses. Il s'ensuivit un combat très vif, dans lequel le général Bruyère, voulant faire oublier la faute qu'il avait commise devant Korneubourg, dirigea sa division avec prudence, mais exposa beaucoup sa personne; aussi fut-il grièvement blessé.

La malheureuse ville d'Hollabrünn, à peine rebâtie, à la suite de l'incendie qui l'avait détruite en 1805, lorsque les Russes nous en disputaient la possession, fut de nouveau réduite en cendres, et ensevelit encore un grand nombre de blessés sous ses décombres. Les ennemis se retirèrent avec perte.

Dans la nuit du 9 au 10, le maréchal m'envoya vers l'Empereur, pour l'informer du combat d'Hollabrünn. Après une longue marche par des chemins de traverse, où je m'égarai plusieurs fois dans l'obscurité, je joignis enfin Napoléon au château de Volkersdorf, qu'il occupait depuis le lendemain de la bataille de Wagram. Sa Majesté venait d'apprendre qu'une grande partie de l'armée autrichienne, quittant la route de Nikolsbourg et de Moravie, se portait vers Laa, pour y passer la Taya et rejoindre le prince Charles à Znaïm, et elle avait prescrit au maréchal Marmont de la suivre dans cette nouvelle direction. L'Empereur la prit lui-même le 10 au matin, tandis que Davout continuait de pousser vers Nikolsbourg, dont il s'empara. J'en fus réexpédié vers Masséna, auquel je portai l'ordre de marcher rapidement vers Znaïm, où l'ennemi paraissait vouloir concentrer ses principales forces et se préparer à une nouvelle bataille.

Pendant cette journée du 10, l'arrière-garde ennemie battit constamment en retraite devant le corps de Masséna, sans oser nous attendre, car elle avait éprouvé des pertes considérables la veille, à Hollabrünn. À compter de ce moment, le désordre se mit dans ses rangs; aussi fîmes-nous un très grand nombre de prisonniers. Ce même jour, le prince de Liechtenstein se présenta comme parlementaire à nos avant-postes, chargé par le généralissime autrichien d'aller proposer un armistice à Napoléon. Masséna le fit accompagner par un de ses officiers; mais, pendant qu'ils gagnaient Volkersdorf, dans l'espoir d'y trouver encore Napoléon, celui-ci s'était porté à Laa, et le parlementaire ne put le joindre que le lendemain au soir devant Znaïm. Ce retard coûta la vie à bien des hommes des deux partis! L'arrière-garde autrichienne, après s'être retirée depuis le matin sans combattre, nous disputa le soir l'entrée du bourg de Guntersdorf. Une vive canonnade s'étant engagée, un boulet traversa la calèche de Masséna, et un second tua un des chevaux qui la traînaient. Heureusement le maréchal venait de mettre pied à terre cinq minutes avant cet accident! Les ennemis, repoussés, nous cédèrent enfin Guntersdorf, où nous passâmes la nuit.

Il est indispensable à la guerre d'avoir des espions; Masséna se servait pour cela de deux frères juifs, hommes très intelligents, qui, pour donner des nouvelles exactes et recevoir plus d'argent, avaient l'audace de se glisser parmi les colonnes autrichiennes, sous prétexte de vendre des fruits et du vin; puis, restant en arrière, ils attendaient l'arrivée des Français et venaient faire leur rapport au maréchal. Celui-ci, pendant son court séjour à Hollabrünn, avait promis une forte somme à l'un de ces juifs s'il lui remettait, le lendemain au soir, l'état approximatif des forces ennemies engagées sur la route que nous suivions. Alléché par l'appât du gain, l'Israélite prend des chemins détournés, marche toute la nuit, gagne la tête de l'armée ennemie, pénètre dans un bois, et, grimpant au sommet d'un arbre touffu, il se blottit dans le feuillage, d'où, sans être aperçu, il dominait la grande route, et, à mesure que les colonnes défilaient devant lui, l'espion inscrivait sur un calepin à quelle arme ces troupes appartenaient, la force des escadrons et des bataillons, ainsi que le nombre des pièces. Mais, au moment où il était ainsi occupé, un sergent de chasseurs entre dans le bois pour s'y reposer quelques instants, et vient se coucher précisément au-dessous de l'arbre sur lequel se trouvait le Juif, qu'il n'avait point aperçu. À cette vue, l'espion, absolument saisi, fit probablement quelque mouvement pour se cacher; le calepin lui échappa des mains et vint tomber à côté du sergent! Celui-ci lève la tête, et voyant un homme au milieu des hautes branches, il le couche en joue, en lui ordonnant de descendre. Le malheureux Juif, forcé d'obéir, est conduit devant un général autrichien, qui, à la vue du calepin accusateur, fait tuer ce misérable à coups de baïonnette. Il gisait sur la grande route lorsque, quelques heures après, l'armée française arriva sur ce point. Dès que le second Juif, qui marchait avec nous en ce moment, aperçut le corps de son frère, il poussa des cris affreux; puis, se ravisant, il fouilla les poches du mort. Mais n'y ayant rien trouvé, il pesta contre les ennemis qui lui avaient, disait-il, *volé* l'argent dont son frère était pourvu; finalement, pour avoir au moins quelque part de son héritage, il prit tous les vêtements pour les vendre plus tard. Voilà qui peint bien le caractère juif!

CHAPITRE VINGT-SIX

Combat de Znaïm.—Les cuirassiers de Guiton.—Je suis blessé en séparant les combattants.—M. d'Aspre.—Nouvelle brouille avec Masséna.—Retour à Paris.

Le 11 juillet, jour néfaste pour moi, le corps de Masséna parut devant Znaïm vers dix heures du matin, et nous aperçûmes, à une demi-lieue sur notre droite, les divisions du maréchal Marmont réunies sur le plateau de Teswitz. Ces troupes venaient de Laa par la route de Brünn. À midi, l'Empereur et sa garde arrivèrent à Zukerhandel, et l'armée d'Italie n'en était plus qu'à quelques lieues.

La ville de Znaïm, entourée d'un mur fort solide, est située sur un coteau couvert de vignobles, au bas duquel coulent la rivière de Taya et le fort ruisseau de Lischen, qui se jette dans la Taya au-dessous de Teswitz. Ces deux cours d'eau environnent donc une partie du coteau de Znaïm et en font une position retranchée par la nature, car, presque sur tous les points, les rives sont hérissées de rochers escarpés, d'un accès fort difficile. Le sol s'abaisse au village d'Oblass, que traverse la route de Vienne, par laquelle arrivait le corps de Masséna.

Le prince Charles, ne recevant pas de réponse à sa proposition d'armistice, et ne voyant même pas revenir son parlementaire, prit la résolution de profiter des bonnes positions qu'il occupait, pour risquer encore les chances d'une bataille. En conséquence, il forma son armée sur deux lignes, dont la première appuyait sa droite à la Taya, près de Kloster-Bruck, avait son centre en face de Teswitz et de Zukerhandel, et prolongeait sa gauche jusqu'à Kukrowitz. La seconde ligne occupait Znaïm, le Galgenberg et Brenditz; les réserves étaient en arrière. Une nuée de tirailleurs défendait les vignobles situés entre Znaïm, le Lischen et la Taya.

Dès son arrivée devant Oblass, Masséna fit occuper ce village, ainsi que le double pont qui passe sur la rivière et l'île dite des Faisans. La division Legrand, qui venait de s'en emparer, se porta sur Alt-Schallersdorf et Kloster-Bruck, vaste et ancien couvent transformé en fabrique de tabac. Nos troupes éprouvèrent sur ce point une résistance d'autant plus vive que notre artillerie ne secondait pas leurs efforts; ne pouvant, en effet, passer dans les vignes, elle était obligée de tirer du bord de la rivière, c'est-à-dire de bas en haut, ce qui rend le feu incertain et presque nul. Le maréchal, retenu à Oblass dans sa calèche, regrettait vivement de ne pouvoir monter à cheval, pour aller voir par lui-même ce qu'il y avait à faire pour remédier à cet inconvénient, lorsque je me permis de lui dire que, ayant exploré les environs avant l'attaque, je croyais qu'une batterie partant d'Oblass, longeant la rive droite de la rivière et allant se poster au-dessus du village d'Edelspitz, pourrait rendre les plus grands services. Masséna trouva l'avis utile; il m'en remercia et me chargea de conduire six canons au lieu indiqué, d'où, dominant et prenant à revers les troupes qui défendaient Kloster-Bruck et Alt-Schallersdorf, ils firent un tel ravage parmi les ennemis, que ceux-ci abandonnèrent promptement ces deux postes, dont nos troupes s'emparèrent. Le maréchal se félicitait du bon effet produit par cette batterie, lorsque j'accourus lui proposer d'en conduire une autre à Küeberg, point culminant de la rive gauche, mais cependant accessible en renforçant les attelages. Le maréchal y consentit, et, après quelques efforts, je réussis à faire monter huit pièces à Küeberg, d'où leurs boulets, fouettant en plein sur les lignes autrichiennes massées en avant de Znaïm, les eurent bientôt forcées à se réfugier derrière les murs de cette ville; aussi je ne doute pas que si la bataille eût continué, la batterie que nous avions placée sur le Küeberg n'eût été fort utile à l'armée française: c'est en occupant ce point avec de l'artillerie qu'on peut réduire promptement la forte position de Znaïm.

Pendant la vive canonnade dont je viens de parler, un orage épouvantable fondit sur la contrée. En un instant, tout est inondé. La Taya déborde, les armes ne peuvent plus faire feu, et l'on n'entend plus un seul coup de fusil. Les troupes du général Legrand se réfugient dans Kloster-Bruck, à Schallersdorf, et principalement dans les nombreuses caves creusées au milieu des vignes dont le coteau est couvert. Mais pendant que nos soldats vident les tonnes, sans se préoccuper des ennemis qu'ils supposent abrités dans les maisons de Znaïm, le prince Charles, prévenu sans doute de cette négligence, et voulant couper toute retraite à la division Legrand, fait sortir de la ville une colonne de mille grenadiers qui, s'élançant au pas de course sur la grande route abandonnée par nos gens, traversent Alt-Schallersdorf et arrivent au premier pont d'Oblass! Je descendais en ce moment du Küeberg et d'Edelspitz; j'y étais monté en passant par New-Schallersdorf, à côté d'Oblass, où j'avais pris les canons que je devais conduire; mais, en revenant seul, il me parut inutile de faire ce détour, puisque je savais que tout le terrain compris entre la Taya et Znaïm était occupé par une de nos divisions d'infanterie. Aussi, dès que je fus au petit pont qui sépare Edelspitz de l'île des Faisans, j'y passai la Taya pour gagner les grands ponts placés sur la grande route en face d'Oblass, où j'avais laissé le maréchal. Je venais de monter sur la chaussée qui unit ces deux ponts, lorsque, malgré l'orage, j'entends derrière moi le bruit de nombreux pas cadencés; je tourne la tête, et qu'aperçois-je?... Une colonne de grenadiers autrichiens qui n'était plus qu'à vingt-cinq pas de moi!... Mon premier mouvement fut de courir ventre à terre, afin de prévenir le maréchal et les nombreuses troupes qu'il avait auprès de lui; mais, à mon très grand étonnement, je trouvai le pont le plus voisin d'Oblass occupé par une brigade de cuirassiers français. Le général Guiton, qui la commandait, sachant la division Legrand de l'autre côté du fleuve, et ayant reçu un ordre inexact, s'avançait tranquillement au pas!

À peine avais-je eu le temps de dire: «Voilà les ennemis!...» que le général les aperçoit, met l'épée à la main, et criant: «Au galop!» s'élance sur les grenadiers autrichiens. Ceux-ci, venus pour nous attaquer à l'improviste, furent tellement étonnés de l'être eux-mêmes à l'instant où ils s'y attendaient si peu, que les premiers rangs eurent à peine le temps de croiser la baïonnette, et qu'en un clin d'œil les trois bataillons de grenadiers furent *littéralement roulés* par terre, sous les pieds des chevaux de nos cuirassiers!... Pas un des hommes ne resta debout!... *Un seul* fut tué; tous les autres furent pris, ainsi que les trois canons qu'ils avaient amenés pour contribuer à la défense de l'île des Faisans et des ponts.

Ce retour offensif aurait eu des résultats très fâcheux pour nous, si le prince Charles l'eût exécuté avec une troupe beaucoup plus nombreuse, en faisant en même temps attaquer la division Legrand dispersée dans les vignes, et qui, n'ayant plus de retraite par les ponts, eût éprouvé un très grand échec, car la Taya n'était pas guéable. Mais le général autrichien fit un faux calcul, en se flattant qu'un millier d'hommes envoyés pour s'emparer de l'île des Faisans pourraient s'y maintenir contre les attaques de trois de nos divisions, et contre les efforts que la division Legrand, attaquée elle-même, n'eût pas manqué de faire pour s'ouvrir un passage. Ainsi pris entre deux feux, les mille grenadiers autrichiens, enfermés dans l'île des Faisans, eussent été réduits à mettre bas les armes. Il est vrai que dans ce combat nous aurions perdu beaucoup d'hommes, dont la vie fut épargnée par l'attaque inattendue du général Guiton. Les cuirassiers, enhardis par le succès et ne connaissant pas le terrain, poussèrent leurs charges jusqu'aux portes de Znaïm, pendant que les fantassins du général Legrand, attirés par le tumulte, accouraient pour les seconder. La ville fut sur le point d'être enlevée... Mais des forces supérieures, secondées par une nombreuse artillerie, contraignirent les Français à redescendre jusqu'à Alt-Schallersdorf et Kloster-Bruck, où Masséna les fit soutenir par la division d'infanterie du général Carra Saint-Cyr.

L'Empereur, placé sur les hauteurs de Zukerhandel, ordonna à ce moment au maréchal Marmont de déboucher de Teswitz pour se lier à la droite de Masséna. La bataille s'engageait insensiblement. Pour s'en rapprocher, Napoléon vint à Teswitz. Masséna m'ayant envoyé vers Sa Majesté pour lui rendre compte de sa position, je revins avec l'ordre d'enlever à tout prix la ville que notre batterie de Küeberg foudroyait et que le maréchal Marmont allait assaillir aussi par le vallon de Lechen. De toutes parts on battait la charge, et le bruit des tambours, assourdi par l'effet de la pluie, se mêlait à celui du tonnerre... Nos troupes très animées s'avançaient bravement contre les nombreux bataillons qui, postés en avant de Znaïm, les attendaient résolument: quelques rares coups de fusil partaient seulement des maisons. Tout faisait présager un sanglant combat à la baïonnette, lorsqu'un officier de l'Empereur, arrivant à toute bride, apporta à Masséna l'ordre d'arrêter le combat, parce qu'un armistice venait d'être conclu entre Napoléon et le prince de Liechtenstein. Aussitôt le maréchal, qui s'était beaucoup rapproché des troupes, prescrit à tous les officiers de courir annoncer cette nouvelle sur les divers points de la ligne, et me désigne nominativement pour aller vers celle de nos brigades qui se trouve le plus près de la ville et a le moins d'espace à parcourir pour en venir aux mains avec l'ennemi.

Arrivé derrière ces régiments, en vain je veux parler; ma voix est dominée par les cris de: «Vive l'Empereur!» toujours précurseurs du combat, et déjà les troupes croisaient la baïonnette!... Le moindre retard allait donner lieu à l'une de ces terribles mêlées d'infanterie qu'il est impossible d'arrêter dès qu'elles sont engagées. Je n'hésite donc pas, et, passant par un intervalle, je m'élance entre les deux lignes prêtes à se joindre, et, tout en criant: «La paix! la paix!...» je fais avec ma main gauche signe d'arrêter, lorsque, tout à coup, une balle partie du faubourg me frappe au poignet!… Quelques-uns de nos officiers, comprenant enfin que je portais l'ordre de suspendre les hostilités, arrêtent la marche de leurs compagnies; d'autres hésitaient, parce qu'ils voyaient venir à eux les bataillons autrichiens qui n'étaient plus qu'à cent pas!… À ce moment, un aide de camp du prince Charles arrive également entre les deux lignes, cherchant à prévenir l'attaque, et reçoit aussi du faubourg une balle qui lui traverse l'épaule. Je cours vers cet officier, et, pour bien faire comprendre aux deux partis l'objet de notre mission, nous nous embrassons en témoignage de paix.

À cette vue, les officiers des deux nations, n'hésitant plus, commandent *Halte!* se groupent autour de nous, et apprennent qu'un armistice vient d'être conclu. On se mêle, on se félicite mutuellement; puis les Autrichiens retournent à Znaïm et nos troupes vers les positions qu'elles occupaient avant qu'on battît la charge.

La commotion du coup que j'avais reçu avait été si forte, que je croyais avoir le poignet cassé. Heureusement, il n'en était rien; mais la balle avait fortement lésé le nerf qui rattache le pouce au poignet.

Aucune de mes nombreuses blessures ne m'a fait autant souffrir: je fus obligé de porter le bras en écharpe pendant plus de six mois. Cependant, ma blessure, quoique grave, l'était bien moins que celle de l'aide de camp autrichien. C'était un tout jeune homme, plein de courage, et qui, malgré ce qu'il avait éprouvé, voulut absolument venir avec moi auprès de Masséna, tant pour voir ce vieux guerrier si célèbre, que pour accomplir un message dont le prince Charles l'avait chargé pour lui. Pendant le trajet que nous fîmes ensemble pour gagner Kloster-Bruck, où Masséna s'était établi, l'officier autrichien, qui perdait beaucoup de sang, ayant été sur le point de s'évanouir, je lui proposai de le reconduire à Znaïm; mais il persista à me suivre pour être pansé par les chirurgiens français, qu'il disait être bien plus habiles que ceux de son armée. Ce jeune homme s'appelait le comte d'Aspre et était neveu du général de ce nom, tué à Wagram. Le maréchal Masséna le reçut très bien et lui fit prodiguer toutes sortes de soins. Quant à moi, le maréchal, me voyant blessé de nouveau, crut devoir joindre ses suffrages à ceux de tous les officiers et même des soldats de la brigade, qui faisaient l'éloge du dévouement avec lequel je m'étais élancé entre les deux armées pour éviter l'effusion du sang.

Napoléon, étant venu vers le soir visiter les bivouacs, m'adressa de vifs témoignages de satisfaction, en ajoutant: «Vous êtes blessé bien souvent, mais je récompenserai votre zèle.» L'Empereur avait formé le projet de créer l'ordre militaire des *Trois Toisons*, dont les chevaliers devaient avoir au moins six blessures, et j'appris plus tard que Sa Majesté m'avait inscrit au nombre des officiers qu'il jugeait dignes de recevoir cette décoration, dont je reparlerai plus loin. L'Empereur voulut voir M. d'Aspre, qui avait montré le même dévouement que moi, et le chargea de compliments pour le prince Charles.

Comme, tout en se félicitant que les cuirassiers fussent arrivés sur les ponts à l'instant même où les grenadiers autrichiens allaient s'en emparer, Napoléon s'étonnait qu'on eût envoyé de la grosse cavalerie au delà du fleuve, sur un coteau où il n'y avait d'autre passage qu'une grande route encaissée entre des vignobles, personne ne voulut avoir donné cet ordre, qui ne provenait ni du maréchal, ni du chef d'état-major, et le général de cuirassiers ne pouvant désigner l'officier qui le lui avait transmis, l'auteur de cette heureuse faute resta inconnu.

Pendant le peu de minutes que les grenadiers occupèrent l'île des Faisans, ils y prirent trois de nos généraux: Fririon, chef d'état-major de Masséna, Lasouski et Stabenrath, auxquels ils enlèvent en un tour de main leurs bourses et leurs éperons d'argent. Ces généraux, délivrés à l'instant même par nos cuirassiers, rirent beaucoup de leur courte captivité.

Je vous ai dit qu'avant d'avoir reçu ma blessure, et immédiatement après la belle charge des cuirassiers, le maréchal m'avait ordonné d'aller rendre compte de ce beau fait d'armes à l'Empereur, toujours placé à Zukerhandel. Comme l'orage avait rendu la Taya infranchissable à gué, je dus la passer, en face d'Oblass, sur les ponts de l'île des Faisans, pour gagner Zukerhandel par Teswitz, d'où les troupes du maréchal Marmont débouchaient en ce moment. L'artillerie ennemie faisait un feu terrible sur elles, de sorte que le terrain qui avoisine la rivière était labouré par les boulets, et cependant il n'y avait pas moyen de prendre un autre chemin, à moins de faire un détour considérable: je pris donc cette direction. J'étais parti d'Oblass avec M. le chef d'escadron de Talleyrand-Périgord, qui, après avoir porté un ordre au maréchal Masséna, retournait à l'état-major impérial dont il faisait partie. Cet officier avait déjà parcouru ce trajet, et il s'offrit pour me guider. Il marchait devant moi sur le petit sentier qui longe la rive droite de la Taya, lorsque, la canonnade ennemie redoublant d'intensité, nous accélérons la rapidité de notre course. Tout à coup, un maudit soldat du train, dont le cheval était chargé de poulets et de canards, produit de sa maraude, sort d'entre les saules qui bordent la rivière, et, se plaçant sur le sentier à quelques pas de M. de Talleyrand, se lance à toute bride; mais un boulet ayant tué son cheval, celui de M. de Talleyrand, qui le suivait de près, heurte le cadavre de cet animal et s'abat complètement!... En voyant tomber mon compagnon, je mets pied à terre pour l'aider à se relever. La chose était difficile, car l'un de ses pieds était engagé dans l'étrier sous le ventre du cheval. Le soldat du train, au lieu de nous prêter assistance, courut se blottir parmi les arbres, et je restai seul pour accomplir une tâche d'autant plus pénible qu'une grêle de boulets tombait autour de nous, et que les tirailleurs ennemis, poussant les nôtres, pouvaient venir nous surprendre!... N'importe!... Je n'abandonnerai pas un camarade dans cette fâcheuse position!... Je me mis donc à l'œuvre, et, après des efforts inouïs, j'eus le bonheur de relever le cheval et de replacer M. de Talleyrand en selle; puis nous reprîmes notre course.

J'eus d'autant plus de mérite en cette circonstance, que je voyais mon compagnon pour la première fois; aussi m'exprima-t-il sa reconnaissance dans les termes les plus chaleureux, et lorsque, arrivés à Zukerhandel, j'eus rempli ma mission auprès de l'Empereur, je fus entouré et félicité par tous les officiers du grand état-major. M. de Talleyrand leur avait appris ce que je venais de faire, et répétait sans cesse: «Voilà ce qu'on appelle un excellent camarade!» Quelques années plus tard, lorsque je revins de l'exil auquel m'avait condamné la Restauration, M. de Talleyrand, alors général de la garde royale, me reçut assez froidement. Toutefois, lorsque vingt ans après je le retrouvai à Milan, où j'accompagnai Mgr le duc d'Orléans, je ne lui en tins pas rancune, et nous nous serrâmes la main. C'est dans ce même voyage que je rencontrai à Crémone M. d'Aspre, devenu général-major au service de l'Autriche, après avoir servi l'Espagne jusqu'en 1836. Depuis, il a commandé en second l'armée d'Italie, sous le célèbre maréchal Radetzki. Mais revenons à Znaïm.

Les Autrichiens évacuèrent cette ville, et on y établit le quartier général de Masséna, dont le corps d'armée forma un camp dans les environs. L'armistice avait livré provisoirement à Napoléon le tiers de la monarchie autrichienne, habité par 8,000,000 d'âmes: c'était un immense gage de paix.

M. d'Aspre, étant trop souffrant pour suivre son armée, resta à Znaïm. Je le vis souvent; c'était un homme de beaucoup d'esprit, quoique un peu exalté.

Ma blessure me faisait beaucoup souffrir; je ne pouvais faire aucun service à cheval. Masséna me chargea donc de dépêches pour l'Empereur, en m'ordonnant d'aller en poste à Vienne, où il ne tarda pas à venir s'établir avec son état-major. Nos gens et nos chevaux restèrent à Znaïm, à tout événement. La conclusion de la paix traînait en longueur: Napoléon voulait écraser l'Autriche, qui résistait d'autant plus qu'elle espérait le secours des Anglais descendus en Hollande le 30 juillet et déjà maîtres de Flessingue.

En apprenant cet événement, le grand chancelier Cambacérès, qui gouvernait la France en l'absence de l'Empereur, fit marcher les troupes disponibles vers les bords de l'Escaut et en confia le commandement au maréchal Bernadotte. Ce choix déplut beaucoup à Napoléon. Du reste, les Anglais se retirèrent presque aussitôt. Les conférences reprirent avec la même lenteur; nous occupions toujours le pays, et le quartier général de Masséna resta à Vienne depuis le 15 juillet jusqu'au 10 novembre. Privé, par ma blessure, des agréments que cette ville offrait aux officiers, j'eus du moins la satisfaction de trouver chez la comtesse de Stibar, chez laquelle j'étais logé, tous les soins que réclamait ma position: je lui en ai conservé une bien vive reconnaissance.

J'avais retrouvé à Vienne mon bon ami le général de Sainte-Croix, que sa blessure retint plusieurs mois au lit. Il logeait dans le palais Lobkowitz qu'occupait Masséna. Je passais chaque jour plusieurs heures avec lui, et l'instruisis du mécontentement que le maréchal paraissait avoir conçu contre moi depuis l'incident de Wagram. Comme il avait une très grande influence sur Masséna, il lui fit bientôt sentir combien son attitude à mon égard avait été pénible et blessante. Ses bons offices, ainsi que ma conduite à Znaïm, me remirent enfin assez bien dans l'esprit du maréchal, lorsque, par un excès de franchise, je détruisis le résultat obtenu, et ravivai le mauvais vouloir du maréchal à mon égard. Voici à quel sujet.

Vous savez que blessé aux jambes, à la suite d'une chute de cheval qu'il avait faite dans l'île de Lobau, Masséna fut obligé de monter en calèche pour diriger ses troupes pendant la bataille de Wagram, ainsi qu'aux combats qui la suivirent. On allait donc atteler des chevaux d'artillerie à cette voiture, lorsque, s'étant aperçu qu'ils étaient trop longs pour le timon, et n'avaient pas assez de *liant* dans leurs mouvements, on leur substitua quatre chevaux des écuries du maréchal, pris parmi les plus dociles, et parfaitement habitués au bruit du canon. Les deux soldats du train désignés pour conduire Masséna allaient se mettre en selle, le 4 juillet au soir, quand le cocher et le postillon du maréchal déclarèrent que, puisque leur maître se servait de ses propres chevaux, c'était à eux à les diriger. Malgré toutes les observations qu'on put leur faire sur les dangers auxquels ils s'exposaient, ces deux hommes persistèrent à vouloir conduire leur maître. Cela dit, et comme s'il se fût agi d'une simple promenade au bois de Boulogne, le cocher monta sur le siège, et le postillon sauta à cheval!... Ces deux intrépides serviteurs furent pendant huit jours exposés à de très grands dangers, surtout à Wagram, où plusieurs centaines d'hommes furent tués auprès de leur calèche. À Guntersdorf, le boulet qui traversa cette voiture perça la redingote du cocher, et un autre boulet tua le cheval que montait le postillon!... Rien n'intimida ces deux fidèles domestiques, dont tout le corps d'armée admirait le dévouement. L'Empereur même les félicita, et dans une de ses fréquentes apparitions auprès de Masséna, il lui dit: «Il y a sur le champ de bataille 300,000 combattants: eh bien! savez-vous quels sont les deux plus braves? C'est votre cocher et votre postillon, car nous sommes tous ici pour faire notre *devoir*, tandis que ces deux hommes, n'étant tenus à aucune obligation militaire, pouvaient s'exempter de venir s'exposer à la mort; ils ont donc mérité plus qu'aucun autre!» Puis s'adressant aux conducteurs de la voiture, il s'écria: «Oui, vous êtes deux braves!...»

Napoléon aurait certainement récompensé ces gens-là, mais il ne pouvait leur donner que de l'*argent*, et il craignit probablement de blesser la susceptibilité de Masséna, pour le service duquel ils bravaient tant de périls!... C'était en effet au maréchal à le faire, d'autant plus qu'il jouissait d'une fortune colossale: 200,000 fr. en qualité de chef d'armée; 200,000 francs comme duc de Rivoli, et 500,000 francs comme prince d'Essling: au total, *neuf cent mille francs par an*.

Cependant, Masséna laissa d'abord s'écouler deux mois sans annoncer à ces hommes ses intentions à leur égard; puis, un jour que plusieurs de ses aides de camp, au nombre desquels j'étais, se trouvaient réunis auprès du lit de Sainte-Croix, Masséna, qui le visitait fréquemment, entra dans l'appartement, et tout en causant avec nous sur les événements de la campagne, il se félicita d'avoir suivi le conseil que je lui avais donné d'aller sur le champ de bataille en calèche, plutôt que de s'y faire porter par des grenadiers; il fut alors tout naturellement conduit à parler de son cocher et de son postillon, et loua leur sang-froid et le courage dont ils n'avaient cessé de faire preuve au milieu des plus grands périls. Enfin, le maréchal termina en disant que, voulant accorder à ces braves gens une bonne récompense, il allait donner à chacun d'eux 400 francs. Puis, s'adressant à moi, il eut le courage de me demander si ces deux hommes ne seraient pas satisfaits!...

J'aurais dû me taire, ou me borner à proposer une somme un peu plus forte; mais j'eus le tort d'être trop franc, et surtout de l'être avec malice; car, bien que j'eusse parfaitement compris que Masséna n'entendait donner à chacun de ces gens que 400 francs *une fois payés*, je répondis qu'avec 400 francs de *rente viagère*, qu'ils ajouteraient à leurs petites économies, le cocher et le postillon seraient sur leurs vieux jours à l'abri de la misère. Une tigresse dont un chasseur imprudent attaque les petits n'a pas des yeux plus terribles que le devinrent ceux de Masséna en m'entendant parler ainsi; il bondit de son fauteuil en s'écriant: «Malheureux!... vous voulez donc me ruiner!... Comment! 400 *francs de rente viagère!*... Mais non, non, non!... C'est 400 fr. une fois donnés!»

La plupart de mes camarades gardèrent un prudent silence; mais le général Sainte-Croix et le commandant Ligniville déclarèrent hautement que la récompense fixée par le maréchal ne serait pas digne de lui, et qu'il fallait la changer en une *rente viagère*. Alors Masséna ne se contint plus: il courait furieux dans la chambre, en renversant tout ce qui se trouvait sous sa main, même les gros meubles, et s'écriait: «Vous voulez me ruiner!...» Puis, en sortant, il nous dit pour adieux: «Je préférerais vous voir fusiller tous, et recevoir moi-même une balle au travers du bras, plutôt que de signer la dotation d'une pension viagère de 400 francs pour qui que ce fût... Allez tous au diable!...»

Le lendemain, il revint parmi nous, très calme en apparence, car personne ne savait dissimuler comme lui; mais, à compter de ce jour, le général Sainte-Croix, son ami, perdit beaucoup de son affection; il prit Ligniville en guignon, et lui en donna des preuves l'année suivante en Portugal. Quant à moi, il m'en voulut encore plus qu'à mes camarades, parce que j'avais le premier parlé des 400 francs de rente. De bouche en bouche, la nouvelle de cet incident arriva aux oreilles de l'Empereur: aussi, un jour que Masséna dînait avec Napoléon, Sa Majesté ne cessa de le plaisanter sur son amour pour l'argent et lui dit qu'il pensait néanmoins qu'il avait fait une bonne *pension* aux deux braves serviteurs qui conduisaient sa calèche à

Wagram... Le maréchal répondit alors qu'il leur donnerait à chacun 400 francs de rente viagère, ce qu'il fit sans qu'il fût besoin de lui percer le bras d'une balle. Sa colère contre nous s'en accrut encore, et il nous disait souvent, avec un rire sardonique: «Ah! mes gaillards, si je suivais vos bons avis, vous m'auriez bientôt ruiné!...»

L'Empereur, voyant que les plénipotentiaires autrichiens reculaient constamment la conclusion du traité de paix, se préparait à la guerre, en faisant venir de France de nombreux renforts, dont il arrivait tous les jours de nombreux détachements, que Napoléon inspectait lui-même à la parade quotidienne, passée dans la cour du palais de Schœnbrünn. Ces recrues attiraient beaucoup de curieux, qu'on laissait trop facilement approcher; aussi, un étudiant, nommé Frédéric Stabs, fils d'un libraire de Naumbourg et membre de la société secrète du Tugensbund (ligue de la vertu), profita de ce défaut de surveillance pour se glisser dans le groupe qui environnait l'Empereur. Déjà deux fois le général Rapp l'avait invité à ne pas s'approcher aussi près, lorsqu'en l'éloignant une troisième fois, il sentit que ce jeune homme avait des armes cachées sous ses habits. Stabs fut arrêté et avoua qu'il était venu dans l'intention de tuer l'Empereur, afin de délivrer l'Allemagne de son joug. Napoléon voulait lui laisser la vie et le faire traiter comme atteint de démence; mais les médecins ayant affirmé qu'il n'était pas fou, et cet homme persistant à dire que, s'il s'échappait, il chercherait de nouveau à accomplir l'attentat qu'il avait depuis longtemps conçu, on l'envoya au conseil de guerre; il fut condamné, et l'Empereur l'abandonna à son malheureux sort: Stabs fut fusillé.

Le traité de paix ayant été signé le 14 octobre, l'Empereur quitta l'Autriche le 22, laissant au major général et aux maréchaux le soin de présider au départ des troupes, qui ne fut entièrement effectué que quinze jours après. Masséna autorisa alors ses officiers à rentrer en France.

Je quittai Vienne le 10 novembre. J'avais acheté une calèche, dans laquelle je voyageai jusqu'à Strasbourg avec mon camarade Ligniville, dont la famille habitait les environs. J'avais laissé en arrière mon domestique, chargé de conduire l'un de mes chevaux à Paris. Je me trouvais donc seul à Strasbourg et craignais de me mettre seul en route, car mon bras était très enflé; l'ongle du pouce venait de tomber, et je souffrais au delà de toute expression. J'aperçus heureusement, dans l'hôtel où je logeais, le chirurgien-major du 10e de chasseurs, qui voulut bien me panser, et qui, devant se rendre à Paris, prit place dans ma voiture, en m'assurant ses soins pendant le trajet. Ce docteur quittait le service militaire, pour s'établir à Chantilly, où je l'ai revu, vingt années après, à la table de Mgr le duc d'Orléans, comme commandant de la garde nationale. J'arrivai néanmoins à Paris en assez mauvais état; mais les bons soins de ma mère, et le repos dont je jouissais enfin auprès d'elle, hâtèrent ma guérison.

Ainsi se termina pour moi l'année 1809. Or, si vous vous rappelez que je l'avais commencée à Astorga, en Espagne, pendant la campagne contre les Anglais, après laquelle je pris part au siège de Saragosse, où je reçus une balle au travers du corps; si vous considérez qu'il me fallut ensuite traverser une partie de l'Espagne, toute la France et l'Allemagne, assister à la bataille d'Eckmühl, monter à l'assaut de Ratisbonne, exécuter à Mölk le périlleux passage du Danube, combattre pendant deux jours à Essling, où je fus blessé à la cuisse, me trouver engagé pendant soixante heures à la bataille de Wagram, enfin être blessé au bras au combat de Znaïm, vous conviendrez que cette année avait été pour moi bien fertile en événements et m'avait vu courir bien des dangers!

CHAPITRE VINGT-SEPT

1810.—Mésaventure dans un bal masqué.—Création de l'ordre des Trois Toisons.—
Mariage de l'Empereur avec Marie-Louise d'Autriche.

Il est un écueil qu'évitent rarement les personnes qui écrivent leur propre histoire, c'est la minutie des détails: je cède d'autant plus à cet entraînement, que vous m'y avez encouragé après avoir lu ce qui précède.

L'année 1810 s'ouvrit pour moi sous d'heureux auspices: je me trouvais à Paris auprès de ma mère, et les blessures que j'avais reçues pendant les deux dernières campagnes étaient parfaitement guéries, ce qui me permettait d'aller dans le monde. Je me liai plus intimement avec M. et Mme Desbrières, dont j'épousai la fille l'année suivante. Mais, avant d'arriver à ce moment heureux, je dus faire la pénible campagne de Portugal, où je courus de bien grands dangers.

L'Empereur venait de nommer le maréchal Masséna généralissime d'une armée formidable, qu'il se proposait de diriger au printemps sur Lisbonne, occupé en ce moment par les Anglais.

Nous faisions donc nos préparatifs de départ; mais comme, selon leur habitude, les Français préludaient aux combats par les plaisirs, jamais Paris ne fut plus brillant que cet hiver-là. Ce n'étaient, tant à la cour qu'à la ville, que fêtes et bals somptueux, auxquels mon grade et mon titre d'aide de camp du prince d'Essling me faisaient toujours inviter. L'Empereur, donnant d'immenses traitements aux grands dignitaires, exigeait qu'ils fissent prospérer le commerce en excitant le luxe par de grandes réunions. Presque tous considéraient donc comme un devoir cette manière de faire la cour au maître: c'était à qui surpasserait les autres. Mais celui qui se distinguait le plus dans cette lutte de faste était M. le comte Marescalchi, ambassadeur de Napoléon *roi d'Italie* auprès de Napoléon *empereur des Français*. Ce diplomate, qui occupait le bel hôtel situé aux Champs-Élysées, au coin de l'avenue Montaigne, avait imaginé un amusement, sinon nouveau, au moins très perfectionné par lui: c'étaient des bals costumés et masqués; et comme l'étiquette se serait opposée à ce qu'on se travestît à la cour et chez les grands dignitaires, M. Marescalchi avait le monopole de ce genre de plaisirs, et ses bals, très courus, réunissaient toute la haute société de Paris.

L'Empereur lui-même, dont le divorce avec Joséphine venait d'être prononcé, et dont le mariage avec Marie-Louise d'Autriche n'était point encore conclu, l'Empereur ne manquait pas une de ces fêtes; on disait même qu'il en donnait le programme. Caché sous un simple domino noir, portant un masque ordinaire et donnant le bras au maréchal Duroc, déguisé de la même façon, Napoléon se mêlait à la foule et s'amusait à intriguer les dames, qui, presque toutes, avaient la figure découverte. Il est vrai que cette foule se composait de personnes sûres et connues, d'abord parce que, avant de faire ses invitations, M. Marescalchi en soumettait la liste au ministre de la police, et que l'adjudant de place Laborde, si célèbre à cette époque par le talent avec lequel il *flairait* un conspirateur, se tenait à l'entrée des appartements, dans lesquels personne ne pénétrait sans se démasquer devant lui, déclarer son nom et montrer son billet. De nombreux agents déguisés parcouraient le bal, et un bataillon de la garde environnait l'hôtel, dont il gardait toutes les issues. Mais ces précautions indispensables étaient dirigées avec tant de ménagements par le général Duroc, qu'une fois dans les salons, les invités ne s'apercevaient nullement de cette surveillance, qui ne gênait en rien l'expansion de leur gaieté.

Je ne manquais jamais aucune de ces réunions, où je m'amusais beaucoup. Cependant, j'y éprouvai une nuit un désagrément qui troubla fort le plaisir que je goûtais. L'aventure mérite, je crois, de vous être racontée.

Ma mère était à je ne sais quel degré parente du général de division Sahuguet d'Espagnac, dont le père avait été gouverneur des Invalides sous Louis XV: ils se traitaient de cousins. Nommé, sous le Consulat, gouverneur de l'île Tabago qui appartenait alors à la France, le général Sahuguet y mourut, laissant une veuve qui vint habiter Paris. C'était une très bonne femme, mais d'un caractère un peu aigre; aussi ma mère et moi ne lui faisions-nous que de très rares visites. Or il advint que pendant l'hiver de 1810 je trouvai chez elle une de ses amies que je ne connaissais pas encore, mais dont j'avais beaucoup entendu parler. Mme X… était une femme de la plus haute taille, ayant passé la cinquantaine. On disait qu'elle avait été fort belle, mais il ne lui restait de son ancienne beauté que des cheveux magnifiques; elle avait la voix et les gestes d'un homme, l'air hautain, la parole hardie; c'était un vrai dragon. Veuve d'un homme qui avait occupé un emploi élevé, mais qui avait abusé de la confiance que le gouvernement avait placée en lui, elle avait vu liquider sa pension dans des conditions qu'elle trouvait beaucoup trop faibles. Venue à Paris pour réclamer contre ce qu'elle appelait une injustice criante, et voyant ses prétentions repoussées par le ministère, elle s'adressa vainement à tous les princes et princesses de la famille impériale, et se décida, en désespoir de cause, à parler à l'Empereur lui-même! Mais l'audience lui ayant été refusée, cette femme obstinée suivait sans cesse Napoléon, en cherchant à pénétrer dans tous les lieux où il se rendait. Ayant appris qu'il se rendait au bal de M. Marescalchi, elle pensa que ce diplomate ne refuserait pas de recevoir la veuve d'un homme autrefois haut placé. Elle avait donc écrit bravement à M. Marescalchi pour le prier de l'inviter, et l'ambassadeur ayant porté sur sa liste le nom de cette dame, qui avait échappé aux investigations de la police, Mme X… venait de recevoir un billet pour le bal, qui devait avoir lieu le soir même du jour où je la vis chez Mme Sahuguet. La conversation lui ayant bientôt appris que j'irais à cette fête, elle me dit qu'elle serait d'autant plus heureuse de m'y rencontrer que, n'habitant pas ordinairement Paris, elle n'y connaissait que très peu de personnes, dont aucune n'allait chez M. Marescalchi. Je répondis par des politesses banales, d'usage en pareil cas, et j'étais bien loin de penser qu'il en résulterait pour moi un des plus grands désagréments que j'aie jamais éprouvés!...

La nuit venue, je me rends à l'ambassade. Le bal se donnait au rez-de-chaussée, tandis que dans les appartements du premier étage se trouvaient les tables de jeu et les salons de conversation. Il y avait foule, lorsque j'arrivai, autour des nombreux quadrilles de danseurs, parés des costumes les plus magnifiques. Au milieu de cette profusion de soieries, de velours, de plumes et de broderies, apparut tout à coup un colosse féminin, une cariatide, vêtue d'une simple robe de calicot blanc, rehaussée d'un corset rouge et chamarrée de nombreux rubans de couleur du plus mauvais goût!... C'était Mme X——, qui, pour montrer sa belle chevelure, n'avait trouvé rien de mieux que de se costumer en *bergère*, ayant un petit chapeau de paille sur l'oreille et deux énormes tresses qui lui battaient les talons!... La tournure bizarre de cette dame et l'étrange simplicité de la toilette avec laquelle elle paraissait dans une aussi brillante réunion ayant attiré tous les regards, la curiosité me fit porter les yeux de ce côté. Je venais malheureusement d'ôter mon masque. Mme X——, fort embarrassée dans cette foule inconnue, vint à moi, et, sans plus de façons, s'accroche à mon bras en disant à haute voix: «J'aurai enfin un chevalier!...» J'aurais voulu passer cette étrange bergère au grand diable d'enfer, d'autant plus que ses confidences indiscrètes me faisaient craindre une scène avec l'Empereur, ce qui m'eût fortement compromis. Je cherchais donc l'occasion de me débarrasser d'elle, lorsque le prétexte se présenta de lui-même.

J'ai dit qu'à leur entrée dans le bal, presque toutes les femmes se démasquaient, ce qui rendait la réunion bien plus agréable. Quelques hommes faisaient de même pour éviter la chaleur, et l'on tolérait cela tant que leur nombre n'était pas trop considérable, parce que s'ils eussent eu tous le visage découvert, il aurait été évident qu'en ne voyant plus que deux hommes masqués, ç'aurait été l'Empereur avec le général Duroc. Dès lors, la réunion aurait perdu toute espèce de charme pour Napoléon, qui, dans son incognito, se complaisait à intriguer certaines personnes et à écouter ce qui se disait autour de lui. Or, au moment où je désirais le plus vivement m'éloigner de Mme X——, et où beaucoup d'hommes avaient, ainsi que moi, la figure découverte, les jeunes secrétaires attachés à l'ambassade de M. Marescalchi parcouraient les salles, en nous invitant à remettre nos masques. Le mien était dans ma poche, mais je feignis de l'avoir laissé sur une banquette de la salle voisine, et, sous prétexte d'aller le chercher, je m'éloignai de l'importune bergère, en lui promettant de revenir au plus tôt!...

Me voyant enfin débarrassé de ce terrible cauchemar, je me hâtai de monter au premier étage, où, après avoir traversé les paisibles salons de jeu, j'allai m'établir à l'extrémité des appartements, dans une pièce isolée, faiblement éclairée par le demi-jour d'une lampe d'albâtre. Il ne s'y trouvait personne. Je me démasquai donc, et, tout en prenant un excellent sorbet, je me reposais, en me félicitant d'avoir échappé à Mme X——, lorsque deux hommes masqués, à taille courte et grosse, enveloppés dans des dominos noirs, entrèrent dans le petit salon où je me trouvais seul. «Nous serons ici loin du tumulte», dit l'un d'eux; puis il m'appela d'un ton d'autorité, par mon nom tout court, en me faisant signe de venir à lui. Bien que je ne visse pas la figure de cet individu, comme je me trouvais dans un hôtel qui réunissait en ce moment tous les princes et dignitaires de l'Empire, je compris à l'instant que l'homme qui, par un geste aussi impératif, appelait à lui un officier de mon grade, devait être un grand personnage. Je m'avançai donc, et l'inconnu me dit à demi-voix: «Je suis Duroc, l'Empereur est avec moi; Sa Majesté est très fatiguée; accablée par la chaleur, elle désire se reposer dans cette pièce écartée; restez avec nous, afin d'éloigner les soupçons des personnes qui pourraient survenir.»

L'Empereur s'assit alors sur un fauteuil tourné vers l'angle des murs du salon. Le général et moi, nous en prîmes deux autres, que nous plaçâmes dos à dos avec le sien, de façon à le couvrir. Nous faisions face à la porte d'entrée. Le général conserva son masque et m'engagea à causer comme si j'étais avec quelques-uns de mes camarades. L'Empereur, s'étant démasqué, demanda au général deux mouchoirs, avec lesquels il essuya la sueur qui inondait sa figure et son cou; puis, me frappant légèrement sur l'épaule, il me *pria* (ce fut son expression) de lui avoir un grand verre d'eau fraîche et de le lui apporter moi-même. Je courus promptement au buffet d'un des salons voisins, pris un verre et le remplis d'eau à la glace. Mais au moment où je le portais vers la pièce où se trouvait Napoléon, je fus accosté par deux hommes de haute taille, déguisés en Écossais, dont l'un me dit tout bas à l'oreille: «Monsieur le chef d'escadron Marbot répond-il de la salubrité de l'eau qu'il porte en ce moment?» Je crus pouvoir l'affirmer, car je l'avais prise dans une des nombreuses carafes servant indistinctement à toutes les personnes qui s'approchaient du buffet. Ces deux individus faisaient certainement partie des agents de la sûreté disséminés dans l'hôtel sous divers travestissements, et dont plusieurs surveillaient constamment la personne de l'Empereur, sans le gêner par une assiduité obséquieuse: ils marchaient à distance respectueuse de lui, prêts à voler à son secours en cas de besoin.

Napoléon reçut avec un si vif plaisir l'eau que je lui apportais, que je le crus en proie à une soif ardente; mais, à mon grand étonnement, il n'en but qu'une très petite gorgée; puis, trempant tour à tour les deux mouchoirs dans l'eau à la glace, il me dit de lui en glisser un sur la nuque, tandis qu'il en plaçait un sur sa figure, en répétant plusieurs fois: «Ah! que c'est bon!… que c'est bon!…» Le général Duroc reprit alors la conversation avec moi. Elle roula principalement sur la campagne que nous venions de faire en Autriche. L'Empereur me dit: «Vous vous y êtes bien conduit, surtout à l'assaut de Ratisbonne et au passage du Danube; je ne l'oublierai jamais et, sous peu, je vous donnerai une marque éclatante de ma satisfaction.»

Bien que je ne pusse comprendre en quoi consistait la nouvelle récompense qui m'était destinée, mon cœur nageait dans la joie!… Mais, ô douleur! la terrible bergère, Mme X…, paraît à l'extrémité du petit salon! «Ah! vous voilà, monsieur! Je me plaindrai à votre cousine de votre peu de galanterie! s'écria-t-elle. Depuis que vous m'avez abandonnée, j'ai été dix fois sur le point d'être étouffée! J'ai quitté la salle de bal: on y est suffoqué par la chaleur. Je vois qu'on est bien ici, et je vais m'y reposer.» Cela dit, elle s'assoit auprès de moi.

Le général Duroc se tut, et Napoléon, ayant toujours le dos tourné et la figure dans le mouchoir mouillé, gardait la plus parfaite immobilité. Elle s'accrut encore lorsque la bergère, donnant un libre cours à son intempérance de langue, sans se soucier de nos voisins, qu'elle pensait m'être totalement étrangers, me raconta qu'elle avait cru reconnaître plusieurs fois dans la foule le *personnage* qu'elle cherchait, mais qu'il lui avait été impossible de l'aborder. «Il faut pourtant que je *lui* parle, disait-elle; il faut absolument qu'il double ma pension. Je sais bien qu'on a cherché à me nuire, sous prétexte que, dans ma jeunesse, j'ai eu des amants! Eh! parbleu! il suffit d'écouter un instant ce qui se dit là-bas, dans l'entre-deux des croisées, pour comprendre que chacun y est avec sa chacune! D'ailleurs, *ses* sœurs n'ont-elles pas des amants?… N'a-t-il pas des maîtresses, *lui*?… Que vient-il faire ici, si ce n'est causer plus librement avec de jolies femmes?... On prétend que mon mari a volé; mais le pauvre diable s'y est pris bien tard et bien maladroitement! D'ailleurs, ceux qui accusent mon mari n'ont-ils pas *volé* aussi? Est-ce par héritage qu'ils ont eu leurs hôtels et leurs belles terres? Et *lui*, n'a-t-il pas volé en Italie, en Égypte, partout?—Mais, madame, permettez-moi de vous faire observer que ce que vous dites là est fort inconvenant, et que je suis d'autant plus surpris que vous teniez de tels discours, que je vous ai vue ce matin pour la première fois!—Bah! bah! je dis la vérité devant tout le monde, moi! Et s'*il* ne me donne pas une bonne pension, je lui dirai ou lui écrirai son fait *très vertement*... Ah! ah! je n'ai peur de rien, moi!» J'étais sur le gril, et j'aurais volontiers changé ma situation actuelle contre une attaque de cavalerie ou l'assaut d'une brèche! Cependant, ce qui atténuait un peu ma douleur, c'est que le bavardage de Mme X... devait me disculper auprès de mes deux voisins, en leur apprenant que ce n'était pas moi qui l'avais amenée au bal, que je l'avais vue ce jour-là pour la première fois, et m'étais éloigné d'elle aussitôt que je l'avais pu.

J'étais cependant fort inquiet sur la manière dont finirait cette pénible scène, lorsque le général Duroc, se penchant vers moi, me dit: «Empêchez cette femme de nous suivre!» Il se leva; l'Empereur avait remis son masque, pendant que Mme X... déblatérait contre lui, et en passant devant elle, il me dit: «Marbot, les personnes qui te portent intérêt apprennent avec plaisir que ce n'est que d'aujourd'hui que tu connais cette *charmante bergère*, que tu ferais bien d'envoyer paître ses moutons!...» Cela dit, Napoléon prend le bras de Duroc et sort avec lui.

Mme X——, stupéfaite, et croyant les reconnaître, veut s'élancer vers eux!... Je compris que, malgré ma force, je ne pourrais retenir ce colosse par le bras, mais je la saisis par sa jupe, dont la taille se déchira avec un grand craquement!... À ce bruit, la bergère craignant de se trouver en chemise, si elle tirait dans le sens contraire, s'arrêta tout court, en disant: «C'est *lui!* c'est *lui!*...» et m'adressa de vifs reproches pour l'avoir empêchée de le suivre! Je les supportai patiemment, jusqu'à ce que j'eusse aperçu au loin l'Empereur et Duroc, accompagnés à distance par les deux Écossais, sortir de la longue enfilade des salons et gagner l'escalier qui conduisait au bal. Jugeant alors que Mme X... ne pourrait les retrouver dans la foule, je fis à la bergère une très profonde salutation, sans mot dire, et m'éloignai d'elle au plus vite!... Elle était furieuse et prête à étouffer de rage!... Cependant, en sentant que le bas de son vêtement allait l'abandonner, elle me dit: «Tâchez au moins de me faire avoir quelques épingles, car ma robe va tomber!...» Mais j'étais si courroucé de ses excentricités que je la plantai là, et j'avouerai même que j'eus la méchanceté de me réjouir de l'embarras dans lequel je la laissais! Pour me remettre des émotions causées par cette étrange et pénible aventure, je me hâtai de quitter l'hôtel Marescalchi et de rentrer chez moi.

Je passai une nuit des plus agitées, tourmenté par des rêves dans lesquels je me voyais poursuivi par l'effrontée *bergère* qui, malgré mes remontrances, insultait horriblement l'Empereur!... Je courus le lendemain chez la cousine Sahuguet, pour lui raconter les extravagances de sa compromettante amie. Elle en fut indignée, et fit défendre sa porte à Mme X——, qui reçut peu de jours après l'ordre de quitter Paris. J'ignore ce qu'elle est devenue.

On sait que l'Empereur assistait tous les dimanches à une messe d'apparat, après laquelle il y avait grande réception dans les appartements des Tuileries. Pour y être admis, il fallait avoir atteint certain degré dans la hiérarchie civile ou judiciaire, ou bien être officier de l'armée. À ce titre, j'avais mes entrées, dont je ne faisais usage qu'une seule fois par mois. Le dimanche qui suivit le jour où la scène dont je viens de parler avait eu lieu, je fus dans une grande perplexité... Devais-je me présenter aussi promptement devant l'Empereur, ou fallait-il laisser écouler quelques semaines? Ma mère, que je consultai, fut d'avis que, puisque je n'avais rien à me reprocher dans cette affaire, je devais aller aux Tuileries sans avoir à témoigner d'aucun embarras. Je suivis ce conseil.

Les personnes qui venaient faire leur cour formaient sur le chemin de la chapelle une double haie, au milieu de laquelle l'Empereur passait en silence, en rendant les saluts qu'on lui adressait. Il répondit au mien par un sourire bienveillant qui me parut de bon augure et me rassura complètement. Après la messe, Napoléon, traversant de nouveau les salons, où, d'après l'usage, il adressait quelques paroles aux personnes qui s'y trouvaient, s'arrêta devant moi, et, ne pouvant s'exprimer librement en présence de nombreux auditeurs, il me dit, certain d'être compris à demi-mot: «On assure que vous étiez au dernier bal Marescalchi; vous y êtes-vous beaucoup amusé?...—Pas le moins du monde, Sire!...—Ah! ah! reprit l'Empereur, c'est que si les bals masqués offrent quelques aventures agréables, ils en présentent aussi de fâcheuses; l'essentiel est de bien s'en tirer, et c'est probablement ce que vous aurez fait.»

Dès que l'Empereur se fut éloigné, le général Duroc, qui le suivait, me dit à l'oreille: «Avouez que vous avez été un moment fort embarrassé!... Je ne l'étais pas moins que vous, car je suis responsable de toutes les invitations; mais cela ne se renouvellera plus; notre impudente *bergère* est déjà loin de Paris, où elle ne reviendra jamais!...» Le nuage qui avait un moment troublé ma tranquillité étant dissipé, je repris mes habitudes et ma gaieté. J'éprouvai bientôt une très vive satisfaction, car, à la réception suivante, l'Empereur voulut bien m'annoncer publiquement qu'il m'avait compris au nombre des officiers qui devaient recevoir l'ordre des *Trois Toisons*.

Vous serez sans doute bien aises d'avoir quelques renseignements sur cet ordre nouveau, dont la création, annoncée par le *Moniteur*, ne fut jamais mise à exécution.

Vous savez qu'au quinzième siècle Philippe le Bon, duc de Bourgogne, établit l'ordre de la Toison d'or, qui, donné seulement à un petit nombre de grands personnages, devint célèbre dans la chrétienté et fut très recherché.

À la mort de Charles le Téméraire, dernier duc de Bourgogne, sa fille ayant épousé l'héritier présomptif de la maison d'Autriche, lui apporta en dot ce beau duché, et, par conséquent, le droit de conférer la Toison d'or. Dès la seconde génération, l'empereur Charles-Quint, après avoir réuni à la couronne d'Autriche la couronne d'Espagne qu'il tenait de sa mère, jouit encore du même privilège. Mais, après lui, nonobstant la séparation de ses États d'Espagne et d'Allemagne, des princes de la maison d'Autriche ayant continué à régner sur ce dernier pays, ils conservèrent sans contestation la grande maîtrise de la Toison d'or, quoiqu'ils ne comptassent plus le duché de Bourgogne au nombre de leurs possessions.

Il n'en fut pas de même lorsque, sous Louis XIV, la branche autrichienne qui régnait en Espagne s'étant éteinte, un prince français monta sur le trône de ce beau pays. La maison d'Autriche prétendit conserver le droit de conférer la Toison d'or, tandis que les rois espagnols élevaient la même prétention. Quelques bons esprits sont d'avis qu'ils n'en avaient le droit ni les uns ni les autres, puisque la Bourgogne faisait désormais partie de la France, et qu'il paraissait naturel qu'un ordre d'origine bourguignonne fût donné par nos rois. Néanmoins, il n'en fut pas ainsi; la France s'abstint, tandis que les souverains d'Autriche et d'Espagne, ne pouvant se mettre d'accord, continuèrent, chacun de son côté, à distribuer des décorations de l'ordre en litige. Il y avait donc la Toison d'or d'Espagne et celle d'Autriche.

L'empereur Napoléon, ayant à son avènement trouvé les choses en cet état, résolut, comme possesseur réel de l'ancienne Bourgogne, d'obscurcir l'éclat de ces deux ordres rivaux en créant l'ordre des *trois Toisons d'or*, auquel il donnerait une très grande illustration, en restreignant à un petit nombre les membres de ce nouvel ordre, et en soumettant leur admission à des conditions basées sur de glorieux services, car la première exigeait que le récipiendaire eût au moins quatre blessures (j'en avais alors six). De grands privilèges et une dotation considérable étaient attachés à cette décoration.

Par un sentiment facile à comprendre, Napoléon voulut que le décret par lequel il fondait l'ordre des Trois Toisons fût daté de Schœnbrünn, palais de l'empereur d'Autriche, au moment où les armées françaises, venant de gagner la bataille de Wagram et de conquérir la moitié de ses États, occupaient l'Espagne dont le roi était à Valençay. Ce dernier prince fut probablement insensible à ce nouvel outrage, qui était peu de chose auprès de la perte de sa couronne; mais il n'en fut pas de même de l'empereur d'Autriche, qui fut, dit-on, très peiné en apprenant que Napoléon allait ternir l'éclat d'un ordre fondé par un de ses aïeux, et auquel les princes de sa maison attachaient un très grand prix.

Malgré les nombreuses félicitations que je recevais de toutes parts, la joie que j'éprouvais ne m'empêcha pas de blâmer intérieurement la création de l'ordre des Trois Toisons; il me semblait que l'éclat dont l'Empereur voulait entourer la nouvelle décoration ne pouvait qu'amoindrir celui de la Légion d'honneur, dont l'institution avait produit d'aussi immenses résultats!... Néanmoins, je me félicitais d'avoir été trouvé digne de faire partie du nouvel ordre. Mais soit que Napoléon ait craint de diminuer le prestige de la Légion d'honneur, soit qu'il ait voulu être agréable à son futur beau-père, l'empereur d'Autriche, il renonça à fonder l'ordre des Trois Toisons, dont on ne parla plus, après l'union de l'empereur des Français avec l'archiduchesse Marie-Louise.

Le mariage civil fut célébré à Saint-Cloud le 1er avril, et la cérémonie religieuse eut lieu le lendemain à Paris, dans la chapelle du Louvre. J'y assistai, ainsi qu'aux nombreuses fêtes données en réjouissance de ce mémorable événement, qui devait, disait-on, assurer la couronne sur la tête de Napoléon, et qui, au contraire, contribua si puissamment à sa chute!...

CHAPITRE VINGT-HUIT

Campagne de Portugal.—Mon départ.—D'Irun à Valladolid.—Masséna et Junot.—
Fâcheux pronostics sur l'issue de la campagne.

L'époque où le maréchal Masséna devait se rendre en Portugal approchait, et déjà les nombreuses troupes dont son armée devait être composée étaient réunies dans le sud-ouest de l'Espagne. Comme j'étais le seul des aides de camp du maréchal qui eût été dans la Péninsule, il décida que je le devancerais et que j'irais établir son quartier général à Valladolid.

Je partis de Paris le 15 avril, avec le triste pressentiment que j'allais faire une campagne désagréable sous tous les rapports. Mes premiers pas semblèrent justifier cette prévision, car une des roues de la chaise de poste dans laquelle je voyageais avec mon domestique Woirland se brisa à quelques lieues de Paris. Nous fûmes obligés de gagner à pied le relais de Longjumeau. C'était un jour de fête; nous perdîmes plus de douze heures, que je voulus rattraper en marchant nuit et jour, de sorte que j'étais un peu fatigué quand j'arrivai à Bayonne. À partir de cette ville, on ne voyageait plus en voiture; il fallut donc courir la poste à franc étrier, et, pour comble de contrariété, le temps, que j'avais laissé magnifique en France, se mit tout à coup à la pluie, et les Pyrénées se couvrirent de neige. Je fus bientôt mouillé et transi; mais, n'importe, il fallait continuer!...

Je ne suis pas superstitieux; cependant, au moment où, quittant le sol français, j'allais traverser la Bidassoa pour entrer en Espagne, je fis une rencontre que je considérai comme un mauvais présage. Un énorme et hideux baudet noir, au poil malpropre et tout ébouriffé, se trouvait au milieu du pont, dont il semblait vouloir interdire le passage. Le postillon qui nous précédait de quelques pas lui ayant appliqué un vigoureux coup de fouet, pour le forcer à nous faire place, l'animal furieux se jeta sur le cheval de cet homme, qu'il mordait cruellement, tandis qu'il lançait de terribles ruades contre moi et Woirland, qui étions accourus au secours du postillon. Les coups que nous administrions tous les trois à cette maudite bête, loin de lui faire lâcher prise, semblaient l'exciter encore plus, et je ne sais vraiment comment ce ridicule combat se serait terminé, sans l'assistance des douaniers, qui piquèrent la croupe du baudet avec leurs bâtons ferrés. Les faits justifièrent mes fâcheuses impressions, car les deux campagnes que je fis dans la Péninsule, en 1810 et 1811, furent pour moi très pénibles; j'y reçus deux blessures, sans obtenir la moindre récompense, ni presque aucun témoignage de la bienveillance de Masséna.

Après avoir passé le pont de la Bidassoa, j'arrivai à Irun, premier relais espagnol. Là cessait toute sécurité; les officiers porteurs de dépêches devaient, ainsi que les courriers de poste, se faire escorter par un piquet de la gendarmerie dite de Burgos qui, formée dans la ville de ce nom, avec des hommes d'élite, était spécialement chargée d'assurer les communications et avait, à cet effet, à tous les relais de poste, un détachement retranché dans un blockhaus, ou maison fortifiée. Ces gendarmes, dans la force de l'âge, braves et zélés, firent pendant cinq années un service très pénible, et éprouvèrent de grandes pertes, car il y avait guerre *à mort* entre eux et les insurgés espagnols.

Je quittai Irun par une pluie battante, et au bout de quelques heures d'une marche faite au milieu de hautes montagnes, j'approchais de la petite ville de Mondragon, lorsqu'une vive fusillade se fit entendre, une demi-lieue en avant de nous!... Je m'arrêtai pour réfléchir sur ce que j'avais à faire... Si j'avançais, c'était peut-être pour tomber entre les mains des bandits qui inondaient la contrée!... Mais, d'un autre côté, si un officier porteur de dépêches retournait sur ses pas chaque fois qu'il entend un coup de fusil, il lui faudrait plusieurs mois pour remplir la plus courte mission!... J'avançai donc... et bientôt j'aperçus le cadavre d'un officier français!... Cet infortuné, allant de Madrid à Paris, porteur de lettres du roi Joseph pour l'Empereur, venait de changer de chevaux à Mondragon, lorsque, à deux portées de canon de ce relais, son escorte et lui reçurent, presque à bout portant, le feu d'un groupe de bandits cachés derrière un des rochers de la montagne qui dominent ce passage. L'officier avait eu le corps traversé de plusieurs balles, et deux gendarmes de son escorte étaient blessés!... Si cet officier eût retardé d'un quart d'heure son départ du relais de Mondragon, vers lequel je me dirigeais en sens contraire, il est certain que c'eût été moi qui fusse tombé dans l'embuscade préparée par les insurgés!... Cela promettait! et j'avais encore plus de cent lieues à parcourir au milieu de provinces soulevées contre nous!... L'attaque faite aux portes de Mondragon ayant donné l'éveil à la petite garnison de cette ville, elle s'était mise à la poursuite des brigands, qui, retardés dans leur marche par le désir d'emporter trois des leurs, blessés par nos gendarmes, furent bientôt atteints et forcés de fuir dans les montagnes, en abandonnant leurs blessés, qui furent fusillés.

L'expérience que j'avais acquise dans ma précédente campagne d'Espagne m'avait appris que le moment le plus favorable pour un officier qui doit traverser un pays difficile, est celui où les brigands viennent de faire une attaque, parce qu'ils s'empressent alors de s'éloigner, de crainte d'être poursuivis. Je me préparais donc à continuer ma route, lorsque le commandant de la place s'y opposa, d'abord parce qu'il venait d'apprendre que le célèbre chef de bande Mina avait paru dans les environs, et en second lieu parce que la nuit approchait, et que les ordres de l'Empereur prescrivaient de ne faire partir les escortes qu'en plein jour.

Le commandant de Mondragon était un capitaine piémontais, servant depuis très longtemps dans l'armée française, où il était connu pour sa rare intelligence et pour son intrépidité des plus remarquables. Les insurgés le redoutaient au dernier point, et, à l'exception de quelques embuscades secrètes, qu'il était impossible de prévoir, il dominait en maître tout le district, en employant tour à tour l'adresse et l'énergie. Je citerai un exemple de l'une et de l'autre, qui serviront à vous donner une idée de la guerre que nous avions à soutenir en Espagne, bien que nous y eussions beaucoup de partisans dans la classe des hommes éclairés.

Le curé de Mondragon était un des plus fougueux ennemis des Français. Néanmoins, lorsque Napoléon passa dans cette ville pour retourner à Paris, en janvier 1809, cet ecclésiastique, poussé par la curiosité, s'étant rendu devant la maison de poste, ainsi que toute la population, pour voir l'Empereur, fut aperçu par le commandant de place, qui, marchant droit à lui, le prit par la main et, le conduisant vers l'Empereur, dit de manière à être entendu par toute la foule: «J'ai l'honneur de présenter à Votre Majesté le curé de cette ville, comme un des plus dévoués serviteurs du roi Joseph, votre frère!...» Napoléon, prenant pour argent comptant ce que disait le madré Piémontais, fit le meilleur accueil à l'ecclésiastique, qui se trouva ainsi compromis, malgré lui, vis-à-vis de toute la population!... Aussi, dès le soir même, le curé reçut en rentrant chez lui un coup de fusil qui le blessa au bras!... Il connaissait trop bien ses compatriotes pour ne pas comprendre que sa perte était jurée, si les Français ne restaient victorieux dans cette terrible lutte, et, dès ce moment, il se déclara ouvertement pour eux, se mit à la tête des partisans du roi Joseph, désignés par le nom de Joséphins, et nous rendit les plus grands services.

Peu de temps avant mon passage à Mondragon, ce même commandant de place fit preuve d'un bien grand courage. Obligé d'envoyer la majeure partie de sa garnison dans les montagnes, pour protéger l'arrivée d'un convoi de vivres, et contraint, quelques heures après, de fournir des escortes à des officiers porteurs de dépêches, il ne lui restait plus qu'une vingtaine de soldats. C'était un jour de marché. De nombreux campagnards étaient réunis sur la place. Le maître de poste, un de nos plus grands ennemis, les harangue et les engage à profiter de la faiblesse de la garnison française pour l'égorger!... La foule se porte aussitôt vers la maison, où le commandant avait réuni sa faible réserve. L'attaque est impétueuse, la défense pleine de vigueur; cependant, les nôtres auraient fini par succomber, lorsque le brave commandant de place, faisant ouvrir la porte, s'élance avec sa petite troupe, va droit au maître de poste, le tue d'un coup d'épée dans le cœur, le fait traîner dans la maison, et ordonne de placer son corps inanimé sur le balcon!... À la vue de cet acte de vigueur, accompagné d'une terrible fusillade, la foule, décimée par les balles, s'enfuit épouvantée! La garnison étant rentrée le soir même, le commandant de place fit pendre le cadavre du maître de poste au gibet public, afin de servir d'exemple, et, bien que cet homme eût beaucoup de parents et d'amis dans cette ville, personne ne bougea!

Après avoir passé la nuit à Mondragon, j'en partis au point du jour, et fus indigné en voyant le postillon espagnol qui nous dirigeait, s'arrêter sous la potence et cribler de coups de fouet un cadavre qui s'y trouvait suspendu. J'adressai de vifs reproches à ce misérable, qui me répondit en riant: «C'est mon maître de poste, qui m'a, de son vivant, donné tant de coups de fouet, que je suis bien aise de lui en rendre quelques-uns!» Ce trait seul suffirait pour faire connaître le caractère vindicatif des Espagnols de la basse classe.

J'arrivai à Vitoria trempé jusqu'aux os. Une fièvre ardente me contraignit de m'y arrêter chez le général Séras, pour lequel j'avais des dépêches. C'était, si vous vous le rappelez, ce même général qui m'avait nommé sous-officier dix ans auparavant à San-Giacomo, à la suite du petit combat livré aux housards de Barco, par les cinquante cavaliers de Bercheny que je commandais. Il me reçut parfaitement, et voulait que je me reposasse quelque temps auprès de lui; mais la mission dont j'étais chargé ne pouvant être retardée, je repris le lendemain la poste à franc étrier, malgré la fièvre qu'aggravait un temps affreux. Je passai l'Èbre, ce jour-là, à Miranda. C'est à ce fleuve que se terminent les contreforts des Pyrénées. C'était aussi la limite de la puissance des deux célèbres partisans Mina.

Le premier de ces guerilleros, né dans les environs de Mondragon, était fils d'un riche fermier; il étudiait pour être prêtre, lorsque éclata, en 1808, la guerre de l'indépendance. On ignore généralement qu'à cette époque un très grand nombre d'Espagnols, en tête desquels se plaçait une partie du clergé séculier, voulant arracher leur patrie au joug de l'Inquisition et des moines, non seulement faisaient des vœux pour l'affermissement du roi Joseph sur le trône, mais se joignaient à nos troupes pour repousser les insurgés, qui se déclarèrent contre nous. Le jeune Mina fut du nombre de nos alliés; il leva une compagnie des amis de l'ordre, et fit la guerre aux bandits. Mais, par un revirement bizarre, Mina, épris de la vie d'aventures, devint lui-même insurgé et nous fit une guerre acharnée, en Biscaye et en Navarre, à la tête de bandes qui s'élevèrent un moment au chiffre de près de dix mille hommes. Le commandant de Mondragon réussit enfin à l'enlever, dans une maison où se célébrait la noce d'une de ses parentes. Napoléon le fit transporter en France et enfermer au donjon de Vincennes. Mina faisait la guerre de partisan avec talent et loyauté. Retourné dans sa patrie en 1814, il devint l'adversaire de Ferdinand VII, pour lequel il avait si bien combattu. Sur le point d'être arrêté, il s'évada, gagna l'Amérique, se mêla des révolutions du Mexique et fut fusillé.

Pendant le long séjour que le jeune Mina fit à Vincennes, les montagnards insurgés placèrent à leur tête un de ses oncles, grossier forgeron, homme sanguinaire, n'ayant aucuns moyens, mais auquel le nom populaire de Mina donnait une influence extraordinaire. Des officiers instruits, envoyés par la Junte de Séville, étaient chargés de diriger ce nouveau chef, qui nous fit beaucoup de mal.

J'entrai dans les immenses et tristes plaines de la Vieille-Castille. Au premier abord, il paraît presque impossible d'y tendre une embuscade, puisque ces plaines sont totalement dépourvues de bois, et qu'il n'y existe aucune montagne; mais le pays est tellement ondulé, que la sécurité qu'il présente d'abord est infiniment trompeuse. Les bas-fonds, formés par les nombreux monticules dont il est couvert, permettaient aux insurgés espagnols d'y cacher leurs bandes, qui fondaient à l'improviste sur les détachements français, marchant quelquefois avec d'autant plus de confiance que, à l'œil nu, ils apercevaient une étendue de quatre à cinq lieues, en tous sens, sans y découvrir aucun ennemi. L'expérience de quelques revers ayant rendu nos troupes plus circonspectes, elles ne traversaient plus ces plaines qu'en faisant visiter les bas-fonds par des tirailleurs. Mais cette sage précaution ne pouvait être prise que par des détachements assez nombreux pour envoyer des éclaireurs en avant et sur leurs flancs, ce que ne pouvaient faire les escortes de cinq ou six gendarmes qu'on donnait aux officiers porteurs de dépêches; aussi plusieurs d'entre eux furent-ils pris et assassinés dans les plaines de la Castille. Quoi qu'il en soit, je préférais voyager dans ce pays découvert plutôt que dans les montagnes de Navarre et de Biscaye, dont les routes sont continuellement dominées par des rochers, des forêts, et dont les habitants sont beaucoup plus braves et entreprenants que les Castillans. Je continuai donc résolument ma course, traversai sans accident le défilé de Pancorbo et la petite ville de Briviesca; mais, entre ce poste et Burgos, nous vîmes tout à coup une vingtaine de cavaliers espagnols sortir de derrière un monticule!…

Ils nous tirèrent sans succès quelques coups de carabine. Les six gendarmes de mon escorte mirent le sabre à la main; j'en fis autant, ainsi que mon domestique, et nous continuâmes notre route sans daigner riposter aux ennemis, qui, jugeant par notre attitude que nous étions gens à nous défendre vigoureusement, s'éloignèrent dans une autre direction.

Je couchai, à Burgos, chez le général Dorsenne, qui y commandait une brigade de la garde, car, dans ce pays soulevé contre nous, les troupes françaises occupaient presque toutes les villes, les bourgs et les villages. Les routes seules n'étaient pas sûres; aussi les plus grands dangers étaient-ils pour ceux qui, comme moi, étaient obligés de les parcourir avec de faibles escortes. J'en fis une nouvelle épreuve le lendemain, lorsque, ayant voulu continuer mon voyage, malgré mon extrême faiblesse et la fièvre qui me dévorait, je rencontrai, entre Palencia et Dueñas, un officier et vingt-cinq soldats de la jeune garde, conduisant un caisson chargé d'argent, destiné à la solde de la garnison française de Valladolid. L'escorte de ce convoi était évidemment insuffisante, car les guérilleros des environs, prévenus de son passage, s'étaient réunis au nombre de cent cinquante cavaliers pour l'enlever, et ils attaquaient déjà le détachement de la garde, quand, apercevant au loin le groupe que formaient autour de moi les gendarmes de mon escorte, arrivant au galop, les insurgés nous prirent pour l'avant-garde d'un corps de cavalerie et suspendirent leur entreprise. Mais un des leurs gravissant un monticule, d'où il découvrait au loin, leur cria qu'il n'apercevait aucune troupe française; alors les bandits, stimulés par l'appât du pillage du trésor, s'avancèrent assez courageusement vers le fourgon.

J'avais pris naturellement le commandement des deux petits détachements réunis. Je prescrivis donc à l'officier de la garde de ne faire tirer que sur mon ordre. La plupart des cavaliers ennemis avaient mis pied à terre, pour être plus à même de s'emparer des sacs d'argent, et ils combattaient fort mal avec leurs fusils; beaucoup même n'avaient que des pistolets. J'avais placé mes fantassins derrière le fourgon: je les fis sortir de cette position, dès que les Espagnols ne furent plus qu'à une vingtaine de pas, et je commandai le feu... Il fut si juste et si terrible que le chef des ennemis et une douzaine des siens tombèrent!... Le reste de la bande, épouvanté, s'enfuit à toutes jambes vers les chevaux gardés à deux cents pas de là par quelques-uns des leurs; mais pendant qu'ils cherchaient à se mettre en selle, je les fis charger par les fantassins et les six gendarmes, auxquels se joignit mon domestique Woirland. Ce petit nombre de braves, surprenant les bandits espagnols en désordre, en tua une trentaine et prit une cinquantaine de chevaux, qu'ils vendirent le soir même à Dueñas, où je conduisis ma petite troupe, après avoir fait panser mes blessés; leur nombre ne s'élevait qu'à deux, encore n'avaient-ils été que légèrement atteints.

L'officier et les soldats de la jeune garde avaient, comme toujours, fait preuve de beaucoup de courage dans ce combat, qui, vu la disproportion du nombre, aurait pu nous devenir funeste, si je n'eusse eu que des conscrits, d'autant plus que j'étais si faible, qu'il ne m'avait pas été possible de prendre part à la charge. L'émotion que je venais d'éprouver avait augmenté ma fièvre; je fus obligé de passer la nuit à Dueñas. Le lendemain, le commandant de cette ville, averti de ce qui s'était passé, fit accompagner le trésor par une compagnie entière jusqu'à Valladolid, où je me rendis avec cette escorte; je marchais au pas, car, pouvant à peine me soutenir à cheval, il m'eût été impossible de supporter le mouvement du galop.

Je suis entré dans quelques détails sur ce voyage, afin de vous mettre de nouveau à même d'apprécier les dangers auxquels étaient exposés les officiers obligés, par leur service, de courir la poste dans les provinces d'Espagne insurgées contre nous.

Ayant atteint le but de ma mission, j'espérais goûter quelque repos à Valladolid, mais des tribulations d'un nouveau genre m'y attendaient[1].

Junot, duc d'Abrantès, général en chef d'un des corps qui devaient faire partie de l'armée de Masséna, s'était établi depuis quelques mois à Valladolid, où il occupait l'immense palais construit par Charles-Quint. Ce bâtiment, malgré son antiquité, se trouvait dans un état de parfaite conservation, et le mobilier en était fort convenable. Je n'avais pas mis en doute qu'en apprenant l'arrivée prochaine du maréchal, qui devenait *généralissime*, le duc d'Abrantès ne s'empressât de lui céder l'ancien palais des rois d'Espagne et d'aller se loger dans un des beaux hôtels qui existaient en ville; mais, à mon grand étonnement, Junot, qui avait fait venir la duchesse, sa femme, à Valladolid, où elle tenait une petite cour fort élégante, Junot m'annonça qu'il ne comptait céder à Masséna que la moitié de son palais. Il était, disait-il, certain que le maréchal serait trop galant pour déplacer Mme la duchesse, d'autant plus que le palais était assez vaste pour loger facilement les deux états-majors.

Pour comprendre l'embarras dans lequel cette réponse me jeta, il faut savoir que Masséna avait l'habitude de mener toujours avec lui, même à la guerre, une dame X——, à laquelle il était si attaché qu'il n'avait accepté le commandement de l'armée de Portugal qu'à condition que l'Empereur lui permettrait de s'en faire accompagner. Masséna, d'un caractère sombre et misanthropique, vivant seul par goût, retiré dans sa chambre et séparé de son état-major, avait besoin, dans la solitude, de distraire parfois ses sombres pensées par la conversation d'une personne vive et spirituelle. Sous ce double rapport, Mme X... lui convenait parfaitement, car c'était une femme de beaucoup de moyens, bonne et aimable, et qui comprenait du reste tous les désagréments de sa situation. Il était impossible que cette dame logeât sous le même toit que la duchesse d'Abrantès, qui, sortie de la famille des Comnène, était une femme d'une grande fierté. D'un autre côté, il n'eût pas été convenable que le maréchal fût logé dans l'hôtel d'un simple particulier, tandis que le palais serait occupé par un de ses subordonnés! Je me vis donc forcé d'avouer à Junot l'état des choses. Mais le général ne fit que rire de mes observations, disant que Masséna et lui avaient souvent logé dans la même cassine en Italie, et que les dames s'arrangeraient entre elles.

En désespoir de cause, je parlai à la duchesse elle-même; c'était une femme d'esprit; elle prit alors la résolution d'aller s'établir en ville, mais Junot s'y opposa avec obstination. Ce parti pris me contraria fort; mais que pouvais-je contre un général en chef?... Les choses se trouvaient encore dans cet état lorsque, au bout de quelques jours passés dans mon lit, accablé de fièvre, je reçus une estafette, par laquelle le maréchal me faisait prévenir qu'il arriverait dans peu d'heures. J'avais, à tout hasard, fait louer en ville un hôtel pour le recevoir, et, malgré mon extrême faiblesse, j'allais monter à cheval pour me rendre au-devant de lui et le prévenir de ce qui s'était passé; mais les mules qui traînaient sa voiture avaient marché si rapidement que je trouvai au bas de l'escalier M. le maréchal donnant la main à Mme X... Je commençais à lui expliquer les difficultés que j'avais éprouvées pour prendre possession de la totalité du palais, quand Junot, entraînant la duchesse, accourt, se précipite dans les bras de Masséna; puis, devant un nombreux état-major, il baise la main de Mme X... et lui présente ensuite sa femme. Jugez de l'étonnement de ces deux dames! Elles restèrent comme pétrifiées et ne se dirent pas un seul mot! Le maréchal eut le bon esprit de se contraindre; mais il fut vivement affecté de voir Mme la duchesse d'Abrantès prétexter d'une indisposition pour s'éloigner de la salle à manger, au moment où Junot y entraînait Mme X...

Au premier aspect, ces détails paraissent oiseux; mais je ne les raconte que parce que cette scène eut de bien graves résultats; le maréchal ne pardonna jamais à Junot d'avoir refusé de lui céder la totalité du palais, et de l'avoir mis par là dans une fausse situation vis-à-vis d'un grand nombre d'officiers généraux. Junot fit, de son côté, cause commune avec le maréchal Ney et le général Reynier, chefs des deux autres corps qui formaient, avec le sien, la grande armée de Portugal. Cela donna lieu à des divisions très fâcheuses, qui contribuèrent infiniment au mauvais résultat des campagnes de 1810 et 1811, résultat dont l'influence malheureuse fut d'un poids immense dans les destinées de l'Empire français!... Tant il est vrai que des causes en apparence futiles ou même ridicules amènent quelquefois de grandes calamités! Le général Kellermann, commandant à Valladolid, rendit compte à Masséna des démarches que j'avais faites pour lui éviter une partie des désagréments, dont il me garda cependant rancune.

---

1. Il est intéressant de rapprocher les récits qui vont suivre des Mémoires de la duchesse d'Abrantès concernant le Portugal.

CHAPITRE VINGT-NEUF

État-major de Masséna.—L'influence de Pelet succède à celle de Sainte-Croix, nommé général.—Casabianca.

Les aides de camp et officiers d'ordonnance du maréchal arrivaient successivement à Valladolid. Leur nombre était considérable, parce que, la paix paraissant rétablie pour longtemps en Allemagne, les officiers désireux d'avancement avaient sollicité la faveur de venir faire la guerre en Portugal, et que les mieux appuyés à la Cour ou au ministère avaient été placés à l'état-major du généralissime Masséna, qui, ayant un commandement immense dans un pays éloigné de France, avait besoin d'être entouré de beaucoup d'officiers. Son état-major particulier se composait donc de quatorze aides de camp et de quatre officiers d'ordonnance.

L'élévation de Sainte-Croix au grade de général avait été un malheur pour le maréchal Masséna, car il perdait en lui un sage et excellent conseiller, au moment où, déjà vieilli et livré à lui-même, il allait avoir à combattre un ennemi tel que le duc de Wellington, et se faire obéir par des lieutenants dont un, étant maréchal comme lui, et les deux autres, ayant le titre de général en chef, étaient habitués dès longtemps à ne recevoir d'ordres que de l'Empereur. Quoique Sainte-Croix fît partie de l'armée de Portugal, dans laquelle il commandait une brigade de dragons, ses nouveaux devoirs ne lui permettaient plus d'être constamment auprès de Masséna. Le caractère du maréchal, jadis si ferme, était devenu d'une grande irrésolution, et on s'aperçut bientôt de l'absence de l'homme capable qui, pendant la campagne de Wagram, avait été l'âme de son état-major. Le maréchal n'ayant plus de colonel comme premier aide de camp, les fonctions en furent remplies par le plus ancien chef d'escadron de notre état-major: c'était Pelet, bon camarade, homme courageux, mathématicien instruit, mais n'ayant jamais commandé aucune troupe, car, à sa sortie de l'École polytechnique, il avait été placé, selon ses goûts, dans le corps des ingénieurs géographes.

Ce corps, tout en suivant les armées, ne combattait jamais et faisait, à vrai dire, double emploi avec le génie. Il est dans la nature humaine d'admirer ce qu'on sait le moins faire; aussi Masséna, qui n'avait reçu qu'une instruction très imparfaite, tenait-il en grande considération les ingénieurs géographes, capables de lui présenter de beaux plans, et en avait-il pris plusieurs à son état-major.

Pelet se trouva dans cette situation à l'armée de Naples, en 1806, et suivit Masséna en Pologne en 1807. Devenu capitaine, il fit auprès du maréchal la campagne de 1809, en Autriche, se comporta vaillamment et fut blessé sur le pont d'Ebersberg, ce qui lui valut le grade de chef d'escadron. Il assista aux batailles d'Essling, de Wagram, et s'exposa souvent pour lever le plan de l'île de Lobau et du cours du Danube.

On ne peut nier que ce ne fussent là de bons services, mais ils n'avaient pu donner à Pelet la *pratique* de l'art de la guerre, surtout quand il s'agissait de commander une armée de 70,000 hommes, destinée à combattre le célèbre Wellington, dans un pays des plus difficiles. Cependant, Pelet devenait de fait l'inspirateur de Masséna; il était le seul consulté, alors que ni le maréchal Ney ni les généraux Reynier, Junot, les divisionnaires et même le chef d'état-major général Fririon, ne le furent presque jamais! Masséna avait été séduit par les talents extraordinaires dont Sainte-Croix avait donné tant de preuves dans la campagne de Wagram; mais ce génie hors ligne avait deviné la grande guerre, sans avoir auparavant exercé un commandement important: les miracles de ce genre sont fort rares. Masséna, en s'abandonnant par habitude aux inspirations de son premier aide de camp, indisposa ses lieutenants et engendra la désobéissance qui nous conduisit à des revers. Ces revers auraient été bien plus grands encore, si l'ancienne gloire et le nom de Masséna n'étaient restés comme un épouvantail pour le chef de l'armée anglaise, car Wellington n'agissait qu'avec la plus grande circonspection, tant il craignait de commettre quelque faute en présence du fameux vainqueur de Zurich!… Le prestige attaché à son nom avait influencé l'Empereur lui-même. Napoléon ne se rendait pas assez compte qu'il avait été le premier auteur des succès remportés à Wagram; il se persuadait trop que Masséna avait conservé toute sa vigueur d'esprit et de corps, en lui donnant la difficile mission d'aller à cinq cents lieues de France conquérir le Portugal.

Sans doute, le jugement que je porte ici vous paraîtra sévère, mais il sera bientôt confirmé par le récit des événements des deux campagnes de Portugal.

Pelet, qui ne pouvait alors être à même de répondre à ce qu'en attendait Masséna, gagna cependant beaucoup dans la pratique de la guerre, surtout pendant la campagne de Russie, où il commandait comme colonel un régiment d'infanterie, à la tête duquel il fut blessé. Il servait alors sous les ordres du maréchal Ney, et bien que celui-ci lui eût voué une grande antipathie depuis les affaires de Portugal, Pelet sut conquérir son estime, et lorsque Ney, séparé par les Russes du reste de l'armée française, se trouva pendant la retraite de Moscou dans une position des plus dangereuses, ce fut Pelet qui proposa de passer sur le Borysthène à demi gelé, entreprise périlleuse, et qui, exécutée avec résolution, assura le salut du corps du maréchal Ney. Ce bon conseil fit la fortune militaire de Pelet, qui, nommé par l'Empereur général-major des grenadiers de sa vieille garde, fit vaillamment à leur tête les campagnes de 1813 en Saxe et de 1814 en France, ainsi que celle de Waterloo. Pelet devint ensuite directeur du dépôt de la guerre; mais, en s'attachant exagérément à l'instruction scientifique des officiers d'état-major placés sous ses ordres, il en fit trop souvent des leveurs de plans, étrangers aux manœuvres des troupes. Le général Pelet a écrit plusieurs ouvrages estimés, notamment une relation de la campagne de 1809 en Autriche, malheureusement obscurcie par ses observations théoriques.

J'étais le second aide de camp de Masséna.

Le troisième aide de camp était le chef d'escadron Casabianca, d'origine corse, et parent de la mère de l'Empereur. Instruit, capable, d'une bravoure excessive, se sentant fait pour aller vite et bien, cet officier, qui ne manquait pas d'ambition, avait été mis aux côtés de Masséna par Napoléon lui-même; aussi Masséna le comblait-il de prévenances, tout en le tenant souvent écarté de l'armée sous des prétextes honorables. Ainsi, dès le début de la campagne, il le chargea d'aller porter à l'Empereur la nouvelle de la capitulation de Ciudad-Rodrigo. À son retour, qui n'eut lieu qu'un mois après, le maréchal le réexpédia pour Paris, afin d'y annoncer la prise d'Alméida. Casabianca nous ayant rejoints au moment où l'armée entrait en Portugal, Masséna lui donna la mission d'aller rendre compte au ministre de la position des armées. Arrêté à son retour par l'insurrection du Portugal, il nous rejoignit enfin sur le Tage; mais il dut repartir encore, traversa le Portugal sous l'escorte de deux bataillons et ne put enfin nous retrouver qu'à la fin de la campagne. Attaqué bien souvent dans ses longs et fréquents voyages, il en fut grandement récompensé par sa nomination aux grades de lieutenant-colonel et de colonel.

Casabianca était, en 1812, colonel du 11e d'infanterie de ligne pendant la campagne de Russie, et fit partie du même corps d'armée que mon régiment, le 23e de chasseurs à cheval. Il fut tué dans un combat inutile où il avait été engagé bien mal à propos.

Le quatrième aide de camp de Masséna était le chef d'escadron comte de Ligniville. Il appartenait à l'une de ces quatre familles distinguées qui, sorties de la même maison que les souverains actuels de l'Autriche, portaient le titre des *Quatre grands chevaux de Lorraine*. Aussi, après la bataille de Wagram, l'empereur François II envoya-t-il un parlementaire pour s'informer s'il n'était rien arrivé de fâcheux à son cousin le comte de Ligniville. Celui-ci était un homme superbe, très brave et d'un caractère charmant. Il avait une telle passion pour l'état militaire qu'à l'âge de quinze ans il s'échappa pour s'enrôler dans le 13e de dragons. Grièvement blessé à Marengo, il fut nommé officier sur le champ de bataille et servit d'une manière brillante pendant les campagnes d'Austerlitz, d'Iéna, de Friedland; il se trouvait en 1809 chef d'escadron aide de camp du général Becker, quand il passa dans l'état-major de Masséna. J'ai dit qu'il se l'était indisposé, en soutenant avec moi les intérêts des courageux serviteurs qui avaient conduit le maréchal sur les champs de bataille de Wagram et de Znaïm.

Cette animosité n'ayant fait que s'accroître pendant la campagne de Portugal, Ligniville alla rejoindre le 13e dragons, dont il devint bientôt colonel. Devenu général sous la Restauration, il fit un très bon mariage et vivait très heureux, quand il fut entraîné dans de fausses spéculations, qui le ruinèrent à peu près complètement. Cet estimable officier en fut vivement affecté et ne tarda pas à mourir: je le regrettai beaucoup.

Le cinquième aide de camp était le chef d'escadron Barin, qui, amputé d'un bras à la bataille de Wagram, persistait à vouloir servir comme aide de camp; il ne pouvait cependant faire presque aucun service actif. C'était un bon camarade, quoique fort taciturne.

Mon frère était le sixième aide de camp chef d'escadron.

Les capitaines aides de camp étaient:

M. Porcher de Richebourg, fils d'un sénateur, comte de l'Empire. Cet officier, du reste très capable, n'avait pas grand goût pour l'état militaire, qu'il quitta quand son père mourut, et il prit sa place à la Chambre des pairs.

Le capitaine de Barral, neveu de l'archevêque de Tours, ancien page de l'Empereur, était un charmant jeune homme, doué de toutes les qualités qui font un bon militaire; mais une extrême timidité paralysait une partie de ses grandes qualités. Il se retira comme capitaine; l'un de ses fils épousa une Brésilienne fort aimable, qui devint dame d'honneur de la princesse de Joinville.

Le capitaine Cavalier sortait du corps des ingénieurs géographes; ami de Pelet, il lui servait de secrétaire, et faisait peu de service militaire actif. Il fut nommé colonel d'état-major quand, sous la Restauration, on fondit les ingénieurs géographes dans ce nouveau corps.

Le capitaine Despenoux appartenait à une famille de magistrats et en avait gardé un tempérament extrêmement calme, qui ne s'animait qu'en marchant à l'ennemi. Il supporta avec peine les fatigues de la campagne de Portugal et ne put résister au climat de Russie. On le trouva dans un bivouac, où le froid avait pour ainsi dire pétrifié son corps.

Le capitaine Renique avait la faveur toute spéciale de Masséna; mais bon et excellent camarade, il sut ne pas trop s'en prévaloir. Je le pris dans mon régiment lorsque je fus nommé colonel du 23e de chasseurs. Il quitta l'armée après la retraite de Moscou.

Le capitaine d'Aguesseau, descendant de l'illustre chancelier de ce nom, était un de ces jeunes gens riches qui, poussés par l'Empereur, avaient pris l'état militaire sans consulter assez leurs forces physiques. Celui-ci, homme grave et très courageux, était fort délicat. Les pluies incessantes que nous eûmes en Portugal, dans l'hiver de 1810 à 1811, lui furent si nuisibles qu'il finit par succomber sur les rives du Tage, à cinq cents lieues de sa patrie et de sa famille!

Le capitaine Prosper Masséna, fils du maréchal, était un brave et excellent jeune homme, dont je vous ai déjà fait connaître la belle conduite à Wagram. Il me témoignait la plus grande amitié. Le maréchal me l'adjoignait souvent dans les missions difficiles. Après avoir quelque temps hésité à l'envoyer en Russie, son père, qui n'y avait pas de commandement, finit par le retenir, et Prosper passa plusieurs années éloigné de la guerre et occupé d'études. Quand le maréchal mourut, en 1817, Prosper Masséna, fort affecté de cet événement, fut pris de très violentes crises. J'étais alors exilé. À mon retour, je vins présenter mes hommages à la veuve du maréchal, qui fit aussitôt appeler son fils. Ce bon jeune homme accourut et fut tellement ému de me revoir qu'il en tomba de nouveau très gravement malade. Son état de santé résistant à tous les soins, il quitta bientôt la vie à laquelle le rattachaient un nom illustre et une fortune immense, en laissant à Victor, son frère cadet, son titre et une partie de sa fortune.

Le plus jeune et le moins élevé en grade de tous les aides de camp du maréchal était Victor Oudinot, fils du maréchal de ce nom. Il avait été premier page de l'Empereur et l'accompagnait en cette qualité à la bataille de Wagram: il venait d'entrer comme lieutenant dans l'état-major de Masséna et n'était âgé que de vingt ans. Il est aujourd'hui lieutenant général. Nous le retrouverons au cours de ces récits: je me bornerai à dire, pour le moment, qu'il s'est acquis la réputation d'être l'un des meilleurs écuyers de son temps.

Outre ces quatorze aides de camp, le maréchal avait quatre officiers d'ordonnance, qui étaient: le capitaine du génie Beaufort d'Hautpoul, officier du plus grand mérite, qui mourut jeune.

Le lieutenant Perron, Piémontais, d'une famille distinguée, laid, mais très spirituel et d'un caractère jovial; ce jeune officier charma nos ennuis pendant l'hiver de 1810, que nous passâmes dans la petite ville de Torrès-Novas, où des pluies torrentielles nous retenaient. Le maréchal et les généraux venaient quelquefois s'égayer au théâtre des marionnettes qu'il avait su organiser. Brave jusqu'à la témérité, il périt à la bataille de Montmirail, au moment où, démonté, il s'élançait à califourchon sur un canon russe, dont il était sur le point de se rendre maître avec l'aide de ses dragons.

Le lieutenant de Briqueville se signalait particulièrement par une bravoure allant jusqu'à l'imprudence, ainsi qu'il le prouva en 1815, en combattant, à la tête de son régiment, entre Versailles et Rocquencourt. Engagé entre deux murs de parc, il y perdit beaucoup de monde et reçut trois coups de sabre sur la tête. La ville de Caen l'envoya à la Chambre, où il se mit dans l'opposition la plus violente; il mourut dans un état de grande exaltation.

Le quatrième officier d'ordonnance de Masséna était Octave de Ségur, fils du spirituel comte de ce nom, grand chambellan de l'Empereur. Instruit, d'une politesse exquise, d'un caractère affable et d'une bravoure calme, Octave de Ségur était aimé de tout l'état-major, dont il était l'officier le moins élevé en grade, bien qu'il approchât de la trentaine. Sorti de l'École polytechnique à l'époque du Directoire, il accepta le poste de sous-préfet de Soissons, sous le Consulat; mais indigné de l'assassinat juridique du duc d'Enghien, il donna sa démission, et prit le parti de s'engager au 6e de housards, avec lequel il fit obscurément plusieurs campagnes. Blessé et fait prisonnier à Raab en Hongrie, en 1809, il fut échangé, et une fois guéri, il demanda à prendre part comme sous-lieutenant à la campagne de Portugal, où il se montra très brillamment. Devenu capitaine du 8e de housards, il fut fait prisonnier en Russie, et entouré des égards que lui méritait sa qualité de fils de notre ancien ambassadeur auprès de Catherine II. Après un séjour de deux ans à Sataroff, sur le Volga, il revint en France en 1814 et entra dans l'état-major de la garde de Louis XVIII. Il mourut, bien jeune encore, en 1816.

CHAPITRE TRENTE

Attaque et prise de Ciudad-Rodrigo.—Faits d'armes de part et d'autre.—Je tombe gravement malade.—Incidents divers.—Prise d'Alméida.

Bien que le ministre de la guerre eût donné au maréchal l'assurance que tout avait été préparé pour l'entrée de son armée en campagne, il n'en était rien, et le généralissime fut obligé de passer quinze jours à Valladolid, afin d'y surveiller le départ des troupes et l'envoi des vivres et des munitions de guerre. Le quartier général fut enfin porté à Salamanque. Mon frère et moi fûmes logés dans cette ville célèbre, chez le comte de Montezuma, descendant en ligne directe du dernier empereur du Mexique, dont Fernand Cortès avait envoyé la famille en Espagne, où elle s'était perpétuée en s'alliant à plusieurs familles de haute noblesse. Le maréchal perdit encore trois semaines à Salamanque, à attendre le corps du général Reynier. Ces retards, fort préjudiciables pour nous, étaient tout à l'avantage des Anglais chargés de défendre le Portugal.

La dernière ville d'Espagne sur cette frontière est Ciudad-Rodrigo, place forte de troisième ordre, si l'on ne considère que la valeur de ses ouvrages, mais qui acquiert une grande importance par sa position entre l'Espagne et le Portugal, dans une contrée privée de routes, et d'un accès fort difficile pour le transport des bouches à feu de gros calibre, des munitions et de l'immense attirail indispensable pour un siège. Il était cependant de toute nécessité que les Français se rendissent maîtres de Ciudad-Rodrigo. Résolu de s'en emparer, Masséna quitta Salamanque vers la mi-juin, et fit cerner Rodrigo par le corps du maréchal Ney, tandis que celui de Junot couvrait les opérations contre les attaques d'une armée anglo-portugaise qui, sous les ordres du duc de Wellington, était campée à quelques lieues de nous, près de la forteresse d'Alméida, première ville de Portugal. Ciudad-Rodrigo était défendu par un vieux et brave général espagnol d'origine irlandaise, Andréas Herrasti.

Les Français, ne pouvant croire que les Anglais se fussent tellement approchés de la place afin de la voir prendre sous leurs yeux, s'attendaient à une bataille; il n'en fut rien, et, le 10 juillet, l'artillerie des Espagnols étant réduite au silence, une partie de la ville en flammes, un magasin à poudre ayant sauté, la contrescarpe étant renversée sur une longueur de trente-six pieds, le fossé rempli de décombres et la brèche largement ouverte, Masséna résolut de faire donner le signal de l'assaut. À cet effet, le maréchal Ney forma dans son corps une colonne de 1,500 hommes de bonne volonté, destinés à monter les premiers à la brèche. Ces braves, réunis au pied du rempart, attendaient le signal de l'attaque, lorsqu'un officier ayant exprimé la crainte que le passage ne fût pas suffisamment praticable, trois de nos soldats s'élancent, montent au sommet de la brèche, regardent dans la ville, examinent tout ce qu'il pouvait être utile de savoir, déchargent leurs armes, et, bien que cet acte de courage eût été exécuté en plein jour, ces trois braves, par un bonheur égal à leur dévouement, rejoignent leurs camarades sans avoir été blessés! Aussitôt, les colonnes qui doivent aller à l'assaut, animées par cet exemple et par la présence du maréchal Ney, s'avancent au pas de charge et vont se précipiter dans la ville, lorsque le vieux général Herrasti demande à capituler.

La défense de la garnison de Rodrigo avait été fort belle; mais les troupes espagnoles dont elle se composait se plaignaient avec raison de l'abandon des Anglais, qui s'étaient bornés à envoyer de simples reconnaissances vers notre camp, sans tenter de sérieuse diversion. Ces reconnaissances donnaient lieu à des escarmouches dont les résultats tournaient presque toujours à notre avantage. L'une d'elles fut si honorable pour notre infanterie, que l'historien anglais Napier n'a pu s'empêcher de rendre hommage au courage des hommes qui y prirent part. Voici le fait.

Le 11 juillet, le général anglais sir Crawford, qui parcourait le pays entre Ciudad-Rodrigo et Villa del Puerco, à la tête de six escadrons, ayant aperçu au point du jour une compagnie de grenadiers français, forte de cent vingt hommes environ, allant à la découverte, ordonna de la faire attaquer avec deux escadrons. Mais les Français eurent le temps de former un petit carré, et manœuvrèrent avec tant de calme que les officiers ennemis entendirent le capitaine Gouache et son sergent exhorter leur monde à bien ajuster. Les cavaliers ennemis chargèrent avec ardeur, mais reçurent une si terrible décharge qu'ils laissèrent le terrain jonché de morts et durent s'éloigner. En voyant deux escadrons anglais repoussés par une poignée de Français, le colonel ennemi Talbot s'avança en fureur avec quatre escadrons du 14e dragons, et attaqua le capitaine Gouache. Mais celui-ci, l'attendant de pied ferme, fit faire une décharge à bout portant qui tua le colonel Talbot et une trentaine des siens! Après quoi, le brave Gouache se retira en bon ordre vers le camp français, sans que le général anglais osât l'attaquer de nouveau. Cette brillante affaire eut un grand retentissement dans les deux armées. Dès que l'Empereur en fut informé, il éleva le capitaine Gouache au grade de chef de bataillon, donna de l'avancement aux autres officiers et huit décorations à la compagnie de grenadiers.

Après avoir mentionné un fait aussi glorieux pour les militaires français, je crois devoir en rapporter un autre qui n'honore pas moins les Espagnols.

Le guérillero don Julian Sanchez, s'étant volontairement enfermé dans Ciudad-Rodrigo avec les 200 cavaliers de sa troupe, y rendit de grands services, en faisant de fréquentes attaques sur les points opposés de nos tranchées. Puis, lorsque le manque de fourrages rendit la présence de 200 chevaux embarrassante pour la garnison, Julian, par une nuit obscure, sortit silencieusement de la ville avec ses lanciers, et, traversant le pont de l'Agueda, dont les troupes du maréchal Ney avaient négligé de barricader les avenues, il tomba sur nos postes, tua plusieurs hommes, perça notre ligne et alla rejoindre l'armée anglaise.

Le siège de Ciudad-Rodrigo faillit me coûter la vie, non par le feu, mais par suite de la maladie que j'y contractai dans les circonstances suivantes.

Les environs de cette ville étant peu fertiles, les habitations y sont fort rares, et l'on avait éprouvé beaucoup de difficultés pour établir le quartier du maréchal à proximité du lieu où devaient se faire nos tranchées; on le plaça dans un bâtiment isolé, situé sur un point élevé d'où l'on dominait la ville et les faubourgs. Comme le siège pouvait être fort long, et qu'auprès du logement du maréchal il n'y avait aucun abri pour ses nombreux officiers, nous louâmes à nos frais des planches et des madriers, avec lesquels on construisit une salle immense, où nous étions à l'abri du soleil et de la pluie, et couchés sur un plancher qui, bien que grossier, nous préservait des exhalaisons et de l'humidité du sol. Mais le maréchal s'étant trouvé incommodé par une odeur insupportable, dès la première nuit qu'il passa dans le grand bâtiment en pierre, on en rechercha la cause, et il fut reconnu que ce bâtiment était une ancienne bergerie. Masséna, ayant alors jeté son dévolu sur notre maison improvisée, mais ne voulant cependant pas nous expulser d'autorité, vint nous voir sous un prétexte quelconque, et s'écria en entrant: «Ah! mes gaillards! comme vous êtes bien ici! Je vous demanderai une petite place pour mon lit et mon bureau!» Nous comprîmes que c'était le partage du lion, et nous empressâmes d'évacuer notre excellente habitation, pour aller nous établir dans la vieille étable à moutons. Elle était pavée de petits cailloux, dont les interstices recelaient des débris de fumier, et dont les aspérités nous gênaient infiniment, lorsque nous voulions nous coucher, car en Espagne on ne trouve pas de paille longue. Force nous fut donc de nous étendre sur le pavé nu et infect, dont nous respirions les miasmes putrides; aussi, au bout de quelques jours, tombâmes-nous tous plus ou moins malades. Je le fus plus gravement que mes camarades, car, dans les pays chauds, la fièvre éprouve plus vivement les personnes qui en ont déjà subi les atteintes. Celle qui m'avait accablé, à mon arrivée à Valladolid, reparut avec intensité. Néanmoins, je résolus de prendre part aux dangers du siège, et je continuai mon service.

Ce service était souvent bien pénible, surtout lorsqu'il fallait, pendant la nuit, porter des ordres à celle de nos divisions qui cernait la ville sur la rive gauche de l'Agueda et faisait les travaux nécessaires pour s'emparer du couvent de San-Francisco, transformé en bastion par les ennemis. Pour se rendre de notre quartier général à ce point, en évitant le feu de la place, il fallait faire un très grand détour, et gagner un pont construit par nos troupes, à moins de raccourcir, en traversant la rivière à gué. Or, un soir que tous les préparatifs étaient faits pour enlever San-Francisco, le maréchal Ney n'attendant plus que l'autorisation de Masséna pour donner le signal, c'était à moi à marcher; je fus donc forcé de porter cet ordre. La nuit était sombre, la chaleur étouffante; une fièvre ardente me dévorait, et j'étais en pleine transpiration, lorsque j'arrivai au gué. Je ne l'avais jamais traversé qu'une seule fois en plein jour, mais le dragon d'ordonnance qui m'accompagnait, l'ayant passé plusieurs fois, m'offrit de me guider.

Il me conduisit fort bien jusqu'au milieu de la rivière, qui n'avait alors que deux ou trois pieds de profondeur; mais, arrivé là, cet homme s'égare dans les ténèbres, et nos chevaux, se trouvant tout à coup sur de très larges pierres fort glissantes, s'abattent, et nous voilà dans l'eau! Il n'y avait aucun danger de se noyer; aussi nous relevâmes-nous facilement et gagnâmes-nous la rive gauche; mais nous étions complètement mouillés. Dans toute autre circonstance, je n'eus fait que rire de ce bain forcé; mais bien que peu froide, l'eau arrêta la transpiration dont j'étais couvert, et je fus pris d'un horrible frisson. Il fallait cependant accomplir ma mission, et me rendre à San-Francisco, où je passai la nuit en plein air, auprès du maréchal Ney, qui fit attaquer et prendre le couvent par une colonne ayant à sa tête un chef de bataillon nommé Lefrançois. J'étais lié avec ce brave officier qui m'avait montré la veille une lettre par laquelle une jeune personne qu'il aimait lui annonçait que son père consentait à les unir dès qu'il serait major (lieutenant-colonel). C'était pour obtenir ce grade que Lefrançois avait sollicité la faveur de conduire les troupes à l'assaut. L'attaque fut très vive, la défense opiniâtre; enfin, après trois heures de combat, nos troupes restèrent en possession du couvent, mais le malheureux Lefrançois avait été tué!... La perte de cet officier fut vivement sentie par l'armée et m'affecta beaucoup.

Dans les pays chauds, le lever de l'aurore est presque toujours précédé par un froid piquant. J'y fus d'autant plus sensible ce jour-là que je venais de passer la nuit dans des vêtements imprégnés d'eau; aussi étais-je fortement indisposé, lorsque je rentrai au quartier général; cependant, avant de prendre des habits secs, il me fallut aller rendre compte à Masséna du résultat de l'attaque de San-Francisco.

Le maréchal faisait en ce moment à pied sa promenade du matin, en compagnie du général Fririon, chef d'état-major. Préoccupés par mon récit, ou poussés par le désir d'observer de plus près, ils se rapprochèrent insensiblement de la ville, et nous n'en étions plus qu'à une portée de canon, lorsque le maréchal me permit d'aller me reposer. Mais à peine étais-je éloigné d'une cinquantaine de pas, qu'une bombe monstrueuse, lancée du rempart de Ciudad-Rodrigo, tombe auprès de Masséna et de Fririon!... Au bruit affreux qu'elle fit en éclatant, je me retournai, et n'apercevant plus le maréchal ni le général, qu'un nuage de fumée et de poussière cachait à mes regards, je les crus morts et courus sur le point où je les avais laissés. Je fus étonné de les trouver vivants et n'ayant pour tout mal que des contusions faites par des cailloux que la bombe avait lancés autour d'elle, au moment de l'explosion. Du reste, ils étaient l'un et l'autre couverts de terre; Masséna surtout, qui avait depuis quelques années perdu un œil à la chasse, avait l'œil qui lui restait tellement rempli de sable qu'il n'y voyait plus pour se conduire, et les meurtrissures faites par les pierres le mettaient hors d'état de marcher. Il devenait cependant urgent de l'éloigner du feu de la place. Masséna était maigre et de petite taille; il me fut donc possible, malgré mon indisposition, de le charger sur mes épaules et de le porter sur un point où les projectiles ennemis ne pouvaient l'atteindre. Mes camarades, que j'allai prévenir, vinrent prendre le maréchal, afin que les soldats ignorassent le danger qu'avait couru le généralissime.

Les fatigues et l'agitation morale que j'avais éprouvées depuis vingt-quatre heures augmentèrent beaucoup ma fièvre; néanmoins je me raidissais contre le mal, et je parvins à le surmonter jusqu'à la reddition de Ciudad-Rodrigo, qui, ainsi que je l'ai déjà dit, eut lieu le 9 juillet. Mais, à compter de ce jour, la surexcitation qui m'avait soutenu n'ayant plus d'aliment, puisque l'armée était en repos, je fus vaincu par la fièvre. Elle prit un caractère si alarmant que l'on fut obligé de me transporter dans l'unique maison de la ville que les bombes françaises eussent laissée intacte. C'est la seule fois que j'aie été sérieusement malade sans avoir été blessé, mais je le fus si gravement qu'on désespéra de ma vie. Aussi me laissa-t-on à Ciudad-Rodrigo, lorsque l'armée, après avoir passé la Coa, marcha sur la forteresse portugaise d'Alméida. Cette place n'étant à vol d'oiseau qu'à quatre lieues de Ciudad-Rodrigo, j'entendais de mon lit de douleur le bruit continuel du canon, dont chaque détonation me faisait bondir de rage!... Plusieurs fois je voulus me lever, et ces essais infructueux, me prouvant mon impuissante faiblesse, augmentaient encore mon désespoir. J'étais éloigné de mon frère et de mes camarades, que le devoir retenait auprès du maréchal au siège d'Alméida; ma triste solitude n'était interrompue que par les courtes visites du docteur Blancheton, qui, malgré ses talents, ne pouvait me soigner que très imparfaitement, faute de médicaments, l'armée ayant emmené ses ambulances, et toutes les pharmacies de Ciudad-Rodrigo étant épuisées ou détruites. L'air de cette ville était vicié par la grande quantité de blessés des deux partis qu'on y avait laissés, et surtout par l'odeur infecte s'exhalant de plusieurs milliers de cadavres qu'on n'avait pu enterrer, parce qu'ils étaient à demi enfouis sous les décombres des maisons écrasées par les bombes. Une chaleur de plus de trente degrés, ajoutant encore à ces causes d'insalubrité, amena bientôt le typhus. Il fit de grands ravages dans la garnison, et surtout parmi les habitants qui, ayant échappé aux horreurs du siège, s'étaient obstinés à rester dans la place, afin de conserver les débris de leur fortune.

Je me trouvais livré aux soins de mon domestique, et, malgré son zèle, il ne pouvait me procurer ce dont j'avais besoin; ma maladie s'aggrava, et le délire s'empara bientôt de moi. Je me souviens qu'il existait dans ma chambre de grands tableaux représentant les quatre parties du monde. L'Afrique, placée devant mon lit, avait à ses pieds un lion énorme, dont les yeux me semblaient fixés sur moi, et je ne le perdais pas de vue!... Enfin, un jour, je crus le voir remuer, et, voulant prévenir son attaque, je me levai en chancelant, pris mon sabre, et, frappant d'estoc et de taille, je mis le lion en pièces. Après cet exploit digne de don Quichotte, je tombai à demi évanoui sur le carreau, où le docteur Blancheton me trouva. Il fit enlever tous les tableaux qui garnissaient l'appartement, et dès lors mon exaltation se calma. Mes moments lucides n'en étaient pas moins affreux. Je contemplais avec douleur ma pénible situation et l'abandon dans lequel je me trouvais. La mort des champs de bataille me paraissait douce auprès de celle qui m'attendait, et je regrettais de n'y être pas tombé en *soldat!*... Tandis que mourir de la fièvre, dans un lit, lorsqu'on combattait auprès de moi, me paraissait une chose horrible et presque honteuse!... J'étais depuis un mois dans cette terrible position, lorsque, le 26 août, à l'entrée de la nuit, une épouvantable détonation se fit entendre tout à coup... La terre trembla; je crus que la maison allait s'écrouler! C'était la forteresse d'Alméida qui venait de sauter, par suite de l'explosion d'un immense magasin à poudre, et bien que Rodrigo soit à une demi-journée de cette place, la commotion s'y était fait vivement sentir!... On peut juger par là des effets qu'elle avait produits dans Alméida même!... Cette malheureuse place fut détruite de fond en comble: il n'y resta que six maisons debout. La garnison eut six cents hommes frappés à mort et un très grand nombre de blessés. Enfin, une cinquantaine de Français, occupés aux travaux du siège, furent frappés par des éclats de pierre. Lord Wellesley, conformément aux instructions de son gouvernement, voulant ménager le sang de l'armée britannique aux dépens de celui de ses alliés, après avoir confié la défense de Ciudad-Rodrigo aux troupes espagnoles qui venaient de succomber, avait abandonné celle d'Alméida aux Portugais, en ne laissant dans cette place qu'un seul Anglais, le général Cox, qui en était gouverneur.

Ce brave officier, ne se laissant pas intimider par l'affreux désastre qui venait de détruire presque tous les moyens de résistance, proposait à la garnison de se défendre encore derrière les décombres de la cité; mais les troupes portugaises, effrayées et entraînées par leurs officiers, principalement par Bernardo Costa, le gouverneur, et José Bareiros, chef des artilleurs, se révoltèrent, et le général Cox, abandonné de tous, fut contraint de capituler avec Masséna.

On a dit que le généralissime français avait séduit les chefs portugais, et que l'explosion fut le résultat de leur trahison: c'est une erreur. Personne n'avait mis le feu; il n'eut pour cause que la négligence des artificiers de la garnison qui, au lieu d'extraire des caves les tonneaux de poudre les uns après les autres, en refermant les portes après chaque sortie, avaient eu l'imprudence d'en rouler une vingtaine à la fois dans la cour du château. Il paraît qu'une bombe française, tombant sur un des barils, y mit le feu, qui se communiqua de proche en proche à tous les autres, formant une traînée jusqu'au centre du grand magasin, et fit sauter cet établissement, dont l'explosion renversa la ville et endommagea ses remparts. Quoi qu'il en soit, les Anglais mirent en jugement les deux chefs portugais. Bernardo Costa fut pris, condamné et fusillé!... Bareiros parvint à s'évader. Ces deux officiers n'étaient certainement pas coupables du crime de trahison: on ne pouvait leur reprocher de n'avoir pas continué une défense désespérée, dont tout le résultat eût été de conserver quelques jours les décombres d'Alméida, tandis que l'armée anglaise restait tranquillement campée à deux lieues de la place, sans faire aucun mouvement pour les secourir.

Après s'être ainsi emparé d'Alméida, le maréchal Masséna, ne pouvant s'établir dans les ruines de cette ville, transporta son quartier général au fort de la *Conception*, situé sur l'extrême frontière d'Espagne. Les Français avaient détruit une partie des fortifications, mais les bâtiments intérieurs étaient conservés et passablement logeables. Ce fut là que Masséna prépara l'expédition qu'il devait entreprendre pour conduire son armée à Lisbonne.

Mon frère et plusieurs de mes camarades profitèrent de cette suspension des hostilités pour venir me voir à Ciudad-Rodrigo. Leur présence accrut le calme que la prise d'Alméida avait apporté dans mes esprits. La fièvre disparut, et peu de jours après j'entrai en pleine convalescence. J'avais hâte de changer d'air et de rejoindre le quartier général à la Conception. On craignait toutefois que je ne pusse faire à cheval le trajet, qui n'était que de quelques heures. Je partis cependant, et, avec l'aide de mon frère et de quelques amis, j'arrivai au fort. J'étais heureux de me retrouver au milieu de mes camarades; ils avaient craint de ne plus me revoir et me reçurent très affectueusement. Le maréchal, dont j'étais séparé depuis le jour où je l'avais porté dans mes bras, pour l'éloigner des canons de Rodrigo, ne me dit pas un mot de ma maladie.

En quittant mon logement, je l'avais cédé au colonel du 13e de chasseurs, M. de Montesquiou, frère aîné du général de ce nom, jeune homme qui avait fait avec distinction plusieurs campagnes. C'est lui que l'Empereur envoya en parlementaire au roi de Prusse la veille de la bataille d'Iéna. Les fatigues incessantes et le climat de la Péninsule avaient altéré sa santé; il s'arrêta à Ciudad-Rodrigo et y mourut: ce fut une grande perte pour l'armée!

Après quinze jours passés au fort de la Conception, en bon air et dans le repos, je retrouvai la santé, la plénitude de mes forces, et me préparai à faire la campagne de Portugal. Avant de raconter les événements remarquables de cette célèbre et malheureuse campagne, il est indispensable de vous faire connaître succinctement ce qui s'était passé dans la Péninsule depuis que l'Empereur l'avait quittée, en 1809.

CHAPITRE TRENTE-ET-UN

Campagne de Soult en Portugal.—Prise de Chavès et de Braga.—Siège et prise d'Oporto.—Le trône de Portugal est offert à Soult.

Pendant que le maréchal Ney contenait les royaumes des Asturies et de Léon, le maréchal Soult, qui venait d'ajouter à la conquête de la Corogne celle du port militaire du Ferrol, avait réuni ses troupes en Galice, à Santiago, et se préparait à envahir le Portugal.

Par suite d'une illusion qui lui devint funeste, Napoléon ne comprit jamais l'énorme différence que l'insurrection des Espagnols et des Portugais apportait entre les états de situation des troupes françaises qui se trouvaient dans la Péninsule et le nombre réel de combattants qu'elles pouvaient opposer à l'ennemi. Ainsi, la force du deuxième corps (celui de Soult) était portée sur le papier à 47,000 hommes; mais en défalquant les garnisons laissées à Santander, à la Corogne et au Ferrol, les 8,000 hommes employés pour le service des communications, et 12,000 malades, le nombre des présents sous les armes n'excédait pas 20,000, qui, ayant combattu tout l'hiver dans un pays montagneux et couvert de neige, étaient excédés de fatigue, manquaient de chaussures, souvent de vivres, et n'avaient que des chevaux harassés pour traîner l'artillerie dans des chemins affreux!... Ce fut avec d'aussi faibles moyens que l'Empereur prescrivit au maréchal Soult d'entrer en Portugal. Il comptait, il est vrai, sur la valeur des troupes du deuxième corps, presque entièrement composé de vieux soldats d'Austerlitz et de Friedland, et avait le projet de faire attaquer le Portugal d'un autre côté, par le corps du maréchal Victor, qui devait à cet effet s'avancer de l'Andalousie vers Lisbonne, et s'y réunir à Soult; mais la fortune ne sanctionna pas ce calcul.

Ce fut le 1er février 1809 que le maréchal Soult, après avoir prévenu le maréchal Ney qu'il abandonnait la Galice à sa surveillance, se mit en marche vers le Minho, fleuve considérable qui, de Melgaco à son embouchure, sépare l'Espagne du Portugal. Le maréchal Soult essaya de le passer aux environs de la ville fortifiée de Tuy; mais la force du courant et le feu des milices portugaises postées sur la rive opposée ayant fait avorter cette expédition, le maréchal, avec une activité et une vigueur admirables, prit une nouvelle ligne d'opérations, et voyant qu'il ne pouvait traverser le fleuve sur ce point, il le remonta, le franchit à Ribada-Via, occupa Orense, puis, redescendant le Minho, attaqua Tuy, s'en empara et en fit sa place d'armes, où il laissa une partie de son artillerie, ses gros bagages, les malades et les blessés, à la garde d'une forte garnison, ce qui réduisit l'armée expéditionnaire à 20,000 combattants, avec lesquels Soult s'avança hardiment sur Oporto.

L'anarchie régnait dans cette grande ville, la seconde du royaume; l'évêque, s'étant emparé du commandement, avait réuni un très grand nombre d'habitants des campagnes voisines qu'il faisait travailler à d'immenses fortifications tracées par lui-même. Le peuple vivait dans la licence, les troupes dans l'insubordination, les généraux ne pouvaient s'entendre, tous voulaient être indépendants; enfin, le désordre était à son comble!... La régence et l'évêque étaient ennemis jurés; chacun avait ses adhérents qui assassinaient les hommes marquants du parti opposé. Telles étaient les dispositions que l'on avait prises pour résister à l'armée. Mais celle-ci, bien que fatiguée par des marches continuelles et par la multitude des insurgés qui l'environnaient, attaqua à Verin le corps espagnol commandé par La Romana, ainsi que les Portugais aux ordres de Sylveira. Le premier fut complètement défait, le second se retira derrière Chavès, place forte portugaise dont Soult s'empara.

L'un des plus grands inconvénients attachés aux expéditions faites par les Français dans la Péninsule, était la garde des prisonniers. Ceux que Soult avait faits à Chavès étaient nombreux; il ne savait où les déposer et accepta la proposition qu'ils firent de passer au service de la France, bien que la plupart d'entre eux, ayant agi de même lors de l'expédition de Junot, eussent fini par déserter.

Après l'occupation de Chavès, le corps expéditionnaire se dirigea sur Braga, où se trouvait une nouvelle et nombreuse armée portugaise commandée par le général Freira. Ce malheureux officier, voyant son avant-garde battue par les Français, se préparait à effectuer sa retraite, lorsque ses troupes, presque entièrement composées de paysans levés en masse, crièrent à la trahison et le massacrèrent! En ce moment, l'avant-garde française, commandée par le général Franceschi, ayant paru aux portes de Braga, la population se porta vers les prisons où l'on avait enfermé les individus *soupçonnés* de faire des vœux pour les Français, et tous furent égorgés!

Le maréchal Soult ayant fait attaquer l'armée ennemie, celle-ci, après une courte et vive résistance, fut mise dans une déroute complète, et perdit plus de 4,000 hommes, ainsi que toute son artillerie. Les fuyards, en traversant Braga, tuèrent le corregidor et commençaient à mettre la ville à feu et à sang lorsque, poursuivis par les troupes françaises, ils se sauvèrent par la route d'Oporto. Les avantages que le maréchal Soult venait d'obtenir à Braga furent bien affaiblis par la perte qu'il fit à la même époque; car le général portugais Sylveira, qui s'était jeté sur le flanc gauche de l'armée française, pendant qu'elle marchait sur Braga, avait investi et enlevé la ville de Chavès, où il nous prit 800 combattants et 1,200 malades. Soult, ignorant ce fâcheux événement, laissa dans Braga la division Heudelet, et continua sa marche sur Oporto. Les ennemis disputèrent vaillamment le passage de la rivière de l'Ave, mais il fut néanmoins forcé. Le général français Jardon y fut tué. Furieux de leur défaite, les Portugais massacrèrent leur chef, le général Vallongo. Les divisions françaises des généraux Mermet, Merle et Franceschi se trouvaient alors réunies sur la rive gauche de l'Ave, et le chemin d'Oporto leur était ouvert. Elles se concentrèrent sur le front des retranchements qui couvraient la ville et le camp, contenant au moins 40,000 hommes, dont la moitié de troupes réglées, commandées par les généraux Lima et Pereiras; mais l'autorité réelle était entre les mains de l'évêque, homme violent, qui dirigeait la multitude à son gré; aussi les historiens anglais et portugais l'ont-ils rendu responsable du massacre de quinze individus de haut rang qu'il ne voulut ou ne put sauver de la fureur du peuple, lorsque celui-ci fut exaspéré par la vue des colonnes françaises.

Oporto, bâti sur la rive droite du Douro, est dominé par d'immenses rochers garnis alors de deux cents pièces de canon. Un pont de bateaux, long de deux cent cinquante toises, unissait la ville au faubourg de Villa-Nova. Avant d'attaquer Oporto, le maréchal Soult écrivit au prélat pour l'engager à épargner à cette grande ville les horreurs d'un siège. Le prisonnier portugais qu'on chargea de ce message fut sur le point d'être pendu! L'évêque entra néanmoins en pourparlers, mais sans faire cesser le feu des remparts; puis il finit par refuser de se rendre. Il paraît qu'il craignit d'être victime de la populace, dont il avait lui-même exalté la fureur par de fausses espérances de succès. Le 28 mars, le maréchal, voulant détourner l'attention des ennemis du centre des retranchements, par où il comptait pénétrer dans la ville, fit attaquer leurs ailes. La division Merle enleva sur la gauche plusieurs clos fortifiés, pendant que les généraux Delaborde et Franceschi menaçaient vers la droite d'autres ouvrages extérieurs. Sur ces entrefaites, quelques bataillons ennemis ayant crié qu'ils voulaient se rendre, le général Foy s'avança imprudemment, suivi de son aide de camp. Celui-ci fut tué, le général fait prisonnier, mis complètement nu et traîné à l'instant dans l'intérieur de la ville. Les Portugais exécraient le général Loison, qui les avait battus. Ce général ayant depuis longtemps perdu un bras, les ennemis l'avaient surnommé Mañeta (le manchot). En voyant le général Foy prisonnier, la population d'Oporto, croyant que c'était Loison, se mit à crier: «Tuez, tuez Mañeta!» Mais Foy eut la présence d'esprit de lever ses deux mains et de les montrer à la foule. Celle-ci reconnut son erreur et le laissa conduire en prison. L'évêque, bien qu'il eût seul amené les choses à cet état de crise, n'eut pas le courage de braver le danger, et, laissant aux généraux Lima et Pereiras le soin de défendre la ville comme ils pourraient, il s'enfuit avec une bonne escorte du côté opposé à celui de l'attaque, traversa la rivière et ne s'arrêta qu'au couvent de la Serra, bâti au sommet de la montagne escarpée qui, sur la rive gauche, domine le faubourg de Villa-Nova; de là le prélat pouvait, en toute sûreté, être spectateur des horreurs du combat du lendemain.

La nuit fut affreuse pour les habitants d'Oporto. Un orage violent ayant éclaté, les soldats et les paysans portugais prirent le sifflement du vent pour le bruit des balles ennemies; alors, malgré les officiers, la fusillade et la canonnade partirent sur toute la ligne, et le bruit de deux cents pièces d'artillerie se confondit avec celui de la foudre et des cloches qu'on ne cessait de sonner!... Pendant cet affreux tintamarre, les Français, abrités dans les bas-fonds contre les balles et les boulets, attendaient avec calme que le lever du soleil leur permît d'attaquer le corps de la place.

Le 29 mars, jour néfaste pour la ville d'Oporto, le temps étant redevenu serein, nos troupes se portèrent avec ardeur au combat, que, selon ses projets de la veille, le maréchal engagea d'abord sur les ailes, pour tromper les ennemis. Ce stratagème réussit complètement; car les généraux portugais affaiblirent démesurément leur centre pour renforcer leurs flancs. Le maréchal Soult, faisant alors battre la charge, lance les colonnes françaises sur ce point. L'attaque fut impétueuse; nos soldats enlèvent bravement les retranchements, pénètrent au delà, s'emparent de deux forts principaux, où ils entrent par les embrasures, tuant ou dispersant tout ce qui veut résister.

Après ce glorieux succès, plusieurs bataillons vont prendre en queue les ailes portugaises, pendant que Soult ordonne à une autre colonne de marcher droit sur la ville, en se dirigeant vers le pont. Ainsi chassée de ses retranchements, et coupée en plusieurs parties, l'armée portugaise perdit tout espoir; sa déroute à travers la ville fut affreuse. Une partie des fuyards gagna le fort de Santo-João, sur la rive du Douro, et là, frappés de terreur, ils cherchèrent à traverser le fleuve à la nage ou dans des barques. En vain Lima, leur général, leur fit remarquer combien cette tentative était périlleuse. Ils le massacrèrent, et, voyant les Français avancer toujours, ils essayèrent de nouveau le passage du Douro; mais presque tous se noyèrent! Cependant, le combat continuait encore dans Oporto; la colonne que le maréchal avait fait marcher sur la ville, après avoir brisé les barricades qui défendaient l'entrée des rues, était arrivée aux approches du pont, où les horreurs de la guerre s'accrurent encore. Plus de 4,000 personnes de tout âge et de tout sexe encombraient ce pont, qu'elles s'efforçaient de passer, lorsque les batteries portugaises de la rive opposée, apercevant les Français qu'elles voulaient empocher de franchir le fleuve, ouvrirent un feu terrible sur cette masse tumultueuse, dans laquelle les boulets firent un affreux ravage sans atteindre nos troupes, et, au même instant, un détachement de cavalerie portugaise, embarrassé par les fuyards, traversa au galop cette foule épouvantée, en se frayant un chemin sanglant! Chacun cherchant alors son salut dans les barques qui formaient le pont, elles furent bientôt encombrées, et, ne pouvant soutenir le poids de tant d'individus, plusieurs s'enfoncèrent. Le pont fut ainsi rompu sur quelques points; et comme la foule se portait toujours en avant, des milliers d'hommes, arrivés aux coupures du pont, étaient précipités dans le fleuve, qui fut bientôt couvert de cadavres, sur lesquels venait échouer et périr tout ce qui tentait encore le passage.

Les premiers Français qui arrivèrent, oubliant le combat, ne virent plus que des malheureux qu'il fallait secourir, et en arrachèrent un bon nombre à la mort; plus humains en cela que les artilleurs portugais qui, dans l'espoir d'atteindre quelques Français, tiraient sur leurs propres concitoyens! Nos soldats, à l'aide de planches, franchirent les coupures du pont, arrivèrent sur la rive droite, emportèrent les batteries ennemies et s'emparèrent du faubourg de Villa-Nova. Le passage du Douro se trouva dès lors assuré. Les malheurs de la ville semblaient toucher à leur fin, lorsqu'on apprit que 200 hommes, formant la garde de l'évêque, s'étaient enfermés dans son palais, d'où ils faisaient feu par les fenêtres. Les Français y coururent, et leurs sommations étant restées inutiles, ils brisèrent les portes et passèrent tous ces séides au fil de l'épée.

Jusque-là nos troupes n'avaient agi que d'après les lois de la guerre; la ville et les habitants avaient été respectés; mais en revenant de l'assaut de l'évêché, où ils s'étaient fortement animés, nos soldats aperçurent sur la grande place une trentaine de leurs camarades, que les Portugais avaient pris la veille, et auxquels ils venaient d'arracher les yeux, la langue, et qu'ils avaient mutilés avec un raffinement de barbarie digne de cannibales!... La plupart de ces malheureux Français respiraient encore!... À la vue de ces atrocités, les soldats exaspérés ne respirèrent plus que vengeance et se portèrent à de terribles représailles, que le maréchal Soult, les généraux, les officiers, et même un grand nombre de soldats plus calmes, eurent toute sorte de peine à faire cesser. On porte à dix mille le nombre de Portugais qui périrent dans cette journée, tant à l'avant des retranchements qu'au pont et dans la ville. La perte des Français n'excéda pas cinq cents hommes. Le général Foy fut délivré, à la grande satisfaction de l'armée. Quant à l'évêque d'Oporto, après avoir vu du haut du couvent de la Serra la ruine de ses projets ambitieux sur les provinces du Nord, qu'il voulait, dit-on, séparer du royaume à son profit, il s'enfuit vers Lisbonne. Là, il se réconcilia avec la régence gouvernementale, qui non seulement l'admit dans son sein, mais le nomma bientôt *patriarche* de Portugal.

La chute d'Oporto permit au maréchal Soult d'établir une base solide d'opérations. Le fruit immédiat de la victoire fut la prise d'immenses magasins remplis de munitions de guerre et de vivres. Trente vaisseaux anglais, retenus par les vents contraires, tombèrent aussi entre nos mains. Adoptant une conduite toute conciliatrice, ainsi qu'il l'avait fait à Braga, Soult s'efforça de remédier aux maux de la guerre, et rappela les habitants qui avaient fui de la ville. L'habileté de cette administration produisit un excellent résultat et donna lieu à un fait fort inattendu, que les historiens ont mal expliqué et dont les journaux de l'époque n'osèrent faire mention.

Les Portugais ne pouvaient pardonner au prince régent, chef de la maison de Bragance, de les avoir abandonnés pour transporter le siège du gouvernement en Amérique. Ils prévoyaient que le résultat de la guerre actuelle serait de faire du Portugal une dépendance du Brésil ou de l'Espagne, ou bien une colonie anglaise, toutes choses qui leur répugnaient également, et, pour conserver leur nationalité, ils songèrent à se donner un roi.

La comparaison qu'ils firent entre le gouvernement de Soult et l'horrible anarchie qui l'avait précédé, étant tout à l'avantage du maréchal, le parti de l'ordre se réveilla, ses chefs se rendirent auprès du maréchal Soult et lui proposèrent de se mettre à leur tête, pour former un gouvernement indépendant. Se croyant justifié par les circonstances, Soult ne découragea pas ce parti, nomma aux emplois civils, leva une légion portugaise de cinq mille hommes, et se conduisit avec tant d'habileté, qu'en moins de quinze jours les villes d'Oporto, de Braga, ainsi que toutes celles des provinces conquises par lui, envoyèrent des adresses signées par plus de trente mille individus de la noblesse, du clergé et du tiers état, exprimant leur adhésion à ce nouvel ordre de choses. Le duc de Rovigo, ancien ministre de l'Empereur, assure, dans les mémoires qu'il publia sous la Restauration, que Soult refusa ces propositions; cependant, un très grand nombre d'officiers français qui se trouvaient alors à Oporto, notamment les généraux Delaborde, Mermet, Thomières, Merle, Loison et Foy, m'ont *affirmé* avoir assisté à des réceptions dans lesquelles les Portugais donnaient au maréchal Soult le titre de Roi et de Majesté, que celui-ci acceptait avec beaucoup de dignité. Enfin, un jour que je questionnais à ce sujet le lieutenant général Pierre Soult, frère du maréchal, qui avait été mon colonel, et avec lequel j'étais fort lié, il me répondit avec franchise: «Comme, en envoyant mon frère en Portugal, l'Empereur l'avait autorisé à employer *tous les moyens* pour arracher ce pays à l'alliance de l'Angleterre et l'attacher à celle de la France, le maréchal, voyant la nation lui offrir la couronne, pensa que ce moyen n'avait pas été excepté par Napoléon, étant non seulement le meilleur, mais le *seul* qui pût unir les intérêts du Portugal à ceux de l'Empire; il devait donc l'employer, sauf ratification de l'Empereur.» Ce qui prouverait que Pierre Soult avait raison, c'est que Napoléon, au lieu d'exprimer le moindre mécontentement de ce que le maréchal eût accepté d'être roi de Portugal, lui donna des pouvoirs beaucoup plus étendus que ceux qu'il avait en entrant dans ce pays.

L'Empereur ne fit en cela que céder aux exigences de la situation qui lui rendaient le maréchal Soult indispensable, et est-il vrai que Napoléon lui écrivit: «Je ne me souviens que de votre belle conduite à Austerlitz»?... C'est un point qui n'a jamais été éclairci; car le maréchal Bertrand m'a dit que, dans les longs entretiens qu'il avait eus à Sainte-Hélène avec Napoléon, il voulut plusieurs fois amener la conversation sur la royauté éphémère du maréchal Soult, mais que l'Empereur garda toujours le silence à ce sujet. Bertrand en concluait que l'Empereur n'avait *ni encouragé ni blâmé* ce que Soult avait fait pour obtenir la couronne de Portugal, et que le succès de cette entreprise en eût fait absoudre l'audace.

L'Empereur avait d'abord eu la pensée de réunir toute la Péninsule en un seul État, dont son frère Joseph aurait été le roi; mais, ayant reconnu que la haine réciproque des Espagnols et des Portugais rendait ce projet impraticable, et désirant cependant arracher à tout prix le Portugal à la domination des Anglais, il aurait consenti à donner la couronne de ce pays à l'un de ses lieutenants, dont les intérêts eussent été ceux de la France. Puisque le maréchal Soult avait obtenu le suffrage d'une grande partie de la nation, Bertrand pensait que Napoléon se serait déterminé à ratifier ce choix. L'Empereur aurait ainsi assuré l'affermissement du roi Joseph sur son trône et l'expulsion des Anglais de l'Espagne et du Portugal, dont la guerre commençait à le fatiguer, en l'empêchant de porter ses vues sur le nord de l'Europe.

Quoi qu'il en soit, dès que l'offre faite au maréchal Soult par les Portugais fut connue de son armée, elle produisit une grande agitation en sens divers, car la troupe et les officiers subalternes, dont le maréchal était fort aimé, ne blâmaient ce projet que parce qu'ils le croyaient contraire aux intentions de l'Empereur. Cependant, le bruit s'étant répandu que le maréchal n'agissait qu'avec son agrément, l'immense majorité de l'armée, séduite par la gloire que devait lui procurer la conquête du Portugal, se rangea dès lors du côté de Soult et se tint prête à le soutenir dans des projets qu'on lui représentait comme utiles à la France ainsi qu'à l'Empereur. Toutefois, un grand nombre d'officiers supérieurs et quelques généraux craignaient que l'avènement de Soult au trône de Portugal n'engageât l'Empereur à l'y soutenir, en laissant indéfiniment le 2e corps dans ce pays, pour y coloniser à l'exemple des Romains; ils s'écrièrent qu'on allait les engager dans une guerre sans fin, et, cherchant à faire trêve avec les Anglais, qui occupaient Lisbonne, ils résolurent d'élire un chef, de faire appel aux troupes françaises revenues en Espagne, et de retourner tous ensemble en France pour forcer l'Empereur à conclure la paix.

Ce projet, inspiré par le gouvernement anglais, et du reste plus facile à former qu'à exécuter, aurait-il eu l'assentiment de toutes les armées et de la masse de la nation française? C'est ce dont il est permis de douter. Il reçut cependant un commencement d'exécution. Le lieutenant général anglais Beresford, servant dans l'armée portugaise en qualité de maréchal, était l'âme du complot, et, par l'entremise d'un marchand d'Oporto nommé Viana, il entretint une correspondance avec les mécontents français, qui eurent l'indignité de proposer l'arrestation du maréchal Soult, qu'ils remettraient aux avant-postes. On conçoit dans quelle perplexité la découverte de cette conspiration dut jeter le maréchal Soult, d'autant plus qu'il n'en connaissait pas les complices. Un abîme était ouvert devant lui; néanmoins, sa fermeté ne l'abandonna pas.

CHAPITRE TRENTE-DEUX

Surprise d'Oporto.—Retraite de Soult par les montagnes.—Mauvais vouloir du maréchal Victor.—Mort de Franceschi.

Pendant que Soult était absorbé par les soins qu'il ne cessait de donner à l'administration du pays conquis, les nombreuses troupes anglo-portugaises que sir Arthur Wellesley et lord Beresford amenaient de Lisbonne et de Coïmbre s'approchaient chaque jour du Douro, et en atteignirent bientôt les rives. Le général portugais Sylveira, après avoir repris Chavès sur les Français, descendit la Tamega jusqu'à Amaranthe et s'empara de cette ville ainsi que de son pont, ce qui plaçait le corps portugais sur les derrières de Soult. Celui-ci s'empressa de diriger sur ce point les généraux Heudelet et Loison, qui chassèrent Sylveira d'Amaranthe; mais sir Arthur Wellesley, ayant le projet de tourner l'aile gauche des Français, fit passer le Douro en avant de Lamego à un nombreux corps anglo-portugais, qui se dirigea vers Amaranthe. Le général Loison, malgré les ordres qu'il avait reçus de défendre cette ville à outrance, abandonna le seul passage qui restât à l'armée française pour sortir de la situation périlleuse où elle se trouvait. Le maréchal Soult, voyant qu'une partie des forces ennemies cherchaient à gagner ses derrières, pendant que le surplus, marchant sur Oporto, menaçait de l'attaquer de front, résolut d'abandonner cette ville et de faire retraite sur les frontières d'Espagne. Son mouvement, fixé pour le 12, ayant été retardé de vingt-quatre heures, par la nécessité de réunir l'artillerie et de mettre les convois en route, ce retard lui devint fatal. Les conspirateurs étaient fort occupés; les ordres du maréchal étaient négligés ou mal compris, et on lui transmettait de faux rapports sur leur exécution. Les choses allaient donc au plus mal lorsque, le 12 au matin, les colonnes anglaises arrivèrent à Villa-Nova.

Soult avait dès la veille retiré ses troupes dans ce faubourg, détruit le pont qui l'unissait à la ville et fait enlever toutes les embarcations de la rive gauche. Le maréchal, ainsi rassuré sur les tentatives de passage du Douro devant Oporto, mais craignant que la flotte anglaise ne débarquât des troupes sur la droite de l'embouchure du fleuve, en faisait exactement observer les rives *au-dessous* de la ville. Du haut du mont Serra, sir Arthur Wellesley planant comme un aigle sur Oporto, sur le Douro et le pays environnant, reconnut de ce point élevé qu'*au-dessus* de la ville les postes français étaient en très petit nombre, éloignés les uns des autres, et négligeaient le service des patrouilles, tant ils se croyaient protégés par l'immensité du fleuve.

Il peut arriver, à la guerre, qu'un bataillon, un régiment et même une brigade soient surpris; mais l'histoire offre bien peu d'exemples d'une armée attaquée à l'improviste, en plein jour, sans avoir été prévenue par ses avant-postes. C'est néanmoins ce qui advint aux Français dans Oporto, et voici comment.

Le Douro fait au-dessus de cette ville un crochet qui baigne le pied du mont Serra. On conçoit que les Français eussent négligé cette partie du fleuve lorsqu'elle était couverte par les troupes qu'ils avaient à Villa-Nova et sur le Serra; mais, au moment où ils abandonnèrent ces positions pour se concentrer sur la rive droite, ils auraient dû placer des postes en avant de la ville; cependant soit négligence, soit trahison, non seulement on avait omis cette précaution, mais on avait laissé sans garde, en dehors de la place, un grand nombre de barques, auprès d'un édifice non terminé appelé le *nouveau séminaire*, dont l'enclos, s'abaissant de chaque côté jusqu'au rivage, pouvait contenir quatre bataillons. En voyant un poste aussi important abandonné, sir Arthur Wellesley conçut le hardi projet d'en faire le point d'appui de son attaque et, s'il pouvait se procurer une embarcation, d'effectuer le passage du fleuve sous les yeux d'une armée aguerrie et d'un de ses plus célèbres généraux!

Un pauvre barbier s'était enfui de la ville la nuit précédente, au moyen d'une petite nacelle, sans être aperçu par les patrouilles françaises. Un colonel anglais, suivi de quelques hommes, traverse le fleuve sur cet esquif et ramène à la rive gauche trois grandes barques sur lesquelles on place un bataillon anglais, qui vient s'emparer du séminaire et de là renvoie une grande quantité de bateaux, si bien qu'en moins d'une heure et demie, 6,000 Anglais se trouvent au milieu de l'armée française, et maîtres d'un poste dont il était d'autant plus difficile de les chasser qu'ils étaient protégés par une nombreuse artillerie placée à la rive opposée, sur le mont Serra.

Les postes français n'avaient rien vu, et l'armée était tranquille dans Oporto, lorsque tout à coup la ville retentit du bruit confus des tambours et de l'appel: «*Aux armes! aux armes! voilà les ennemis!*» On put alors juger mieux que jamais de la solidité et de la valeur des troupes françaises, qui, loin d'être découragées par cette surprise, se précipitèrent avec fureur vers le séminaire. Déjà elles avaient arraché sa principale grille et tué un très grand nombre d'Anglais, lorsque, foudroyées par les canons de la rive gauche et menacées sur leurs derrières par un corps anglais qui venait de débarquer dans la ville, elles reçurent du maréchal l'ordre d'abandonner la place et de se replier sur Vallonga, bourgade située à deux lieues d'Oporto, dans la direction d'Amaranthe. Les Anglais n'osèrent pas ce jour-là suivre notre armée plus loin; ils perdirent beaucoup de monde dans cette affaire. Lord Paget, un de leurs meilleurs généraux, fut grièvement blessé, et, de notre côté, le général Foy le fut aussi. Notre perte ne fut pas considérable.

Nos vieilles bandes étaient si expérimentées, si endurcies à la guerre, qu'elles se remettaient plus facilement d'une surprise qu'aucune autre; aussi les historiens anglais conviennent qu'avant qu'elles eussent atteint Vallonga, l'ordre était rétabli dans les colonnes françaises.

Le maréchal eut certainement de bien grands reproches à se faire pour s'être laissé surprendre en plein jour dans Oporto et à l'abri d'un fleuve; mais on doit lui rendre la justice de dire que, dans son malheur, il fit preuve d'un courage personnel et d'une fermeté d'âme qui ne se démentirent jamais dans les circonstances les plus difficiles.

En quittant Oporto, le maréchal faisait reposer tout son espoir de salut sur le pont d'Amaranthe qu'il croyait encore occupé par Loison; mais il apprit le 13 au matin, à Peñafiel, que ce général venait d'abandonner Amaranthe pour se retirer à Guimaraëns!... Cette fâcheuse nouvelle n'affaiblit pas l'énergie de Soult, et voyant que le chemin de la retraite lui était coupé, il résolut de se retirer à travers champs, malgré les difficultés que présentait le pays. Aussitôt, imposant silence à toute observation timide, comme aux murmures de quelques conspirateurs, il détruisit son artillerie et ses bagages, fit mettre sur des chevaux de trait ses malades ainsi que des munitions pour l'infanterie, et, sous une pluie battante, il gravit la sierra ou montagne de Cathalina par un sentier rocailleux des plus étroits et se rendit à Guimaraëns, où il trouva les divisions Loison et Lorge qui s'y étaient transportées par la route qui vient d'Amaranthe.

Les forces principales de l'armée française s'étant réunies à Guimaraëns, sans avoir été attaquées par les Anglais, le maréchal Soult en conclut avec sagacité que ceux-ci avaient pris la route directe pour aller à Braga et y couper toute retraite aux Français, privés désormais de tout chemin praticable pour l'artillerie. Déjà les mécontents, au nombre desquels se trouvait Loison, disaient qu'il fallait faire une capitulation comme celle de Cintra; mais alors, et par une fermeté digne d'admiration, Soult fit détruire toute l'artillerie des divisions Loison et Lorge, et laissant à gauche la route de Braga, il prit encore les sentiers des montagnes. Il gagna ainsi une journée sur les ennemis et atteignit en deux marches Salamonde. Là, coupant à angle droit la route de Chavès à Braga, par laquelle il était entré en Portugal trois mois avant, il résolut d'éviter encore les chemins frayés et de se rendre à Montalegre, toujours par les montagnes. Après une longue marche, les éclaireurs vinrent l'informer que le pont de Puente-Novo, sur le Cavado, était rompu, et que 1,200 paysans portugais, avec du canon, s'opposaient à son rétablissement!... Si cet obstacle n'était pas surmonté, toute retraite devenait impossible!...

La pluie n'avait pas cessé depuis plusieurs jours. Les troupes, harassées, manquaient de vivres, de chaussures, et la plus grande partie des cartouches étaient mouillées. L'armée anglaise devait, sans nul doute, arriver sur l'arrière-garde le lendemain matin. L'heure de mettre bas les armes était donc venue!...

Dans cette fâcheuse extrémité, Soult ne faiblit point. Il fait venir le major Dulong, réputé, à juste titre, pour un des plus intrépides officiers de l'armée française, lui donne 100 grenadiers de choix et le charge de surprendre pendant la nuit les ennemis qui gardent le passage. Une espèce d'assise en pierre n'ayant que six pouces de large était la seule partie du pont qui ne fût point détruite. Dulong, suivi de 12 grenadiers, s'y glisse à plat ventre et s'avance en rampant vers le poste ennemi. Le Cavado débordé coulait avec impétuosité... En se voyant ainsi suspendu au-dessus du torrent, un grenadier perdit l'équilibre et tomba dans le gouffre; mais ses cris furent étouffés par le bruit de l'orage et des flots. Dulong et ses onze hommes atteignirent enfin la rive opposée, et tombant à l'improviste sur les premiers postes des paysans endormis, les tuèrent ou les dispersèrent tous. Les soldats portugais, campés à peu de distance, croyant que l'armée française venait de traverser le Cavado, s'enfuirent aussi. Le maréchal Soult fit sur-le-champ réparer le pont. Ainsi la valeur du brave Dulong sauva l'armée.

Cet officier fut très grièvement blessé le lendemain, en attaquant un retranchement élevé par les Portugais dans un défilé d'un accès très difficile, où les Français essuyèrent quelques pertes; mais ce fut le dernier combat qu'ils eurent à soutenir dans cette pénible retraite. Ils atteignirent le 17 Montalegre, où, repassant la frontière, ils rentrèrent en Espagne, et se réunirent à Orense: là ils se mirent en communication avec les troupes du maréchal Ney. L'intrépide Dulong fut nommé colonel. (Il est mort lieutenant général en 1828.)

Ainsi se termina la seconde invasion des Français en Portugal. Le fer de l'ennemi, les maladies et les assassinats avaient fait perdre au maréchal Soult 6,000 bons soldats. Il avait emmené cinquante-huit pièces d'artillerie: il revenait avec *un seul* canon; et pourtant, sa réputation de vaillant soldat et de général habile n'en fut point ébranlée, car l'opinion publique lui tint compte, d'une part, de la fermeté qu'il avait déployée, et, d'autre part, des grandes difficultés qu'il avait éprouvées, tant par les intrigues des conspirateurs que par l'abandon dans lequel l'Empereur l'avait laissé, en ne le faisant pas soutenir par le maréchal Victor, ainsi qu'il l'avait promis.

Napoléon, que les campagnes d'Italie, d'Égypte et d'Allemagne avaient habitué à voir ses lieutenants obéir avec exactitude, eut le tort de penser qu'il en serait de même dans la péninsule Ibérique; mais l'éloignement et le titre de *maréchal* les avaient rendus moins soumis. Ainsi, le maréchal Victor, qui de Madrid devait marcher sur Lisbonne, par la vallée du Tage, et se trouver à Mérida le 15 février pour menacer le Portugal de ce côté, resta si longtemps à Talavera-la-Reyna, que son inertie permit au général espagnol de la Cuesta de réunir une nombreuse armée dans les montagnes de Guadalupe.

Victor, sortant alors de son apathie, marcha contre lui, le battit en plusieurs rencontres, notamment à Médellin, sur les rives de la Guadiana, et occupa enfin le 19 mars la ville de Mérida, un mois *après* l'époque fixée par l'Empereur. Le roi Joseph, qui venait d'envahir l'Estramadure, rappela au maréchal Victor l'ordre de Napoléon, qui lui enjoignait d'entrer en Portugal pour se joindre au maréchal Soult; mais comme celui-ci était le plus ancien, Victor, craignant de se trouver en sous-ordre, non seulement ne voulut pas se réunir à lui, mais suspendit la marche de la division Lapisse, qui, se trouvant déjà maîtresse du pont d'Alcantara sur le Tage, pouvait opérer une heureuse diversion en faveur de Soult, avant que les Anglais ne fussent l'attaquer dans Oporto. Après avoir hésité pendant plus d'un mois, Victor, apprenant que Soult venait de quitter le Portugal, se hâta de battre en retraite, et fit sauter le pont d'Alcantara, le plus beau monument du génie de Trajan!…

Dès son retour en Espagne, le maréchal Soult, après s'être muni d'artillerie dans les arsenaux de la Corogne, eut à Lugo une entrevue avec le maréchal Ney, auquel il proposa de réunir les forces disponibles de leurs deux corps d'armée, pour faire ensemble une nouvelle invasion en Portugal. Mais ces deux maréchaux n'ayant pu s'entendre, Soult, pour refaire ses troupes, les conduisit à Zamora.

En terminant, je dois vous faire connaître le sort des officiers compromis dans la conspiration dont j'ai parlé. Le capitaine adjudant-major du 18e de dragons, Argenton, qui avait été l'âme du complot, fut traduit devant un conseil de guerre et condamné à mort; mais il réussit à s'évader. Son colonel, M. Lafitte, fut mis en retrait d'emploi. Quant au général Loison et au colonel Donnadieu, qu'on accusait sans preuves, ils n'encoururent aucune punition. Toutefois, le maintien du général dans l'armée de Portugal ne pouvait que produire un effet fâcheux.

Afin de mieux faire comprendre au roi Joseph quelles étaient ses vues, Soult envoya le général Franceschi à Madrid. Ce brave et excellent officier, étant tombé dans une embuscade de la guérilla du *Capucino* fut conduit à Séville, puis à Grenade, où la Junte centrale, le traitant en criminel et non en brave soldat, le jeta dans la prison de l'Alhambra. Il fut ensuite transporté à Carthagène, où il mourut de la fièvre jaune. Ce fut une perte immense pour l'armée, car Franceschi réunissait toutes les qualités d'un général consommé.

CHAPITRE TRENTE-TROIS

Situation de nos armées en Espagne.—L'armée de Portugal.—Notre parc d'artillerie est menacé.—Réunion de Viseu.—Causes d'insuccès de la campagne.—L'armée devant l'Alcoba.

Vers la fin de 1809, l'Empereur voulant obtenir plus d'unité dans les opérations des divers corps d'armée qu'il avait en Espagne, les plaça sous les ordres du roi Joseph, son frère; mais celui-ci n'étant nullement militaire, Napoléon ne lui accorda qu'une autorité fictive et créa le maréchal Soult major général, afin de lui donner le commandement *réel* de toutes les troupes françaises du midi de l'Espagne, qui, bien dirigées, gagnèrent les batailles d'Ocana, d'Alba de Tormès, forcèrent les défilés de la sierra Morena, envahirent l'Andalousie, s'emparèrent de Séville, de Cordoue, et investirent Cadix, où s'était réfugiée la Junte gouvernementale. Pendant ce temps, le général Suchet dominait et administrait habilement l'Aragon et le royaume de Valence, dont il avait assiégé et pris plusieurs villes fortifiées. Les maréchaux Saint-Cyr et Augereau avaient fait une guerre active en Catalogne, dont la population, la plus belliqueuse de l'Espagne, se défendit avec une grande énergie. La Navarre et les provinces du Nord étaient infestées par de nombreuses guérillas, auxquelles les troupes de la jeune garde de l'Empereur faisaient une petite guerre incessante. Les généraux Bonnet et Drouet occupaient la Biscaye et les Asturies, Ney tenait la province de Salamanque, et Junot celle de Valladolid. Les Français venaient d'évacuer la Galice, pays trop pauvre pour nourrir nos troupes. Telle était, en résumé, la situation de nos armées en Espagne lorsque, après avoir pris Ciudad-Rodrigo et Alméida, le maréchal Masséna pénétra en Portugal.

Les troupes sous les ordres de Masséna se composaient: du 2e corps, entièrement formé de vieux soldats d'Austerlitz ayant été l'année précédente à Oporto avec le maréchal Soult, que le général Reynier venait de remplacer (ses divisionnaires étaient Merle et Heudelet); du 6e corps, commandé par le maréchal Ney et ayant fait avec lui les campagnes d'Austerlitz, d'Iéna et de Friedland (ses divisionnaires étaient Marchand, Loison et Mermet); du 8e corps, commandé par le général en chef Junot et composé de troupes médiocres (il avait pour généraux de division Solignac et Clausel, qui devint plus tard maréchal); d'un corps de deux divisions de cavalerie sous les ordres du général Montbrun, et d'une nombreuse artillerie de campagne dirigée par le général Éblé. Le général Lasouski commandait le génie.

Après avoir défalqué les garnisons laissées à Rodrigo, Alméida et Salamanque, ainsi que les malades, le nombre des combattants de toutes armes s'élevait à cinquante mille, ayant soixante bouches à feu et une grande quantité de caissons de munitions. Ce train était beaucoup trop considérable, car, en Portugal, pays très accidenté, il n'existe presque pas de grandes routes. Les voies de communication sont presque toujours des sentiers étroits, rocailleux et souvent escarpés; aussi les transports s'y font à dos de mulet. Il est même des pays où les routes sont complètement inconnues. Enfin, à l'exception de quelques vallées, le sol généralement aride, n'offre que des ressources insuffisantes pour la nourriture d'une armée. Tout faisait donc un devoir au maréchal Masséna de passer par le pays le moins difficile et le plus fécond. Il fit cependant le contraire!...

En effet, l'armée ayant quitté les environs d'Alméida le 14 septembre 1810, et se trouvant réunie le lendemain à Celorico, voyait s'ouvrir devant elle la riche vallée du Mondego et pouvait, par Sampaya et Ponte de Morcella, se diriger sur Coïmbre par des chemins sinon bons, du moins passables. Cependant, le maréchal, influencé par le commandant Pelet, son conseil, abandonna la contrée praticable, où ses troupes auraient vécu largement, pour aller, vers sa droite, se jeter dans les montagnes de Viseu, dont les chemins sont les plus affreux du Portugal. Il suffit d'ailleurs d'examiner la carte pour reconnaître combien il était déraisonnable de venir passer à Viseu pour se rendre de Celorico à Coïmbre!... faute d'autant plus grande, que Viseu se trouve séparé de la sierra d'Alcoba par de hautes montagnes que l'armée aurait évitées en se dirigeant de Celorico sur cette ville par la vallée du Mondego. Les environs de Viseu ne produisent ni céréales, ni légumes, ni fourrages. Les troupes n'y trouvèrent que des citrons et des raisins, nourriture fort peu substantielle.

Il s'en fallut de bien peu que l'expédition de Masséna se terminât à Viseu, par le manque de prévoyance du maréchal, qui fit marcher son parc d'artillerie à l'extrême droite de la colonne, c'est-à-dire *en dehors* des masses d'infanterie, en ne lui donnant pour escorte qu'un bataillon irlandais au service de France et une compagnie de grenadiers français.

Ce parc marchant sur une seule file, ayant une longueur de plus d'une lieue, avançait lentement et péniblement par des chemins très difficiles, lorsque tout à coup parut sur son flanc droit le colonel anglais Trent, avec quatre à cinq mille miliciens portugais!... Si l'ennemi, profitant de la supériorité de ses forces, eût enveloppé le convoi et attaqué avec résolution, toute l'artillerie, les munitions et les vivres de l'armée étaient enlevés ou détruits. Mais le colonel Trent, ainsi qu'il l'a dit depuis, ne pouvait supposer qu'un maréchal aussi expérimenté que Masséna eût laissé sans soutien un convoi de la conservation duquel dépendait le salut de son armée; pensant qu'une puissante escorte, masquée par les plis du terrain, se trouvait dans le voisinage, il n'osa avancer qu'avec circonspection. Il se borna donc à attaquer la compagnie de grenadiers français qui était en tête; celle-ci répondit par un feu terrible qui tua une cinquantaine d'hommes!... Les miliciens effrayés reculèrent, et Trent, faisant ce qu'il aurait dû faire d'abord, enveloppa une partie du convoi. Cependant, à mesure qu'il s'avançait, il s'aperçut de la faiblesse de l'escorte, et envoya un parlementaire au commandant pour le sommer de se rendre, sinon il allait l'attaquer sur tous les points. L'officier français consentit adroitement à entrer en pourparlers, afin de donner aux Irlandais, qu'il avait fait prévenir, le temps d'arriver de la queue à la tête du convoi. Ils parurent enfin, venant bravement au pas de course!... Dès que l'officier français les aperçut, il rompit la conférence en disant à l'Anglais: «Je ne puis plus traiter, car voici mon général qui vient à mon secours avec huit mille hommes!...» Chacun reprit donc sa position; mais Trent s'empressa de quitter la sienne et de s'éloigner, croyant avoir affaire à l'avant-garde d'une forte colonne.

Le parc fut donc sauvé; mais le danger qu'il venait de courir, bientôt connu de toute l'armée, y causa la plus vive émotion. Ney, Junot, Reynier, Montbrun se rendirent sur-le-champ à Viseu, pour adresser de vifs reproches au général Fririon, chef d'état-major, qui déclara que, malgré ses vives réclamations, on ne lui avait même pas donné connaissance de la marche des colonnes, tout se décidant entre Masséna et Pelet. En apprenant un tel état de choses, les chefs des quatre corps d'armée, saisis de stupeur et d'indignation, entrèrent chez Masséna pour lui faire de justes observations. Ney portait la parole, et du salon de service nous l'entendions protester; mais Masséna, prévoyant que la conversation allait s'animer, entraîna les généraux dans une pièce éloignée de celle qu'occupaient ses aides de camp. J'ignore ce qui fut résolu; mais il paraît que le généralissime promit d'en agir autrement, car, au bout d'un quart d'heure, nous aperçûmes Masséna se promenant paisiblement dans le jardin, en donnant tour à tour le bras à ses lieutenants. L'union paraissait rétablie, mais ce ne fut pas pour longtemps.

Ainsi que je l'ai déjà dit, des motifs puérils produisent quelquefois de grands et fâcheux résultats. En voici un exemple frappant, car il influa sur le résultat d'une campagne qui devait chasser les Anglais du Portugal, tandis que son avortement accrut au contraire la confiance des Anglais dans Wellington, tout en aguerrissant des troupes qui contribuèrent puissamment aux défaites que nous éprouvâmes les années suivantes.

Toute l'armée savait que Masséna avait amené Mme X... en Portugal; mais cette dame, qui avait traversé en voiture toute l'Espagne et était restée à Salamanque pendant les sièges de Rodrigo et d'Alméida, voulut suivie Masséna à cheval, quand il se mit en marche dans ce pays impraticable aux voitures, ce qui produisit un fort mauvais effet. Le maréchal, qui mangeait généralement seul avec Mme X..., avait fait ce jour-là placer son petit couvert sous un bosquet de citronniers. La table des aides de camp était dans le même jardin, à cent pas de la sienne. On allait servir, lorsque le généralissime, voulant probablement achever de cimenter le bon accord qui venait d'être rétabli entre ses quatre lieutenants, fit observer que chacun d'eux ayant plusieurs lieues à faire pour regagner son quartier général, le mieux serait qu'avant de partir, ils dînassent avec lui. Ney, Reynier, Junot et Montbrun acceptent, et Masséna, pour prévenir le retour de réflexions sur l'incident du convoi, ordonna, par extraordinaire, de joindre la table de ses aides de camp à la sienne.

Jusque-là tout allait bien; mais quelques instants avant de s'asseoir. Masséna fait appeler Mme X..., qui recule en se voyant en présence des lieutenants de Masséna. Mais celui-ci dit tout haut à Ney: «Mon cher maréchal, veuillez donner la main à madame.» Le maréchal Ney pâlit et fut sur le point d'éclater... Cependant, il se contint, et conduisit du bout du doigt Mme X... vers la table, où, sur l'indication de Masséna, elle prit place à sa droite. Mais, pendant tout le repas, le maréchal Ney ne lui adressa pas une seule parole, et s'entretint avec Montbrun, son voisin de gauche.

Mme X..., qui avait trop d'esprit pour ne pas sentir combien sa situation était fausse, fut prise tout à coup d'une violente attaque de nerfs et tomba évanouie. Alors Ney, Reynier, Montbrun et Junot quittent le jardin, non sans que Ney témoignât à haute voix et très vivement ses impressions.

Les généraux Reynier et Montbrun exprimèrent aussi hautement leurs sentiments. Junot fut acerbe; comme il blâmait Masséna, je pris la liberté de lui rappeler la scène de Valladolid et l'accueil qu'il avait fait à Mme X...; mais il me répondit en riant: «Parce qu'un vieux housard tel que moi fait quelquefois des farces, ce n'est pas une raison pour que Masséna les imite; d'ailleurs, je ne puis me séparer de mes camarades!» À compter de ce jour, Ney, Reynier, Montbrun et Junot furent au plus mal avec Masséna, qui, de son côté, leur en voulut beaucoup[1].

La discorde établie entre les chefs de l'armée ne pouvait qu'aggraver les causes qui devaient nuire au succès d'une campagne entreprise à cinq cents lieues de France. Ces causes étaient d'abord le manque absolu de connaissance de la topographie des contrées dans lesquelles nous faisions la guerre; car, soit par précautions défensives, soit par apathie, le gouvernement portugais n'a jamais fait lever de bonnes cartes du royaume. La seule qui existât alors était on ne peut plus inexacte, de sorte que nous marchions pour ainsi dire à tâtons, quoiqu'il y eût dans l'armée de Masséna un très grand nombre d'officiers français ayant déjà fait deux campagnes en Portugal avec Soult et Junot; mais les officiers n'étaient point venus dans les provinces que nous traversions, et ne pouvaient être d'aucune utilité pour diriger les colonnes. Nous avions au grand état-major une trentaine d'officiers portugais, au nombre desquels se trouvaient les généraux marquis d'Alorna et comte Pamplona, venus de France en 1808, avec le contingent fourni à Napoléon par la cour de Lisbonne. Ces militaires, bien qu'ils n'eussent fait qu'obéir aux ordres de leur ancien gouvernement, ayant été proscrits par la Junte, avaient suivi notre armée afin de revenir dans leur patrie et rentrer en possession de leurs biens confisqués. Masséna avait espéré que ces bannis pourraient lui donner quelques renseignements utiles; mais, excepté Lisbonne et ses environs, aucun d'eux ne connaissait son propre pays, tandis que les Anglais, le parcourant en tous sens depuis plus de deux ans, étaient parfaitement au fait de sa configuration intérieure, ce qui leur procurait un immense avantage sur nous!...

Une cause non moins importante nuisit encore au succès de notre campagne. Sir Arthur Wellington, auquel la Junte venait d'accorder des pouvoirs illimités, s'en servit pour ordonner à toutes les populations d'abandonner leurs habitations, de détruire les provisions, les moulins, et de se retirer sur Lisbonne avec leurs troupeaux à l'approche des Français, qui se trouvaient ainsi privés de renseignements et réduits à la nécessité de courir au loin pour se procurer des vivres!... Les Espagnols, chez lesquels les Anglais avaient essayé cette terrible mesure de résistance, s'y étaient constamment refusés; mais les Portugais, plus dociles, s'y conformèrent avec une telle exactitude que nous parcourions d'immenses contrées sans rencontrer *un seul* habitant!... De mémoire d'homme, on ne vit une fuite aussi générale!... La cité de Viseu était totalement déserte lorsque nous y entrâmes; cependant Masséna y arrêta l'armée pendant six jours consécutifs, ce qui fut une bien grande faute ajoutée à celle qu'on avait commise en quittant la vallée du Mondego; car si, le lendemain de son arrivée à Viseu, le généralissime français eût marché rapidement et attaqué l'Alcoba, sur lequel sir Wellesley n'avait encore que fort peu de troupes, le maréchal pouvait encore réparer sa faute; mais notre halte de six jours permit aux

Anglais de traverser à gué le Mondego au-dessus de Ponte de Murcelha et de réunir leur armée sur les crêtes de l'Alcoba, principalement à Busaco.

Les militaires d'aucun pays n'ont pu concevoir l'inaction dans laquelle Masséna était resté pendant près d'une semaine à Viseu; mais l'état-major du maréchal put constater que les fatigues éprouvées par Mme X... contribuèrent beaucoup à retarder Masséna et à le retenir en cet endroit; car dans ce pays soulevé il eût été impossible de la laisser en arrière sans l'exposer à être enlevée. En outre, quand il prit la détermination de se mettre en route, Masséna ne fit que de très courtes étapes, s'arrêta d'abord à Tondella et le lendemain, 26 septembre, après avoir établi son quartier général à Mortagoa, sur la rive droite d'un ruisseau nommé le Criz, il perdit un temps précieux à assurer le logement de Mme X..., et ne partit qu'à deux heures du soir avec son état-major pour les avant-postes, situés à cinq grandes lieues de là, au pied d'Alcoba.

Cette montagne, d'environ trois lieues de long, aboutit sur la droite au Mondego et se lie à gauche à des mamelons très escarpés, inaccessibles à la marche des colonnes. Il existe au point culminant un couvent de Minimes nommé Sako. Au centre, le sommet de la montagne forme une espèce de plateau, sur lequel était placée l'artillerie anglaise, qui pouvait agir librement sur tout le front de la position, et dont les boulets arrivaient en deçà du Criz. Un chemin qui règne autour de la crête de Busaco fournissait une communication facile entre les différentes parties de l'armée ennemie. Le versant de la montagne qui faisait face au côté par lequel arrivaient les Français est très escarpé et propre à la défense. Les ennemis avaient leur gauche sur les pics qui dominent Barria, le centre et les réserves au couvent de Busaco, la droite sur les hauteurs, un peu en arrière de San Antonio de Cantaro. Cette position, défendue par une armée nombreuse, était si formidable que les Anglais craignaient que le généralissime français n'osât les attaquer.

Lorsque Masséna arriva, le 26 septembre au soir, au pied de la position, son armée établie en son absence par le maréchal Ney était ainsi placée: la droite formée par le 6e corps au village de Moira; le centre, en face du couvent de Busaco; la gauche, composée du corps de Reynier (le 2e), à San Antonio de Cantaro; le 8e corps, commandé par Junot, en marche, ainsi que le grand parc d'artillerie, pour venir se placer en réserve derrière le centre. La cavalerie, aux ordres de Montbrun, se trouvait à Bienfaita.

Lorsqu'une armée a éprouvé un échec, il n'est que trop ordinaire de voir les généraux en rejeter la faute les uns sur les autres, et comme c'est ce qui advint au combat de Busaco, il est nécessaire de faire connaître ici l'avis exprimé avant l'engagement par les lieutenants de Masséna qui, après l'avoir poussé à la plus grande faute qu'il ait commise, critiquèrent sa conduite à la suite de ce fatal événement.

J'ai dit que les corps du maréchal Ney et de Reynier se trouvaient l'avant-veille de la bataille au pied de la montagne d'Alcoba, en présence de l'ennemi. Ces deux généraux, attendant avec impatience le généralissime, se communiquaient par écrit leurs observations respectives sur la position de l'armée anglo-portugaise. Or, il existe une lettre datée du 26 septembre au matin, dans laquelle le maréchal Ney disait au général Reynier: «Si j'avais le commandement, j'attaquerais sans hésiter un instant!» Ils exprimaient l'un et l'autre le même sentiment dans leur correspondance avec Masséna: «Cette position est loin d'être aussi formidable qu'elle le paraît, et si je n'eusse été aussi subordonné, je l'aurais enlevée sans attendre vos ordres.» Les généraux Reynier et Junot ayant assuré que rien n'était plus facile, Masséna, s'en rapportant à eux, ne fit pas la plus petite reconnaissance des lieux, quoiqu'on ait depuis assuré le contraire, et se bornant à répondre: «Eh bien, je serai demain ici au point du jour, et nous attaquerons...», il tourna bride, et reprit le chemin de Mortagoa.

Au moment de ce brusque départ, la stupéfaction fut générale, car chacun avait pensé, en voyant Masséna revenir auprès de ses troupes campées à une portée de canon de l'ennemi, qu'après avoir employé le peu de jour qui restait à étudier la position qu'il voulait enlever, il demeurerait au milieu de son armée. Le généralissime, en s'éloignant sans avoir rien vu par lui-même, commit une grande faute; mais ses lieutenants, qui l'avaient poussé à l'attaque, en endormant sa vigilance habituelle, devaient-ils blâmer sa conduite, ainsi qu'ils le firent plus tard? Je ne le pense pas. Ils eurent au contraire des reproches à se faire, car, restés deux jours au pied de l'Alcoba, ils conseillèrent de l'attaquer de front, malgré son escarpement, sans chercher le moyen de tourner cette montagne; cependant la chose était des plus faciles, ainsi que vous le verrez bientôt.

Ce fut un grand malheur pour l'armée que le général Sainte-Croix ne se trouvât pas alors auprès de Masséna, parce que son instinct de la guerre l'aurait certainement porté à user de la confiance que le maréchal avait en lui, pour le faire renoncer à une attaque de front contre une position aussi formidable, avant d'être certain qu'on ne pouvait la tourner; mais Sainte-Croix était avec sa brigade à plusieurs lieues en arrière, escortant un convoi confié à sa garde.

À peine le généralissime et son état-major eurent-ils quitté l'armée, que la nuit nous surprit. Masséna n'avait qu'un œil et n'était pas bon écuyer. De grosses pierres et des quartiers de rochers couvraient le chemin que nous parcourions; il fallut donc marcher pendant plus de deux heures au pas, dans l'obscurité, pour faire les cinq lieues qui nous séparaient de Mortagoa, où le maréchal avait dépêché le commandant Pelet pour annoncer son retour. Pendant ce trajet, je fis de bien tristes réflexions sur les suites que devait avoir la bataille qu'on allait engager le lendemain dans des conditions aussi désavantageuses pour l'armée française!... J'en fis part à voix basse à mon ami Ligniville, ainsi qu'au général Fririon. Nous désirions tous bien vivement que Masséna changeât ses dispositions; mais comme Pelet était le seul officier auquel il fût donné de lui soumettre des observations *directes*, nous résolûmes, tant le cas nous paraissait grave, de lui faire indirectement entendre la vérité, en employant un stratagème qui nous avait quelquefois réussi. Pour cela, après nous être concertés, nous nous approchâmes du maréchal en feignant de ne pas le reconnaître dans l'obscurité; nous parlâmes de la bataille résolue pour le jour suivant, et j'exprimai le regret de voir le généralissime attaquer de front la montagne d'Alcoba avant d'avoir la certitude qu'elle ne pouvait être tournée. Le général Fririon, jouant alors le rôle convenu entre nous, répondit que le maréchal Ney et le général Reynier avaient assuré qu'il était impossible de passer ailleurs; mais Ligniville et moi répliquâmes que cela nous paraissait d'autant plus difficile à croire, qu'il n'était pas possible que les habitants de Mortagoa fussent restés plusieurs siècles sans communication directe avec Boïalva, et obligés d'aller franchir la montagne à Busaco, le point le plus escarpé, afin de gagner la grande route d'Oporto où leurs affaires les appelaient journellement. J'ajoutai qu'ayant fait cette observation aux aides de camp du maréchal Ney et du général Reynier, en demandant lequel d'entre eux avait reconnu l'extrême gauche ennemie, aucun ne m'avait répondu. J'en concluais que ce point n'avait été visité par personne!...

Si la vue de Masséna était mauvaise, il avait en revanche l'ouïe d'une finesse extrême, et, selon nos désirs, il n'avait pas perdu un seul mot de ce qui venait d'être dit. Il en fut tellement frappé que, se rapprochant de notre groupe, et prenant part à la conversation, il convint, lui ordinairement si circonspect, qu'il s'était trop légèrement engagé à attaquer la montagne de front, mais qu'il allait donner contre-ordre, et que si on trouvait un passage pour tourner la position, il laisserait reposer son armée le lendemain, et la réunissant la nuit suivante, à l'insu de ses ennemis, en face du point vulnérable, alors il attaquerait; qu'à la vérité ce serait un retard de vingt-quatre heures, mais avec plus de chances de succès et une moindre perte d'hommes.

La détermination du maréchal paraissait tellement positive, qu'en arrivant à Mortagoa il chargea Ligniville et moi de tâcher de trouver quelque habitant du bourg qui pût nous indiquer un chemin qui conduisît à Boïalva, en évitant de passer par Busaco.

La chose était fort difficile, car toute la population avait fui à l'approche des Français, et une nuit des plus obscures s'opposait à l'efficacité de nos recherches; mais enfin, nous parvînmes à découvrir dans un monastère un vieux jardinier, resté pour soigner un moine gravement malade, auprès duquel il nous conduisit. Ce moine répondit avec candeur à toutes nos questions. Il avait été fort souvent de Mortagoa à Boïalva par une bonne route dont l'embranchement était à une petite lieue du couvent où nous étions, et il s'étonnait d'autant plus que nous ne connussions pas cet embranchement, qu'une partie de notre armée avait passé devant en allant de Viseu à Mortagoa. Conduits par le vieux jardinier, nous fûmes alors vérifier le dire du moine, et reconnûmes en effet qu'une excellente route se prolongeait au loin dans la direction des montagnes dont elle paraissait contourner la gauche; cependant, le maréchal Ney avait séjourné quarante-huit heures à Mortagoa sans avoir recherché cette route, dont la connaissance nous eût évité bien des désastres.

Ligniville et moi, heureux de la découverte que nous venions de faire, courûmes en rendre compte au maréchal; mais notre absence avait duré plus d'une heure, et nous le trouvâmes avec le commandant Pelet, au milieu de plans et de cartes. Ce dernier dit avoir examiné de jour avec un télescope les montagnes, dont la configuration n'indiquait aucun passage vers notre droite. Il ne pouvait croire, d'ailleurs, que pendant son séjour à Mortagoa le maréchal Ney n'eût pas fait explorer les environs, et puisqu'il n'avait pas reconnu de passage, c'était une preuve qu'il n'en existait point. Nous ne pûmes le convaincre du contraire. En vain proposâmes-nous, Ligniville et moi, de tourner et de gravir la montagne que le moine assurait être moins escarpée que celle de Busaco; en vain offrîmes-nous d'aller jusqu'à Boïalva, si on voulait nous donner l'un des trois bataillons de garde au quartier général; en vain le général Fririon supplia le maréchal d'accepter cette offre, tout fut inutile! Masséna, très fatigué, répondit qu'il était près de minuit, qu'il fallait partir à quatre heures du matin pour être rendus au camp au point du jour; cela dit, il alla se coucher.

Jamais je ne passai une plus terrible nuit, et tous mes camarades étaient aussi attristés que moi. Enfin, l'heure du départ sonna, et nous arrivâmes aux avant-postes dès les premières lueurs de l'aurore du 27 septembre, jour néfaste qui devait éclairer l'un des plus terribles échecs qu'aient éprouvés les armées françaises!

---

1. Ces détails et ceux qui vont suivre ne font malheureusement que confirmer les appréciations que donne M. Thiers sur les causes de nos revers en Portugal.

CHAPITRE TRENTE-QUATRE

Échec de Busaco.—Épisode.—Nous tournons la position et gagnons la route de Coïmbre.

En se retrouvant en face de la position qu'il avait à peine examinée la veille, Masséna parut hésiter, et, se rapprochant du lieu où je causais avec le général Fririon, il nous dit tristement: «Il y avait du bon dans votre proposition d'hier...» Ce peu de mots ranimant l'espoir que nous avions eu la veille, nous redoublâmes nos efforts pour déterminer le généralissime à tourner la montagne vers son extrême gauche par Boïalva, et déjà nous l'avions ramené à notre avis, lorsque le maréchal Ney, le général Reynier et Pelet vinrent interrompre notre entretien, en disant que tout était prêt pour l'attaque. Masséna fit bien encore quelques observations; mais enfin, subjugué par ses lieutenants, et craignant sans doute qu'on ne lui reprochât d'avoir laissé échapper une victoire qu'ils déclaraient *certaine*, il ordonna vers sept heures du matin de commencer le feu.

Le 2e corps, sous Reynier, attaquait la droite des ennemis, et Ney leur gauche et leur centre. Les troupes françaises étaient rangées sur un terrain pierreux, descendant en pente fort raide vers une immense gorge qui nous séparait de la montagne d'Alcoba, haute, très escarpée et occupée par les ennemis. Ceux-ci, dominant entièrement notre camp, apercevaient tous nos mouvements, tandis que nous ne voyions que leurs avant-postes, placés à mi-côte, entre le couvent de Busaco et la gorge, tellement profonde sur ce point que l'œil nu pouvait à peine y distinguer le mouvement des troupes qui y défilaient, et cette sorte d'abîme était si resserré que les balles des carabiniers anglais portaient d'un côté à l'autre. On pouvait donc considérer ce ravin comme un immense fossé creusé par la nature, pour servir de première défense aux fortifications naturelles, consistant en d'immenses rochers taillés presque partout à pic en forme de muraille. Ajoutons à cela que notre artillerie, engagée dans de très mauvais chemins et obligée de tirer de bas en haut, ne pouvait rendre que fort peu de services, et que l'infanterie avait à lutter non seulement contre une foule d'obstacles et une montée des plus rudes, mais encore contre les meilleurs tireurs de l'Europe, car, jusqu'à cette époque, les troupes anglaises étaient les seules qui fussent parfaitement exercées au tir des armes portatives; aussi leur tir était-il infiniment supérieur à celui des fantassins des autres nations.

Bien qu'il semble que les règles de la guerre doivent être semblables chez toutes les nations civilisées, elles varient cependant à l'infini, lors même qu'on se trouve en des circonstances identiques. Ainsi, quand les Français ont une position à défendre, après avoir garni le front et les flancs de tirailleurs, ils couronnent ostensiblement les hauteurs avec le gros de leurs troupes et les réserves, ce qui a le grave inconvénient de faire connaître aux ennemis le point vulnérable de notre ligne. La méthode employée par les Anglais en pareil cas me paraît infiniment préférable, ainsi que l'expérience l'a si souvent prouvé dans les guerres de la Péninsule. En effet, après avoir, ainsi que nous, garni le front de la position de tirailleurs chargés d'en disputer les approches, ils placent leurs principales forces de manière à les dérober à la vue, tout en les tenant assez proches du point capital de la position pour qu'elles puissent fondre rapidement sur les ennemis s'ils venaient à l'aborder; cette attaque, faite à l'imprévu sur des assaillants qui, après avoir éprouvé de nombreuses pertes, se croient déjà vainqueurs, réussit presque toujours. Nous en fîmes la triste expérience à la bataille de Busaco; car, malgré les nombreux obstacles qui ajoutaient à la défense de la montagne d'Alcoba, nos braves soldats du 2e corps venaient de l'escalader après une heure d'efforts inouïs, exécutés avec un courage et une ardeur vraiment héroïques, lorsque, arrivés haletants au sommet de la crête, ils se trouvèrent tout à coup en face d'une ligne d'infanterie anglaise qu'ils n'avaient point aperçue. Cette ligne, après les avoir accueillis à quinze pas par un feu des plus justes et des mieux nourris, qui coucha par terre plus de 500 hommes, s'élança sur les survivants, la baïonnette en avant. Cette attaque imprévue, accompagnée d'une grêle de mitraille qui les prenait en flanc, ébranla quelques-uns de nos bataillons; mais ils se remirent promptement, et, malgré les pertes que nous avions faites en gravissant la position, et celles infiniment plus considérables que nous venions d'éprouver, nos troupes étonnées, mais non déconcertées, coururent sur la ligne anglaise, l'enfoncèrent sur plusieurs points à coups de baïonnette et lui enlevèrent six canons!

Mais Wellington ayant fait avancer une forte réserve, tandis que les nôtres étaient au bas de la montagne, les Français, pressés de toutes parts et forcés de céder l'espace très étroit qu'ils occupaient sur le plateau, se trouvèrent, après une longue et vive résistance, acculés en masse à la descente rapide par laquelle ils étaient montés. Les lignes anglaises les suivirent jusqu'à mi-côte, en leur tirant souvent des bordées de mousqueterie auxquelles nous ne pouvions riposter, tant nous étions dominés; aussi furent-elles bien meurtrières! Toute résistance devenant inutile dans une position aussi défavorable pour les Français, les officiers leur prescrivirent de se disperser en tirailleurs dans les anfractuosités du terrain, et l'on regagna, sous une grêle de balles, le pied de la montagne. Nous perdîmes sur ce point le général Graindorge, deux colonels, 80 officiers et 700 ou 800 soldats.

Après un tel échec, la prudence ordonnait, ce nous semble, de ne plus envoyer des troupes affaiblies par de nombreuses pertes contre des ennemis fiers de leur succès et occupant toujours les mêmes positions; néanmoins, le général Reynier ordonna aux brigades Foy et Sarrut de retourner à la charge, et Masséna, témoin de cette folie, permit cette seconde attaque, qui eut le même sort que la première.

Pendant que cela se passait à notre gauche, le sort ne nous était pas plus favorable à la droite formée par le 6e corps, car, bien qu'on fût convenu de faire une attaque simultanée sur tous les points et que Masséna en eût renouvelé l'ordre vers les sept heures, au moment d'engager l'action, le général Ney n'ébranla ses troupes qu'à huit heures et demie. Il prétendit depuis avoir été retardé par les obstacles que présentait la position sur ce point. Il est certain qu'ils étaient encore plus grands que sur la gauche. Les Français venaient de commettre une très grande faute en envoyant le 2e corps au combat avant que le 6e fût en mesure d'agir. Le maréchal Ney en fit une pareille en engageant sans ensemble les divisions Loison, Marchand et Mermet. Ces troupes attaquèrent vigoureusement, et malgré la canonnade et la fusillade qui enlevaient des files entières, les brigades Ferey et Simon et le 26e de ligne, gravissant des rochers escarpés, se jetèrent sur l'artillerie ennemie, dont ils prirent trois pièces. Les Anglais, ayant reçu de nouveaux renforts, reprennent l'offensive. Le général Simon, la mâchoire brisée, tombe et est fait prisonnier sur un des canons qu'il venait d'enlever. Presque tous les officiers supérieurs sont tués ou blessés, et trois décharges, faites à brûle-pourpoint, achèvent de porter la confusion et la mort dans les masses françaises, qui regagnent en désordre le point de départ. Ainsi se termina le combat principal.

Les pertes des 2e et 6e corps étaient immenses; elles s'élevaient à près de 5,000 hommes, dont 250 officiers tués, blessés ou pris. Le général Graindorge, les colonels Monnier, Amy et Berlier tués, deux autres blessés, le général Simon blessé tombé au pouvoir de l'ennemi, les généraux Merle, Maucune et Foy grièvement blessés; deux colonels et treize chefs de bataillon le furent aussi. Les ennemis, protégés par leur position dominante, éprouvèrent de moins grandes pertes: cependant, ils convinrent avoir eu 2,300 hommes hors de combat. On sut depuis que, si nous eussions attaqué la veille, les Anglais se seraient retirés sans combattre, parce que 25,000 hommes de leurs meilleures troupes se trouvaient encore au delà du Mondego, à une forte marche de Busaco, où ils n'arrivèrent que dans la nuit qui précéda la bataille.

Tel fut le résultat des six jours que Masséna avait perdus à Viseu et de l'empressement qu'il mit le 26 à retourner à Mortagoa, au lieu de reconnaître la position qu'il devait attaquer le lendemain.

Quoiqu'il en soit, les efforts que les Français venaient de faire ayant échoué devant des montagnes si escarpées qu'un homme isolé et sans fardeau avait beaucoup de peine à les gravir, tout faisait un devoir aux chefs des armées françaises de faire cesser un feu désormais inutile. Néanmoins, un vif tiraillement s'était engagé sur la ligne, au bas de la position que nos soldats, exaltés au dernier degré, demandaient à escalader de nouveau. Ces petits combats partiels, soutenus contre des ennemis cachés derrière des rochers très élevés, nous coûtant beaucoup de monde, chacun sentait la nécessité d'y mettre un terme, et personne n'en donnait l'ordre formel.

Les deux armées furent alors témoins d'un incident fort touchant et bien en contraste avec les scènes de carnage qui nous environnaient. Le valet de chambre du général Simon, ayant appris que son maître, grièvement blessé, avait été laissé au sommet de l'Alcoba, essaya de se rendre auprès de lui; mais, repoussé par les ennemis, qui, ne pouvant comprendre le sujet de sa venue dans leurs lignes, tirèrent plusieurs fois sur lui, ce serviteur dévoué, contraint de regagner les postes français, se lamentait de ne pouvoir aller secourir son maître, lorsqu'une pauvre cantinière du 26e de ligne, attachée à la brigade Simon, qui ne connaissait le général que de vue, prend ses effets des mains du valet de chambre, les charge sur son âne qu'elle pousse en avant, en disant: «Nous verrons si les Anglais oseront tuer une femme!...» Et n'écoutant aucune observation, elle gravit la montée, en passant tranquillement au milieu des tirailleurs des deux partis. Ceux-ci, malgré leur acharnement, lui ouvrent un passage et suspendent leurs feux jusqu'à ce qu'elle soit hors de portée. Notre héroïne aperçoit un colonel anglais et lui fait connaître le motif qui l'amène. Elle est bien reçue; on la conduit auprès du général Simon; elle le soigne de son mieux, reste auprès de lui plusieurs jours, ne le quitte qu'après l'arrivée du valet de chambre, refuse toute espèce de récompense et, remontant sur son baudet, traverse de nouveau l'armée ennemie en retraite sur Lisbonne et rejoint son régiment sans avoir été l'objet de la plus légère insulte, bien qu'elle fût jeune et très jolie. Les Anglais affectèrent au contraire de la traiter avec les plus grands égards. Mais revenons à Busaco.

Les deux armées conservèrent leurs positions respectives. La nuit qui suivit fut des plus tristes pour nous, car on pouvait calculer nos pertes, et l'avenir paraissait bien sombre!... Le 28, au point du jour, les échos de l'Alcoba se renvoient tout à coup d'immenses cris de joie et le son des musiques de l'armée anglaise rangée sur les hauteurs. Wellington passait une revue de ses troupes qui le saluaient de leurs hourras,... tandis qu'au bas de la montagne les Français étaient mornes et silencieux. Masséna aurait dû monter alors à cheval, passer son armée en revue, haranguer les soldats, dont l'ardeur ainsi ranimée eût répondu par des cris, présages de futures victoires, à l'enthousiasme provocateur que l'ennemi faisait éclater. L'Empereur et le maréchal Lannes l'eussent fait certainement. Masséna se tint à l'écart, se promenant tout seul, l'œil incertain et sans prendre aucune disposition, tandis que ses lieutenants, surtout Ney et Reynier, l'accusaient hautement d'imprudence dans l'attaque d'une position aussi forte que Busaco, eux qui la veille le poussaient au combat, en lui répondant de la victoire!... Enfin, ils vinrent joindre le généralissime, et ce fut pour lui proposer de constater notre insuccès aux yeux de l'armée et du monde, en abandonnant le Portugal et en ramenant l'armée derrière Ciudad-Rodrigo et en Espagne! Le vieux Masséna, retrouvant alors une partie de l'énergie qui l'avait illustré à Rivoli, à Zurich et à Gênes, et dans une foule d'occasions mémorables, repoussa cette proposition comme indigne de l'armée et de lui-même.

Les Anglais ont donné à la mémorable affaire de Busaco le nom de *bataille politique*, parce que le Parlement britannique, effrayé des dépenses immenses de la guerre, paraissait résolu à retirer ses troupes de la Péninsule, en se bornant désormais à fournir des armes et des munitions aux guérillas espagnoles et portugaises. Ce projet tendant à détruire l'influence de Wellington, celui-ci avait résolu d'en empêcher l'exécution, en répondant par une victoire aux alarmes du Parlement anglais. Ce fut ce qui le décida à attendre les Français à Busaco. Ce moyen lui réussit, car le Parlement accorda de nouveaux subsides pour cette guerre, qui devait nous être si funeste!

Pendant que le maréchal discutait avec ses lieutenants, survint le général Sainte-Croix, qui s'était momentanément séparé de sa brigade. En le voyant, chacun exprimait le regret qu'il ne se fût pas trouvé la veille auprès du maréchal, dont il était le bon génie. Informé de l'état des choses par Masséna lui-même, qui comprenait enfin la faute qu'il avait commise en ne tournant pas la position des ennemis par la droite, ainsi que nous le lui avions conseillé, Sainte-Croix l'engagea à reprendre ce projet, et, d'après le consentement du généralissime, il partit au galop, accompagné de Ligniville et de moi, pour Mortagoa, où il fit venir sa brigade de dragons campée non loin de là. En passant dans ce bourg, nous prîmes le jardinier du couvent, qui, à la vue d'un quadruple d'or, consentit à nous servir de guide et se mit à rire lorsqu'on lui demanda s'il existait vraiment un chemin pour gagner Boïalva!...

Pendant que la brigade Sainte-Croix et un régiment d'infanterie ouvraient la marche dans cette nouvelle direction, le 8e corps et la cavalerie de Montbrun les suivaient de près, et le surplus de l'armée se préparait à en faire autant. Masséna, stimulé par Sainte-Croix, avait enfin parlé en *généralissime*, et imposé silence à ses lieutenants qui persistaient à nier l'existence d'un passage sur la droite. Afin de cacher aux Anglais le mouvement de celles de nos troupes qui se trouvaient au pied de l'Alcoba, on ne le commença qu'à la nuit close et dans le plus grand silence. Ils ne tardèrent cependant pas à en être informés par les cris de désespoir que jetaient les blessés français, qu'on était dans la triste nécessité d'abandonner!... Ceux qui n'étaient que légèrement atteints suivirent l'armée. On employa un grand nombre de chevaux et toutes les bêtes de somme au transport des hommes susceptibles de guérison; mais ceux dont on avait amputé les jambes, ou qui étaient grièvement atteints au corps, furent laissés gisants sur les bruyères arides, et les malheureux s'attendaient à être égorgés par les paysans, dès que les deux armées s'éloigneraient; aussi leur désespoir était-il affreux!...

L'armée française avait à craindre que Wellington, en la voyant exécuter aussi près de lui une marche de flanc, ne la fît vivement attaquer, ce qui pouvait amener la défaite et même la prise complète du corps du général Reynier, qui devait quitter sa position le dernier, et allait se trouver seul pendant plusieurs heures en présence de l'ennemi; mais le général anglais ne pouvait songer à tourner l'arrière-garde française, car il venait d'apprendre qu'il était en ce moment tourné lui-même par le passage dont le généralissime français avait si longtemps nié l'existence.

Voici, en effet, ce qui s'était passé. Après avoir marché toute la nuit du 28 au 29, le jardinier des Capucins de Mortagoa, placé en tête de la colonne du général Sainte-Croix, nous avait conduits par un chemin praticable à l'artillerie jusqu'à Boïalva, c'est-à-dire jusqu'à l'extrême flanc gauche de l'armée anglaise, de sorte que toutes les positions de l'Alcoba se trouvaient débordées sans coup férir, et Wellington, sous peine d'exposer son armée à être prise à revers, devait s'empresser d'abandonner Busaco et l'Alcoba pour regagner Coïmbre, y passer le Mondego, et se proposait de battre en retraite sur Lisbonne, ce qu'il fit à la hâte. L'avant-garde, commandée par Sainte-Croix, n'avait rencontré qu'un petit poste de housards hanovriens placés à Boïalva, charmante bourgade située au débouché méridional des montagnes. La fertilité du pays permettait d'espérer que l'armée y trouverait de quoi subsister dans l'abondance; aussi un cri de joie s'éleva dans tous nos rangs, et les soldats oublièrent bien vite les fatigues, les dangers des jours précédents et peut-être aussi leurs malheureux camarades abandonnés mourants devant Busaco!

Pour compléter la réussite du mouvement que nous exécutions, une bonne route joignait Boïalva au village de Avelans de Camino, où passe le chemin d'Oporto à Coïmbre. Le général Sainte-Croix fit occuper Avelans, et, pour comble de bonheur, nous découvrîmes un nouveau chemin reliant Boïalva à Sardao, village situé aussi sur la grande route, ce qui procurait un nouveau débouché par où les troupes, au sortir du défilé, allaient s'établir dans la plaine. Nous avions donc enfin la preuve de l'existence de ce passage, si obstinément nié par le maréchal Ney, le général Reynier et le commandant Pelet!...

Que de reproches dut alors se faire Masséna, qui avait négligé de reconnaître une position des plus fortes, devant laquelle il venait de perdre plusieurs milliers d'hommes et que son armée tournait maintenant sans éprouver la moindre résistance! Mais Wellington fut encore bien plus coupable que le généralissime de n'avoir pas fait garder ce point et éclairer le chemin qui y conduit au sortir de Mortagoa. Vainement il a dit depuis qu'il ne croyait pas que ce passage fût praticable pour l'artillerie, et que, d'ailleurs, il avait ordonné au brigadier Trent de couvrir Boïalva avec deux mille hommes de milice! Une telle excuse n'est pas admissible pour les hommes de guerre expérimentés. Ils peuvent en effet répondre que, pour ce qui touche l'état du chemin, le généralissime anglais aurait dû le faire reconnaître avant la bataille, et, en second lieu, qu'il ne suffit pas au chef d'une armée de donner des ordres, mais qu'il doit s'assurer s'ils sont exécutés!... Boïalva n'est qu'à quelques lieues de Busaco, et cependant Wellington, ni la veille, ni le jour de la bataille, ne fait vérifier si ce passage important, d'où dépend le salut de son armée, est gardé ainsi qu'il l'a prescrit; de sorte que si Masséna, mieux inspiré, eût, dans la nuit du 26 au 27, dirigé un des corps de son armée sur Boïalva, pour attaquer en flanc la gauche des ennemis, tandis qu'avec le reste de ses troupes il menaçait leur front, les Anglais eussent certainement éprouvé une défaite sanglante!... Concluons de tout cela que, dans cette circonstance, Wellington et Masséna ne se montrèrent ni l'un ni l'autre à la hauteur de leur renommée, et méritèrent les reproches qui leur furent adressés par leurs contemporains et que l'histoire confirmera.

CHAPITRE TRENTE-CINQ

Les Portugais quittent précipitamment Coïmbre.—Marche sur Lisbonne.—
Massacre de nos blessés dans Coïmbre.—Lignes de Cintra et de Torrès-Védras.—
Mésintelligence entre Masséna et ses lieutenants.—Retraite sur Santarem.

L'armée française étant entièrement sortie du défilé de Boïalva et réunie dans la plaine aux environs d'Avelans, le maréchal Masséna la dirigea sur Coïmbre, par Pedreira, Mealhadu, Carquejo et Fornos. Il y eut sur ce dernier point un combat de cavalerie dans lequel Sainte-Croix culbuta l'arrière-garde anglaise qu'il rejeta dans Coïmbre, où les Français entrèrent le 1er octobre.

Les malheureux habitants de cette grande et belle ville, trompés par le premier résultat du combat de Busaco, et l'assurance donnée par les officiers anglais que l'armée française se retirait en Espagne, s'étaient livrés aux plus grandes démonstrations de joie. Il y avait eu illuminations, bals nombreux, et les fêtes duraient encore, lorsqu'on apprit tout à coup que les Français, après avoir tourné les montagnes de l'Alcoba, étaient descendus dans les plaines et marchaient sur Coïmbre, dont ils n'étaient plus qu'à une journée!... On ne saurait peindre la stupeur de cette population de cent vingt mille âmes qui, longtemps entretenue dans la plus grande sécurité par les Anglais, recevait instantanément l'avis de l'arrivée des ennemis et l'ordre d'abandonner ses foyers sur-le-champ!... De l'aveu même des officiers anglais, ce départ fut un spectacle des plus affreux, dont je m'abstiendrai de raconter les épisodes déchirants.

L'armée de Wellington, embarrassée dans sa marche par cette énorme masse de fuyards, dans laquelle hommes, femmes, enfants, vieillards, moines, religieuses, bourgeois et soldats étaient entassés pêle-mêle avec des milliers de bêtes de somme, l'armée de Wellington, dis-je, se retira dans le plus grand désordre vers Condeixa et Pombal. Il périt beaucoup de monde au passage du Mondego, bien que le fleuve fût guéable en plusieurs endroits.

L'occasion était bonne pour Masséna. Il aurait dû lancer à la poursuite des ennemis le 8e corps, celui de Junot, qui, n'ayant pas combattu à Busaco, était parfaitement disponible et pouvait, par une brusque attaque, faire éprouver de grandes pertes à l'armée anglaise. Plusieurs de nos soldats pris à Busaco, et récemment échappés de ses mains, nous la disaient dans une confusion inexprimable. Mais, à notre grand étonnement, le généralissime français, comme s'il eût voulu donner aux ennemis le temps de se remettre de leur désordre et de s'éloigner, prescrivit de suspendre la poursuite, et cantonnant son armée dans Coïmbre et les villages voisins, il y séjourna trois jours pleins!…

Pour expliquer cette déplorable perte de temps, on disait qu'il était indispensable de réorganiser les 2e et 6e corps, qui avaient tant souffert à Busaco; qu'il fallait établir des hôpitaux à Coïmbre et laisser reposer les attelages de l'artillerie, ce qu'on aurait pu faire, tout en mettant le 8e corps à la poursuite des Anglo-Portugais, car, jetés dans un désordre affreux et engagés dans une série de défilés, ceux-ci n'auraient ni osé ni pu tenir tête nulle part. Mais les véritables motifs du séjour que l'on fit à Coïmbre furent, d'une part, l'accroissement de la mésintelligence qui régnait déjà entre Masséna et ses lieutenants, et surtout l'embarras dans lequel se trouvait le généralissime de savoir s'il laisserait une division à Coïmbre, afin d'assurer ses derrières et de veiller à la sûreté des nombreux malades ou blessés qu'on y laisserait, ou bien si on abandonnerait ces malheureux à leur fatale destinée, en emmenant toutes les troupes pour ne point affaiblir le nombre de combattants, car on s'attendait à une nouvelle bataille devant Lisbonne. Chacune de ces deux résolutions offrait ses avantages et ses inconvénients; mais il ne fallait cependant pas trois jours pour prendre un parti.

Masséna finit par décider qu'on ne laisserait à Coïmbre qu'une demi-compagnie, dont la mission serait de garder l'immense couvent de Santa-Clara, dans lequel on avait réuni les blessés pour les garantir de la fureur des premiers miliciens qui pénétreraient en ville, et de capituler dès que les officiers ennemis paraîtraient. Si cette résolution eût été communiquée aux chefs de corps la veille du départ, elle pouvait avoir son bon côté; on n'eût laissé à Coïmbre que les hommes vraiment incapables d'aller plus loin, tandis que, faute d'ordres positifs, et d'après les bruits répandus dans l'armée, qu'une forte division devait rester dans la place, les colonels avaient déposé tous leurs éclopés, malades et blessés dans le monastère destiné à servir d'hôpital. Cependant, l'immense majorité d'entre eux pouvait marcher, puisqu'ils étaient venus de Busaco à Coïmbre et ne demandaient pas mieux que de suivre leurs régiments. Le nombre de ces infortunés s'élevait à plus de trois mille, auxquels on laissa pour défenseurs deux lieutenants et quatre-vingts soldats du bataillon de marine attaché à l'armée.

Je m'étonnais que Masséna, prêt à joindre les rives du Tage, où il allait avoir besoin de matelots, sacrifiât une demi-compagnie de ces hommes précieux, et si difficiles à remplacer, au lieu de laisser à Coïmbre de moins bons fantassins, car il était facile de prévoir qu'il ne se passerait pas vingt-quatre heures avant que les partisans ennemis revinssent occuper la ville. En effet, l'armée française s'étant éloignée de Coïmbre le 3 au matin, les miliciens portugais y pénétrèrent le soir même et se portèrent en foule vers le couvent, où nos malheureux blessés s'étant barricadés, après avoir acquis la triste certitude que Masséna les avait abandonnés, se prépareraient à vendre chèrement leur vie contre les paysans miliciens qui menaçaient de les égorger. Dans cette pénible situation, les lieutenants de marine tinrent une conduite vraiment admirable; aidés par les officiers d'infanterie qui se trouvaient isolément parmi les blessés, ils réunirent ceux d'entre eux qui, ayant encore des fusils, pouvaient s'en servir, et organisèrent si bien leurs moyens de défense qu'ils combattirent toute la nuit sans que les Portugais parvinssent à s'emparer de l'hôpital. Enfin, le 6 au matin, parut le brigadier Trent, chef des miliciens de la province, avec lequel nos officiers de marine conclurent une capitulation écrite. Mais à peine les blessés français eurent-ils rendu le petit nombre d'armes dont ils venaient de se servir, que les paysans miliciens, se précipitant sur ces malheureux qui se soutenaient à peine pour la plupart, en égorgèrent plus d'un millier!... Le surplus, impitoyablement mis en route vers Oporto, périt dans le trajet: dès qu'un d'entre eux, tombant de fatigue et de besoin, ne pouvait suivre la colonne, les miliciens portugais le massacraient... Ces miliciens étaient cependant organisés et conduits par des officiers anglais, ayant à leur tête un général anglais, Trent, qui, en ne réprimant pas ces atrocités, déshonora son pays et son uniforme... En vain, pour excuser Trent, l'historien anglais Napier prétend qu'il n'y eut que *dix* prisonniers français sacrifiés; le fait est qu'ils périrent presque tous assassinés, soit dans l'hôpital de Coïmbre, soit sur la route d'Oporto; aussi le nom de Trent est-il devenu infâme, même en Angleterre.

Masséna ayant écrit à l'Empereur pendant que nous étions à Coïmbre, la difficulté consistait à faire passer cette dépêche au milieu des populations insurgées, réunies sur nos derrières et nos flancs. Un Français aurait échoué dans cette mission; il fallait quelqu'un qui connût le pays et en parlât la langue. M. de Mascareguas, un des officiers portugais qui avaient suivi le général d'Alorna en France et y avaient pris du service ainsi que lui, s'offrit pour porter la lettre de Masséna.

J'assistai au départ de Mascareguas, qui, s'étant déguisé en berger montagnard, portant un petit chien dans son panier, se flattait de gagner sans encombre Alméida, dont le commandant français lui donnerait le moyen de se rendre à Paris. Mais Mascareguas, appartenant à la première noblesse de Portugal, eut beau dissimuler sa taille élégante, ses manières distinguées et son langage d'homme de cour, les paysans ne s'y trompèrent pas. Il fut arrêté, conduit à Lisbonne, condamné à mort, et, bien qu'il réclamât les immunités de la noblesse, c'est-à-dire la faveur d'avoir la tête tranchée, il fut considéré comme espion et pendu en place publique.

Les trois jours que les Français venaient encore de perdre à Coïmbre ayant permis aux Anglais de s'éloigner, il nous en fallut trois autres pour joindre leur arrière-garde à Pombal, jolie petite ville, chef-lieu de l'apanage du célèbre marquis de ce nom. Le corps du marquis reposait, avant notre arrivée, dans un magnifique tombeau, construit sous un immense mausolée, dont l'architecture est fort remarquable. Le monument avait été saccagé par les traînards de l'armée anglaise. Ils avaient ouvert le cercueil, jeté les ossements sous les pieds de leurs chevaux logés dans l'intérieur du vaste mausolée, dont ils avaient fait une écurie. Ô vanité des choses humaines! C'est là que gisaient dans la boue quelques rares débris du grand ministre destructeur des Jésuites, lorsque le maréchal Masséna et son état-major visitèrent sa tombe désormais vide!

De Pombal, l'armée française gagna Leyria, et, le 9 octobre, notre avant-garde parvint enfin sur les rives du Tage et occupa Santarem, ville importante par son commerce. Nous y trouvâmes d'immenses approvisionnements de tous genres; mais cet avantage fut désagréablement compensé. Après avoir joui jusque-là d'un temps magnifique, nous fûmes assaillis par des pluies d'automne telles qu'on n'en voit que sous les tropiques et sur les côtes du midi de la Péninsule. Cela fatigua beaucoup les troupes des deux armées; néanmoins, les nôtres atteignirent Alenquer, gros bourg situé au bas des petites montagnes, ou plutôt des collines de Cintra, qui forment une ceinture autour de Lisbonne, dont nous n'étions plus qu'à quelques lieues. Les Français s'attendaient bien à livrer bataille avant d'entrer à Lisbonne; mais, sachant que cette ville était ouverte du côté de terre, personne ne doutait du succès.

Cependant, tous les environs de Lisbonne étaient couverts de fortifications, auxquelles les Anglais faisaient travailler depuis un an et demi, sans que ni le maréchal Ney, qui venait de passer une année à Salamanque, ni Masséna, qui depuis six mois se préparait à envahir le Portugal, eussent eu la moindre notion sur ces travaux gigantesques! Les généraux Reynier et Junot étaient dans la même ignorance; mais, chose plus surprenante encore, et vraiment incroyable, si les faits n'étaient aujourd'hui incontestables, le gouvernement français ne savait pas lui-même que les montagnes de Cintra fussent fortifiées! On ne conçoit pas comment l'Empereur, dont les agents pénétraient dans toutes les contrées, n'en avait pas dirigé quelques-uns sur Lisbonne, ce qui était d'autant plus facile qu'à cette époque des milliers de navires anglais, allemands, américains et suédois portaient journellement sur les rives du Tage les provisions immenses destinées à l'armée de Wellington. Il eût donc été possible de glisser quelques espions parmi les très nombreux matelots et commis employés sur ces vaisseaux: avec de l'argent, on parvient à tout savoir! C'était par ce moyen que l'Empereur se tenait au courant de ce qui se faisait en Angleterre, ainsi que chez les principales puissances de l'Europe. Néanmoins, il ne donna jamais à Masséna aucun renseignement sur les défenses de Lisbonne, et ce ne fut qu'en arrivant à Alenquer, au pied des coteaux de Cintra, que le général français apprit qu'ils étaient fortifiés et unis entre eux par des lignes dont la gauche touchait à la mer derrière Torrès-Védras; le centre occupait Sobral, et la droite s'appuyait au Tage vers Alhandra.

La veille du jour où nos troupes parurent sur ce point, l'armée anglaise poussant devant elle la population des contrées voisines, c'est-à-dire plus de trois cent mille âmes, venait d'entrer dans les lignes, où le désordre était au comble!... Ceux des officiers français qui devinaient ce qui se passait chez les ennemis éprouvèrent de nouveaux et bien vifs regrets de la résolution prise par Masséna, quinze jours avant, d'attaquer de front la position de Busaco, au pied de laquelle il avait inutilement perdu tant de monde. Si cette position eût été tournée, les ennemis pris en flanc se seraient retirés vers Lisbonne, et notre armée intacte et pleine d'ardeur eût, dès son arrivée, immédiatement attaqué les lignes de Cintra, dont il est certain qu'elle se fût emparée. La capitale prise, les Anglais se seraient retirés avec précipitation, après avoir essuyé d'irréparables revers... Mais les pertes considérables que les Français avaient faites devant Busaco ayant refroidi l'ardeur des lieutenants de Masséna et semé la discorde entre eux et lui, tous cherchaient à paralyser les opérations du généralissime et représentaient les plus petits mamelons comme de nouvelles montagnes de Busaco, dont la prise devait coûter des torrents de sang!... Cependant, malgré ce mauvais vouloir, Masséna dirigea vers le centre des ennemis le 8e corps, dont une division, celle de Clausel, enleva le bourg de Sobral, point des plus importants pour nous, et l'on s'attendait à une attaque simultanée sur toute la ligne, lorsque le général Sainte-Croix, qui l'avait conseillée, fut tué d'un coup de canon en avant de Villa-Franca! Cet excellent officier faisait avec le général Montbrun une reconnaissance sur Alhandra, et longeait le fleuve du Tage, sur lequel croisaient en ce moment plusieurs chaloupes portugaises dirigeant leurs feux contre nos avant-postes, lorsqu'un boulet ramé vint couper en deux l'infortuné Sainte-Croix! Ce fut une perte immense pour l'armée, pour Masséna, et surtout pour moi qui l'aimais comme un frère!...

Après la mort du seul homme qui pût donner de bons conseils au généralissime, celui-ci retomba dans ses perpétuelles hésitations, se laissant ébranler par les clameurs de ses lieutenants pris maintenant de timidité, et présentant toutes les collines de Cintra comme hérissées de canons prêts à nous pulvériser. Pour savoir à quoi s'en tenir, Masséna, qui, depuis l'avis que Ligniville et moi avions ouvert à la bataille de Busaco, nous témoignait quelque bienveillance, nous chargea de parcourir le front des lignes ennemies. Il est incontestable qu'elles étaient d'une force imposante, mais cependant pas telle, à beaucoup près, qu'on voulait bien le dire.

En effet, les retranchements des Anglais formaient autour de Lisbonne un arc immense, dont le développement était de quinze lieues portugaises, qui font au moins vingt lieues de France. Or, quel est l'officier au fait des choses de la guerre auquel on persuadera qu'une position de vingt lieues d'étendue présente partout les mêmes difficultés et n'est pas faible sur quelques points? Nous en reconnûmes plusieurs, en voyant des officiers ennemis, et même des piquets de cavalerie, y monter très facilement avec leurs chevaux. Nous acquîmes aussi la conviction que nos géographes et officiers chargés de lever le plan des collines avaient figuré des redoutes armées partout où ils apercevaient un peu de terre fraîchement remuée!... Or, les Anglais, pour nous induire en erreur, avaient tracé sur les moindres monticules des ouvrages dont la plupart étaient encore à l'état de projet; mais, eussent-ils été achevés, il nous semblait que les accidents de terrain permettant aux Français de cacher les mouvements d'une partie de leur armée composée de trois corps, il serait possible d'en employer un à simuler des entreprises sur le front des ennemis, pendant que les deux autres attaqueraient réellement les points les plus faibles de cette immense ligne, derrière laquelle les troupes anglaises, si elles voulaient tout couvrir, devaient nécessairement être trop disséminées, ou bien avoir leurs réserves fort éloignées des points d'attaque qui ne leur seraient pas connus d'avance.

L'histoire des guerres du siècle de Louis XIV, époque où l'on faisait grand usage des lignes, prouve que la plupart de celles qui furent attaquées furent enlevées parce que les défenseurs ne pouvaient se soutenir mutuellement. Nous pensions donc qu'il serait facile de percer les lignes anglaises sur quelque point de leur immense développement. La trouée une fois faite, les troupes ennemies, placées à plusieurs lieues et même à une journée de cette trouée, par laquelle pénétrerait en masse un de nos corps d'armée, reconnaîtraient qu'elles n'auraient pas le temps d'accourir, si ce n'est en forces très inférieures, et se retireraient, non pas à Lisbonne, d'où les vaisseaux ne peuvent sortir par tous les vents, mais sur Cascaës, où leur flotte militaire et les transports se trouvaient réunis. La retraite des ennemis eût été bien difficile, et se fût peut-être changée en déroute; mais, dans tous les cas, l'embarquement de l'armée anglaise en notre présence lui eût coûté bien cher: c'eût été la seconde édition de celui de sir John Moore à la Corogne! Nous avons vu depuis des officiers anglais, entre autres le général Hill, convenir que si les Français eussent attaqué pendant les dix premiers jours de leur arrivée devant Lisbonne, ils y auraient facilement pénétré pêle-mêle avec la multitude des paysans, au milieu desquels les troupes anglaises n'auraient pu se débrouiller, ni prendre aucune disposition régulière de défense.

Lorsque mon camarade et moi fîmes notre rapport en ce sens à Masséna, les yeux de ce vieux guerrier étincelèrent d'une noble ardeur, et il dicta sur-le-champ des ordres de marche, afin de préparer l'attaque qu'il comptait faire le jour suivant. Cependant, à la réception de ces ordres, les quatre lieutenants du généralissime accoururent chez lui, et la réunion fut des plus orageuses!... Le général Junot, qui connaissait parfaitement Lisbonne, où il avait commandé, assurait qu'il ne lui semblait pas possible de défendre une ville aussi immense, et se prononçait vivement pour l'attaque. Le général Montbrun partageait cet avis; mais le maréchal Ney et le général Reynier s'y opposèrent avec chaleur, ajoutant que les pertes éprouvées à Busaco, jointes à celles des blessés abandonnés à Coïmbre, et les nombreux malades que les pluies avaient momentanément mis hors de service, ayant infiniment diminué le chiffre des combattants, il n'était pas possible d'attaquer les fortes positions de Cintra; qu'au surplus, leurs soldats étaient démoralisés, assertion inexacte, car les troupes montraient au contraire une très grande ardeur et demandaient à marcher sur Lisbonne. Masséna, impatienté par cette discussion, ayant répété de vive voix les ordres de marche déjà donnés par écrit, le maréchal Ney déclara formellement qu'il ne les exécuterait pas!... Le généralissime eut alors la pensée de retirer au maréchal Ney le commandement du 6e corps, ainsi qu'il fut dans l'obligation de le faire quelques mois après; mais considérant que Ney commandait depuis sept ans les mêmes troupes dont il était aimé, que son éloignement impliquerait celui de Reynier, ce qui achèverait de jeter la discorde dans l'armée, au moment où elle se trouvait à cinq cents lieues de France, environnée d'ennemis, et où elle avait un si grand besoin d'union, Masséna, que les énergiques conseils de Sainte-Croix eussent soutenu, faiblit devant la désobéissance de ses deux principaux lieutenants. Ces derniers, ne pouvant toutefois le déterminer à quitter le Portugal, lui arrachèrent du moins la promesse de s'éloigner des lignes ennemies et de se retirer à dix lieues derrière Santarem et le Rio-Major, afin d'y attendre de nouveau les ordres de l'Empereur!... Je vis avec douleur cette petite retraite qui en pronostiquait, selon moi, une générale et définitive. Mes pressentiments ne me trompèrent point, ainsi que vous le verrez bientôt.

Je m'éloignai donc à regret des collines de Cintra, tant j'étais persuadé qu'on aurait pu forcer les lignes encore inachevées, en profitant de la confusion jetée dans le camp anglais par les fuyards. Mais ce qui était alors facile ne le fut plus quinze jours après!... En effet, Wellington, obligé de nourrir de nombreuses populations qu'il avait fait refluer sur Lisbonne, utilisa les bras de 40,000 paysans valides, en les faisant travailler à l'achèvement des fortifications dont il voulait couvrir Lisbonne; cette ville acquit dès lors une très grande force.

CHAPITRE TRENTE-SIX

Coureurs anglais.—Nous nous établissons à Santarem.—Organisation de la maraude.—Le maréchal Chaudron.—Triste situation et perplexités de l'armée.—Arrivée des renforts du comte d'Erlon.

Pendant le séjour que nous fîmes à Sobral, je fus de nouveau témoin d'une ruse de guerre employée par les Anglais; elle est d'une telle importance que je crois devoir la signaler ici. On a dit bien souvent que les chevaux de *pur sang* sont inutiles à la guerre, parce qu'ils sont si rares, si coûteux, et qu'ils demandent tant de soins, qu'il est à peu près impossible d'en former un régiment, ni même un escadron. Ce n'est pas ainsi non plus que les Anglais s'en servent en campagne; mais ils ont l'habitude d'envoyer des officiers *isolés*, montés sur des chevaux de course, observer les mouvements de l'armée qu'ils ont à combattre. Ces officiers pénètrent dans les cantonnements de l'ennemi, traversent sa ligne de marche, se tiennent sur les flancs de ses colonnes pendant des jours entiers, et tout juste hors de la portée du fusil, jusqu'à ce qu'ils aient une idée précise de son nombre et de la direction qu'il suit.

Dès notre entrée en Portugal, nous vîmes plusieurs observateurs de ce genre voltiger autour de nous. En vain on essaya de leur donner la chasse, en lançant après eux les cavaliers les mieux montés. Dès que l'officier anglais les voyait approcher, il mettait son excellent coursier au galop, et, franchissant lestement les fossés, les haies et même les ruisseaux, il s'éloignait avec une telle rapidité que les nôtres, ne pouvant le suivre, le perdaient de vue et l'apercevaient peu de temps après à une lieue de là sur le haut de quelque mamelon d'où, le carnet à la main, il continuait à noter ses observations. Cet usage, que je n'ai jamais vu si bien employé que par les Anglais, et que je tâchai d'imiter pendant la campagne de Russie, aurait peut-être sauvé Napoléon à Waterloo, car il eût été prévenu par ce moyen de l'arrivée des Prussiens!... Quoi qu'il en soit, les coureurs anglais, qui depuis notre départ des frontières d'Espagne faisaient le désespoir des généraux français, avaient redoublé d'audace et de subtilité depuis que nous étions devant Sobral. On les voyait sortant des lignes, courir avec la vélocité du cerf à travers les vignes et les rochers, pour examiner les emplacements occupés par nos troupes!...

Mais, certain jour qu'il venait d'y avoir entre les tirailleurs des deux partis une légère escarmouche, dans laquelle nous étions restés maîtres du terrain, un voltigeur qui guettait depuis longtemps le mieux monté et le plus entreprenant des coureurs ennemis, dont il avait remarqué les habitudes, contrefit le mort, certain que dès que sa compagnie serait éloignée, l'Anglais viendrait visiter le petit champ de bataille. Il y vint en effet, et fut très désagréablement surpris de voir le prétendu mort se relever à l'improviste, tuer son cheval d'un coup de fusil, et, courant sur lui la baïonnette en avant, lui prescrire de se rendre, ce qu'il fut contraint de faire!... Ce prisonnier, présenté à Masséna par le voltigeur vainqueur, se trouva être un des plus grands seigneurs d'Angleterre, un Percy, descendant d'un des plus illustres chefs normands, auxquels Guillaume le Conquérant donna le duché de Northumberland, que ses descendants possèdent encore.

M. Percy, reçu avec distinction par le généralissime français, fut conduit à Sobral, où il eut la curiosité de monter sur le clocher pour voir comment notre armée était établie. L'autorisation lui en fut accordée, et de ce point élevé, la longue-vue en main, il fut témoin d'une scène plaisante, dont il ne put s'empêcher de rire, malgré sa mésaventure; ce fut la prise d'un autre officier anglais. Celui-ci, revenu des grandes Indes après vingt ans d'absence, ayant appris en arrivant à Londres que son frère servait en Portugal sous le duc de Wellington, s'était embarqué pour Lisbonne, et de là s'était empressé de gagner à pied les avant-postes, pour embrasser son frère, dont le régiment se trouvait de service. Le temps était ce jour-là magnifique; aussi le nouveau débarqué se complut à admirer les belles campagnes et à considérer les fortifications et les troupes anglo-portugaises qui les occupaient, si bien qu'en se promenant, et distrait de la sorte, il dépassa les avant-postes sans les apercevoir. Il se trouvait entre les deux armées, lorsque, avisant des figues superbes, et n'ayant depuis longtemps mangé des fruits d'Europe, il lui prit fantaisie de monter sur le figuier. Il y faisait tranquillement sa collation, lorsque les soldats d'un poste français situé non loin de là, étonnés de voir un habit rouge sur un arbre, s'en approchèrent, reconnurent la vérité et arrêtèrent l'officier anglais, ce qui fit beaucoup rire tous ceux qui de loin furent témoins de cette capture. Mais cet Anglais, mieux avisé que M. Percy, supplia ses capteurs de le retenir à la lisière de l'armée française, dont il ne voulait pas voir l'intérieur, dans l'espoir d'être échangé. Cette prévoyance eut un bon résultat, car Masséna, ne craignant pas que cet officier pût donner des renseignements sur l'emplacement de nos troupes, le renvoya sur parole, en demandant à lord Wellington de lui rendre en échange le capitaine Letermillier, pris à Coïmbre, et qui devint plus tard un de nos bons colonels. M. Percy, qui avait beaucoup ri de son camarade, apprenant l'échange dont il avait été l'objet, demanda à jouir de la même faveur; mais elle lui fut refusée, parce que, ayant pénétré dans l'intérieur de nos postes et vu la force de plusieurs corps, il pouvait en rendre compte aux généraux ennemis. Ce malheureux jeune homme resta donc prisonnier à la suite de l'armée française, dont il partagea les souffrances pendant six mois, et à notre rentrée en Espagne, on le transporta en France, où il passa plusieurs années.

Masséna, n'ayant pu obtenir de ses lieutenants qu'ils le secondassent dans l'attaque des lignes de Cintra, fut obligé, faute de vivres, de s'éloigner le 14 novembre de ces coteaux, où l'on ne rencontrait que des vignes dépouillées de leurs fruits, et de conduire son armée à dix lieues en arrière, dans une contrée productive en céréales et offrant en même temps des positions susceptibles de défense. Il choisit à cet effet l'espace compris entre le Rio-Major, le Tage, le Zezère, les villes de Santarem, Ourem et Leyria. Le 2e corps fut établi à Santarem, forte position dont la gauche est défendue par le Tage, et le front par le Rio-Major. Le 8e corps occupa Torrès-Novas, Pernès et le bas du Monte-Junto. Le 6e corps fut placé à Thomar, le grand parc d'artillerie à Jancos, et l'on cantonna la cavalerie à Ourem, poussant des avant-postes jusqu'à Leyria. Le maréchal Masséna fixa son quartier général à Torrès-Novas, point central de son armée.

En voyant les Français s'éloigner des coteaux qui avoisinent Lisbonne, les Anglais crurent leur retraite prononcée vers les frontières d'Espagne, et ils les suivirent, mais de loin et avec hésitation, tant ils craignaient que ce ne fût une ruse pour les attirer hors de leurs lignes, afin de les combattre en rase campagne. Cependant, en nous voyant arrêtés derrière le Rio-Major, ils essayèrent d'y troubler notre établissement; mais reçus vigoureusement, et comptant bien que le défaut de subsistances nous forcerait bientôt à abandonner cette contrée favorable à la défensive, ils se bornèrent à nous observer. Lord Wellington mit son quartier général à Cartaxo, en face de Santarem, et les deux armées, séparées seulement par le Rio-Major, restèrent en présence depuis la mi-novembre 1810 jusqu'au 5 mars 1811.

Pendant ce long séjour, les Anglais vécurent largement, grâce aux provisions que le Tage leur apportait de Lisbonne. Quant à notre armée, son existence fut un problème des plus incompréhensibles, car elle n'avait aucun magasin et occupait un terrain fort resserré, eu égard au grand nombre d'hommes et de chevaux qu'il fallait nourrir. La pénurie était immense; mais aussi jamais la patience et l'industrieuse activité de nos troupes ne furent aussi admirables!... De même que dans une ruche d'abeilles, chacun contribua, selon ses facultés et son grade, au bien-être commun. On vit bientôt, par les soins des colonels et de leurs officiers, se former dans tous les bataillons et compagnies des ateliers d'ouvriers de genres divers. Chaque régiment, organisant la *maraude* sur une large échelle, envoyait au loin de nombreux détachements armés et bien commandés qui, poussant devant eux des milliers de baudets, revenaient chargés de provisions de toute espèce et ramenaient, à défaut de bœufs, très rares en Portugal, d'immenses troupeaux de moutons, de porcs et de chèvres. Au retour, le butin était partagé entre les compagnies selon leur force respective, et une nouvelle *maraude* allait en expédition. Mais les contrées voisines de nos cantonnements étant peu à peu épuisées, les maraudeurs s'éloignèrent davantage. Il y en eut qui poussèrent leurs excursions jusqu'aux portes d'Abrantès et de Coïmbre; plusieurs même franchirent le Tage. Ces détachements, souvent attaqués par des paysans exaspérés de se voir enlever leurs provisions, les repoussèrent toujours, mais perdirent quelques hommes. Ils se trouvèrent même en présence d'ennemis d'un nouveau genre, dont l'organisation, jusque-là sans exemple dans les annales des guerres modernes, rappelait celle des *routiers* et *malandrins* du moyen âge.

Un sergent du 47e de ligne français, fatigué de la misère dans laquelle se trouvait l'armée, résolut de s'y soustraire pour vivre dans l'abondance. Pour cela, il débaucha une centaine de soldats des plus mauvais sujets, à la tête desquels il alla s'établir au loin, sur les derrières, dans un vaste couvent abandonné par les moines, mais encore bien pourvu de meubles et surtout de provisions de bouche, qu'il augmenta infiniment, en s'emparant de tout ce qui était à sa convenance dans les environs. Dans sa cuisine, les broches et les marmites bien garnies étaient constamment devant le feu; chacun y prenait à volonté; aussi, tant par dérision que pour exprimer d'un seul mot le genre de vie qu'on menait chez lui, il se faisait nommer le *maréchal Chaudron!*...

Ce misérable ayant fait enlever une grande quantité de femmes et de filles, l'attrait de la débauche, de la paresse et de l'ivrognerie conduisant bientôt vers lui les déserteurs anglais, portugais et français, il parvint à former de l'écume des trois armées une bande de près de 500 hommes, qui, oubliant leurs anciennes rancunes, vivaient tous en très bonne harmonie, au milieu d'orgies perpétuelles. Ce brigandage durait depuis quelques mois, lorsqu'un détachement de nos troupes, chargé de réunir des vivres devenus plus rares chaque jour, s'étant égaré à la poursuite d'un troupeau jusqu'au couvent qui servait de repaire au prétendu *maréchal Chaudron*, nos soldats furent très étonnés de voir celui-ci venir à leur rencontre à la tête de ses bandits et leur prescrire de respecter *ses terres* et de rendre le troupeau qu'ils venaient d'y prendre!... Sur le refus de nos officiers d'obtempérer à cet ordre, le *maréchal Chaudron* ordonna de faire feu sur le détachement. La plupart des déserteurs français n'osèrent tirer sur leurs compatriotes et anciens frères d'armes; mais les bandits anglais et portugais ayant obéi, nos gens eurent plusieurs hommes tués ou blessés, et n'étant pas assez nombreux pour résister, ils furent contraints de se retirer, suivis par tous les déserteurs français qui se joignirent à eux et vinrent faire leur soumission. Masséna leur pardonna, à condition qu'ils marcheraient en tête des trois bataillons destinés à aller attaquer le couvent. Ce repaire ayant été enlevé après une assez vive résistance, Masséna fit fusiller le *maréchal Chaudron*, ainsi que le petit nombre de Français restés auprès de lui. Beaucoup d'Anglais et de Portugais eurent le même sort, les autres furent envoyés à Wellington, qui en fit bonne et prompte justice.

Dès les premiers jours du mois de novembre, Masséna avait fait connaître sa position à l'Empereur, en envoyant auprès de lui le général de brigade Foy, auquel il avait fallu donner *trois bataillons* pour l'escorter jusqu'en Espagne, d'où il se rendit à Paris. Cependant, le généralissime français, incertain de l'arrivée des renforts attendus, craignait que l'armée anglaise réunie sur la rive droite du Rio-Major, franchissant cette petite rivière, ne vînt attaquer à l'improviste nos divisions, dont chaque régiment avait au moins le tiers de ses hommes détaché à la recherche des vivres, et éloigné de plusieurs jours de marche dans toutes les directions. L'arrivée de l'ennemi au milieu de nos cantonnements, lorsqu'un aussi grand nombre de soldats étaient absents, eût certainement amené une grande catastrophe, et les troupes françaises dispersées étaient exposées à être battues en détail, avant de pouvoir se réunir; mais, heureusement pour nous, lord Wellington attendait tout du temps et n'osa rien entreprendre.

Cependant, l'Empereur, qui n'avait d'autres nouvelles de l'armée de Masséna que celles publiées par les journaux de Londres, ayant enfin reçu les dépêches apportées par le général Foy, ordonna au général comte d'Erlon, chef du 9e corps d'armée, cantonné près de Salamanque, de se rapprocher du Portugal et d'y faire entrer sur-le-champ la brigade Gardanne, dont la mission devait être de chercher l'armée française et de lui amener des munitions de guerre et des chevaux de trait, dont on présumait qu'elle avait grand besoin.

De Paris, où l'Empereur se trouvait alors, il ne pouvait, malgré sa perspicacité, apprécier les nombreuses difficultés qui entraveraient l'accomplissement des ordres donnés au général Gardanne, car Napoléon ne put jamais croire que la fuite des propriétaires portugais, à l'approche d'un corps français, fût si générale qu'il devînt totalement *impossible* de rencontrer un habitant, pour savoir où l'on se trouvait et avoir le moindre renseignement! Ce fut néanmoins ce qui advint à Gardanne. Cet officier, ancien page de Louis XVI, que l'Empereur avait fait gouverneur de ses pages, pensant qu'il dirigerait cette institution mieux que tout autre, avait peu d'initiative, et ne servait bien que dirigé par un général habile. Il se trouva donc absolument désorienté. Ne sachant où trouver l'armée de Masséna, il erra dans toutes les directions, et parvenu enfin à Cardigos, à une journée du Zezère, ainsi que ses cartes le lui indiquaient, il ne comprit pas qu'à la guerre, un partisan à la recherche d'un corps ami doit toujours aller pour ainsi dire *toucher* barre aux fleuves, forêts, grandes villes ou chaînes de montagnes; car, si les troupes qu'il a mission de joindre sont dans les environs, elles ont infailliblement des postes sur ces points importants. On a peine à s'expliquer l'oubli de ces règles du métier de la part de Gardanne. Cet officier général perdit même beaucoup d'hommes en rétrogradant précipitamment et sans avoir vu l'ennemi. S'il eût poussé jusqu'au Zezère, dont il n'était plus qu'à trois lieues, il eût aperçu nos avant-postes. Gardanne retourna en Espagne, où il reconduisit les renforts, les munitions et les chevaux que l'armée de Portugal attendait avec impatience.

Le maréchal Masséna, craignant de manquer de vivres sur la rive droite du Tage, résolut de s'ouvrir une nouvelle carrière en portant une partie de son armée sur la rive gauche de ce fleuve, dans la fertile province de l'Alentejo. À cet effet, le généralissime français fit passer le Zezère par une division qui s'empara de Punhete, petite ville située à l'embouchure de cette rivière dans le Tage. Ce lieu paraissait très favorable à l'établissement d'un pont, qui nous mettrait en communication avec l'Alentejo; mais on manquait de matériaux. Le zèle et l'activité du général Eblé, secondé par les officiers d'artillerie dont il était le digne chef, suppléèrent à tout. On édifia des forges et des scieries, on confectionna des outils et des ferrures, des planches, des madriers, des ancres, des cordages; on construisit enfin de nombreuses barques, et ces travaux divers avançant comme par enchantement, on put bientôt se flatter de l'espoir de jeter un pont solide sur le Tage.

Le duc de Wellington voulait s'opposer au passage de ce fleuve et tira des troupes de Lisbonne pour former un camp sur la rive gauche en face de Punhete, ce qui faisait présager que nous aurions à soutenir un combat sanglant avant de nous établir sur la rive opposée du grand fleuve. L'armée française occupait toujours les positions qu'elle avait prises au mois de novembre en s'éloignant de Cintra. Plusieurs divisions anglaises campaient sur la rive droite du Rio-Major. Le duc de Wellington avait son quartier général au milieu d'elles à Cartaxo. Il y manda le célèbre général marquis La Romana, qui mourut chez lui.

Le temps était affreux, et les chemins changés en torrents, ce qui augmentait la difficulté d'aller chercher au loin des vivres et surtout des fourrages. Néanmoins, la gaieté française ne nous abandonna pas. On avait formé dans chaque cantonnement des réunions pour jouer la comédie, et les déguisements ne nous manquaient pas, car les maisons abandonnées par les habitants étaient amplement fournies de garde-robes laissées par les dames portugaises. Nous y trouvâmes aussi beaucoup de livres français, et nous étions très bien logés.

L'hiver se passa donc assez bien. Cependant, nous faisions quelquefois de bien tristes réflexions, tant sur la fâcheuse situation de l'armée que sur la nôtre. Nous n'avions depuis plus de trois mois aucune nouvelle de nos familles, de la France et même de l'Espagne!... L'Empereur nous enverra-t-il des renforts pour nous mettre à même de prendre Lisbonne, ou bien serons-nous contraints de faire retraite devant les Anglais?... Telles étaient nos préoccupations, lorsque, le 27 décembre, le bruit se répandit tout à coup que le général Drouet, comte d'Erlon, venait de joindre l'armée à la tête du 9e corps, fort de 25 à 30,000 hommes!... Mais cette satisfaction fut grandement diminuée lorsqu'on apprit que l'armée du comte d'Erlon n'avait jamais été de plus de 12,000 hommes, dont il avait laissé la moitié à la frontière d'Espagne, sous les ordres du général Claparède, en se bornant à prendre avec lui la division Conroux, forte seulement de 6,000 combattants, renfort insuffisant pour battre les Anglais et prendre Lisbonne.

Le général comte d'Erlon, au lieu de se rendre sur-le-champ à Torrès-Novas auprès du généralissime, s'était arrêté à dix lieues de là, à Thomar, quartier général du maréchal Ney. Cela choqua infiniment Masséna, qui m'envoya auprès du chef du 9e corps, afin d'avoir l'explication d'un procédé aussi contraire aux convenances qu'aux règlements militaires. En me chargeant de cette mission, le généralissime ne mettait point en doute que le comte d'Erlon n'eût été placé sous ses ordres par l'Empereur; mais il était dans l'erreur. Les instructions données par le major général au chef du 9e corps le chargeaient seulement de pénétrer en Portugal, d'y chercher l'armée de Masséna, de lui remettre quelques centaines de chevaux de trait, ainsi que des munitions de guerre, et de retourner ensuite en Espagne avec les troupes qui l'accompagnaient. On ne comprend pas qu'après les rapports que le général Foy et le colonel Casabianca avaient faits à l'Empereur sur la triste situation de l'armée de Portugal, il se fût borné à lui envoyer d'aussi faibles secours.

Je trouvai le général comte d'Erlon logé depuis vingt-quatre heures chez le maréchal Ney. Désireux de quitter le Portugal, le maréchal avait retenu son hôte, en évitant ainsi que le comte d'Erlon, influencé par le généralissime, ne mît ses 6,000 hommes à sa disposition, ce qui eût encouragé Masséna à repousser les projets de retraite. Le chef du 9e corps se préparait donc à partir le lendemain, sans même faire une visite à Masséna, auprès duquel il me priait de l'excuser, sous prétexte que des affaires importantes le rappelaient vers les frontières, et qu'il lui était impossible d'aller à Torrès-Novas, cette course devant lui faire perdre trois journées.

Les fonctions d'aide de camp sont bien difficiles; parce qu'elles mettent très souvent l'officier qui les remplit en contact avec des supérieurs dont l'amour-propre est froissé par les instructions qu'il leur porte. Quelquefois, cependant, le bien du service force l'aide de camp à prendre sous sa responsabilité d'interpréter les intentions de son général, en donnant au nom de celui-ci des ordres qu'il n'a pas *dictés!*... Cela est fort grave, même dangereux; mais c'est au bon sens de l'aide de camp à apprécier les circonstances!... Celle dans laquelle je me trouvais était on ne peut plus délicate, car Masséna, n'ayant pas prévu que le chef du 9e corps voulût s'éloigner du Portugal, n'avait pu écrire à ce sujet, et cependant, si ce dernier partait avec ses troupes, les opérations de l'armée seraient paralysées, et le généralissime blâmerait la circonspection qui m'aurait empêché de parler en son nom. Je pris donc une résolution des plus hardies, car, bien que je me trouvasse pour la première fois devant le comte d'Erlon, et que le maréchal Ney, présent à notre entretien, appuyât les raisons qu'il opposait à mes observations, je me permis de lui dire qu'il devait au moins donner au maréchal Masséna le temps nécessaire pour prendre connaissance des ordres que le major général l'avait chargé d'apporter, aussi bien que le temps d'y répondre... Mais le comte d'Erlon ayant répété qu'il ne pouvait attendre, je frappai le grand coup et je lui dis: «Puisque Votre Excellence me force à remplir ma mission dans toute sa rigueur, je vous déclare que le maréchal Masséna, généralissime des armées françaises en Portugal, m'a chargé de vous transmettre, tant en son nom qu'en celui de l'Empereur, l'*ordre formel* de ne faire faire aucun mouvement à vos troupes et de vous rendre aujourd'hui même auprès de lui à Torrès-Novas!»

Le comte d'Erlon ne répondit rien et demanda ses chevaux. Pendant qu'on les préparait, j'écrivis au maréchal Masséna pour l'instruire de ce que j'avais été dans la nécessité de faire en son nom. Je sus plus tard qu'il approuva ma conduite. (On trouve à la page 286 du tome VIII des Mémoires de Masséna, par le général Koch, un passage relatif à la mission que je dus remplir auprès du comte d'Erlon, et dont Masséna aura sans doute pris note; mais la scène dont je fais ici mention est imparfaitement racontée.)

Le comte d'Erlon était un homme fort doux et raisonnable; aussi, dès qu'il eut quitté le camp de Ney, avoua-t-il qu'il n'eût pas été convenable à lui de s'éloigner de l'armée de Portugal sans aller saluer le généralissime, et pendant tout le trajet de Thomar à Torrès-Novas il me traita avec beaucoup de bienveillance, malgré la véhémence que j'avais été obligé de mettre dans les observations que j'avais cru devoir lui adresser. Son entretien avec Masséna acheva sans doute de le convaincre, car il consentit à rester en Portugal avec ses troupes, qui furent envoyées en cantonnement à Leyria. Masséna me sut d'autant plus de gré de la fermeté et de la présence d'esprit dont j'avais fait preuve dans cette affaire, qu'il fut informé, peu de jours après, que le duc de Wellington, ayant formé le projet de venir nous attaquer dans nos cantonnements, en avait été empêché par l'arrivée de la division du général comte d'Erlon; mais que si ce renfort se fût éloigné, les Anglais auraient marché sur nous, et profité de la dispersion de nos troupes pour nous accabler par le nombre des leurs.

CHAPITRE TRENTE-SEPT

1811.—Aventures d'un espion anglais.—Mauvais vouloir des chefs de corps.—
Retraite.—Incidents et combats divers.

Nous commençâmes à Torrès-Novas l'année 1811, dont les premiers jours furent marqués par un fâcheux événement qui affecta vivement tout l'état-major. Notre camarade d'Aguesseau, aide de camp de Masséna, mourut!... Cet excellent jeune homme, portant un nom illustre, possesseur d'une grande fortune, adoré de sa famille, ne pouvant résister au désir d'acquérir de la gloire, avait pris la carrière des armes, que la faiblesse de sa constitution semblait lui interdire. Il avait néanmoins assez bien supporté les fatigues de la campagne d'Autriche, mais celles de la campagne de 1810 en Portugal furent au-dessus de ses forces, et il quitta la vie à la fleur de l'âge, loin de ses parents et de sa patrie! Nous lui fîmes élever un tombeau dans la principale église de Torrès-Novas.

Le major Casabianca, que Masséna avait dépêché auprès de l'Empereur, était revenu à la suite du comte d'Erlon, en portant au généralissime l'assurance que le maréchal Soult, commandant une nombreuse armée en Andalousie, avait reçu l'ordre d'entrer en Portugal pour se joindre à lui.

Les préparatifs que nous faisions inquiétant Wellington, dont les espions subalternes ne pouvaient pénétrer dans l'espace occupé par nos troupes, il voulut savoir où en étaient nos travaux et employa pour cela un moyen extrême, qui lui avait réussi dans d'autres campagnes. Par une nuit fort obscure, un Anglais revêtu de l'uniforme d'officier se jette dans une petite nacelle placée à la rive gauche, un peu au-dessus de Punhete. Il aborde en silence, passe entre les postes français, et dès les premières lueurs de l'aurore s'avance résolument vers nos chantiers de construction, examine tout à loisir, comme s'il avait fait partie de l'état-major de notre armée, en se promenant tranquillement!... Nos artilleurs et sapeurs, en arrivant pour les travaux du matin, aperçoivent cet inconnu, l'arrêtent et le conduisent au général Eblé, auquel le misérable déclare effrontément qu'il est officier anglais; que, indigné d'un passe-droit fait au détriment de son avancement, il a déserté pour venir se ranger sous les drapeaux de la légion irlandaise au service de France. Envoyé devant le généralissime, non seulement le prétendu déserteur reproduit le même conte, mais il offre de donner les renseignements les plus détaillés sur la position des troupes anglaises et d'indiquer les points les plus favorables pour faire traverser le Tage à notre armée!... Le croiriez-vous?... Masséna et Pelet, tout en méprisant ce misérable, ajoutèrent foi à son récit, et, voulant profiter des avis qu'il donnait, passèrent des journées entières avec lui, couchés sur des cartes et prenant note des dires du déserteur! La crédulité du général Fririon et des autres officiers de l'état-major ne fut pas aussi grande, car on ne put nous persuader qu'un *officier* anglais eût *déserté*, et nous déclarâmes hautement que, à notre avis, ce prétendu capitaine n'était autre qu'un habile espion envoyé par Wellington. Mais tout ce que nous dîmes ne put ébranler la conviction de Masséna, ni celle de Pelet! Cependant nos conjectures étaient bien fondées, ainsi qu'on en eut bientôt la preuve!

En effet, le général Junot étant venu au grand quartier général, ses aides de camp reconnurent le prétendu officier anglais comme ayant joué le même rôle de *déserteur* en 1808, lorsqu'une armée française occupait Lisbonne. Le général Junot se rappela aussi parfaitement l'espion, bien que celui-ci eût pris l'uniforme de fantassin anglais au lieu de celui de housard qu'il portait à Lisbonne, et il conseilla à Masséna de le faire fusiller. Mais l'étranger protesta n'avoir jamais servi dans la cavalerie, et, pour constater son identité, il montra un brevet de capitaine, dont Wellington l'avait probablement muni pour le mettre à même de passer pour ce qu'il disait être. Masséna ne voulut donc pas ordonner l'arrestation de cet homme; mais ses soupçons étant éveillés, il prescrivit au chef de la gendarmerie de le faire surveiller de près. L'espion s'en douta; aussi, la nuit suivante, descendit-il fort adroitement par la fenêtre d'un troisième étage, se jeta dans la campagne et gagna les environs de Tancos, où il passa probablement le Tage à la nage, car on trouva sur la rive une partie de ses vêtements. Il fut ainsi démontré que c'était un agent du généralissime anglais qui s'était joué de Masséna!... Celui-ci s'en prit à Pelet, et sa colère monta au paroxysme lorsqu'il s'aperçut que le faux déserteur, si imprudemment admis dans son bureau, y avait escamoté un petit carnet sur lequel on inscrivait l'état du nombre des combattants de chaque régiment!... On sut plus tard que l'adroit fripon n'était point *officier* dans l'armée britannique, mais un chef de contrebandiers de Douvres, rempli de moyens, d'audace, parlant plusieurs langues, et habitué à prendre toutes sortes de déguisements!

Cependant, le temps s'écoulait sans apporter aucun changement à notre position; car, bien que l'Empereur eût prescrit trois fois au maréchal Soult d'aller promptement avec une partie de l'armée d'Andalousie renforcer Masséna, Soult, imitant en cela l'attitude du maréchal Victor à son égard, lorsqu'en 1809 il s'agissait d'aller le joindre à Oporto, s'était arrêté en chemin vers la fin de janvier, pour faire le siège de Badajoz, dont nous entendions très distinctement le canon. Masséna regrettait vivement que son collègue perdît un temps précieux à faire un siège au lieu de marcher vers lui, quand le défaut de vivres allait bientôt nous contraindre à abandonner le Portugal!... L'Empereur, même après la prise de Badajoz, blâma la désobéissance du maréchal Soult en disant: «Il m'a rendu maître d'une ville et m'a fait perdre un royaume!»

Le 5 février, Foy rejoignit l'armée, à laquelle il conduisit un renfort de deux mille hommes laissés à Ciudad-Rodrigo. Ce général revenait de Paris; il avait longtemps conféré avec l'Empereur sur la fâcheuse position des troupes de Masséna, et portait la nouvelle annonce que le maréchal Soult viendrait bientôt se joindre à nous. Mais tout le mois de février s'étant écoulé sans qu'il parût, le général comte d'Erlon, que par une faute inexplicable l'Empereur n'avait pas mis sous les ordres de Masséna, déclara que ses troupes ne pouvant vivre plus longtemps à Leyria, il allait rétrograder sur l'Espagne. Le maréchal Ney et le général Reynier ayant saisi cette occasion pour exposer de nouveau la misère de leurs corps d'armée dans un pays complètement ruiné, force fut au généralissime de se résigner enfin, après plusieurs mois d'une résistance opiniâtre, à battre en retraite vers la frontière, où il espérait trouver les moyens de nourrir son armée, sans abandonner entièrement le Portugal, qu'il comptait envahir dès l'arrivée des renforts promis.

La retraite commença le 6 mars. Le général Éblé avait à grand regret employé les jours précédents à détruire les barques construites avec tant de peine à Punhete; mais, dans l'espoir qu'une partie de ces immenses préparatifs pourrait un jour être utile à une armée française, il fit enterrer secrètement toutes les ferrures, en présence de douze officiers d'artillerie, et dresser un procès-verbal qui doit être au ministère de la guerre, et indique le lieu où se trouve ce précieux dépôt, dont le gisement restera probablement inconnu pendant bien des siècles!

Les préparatifs de l'armée française furent tenus si secrets et exécutés avec tant d'ordre, pendant la nuit du 5 au 6 mars, que les Anglais, dont les postes n'étaient séparés des nôtres devant Santarem que par la petite rivière de Rio-Mayor, n'eurent connaissance de notre mouvement que le lendemain matin, lorsque les troupes du général Reynier étaient déjà à cinq lieues de là. Lord Wellington, dans l'incertitude de savoir si notre mouvement avait pour but d'aller passer le Tage à Punhete, ou bien de nous ramener vers l'Espagne, perdit douze heures en hésitations, et l'armée française avait gagné une marche sur la sienne, lorsqu'il prit enfin la résolution de la suivre; mais il le fit mollement et de fort loin. Néanmoins, le général Junot, ayant été imprudemment caracoler devant les housards anglais, reçut une balle dans le nez. Cette blessure ne l'empêcha pas de conserver le commandement du 8e corps pendant le reste de la campagne.

L'armée se dirigea en colonnes diverses sur Pombal. Le maréchal Ney formait l'arrière-garde avec le 6e corps et défendit vaillamment le terrain pied à pied. Quant à Masséna, réveillé enfin de sa torpeur, il avait, du 5 au 9 mars, gagné trois jours de marche sur l'ennemi et complètement organisé sa retraite, une des opérations les plus difficiles de la guerre!... Aussi était-il, contre son habitude, d'une gaieté qui nous étonnait tous.

L'armée française, continuant sa retraite d'une manière régulière et concentrée, s'éloignait de Pombal, lorsque son arrière-garde fut vivement attaquée par les coureurs ennemis. Le maréchal Ney les repoussa, et pour leur barrer complètement le passage, et préserver nos équipages dont la marche était fort lente, il fit mettre le feu à la ville. Les historiens anglais se sont récriés contre cet acte qu'ils qualifient de *cruauté*, comme si le premier devoir d'un général n'était pas le salut de son armée!... Or, Pombal et ses environs étant un étroit et long défilé que les ennemis devaient traverser, le meilleur moyen de les arrêter était d'incendier la ville. C'était une extrémité fâcheuse, à laquelle sont réduites en pareil cas les nations les plus civilisées, et les Anglais eux-mêmes ont souvent agi de la sorte.

Il y eut, le 12 mars, un combat assez vif en avant de Redinha, où le maréchal Ney, ayant trouvé une position susceptible d'une bonne défense, crut devoir s'arrêter. Lord Wellington, prenant avec raison cette halte pour une provocation, fit avancer des masses considérables. Une action très chaude s'engagea; le maréchal Ney repoussa les ennemis et se retira ensuite lestement, mais après avoir eu deux ou trois cents hommes mis hors de combat. L'ennemi en perdit plus de mille, notre artillerie ayant longtemps foudroyé ses masses, tandis qu'il n'avait que deux petites pièces en batterie. Cet engagement était vraiment inutile pour les Anglais comme pour nous. En effet, puisque Ney avait ordre de se retirer, pourquoi Wellington, qui savait fort bien que la retraite des Français étant prononcée, le corps de Ney se remettrait en marche après une halte de quelques heures, se laissa-t-il emporter à l'attaquer, pour le seul plaisir de le contraindre à partir un peu plus tôt?... J'étais présent à cette affaire et déplorai que le faux amour-propre des deux généraux eût fait périr tant de braves gens sans aucun résultat pour aucun des deux partis.

Le gros de l'armée française prit position entre Condeixa et Cardaxo. Le moment critique de notre retraite était arrivé. Masséna, ne voulant pas quitter le Portugal, avait résolu de passer le Mondego à Coïmbre, et d'aller cantonner ses troupes dans le fertile pays situé entre cette ville et Oporto, afin d'y attendre les ordres et les renforts promis par l'Empereur; mais le partisan Trent avait coupé le pont de Coïmbre, et le Mondego, grossi par les pluies, était infranchissable à gué. Le généralissime français dut, par conséquent, renoncer à son projet et chercher à gagner Ponte de Murcelha, afin d'y passer l'Alva, torrent des plus impétueux. Le quartier général prit donc, le 13, cette direction, et devait aller le jour même à Miranda de Corvo; néanmoins, sans qu'on pût en connaître le motif, le généralissime alla s'établir à Fuente-Cuberta, et, se croyant bien gardé par les divisions qu'il avait prescrit au maréchal Ney de placer à Cardaxo et Condeixa, il n'avait auprès de lui qu'un poste de 30 grenadiers et 25 dragons. Mais le maréchal Ney, sous prétexte qu'il allait être attaqué par des forces très supérieures aux siennes, venait d'abandonner ces deux points, en prévenant Masséna si tard que celui-ci ne reçut la lettre de Ney que plusieurs heures après l'exécution du mouvement, ce qui exposa le généralissime et tout son état-major à être enlevés par l'ennemi.

En effet, dans la persuasion qu'il était garanti par plusieurs divisions françaises, Masséna, trouvant le site de Fuente-Cuberta fort agréable et le temps superbe, avait ordonné de servir le dîner en plein air. Nous étions donc fort tranquillement à table sous des arbres à l'entrée du village, lorsque, tout à coup, on aperçut un piquet de 50 housards anglais à moins de cent pas de nous! Les grenadiers de la garde prirent aussitôt les armes et entourèrent Masséna, pendant que tous ses aides de camp et les dragons, montant promptement à cheval, s'avancèrent vers les ennemis. Ceux-ci ayant pris la fuite sans brûler une amorce, nous pensâmes que c'étaient des hommes égarés cherchant à rejoindre l'armée anglaise; mais nous aperçûmes bientôt un régiment entier, et vîmes les coteaux voisins couverts de nombreuses troupes anglaises qui cernaient presque entièrement Fuente-Cuberta!

Le danger imminent dans lequel se trouvait le quartier général provenait d'une erreur de Ney, qui, croyant le généralissime informé par sa lettre, avait envoyé à toutes ses divisions l'ordre d'évacuer Condeixa et Cardaxo. Fuente-Cuberta se trouvant ainsi découvert, les ennemis s'étaient approchés en silence du quartier général de Masséna: aussi je laisse à penser quel étonnement fut le nôtre! Fort heureusement, la nuit approchant, il s'éleva un épais brouillard, et les Anglais, ne pouvant supposer que le généralissime français se trouvât ainsi coupé de son armée, pensèrent que le groupe formé par notre état-major était une arrière-garde, avec laquelle ils n'osèrent pas s'engager; mais il est certain que si le détachement de housards ennemis qui parut à l'entrée de Fuente-Cuberta, au moment où nous étions dans la plus complète sécurité, eût chargé dans ce village avec résolution, il enlevait Masséna avec tout ce qui était avec lui. Aussi, dès que les Anglais apprirent le danger qu'avait couru Masséna, ils le firent sonner bien haut, et leur historien Napier prétend que le généralissime français n'échappa à leurs housards qu'en arrachant le panache de son chapeau! Conte d'autant plus absurde que les maréchaux ne portaient pas de panache!

À dix heures du soir, le grand quartier général quitta fort tranquillement Fuente-Cuberta, malgré le voisinage de plusieurs régiments ennemis, dont un se trouvait placé sur une éminence traversée par le chemin que nous suivions. Pour l'en éloigner, le maréchal se servit d'un stratagème employé bien souvent par les ennemis contre les Français, dont la langue leur était familière. Le généralissime, sachant que mon frère parlait très bien l'anglais, lui donna des instructions, et Adolphe, s'avançant jusqu'au bas de la colline et se tenant dans l'ombre, cria au chef des ennemis que le duc de Wellington lui envoyait l'ordre d'appuyer vers sa droite, et d'aller gagner un point qu'il indiquait, mais qui se trouvait hors de la direction suivie par nous. Le colonel ennemi, ne pouvant distinguer au milieu de la nuit et dans le brouillard l'uniforme de mon frère, le prit pour un aide de camp anglais; il obéit donc sur-le-champ, s'éloigna, et nous passâmes lestement, heureux d'avoir échappé à ce nouveau danger. Masséna et son état-major rejoignirent avant le jour les troupes du 6e corps.

Pendant ce long et pénible trajet, Masséna s'était vivement préoccupé des dangers auxquels Mme X... était constamment exposée. Son cheval s'abattit plusieurs fois sur les quartiers de roches qu'on ne pouvait apercevoir à cause de l'obscurité; cette femme courageuse se relevait, bien que cruellement meurtrie; mais enfin ces chutes devinrent si nombreuses qu'il lui fut impossible de reprendre son cheval, ni de marcher à pied, et l'on fut obligé de la faire porter par des grenadiers. Que serait-elle devenue si on nous eût attaqués?... Aussi le généralissime, tout en nous conjurant de ne pas abandonner Mme X..., nous dit-il à plusieurs reprises: «Quelle faute j'ai commise en emmenant une femme à la guerre!» Bref, nous sortîmes de la situation critique dans laquelle Ney nous avait jetés.

CHAPITRE TRENTE-HUIT

Je suis blessé à Miranda de Corvo.—Affaire de Foz de Arunce.—Nouveaux projets de Masséna.—Résistance et destitution de Ney.

Le lendemain 14 mars, Masséna, après avoir repoussé une assez vive attaque entreprise contre son arrière-garde, remit le gros de ses troupes dans une forte position en avant de Miranda de Corvo, afin de donner à l'artillerie et aux équipages le temps de traverser le défilé placé en arrière de ce bourg. Lord Wellington, apercevant l'armée française ainsi arrêtée, fit avancer de fortes masses. Tout annonçait donc un engagement sérieux, lorsque Masséna, voulant donner des instructions à ses lieutenants, les fit convoquer auprès de lui. Trois s'y rendirent promptement. Le maréchal Ney seul se faisant attendre, le généralissime prescrivit au commandant Pelet et à moi d'aller l'inviter à venir au plus tôt. Cette mission, qui paraissait très facile à remplir, faillit cependant me coûter la vie!...

L'armée française était rangée en plusieurs lignes sur un terrain en forme d'amphithéâtre, descendant en pente douce vers un fort ruisseau qui séparait deux larges collines, dont les sommets très praticables, bien que garnis de quelques bouquets de bois, servaient de chemins vicinaux conduisant à Miranda. Au moment où Pelet et moi partions au galop, pour exécuter l'ordre du généralissime, les tirailleurs anglais paraissaient au loin, marchant à l'attaque des deux collines que les nôtres se préparaient à défendre. Pour être plus certains de rencontrer le maréchal Ney, mon camarade et moi, nous nous séparâmes. Pelet prit le chemin de gauche, je suivis celui de droite, en passant par une vaste clairière où se trouvaient nos avant-postes.

Ayant appris que le maréchal Ney venait d'y passer depuis moins d'un quart d'heure, je crus de mon devoir de courir à sa rencontre, et avais l'espoir de le joindre, lorsque j'entendis plusieurs coups de fusil dont les balles sifflèrent à mes oreilles!... J'étais peu éloigné des tirailleurs ennemis placés dans les bois qui bordaient la clairière. Bien que je susse le maréchal Ney escorté par un fort détachement, je ne laissais pas d'être inquiet sur son compte, car je craignais que les

Anglais ne l'eussent cerné, lorsque je l'aperçus enfin au delà du ruisseau sur la rive opposée. Pelet était auprès de lui, et tous deux se dirigeaient vers Masséna. Certain dès lors que les ordres de ce dernier avaient été transmis, j'allais retourner auprès de lui, quand un jeune officier de chasseurs à pied anglais s'avance au trot de son petit cheval et me crie: «Attendez, monsieur le Français, je veux faire un peu bataille avec vous!» Je ne crus pas devoir répondre à cette fanfaronnade et tournai bride vers nos avant-postes, placés à cinq cents pas en arrière… L'Anglais me suivit en m'accablant d'injures!… Je les méprisai d'abord, mais alors l'officier ennemi s'écria: «Je reconnais bien à votre uniforme que vous êtes attaché à un maréchal de France, et je ferai mettre dans les journaux de Londres que ma présence a suffi pour mettre en fuite un *lâche*, un poltron d'aide de camp de Masséna ou de Ney!»

J'avoue ma faute; j'eus le tort bien grave de ne pouvoir supporter froidement cette impertinente provocation, et mettant le sabre à la main, je m'élançai avec fureur contre mon adversaire; mais, sur le point de le joindre, j'entends un grand frôlement dans le bois, d'où sortent à l'instant même deux housards anglais qui, s'avançant au galop, me coupent la retraite!… J'avais donné dans un guet-apens! Je compris qu'une défense des plus énergiques pouvait seule m'éviter la honte d'être fait prisonnier, par ma faute, à la vue de toute l'armée française, spectatrice de ce combat disproportionné!… Je me précipitai donc sur l'officier anglais… nous nous joignons… il me porte à la figure un coup de tranchant de son épée; je lui plonge mon sabre dans la gorge… son sang rejaillit abondamment sur moi; et le misérable, tombant de cheval, va tomber dans la poussière qu'il mordait avec rage! Cependant, les deux housards me frappaient de toutes parts, principalement sur la tête. En quelques secondes, mon shako, ma giberne et ma pelisse furent criblés, sans néanmoins que je fusse blessé par aucun de ces coups; mais enfin, le plus âgé des deux housards, soldat à moustache grise, m'enfonça de plus d'un pouce la pointe de son sabre dans le flanc droit! Je ripostai d'un vigoureux coup de revers, et le tranchant de ma lame frappant sur les dents de cet homme, et passant entre ses mâchoires, au moment où il criait pour s'animer, lui fendit la bouche et les joues jusqu'aux oreilles!… Le vieux housard s'éloigna promptement, à ma vive satisfaction, car c'était le plus brave et le plus entreprenant des deux. Quand le jeune se vit seul en face de moi, il hésita un moment, parce que les têtes de nos chevaux se touchant, il comprenait que me tourner le dos pour entrer dans le bois, c'était s'exposer à être frappé. Il s'y détermina pourtant en voyant plusieurs voltigeurs français venir à mon secours; mais il n'évita pas la blessure qu'il redoutait, car, poussé par la colère, je le poursuivis quelques pas et lui allongeai un coup de pointe dans l'épaule qui le fit courir encore plus vite!…

Pendant ce combat, qui dura moins de temps qu'il n'en faut pour le raconter, nos éclaireurs s'étaient rapidement élancés pour venir me dégager, et, de l'autre côté, les chasseurs anglais ayant marché sur le point où venait de tomber leur officier, ces deux groupes ennemis tiraillèrent les uns contre les autres, et je fus sur le point de me trouver exposé aux balles des deux partis. Mais mon frère et Ligniville, qui, du haut de la position occupée par l'armée, m'avaient aperçu aux prises avec l'officier et les deux housards anglais, s'étaient empressés de venir me joindre; j'eus grand besoin de leur aide, car je perdais une si grande quantité de sang par ma blessure au côté, que je me sentais défaillir, et il m'eût été impossible de rester à cheval, s'ils ne m'eussent soutenu.

Dès que j'eus rejoint le grand état-major, Masséna, me prenant la main, me dit: «C'est bien, c'est trop bien même, car un officier supérieur ne doit pas s'exposer en faisant le coup de sabre aux avant-postes.» Il avait raison! Mais quand je lui eus fait connaître les motifs qui m'avaient entraîné, Masséna ne me blâma plus autant, et le maréchal Ney, plus bouillant, se rappelant l'époque où il était housard, s'écria: «Ma foi, à la place de Marbot, j'aurais agi comme lui!…» Tous les généraux et mes camarades vinrent me donner des marques d'intérêt, pendant que le bon docteur Brisset me pansait.

La blessure de ma joue n'avait aucune gravité; elle fut cicatrisée au bout d'un mois, et l'on en voit à peine la trace le long du favori gauche; mais le coup de pointe de sabre qui avait pénétré dans mon flanc droit était dangereux, surtout au milieu d'une longue retraite, qui me forçait à voyager à cheval, sans pouvoir jouir du repos dont un blessé a besoin.

Tel fut, mes chers enfants, le résultat de mon combat, ou, si l'on veut, de mon *équipée* de Miranda de Corvo. Vous avez conservé le shako que je portais alors, et les nombreuses entailles dont les sabres anglais l'ont décoré prouvent que les deux housards ne me ménagèrent pas! J'avais aussi rapporté ma giberne, dont la banderole avait reçu trois coups de tranchant; mais elle a été égarée.

J'ai dit qu'au moment où j'étais envoyé à la recherche du maréchal Ney, l'armée française, réunie sur la position qui domine Miranda de Corvo, s'attendait à y être attaquée. Ce combat n'eut pas lieu. Wellington, intimidé sans doute par ses pertes des jours précédents, arrêta la marche de ses troupes; ce que voyant, Masséna résolut de profiter de la nuit, qui approchait, pour faire traverser aux siennes la ville et le long défilé de Miranda de Corvo. Ma situation fut alors bien pénible. J'avais marché les deux jours et la nuit précédents, et à présent, grièvement blessé, et affaibli par la perte d'une grande quantité de sang, il me fallait passer encore la nuit à cheval, par des chemins affreux, qu'encombraient les chariots des équipages, ceux de l'artillerie et de nombreuses colonnes de troupes, contre lesquelles je me heurtais à chaque instant, l'obscurité étant des plus profondes. Enfin, pour comble de malheur, nous fûmes assaillis par un orage affreux! La pluie traversa mes vêtements, je fus bientôt transi de froid et grelottais sur mon cheval dont je n'osais descendre pour me réchauffer, car je n'aurais pas eu la force d'y remonter. Ajoutez à cela les vives douleurs que me causait ma blessure au flanc, et vous aurez une faible idée des angoisses auxquelles je fus soumis pendant cette cruelle nuit.

Le 15 au matin, l'armée française parvint sur les bords de la Ceyra, en face de Foz de Arunce. Cette petite ville est située sur une colline qui domine la rivière ainsi que la plaine de la rive gauche par laquelle nous arrivions. Je traversai le pont, et vins m'établir momentanément dans une maison, où je comptais enfin prendre quelque repos; mais j'en fus empêché par une scène affreuse qui se passa sous mes yeux. Déjà les corps de Reynier et de Junot étaient dans Foz de Arunce, celui de Ney se trouvait encore sur l'autre rive; mais le généralissime, informé que l'ennemi nous suivait de près, ne voulut pas exposer son arrière-garde à combattre ayant la Ceyra derrière elle. Il prescrivit donc au maréchal Ney de faire passer la rivière à toutes ses troupes, qui, après avoir coupé le pont et placé de fortes gardes en face d'un gué qui l'avoisine, pourraient paisiblement se reposer dans cette bonne position. Le maréchal Ney, attribuant aux fatigues des deux dernières journées la lenteur des ennemis, les croyait encore fort loin, et il crut qu'il serait pusillanime d'abandonner complètement la rive gauche. En conséquence, il y laissa deux divisions d'infanterie, la brigade de cavalerie Lamotte, quelques pièces de canon, et ne fit pas couper le pont. Cette nouvelle désobéissance faillit nous coûter bien cher. En effet, pendant que Masséna s'éloignait pour aller surveiller à Ponte-Murcelha le rétablissement d'un autre pont qui devait assurer le lendemain à ses troupes l'important passage de la rivière d'Alva, et que le maréchal Ney, rempli de confiance, venait de permettre au général Lamotte de traverser le gué de la Ceyra pour aller prendre des fourrages sur la rive droite, lord Wellington paraît à l'improviste et attaque immédiatement les divisions si imprudemment laissées sur la rive gauche de la Ceyra!... Le maréchal Ney, se plaçant alors courageusement à la tête du 39e, repousse à la baïonnette une charge de dragons anglais. Mais le brave colonel Lamour, du 39e, étant tombé mort, frappé d'un coup de feu, son régiment, dont il était fort estimé, s'émeut, perd son aplomb, se jette sur le 59e et l'entraîne!... En ce moment, une batterie ayant par mégarde envoyé un boulet dans cette direction, nos soldats se croyant tournés, et saisis d'une terreur panique, courent en tumulte vers le pont!... Le général Lamotte, qui de la rive opposée aperçoit cette retraite désordonnée, veut conduire ses cavaliers au secours des fantassins; mais, au lieu de repasser le gué difficile par lequel il était venu, il prend le chemin le plus court et encombre avec sa brigade le pont étroit de la Ceyra, pendant que la masse des fuyards s'y présentait en sens contraire!... Il résulta de ce pêle-mêle que personne ne pouvant passer, bon nombre de fantassins, arrivant à la suite de leurs camarades et voyant le pont embarrassé, se dirigent vers le gué et s'y précipitent!... La grande majorité parvint à le franchir, mais plusieurs, se trompant, tombèrent dans des cavités où ils se noyèrent!...

Pendant cette scène déplorable, le maréchal Ney, qui se consumait en efforts pour réparer sa faute, parvient enfin à réunir un bataillon du 27e, fait battre la charge et pénètre jusqu'aux divisions Mermet et Ferey, qui étaient restées fermes à leur poste et combattirent vaillamment. Le maréchal Ney, se mettant à leur tête, reprend l'offensive, et repousse les ennemis jusque dans leur camp principal. Les Anglais, étonnés par cette vigoureuse attaque, ainsi que par les cris de ceux de nos soldats qui se débattaient dans les eaux de la Ceyra, crurent que toute l'armée française s'élançait contre eux; ils sont à leur tour frappés de terreur, jettent leurs armes, laissent leurs canons et s'abandonnent à une fuite précipitée!... Les troupes des généraux Reynier et Junot, placées sur la rive droite, furent alors, ainsi que moi, témoins d'un spectacle bien rare à la guerre, celui de plusieurs divisions de partis différents se fuyant mutuellement dans le plus grand désordre!... Enfin la panique étant calmée de part et d'autre, Anglais et Français revinrent peu à peu sur le terrain abandonné, pour ramasser leurs fusils; mais on était si honteux des deux côtés, que bien que les soldats ennemis fussent très près, il ne fut pas tiré un seul coup de fusil, ni échangé aucune provocation; chacun regagna silencieusement son poste... Wellington même n'osa s'opposer à la retraite du maréchal Ney, qui fit repasser la rivière et couper le pont. Dans ce bizarre engagement, les Anglais eurent 200 hommes hors de combat et nous en tuèrent une cinquantaine; mais nous eûmes 100 noyés, et, malheureusement, le 39e perdit son aigle, que les meilleurs plongeurs ne purent alors retrouver; elle le fut l'été suivant par les paysans portugais, lorsque les fortes chaleurs eurent mis à sec une partie de la rivière.

Le maréchal Ney, furieux de l'échec qu'il venait d'éprouver, s'en prit au général Lamotte et lui retira sa brigade. Lamotte était cependant un bon et brave officier, auquel l'Empereur rendit justice plus tard. Quant à Ney, il était si désireux de prendre une revanche de sa mésaventure que, dans l'espoir d'attaquer Wellington lorsqu'il voudrait à son tour passer la Ceyra, il resta immobile une partie de la journée du 16 sur les bords de cette rivière, et Masséna fut obligé de lui expédier quatre ou cinq aides de camp pour le forcer à lever son bivouac et à suivre le mouvement de retraite. L'armée franchit l'Alva le 17, sur le pont reconstruit à Ponte-Murcelha, et continua pendant cinq jours sa retraite sur Celorico sans être inquiétée.

La vallée que nous venions de parcourir entre le Mondego et la chaîne d'Estrella est très praticable, des plus fertiles, et l'armée y vécut dans l'abondance; aussi, en nous retrouvant à Celorico, où, à notre entrée en Portugal, Masséna avait eu la malencontreuse idée de quitter cette belle vallée, pour se jeter dans les montagnes de Viseu et de Busaco, l'armée le blâma-t-elle de nouveau, car cette faute avait coûté la vie à plusieurs milliers d'hommes et fait manquer notre campagne. Aussi le maréchal, ne pouvant se résigner à rentrer en Espagne, résolut-il de se maintenir en Portugal à tout prix!... Son projet était de regagner le Tage par Guarda et Alfayates, de prendre position à Coria et Placencia, de rétablir le pont d'Alcantara, de s'y joindre aux troupes françaises commandées par le maréchal Soult devant Badajoz, de pénétrer tous ensemble dans l'Alentejo, et de marcher ensuite sur Lisbonne. Masséna espérait forcer ainsi Wellington à rétrograder promptement pour chercher à défendre cette capitale, qui, attaquée à revers par l'Alentejo, n'aurait eu que fort peu de moyens de résistance, car elle n'était pas fortifiée sur la rive gauche du Tage.

Pour rendre la marche des troupes plus facile, le maréchal envoya en Espagne tous les blessés et malades. Je refusai de les suivre, et, malgré mes souffrances, je préférai rester au milieu de l'armée, auprès de mon frère et de mes camarades. Pendant la marche de deux jours faite à Celorico, Masséna ayant communiqué son plan à ses lieutenants, le maréchal Ney, qui brûlait du désir de recouvrer son indépendance, s'opposa à l'entreprise d'une nouvelle campagne, et déclara qu'il allait ramener ses troupes en Espagne, parce qu'elles ne trouvaient plus en Portugal de quoi faire du pain. C'était vrai; mais l'armée avait d'immenses troupeaux et était habituée depuis six mois à vivre sans pain, chaque soldat recevant plusieurs livres de viande et du vin en quantité.

La nouvelle désobéissance de Ney, encore plus positive que les précédentes, excita l'indignation de Masséna. Il y répondit par un ordre du jour qui ôtait au maréchal Ney le commandement du 6e corps. Cet acte de vigueur, juste et indispensable, était trop tardif; il aurait fallu le faire à la première rébellion de Ney. Celui-ci refusa d'abord de s'éloigner, en disant que l'Empereur lui ayant donné le commandement du 6e corps, il ne le quitterait que par son ordre! Mais le généralissime ayant réitéré son injonction, le maréchal Ney partit pour Alméida et rentra en Espagne, d'où il se rendit auprès de l'Empereur à Paris. Le 6e corps fut confié au général Loison, que son rang d'ancienneté appelait à ce commandement.

Le renvoi du maréchal Ney produisit sur l'armée une sensation d'autant plus profonde qu'on en connaissait le principal motif, et qu'il avait exprimé le vœu général des troupes, en insistant pour rentrer en Espagne.

Le 24, l'armée, commençant le mouvement qui devait la ramener sur le Tage, occupa Belmonte et Guarda. Cette dernière ville est la plus élevée de la Péninsule. Il y faisait un froid des plus piquants, qui fit mourir plusieurs hommes et rendit ma blessure au côté infiniment douloureuse. Masséna reçut à Guarda plusieurs dépêches du major général, presque toutes ayant deux mois de date! Cela démontre dans quelle erreur était Napoléon en pensant que de Paris il pouvait diriger les mouvements d'une armée faisant la guerre de Portugal!... Ces dépêches parvinrent au généralissime d'une manière inusitée jusqu'alors dans l'armée française. Le prince Berthier les avait confiées à M. de Canouville, son aide de camp; mais ce jeune officier, un des *beaux* de l'armée, voyant la difficulté de joindre l'armée de

Masséna, se contenta de déposer ses dépêches à Ciudad-Rodrigo, et reprit le chemin de Paris, d'où l'on cherchait précisément à l'éloigner à la suite d'une bruyante équipée. Voici l'anecdote dont le fait principal remonte à l'époque où le général Bonaparte commandait en chef l'armée d'Italie.

Plusieurs dames de sa famille étant venues le joindre à Milan, l'une d'elles épousa un de ses généraux les plus dévoués, et comme, selon la mode du temps, elle montait à cheval, ayant une petite pelisse à la housarde par-dessus ses vêtements féminins, Bonaparte lui en avait donné une remarquablement belle par sa fourrure et surtout parce que tous les boutons étaient en diamant. Quelques années après, cette dame, devenue veuve, s'était remariée à un prince étranger, lorsqu'au printemps de 1811 l'Empereur, passant au Carrousel la revue de la garde, aperçoit au milieu de l'état-major du prince Berthier l'aide de camp Canouville portant fièrement la pelisse donnée par lui jadis à sa parente! La fourrure et les diamants constataient l'identité! Napoléon les reconnut et s'en montra fort courroucé; la dame fut, dit-on, sévèrement réprimandée, et l'imprudent capitaine reçut une heure après l'ordre de porter des dépêches à Masséna, auquel il était prescrit de retenir cet officier indéfiniment auprès de lui. Canouville s'en douta, et je viens de dire comment il profita du hasard qui l'empêcha de pénétrer en Portugal; mais à peine était-il de retour à Paris, qu'on le réexpédia pour la Péninsule, où il arriva tout honteux de sa déconvenue! La conversation de ce moderne Lauzun nous amusa, en nous mettant au courant de ce qui s'était passé dans les salons de Paris depuis que nous en étions absents, et nous rîmes beaucoup de la recherche de sa toilette, qui contrastait grandement avec le délabrement de nos uniformes usés par une année de campagne, de sièges, de marches et de combats!... Canouville, d'abord fort étonné de la prompte transition qui, des charmants boudoirs parisiens, l'avait jeté au milieu d'un bivouac, parmi les rochers du Portugal, se résigna à ce changement. C'était un homme d'esprit et de courage; il se fit bravement tuer l'année suivante à la bataille de la Moskowa.

CHAPITRE TRENTE-NEUF

Retraite définitive.—Confusion d'ordres.—Retour offensif sur Alméida.—Mauvaise volonté de Bessières.

Les dépêches de l'Empereur que M. de Canouville avait laissées à Ciudad-Rodrigo, lors de son premier voyage, étant parvenues à Masséna pendant qu'il était à Guarda, en disposition de garder les rives du Tage supérieur, le généralissime, au lieu d'exécuter son mouvement sur-le-champ, perdit plusieurs jours à répondre à ces lettres datées de deux mois. Ce retard nous fut nuisible. Les ennemis en profitèrent pour réunir leurs troupes et vinrent nous attaquer dans Guarda même. Nous les repoussâmes, et il en fut ainsi dans plusieurs combats partiels que Masséna soutint, pour attendre des officiers envoyés par lui vers Alcantara. Leur rapport ayant constaté l'impossibilité de nourrir l'armée dans une contrée sans ressource, la volonté de Masséna dut fléchir enfin devant une accumulation d'obstacles qu'aggravaient encore la répugnance des généraux et le dénuement des troupes. Il fut donc résolu qu'on rentrerait en Espagne. Mais au lieu de le faire promptement, le généralissime retardait sa sortie du Portugal, et lord Wellington, saisissant l'occasion que lui offrit un faux mouvement du général Reynier, l'attaqua à Sabugal. Les succès furent balancés; néanmoins, nous eûmes encore deux à trois cents hommes hors de combat dans cet engagement glorieux, mais inutile.

L'armée française passa la frontière le lendemain, 1er avril, et campa sur les terres d'Espagne. Elle présentait encore un effectif de plus de quarante mille hommes, et avait envoyé à Ciudad-Rodrigo et Salamanque plusieurs convois de malades et blessés, s'élevant à plus de dix mille. Nous étions entrés en Portugal avec soixante mille combattants, sans compter la division du 9e corps qui vint nous rejoindre. Notre perte avait donc été pendant cette longue campagne d'environ dix mille hommes tués, pris ou morts de maladie!

L'armée prit position autour d'Alméida, de Ciudad-Rodrigo et de Zamora. Masséna se trouva alors dans une situation des plus pénibles; car ces deux places fortes et les pays circonvoisins étaient placés sous l'autorité du maréchal Bessières, auquel l'Empereur avait confié le commandement d'une nouvelle armée dite *du Nord*, entièrement composée des troupes de la jeune garde. Il en résulta un conflit de pouvoirs entre les deux maréchaux, Bessières voulant conserver tous les approvisionnements pour ses troupes, et Masséna soutenant avec raison que l'armée qu'il ramenait de Portugal, où elle venait d'éprouver tant de privations, avait au moins autant de droits à la distribution des vivres. L'Empereur, ordinairement si prévoyant, n'avait donné aucun ordre pour le cas où l'armée de Masséna serait forcée de rentrer en Espagne.

Il régnait donc une grande incertitude sur cette frontière, principalement pour la défense de Ciudad-Rodrigo et d'Alméida. Ces deux forteresses, l'une espagnole, l'autre portugaise, sont tellement voisines que l'une d'elles devenait inutile. L'Empereur avait donc ordonné de retirer la garnison ainsi que l'artillerie de cette dernière place, et d'en démolir les remparts, déjà si fortement ébranlés par l'explosion qui, l'année précédente, nous en avait rendus maîtres. Mais au moment où le général Brénier, gouverneur, allait opérer la destruction d'Alméida, il avait reçu contre-ordre du ministre de la guerre, de sorte que Masséna, arrivant de Portugal sur ces entrefaites, n'osa prendre aucune décision. Cependant, comme ses troupes ne pouvaient subsister dans les environs rocailleux et stériles d'Alméida, il fut contraint de les éloigner et d'abandonner cette place à ses propres ressources, qui consistaient en une très faible garnison, ayant seulement pour vingt-cinq jours de vivres. Si l'on eût eu des ordres positifs de l'Empereur, la présence de l'armée de Portugal eût permis de détruire en une semaine les fortifications d'Alméida, que les Anglais s'empressèrent d'environner dès que l'armée se fut éloignée, et il fallut entreprendre le mois suivant une sanglante expédition pour sauver cette place, ce à quoi l'on ne put même pas parvenir.

L'ordre qui plaçait le comte d'Erlon et le 9e corps sous le commandement du généralissime venait enfin d'arriver: c'était trois mois trop tard!... Le maréchal Masséna, après avoir mis son armée en cantonnement entre Ciudad-Rodrigo, Zamora et Salamanque, alla le 9 avril établir son quartier général dans cette dernière ville. Pendant que nous nous y rendions, il se passa sous les yeux du généralissime un fait peu honorable pour l'armée anglaise. Sir Waters, colonel attaché à l'état-major de Wellington, avait été fait prisonnier par nos troupes, et comme il donna sa parole de ne point s'évader, Masséna prescrivit de lui laisser ses armes, son cheval, et de le loger tous les soirs dans une maison particulière. Cet officier voyageait donc librement à la suite de nos colonnes, lorsqu'on passant dans le bois de Matilla, où elles faisaient une halte, il saisit le moment où chacun se reposait, et mettant son excellente monture au galop, il disparut! Trois jours après, il rejoignit Wellington, qui parut trouver le tour fort plaisant!... Ce même Wellington répondit à Masséna, qui se plaignait de ce que les miliciens portugais massacraient les prisonniers français, et avaient naguère fait subir le même sort à un de nos colonels d'état-major: «Que se trouvant dans l'obligation d'employer tous les moyens pour repousser une guerre d'invasion, il ne pouvait répondre des excès auxquels se portaient les paysans!»

Le repos, joint aux bons soins que je reçus à Salamanque, me rétablit promptement; mais le bonheur que j'en éprouvai fut troublé par un fâcheux incident, qui me fit une peine extrême. Mon excellent ami Ligniville nous quitta à la suite d'une très grave discussion qu'il eut avec Masséna. Voici à quel sujet.

Masséna avait confié à Ligniville les difficiles fonctions de grand écuyer, que celui-ci n'accomplissait, du reste, que volontairement et par obligeance. Amateur de chevaux, Ligniville, qui avait surveillé ceux du maréchal pendant la campagne d'Allemagne, eut la plus grande peine à les nourrir en Espagne et en Portugal. Il s'y résigna cependant. On avait reconnu que, pour transporter la cuisine et les bagages du grand quartier général, il fallait au moins trente mulets, et Ligniville, avant notre entrée en campagne, en avait proposé l'acquisition; mais Masséna, ne voulant pas faire personnellement cette dépense, chargea l'intendant de l'armée de les lui procurer. Masséna conserva constamment ces bêtes de somme, qu'il avait encore à notre arrivée à Salamanque. Les Espagnols ont la bonne habitude de raser le dos des mulets, afin d'empêcher que le poil mouillé par la sueur, se pelotonnant sous le bât, ne blesse ces animaux. Cette opération ne peut être faite que par des hommes spéciaux et coûte assez cher. Masséna proposa donc à mon ami Ligniville d'ordonner à l'alcade de Salamanque de payer cette dépense sur les fonds de la ville; mais Ligniville ayant refusé de se prêter à une mesure qu'il considérait comme une exaction, il s'ensuivit une scène, à la suite de laquelle mon ami déclara au maréchal que, puisqu'il reconnaissait si peu la condescendance qu'il avait eue de remplir les fonctions de grand écuyer, non seulement il y renonçait, mais qu'il lui donnait sa démission et allait rejoindre le 13e de dragons auquel il appartenait.

Masséna employa vainement tous les moyens pour le retenir: Ligniville, homme très calme, mais très ferme, resta inébranlable. Il fixa donc le jour de son départ. Le commandant Pelet étant en mission, je remplissais les fonctions de premier aide de camp, et en cette qualité je réunis tous les officiers de l'état-major de Masséna, et leur proposai de donner une marque d'estime et de regret à notre ancien et bon camarade, en l'accompagnant à cheval à une lieue de la ville. Cette proposition fut acceptée; mais, afin que Prosper Masséna ne parût pas blâmer son père, nous eûmes soin de le désigner pour rester au salon de service, pendant que nous conduisions Ligniville, auquel nous fîmes l'adieu le plus cordial, car il était aimé de tous. Masséna s'émut de cet acte, cependant très honorable, et m'accusa d'en avoir été le promoteur; il reprit dès lors sa rancune à mon égard, bien que ma conduite dans cette campagne m'eût rendu sa confiance et son intérêt.

Cependant la garnison d'Alméida, cernée par les Anglais et près de manquer de vivres, allait être réduite à capituler, et l'Empereur, afin d'arracher aux Anglais ce triomphe, venait d'ordonner à Masséna de ramener toutes ses troupes sur Alméida et d'en faire sauter les remparts. Mais cette opération, qu'il eût été si facile d'exécuter quelques semaines avant, lorsque l'armée, à sa sortie de Portugal, se trouvait réunie autour de la place et en tenait les Anglais éloignés, était devenue très délicate, à présent qu'ils bloquaient Alméida avec des forces considérables; il fallait livrer bataille. À cette difficulté s'en joignait une autre non moins grave: l'armée de Masséna, répartie dans la province de Salamanque, ne vivait pas dans l'abondance; mais enfin, chaque cantonnement nourrissait tant bien que mal sa petite garnison, tandis que, pour se porter sur les Anglais, il fallait réunir nos troupes, pourvoir dès lors à leurs besoins, et nous n'avions ni magasins ni moyens de transport suffisants.

Le maréchal Bessières, gouverneur de la province, disposait de toutes les ressources, qu'il réservait pour les régiments de la garde. Il avait une nombreuse cavalerie, ainsi qu'une formidable artillerie, tandis que Masséna, dont l'infanterie était encore redoutable, manquait de chevaux, ceux de son armée se trouvant en grande partie hors d'état de faire un bon service. Le généralissime avait donc invité Bessières à lui en prêter, et toutes les lettres de celui-ci étaient remplies des protestations les plus rassurantes; mais comme elles restaient sans effet, et qu'on savait Alméida aux abois, Masséna, ne se contentant plus d'écrire à son collègue, dont le quartier général était à Valladolid, résolut de lui dépêcher un aide de camp qui pût lui expliquer la gravité de la position et le presser d'envoyer des secours en cavalerie, vivres, munitions, etc., etc. Ce fut sur moi que le généralissime jeta les yeux pour remplir cette mission. Fortement blessé le 14 février, je ne pouvais guère être en bonne santé le 19 avril pour courir la poste à franc étrier et m'exposer aux attaques des guérillas dont les routes étaient couvertes. Dans toute autre circonstance, j'en aurais fait l'observation au maréchal; mais comme il me boudait, et que j'avais, par excès de zèle, demandé à reprendre mon service, ne m'attendant pas à avoir quelques jours après une aussi rude corvée, je ne voulus rien devoir à la commisération de Masséna. Je partis donc, malgré les instances de mes camarades et de mon frère, qui s'offrait pour me remplacer.

Pour remplir la mission qui m'était confiée, je dus, en sortant de Salamanque, prendre le galop sur des chevaux de poste. Ma blessure au côté se rouvrit et me causa de très vives douleurs; je parvins cependant à Valladolid. Le maréchal Bessières, pour achever de me prouver qu'il n'avait conservé aucune rancune contre moi, au sujet de la discussion survenue entre le maréchal Lannes et lui sur le champ de bataille d'Essling, discussion où je fus si innocemment impliqué, le maréchal Bessières, dis-je, me reçut parfaitement, et obtempérant aux demandes que Masséna m'avait chargé de lui réitérer, il promit d'envoyer plusieurs régiments et trois batteries d'artillerie légère pour renforcer l'armée de Portugal, ainsi que des vivres en abondance.

J'avais un tel empressement de rapporter ces bonnes nouvelles à Masséna, qu'après quelques heures de repos je repris le chemin de Salamanque. Je crus un moment que j'allais être attaqué; mais à la vue des flammes qui surmontaient les lances des cavaliers de notre escorte, les guérilleros, dont cette arme était la terreur, s'enfuirent à toutes jambes, et j'arrivai sans encombre auprès du généralissime. Masséna, bien que très satisfait du résultat de ma mission, ne m'adressa aucune parole bienveillante sur le zèle dont j'avais fait preuve. Il faut avouer que les grandes contrariétés dont il était entouré contribuaient infiniment à aigrir son caractère déjà vindicatif. Il en éprouva une nouvelle, qui mit le comble à sa perplexité.

La guerre que nous faisions dans la Péninsule étant dirigée de Paris, il en résultait des anomalies vraiment incompréhensibles; ainsi, au moment où le major général prescrivait à Masséna au nom de l'Empereur de réunir toutes les troupes de son armée pour voler au secours d'Alméida, il ordonnait au comte d'Erlon, chef du 9e corps, faisant partie de cette même armée, de se rendre sur-le-champ en Andalousie pour y joindre le maréchal Soult. Le comte d'Erlon, ainsi placé entre deux destinations contraires, et comprenant que ses troupes seraient mieux dans les belles contrées de l'Andalousie que dans les arides provinces du Portugal, se préparait à partir pour Séville; mais comme son éloignement, en privant Masséna de deux belles divisions d'infanterie, l'aurait mis dans l'impossibilité de secourir Alméida, ainsi que l'Empereur l'avait prescrit, le maréchal s'opposa au départ du comte d'Erlon. Celui-ci insista, et nous vîmes se renouveler les déplorables contestations dont nous avions déjà été témoins l'hiver précédent au sujet du 9e corps. Enfin, sur les instances de Masséna, le comte d'Erlon consentit à rester jusqu'après le déblocus d'Alméida. Ces sollicitations d'un généralissime envers son inférieur constituaient un véritable contresens, et ne pouvaient qu'altérer la discipline militaire.

Cependant, les renforts promis par le maréchal Bessières n'étant pas encore arrivés à Salamanque le 24, Masséna, ne comptant plus que sur ses propres ressources pour forcer Alméida, se rendit à Ciudad-Rodrigo, où son armée fut concentrée le 26. Mais pour nourrir cette accumulation de forces, il fallut entamer l'approvisionnement de Rodrigo et compromettre ainsi le sort futur de cette place importante.

Nous n'étions qu'à trois lieues des Anglais. Ils entouraient la ville d'Alméida, avec laquelle nous ne pouvions communiquer, et nous ignorions leurs forces., mais on savait que Wellington s'était transporté derrière Badajoz avec un gros détachement de plusieurs divisions, et Masséna, espérant qu'il ne pourrait être de retour avant huit ou dix jours, voulut profiter de son absence et de celle d'une partie de l'armée ennemie, pour opérer le ravitaillement d'Alméida. Mais Wellington, informé du mouvement des Français, revint promptement sur ses pas et se trouva devant nous le 1er mai. Ce fut un grand malheur; car il est probable que sir Spencer, chargé par intérim du commandement de l'armée anglaise, ce qui était au-dessus de ses forces, n'aurait pas osé prendre sur lui la responsabilité d'engager une bataille avec un adversaire tel que Masséna, et celui-ci aurait pu sans peine ravitailler Alméida.

Les soldats français, bien qu'ils ne reçussent depuis plusieurs jours qu'une demi-ration de mauvais pain et un quart de viande, demandaient néanmoins le combat, et leur allégresse fut grande lorsque, le 2 au matin, ils virent paraître une faible colonne des troupes du maréchal Bessières, qu'ils prirent pour l'avant-garde de l'armée du Nord. Mais ce renfort, si pompeusement annoncé et si longtemps attendu, se bornait à 1,500 hommes de cavalerie bien montés, six pièces d'artillerie et trente bons attelages; Bessières n'amenait ni munitions de guerre, ni provisions de bouche!... C'était une véritable déception! Masséna resta stupéfait, mais il se mit bientôt en colère en apercevant Bessières, qui conduisait lui-même un si faible secours! La présence de ce maréchal était en effet blessante pour Masséna. L'armée de Portugal, en rentrant en Espagne, se trouvait, il est vrai, dans les provinces soumises au commandement territorial de Bessières, mais elle était néanmoins indépendante de lui, uniquement aux ordres de Masséna, et parce que le maréchal Bessières prêtait quelques soldats à celui-ci, ce n'était pas une raison pour qu'il vînt en personne contrôler en quelque sorte la conduite de son collègue. Masséna le comprit, et nous dit en voyant apparaître Bessières: «Il aurait beaucoup mieux fait de m'envoyer quelques milliers d'hommes de plus, ainsi que des munitions et des vivres, et de rester au centre de ses provinces, plutôt que d'examiner et de critiquer ce que je vais faire!...» Bessières fut donc reçu très froidement, ce qui ne l'empêcha pas de suivre constamment Masséna pendant cette courte campagne et de donner son avis. L'armée se mit en mouvement dans l'après-midi du 2 mai, et le 3, les hostilités commencèrent.

Ici se déroule une nouvelle série de fautes, provenant du mauvais vouloir de certains généraux envers Masséna, ainsi que de la mésintelligence qui régnait entre les autres.

CHAPITRE QUARANTE

Bataille de Fuentès d'Oñoro.—Fatale méprise.—Beau mouvement de Masséna.—
Insuccès dû à l'abstention de Bessières.

Lorsque nous rencontrâmes l'armée anglo-portugaise à l'extrême frontière de l'Espagne et du Portugal, elle était postée en avant de la forteresse d'Alméida, dont elle faisait le blocus; les troupes occupaient un très vaste plateau, situé entre le ruisseau de Turones et celui qui coule dans le profond ravin nommé *Dos Casas*. Lord Wellington avait sa gauche auprès du fort détruit de la Conception, le centre vers le village d'Alameda, et sa droite, placée à Fuentès d'Oñoro, se prolongeait vers le marais de Nave de Avel, d'où sort le cours d'eau que les uns nomment Dos Casas et les autres Oñoro; ce ruisseau couvrait son front. Les Français arrivèrent sur cette ligne en trois colonnes, par la route de Ciudad-Rodrigo. Les 6e et 9e corps, réunis sous les ordres du général Loison, formaient l'aile gauche placée en face de Fuentès d'Oñoro. Le 8e corps, sous Junot, et la cavalerie de Montbrun, étaient au centre, au bas du monticule de la Briba. Le général Reynier, avec le 2e corps, prit position à la droite, observant Alameda et la Conception. Plusieurs bataillons d'élite, les lanciers de la garde et quelques batteries composaient la réserve, aux ordres du général Lepic, célèbre par sa valeur et la brillante conduite qu'il avait tenue à la bataille d'Eylau.

À peine nos troupes étaient-elles à leurs postes respectifs, que le général Loison, sans attendre les ordres de Masséna pour un mouvement simultané, fondit sur le village d'Oñoro, occupé par les Écossais et la division d'élite de l'armée des alliés. L'attaque fut si brusque et si vive que les ennemis, bien que retranchés dans des maisons en pierres sèches très solides, furent obligés d'abandonner leur poste; mais ils se retirèrent dans une vieille chapelle située au sommet des énormes rochers qui dominent Oñoro, et il devint impossible de les déloger de cette importante position. Masséna prescrivit donc de s'en tenir pour le moment à l'occupation du village, et de garnir toutes les maisons de troupes; mais cet ordre fut mal exécuté, car la division Ferey, qui en était chargée, se laissant emporter par l'ardeur d'un premier succès, alla se former tout entière en dehors d'Oñoro et s'exposa ainsi au canon et à la fusillade des Anglais placés autour de la chapelle. Enfin, pour comble de malheur, le désordre fut jeté parmi nos troupes par un déplorable événement que l'on aurait dû prévoir.

Il y avait, dans la division Ferey, un bataillon de la légion hanovrienne au service de la France. L'habit d'uniforme de ce corps était rouge comme celui des Anglais, mais il portait des capotes grises comme toute l'armée française; aussi le commandant des Hanovriens, qui avait eu plusieurs hommes tués par nos gens au combat de Busaco, avait-il demandé, avant d'entrer à Oñoro, l'autorisation de faire garder les capotes à sa troupe, au lieu de les rouler sur les sacs, ainsi que cela venait d'être prescrit. Mais le général Loison lui répondit qu'il devait se conformer à l'ordre donné pour tout le corps d'armée. Il en résulta une méprise bien cruelle; car le 66e régiment français, ayant été envoyé au soutien des Hanovriens qui combattaient en première ligne, les prit au milieu de la fumée pour un bataillon anglais et tira sur eux, pendant que notre artillerie, induite aussi en erreur par les habits rouges, les couvrait de mitraille.

Je dois à ces braves Hanovriens la justice de dire que, bien que placés ainsi entre deux feux, ils les supportèrent longtemps sans reculer d'un seul pas; mais enfin, ayant un grand nombre de blessés et 100 hommes tués, le bataillon se trouva dans l'obligation de se retirer en longeant un des côtés du village. Les soldats d'un régiment français qui y entraient en ce moment, voyant des habits rouges sur leur flanc, se crurent tournés par une colonne anglaise, et il en résulta quelque désordre, dont les ennemis profitèrent habilement pour reprendre Fuentès d'Oñoro, ce qui ne serait pas arrivé si les généraux eussent garni les fenêtres de fantassins, ainsi que l'avait prescrit Masséna. La nuit vint mettre un terme à ce premier engagement, dans lequel nous eûmes 600 hommes mis hors de combat. Les pertes des ennemis furent à peu près les mêmes, et portèrent principalement sur leurs meilleures troupes, les Écossais. Le colonel anglais Williams fut tué.

Je n'ai jamais compris comment Wellington avait pu se résoudre à attendre les Français dans une position aussi défavorable que celle dans laquelle l'inhabile général Spencer avait placé les troupes avant son arrivée. En effet, les alliés avaient à dos non seulement la forteresse d'Alméida qui leur barrait le seul bon passage de retraite, mais encore la Coa, rivière très encaissée, dont les accès sont infiniment difficiles, ce qui pouvait amener la perte de l'armée anglo-portugaise, si les événements l'eussent contrainte à se retirer. Il est vrai que la gorge escarpée et très profonde du Dos Casas protégeait le front des Anglais, depuis les ruines du fort de la Conception jusqu'à Nave de Avel; mais, au delà de ce point, les berges de ce grand ravin s'affaissent, disparaissent même, et font place à un marais très facile à traverser. Wellington aurait pu néanmoins s'en servir pour couvrir la pointe de son extrême droite, en le faisant défendre par un bon régiment appuyé par du canon; mais le généralissime ennemi, oubliant le tort qu'il avait eu à Busaco en se reposant sur le partisan Trent du soin d'empêcher les Français de tourner son armée par le défilé de Boïalva, retomba dans la même faute; il se borna à confier la garde du marais de Nave de Avel aux bandes du partisan don Julian, incapables de résister à des troupes de ligne.

Masséna, informé de cette négligence par une patrouille de la cavalerie de Montbrun, ordonna de tout préparer pour que ses divisions pussent franchir le marais le lendemain au point du jour, afin de prendre l'aile droite des ennemis à revers. On fit donc confectionner pendant la nuit bon nombre de fascines, et en même temps le 8e corps et une partie du 9e marchant en silence, se dirigèrent vers Nave de Avel. La division Ferey resta devant Oñoro, que l'ennemi occupait toujours.

Le 5 mai, au point du jour, une compagnie de voltigeurs se glissa parmi les saules et les roseaux, franchit sans bruit le marais, et, se passant des fascines de main en main, combla les mauvais pas, dont le nombre était infiniment moins considérable qu'on ne l'avait présumé. Don Julian et ses guérillas, se croyant à l'abri de toute attaque derrière le marais, se gardaient si mal que nos gens les trouvèrent endormis et en tuèrent une trentaine; tout le reste de la bande, au lieu de tirer vivement, ne fût-ce que pour avertir les Anglais, se sauva à toutes jambes jusqu'à Freneda, au delà du Turones, et don Julian, quoique fort brave, ne put retenir ses soldats indisciplinés. Nos troupes, profitant de la négligence de Wellington, s'empressèrent de traverser le marais, et déjà nous avions de l'autre côté quatre divisions d'infanterie, toute la cavalerie de Montbrun, plusieurs batteries, et nous étions maîtres de Nave de Avel, sans que les Anglais se fussent aperçus de notre mouvement, un des plus beaux que Masséna ait jamais conçus!... C'était le dernier éclair d'une lampe qui s'éteint...

Par le fait de notre passage au travers des marais, l'aile droite des ennemis était complètement débordée, et la situation de Wellington devenait extrêmement difficile, car non seulement il devait opérer un immense changement de front pour s'opposer à celles de nos divisions qui occupaient déjà Nave de Avel et Pozo Velho, ainsi que le bois situé entre ce village et Fuentès d'Oñoro; mais le général anglais était forcé de laisser une partie de ses troupes devant Fuentès d'Oñoro et Alameda pour contenir les corps du comte d'Erlon et du général Reynier, qui se préparaient à passer le Dos Casas, afin d'attaquer les ennemis pendant leur mouvement. Lord Wellington avait si bien cru l'extrémité de son aile droite à l'abri de toute atteinte par le marais de Nave de Avel, qu'il n'avait laissé sur ce point que quelques cavaliers éclaireurs. Mais en voyant cette aile tournée, il s'empressa de diriger sur Pozo Velho la première brigade d'infanterie qui lui tomba sous la main. Notre cavalerie, dirigée par Montbrun, culbuta et sabra cette avant-garde!... Le général Maucune, suivant alors ce mouvement en avant, se précipita dans les bois de Pozo Velho, d'où il chassa les Écossais, auxquels il prit deux cent cinquante hommes et en tua une centaine. Tout faisait donc présager aux Français une victoire éclatante, lorsque, par suite d'une discussion élevée entre les généraux Loison et Montbrun, celui-ci suspendit la marche de la réserve de cavalerie, sous prétexte que les batteries de la garde qu'on lui avait promises n'étaient pas encore arrivées! En effet, le maréchal Bessières les avait retenues sans en prévenir Masséna, qui, averti trop tard de cette difficulté, envoya sur-le-champ plusieurs pièces à Montbrun; mais le temps d'arrêt de celui-ci nous fut doublement funeste: d'abord parce que l'infanterie de Loison, ne se voyant plus secondée par la cavalerie de Montbrun, hésita à s'engager dans la plaine; et en second lieu, cette halte fatale permit à Wellington d'appeler toute sa cavalerie au secours des divisions anglaises de Houston et de Crawfurd, les seules qui fussent encore arrivées à se ranger devant nous!...

Cependant, par ordre de Masséna, le général Montbrun, cachant son artillerie derrière quelques escadrons de housards, s'avance de nouveau et, démasquant tout à coup ses bouches à feu, foudroie la division Houston, et, lorsqu'elle est ébranlée, il la fait charger par les brigades Wathier et Fournier, qui sabrèrent presque entièrement le 51e régiment anglais et mirent dans la plus complète déroute le surplus de la division Houston. Les fuyards gagnèrent Villa-Formosa, la rive gauche du

Turones, et ne durent leur salut qu'au régiment des chasseurs britanniques qui, posté derrière une longue et forte muraille, arrêta l'élan de nos cavaliers par des feux aussi nourris que bien dirigés.

Wellington n'avait plus sur cette partie du champ de bataille que la division Crawfurd et celle de cavalerie, le surplus de son armée, pris à revers, n'ayant pas encore terminé l'immense changement de front qui devait l'amener en ligne devant les Français. Comme le terrain sur lequel on combattait en ce moment était, avant notre passage du marais, le lieu le moins exposé à nos coups, les gens attachés à l'intendance de l'armée anglaise, les blessés, les domestiques, les bagages, les chevaux de main, les soldats éloignés de leurs régiments s'y étaient agglomérés, et cette vaste plaine était couverte jusqu'au Turones d'une multitude en désordre, au milieu de laquelle les trois carrés que venait de former l'infanterie de Crawfurd ne paraissaient que comme des points!... Et nous avions là à portée de canon, et prêts à fondre sur les ennemis, le corps du général Loison, celui de Junot, cinq mille hommes de cavalerie, dont mille de la garde, et de plus quatre batteries de campagne!... Déjà le 8e corps avait dépassé le bois de Pozo Velho; le 9e attaquait vivement le village de Fuentès d'Oñoro par la rive droite du Dos Casas, et le général Reynier avait ordre de déboucher par Alameda, afin de prendre les Anglais par derrière; il n'y avait donc plus qu'à marcher en avant... Aussi l'historien Napier, qui assistait à cette bataille, convient-il que dans tout le cours de la guerre il n'y a point eu de moment aussi dangereux pour les armées britanniques!... Mais l'aveugle fortune en décida autrement!... Le général Loison, au lieu d'aller par la rive gauche et le bois prendre à revers le village de Fuentès d'Oñoro, attaqué de front par le général Drouet d'Erlon, perdit beaucoup de temps et fit de faux mouvements qui permirent à Wellington de renforcer ce poste important devenu la clef de la position. De son côté, le général Reynier n'exécuta pas les ordres de Masséna, car, sous prétexte qu'il avait des forces trop considérables devant lui, il ne dépassa pas Alameda et ne prit presque aucune part à l'action.

Malgré tous ces contretemps, nous pouvions encore gagner la bataille, tant nos avantages étaient grands! En effet, la cavalerie de Montbrun, ayant battu celle des ennemis, ne tarda pas à se trouver en présence de l'infanterie de Crawfurd. Elle chargea et enfonça deux carrés, dont un fut littéralement haché!... Les soldats du second jetèrent leurs armes et s'enfuirent dans la plaine. Le colonel Hill rend son épée à l'adjudant-major Dulimberg, du 13e de chasseurs, et nous faisons quinze cents prisonniers. Le troisième carré anglais tient toujours ferme; Montbrun le fait attaquer par les brigades Fournier et Wathier, qui pénétraient déjà par l'une des faces, lorsque ces deux généraux ayant eu leurs chevaux tués sous eux et les colonels étant tous blessés dans la mêlée, personne ne se trouva là pour diriger les régiments vainqueurs. Montbrun accourut, mais le carré ennemi s'était remis en ordre; il dut, pour l'attaquer, reformer nos escadrons.

Pendant qu'il s'en occupe, Masséna, voulant achever la victoire, envoie un aide de camp porter au général Lepic, qui se trouvait en réserve avec la cavalerie de la garde, l'ordre de charger! Mais le brave Lepic, mordant de désespoir la lame de son sabre, répond avec douleur que le maréchal Bessières, son chef direct, lui a formellement défendu d'engager les troupes de la garde sans son ordre!... Dix aides de camp partent alors dans toutes les directions à la recherche de Bessières; mais celui-ci, qui depuis plusieurs jours marchait constamment auprès de Masséna, avait disparu, non par manque de valeur, car il était fort brave, mais par calcul ou jalousie contre son camarade. Il ne voulut pas envoyer un seul des hommes confiés à son commandement pour assurer un succès dont toute la gloire rejaillirait sur Masséna, sans songer aux intérêts supérieurs de la France!... Enfin, au bout d'un quart d'heure, on trouva le maréchal Bessières loin du champ de bataille, errant au delà du marais, où il examinait de quelle manière étaient faites les fascines employées le matin pour établir le passage!... Il accourt d'un air empressé, mais le moment décisif, manqué par sa faute, ne se retrouve plus, car les Anglais, s'étant remis du désordre dans lequel la cavalerie de Montbrun les avait jetés, venaient de faire approcher une artillerie formidable qui couvrait nos escadrons de mitraille, pendant que les leurs délivraient les quinze cents prisonniers que nous avions faits. Enfin, lord Wellington, après avoir terminé son changement de front, avait rétabli son armée sur le plateau, la droite au Turones, la gauche appuyée à Fuentès d'Oñoro.

À la vue de cette nouvelle ligne solidement constituée, Masséna suspendit la marche de ses troupes et fit commencer une forte canonnade, qui causa de grands ravages dans les rangs épais des ennemis, qu'une charge générale de toute notre cavalerie pouvait enfoncer. Masséna espérait donc que Bessières consentirait enfin à faire participer les régiments de la garde à ce coup de collier, qui nous eût infailliblement donné la victoire; mais Bessières s'y refusa, en disant qu'il était responsable envers l'Empereur des pertes que pourraient éprouver les troupes de sa garde!... Comme si toute l'armée ne servait pas l'Empereur, pour qui l'essentiel était de savoir les Anglais battus et chassés de la Péninsule!... Tous les militaires, et principalement ceux de la garde, furent indignés de la détermination de Bessières, et se demandaient ce que ce maréchal était venu faire devant Alméida, puisque, pour sauver cette place, il ne voulait pas que ses troupes prissent part au combat. Ce contretemps si inattendu changeait tout à coup la face des affaires, car à chaque instant les Anglais recevaient de nombreux renforts, et une de leurs plus fortes divisions, arrivant du blocus d'Alméida, venait de passer le Turones pour se former dans la plaine!... La position respective des deux armées se trouvant ainsi changée, les combinaisons faites la veille par Masséna devaient l'être de même. Il résolut donc de porter ses principales forces sur Alméida, de s'y réunir au corps de Reynier, pour tomber tous ensemble sur la droite et les derrières des ennemis. C'était la contrepartie du mouvement opéré la nuit précédente par Nave de Avel.

Mais un nouvel obstacle imprévu arrêta tout à coup l'effet de ces dispositions. Le général Éblé, chef de l'artillerie, accourt prévenir qu'il n'y a plus au parc d'artillerie que quatre cartouches par homme, ce qui, avec celles laissées dans les gibernes, donnait à peu près une vingtaine de cartouches par fantassin. Or, c'était insuffisant pour recommencer le combat avec un ennemi qui opposerait une résistance désespérée!... Masséna ordonne donc d'envoyer à l'instant même tous les fourgons à Ciudad-Rodrigo pour y prendre des munitions de guerre; mais l'intendant déclare qu'il en a disposé pour aller chercher dans la même ville le pain qui doit être distribué le lendemain aux troupes! Il fallait cependant des cartouches. Masséna, n'ayant plus aucun moyen de transport, invite le maréchal Bessières à lui prêter pour quelques heures les caissons de la garde; mais celui-ci répond froidement que ses attelages, déjà fatigués dans cette journée, seront perdus s'ils font une marche de nuit par de mauvais chemins, et qu'il ne les prêtera que le lendemain!... Masséna s'emporte, et s'écrie qu'on lui enlève une seconde fois la victoire, qui vaut bien le prix de quelques chevaux; mais Bessières refuse encore, et une scène des plus violentes a lieu entre les deux maréchaux!

Le 6, au point du jour, les caissons de Bessières partaient pour Rodrigo; mais leur marche fut si lente que les cartouches n'arrivèrent que dans l'après-midi, et Wellington avait employé ces vingt-quatre heures à retrancher sa nouvelle position, surtout la partie haute du village de Fuentès d'Oñoro, qu'on ne pouvait enlever désormais sans répandre des torrents de sang français! L'occasion de la victoire fut donc perdue pour nous sans retour!...

CHAPITRE QUARANTE-ET-UN

Dévouement de trois soldats.—Destruction d'Alméida et évasion de la garnison.—L'armée se cantonne à Ciudad-Rodrigo.—Marmont remplace Masséna.—Fautes de ce dernier.

Masséna comprenant qu'il ne pouvait plus être question de livrer bataille, ni de ravitailler Alméida, dut se borner à tâcher de sauver la garnison de cette place, après en avoir détruit les fortifications. Mais pour arriver à ce but, il fallait pouvoir prévenir le gouverneur de la ville, qu'entouraient de nombreuses troupes anglaises, et les communications étaient, sinon impossibles, du moins fort difficiles. Trois braves, dont les noms doivent être conservés dans nos annales, se présentèrent volontairement pour remplir la périlleuse mission de traverser les camps ennemis et de porter au général Brénier des instructions sur ce qu'il devait faire en sortant de la place.

Ces trois intrépides militaires étaient: Pierre Zaniboni, caporal au 76e; Jean-Noël Lami, cantinier de la division Ferey, et André Tillet, chasseur au 6e léger. Comme ils avaient tous assisté l'année précédente au siège d'Alméida fait par les Français, ils connaissaient parfaitement les contrées voisines et devaient prendre des chemins différents. On remit à chacun d'eux une petite lettre en chiffres pour le gouverneur, et ils partirent le 6 au soir, à la nuit close.

Zaniboni, déguisé en marchand espagnol (il parlait fort bien la langue du pays), s'insinua dans les bivouacs anglais sous prétexte de vendre du tabac et d'acheter les habits des hommes tués. Lami, vêtu en paysan portugais, joua à peu près le même rôle sur un autre point de la ligne anglaise, et ce petit commerce étant en usage dans toutes les armées, les deux Français allaient d'une ligne à l'autre sans éveiller aucun soupçon, et approchaient déjà des portes d'Alméida, lorsque des circonstances restées inconnues firent découvrir leur ruse. Fouillés et trahis par les lettres accusatrices, ces deux malheureux furent fusillés comme *espions*, d'après les lois de la guerre, qui rangent dans cette catégorie et punissent de mort tout militaire qui, pour remplir une mission, quitte son uniforme.

Quant à Tillet, mieux inspiré et surtout plus habile que ses deux infortunés camarades, il partit pour Alméida en uniforme, armé de son sabre, et prenant d'abord pour chemin le lit profondément encaissé du ruisseau de Dos Casas, où il avait de l'eau jusqu'à la ceinture, il s'avança lentement de rocher en rocher, se blottissant derrière au moindre bruit, jusqu'auprès des ruines du fort de la Conception, où, quittant le Dos Casas, dont les hautes berges l'avaient si bien caché, même sur les points qui touchaient au camp ennemi, il rampa sur ses genoux au milieu des moissons déjà hautes et parvint enfin à l'avancée d'Alméida, où il fut reçu le 7, au point du jour, par les postes de la garnison française !... La lettre transmise au général Brénier par cet intrépide soldat contenait l'ordre de faire sauter les remparts et de se retirer aussitôt sur Barba del Puerco, où les troupes du général Reynier iraient au-devant de lui. Plusieurs salves d'artillerie du plus gros calibre, tirées à des heures indiquées, devaient annoncer à Masséna qu'un de ses émissaires était arrivé.

Le canon d'Alméida ayant fait entendre ces salves, Masséna fit les préparatifs nécessaires pour opérer sa retraite sur Ciudad-Rodrigo, dès qu'il aurait acquis la certitude de la destruction des remparts d'Alméida. Les opérations de ce genre exigent beaucoup de temps, car il faut miner les remparts, charger les fourneaux, détruire les munitions, l'artillerie, briser les affûts, etc., etc.

Il fallut donc attendre que le bruit du canon nous avertît que Brénier évacuait la place ; les deux armées restèrent donc en présence toutes les journées des 7, 8, 9 et 10 sans rien entreprendre l'une contre l'autre. Pendant ce temps, les Anglais demandèrent une suspension d'armes pour enterrer les morts. Cet hommage rendu à de braves guerriers devrait toujours être pratiqué chez les nations civilisées. Le nombre des cadavres anglais trouvés dans la plaine fut infiniment plus considérable que celui des Français ; mais ce fut tout le contraire dans le village, où les ennemis avaient combattu à l'abri des maisons et des murs des jardins. On releva beaucoup de blessés des deux parts. Au nombre des nôtres était le capitaine Septeuil, aide de camp du prince Berthier, qui avait, comme Canouville, reçu l'ordre de quitter Paris pour venir auprès de Masséna. Le malheur de ce jeune homme fut encore plus grand, car un boulet lui brisa une jambe qu'il fallut amputer sur le champ de bataille ! Il supporta cette terrible opération avec courage, et il vit encore.

En voyant l'armée française rester immobile devant lui pendant plusieurs jours, Wellington, dont les salves faites par le canon d'Alméida venaient sans doute d'attirer l'attention, comprit que Masséna avait l'intention de favoriser l'évasion de la garnison de cette place. Il renforça donc la division chargée du blocus et donna au général Campbell, qui la commandait, des ordres tellement bien combinés que s'ils eussent été ponctuellement exécutés, le général Brénier et ses troupes n'auraient pu échapper aux ennemis !... Ce fut le 10, à minuit, qu'une explosion sourde et prolongée apprit à l'armée française qu'enfin Alméida n'existait plus, du moins comme place forte. Le général Brénier, pour donner le change aux Anglo-Portugais, les avait harcelés dans les journées précédentes du côté opposé à celui par lequel la garnison devait effectuer sa sortie, qui eut lieu sans malencontre. Il en fut d'abord de même de la retraite que Brénier dirigeait, en se guidant sur la lune et sur le cours des ruisseaux. Déjà il n'était plus qu'à une petite distance de la division française du général Heudelet, envoyée au-devant de lui par Masséna, lorsque, ayant rencontré une brigade portugaise, il tomba sur elle, la dispersa et continua rapidement sa retraite. Mais le général Pack, averti par la fusillade, accourut de Malpartida, suivit nos colonnes en tiraillant, et bientôt la cavalerie anglaise du général

Cotton, attaquant vivement l'arrière-garde de la garnison, lui fit éprouver quelques pertes. Enfin, nos gens, apercevant le pont de Barba del Puerco par lequel s'avançait la division Heudelet venant à leur rencontre, se crurent sauvés et manifestèrent leur joie: mais il était écrit que le sol portugais devait être encore arrosé de sang français!

La dernière de nos colonnes avait à traverser un défilé aboutissant à une carrière située entre des rochers en pointes d'aiguille. Les ennemis accouraient de tous côtés, et quelques pelotons de notre arrière-garde furent coupés de la colonne par la cavalerie anglaise. À cette vue, les soldats français, gravissant avec légèreté les versants escarpés de la gorge, évitèrent la cavalerie anglaise, mais ce fut pour tomber dans un autre danger: l'infanterie portugaise les suivit sur les hauteurs, dirigeant sur eux une fusillade vive et meurtrière! Enfin, lorsque nos voltigeurs, près d'être secourus par la division Heudelet, espéraient toucher au port, la terre manquant tout à coup sous leurs pas en engloutit une partie dans un précipice béant, au pied d'un immense rocher. La tête de la colonne portugaise qui poursuivait vivement nos gens éprouva le même sort, et roula pêle-mêle avec eux dans le gouffre. La division Heudelet, qui accourut, étant parvenue à repousser les troupes anglo-portugaises bien au delà du point où venait d'avoir lieu cette catastrophe, on fouilla le fond du précipice, qui présentait un spectacle affreux! Là gisaient trois cents soldats français ou portugais, morts ou horriblement mutilés! Cependant, une soixantaine de Français et trente Portugais survécurent à cette horrible chute. Tel fut le dernier incident de la pénible et malheureuse campagne que les Français venaient de faire en Portugal, où ils ne rentrèrent plus!…

L'armée de Masséna, abandonnant le champ de bataille de Fuentès d'Oñoro, se replia vers Ciudad-Rodrigo, où elle prit ses cantonnements. Les Anglais ne la suivirent pas. Nous sûmes plus tard que Wellington, exaspéré contre le général Campbell, qu'il accusait d'avoir voulu laisser évader la garnison d'Alméida, faute d'avoir exécuté ses ordres, avait traduit ce général devant un conseil de guerre, et que Campbell s'était brûlé la cervelle de désespoir.

À peine l'armée française fut-elle rendue dans ses quartiers de rafraîchissement, que Masséna songea à la réorganiser dans l'espoir de faire une nouvelle campagne; mais son travail était à peine commencé, lorsque nous vîmes arriver de Paris le maréchal Marmont. Ce maréchal, qui apportait sa nomination de généralissime, se présenta d'abord comme le successeur du maréchal Ney au commandement du 6e corps; puis, quelques jours après, lorsqu'il eut suffisamment connaissance de l'état des choses, il produisit ses lettres de service et remit à Masséna l'ordre impérial qui le rappelait à Paris!

Masséna fut atterré par cette disgrâce imprévue et par la manière dont elle lui était annoncée, ce qui présageait que l'Empereur n'approuvait pas la façon dont il avait dirigé les opérations; mais contraint de céder le commandement à Marmont, il fit ses adieux à l'armée et se rendit d'abord à Salamanque, après avoir eu une très vive explication avec le général Foy, qu'il accusait d'avoir fait cause commune avec Ney pour le desservir auprès de l'Empereur.

En apprenant la vigueur avec laquelle le général Brénier avait dirigé la retraite de la garnison d'Alméida, l'Empereur le nomma général de division. Il récompensa aussi le dévouement et le courage de l'intrépide Tillet, en lui donnant la croix de la Légion d'honneur et une pension de 600 francs. Cette seconde faveur fut plus tard l'objet d'une discussion à la Chambre des députés. Tillet, devenu sergent, avait obtenu, sous la Restauration, une pension de retraite, quand on proposa de la lui retrancher par application de la loi sur le *cumul*. Le général Foy plaida éloquemment la cause de l'héroïque soldat, qui conserva ses deux pensions.

Masséna fit un très court séjour à Salamanque et se dirigea sur Paris, où, dès son arrivée, il se présenta chez l'Empereur, qui, prétextant des affaires importantes, refusa pendant un mois de le recevoir!... La disgrâce était complète!... Il est vrai que Masséna avait commis de bien grandes fautes et mal répondu à la confiance de l'Empereur, principalement dans sa marche sur Lisbonne; mais il faut convenir aussi que le gouvernement eut le tort bien grave d'abandonner son armée dans un pays aussi dénué de ressources que le Portugal, et de ne pas assurer ses communications par des troupes échelonnées entre son armée et la frontière d'Espagne. Quoi qu'il en soit, Masséna se releva dans l'esprit de ses troupes pendant l'expédition entreprise pour secourir Alméida; non seulement il fit de très beaux mouvements stratégiques, mais il se montra fort actif, ne s'inquiétant plus de Mme X..., qu'il laissa sur les derrières de l'armée, et donnant tous ses soins aux opérations de la guerre. Cependant, je me permettrai de signaler plusieurs fautes commises par Masséna pendant son expédition contre Alméida.

La première fut de l'entreprendre avec des moyens de transport insuffisants pour les vivres et pour les munitions de guerre. On a dit qu'il manquait de chevaux de trait: c'est vrai, mais il existait dans la contrée une grande quantité de mulets qu'il aurait dû mettre en réquisition pour quelques jours, ainsi que cela se pratique en pareil cas. Secondement, la fatale méprise occasionnée par les habits rouges des Hanovriens ayant déjà eu lieu à Busaco, Masséna aurait dû faire prendre les capotes grises à ce bataillon, avant de le lancer dans Oñoro pour combattre les Anglais, dont l'habit rouge était pareil à celui des Hanovriens. Par cette prévoyance, le généralissime eût conservé tout le village, dont nous perdîmes la partie élevée, qu'il nous fut impossible de reprendre.

Troisièmement, Masséna étant maître d'une grande partie de la plaine et du cours du Dos Casas, moins le point où ce ruisseau traverse Fuentès d'Oñoro, il eut tort, selon moi, de perdre un temps précieux et beaucoup d'hommes, en cherchant à repousser entièrement les Anglais de ce village fortement retranché par eux. Je pense qu'il eût mieux valu, imitant la conduite de Marlborough à Malplaquet, dépasser Oñoro, en laissant hors de la portée de son feu une brigade en observation, afin de maintenir la garnison, qui, se croyant prête à être cernée, eût été obligée d'abandonner le poste pour rejoindre Wellington; sinon, elle s'exposait à mettre bas les armes après la défaite de l'armée anglaise. L'essentiel était donc pour nous de battre le gros des troupes ennemies qui était en rase campagne. Mais les Français ont malheureusement pour principe de ne laisser, un jour de bataille, aucun poste retranché derrière eux. Cette habitude nous a été souvent bien fatale, surtout à Fuentès d'Oñoro et à Waterloo, où nous nous obstinâmes à attaquer les fermes de la Haie-Sainte et de Houguemont, au lieu de les masquer par une division et de marcher sur les lignes anglaises déjà fortement ébranlées. Nous aurions eu le temps de les détruire avant l'arrivée des Prussiens, ce qui nous aurait assuré la victoire; après quoi, les défenseurs des fermes auraient mis bas les armes en se voyant abandonnés, ainsi que cela eut lieu pour nos troupes à Malplaquet.

La quatrième faute que l'on peut reprocher à Masséna lors de la bataille de Fuentès d'Oñoro fut de ne s'être pas assuré avant l'action qu'il existait dans ses caissons un nombre suffisant de cartouches, et, dans le cas contraire, il devait en faire prendre dans l'arsenal de Ciudad-Rodrigo, qui n'était qu'à trois petites lieues du point où nous allions combattre. Ce manque de précautions fut une des principales causes de notre insuccès. Cinquièmement, si Masséna eût eu encore la fermeté dont il avait donné tant de preuves à Rivoli, à Gênes et à Zurich, il aurait envoyé arrêter le général Reynier lorsque celui-ci refusa d'obéir à l'ordre qui lui prescrivait de déboucher d'Alameda pour prendre les ennemis à revers; le commandement du 2e corps fût alors passé au brave général Heudelet, qui eût promptement poussé les Anglais. Mais Masséna n'osa prendre sur lui cet acte de vigueur; le vainqueur de Souwaroff, n'ayant plus d'énergie, se voyait bravé impunément, et le sang des soldats coulait sans qu'il en résultât ni bénéfice ni gloire.

CHAPITRE QUARANTE-DEUX

Causes principales de nos revers dans la Péninsule.—Désunion des maréchaux.—Faiblesse de Joseph.—Désertion des alliés.—Justesse du tir des Anglais.—Jugement sur la valeur respective des Espagnols et des Portugais.—Retour en France.

Il n'entre pas dans le plan que je me suis tracé, en écrivant ces Mémoires, de relater les phases diverses de la guerre faite pour l'indépendance de la Péninsule; mais avant de quitter ce pays, je crois devoir indiquer les causes principales des revers que les Français y éprouvèrent, bien qu'à aucune époque ni en aucun lieu nos troupes n'aient fait preuve de plus de zèle, de patience et surtout de valeur.

Vous devez vous rappeler qu'en 1808 l'abdication du roi Charles IV et l'arrestation de son fils Ferdinand VII, que l'Empereur détrôna pour placer la couronne d'Espagne sur la tête de son frère Joseph, ayant indigné la nation espagnole, elle prit les armes pour reconquérir sa liberté, et quoique les insurgés aient été battus dans les rues de Madrid, l'impéritie du général Dupont leur donna la victoire à Baylen, où ils prirent entièrement l'un de nos corps d'armée. Ce succès inespéré non seulement accrut le courage des Espagnols, mais enflamma aussi celui de leurs voisins les Portugais, dont la Reine, de crainte d'être arrêtée par les Français, s'était embarquée avec sa famille pour le Brésil. Ses sujets, aidés par une armée anglaise, se révoltèrent alors contre les troupes de Napoléon, et firent prisonniers le général Junot et toute son armée. Dès ce moment, la Péninsule entière étant révoltée contre l'Empereur, il comprit que sa présence était nécessaire pour comprimer les révoltés, et passant les Pyrénées à la tête de plus de 100,000 vieux soldats, couverts des lauriers d'Austerlitz, d'Iéna et de Friedland, il fondit sur l'Espagne, gagna plusieurs batailles et ramena triomphalement le roi Joseph à Madrid. Après ces éclatants succès, Napoléon, se mettant à la poursuite d'une armée anglaise qui avait osé s'aventurer jusqu'au centre de ce royaume, la refoula sur le port de la Corogne, où le maréchal Soult acheva sa victoire, en forçant les Anglais à s'embarquer à la hâte avec perte de plusieurs milliers d'hommes, au nombre desquels se trouvait leur général, sir John Moore.

Il est hors de doute que si l'Empereur eût pu continuer à diriger lui-même les opérations, la Péninsule aurait promptement succombé sous ses coups; mais le cabinet de Londres lui avait habilement suscité un nouvel et puissant ennemi: l'Autriche venait de déclarer la guerre à Napoléon, qui fut contraint de courir en Allemagne, en laissant à ses lieutenants la difficile tâche de comprimer l'insurrection. Ils auraient pu néanmoins atteindre ce but, en agissant avec ensemble et bon accord; mais le maître une fois parti, et le faible roi Joseph n'ayant ni les connaissances militaires ni la fermeté nécessaires pour le remplacer, il n'y eut plus de centre de commandement. L'anarchie la plus complète régna parmi les maréchaux et chefs des divers corps de l'armée française. Chacun, se considérant comme indépendant, se bornait à défendre la province occupée par ses propres troupes, et ne voulait prêter secours, ni en hommes ni en subsistances, à ceux de ses camarades qui gouvernaient les contrées voisines.

En vain le major général et l'Empereur lui-même adressaient-ils les ordres les plus péremptoires pour prescrire aux commandants supérieurs de s'entraider selon les circonstances, l'éloignement les rendait indisciplinés; aucun n'obéissait, et chacun prétendait avoir besoin des ressources dont il pouvait disposer. Ainsi, le général Saint-Cyr fut sur le point d'être écrasé en Catalogne, sans que le maréchal Suchet, gouverneur des royaumes d'Aragon et de Valence, consentît à lui envoyer un seul bataillon! Vous avez vu le maréchal Soult abandonné seul dans Oporto, sans que le maréchal Victor exécutât l'ordre qu'il avait reçu d'aller le rejoindre. Soult, à son tour, refusa plus tard de venir au secours de Masséna, lorsque celui-ci était aux portes de Lisbonne, où il l'attendit vainement pendant six mois!... Enfin, Masséna ne put obtenir que Bessières l'aidât à battre les Anglais devant Alméida!

Je pourrais citer une foule d'exemples d'égoïsme et de désobéissance qui perdirent l'armée française dans la Péninsule; mais il faut avouer aussi que le tort principal appartint au gouvernement. En effet, on comprend qu'en 1809 l'Empereur, se voyant attaqué en Allemagne par l'Autriche, se soit éloigné de l'Espagne pour courir au-devant du danger le plus pressant; mais on ne peut s'expliquer comment, après la victoire de Wagram, la paix conclue dans le Nord, et son mariage fait, Napoléon n'ait pas senti combien il importait à ses intérêts de retourner dans la Péninsule, afin d'y terminer la guerre en chassant les Anglais!... Mais ce qui étonne le plus, c'est que ce grand génie ait cru à la possibilité de diriger, de Paris, les mouvements des diverses armées qui occupaient à cinq cents lieues de lui l'Espagne et le Portugal, couverts d'un nombre immense d'insurgés, arrêtant les officiers porteurs de dépêches et condamnant ainsi souvent les chefs d'armée français à rester sans nouvelles et sans ordres pendant plusieurs mois!

Était-il possible que la guerre ainsi dirigée produisît de bons résultats?... Puisque l'Empereur ne pouvait ou ne voulait venir lui-même, il aurait dû investir l'un de ses meilleurs maréchaux du commandement supérieur de toutes ses armées dans la Péninsule, et punir très sévèrement ceux qui ne lui obéiraient pas!... Napoléon avait bien donné le titre de son lieutenant au roi Joseph; mais celui-ci, homme d'un caractère fort doux, spirituel, instruit, mais totalement étranger à l'art militaire, était devenu le jouet des maréchaux, qui n'exécutaient pas ses ordres et considéraient même sa présence à l'armée comme un embarras. Il est certain que l'excessive bonté de ce roi lui fit commettre bien des fautes, dont la plus grave fut de se mettre en opposition avec la volonté de l'Empereur, relativement à la conduite qu'il fallait tenir vis-à-vis des militaires espagnols que les troupes françaises prenaient sur les champs de bataille. Napoléon ordonnait de les envoyer en France comme prisonniers de guerre, afin de diminuer le nombre de nos ennemis dans la Péninsule, tandis que Joseph, auquel répugnait de combattre contre des hommes qu'il appelait ses sujets, se faisait contre nous le défenseur des Espagnols. Ceux-ci, abusant de sa crédulité, s'empressaient, dès qu'ils étaient pris, de crier: «Vive notre bon roi Joseph!» et demandaient à prendre du service parmi ses troupes. Joseph, malgré les observations des maréchaux et généraux français, avait une telle confiance dans la loyauté castillane, qu'il créa une garde et une armée nombreuse, uniquement composées de prisonniers faits par nous!... Ces soldats, bien payés, bien nourris et bien équipés, étaient fidèles à Joseph tant que les affaires prospéraient; mais, au premier revers, ils désertaient par milliers, et, allant rejoindre leurs compatriotes insurgés, ils se servaient contre nous des armes que le Roi leur avait données; cela n'empêchait pas Joseph de croire de nouveau à la sincérité de leurs protestations, lorsque, faits prisonniers derechef, ils demandaient encore à s'enrôler dans les régiments joséphins. Plus de 150,000 hommes passèrent ainsi d'un parti dans l'autre, et comme Joseph les faisait promptement habiller quand ils lui revenaient en guenilles, les Espagnols l'avaient surnommé le *grand capitaine d'habillement*.

Les troupes françaises étaient très mécontentes de ce système, sorte de tonneau des Danaïdes, qui éternisait la guerre, en rendant aux ennemis les soldats que nous leur avions pris, et dont ils se servaient constamment contre nous! L'Empereur exprima souvent le mécontentement que lui causait cet abus; il ne put parvenir à le détruire! De son côté, Napoléon contribuait aussi beaucoup au recrutement perpétuel des ennemis qu'il combattait en Espagne et en Portugal, car, ne voulant pas trop affaiblir l'armée française d'outre-Rhin, il avait sommé les alliés de lui fournir une partie des contingents stipulés dans les traités, et dirigé ces troupes vers la Péninsule, afin d'épargner le sang français. Le motif était sans doute fort louable; mais les circonstances rendaient l'application de ce système non seulement impraticable, mais nuisible à notre cause.

En effet, si l'emploi des étrangers peut être utile dans une campagne régulière de courte durée, il n'en est pas de même lorsqu'il s'agit de combattre plusieurs années des ennemis tels que les Espagnols et les Portugais, qui, vous harcelant sans cesse, ne peuvent être joints nulle part. Or, pour supporter les fatigues incessantes de ce genre de guerre, il faut être stimulé par un désir de vaincre et une ardeur qu'on ne trouve jamais chez des troupes auxiliaires; aussi, non seulement celles que l'Empereur obtenait de ses alliés servirent-elles fort mal dans nos rangs, mais une foule de leurs soldats, séduits par la haute paye que les ennemis accordaient à ceux qui venaient prendre du service chez eux, désertaient journellement. Ainsi les Italiens, Suisses, Saxons, Bavarois, Westphaliens, Hessois, Wurtembergeois, etc., formèrent-ils bientôt de nombreux régiments chez nos ennemis; et les Polonais, ces Polonais qui depuis ont fait sonner si haut leur dévouement à la France, passèrent en si grand nombre dans les rangs de l'armée anglaise, toujours bien payée et nourrie, que Wellington en forma une forte légion, qui se battait sans façon contre les Français.

La défection des soldats étrangers dont l'Empereur inondait la Péninsule, ajoutée à celle des prisonniers espagnols si imprudemment réarmés par Joseph, nous devint infiniment préjudiciable.

Mais, à mon avis, la cause principale de nos revers, bien qu'elle n'ait été indiquée par aucun des militaires qui ont écrit sur les guerres d'Espagne et de Portugal, fut l'immense supériorité de la justesse du tir de l'infanterie anglaise, supériorité qui provient du très fréquent exercice à la cible, et beaucoup aussi de sa formation sur deux rangs. Je sais qu'un grand nombre d'officiers français nient la vérité de cette dernière cause; mais l'expérience n'en a pas moins démontré que les soldats pressés entre le premier et le troisième rang tirent presque tous en l'air, et que le troisième ne peut ajuster l'ennemi, dont les deux premiers lui dérobent la vue. On prétend que deux rangs ne présentent pas assez de résistance contre la cavalerie; mais l'infanterie anglaise, doublant ses rangs en un clin d'œil, se trouve sur quatre hommes de profondeur pour recevoir la charge, et *jamais* nos escadrons n'ont pu la surprendre sur deux rangs, disposition qu'elle reprend lestement dès qu'il faut tirer!

Quoi qu'il en soit, j'ai la conviction que Napoléon aurait fini par triompher et par établir son frère sur le trône d'Espagne, s'il se fût borné à terminer cette guerre avant d'aller en Russie. La Péninsule ne recevait en effet d'appui que de l'Angleterre, et celle-ci, malgré les récents succès de ses armées, était si accablée par les envois incessants d'hommes et d'argent qu'engloutissait la Péninsule, que la Chambre des communes était sur le point de refuser les subsides nécessaires pour une nouvelle campagne, lorsqu'à notre retour de Portugal, une rumeur sourde ayant fait pressentir le dessein formé par Napoléon d'aller attaquer la Russie chez elle, le Parlement anglais autorisa la continuation de la guerre en Espagne. Elle ne fut pas heureuse pour nous; car la mésintelligence que j'ai signalée continua à régner entre les chefs de nos armées. Le maréchal Marmont se fit battre par Wellington à la bataille des Arapiles, et le roi Joseph perdit celle de Vitoria, où nous éprouvâmes de tels revers que, vers la fin de 1813, nos armées durent repasser les Pyrénées et abandonner totalement l'Espagne qui leur avait coûté tant de sang!

J'estime que dans les six années qui se sont écoulées depuis le commencement de 1808 jusqu'à la fin de 1813, les Français ont perdu dans la péninsule Ibérique 200,000 hommes tués, ou morts dans les hôpitaux, auxquels il faut ajouter les 60,000 perdus par nos alliés de diverses nations.

Les Anglais et les Portugais éprouvèrent aussi des pertes considérables, mais celles des Espagnols dépassèrent toutes les autres, à cause de l'obstination qu'ils mirent à soutenir le siège de plusieurs villes, dont les populations périrent presque entièrement. La vigueur de ces défenses célèbres, particulièrement celle de Saragosse, a jeté un tel éclat sur les Espagnols, qu'on attribue généralement à leur courage la délivrance de la Péninsule; mais c'est une erreur. Ils y ont certainement beaucoup contribué; cependant, sans l'appui des troupes anglaises, les Espagnols n'auraient jamais pu résister aux troupes françaises, devant lesquelles ils n'osaient tenir en ligne. Mais ils ont un mérite immense, c'est que, bien que battus, ils ne se découragent *jamais*. Ils fuient, vont se réunir au loin et reviennent quelques jours après, avec une nouvelle confiance, qui, toujours déçue, ne peut être détruite!... Nos soldats comparaient les Espagnols à des bandes de pigeons, qui s'abattent sur un champ et s'envolent au moindre bruit, pour revenir l'instant d'après. Quant aux Portugais, on ne leur a pas rendu justice pour la part qu'ils ont prise aux guerres de la Péninsule. Moins cruels, beaucoup plus disciplinés que les Espagnols et d'un courage plus calme, ils formaient dans l'armée de Wellington plusieurs brigades et divisions qui, dirigées par des officiers anglais, ne le cédaient en rien aux troupes britanniques; mais, moins *vantards* que les Espagnols, ils ont peu parlé d'eux et de leurs exploits, et la renommée les a moins célébrés.

Mais revenons pour un moment au mois de juin 1811, époque à laquelle Masséna quitta le commandement. La guerre que les Français faisaient dans la Péninsule était si désagréable et si pénible que chacun aspirait à rentrer en France. L'Empereur, qui ne l'ignorait pas et voulait maintenir son armée au complet, avait décidé qu'aucun officier ne s'éloignerait d'Espagne sans autorisation; et l'ordre de rappel adressé à Masséna lui enjoignit de n'emmener que deux aides de camp et de laisser tous les autres à la disposition de son successeur, le maréchal Marmont. Celui-ci, ayant son état-major au complet, et ne connaissant aucun de nous, n'avait pas plus envie de nous garder que nous ne désirions rester auprès de lui. Il ne nous assigna donc aucune fonction, et nous passâmes assez tristement une vingtaine de jours à Salamanque. Ils me parurent cependant moins longs qu'à mes camarades, parce que je les employai à consigner sur le papier mes souvenirs de la campagne que nous venions de faire. Ces notes me sont aujourd'hui très utiles pour écrire cette partie de mes Mémoires.

Le ministre de la guerre, prenant en considération la blessure que j'avais reçue à Miranda de Corvo, m'envoya enfin un congé pour me rendre en France. Quelques autres officiers de l'état-major de Masséna ayant aussi reçu l'autorisation de quitter la Péninsule, nous nous joignîmes à un détachement de cinq cents grenadiers qu'on venait de choisir dans toute l'armée pour aller à Paris renforcer la garde impériale. Avec une escorte pareille, on pouvait braver toutes les guérillas d'Espagne; aussi le général Junot et la duchesse sa femme résolurent-ils d'en profiter.

Nous voyagions à cheval, à petites journées et par un temps charmant. Pendant le trajet de Salamanque à Bayonne, Junot ne manqua pas de faire quelques excentricités qui m'inquiétèrent pour l'avenir. Nous arrivâmes enfin à la frontière, où je ne pus m'empêcher de sourire, en pensant au fâcheux pronostic que j'avais tiré de ma rencontre avec l'*âne noir* sur le pont de la Bidassoa, à ma dernière entrée en Espagne!… La campagne de Portugal avait failli me devenir fatale, mais enfin j'étais en France!… J'allais revoir ma mère, ainsi qu'une autre personne qui m'était déjà bien chère!… J'oubliai donc les maux passés et m'empressai de me rendre à Paris, où j'arrivai vers la mi-juillet 1811, après une absence de quinze mois bien péniblement remplis! Contrairement à mon attente, le maréchal me reçut on ne peut mieux, et je sus qu'il avait parlé de moi en termes très bienveillants à l'Empereur. Aussi, la première fois que je me présentai aux Tuileries, l'Empereur voulut bien m'exprimer sa satisfaction, me parler avec intérêt de mon combat de Miranda de Corvo, ainsi que de mes nouvelles blessures, et me demander à quel nombre elles s'élevaient. «À huit, Sire», lui répondis-je. «Eh bien, cela vous fait huit bons quartiers de noblesse!» repartit l'Empereur.

FIN DU DEUXIÈME TOME.

TOME III

CHAPITRE UN

Mon mariage.—Adieux à Masséna.

Mon frère et les autres aides de camp de Masséna ne tardèrent pas à quitter l'Espagne et vinrent nous rejoindre à Paris, où je restai tout l'été et l'automne suivant. J'allais chaque mois passer quelques jours au château de Bonneuil, chez M. et Mme Desbrières. Pendant mon absence, cette excellente famille avait eu les meilleurs procédés pour ma mère. Mon retour accrut l'affection que j'avais depuis longtemps pour leur fille, et bientôt il me fut permis d'aspirer à sa main. Le mariage fut convenu, et j'eus même un moment l'espoir d'obtenir le grade de colonel avant la célébration de cet acte important.

Il était d'étiquette que l'Empereur signât au contrat de mariage de tous les colonels de ses armées, mais il n'accordait que fort rarement cette faveur aux officiers des grades inférieurs; encore fallait-il qu'ils fissent connaître au ministre de la guerre les motifs qui les portaient à solliciter cette distinction. Je fondai ma demande sur ce que l'Empereur, quand je le vis, la veille de la bataille de Marengo, m'avait dit, en me parlant de mon père, récemment mort à la suite de blessures reçues au siège de Gênes: «Si tu te comportes bien et marches sur ses traces, ce sera moi qui te servirai de père!...» J'ajouterai que, depuis ce jour, j'avais reçu huit blessures et avais la conscience d'avoir toujours rempli mon devoir.

Le ministre Clarke, homme fort rude et qui repoussait presque toujours les demandes de ce genre, convint que la mienne méritait d'être prise en considération et me promit de la présenter à Sa Majesté. Il tint parole, car, peu de jours après, je reçus l'ordre de me rendre auprès de l'Empereur, au château de Compiègne, et d'y amener le notaire, porteur du contrat de mariage; c'était le bon M. Mailand, avec lequel je partis en poste. À notre arrivée, l'Empereur était à la chasse à courre, non qu'il aimât beaucoup cet exercice, mais il pensait avec raison qu'il devait imiter les anciens rois de France. La signature fut donc remise au lendemain. Le notaire, qu'on attendait à Paris, était désolé de ce retard; mais qu'y faire?...

Le jour suivant, nous fûmes introduits auprès de l'Empereur, que nous trouvâmes dans les appartements où, vingt ans plus tard, j'ai si souvent fait le service d'aide de camp auprès des princes de la maison d'Orléans. Mon contrat fut signé dans le salon où le fut depuis celui du roi des Belges avec la princesse Louise, fille aînée de Louis-Philippe, roi des Français.

Dans ces courtes entrevues, Napoléon était habituellement très affable. Il adressa quelques questions au notaire, me demanda si ma prétendue était jolie, quelle était sa dot, etc., etc., et me dit en me congédiant: «Qu'il voulait aussi que j'eusse une bonne position, et que, sous peu, il récompenserait mes bons services…» Pour le coup, je me crus colonel! Cet espoir s'accrut encore lorsque, en sortant du cabinet impérial, je fus accosté par le général Mouton, comte de Lobau, dont je reçus l'assurance confidentielle que l'Empereur avait inscrit mon nom sur la liste des officiers supérieurs auxquels il voulait donner des régiments. Cette assertion me fut d'autant plus agréable que le comte de Lobau, aide de camp de Napoléon, était chargé, sous la direction du ministre de la guerre, du travail relatif à l'avancement militaire. Je revins donc à Paris, le cœur rempli de joie et d'espérance!… Je me mariai le 11 novembre suivant.

Ce n'est pas à vous, mes chers enfants, que je ferai l'éloge de l'excellente femme que j'épousai: je ne peux mieux la louer qu'en lui appliquant la maxime de l'un de nos plus célèbres philosophes: «La meilleure de toutes les femmes est celle dont on parle le moins!»

J'étais heureux au sein de ma famille, et j'attendais chaque jour mon brevet de colonel, lorsque, peu de temps après mon mariage, je fus informé par le ministre de la guerre que je venais d'être placé comme *chef d'escadrons* dans le 1er régiment de chasseurs à cheval, alors en garnison au fond de l'Allemagne!… Je fus atterré de ce coup, car il me paraissait bien pénible d'aller encore servir comme simple chef d'escadrons, grade dans lequel j'avais reçu trois blessures et fait les campagnes de Wagram et de Portugal. Je ne pouvais comprendre le motif de cette disgrâce, après ce qui m'avait été dit par l'Empereur et le comte de Lobau. Celui-ci me donna bientôt le mot de l'énigme.

Masséna, ainsi que je l'ai déjà dit, avait, à son entrée en Portugal, quatorze aides de camp, dont six officiers supérieurs. Deux d'entre eux, MM. Pelet et Casabianca, furent faits colonels pendant la campagne; ils étaient plus anciens que moi et avaient bien rempli leur devoir. Leur avancement semblait, du reste, assurer le mien, puisque je devenais le premier chef d'escadrons de l'état-major. Celui qui avait le cinquième rang était M. Barain, officier d'artillerie, que j'avais trouvé capitaine aide de camp de Masséna à mon entrée dans son état-major. M. Barain, ayant perdu une main à Wagram, avait été nommé chef d'escadrons: c'était justice. Mais l'Empereur, en lui donnant ce nouveau grade, l'avait désigné pour le service des arsenaux, qu'on peut très bien faire avec un bras de moins. Masséna s'attendait également à voir M. Barain s'éloigner de lui; néanmoins, celui-ci insista pour l'accompagner en Portugal, bien qu'il fût dans l'impossibilité de remplir aucune mission dans un pays aussi difficile. Personne ne pensait donc qu'on lui donnerait de l'avancement.

Or, il se trouvait que Barain était neveu de M. François de Nantes, directeur des Droits réunis, qui venait d'assurer de nombreuses places à des membres de la famille de Masséna. M. François de Nantes demanda, en retour, la faveur d'une proposition au grade de colonel pour son neveu Barain. Le maréchal, forcé de choisir entre Barain et moi, opta pour mon camarade. J'ai su, par le comte de Lobau, que l'Empereur avait hésité à signer, mais qu'il céda enfin aux instances de l'intègre directeur des Droits réunis, venu pour appuyer la seule demande de faveur qu'il eût encore faite pour sa famille. Ainsi mon camarade fut nommé colonel.

Je me suis peut-être trop appesanti sur cette malheureuse affaire, mais, pour juger de mon désappointement, il faut se reporter à cette époque et se rappeler que l'importance des chefs de corps était telle, dans les armées impériales, qu'on a vu plusieurs colonels refuser le grade de général et demander comme faveur spéciale la permission de rester à la tête de leur régiment. Masséna m'adressa la lettre suivante, seule récompense de trois campagnes faites et de trois blessures reçues auprès de lui:

«Paris, 24 novembre 1811.

«Je vous envoie, mon cher Marbot, l'ordre de service que je reçois pour vous. J'avais demandé de l'avancement pour vous, ainsi que vous le savez, et j'ai le double regret de voir que vous ne l'avez pas obtenu et de vous perdre. Vos services sont bien appréciés par moi, et ils doivent être, pour vous, indépendants des récompenses auxquelles ils vous donnaient droit de prétendre. Ils vous acquerront toujours l'estime de ceux sous les ordres desquels vous vous trouverez. Croyez, mon cher Marbot, à celle que vous m'avez inspirée, ainsi qu'à mes regrets et au sincère attachement que je vous ai voué.

«MASSÉNA.»

Je ne pensais pas revoir Masséna, quand Mme la maréchale m'écrivit que, désirant connaître ma femme, elle nous invitait l'un et l'autre à dîner. Je n'avais jamais eu qu'à me louer de la maréchale, surtout à Antibes, sa patrie, où je la rencontrai au retour du siège de Gênes. J'acceptai donc. Masséna vint à moi, m'exprima de nouveau ses regrets, et me proposa de demander ma nomination au grade d'officier de la Légion d'honneur. Je répondis que, puisqu'il n'avait pu rien faire pour moi pendant que j'étais dans son état-major, blessé sous ses yeux, je ne voulais pas lui créer de nouveaux embarras, et que je n'attendais d'avancement que de moi-même; puis je me perdis dans la foule des invités…

Ce fut ma dernière rencontre avec ce maréchal, bien que je continuasse à visiter sa femme et son fils, tous deux excellents pour moi.

Je crois devoir vous donner ici quelques détails sur la vie de Masséna, dont la biographie, ainsi que celle de la plupart des hommes célèbres, a été écrite d'une façon fort inexacte.

CHAPITRE DEUX

Biographie de Masséna.—Existence aventureuse et campagne d'Italie.—Zurich.—Gênes.—1805.—Abus des licences.—Ses dernières campagnes.—Sa fin.

André Masséna naquit le 6 mai 1758 à la Turbie, bourgade du petit État de Monaco. Son aïeul paternel, tanneur estimé, eut trois fils: Jules, père du maréchal, Augustin et Marcel. Les deux premiers allèrent s'établir à Nice, où ils installèrent une fabrique de savon. Marcel prit du service en France dans le régiment de Royal-Italien. Jules Masséna étant mort en laissant très peu de fortune et cinq enfants, trois d'entre eux, au nombre desquels se trouvait le jeune André, furent recueillis par leur oncle Augustin, qui, se bornant à leur enseigner à lire et à écrire, les employait à faire du savon.

André, dont le caractère ardent et aventureux ne pouvait se plier à la vie monotone et laborieuse d'une fabrique, abandonna, dès l'âge de treize ans, la maison de son oncle et alla s'embarquer clandestinement comme mousse sur un vaisseau marchand, en compagnie d'un de ses cousins nommé Bavastro, qui devint, pendant les guerres de l'Empire, le plus célèbre corsaire de la Méditerranée. Quant à André, après avoir navigué deux ans et fait même un voyage en Amérique, les fatigues et les mauvais traitements qu'il eut à subir dans la marine l'en dégoûtèrent, et le 18 août 1775, il s'enrôla comme simple fantassin dans le régiment de Royal-Italien sous les auspices de son oncle Marcel, qui était devenu sergent-major et obtint bientôt l'épaulette. Ce Marcel Masséna, que j'ai connu en 1800 commandant de la place d'Antibes, était un homme grave et capable, fort estimé de son colonel, M. Chauvet d'Arlon, qui, voulant bien étendre sa protection sur André, lui fit apprendre passablement l'orthographe et la langue française, et, malgré quelques incartades, il l'éleva en quelques années au grade d'adjudant sous-officier. Il lui avait même fait espérer une sous-lieutenance de maréchaussée, lorsque, lassé d'attendre, André prit congé à l'expiration de son engagement.

Rentré dans la vie civile, sans aucune fortune, André rejoignit son cousin Bavastro, et profitant du voisinage des frontières de France, de Piémont, de l'État de Gênes et de la mer, ils firent sur une grande échelle le commerce interlope, c'est-à-dire la *contrebande*, tant sur les côtes qu'à travers les montagnes du littoral, dont Masséna apprit ainsi à connaître parfaitement tous les passages. Cette circonstance lui devint plus tard d'une très grande utilité, lorsqu'il eut à commander des troupes dans ces contrées. Endurci par le rude métier de contrebandier, obligé d'épier sans cesse les démarches des douaniers sans laisser pénétrer les siennes, Masséna acquit, à son insu, l'intelligence de la guerre, ainsi que la vigilance et l'activité sans lesquelles on ne peut être un bon officier. Ayant ainsi amassé quelques capitaux, il épousa une Française, Mlle Lamarre, fille d'un chirurgien d'Antibes, et se fixa dans cette ville, où il faisait un petit commerce d'huile d'olive et de fruits secs de Provence, lorsque survint la révolution de 1789.

Dominé par son goût pour les armes, Masséna quitta sa femme et son magasin pour s'enrôler dans le 1er bataillon des volontaires du Var. Ses connaissances théoriques et pratiques des exercices militaires le firent nommer capitaine adjudant-major, et peu de temps après major. La guerre éclata bientôt; le courage et l'activité de Masséna l'élevèrent rapidement aux grades de colonel et de général de brigade. Il eut le commandement du camp dit des *Mille fourches*, dont faisait partie la compagnie du 4e d'artillerie commandée par le capitaine Napoléon Bonaparte, sous les ordres duquel il devait servir plus tard en Italie. Masséna, chargé de conduire une colonne au siège de Toulon, s'y distingua en s'emparant des forts Lartigues et Sainte-Catherine, ce qui lui valut le grade de général de division. La ville prise, il ramena ses troupes à l'armée d'Italie, où il se fit remarquer dans tous les engagements qui eurent lieu entre le littoral de la Méditerranée et le Piémont, pays qu'il connaissait si bien. Intelligent, d'une activité dévorante et d'un courage à toute épreuve, Masséna, après plusieurs années de succès, avait déjà rendu son nom célèbre, lorsqu'une faute grave faillit briser totalement sa carrière.

On était au début de la campagne de 1796; le général Bonaparte venait de prendre le commandement en chef de l'armée, ce qui plaçait sous ses ordres Masséna, sous lequel il avait jadis servi. Masséna, qui menait alors l'avant-garde, ayant battu auprès de Cairo un corps autrichien, apprit que les chefs ennemis avaient abandonné dans l'auberge d'un village voisin les apprêts d'un joyeux souper; il forma donc avec quelques officiers le projet de profiter de cette aubaine et laissa sa division campée sur le sommet d'une montagne assez élevée.

Cependant, les Autrichiens, remis de leur terreur, revinrent à la charge et fondirent au point du jour sur le camp français. Nos soldats, surpris, se défendirent néanmoins avec courage; mais leur général n'étant pas là pour les diriger, ils furent acculés à l'extrémité du plateau sur lequel ils avaient passé la nuit, et la division, attaquée par des ennemis infiniment supérieurs en nombre, allait certainement subir une grande défaite, lorsque Masséna, après s'être fait jour à coups de sabre parmi les tirailleurs autrichiens, accourt par un sentier depuis longtemps connu de lui et apparaît devant ses troupes, qui, dans leur indignation, le reçoivent avec des huées bien méritées!... Le général, sans trop s'émouvoir, reprend le commandement et met sa division en marche pour rejoindre l'armée. On s'aperçoit alors qu'un bataillon, posté la veille sur un mamelon isolé, ne peut en descendre par un chemin praticable sans faire un très long détour qui l'exposerait à défiler sous le feu de l'ennemi!... Masséna, gravissant la montée rapide sur ses genoux et sur ses mains, se dirige seul vers ce bataillon, le joint, harangue les hommes et les assure qu'il les sortira de ce mauvais pas s'ils veulent l'imiter. Faisant alors remettre les baïonnettes dans le fourreau, il s'assoit sur la neige à l'extrémité de la pente, et, se poussant ensuite en avant avec les mains, il glisse jusqu'au bas de la vallée... Tous nos soldats, riant aux éclats, font de même, et, en un clin d'œil, le bataillon entier se trouva réuni hors de la portée des Autrichiens stupéfaits!... Cette manière de descendre, qui ressemble beaucoup à ce que les paysans et les guides de Suisse appellent la *ramasse*, n'avait certainement jamais été pratiquée par un corps de troupes de ligne. Le fait, tout extraordinaire qu'il paraisse, n'en est pas moins exact, car non seulement il m'a été certifié par les généraux Roguet père, Soulés, Albert et autres officiers faisant alors partie de la division Masséna, mais, me trouvant neuf ans plus tard au château de la Houssaye, lorsque le maréchal Augereau y reçut l'Empereur et tous les maréchaux, je les entendis plaisanter Masséna sur le nouveau moyen de retraite dont il avait usé en cette circonstance.

Il paraît que le jour où Masséna s'était servi de ce bizarre expédient, souvent employé par lui lorsqu'il était contrebandier, le général Bonaparte, nouvellement placé à la tête de l'armée, comprenant que, arrivé très jeune au commandement en chef, il devait par cela même se montrer sévère envers les officiers qui manquaient à leur devoir, ordonna de traduire Masséna devant un conseil de guerre, sous l'inculpation d'avoir *abandonné son poste*, ce qui entraînait la peine de mort ou tout au moins sa destitution!... Mais au moment où ce général allait être arrêté, commença la célèbre bataille de Montenotte, dans laquelle les divisions Masséna et Augereau firent deux mille prisonniers, prirent quatre drapeaux, enlevèrent cinq pièces de canon et mirent l'armée autrichienne dans une déroute complète!... Après ces immenses résultats, auxquels Masséna avait si grandement contribué, il ne pouvait plus être question de le traduire devant des juges. Sa faute fut donc oubliée, et il put poursuivre sa glorieuse carrière.

On le vit se distinguer à Lodi, Milan, Vérone, Arcole, enfin partout où il combattit, mais principalement à la bataille de Rivoli, et ses succès lui firent donner par le général Bonaparte le glorieux surnom d'*enfant chéri de la victoire*!... Les préliminaires de la paix ayant été signés à Léoben, Masséna, qui avait pris une si grande part à nos victoires, reçut la mission d'en porter le traité au gouvernement. Paris l'accueillit avec les marques de la plus vive admiration, et partout le peuple se pressait sur son passage, chacun voulant contempler les traits de ce fameux guerrier. Mais bientôt cet éclatant triomphe de Masséna fut obscurci par son amour exagéré de l'argent, qui fut toujours son défaut dominant.

Le général Duphot, ambassadeur de France à Rome, avait été assassiné dans cette ville. Une partie de l'armée d'Italie, sous le commandement de Berthier, fut chargée d'aller en tirer vengeance; mais ce général, bientôt rappelé par Bonaparte qui voulait l'emmener en Égypte, céda la place à Masséna dans le commandement de l'armée de Rome. Peu de temps après l'arrivée de ce général, qu'on accusait déjà de s'être procuré beaucoup d'argent durant les campagnes faites les années précédentes en Italie, l'armée se plaignit d'être en proie à la misère, sans vêtements et presque sans pain, tandis que les administrateurs, prélevant de nombreux millions sur les États du Pape, vivaient dans le luxe et l'abondance. L'armée se révolta et envoya une députation de cent officiers demander compte à Masséna de l'emploi de cet argent. Soit que le général ne pût en justifier, soit qu'il se refusât à le faire par esprit de discipline, Masséna ne consentit pas à se disculper, et les troupes ayant persisté dans leur demande, il se vit forcé de quitter Rome et d'abandonner le commandement de l'armée. Dès son retour en France, il publia un mémoire justificatif, qui fut mal accueilli par le public, ainsi que par la plupart de ses camarades auxquels il l'adressa; mais il fut surtout peiné de ce que le général Bonaparte partît pour l'Égypte sans répondre à la lettre qu'il lui avait écrite à ce sujet.

Cependant, une nouvelle coalition, où entraient la Russie, l'Autriche et l'Angleterre, ayant bientôt déclaré la guerre à la France, les hostilités recommencèrent. En de telles circonstances, Masséna, quoiqu'il se fût mal disculpé des accusations portées contre lui, ne pouvait rester dans l'oubli; aussi le Directoire, voulant utiliser ses talents militaires, s'empressa-t-il de lui confier le commandement de l'armée française chargée de défendre la Suisse. Masséna y obtint d'abord de grands avantages; mais ayant attaqué avec trop de précipitation le dangereux défilé de Feldkirch, dans le Vorarlberg, il fut repoussé avec perte par les Autrichiens. À cette époque, notre armée du Rhin, commandée par Jourdan, venait d'être battue à Stockach par le prince Charles, et celle que nous avions en Italie, vaincue à Novi par les Russes aux ordres du célèbre Souvarow, avait perdu son général en chef Joubert, mort sur le champ de bataille. Les Autrichiens, prêts à passer le Rhin, menaçaient l'Alsace et la Lorraine; l'Italie était au pouvoir des Russes que Souvarow conduisait en Suisse en franchissant le Saint-Gothard. La France, sur le point d'être envahie en même temps par ses frontières du Rhin et des Alpes, n'avait plus d'espoir qu'en Masséna. Elle ne fut point trompée dans son attente.

En vain, le Directoire, impatient, et Bernadotte, son turbulent ministre de la guerre, expédient courrier sur courrier pour prescrire à Masséna de livrer bataille: celui-ci, comprenant que la défaite de son armée serait une calamité irréparable pour son pays, ne se laisse point ébranler par les menaces réitérées de *destitution*, et, imitant la sage prudence de Fabius et de Catinat, il ne veut frapper qu'à coup sûr et décisif, en profitant de l'instant où les circonstances lui donneront une supériorité momentanée sur les ennemis. Ce moment arriva enfin. L'inhabile général Korsakow, ancien favori de Catherine II, s'étant imprudemment avancé vers Zurich, à la tête de 50,000 Russes et Bavarois, pour y attendre son général en chef Souvarow, qui venait d'Italie avec 55,000 hommes, Masséna, s'élançant comme un lion sur Korsakow, avant l'arrivée de Souvarow, le surprend dans son camp de Zurich, bat, disperse ses troupes et les rejette jusqu'au Rhin, après leur avoir fait éprouver des pertes immenses! Puis, se retournant vers Souvarow, que l'héroïque résistance du général Molitor avait arrêté pendant trois jours aux défilés du Saint-Gothard, Masséna défait le maréchal russe comme il avait vaincu son lieutenant Korsakow.

Les résultats de ces divers engagements furent 30,000 ennemis tués ou prisonniers, quinze drapeaux et soixante bouches à feu enlevés, l'indépendance de la Suisse affermie et la France délivrée d'une invasion imminente! Ce fut le moment où la gloire de Masséna fut la plus belle et la plus pure; aussi le Corps législatif proclama-t-il trois fois que son armée et lui avaient bien mérité de la patrie!…

Cependant, les peuples étrangers se préparaient à de nouvelles attaques contre la France, dont le gouvernement et la nation, divisés par les factions, s'accusaient réciproquement des désordres de l'intérieur, ainsi que des revers des armées du Rhin et d'Italie. Le Directoire avili chancelait sous le mépris public, et chacun avouait que cet état de choses ne pouvait durer, lorsque le général Bonaparte, récemment arrivé d'Égypte, accomplit, au 18 brumaire de l'an VIII, le coup d'État prévu depuis deux ans et se plaça à la tête d'un nouveau gouvernement avec le titre de premier Consul. Masséna, homme nul en politique, ne prit aucune part à cette révolution, et bien que peu dévoué au nouvel ordre de choses, il accepta par patriotisme le commandement des débris de l'armée d'Italie que la mort du général en chef Championnet avait momentanément placée sous les ordres de mon père, le plus ancien des généraux divisionnaires.

L'incurie du Directoire avait été si grande qu'à son arrivée à Nice Masséna trouva l'armée dans la plus profonde misère. Des corps entiers rentraient avec leurs armes en France pour demander du pain et des vêtements!... J'ai déjà fait connaître les efforts tentés par le général en chef pour remettre les troupes sur un bon pied, malgré la pénurie qui régnait alors dans la rivière de Gênes, où il s'était jeté avec l'aile droite de son armée lorsque les forces supérieures des Autrichiens l'eurent séparé du centre et de la gauche. Je ne reviens donc pas sur ce que vous connaissez déjà, et me bornerai à dire que Masséna se couvrit d'une gloire immortelle par son courage physique et moral, son activité, sa prévoyance et son intelligence de la guerre. Il garantit de nouveau la France d'une invasion, en donnant au premier Consul, par la ténacité de la défense, le temps de réunir à Dijon l'armée de réserve, à la tête de laquelle Bonaparte traversa les Alpes et vint battre les Autrichiens dans les plaines de Marengo.

Après cette victoire, le premier Consul, retournant en France, crut ne pouvoir confier le commandement de l'armée à un homme plus illustre que Masséna; mais au bout de quelques mois, des griefs semblables à ceux dont s'était plainte jadis l'armée de Rome se produisirent contre lui. Les réclamations s'élevèrent de toutes parts; des impôts nouveaux s'ajoutèrent aux anciens, des réquisitions nombreuses furent frappées sous divers prétextes, et cependant les troupes n'étaient pas payées! Le premier Consul, instruit de cet état de choses, retira brusquement et sans explication le commandement de l'armée à Masséna, qui, rentré dans la vie privée, manifesta son mécontentement en refusant de voter le consulat à vie. Il s'abstint aussi de paraître à la nouvelle Cour; mais le premier Consul ne lui en donna pas moins une arme d'honneur, sur laquelle étaient inscrites les victoires remportées par lui et celles auxquelles il avait contribué.

Quand Bonaparte saisit la couronne impériale et récompensa les généraux qui avaient rendu le plus de services à la patrie, il comprit Masséna dans la première liste des maréchaux et le nomma grand cordon de la Légion d'honneur et chef de la quatorzième cohorte de cet ordre qu'il venait de créer. Ces hautes dignités et les émoluments énormes qui y furent attachés ayant détruit l'opposition faite par Masséna depuis qu'on lui avait retiré le commandement de l'armée d'Italie, il vota pour l'Empire, se rendit aux Tuileries et assista aux cérémonies du sacre et du couronnement.

Une troisième coalition ayant menacé la France en 1805, l'Empereur confia à Masséna le soin de défendre avec 40,000 hommes la haute Italie contre les attaques de l'archiduc Charles d'Autriche qui en avait 80,000. Cette tâche offrait de grandes difficultés; cependant, non seulement Masséna préserva la Lombardie, mais attaquant les ennemis, il les poussa au delà du Tagliamento et pénétra jusque dans la Carniole, où, forçant le prince Charles à s'arrêter tous les jours pour lui faire face, il retarda tellement sa marche que le généralissime autrichien ne put arriver à temps pour sauver Vienne, ni pour se joindre à l'armée russe que l'Empereur battit à Austerlitz. Néanmoins, celui-ci ne parut pas apprécier beaucoup les services rendus par Masséna dans cette campagne; il lui reprochait de n'avoir pas agi avec sa vigueur habituelle, ce qui n'empêcha pas qu'après le traité de Presbourg, il le chargea d'aller conquérir le royaume de Naples, sur le trône duquel il voulait placer le prince Joseph, son frère. En un mois, les Français occupèrent tout le pays, excepté la place forte de Gaëte, dont Masséna s'empara cependant après un siège soutenu avec vigueur. Mais pendant qu'on dirigeait les attaques contre cette ville, il éprouva un bien vif chagrin dont il ne se consola jamais. Une somme énorme que Masséna prétendait lui appartenir fut confisquée par l'Empereur! Ce fait curieux mérite d'être raconté.

Napoléon, persuadé que le meilleur moyen de contraindre les Anglais à demander la paix était de ruiner leur commerce, en s'opposant à l'introduction de leurs marchandises sur le continent, les faisait saisir et brûler dans tous les pays soumis à son autorité, c'est-à-dire dans plus de la moitié de l'Europe. Mais l'amour de l'or est bien puissant et le commerce bien subtil!... On avait donc imaginé une manière de faire la contrebande *à coup sûr*. Pour cela, des négociants anglais avec lesquels on était d'accord envoyaient un ou plusieurs navires remplis de marchandises se faire prendre par un de nos corsaires, qui les conduisait dans un des nombreux ports occupés par nos troupes, depuis la Poméranie suédoise jusqu'au bout du royaume de Naples. Ce premier acte accompli, il restait à débarquer les colis et à les introduire, en évitant la confiscation; mais on y avait paré d'avance. L'immense étendue de côtes des pays conquis ne permettant pas de les faire exactement surveiller par des douaniers, ce service était fait par des soldats placés sous les ordres des généraux chargés du commandement du royaume ou de la province occupés par nos troupes. Il suffisait donc d'une autorisation donnée par l'un d'eux pour faire passer les ballots de marchandises; puis les négociants traitaient avec le *protecteur*. On appelait cela une *licence*.

L'origine de ce nouveau genre de commerce remontait à 1806, époque à laquelle Bernadotte occupait Hambourg et une partie du Danemark. Ce maréchal gagna de la sorte des sommes considérables, et lorsqu'il voulait donner une marque de satisfaction à quelqu'un, il lui accordait une *licence*, que celui-ci vendait à des négociants. Cet usage s'étendit peu à peu sur tout le littoral de l'Allemagne, de l'Espagne, et principalement de l'Italie. Il pénétra même jusqu'à la cour de l'Empereur, dont les dames et les chambellans se faisaient donner des *licences* par les ministres. On s'en cachait vis-à-vis de Napoléon, mais il le savait ou s'en doutait. Cependant, pour ne pas rompre trop brusquement les habitudes des pays conquis, il tolérait cet abus hors de l'ancienne France, pourvu que l'exécution s'en fît avec mystère; mais chose étonnante chez ce grand homme, dès qu'il apprenait que quelqu'un avait poussé trop loin les gains illicites produits par les *licences*, il lui faisait *rendre gorge*! Ainsi, l'Empereur ayant été informé que le commissaire ordonnateur Michaux, chef de l'administration de l'armée de Bernadotte, avait perdu en une seule soirée 300,000 francs dans une maison de jeu de Paris, il lui fit écrire par un aide de camp que la caisse des Invalides ayant besoin d'argent, il lui ordonnait d'y verser 300,000 francs, ce que Michaux s'empressa de faire, tant il avait gagné sur les licences!...

Vous pensez bien que Masséna n'avait pas été le dernier à vendre des *licences*. D'accord avec le général Solignac, son chef d'état-major, il en inonda tous les ports du royaume de Naples. L'Empereur, informé que Masséna avait déposé la somme de *trois millions* chez un banquier de Livourne, qui avait reçu en même temps 600,000 francs du général Solignac, fit écrire au maréchal pour l'engager à lui *prêter* un million et demanda 200,000 fr. au chef d'état-major. C'était juste le tiers de ce que chacun d'eux avait gagné sur les *licences*. Vous voyez que l'Empereur ne les *écorchait* pas trop. Mais à la vue de ce mandat d'une nouvelle forme, Masséna, rugissant

487

comme si on lui arrachait les entrailles, répond à Napoléon que, étant le plus *pauvre* des maréchaux, chargé d'une nombreuse famille et criblé de dettes, il regrette vivement de ne pouvoir rien lui envoyer!…

Le général Solignac fait une réponse analogue, et tous deux se félicitaient d'avoir ainsi trompé l'Empereur, lorsque, pendant le siège de Gaëte, on voit arriver en courrier le fils du banquier de Livourne, annonçant que l'inspecteur du trésor français, escorté du commissaire de police et de plusieurs gendarmes, s'étant présenté chez son père, s'est fait remettre le livre de caisse sur lequel il a donné quittance des trois millions six cent mille francs versés par le maréchal et le général Solignac, en ajoutant que cette somme, *appartenant à l'armée*, était un dépôt confié à ces deux personnages et dont l'Empereur ordonnait la remise sur-le-champ, soit en espèces, soit en effets de commerce négociables, annulant les reçus donnés à Masséna et à Solignac! Procès-verbal avait été donné de cette saisie, à laquelle le banquier, qui, du reste, ne perdait rien, n'avait pu s'opposer.

Il est difficile de se faire une idée de la fureur de Masséna en apprenant que sa fortune venait de lui être ravie. Il en tomba malade, mais n'osa adresser aucune réclamation à l'Empereur, qui, se trouvant alors en Pologne, y fit venir Masséna. Après la paix de Tilsitt, le titre de duc de Rivoli et une dotation de 300,000 francs de rente furent la récompense de ses services, mais ne le consolèrent pas de ce qui avait été pris à Livourne, car, malgré sa circonspection habituelle, on l'entendait parfois s'écrier: «Le cruel, pendant que je me battais pour ses intérêts, il a eu le courage de me prendre les petites économies que j'avais placées à Livourne[1]!»

L'invasion de l'Espagne ayant allumé de nouveau la guerre avec l'Autriche, l'Empereur, menacé par ces armements considérables, revint en toute hâte de la Péninsule pour se rendre en Allemagne, où il s'était fait devancer par Masséna. Je vous ai déjà fait connaître la part glorieuse que ce maréchal prit à la campagne de 1809; aussi, pour récompenser sa bonne conduite et sa fermeté aux combats d'Essling et de Wagram, l'Empereur le nomma prince d'Essling, en lui accordant une nouvelle dotation de 500,000 francs de rente qu'il cumulait avec celle de 300,000 du duché de Rivoli et 200,000 francs d'appointements comme maréchal et chef d'armée. Le nouveau prince n'en dépensa pas un sou de plus.

Les campagnes de 1810 et 1811, en Espagne et en Portugal, furent les dernières de Masséna. Je viens de les raconter: elles ne furent pas heureuses. Son moral était affaibli; aussi ces deux campagnes, au lieu d'ajouter à sa gloire, amoindrirent-elles sa réputation de grand général, et l'*enfant chéri de la victoire* éprouva des revers là où il aurait pu et dû vaincre.

Masséna était maigre et sec; d'une taille au-dessous de la moyenne. Sa figure italienne était remplie d'expression. Les mauvais côtés de son caractère étaient la dissimulation, la rancune, la dureté et l'avarice. Il avait beaucoup d'esprit naturel; mais sa jeunesse aventureuse et la position infime de sa famille ne l'ayant pas mis en état d'étudier, il manquait totalement de ce qu'on appelle l'*instruction*. La nature l'avait créé général; son courage et sa ténacité firent le reste. Dans les beaux jours de sa carrière militaire, il avait le coup d'œil juste, la décision prompte, et ne se laissait jamais abattre par les revers. En vieillissant, il poussa la circonspection jusqu'à la timidité, tant il redoutait de compromettre la gloire jadis acquise. Il détestait la lecture; aussi n'avait-il aucune notion de ce qu'on a écrit sur la guerre; il la faisait d'inspiration, et Napoléon l'a bien jugé, lorsqu'en parlant de lui dans ses *Mémoires*, il dit que Masséna arrivait sur le champ de bataille sans savoir ce qu'il ferait: les circonstances le décidaient.

C'est à tort qu'on a voulu représenter Masséna comme étranger à la *flatterie*, disant franchement et un peu brusquement même la vérité à l'Empereur. Sous sa rude écorce, Masséna était un rusé courtisan. En voici un exemple remarquable.

L'Empereur, accompagné de plusieurs maréchaux, parmi lesquels se trouvait Masséna, chassait à tir dans la forêt de Fontainebleau, et Napoléon ajuste un faisan; le coup, mal dirigé, porte sur Masséna, auquel un grain de plomb crève l'œil gauche. L'Empereur, ayant seul tiré au moment de l'accident, en était incontestablement l'auteur involontaire; cependant Masséna, comprenant que, son œil étant perdu, il n'avait aucun intérêt à signaler le maladroit qui venait de le blesser, tandis que l'Empereur lui saurait gré de détourner l'attention de sa personne, accusa le maréchal Berthier d'imprudence, bien que celui-ci n'eût pas encore fait feu! Napoléon, ainsi que tous les assistants, comprit parfaitement la discrète intention du courtisan, et Masséna fut comblé d'attentions par le maître!

Bien que très avare, le vainqueur de Zurich aurait donné la moitié de sa fortune pour être né dans l'ancienne France, plutôt que sur la rive gauche du Var. Rien ne lui déplaisait autant que la terminaison italienne de son nom dont il transformait l'*a* en *e* muet dans sa signature, et lorsqu'il parlait à son fils aîné, il l'appelait toujours Massén_e_. Cependant le public n'adopta pas ce changement, et le nom de Masséna prévalut, en dépit de celui qui l'avait illustré.

La campagne de Portugal avait tellement affaibli le moral et le physique de Masséna, qu'il fut contraint d'aller chercher le repos et la santé sous le doux climat de Nice. Il y passa toute l'année 1812; mais Napoléon, à son retour de la malheureuse expédition de Russie, s'étant trouvé dans la nécessité d'utiliser tout ce que l'Europe avait de ressources, pensa que le nom de Masséna pourrait encore rendre quelques services, surtout en Provence, et il conféra au maréchal l'emploi de gouverneur de la 8e division militaire.

Lorsqu'en 1814 les ennemis envahirent la France, Masséna, qui, du reste, avait peu de troupes à sa disposition, ne fit rien pour arrêter leurs progrès, et le 15 avril il se soumit au duc d'Angoulême, qui le nomma commandeur de Saint-Louis, mais ne le créa point pair de France, sous prétexte que, né à l'étranger, il ne s'était pas fait naturaliser!… Comme si les victoires de Rivoli, de Zurich, la défense de Gênes et une série d'actions glorieuses pour la France n'avaient pas autant de valeur que des lettres de grande naturalisation données souvent à prix d'argent à des intrigants étrangers!… L'injure faite à Masséna dans cette circonstance produisit un fort mauvais effet sur l'esprit des populations et de l'armée. Cette mesure fâcheuse fut une des causes qui contribuèrent le plus à irriter la nation contre le gouvernement de Louis XVIII et à amener le retour de l'Empereur.

Celui-ci débarqua près de Cannes le 1er mars 1815 et se mit sur-le-champ en marche vers Paris, à la tête d'un millier de grenadiers de sa garde. L'imprévu et la rapidité de cette invasion surprirent Masséna et le jetèrent dans une grande perplexité. Il essaya néanmoins de résister au torrent, en réunissant quelques régiments de ligne et en mettant en activité les gardes nationales de Marseille et des environs; mais ayant appris que le duc d'Angoulême avait été forcé de capituler à la Palud et de quitter le royaume, Masséna dépêcha son fils à Louis XVIII pour le prévenir qu'il ne devait plus compter sur lui, et, se ralliant au gouvernement impérial, il fit, le 10 avril, arborer le drapeau tricolore dans toute l'étendue de sa division et enfermer le préfet du Var qui voulait encore résister. Par cette conduite, Masséna ne satisfit aucun parti et s'aliéna les royalistes ainsi que les bonapartistes; aussi l'Empereur s'empressa-t-il de le rappeler à Paris, où il le reçut assez froidement.

Napoléon ayant, peu de temps après, commis la faute énorme d'abdiquer une seconde fois par suite de la perte de la bataille de Waterloo, la Chambre des représentants, qu'il avait eu le tort de réunir en partant pour l'armée, s'empara du pouvoir et nomma un gouvernement provisoire, dont le premier acte fut d'investir Masséna du commandement de la garde nationale de Paris, bien que les infirmités du maréchal le missent hors d'état de l'exercer en personne; mais on voulait un nom capable d'animer l'esprit de la population et de la porter à seconder l'armée dans la défense de la capitale. Les intrigues de Fouché, duc d'Otrante, ayant semé la discorde parmi les membres du gouvernement provisoire, les projets de résistance furent soumis à un conseil militaire, dans lequel Masséna émit l'avis que Paris *ne pouvait résister!*... En conséquence, un armistice fut conclu avec les généraux ennemis, et l'armée française se retira derrière la Loire, où elle fut licenciée.

Lorsque les alliés furent maîtres de la France, Louis XVIII, pour punir Masséna d'avoir abandonné sa cause après le 20 mars, le fit comprendre au nombre des juges du maréchal Ney, espérant que, aveuglé par la haine, il n'hésiterait pas à condamner son infortuné collègue et entacherait ainsi le glorieux nom de Masséna; mais celui-ci se récusa, en alléguant les dissentiments qui avaient existé, en Portugal, entre le maréchal Ney et lui. Puis, voyant ce moyen rejeté, il se joignit à ceux des juges qui votèrent pour le renvoi de Ney devant la Chambre des pairs. Ils espéraient le sauver ainsi, mais ils auraient mieux fait d'avoir le courage politique de le juger et de l'acquitter... Ils ne l'osèrent!... Ce fut une grande faute. Le maréchal Ney, condamné par la pairie, ayant été fusillé, son sang, au lieu de calmer la fureur de la faction royaliste, la rendit implacable. Bientôt elle poursuivit Masséna lui-même.

Les Marseillais, pour lesquels il avait naguère employé son crédit afin d'obtenir la franchise de leur port, le dénoncèrent à la Chambre des députés pour cause de *péculat!*... Cette accusation était mal fondée, car Masséna n'avait commis aucune exaction en Provence; aussi la majorité de la Chambre introuvable, bien que renommée pour sa haine contre les hommes célèbres de l'Empire, repoussa avec mépris la pétition des habitants de Marseille. Ce fut à cette séance que le député Manuel, devenu si célèbre, commença à se faire remarquer par la chaleureuse défense qu'il prononça en faveur de Masséna. Celui-ci, ayant ainsi échappé à la réaction qui, à cette époque, inondait la France, abandonna la scène du monde, sur laquelle il avait joué un rôle si brillant, et vécut désormais dans la retraite, en son château de Rueil, ancienne habitation du cardinal de Richelieu. Masséna termina ainsi, dans la disgrâce et la solitude, sa glorieuse carrière. Il mourut le 4 avril 1817, à l'âge de cinquante-neuf ans.

À son décès, le gouvernement ne lui ayant pas encore envoyé le nouveau bâton de commandement qu'il est d'usage de placer sur le cercueil des maréchaux, le général Reille, gendre de Masséna, fit réclamer cet insigne auprès du général Clarke, duc de Feltre, ministre de la guerre; mais celui-ci, devenu légitimiste des plus forcenés, n'ayant pas répondu à cette juste demande, le général Reille, par un acte de courage fort rare à cette époque, fit savoir à la cour que, si le bâton de maréchal n'était pas envoyé au moment des obsèques de son beau-père, il placerait ostensiblement sur le cercueil celui que l'Empereur avait donné jadis à Masséna; alors le gouvernement se décida à faire remettre cet insigne.

J'ai signalé quelques taches dans la vie de ce guerrier célèbre, mais elles sont couvertes par sa gloire éclatante et les services signalés qu'il rendit à la France; aussi la mémoire de Masséna parviendra à la postérité comme celle d'un des plus grands capitaines de cette époque, si fertile en illustrations militaires.

---

1. Le général Lamarque raconte dans ses *Mémoires* comment il eut la désagréable mission d'annoncer à Masséna la confiscation de ses millions. La scène se passe la nuit au palais Acton. (*Note de l'éd.*)

CHAPITRE TROIS

1812.—L'Empereur m'adjoint au colonel du 23e de chasseurs à cheval.—Je rejoins mon régiment à Stralsund.—Superbe état de ce corps.—Intrigues du comte de Czernicheff.

Je commençai l'année 1812 à Paris, auprès de ma jeune femme et de nos parents. Mais le bonheur dont je jouissais était troublé par la pensée de mon prochain départ. Je devais aller rejoindre le 1er régiment de chasseurs à cheval, dans lequel j'avais été placé comme simple chef d'escadrons. Les regrets que j'éprouvais de n'avoir pas obtenu le grade de colonel, que je croyais avoir mérité, furent un peu atténués lorsque, ayant été aux Tuileries pour les salutations du jour de l'an, l'Empereur me fit ordonner, par son aide de camp, de me rendre dans son salon particulier. J'y trouvai le général Mouton, comte de Lobau, qui, dans cette affaire, fut, comme toujours, très bienveillant pour moi. Napoléon parut et me dit d'un ton fort affable qu'il avait eu le projet de me donner un régiment; que des considérations particulières l'ayant porté à nommer mon camarade Barain colonel, ce qui, avec Pelet et Casabianca, faisait *trois* colonels pris parmi les aides de camp de Masséna, il ne croyait pas devoir en accorder *quatre* à son seul état-major, mais qu'il ne me perdrait pas de vue. L'Empereur ajouta que, ne pouvant me nommer sur-le-champ titulaire d'un régiment, il allait me charger d'en commander un, le 23e de chasseurs à cheval, dont le colonel, M. de La Nougarède, était devenu goutteux au point de ne pouvoir presque plus monter à cheval; «mais, continua l'Empereur, c'est un excellent officier, qui a vaillamment fait les premières campagnes avec moi; je l'aime et l'estime beaucoup, et comme il m'a supplié de lui permettre d'essayer de faire une nouvelle campagne, je ne veux pas lui retirer son régiment. Cependant, j'apprends que ce beau corps périclite entre ses mains; je vous envoie donc comme coadjuteur de La Nougarède. *Vous travaillerez pour vous*, car si la santé du colonel actuel se rétablit, je le ferai général; dans le cas contraire, je le mettrai dans la gendarmerie, et, de quelque manière qu'il quitte son régiment, c'est vous qui en serez colonel. Je vous répète donc que vous allez *travailler pour vous*...»

Cette promesse me rendit l'espérance, et je me préparais à gagner ma nouvelle destination, lorsque le ministre de la guerre prolongea mon congé jusqu'à la fin de mars. Bien que je n'eusse pas demandé cette faveur, elle me fut très agréable.

Le 23e régiment de chasseurs se trouvait alors dans la Poméranie suédoise. J'avais donc une distance énorme à parcourir, et comme je voulais arriver avant l'expiration de mon congé, je quittai Paris le 15 mars, en me séparant à grand regret de ma chère femme. J'avais acheté une bonne calèche, dans laquelle, sur la recommandation du maréchal Mortier, je cédai une place à son neveu, M. Durbach, lieutenant au régiment dans lequel j'allais servir. Mon ancien domestique, Woirland, m'ayant demandé à rester en Espagne, où il comptait faire fortune comme cantinier, je l'avais remplacé, à mon départ de Salamanque, par un Polonais nommé Lorentz Schilkowski. Cet homme, ancien uhlan autrichien, ne manquait pas d'intelligence, mais, comme tous les Polonais, il était ivrogne et, contrairement au caractère des soldats de cette nation, poltron comme un lièvre. Mais Lorentz, outre sa langue natale, parlait un peu le français, parfaitement l'allemand et le russe, et, sous ces derniers rapports, il me fut très précieux pour voyager et faire la guerre dans le Nord.

J'approchais des provinces rhénanes, lorsque, en sortant pendant la nuit du relais de Kaiserslautern, le postillon précipita ma calèche dans une fondrière où elle fut brisée. Personne ne fut blessé; néanmoins, M. Durbach et moi nous dîmes simultanément: «Voilà un bien mauvais présage pour des militaires qui seront bientôt en face de l'ennemi!...» Cependant, après avoir passé une journée à faire réparer la voiture, nous pûmes nous remettre en route; mais la chute avait tellement maltraité les ressorts et les roues qu'ils cassèrent six fois pendant notre voyage, ce qui nous retarda beaucoup et nous força souvent à faire plusieurs lieues à pied dans la neige. Nous parvînmes enfin sur les bords de la mer Baltique, où le 23e de chasseurs tenait garnison à Stralsund et Greifswald.

Je trouvai dans le colonel de La Nougarède un excellent homme, instruit, capable, mais que la goutte avait tellement vieilli avant l'âge, qu'il pouvait à peine se tenir à cheval et voyageait constamment en voiture, triste manière d'aller pour le chef d'un régiment de cavalerie légère! Il me reçut on ne peut mieux, et après m'avoir expliqué sa position et fait connaître les raisons qui, dans l'intérêt de son avenir, le retenaient au régiment, il me communiqua une lettre par laquelle le comte de Lobau l'informait des motifs qui avaient porté l'Empereur à me mettre auprès de lui. M. de La Nougarède, loin d'en être blessé, y voyait au contraire un redoublement des bontés de l'Empereur et l'espoir prochain d'être nommé général, ou chef de légion de gendarmerie. Il comptait, avec mon aide, faire au moins une partie de la campagne et obtenir ce qu'il désirait à la première revue de l'Empereur. Aussi, pour me faire participer à l'autorité du commandement plus que ne le comportait mon grade de premier chef d'escadrons, il réunit tous les officiers, devant lesquels il me délégua provisoirement tous ses pouvoirs, jusqu'à ce qu'il fût complètement rétabli, prescrivant à chacun de m'obéir sans qu'il fût besoin d'en référer à lui, que ses infirmités mettaient si souvent hors d'état de suivre le régiment d'assez près pour le commander en personne. Un ordre du jour fut rédigé en ce sens, et, sauf le grade, je me trouvai par le fait *chef de corps* à dater de ce jour, et le régiment prit bientôt l'habitude de me considérer comme son chef réel.

Depuis l'époque dont je parle, j'ai commandé plusieurs régiments de cavalerie soit comme colonel, soit comme officier général. J'ai été longtemps inspecteur de cette arme, et je déclare que si j'ai vu des corps aussi bien composés que le 23e de chasseurs, je n'en ai jamais rencontré qui le surpassassent. Ce n'est pas que ce régiment offrît quelques sujets hors ligne et d'un mérite transcendant tels que j'en ai connu un petit nombre dans plusieurs autres corps; mais s'il n'y avait dans le 23e aucun homme d'une capacité vraiment remarquable, il ne s'en trouvait aucun qui ne fût à la hauteur des fonctions qu'il devait remplir. Ici pas de sommités, mais aussi pas de parties faibles; tout le monde marchait du même pied, tant pour la valeur que pour le zèle. Les officiers, remplis d'intelligence et suffisamment instruits, avaient tous une excellente conduite et vivaient en vrais *frères d'armes*. Il en était de même des sous-officiers, et les cavaliers suivant ce bon exemple, l'accord le plus parfait régnait parmi eux. C'étaient presque tous de vieux soldats d'Austerlitz, Iéna, Friedland, Wagram; aussi la plupart d'entre eux avaient le triple, ou au moins le double *chevron*; ceux qui n'en avaient qu'un étaient en très petit nombre. L'espèce d'hommes était superbe; elle provenait de la Normandie, l'Alsace, la Lorraine et la Franche-Comté, provinces connues pour leur esprit militaire et leur amour pour les chevaux. La taille et la force de ces chasseurs ayant été remarquées par le général Bourcier, chargé de la remonte générale, il avait donné au 23e de chasseurs des chevaux plus grands et plus corsés que ceux affectés à l'arme; aussi appelait-on ce régiment les *carabiniers* de la cavalerie légère. Un séjour de plusieurs années dans la fertile Allemagne avait mis les hommes et les chevaux dans un parfait état, et le régiment, quand j'en pris le commandement, présentait un effectif de plus de mille combattants bien disciplinés, toujours calmes et silencieux, surtout devant l'ennemi.

Je n'étais pas encore monté. Je me rendis donc de Stralsund dans l'île de Rugen, qui nourrit d'excellents chevaux. J'en achetai plusieurs; j'en fis venir d'autres de Rostock et me formai ainsi une écurie de sept bonnes bêtes, ce qui n'était pas trop, car la guerre avec la Russie paraissait imminente. Déjà, pendant l'été de 1811, je l'avais pressenti en voyant le grand nombre d'anciens soldats que l'Empereur tirait des régiments de la Péninsule pour renforcer sa vieille garde. Le séjour que je venais de faire à Paris avait donné plus de force à mes prévisions. Ce furent d'abord de légers bruits de rupture qui s'évanouissaient promptement au milieu des fêtes et des plaisirs qu'amena l'hiver, mais ils se reproduisaient toujours avec plus d'intensité; ils prirent enfin une grande consistance qui devint une *quasi-certitude*, à la suite d'un événement grave que je dois relater, car il eut un très grand retentissement en Europe.

L'empereur Alexandre avait eu pour compagnon d'enfance un jeune seigneur russe, nommé Czernicheff, qu'il aimait beaucoup et dont, à son avènement au trône, il avait fait son aide de camp. Déjà en 1809, lorsque Alexandre, alors allié de Napoléon, simulait plutôt qu'il ne faisait réellement la guerre à l'Autriche, dont l'empereur des Français venait d'envahir les États, nous avions vu arriver à Vienne le colonel comte de Czernicheff, dont la mission ostensible était d'entretenir de bons rapports entre Napoléon et Alexandre, mais dont le but secret était d'informer son souverain de nos succès et de nos revers, afin que celui-ci pût resserrer ou rompre son alliance avec la France selon les circonstances.

Le favori d'Alexandre fut on ne peut mieux reçu par Napoléon, dont il ne quitta pas la personne dans les revues et les courses qui précédèrent la bataille d'Essling; mais lorsque cette sanglante affaire parut indécise et qu'une grêle de boulets vint tomber au milieu de l'état-major impérial, M. de Czernicheff tourna bride promptement, puis, repassant les ponts du Danube, il alla se mettre à l'abri du péril dans le palais de Schœnbrünn, et, le surlendemain de la bataille, il reprit le chemin de

Pétersbourg, pour aller sans doute raconter l'insuccès de notre entreprise!... Napoléon trouva le procédé fort inconvenant, et il sortit de sa bouche des lazzi piquants sur la bravoure du colonel russe. Néanmoins, après la paix conclue avec l'Autriche, M. de Czernicheff vint très fréquemment à Paris, où il passa une partie des années 1810 et 1811. Beau, galant, aimable, fort dissimulé et d'une politesse des plus recherchées, son titre d'aide de camp de l'empereur de Russie le fit bien venir, non seulement à la cour, mais aussi dans les salons de la haute société, où jamais il ne parlait de politique; il paraissait absorbé par les soins qu'il donnait aux dames, près desquelles il passait pour avoir beaucoup de succès. Mais vers la fin de 1811, époque où des bruits de guerre se renouvelèrent, la police de Paris ayant été informée que, tout en feignant de ne s'occuper que de ses plaisirs, M. le colonel russe se livrait à des menées suspectes sous le rapport politique, elle le fit surveiller avec soin, et acquit bientôt la certitude qu'il avait de fréquentes entrevues avec M. X..., employé au ministère de la guerre, spécialement chargé de dresser les états de situation présentés tous les dix jours à l'Empereur sur le personnel et le matériel de toutes les forces de ses armées. Non seulement M. de Czernicheff avait été reconnu se promenant après minuit dans les parties les plus sombres des Champs-Élysées avec l'employé français, mais on l'avait vu souvent se glisser sous des vêtements vulgaires dans le logement de X... et y passer plusieurs heures.

L'intimité d'un personnage aussi haut placé avec un pauvre hère de commis des bureaux de la guerre étant une preuve indubitable que le premier avait soudoyé l'autre pour qu'il lui livrât les secrets de l'État, l'Empereur, indigné de l'abus que le colonel russe avait fait de sa position pour agir contrairement au droit des gens, ordonna d'arrêter M. de Czernicheff; mais celui-ci, prévenu, dit-on, par une femme, sortit à l'instant même de Paris, gagna un relais voisin, et quittant la route de poste directe, de peur d'être rejoint par un courrier, il prit les voies les moins fréquentées et parvint à la frontière du Rhin en évitant Mayence et Cologne, où le télégraphe avait déjà transmis l'ordre de s'emparer de sa personne. Quant au pauvre employé, il fut saisi au moment même où il comptait la somme de 300,000 francs en billets de banque, qu'il avait reçus pour prix de sa trahison! Forcé par l'évidence de convenir de son crime, il avoua qu'un autre commis de la guerre avait aussi vendu diverses pièces au colonel russe. On arrêta le second coupable, et tous deux furent jugés, condamnés et fusillés! Ils moururent en maudissant M. de Czernicheff, qu'ils accusaient d'être venu les chercher jusque dans leurs mansardes afin de les séduire par la vue d'un monceau d'or, qu'il augmentait sans cesse lorsqu'il les voyait hésiter. L'Empereur fit publier dans tous les journaux français un article des plus virulents contre M. de Czernicheff, en y ajoutant des observations qui, bien qu'indirectes, durent blesser vivement l'empereur de Russie, car elles rappelaient que les assassins de Paul Ier, son père, n'avaient pas été punis par Alexandre.

Après une telle sortie, il ne fut plus possible de mettre la guerre en question, et, bien qu'elle ne fût pas encore déclarée, on s'y prépara de part et d'autre ouvertement. La conduite de M. de Czernicheff, bien que blâmée hautement par tout le monde, trouva néanmoins, surtout parmi les diplomates, des approbateurs secrets qui fondaient leur opinion sur le fameux adage: «*Salus patriæ, prima lex*», et ils rappelaient à ce sujet une anecdote peu connue, que je tiens du maréchal Lannes, et qui prouverait que, tout en punissant avec raison les Français qui vendaient les secrets de leur patrie aux ennemis, Napoléon faisait corrompre chez les étrangers les employés qui pouvaient lui fournir des renseignements utiles, surtout pour la guerre.

Le maréchal Lannes me raconta donc à Vienne, en 1809, qu'au moment où les hostilités allaient éclater entre la France et l'Autriche, dont l'archiduc Charles devait commander les armées, ce prince fut averti par un avis anonyme qu'un général-major qu'il estimait beaucoup et dont il venait de faire son sous-chef d'état-major, s'était vendu à l'ambassadeur de France, le général Andréossi, avec lequel il avait pendant la nuit de fréquents rendez-vous dans une maison solitaire du vaste faubourg de Léopoldstadt, dont on indiquait le numéro. Le prince Charles avait une telle estime pour le général-major, que, considérant comme une infâme calomnie l'accusation portée contre lui par un inconnu qui n'osait se nommer, il ne prit aucune mesure pour s'assurer de la vérité. Déjà l'ambassadeur de France avait demandé ses passeports et devait quitter Vienne dans quarante-huit heures, lorsqu'un second avis anonyme informa l'archiduc que son sous-chef d'état-major, après avoir travaillé seul dans son cabinet où se trouvaient les états de situation de l'armée, devait avoir la nuit suivante un dernier entretien avec le général Andréossi. L'archiduc, voulant éloigner de son esprit des soupçons qu'il craignait de conserver malgré lui contre un officier qui lui était cher, résolut de constater lui-même son innocence. En conséquence, il prit un habit de ville des plus simples, et, accompagné seulement par son premier aide de camp, il se promena après minuit dans la partie la plus sombre de la ruelle où était la maison indiquée. Après quelques moments d'attente, le prince Charles et son aide de camp aperçurent un homme que, malgré son déguisement, ils reconnurent avec douleur être le sous-chef d'état-major autrichien, auquel un signal fit ouvrir la porte. Peu d'instants après, le général Andréossi fut introduit de la même façon. L'entretien dura plusieurs heures, pendant lesquelles l'archiduc indigné, ne pouvant plus douter de la trahison de son sous-chef d'état-major, resta patiemment devant la maison, et lorsque enfin la porte se rouvrit pour donner passage au général Andréossi et au général-major autrichien qui sortaient ensemble, ils se trouvèrent face à face avec le prince Charles, qui dit tout haut: «Bonsoir, monsieur l'ambassadeur de France!» Et dédaignant d'adresser des reproches au sous-chef d'état-major, il se borna à diriger sur lui la lumière d'une lanterne sourde!... Mais l'aide de camp, moins circonspect, frappa sur l'épaule de ce misérable en disant: «Voilà cet infâme traître de général *un tel* que l'on dégradera demain!...»

L'ambassadeur Andréossi s'esquiva sans mot dire. Quant au sous-chef d'état-major autrichien, se voyant pris en flagrant délit et connaissant d'avance le sort qui l'attendait, il rentra chez lui et se fit sauter la cervelle d'un coup de pistolet. Cette scène tragique, soigneusement cachée par le gouvernement autrichien, eut peu de retentissement; on annonça que le sous-chef d'état-major était mort d'une attaque d'apoplexie foudroyante; il paraît que l'ambassadeur de France lui avait remis deux millions.

Quant à l'affaire du colonel Czernicheff, elle présenta une bizarrerie remarquable: c'est qu'au moment où Napoléon se plaignait des moyens employés par cet aide de camp de l'empereur Alexandre pour se procurer les états de situation de nos armées, le général Lauriston, ambassadeur à Saint-Pétersbourg, achetait non seulement les renseignements les plus positifs sur le placement et les forces de l'armée russe, mais encore les cuivres gravés qui avaient servi à l'impression de l'immense carte de l'empire moscovite!... Malgré les difficultés énormes que présentait le transport de cette lourde masse de métal, la trahison fut si bien ménagée et si largement payée, que ces cuivres, dérobés dans les archives du gouvernement russe, furent transportés de Saint-Pétersbourg en France sans que leur disparition fût découverte par la police ni par les douanes moscovites! Dès que les cuivres furent arrivés à Paris, le ministère de la guerre, après avoir substitué les caractères français aux caractères russes qui indiquent les noms des lieux et des fleuves, fit imprimer cette belle carte, dont l'Empereur ordonna d'envoyer un exemplaire à tous les généraux et chefs de régiment de cavalerie légère. À ce titre, j'en reçus un que je parvins, non sans peine, à sauver pendant la retraite, car il forme un gros rouleau. La carte contenait toute la Russie, même la Sibérie et le Kamtchatka, ce qui fit beaucoup rire ceux qui la reçurent: bien peu la rapportèrent, je possède la mienne.

CHAPITRE QUATRE

La guerre devient inévitable.—Avertissements donnés à Napoléon.—La Cour impériale à Dresde.—Vice de composition de l'armée et des divers corps.

Le motif le plus puissant qui portât l'Empereur à faire la guerre à la Russie était le désir de la ramener à l'exécution du traité signé à Tilsitt en 1807, traité par lequel l'empereur Alexandre s'était engagé à fermer tous les ports de ses États à l'Angleterre, ce qui n'avait jamais été pratiqué que d'une manière fort imparfaite. Napoléon pensait avec raison qu'il ruinerait les Anglais, peuple essentiellement fabricant et marchand, s'il parvenait à détruire leur négoce avec le continent européen; mais l'exécution de ce projet gigantesque offrait de si grandes difficultés, que l'ancienne France, seule, était vraiment soumise aux restrictions commerciales; encore, les licences, dont j'ai parlé plus haut, y faisaient-elles d'énormes brèches. Quant à l'Italie, à l'Allemagne et aux provinces Illyriennes, le système continental, bien qu'établi par décret impérial, n'y était appliqué qu'illusoirement, tant à cause de retendue des côtes que par la connivence et le défaut de surveillance de ceux qui administraient ces vastes contrées; aussi l'empereur de Russie répondait-il aux sommations que la France lui faisait d'interdire toute relation commerciale avec l'Angleterre, en signalant cet état d'exception presque général en Europe. Mais la véritable cause du refus qu'opposait Alexandre aux prétentions de Napoléon était la crainte qu'il éprouvait d'être assassiné comme lavait été l'empereur Paul, son père, auquel on reprochait d'avoir blessé l'amour-propre national en s'alliant à la France, et, en second lieu, d'avoir détruit le commerce russe en déclarant la guerre à l'Angleterre. Or, Alexandre commençait à comprendre qu'il s'était déjà aliéné les esprits par la déférence et l'amitié qu'il avait témoignées à Napoléon dans les entrevues d'Erfurt et de Tilsitt; et il devait craindre, maintenant, de leur fournir un nouveau grief par la suspension de tout commerce avec l'Angleterre, seul débouché par lequel la noblesse russe pouvait écouler les produits encombrants de ses immenses propriétés et s'assurer ses revenus. La mort de Paul Ier prouvait bien à quels dangers l'empereur de Russie s'exposait en prenant une pareille mesure.

Alexandre devait craindre d'autant plus, qu'il voyait encore près de lui les officiers qui avaient entouré son père; de ceux-là était Benningsen, son chef d'état-major.

Napoléon ne tenait pas assez compte des difficultés de cette situation, en menaçant Alexandre de la guerre s'il n'accédait pas à ses désirs. Cependant, en apprenant les pertes subies et les revers essuyés en Espagne et en Portugal, il semblait hésiter à s'engager dans une guerre dont le résultat lui paraissait fort incertain. Je tiens du général Bertrand que Napoléon a souvent répété à Sainte-Hélène que sa seule pensée fut d'abord d'effrayer l'empereur Alexandre, afin de l'amener à l'exécution du traité: «Nous étions, disait-il, comme deux maîtres d'égale force qu'on croit prêts à en venir aux mains, mais qui, n'en ayant envie ni l'un ni l'autre, se menacent de l'œil et du fer en avançant à petits pas, chacun d'eux ayant l'espoir que son adversaire reculera par crainte de croiser l'épée!…» Mais la comparaison de l'Empereur n'était pas exacte, car l'un des deux maîtres d'armes avait derrière lui un précipice sans fond, prêt à l'engloutir au premier pas qu'il ferait en arrière; ainsi placé entre une mort ignominieuse et la nécessité de combattre avec des chances de succès, il devait prendre ce dernier parti. Telle était la situation d'Alexandre, situation encore aggravée par les manœuvres auxquelles l'Anglais Wilson se livrait auprès du général Benningsen et des officiers de son état-major.

L'empereur Napoléon hésitait encore et semblait vouloir écouter les sages avis de Caulaincourt, son ancien ambassadeur à Saint-Pétersbourg. Il voulut même interroger plusieurs officiers français qui avaient habité quelque temps la Russie et en connaissaient la topographie et les ressources. Parmi eux se trouvait le lieutenant-colonel de Ponthon, qui avait été du nombre des officiers du génie que Napoléon, lors du traité de Tilsitt, avait, sur les instances d'Alexandre, autorisés et même invités à passer quelques années au service de la Russie. C'était un homme des plus capables et des plus modestes. Attaché au service topographique de Napoléon, il n'eût pas cru pouvoir émettre spontanément son avis sur les difficultés qu'éprouverait une armée portant la guerre dans l'empire russe; mais lorsque l'Empereur le questionna, de Ponthon, en homme d'honneur, tout dévoué à son pays, crut devoir dire la *vérité* tout entière au chef de l'État, et, sans craindre de lui déplaire, il lui signala tous les obstacles qui s'opposeraient à son entreprise. Les principaux étaient: l'apathie et le défaut de concours des provinces lithuaniennes assujetties depuis de longues années à la Russie; la résistance fanatique des anciens Moscovites; la rareté des vivres et fourrages; des contrées presque désertes qu'il faudrait traverser; des routes impraticables pour l'artillerie après une pluie de quelques heures; mais il appuya surtout sur les rigueurs de l'hiver et l'impossibilité physique de faire la guerre lorsqu'on aurait atteint l'époque des neiges, qui tombaient souvent dès les premiers jours d'octobre. Enfin, en homme vraiment courageux, au risque de déplaire et de compromettre son avenir, M. de Ponthon se permit de tomber aux genoux de l'Empereur pour le supplier, au nom du bonheur de la France et de sa propre gloire, de ne pas entreprendre cette dangereuse expédition, dont il lui prédit toutes les calamités. L'Empereur, après avoir écouté avec calme le colonel de Ponthon, le congédia sans faire aucune observation. Il fut plusieurs jours rêveur et pensif, et le bruit se répandit que l'expédition était ajournée. Mais bientôt M. Maret, duc de Bassano, ramena l'Empereur à son premier projet, et l'on assura, dans le temps, que le maréchal Davout ne fut point étranger à la résolution que prit Napoléon de porter sa nombreuse armée d'Allemagne sur les rives du Niémen, à l'extrême frontière de l'empire russe, afin de déterminer Alexandre à obéir à ses sommations.

À compter de ce moment, bien que M. de Ponthon fût toujours attaché au cabinet et suivît constamment l'Empereur, celui-ci ne lui adressa plus la parole pendant tout le trajet du Niémen à Moscou, et lorsque, pendant la retraite, Napoléon fut forcé de s'avouer à lui-même que les prévisions de cet estimable officier ne s'étaient que trop vérifiées, il évitait de rencontrer ses regards; néanmoins, il l'éleva au grade de colonel.

Mais ne devançons pas le cours des événements et revenons aux préparatifs que faisait Napoléon pour amener de gré ou de force la Russie aux conditions qu'il voulait lui imposer.

Dès le mois d'avril, les troupes françaises cantonnées en Allemagne, ainsi que celles des divers princes de la Confédération germanique rangés sous la bannière de Napoléon, s'étaient mises en mouvement, et leur marche vers la Pologne n'était ralentie que par la difficulté de se procurer les moyens de nourrir leurs nombreux chevaux, les herbes et même les blés étant à peine hors de terre, à cette époque, dans les contrées du Nord. Cependant, l'Empereur quitta Paris le 9 mai, et, accompagné de l'Impératrice, il se rendit à Dresde, où l'attendaient son beau-père, l'empereur d'Autriche, et presque tous les princes d'Allemagne, attirés, les uns par l'espoir de voir accroître l'étendue de leurs États, les autres par la crainte de déplaire à l'arbitre de leur destinée. Parmi les rois, le seul absent était le roi de Prusse, parce que, ne faisant pas partie de la Confédération du Rhin, il n'avait pas été appelé à cette réunion et n'osait s'y présenter sans l'autorisation de Napoléon! Il la fit humblement solliciter, et, dès qu'il l'eut obtenue, il s'empressa de venir augmenter la foule des souverains qui s'étaient rendus à Dresde pour faire leur cour au tout-puissant vainqueur de l'Europe.

Les protestations de fidélité et de dévouement qui furent alors prodiguées à Napoléon l'étourdirent au point de lui faire commettre une faute des plus graves dans l'organisation des contingents qui devaient former la grande armée destinée à porter la guerre en Russie. En effet, au lieu d'affaiblir les gouvernements d'Autriche et de Prusse, ses anciens ennemis, en exigeant d'eux qu'ils lui fournissent la plus grande partie de leurs troupes disponibles, que la prudence aurait dû l'engager à faire marcher à l'avant-garde, tant pour épargner le sang français que pour être à même de surveiller ses nouveaux et chancelants alliés, non seulement Napoléon ne demanda que 30,000 hommes à chacune de ces puissances, mais il en forma les deux ailes de son armée!... Les Autrichiens, sous le prince Schwartzenberg, tinrent la droite en Volhynie; les Prussiens, auxquels il donna pour chef un maréchal français, Macdonald, occupèrent la gauche, vers l'embouchure du Niémen. Le centre était composé des corps français et des contingents de la Confédération du Rhin, dont la fidélité avait été éprouvée par les campagnes d'Austerlitz, d'Iéna et de Wagram.

Le vice de cette organisation frappa beaucoup de bons esprits, qui voyaient avec peine les ailes de la Grande Armée composées d'étrangers restant sur les frontières de leurs pays respectifs et à même de former, en cas de revers, deux armées sur nos derrières, lorsque notre centre, composé de troupes sûres, se serait enfoncé dans l'Empire russe. Ainsi, l'Autriche, qui avait 200,000 soldats sous les armes, n'en mettant que 30,000 à la disposition de Napoléon, en gardait 170,000 prêts à agir contre nous en cas d'insuccès!... La Prusse, bien que moins puissante, avait, outre son contingent, 60,000 hommes en réserve. On s'étonnait donc que l'Empereur tînt si peu compte de ce qu'il laissait derrière lui; mais sa confiance était si grande que le roi de Prusse l'ayant prié de permettre que son fils aîné (le roi actuel)[1] fît la campagne auprès de lui, en qualité d'aide de camp, Napoléon ne voulut pas y consentir. Cependant ce jeune prince eût été un otage précieux, un gage bien sûr de la fidélité de son père.

Pendant que les fêtes se succédaient à Dresde, les troupes de Napoléon sillonnaient le nord de l'Allemagne. Déjà l'armée d'Italie, franchissant les montagnes du Tyrol, se dirigeait sur Varsovie. Les 1er, 2e et 3e corps français, commandés par les maréchaux Davout, Oudinot et Ney, traversaient la Prusse pour marcher sur la Vistule. La Westphalie, la Bavière, la Saxe, Bade, le Wurtemberg, ainsi que les autres confédérés du Rhin, fournissaient leurs contingents, et l'Autriche, ainsi que la Prusse, les avait imités. Mais, chose digne de remarque, tandis que les généraux autrichiens exprimaient leur satisfaction d'unir leurs drapeaux aux nôtres, les officiers subalternes et la troupe ne marchaient qu'à regret contre la Russie. C'était tout le contraire dans le contingent prussien: les généraux et les colonels se trouvaient humiliés d'être dans l'obligation de servir leur vainqueur, tandis que les officiers des rangs inférieurs et les soldats se félicitaient d'avoir l'occasion de combattre à côté des Français, pour prouver que s'ils avaient été battus dans la campagne d'Iéna, ce n'était pas faute de courage, mais parce que leurs chefs les avaient mal dirigés.

Non seulement Napoléon avait encadré sa Grande Armée dans les contingents autrichiens et prussiens, mais il avait affaibli le moral des troupes françaises en les mêlant à des régiments étrangers. Ainsi, le 1er corps, commandé par le maréchal Davout, comptait au 1er juin 67,000 hommes, sur lesquels 58,000 Français; le surplus était composé de Badois, Mecklembourgeois, Hessois, Espagnols et Polonais. Le 2e corps, aux ordres du maréchal Oudinot, se composait de 34,000 Français auxquels on avait joint 1,600 Portugais, 1,800 Croates et 7,000 Suisses.

Le 3e corps, commandé par le maréchal Ney, était formé par 23,000 Français, 3.000 Portugais, 3,000 Illyriens et 14,000 Wurtembergeois. Les 4e et 6e corps, réunis sous les ordres du prince Eugène, étaient formés de 77,000 hommes, sur lesquels 38,000 Français, 1,700 Croates, 1,200 Espagnols, 2,000 Dalmates, 20,000 Italiens et 12,000 Bavarois.

La réserve de cavalerie, commandée par Murat, comptait 44,000 combattants, sur lesquels il y avait 27,000 Français, 4,400 Prussiens, 600 Wurtembergeois, 1,100 Bavarois, 2,000 Saxons, 6,000 Polonais et 3,000 Westphaliens.

Je n'ai pas l'intention de donner ici la nomenclature des forces dont Napoléon disposait au moment de son entrée en Russie; mais j'ai voulu démontrer, par l'examen de l'état de situation de plusieurs corps d'armée, à quel point l'élément français était mêlé aux étrangers, qui, confondus eux-mêmes de la façon la plus hétérogène, sous le rapport du langage, des mœurs, des habitudes et des intérêts, servirent tous fort mal et paralysèrent souvent les efforts des troupes françaises. Ce fut là une des principales causes des revers que nous éprouvâmes.

---

1. Frédéric-Guillaume IV.

CHAPITRE CINQ

Revue de l'Empereur.—L'armée sur le Niémen.—Un mot sur les historiens de la campagne de 1812.—Efforts des Anglais pour nous isoler.—Attitude de Bernadotte.
—Dispositions de la Pologne.

L'Empereur, ayant quitté Dresde le 29 juillet, se dirigea vers la Pologne par Danzig et la vieille Prusse, que traversaient en ce moment ses troupes, qu'il passait en revue à mesure qu'il les rencontrait.

D'après l'organisation de l'armée, le 23e de chasseurs à cheval se trouvait embrigadé avec le 24e de la même arme. Le général Castex eut le commandement de cette brigade qui fit partie du 2e corps d'armée, placé sous les ordres du maréchal Oudinot. Je connaissais depuis longtemps le général Castex, excellent homme, qui fut parfait pour moi pendant toute la campagne. Le maréchal Oudinot m'avait vu au siège de Gênes, auprès de mon père, ainsi qu'en Autriche, lorsqu'en 1809 j'étais aide de camp du maréchal Lannes; il me traita avec beaucoup de bonté.

Le 20 juin, le 2e corps reçut l'ordre de s'arrêter à Insterburg pour y être passé en revue par l'Empereur. Ces solennités militaires étaient toujours attendues avec impatience par les individus qui espéraient participer aux faveurs distribuées dans ces réunions par Napoléon. J'étais de ce nombre, et je me croyais d'autant plus certain d'être nommé colonel du régiment que je commandais provisoirement, qu'outre les promesses que l'Empereur m'avait faites à ce sujet, le général Castex et le maréchal Oudinot m'avaient prévenu qu'ils allaient me proposer *officiellement* et qu'ils croyaient que M. de La Nougarède allait être placé comme général à la tête d'un des grands dépôts de remonte qu'on devait établir sur les derrières de l'armée. Mais la fatalité qui, quelques mois avant, avait reculé si souvent la délivrance de mon brevet de chef d'escadrons, me poursuivit de nouveau pour l'obtention de celui de colonel.

Les revues étaient des examens sévères que l'Empereur faisait soutenir aux chefs de ses régiments, surtout à la veille d'une entrée en campagne; car, outre les questions d'usage sur la force numérique en hommes et en chevaux, l'armement, etc., il en adressait, coup sur coup, une foule d'imprévues, auxquelles on n'était pas toujours préparé à répondre. Par exemple: «Combien avez-vous d'hommes de tel département depuis deux ans? Combien de mousquetons provenant de Tulle ou de Charleville? Combien avez-vous de chevaux normands? Combien de bretons? Combien d'allemands? Quelle quantité la compagnie que voilà a-t-elle de triples chevrons? Combien de doubles et de simples? Quelle est la moyenne de l'âge de tous vos soldats? de vos officiers? de vos chevaux? etc...»

Ces questions, toujours faites d'un ton bref des plus impératifs, accompagné d'un regard perçant, décontenançaient bien des colonels, et cependant, malheur à celui qui hésitait à répondre: il était mal noté dans l'esprit de Napoléon! Je m'étais si bien préparé que j'eus réponse à tout, et l'Empereur, après m'avoir complimenté sur la belle tenue du régiment, allait probablement me nommer colonel et élever au grade de général M. de La Nougarède, lorsque celui-ci, les jambes enveloppées de flanelle, s'étant fait hisser à cheval pour suivre de loin les mouvements de son régiment que je commandais à sa place, s'entendant appeler, s'approcha de Napoléon et l'irrita par une demande maladroite en faveur d'un officier, son parent, indigne de tout intérêt. Cette demande souleva une tempête dont j'éprouvai le contre-coup. Napoléon se mit dans une colère des plus violentes, ordonna à la gendarmerie de chasser de l'armée l'officier dont on lui parlait, et, laissant M. de La Nougarède atterré, il s'éloigna au galop. Ainsi La Nougarède ne fut point fait général.

Le maréchal Oudinot ayant suivi l'Empereur pour lui demander ses ordres relativement au 23e de chasseurs, Sa Majesté répondit: «Que le chef d'escadrons Marbot continue à le commander.» Avant d'obtenir le grade de colonel, je devais recevoir encore une nouvelle et grave blessure!

Pour rendre justice à M. de La Nougarède, je dois dire qu'il m'exprima de la manière la plus loyale les regrets qu'il éprouvait d'être la cause involontaire du retard apporté à mon avancement. La fâcheuse position de cet homme estimable m'inspirait un vif intérêt, car il craignait d'avoir perdu la confiance de l'Empereur et, par suite de ses infirmités, ne pouvait se remettre bien dans l'esprit de Sa Majesté par sa conduite dans les combats qui devaient avoir lieu.

J'avais été assez heureux, le jour de la revue, pour que l'Empereur eût accordé tout l'avancement et toutes les décorations que j'avais demandés pour les officiers, sous-officiers et soldats du 23e et, comme la reconnaissance qui résulte de ces faveurs remonte toujours au chef qui les a fait obtenir, l'influence que je commençais à prendre sur le régiment s'en accrut beaucoup et calma les regrets que j'éprouvai de n'avoir pas obtenu le grade dont je remplissais les fonctions.

Je reçus à cette époque une lettre du maréchal Masséna et une autre de Mme la maréchale, me recommandant, le premier, M. Renique; la seconde, son fils Prosper. Je fus très sensible à cette double démarche, et y répondis comme je le devais, en acceptant dans mon régiment ces deux capitaines. Toutefois, Mme la maréchale n'ayant pas persisté dans ses intentions, Prosper Masséna ne vint point en Russie, et il n'aurait pu, du reste, en supporter le rude climat.

L'armée allait bientôt toucher à la frontière de l'empire russe et revoir le Niémen, sur lequel nous nous étions arrêtés en 1807. L'Empereur disposa ses troupes sur la rive gauche de ce fleuve dans l'ordre suivant: d'abord, à l'extrême droite,, le corps autrichien du prince de Schwartzenberg, s'appuyant sur la Galicie vers Drogitchin. À la gauche de Schwartzenberg, le roi Jérôme avait rassemblé, entre Bialystok et Grodno, deux corps d'armée considérables. À côté d'eux, le prince Eugène de Beauharnais réunissait, à Prenn, 80,000 hommes. L'Empereur était au centre, en face de Kowno, avec 220,000 combattants, commandés par Murat, Ney, Oudinot, Lefebvre et Bessières. La garde faisait partie de cette immense réunion de troupes. Enfin, à Tilsitt, le maréchal Macdonald, avec 35,000 Prussiens, formait l'aile gauche, ainsi que je l'ai déjà dit. Le Niémen couvrait le front de l'armée russe, forte d'environ 400,000 hommes commandés par l'empereur Alexandre, ou plutôt par Benningsen, son chef d'état-major. Ces forces étaient divisées en trois corps principaux, commandés par les généraux Bagration, Barclay de Tolly et Wittgenstein.

Quatre historiens ont écrit sur la campagne de 1812. Le premier fut Labaume, ingénieur-géographe français, c'est-à-dire appartenant à un corps qui, bien que dépendant du ministère de la guerre, n'allait point au combat et ne suivait les armées que pour lever des plans. Labaume n'avait jamais commandé les troupes et n'avait pas la connaissance pratique de l'art militaire; aussi ses jugements sont-ils presque toujours inexacts, quand ils ne font pas tort à l'armée française. Cependant, l'ouvrage de Labaume ayant paru peu de temps après la paix de 1814 et la rentrée de Louis XVIII, l'esprit de parti et le désir d'avoir des renseignements sur les terribles événements de la récente campagne de Russie lui donnèrent une célébrité d'autant plus grande que personne ne s'occupa de réfuter ce livre, et que le public s'habitua à considérer son contenu comme des vérités incontestables.

La seconde relation publiée sur la campagne de 1812 est du colonel Boutourlin, aide de camp de l'empereur Alexandre. Cet ouvrage, bien qu'écrit par un ennemi, contient des appréciations sages, et si la narration de l'auteur n'est pas exacte sur tous les points, c'est que les documents lui ont manqué, car il est impartial, et il a fait tout ce qui dépendait de lui pour découvrir la vérité; aussi Boutourlin est-il généralement estimé, car il a écrit en homme d'honneur.

Le libelle de Labaume était déjà oublié lorsque, en 1825, par conséquent après le décès de l'Empereur, le général comte de Ségur publia une troisième relation de la campagne de 1812. L'esprit de son ouvrage affligea plus d'un survivant de cette campagne, et nos ennemis l'ont eux-mêmes qualifié de *roman militaire*. M. de Ségur eut cependant un immense succès, tant à cause de la pureté et de l'élégance de son style que par suite de l'accueil que lui firent la cour et le parti ultra-royaliste. Les anciens officiers de l'Empire, se trouvant attaqués, chargèrent le général Gourgaud de répondre à M. de Ségur; il le fit avec succès, mais d'une façon trop acerbe, ce qui occasionna un duel entre lui et M. de Ségur, qui fut blessé. Il faut convenir que si ce dernier se montre peu favorable à Napoléon et à son armée, le général Gourgaud est trop louangeur pour l'Empereur, car il ne veut reconnaître aucune de ses fautes!...

Je n'ai certainement pas l'intention d'écrire une nouvelle relation de la campagne de 1812, mais je crois devoir en rappeler les faits principaux, puisqu'ils font partie essentielle de l'époque à laquelle j'ai vécu, et que plusieurs se rattachent à ce qui m'est advenu; mais, dans cette analyse succincte, je veux éviter les deux excès contraires dans lesquels sont tombés Ségur et Gourgaud. Je ne serai ni détracteur ni flatteur: je serai véridique.

Au moment où les deux puissants empires d'Europe allaient s'entre-choquer, l'Angleterre, alliée naturelle de la Russie, dut faire tous ses efforts pour l'aider à repousser l'invasion que l'empereur des Français allait faire sur son territoire. En prodiguant l'or aux ministres turcs, le cabinet anglais parvint à faire conclure la paix entre le sultan et la Russie, ce qui permettait à celle-ci de rappeler dans ses États l'armée qu'elle avait sur la frontière de Turquie, armée qui joua un rôle immense dans la guerre contre nous. L'Angleterre avait également ménagé la paix entre l'empereur Alexandre et la Suède, alliée naturelle de la France, sur laquelle Napoléon devait d'autant plus compter que Bernadotte venait d'en être nommé prince héréditaire et qu'il gouvernait le pays pour le vieux roi, son père adoptif.

Je vous ai fait connaître précédemment par quel concours de circonstances bizarres Bernadotte fut élevé au rang d'héritier présomptif de la couronne de Suède. Le nouveau prince suédois, après avoir assuré qu'il resterait Français par le cœur, se laissa cependant séduire ou intimider par les Anglais, auxquels il eût été d'ailleurs facile de le renverser. Il sacrifia les véritables intérêts de sa patrie adoptive en se laissant dominer par l'Angleterre et en s'alliant avec la Russie dans une entrevue avec l'empereur Alexandre. Cette rencontre eut lieu à Abo, petite ville de la Finlande. Les Russes venaient de conquérir cette province et promettaient à la Suède de l'en dédommager par la cession de la Norvège qu'on arracherait au Danemark, trop fidèle allié de la France. Ainsi Bernadotte, loin de s'appuyer sur nos armées du Nord pour se faire restituer ses provinces, consacrait, au contraire, ces empiétements en se rangeant parmi les alliés des Russes!

Si Bernadotte eût agi de concert avec nous, la position topographique de la Suède eût merveilleusement servi nos intérêts communs. Cependant, le nouveau prince ne prit pas encore entièrement parti contre nous; il voulait savoir de quel côté serait la victoire et ne se prononça que l'année suivante. Privé de l'appui de la Turquie et de la Suède, sur lesquelles il avait compté pour contenir les armées russes, Napoléon ne pouvait avoir d'autres alliés dans le Nord que les Polonais. Mais ce peuple turbulent, dont les aïeux n'avaient pu s'accorder lorsqu'ils formaient un seul État indépendant, n'offrait aucun appui moral ni physique.

En effet, la Lithuanie et autres provinces qui forment plus du tiers de l'ancienne Pologne, soumises depuis près de quarante ans à la Russie, avaient presque entièrement perdu le souvenir de leur antique constitution et se considéraient comme russes depuis de longues années. La noblesse envoyait ses fils dans les armées du Czar, auquel l'habitude les avait trop attachés pour qu'on pût espérer les voir se joindre aux Français. Il en était de même des autres Polonais, que divers partages avaient jadis séparés de la mère patrie pour les soumettre à l'Autriche et à la Prusse. Ils marchaient bien contre la Russie, mais c'était par obéissance et sous les drapeaux de leurs nouveaux souverains. Ils n'éprouvaient ni amour ni enthousiasme pour l'empereur Napoléon, et craignaient de voir leurs propriétés dévastées par la guerre. Le grand-duché de Varsovie, cédé en 1807 au roi de Saxe par le traité de Tilsitt, était la seule province de l'ancienne Pologne qui eût conservé un reste d'esprit national et se fût un peu attachée à la France. Mais de quelle utilité un si petit État pouvait-il être pour les grandes armées de Napoléon?

Néanmoins celui-ci, plein de confiance dans ses forces comme dans son génie, résolut de franchir le Niémen. En conséquence, le 23 juin, l'Empereur, accompagné du général Haxo et se couvrant du bonnet et du manteau d'un Polonais de sa garde, parcourut les bords du Niémen. Le soir même, à dix heures, il fit commencer le passage de ce fleuve sur plusieurs ponts de bateaux, dont les plus importants avaient été jetés en face de la petite ville russe de Kowno, que nos troupes occupèrent sans éprouver aucune résistance.

CHAPITRE SIX

Passage du Niémen.—Entrée dans Wilna.—Je joins l'ennemi.—Le 23e de chasseurs à Wilkomir.—Difficultés en Lithuanie.—Marche en avant.

Le 24, au lever du soleil, nous fûmes témoins d'un spectacle des plus imposants. Sur la hauteur la plus élevée de la rive gauche, on apercevait les tentes de l'Empereur. Autour d'elles, toutes les collines, leurs pentes et leurs vallées étaient garnies d'hommes et de chevaux couverts d'armes étincelantes!... Cette masse, composée de 250,000 combattants, divisés en trois immenses colonnes, s'écoulait dans le plus grand ordre vers les trois ponts établis sur le fleuve, et les différents corps s'avançaient ensuite vers la rive droite dans la direction indiquée à chacun d'eux. Ce même jour, le Niémen était franchi par nos troupes sur d'autres points, vers Grodno, Pilony et Tilsitt.

Le général Gourgaud m'a communiqué un état de situation surchargé de notes écrites de la main de Napoléon, et il résulte de ce document officiel que l'armée comptait au passage du Niémen 325,000 hommes[1] présents, dont 155,400 Français et 170,000 alliés, plus 984 bouches à feu. Le régiment que je commandais faisait partie du 2e corps, aux ordres du maréchal Oudinot, qui passa le 23 sur le premier pont de Kowno et se dirigea sur-le-champ vers Ianowo.

La chaleur était étouffante. Elle amena vers la nuit un orage affreux, et une pluie diluvienne inonda les routes et les champs à plus de cinquante lieues à la ronde. L'armée n'y vit cependant pas un funeste présage, comme on s'est plu à le dire, car le soldat considéra la grêle et le tonnerre comme choses fort ordinaires en été. Au surplus, les Russes, bien autrement superstitieux que certains Français, eurent aussi un bien fâcheux pronostic, car, dans la nuit du 23 au 24 juin, l'empereur Alexandre faillit périr dans un bal à Wilna, le plancher d'une salle s'étant enfoncé sous son fauteuil, à l'heure même où la première barque française, portant le premier détachement des troupes de Napoléon, abordait à la rive droite du Niémen, sur le territoire russe. Quoi qu'il en soit, l'orage ayant infiniment refroidi le temps, nos chevaux en souffrirent d'autant plus dans les bivouacs qu'ils mangeaient des herbes mouillées et couchaient sur un terrain fangeux. Aussi l'armée en perdit-elle plusieurs milliers de coliques aiguës.

Au delà de Kowno, coule une très petite rivière appelée la Vilia, dont l'ennemi avait coupé le pont. L'orage venait de gonfler les eaux de cet affluent du Niémen, de sorte que les premiers éclaireurs d'Oudinot se trouvaient arrêtés. L'Empereur survint au moment où j'arrivais moi-même à la tête de mon régiment. Il ordonna aux lanciers polonais de sonder le gué: un homme se noya; je pris son nom, il s'appelait Tzcinski. Si j'insiste sur ce détail, c'est qu'on a infiniment exagéré l'accident qui se produisit au passage de la Vilia par les lanciers polonais.

Cependant, les Russes se retiraient sans attendre l'armée française, qui occupa bientôt Wilna, capitale de la Lithuanie. Il y eut près de cette ville un combat de cavalerie, dans lequel Octave de Ségur, mon ancien camarade de l'état-major de Masséna, fut pris par les Russes à la tête d'un escadron du 8e de hussards qu'il commandait. Octave était le frère aîné du général comte de Ségur.

Le jour même où l'Empereur entrait dans Wilna, les troupes du maréchal Oudinot rencontrèrent le corps russe de Wittgenstein à Wilkomir, où eut lieu le premier engagement sérieux de cette campagne. Je n'avais jamais servi sous les ordres d'Oudinot. Ce début confirma la haute opinion que j'avais de son courage, mais il m'en donna une plus faible de ses talents militaires.

Un des plus grands défauts des Français, quand ils font la guerre, est de passer sans raison des précautions les plus minutieuses à une confiance sans bornes. Or, comme les Russes nous avaient laissés franchir le Niémen, envahir la Lithuanie et occuper Wilna sans opposer de résistance, il était devenu de bon ton, parmi certains officiers, de dire que les ennemis fuiraient toujours et ne tiendraient nulle part. L'état-major d'Oudinot, et ce maréchal lui-même, émettaient souvent cette opinion et traitaient de *contes* les rapports que faisaient les paysans sur un gros corps de troupes russes placé en avant de la petite ville de Wilkomir. Cette incrédulité fut sur le point de nous devenir fatale; voici comment.

La cavalerie légère, étant les yeux des armées, marche habituellement en avant et sur les flancs. Mon régiment précédait donc les divisions d'infanterie d'une petite lieue, lorsque, arrivés non loin de Wilkomir, sans avoir rencontré un seul poste ennemi, je me trouvai en face d'une forêt d'immenses sapins, au milieu desquels les pelotons à cheval pouvaient aisément circuler, mais dont les hautes branches masquaient au loin la vue. Craignant une embuscade, j'arrêtai le régiment et lançai à la découverte un seul escadron, commandé par un capitaine fort intelligent, qui revint au bout d'un quart d'heure m'annoncer la présence d'une armée ennemie. Je me porte alors rapidement à l'extrême lisière de la forêt, d'où j'aperçois à une portée de canon la ville de Wilkomir protégée par un ruisseau et par une colline sur laquelle se trouvaient en bataille 25 à 30,000 fantassins ennemis, avec cavalerie et artillerie!…

Vous serez sans doute étonnés que ces troupes n'eussent en avant d'elles ni grand'gardes, ni petits postes, ni éclaireurs; mais c'est l'usage des Russes, lorsqu'ils sont résolus à défendre une bonne position, d'en laisser approcher le plus près possible leur ennemi sans que le feu de leurs tirailleurs le prévienne de la résistance qu'il va éprouver, et c'est seulement lorsque ses masses sont à bonne portée qu'ils les foudroient avec l'artillerie et la mousqueterie, ce qui étonne et ébranle les soldats de leurs adversaires!… Cette méthode, qui offre peut-être quelques avantages, a souvent eu de bons résultats pour les Russes; aussi le général Wittgenstein nous préparait-il une réception de ce genre!…

Le cas me parut si grave que, sans montrer mon régiment, je le fis rentrer dans la forêt et courus de ma personne au-devant du maréchal Oudinot pour le prévenir de l'état des choses. Je le trouvai hors du bois, dans une plaine, où, après avoir mis pied à terre et fait arrêter ses troupes, il déjeunait fort tranquillement au milieu de son état-major. Je m'attendais à ce que mon rapport le tirerait de cette fausse sécurité, mais il me reçut d'un air incrédule, et, me frappant sur l'épaule, il s'écria: «Allons, voilà Marbot qui vient de nous trouver 30,000 hommes à étriller!» Le général Lorencez, gendre et chef d'état-major du maréchal Oudinot, fut le seul à me croire; il avait été jadis aide de camp d'Augereau et me connaissait de longue date. Il prit donc ma défense, en faisant observer que lorsqu'un chef de corps disait: «*J'ai vu*», il devait être cru, et que négliger les avertissements des officiers des troupes légères était s'exposer à de grands revers. Ces observations du chef d'état-major ayant fait réfléchir le maréchal, il commençait à me questionner sur la présence de l'ennemi, présence dont il paraissait douter encore, lorsqu'un capitaine d'état-major, M. Duplessis, arrivant tout essoufflé, vient dire qu'il a parcouru tous les environs, pénétré même dans la forêt, et qu'il n'a pas vu un seul Russe! En entendant ce rapport, le maréchal et son état-major se prirent à rire de mes craintes, ce qui m'affecta vivement. Néanmoins, je me contins, certain que, sous peu, la vérité serait connue.

En effet, le déjeuner terminé, on se remet en marche, et je retourne à mon régiment qui faisait l'avant-garde. Je le dirige encore à travers bois, comme j'avais fait la première fois, car je prévoyais ce qui allait arriver dès que nous déboucherions en face de la position ennemie. Malgré mes observations, Oudinot voulut suivre une très large route tirée au cordeau qui traverse la forêt; mais à peine approchait-il de la lisière, que les ennemis, apercevant le groupe nombreux formé par son état-major, font un feu roulant de leurs canons qui, placés en face de la grande route, l'enfilent de plein front et portent le désordre dans l'escadron doré, naguère si joyeux! Heureusement, les boulets n'atteignirent aucun homme; mais le cheval du maréchal fut tué, ainsi que celui de M. Duplessis et beaucoup d'autres!... J'étais suffisamment vengé; aussi, j'avoue à ma honte que j'eus peine à cacher la satisfaction que j'éprouvais en voyant tous ceux qui avaient ri de mon rapport et traité de fantaisies tout ce que j'avais dit sur la présence de l'ennemi, se disperser en courant sous une grêle de boulets et sauter les fossés à qui mieux mieux, pour chercher un refuge derrière les grands sapins! Le bon général Lorencez, que j'avais engagé à rester dans la forêt, rit beaucoup de cette scène. Je dois au maréchal Oudinot la justice de dire que, à peine remonté à cheval, il vint à moi pour m'exprimer les regrets qu'il éprouvait de ce qui s'était passé pendant le déjeuner, et m'engager à lui donner des renseignements sur la position des Russes et à lui indiquer les passages de la forêt par lesquels il pourrait diriger ses colonnes d'infanterie sans trop les exposer au canon.

Plusieurs officiers du 23e qui avaient, ainsi que moi, parcouru le bois le matin, furent chargés de conduire les divisions. Celles-ci furent néanmoins reçues à leur débouché par une canonnade terrible, ce qui aurait pu être évité si, averti comme on l'était de la présence des Russes, on eût manœuvré pour tourner un de leurs flancs, au lieu de marcher sans précaution vers leur front. Je fus ainsi contraint, une fois sorti de la forêt, d'attaquer la position par le point le mieux défendu, et de prendre le taureau par les cornes!

Quoi qu'il en soit, nos braves troupes ayant abordé l'ennemi avec une grande résolution, elles le repoussèrent de toutes parts, et, après deux heures de combat, il effectua sa retraite. Elle n'était pas sans dangers pour lui, car, pour l'opérer, il devait passer par la ville et traverser le pont d'un ruisseau fort encaissé. Cette opération, toujours fort difficile quand on doit la faire en combattant, commença d'abord avec ordre; mais notre artillerie légère ayant pris position sur une hauteur qui domine la ville, son feu redoublé porta bientôt le désordre dans les masses ennemies, qui se précipitèrent à la débandade vers le pont. Au lieu de reformer les rangs après l'avoir passé, on les voyait fuir tumultueusement dans les plaines de la rive opposée, où leur retraite se changea bientôt en déroute! Un seul régiment d'infanterie russe, celui de Toula, tenait encore ferme à l'entrée du pont du côté de la ville. Le maréchal Oudinot désirait vivement forcer ce défilé pour aller compléter sa victoire sur les troupes qui fuyaient dans les plaines au delà du ruisseau; mais nos colonnes d'infanterie touchant à peine les faubourgs, il leur fallait au moins un quart d'heure pour arriver devant le pont, et les moments étaient précieux.

Mon régiment, qui avait fait une charge heureuse à l'entrée de la ville, se trouvait réuni sur la promenade, peu éloignée du ruisseau. Le maréchal me fait dire de l'amener au galop, et, à peine arrivé, il m'ordonne de charger sur les bataillons ennemis qui couvrent le pont, de le traverser et de me lancer ensuite dans la plaine à la suite des fuyards. Les militaires expérimentés savent combien il est difficile pour la cavalerie d'enfoncer de braves fantassins résolus à se bien défendre dans les rues d'une ville! Je compris toute l'étendue des périls de la mission qui m'était imposée; il fallait obéir sur-le-champ; je savais d'ailleurs que c'est par les premières impressions de combat qu'un chef de corps se place bien ou mal dans l'esprit de sa troupe. La mienne était composée de braves guerriers. Je les enlève rapidement au galop et fonds à leur tête sur les grenadiers russes, qui nous reçurent en croisant bravement la baïonnette. Ils furent néanmoins enfoncés du premier choc, tant notre élan avait été impétueux! Dès que nous eûmes pénétré dans les rangs ennemis, mes terribles chasseurs, se servant avec dextérité de la pointe de leurs sabres, firent une affreuse boucherie!

Les ennemis se retirèrent sur le tablier du pont, où nous les suivîmes de si près que, arrivés de l'autre côté, ils cherchèrent vainement à se reformer; ils ne purent y parvenir, nos cavaliers étant mêlés avec eux et tuant tout ce qu'ils pouvaient atteindre. Le colonel russe tomba mort. Alors son régiment, découragé, n'étant plus commandé et voyant accourir les voltigeurs français, qui arrivaient déjà au pont, mit bas les armes! Je perdis sept hommes tués et eus une vingtaine de blessés. Nous prîmes un drapeau et fîmes 2,000 prisonniers. Après ce combat, je me lançai avec mon monde dans la plaine, où nous prîmes un grand nombre de fuyards, plusieurs canons et beaucoup de chevaux.

Le maréchal Oudinot, qui, du haut de la ville, avait été témoin de l'affaire, vint complimenter le régiment, pour lequel il eut depuis ce jour une prédilection particulière. Il la méritait à tous égards. J'étais fier de commander de tels soldats, et lorsque le maréchal m'annonça qu'il allait demander pour moi le grade de colonel, je craignais que l'Empereur, renonçant à sa première combinaison, ne me donnât le premier régiment vacant. Étrange bizarrerie des choses humaines! Le beau combat de Wilkomir, où le 23e s'était couvert de gloire, fut sur le point de devenir plus tard la cause de sa perte, parce que le courage qu'il avait montré dans cette occasion le fit choisir pour une opération matériellement impraticable, dont je parlerai sous peu. Mais revenons à Wilna, où l'Empereur commençait à rencontrer quelques-unes des difficultés qui devaient faire échouer sa gigantesque entreprise.

La première fut d'organiser la Lithuanie, que nous venions de conquérir. Cette organisation devait être faite de manière à nous attacher non seulement les provinces encore occupées par les Russes, mais de plus celles du duché de Posen et de la Galicie que d'anciens traités avaient incorporées à la Prusse et à l'Autriche, alliées de Napoléon, qui avait en ce moment tant d'intérêt à les ménager!

Les seigneurs les plus ardents des diverses parties de la Pologne faisaient proposer à Napoléon de soulever toutes les provinces et de mettre à son service plus de 300,000 hommes, le jour où il déclarerait *officiellement* que tous les partages subis par leur pays étaient annulés et que le royaume de Pologne était *reconstitué!* Mais l'empereur des Français, tout en reconnaissant les avantages qu'il pourrait recueillir de cette levée de boucliers, ne se dissimulait pas qu'elle aurait pour premier résultat de le mettre en guerre avec la Prusse et l'Autriche, qui, plutôt que de se voir arracher d'immenses et belles provinces, joindraient leurs armées à celles des Russes. Mais il craignait surtout l'inconstance de la nation polonaise, qui, après l'avoir engagé contre les trois plus grandes puissances du Nord, ne tiendrait peut-être pas ses promesses d'aujourd'hui. L'Empereur répondit donc qu'il ne reconnaîtrait le royaume de Pologne que lorsque les populations de ces vastes contrées se seraient montrées dignes d'être indépendantes en se soulevant contre leurs oppresseurs. On tournait ainsi dans un cercle vicieux, Napoléon ne voulant reconnaître la Pologne qu'autant qu'elle se soulèverait, et les Polonais ne voulant agir qu'après la reconstitution de leur nationalité. Au surplus, ce qui prouverait que l'Empereur, en portant la guerre en Russie, n'avait d'autre but que le rétablissement du blocus continental, c'est qu'il n'avait fait conduire sur le Niémen aucun approvisionnement de fusils ni d'habits pour armer et équiper les troupes que les Polonais eussent dû mettre sur pied.

Quoi qu'il en soit, quelques seigneurs influents, voulant forcer la main à Napoléon et l'engager malgré lui, se constituèrent à Varsovie en Diète nationale, à laquelle vinrent se joindre un petit nombre de députés de plusieurs cercles. Le premier acte de cette assemblée ayant été de proclamer *la reconstitution et l'indépendance de l'ancien royaume de Pologne*, le retentissement de cette patriotique déclaration fut immense dans toutes les provinces, qu'elles fussent devenues russes, prussiennes ou autrichiennes. On crut pendant quelques jours à un soulèvement général, qu'eût probablement appuyé Napoléon; mais cette exaltation irréfléchie dura peu chez les Polonais, dont à peine quelques centaines vinrent se joindre à nous. Le refroidissement devint tel que la ville et le cercle de Wilna ne purent fournir que vingt hommes pour la garde d'honneur de Napoléon. Si les Polonais avaient déployé à cette époque la centième partie de l'énergie et de l'enthousiasme dont ils firent preuve lors de l'insurrection de 1830-1831, ils auraient peut-être recouvré leur indépendance et leur liberté. Mais loin de venir en aide aux troupes françaises, ils leur refusaient les choses les plus indispensables, et, dans le cours de cette campagne, nos soldats durent souvent s'emparer de force des vivres et des fourrages, que les habitants et surtout les seigneurs nous cachaient, et livraient cependant à la première réquisition des Russes, leurs persécuteurs. Cette partialité en faveur de nos ennemis révoltait les soldats français, ce qui donna lieu à quelques scènes fâcheuses que M. de Ségur qualifie d'*affreux pillage!* Il n'est cependant pas possible d'empêcher de malheureux soldats harassés de fatigue et auxquels on ne fait aucune distribution, de s'emparer du pain et des bestiaux dont ils ont besoin pour vivre.

La nécessité de maintenir l'ordre dans les provinces occupées par son armée amena, malgré tout, l'Empereur à nommer des préfets et des sous-préfets, choisis parmi les Polonais les plus éclairés; mais leur administration fut illusoire et ne rendit aucun service à l'armée française. La cause principale de l'apathie des Polonais lithuaniens provenait de l'attachement intéressé des grands pour le gouvernement russe, qui assurait leurs droits sur les paysans dont ils craignaient l'affranchissement par les Français, car tous ces nobles polonais, qui parlaient sans cesse de *liberté*, tenaient les paysans dans le plus rude servage!

Quoique l'agglomération des troupes françaises sur leurs frontières eût dû faire pressentir aux Russes le commencement prochain des hostilités, ils n'en avaient pas moins été surpris par le passage du Niémen, qu'ils n'avaient défendu sur aucun point. Leur armée s'était mise en retraite sur la Düna, sur la rive gauche de laquelle ils avaient construit, à Drissa, un immense camp retranché. De toutes parts les divers corps français suivaient les colonnes ennemies. Le prince Murat commandait la cavalerie de l'avant-garde, et chaque soir il atteignait l'arrière-garde des Russes; mais, après avoir soutenu un léger engagement, celle-ci s'éloignait à marches forcées pendant la nuit, sans qu'il fût possible de l'amener à un combat sérieux.

---

1. M. Thiers parle de 400,000 hommes en chiffres ronds.

CHAPITRE SEPT

Division de l'armée russe.—Bagration échappe à Jérôme.—Marche sur la Düna.—Attaque infructueuse de Dünabourg.—Je culbute deux régiments de Wittgenstein sur la Düna.—Nous nous séparons de la Grande Armée.—Composition du 2e corps.

Dès les premiers jours de notre entrée en Russie, les ennemis avaient commis une faute énorme en permettant à Napoléon de rompre leur ligne, de sorte que la plus grande masse de leurs troupes, conduite par l'empereur Alexandre et le maréchal Barclay, avait été rejetée sur la Düna, tandis que le surplus, commandé par Bagration, se trouvait encore sur le haut Niémen, vers Mir, à quatre-vingts lieues du gros de leur armée. Ainsi coupé, le corps de Bagration chercha à se réunir à l'empereur Alexandre en passant par Minsk; mais Napoléon avait fait garder ce point important par le maréchal Davout, qui repoussa vivement les Russes et les rejeta sur Bobruïsk qu'il savait devoir être gardé par Jérôme Bonaparte, à la tête de deux corps dont l'effectif s'élevait à 60,000 combattants. Bagration allait donc être réduit à mettre bas les armes, lorsqu'il fut sauvé par l'impéritie de Jérôme, qui, ayant mal compris les avis que Davout lui avait adressés et n'acceptant pas d'ailleurs de reconnaître la suprématie qu'une longue expérience et de grands succès donnaient à ce maréchal, voulut agir de son chef et manœuvra si mal que Bagration échappa à ce premier danger. Cependant, Davout, le suivant avec sa ténacité ordinaire, le rejoignit sur la route de Mohilew, et, bien qu'il n'eût en ce moment qu'une division de 12,000 hommes, il attaqua et battit les 36,000 Russes de Bagration, surpris, il est vrai, sur un terrain trop resserré pour qu'ils pussent se déployer et mettre en action toutes leurs forces. Bagration, ainsi repoussé, alla passer le Borysthène, beaucoup plus bas que Mohilew, à Novoï-Bychow, et, désormais à l'abri des attaques de Davout, il put enfin aller rejoindre la grande armée russe à Smolensk.

Dans les marches et contremarches que fit Bagration pour échapper à Davout, il surprit la brigade de cavalerie française commandée par le général Bordesoulle et lui enleva tout le 3e régiment de chasseurs à cheval, dont mon ami Saint-Mars était colonel.

La prise du corps de Bagration aurait eu un résultat immense pour Napoléon; aussi sa colère contre le roi Jérôme qui l'avait laissé échapper fut-elle terrible! Il lui ordonna de quitter sur-le-champ l'armée et de retourner en Westphalie. Cette mesure rigoureuse, mais indispensable, produisit dans l'armée un effet très défavorable au roi Jérôme; cependant, était-il le plus coupable? Son premier tort était d'avoir pensé que sa dignité de *souverain* s'opposait à ce qu'il reçût les avis d'un simple maréchal. Mais l'Empereur, qui savait fort bien que ce jeune prince n'avait de sa vie dirigé un seul bataillon, ni assisté au plus petit combat, n'avait-il pas à se reprocher de lui avoir confié pour son début une armée de 60,000 hommes, et cela dans des circonstances aussi graves?... Le général Junot remplaça le roi Jérôme et ne tarda pas à commettre aussi une faute irréparable.

À cette époque, l'empereur de Russie envoya vers Napoléon le comte de Balachoff, l'un de ses ministres. Ce parlementaire trouva l'empereur des Français encore à Wilna. On n'a jamais bien connu le but de cette entrevue. Quelques personnes crurent qu'il s'agissait d'un armistice, mais elles furent promptement détrompées par le départ de M. de Balachoff, et l'on apprit bientôt que le parti anglais, dont l'influence était immense à la cour et dans l'armée russe, ayant pris ombrage de la mission donnée à M. de Balachoff, et craignant que l'empereur Alexandre ne se laissât aller à traiter avec Napoléon, avait hautement exigé que l'empereur de Russie s'éloignât de l'armée et retournât à Saint-Pétersbourg. Alexandre accéda à ce désir, mais il tint à rappeler également son frère Constantin. Laissés à eux-mêmes et stimulés par l'Anglais Wilson, les généraux russes ne songèrent qu'à donner à la guerre un caractère de férocité qui pût effrayer les Français. Ils prescrivirent donc à leurs troupes de faire le désert derrière elles, en incendiant les habitations et tout ce qu'elles ne pouvaient enlever!

Pendant que du point central de Wilna, Napoléon dirigeait les différents corps de son armée, la rivière de la Düna avait été atteinte le 15 juillet par les colonnes que dirigeaient Murat, Ney, Montbrun, Nansouty et Oudinot. Celui-ci, n'ayant probablement pas bien compris les ordres de l'Empereur, fit une marche excentrique, et, descendant la Düna par sa rive gauche, tandis que le corps de Wittgenstein la remontait sur le bord opposé, il se présenta devant la ville de Dünabourg, vieille place mal fortifiée, dont il espérait enlever le pont, afin de passer le fleuve et d'aller sur la rive droite attaquer en queue Wittgenstein. Mais celui-ci, en s'éloignant de Dünabourg, y avait laissé une forte garnison et une nombreuse artillerie. Mon régiment faisait comme d'habitude l'avant-garde, que le maréchal Oudinot dirigeait en personne ce jour-là.

Dünabourg est située sur la rive droite; nous arrivions par la gauche, qui est gardée par un ouvrage considérable servant de tête au pont de communication situé entre la place et l'avancée que sépare le fleuve, très large en cet endroit. À un quart de lieue des fortifications, qu'Oudinot prétendait n'être pas garnies de canons, je trouvai un bataillon russe, dont la gauche s'appuyait à la rivière et dont le front était couvert par les baraques en planches d'un camp abandonné. Ainsi postés, les ennemis étaient fort difficiles à joindre. Le maréchal m'ordonna cependant de les attaquer. Après avoir laissé à l'intelligence des officiers le soin d'éviter les baraques en passant par les intervalles qui les séparaient, je commande la charge. Mais à peine le régiment a-t-il fait quelques pas en avant au milieu d'une grêle de balles lancées par les fantassins russes, que l'artillerie, dont le maréchal avait nié l'existence, tonne avec impétuosité du haut des fortifications, dont nous étions si près que les boîtes à mitraille passaient au-dessus de nos têtes avant d'avoir le temps d'éclater. Un des rares boulets qui s'y trouvaient mêlés traversa une maison de pêcheur et vint briser la jambe d'un de mes plus braves trompettes qui sonnait la charge à mes côtés!... Je perdis là plusieurs hommes.

Le maréchal Oudinot, qui avait eu le tort grave d'attaquer le camp de baraques ainsi protégé par le canon et la mousqueterie, espéra débusquer les fantassins ennemis en envoyant contre eux un bataillon portugais qui précédait notre infanterie; mais ces étrangers, anciens prisonniers de guerre, qu'on avait enrôlés en France, un peu malgré eux, se portèrent au feu très mollement, et nous restions toujours exposés. Voyant qu'Oudinot se tenait bravement sous les balles ennemies, mais sans donner aucun ordre, je compris que si cet état de choses se prolongeait encore quelques minutes, mon régiment allait être détruit. J'ordonnai donc à mes chasseurs de se disperser et fis sur les fantassins russes une charge en *fourrageurs*, qui eut le double avantage de leur faire lâcher pied et d'éteindre le feu des artilleurs, qui n'osaient plus tirer de crainte d'atteindre leurs tirailleurs mêlés aux Français. Sabrés par mes cavaliers, les défenseurs du camp s'enfuirent dans le plus grand désordre vers la tête du pont. Mais la garnison chargée de la défense de cet ouvrage était composée de soldats de nouvelles levées qui, craignant de nous y voir entrer à leur suite, fermèrent les portes à la hâte, ce qui contraignit les fuyards à s'élancer vers le pont de bateaux pour gagner l'autre rive et chercher un refuge dans la ville même de Dünabourg.

Ce pont n'avait pas de garde-fou, les barques chancelaient, la rivière était large et profonde, et j'apercevais de l'autre côté la garnison de la place sous les armes et cherchant à fermer ses portes! Aller plus avant me paraissait une folie! Pensant donc que le régiment en avait assez fait, je l'avais arrêté, lorsque le maréchal survint en s'écriant: «Brave 23e, faites comme à Wilkomir, passez le pont, forcez les portes et emparez-vous de la ville!» En vain le général Lorencez voulut lui faire sentir que les difficultés étaient ici beaucoup plus grandes, et qu'un régiment de cavalerie ne pouvait attaquer une place forte, si mal gardée qu'elle fût, lorsque, pour y arriver, il fallait passer deux hommes de front sur un mauvais pont de bateaux: le maréchal s'obstina en disant: «Ils profiteront du désordre et de la terreur des ennemis!» Puis il me renouvela l'ordre de marcher sur la ville. J'obéis; mais à peine étais-je sur la première travée du pont avec le premier peloton, à la tête duquel j'avais tenu à honneur de me placer, que la garnison de Dünabourg, étant parvenue à fermer la porte des fortifications donnant sur la rivière, parut au haut des remparts, d'où elle commença à faire feu sur nous!...

La ligne mince sur laquelle nous nous tenions ne permettant pas à ces soldats inexpérimentés de tirer avec justesse, le canon et la mousqueterie nous firent éprouver bien moins de pertes que je ne l'aurais cru. Mais en entendant la place tirer sur nous, les défenseurs de la tête de pont, revenus de leur frayeur, se mirent aussi de la partie. Le maréchal Oudinot, voyant le 23e ainsi placé entre deux feux, à l'entrée du pont vacillant, au delà duquel il ne pouvait avancer, me fit parvenir l'ordre de rétrograder. Les grandes distances que j'avais laissées entre les pelotons permirent alors à ceux-ci de faire demi-tour par cavalier sans trop de désordre. Cependant deux hommes et deux chevaux tombèrent dans le fleuve et se noyèrent. Pour regagner la rive gauche, nous étions obligés de repasser sous les remparts de la tête de pont, où nous fûmes encore assaillis par un feu roulant qui, fort heureusement, était exécuté par des miliciens inhabiles; car si nous avions eu affaire à des soldats bien exercés au tir, le régiment eût été totalement exterminé.

Ce malheureux combat, si imprudemment engagé, me coûta une trentaine d'hommes tués et beaucoup de blessés. On espérait, du moins, que le maréchal s'en tiendrait à cet essai infructueux, d'autant plus que, ainsi que je l'ai déjà dit, les instructions de l'Empereur ne lui prescrivaient pas de prendre Dünabourg; cependant, dès que ses divisions d'infanterie furent arrivées, il fit attaquer derechef la tête de pont, dont les ennemis avaient eu le temps de renforcer la garnison par un bataillon de grenadiers, accouru des cantonnements voisins, au bruit de la canonnade; aussi nos troupes furent-elles repoussées avec des pertes infiniment plus considérables que celles éprouvées par le 23e de chasseurs. L'Empereur, ayant appris cette vaine tentative, en blâma le maréchal Oudinot.

Vous savez que mon régiment était de brigade avec le 24e de chasseurs à cheval. Le général Castex, qui commandait cette brigade, avait, dès le premier jour de notre réunion, établi un ordre admirable dans le service. Chacun des deux régiments, le faisant à son tour pendant vingt-quatre heures, marchait en tête lorsqu'on allait vers l'ennemi, faisait l'arrière-garde dans les retraites, fournissait tous les postes, reconnaissances, grand'gardes et détachements, pendant que l'autre régiment, suivant tranquillement la route, se remettait un peu des fatigues de la veille et se préparait à celles du lendemain, ce qui ne l'empêchait point de venir appuyer le corps de service, si celui-ci était aux prises avec des forces supérieures. Ce système extraréglementaire avait l'immense avantage de ne jamais séparer les soldats de leurs officiers ni de leurs camarades, pour les placer sous les ordres de chefs inconnus et les mêler aux cavaliers de l'autre régiment. Enfin, pendant la nuit, une moitié de la brigade dormait pendant que l'autre veillait sur elle. Cependant, comme il n'y a rien sans inconvénients, il pouvait se faire que le hasard appelât plus souvent un des deux corps à être de service, les jours où surviendraient des engagements sérieux, ainsi que cela venait d'arriver au 23e tant au combat de Wilkomir qu'à celui de Dünabourg. Cette chance le poursuivit pendant la majeure partie de la campagne; mais il ne s'en plaignit jamais, s'en tira toujours avec honneur, et fut souvent envié par le 24e qui eut bien moins d'occasions de se faire remarquer.

J'ai déjà dit que pendant qu'Oudinot faisait sa course sur Dünabourg, les corps de Ney, ainsi que l'immense réserve de cavalerie commandée par Murat, remontaient vers Polotsk par la rive gauche de la Düna, tandis que l'armée russe de Wittgenstein suivait la même direction par la rive droite. Ainsi séparés de l'ennemi par la rivière, nos cavaliers se gardaient mal et plaçaient, chaque soir, selon l'habitude française, leurs bivouacs beaucoup trop près des bords de la Düna. Wittgenstein, s'en étant aperçu, laissa passer l'infanterie de Ney et le gros de la cavalerie de Montbrun, dont la division du général Sébastiani fermait la marche, ayant pour arrière-garde la brigade du général Saint-Geniès, ancien officier de l'armée d'Égypte, homme très brave, mais peu capable. Arrivé au delà de la petite ville de Drouia, le général Saint-Geniès, sur l'ordre de Sébastiani, établit ses régiments au bivouac à deux cents pas de la rivière, qu'on croyait infranchissable sans bateaux. Mais Wittgenstein, ayant connaissance d'un gué très praticable, profita de la nuit pour faire passer le fleuve à une division de cavalerie qui, s'élançant sur le corps français, enleva presque entièrement la brigade Saint-Geniès, fit ce général prisonnier et contraignit Sébastiani à se retirer promptement avec le reste de sa division vers le corps de Montbrun. Après ce rapide coup de main, Wittgenstein rappela ses troupes sur la rive droite et continua à remonter la Düna. Cette affaire fit grand tort à Sébastiani et lui attira les reproches de l'Empereur.

Peu de temps après ce fâcheux événement, Oudinot ayant reçu l'ordre de s'éloigner de Dünabourg et de remonter la Düna pour rejoindre Ney et Montbrun, son corps d'armée prit la route qu'avaient suivie les corps de ces derniers et vint passer devant la ville de Drouia. Le projet du maréchal était de faire camper ses troupes à trois lieues au delà; mais comme il craignait que les ennemis ne profitassent du gué pour jeter sur la rive gauche de nombreux partis destinés à assaillir le grand convoi qu'il traînait après lui, il décida, en s'éloignant avec toute son armée, qu'un régiment de la brigade Castex passerait la nuit sur le terrain où la brigade du général Saint-Geniès avait été surprise, et aurait pour consigne d'observer le gué par lequel les Russes étaient passés pour venir attaquer cette brigade. Mon régiment étant de service ce jour-là, ce fut à lui qu'échut la dangereuse mission de rester seul devant Drouia jusqu'au lendemain matin. Je savais que le gros de l'armée de Wittgenstein avait remonté le fleuve, mais j'aperçus deux forts régiments de cavalerie laissés par lui non loin du gué. C'était plus qu'il n'en aurait fallu pour me battre.

Lors même que j'aurais voulu exécuter à la lettre l'ordre qui me prescrivait d'établir mon bivouac sur l'emplacement qu'avait occupé, deux jours avant, celui de Saint-Geniès, cela m'eût été impossible, le sol étant couvert de plus de deux cents cadavres en putréfaction; mais à cette raison majeure il s'en joignit une autre non moins importante. Ce que j'avais vu et appris sur la guerre m'avait convaincu que le meilleur moyen de défendre une rivière contre les attaques d'un ennemi dont le but ne peut être de s'établir sur la rive qu'on occupe soi-même, est de tenir le gros de sa troupe à certaine distance du fleuve, d'abord pour être prévenu à temps du passage de l'adversaire, et en second lieu parce que celui-ci, n'ayant en vue que de faire un coup de main pour se retirer ensuite lestement, n'ose s'éloigner du rivage par lequel sa retraite est assurée! J'établis donc le régiment à une demi-lieue de la Düna, dans un champ où le terrain formait une légère ondulation. J'avais laissé seulement quelques vedettes doubles sur le rivage, car je suis convaincu que lorsqu'il ne s'agit que d'*observer*, deux hommes voient tout aussi bien qu'une forte grand'garde. Plusieurs rangées de cavaliers furent placées à la suite les uns des autres entre ces vedettes et notre bivouac, d'où, comme l'araignée au fond de sa toile, je pouvais être rapidement informé, par ces légers cordons, de tout ce qui se passait sur le terrain que je devais garder. Du reste, j'avais interdit les feux, même ceux des pipes, et prescrit le plus grand silence.

Les nuits sont extrêmement courtes en Russie au mois de juillet; cependant, celle-ci me parut bien longue, tant je craignais d'être attaqué dans l'obscurité par des forces supérieures aux miennes. La moitié des hommes étaient en selle, les autres faisaient manger leurs chevaux et se tenaient prêts à monter dessus au premier signal. Tout paraissait tranquille à la rive opposée, lorsque Lorentz, mon domestique polonais, qui parlait parfaitement le russe, vint m'informer qu'il avait entendu une vieille Juive, habitante d'une maison voisine, dire à une autre femme de sa caste: «La lanterne du clocher de Morki est allumée, l'attaque va commencer!» Je fis amener ces femmes devant moi, et, questionnées par Lorentz, elles répondirent que, craignant de voir leur hameau devenir le champ de bataille des deux partis, elles n'avaient pu apercevoir sans alarme briller sur l'église du village de Morki, situé sur la rive opposée, la lumière qui, l'avant-dernière nuit, avait servi de signal aux troupes russes pour traverser le gué de la Düna et fondre sur le camp français!…

Bien que je fusse prêt à tout événement, cet avis me fut très utile. En un instant, le régiment fut à cheval, le sabre à la main, et les vedettes du bord de la rivière, ainsi que les cavaliers placés en cordon dans la plaine, reçurent à voix basse, et de proche en proche, l'ordre de le rejoindre. Deux des plus intrépides sous-officiers, Prud'homme et Graft, accompagnèrent seuls le lieutenant Bertin, que j'envoyai observer les mouvements de l'ennemi. Il revint peu d'instants après m'annoncer qu'une colonne de cavaliers russes traversait le gué, que déjà plusieurs escadrons avaient pris pied sur la rive, mais que, étonnés de ne pas trouver notre camp au lieu qu'avait occupé celui de Saint-Geniès, ils s'étaient arrêtés, craignant sans doute de se trop éloigner du gué, leur unique moyen de retraite; cependant, ils s'y étaient décidés, avançaient au pas et se trouvaient à petite distance de nous!

À l'instant, je fis mettre le feu à une immense meule de foin ainsi qu'à plusieurs granges placées sur la hauteur. La lumière de leurs flammes éclairant toute la contrée, je distinguai parfaitement la colonne ennemie formée des hussards de Grodno. J'avais avec moi un millier de braves cavaliers... nous nous élançons au galop dans la plaine, au cri de «Vive l'Empereur!» et chargeons rapidement sur les Russes, qui, surpris d'une attaque aussi brusque qu'imprévue, tournent bride et, sabrés par mes chasseurs, courent à la débandade vers le gué par lequel ils étaient venus. Ils s'y trouvèrent face à face avec le régiment de dragons qui, formant brigade avec eux, les avait suivis et sortait à peine de la rivière. Ces deux corps s'étant choqués et mêlés, il en résulta un désordre affreux dont mes chasseurs profitèrent, grâce à la lueur de l'incendie, pour tuer un grand nombre d'ennemis et prendre beaucoup de chevaux. Les Russes se précipitant en tumulte dans le gué qu'ils voulaient passer tous à la fois pour éviter les coups de mousqueton que mes chasseurs tiraient du haut du rivage sur cette foule éperdue, il s'en noya un bon nombre. Notre brusque attaque dans la plaine avait tellement étonné les ennemis, qui s'attendaient à nous surprendre endormis, que pas un ne se mit en défense, et tous fuirent sans combattre; aussi j'eus le bonheur de regagner mon bivouac sans avoir à déplorer la mort ni la blessure d'aucun de mes hommes!... Le jour naissant éclaira notre champ de bataille, sur lequel gisaient plusieurs centaines d'ennemis tués ou blessés. Je confiai ceux-ci aux habitants du hameau près duquel j'avais passé la nuit, et me mis en route pour me rallier au corps d'Oudinot, que je rejoignis le soir même. Le maréchal me reçut très bien et complimenta le régiment sur sa belle conduite.

Le 2e corps, marchant constamment sur la rive gauche de la Düna, parvint en trois jours en face de Polotsk. Nous y apprîmes que l'Empereur avait enfin quitté Wilna, où il était resté vingt jours, et se dirigeait vers Witepsk, ville assez importante, dont il comptait faire le nouveau centre de ses opérations.

En s'éloignant de Wilna, l'Empereur y avait laissé le duc de Bassano en qualité de gouverneur de la province de Lithuanie, et le général Hogendorf comme chef militaire. Aucun de ces deux fonctionnaires ne convenait pour organiser les derrières d'une armée, car le duc de Bassano, ancien diplomate et secrétaire ponctuel, n'avait aucune connaissance en *administration*, tandis que le Hollandais Hogendorf, parlant très mal notre langue, n'ayant aucune notion de nos usages et règlements militaires, ne pouvait réussir auprès des Français qui passaient à Wilna et de la noblesse du pays. Aussi les richesses qu'offrait la Lithuanie ne furent d'aucun secours pour nos troupes.

Polotsk, ville située sur la rive droite de la Düna, est composée de maisons en bois et dominée par un immense et superbe collège, alors tenu par des Jésuites, qui presque tous étaient Français. Elle est entourée de fortifications en terre ayant jadis soutenu un siège dans les guerres de Charles XII contre Pierre le Grand. Les corps d'armée de Ney, de Murat et de Montbrun, pour se rendre de Drissa à Witepsk, avaient établi sur la Düna, en face de Polotsk, un pont de bateaux qu'ils laissèrent au corps d'Oudinot, destiné à marcher sur la route de Pétersbourg. Ce fut donc en ce lieu que le 2e corps prit une autre direction que la Grande Armée, que nous revîmes seulement l'hiver suivant au passage de la Bérésina.

Il faudrait plusieurs volumes pour retracer les manœuvres et les combats de la partie de l'armée qui suivit l'Empereur à Moscou. Je me bornerai donc à indiquer les faits les plus importants, à mesure qu'ils se dérouleront.

Ainsi, le 25 juillet, il y eut près d'Ostrowno une affaire d'avant-garde très favorable à notre infanterie, mais où plusieurs régiments de cavalerie furent trop précipitamment engagés par Murat. Le 16e de chasseurs fut de ce nombre. Mon frère, qui y servait comme chef d'escadrons, fut pris et conduit bien au delà de Moscou, à Sataroff, sur le Volga. Il y retrouva le colonel Saint-Mars, ainsi qu'Octave de Ségur. Ils s'entr'aidèrent à supporter les ennuis de la captivité, auxquels mon frère était déjà habitué, car il avait passé plusieurs années dans les prisons et sur les pontons des Espagnols. Nos chances de guerre étaient bien différentes: Adolphe, fait trois fois prisonnier, ne fut jamais blessé, tandis que, recevant très souvent des blessures, je ne fus jamais pris.

Pendant que l'Empereur, maître de Wilna, manœuvrait pour amener l'armée russe à une bataille décisive, mais sans pouvoir y parvenir, le corps d'Oudinot, après avoir passé la Düna à Polotsk, s'établit en avant de cette ville, ayant en face de lui les nombreuses troupes du général Wittgenstein, formant l'aile droite de l'ennemi. Avant de rendre compte des événements qui se passèrent sur les rives de la Düna, je crois nécessaire de vous faire connaître la composition du 2e corps, dont je suivis tous les mouvements.

Le maréchal Oudinot, qui le commandait, n'avait d'abord sous ses ordres que 44,000 hommes répartis en trois divisions d'infanterie, dont les chefs étaient les généraux Legrand, Verdier et Merle, tous trois, et surtout le premier, excellents officiers. On remarquait parmi les généraux de brigade Albert et Maison. La cavalerie se composait d'une superbe division de cuirassiers et de lanciers, commandée par le général Doumerc, officier assez ordinaire, ayant sous ses ordres le brave général de brigade Berckheim. Deux brigades de cavalerie légère faisaient aussi partie du 2e corps. La première, composée des 23e et 24e de chasseurs, était commandée par le général Castex, excellent militaire sous tous les rapports. La seconde, formée par les 7e et 20e de chasseurs et le 8e de lanciers polonais, était aux ordres du général Corbineau, homme brave, mais apathique. Ces deux brigades n'étaient pas réunies en division; le maréchal les attachait, selon les besoins, soit aux divisions d'infanterie, soit à l'avant-garde ou à l'arrière-garde. Ce système présentait de grands avantages.

Le 24e de chasseurs, avec lequel mon régiment était de brigade, était on ne peut mieux composé et eût rendu de grands services si la sympathie et l'union eussent existé entre les soldats et leur chef. Malheureusement, le colonel A... se montrait fort dur pour ses subordonnés, qui, de leur côté, étaient assez mal disposés pour lui. Cet état de choses avait décidé le général Castex à marcher et à camper avec le 23e de chasseurs, et à réunir sa cuisine de campagne à la mienne, bien qu'il eût servi dans le 24e. Le colonel A..., grand, adroit, toujours parfaitement monté, se montrait généralement bien dans les combats à l'arme blanche, mais passait pour aimer moins les combats de mousqueterie et d'artillerie. Malgré tout, l'Empereur appréciait chez ce chef de corps une qualité qu'il possédait au plus haut degré, car c'était incontestablement le meilleur officier de cavalerie légère de toutes les armées de l'Europe. Jamais on ne vit un tact plus fin, un coup d'œil qui explorât le pays avec autant de justesse; aussi, avant de parcourir une contrée, il devinait les obstacles que les cartes ne signalaient pas, prévoyait les points où devaient aboutir les ruisseaux, les chemins, les moindres sentiers, et il tirait des mouvements de l'ennemi des prévisions qui se réalisaient presque toujours. Sous le rapport de la petite comme de la grande guerre, M. A... était donc un officier des plus remarquables. L'Empereur, qui l'avait fréquemment employé à des reconnaissances dans des campagnes précédentes, l'avait signalé au maréchal Oudinot, qui l'appelait même souvent dans son conseil, d'où il résultait forcément que bien des corvées et de périlleuses missions retombaient sur mon régiment.

CHAPITRE HUIT

Affaire de Jakoubowo ou Kliastitsoui.—Je suis blessé.

À peine les divers corps d'armée qui nous avaient précédés à Polotsk s'en furent-ils éloignés, pour aller rejoindre l'Empereur à Witepsk, qu'Oudinot, entassant toutes ses troupes en une seule et immense colonne sur la route de Saint-Pétersbourg, marcha le 29 juillet sur l'armée de Wittgenstein, qu'on savait être postée à dix lieues de nous, entre deux petites villes nommées Sebej et Newel. Nous allâmes ce jour-là coucher sur les rives de la Drissa. Cet affluent de la Düna n'est encore qu'un fort ruisseau devant le relais de Siwotschina, où il est traversé par la grande route de Pétersbourg; et comme il n'existait pas de pont, le gouvernement russe y avait suppléé en faisant abattre des deux côtés, en pente douce, les hautes berges qui l'encaissent; et, en pavant le fond du ruisseau sur une largeur égale à celle de la route, on avait établi un gué fort praticable, mais à droite et à gauche duquel les troupes et les chariots ne pouvaient passer, tant le rivage est escarpé. Je crois devoir donner cette explication, parce que trois jours après ce lieu fut le théâtre d'un engagement des plus vifs.

Le lendemain 30, mon régiment étant de service, je pris la tête de l'avant-garde et, suivi de tout le corps d'armée, je traversai le gué de la Drissa. La chaleur était accablante, et dans les blés couverts de poussière qui bordaient la route, on voyait deux larges zones où la paille couchée et écrasée, comme si un rouleau y eût été traîné plusieurs fois, indiquait le passage de fortes colonnes d'infanterie. Tout à coup, auprès du relais de poste de Kliastitsoui, ces indices disparaissaient des bords de la grande route et se reproduisaient à sa gauche sur un large chemin vicinal qui aboutit à Jakoubowo. Il était évident que l'ennemi avait quitté sur ce point la direction de Sebej pour se jeter sur notre flanc gauche. La chose me parut grave! J'arrêtai nos troupes et envoyai prévenir mon général de brigade. Mais le maréchal, qui marchait ordinairement en vue de l'avant-garde, ayant aperçu cette halte, accourut au galop, et, malgré les observations des généraux Castex et Lorencez, il m'ordonna de continuer la marche par la grande route. À peine avais-je fait une lieue, que j'aperçois venant à nous un kibick, ou calèche russe, attelé de deux chevaux de poste!... Je le fais arrêter et vois un officier ennemi qui, assoupi par la chaleur, s'était couché tout de son long dans le fond du kibick. Ce jeune homme, fils du seigneur auquel appartenait le relais de Kliastitsoui que je venais de quitter, était aide de camp du général Wittgenstein et revenait de Pétersbourg avec la réponse aux dépêches dont son général l'avait chargé pour son gouvernement. Rien ne saurait peindre sa stupéfaction, lorsque, réveillé en sursaut, il se trouva en présence de nos chasseurs à figures rébarbatives et aperçut non loin de là de nombreuses colonnes françaises! Il ne pouvait concevoir comment il n'avait pas rencontré l'armée de Wittgenstein, ou au moins quelques-uns de ses éclaireurs, entre Sebej et le point où nous étions; mais cet étonnement confirmait le général Castex et moi dans la pensée que Wittgenstein, pour tendre un piège à Oudinot, avait brusquement quitté la route de Pétersbourg pour se jeter sur la gauche et sur l'arrière-garde de l'armée française, qu'il allait attaquer en flanc et en queue! En effet, nous entendîmes bientôt le canon, et peu après la fusillade.

Le maréchal Oudinot, quoique surpris par une attaque aussi imprévue, se tira assez bien du mauvais pas où il s'était engagé. Faisant faire un *à gauche* aux diverses fractions de sa colonne, il se mit en ligne en face de Wittgenstein, dont il repoussa si vigoureusement les premières attaques que le Russe ne crut pas devoir les renouveler ce jour-là, et se retira derrière Jakoubowo. Mais sa cavalerie avait eu un assez beau succès, car elle avait pris sur nos derrières un millier d'hommes et une partie des équipages de l'armée française, entre autres nos forges de campagne. Ce fut une perte immense, dont la cavalerie du 2e corps se ressentit péniblement pendant toute la campagne. Après cet engagement, les troupes d'Oudinot ayant pris position, la brigade Castex reçut l'ordre de rétrograder jusqu'à Kliastitsoui, afin de garder l'embranchement des deux routes, où l'infanterie du général Maison vint se joindre à nous. L'officier russe, prisonnier dans la propre maison de son père, nous en fit les honneurs avec beaucoup de grâce.

Cependant, un combat sérieux se préparant pour le lendemain, les commandants des deux armées prirent leurs dispositions, et au point du jour les Russes marchèrent sur la maison de poste de Kliastitsoui où s'appuyait la droite des Français. Bien qu'en de telles circonstances les deux régiments fussent employés, néanmoins celui qui était de service se mettait en première ligne. C'était le tour du 24e de chasseurs. Pour éviter toute hésitation, le brave général Castex vient se placer en tête du régiment, le conduit rapidement sur les bataillons russes, les enfonce et fait 400 prisonniers, en n'éprouvant qu'une perte légère. Castex entra courageusement le premier dans les rangs ennemis; son cheval fut tué d'un coup de baïonnette, et le général, dans sa chute, eut un pied foulé. Il ne put pendant plusieurs jours diriger la brigade, dont le colonel A... prit le commandement.

Les bataillons russes que le 24e venait de sabrer avaient été remplacés sur-le-champ par d'autres, qui débouchaient de Jakoubowo et s'avançaient sur nous rapidement. Le maréchal ayant alors envoyé à M. A... l'ordre de les attaquer, celui-ci commanda le *passage de ligne en avant!* ce que j'exécutai aussitôt. Arrivé en première ligne, le 23e s'étant remis en bataille, marcha vers l'infanterie russe, qui s'arrêta et nous attendit de pied ferme: c'était le régiment de Tamboff. Dès que nous fûmes à bonne portée, je commandai la *charge!*... Elle fut exécutée avec d'autant plus de résolution et d'ensemble que mes cavaliers, outre leur courage habituel, étaient vivement stimulés par la pensée que leurs camarades du 24e suivaient des yeux tous leurs mouvements!... Les ennemis commirent la faute énorme, selon moi, de démunir leur ligne de tout son feu à la fois, en nous tirant une *bordée* qui, mal ajustée, ne tua ou blessa que quelques hommes et quelques chevaux: un feu de file eût été bien plus meurtrier. Les Russes voulurent recharger leurs armes, mais nous ne leur en laissâmes pas le temps; nos excellents chevaux, lancés à fond de train, arrivèrent sur eux, et le choc fut si violent qu'une foule d'ennemis furent jetés à terre!... Beaucoup se relevèrent en essayant de se défendre avec la baïonnette contre les coups de pointe de nos chasseurs; mais après avoir essuyé de grandes pertes, ils reculèrent, puis se débandèrent, et un bon nombre furent tués ou pris en fuyant vers un régiment de cavalerie qui arrivait à leur secours. C'étaient les hussards de Grodno.

J'ai remarqué que lorsqu'un corps en a battu un autre, il conserve toujours sa supériorité sur lui. J'en vis ici une nouvelle preuve, car les chasseurs du 23e s'élancèrent comme sur une proie facile contre les hussards de Grodno qu'ils avaient jadis si bien battus dans le combat de nuit de Drouia, et les hussards, ayant reconnu leurs vainqueurs, s'enfuirent à toutes jambes! Ce régiment fut pendant tout le reste de la campagne en face du 23e, qui conserva toujours sur lui le même ascendant.

Pendant que les événements que je viens de raconter se passaient à notre aile droite, l'infanterie du centre et de la gauche ayant attaqué les Russes, ceux-ci, battus sur tous les points, abandonnèrent le champ de bataille, et à la tombée de la nuit, ils allèrent prendre position à une lieue de là. Notre armée garda celle qu'elle occupait entre Jakoubowo et l'embranchement de Kliastitsoui. La joie fut grande ce soir-là dans les bivouacs de la brigade, car nous étions vainqueurs!... Mon régiment avait pris le drapeau des fantassins de Tamboff, et le 24e s'était aussi emparé de celui du corps russe qu'il avait enfoncé; mais le contentement qu'il éprouvait se trouvait affaibli par le regret de savoir ses deux chefs d'escadrons blessés. Le premier, M. Monginot, était sous tous les rapports un officier du plus grand mérite; le second, frère du colonel, sans avoir les talents ni l'esprit de son aîné, était un officier des plus intrépides. Ces deux chefs d'escadrons se rétablirent promptement et firent le reste de la campagne.

Lorsqu'un corps cherche à *tourner* son ennemi, il s'expose à être tourné lui-même. C'est ce qui était arrivé à Wittgenstein, car ce général, qui le 29 avait quitté la route de Pétersbourg pour se jeter sur la gauche et sur les derrières de l'armée française, avait compromis par là sa ligne de communication dont Oudinot aurait pu le séparer complètement, si, après l'avoir battu le 30, il l'eût poussé vigoureusement. La situation du général russe était d'autant plus dangereuse que, placé en face d'une armée victorieuse qui lui barrait le chemin de la retraite, il apprit que le maréchal Macdonald, après avoir passé la Düna et pris la place de Dünabourg, avançait sur ses derrières. Pour sortir de ce mauvais pas, Wittgenstein avait habilement employé toute la nuit après le combat pour faire à travers champs un détour qui, par Jakoubowo, ramenait son armée sur la route de Saint-Pétersbourg, au delà du relais de Kliastitsoui. Mais craignant que la droite des Français, postée à peu de distance de ce point, ne vînt fondre sur ses troupes pendant leur marche de flanc, il avait résolu de l'en empêcher en attaquant lui-même notre aile droite avec des forces supérieures, pendant que le gros de l'armée, exécutant son mouvement, regagnerait la route de Saint-Pétersbourg et rouvrirait ses communications avec Sebej.

Le lendemain, 31 juillet, mon régiment prenait le service au lever de l'aurore, lorsqu'on s'aperçut qu'une partie de l'armée ennemie, battue la veille par nous, ayant contourné la pointe de notre aile droite, était en pleine retraite sur Sebej, tandis que le surplus venait nous attaquer à Kliastitsoui. En un clin d'œil, toutes les troupes du maréchal Oudinot furent sous les armes; mais pendant que les généraux prenaient leurs dispositions de combat, une forte colonne de grenadiers russes, attaquant nos alliés de la légion portugaise, les mit dans un désordre complet; puis elle se dirigeait vers la vaste et forte maison du relais, point important dont elle allait s'emparer, lorsque le maréchal Oudinot, toujours l'un des premiers au feu, accourt vers mon régiment déjà rendu aux avant-postes, et m'ordonne de tâcher d'arrêter, ou du moins de retarder la marche des ennemis jusqu'à l'arrivée de notre infanterie qui s'avançait rapidement. J'enlève mon régiment au galop et fais sonner la charge, en prenant obliquement la ligne ennemie par sa droite, ce qui gêne infiniment le feu de l'infanterie; aussi celui que les grenadiers ennemis firent sur nous fut-il presque nul, et ils allaient, être sabrés vigoureusement, car le désordre était déjà parmi eux, lorsque, soit par instinct, soit sur le commandement de leur chef, ils font demi-tour et gagnent en courant un large fossé, qu'en venant ils avaient laissé derrière eux. Tous s'y précipitèrent, et là, couverts jusqu'au menton, ils commencèrent un feu de file des mieux nourris! J'eus tout de suite six à sept hommes tués, une vingtaine de blessés, et reçus une balle au défaut de l'épaule gauche. Mes cavaliers étaient furieux; mais notre rage était impuissante contre des hommes qu'il nous était physiquement impossible de joindre!... Dans ce moment critique, le général Maison, arrivant avec sa brigade d'infanterie, m'envoya l'ordre de passer derrière ses bataillons; puis il attaqua par les deux flancs le fossé, dont les défenseurs furent tous tués ou pris.

    Quant à moi, grièvement blessé, je fus conduit auprès du relais. On me descendit de cheval à grand'peine. Le bon docteur Parot, chirurgien-major du régiment, vint me panser; mais à peine cette opération était-elle commencée que nous fûmes obligés de l'interrompre. L'infanterie russe attaquait de nouveau, et une grêle de balles tombait autour de nous! Nous nous éloignâmes donc hors de la portée des fusils. Le docteur trouva ma blessure grave: elle eût été mortelle si les grosses torsades de l'épaulette, que la balle avait dû traverser avant d'atteindre ma personne, n'eussent changé la direction et beaucoup amorti la force du coup. Il avait néanmoins été si rude que le haut de mon corps, poussé violemment en arrière, était allé toucher la croupe de mon cheval; aussi les officiers et chasseurs qui me suivaient me crurent-ils mort, et je serais tombé si mes ordonnances ne m'eussent soutenu. Le pansement fut très douloureux, car la balle s'était incrustée dans les os, au point où le haut du bras se joint à la clavicule. Il fallut, pour l'extraire, élargir la plaie, dont on voit encore la grande cicatrice.

    Je vous avouerai que si j'eusse alors été colonel, j'aurais suivi les nombreux blessés du corps d'armée qu'on dirigeait vers Polotsk, et que, passant la Düna, je me serais rendu dans quelque ville de Lithuanie pour m'y faire soigner. Mais je n'étais que simple chef d'escadrons; l'Empereur pouvait en une journée de poste arriver à Witepsk, passer une revue du corps, et il n'accordait rien qu'aux militaires *présents* sous les armes. Cet usage, qui, au premier aspect, paraît cruel, était néanmoins basé sur l'intérêt du service, car il stimulait le zèle des blessés, qui, au lieu de traîner dans les hôpitaux, s'empressaient de rejoindre leurs corps respectifs dès que leurs forces le permettaient. L'effectif de l'armée y gagnait infiniment. À toutes les raisons dites plus haut, se joignaient mes succès devant l'ennemi, mon attachement au régiment, ma récente blessure reçue en combattant dans les rangs; tout m'engageait à ne pas m'éloigner. Je restai donc, malgré les douleurs intolérables que j'éprouvais; puis, après avoir mis mon bras en écharpe tant bien que mal et m'être fait hisser à cheval, je rejoignis mon régiment.

CHAPITRE NEUF

Défilé des marais de Sebej.—Retraite.—Brillante affaire du gué de Sivotschina.—
Mort de Koulnieff.—Retour offensif.—Derniers adieux.

Depuis que j'avais été blessé, l'état des choses était bien changé; nos troupes avaient battu Wittgenstein et fait un grand nombre de prisonniers. Cependant, les Russes étaient parvenus à gagner la route de Saint-Pétersbourg, par laquelle ils effectuaient leur retraite sur Sebej.

Pour se rendre du relais de Kliastitsoui à cette ville, il faut traverser le très vaste marais de Khodanui, au milieu duquel la grande route est élevée sur une digue formée par d'immenses sapins couchés les uns auprès des autres. Un fossé, ou plutôt un canal large et profond, règne des deux côtés de cette digue, et il n'existe aucun autre passage, à moins de se jeter bien loin de la direction de Sebej. Ce défilé a près d'une lieue de long, mais la route en bois qui en assure la viabilité est d'une largeur très considérable. Aussi, dans l'impossibilité de placer des tirailleurs dans le marais, les Russes se retiraient-ils en épaisses colonnes par cette route factice, au delà de laquelle nos cartes indiquaient une plaine. Le maréchal Oudinot, voulant compléter sa victoire, avait résolu de les y suivre. À cet effet, il avait déjà engagé sur la route du marais la division d'infanterie du général Verdier, que devait suivre d'abord la brigade de cavalerie Castex, puis tout le corps d'armée. Mon régiment n'était pas encore entré en ligne lorsque je le rejoignis.

En me voyant me replacer à leur tête malgré ma blessure, officiers, sous-officiers et chasseurs me reçurent par une acclamation générale, qui prouvait l'estime et l'attachement que ces braves gens avaient conçus pour moi; j'en fus profondément touché. Je fus surtout pénétré de reconnaissance pour la satisfaction qu'exprima, en me revoyant, mon camarade, le chef d'escadrons Fontaine. Cet officier, quoique fort brave et très capable, avait si peu d'ambition qu'il était resté dix-huit ans simple capitaine, avait refusé trois fois le grade de chef d'escadrons et ne l'avait accepté que sur l'ordre formel de l'Empereur.

Je repris donc le commandement du 23e, qui pénétra dans le marais à la suite de la division Verdier, sur laquelle les derniers pelotons de la colonne ennemie s'étaient bornés à tirer de loin quelques coups de fusil tant qu'on fut dans le défilé; mais, dès que nos fantassins débouchèrent dans la plaine, ils aperçurent l'armée russe déployée, dont l'artillerie les reçut par un feu terrible. Cependant, malgré leurs pertes, les bataillons français n'en continuèrent pas moins à marcher en avant. Bientôt ils se trouvèrent tous hors du défilé, et ce fut à mon régiment à paraître dans la plaine, à la tête de la brigade. Le colonel A..., qui la commandait provisoirement, n'étant pas là pour nous diriger, je songeai à éloigner le plus possible mon régiment de ce point dangereux et lui fis prendre le galop dès que l'infanterie m'eut fait place. J'eus néanmoins sept ou huit hommes tués et un plus grand nombre de blessés. Le 24e, qui me suivait, souffrit aussi beaucoup. Il en fut de même de la division d'infanterie du général Legrand; mais, dès qu'elle fut formée dans la plaine, le maréchal Oudinot ayant attaqué les lignes ennemies, leur artillerie divisa ses feux sur plusieurs points, et la sortie du défilé serait devenue moins périlleuse pour les autres troupes, si Wittgenstein n'eût en ce moment attaqué avec toutes ses forces celles que nous avions dans la plaine. La supériorité du nombre nous contraignit à céder le terrain avant l'arrivée du reste de notre armée, et nous dûmes battre en retraite vers le défilé de Khodanui. Heureusement, cette voie était fort large, ce qui nous permit d'y marcher facilement par pelotons.

Du moment qu'on quittait la plaine, la cavalerie devenait plus embarrassante qu'utile; ce fut elle que le maréchal fit retirer la première. Elle fut suivie par la division d'infanterie Verdier, dont le général venait d'être très grièvement blessé. La division Legrand fit l'arrière-garde. Sa dernière brigade, commandée par le général Albert, eut à soutenir un combat très vif au moment où ses derniers bataillons étaient sur le point de s'engager dans le marais; mais une fois qu'ils y furent en colonne, le général Albert ayant placé à la queue huit pièces de canon qui, tout en se retirant, faisaient feu sur l'avant-garde ennemie, celle-ci éprouva à son tour de grandes pertes. En effet, ses pièces ne tiraient que fort rarement, parce que, après chaque coup, il fallait qu'elles fissent un premier demi-tour pour continuer la poursuite et un second pour se remettre en batterie, mouvements lents et fort embarrassants dans un défilé. L'artillerie russe nous fit donc peu de mal dans le passage du marais.

La fin du jour approchait lorsque les troupes françaises, sortant du défilé, repassèrent devant Kliastitsoui et se trouvèrent sur les rives de la Drissa, au gué de Sivotschina, qu'elles avaient traversé le matin en poursuivant les Russes, après les avoir battus à Kliastitsoui. Ceux-ci venaient de prendre leur revanche, car, après nous avoir fait perdre sept ou huit cents hommes dans la plaine, au delà du marais, ils nous poussèrent à leur tour l'épée dans les reins!... Pour mettre fin au combat et donner un peu de repos à l'armée, le maréchal Oudinot lui fit traverser le gué de Sivotschina et la mena camper à Biéloé.

La nuit commençait, lorsque les avant-postes laissés en observation sur la Drissa firent savoir que les ennemis passaient ce cours d'eau. Le maréchal Oudinot, s'étant rendu promptement vers ce point, reconnut que huit bataillons russes, ayant sur leur front quatorze bouches à feu en batterie, venaient d'établir leurs bivouacs sur la rive gauche, que nous occupions. Le surplus de leur armée était de l'autre côté de la Drissa, se préparant sans doute à la traverser le lendemain pour venir nous attaquer. Cette avant-garde était commandée par le général Koulnieff, homme fort entreprenant, mais ayant, comme la plupart des officiers russes de cette époque, la mauvaise habitude de boire une trop grande quantité d'eau-de-vie. Il paraît qu'il en avait pris ce soir-là outre mesure, car on ne saurait expliquer autrement la faute énorme qu'il commit en venant, avec huit bataillons seulement, camper à peu de distance d'une armée de 40.000 hommes, et cela dans les conditions les plus défavorables pour lui. En effet, le général russe avait, à deux cents pas derrière sa ligne, la Drissa, qui, à l'exception du gué, était infranchissable, non point à cause du volume de ses eaux, mais parce que les berges, coupées à pic, ont une élévation de 15 à 20 pieds. Koulnieff n'avait ainsi d'autre retraite que par le gué. Or, pouvait-il espérer, en cas de défaite, que ses huit bataillons et quatorze canons s'écouleraient assez promptement par cet unique passage devant les forces considérables de l'armée française, qui pouvait d'un instant à l'autre fondre sur eux du lieu voisin qu'elle occupait, à Biéloé? Non!... Mais il paraît que le général Koulnieff était hors d'état de faire ces réflexions lorsqu'il plaça son camp sur la rive gauche du ruisseau. On doit donc s'étonner que pour l'établissement de son avant-garde, le général en chef Wittgenstein s'en soit rapporté à Koulnieff, dont il devait connaître les habitudes d'intempérance.

Pendant que la tête de colonne des Russes se portait arrogamment à une aussi petite distance de nous, une grande confusion régnait, non parmi les troupes françaises, mais parmi leurs chefs. Le maréchal Oudinot, homme des plus braves, manquait de fixité dans ses résolutions et passait en un instant d'un projet d'attaque à des dispositions de retraite. Les pertes qu'il venait d'éprouver vers la fin de la journée de l'autre côté du grand marais l'ayant jeté dans une grande perplexité, il ne savait comment faire pour exécuter les ordres de l'Empereur, qui lui enjoignaient de refouler Wittgenstein sur la route de Saint-Pétersbourg, au moins jusqu'à Sebej et Newel. Ce fut donc avec grande joie que le maréchal reçut pendant la nuit une dépêche qui lui annonçait la très prochaine arrivée d'un corps de Bavarois commandés par le général Saint-Cyr, que l'Empereur plaçait sous ses ordres. Mais au lieu d'attendre ce puissant renfort dans une bonne position, Oudinot, conseillé par le général d'artillerie Dulauloy, voulait aller recevoir les Bavarois en faisant rétrograder toute son armée jusqu'à Polotsk!... Cette pensée inexplicable trouva une très vive opposition dans la réunion de généraux convoqués par le maréchal. Le brave général Legrand expliqua que, bien que nos succès de la matinée eussent été contre-balancés par les pertes de la soirée, l'armée était cependant on ne peut mieux disposée à marcher à l'ennemi; que la faire battre en retraite sur Polotsk serait ébranler son moral et la présenter aux Bavarois comme une troupe vaincue venant chercher un refuge auprès d'eux; enfin que cette pensée seule devait indigner tous les cœurs français. La chaleureuse allocution de Legrand ayant réuni les suffrages de tous les généraux, le maréchal déclara renoncer à son projet de retraite.

Il restait à résoudre une question fort importante. Que fera-t-on dès que le jour paraîtra? Le général Legrand, avec l'ascendant que lui donnaient son ancienneté, ses beaux services et sa grande habitude de la guerre, proposa de profiter de la faute commise par Koulnieff pour attaquer l'avant-garde russe, si imprudemment placée sans appui sur la rive occupée par nous, et de la rejeter dans la Drissa qu'il avait à dos. Cet avis ayant été adopté par le maréchal et tout le conseil, l'exécution en fut confiée au général Legrand.

Le camp de l'armée d'Oudinot était situé dans une forêt de grands sapins fort espacés entre eux. Au delà, se trouvait une immense clairière. Les lisières du bois prenaient la forme d'un arc dont les deux pointes aboutissaient à la Drissa, qui figurait la corde de cet arc. Le bivouac des huit bataillons russes se trouvait établi très près de la rivière, en face du gué. Quatorze canons étaient en batterie sur le front de bandière.

Le général Legrand, voulant surprendre l'ennemi, prescrivit au général Albert d'envoyer dans chacune des deux parties du bois qui figuraient les côtés de l'arc, un régiment d'infanterie qui, s'avançant vers les extrémités de la corde, devait prendre en flanc le camp ennemi, dès qu'il entendrait la marche d'un régiment de cavalerie; celui-ci, sortant du bois par le centre de l'arc, devait fondre à toutes jambes sur les bataillons russes et les pousser dans le ravin. La tâche qu'avait à remplir la cavalerie était, comme on le voit, la plus périlleuse, car non seulement elle devait attaquer de front la ligne ennemie garnie de 6,000 fusils, mais essuyer le feu de quatorze pièces d'artillerie avant de joindre les ennemis! Il est vrai qu'en agissant par surprise, on espérait trouver les Russes endormis et éprouver peu de résistance.

Vous venez de voir que mon régiment, ayant pris le service le 31 juillet au matin à Kliastitsoui, l'avait fait pendant toute la journée. Il devait par conséquent, selon la règle établie, être relevé par le 24e le 1er août, à une heure du matin. Ce régiment fut donc commandé pour l'attaque, et le mien devait rester en réserve, car l'espace vide entre le bois et le ruisseau ne pouvait contenir qu'un seul régiment de cavalerie. Le colonel A… se rendit auprès d'Oudinot, et lui fit observer qu'il y avait à craindre que pendant que nous nous préparions à combattre les troupes de Wittgenstein placées devant nous, ce général n'eût dirigé vers notre droite une forte colonne pour passer la Drissa à un gué existant probablement à trois lieues en amont du point où nous étions, gagner nos derrières et enlever nos blessés et nos équipages; qu'il serait donc convenable d'envoyer un régiment de cavalerie observer le gué dont il parlait. Le maréchal adopta cette idée, et le colonel A…, dont le régiment venait de prendre le service, le fit promptement monter à cheval, et, l'emmenant dans l'expédition qu'il avait conçue, laissa au 23e les risques du combat qui allait s'engager.

Mon brave régiment reçut avec calme l'annonce de la périlleuse mission qui lui était confiée et vit avec plaisir le maréchal et le général Legrand passer sur son front pour présider aux préparatifs de l'attaque importante que nous allions faire.

À cette époque, tous les régiments français, à l'exception des cuirassiers, avaient une compagnie de grenadiers, nommée compagnie d'*élite*, qui tenait habituellement la droite de la ligne. Celle du 23e était donc ainsi placée, lorsque le général Legrand fit observer au maréchal que les ennemis ayant leur artillerie en avant de leur centre, et les dangers devant être par conséquent beaucoup plus grands sur ce point, il conviendrait de le faire attaquer par la compagnie d'élite, composée des hommes les plus aguerris et des meilleurs chevaux, afin d'éviter une hésitation qui pourrait compromettre le résultat de l'opération. En vain, j'assurai que le régiment, presque entièrement formé d'anciens soldats, était sous tous les rapports moraux et physiques aussi solide sur un point que sur un autre, le maréchal m'ordonna de placer la compagnie d'élite au centre du régiment. J'obéis; puis, ayant réuni les officiers, je leur expliquai à demi-voix ce que nous allions exécuter, et les prévins que pour mieux surprendre les ennemis, je ne ferais aucun commandement préparatoire et me bornerais à celui de *Chargez!* lorsque notre ligne serait à petite portée du canon ennemi. Tout étant bien convenu, le régiment sortit du bivouac dans le plus grand silence aux premières lueurs du crépuscule, et traversa avec assez de facilité le bois dont les grands arbres étaient très espacés; puis nous entrâmes dans la clairière unie au bout de laquelle se trouvait le camp russe. Seul de tout le régiment, je n'avais pas le sabre à la main, car la droite, celle qui restait libre, était employée à tenir les rênes de mon cheval. Vous comprenez ce qu'il y avait de pénible dans cette position pour un officier de cavalerie qui va s'élancer sur les ennemis!... Mais j'avais tenu à marcher avec mon régiment et me plaçai en avant de la compagnie d'élite, ayant auprès de moi son intrépide capitaine, M. Courteau, un des meilleurs officiers de ce corps et celui que j'affectionnais le plus.

Tout était parfaitement tranquille dans le camp des Russes, vers lequel nous avancions au petit pas, sans bruit, et j'avais d'autant plus d'espoir de le surprendre que le général Koulnieff n'ayant fait passer le gué à aucun détachement de cavalerie, nous n'apercevions pas de vedettes et distinguions seulement, à la lueur affaiblie des feux, quelques rares sentinelles d'infanterie, placées si près du camp, qu'entre leur avertissement et notre brusque apparition, il était probable que les Russes ne pourraient se préparer à la défense. Mais tout à coup deux vilains Cosaques, gens rôdeurs et méfiants, paraissent, à cheval, à trente pas de ma ligne, la considèrent un moment, puis s'enfuient vers le camp, où il était évident qu'ils allaient signaler notre arrivée!... Ce contre-temps me fut très désagréable, car sans lui nous serions certainement arrivés sur les Russes sans perdre un seul homme. Cependant, comme nous étions découverts et approchions d'ailleurs du point où j'avais résolu d'accélérer la marche, je mis mon cheval au galop. Tout le régiment fit de même, et bientôt je fis entendre le commandement: «Chargez!»

À ce signal, tous mes intrépides cavaliers s'élancent rapidement avec moi vers le camp, où nous tombons comme la foudre!... Mais l'alarme venait d'y être donnée par les deux Cosaques! Les artilleurs, couchés auprès de leurs pièces, saisissent leurs lances à feu, et quatorze canons vomissent à la fois la mitraille sur mon régiment! Trente-sept hommes, dont dix-neuf de la compagnie d'élite, furent tués raides! Le brave capitaine Courteau fut de ce nombre, ainsi que le lieutenant Lallouette! Les artilleurs russes essayaient de recharger leurs pièces, lorsqu'ils furent hachés par nos cavaliers! Nous avions peu de blessés, presque tous les coups ayant été mortels. Nous eûmes une quarantaine de chevaux tués. Le mien fut estropié par un biscaïen; il put néanmoins me porter jusque dans le camp, où les fantassins russes, réveillés en sursaut, couraient déjà aux armes. Ces hommes se voyant rudement sabrés par nos chasseurs à cheval qui, d'après mes instructions, s'étaient placés dès l'abord entre eux et les rangées de fusils, fort peu purent saisir les leurs et faire feu sur nous, d'autant moins qu'au bruit de l'artillerie, les deux régiments d'infanterie du général Albert, sortant du bois, s'étaient élancés au pas de course sur les extrémités du camp, où ils passaient au fil de la baïonnette tout ce qui essayait de se défendre. Les Russes en désordre ne pouvant résister à cette triple attaque, une grande partie d'entre eux qui, arrivés la nuit au camp, n'avaient pu distinguer la hauteur des berges de la rivière, voulurent s'échapper dans cette direction et tombèrent de quinze à vingt pieds sur des roches où presque tous furent brisés: il en périt beaucoup!

Le général Koulnieff, à peine réveillé, se réunit cependant à un groupe de 2,000 hommes, dont le tiers tout au plus avait des fusils, et suivant machinalement cette masse désordonnée, il se présenta devant le gué. Mais, en pénétrant dans le camp, j'avais fait occuper ce point important par 500 à 600 cavaliers, dont faisait partie la compagnie d'élite qui, exaspérée par la mort de son capitaine, s'élança en fureur sur les Russes, dont elle fit un très grand massacre!... Le général Koulnieff, que déjà l'ivresse faisait chanceler sur son cheval, ayant attaqué le maréchal des logis *Legendre*, celui-ci lui plongea son sabre dans la gorge et l'étendit mort à ses pieds!...
M. de Ségur, dans sa narration de la campagne de 1812, fait tenir au général Koul-

nieff mourant un discours à l'instar des héros d'Homère. J'étais à quelques pas du sous-officier Legendre lorsqu'il passa son sabre dans la gorge de Koulnieff, et je puis certifier que ce général russe tomba sans proférer un seul mot[1]!... La victoire des fantassins du général Albert et du 23e fut complète. Les ennemis eurent au moins 2,000 hommes tués ou blessés, et nous leur fîmes près de 4,000 prisonniers; le surplus périt en tombant sur les rochers aigus. Quelques Russes des plus lestes parvinrent à rejoindre Wittgenstein, qui, en apprenant la sanglante défaite de son avant-garde, se mit en retraite sur Sebej.

Le maréchal Oudinot, enhardi par l'éclatant succès qu'il venait d'obtenir, résolut de poursuivre les Russes et fit, comme la veille, passer l'armée sur la rive droite de la Drissa; mais pour donner aux régiments d'infanterie de la brigade Albert ainsi qu'au 23e de chasseurs à cheval le temps de se remettre des fatigues du combat, le maréchal les laissa en observation sur le champ de bataille de Sivotschina.

Je profitai de ce repos pour procéder à une cérémonie dont on s'occupe bien rarement à la guerre. Ce fut de rendre les derniers devoirs à ceux de nos braves camarades qui venaient d'être tués!... Une fosse considérable les reçut tous, rangés selon leurs grades, ayant le capitaine Courteau et son lieutenant sur le front de la ligne! Puis les quatorze canons russes, si courageusement enlevés par le 23e, furent placés en avant de cette tombe militaire!

Ce pieux devoir accompli, je voulus faire panser ma blessure de la veille, qui me causait des douleurs affreuses, et fus pour cela m'asseoir à l'écart sous un immense sapin. J'y aperçus un jeune chef de bataillon qui, adossé contre le tronc de l'arbre et soutenu par deux grenadiers, fermait péniblement un petit paquet dont l'adresse était tracée avec du sang... C'était le sien!... Cet officier, appartenant à la brigade Albert, venait de recevoir, à l'attaque du camp russe, un affreux coup de baïonnette qui lui avait ouvert le bas-ventre, d'où s'échappaient les intestins!... Plusieurs étaient percés, et, quoique le pansement eût été fait, le sang coulait toujours: le coup était mortel!... Le malheureux blessé, qui ne l'ignorait pas, avait voulu, avant de succomber, faire ses adieux à une dame qu'il chérissait; mais après avoir écrit, il ne savait à qui confier ce précieux dépôt, lorsque le hasard me conduisit auprès de lui. Nous ne nous connaissions que de vue; néanmoins, pressé par les approches de la mort, il me pria d'une voix presque éteinte de lui rendre deux services; et, après avoir fait éloigner de quelques pas les grenadiers, il me donna le paquet en disant, les larmes aux yeux: «Il y a un portrait!» Il me fit promettre de le remettre *secrètement* en mains propres, si j'étais assez heureux pour retourner un jour à Paris; «du reste, ajouta-t-il, ce n'est pas pressé, car il vaut mieux qu'on ne reçoive ceci que longtemps après que je ne serai plus!...» Je promis de m'acquitter de cette pénible mission, ce que je ne pus exécuter que deux ans plus tard, en 1814!... Quant à la seconde prière que m'adressa le jeune chef de bataillon, elle fut exaucée deux heures après! Il lui était pénible de penser que son corps serait déchiré par les loups, dont le pays foisonne, et il désirait que je le fisse placer à côté du capitaine et des cavaliers du 23e, dont il avait vu l'enterrement. Je m'y engageai, et ce malheureux officier étant mort quelque temps après notre pénible entretien, je me conformai à ses derniers vœux!

---

1. On lit dans le livre de M. de Ségur: «La mort de Koulnieff fut, dit-on, héroïque; un boulet lui brisa les deux jambes et l'abattit sur ses propres canons; alors voyant les Français s'approcher, il arracha ses décorations et, s'indignant contre lui-même de sa témérité, il se condamna à mourir sur le lieu même de sa faute en ordonnant aux siens de l'abandonner.»

CHAPITRE DIX

Nouvelle retraite d'Oudinot.—Marches et contremarches.—Le 23e de chasseurs est comblé de récompenses.—Retraite sur Polotsk.—Le général Saint-Cyr.—Oudinot, blessé, cède le commandement à Saint-Cyr.

Profondément ému par ce lugubre épisode, je réfléchissais fort tristement, lorsque je fus tiré de mes rêveries par le bruit lointain d'une très vive canonnade. Les deux armées étaient encore aux prises. En effet, le maréchal Oudinot, après avoir passé devant le relais de Kliastitsoui, où j'avais été blessé la veille, ayant joint l'arrière-garde russe à l'entrée du marais dont le débouché nous avait été si funeste vingt-quatre heures avant, s'était obstiné à y refouler l'armée ennemie; mais celle-ci, n'étant pas disposée à passer ce dangereux défilé, avait fait, avec des forces considérables, un retour offensif contre les troupes françaises, qui, après avoir éprouvé d'assez grandes pertes, se retiraient suivies par les Russes. On eût dit qu'Oudinot et Wittgenstein jouaient une partie de barres!... Quand l'un s'avançait, l'autre se retirait pour le poursuivre à son tour s'il battait en retraite!... La nouvelle reculade d'Oudinot nous fut annoncée sur le champ de bataille de Sivotschina par un aide de camp qui apportait au général Albert l'ordre de conduire sa brigade et le 23e de chasseurs à deux lieues en arrière, dans la direction de Polotsk.

Au moment de partir, je ne voulus pas abandonner les quatorze pièces enlevées le matin par mon régiment, et comme les chevaux avec lesquels l'ennemi les avait amenées étaient tombés en notre pouvoir, on les attela, et nous fîmes conduire l'artillerie à notre prochain bivouac, d'où ce glorieux trophée du courage du 23e fut dirigé la nuit suivante sur Polotsk; nos quatorze canons ne tardèrent pas à concourir très efficacement à la défense de cette ville.

L'armée d'Oudinot battit en retraite ce même jour jusqu'au gué de Sivotschina qu'elle avait passé le matin en poursuivant Wittgenstein, qui, rendu plus circonspect par le désastre éprouvé le jour même en ce lieu par son avant-garde, n'osa aventurer aucun corps isolé sur la rive occupée par nos troupes. Les deux armées, ainsi séparées par la Drissa, prirent respectivement leurs positions de nuit. Mais le 2 août, Oudinot ayant rapproché ses troupes de Polotsk, les hostilités cessèrent pour quelques jours, tant les deux partis avaient besoin de repos. Nous fûmes rejoints par le bon général Castex ainsi que par le 24e de chasseurs, qui en voulait beaucoup à son colonel de l'avoir éloigné au moment où c'était à lui d'attaquer le camp russe, tandis que dans sa course vers la haute Drissa il n'avait pas vu un seul ennemi, ni trouvé le gué supposé.

Après quelques jours de repos, Wittgenstein porta une partie de ses troupes vers la basse Düna, d'où Macdonald menaçait sa droite. Le maréchal Oudinot ayant suivi dans cette direction l'armée russe, celle-ci fit volte-face vers nous, et pendant huit à dix jours il y eut de nombreuses marches, contremarches et plusieurs engagements partiels, dont il serait trop long et trop pénible de faire l'analyse, d'autant que tout cela n'amena d'autre résultat que de faire tuer des hommes fort inutilement, et de démontrer le peu de décision des chefs des deux armées.

Le plus sérieux des combats livrés pendant cette courte période eut lieu le 13 août, auprès du magnifique couvent de Valensoui, construit sur les bords de la Svolna. Cette petite rivière, dont les berges sont très fangeuses, séparait les Français des Russes, et il était évident que celui des deux généraux qui tenterait le passage de vive force sur un terrain aussi défavorable éprouverait un sanglant échec. Wittgenstein ni Oudinot n'avaient donc pas le projet de franchir la Svolna sur ce point; mais au lieu d'aller chercher ailleurs un champ de bataille sur lequel ils pussent se mesurer, on les vit tous les deux prendre position sur ce cours d'eau comme pour se narguer mutuellement. Bientôt il s'établit d'une rive à l'autre une canonnade des plus vives et parfaitement inutile, puisque les troupes d'aucun parti n'ayant le moyen de joindre leur adversaire, ce déplorable engagement ne pouvait avoir aucun avantage pour personne.

Cependant Wittgenstein, pour ménager ses soldats, s'était borné à poster quelques bataillons de chasseurs à pied dans les saules et les roseaux qui bordent le rivage, et tenait ses troupes hors de la portée des canons français, dont le feu bien nourri atteignait seulement quelques-uns de ses tirailleurs, tandis qu'Oudinot, s'étant obstiné, malgré les sages observations de plusieurs généraux, à rapprocher sa première ligne de la Svolna, éprouva des pertes qu'il aurait pu et dû s'éviter. L'artillerie des Russes n'est pas à beaucoup près, aussi bonne que la nôtre, mais elle se sert, en campagne, de pièces dites *licornes*, dont la portée dépassait celle des canons français de cette époque. Ce furent ces licornes qui firent les plus grands ravages parmi nos troupes.

Le maréchal Oudinot, persuadé que nos ennemis allaient franchir la rivière, tenait non seulement une division d'infanterie à portée de les repousser, mais il la faisait appuyer par la cavalerie du général Castex, précaution surabondante, car un passage, même celui d'une petite rivière, demande plus de temps qu'il n'en faut aux défenseurs pour accourir au-devant des attaquants. Mon régiment et le 24e de chasseurs n'en furent pas moins exposés pendant vingt-quatre heures aux boulets des Russes, qui nous tuèrent et estropièrent plusieurs hommes.

Pendant ce combat, où les troupes restèrent très longtemps de pied ferme, on vit arriver l'aide de camp qu'Oudinot avait envoyé à Witepsk porter à l'Empereur le rapport des combats de Kliastitsoui ainsi que de celui de Sivotschina. Napoléon, voulant témoigner en particulier aux troupes qu'il ne les rendait pas responsables du peu de succès de notre marche, venait de combler le 2e corps de récompenses, tant en avancement qu'en décorations. Après avoir bien traité l'infanterie, Sa Majesté accordait quatre croix de la Légion d'honneur à chacun des régiments de cavalerie. Le major général prince Berthier ajoutait dans sa lettre d'envoi que l'Empereur, pour exprimer au 23e de chasseurs à cheval la satisfaction qu'il éprouvait pour sa belle conduite à Wilkomir, au pont de Dünabourg, au combat de nuit de Drouia, à Kliastitsoui, et surtout à l'attaque du camp russe de Sivotschina, lui envoyait, en sus des quatre récompenses données aux autres régiments, *quatorze* décorations, une pour chaque canon enlevé par lui à l'avant-garde de Koulnieff!... J'avais donc dix-huit croix à distribuer à mon brave régiment. L'aide de camp n'avait pas apporté les brevets, mais le major général suppléait à cet envoi en chargeant les chefs des régiments de désigner les militaires qui devaient les recevoir et de lui en faire passer l'état.

J'assemblai tous les capitaines et, après m'être éclairé de leur avis, je dressai ma liste et fus la présenter au maréchal Oudinot, en le priant de me permettre de la faire connaître sur-le-champ au régiment: «Comment, ici, sous les boulets!...—Oui, monsieur le maréchal, sous les boulets... Ce sera plus chevaleresque!...»

Le général Lorencez, qui, comme chef d'état-major, avait libellé le rapport des divers combats et fait un très grand éloge du 23e de chasseurs, ayant été de mon avis, le maréchal consentit à ma demande. Les décorations ne devaient arriver que plus tard, mais j'envoyai chercher aux équipages une pièce de ruban que j'avais dans mon portemanteau, et après y avoir fait couper dix-huit morceaux, j'annonçai au régiment les récompenses qui lui étaient accordées par l'Empereur. Puis, faisant sortir des rangs les élus à tour de rôle, je donnai à chacun un bout de ce ruban rouge, alors si désiré, si bien porté, et dont on a depuis si grandement affaibli le prestige en le prodiguant, en le prostituant même!... Cette distribution faite *en présence de l'ennemi*, au milieu des dangers, produisit un effet immense sur le régiment, dont l'enthousiasme fut au comble lorsque j'appelai le vieux sous-officier Prud'homme, réputé à juste titre le plus intrépide et le plus modeste de tous les guerriers du 23e de chasseurs. Toujours calme, ce brave, illustré par de nombreuses actions d'éclat, s'approcha d'un air timide et reçut le ruban, au milieu des vives acclamations de tous les escadrons: ce fut un vrai triomphe pour lui!... Je n'oublierai jamais cette scène touchante qui, vous le savez, se passait sous le canon de l'ennemi.

Mais il n'y a point de bonheur complet!... Deux hommes portés sur ma liste comme approchant le plus du mérite de Prud'homme venaient d'être cruellement blessés par des boulets!... Le maréchal des logis *Legendre*, celui qui avait tué le général Koulnieff, avait un bras emporté, et le brigadier *Griffon* une jambe brisée!... On les amputait lorsque je me rendis à l'ambulance pour les décorer!... À la vue du ruban de la Légion d'honneur, ils parurent oublier leurs douleurs et firent éclater la joie la plus vive!... Cependant Legendre ne survécut pas longtemps à sa blessure, mais Griffon se rétablit, fut évacué sur la France, et, plusieurs années après, je le retrouvai à l'hôtel des Invalides.

Le 24e de chasseurs, qui ne recevait que quatre décorations, tandis que le 23e en recevait dix-huit, convint que c'était juste, mais n'en manifesta pas moins ses regrets d'avoir été privé de l'honneur de prendre les quatorze canons russes à Sivotschina, eût-il même dû y éprouver les pertes que nous avions subies nous-mêmes. «Nous sommes soldats, disaient-ils, nous devons courir toutes les chances bonnes ou mauvaises!» Ils en voulurent à leur colonel de ce qu'ils appelaient un passe-droit!... Quelle armée que celle dont les soldats réclamaient le privilège de marcher à l'ennemi!...

Vous demandez sans doute quelle fut dans cette distribution de récompenses celle que je reçus moi-même?—Aucune! parce que l'Empereur, avant de se décider à retirer le commandement du régiment au colonel de La Nougarède en le faisant ou général ou chef d'une légion de gendarmerie, voulait savoir si la santé de cet officier lui permettrait de faire l'un de ces services. En conséquence, le major général enjoignait au maréchal Oudinot de faire examiner M. de La Nougarède par un conseil de santé, dont l'avis fut qu'il ne pourrait jamais monter à cheval. D'après cette décision, le maréchal autorisa M. de La Nougarède à retourner en France, où il obtint le commandement d'une place de second ordre. Ce malheureux colonel, avant de quitter Polotsk, où ses infirmités l'avaient forcé de se réfugier, m'écrivit une lettre fort touchante par laquelle il faisait ses adieux au 23e et bien que M. de La Nougarède n'eût jamais combattu à la tête de ce régiment (ce qui attache infiniment les troupes à leur chef), il en fut néanmoins regretté et le méritait à tous égards.

Le régiment restant ainsi sans colonel, le maréchal s'attendait à recevoir bientôt ma promotion à ce grade, et j'avoue franchement que je l'espérais aussi; mais l'Empereur s'étant éloigné de nous et ayant quitté Witepsk pour marcher sur Smolensk et de là vers Moscou, les travaux de son cabinet furent ralentis par les préoccupations que lui donnaient les opérations militaires, si bien que je ne fus nommé colonel que trois mois plus tard!

Mais revenons sur les bords de la Svolna, dont les Français s'éloignèrent précipitamment, en laissant une partie de leurs blessés dans le couvent de Valensoui.

Parmi ceux que nous parvînmes à emporter, se trouvait M. Casabianca, colonel du 11e régiment d'infanterie légère, qui avait été mon camarade lorsque nous servions l'un et l'autre comme aides de camp auprès de Masséna. M. Casabianca était un officier du plus grand mérite, dont l'avancement eût été fort rapide; mais, frappé à la tête au moment où il visitait les tirailleurs de son régiment placés sur les bords de la Svolna, il vit sa carrière arrêtée. Il était mourant lorsque je l'aperçus sur un brancard, porté par des sapeurs! Il me reconnut, et, en me serrant la main, il me dit combien il regrettait de voir notre corps d'armée si médiocrement dirigé. Le soir même, ce malheureux colonel expira!... Ses dernières paroles n'étaient que trop fondées, car notre chef semblait agir sans méthode ni plan. Après un succès, il poursuivait Wittgenstein, sans se préoccuper d'aucun obstacle, et ne parlait de rien moins que de le pousser jusqu'à Saint-Pétersbourg; mais au moindre revers, il battait rapidement en retraite, et voyait des ennemis partout. Ce fut sous cette dernière influence qu'il ramena sous les murs de Polotsk ses troupes, très affectées qu'on les fît reculer ainsi devant les Russes, qu'elles venaient de vaincre dans presque toutes les rencontres.

Le 15 août, jour de la fête de l'Empereur, le 2e corps d'armée arriva fort tristement à Polotsk, où nous trouvâmes le 6e corps formé des deux belles divisions bavaroises du général de Wrède, dont un général français, Gouvion Saint-Cyr, avait le commandement supérieur. L'Empereur envoyait ce renfort de 8 à 10,000 hommes au maréchal Oudinot, qui l'eût reçu avec plus de satisfaction s'il n'eût craint le contrôle de celui qui le conduisait. En effet, Saint-Cyr était un des militaires les plus capables de l'Europe!... Contemporain et émule de Moreau, de Hoche, de Kléber et de Desaix, il avait commandé avec succès une des ailes de l'armée du Rhin, lorsque Oudinot était à peine colonel ou général de brigade. Je n'ai connu personne qui dirigeât mieux ses troupes sur un champ de bataille que ne le faisait Saint-Cyr.

Fils d'un petit propriétaire de Toul, il avait étudié pour être ingénieur civil; mais dégoûté de cet état, il s'était fait comédien à Paris, et ce fut lui qui créa le célèbre rôle de *Robert, chef de brigands*, au théâtre de la Cité, où la révolution de 89 le trouva. Saint-Cyr entra dans un bataillon de volontaires, fit preuve de talents, d'un grand courage, parvint très promptement au grade de général de division et se distingua par de nombreux succès. Il était d'une taille élevée, mais avait plutôt la tournure d'un professeur que d'un militaire, ce qu'il faut peut-être attribuer à l'habitude qu'il avait contractée auprès des généraux de l'armée du Rhin de ne porter ni uniforme, ni épaulettes, mais une simple redingote bleue tout unie.

Il était impossible de voir un homme plus calme! Les périls les plus grands, les contrariétés, les succès, les défaites, rien ne pouvait l'émouvoir... il était *de glace* devant tous les événements!... On conçoit quel avantage un tel caractère, secondé par le goût pour l'étude et la méditation, donnait à cet officier général. Mais Saint-Cyr avait aussi de sérieux défauts: jaloux de ses camarades, on l'a vu souvent tenir ses troupes au repos tandis que, auprès de lui, d'autres divisions étaient écrasées; Saint-Cyr marchait alors, et profitant de la lassitude des ennemis, il les battait et paraissait ainsi avoir remporté seul la victoire. En second lieu, si le général Saint-Cyr était un des chefs de l'armée qui savaient le mieux employer les troupes sur le champ de bataille, c'était incontestablement celui qui s'occupait le moins de leur bien-être. Jamais il ne s'informait si les soldats avaient des vivres, des vêtements, des chaussures, et si leurs armes étaient en bon état. Il ne passait aucune revue, ne visitait point les hôpitaux et ne demandait même pas s'il en existait! Selon lui, les colonels devaient pourvoir à tout cela. En un mot, il voulait qu'on lui amenât sur le champ de bataille des régiments tout *prêts à combattre*, sans qu'il eût à s'occuper des moyens de les tenir en bon état. Cette manière d'agir avait beaucoup nui à Saint-Cyr, et partout où il avait servi, les troupes, tout en rendant justice à ses talents militaires, ne l'avaient point aimé. Tous ses camarades redoutaient de se trouver avec lui, et les divers gouvernements qui s'étaient succédé en France ne l'avaient employé que par nécessité. L'Empereur fit de même, et il avait une telle antipathie pour Saint-Cyr que, lors de la création des maréchaux, il ne le porta pas sur la liste des promotions, bien que ce général eût de meilleurs services et beaucoup plus de talents que la plupart de ceux auxquels Napoléon donna le bâton de commandement. Tel était l'homme que l'Empereur venait de placer sous les ordres d'Oudinot, au grand regret de celui-ci, qui sentait que la supériorité de Saint-Cyr allait l'écraser.

Le 16 août (jour de la naissance d'Alfred, mon fils aîné[1]), l'armée russe, forte de soixante et quelques mille hommes, vint attaquer Oudinot, qui, en comptant le corps bavarois amené par Saint-Cyr, avait sous ses ordres 52,000 combattants. En toute autre circonstance et dans les guerres ordinaires, un engagement entre 112,000 hommes aurait pris le nom de *bataille*, dont la perte ou le gain aurait eu d'immenses résultats; mais en 1812, le chiffre des troupes des armées belligérantes s'élevant à 600,000 ou 700,000 hommes, une collision entre 100,000 guerriers n'était qu'un combat! C'est donc ainsi qu'on désigne l'affaire qui eut lieu sous Polotsk, entre les troupes russes et le corps du maréchal Oudinot.

La ville de Polotsk, bâtie sur la rive droite de la Düna, est entourée de vieux remparts en terre. En avant du front principal de la place, les champs sont divisés par une infinité de petites rigoles entre lesquelles on cultive des légumes. Bien que ces obstacles ne fussent point infranchissables pour l'artillerie et la cavalerie, ils en gênaient cependant la marche. Ces jardins s'étendent à une petite demi-lieue du front de la ville; mais à leur gauche, sur les rives de la Düna, on trouve une vaste prairie, unie comme un tapis. C'est par là que le général russe aurait dû attaquer

Polotsk, ce qui l'aurait rendu maître du faible et unique pont de bateaux qui nous mettait en communication avec la rive gauche d'où nous tirions nos munitions de guerre et nos vivres. Mais Wittgenstein, préférant prendre le taureau par les cornes, dirigea ses forces principales vers les jardins, d'où il espérait escalader les remparts, qui ne sont, à proprement parler, que des talus faciles à gravir, mais qui ont l'avantage de dominer au loin. L'attaque fut des plus vives; cependant, nos fantassins défendirent bravement les jardins, pendant que, du haut des remparts, l'artillerie, parmi laquelle figuraient les quatorze pièces prises à Sivotschina par le 23e, faisait un affreux ravage dans les rangs ennemis… Les Russes reculèrent en désordre pour aller se reformer dans la plaine. Oudinot, au lieu de conserver sa bonne position, les poursuivit et fut à son tour repoussé avec perte. Une grande partie de la journée se passa ainsi, les Russes revenant sans cesse à la charge et les Français les refoulant toujours au delà des jardins.

Pendant ces sanglantes allées et venues, que faisait le général Saint-Cyr? Il suivait silencieusement Oudinot, et lorsque celui-ci lui demandait son avis, il s'inclinait en se bornant à répondre: «Monseigneur le maréchal!…» ce qui semblait dire: Puisqu'on vous a fait maréchal, vous devez en savoir plus que moi, simple général; tirez-vous d'affaire comme vous pourrez!

Cependant, Wittgenstein ayant déjà essuyé des pertes énormes, et désespérant d'obtenir la victoire en continuant ses attaques du côté des jardins, finit par où il aurait dû commencer et fit marcher le gros de ses troupes vers les prairies qui bordent la Düna. Oudinot avait jusqu'alors tenu ses pièces de 12 et toute sa cavalerie sur ce point, où elles étaient restées comme étrangères au combat; mais le général d'artillerie Dulauloy, qui craignait pour ses canons, vint proposer au maréchal de faire repasser sur la rive gauche de la rivière non seulement les pièces de gros calibre, mais toute la cavalerie, sous prétexte qu'elles gêneraient les mouvements de l'infanterie. Oudinot ayant demandé à Saint-Cyr ce qu'il en pensait, celui-ci, au lieu de lui donner le bon conseil d'utiliser l'artillerie et la cavalerie sur un terrain où elles pouvaient facilement manœuvrer et appuyer l'infanterie, se contenta de répéter son éternel refrain: «Monseigneur le maréchal!» Finalement, Oudinot, malgré les observations du général Lorencez, son chef d'état-major, prescrivit à l'artillerie ainsi qu'à la cavalerie de se retirer de l'autre côté du fleuve.

Ce mouvement regrettable, qui paraissait annoncer une retraite et l'abandon total de Polotsk et de la rive droite, déplut infiniment aux troupes qu'on éloignait, et affecta le moral de l'infanterie destinée à défendre le côté de la ville qui avoisine les prairies. L'ardeur des Russes s'accrut au contraire, en voyant dix régiments de cavalerie et plusieurs batteries quitter le champ de bataille. Aussi, pour porter le désordre dans cette énorme masse pendant qu'elle s'en allait, ils avancèrent promptement et firent tirer leurs *licornes*, dont les projectiles creux, après avoir produit l'effet de boulets, éclataient comme des obus. Les régiments voisins du mien eurent plusieurs hommes tués ou blessés. Je fus assez heureux pour qu'aucun de mes cavaliers ne fût atteint; je perdis seulement quelques chevaux. Celui que je montais ayant eu la tête brisée, je tombai avec lui, et mon épaule blessée ayant violemment porté sur la terre, j'éprouvai une affreuse douleur! Un peu moins d'inclinaison donnée au canon russe, je recevais le boulet en plein corps, et mon fils était orphelin quelques heures après avoir vu le jour!

Cependant, les ennemis venaient de renouveler le combat, et lorsque, après avoir passé le pont, nous tournâmes la tête pour regarder ce qui se passait sur la rive que nous venions de quitter, nous fûmes témoins d'un spectacle des plus émouvants. L'infanterie française, les Bavarois, les Croates, combattaient bravement et même avec avantage; mais la légion portugaise et surtout les deux régiments suisses fuyaient devant les Russes, et ne s'arrêtèrent que lorsque, poussés dans la rivière, ils eurent de l'eau jusqu'aux genoux!... Là, contraints de faire face à l'ennemi sous peine de se noyer, ils combattirent enfin, et par un feu de file des mieux nourris, ils obligèrent les Russes à s'éloigner un peu. Le commandant de l'artillerie française, qui venait de passer la Düna avec la cavalerie, saisit avec habileté l'occasion d'être utile en faisant approcher ses pièces de la rive, et tirant par-dessus le fleuve, il foudroya les bataillons ennemis placés à l'autre bord.

Cette puissante diversion arrêtant sur ce point les troupes de Wittgenstein, que les Français, Bavarois et Croates repoussaient sur d'autres, le combat se ralentit et dégénéra en tiraillement une heure avant la fin du jour. Mais le maréchal Oudinot ne pouvait se dissimuler qu'il faudrait le recommencer le lendemain. Aussi, très préoccupé d'une situation dont il ne voyait pas l'issue, et se heurtant au mutisme obstiné de Saint-Cyr, il s'en allait à cheval et au petit pas, suivi par un seul aide de camp, au milieu des tirailleurs de son infanterie, quand les tireurs ennemis, remarquant ce cavalier coiffé d'un chapeau à plumes blanches, en firent leur point de mire et lui envoyèrent une balle dans le bras!

Aussitôt le maréchal, faisant informer Saint-Cyr de sa blessure, lui remit le commandement de l'armée; lui laissant le soin d'arranger les affaires, il quitta le champ de bataille, traversa le pont, s'arrêta un moment au bivouac de la cavalerie, et, s'éloignant de l'armée, il se rendit sur les derrières, en Lithuanie, pour y faire soigner sa blessure. Nous ne revîmes le maréchal Oudinot que deux mois après.

---

1. Le baron Alfred de Marbot, maître des requêtes au Conseil d'État, mort en 1865.

CHAPITRE ONZE

Nouvelles dispositions prises par Saint-Cyr.—Attaque et surprise de l'ennemi.—Incidents divers.—Combat de cavalerie.—Retraite de l'ennemi.—Établissement dans Polotsk.—Saint-Cyr est nommé maréchal.

Saint-Cyr prit d'une main habile et ferme les rênes du commandement, et en peu d'heures les choses changèrent totalement de face, tant est grande l'influence d'un homme capable et qui sait inspirer la confiance! Le maréchal Oudinot venait de laisser l'armée dans une situation très alarmante: une partie des troupes acculées à la rivière, les autres disséminées au delà des jardins où elles tiraillaient en désordre; les remparts mal garnis d'artillerie; les rues de la ville encombrées de caissons, de bagages, de cantiniers et de blessés; tout cela pêle-mêle!... Enfin les troupes n'avaient, en cas de revers, d'autre retraite que le pont de bateaux jeté sur la Düna. Ce pont était fort étroit et tellement mauvais que l'eau dépassait de plus de six pouces les planches du tablier. Enfin, la nuit approchait, et l'on craignait que les tirailleries n'amenassent une affaire générale qui pouvait nous devenir funeste, tant il régnait peu d'ordre parmi les régiments des différentes nations.

Le premier acte du général Saint-Cyr fut d'ordonner qu'on fît rentrer les tirailleurs engagés, certain que les ennemis fatigués imiteraient cet exemple, dès qu'on ne les attaquerait plus. En effet, le feu cessa bientôt des deux côtés. Les troupes purent se réunir, prendre quelque repos, et la partie parut remise au lendemain.

Afin d'être à même de l'engager avec des chances favorables, Saint-Cyr profita de la nuit pour se préparer à repousser les ennemis et s'assurer une retraite en cas de revers. Il réunit à cet effet tous les chefs de corps, et après leur avoir exposé franchement les dangers de la situation, dont le plus grave était l'encombrement de la ville et des abords du pont, il ordonna que les colonels, suivis de plusieurs officiers et de patrouilles, parcourraient les rues de Polotsk pour diriger les soldats valides de leurs régiments vers les bivouacs, et tous les blessés, les malades, chevaux demain, cantiniers et charrettes, au delà du pont. Le général Saint-Cyr ajouta qu'au point du jour il visiterait la ville et *suspendrait* de ses fonctions le chef de corps qui n'aurait pas ponctuellement exécuté ses ordres! Aucune excuse ne devait être admise. On s'empressa d'obéir! Les blessés et les malades furent transportés à bras sur la rive gauche, où l'on réunit ce qui n'était pas indispensable pour le combat, enfin tous les *impedimenta* de l'armée. Aussi, les remparts, les rues furent bientôt complètement libres, de même que le pont. On consolida celui-ci, par lequel Saint-Cyr fit repasser sur la rive droite la cavalerie et l'artillerie, qu'il établit dans le bourg le moins voisin de l'ennemi. Enfin, pour se ménager une retraite plus facile, le prudent général en chef fit établir, avec des tonneaux vides recouverts de planches, un second pont, uniquement destiné à l'infanterie. Tous ces préparatifs étant terminés avant le jour, l'armée attendit avec confiance les ennemis. Mais ils restèrent impassibles dans leurs bivouacs établis dans la plaine, sur la lisière d'une vaste forêt qui entoure Polotsk du côté opposé à la rivière.

Le général Saint-Cyr, qui s'était attendu à être attaqué de grand matin, attribuait la tranquillité qui régnait dans le camp des Russes aux pertes énormes qu'ils avaient éprouvées la veille. Elles pouvaient y contribuer; mais la principale cause de la quiétude dans laquelle se trouvait Wittgenstein provenait de ce que, attendant pour la nuit suivante une forte division d'infanterie et plusieurs escadrons de Saint-Pétersbourg, il avait reculé son attaque jusqu'à l'arrivée de ce puissant renfort, afin de nous vaincre le lendemain plus facilement.

Bien que les seigneurs polonais, grands propriétaires des environs de Polotsk, n'osassent prendre ouvertement parti pour les Français, de crainte de se compromettre vis-à-vis des Russes, néanmoins ils nous servaient en secret et nous procuraient facilement des espions. Le général Saint-Cyr, inquiet de ce qui se préparait dans le camp ennemi, ayant engagé l'un de ces nobles à y envoyer un de ses vassaux les plus éclairés, celui-ci fit conduire au bivouac russe plusieurs voitures de fourrage et plaça parmi les charretiers son intendant, habillé en paysan. Cet homme, fort intelligent, apprit en causant avec les soldats de Wittgenstein qu'on attendait de nombreuses troupes. Il fut même témoin de l'arrivée du régiment des Cosaques de la garde, d'un escadron des chevaliers-gardes, et fut informé que plusieurs bataillons seraient rendus au camp vers minuit. Ces renseignements pris, l'intendant fut en rendre compte à son maître, qui s'empressa de prévenir le général en chef de l'armée française.

En apprenant cette nouvelle, Saint-Cyr résolut de battre Wittgenstein avant l'arrivée des renforts attendus. Mais comme il ne voulait pas engager une affaire trop longue, il prévint les généraux et chefs de corps qu'il n'attaquerait qu'à six heures du soir, afin que, la nuit mettant fin au combat, les Russes n'eussent pas le temps de profiter de leur succès si les chances leur étaient favorables. Il est vrai que dans le cas où nous serions vainqueurs, il nous serait impossible de poursuivre les ennemis dans l'obscurité; mais Saint-Cyr n'en avait pas le projet et désirait pour le moment se borner à leur donner une bonne leçon qui les éloignât de Polotsk. Le général français, voulant agir par *surprise*, prescrivit que la plus parfaite tranquillité régnât dans la ville et sur toute la ligne des avant-postes, ce qui fut exécuté.

La journée nous parut bien longue. Chacun, et même le général en chef, malgré son sang-froid, avait constamment la montre à la main. Ayant remarqué la veille que l'éloignement de la cavalerie française avait permis aux Russes de refouler notre aile gauche jusque dans la Düna, le général Saint-Cyr, un moment avant l'attaque, fit venir en silence tous ses escadrons derrière de vastes magasins, au delà desquels commençaient les prairies. C'est sur ce terrain uni que devait agir la cavalerie pour fondre sur la droite des ennemis et couvrir la gauche de notre infanterie, dont les deux premières divisions devaient attaquer le camp russe, pendant que la troisième soutiendrait la cavalerie et que les deux dernières, formant la réserve, garderaient la ville. Tout était prêt, lorsque, enfin, à six heures du soir, le signal général de l'attaque fut donné par un coup de canon, suivi par la détonation de toute l'artillerie française, qui envoya de nombreux projectiles sur les avant-postes et même sur le camp ennemi.

À l'instant, nos deux premières divisions d'infanterie, précédées par le 26e léger, s'élancent sur les régiments russes placés dans les jardins, tuent ou prennent tous les soldats qu'ils peuvent joindre, et, mettant les autres en fuite, les poursuivent jusqu'au camp, où ils firent un grand nombre de prisonniers et enlevèrent plusieurs canons. La surprise, bien que faite en plein jour, fut si complète, que le général Wittgenstein dînait paisiblement dans un petit château touchant à son camp, lorsque, prévenu que des voltigeurs français étaient dans la cour, il sauta par une fenêtre, et trouvant sous sa main un petit cheval de Cosaque, il l'enfourcha et s'enfuit à toutes jambes vers le gros de ses troupes! Nos voltigeurs s'emparèrent des beaux chevaux, des papiers, des fourgons et des vins du général russe, ainsi que de l'argenterie et du dîner placés sur sa table. Le butin fait dans le camp par d'autres compagnies fut immense.

Au bruit produit par l'attaque si imprévue des Français, la terreur se répandit parmi les ennemis, qui s'enfuirent presque tous sans songer à prendre leurs armes! Le désordre était au comble; personne ne commandait, et cependant l'approche de nos divisions d'infanterie était annoncée par une vive fusillade et le son des tambours qui battaient la charge!... Tout présageait donc un immense succès aux troupes françaises, à la tête desquelles marchait Saint-Cyr, toujours calme!... Mais, à la guerre, un événement imprévu et souvent peu important change l'état des choses!...

Un grand nombre de soldats ennemis avaient gagné en fuyant les derrières du camp. C'était là que bivouaquait l'escadron des chevaliers-gardes, arrivé seulement depuis quelques heures. Cette troupe, composée de jeunes gens d'élite, choisis dans les meilleures familles nobles, était commandée par un major d'un courage éprouvé, dont l'ardeur venait, dit-on, de s'accroître par de copieuses libations. En apprenant ce qui se passe, cet officier monte rapidement à cheval, et, suivi de cent vingt chevaliers cuirassés, il s'élance vers les Français, qu'il ne tarde pas à rencontrer. Le premier de nos bataillons attaqué par lui appartenait au 26e léger. Il résista vigoureusement. Les chevaliers-gardes, repoussés avec perte, cherchaient à se rallier pour faire une seconde charge en ligne, lorsque leur major, impatienté par le temps qu'il faut à des cavaliers désunis pour reprendre leurs rangs, abandonne le bataillon français qu'il n'avait pu enfoncer, et ordonnant aux chevaliers-gardes de le suivre, il les lance à toutes brides en *fourrageurs* au travers du camp! Il le trouva rempli de fantassins portugais, suisses et même bavarois, nos alliés, dont les uns, éparpillés par l'effet même de la victoire, cherchaient à se réunir, tandis que les autres ramassaient le butin abandonné par les Russes.

Les chevaliers-gardes ayant tué ou blessé plusieurs de ces soldats, le désordre se mit dans cette foule, et bientôt une *retirade* tumultueuse se déclara et dégénéra même en terreur panique. Or, en pareil cas, les soldats prennent pour adversaires tous ceux des leurs qui courent pour venir se réunir à eux, et le nombre des ennemis qui les poursuivent paraît immense au milieu d'un nuage de poussière, tandis que, la plupart du temps, il n'est que d'une poignée d'hommes. C'est ce qui arriva ici. Les chevaliers-gardes, dispersés sur un vaste terrain et avançant toujours sans regarder derrière eux, simulaient, aux yeux des fuyards, un corps immense de cavalerie; aussi le désordre s'accrut et gagna un bataillon suisse au milieu duquel le général Saint-Cyr s'était réfugié. Il y fut tellement pressé par la foule que son cheval fut renversé dans un fossé.

Le général, vêtu d'une simple redingote bleue, sans marques distinctives, resta couché par terre et ne fit aucun mouvement à l'approche des chevaliers-gardes, qui, le croyant mort, ou le prenant pour un simple employé d'administration, passèrent outre et continuèrent leur poursuite à travers la plaine. On ne sait où ce désordre se serait arrêté, lorsque l'intrépide et intelligent général Berckheim, accourant à la tête du 4e régiment de cuirassiers, s'élança sur les chevaliers-gardes, qui, malgré leur courageuse défense, furent presque tous tués ou pris. Leur vaillant major resta au nombre des morts. La charge exécutée par cette poignée d'hommes aurait eu des résultats immenses si elle eût été soutenue, et le beau fait d'armes des chevaliers-gardes prouva de nouveau que les attaques de cavalerie *imprévues* sont celles qui ont le plus de chances de succès.

Le général Saint-Cyr, relevé par nos cuirassiers, fit avancer à l'instant toutes les divisions d'infanterie, avec lesquelles il attaqua les Russes avant qu'ils fussent remis de leur désordre. Le succès ne fut pas un moment indécis; les ennemis furent battus et perdirent beaucoup d'hommes et plusieurs canons.

Pendant que le combat d'infanterie que je viens de raconter se passait en avant de Polotsk, voici ce qui avait lieu à la gauche de notre armée dans les prairies qui longent la Düna. Au moment où le premier coup de canon donna le signal du combat, nos régiments de cavalerie, dont la brigade Castex formait la tête, se portèrent rapidement vers les escadrons ennemis qui, de leur côté, marchaient vers nous.

Un engagement sérieux paraissait imminent. Le bon général Castex me fit alors observer que si, malgré ma blessure, j'avais pu continuer à commander mon régiment aux combats de Sivotschina et de la Svolna, où il ne s'agissait que de braver le feu de l'infanterie et du canon, il n'en serait pas de même aujourd'hui où, ayant affaire à des cavaliers ennemis, j'allais me trouver compromis dans une charge sans moyen de me défendre, puisque, ne pouvant me servir que d'un seul bras, il me serait impossible de tenir en même temps la bride de mon cheval et mon sabre. En conséquence, il m'engagea à rester momentanément avec la division d'infanterie placée en réserve. Je ne crus pas devoir accepter cette offre bienveillante et exprimai si vivement le désir de ne pas m'éloigner du régiment, que le général se rendit à mes instances; mais il fit placer derrière moi six cavaliers des plus braves, commandés par l'intrépide maréchal des logis Prud'homme. J'avais d'ailleurs à mes côtés les deux adjudants-majors, deux adjudants, un trompette et mon ordonnance Fousse, un des meilleurs soldats du régiment. Ainsi entouré et placé devant le centre d'un escadron, j'étais suffisamment garanti; d'ailleurs, dans un besoin urgent, j'aurais lâché les rênes de mon cheval pour prendre de la main droite la lame de mon sabre, suspendu à mon poignet par la dragonne.

La prairie étant assez large pour contenir deux régiments en bataille, le 23e et le 24e marchaient de front. La brigade du général Corbineau, composée de trois régiments, était en seconde ligne, et les cuirassiers suivaient en réserve. Le 24e, placé à ma gauche, avait devant lui un corps de dragons russes; mon régiment se trouvait en face des Cosaques de la garde, reconnaissables à la couleur rouge de leurs vestes, ainsi qu'à la beauté de leurs chevaux, qui, bien qu'arrivés seulement depuis quelques heures, ne paraissaient nullement fatigués.

Dès que, en avançant au galop, nous fûmes à bonne portée des ennemis, le général Castex ayant commandé la *charge*, toute sa brigade fondit en ligne sur les Russes, et, du premier choc, le 24e enfonça les dragons qui lui étaient opposés... Mon régiment éprouva plus de résistance de la part des Cosaques de la garde, hommes choisis, de forte stature, et armés de lances de 14 pieds de long, qu'ils tenaient d'une main ferme. J'eus quelques chasseurs tués, beaucoup de blessés; mais enfin mes braves cavaliers ayant pénétré dans cette ligne hérissée de fer, tous les avantages furent pour nous, car la longueur des lances est nuisible dans un combat de cavalerie, quand ceux qui les portent, n'étant plus en bon ordre, sont serrés de près par des adversaires armés de sabres, dont ils peuvent facilement se servir, tandis que les lanciers éprouvent beaucoup de difficulté pour présenter la pointe de leurs perches. Aussi les Cosaques furent-ils obligés de tourner le dos. Mes cavaliers en firent alors un grand massacre et prirent un bon nombre de beaux et excellents chevaux.

Nous allions poursuivre ce succès, lorsque notre attention ayant été attirée vers la droite par un très grand tumulte, nous vîmes la plaine couverte de fuyards: c'était le moment où les chevaliers-gardes exécutaient leur vigoureuse charge. Le général Castex, pensant alors qu'il ne serait pas sage d'avancer encore lorsque notre centre paraissait rétrograder en désordre, fit sonner le ralliement, et notre brigade s'arrêta. Mais à peine avait-elle reformé ses rangs, que les Cosaques de la garde, enhardis par ce qui se passait au centre et désirant se venger de leur première défaite, revinrent à la charge et s'élancèrent en fureur sur mes escadrons, tandis que les hussards de Grodno attaquaient le 24e. Les Russes, repoussés sur tous les points par la brigade Castex, ayant fait avancer successivement leur seconde et leur troisième ligne, le général Corbineau accourut à son secours avec les 7e et 20e de chasseurs et le 8e de lanciers. Il y eut alors un grand combat de cavalerie, où chacun des deux partis éprouva des chances diverses!... Déjà nos cuirassiers accouraient pour prendre part à l'affaire, et ceux des Russes avançaient aussi, lorsque Wittgenstein, voyant son infanterie battue et vivement poussée par la nôtre, fit ordonner à sa cavalerie de se retirer; mais elle était beaucoup trop engagée pour que la retraite pût être facilement exécutée.

En effet, les généraux Castex et Corbineau, certains d'être soutenus par nos cuirassiers qui les suivaient de près, lancèrent tour à tour leurs brigades sur les cavaliers russes, qui furent jetés dans le plus grand désordre et subirent des pertes considérables. Arrivé au delà de la forêt où se réunirent nos divisions d'infanterie et de cavalerie toutes victorieuses, le général Saint-Cyr, voyant approcher la nuit, fit cesser la poursuite, et les troupes retournèrent vers Polotsk pour reprendre les bivouacs qu'elles avaient quittés peu d'heures avant.

Pendant le combat tumultueux de la cavalerie des deux partis, ma blessure m'avait causé de bien vives douleurs, surtout lorsque j'étais obligé de mettre mon cheval au galop. L'impossibilité de me défendre moi-même me plaça souvent dans une situation très difficile, dont je n'aurais pu sortir si je n'eusse été entouré par un groupe de braves qui ne me perdirent jamais de vue. Une fois, entre autres, poussé par la foule des combattants sur un peloton de Cosaques de la garde, je fus obligé, pour ma conservation personnelle, de lâcher la bride pour prendre mon sabre en main. Cependant, je n'eus pas besoin de m'en servir, car, en voyant leur commandant en péril, les hommes de tout grade qui m'escortaient, attaquant avec fureur les

Cosaques qui déjà m'environnaient, firent mordre la poussière à plusieurs et mirent les autres en fuite. Mon ordonnance Fousse, chasseur d'élite, en tua *trois*, et l'adjudant-major Joly *deux*! Je revins donc sain et sauf de ce grand combat, auquel j'avais désiré me trouver en personne, afin d'imprimer un plus grand élan à mon régiment et lui prouver de nouveau que, tant que je pourrais monter à cheval, je tiendrais à honneur de le commander au moment du danger. Les officiers et la troupe me surent très bon gré de ce dévouement, et l'affection que tous me portaient déjà s'en accrut, ainsi que vous le verrez plus tard, lorsque je parlerai des malheurs de la grande retraite.

Les combats de cavalerie à cavalerie sont infiniment moins meurtriers que ceux contre l'infanterie. D'ailleurs, les cavaliers russes sont généralement maladroits dans le maniement de leurs armes, et leurs chefs, peu capables, ne savent pas toujours employer leurs cavaliers à propos. Aussi, bien que mon régiment se fût trouvé engagé pendant le combat de Polotsk avec les Cosaques de la garde, réputés une des meilleures troupes de l'armée russe, il n'éprouva pas de grandes pertes. J'eus dans cette journée huit ou neuf hommes tués et une trentaine de blessés. Mais au nombre de ces derniers était le chef d'escadrons Fontaine. Cet excellent et brave officier se trouvait au plus épais de la mêlée, lorsque son cheval fut tué. M. Fontaine, dont les pieds étaient embarrassés dans les étriers, cherchait à se dégager à l'aide de quelques chasseurs venus à son secours, lorsqu'un maudit officier de Cosaques, passant au galop au milieu de ce groupe, se penche avec dextérité sur sa selle et porte à Fontaine un terrible coup de sabre qui lui crève l'œil gauche, blesse l'autre et fend l'os du nez!... Mais au moment où l'officier russe, fier de cet exploit, s'éloignait, l'un de nos chasseurs, l'ajustant à six pas avec son pistolet, lui cassa les reins et vengea ainsi son commandant! Aussitôt que cela fut possible, je fis panser M. Fontaine, qui fut transporté à Polotsk, dans le couvent des Jésuites, où j'allai le voir le soir même. J'admirai la résignation de ce courageux militaire, qui, devenu borgne, supportait patiemment les douleurs et les inconvénients qu'entraîne la perte presque totale de la vue. Depuis lors, Fontaine ne put jamais faire de service actif. Ce fut une grande perte pour le 23e de chasseurs, dans lequel il servait depuis la formation, aimé et considéré de tous; je fus sensible à son malheur. Resté le seul officier supérieur du régiment, je m'efforçai de pourvoir à tous les besoins du service, ce qui était une très grande tâche.

Vous trouverez sans doute que je suis entré dans trop de détails relativement aux divers combats que soutint le 2e corps d'armée; mais je répéterai ce que je vous ai déjà dit: Je me complais aux souvenirs des grandes guerres auxquelles j'ai pris part, et j'en parle avec plaisir!... Il me semble alors que je suis sur le terrain, entouré de mes braves compagnons qui, presque tous, hélas! ont déjà quitté la vie!... Mais revenons à la campagne de Russie.

Tout autre que le général Saint-Cyr aurait, après d'aussi rudes engagements, passé ses troupes en revue pour les féliciter sur leur courage et s'enquérir de leurs besoins; mais il n'en fut pas ainsi, car à peine le dernier coup de fusil était-il tiré, que Saint-Cyr alla s'enfermer dans le couvent des Jésuites, où il employait tous les jours et une partie des nuits à quoi faire?—*À jouer du violon!* C'était sa passion dominante, dont la nécessité de marcher à l'ennemi pouvait seule le distraire! Les généraux Lorencez et de Wrède, chargés par lui du placement des troupes, envoyèrent deux divisions d'infanterie et les cuirassiers sur la rive gauche de la Düna. La troisième division française et les deux bavaroises restèrent à Polotsk, où elles furent occupées à élever les fortifications d'un vaste camp retranché, devant servir d'appui aux troupes qui, de ce point important, couvraient la gauche et les derrières de la Grande Armée, destinée à marcher sur Smolensk et Moscou. Les brigades de cavalerie légère Castex et Corbineau furent placées à deux lieues en avant du grand camp, sur la rive gauche de la Polota, petite rivière qui va se jeter dans la Düna à Polotsk.

Mon régiment alla bivouaquer auprès d'un village appelé Louchonski. Le colonel du 24e de chasseurs établit le sien à un quart de lieue en arrière, à l'abri du 23e. Nous restâmes là deux mois, dont le premier sans faire aucune course lointaine.

En apprenant la victoire remportée par le général Saint-Cyr devant Polotsk, l'Empereur lui envoya le bâton de maréchal de l'empire. Mais au lieu de profiter de cette occasion pour visiter ses troupes, le nouveau maréchal vécut dans une solitude plus profonde encore s'il est possible. Personne ne pouvait pénétrer près du chef de l'armée, ce qui lui valut, de la part des soldats, le sobriquet de *hibou*. En outre, bien que l'immense couvent de Polotsk contînt plus de cent appartements qui eussent été si utiles pour les blessés, il voulut y loger *seul*, croyant faire une très grande concession en permettant qu'on reçût dans les communs des officiers supérieurs *blessés*; encore fallait-il qu'ils n'y séjournassent que quarante-huit heures, après quoi, leurs camarades devaient les transporter en ville. Les caves et les greniers du couvent regorgeaient de provisions amassées par les Jésuites; vins, bière, huile, farine, etc., tout s'y trouvait en abondance; mais le maréchal s'était fait remettre les clefs des magasins, dont rien ne sortait, même pour les hôpitaux!... Ce fut à grand'peine que je parvins à obtenir deux bouteilles de vin pour le commandant Fontaine blessé. Ce qu'il y a de bizarre, c'est que le maréchal Saint-Cyr usait à peine de ces provisions pour lui-même, car il était d'une extrême sobriété, mais aussi d'une fort grande originalité. L'armée le blâma hautement, et ces mêmes provisions, dont le maréchal refusait de distribuer une partie à ses troupes, devinrent, deux mois plus tard, la proie des flammes et des Russes, lorsque les Français furent contraints d'abandonner la ville et le couvent en feu!

CHAPITRE DOUZE

Marche de la Grande Armée.—Prise de Smolensk.—Ney au défilé de Valoutina.—Bataille de la Moskova.—Épisodes divers.

Pendant que les événements que je viens de raconter s'accomplissaient devant Polotsk et sur les rives de la Drissa, l'Empereur était resté à Witepsk, d'où il dirigeait l'ensemble des opérations de ses nombreux corps d'armée. Quelques écrivains militaires ont reproché à Napoléon d'avoir perdu beaucoup de temps, d'abord à Wilna, où il demeura dix-neuf jours, et ensuite à Witepsk, où il en passa dix-sept, et ces écrivains prétendent que ces trente-six jours auraient pu être mieux employés, surtout dans un pays où l'été est fort court et où l'hiver commence à faire sentir ses rigueurs dès la fin de septembre. Ce reproche, qui paraît fondé jusqu'à un certain point, est néanmoins atténué, d'abord par l'espoir qu'avait l'Empereur de voir les Russes demander un accommodement; en second lieu, par la nécessité de ramener vers un centre commun les divers corps détachés à la poursuite de Bagration; enfin, parce qu'il était indispensable d'accorder quelque repos aux troupes qui, outre les marches régulières, se trouvaient, chaque soir, forcées d'aller chercher des vivres loin de leurs bivouacs; car, les Russes brûlant tous les magasins en se retirant, il était impossible de faire des distributions journalières aux soldats français. Cependant, il exista fort longtemps une heureuse exception à ce sujet pour le corps de Davout, parce que ce maréchal, aussi bon administrateur que grand capitaine, avait, bien avant le passage du Niémen, organisé d'immenses convois de petits chariots qui suivaient son armée. Ces chariots remplis de biscuits, de salaisons et de légumes, étaient traînés par des bœufs dont on abattait un certain nombre chaque soir, ce qui, en assurant les vivres de la troupe, contribuait infiniment à maintenir le soldat dans le rang.

L'Empereur quitta Witepsk le 13 août, et, s'éloignant de plus en plus des 2e et 6e corps, qu'il laissait à Polotsk sous les ordres de Saint-Cyr, il se porta sur Krasnoë, où une partie de sa Grande Armée se trouvait réunie en présence de l'ennemi. On espérait une bataille; on n'obtint qu'un léger combat contre l'arrière-garde russe, qui fut battue et se retira lestement.

Le 15 août, anniversaire de sa fête, l'Empereur fit défiler devant lui ses troupes, qui le reçurent avec enthousiasme. Le 16, l'armée découvre Smolensk, place forte que les Russes ont surnommée *la Sainte,* parce qu'ils la considèrent comme la clef de Moscou et le palladium de leur empire. D'anciennes prophéties annonçaient de grands malheurs à la Russie le jour où elle laisserait prendre Smolensk. Cette superstition, entretenue avec soin par le gouvernement, date de l'époque où la ville de Smolensk, située sur le Dniéper ou Borysthène, était l'extrême frontière des Moscovites, qui se sont élancés de ce point pour faire d'immenses conquêtes.

Le roi Murat et le maréchal Ney, arrivés les deux premiers devant Smolensk, pensèrent, on ne sait trop pourquoi, que l'ennemi avait abandonné cette place. Les rapports adressés à l'Empereur lui faisant ajouter foi à cette croyance, il prescrivit de faire entrer l'avant-garde dans la ville. L'impatience de Ney n'attendait que cet ordre: il s'avance vers la porte avec une faible escorte de hussards; mais tout à coup un régiment de Cosaques, masqué par un pli de terrain couvert de broussailles, se précipite sur nos cavaliers, les ramène et enveloppe le maréchal Ney, qui fut serré de si près qu'une balle de pistolet, tirée presque à bout portant, lui déchira le collet de son habit! Heureusement la brigade Domanget accourut et dégagea le maréchal. Enfin, l'arrivée de l'infanterie du général Razout permit à Ney d'approcher assez de la ville pour se convaincre que les Russes étaient dans l'intention de se défendre.

En voyant les remparts armés d'un grand nombre de bouches à feu, le général d'artillerie Éblé, homme des plus capables, conseilla à l'Empereur de tourner la place, en ordonnant au corps polonais du prince Poniatowski d'aller passer le Dniéper deux lieues au-dessus; mais Napoléon, adoptant l'avis de Ney, qui assurait que Smolensk serait facilement enlevé, donna l'ordre d'attaquer. Trois corps d'armée, celui de Davout, de Ney et de Poniatowski, s'élancèrent alors de divers côtés sur la place, dont les remparts firent un feu meurtrier, qui l'était cependant beaucoup moins que celui des batteries établies par les Russes sur les hauteurs de la rive opposée. Un combat des plus sanglants s'engagea; les boulets, la mitraille et les obus décimaient nos troupes, sans que notre artillerie parvînt à ébranler les murailles. Enfin, à l'entrée de la nuit, les ennemis, après avoir vaillamment disputé le terrain pied à pied, furent refoulés dans Smolensk, qu'ils se préparèrent à abandonner; mais en se retirant ils allumèrent partout l'incendie. L'Empereur vit ainsi s'évanouir l'espoir de posséder une ville qu'on supposait avec raison abondamment pourvue. Ce ne fut que le lendemain au point du jour que les Français pénétrèrent dans la place, dont les rues étaient jonchées de cadavres russes et de débris fumants. La prise de Smolensk nous avait coûté 12,000 hommes tués ou blessés!... perte immense qu'on aurait pu éviter en passant le Dniéper en amont, ainsi que l'avait proposé le général Éblé; car, sous peine d'être coupé, le général Barclay de Tolly, chef de l'armée ennemie, eût évacué la place pour se retirer vers Moscou.

Les Russes, après avoir brûlé le pont, s'établirent momentanément sur les hauteurs de la rive droite et se mirent bientôt en retraite sur la route de Moscou. Le maréchal Ney les y poursuivit avec son corps d'armée, renforcé par la division Gudin, détachée du corps du maréchal Davout.

À peu de distance de Smolensk, le maréchal Ney atteignit, à Valoutina, l'armée russe engagée avec tous ses bagages dans un défilé. L'action devint très sérieuse; ce fut une véritable bataille, qui serait devenue très funeste aux ennemis si le général

Junot, chef du 8e corps d'armée, qui avait effectué trop tardivement le passage du Dniéper à Pronditchewo, à deux lieues au-dessus de Smolensk, et s'y était reposé quarante-huit heures, fût accouru au canon de Ney dont il n'était plus qu'à une lieue! Mais, bien qu'averti par Ney, Junot ne bougea pas! En vain l'aide de camp Chabot lui porta au nom de l'Empereur l'ordre d'aller se joindre à Ney; en vain l'officier d'ordonnance Gourgaud vint confirmer le même ordre, Junot resta immobile!...

Cependant, Ney, aux prises avec des forces infiniment supérieures, ayant successivement engagé toutes les troupes de son corps d'armée, prescrivit à la division Gudin de s'emparer des positions formidables occupées par les Russes. Cet ordre fut exécuté avec une rare intrépidité; mais, dès la première attaque, le brave général tomba mortellement blessé. Cependant, conservant toujours son admirable sang-froid, il voulut, avant d'expirer, assurer le succès des troupes qu'il avait si souvent conduites à la victoire, et désigna le général Gérard pour lui succéder dans le commandement, bien que celui-ci fût le moins ancien général de brigade de sa division.

Aussitôt Gérard se mit à la tête de la division, marcha sur l'ennemi, et à dix heures du soir, après avoir perdu 1,800 hommes et en avoir tué 6,000, il resta maître du champ de bataille, dont les Russes se hâtèrent de s'éloigner.

Le lendemain, l'Empereur vint visiter les troupes qui avaient si vaillamment combattu; il les combla de récompenses et nomma Gérard général de division. (Il devint plus tard maréchal de France.) Le général Gudin mourut peu d'heures après.

Si Junot eût voulu prendre part au combat, il pouvait enfermer l'armée russe dans un étroit défilé, où, placée entre deux feux, elle eût été obligée de mettre bas les armes, ce qui aurait amené la fin de la guerre. On regretta donc le roi Jérôme, qui, bien que médiocre général, fût probablement venu au secours de Ney, et l'on s'attendait à voir Junot sévèrement puni. Mais c'était le premier officier que Napoléon eût attaché à sa personne et qui l'avait suivi dans toutes ses campagnes depuis le siège de Toulon, en 93, jusqu'en Russie. L'Empereur l'aimait, il pardonna. Ce fut un malheur, car un exemple devenait nécessaire.

Dès que la prise de Smolensk fut connue par les Russes, un cri de réprobation générale s'éleva contre le général Barclay de Tolly. C'était un *Allemand*; la nation l'accusait de ne pas mettre assez de vigueur dans la conduite de la guerre, et pour défendre l'antique Moscovie, elle demandait un général *moscovite*. L'empereur Alexandre, contraint de céder, conféra le commandement en chef de toutes ses armées au général Koutousoff, homme usé, peu capable, connu pour sa défaite à Austerlitz, mais ayant le mérite, fort grand dans les circonstances actuelles, d'être un Russe de vieille roche, ce qui lui donnait beaucoup d'influence sur les troupes comme sur les masses populaires.

Cependant, l'avant-garde française, poussant toujours l'ennemi devant elle, avait déjà dépassé Dorogobouje, lorsque, le 24 août, l'Empereur se détermina à quitter Smolensk. La chaleur était accablante; on marchait sur un sable mouvant; les vivres manquaient pour une aussi immense réunion d'hommes et de chevaux, car les Russes ne laissaient derrière eux que des villages et des fermes incendiés. Quand l'armée entra dans Wiasma, cette jolie ville était en feu! Il en fut de même de celle de Ghiat. Plus on approchait de Moscou, moins le pays offrait de ressources. Il périt quelques hommes et surtout beaucoup de chevaux. Peu de jours après, à une chaleur intolérable succédèrent des pluies froides qui durèrent jusqu'au 4 septembre; l'automne approchait. L'armée n'était plus qu'à six lieues de Mojaïsk, seule ville qui restât à prendre avant d'arriver à Moscou, lorsqu'elle s'aperçut que les forces de l'arrière-garde ennemie s'étaient considérablement accrues. Tout indiquait qu'une grande bataille allait enfin avoir lieu.

Le 5, notre avant-garde fut un moment arrêtée par une grosse colonne russe fortement retranchée sur un mamelon garni de douze canons. Le 57e de ligne, que, dans les campagnes d'Italie, l'Empereur avait surnommé le *terrible*, soutint dignement sa réputation en s'emparant de la redoute et de l'artillerie ennemie. On était déjà sur le terrain où se donna, quarante-huit heures après, la bataille que les Russes nomment *Borodino* et que les Français appellent la *Moskova*.

Le 6, l'Empereur fit annoncer par un ordre du jour qu'il y aurait bataille le lendemain. L'armée attendait avec joie ce grand jour qu'elle espérait devoir mettre un terme à sa misère, car il y avait un mois que les troupes n'avaient reçu aucune distribution, chacun ayant vécu *comme il pouvait*. On employa de part et d'autre la soirée à prendre des dispositions définitives.

Du côté des Russes, Bagration commande l'aile gauche, forte de 62,000 hommes; au centre se trouve l'hetman Platow avec ses Cosaques et 30,000 fantassins de réserve; la droite, composée de 70,000 hommes, est aux ordres de Barclay de Tolly, qui, après avoir déposé le commandement en chef, en a pris un secondaire. Le vieux Koutousoff est généralissime de toutes ces troupes, dont le chiffre s'élève à 162,000 hommes. L'empereur Napoléon peut à peine opposer aux Russes 140,000 hommes ainsi disposés: le prince Eugène commandait l'aile gauche; le maréchal Davout, l'aile droite; le maréchal Ney, le centre; le roi Murat, la cavalerie; la garde impériale était en réserve.

La bataille se donna le 7 septembre; le temps était voilé, et un vent froid soulevait des tourbillons de poussière. L'Empereur, souffrant d'une horrible migraine, descendit vers une espèce de ravin où il passa la plus grande partie de la journée à se promener à pied. De ce point, il ne pouvait découvrir qu'une partie du champ de bataille, et, pour l'apercevoir en entier, il devait gravir un monticule voisin, ce qu'il ne fit que deux fois pendant la bataille. On a reproché à l'Empereur son inaction; il faut cependant reconnaître que du point central où il se trouvait avec ses réserves, il était à même de recevoir les fréquents rapports de ce qui se passait sur toute la ligne, tandis que s'il eût été d'une aile à l'autre en parcourant un terrain aussi accidenté, les aides de camp porteurs de nouvelles pressantes n'auraient pu l'apercevoir ni su où le trouver. Il ne faut d'ailleurs pas oublier que l'Empereur était malade, et qu'un vent glacial, soufflant avec impétuosité, l'empêchait de se tenir à cheval.

Je n'ai point assisté à la bataille de la Moskova. Je m'abstiendrai donc d'entrer dans aucun détail sur les manœuvres exécutées pendant cette mémorable action. Je me bornerai à dire qu'après des efforts inouïs, les Français obtinrent la victoire sur les Russes, dont la résistance fut des plus opiniâtres; aussi la bataille de la Moskova passe-t-elle pour une des plus sanglantes du siècle. Les deux armées éprouvèrent des pertes *immenses* qu'on évalue au total à 50,000 morts ou blessés!... Les Français eurent 49 généraux tués ou blessés et 20,000 hommes mis hors de combat. La perte des Russes fut d'un tiers plus considérable. Le général Bagration, le meilleur de leurs officiers, fut tué, et, chose bizarre, il était propriétaire du terrain sur lequel la bataille eut lieu. Douze mille chevaux restèrent dans les champs. Les Français firent très peu de prisonniers, ce qui dénote avec quelle bravoure les vaincus se défendirent.

Pendant l'action, il se passa plusieurs épisodes intéressants. Ainsi, la gauche des

Russes, deux fois enfoncée par les efforts inouïs de Murat, Davout et Ney, et se ralliant constamment, revenait pour la troisième fois à la charge, lorsque Murat chargea le général Belliard de supplier l'Empereur d'envoyer une partie de sa garde pour achever la victoire, sans quoi il faudrait une seconde bataille pour vaincre les Russes! Napoléon était disposé à obtempérer à cette demande; mais le maréchal Bessières, commandant supérieur de la garde, lui ayant dit: «Je me permettrai de faire observer à Votre Majesté qu'elle est en ce moment à sept cents lieues de France», soit que cette observation déterminât l'Empereur, soit qu'il ne trouvât pas la bataille assez avancée pour engager sa réserve, il refusa. Deux autres demandes de ce genre eurent le même sort.

Voici un des faits les plus remarquables de cette bataille si féconde en actions courageuses. Le front de la ligne ennemie était couvert par des hauteurs garnies de redoutes, de redans, et surtout par un fort crénelé armé de 80 canons. Les Français, après des pertes considérables, s'étaient rendus maîtres de tous ces ouvrages, mais n'avaient pu se maintenir dans le fort. S'emparer de nouveau de ce point important était chose très difficile, même pour l'infanterie. Le général Montbrun, chef du 2e corps de cavalerie, ayant remarqué, à l'aide de sa longue-vue, que le fort n'était pas fermé à la *gorge*; que les troupes russes y entraient par pelotons, et qu'en tournant la hauteur on pouvait éviter les remparts, les ravins, les rochers, et conduire les escadrons jusqu'à la porte, par un terrain en pente douce et praticable pour les chevaux; le général Montbrun, dis-je, proposa de pénétrer dans le fort par derrière avec sa cavalerie, tandis que l'infanterie l'attaquerait par devant. Cette proposition téméraire ayant été approuvée par Murat et par l'Empereur, Montbrun fut chargé de l'exécution; mais, tandis que cet intrépide général prenait ses dispositions pour agir, il fut tué d'un coup de canon: ce fut une grande perte pour l'armée!... Sa mort ne fit cependant pas renoncer au projet qu'il avait conçu, et l'empereur envoya le général Caulaincourt, frère du grand écuyer, pour remplacer Montbrun.

On vit alors une chose inouïe dans les fastes de la guerre: un fort immense défendu par une nombreuse artillerie et plusieurs bataillons, attaqué et pris par une colonne de cavalerie!... En effet, Caulaincourt, s'élançant avec une division de cuirassiers en tête de laquelle marchait le 5e régiment de cette arme, commandé par l'intrépide colonel Christophe, culbute tout ce qui défend les approches du fort, arrive à la porte, pénètre dans l'intérieur et tombe mort, frappé d'une balle à la tête!... Le colonel Christophe et ses cavaliers vengèrent leur général en passant une partie de la garnison au fil de leurs sabres. Le fort resta en leur pouvoir, ce qui acheva d'assurer la victoire aux Français.

Aujourd'hui, où la soif de l'avancement est devenue insatiable, on s'étonnerait qu'après un aussi beau fait d'armes un colonel ne reçût pas d'avancement; mais sous l'Empire, l'ambition était plus modérée. Christophe ne devint général que plusieurs années après et ne témoigna aucun mécontentement de ce retard.

Les Polonais, ordinairement si braves, et notamment ceux organisés depuis cinq ans dans le grand-duché de Varsovie sous les ordres du prince Poniatowski, agirent si mollement que l'Empereur leur fit adresser des reproches par son major général. Le général Rapp reçut à la Moskova sa vingt et unième blessure!

Bien que les Russes eussent été battus et forcés de s'éloigner du champ de bataille, leur généralissime Koutousoff eut l'*outrecuidance* d'écrire à l'empereur Alexandre qu'il venait de remporter une grande victoire sur les Français! Cette fausse nouvelle étant arrivée à Saint-Pétersbourg le jour de la fête d'Alexandre, y causa une joie des plus vives!... On chanta le *Te Deum*; Koutousoff fut proclamé sauveur de la patrie et nommé *feld-maréchal*. Cependant, la vérité fut bientôt connue; l'allégresse se changea en deuil; mais Koutousoff était feld-maréchal! C'était ce qu'il voulait. Tout autre que le timide Alexandre eût sévèrement puni ce grossier mensonge du nouveau maréchal: mais on avait besoin de Koutousoff; il resta donc à la tête de l'armée.

CHAPITRE TREIZE

Mauvaises nouvelles d'Espagne.—Rostopschine.—Incendie de Moscou.—Réveil de l'armée russe.—Fourberie de Koutousoff.

Les Russes se retirant vers Moscou furent rejoints le 8 au matin à Mojaïsk, où s'engagea un assez vif combat de cavalerie dans lequel le général Belliard fut blessé. Napoléon passa trois jours à Mojaïsk, tant pour donner les ordres nécessités par les circonstances, que pour répondre à de nombreuses dépêches arriérées. L'une d'elles, arrivée la veille de la grande bataille, l'avait très vivement affecté et avait beaucoup contribué à le rendre malade, car elle annonçait que notre armée dite de Portugal, commandée par le maréchal Marmont, venait d'éprouver une sanglante défaite aux Arapiles, près de Salamanque, en Espagne.

Marmont était une des erreurs de Napoléon, qui, l'ayant eu pour camarade au collège de Brienne, et plus tard dans l'artillerie, lui portait un grand intérêt; séduit par quelques succès d'école jadis obtenus par Marmont, l'Empereur supposait à ce maréchal des talents militaires que sa conduite à la guerre ne justifia jamais. Marmont avait, en 1811, remplacé Masséna dans le commandement de l'armée de Portugal, en annonçant qu'il battrait Wellington; mais ce fut tout le contraire. Marmont venait d'être vaincu, blessé; son armée, jetée dans le plus grand désordre et obligée d'abandonner plusieurs provinces, aurait éprouvé des pertes encore plus considérables si le général Clausel ne l'eût ralliée.

En apprenant cette catastrophe, l'Empereur dut faire de bien graves réflexions sur l'entreprise qu'il réalisait en ce moment, car, tandis qu'il se préparait à entrer sous peu de jours dans Moscou, à la tête de la plus nombreuse de ses armées, une autre venait d'être battue à mille lieues de là. Il envahissait la Russie et allait perdre l'Espagne!... Le chef d'escadrons Fabvier, aujourd'hui lieutenant général, qui avait porté les dépêches de Marmont, ayant voulu prendre part à la bataille de la Moskova, y fut blessé à l'attaque de la grande redoute. C'était venir chercher une balle de bien loin!...

Le 12 septembre, Napoléon quitta Mojaïsk, et le 15 il entrait dans Moscou. Cette ville immense était déserte. Le général Rostopschine, son gouverneur, en avait fait sortir tous les habitants. Ce Rostopschine, dont on a voulu faire un héros, était un homme barbare qui, pour acquérir de la célébrité, ne reculait devant aucun moyen. Il avait laissé étrangler par la populace un grand nombre de marchands étrangers, et surtout des Français, établis à Moscou, dont le seul crime était d'être *soupçonnés* de faire des vœux pour l'arrivée des troupes de Napoléon. Quelques jours avant la bataille de la Moskova, les Cosaques ayant enlevé une centaine de malades français, le général Koutousoff les envoya, par des chemins détournés, au gouverneur de Moscou, qui, sans pitié pour leurs souffrances et leurs fatigues, les laissa d'abord quarante-huit heures sans manger, et les fit ensuite promener en triomphe dans les rues, où plusieurs de ces malheureux moururent de faim, pendant que des agents de police lisaient au peuple une proclamation de Rostopschine qui, pour le déterminer à prendre les armes, disait que tous les Français étaient aussi débiles et tomberaient facilement sous ses coups. Cette affreuse promenade terminée, la plupart de ceux de nos soldats qui vivaient encore furent assommés par la populace, sans que Rostopschine fît rien pour les sauver!…

Les troupes russes vaincues n'avaient fait que traverser Moscou, d'où elles s'éloignaient pour aller se reformer à plus de trente lieues de là, vers Kalouga, sur la route d'Asie. Le roi Murat les suivit dans cette nouvelle direction, avec toute sa cavalerie et plusieurs corps d'infanterie. La garde impériale resta dans la ville, et Napoléon fut s'établir au *Kremlin*, antique palais fortifié, résidence habituelle des czars. Tout était tranquille en apparence, lorsque, pendant la nuit du 15 au 16 septembre, les marchands français et allemands, qui s'étaient soustraits aux recherches du gouverneur, vinrent prévenir l'état-major de Napoléon que le feu allait être mis à la ville. Cet avis fut bientôt confirmé par un agent de police russe, qui ne pouvait se résoudre à exécuter les ordres de son chef. On apprit par cet agent que, avant de quitter Moscou, Rostopschine avait fait ouvrir le bagne, les prisons, et rendre la liberté à tous les forçats, en leur faisant distribuer un très grand nombre de torches confectionnées par des ouvriers anglais. Tous ces incendiaires étaient restés cachés dans les palais abandonnés, où ils attendaient le signal[1]!

L'Empereur, informé de cet affreux projet, prescrivit sur-le-champ les mesures les plus sévères. De nombreuses patrouilles parcoururent les rues et tuèrent plusieurs brigands pris sur le fait d'incendie; mais c'était trop tard; le feu éclata bientôt sur différents points de la ville et fit des ravages d'autant plus rapides que Rostopschine avait fait enlever toutes les pompes; aussi, en peu de temps, Moscou ne fut plus qu'une grande fournaise ardente. L'Empereur quitta le Kremlin et se réfugia au château de Peterskoë; il ne rentra que trois jours après, lorsque l'incendie commençait à diminuer, faute d'aliments. Je n'entrerai dans aucun détail sur l'incendie de Moscou, dont le récit a été fait par plusieurs témoins oculaires. Je me bornerai à examiner plus tard les effets de cette immense catastrophe.

Napoléon, appréciant mal la situation dans laquelle se trouvait Alexandre, espérait toujours un accommodement, quand enfin, las d'attendre, il prit la détermination de lui écrire lui-même. Cependant, l'armée russe se réorganisait vers Kalouga, d'où ses chefs envoyaient vers Moscou des agents chargés de diriger vers leurs régiments les soldats égarés. On en évalue le nombre à 15,000. Retirés dans les faubourgs, ces hommes circulaient sans défiance au milieu de nos bivouacs, prenaient place aux feux de nos soldats et mangeaient avec eux, et personne n'eut la pensée de les faire prisonniers. Ce fut une grande faute, car, peu à peu, ils rejoignirent l'armée russe, tandis que la nôtre s'affaiblissait journellement par les maladies et les premiers froids. Nos pertes en chevaux étaient surtout immenses, ce qu'on attribuait aux fatigues extraordinaires que le roi Murat avait imposées pendant toute la campagne à la cavalerie dont il était le chef. Murat, se souvenant des brillants succès obtenus en 1806 et 1807 contre les Prussiens, en les poursuivant à outrance, pensait que la cavalerie devait suffire à tout et faire des marches de douze à quinze lieues par jour, sans se préoccuper de la fatigue des chevaux, l'essentiel étant d'arriver sur les ennemis avec quelques têtes de colonnes! Mais le climat, la difficulté de trouver des fourrages, la longue durée de la campagne, et surtout la ténacité des Russes, avaient bien changé les conditions. Aussi la moitié de notre cavalerie était sans chevaux lorsque nous arrivâmes à Moscou, et Murat achevait de détruire le surplus dans la province de Kalouga. Ce prince, fier de sa haute taille, de son courage, et toujours affublé de costumes bizarres mais brillants, avait attiré l'attention des ennemis, et, se complaisant à parlementer avec eux, il échangeait des présents avec les chefs cosaques. Koutousoff profita de ces réunions pour entretenir les Français dans de fausses espérances de paix, que le roi Murat faisait partager à l'Empereur. Mais, un jour, cet ennemi, qui se disait affaibli, se réveille, se glisse entre nos cantonnements, nous enlève plusieurs convois, un escadron de dragons de la garde et un bataillon de marche; aussi Napoléon défendit-il désormais, *sous peine de mort*, toute communication avec les Russes non autorisée par lui.

Cependant, Napoléon ne perdait pas tout espoir de conclure la paix. Il envoya, le 4 octobre, le général Lauriston, son aide de camp, au quartier général du maréchal Koutousoff. Ce Russe astucieux montra au général Lauriston une lettre adressée par lui à l'empereur Alexandre pour le presser d'adhérer aux propositions des Français, attendu, disait-il, que l'armée moscovite se trouvait hors d'état de continuer à faire la guerre. Mais à peine l'officier porteur de cette dépêche était-il parti pour Saint-Pétersbourg, muni par Lauriston d'un passeport qui devait le préserver de l'attaque de ceux de nos partisans qui rôdaient entre les deux armées, que Koutousoff expédia un autre aide de camp vers son empereur. Ce second envoyé n'ayant pas de laissez-passer français fut rencontré par nos patrouilles, et, comme il était de bonne prise d'après les lois de la guerre, il fut arrêté, et ses dépêches furent envoyées à Napoléon. Elles contenaient *tout le contraire* de celles que Koutousoff avait montrées à Lauriston. En effet, le maréchal russe, après avoir supplié son souverain de ne point traiter avec les Français, lui annonçait «que l'armée de l'amiral Tchitchakoff, ayant quitté la Valachie après la paix avec les Turcs, s'avançait sur Minsk afin de couper la retraite à Napoléon. Koutousoff instruisait aussi Alexandre des pourparlers qu'il avait engagés et qu'il poursuivait habilement avec Murat, à dessein d'entretenir la pernicieuse sécurité dans laquelle les Français vivaient à Moscou, à une époque si avancée de la saison…»

À la vue de cette lettre, Napoléon, comprenant qu'il avait été joué, entra dans une violente colère et forma, dit-on, le projet de marcher sur Saint-Pétersbourg; mais, outre que l'affaiblissement de son armée et les rigueurs de l'hiver s'opposaient à cette vaste expédition, des motifs d'une bien haute importance portaient l'Empereur à se rapprocher de l'Allemagne pour être plus à même de la surveiller et de voir ce qui se passait en France. Une conspiration venait d'éclater à Paris, et les chefs de ce mouvement avaient été les maîtres de la capitale pendant une journée!… Un exalté, le général Malet, avait jeté sur Paris cette étincelle qui aurait pu allumer l'incendie, et s'il ne se fût rencontré un homme perspicace autant qu'énergique, en la personne de l'adjudant-major Laborde, c'en était peut-être fait du gouvernement impérial.

Les esprits n'en furent pas moins frappés de cet événement, et l'on peut concevoir quelle fut la douleur de Napoléon en apprenant le danger qu'avaient couru sa famille et son gouvernement!

---

1. M. de Ségur écrit: «On ne cherche plus à cacher, à Moscou, le sort qu'on lui destine... La nuit, des émissaires vont frapper à toutes les portes; ils annoncent l'incendie... On enlève les pompes; la désolation monte à son comble... Ce jour-là, une scène effrayante termina ce triste drame... Les prisons s'ouvrent: une foule sale et dégoûtante en sort tumultueusement... Dès lors, la grande Moscou n'appartient plus ni aux Russes, ni aux Français, mais à cette foule impure, dont quelques officiers et soldats de police dirigèrent la fureur. On les organisa; on assigna à chacun son poste, et ils se dispersèrent pour que le pillage et l'incendie éclatassent partout à la fois...»

CHAPITRE QUATORZE

La retraite est décidée.—Surprise du corps de Sébastiani.—Combat de Malo-Iaroslawetz.—Retour sur Mojaïsk et la Moskova.—Baraguey d'Hilliers met bas les armes.—Je suis nommé colonel.—Retraite héroïque du maréchal Ney.

À Moscou, la situation de Napoléon s'aggravait de jour en jour. Le froid sévissait déjà avec rigueur, et le moral des soldats Français de naissance était seul resté ferme. Mais ces soldats ne formaient que la moitié des troupes que Napoléon avait conduites en Russie. Le surplus était composé d'Allemands, de Suisses, de Croates, de Lombards, de Romains, de Piémontais, d'Espagnols et de Portugais. Tous ces étrangers, restés fidèles tant que l'armée avait eu des succès, commençaient à murmurer, et, séduits par les proclamations en diverses langues dont les agents russes inondaient nos camps, ils désertaient en grand nombre vers l'ennemi, qui promettait de les renvoyer dans leur pays.

Ajoutons à cela que les deux ailes de la Grande Armée, uniquement composées d'Autrichiens et de Prussiens, ne se trouvaient plus en ligne avec le centre, comme au commencement de la campagne, mais étaient sur nos derrières, prêtes à nous barrer le passage au premier ordre de leurs souverains, anciens et irréconciliables ennemis de la France!... La position était des plus critiques, et, bien qu'il dût en coûter beaucoup à l'amour-propre de Napoléon d'avouer au monde entier, en se retirant sans avoir imposé la paix à Alexandre, qu'il avait manqué le but de son expédition, le mot de *retraite* fut enfin prononcé!... Mais ni l'Empereur, ni ses maréchaux, personne enfin n'avait alors la pensée d'abandonner la Russie et de repasser le Niémen; il ne s'agissait que d'aller prendre ses cantonnements d'hiver dans les moins mauvaises provinces de la Pologne.

L'abandon de Moscou était décidé en principe; cependant, avant de se résoudre à l'exécuter, Napoléon, conservant encore un dernier espoir d'accommodement, envoya le duc de Vicence (Caulaincourt) vers le maréchal russe Koutousoff, qui ne fit aucune réponse!...

Pendant ces lenteurs, notre armée fondait de jour en jour, et, dans une confiance aveugle, nos avant-postes restaient aventurés dans la province de Kalouga, sur des positions difficiles, quant tout à coup l'événement le plus imprévu vint dessiller les yeux des plus incrédules et anéantir les illusions que l'Empereur conservait encore de conclure la paix!

Le général Sébastiani, que nous avons vu se laisser surprendre à Drouïa, venait de remplacer le général Montbrun dans le commandement du 2e corps de cavalerie, et, quoique près de l'ennemi, il passait ses journées en pantoufles, lisant des vers italiens et ne faisant aucune reconnaissance. Koutousoff, profitant de cette négligence, se porte, le 18 octobre, sur le corps d'armée de Sébastiani, l'investit de toutes parts, l'accable par le nombre et le contraint d'abandonner une partie de son artillerie!... Les trois divisions de cavalerie de Sébastiani, séparées du surplus des troupes de Murat, ne parvinrent à le rejoindre qu'en renversant plusieurs bataillons ennemis, qui cherchèrent vainement à s'opposer à leur passage. Dans ce combat sanglant, Sébastiani fit preuve de valeur, car il était très brave, mais on peut le signaler pour sa médiocrité comme général. Vous en verrez une nouvelle preuve lorsque nous en serons à la campagne de 1813.

En même temps que le maréchal Koutousoff surprenait Sébastiani, il faisait attaquer Murat sur toute la ligne. Ce prince fut blessé légèrement. L'Empereur, ayant appris le jour même cette mauvaise affaire, ainsi que l'arrivée au camp ennemi d'un renfort de dix mille cavaliers de l'armée russe de Valachie, que les Autrichiens, nos alliés, avaient laissés passer, l'Empereur, dis-je, donna l'ordre de départ pour le lendemain.

Le 19 octobre au matin, l'Empereur quitta Moscou, où il était entré le 15 septembre. Sa Majesté, la vieille garde et le gros de l'armée prirent la route de Kalouga; le maréchal Mortier et deux divisions de la jeune garde restèrent en ville pendant vingt-quatre heures de plus, afin d'en achever la ruine et de faire sauter le Kremlin. Ils devaient ensuite fermer la marche.

L'armée traînait après elle plus de quarante mille voitures qui encombraient les défilés. On en fit l'observation à l'Empereur, qui répondit que chacune de ces voitures sauverait deux blessés, nourrirait plusieurs hommes, et qu'on s'en débarrasserait insensiblement. Ce système philanthropique pourrait, ce me semble, être combattu, car la nécessité d'alléger la marche d'une armée en retraite paraît devoir passer avant toutes les autres considérations.

Pendant le séjour des Français à Moscou, le roi Murat et les corps de cavalerie avaient occupé une partie de la province de Kalouga, sans cependant s'être emparés de la ville de ce nom, dont les environs sont très fertiles. L'Empereur, voulant éviter de passer sur le champ de bataille de la Moskova, ainsi que par la route de Mojaïsk, dont l'armée avait épuisé les ressources en venant à Moscou, prit la direction de Kalouga, d'où il comptait gagner Smolensk par des contrées fertiles et, pour ainsi dire, neuves. Mais, au bout de quelques jours de marche, nos troupes, dont l'effectif, après la jonction du roi Murat, s'élevait encore à plus de 100,000 hommes, se trouvèrent en présence de l'armée russe qui occupait la petite ville de Malo-Iaroslawetz. La position de l'ennemi était des plus fortes; cependant l'Empereur la fait attaquer par le prince Eugène à la tête du corps italien et des divisions françaises Morand et Gérard. Aucun obstacle n'arrêtant l'impétuosité de nos troupes, elles s'emparèrent de la ville après un combat long et meurtrier, qui nous coûta 4,000 hommes tués ou blessés. Le général Delzons, officier d'un grand mérite, resta parmi les morts.

Le lendemain, 24 octobre, l'Empereur, étonné de la vive résistance qu'il avait éprouvée, et sachant que toute l'armée russe lui barrait le passage, arrête la marche de ses troupes et passe trois jours à réfléchir au parti qu'il doit prendre.

Pendant une des reconnaissances qu'il faisait sur le front des ennemis, Napoléon fut sur le point d'être enlevé par eux!... Le brouillard était épais... Tout à coup les cris de Hourra! hourra! se font entendre; de nombreux Cosaques sortent d'un bois voisin de la route, qu'ils traversent à vingt pas de l'Empereur en renversant et pointant tout ce qu'ils rencontrent sur leur passage. Mais le général Rapp, s'élançant à la tête de deux escadrons de chasseurs et de grenadiers à cheval de la garde, qui suivaient constamment l'Empereur, sabre et met en fuite les ennemis. Ce fut dans ce combat que M. Le Couteulx, mon ancien camarade à l'état-major de Lannes, devenu aide de camp du prince Berthier, s'étant armé de la lance d'un Cosaque tué par lui, commit l'imprudence de revenir en brandissant cette arme, imprudence d'autant plus grave que Le Couteulx était revêtu d'une pelisse et d'un bonnet fourré, sous lesquels on ne pouvait rien distinguer de l'uniforme français. Aussi, un grenadier à cheval de la garde le prit pour un officier de Cosaques, et, le voyant se diriger vers l'Empereur, il le poursuivit et lui passa son énorme sabre au travers du corps!... Malgré cette affreuse blessure, M. Le Couteulx, placé dans une des voitures de l'Empereur, supporta le froid, les fatigues de la retraite, et parvint à regagner la France.

Les reconnaissances faites par Napoléon l'ayant convaincu de l'impossibilité de continuer sa marche vers Kalouga, à moins de livrer une sanglante bataille aux nombreuses troupes de Koutousoff, Sa Majesté se décida à aller passer par Mojaïsk pour gagner Smolensk. L'armée quitta donc un pays fertile pour reprendre une route dévastée, déjà parcourue au mois de septembre au milieu des incendies et jalonnée de cadavres!... Le mouvement que fit l'Empereur, le reportant après *dix* jours de fatigues à *douze* lieues seulement de Moscou, donna aux soldats beaucoup d'inquiétudes pour l'avenir. Le temps devint affreux; le maréchal Mortier rejoignit l'Empereur après avoir fait sauter le Kremlin.

L'armée revit Mojaïsk et le champ de bataille de la Moskova!... La terre, sillonnée par les boulets, était couverte de débris de casques, de cuirasses, de roues, d'armes, de lambeaux d'uniformes et de trente mille cadavres à demi dévorés par les loups!... Les troupes et l'Empereur passèrent rapidement, en jetant un triste regard sur cet immense tombeau!

M. de Ségur, dans la première édition de son ouvrage sur la campagne de Russie, dit qu'en repassant sur le champ de bataille de la Moskova, on aperçut un malheureux Français qui, ayant eu les deux jambes brisées dans le combat, s'était blotti dans le corps d'un cheval ouvert par un obus, et y avait passé cinquante jours, *se nourrissant et pansant ses blessures avec la chair putréfiée des morts!...* On fit observer à M. de Ségur que cet homme eût été asphyxié par les gaz délétères, et qu'il eût, d'autre part, préféré couvrir ses plaies avec de la terre fraîche et même avec de l'herbe, plutôt que d'augmenter la putréfaction en y mettant de la chair pourrie!... Je ne fais cette observation que pour mettre en garde contre les exagérations d'un livre qui eut d'autant plus de succès qu'il est très bien écrit.

Après Wiasma, l'armée fut assaillie par des flots de neige et un vent glacial qui ralentirent sa marche. Un grand nombre de voitures furent abandonnées, et quelques milliers d'hommes et de chevaux périrent de froid sur la route. La chair de ces derniers servit de nourriture aux soldats et même aux officiers. L'arrière-garde passa successivement du commandement de Davout à celui du prince Eugène et définitivement sous celui du maréchal Ney, qui conserva cette pénible mission tout le reste de la campagne.

Le 1er novembre, on parvint à Smolensk. Napoléon avait fait réunir dans cette ville une grande quantité de vivres, de vêtements et de chaussures; mais les administrateurs qui en étaient chargés, ne pouvant connaître l'état de désorganisation dans lequel l'armée était tombée, ayant exigé des bons de distribution et toutes les formalités des temps ordinaires, ces lenteurs exaspérèrent les soldats, qui, mourant de faim et de froid, enfoncèrent les portes des magasins et s'emparèrent tumultueusement de ce qu'ils contenaient, de sorte que beaucoup d'hommes eurent trop, plusieurs pas assez, d'autres *rien!*

Tant que les troupes avaient marché en ordre, le mélange des diverses nations n'avait donné lieu qu'à de légers inconvénients; mais dès que la misère et la fatigue eurent fait rompre les rangs, la discipline fut perdue. Comment aurait-elle pu subsister dans un immense rassemblement d'individus *isolés*, manquant de tout, marchant pour leur compte et ne se comprenant pas?... Car dans cette masse désordonnée régnait vraiment la *confusion des langues!*... Quelques régiments, et principalement ceux de la garde, résistaient encore. Presque tous les cavaliers des régiments de ligne, ayant perdu leurs chevaux, furent réunis en bataillons, et ceux de leurs officiers qui étaient encore montés formèrent les escadrons *sacrés* dont le commandement fut confié aux généraux Latour-Maubourg, Grouchy et Sébastiani, qui y remplissaient les fonctions de simples capitaines, tandis que des généraux de brigade et des colonels faisaient celles de maréchaux des logis et de brigadiers. Cette organisation suffirait seule pour faire connaître à quelle extrémité l'armée était réduite!

Dans cette position critique, l'Empereur avait compté sur une forte division de troupes de toutes armes que le général Baraguey d'Hilliers devait conduire à Smolensk; mais en approchant de la ville, on apprit que ce général avait mis bas les armes devant une colonne russe, en spécifiant que lui seul ne serait pas fait prisonnier de guerre, et qu'il lui serait permis d'aller joindre l'armée française afin de rendre compte de sa conduite. Mais l'Empereur ne voulut pas voir Baraguey d'Hilliers, auquel il fit donner l'ordre de se rendre en France et d'y garder les arrêts jusqu'à ce qu'un conseil de guerre l'eût jugé. Baraguey d'Hilliers prévint ce jugement en mourant de désespoir à Berlin.

Ce général avait été l'une des erreurs de Napoléon, qu'il séduisit lors du camp de Boulogne, en lui promettant de dresser les dragons à servir tour à tour comme fantassins et cavaliers. Mais l'essai de ce système ayant été fait en 1805 pendant la campagne d'Autriche, les vieux dragons qu'on avait mis à pied, et que Baraguey d'Hilliers commandait en personne, furent battus à Wertingen sous les yeux de l'Empereur. On leur rendit des chevaux, ils furent encore défaits, et pendant plusieurs années les corps de cette arme se ressentirent du désordre que Baraguey avait jeté parmi eux. L'auteur de ce système bâtard, tombé en disgrâce, avait espéré se relever en demandant à venir en Russie, où il acheva de se perdre aux yeux de l'Empereur par sa capitulation sans combat et en violant le décret qui prescrit au chef d'un corps réduit à mettre bas les armes de suivre le sort de ses troupes, et lui défend de solliciter des ennemis des conditions favorables à lui seul.

Après avoir passé plusieurs jours à Smolensk afin de réunir les troupes restées en arrière, l'Empereur se rendit le 15 à Krasnoë où, malgré ses graves préoccupations (car on se battait non loin de la ville), il expédia un officier vers le 2e corps d'armée resté sur la Düna et devenu désormais son seul espoir de salut.

Les régiments dont se composait ce corps avaient éprouvé moins de fatigues et de privations que ceux qui avaient fait partie de l'expédition de Moscou; mais aussi, par compensation, ils avaient bien plus souvent combattu les ennemis. Napoléon, voulant les en récompenser en nommant à tous les emplois vacants, se fit apporter les propositions d'avancement relatives au 2e corps. Il y en avait plusieurs en ma faveur, dont l'une ne demandait pour moi que le grade de major (lieutenant-colonel). Ce fut celle que le secrétaire présenta. Je tiens du général Grundler, qui, ayant reçu l'ordre de porter ces dépêches, se trouvait dans le cabinet de l'Empereur au moment où il achevait son travail, que Napoléon, au moment de signer, raya de sa main le mot *major* pour y substituer celui de *colonel*, en disant: «C'est une ancienne dette que j'acquitte.» Je fus donc enfin colonel du 23e de chasseurs, le 15 novembre; mais je ne l'appris que quelque temps après.

La retraite continuait péniblement, et les ennemis, dont les forces augmentaient sans cesse, coupèrent de l'armée le corps du prince Eugène, ainsi que ceux de Davout et de Ney. Les deux premiers parvinrent à grand'peine à se faire jour les armes à la main et à rejoindre l'Empereur, dont l'esprit était douloureusement préoccupé par l'absence du corps de Ney, car il fut plusieurs jours sans en recevoir aucune nouvelle.

Le 19 novembre, Napoléon parvint à Orscha. Il s'était écoulé un mois depuis qu'il avait quitté Moscou, et il restait encore cent vingt lieues à faire pour parvenir au Niémen. Le froid était intense.

Tandis que de sombres inquiétudes agitaient l'Empereur sur le sort de l'arrière-garde et de son intrépide chef, le maréchal Ney, celui-ci exécutait un des plus beaux faits d'armes dont il soit fait mention dans les annales militaires. Parti le 17 au matin de Smolensk, après en avoir fait sauter les remparts, le maréchal, à peine en marche, fut assailli par des myriades d'ennemis qui l'attaquèrent sur les deux flancs, en tête et en queue!... Ney, les repoussant constamment, marcha au milieu d'eux pendant trois jours; mais enfin il se trouva arrêté au dangereux défilé du ravin de Krasnoë, au delà duquel on découvrait de fortes masses de troupes russes et une formidable artillerie, qui commença un feu vif et soutenu. Sans s'étonner de cet obstacle imprévu, le maréchal prend l'audacieuse résolution de forcer le passage et ordonne au 48e de ligne (commandé par le colonel Pelet, ancien aide de camp de Masséna) de charger vivement à la baïonnette. À la voix de Ney, les soldats français, bien que harassés de fatigue, exténués de besoin et engourdis par le froid, s'élancent sur les batteries russes et les enlèvent. Les ennemis les reprennent, et nos troupes les en chassent de nouveau. Mais enfin il fallut céder à la supériorité du nombre. Le 48e, accablé par la mitraille, fut en très grande partie détruit, car sur six cent cinquante hommes qui étaient entrés dans le ravin, une centaine seulement le repassèrent. Le colonel Pelet, grièvement blessé, était de ce nombre.

La nuit survint, et tout espoir de rejoindre l'Empereur et l'armée paraissait perdu pour le corps d'arrière-garde; mais Ney a confiance en ses troupes et surtout en lui-même. Par son ordre, de nombreuses lignes de feux sont allumées afin de retenir les ennemis dans leur camp, dans la crainte d'une nouvelle attaque le lendemain. Le maréchal a résolu de mettre le Dniéper entre lui et les Russes, et de confier sa destinée et celle de ses troupes à la fragilité des glaces de ce fleuve. Il était seulement indécis sur le chemin qu'il devait prendre pour gagner le plus tôt possible le Dniéper, lorsqu'un colonel russe venant de Krasnoë se présente comme *parlementaire* et somme Ney de mettre bas les armes!... L'indignation du maréchal éclate à la pensée d'une telle humiliation, et comme l'officier ennemi n'était porteur d'aucun ordre écrit, Ney lui déclare qu'il ne le considère pas comme parlementaire, mais bien comme un *espion*; qu'il va donc le faire passer au fil des baïonnettes s'il ne le guide vers le point le plus rapproché du Dniéper!... Le colonel russe fut contraint d'obéir.

Ney donne à l'instant l'ordre de quitter en silence le camp, dans lequel il abandonne artillerie, caissons, bagages et les blessés hors d'état de le suivre; puis, favorisé par l'obscurité, il gagne, après quatre heures de marche, les rives du Dniéper. Ce fleuve était gelé, mais cependant pas assez fortement pour être praticable sur tous les points, car il existait un grand nombre de crevasses et des parties où la glace était si mince qu'elle s'enfonçait lorsque plusieurs hommes y passaient à la fois. Le maréchal fit donc défiler ses soldats un à un. Le passage du fleuve, ainsi opéré, les troupes du maréchal Ney se croyaient en sûreté, quand au jour naissant elles aperçurent un bivouac considérable de Cosaques. L'hetman Platow y commandait, et comme il avait, selon son habitude, passé la nuit à boire, il dormait en ce moment. Or, la discipline est si forte dans l'armée russe que personne n'oserait éveiller son chef ni faire prendre les armes sans son ordre. Les débris du corps de Ney côtoyèrent donc à une lieue le camp de l'hetman sans être attaqués. On ne vit les Cosaques de Platow que le lendemain.

Le maréchal Ney marcha durant trois jours en combattant sans cesse le long des bords sinueux du Dniéper qui devaient le conduire à Orscha, et le 20 il aperçut enfin cette ville où il espérait trouver l'Empereur et l'armée; mais il est encore séparé d'Orscha par une vaste plaine, occupée par un corps nombreux d'infanterie ennemie, qui s'avance sur lui pendant que les Cosaques se préparent à l'attaquer par derrière. Prenant une bonne position défensive, il envoie successivement plusieurs officiers pour s'assurer que les Français occupent encore Orscha, sans quoi il eût été impossible de continuer la résistance. Un des officiers atteint Orscha, où le quartier général se trouvait encore. En apprenant le retour du maréchal Ney, l'Empereur manifesta une joie des plus vives, et pour le dégager de la situation périlleuse où il se trouvait, il envoya au-devant de lui le prince Eugène et le maréchal Mortier, qui repoussèrent les ennemis et ramenèrent à Orscha le maréchal Ney avec ce qui restait des braves placés sous ses ordres. Cette retraite fit le plus grand honneur au maréchal Ney.

Le lendemain, l'Empereur continua sa retraite par Kokanow, Toloczin et Bobr, où il trouva les troupes du maréchal Victor arrivées depuis peu d'Allemagne et entra en communication avec le 2e corps, dont Saint-Cyr venait de rendre le commandement au maréchal Oudinot.

CHAPITRE QUINZE

Situation du 2e corps.—Démoralisation des Bavarois.—Mission auprès du comte Lubenski.

Comme il est important d'indiquer les causes qui avaient réuni le 2e corps au surplus de l'armée dont il s'était séparé dès le commencement de la campagne, je dois reprendre l'abrégé de son historique depuis le mois d'août, lorsque, après avoir battu les Russes devant Polotsk, le maréchal Saint-Cyr fit établir auprès de cette place un immense camp retranché gardé par une partie de ses troupes et distribua le surplus sur les deux rives de la Düna. La cavalerie légère couvrait les cantonnements, et, ainsi que je l'ai déjà dit, la brigade Castex, à laquelle mon régiment était attaché, fut placée à Louchonski, sur la petite rivière de la Polota, d'où nous étions à même de surveiller les grandes routes venant de Sébej et de Newel.

L'armée de Wittgenstein, après sa défaite, s'était retirée en arrière de ces villes, de sorte qu'il existait entre les Russes et les Français un espace de plus de vingt-cinq lieues, non occupé à poste fixe, mais où chacun des deux partis envoyait des reconnaissances de cavalerie, ce qui donnait lieu à de petits combats peu importants. Du reste, comme les environs de Polotsk étaient suffisamment garnis de fourrages et de grains encore sur pied, et qu'il était facile de comprendre que nous y ferions un long séjour, les soldats français se mirent à faucher et à battre les blés, qu'on écrasait ensuite dans de petits moulins à bras, dont chaque maison de paysan est garnie.

Ce travail me paraissant trop lent, je fis réparer à grand'peine deux moulins à eau situés sur la Polota, auprès de Louchonski, et dès ce moment le pain fut assuré pour mon régiment. Quant à la viande, les bois voisins étaient remplis de bétail abandonné; mais comme il fallait y faire une traque chaque jour pour avoir la provision, je résolus d'imiter ce que j'avais vu pratiquer à l'armée de Portugal et de former un troupeau régimentaire. En peu de temps, je parvins à réunir 7 à 800 bêtes à cornes, que je confiai à la garde de quelques chasseurs démontés, auxquels je donnai les chevaux du pays, trop petits pour entrer dans les rangs. Ce troupeau, que j'augmentai par de fréquentes excursions, exista plusieurs mois, ce qui me permit de donner au régiment de la viande *à discrétion* et entretenait la bonne santé de ma troupe, qui me sut gré des soins que je prenais d'elle. J'étendis ma prévoyance sur les chevaux, pour lesquels on construisit de grands hangars, recouverts en paille et placés derrière les baraques des soldats, de sorte que notre bivouac était presque aussi confortable qu'un camp établi en pleine paix. Les autres chefs de corps firent des établissements analogues, mais aucun ne forma de troupeaux: leurs soldats vivaient au jour le jour.

Pendant que tous les régiments français, croates, suisses et portugais s'occupaient sans relâche du soin d'améliorer leur situation, les Bavarois seuls ne faisaient rien pour se soustraire à la misère et aux maladies!... En vain le général comte de Wrède cherchait-il à les stimuler en leur montrant avec quelle activité les soldats français construisaient les baraques, moissonnaient, battaient le blé, le transformaient en farine, bâtissaient des fours et faisaient du pain, les malheureux Bavarois, totalement démoralisés depuis qu'ils ne recevaient plus de distributions *régulières*, admiraient les travaux intelligents de nos troupes sans essayer de les imiter; aussi mouraient-ils comme des mouches, et il n'en serait pas resté un seul si le maréchal Saint-Cyr, sortant momentanément de sa nonchalance habituelle, n'eût engagé les colonels des autres divisions à fournir quotidiennement du pain aux Bavarois. La cavalerie légère, placée plus avant dans les campagnes et près des forêts, leur envoyait des vaches.

Cependant, ces Allemands, si mous lorsqu'il fallait travailler, étaient fort braves devant l'ennemi; mais dès que le péril cessait, ils retombaient dans leur complète apathie. La nostalgie, ou maladie du pays, s'emparait d'eux; ils se traînaient vers Polotsk, et, gagnant les hôpitaux établis par les soins de leurs chefs, ils demandaient la *chambre où l'on meurt*, s'étendaient sur la paille et ne se relevaient plus! Un très grand nombre périrent de la sorte, et les choses en vinrent au point que le général de Wrède se vit obligé de placer dans son fourgon les drapeaux de plusieurs bataillons qui n'avaient plus assez d'hommes pour les garder. Cependant, on était au mois de septembre, le froid ne se faisait pas encore sentir; le temps était, au contraire, fort doux; aussi les autres troupes étaient en bon état et vécurent gaiement en attendant les événements futurs.

Les cavaliers de mon régiment se faisaient surtout remarquer par leur bonne santé, ce que j'attribuais d'abord à la quantité de pain et de viande que je leur donnais, et surtout à l'eau-de-vie que j'étais parvenu à me procurer en abondance, par suite d'une convention conclue avec les Jésuites de Polotsk. Ces bons Pères, tous Français, avaient à Louchonski une grande ferme dans laquelle se trouvait une distillerie d'eau-de-vie de grain; mais, à l'approche de la guerre, les ouvriers s'étant enfuis vers le monastère en y apportant les alambics et tous les ustensiles, la fabrication avait cessé, ce qui privait les religieux d'une partie de leur revenu. Cependant, l'agglomération de l'armée autour de la ville avait rendu les alcools si rares et si chers, que les cantiniers faisaient plusieurs jours de marche pour aller en chercher jusqu'à Wilna. Il me vint donc en pensée de faire avec les Jésuites un traité par lequel je devais protéger leurs distillateurs, faire ramasser et battre par mes soldats le blé nécessaire, à condition que mon régiment aurait chaque jour une partie de l'eau-de-vie qui en proviendrait. Ma proposition ayant été acceptée, les moines eurent de grands bénéfices en faisant vendre de l'alcool au camp, et j'eus l'immense avantage d'en faire distribuer trois fois par jour à mes soldats, qui depuis qu'ils avaient passé le Niémen ne buvaient que de l'eau.

Je sais qu'au premier aspect ces détails sont oiseux, mais je les rappelle avec plaisir parce que les soins que je pris de mes hommes sauvèrent la vie à beaucoup d'entre eux et maintinrent l'effectif du 23e de chasseurs fort au-dessus de celui des autres régiments de cavalerie du corps d'armée, ce qui me valut de la part de l'Empereur un témoignage de satisfaction dont je parlerai plus loin.

Parmi les précautions que je pris, il en est encore deux qui sauvèrent la vie à beaucoup de mes cavaliers. La première fut de les contraindre, dès le 15 septembre, à se munir tous d'une de ces redingotes en peau de mouton avec toison qu'on trouvait en quantité dans les habitations des villages abandonnés. Les soldats sont de grands enfants, dont il faut prendre soin pour ainsi dire malgré eux. Les miens prétendirent d'abord que ces grandes pelisses étaient inutiles et surchargeaient leurs chevaux; mais dès le mois d'octobre ils les placèrent avec plaisir sous leurs manteaux, et, lorsque les grands froids furent venus, ils me remercièrent de les avoir forcés à les garder.

La seconde des précautions que je crus devoir prendre fut d'envoyer sur les derrières de l'armée tous les chasseurs démontés par le feu ennemi ou dont les chevaux étaient morts de fatigue. Un ordre du jour du major général prescrivait d'envoyer tous ces hommes sur Lepel, en Lithuanie, où ils devaient recevoir des chevaux qu'on attendait de Varsovie. Je me préparais à exécuter cet ordre, lorsque, ayant appris que le dépôt de Lepel était encombré de cavaliers à pied, manquant de tout et n'ayant rien à faire, car il n'arrivait pas un seul cheval de remonte, je pris sur moi d'envoyer tous mes hommes démontés directement à Varsovie, sous le commandement du capitaine Poitevin, qui avait été blessé. Je savais très bien que ce que je faisais était contraire aux règlements; mais dans une armée *immense*, transportée aussi loin et placée dans des conditions aussi extraordinaires, il était physiquement impossible que l'état-major et l'administration pussent pourvoir aux besoins des troupes. Il fallait donc qu'un chef de corps pût prendre bien des choses sous sa responsabilité; aussi, le général Castex, qui ne pouvait me donner une autorisation officielle, m'ayant promis de fermer les yeux sur ce qui se passait, je continuai à agir de la sorte tant que cela fut possible, si bien qu'insensiblement le nombre de chasseurs démontés envoyés par moi à Varsovie s'éleva à 250. Après la campagne, je les retrouvai sur la Vistule, tous habillés de neuf, bien équipés et ayant d'excellents chevaux, ce qui fut un très bon renfort pour le régiment. Les hommes démontés appartenant à d'autres corps et réunis à Lepel, au nombre de plus de 9,000, ayant été surpris par la grande retraite des troupes revenant de Moscou, furent presque tous faits prisonniers ou périrent de froid sur les routes! Il eût été cependant si facile de les diriger pendant l'été et l'automne sur Varsovie, dont le dépôt de remonte avait beaucoup de chevaux et manquait de cavaliers.

Je passai à Louchonski un grand mois dans le repos, ce qui avança la guérison de la blessure que j'avais reçue en juillet à Jakoubowo. Nous étions bien, dans ce camp, sous le rapport matériel, mais fort inquiets de ce qui se passait vers Moscou, et n'avions que très rarement des nouvelles de France. Je reçus enfin une lettre, par laquelle ma chère Angélique m'annonçait qu'elle venait de donner le jour à un garçon. Ma joie, quoique bien vive, fut mêlée de tristesse, car j'étais bien loin de ma famille, et, sans prévoir tous les dangers auxquels je serais exposé avant peu, je ne me dissimulais pas que de grands obstacles s'opposeraient à notre réunion.

Vers le milieu de septembre, le maréchal Saint-Cyr me donna une mission fort délicate. Elle avait un double but: d'abord, aller reconnaître ce que faisaient les ennemis dans les environs de Newel, et revenir ensuite par les rives du lac

Ozérichtchi, afin de m'aboucher avec le comte Lubenski, le plus grand seigneur du pays et l'un des rares Polonais disposés à tout entreprendre pour secouer le joug des Russes. L'Empereur, qui, tout en hésitant à proclamer le rétablissement de l'ancienne Pologne, voulait organiser en départements les parties déjà conquises, avait éprouvé beaucoup de refus de la part des seigneurs auxquels il s'était proposé d'en confier l'administration; mais, d'après les assurances qui lui furent données sur le patriotisme du comte Lubenski, Sa Majesté venait de le nommer préfet de Witepsk. Ce seigneur vivant retiré dans une terre située au delà des cercles occupés par les Français, il était difficile de lui faire parvenir sa nomination et d'assurer son arrivée. Napoléon avait donc ordonné d'envoyer un parti de cavalerie légère vers le comte Lubenski.

Chargé de remplir cette mission, avec trois cents hommes de mon régiment, je choisis les cavaliers les plus braves, les mieux montés, et, après les avoir pourvus de pain, de viandes cuites, d'eau-de-vie et de tout ce qui était nécessaire, je quittai, le 14 septembre, le camp de Louchonski, où je laissai la brigade Castex et le surplus de nos escadrons. J'emmenai avec moi Lorentz, qui devait me servir d'interprète.

La vie de partisan est périlleuse et très fatigante. Éviter les grandes routes, nous cacher le jour dans les forêts sans oser y faire du feu, prendre dans un hameau des vivres et des fourrages, que nous allions consommer à quelques lieues de là, afin de donner le change aux espions ennemis; marcher toute la nuit, en se dirigeant quelquefois vers un point différent de celui où l'on doit aller; être sans cesse sur le *qui-vive,* telle fut la vie que je menai lorsque, lancé avec trois cents hommes seulement dans une contrée immense et inconnue pour moi, je dus m'éloigner de l'armée française et me rapprocher de celle des Russes, dont je pouvais rencontrer de nombreux détachements. Ma situation était fort difficile; mais j'avais confiance dans ma destinée, ainsi que dans la valeur des cavaliers dont j'étais suivi. J'avançais donc résolument, en côtoyant à deux ou trois lieues au large la route qui, de Polotsk, se rend à Newel par Tomtschino, Krasnopoli et Petschski.

Je ne vous ferai pas le récit détaillé des événements peu intéressants qui nous survinrent; il vous suffira de savoir que, grâce aux bons avis que nous donnaient les paysans, antagonistes déclarés des Russes, nous fîmes le tour de la ville de Newel en évitant tous les postes ennemis, et que, après huit jours, ou plutôt huit nuits de marche, nous parvînmes au lac Ozérichtchi, sur les rives duquel est situé le magnifique château qui appartenait alors au comte Lubenski.

Je n'oublierai jamais la scène qui se passa à notre arrivée dans cet antique et vaste manoir. La lune éclairait une superbe soirée d'automne. La famille du comte était réunie pour célébrer l'anniversaire de sa naissance et se réjouir de la victoire remportée par Napoléon à la Moskova, lorsque des domestiques accourant annoncer que le château est cerné par des soldats à cheval qui, après avoir placé des postes et des sentinelles, pénétraient déjà dans les cours, on pensa que c'était la police russe qui venait arrêter le maître du logis. Celui-ci, homme des plus courageux, attendait avec calme qu'on le conduisît dans les prisons de Saint-Pétersbourg, quand un de ses fils, que la curiosité avait porté à ouvrir une fenêtre, vient dire: «Ces cavaliers parlent français!»

À ces mots, le comte Lubenski, suivi de sa nombreuse famille et d'une foule de serviteurs, se précipitant hors du château, les réunit sur un immense péristyle, dont je montais alors les degrés, et, s'avançant vers moi les bras tendus, il s'écria d'un ton tragique: «Sois le bienvenu, généreux Gaulois, qui apportes la liberté dans ma patrie si longtemps opprimée!... Viens, que je te presse sur mon cœur, guerrier du grand Napoléon, libérateur de la Pologne!...» Non seulement le comte m'embrassa, mais il voulut que la comtesse, ses filles et ses fils fissent de même. Puis l'aumônier, les précepteurs, les institutrices vinrent me baiser la main, et toute la domesticité posa ses lèvres sur mon genou!... Bien que fort étonné des honneurs de divers degrés qu'on me rendait, je les reçus avec toute la gravité dont j'étais capable, et je croyais la scène terminée, lorsque, sur un mot du comte, chacun se prosternant se mit en prière.

Entré au château, je remis à M. Lubenski sa nomination de préfet de Witepsk, revêtue de la signature de l'empereur des Français, et lui demandai s'il acceptait: «Oui, s'écria-t-il avec force, et je suis prêt à vous suivre!...» La comtesse montra le même enthousiasme, et il fut convenu que le comte, accompagné de son fils aîné et de deux serviteurs, partirait avec moi. J'accordai une heure pour faire les préparatifs du voyage. Il n'est pas besoin de dire qu'elle fut employée à donner un bon souper à mon détachement, qui fut obligé de le manger à cheval, tant je craignais d'être surpris. Les adieux faits, nous allâmes coucher à quatre lieues de là, dans une forêt où nous restâmes cachés tout le jour suivant. La nuit d'après, nous continuâmes notre marche; mais, pour dépister les partis ennemis, qui auraient pu être surpris de la présence d'un détachement français dans ces parages, je me gardai bien de reprendre les chemins que j'avais suivis en venant, et, passant par Lombrowka, Swino et Takarena, tantôt par des sentiers, tantôt à travers champs, je parvins, au bout de cinq jours, à Polotsk. Je me félicitai d'autant plus d'avoir changé de route en revenant, que j'appris plus tard, par des marchands de Newel, que les Russes avaient envoyé un régiment de dragons et 600 Cosaques m'attendre aux sources de la Drissa, vers Krasnopoli.

Après avoir rendu compte de ma mission au maréchal Saint-Cyr et lui avoir présenté M. Lubenski, je regagnai le bivouac de Louchonski, où je retrouvai le général Castex et la partie de mon régiment que j'y avais laissée. Mon expédition avait duré treize jours, pendant lesquels nous avions éprouvé bien des fatigues, quelques privations; mais je ramenais mon monde en bon état. Nous n'avions pas combattu, car les petits groupes d'ennemis que nous avions aperçus s'étaient tous enfuis en nous voyant.

Le trajet que le comte Lubenski avait fait avec nous m'avait mis à même de le juger et de l'apprécier. C'était un homme fort instruit, capable, aimant son pays par-dessus tout, mais dont l'exaltation faussait quelquefois le jugement lorsqu'il s'agissait de choisir les moyens de reconstituer la Pologne. Néanmoins, si tous ses compatriotes avaient partagé son ardeur et eussent pris les armes à l'arrivée des Français, la Pologne eût peut-être recouvré son indépendance en 1812; mais, à peu d'exceptions près, ils restèrent tous dans la plus profonde apathie.

En s'éloignant de Polotsk, le comte alla prendre possession de sa préfecture. Il ne la garda pas longtemps, car un mois s'était à peine écoulé que l'armée française, après avoir quitté Moscou, traversait la province de Witepsk en effectuant sa retraite. Forcé, par ce fatal événement, d'abandonner sa préfecture et de se soustraire à la vengeance des Russes, le comte Lubenski se réfugia dans la Galicie, en Pologne autrichienne, où il possédait de très grands biens. Il y vécut en paix jusqu'en 1830, époque à laquelle il revint dans la Pologne russe, lorsqu'elle prit les armes contre le Czar. J'ignore quelle a été la destinée du comte Lubenski pendant et après ce soulèvement. Plusieurs de ses compatriotes m'ont assuré qu'il s'était de nouveau retiré sur ses terres de Galicie. C'était un grand patriote et un excellent homme.

Peu de jours après notre retour à Louchonski, je fus grandement surpris en voyant arriver de France un détachement de trente cavaliers de mon régiment. Ils venaient de Mons et avaient par conséquent traversé la Belgique, les provinces rhénanes, toute l'Allemagne, une partie de la Prusse, de la Pologne, et parcouru plus de 400 lieues sous le commandement d'un simple sous-officier. Cependant, pas un homme n'était resté en arrière et pas un cheval n'était blessé!... Cela suffirait pour démontrer le zèle et le bon esprit dont le 23e de chasseurs était animé.

CHAPITRE SEIZE

Défection des Autrichiens.—Défense de Polotsk.—Wittgenstein prisonnier nous échappe.—Nouveaux combats.—Évacuation de la ville.—Les Bavarois nous abandonnent.—Jonction avec le corps de Victor.—Le marais de Ghorodié.

Vers le 12 octobre, le 2e corps d'armée, qui, depuis le 18 août, vivait dans l'abondance et la tranquillité à Polotsk et dans les environs, dut se préparer à courir derechef la chance des combats. Nous apprîmes que l'amiral Tchitchakoff, commandant en chef de l'armée russe de Valachie, après avoir fait la paix avec les Turcs par l'intermédiaire des Anglais, se dirigeait vers Mohilew, afin de se porter sur les derrières de l'empereur Napoléon, qui, n'ayant pas encore quitté Moscou, se berçait toujours de l'espoir de conclure un traité avec Alexandre. On s'étonnait que le prince Schwartzenberg, chargé avec trente mille Autrichiens, nos alliés, de surveiller le corps russe de Valachie, eût laissé passer Tchitchakoff; mais le fait n'était pas moins réel. Non seulement les Autrichiens n'avaient pas barré le chemin aux Russes, ainsi qu'ils le pouvaient; mais, au lieu de les suivre en queue, ils étaient restés fort tranquilles dans leurs cantonnements de Volhynie.

Napoléon avait trop compté sur la bonne foi des ministres et des généraux de son beau-père l'empereur d'Autriche, en leur confiant le soin de couvrir l'aile droite de la Grande Armée. En vain le général de Ségur cherche à pallier les torts du gouvernement autrichien et du prince Schwartzenberg, commandant de ses armées; il y eut trahison flagrante de leur part, et l'histoire flétrira leur conduite!

Pendant qu'à notre droite les Autrichiens livraient passage au corps russe venant de Turquie, les Prussiens, dont on avait si imprudemment formé notre aile gauche, se préparaient à pactiser aussi avec les ennemis, et cela presque ouvertement, sans se cacher du maréchal Macdonald, que l'Empereur avait mis à leur tête pour les maintenir dans la fidélité. Dès que ces étrangers apprirent que l'occupation de Moscou n'avait pas amené la paix, ils prévirent les désastres de l'armée française, et toute leur haine contre nous se réveilla. Ils ne se mirent point encore en rébellion complète, mais le maréchal Macdonald était fort mal obéi, et les Prussiens, cantonnés près de Riga, pouvaient d'un moment à l'autre se réunir aux troupes russes de Wittgenstein pour accabler le 2e corps français campé sous Polotsk.

On comprend combien la situation du maréchal Saint-Cyr devenait difficile. Elle ne put cependant l'émouvoir, et, toujours impassible, il donna avec calme et clarté les ordres pour une défense opiniâtre. Toute l'infanterie fut réunie dans la ville et le camp retranché: plusieurs ponts furent ajoutés à ceux qui unissaient déjà les deux rives de la Düna. On plaça les malades et les non-combattants au vieux Polotsk, ainsi qu'à Ekimania, postes fortifiés situés sur la rive gauche. Le maréchal, ne pensant pas avoir assez de troupes pour disputer la plaine à Wittgenstein qui venait de recevoir de très puissants renforts de Saint-Pétersbourg, crut ne devoir garder que cinq escadrons, et il en prit un dans chaque régiment de cavalerie légère. Le surplus passa sur la rive opposée.

Le 16 octobre, les éclaireurs ennemis se montrèrent devant Polotsk, dont l'aspect dut leur paraître bien changé, tant à cause de l'immense camp retranché nouvellement établi, que par les nombreuses fortifications dont la plaine était couverte. La plus grande et la plus forte était une redoute surnommée *la Bavaroise*. Tous ceux des malheureux soldats du général de Wrède qui avaient survécu à la maladie du pays demandèrent à défendre cette redoute, ce qu'ils firent avec beaucoup de valeur.

Le combat commença le 17 et dura toute la journée, sans que le maréchal Saint-Cyr pût être forcé dans sa position. Le général Wittgenstein, furieux, attribuant cet échec à ce que ses officiers n'avaient pas assez reconnu le fort et le faible de nos ouvrages défensifs, voulut les examiner lui-même et s'en approcha très courageusement; mais cet acte de dévouement faillit lui coûter la vie, car le commandant Curély, l'un des plus braves et des meilleurs officiers de l'armée française, ayant aperçu le général russe, s'élance sur lui à la tête de l'escadron fourni par le 20e de chasseurs, sabre une partie de son escorte, et poussant jusqu'à Wittgenstein, auquel il met la pointe sur la gorge, il le force à rendre son épée!

Après l'importante capture du général en chef ennemi, le commandant Curély aurait dû se retirer promptement entre deux redoutes et conduire son prisonnier dans le camp retranché; mais Curély était trop ardent, et, voyant que l'escorte du général russe revenait à la charge pour le délivrer, il crut l'honneur français engagé à ce qu'il conservât son prisonnier, *malgré* tous les efforts des ennemis!... Wittgenstein se trouva donc pendant quelques minutes au milieu d'un groupe de combattants qui se disputaient sa personne; mais le cheval de Curély ayant été tué, plusieurs de nos chasseurs mirent pied à terre pour relever leur chef, et Wittgenstein, profitant de la confusion produite par cet événement, s'enfuit au grand galop, en ordonnant aux siens de le suivre!...

Cet épisode, bientôt connu de toute l'armée, donna lieu à une controverse des plus vives. Les uns prétendaient que la modération dont Curély avait fait preuve en ne portant aucun coup au général Wittgenstein devait cesser du moment où les Russes, revenus au combat, étaient sur le point de délivrer leur général, et ils soutenaient que Curély aurait dû lui passer alors son sabre au travers du corps. Mais d'autres disaient que, du moment où Curély avait reçu le général ennemi *à merci*, il n'avait plus le droit de le tuer. Il peut y avoir du vrai dans ce dernier raisonnement; cependant, pour qu'il fût complètement exact, il faudrait que, à l'exemple des anciens chevaliers, le général Wittgenstein se fût constitué prisonnier, *secouru* ou *non secouru*; mais il paraît qu'il n'avait pas pris cet engagement, ou bien qu'il y manqua, puisqu'il s'évada dès qu'il en vit la possibilité. En avait-il le droit? C'est une question très difficile à résoudre. Il en est de même de celle relative au droit qu'aurait eu Curély de tuer Wittgenstein pendant qu'on cherchait à le reprendre. Quoi qu'il en soit, lorsque, plus tard, on présenta le commandant Curély à l'Empereur pendant le passage de la Bérésina, où le général Wittgenstein nous fit éprouver de si grandes pertes, Napoléon dit au chef d'escadrons: «Ce malheur ne fût probablement pas arrivé si, usant de votre droit, vous eussiez tué Wittgenstein sur le champ de bataille de Polotsk, au moment où les Russes cherchaient à l'arracher de vos mains...» Malgré ce reproche, mérité ou non, Curély devint colonel peu de temps après et officier général en 1814.

Mais revenons à Polotsk, dont les ennemis, repoussés le 17 octobre, renouvelèrent l'attaque le 18, avec des forces tellement supérieures que, après avoir éprouvé des pertes immenses, Wittgenstein s'empara du camp retranché. Mais Saint-Cyr, se mettant à la tête des divisions Legrand et Maison, l'en chassa à coups de baïonnette. Sept fois les Russes revinrent avec acharnement à la charge, et sept fois les Français et les Croates les repoussèrent, et restèrent enfin maîtres de toutes les positions.

Le maréchal Saint-Cyr, quoique blessé, n'en continua pas moins à diriger les troupes. Ses efforts furent couronnés d'un plein succès, car les ennemis, abandonnant le champ de bataille, se retirèrent dans la forêt voisine. 50,000 Russes venaient d'être battus par 15,000 hommes. La joie régnait dans le camp français. Mais le 19 au matin, on apprit que le général Steinghel, à la tête de 14,000 Russes, venait de traverser la Düna devant Disna et remontait la rive gauche pour tourner Polotsk, s'emparer des ponts et enfermer l'armée de Saint-Cyr entre les troupes qu'il amenait et celles de Wittgenstein. En effet, on vit bientôt l'avant-garde de Steinghel paraître devant Natcha, se dirigeant vers Ekimania, où se trouvaient la division de cuirassiers et les régiments de cavalerie légère dont le maréchal n'avait gardé qu'un escadron à Polotsk.

En un clin d'œil, nous fûmes tous à cheval et repoussâmes les ennemis, qui auraient cependant fini par prendre le dessus, car il leur arrivait de puissants renforts, et nous n'avions pas d'infanterie, lorsque le maréchal Saint-Cyr en envoya trois régiments, détachés des divisions qui gardaient Polotsk. Dès lors, Steinghel, qui n'avait plus que quelques efforts à faire pour arriver aux ponts, s'arrêta tout court, tandis que sur l'autre rive Wittgenstein gardait aussi l'immobilité. Il semblait que les deux généraux russes, après avoir combiné un plan d'attaque très bien conçu, n'osaient en achever l'exécution, chacun d'eux s'en reposant sur l'autre du soin de vaincre les Français.

Cependant la position de ces derniers devenait horriblement critique, car, sur la rive droite, ils étaient acculés par l'armée de Wittgenstein, triple de la leur, contre une ville entièrement construite en bois et une rivière considérable, n'ayant d'autre moyen de retraite que les ponts, dont les troupes de Steinghel menaçaient de s'emparer par la rive gauche.

Tous les généraux pressent alors Saint-Cyr d'ordonner l'évacuation de Polotsk; mais il veut gagner la nuit, parce qu'il sent que les 50,000 Russes placés devant lui n'attendent que son premier mouvement rétrograde pour s'élancer sur son armée affaiblie et porter le désordre dans ses rangs. Il resta donc immobile, et, profitant de l'inconcevable inaction des généraux ennemis, il attendit le coucher du soleil, dont heureusement le moment fut avancé par un brouillard fort épais, qui déroba les trois armées à la vue les unes des autres. Le maréchal saisit cet instant favorable pour exécuter sa retraite.

Déjà sa nombreuse artillerie et quelques escadrons restés sur la rive droite avaient traversé les ponts en silence, et l'infanterie allait suivre en dérobant sa marche à l'ennemi, lorsque, sur le point de partir, les soldats de la division Legrand, ne voulant pas abandonner aux Russes leurs baraques intactes, y mirent le feu. Les deux autres divisions, pensant que c'était un signal convenu, firent de même, et en un instant toute la ligne fut embrasée. Cet immense incendie ayant annoncé aux Russes notre mouvement rétrograde, toutes leurs batteries éclatèrent, et leurs obus mirent le feu aux faubourgs ainsi qu'à la ville, sur laquelle leurs colonnes se précipitèrent. Mais les Français, et principalement la division Maison, la défendirent pied à pied, car, à la lueur de l'incendie, on se voyait comme en plein jour.

Polotsk brûla complètement: les pertes des deux partis furent considérables; néanmoins la retraite de nos troupes s'effectua avec ordre: on emmena nos blessés transportables; les autres, ainsi qu'un grand nombre de Russes, périrent dans les flammes.

Il paraît que le désaccord le plus complet régnait entre les chefs de l'armée ennemie, car pendant cette nuit de combat Steinghel resta fort tranquille dans son camp et ne seconda pas plus l'attaque de Wittgenstein que celui-ci n'avait secondé la sienne le jour précédent[1]. Ce fut seulement quand Saint-Cyr, après avoir évacué la place, se fut mis hors des atteintes de Wittgenstein, en brûlant les ponts de la Düna, que Steinghel commença le 20 au matin à prendre des dispositions pour nous attaquer; mais les troupes françaises étant alors toutes réunies sur la rive gauche, Saint-Cyr les porta contre Steinghel, qui fut culbuté avec perte de plus de 2,000 hommes tués ou pris.

Dans ces rudes engagements de quatre jours et une nuit, les Russes eurent six généraux et 10,000 hommes tués ou blessés. La perte des Français et de leurs alliés ne fut que de 5,000 hommes hors de combat, différence énorme, qu'il faut attribuer à la supériorité du feu de nos troupes, surtout à celui de l'artillerie. Mais l'avantage que nous avions eu sous le rapport des pertes était en partie compensé, car les blessures que le maréchal Saint-Cyr avait reçues allaient priver l'armée du chef en qui elle avait une entière confiance. Il fallait le remplacer. Le comte de Wrède, alléguant son rang de général en chef des corps bavarois, prétendit avoir le commandement sur les généraux de division français; mais ceux-ci refusant d'obéir à un étranger, le maréchal Saint-Cyr, quoique très souffrant, consentit à garder quelque temps encore la direction des deux corps d'armée et ordonna la retraite vers Oula, afin de se rapprocher de Smoliany et couvrir ainsi le flanc de la route d'Orscha à Borisoff, par laquelle l'Empereur revenait de Moscou.

Cette retraite fut si bien ordonnée, que Wittgenstein et Steinghel, qui, après avoir réparé les ponts de la Düna, nous suivaient en queue avec 50,000 hommes, n'osèrent nous attaquer, bien que nous n'eussions que 12,000 combattants, et ils n'avancèrent que de quinze lieues en huit jours. Quant au comte de Wrède, dont l'orgueil blessé ne voulait plus se plier à l'obéissance, il marchait à volonté avec un millier de Bavarois qui lui restaient et une brigade de cavalerie française, qu'il avait emmenée par subterfuge, en disant au général Corbineau qu'il en avait reçu l'ordre, ce qui n'était pas! La présomption du comte de Wrède ne tarda pas à être punie; il fut attaqué et battu par une division russe. Il se retira alors sans autorisation sur Wilna, d'où il gagna le Niémen. La brigade Corbineau, refusant de le suivre, revint joindre l'armée française, pour laquelle son retour fut un grand bonheur, ainsi que vous le verrez lorsque je parlerai du passage de la Bérésina.

Cependant, par ordre de l'Empereur, le maréchal Victor, duc de Bellune, à la tête du 9e corps d'armée fort de 25,000 hommes de troupes, dont la moitié appartenait à la Confédération du Rhin, accourait de Smolensk pour se joindre à Saint-Cyr et rejeter Wittgenstein au delà de la Düna. Ce projet eût certainement été suivi d'un prompt effet, si Saint-Cyr eût eu le commandement supérieur; mais Victor étant le plus ancien des deux maréchaux, Saint-Cyr ne voulut pas servir sous ses ordres, et, la veille de leur réunion, qui eut lieu le 31 octobre devant Smoliany, il déclara ne pouvoir continuer la campagne, remit la direction du 2e corps au général Legrand et s'éloigna pour retourner en France. Saint-Cyr fut regretté des troupes, qui, tout en n'aimant pas sa personne, rendaient justice à son courage et à ses rares talents militaires. Il ne manquait à Saint-Cyr, pour être un chef d'armée complet, que d'avoir moins d'égoïsme et de savoir gagner l'attachement des soldats et des officiers en s'occupant de leurs besoins: mais il n'y a pas d'homme sans défaut.

Le maréchal Victor avait à peine réuni sous son commandement les 2e et 9e corps d'armée, que la fortune lui offrit l'occasion de remporter une victoire éclatante. En effet, Wittgenstein, ignorant cette jonction et se fiant à sa supériorité, vint attaquer nos postes en s'adossant imprudemment à des défilés très difficiles. Il ne fallait qu'un effort simultané des deux corps pour le détruire, car nos troupes, maintenant aussi nombreuses que les siennes, étaient animées du meilleur esprit et désiraient vivement le combat; mais Victor, se méfiant sans doute de lui-même, sur un terrain qu'il voyait pour la première fois, profita de la nuit pour se retirer, gagna Sienno et cantonna les deux corps d'armée dans les environs. Les Russes s'éloignèrent aussi, en laissant seulement quelques Cosaques pour nous observer. Cet état de choses, qui dura toute la première quinzaine de novembre, fut très favorable à nos troupes, car elles vécurent largement, la contrée offrant beaucoup de ressources.

Le 23e de chasseurs, posté à Zapolé, couvrait un des flancs des deux corps réunis, lorsque le maréchal Victor, informé qu'une nombreuse armée ennemie se trouvait à Vonisokoï-Ghorodié, prescrivit au général Castex de faire reconnaître ce point par un des régiments de sa brigade. C'était au mien à marcher. Nous partîmes à la tombée du jour et arrivâmes sans encombre à Ghorodié, village situé dans un bas-fond, sur un très vaste marais desséché. Tout y était fort tranquille, et les paysans que je fis interroger par Lorentz n'avaient pas vu un soldat russe depuis un mois. Je me mis donc en disposition de revenir à Zapolé, mais le retour ne fut pas aussi calme que l'avait été notre marche en avant.

Bien qu'il n'y eût pas de brouillard, la nuit était fort obscure; je craignais d'égarer le régiment sur les nombreuses digues des marais que je devais traverser de nouveau. Je pris donc pour guide celui des habitants de Ghorodié qui m'avait paru le moins stupide. Ma colonne cheminait en très bon ordre depuis une demi-heure, lorsque tout à coup j'aperçois des feux de bivouac sur les collines qui dominent les marais!... J'arrête ma troupe et fais dire à l'avant-garde d'envoyer en reconnaissance deux sous-officiers intelligents qui devront observer, en tâchant de n'être pas aperçus. Ces hommes reviennent promptement me dire qu'un corps très nombreux nous barre le passage, tandis qu'un autre s'établit sur nos derrières! Je tourne la tête, et, voyant des milliers de feux entre moi et Ghorodié que je venais de quitter, il me parut évident que j'avais donné sans le savoir au milieu d'un corps d'armée qui se préparait à bivouaquer en ce lieu!... Le nombre des feux augmentait sans cesse; la plaine ainsi que les coteaux en furent bientôt couverts et offraient l'aspect d'un camp de 50,000 hommes, au centre duquel je me trouvais avec moins de 700 cavaliers!... La partie n'était pas égale; mais comment éviter le péril qui nous menaçait? Il n'y avait qu'un seul moyen, c'était de nous lancer au galop et en silence par la digue principale que nous occupions, de fondre sur les ennemis surpris par cette attaque imprévue, de nous ouvrir un passage le sabre à la main, et, une fois éloignés de la clarté des feux du camp, l'obscurité nous permettrait de nous retirer sans être poursuivis!... Ce plan bien arrêté, j'envoie des officiers tout le long de la colonne pour en prévenir la troupe, certain que chacun approuverait mon projet et me suivrait avec résolution!... J'avouerai néanmoins que je n'étais pas sans inquiétude, car l'infanterie ennemie pouvait prendre les armes au premier cri d'un factionnaire et me tuer beaucoup de monde pendant que mon régiment défilerait devant elle.

J'étais dans ces anxiétés, lorsque le paysan qui nous guidait part d'un grand éclat de rire, et Lorentz en fait autant... En vain je questionne celui-ci, il rit toujours, et, ne sachant pas assez bien le français pour expliquer le cas extraordinaire qui se présentait, il me montre son manteau, sur lequel venait de se poser un des nombreux *feux follets* que nous avions pris pour des feux de bivouac... Ce phénomène était produit par les émanations des marais, condensées par une petite gelée, après une journée d'automne dont le soleil avait été très chaud. En peu de temps, tout le régiment fut couvert de ces feux, gros comme des œufs, ce qui amusa beaucoup les soldats. Ainsi remis d'une des plus vives alarmes que j'aie jamais éprouvées, je regagnai Zapolé.

---

1. Si nous en croyons les Mémoires de Tchitchakoff, le funeste désaccord qui régnait trop souvent parmi les lieutenants de Napoléon existait également parmi ceux d'Alexandre. C'est à ce désaccord que les débris de la Grande Armée auraient dû en partie leur salut lors du passage de la Bérésina. (*Note de l'éditeur.*)

CHAPITRE DIX-SEPT

Oudinot nous rejoint et se sépare de Victor.—Grave situation de l'armée.—Abandon et reprise de Borisoff.—Incendie du pont de la Bérésina.—Nous faisons un immense butin à Borisoff.

Au bout de quelques jours, il m'échut une nouvelle mission, dans laquelle nous n'eûmes plus à braver les feux follets, mais bien ceux des mousquetons des dragons russes. Un jour que le général Castex s'était rendu à Sienno, auprès du maréchal Victor, et que, le 24e de chasseurs étant en expédition, mon régiment se trouvait à Zapolé, je vois arriver deux paysans et reconnais dans l'un M. de Bourgoing, capitaine aide de camp d'Oudinot. Ce maréchal, qui s'était rendu à Wilna après avoir été blessé à Polotsk, le 18 août, ayant appris que Saint-Cyr, blessé à son tour le 18 octobre, venait de quitter l'armée, avait résolu de rejoindre le 2e corps et d'en reprendre le commandement.

Oudinot, sachant que ses troupes étaient dans les environs de Sienno, se dirigeait vers cette ville, lorsque, arrivé à Rasna, il fut prévenu, par un prêtre polonais, qu'un parti de dragons russes et de Cosaques rôdait auprès de là; mais comme le maréchal apprit en même temps qu'il y avait de la cavalerie française à Zapolé, il résolut d'écrire au commandant de ce poste pour lui demander une forte escorte, et expédia sa lettre par M. de Bourgoing, qui, pour plus de sûreté, se déguisa en paysan. Bien lui en prit, car à peine était-il à une lieue qu'il fut rencontré par un fort détachement de cavaliers ennemis qui, le prenant pour un habitant de la contrée, ne firent pas attention à lui. Peu de moments après, M. de Bourgoing, entendant plusieurs coups de feu, pressa sa marche et parvint à Zapolé.

Dès qu'il m'eut informé de la position critique dans laquelle se trouvait le maréchal, je partis au trot, avec tout mon régiment, pour lui porter un prompt secours. Il était temps que nous arrivassions, car, bien que le maréchal se fût barricadé dans une maison en pierres où, ayant réuni à ses aides de camp une douzaine de soldats français qui rejoignaient l'armée, il se défendait vaillamment, il allait néanmoins être forcé par les dragons russes, lorsque nous apparûmes. En nous voyant, les ennemis remontèrent à cheval et prirent la fuite. Mes cavaliers les poursuivirent à outrance, en tuèrent une vingtaine et firent quelques prisonniers: j'eus deux hommes blessés. Le maréchal Oudinot, heureux d'avoir échappé aux mains des Russes, nous exprima sa reconnaissance, et mon régiment l'escorta jusqu'à ce que, arrivé dans les cantonnements français, il fût hors de danger.

À l'époque dont je parle, tous les maréchaux de l'Empire paraissaient résolus à ne pas reconnaître entre eux les droits de l'*ancienneté,* car aucun ne voulait servir sous un de ses camarades, quelle que fût la gravité des circonstances. Aussi, dès qu'Oudinot eut repris le commandement du 2e corps d'armée, Victor, plutôt que de rester sous ses ordres pour combattre Wittgenstein, se sépara de lui et se dirigea vers Kokhanow avec ses 25,000 hommes. Le maréchal Oudinot, resté seul, promena ses troupes pendant quelques jours dans diverses parties de la province, et alla enfin établir son quartier général à Tschéréia, ayant son avant-garde à Loukoulm.

Ce fut pendant un petit combat, soutenu en avant de cette ville par la brigade Castex, que me parvint enfin ma nomination au grade de *colonel.* Si vous considérez que j'avais reçu, comme chef d'escadrons, une blessure à Znaïm, en Moravie, deux à Miranda de Corvo, en Portugal, une à Jakoubowo, fait quatre campagnes dans le même grade, et que, enfin, je commandais un régiment depuis l'entrée des Français en Russie, vous penserez peut-être que j'avais bien acquis mes nouvelles épaulettes. Je n'en fus pas moins reconnaissant envers l'Empereur, surtout en apprenant qu'il me maintenait au 23e de chasseurs que j'affectionnais beaucoup, et dont j'avais la certitude d'être aussi aimé qu'estimé. En effet, la joie fut grande dans tous les rangs, et les braves que j'avais si souvent menés au combat vinrent tous, soldats comme officiers, m'exprimer la satisfaction qu'ils éprouvaient de me conserver pour leur chef. Le bon général Castex, qui m'avait toujours traité comme un frère, voulut me faire reconnaître lui-même à la tête du régiment. Enfin, le colonel du 24e lui-même, bien que nous fussions peu liés, crut devoir venir me féliciter à la tête de son corps d'officiers, dont j'avais su acquérir la considération.

Cependant la situation de l'armée française s'aggravait chaque jour. Le feldmaréchal Schwartzenberg, commandant en chef du corps autrichien dont Napoléon avait formé l'aile droite de son armée, venait, par la trahison la plus infâme, de laisser passer devant lui les troupes russes de Tchitchakoff, qui s'étaient emparées de Minsk, d'où elles menaçaient nos derrières. L'Empereur dut alors vivement regretter d'avoir confié le commandement de la Lithuanie au général hollandais Hogendorf, son aide de camp, qui, n'ayant jamais fait la guerre, ne sut rien entreprendre pour sauver Minsk, où il pouvait facilement réunir les 30,000 hommes des divisions Durutte, Loison et Dombrowski, mises à sa disposition. La prise de Minsk était un événement grave auquel l'Empereur attacha néanmoins peu d'importance, parce qu'il comptait passer la Bérésina à Borisoff, dont le pont était couvert par une forteresse en très bon état gardée par un régiment polonais. La confiance de Napoléon était si grande à ce sujet que, pour alléger la marche de son armée, il avait fait brûler à Orscha tous ses équipages de pont. Ce fut un bien grand malheur, car ces pontons nous eussent assuré le prompt passage de la Bérésina, qu'il nous fallut acheter au prix de tant de sang!

Malgré sa sécurité relativement à ce passage, Napoléon, en apprenant l'occupation de Minsk par les Russes, manda au maréchal Oudinot de quitter Tschéréia pour se rendre à marches forcées sur Borisoff; mais nous y arrivâmes trop tard, parce que le général Bronikowski, chargé de la défense du fort[1], se voyant entouré par de nombreux ennemis, crut faire un acte méritoire en sauvant la garnison, et au lieu d'opposer une vive résistance, qui eût donné au corps d'Oudinot le temps d'arriver à son secours, le général polonais abandonna la place, puis il passa avec toute sa garnison sur la rive gauche, par le pont, et prit la route d'Orscha pour venir rejoindre le corps d'Oudinot, qu'il rencontra devant Natscha. Le maréchal le reçut fort mal et lui ordonna de revenir avec nous vers Borisoff.

Non seulement cette ville, le pont de la Bérésina et la foreresse qui le domine étaient déjà au pouvoir de Tchitchakoff, mais ce général, que ses succès rendaient impatient de combattre les troupes françaises, s'était porté le 23 novembre au-devant d'elles avec les principales forces de son armée, dont le général Lambert, le meilleur de ses lieutenants, faisait l'avant-garde avec une forte division de cavalerie. Le terrain étant uni, le maréchal Oudinot fit marcher en tête de son infanterie la division de cuirassiers, précédée par la brigade de cavalerie légère Castex.

Ce fut à trois lieues de Borisoff, dans la plaine de Lochnitza, que l'avant-garde russe, marchant en sens contraire des Français, vint se heurter contre nos cuirassiers, qui, ayant fort peu combattu pendant le cours de cette campagne, avaient sollicité l'honneur d'être placés en première ligne. À l'aspect de ces beaux régiments, encore nombreux, bien montés, et sur les cuirasses desquels étincelaient les rayons du soleil, la cavalerie russe s'arrêta tout court; puis, reprenant courage, elle se reportait en avant, lorsque nos cuirassiers, chargeant avec furie, la renversèrent et lui tuèrent ou prirent un millier d'hommes. Tchitchakoff, à qui l'on avait assuré que l'armée de Napoléon n'était plus qu'une masse sans ordre et sans armes, ne s'était pas attendu à une vigueur pareille; aussi s'empressa-t-il de battre en retraite vers Borisoff.

On sait qu'après avoir fourni une charge, les grands chevaux de la grosse cavalerie, et surtout ceux des cuirassiers, ne peuvent longtemps continuer à galoper. Ce furent donc le 23e et le 24e de chasseurs qui reçurent l'ordre de poursuivre les ennemis, tandis que les cuirassiers venaient en seconde ligne à une allure modérée.

Non seulement Tchitchakoff avait commis la faute de se porter au-devant du corps d'Oudinot, mais il y avait encore ajouté celle de se faire suivre par tous les équipages de son armée, dont le nombre de voitures s'élevait à plus de quinze cents!... Aussi le désordre fut-il si grand dans la retraite précipitée des Russes vers Borisoff, que les deux régiments de la brigade Castex virent souvent leur marche entravée par les chariots que les ennemis avaient abandonnés. Cet embarras devint encore plus considérable dès que nous pénétrâmes dans la ville, dont les rues étaient encombrées de bagages et de chevaux de trait, entre lesquels se faufilaient les soldats russes qui, après avoir jeté leurs armes, cherchaient à rejoindre leurs troupes. Cependant nous parvînmes au centre de la ville, mais ce ne fut qu'après avoir perdu un temps précieux, dont les ennemis profitèrent pour traverser la rivière[2].

L'ordre du maréchal était de gagner le pont de la Bérésina et de tâcher de le passer en même temps que les fuyards russes; mais, pour cela, il aurait fallu savoir où se trouvait ce pont, et aucun de nous ne connaissait la ville. Mes cavaliers m'amenèrent enfin un Juif que je questionnai en allemand; mais, soit que le drôle ne comprît pas cette langue ou feignît de ne pas la comprendre, nous n'en pûmes tirer aucun renseignement. J'aurais donné beaucoup pour avoir auprès de moi Lorentz, mon domestique polonais qui me servait habituellement d'interprète; mais le poltron était resté en arrière dès le commencement du combat. Il fallait pourtant sortir de l'impasse dans laquelle la brigade se trouvait engagée. Nous fîmes donc parcourir les rues de la ville par plusieurs pelotons, qui aperçurent enfin la Bérésina.

Cette rivière n'étant pas encore assez gelée pour qu'on pût la traverser sur la glace, il fallait donc la franchir en passant sur le pont; mais pour l'enlever il aurait fallu de l'infanterie, et la nôtre se trouvait encore à trois lieues de Borisoff. Pour y suppléer, le maréchal Oudinot, qui arriva sur ces entrefaites, ordonna au général Castex de faire mettre pied à terre aux trois quarts des cavaliers des deux régiments, qui, armés de mousquetons et formant un petit bataillon, iraient attaquer le pont. Nous nous empressâmes d'obéir, et, laissant les chevaux dans les rues voisines à la garde de quelques hommes, nous nous dirigeâmes vers la rivière sous la conduite du général Castex, qui, dans cette périlleuse entreprise, voulut marcher à la tête de sa brigade.

La déconfiture que venait d'éprouver l'avant-garde russe ayant porté la consternation dans l'armée de Tchitchakoff, le plus grand désordre régnait sur la rive occupée par elle, où nous voyions des masses de fuyards s'éloigner dans la campagne. Aussi, bien qu'il m'eût paru d'abord fort difficile que des cavaliers à pied et sans baïonnettes pussent forcer le passage d'un pont et s'y maintenir, je commençai à espérer un bon résultat, car l'ennemi ne nous opposait que quelques rares tirailleurs. J'avais donc prescrit aux pelotons qui devaient arriver les premiers sur la rive droite de s'emparer des maisons voisines du pont, afin que, maîtres des deux extrémités, nous pussions le défendre jusqu'à l'arrivée de notre infanterie, et assurer ainsi à l'armée française le passage de la Bérésina. Mais tout à coup les canons de la forteresse grondent et couvrent le tablier du pont d'une grêle de mitraille qui, portant le désordre dans notre faible bataillon, le force à reculer momentanément. Un groupe de sapeurs russes, munis de torches, profite de cet instant pour mettre le feu au pont; mais comme la présence de ces sapeurs empêchait l'artillerie ennemie de tirer, nous nous élançons sur eux!... La plupart sont tués ou jetés dans la rivière, et déjà nos chasseurs avaient éteint l'incendie à peine allumé, lorsqu'un bataillon de grenadiers, accourant au pas de charge, nous force à coups de baïonnette à évacuer le pont, qui bientôt, couvert de torches enflammées, devint un immense brasier dont la chaleur intense contraignit les deux partis à s'éloigner!

Dès ce moment, les Français durent renoncer à l'espoir de passer la Bérésina sur ce point, et *leur retraite fut coupée!...* Cette immense calamité nous devint fatale et contribua infiniment à changer la face de l'Europe en ébranlant le trône de Napoléon!

Le maréchal Oudinot, ayant reconnu l'impossibilité de forcer le passage de la rivière devant Borisoff, jugea qu'il serait dangereux de laisser encombrer cette ville par les troupes de son armée. Il leur envoya donc l'ordre de camper entre Lochnitza et Némonitza. La brigade Castex resta seule dans Borisoff, avec défense de communiquer avec les autres corps, auxquels on voulait cacher aussi longtemps que possible la fatale nouvelle de l'embrasement du pont, qu'ils n'apprirent que quarante-huit heures plus tard.

D'après les usages de la guerre, les bagages de l'ennemi appartiennent aux capteurs. Le général Castex autorisa donc les chasseurs de mon régiment et ceux du 24e à s'emparer du butin contenu dans les 1,500 voitures, fourgons et chariots que les Russes avaient abandonnés en fuyant au delà du pont. Le butin fut *immense!* Mais comme il y en avait cent fois plus que la brigade n'aurait pu en porter, je réunis tous les hommes de mon régiment, et leur fis comprendre qu'ayant à faire une longue retraite, pendant laquelle il me serait probablement impossible de continuer les distributions de viande que je leur avais fait faire pendant toute la campagne, je les engageais à s'attacher principalement à se munir de *vivres*, et j'ajoutai qu'ils devaient songer aussi à se garantir du froid et ne pas oublier que des chevaux surchargés ne duraient pas longtemps; qu'il ne fallait donc pas accabler les leurs sous le poids d'une quantité de choses inutiles à la guerre; qu'au surplus, je passerais une revue, et que tout ce qui ne serait pas *vivres*, *chaussures* et *vêtements* serait impitoyablement rejeté. Le général Castex, afin de prévenir toute discussion, avait fait planter des jalons qui divisaient en deux portions l'immense quantité de voitures prises. Chaque régiment avait son quartier.

Le corps d'armée d'Oudinot environnant trois côtés de la ville, dont le quatrième, couvert par la Bérésina, était en outre observé par divers postes, nos soldats pouvaient se livrer avec sécurité à l'examen du contenu des voitures et chariots russes. Aussitôt le signal donné, l'investigation commença. Il paraît que les officiers du corps de Tchitchakoff se traitaient bien, car jamais on ne vit dans les équipages d'une armée une telle profusion de jambons, pâtés, cervelas, poissons, viandes fumées et vins de toutes sortes, plus une immense quantité de biscuits de mer, riz, fromage, etc., etc. Nos soldats profitèrent aussi des nombreuses fourrures, ainsi que des fortes chaussures trouvées dans les fourgons russes, dont la capture sauva ainsi la vie à bien des hommes. Les conducteurs ennemis s'étant enfuis sans avoir eu le temps d'emmener leurs chevaux, qui étaient presque tous bons, nous choisîmes les meilleurs pour remplacer ceux dont nos cavaliers se plaignaient. Les officiers en prirent aussi pour porter les vivres dont chacun venait de faire si ample provision.

La brigade passa encore la journée du 24 dans Borisoff, et comme, malgré les précautions prises la veille, la nouvelle de la rupture du pont avait pénétré dans les bivouacs du 2e corps, le maréchal Oudinot, voulant que toutes ses troupes profitassent des denrées contenues dans les voitures des ennemis, consentit à laisser entrer successivement en ville des détachements de tous les régiments, qui faisaient place à d'autres, dès qu'ils avaient opéré leur chargement. Nonobstant la grande quantité de vivres et d'objets de tout genre enlevés par les troupes d'Oudinot, il en restait encore beaucoup dont s'emparèrent, le jour suivant, les nombreux soldats débandés qui revenaient de Moscou.

Cependant, les chefs, ainsi que les officiers capables d'apprécier la fâcheuse position de l'armée, étaient dans de vives anxiétés. En effet, nous avions devant nous la Bérésina, dont les troupes de Tchitchakoff garnissaient la rive opposée; nos flancs étaient débordés par Wittgenstein, et Koutousoff nous suivait en queue!... Enfin, excepté les débris de la garde, les corps d'Oudinot et de Victor, réduits à quelques milliers de combattants, le surplus de cette *Grande Armée*, naguère si belle, se composait de malades et de soldats sans armes, que la misère privait de leur ancienne énergie. Tout paraissait conspirer contre nous; car si, grâce à l'abaissement de la température, le corps de Ney avait pu, quelques jours avant, échapper aux ennemis en traversant le Dniéper sur la glace, nous trouvions la Bérésina dégelée, malgré un froid excessif, et nous n'avions pas de pontons pour établir un passage!

Le 25, l'Empereur entra dans Borisoff, où le maréchal Oudinot l'attendait avec les 6,000 hommes qui lui restaient. Napoléon, ainsi que les maréchaux et officiers de sa suite, furent étonnés du bon ordre qui régnait dans le 2e corps, dont la tenue contrastait singulièrement avec celle des misérables bandes qu'il ramenait de Moscou. Nos troupes étaient certainement beaucoup moins belles qu'en garnison, mais chaque soldat avait conservé ses armes et était prêt à s'en servir courageusement. L'Empereur, frappé de leur air martial, réunit tous les colonels et les chargea d'exprimer sa satisfaction à leurs régiments pour la belle conduite qu'ils avaient tenue dans les nombreux et sanglants combats livrés dans la province de Polotsk.

---

1. La tête de pont sur la rive droite. Le comte de Rochechouart, alors aide de camp de l'empereur Alexandre, donne dans ses *Mémoires* de nombreux détails sur toute l'affaire de Borisoff, à laquelle il prit une grande part. (*Note de l'éditeur.*)
2. Les Mémoires de Tchitchakoff confirment pleinement tous ces détails.

CHAPITRE DIX-HUIT

La brigade Corbineau rejoint le 2e corps.—Fausse démonstration en aval de Borisoff et passage de la Bérésina.

Vous devez vous souvenir que, quand le général bavarois comte de Wrède s'éloigna sans autorisation du 2e corps, il avait emmené la brigade de cavalerie Corbineau, en trompant ce général, auquel il assura avoir reçu des ordres à cet effet, ce qui n'était pas. Eh bien, cette supercherie eut pour résultat de sauver l'Empereur et les débris de sa Grande Armée!

En effet, Corbineau, entraîné malgré lui dans une direction opposée à celle du 2e corps dont il faisait partie, avait suivi le général de Wrède jusqu'à Gloubokoé; mais là, il avait déclaré qu'il n'irait pas plus loin, à moins que le général bavarois ne lui montrât l'ordre qu'il prétendait avoir de garder sa brigade auprès de lui. Le comte de Wrède n'ayant pu satisfaire à cette demande, le général Corbineau se sépara de lui, gagna vers Dockchtsoui les sources de la Bérésina; puis, longeant sa rive droite, il espérait atteindre Borisoff, y passer la rivière sur le pont et, prenant la route d'Orscha, aller au-devant du corps d'Oudinot, qu'il supposait être dans les environs de Bobr.

On a reproché à l'Empereur, qui avait plusieurs milliers de Polonais du duché de Varsovie à son service, de n'en avoir pas, dès le commencement de la campagne, placé quelques-uns comme interprètes auprès de chaque officier général et même de chaque colonel, car cette sage mesure aurait fait éviter bien des erreurs et rendu le service infiniment plus exact. On en eut la preuve dans la périlleuse course de plusieurs jours que la brigade Corbineau fut obligée de faire dans un pays nouveau pour elle, dont aucun Français ne connaissait la langue; car fort heureusement, parmi les trois régiments commandés par ce général, se trouvait le 8e de lanciers polonais, dont les officiers tiraient des habitants tous les renseignements nécessaires. Cet avantage immense servit merveilleusement Corbineau.

En effet, comme il était parvenu à une demi-journée de Borisoff, des paysans ayant informé ses lanciers polonais que l'armée russe de Tchitchakoff occupait cette ville, Corbineau désespérait de parvenir à traverser la Bérésina, lorsque ces mêmes paysans, l'engageant à rétrograder, conduisirent sa colonne en face de Studianka, petit village situé non loin de Weselowo, à quatre lieues en amont de Borisoff, et devant lequel se trouvait un gué. Les trois régiments de cavalerie de Corbineau le traversèrent sans pertes, et ce général, se dirigeant ensuite à travers champs, en évitant habilement d'approcher de Borisoff, de même que des troupes de Wittgenstein, établies à Roghatka, passa entre-deux et rejoignit enfin le maréchal Oudinot, le 23 au soir, près de Natscha.

La marche hardie que venait de faire Corbineau fut glorieuse pour lui et on ne peut plus heureuse pour l'armée, car l'Empereur, ayant reconnu l'impossibilité physique de rétablir promptement le pont de Borisoff, résolut, après en avoir conféré avec Corbineau, d'aller traverser la Bérésina à Studianka. Mais comme Tchitchakoff, informé du passage de la brigade Corbineau sur ce point, venait d'envoyer une forte division et beaucoup d'artillerie en face de Studianka, Napoléon employa pour tromper l'ennemi une ruse de guerre qui, bien que fort ancienne, réussit presque toujours. Il feignit de n'avoir pas de projet sur Studianka et de vouloir profiter de deux autres gués situés au-dessous de Borisoff, dont le moins défavorable est devant le village de Oukoloda. À cet effet, on dirigea ostensiblement vers ce lieu un des bataillons encore armés, qu'on fit suivre de plusieurs milliers de traînards, que les ennemis durent prendre pour une forte division d'infanterie. À la suite de cette colonne marchaient de nombreux fourgons, quelques bouches à feu et la division de cuirassiers. Arrivées à Oukoloda, ces troupes tirèrent le canon et firent tout ce qu'il fallait pour simuler la construction d'un pont.

Tchitchakoff, prévenu de ces préparatifs et ne doutant pas que le projet de Napoléon ne fût de franchir la rivière sur ce point pour gagner la route de Minsk qui l'avoisine, se hâta non seulement d'envoyer par la rive droite toute la garnison de Borisoff en face d'Oukoloda, mais, par suite d'une aberration d'esprit inqualifiable, le général russe, qui avait assez de forces pour garder en même temps le bas et le haut de la rivière, fit encore descendre vers Oukoloda toutes les troupes placées la veille par lui en amont de Borisoff, entre Zembin et la Bérésina. Or, c'est précisément en face de Zembin qu'est situé le village de Weselowo, dont le hameau de Studianka est une dépendance. Les ennemis abandonnaient donc le point sur lequel l'Empereur voulait jeter son pont, et couraient inutilement à la défense d'un gué situé à six lieues *au-dessous* de celui que nous allions franchir.

À la faute qu'il commit d'agglomérer ainsi toute son armée en aval de la ville de Borisoff, Tchitchakoff en ajouta une qu'un sergent n'eût pas commise et que son gouvernement ne lui a jamais pardonnée. Zembin est bâti sur un vaste marais, que traverse la route de Wilna par Kamen. La chaussée de cette route présente vingt-deux ponts en bois que le général russe, avant de s'éloigner, pouvait, en un moment, faire réduire en cendres, car ils étaient environnés d'une grande quantité de meules de joncs secs. Dans le cas où Tchitchakoff eût pris cette sage précaution, l'armée française devait être perdue sans retour, et il ne lui eût servi de rien de passer la rivière, puisqu'elle eût été arrêtée par le profond marais dont Zembin est entouré; mais, ainsi que je viens de le dire, le général russe nous abandonna les ponts intacts et descendit stupidement la Bérésina avec tout son monde, ne laissant qu'une cinquantaine de Cosaques en observation en face de Weselowo.

Pendant que les Russes, trompés par les démonstrations de l'Empereur, s'éloignaient du véritable point d'attaque, Napoléon donnait ses ordres. Le maréchal Oudinot et son corps d'armée doivent se rendre la nuit à Studianka, pour y faciliter l'établissement de deux ponts, passer ensuite sur la rive droite et se former entre Zembin et la rivière. Le duc de Bellune, partant de Natscha, doit faire l'arrière-garde, pousser devant lui tous les traînards, tâcher de défendre Borisoff pendant quelques heures, se rendre ensuite à Studianka et y passer les ponts. Tels furent les ordres de l'Empereur, dont les événements empêchèrent la stricte exécution.

Le 25 au soir, la brigade Corbineau, dont le chef connaissait si bien les environs de Studianka, se dirigea vers ce lieu en remontant la rive gauche de la Bérésina. La brigade Castex et quelques bataillons légers marchaient à sa suite; puis venait le gros du 2e corps. Nous quittâmes à regret la ville de Borisoff, où nous avions passé si heureusement deux journées. Il semblait que nous eussions un triste pressentiment des maux qui nous étaient réservés.

Le 26 novembre, au point du jour, nous étions à Studianka, et l'on n'apercevait, à la rive opposée, aucun préparatif de défense, de sorte que si l'Empereur eût conservé l'équipage de ponts qu'il avait fait brûler quelques jours avant à Orscha, l'armée eût pu franchir la Bérésina sur-le-champ. Cette rivière, à laquelle certaines imaginations ont donné des dimensions gigantesques, est tout au plus large comme la rue Royale, à Paris, devant le ministère de la marine. Quant à sa profondeur, il suffira de dire que les trois régiments de cavalerie de la brigade Corbineau l'avaient traversée à gué, sans accident, soixante-douze heures avant, et la franchirent de nouveau le jour dont je parle. Leurs chevaux ne perdirent point pied ou n'eurent à nager que pendant deux ou trois toises. Le passage n'offrait en ce moment que de légers inconvénients pour la cavalerie, les chariots et l'artillerie. Le premier consistait en ce que les cavaliers et conducteurs avaient de l'eau jusqu'aux genoux, ce qui, néanmoins, était supportable, puisque malheureusement le froid n'était pas assez vif pour geler la rivière, qui charriait à peine quelques rares glaçons: mieux eût valu pour nous qu'elle fût prise à plusieurs degrés. Le second inconvénient résultait encore du peu de froid qu'il faisait, car une prairie marécageuse, qui bordait la rive opposée, était si fangeuse, que les chevaux de selle y passaient avec peine et que les chariots enfonçaient jusqu'à la moitié des roues.

L'esprit de corps est certainement fort louable, mais il faut savoir le modérer, et même l'oublier, dans les circonstances difficiles. C'est ce que ne surent pas faire, devant la Bérésina, les chefs de l'artillerie et du génie, car chacun de ces deux corps éleva la prétention de construire *seul* les ponts, de sorte qu'ils se contrecarraient mutuellement, et rien n'avançait, lorsque l'Empereur, étant arrivé le 26, vers midi, termina le différend en ordonnant qu'un des deux ponts serait établi par l'artillerie et l'autre par le génie. On arracha à l'instant les poutres et les voliges des masures du village, et les sapeurs, ainsi que les artilleurs, se mirent à l'ouvrage.

Ces braves soldats donnèrent alors une preuve de dévouement dont on ne leur a pas assez tenu compte. On les vit se jeter tout nus dans les eaux froides de la Bérésina et y travailler constamment pendant six ou sept heures, bien qu'on n'eût pas une seule goutte d'eau-de-vie à leur donner et qu'ils ne dussent avoir pour lits, la nuit suivante, qu'un champ couvert de neige!... Aussi presque tous périrent-ils lorsque les grandes gelées arrivèrent.

Pendant qu'on travaillait à la construction des ponts et que mon régiment, ainsi que toutes les troupes du 2e corps, attendaient sur la rive gauche l'ordre de traverser la rivière, l'Empereur, se promenant à grands pas, allait d'un régiment à l'autre, parlant aux soldats comme aux officiers. Murat l'accompagnait. Ce guerrier si brave, si entreprenant, et qui avait accompli de si beaux faits d'armes lorsque les Français victorieux se portaient sur Moscou, le fier Murat s'était pour ainsi dire éclipsé depuis qu'on avait quitté cette ville, et il n'avait, pendant la retraite, pris part à aucun combat. On l'avait vu suivre l'Empereur en silence, comme s'il eût été étranger à ce qui se passait dans l'armée. Il parut néanmoins sortir de sa torpeur en présence de la Bérésina et des seules troupes qui, s'étant maintenues en ordre, constituaient en ce moment le dernier espoir de salut.

Comme Murat aimait beaucoup la cavalerie et que, des nombreux escadrons qui avaient passé le Niémen, il ne restait plus que ceux du corps d'Oudinot, il dirigea les pas de l'Empereur de leur côté. Napoléon s'extasia sur le bel état de conservation de cette troupe en général et de mon régiment en particulier, car il était à lui seul plus fort que plusieurs brigades. En effet, j'avais encore plus de 500 hommes à cheval, tandis que les autres colonels du corps d'armée n'en comptaient guère que 200! Aussi, je reçus de l'Empereur de très flatteuses félicitations, auxquelles mes officiers et mes soldats eurent une large part.

Ce fut en ce moment que j'eus le bonheur de voir venir à moi Jean Dupont, le domestique de mon frère, ce serviteur dévoué dont le zèle, le courage et la fidélité furent à toute épreuve. Resté seul, après que son maître eut été fait prisonnier dès le début de la campagne, Jean suivit à Moscou le 16e de chasseurs, fit toute la retraite en soignant et nourrissant les trois chevaux de mon frère Adolphe, et il n'en voulut pas vendre un seul, malgré les offres les plus séduisantes. Ce brave garçon vint me joindre après cinq mois de fatigues et de misères, rapportant tous les effets de mon frère; mais en me les montrant, il me dit, les larmes aux yeux, qu'ayant usé sa chaussure et se voyant réduit à marcher pieds nus sur la glace, il s'était permis de prendre une paire de bottes de son maître. Je gardai à mon service cet homme estimable, qui me fut d'une bien grande utilité, lorsque, quelque temps après, je fus blessé derechef au milieu des plus horribles jours de la grande retraite.

Mais revenons au passage de la Bérésina. Non seulement tous nos chevaux traversèrent cette rivière facilement, mais nos cantiniers la franchirent avec leurs charrettes, ce qui me fit penser qu'il serait possible, après avoir dételé plusieurs des nombreux chariots qui suivaient l'armée, de les fixer dans la rivière les uns à la suite des autres, afin de former divers passages pour les fantassins, ce qui faciliterait infiniment l'écoulement des masses d'hommes isolés qui le lendemain se presseraient à l'entrée des ponts. Cette idée me parut si heureuse que, bien que mouillé jusqu'à la ceinture, je repassai le gué pour la communiquer aux généraux de l'état-major impérial. Mon projet fut trouvé bon, mais personne ne bougea pour aller en parler à l'Empereur. Enfin, le général Lauriston, l'un de ses aides de camp, me dit: «Je vous charge de faire exécuter cette passerelle dont vous venez de si bien expliquer l'utilité.» Je répondis à cette proposition, vraiment inacceptable, que n'ayant à ma disposition ni sapeurs, ni fantassins, ni outils, ni pieux, ni cordages, et ne devant pas d'ailleurs abandonner mon régiment, qui, placé sur la rive droite, pouvait être attaqué d'un moment à l'autre, je me bornais à lui donner un avis que je croyais bon et retournais à mon poste!… Cela dit, je me remis à l'eau et rejoignis le 23e.

Cependant, les sapeurs du génie et les artilleurs ayant enfin terminé les deux ponts de chevalets, on fit passer l'infanterie et l'artillerie du corps d'Oudinot, qui, dès leur arrivée sur la rive droite, allèrent placer leurs bivouacs dans un grand bois situé à une demi-lieue, au delà du hameau de Zawniski, où la cavalerie reçut ordre d'aller les rejoindre. Nous observions ainsi Stakowo et Dominki, où aboutit la grande route de Minsk, par laquelle le général Tchitchakoff avait emmené toutes ses troupes vers la basse Bérésina, et qu'il devait reprendre nécessairement pour se reporter sur nous en apprenant que nous avions franchi la rivière auprès de Zembin.

Le 27 au soir, l'Empereur passa les ponts avec sa garde et vint s'établir à Zawniski, où la cavalerie reçut l'ordre d'aller les rejoindre. Les ennemis n'y avaient pas paru.

On a beaucoup parlé des désastres qui eurent lieu sur la Bérésina; mais ce que personne n'a dit encore, c'est qu'on eût pu en éviter la plus grande partie, si l'état-major général, comprenant mieux ses devoirs, eût profité de la nuit du 27 au 28 pour faire traverser les ponts aux bagages et surtout à ces milliers de traînards qui le lendemain obstruèrent le passage. En effet, après avoir bien établi mon régiment au bivouac de Zawniski, je m'aperçus de l'absence d'un cheval de bât qui, portant la petite caisse et les pièces de comptabilité des escadrons de guerre, n'avait pu être risqué dans le gué. Je pensais donc que le conducteur et les cavaliers qui l'escortaient avaient attendu que les ponts fussent établis. Ils l'étaient depuis plusieurs heures, et cependant ces hommes ne paraissaient pas! Alors, inquiet sur eux aussi bien que sur le dépôt précieux qui leur était confié, je veux aller en personne favoriser leur passage, car je croyais les ponts encombrés. Je m'y rends donc au galop, et quel est mon étonnement de les trouver *complètement déserts!...* Personne n'y passait en ce moment, tandis qu'à cent pas de là et par un beau clair de lune j'apercevais plus de 50,000 traînards ou soldats isolés de leurs régiments, qu'on surnommait *rôtisseurs.* Ces hommes, tranquillement assis devant des feux immenses, préparaient des grillades de chair de cheval, sans se douter qu'ils étaient devant une rivière dont le passage coûterait le lendemain la vie à un grand nombre d'entre eux, tandis qu'en quelques minutes ils pouvaient la franchir sans obstacles dès à présent, et achever les préparatifs de leur souper sur l'autre rive. Du reste, pas un officier de la maison impériale, pas un aide de camp de l'état-major de l'armée ni d'aucun maréchal n'était là pour prévenir ces malheureux et les pousser au besoin vers les ponts!

Ce fut dans ce camp désordonné que je vis pour la première fois des militaires revenant de Moscou. Mon âme en fut navrée!... Tous les grades étaient confondus: plus d'armes, plus de tenue militaire! Des soldats, des officiers et même des généraux couverts de haillons et n'ayant pour chaussures que des lambeaux de cuir ou de drap mal réunis au moyen de ficelles!... Une cohue immense dans laquelle étaient pêle-mêle des milliers d'hommes de nations diverses, parlant bruyamment toutes les langues du continent européen, sans pouvoir se comprendre mutuellement!

Cependant, si l'on eût pris dans le corps d'Oudinot ou dans la garde quelques-uns des bataillons encore en ordre, ils eussent facilement poussé cette masse au delà des ponts, puisque, en retournant vers Zawniski, et n'ayant avec moi que quelques ordonnances, je parvins, tant par la persuasion que par la force, à faire passer deux ou trois mille de ces malheureux sur la rive droite. Mais un autre devoir me rappelant vers mon régiment, je dus aller le rejoindre.

En vain, en passant devant l'état-major général et celui du maréchal Oudinot, je signalai la vacuité des ponts et la facilité qu'il y aurait à faire traverser les hommes sans armes au moment où l'ennemi ne faisait aucune entreprise; on ne me répondit que par des mots évasifs, chacun s'en rapportant à son collègue du soin de diriger cette opération[1].

Revenu au bivouac de mon régiment, je fus heureusement surpris d'y trouver le brigadier et les huit chasseurs qui, pendant la campagne, avaient eu la garde de notre troupeau. Ces braves gens se désolaient de ce que la foule des *rôtisseurs*, s'étant jetée sur leurs bœufs, les avait tous dépecés et mangés sous leurs yeux, sans qu'ils pussent s'y opposer. Le régiment se consola de cette perte, car chaque cavalier avait pris à Borisoff pour *vingt-cinq jours* de vivres.

Le zèle de mon adjudant, M. Verdier, l'ayant poussé à retourner au delà des ponts pour tâcher de découvrir les chasseurs gardiens de notre comptabilité, ce brave militaire s'égara dans la foule, ne put repasser la rivière, fut fait prisonnier dans la bagarre du lendemain, et je ne le revis que deux ans après.

---

1. Dans une curieuse et dramatique relation illustrée de la campagne de Russie, publiée à Stuttgard en 1843, Faber du Faur signale cette vacuité des ponts dans la nuit du 27 au 28 novembre, et même dans celle du 28 au 29. (*Note de l'éditeur.*)

CHAPITRE DIX-NEUF

Perte de la division Partouneaux.—Combat de Zawniski près Brillowa.—M. de Noailles.—Passage des ponts et catastrophe de la Bérésina.—Le 2e corps protège la retraite.—Je suis blessé à Plechtchénitsoui.

Nous voici arrivés au moment le plus terrible de la fatale campagne de Russie... au passage de la Bérésina, qui eut lieu principalement le 28 novembre...

À l'aube de ce jour néfaste, la position des armées belligérantes était celle-ci. À la rive gauche, le corps du maréchal Victor, après avoir évacué Borisoff pendant la nuit, s'était rendu à Studianka avec le 9e corps, en poussant devant lui une masse de traînards. Ce maréchal avait laissé, pour faire son arrière-garde, la division d'infanterie du général Partouneaux, qui, ayant ordre de n'évacuer la ville que deux heures après lui, aurait dû faire partir à la suite du corps d'armée plusieurs petits détachements qui, unis au corps principal par une chaîne d'éclaireurs, eussent ainsi jalonné la direction. Ce général aurait dû, en outre, envoyer jusqu'à Studianka un aide de camp chargé de reconnaître les chemins et de revenir ensuite au-devant de la division; mais Partouneaux, négligeant toutes ces précautions, se borna à se mettre en marche à l'heure prescrite. Il rencontra deux routes qui se bifurquaient, et il ne connaissait ni l'une ni l'autre; mais comme il ne pouvait ignorer (puisqu'il venait de Borisoff) que la Bérésina était à sa gauche, il aurait dû en conclure que pour aller à Studianka, situé sur ce cours d'eau, c'était la route de *gauche* qu'il fallait prendre!... Il fit tout le contraire, et, suivant machinalement quelques voltigeurs qui le précédaient, il s'engagea sur la route de droite et alla donner au milieu du nombreux corps russe du général Wittgenstein!

Bientôt environnée de toutes parts, la division Partouneaux fut contrainte de mettre bas les armes[1], tandis qu'un simple chef de bataillon qui commandait son arrière-garde, ayant eu le bon esprit de prendre la route de gauche, par cela seul qu'elle le rapprochait de la rivière, rejoignit le maréchal Victor auprès de Studianka. La surprise de ce maréchal fut grande en voyant arriver ce bataillon au lieu de la division Partouneaux, dont il faisait l'arrière-garde! Mais l'étonnement du maréchal se changea bientôt en stupéfaction lorsqu'il fut attaqué par les Russes de Wittgenstein, qu'il croyait tenus en échec par la division Partouneaux! Victor ne put dès lors douter que ce général et tous ses régiments ne fussent prisonniers.

Mais de nouveaux malheurs l'attendaient, car le maréchal russe Koutousoff, qui, depuis Borisoff, avait suivi Partouneaux en queue avec de nombreuses troupes, ayant appris sa capitulation, pressa sa marche et vint se joindre à Wittgenstein pour accabler le maréchal Victor. Celui-ci, dont le corps d'armée était réduit à 10,000 hommes, opposa une résistance des plus vives. Ses troupes (même les Allemands qui en faisaient partie) combattirent avec un courage vraiment héroïque et d'autant plus remarquable que, attaquées par deux armées à la fois et étant acculées à la Bérésina, leurs mouvements se trouvaient en outre gênés par une grande quantité de chariots conduits sans ordre par des hommes isolés, qui cherchaient tumultueusement à gagner la rivière!... Cependant le maréchal Victor contint Koutousoff et Wittgenstein toute la journée.

Pendant que ce désordre et ce combat avaient lieu à Studianka, les ennemis, qui prétendaient s'emparer des deux extrémités des ponts, attaquaient sur la rive droite le corps d'Oudinot, placé en avant de Zawniski. À cet effet, les 30,000 Russes de Tchitchakoff, débouchant de Stakowo, s'avancèrent à grands cris contre le 2e corps, qui ne comptait plus dans ses rangs que 8,000 combattants. Mais comme nos soldats, n'ayant pas été en contact avec ceux qui revenaient de Moscou, n'avaient aucune idée du désordre qui régnait parmi ces malheureux, le moral du corps d'Oudinot était resté excellent, et Tchitchakoff fut vigoureusement repoussé, sous les yeux mêmes de l'Empereur, qui arrivait en ce moment avec une réserve de 3,000 fantassins et 1,000 cavaliers de la vieille et de la jeune garde. Les Russes renouvelèrent leur attaque et enfoncèrent les Polonais de la légion de la Vistule. Le maréchal Oudinot fut grièvement blessé, et Napoléon envoya Ney pour le remplacer. Le général Condras, un de nos bons officiers d'infanterie, fut tué; le vaillant général Legrand reçut une blessure dangereuse.

L'action se passait dans un bois de sapins de dimensions colossales. L'artillerie ennemie ne pouvait donc apercevoir nos troupes que fort imparfaitement; aussi tirait-elle à toute volée sans que ses boulets nous atteignissent; mais, en passant au-dessus de nos têtes, ils brisaient beaucoup de branches plus grosses que le corps d'un homme, et qui tuèrent ou blessèrent dans leur chute bon nombre de nos gens et de nos chevaux. Comme les arbres étaient très espacés, les cavaliers pouvaient circuler entre eux, quoique avec difficulté. Cependant, le maréchal Ney, voyant approcher une forte colonne russe, lança contre elle ce qui nous restait de notre division de cuirassiers. Cette charge, faite dans des conditions aussi extraordinaires, fut néanmoins l'une des plus brillantes que j'aie vues!... Le brave colonel Dubois, à la tête du 7e de cuirassiers, coupa en deux la colonne ennemie, à laquelle il fit 2,000 prisonniers. Les Russes, ainsi mis en désordre, furent poursuivis par toute la cavalerie légère et repoussés avec d'énormes pertes jusqu'à Stakowo[2].

Je reformais les rangs de mon régiment, qui avait pris part à cet engagement, lorsque je vis arriver à moi M. Alfred de Noailles, avec lequel j'étais lié. Il revenait de porter un ordre du prince Berthier dont il était aide de camp; mais, au lieu de retourner vers ce maréchal après avoir rempli sa mission, il dit, en s'éloignant de moi, qu'il allait jusqu'aux premières maisons de Stakowo *pour voir* ce que faisaient les ennemis. Cette curiosité lui devint fatale, car, en approchant du village, il fut entouré par un groupe de Cosaques qui, après l'avoir jeté à bas de son cheval et pris au collet, l'entraînèrent en le frappant! J'envoyai sur-le-champ un escadron à son secours, mais cet effort resta infructueux, car une vive fusillade partie des maisons empêcha nos cavaliers de pénétrer dans le village: depuis ce jour, on n'entendit plus parler de M. de Noailles!... Les superbes fourrures et l'uniforme couvert d'or qu'il portait ayant tenté la cupidité des Cosaques, il fut probablement massacré par ces barbares. La famille de M. de Noailles, informée que j'étais le dernier Français avec lequel il eût causé, me fit demander des renseignements sur sa disparition; je ne pus donner que ceux susmentionnés. Alfred de Noailles était un excellent officier et un bon camarade.

Mais cette digression m'a éloigné de Tchitchakoff, qui, battu par le maréchal Ney, n'osa plus venir nous attaquer ni sortir de Stakowo de toute la journée.

Après vous avoir fait connaître sommairement la position des armées sur les deux rives de la Bérésina, je dois vous dire en peu de mots ce qui se passait sur le fleuve pendant le combat. Les masses d'hommes isolés qui avaient eu deux nuits et deux jours pour traverser les ponts et qui, par apathie, n'en avaient pas profité, parce que personne ne les y contraignit, voulurent tous passer à la fois, lorsque les boulets de Wittgenstein vinrent tomber au milieu d'eux. Cette multitude immense d'hommes, de chevaux et de chariots s'entassa complètement à l'entrée des ponts, qu'elle obstruait sans pouvoir les gagner!... Un très grand nombre, ayant manqué cette entrée, furent poussés par la foule dans la Bérésina, où presque tous se noyèrent!

Pour comble de malheur, un des ponts s'écroula sous le poids des pièces et des lourds caissons qui les suivaient! Tout se porta alors vers le second pont, où le désordre était déjà si grand que les hommes les plus vigoureux ne pouvaient résister à la pression. Un grand nombre furent étouffés! En voyant l'impossibilité de traverser les ponts ainsi encombrés, beaucoup de conducteurs de voitures poussèrent leurs chevaux dans la rivière; mais ce mode de passage, qui eût été fort utile si on l'eût exécuté avec ordre deux jours auparavant, devint fatal à presque tous ceux qui l'entreprirent, parce que, poussant leurs chariots tumultueusement, ils s'entre-choquaient et se renversaient les uns les autres! Cependant, plusieurs parvinrent à la rive opposée; mais comme on n'avait pas préparé de sortie en abattant les talus des berges, ainsi que l'état-major aurait dû le faire, peu de voitures parvinrent à les gravir, et il périt encore là bien du monde!

Dans la nuit du 28 au 29, le canon des Russes vint augmenter ces horreurs en foudroyant les malheureux qui s'efforçaient de franchir la rivière. Enfin, à neuf heures du soir, il y eut un surcroît de désolation, lorsque le maréchal Victor commença sa retraite et que ses divisions se présentèrent en ordre devant le pont, qu'elles ne purent gagner qu'en refoulant par la force tout ce qui obstruait le passage!... Mais jetons un voile sur ces horribles scènes!...

Le 29, au point du jour, on mit le feu à toutes les voitures restant encore sur la rive gauche, et lorsque enfin le général Éblé vit les Russes s'approcher du pont, il le fit aussi incendier! Quelques milliers de malheureux restés devant Studianka tombèrent aux mains de Wittgenstein. Ainsi se termina le plus horrible épisode de la campagne de Russie! Cet événement eût été bien moins funeste si l'on eût su et voulu employer le temps que nous avaient laissé les Russes depuis notre arrivée devant la Bérésina. L'armée perdit dans ce passage 20 à 25,000 hommes.

Ce grand obstacle franchi, la masse des hommes isolés échappés à cet affreux désastre était encore immense. On la fit évacuer sur Zembin. L'Empereur et la garde suivirent. Venaient ensuite les débris de quelques régiments, et enfin le 2e corps, dont la brigade Castex faisait l'extrême arrière-garde.

J'ai déjà dit que la route de Zembin, la seule voie qui nous restât, traverse un immense marais au moyen d'un très grand nombre de ponts que Tchitchakoff avait négligé de brûler lorsque, plusieurs jours avant, il occupait cette position. Nous ne commîmes pas une pareille faute, car, après le passage de l'armée, le 24e de chasseurs et mon régiment y mirent aisément le feu, avec des joncs secs entassés dans le voisinage.

En ordonnant de brûler les ponts de Zembin, l'Empereur avait espéré se débarrasser pour longtemps de la poursuite des Russes; mais il était écrit que toutes les chances nous seraient contraires!... En effet, la gelée, qui à cette époque de l'année aurait dû transformer en un chemin facile les eaux de la Bérésina, leur avait laissé presque toute leur fluidité quand nous devions les traverser; mais à peine les eûmes-nous franchies, qu'un froid rigoureux vint les geler au point de les rendre assez solides pour porter du canon!... Et comme il en fut de même de celles du marais de Zembin, l'incendie des ponts ne nous fut d'aucune utilité[3]. Les trois armées russes que nous avions laissées derrière nous purent, sans obstacle, se mettre à notre poursuite; mais, fort heureusement, elle fut peu vigoureuse. D'ailleurs, le maréchal Ney, qui commandait l'arrière-garde française, ayant réuni tout ce qui était encore en état de combattre, faisait de fréquents retours offensifs sur les ennemis lorsqu'ils osaient approcher de trop près.

Depuis que le maréchal Oudinot et le général Legrand avaient été blessés, le général Maison commandait le 2e corps, qui, se trouvant, malgré ses grandes pertes, le plus nombreux de toute l'armée, était habituellement chargé de repousser les Russes. Nous les maintînmes au loin pendant les journées du 30 novembre et du 1er décembre; mais, le 2, ils nous serrèrent tellement avec des forces considérables qu'il en résulta un combat très sérieux dans lequel je reçus une blessure d'autant plus dangereuse qu'il y avait ce jour-là 25 degrés de froid!... Je devrais peut-être me borner à vous dire que je fus frappé d'un coup de lance, sans entrer dans aucun détail, car ils sont si horribles que je frémis encore lorsque j'y pense!... Mais enfin je vous ai promis le récit de ma vie tout entière. Voici donc ce qui m'advint au combat de Plechtchénitsoui.

Pour vous mettre plus à même de bien comprendre mon récit et les sentiments qui m'agitèrent pendant l'action, je dois vous dire d'abord qu'un banquier hollandais, nommé Van Berchem, dont j'avais été l'intime ami au collège de Sorèze, m'avait envoyé au commencement de la campagne son fils unique, qui, devenu Français par la réunion de son pays à l'Empire, s'était engagé dans le 23e, bien qu'il eût à peine seize ans!... Ce jeune homme, rempli de bonnes qualités, avait beaucoup d'intelligence; je l'avais pris pour secrétaire, et il marchait toujours à quinze pas derrière moi avec mes ordonnances. Il était ainsi placé le jour dont je parle, lorsqu'en traversant une vaste plaine, le 2e corps, dont mon régiment formait l'extrême arrière-garde, vit accourir vers lui une énorme masse de cavalerie russe qui, en un moment, le déborda et l'attaqua de toutes parts. Le général Maison prit de si bonnes dispositions que nos carrés d'infanterie repoussèrent toutes les charges de la cavalerie régulière des ennemis.

Ceux-ci ayant alors fait participer au combat une nuée de Cosaques qui venaient insolemment piquer les officiers français devant leurs troupes, le maréchal Ney ordonna au général Maison de les faire chasser, en lançant sur eux tout ce qui restait de la division de cuirassiers, ainsi que des brigades Corbineau et Castex.

Mon régiment, encore nombreux, se trouva devant un *pulk* de Cosaques de la mer Noire, coiffés de hauts bonnets d'astrakan et beaucoup mieux vêtus et montés que ne le sont ordinairement les Cosaques. Nous fondîmes sur eux, et, selon la coutume de ces gens-là, qui ne se battent jamais en ligne, les Cosaques firent demi-tour et s'enfuirent au galop; mais, étrangers à la localité, ils se dirigèrent vers un obstacle bien rare dans ces vastes plaines: un immense et profond ravin, que la parfaite régularité du sol empêchait d'apercevoir de loin, les arrêta tout court!... Se voyant dans l'impossibilité de le franchir avec leurs chevaux et obligés de faire face à mon régiment qui allait les rejoindre, les Cosaques se retournent, et, se serrant les uns contre les autres, ils nous présentent bravement leurs lances!

Le terrain, couvert de verglas, était fort glissant, et nos chevaux, très fatigués, ne pouvaient galoper sans tomber. Il n'y eut donc pas de choc, et ma ligne arriva seulement au trot sur la masse ennemie qui restait immobile. Nos sabres touchaient les lances; mais celles-ci ayant treize à quatorze pieds de long, il nous était impossible d'atteindre nos adversaires, qui n'osaient reculer, de crainte de tomber dans le précipice, ni avancer pour venir affronter nos sabres! On s'observait donc mutuellement, lorsqu'on moins de temps qu'il n'en faut pour le raconter, se passa la scène suivante.

Pressé d'en finir avec les ennemis, je criai à mes cavaliers qu'il fallait saisir quelques lances de la main gauche, les détourner, pousser en avant, et pénétrer au milieu de cette foule d'hommes, où nos armes courtes nous donneraient un avantage immense sur leurs longues perches. Pour être mieux obéi, je voulus donner l'exemple, et, écartant quelques lances, je parvins en effet à pénétrer dans les premiers rangs ennemis!... Mes adjudants-majors, mes ordonnances me suivirent, et tout le régiment fit bientôt de même. Il en résulta une mêlée générale. Mais au moment où elle s'engageait, un vieux Cosaque à barbe blanche, qui, placé aux rangs inférieurs, se trouvait séparé de moi par d'autres combattants, se penche, et, dirigeant adroitement sa lance entre les chevaux de ses camarades, il me frappe de son fer aigu, qui passe, d'outre en outre, sous la rotule de mon genou droit!...

En me sentant blessé, je poussai vers cet homme pour me venger de la douleur affreuse que j'éprouvais, lorsque je vis devant moi deux beaux jeunes gens de dix-huit à vingt ans, portant un brillant costume couvert de riches broderies: c'étaient les fils du chef du *pulk*. Un homme âgé, espèce de mentor, les accompagnait, mais n'avait pas le sabre à la main. Le plus jeune de ses élèves ne se servait pas du sien, mais l'aîné fondit bravement sur moi et m'attaqua avec fureur!... Je le trouvai si peu formé, si faible, que, me bornant à le désarmer, je le pris par le bras, le poussai derrière moi et ordonnai à Van Berchem de le garder. Mais à peine avais-je accompli cet acte d'humanité, que je sentis un corps dur se poser sur ma joue gauche... une double détonation éclate à mes oreilles, et le collet de mon manteau est traversé par une balle!... Je me retourne vivement, et que vois-je?... Le jeune officier cosaque qui, tenant une paire de pistolets doubles dont il venait de tirer traîtreusement un coup sur moi par derrière, *brûlait la cervelle* au malheureux Van Berchem!!!...

Transporté de fureur, je m'élance alors sur cet enragé, qui déjà m'ajustait avec le second pistolet!... Mais son regard ayant rencontré le mien qui devait être terrible, il en fut comme *fasciné* et s'écria en très bon français: «Ah! grand Dieu! je vois la mort dans vos yeux!... Je vois la mort dans vos yeux!!!—Eh bien, scélérat, tu vois juste!!!...» En effet, il tomba!...

Le sang appelle le sang! La vue du jeune Van Berchem étendu à mes pieds, ce que je venais de faire, l'animation du combat et peut-être aussi l'affreuse douleur que me causait ma blessure, tout cela réuni me jetant dans un état de surexcitation fébrile, je cours vers le plus jeune des officiers cosaques, je le saisis à la gorge, et déjà mon sabre était levé, lorsque le vieux gouverneur, cherchant à garantir son élève, penche le haut du corps sur l'encolure de mon cheval, de manière à m'empêcher de remuer le bras, et s'écrie d'un ton suppliant: «Au nom de votre mère, grâce, grâce pour celui-ci, il n'a rien fait!...»

En entendant invoquer un nom vénéré, mon esprit, exalté par tout ce qui m'entourait, fut frappé d'*hallucination*, au point que je crus voir une main blanche, si connue de moi, se poser sur la poitrine du jeune homme que j'allais percer, et il me sembla entendre la voix de ma mère prononcer les mots: «Grâce! grâce!» Mon sabre s'abaissa! Je fis conduire le jeune homme et son gouverneur sur les derrières.

Mon émotion était si grande après ce qui venait de se passer, que je n'aurais pu donner aucun ordre au régiment, si le combat eût encore duré quelque temps; mais il fut bientôt terminé. Un grand nombre de Cosaques avaient été tués, et les autres, abandonnant leurs chevaux, s'étaient laissés glisser dans les profondeurs du ravin, où la plupart périrent dans les énormes tas de neige que les vents y avaient amoncelés. Les ennemis furent aussi repoussés sur tous les autres points. (Mes états de service portent ma blessure comme reçue le 4 décembre; elle le fut en réalité le 2, jour du combat de Plechtchénitsoui.)

Dans la soirée qui suivit cette affaire, je questionnai mon prisonnier et son gouverneur. J'appris que les deux jeunes gens étaient fils d'un chef puissant qui, ayant perdu une jambe à la bataille d'Austerlitz, avait voué aux Français une haine si vive que, ne pouvant plus les combattre, il avait envoyé ses deux fils pour leur faire la guerre. Je prévis que le froid et le chagrin feraient bientôt périr le seul qui lui restât. J'en eus pitié et lui rendis la liberté, ainsi qu'à son vénérable mentor. Celui-ci, en prenant congé de moi, me dit ces mots expressifs: «En pensant à son fils aîné, la mère de mes deux élèves vous maudira; mais en revoyant le second, elle vous bénira, ainsi que votre mère, en considération de laquelle vous avez épargné le seul enfant qui lui reste!»

Cependant, la vigueur avec laquelle les troupes russes avaient été repoussées dans la dernière action ayant calmé leur ardeur, nous fûmes deux jours sans les revoir, ce qui assura notre retraite jusqu'à Malodeczno; mais si les ennemis nous laissaient un moment de trêve, le froid nous faisait une guerre des plus rudes, car le thermomètre descendit à 27 degrés! Les hommes et les chevaux tombaient à chaque pas, et beaucoup pour ne plus se relever. Je n'en restai pas moins avec les débris de mon régiment, au milieu duquel je bivouaquai sur la neige chaque nuit: où aurais-je pu aller pour être moins mal? Mes braves officiers et soldats, considérant leur colonel comme un *drapeau vivant*, tenaient à me conserver et m'entouraient de tous les soins que comportait notre affreuse situation. La blessure que j'avais reçue au genou m'empêchant de me tenir à califourchon, j'étais obligé de placer ma jambe sur l'encolure du cheval et de garder l'immobilité, ce qui me glaçait. Aussi mes douleurs devinrent-elles intolérables; mais que faire?

La route était parsemée de morts et de mourants, la marche lente et silencieuse. Ce qui restait d'infanterie de la garde formait un petit carré dans lequel marchait la voiture de l'Empereur. Il avait à ses côtés le roi Murat.

Le 5 décembre, après avoir dicté son vingt-neuvième bulletin, qui jeta toute la France dans la stupeur, Napoléon quitta l'armée à Smorgoni, pour se rendre à Paris. Il faillit être enlevé à Ochmiana par un parti de Cosaques. Le départ de l'Empereur produisit un effet immense sur l'esprit des troupes. Les uns le blâmaient en le qualifiant d'*abandon*; les autres l'approuvaient comme le seul moyen de préserver la France de la guerre civile et de l'invasion de nos prétendus alliés, dont la plupart, n'attendant qu'une circonstance favorable pour se déclarer contre nous, n'oseraient bouger, en apprenant que Napoléon, rentré dans ses États, y organisait de nombreux régiments. Je partageais cette dernière opinion, dont les faits prouvèrent la justesse.

---

1. Le général Partouneaux se défendit d'ailleurs héroïquement; sa division était réduite à quelques centaines de combattants lorsqu'elle dut se rendre. (Voy. THIERS, *Histoire du Consulat et de l'Empire*.)
2. Tchitchakoff a rendu justice à la vigueur de notre cavalerie dans cette affaire. Du reste, ses Mémoires (publiés en 1862) et ceux du comte de Rochechouart confirment de point en point les détails donnés sur ces événements: la prise et la perte de Borisoff par les Russes; leur mouvement intempestif sur Beresino inférieur; le combat de Zawniski près Brillowa et Stakowo; la fatale rupture des ponts et la retraite de nos troupes par les marais gelés de Zembin. (*Note de l'éditeur*.)
3. Tchitchakoff a trouvé dans ce fait une excuse à sa négligence.

CHAPITRE VINGT

Intensité du froid.—Brigandage armé.—Arrivée à Wilna.—Le défilé de Ponari.—Retraite en traîneaux.—Arrivée à Kowno.—Passage de la Vistule.

L'Empereur, en s'éloignant, confia le commandement des débris de l'armée à Murat, qui, dans cette circonstance, se montra au-dessous de sa tâche. Il faut convenir aussi qu'elle était on ne peut plus difficile. Le froid paralysait les facultés morales et physiques de chacun; la désorganisation était partout. Le maréchal Victor refusa de relever le 2e corps, qui faisait l'arrière-garde depuis la Bérésina, et le maréchal Ney eut beaucoup de peine à l'y contraindre. Chaque matin, on laissait des milliers de morts dans les bivouacs qu'on quittait. Je m'applaudis alors d'avoir, au mois de septembre, forcé mes cavaliers à se munir de redingotes en peau de mouton: cette précaution sauva la vie à beaucoup d'entre eux. Il en fut de même des provisions de bouche que nous avions faites à Borisoff, car, sans cela, il aurait fallu disputer à la multitude affamée des cadavres de chevaux.

Je dirai à ce sujet que M. de Ségur exagère lorsqu'il dit que, pour assouvir leur faim, on vit des malheureux réduits à manger de la *chair humaine*[1]! La route était suffisamment garnie de chevaux pour que personne ne songeât à se faire anthropophage. Au surplus, on serait dans une grande erreur si l'on croyait que les vivres manquaient totalement dans la contrée, car ils ne faisaient défaut que dans les localités situées sur la route même, parce que ses environs avaient été épuisés lorsque l'armée se rendait à Moscou; mais comme elle n'avait fait que passer comme un torrent, sans s'étendre sur les flancs, et que depuis cette époque la moisson avait été faite, le pays s'était un peu remis, et il suffisait d'aller à une ou deux lieues sur les côtés pour retrouver une certaine abondance. Il est vrai que les détachements encore en bon ordre pouvaient seuls faire de telles excursions sans être enlevés par des partis de Cosaques qui rôdaient autour de nous.

Je me concertai donc avec plusieurs colonels pour organiser des *maraudes armées* qui revenaient toujours non seulement avec du pain et quelques pièces de bétail, mais avec des traîneaux chargés de viandes salées, de farine et d'avoine prises dans les villages que les paysans n'avaient pas abandonnés. Cela prouve que si le duc de Bassano et le général Hogendorf, auxquels l'Empereur avait confié, au mois de juin, l'administration de la Lithuanie, avaient rempli leur devoir pendant le long espace de temps qu'ils passèrent à Wilna, ils auraient pu facilement créer de grands magasins; mais ils s'étaient surtout attachés à approvisionner la ville, sans s'occuper des troupes.

Le 6 décembre, l'intensité du froid s'accrut infiniment, car le thermomètre descendit à près de 30 degrés; aussi cette journée fut-elle encore plus funeste que les précédentes, surtout pour les troupes qui n'avaient pas été habituées peu à peu à l'intempérie du climat. De ce nombre était la division Gratien, qui, forte de 12,000 conscrits, avait quitté Wilna le 4 pour venir au-devant de nous. La brusque transition de casernes bien chaudes avec le bivouac de 29 degrés et demi de froid fit périr en quarante-huit heures presque tous ces malheureux! La rigueur de la saison produisit des effets encore plus terribles sur 200 cavaliers napolitains de la garde du roi Murat. Ils venaient aussi à notre rencontre après avoir séjourné longtemps à Wilna; mais ils moururent *tous* dès la première nuit qu'ils passèrent sur la neige!

Ce qui restait d'Allemands, d'Italiens, d'Espagnols, de Croates et autres étrangers que nous avions conduits en Russie, sauvèrent leur vie par un moyen qui répugnait aux Français: ils *désertaient*, gagnaient les villages à proximité de la route et attendaient, en se chauffant dans les maisons, l'arrivée des ennemis, qui, souvent, n'avait lieu que quelques jours après, car, chose étonnante, les soldats russes, habitués à passer l'hiver dans des habitations bien calfeutrées et garnies de poêles toujours allumés, sont infiniment plus sensibles au froid que ceux des autres contrées de l'Europe; aussi l'armée ennemie éprouvait-elle de grandes pertes, ce qui explique la lenteur de la poursuite.

Nous ne comprenions pas comment Koutousoff et ses généraux se bornaient à nous suivre en queue avec une faible avant-garde, au lieu de se jeter sur nos flancs, de les déborder et d'aller nous couper toute retraite en gagnant la tête de nos colonnes. Mais cette manœuvre, qui eût consommé notre perte, leur devint impossible, parce que la plupart de leurs soldats périssaient, ainsi que les nôtres, sur les routes et dans les bivouacs, car l'intensité du froid était si grande qu'on distinguait une sorte de fumée sortant des oreilles et des yeux. Cette vapeur, se condensant au contact de l'air, retombait bruyamment sur nos poitrines comme auraient pu le faire des poignées de grains de millet. Il fallait s'arrêter souvent pour débarrasser les chevaux des énormes glaçons que leur haleine formait en se gelant sur le mors des brides.

Cependant quelques milliers de Cosaques, attirés par l'espoir du pillage, supportaient encore l'intempérie de la saison et côtoyaient nos colonnes, dont ils avaient même l'audace d'attaquer les points où ils apercevaient des bagages; mais il suffisait de quelques coups de fusil pour les éloigner. Enfin, pour jeter facilement le trouble parmi nous sans courir aucun danger, car nous avions été réduits, faute d'attelages, à abandonner toute notre artillerie, les Cosaques placèrent sur des traîneaux de petits canons légers, avec lesquels ils tiraient sur nos troupes jusqu'à ce que, voyant un détachement armé s'avancer vers eux, ils se sauvassent à toutes jambes. Ces attaques partielles, qui, en réalité, faisaient peu de mal aux Français, ne laissaient pas que d'être fort désagréables par leur continuelle répétition. Beaucoup de malades et de blessés ayant été pris et dépouillés par ces coureurs, dont quelques-uns firent un immense butin, le désir de s'enrichir aussi nous attira de nouveaux ennemis, sortant des rangs de nos alliés: ce furent les Polonais.

Le maréchal de Saxe, fils d'un de leurs rois, a dit avec raison que «les Polonais sont les plus grands pillards du monde et ne respecteraient même pas le bien de leurs pères». Jugez si ceux qui étaient dans nos rangs respectaient celui de leurs alliés. Aussi, dans les marches et dans les bivouacs, ils volaient tout ce qu'ils voyaient; mais comme on se méfiait d'eux et que les larcins isolés devinrent fort difficiles, ils résolurent de travailler *en grand*. Pour cela, ils s'organisèrent en bandes, jetèrent leurs casques, se coiffèrent de bonnets de paysans, et, se glissant hors des bivouacs dès que la nuit était close, ils se réunissaient sur un point donné, et, revenant ensuite vers nos camps en poussant le cri de guerre des Cosaques: «Hourra! hourra!» ils portaient ainsi la terreur dans l'esprit des hommes faibles, dont beaucoup fuyaient en abandonnant effets, voitures et vivres. Alors les prétendus Cosaques, après avoir tout pillé, s'éloignaient et rentraient avant le jour dans la colonne française, où ils reprenaient le titre de Polonais, sauf à redevenir *Cosaques* la nuit suivante.

Cet affreux brigandage ayant été signalé, plusieurs généraux et colonels résolurent de le punir. Le général Maison fit faire si bonne garde dans les bivouacs du 2e corps, qu'une belle nuit nos postes surprirent une cinquantaine de Polonais au moment où, s'apprêtant à jouer le rôle de *faux Cosaques*, ils allaient faire leur *hourra* de pillage!... Se voyant cernés de toutes parts, ces bandits eurent l'impudence de dire qu'ils avaient voulu faire une *plaisanterie*!... Mais comme ce n'était ni le lieu ni le moment de rire, le général Maison les fit *tous fusiller* sur-le-champ! On fut quelque temps sans voir des voleurs de cette espèce; mais ils reparurent plus tard.

Nous arrivâmes le 9 décembre à Wilna, où il existait quelques magasins; mais le duc de Bassano et le général Hogendorf s'étaient retirés vers le Niémen, et personne ne donnait d'ordre... Aussi, là comme à Smolensk, les administrateurs exigeaient, pour délivrer des vivres et des vêtements, qu'on leur remît des *reçus* réguliers, ce qui était impossible à cause de la désorganisation de presque tous les régiments. On perdit donc un temps précieux. Le général Maison fit enfoncer plusieurs magasins, et ses troupes eurent quelques vivres et des effets d'habillement, mais le surplus fut pris le lendemain par les Russes. Les soldats des autres corps se répandirent en ville dans l'espoir d'être reçus par les habitants; mais ceux-ci, qui, six mois avant, appelaient les Français de leurs vœux, fermèrent leurs maisons dès qu'ils les virent dans le malheur! Les Juifs seuls reçurent ceux qui avaient de quoi payer cette hospitalité passagère.

Repoussés des magasins ainsi que des habitations particulières, l'immense majorité des hommes affamés se porta vers les hôpitaux, qui furent bientôt encombrés outre mesure, bien qu'il ne s'y trouvât pas assez de vivres pour tous ces malheureux; mais ils étaient du moins à l'abri des grands froids!... Cet avantage précaire détermina cependant plus de 20,000 malades et blessés, parmi lesquels se trouvaient deux cents officiers et huit généraux, à ne pas aller plus loin! Leurs forces morales et physiques étaient épuisées.

Le lieutenant Hernoux, l'un des plus vigoureux et des plus braves officiers de mon régiment, était tellement consterné de ce qu'il voyait depuis quelques jours, qu'il se coucha sur la neige, et rien ne pouvant le déterminer à se lever, il y mourut!... Plusieurs militaires de tous grades se brûlèrent la cervelle pour mettre un terme à leurs misères!

Dans la nuit du 9 au 10 décembre et par 30 degrés de froid, quelques Cosaques étant venus tirailler aux portes de Wilna, bien des gens crurent que c'était l'armée entière de Koutousoff, et, dans leur épouvante, ils s'éloignèrent précipitamment de la ville. J'ai le regret d'être obligé de dire que le roi Murat fut de ce nombre: il partit sans donner aucun ordre; mais le maréchal Ney resta. Il organisa la retraite le mieux qu'il put, et nous quittâmes Wilna le 10 au matin, en y abandonnant, outre un très grand nombre d'hommes, un parc d'artillerie et une partie du trésor de l'armée.

À peine étions-nous hors de Wilna que les infâmes Juifs, se ruant sur les Français qu'ils avaient reçus dans leurs maisons pour leur soutirer le peu d'argent qu'ils avaient, les dépouillèrent de leurs vêtements et les jetèrent *tout nus* par les fenêtres!... Quelques officiers de l'avant-garde russe qui entraient à ce moment furent tellement indignés de cette atrocité qu'ils firent tuer beaucoup de Juifs.

Au milieu de ce tumulte, le maréchal Ney avait poussé vers la route de Kowno tout ce qu'il pouvait mettre en mouvement; mais à peine avait-il fait une lieue, qu'il rencontra la hauteur de Ponari. Ce monticule, qu'en toute autre circonstance la colonne eût franchi sans y faire attention, devint un obstacle immense, parce que la glace qui le couvrait avait rendu la route tellement glissante que les chevaux de trait étaient hors d'état de monter les chariots et les fourgons!... Ce qui restait du trésor allait donc tomber aux mains des Cosaques, lorsque le maréchal Ney ordonna d'ouvrir les caissons et de laisser les soldats français puiser dans les coffres. Cette sage mesure, dont M. de Ségur n'a probablement pas connu le motif, l'a porté à dire que les troupes pillèrent le trésor impérial. Dans le *Spectateur militaire* de l'époque, j'ai également relevé cette phrase de M. de Ségur: «Après le départ de l'Empereur, la plupart des colonels de l'armée, qu'on avait admirés jusque-là marchant encore, avec quatre ou cinq officiers ou soldats, autour de leur aigle... ne prirent plus d'ordres que d'eux-mêmes... Il y eut des hommes qui firent deux cents lieues sans tourner la tête!» J'ai prouvé que le maréchal Ney, ayant vu tomber dans un combat le colonel et le chef de bataillon d'un régiment qui ne comptait plus que soixante hommes, comprit que de telles pertes s'opposeraient à la réorganisation de l'armée et ordonna qu'on ne gardât devant l'ennemi que le nombre d'officiers supérieurs proportionné à celui de la troupe.

Plusieurs jours avant notre arrivée à Wilna, l'intensité du froid ayant fait périr beaucoup de chevaux de mon régiment et empêchant de monter ceux qui nous restaient encore, tous mes cavaliers marchaient à pied. J'aurais bien voulu pouvoir les imiter; mais ma blessure s'y opposant, je fis prendre un traîneau auquel on attela un de mes chevaux. La vue de ce nouveau véhicule m'inspira l'idée de sauver par ce moyen mes malades devenus nombreux, et comme en Russie il n'y a pas de si pauvre habitation dans laquelle on ne trouve un traîneau, j'en eus bientôt une centaine, dont chacun, traîné par un cheval de troupe, sauvait deux hommes. Cette manière d'aller parut si commode au général Castex, qu'il m'autorisa à placer tous les autres cavaliers en traîneaux. M. le chef d'escadron Monginot, devenu colonel du 24e de chasseurs depuis que M. A... avait été nommé général, ayant reçu la même autorisation, tout ce qui restait de notre brigade attela ses chevaux et forma une caravane qui marchait avec le plus grand ordre.

Vous croyez, sans doute, qu'en marchant ainsi nous paralysions nos moyens de défense; mais détrompez-vous, car sur la glace nous étions bien plus forts avec des traîneaux qui passent partout et dont les brancards soutiennent les chevaux, que si nous fussions restés en selle sur des montures tombant à chaque pas!

La route étant couverte de fusils abandonnés, nos chasseurs en prirent chacun deux et firent aussi ample provision de cartouches, de sorte que lorsque les Cosaques se hasardaient à nous approcher, ils étaient reçus par une mousqueterie des plus vives, qui les éloignait promptement. D'ailleurs, nos cavaliers combattaient à pied au besoin; puis, le soir, nous formions avec les traîneaux un immense carré, au milieu duquel nous établissions nos feux. Le maréchal Ney et le général Maison venaient souvent passer la nuit en ce lieu, où il y avait sécurité, puisque l'ennemi ne nous suivait qu'avec des Cosaques. Ce fut sans doute la première fois qu'on vit faire l'arrière-garde en traîneaux; mais la gelée rendait tout autre moyen impraticable, et celui-ci nous réussit.

Nous continuâmes donc à couvrir la retraite jusqu'au 13 décembre, où nous revîmes enfin le Niémen et Kowno, dernière ville de Russie. C'était par ce même lieu que, cinq mois plus tôt, nous étions entrés dans l'empire des Czars. Combien les circonstances étaient changées depuis!... Quelles pertes immenses l'armée française avait éprouvées!

À son entrée dans Kowno avec l'arrière-garde, le maréchal Ney trouva pour toute garnison un faible bataillon de 400 Allemands, qu'il joignit aux quelques troupes qui lui restaient, afin de défendre la place le plus longtemps possible et de donner ainsi aux malades et blessés la facilité de s'écouler vers la Prusse. En apprenant l'arrivée de Ney, le roi Murat s'éloigna pour gagner Gumbinnen.

Le 14, les Cosaques de Platow, suivis de deux bataillons d'infanterie russe, placés ainsi que plusieurs canons sur des traîneaux, parurent devant Kowno, qu'ils attaquèrent sur plusieurs points. Mais le maréchal Ney, secondé par le général Gérard, les repoussa et se maintint dans la ville jusqu'à la nuit. Alors, il nous fit traverser le Niémen sur la glace et quitta le dernier le territoire russe!

Nous étions en Prusse, en pays allié!... Le maréchal Ney, accablé de fatigue, malade, et considérant d'ailleurs la campagne comme terminée, nous quitta aussitôt et se rendit à Gumbinnen, où se réunissaient tous les maréchaux. Dès ce moment, l'armée n'eut plus de chef, et les débris de chaque régiment marchèrent isolément en avançant sur le territoire prussien. Les Russes, en guerre avec ce pays, auraient eu le droit de nous y suivre; mais satisfaits d'avoir reconquis leur territoire, et ne sachant d'ailleurs s'ils devaient se présenter en Prusse comme alliés ou ennemis, ils voulurent attendre les ordres de leur gouvernement et s'arrêtèrent sur le Niémen. Nous profitâmes de leur hésitation pour nous diriger vers les villes de la Vieille-Prusse.

Les Allemands sont généralement humains; beaucoup d'entre eux avaient des parents et des amis dans les régiments qui avaient suivi les Français à Moscou. Ils nous reçurent donc assez bien, et j'avoue qu'après avoir couché pendant cinq mois à la belle étoile, ce fut avec délices que je me vis logé dans une chambre chaude et placé dans un bon lit! Mais cette brusque transition d'un bivouac glacial à un bien-être depuis si longtemps oublié me rendit gravement malade. Presque toute l'armée éprouva les mêmes effets: nous perdîmes beaucoup de monde, entre autres les généraux Éblé et Lariboisière, chefs de l'artillerie.

Malgré la réception convenable qu'ils nous firent, les Prussiens, se rappelant leur défaite d'Iéna et la manière dont Napoléon les avait traités en 1807, en démembrant une partie de leur royaume, nous haïssaient secrètement et nous auraient désarmés et arrêtés au premier signal donné par leur roi. Déjà le général York, chef du nombreux corps prussien dont l'Empereur avait si imprudemment formé l'aile gauche de la Grande Armée, le général York, cantonné entre Tilsitt et Riga, venait de pactiser avec les Russes et de renvoyer le maréchal Macdonald, que, par un reste de pudeur, il n'osa cependant pas faire arrêter. Les Prussiens de toute classe applaudirent à la trahison du général York, et comme les provinces que traversaient en ce moment les soldats français malades et sans armes étaient garnies de troupes prussiennes, il est probable que les habitants auraient cherché à s'emparer de nous, s'ils n'avaient craint pour leur roi qui était à Berlin, au milieu d'une armée française commandée par le maréchal Augereau. Cette crainte et le désaveu que le roi de Prusse (le plus honnête homme de son royaume) infligea au général York, en le faisant juger et condamner à mort pour crime de haute trahison, ayant empêché un soulèvement général contre les Français, nous en profitâmes pour nous éloigner et pour gagner les rives de la Vistule.

Mon régiment la traversa auprès de la forteresse de Graudenz, au point même où nous l'avions passée en nous rendant en Russie; mais le trajet fut cette fois très périlleux, car le dégel s'étant déjà fait sentir à quelques lieues en amont, la glace était recouverte d'un grand pied d'eau, et l'on entendait d'affreux craquements, présage d'une débâcle générale. Ajoutez à cela que ce fut au milieu d'une nuit obscure que je reçus l'ordre de passer le fleuve *à l'instant même*, car le général venait d'être informé que le roi de Prusse ayant quitté Berlin pour se réfugier en Silésie, au centre d'une armée considérable, les populations commençaient à s'agiter, et il était à craindre qu'elles ne se soulevassent contre nous, dès que la débâcle nous empêcherait de traverser la Vistule. Il fallait donc absolument affronter le danger. Il était immense, car le fleuve est très considérable devant Graudenz, et il existait dans la glace de larges et nombreuses crevasses qu'on n'apercevait que fort difficilement à la lueur des feux allumés sur les deux rives.

Comme il ne fallait pas songer à faire ce trajet avec nos traîneaux, nous les abandonnâmes: on prit les chevaux en main, et, précédés de quelques hommes armés de perches qui signalaient les crevasses, nous commençâmes cette périlleuse traversée. Nous étions jusqu'à mi-jambes dans l'eau à demi gelée, ce qui aggrava la position des blessés et des malades; mais la douleur physique n'était rien auprès des craintes que nous inspiraient les craquements des glaçons, menaçant à chaque instant de s'enfoncer sous nos pieds! Le domestique d'un de mes officiers tomba dans une crevasse et ne reparut plus! Enfin, nous arrivâmes à la rive opposée, où nous passâmes la nuit à nous réchauffer dans des huttes de pêcheurs, et le lendemain nous fûmes témoins d'un dégel complet de la Vistule, de sorte que si nous eussions retardé notre passage de quelques heures, nous étions faits prisonniers!…

Du lieu où nous avions franchi la Vistule, mon régiment se rendit dans la petite ville de Sweld, où il avait déjà cantonné avant la guerre: ce fut là que je commençai l'année 1813. Celle qui venait de finir avait été certainement la plus pénible de ma vie!

---

1. «Des malheureux se précipitèrent dans ces brasiers… leurs compagnons affamés les regardaient sans effroi… il y en eut même qui attirèrent à eux ces corps défigurés et grillés… et il est trop vrai qu'ils osèrent porter à leur bouche cette révoltante nourriture!» (DE SÉGUR, *Histoire de Napoléon*.)

CHAPITRE VINGT-ET-UN

Causes de nos désastres.—Manque d'interprètes.—Confiance aveugle dans la fidélité de nos alliés.—Considérations sur l'incendie de Moscou.—Chiffre de nos pertes.—Témoignage flatteur accordé par l'Empereur au 23e de chasseurs.

Jetons maintenant un coup d'œil rapide sur les causes qui firent manquer la campagne de Russie.

La principale fut incontestablement l'erreur dans laquelle tomba Napoléon, lorsqu'il crut pouvoir faire la guerre dans le nord de l'Europe avant de terminer celle qu'il soutenait depuis longtemps en Espagne, où ses armées venaient d'essuyer de grands revers, à l'époque où il se préparait à aller attaquer les Russes chez eux. Les troupes vraiment *françaises*, ainsi disséminées au nord et au midi, se trouvant insuffisantes partout, Napoléon crut y suppléer en joignant à leurs bataillons ceux de ses alliés. C'était affaiblir un vin généreux en y mêlant de l'eau bourbeuse!... En effet, les divisions françaises furent moins bonnes; les troupes des alliés restèrent toujours médiocres, et ce furent elles qui, pendant la retraite, portèrent le désordre dans la Grande Armée.

Une cause non moins fatale de nos revers fut la mauvaise organisation, ou plutôt le manque total d'organisation des pays conquis. Car, au lieu d'imiter ce que nous avions fait pendant les campagnes d'Austerlitz, Iéna et Friedland, en établissant dans les pays dont l'armée s'éloignait de petits corps de troupes qui, échelonnés d'étapes en étapes, communiquaient régulièrement entre eux pour assurer la tranquillité de nos derrières, l'arrivée des munitions, des hommes isolés, et le départ des convois de blessés, on avait imprudemment poussé toutes les forces disponibles vers Moscou, si bien que, de cette ville au Niémen, il n'y avait, si on en excepte Wilna et Smolensk, pas une seule garnison, pas un magasin, pas un hôpital! Deux cents lieues de pays étaient ainsi livrées à quelques partis de Cosaques errants. Il résulta de cet abandon que les malades rétablis ne pouvaient rejoindre l'armée, et que, faute de convois d'évacuation, on fut obligé de laisser pendant près de deux mois tous les blessés de la Moskova dans le couvent de Kolotskoï. Ils s'y trouvaient encore au moment de la retraite; presque tous furent pris, et ceux qui, comptant sur leurs forces, voulurent suivre l'armée périrent de fatigue et de froid sur les grandes routes! Enfin les troupes en retraite n'avaient pas de subsistances assurées dans des contrées qui produisent d'immenses quantités de blé.

Le défaut de petites garnisons sur nos derrières fut encore cause que sur plus de 100,000 prisonniers faits par les Français dans le cours de la campagne, *pas un*, mais à la lettre *pas un seul*, ne sortit de Russie, parce qu'on n'avait pas organisé sur les derrières des détachements pour les conduire en se les passant de main en main. Aussi, tous ces prisonniers s'échappaient facilement et retournaient vers l'armée russe, qui récupérait par ce moyen une partie de ses pertes, tandis que les nôtres s'aggravaient chaque jour.

Le manque d'interprètes contribua aussi à nos désastres beaucoup plus qu'on ne le pense; en effet, quels renseignements obtenir dans un pays inconnu, quand on ne peut échanger une seule parole avec les habitants?... Ainsi, lorsque sur les bords de la Bérésina le général Partouneaux se trompa de chemin, quittant celui de Studianka pour se diriger vers le camp de Wittgenstein, Partouneaux avait avec lui un paysan de Borisoff, qui, ne sachant pas un mot de français, tâchait de lui faire comprendre par des signes expressifs que ce camp était russe; mais, faute d'interprète, on ne s'entendit pas, et nous perdîmes une belle division de 7 à 8,000 hommes!

Dans une circonstance à peu près semblable, le 3e de lanciers, surpris au mois d'octobre, malgré les avis incompris de son guide, avait perdu 200 hommes. Cependant, l'Empereur avait dans son armée plusieurs corps de cavalerie polonaise, dont presque tous les officiers et beaucoup de sous-officiers parlaient très bien le russe; mais on les laissa dans leurs régiments respectifs, tandis qu'on aurait dû en prendre quelques-uns dans chaque corps pour les placer auprès de tous les généraux et colonels, où ils auraient rendu de très grands services. J'insiste sur ce point, parce que l'armée française étant celle où les langues étrangères sont le moins connues, il en est souvent résulté de très grands inconvénients pour elle, ce qui néanmoins ne nous a pas corrigés de l'insouciance que nous apportons dans cette partie si essentielle à la guerre.

J'ai déjà fait observer combien fut grande la faute que l'on commit en formant les deux ailes de la Grande Armée avec les contingents de la Prusse et de l'Autriche. L'Empereur dut vivement s'en repentir, d'abord en apprenant que les Autrichiens avaient laissé passer l'armée russe de Tchitchakoff, qui venait nous couper le chemin de la retraite sur les bords de la Bérésina, et en second lieu lorsqu'il connut la trahison du général York, chef du corps prussien. Mais les regrets de Napoléon durent être encore bien plus amers pendant et après la retraite, car si dès le commencement de la campagne il eût composé les deux ailes de la Grande Armée de troupes françaises, en amenant à Moscou les Prussiens et les Autrichiens, ceux-ci, ayant éprouvé leur part de misères et de pertes, auraient été au retour aussi affaiblis que tous les autres corps, tandis que Napoléon aurait retrouvé intactes les troupes françaises laissées par lui aux deux ailes! J'irai même plus loin, car je pense que l'Empereur, afin d'affaiblir la Prusse et l'Autriche, aurait dû *exiger* d'elles des contingents triples et quadruples de ceux qu'elles lui envoyèrent!... On a dit, après l'événement, que ces deux États n'auraient pas adhéré à cette demande; je pense tout le contraire, car le roi de Prusse venant à Dresde *supplier* Napoléon de vouloir bien agréer son fils pour aide de camp n'aurait osé rien lui refuser; et l'Autriche, dans l'espoir de recouvrer quelques-unes des riches provinces que l'empereur des

Français lui avait arrachées, aurait de son côté fait tout pour lui complaire!... La trop grande confiance que Napoléon eut en 1812 dans la Prusse et l'Autriche le perdit!...

On a prétendu, et l'on répétera longtemps, que l'incendie de Moscou, dont on a fait honneur à la courageuse résolution du gouvernement russe et du général Rostopschine, fut la principale cause de la non-réussite de notre campagne de 1812. Cette assertion me paraît contestable. D'abord, la destruction de Moscou ne fut pas tellement complète qu'il n'y restât assez de maisons, de palais, d'églises et de casernes, pour établir toute l'armée, ainsi que le prouve un état que j'ai vu entre les mains de mon ami le général Gourgaud, alors premier officier d'ordonnance de l'Empereur. Ce ne fut donc pas le défaut de *logements* qui contraignit les Français à quitter Moscou. Bien des gens pensent que ce fut la crainte de manquer de vivres; mais c'est encore une erreur, car les rapports faits à l'Empereur par M. le comte Daru, intendant général de l'armée, prouvent que, même après l'incendie, il existait dans cette ville immense plus de provisions qu'il n'en aurait fallu pour nourrir l'armée pendant six mois! Ce ne fut donc pas la crainte de la *disette* qui détermina l'Empereur à faire retraite, et sous ce rapport le gouvernement n'aurait pas atteint le but qu'il se proposait, s'il l'avait eu toutefois. Ce but était tout autre.

En effet, la cour voulait porter un coup mortel à la vieille aristocratie des boyards en détruisant la ville, centre de leur constante opposition; le gouvernement russe, tout despotique qu'il est, a beaucoup à compter avec la haute noblesse, dont plusieurs empereurs ont payé de leur vie le mécontentement. Les plus puissants et les plus riches membres de cette noblesse faisant de Moscou le foyer perpétuel de leurs intrigues, le gouvernement, de plus en plus inquiet de l'accroissement de cette ville, trouva dans l'invasion française une occasion de la détruire. Le général Rostopschine, un des auteurs du projet, fut chargé de l'exécution, dont il voulut plus tard rejeter l'odieux sur les Français[1]; mais l'aristocratie ne s'y trompa pas; elle accusa si hautement le gouvernement et montra un tel mécontentement de l'incendie inutile de ses palais, que l'empereur Alexandre, pour éviter une catastrophe personnelle, fut obligé non seulement de permettre la reconstruction de Moscou, mais de bannir Rostopschine, qui, malgré ses protestations de patriotisme, vint mourir à Paris, haï par la noblesse russe.

Mais quels que fussent les motifs de l'incendie de Moscou, je pense que sa conservation aurait été plus nuisible qu'utile aux Français, car pour dominer une cité immense, habitée par plus de 300,000 individus, toujours prêts à se révolter, il aurait fallu affaiblir l'armée, pour placer à Moscou une garnison de 50,000 hommes qui, au moment de la retraite, auraient été assaillis par la populace, tandis que l'incendie ayant éloigné presque tous les habitants, quelques patrouilles suffirent pour maintenir la tranquillité.

La seule influence qu'ait eue Moscou sur les événements de 1812 provint de ce que Napoléon, ne voulant pas comprendre qu'Alexandre ne pouvait lui demander la paix, sous peine d'être mis à mort par ses sujets, pensait que s'éloigner de cette capitale avant d'avoir conclu un traité avec les Russes serait avouer l'impuissance dans laquelle il était de s'y maintenir. L'empereur des Français s'obstina donc à rester le plus longtemps possible à Moscou, où il perdit plus d'un mois à attendre inutilement des propositions de paix. Ce retard nous devint fatal, puisqu'il permit à l'hiver de se prononcer avant que l'armée française pût aller se cantonner en Pologne. Mais lors même que Moscou aurait été conservé intact, cela n'eût rien changé aux événements; la catastrophe provint de ce que la retraite ne fut pas préparée d'avance et exécutée en temps opportun. Il était cependant facile de prévoir qu'il ferait très grand froid en Russie pendant l'hiver!... Mais, je le répète, l'espérance de conclure la paix séduisit Napoléon et fut la seule cause de son long séjour à Moscou.

Les pertes de la Grande Armée pendant la campagne furent immenses; on les a cependant beaucoup exagérées. J'ai déjà dit que j'avais vu entre les mains du général Gourgaud un état de situation surchargé de notes écrites de la main de Napoléon, et qu'il résultait de ce document *officiel* que le nombre d'hommes qui passèrent le Niémen fut de 325,900, dont 155,400 Français et 170,500 alliés. À notre retour, les contingents prussiens et autrichiens passèrent en masse à l'ennemi, et presque tous les autres alliés avaient déserté individuellement pendant la retraite. Ce n'est donc qu'en établissant une balance entre l'effectif des Français à leur entrée en campagne et ce qu'il était à leur second passage du Niémen, qu'on peut faire un premier calcul approximatif de leurs pertes.

Or il résulte des états de situation produits en février 1813 que 60,000 Français avaient repassé le Niémen; il en manquait donc 95,000. Sur ce nombre, 30,000 des prisonniers faits par les Russes rentrèrent dans leur patrie après la paix de 1814. La perte totale des Français regnicoles fut donc, pendant la campagne de Russie, de 65,000 morts[2].

La perte éprouvée par mon régiment fut dans des proportions relativement beaucoup moindres. En effet, à l'ouverture de la campagne, le 23e de chasseurs comptait dans ses rangs 1,018 hommes. Pendant son séjour au camp de Polotsk, il en reçut 30, ce qui portait à 1,048 le nombre de cavaliers de ce corps entrés en Russie. Sur ce nombre, j'eus 109 hommes tués, 77 faits prisonniers, 65 estropiés et 104 égarés. Le déficit ne fut donc que de 355 hommes; de sorte que, après la rentrée des cavaliers que j'avais dirigés sur Varsovie après la campagne, le régiment qui, des bords de la Vistule, avait été envoyé au delà de l'Elbe, dans la principauté de Dessau, put réunir en février 1813 un total de 693 hommes à cheval, ayant tous fait la campagne de Russie.

En voyant ce chiffre, l'Empereur, qui de Paris surveillait la réorganisation de son armée, pensa qu'il y avait erreur, et renvoya la *situation*, en me faisant ordonner d'en faire produire une plus exacte, et comme la seconde fut conforme à la première, l'Empereur ordonna au général Sébastiani d'aller inspecter mon régiment et de lui faire dresser un état *nominatif* des hommes présents. Cette opération ayant détruit tous les doutes et confirmé ce que j'avais avancé, je reçus peu de jours après du major général une lettre des plus flatteuses pour les officiers et sous-officiers, et surtout pour moi. Elle portait que «l'Empereur chargeait le prince Berthier de nous exprimer la satisfaction de Sa Majesté, pour les soins que nous avions donnés à la conservation des hommes placés sous nos ordres; que l'Empereur, sachant que le 23e de chasseurs n'avait pas été jusqu'à Moscou, ne fondait pas la comparaison sur les pertes essuyées par les régiments qui avaient poussé jusque-là, mais qu'il l'établissait entre ceux du 2e corps d'armée qui, s'étant trouvés dans les mêmes conditions, auraient dû ne faire qu'à peu près les mêmes pertes; que néanmoins le 23e de chasseurs, bien qu'il eût plus souffert du feu de l'ennemi que les autres, était celui de tous qui avait ramené le plus d'hommes, ce que Sa Majesté attribuait au zèle du colonel, des officiers et sous-officiers, ainsi qu'au bon esprit des soldats!»

Après avoir mis à l'ordre et fait lire cette lettre devant tous les escadrons, je comptais la garder comme un titre glorieux pour ma famille, mais j'en fus empêché par un scrupule que vous approuverez sans doute. Il me parut peu convenable de priver le régiment d'une pièce qui, portant les marques de la satisfaction impériale pour *tous*, appartenait à *tous*. J'envoyai donc la lettre du major général aux archives du régiment. Je me suis bien souvent repenti de cet acte de délicatesse, car un an s'était à peine écoulé, que le gouvernement de Louis XVIII ayant été substitué en 1814 à celui de l'Empereur, le 23e de chasseurs fut incorporé au 3e de même arme. Les archives de ces deux corps furent d'abord réunies, mal conservées, puis, au grand licenciement de l'armée en 1815, elles se perdirent dans l'immense gouffre du bureau de la guerre. En vain, après, la révolution de 1830, j'ai fait rechercher la lettre du major général, si flatteuse pour mon ancien régiment et pour moi, je n'ai pu parvenir à la retrouver.

---

1. Dans sa brochure publiée en 1823, Rostopschine insiste particulièrement sur les causes accidentelles de l'incendie.
2. M. Thiers établit comme il suit le compte de nos pertes. Selon lui, 420,000 hommes passèrent le Niémen, et ce chiffre fut porté à 533,000 par des renforts successifs: 300,000 auraient péri, tant Français qu'alliés. (*Note de l'éditeur.*)

CHAPITRE VINGT-DEUX

1813. Fâcheuse situation générale.—Incurie de l'administration.—Observations sur la conservation des places fortes.—État de la France.—Levées forcées et illégales.—Je rejoins mon dépôt à Mons.

L'année 1813 commença pour la France sous de bien fâcheux auspices; car à peine les glorieux débris de notre armée revenant de Russie eurent-ils franchi la Vistule et commencé à se réorganiser, que la trahison du général prussien York et des troupes qu'il commandait nous contraignit à nous retirer derrière l'Oder, et bientôt à abandonner Berlin et toute la Prusse soulevée contre nous, à l'aide des corps que Napoléon avait eu l'imprudence d'y laisser. Les Russes hâtèrent autant que possible leur marche et vinrent se joindre aux Prussiens, dont le Roi déclara alors la guerre à l'empereur des Français.

Napoléon n'avait dans le nord de l'Allemagne que deux divisions, commandées, il est vrai, par le maréchal Augereau, mais presque entièrement composées de conscrits. Quant aux Français qui venaient de faire la campagne de Russie, dès qu'ils furent bien nourris et qu'ils cessèrent de coucher sur la neige, ils recouvrèrent leurs forces, et l'on aurait pu les opposer aux ennemis. Mais nos cavaliers étaient presque tous à pied; très peu de fantassins avaient conservé leurs fusils; nous n'avions plus d'artillerie; la plupart des soldats manquaient de chaussures, et leurs habits tombaient en lambeaux! Le gouvernement français avait cependant employé une partie de l'année 1812 à faire confectionner une grande quantité d'effets de tous genres; mais, par suite de la négligence de l'administration de la guerre, alors dirigée par M. Lacuée, comte de Cessac, aucun régiment ne reçut les vêtements qui lui étaient destinés. La conduite de nos administrateurs en cette circonstance mérite d'être signalée. Voici comment les choses se passaient.

Dès que le dépôt d'un régiment avait confectionné à grands frais les nombreux effets destinés à ses bataillons ou escadrons de guerre, l'administration traitait avec une maison de roulage pour les transporter jusqu'à Mayence, qui faisait alors partie de l'Empire. Les colis, traversant la France, ne couraient donc aucun danger jusqu'aux bords du Rhin; cependant, par ordre de M. de Cessac, un détachement devait les accompagner jusqu'à Mayence, où l'on renvoyait les rouliers français, ainsi que l'escorte, pour livrer les caisses à des entrepreneurs étrangers, chargés de les diriger sur Magdebourg, Berlin et la Vistule, sans qu'aucun agent français eût à surveiller ces expéditions; aussi se faisaient-elles avec tant de mauvaise foi et une si grande lenteur que les ballots contenant les effets d'habillement et les chaussures mettaient six à huit mois pour parcourir le trajet de Mayence à la Vistule, ce qui aurait pu être fait en quarante jours.

Mais ce qui n'avait été qu'un grave inconvénient lorsque les armées françaises occupaient paisiblement l'Allemagne et la Pologne devint une *calamité* après la campagne de Russie. Plus de deux cents bateaux chargés d'effets destinés à nos régiments étaient retenus par les glaces sur le canal de Bromberg, auprès de Nackel, lorsqu'en janvier 1813 nous passâmes sur ce point. Mais comme il ne se trouvait pas sur cet immense convoi *un seul* agent de l'administration française pour nous prévenir, et que les bateliers, tous Prussiens, se considéraient déjà comme nos ennemis, pas un ne parla, et nous passâmes outre, croyant que ces barques portaient des marchandises. Cependant, le lendemain, les Prussiens prirent pour plus de douze millions d'effets d'habillement, linge et chaussures, qui, destinés à nos malheureux soldats, servirent à vêtir plusieurs régiments que la Prusse leva contre nous. Le froid, qui sévissait de nouveau, fit périr quelques milliers de Français de plus, mais on n'en vanta pas moins notre habile administration!

Le peu de régularité qui régna dans la marche de l'armée française pendant qu'elle traversait la Prusse provint d'abord de l'incurie de Murat, qui avait pris le commandement après le départ de l'Empereur, et plus tard de la faiblesse du prince Eugène de Beauharnais, vice-roi d'Italie. Aussi était-il temps de repasser l'Elbe pour entrer sur le territoire de la Confédération du Rhin. Mais avant de se résoudre à éloigner ses troupes de la Pologne et de la Prusse, l'Empereur, voulant s'y ménager des moyens de retours offensifs, avait ordonné de laisser de fortes garnisons dans les places qui assurent le passage de la Vistule, de l'Oder et de l'Elbe, telles que Praga, Modlin, Thorn, Danzig, Stettin, Custrin, Glogau, Dresde, Magdebourg, Torgau, Wittemberg et Hambourg.

Cette grave décision de Napoléon peut être envisagée sous deux points de vue bien différents; aussi a-t-elle été louée par des militaires éclairés, tandis que d'autres, non moins instruits, l'ont fortement blâmée.

Les premiers disaient que la nécessité de donner enfin du repos et un refuge aux nombreux malades et blessés que son armée ramenait de Russie força l'Empereur de garder les places fortes dont l'occupation assurait, du reste, aux Français la conservation d'un immense matériel de guerre et de grands approvisionnements de vivres. Ils ajoutaient que ces forteresses embarrasseraient les mouvements des ennemis, qui, forcés de les bloquer, affaibliraient ainsi le nombre des troupes actives qu'ils pourraient employer contre nous; enfin, que si les renforts que Napoléon faisait venir de France et d'Allemagne le mettaient à même de gagner une bataille, les places fortes conservées par lui faciliteraient aux Français une nouvelle conquête de la Prusse, ce qui nous reporterait bientôt au delà de la Vistule et contraindrait les Russes à retourner dans leur pays.

On répondit à cela que Napoléon affaiblissait son armée en la morcelant sur tant de points éloignés, dont les garnisons ne pouvaient se prêter mutuellement aucun secours; qu'il ne fallait pas compromettre le salut de la France pour sauver quelques milliers de malades et de blessés, dont un très petit nombre pourrait servir de nouveau. En effet, ils périrent presque tous dans les hôpitaux. On disait encore que les régiments italiens, polonais et allemands de la Confédération du Rhin, joints par l'Empereur aux garnisons françaises pour ne pas trop diminuer ses troupes, serviraient mal. Effectivement, presque tous les soldats étrangers combattirent très mollement et finirent par passer à l'ennemi. On ajoutait enfin que l'occupation des places fortes gênerait fort peu les armées russes et prussiennes, qui, après les avoir bloquées par un corps d'observation, continueraient leur marche vers la France: ce fut en effet ce qui arriva.

Chacune de ces deux opinions présente, en thèse générale, des avantages et des inconvénients. Cependant, dans les conditions où se trouvait l'armée française, je crois devoir me ranger à l'avis de ceux qui proposaient d'abandonner les places, car puisque, de l'aveu même de leurs contradicteurs, ces places ne pouvaient nous être utiles qu'autant que nous battrions complètement les armées russes et prussiennes, c'était une raison de plus pour chercher à augmenter nos *forces disponibles*, au lieu de les disséminer à l'infini!...

Et qu'on ne dise pas que les ennemis n'ayant plus, dès lors, de blocus à faire, auraient aussi accru le nombre de leurs bataillons disponibles, ce qui aurait rétabli la proportion, car on tomberait dans une très grande erreur!... En effet, l'ennemi aurait toujours été obligé de laisser de fortes garnisons dans les places abandonnées par nous, tandis que nous eussions pu disposer de la *totalité* des troupes que nous y laissâmes, et qui furent ainsi paralysées. J'ajouterai que la défense inutile de ces nombreuses forteresses priva notre armée active de beaucoup de généraux expérimentés, entre autres du maréchal Davout, qui, à lui seul, valait plusieurs divisions. Je conçois d'ailleurs qu'on renonce à se servir, en campagne, de quelques brigades, lorsqu'il s'agit de leur confier la garde des places d'où dépend le salut de son pays, telles que sont les villes de Metz, de Lille, de Strasbourg pour la France, car alors c'est, pour ainsi dire, le *corps* de la patrie qu'on défend. Au contraire, les forteresses placées sur la Vistule, l'Oder et l'Elbe, à deux et trois cents lieues de France, n'avaient pas une importance *positive*, mais seulement une importance *conditionnelle*, c'est-à-dire subordonnée aux succès de nos armées actives. Ces succès n'ayant pas eu lieu, les quatre-vingt et quelques mille hommes de garnison que l'Empereur avait laissés en 1812 dans ces places furent obligés de *mettre bas les armes*!...

La situation de la France, dès les premiers mois de 1813, était des plus critiques, car, au midi, nos armées d'Espagne avaient éprouvé de très grands revers par suite de l'affaiblissement de nos forces dans la Péninsule, d'où l'on tirait sans cesse quelques régiments, tandis que les Anglais ne cessèrent d'envoyer des troupes à Wellington; aussi ce général avait-il fait une brillante campagne dans le courant de 1812. Il nous avait repris Ciudad-Rodrigo, Badajoz, le fort de Salamanque, avait gagné la bataille des Arapiles, occupé Madrid, et il menaçait les Pyrénées.

Au nord, les soldats nombreux et aguerris que Napoléon avait conduits en Russie avaient presque tous péri dans les combats ou succombé de misère. L'armée prussienne, encore intacte, venait de se joindre aux Russes. Les Autrichiens étaient sur le point d'imiter cet exemple. Enfin, les souverains et surtout les peuples de la Confédération germanique, excités par l'Angleterre, chancelaient dans leur alliance avec la France. Le Prussien baron de Stein, homme de moyens et fort entreprenant, saisit cette occasion pour publier divers pamphlets, dans lesquels il appelait tous les Allemands à secouer le joug de Napoléon et à reconquérir leur liberté. Cet appel fut d'autant mieux écouté que le passage, le séjour et l'entretien des troupes françaises qui, depuis 1806, avaient occupé l'Allemagne, lui avaient occasionné des pertes immenses auxquelles s'était jointe la confiscation des marchandises anglaises, par suite du blocus continental établi par Napoléon. La Confédération du Rhin lui aurait donc échappé, si les souverains des divers États dont elle se composait eussent dès lors pris la résolution de céder aux vœux de leurs sujets; mais aucun d'eux n'osa bouger, tant était grande l'habitude de l'obéissance à l'empereur des Français, ainsi que la crainte de le voir bientôt arriver à la tête de forces considérables, qu'il organisait promptement et dirigeait sans cesse sur l'Espagne.

La majeure partie de la nation française avait encore une très grande confiance dans Napoléon. Les gens instruits le blâmaient sans doute d'avoir, l'année précédente, poussé son armée jusqu'à Moscou et surtout d'y avoir attendu l'hiver; mais les masses populaires, habituées à considérer l'Empereur comme *infaillible*, et n'ayant d'ailleurs aucune notion sur les événements et sur les pertes éprouvées par nos troupes en Russie, voyaient seulement la gloire que la prise de Moscou faisait rejaillir sur nos armes; aussi y eut-il beaucoup d'élan pour donner à l'Empereur les moyens de ramener la victoire autour de ses aigles. Chaque département, chaque ville firent des dons patriotiques en chevaux; mais de nombreuses levées de conscrits et d'argent attiédirent bientôt cet enthousiasme. Cependant, au total, la nation s'exécuta d'assez bonne grâce, et les bataillons ainsi que les escadrons sortaient pour ainsi dire de terre comme par enchantement. Chose étonnante! après les nombreuses levées d'hommes qui avaient été faites en France depuis vingt ans, jamais le recrutement n'avait produit une aussi forte et une aussi belle espèce de soldats. Cela provenait de plusieurs causes.

D'abord, chacun des cent huit départements alors existants avait depuis plusieurs années une compagnie d'infanterie dite *départementale*, sorte de garde prétorienne de MM. les préfets, qui s'étaient complu à la former des hommes les mieux constitués. Ceux-ci, ne quittant jamais les principales villes du département où ils étaient fort bien casernés, nourris et vêtus, et où ils faisaient très peu de service, avaient eu le temps d'acquérir toutes leurs forces corporelles, car la plupart menaient cette vie depuis six à sept ans, et comme on les exerçait régulièrement au maniement des armes, à la marche et aux manœuvres, il ne leur manquait que le *baptême du feu* pour être des troupes parfaites. Ces compagnies étaient, selon l'importance du département, de 150, 200 et 250 hommes. L'Empereur les envoya *toutes* à l'armée, où elles furent fondues dans des régiments de ligne.

En second lieu, on appela au service une très grande quantité de conscrits des années précédentes, dont les uns par protection, les autres par ruse ou maladies passagères, avaient obtenu d'être placés à la queue des dépôts, c'est-à-dire de rester chez eux jusqu'à nouvel ordre. L'âge les avait rendus presque tous forts et vigoureux.

Ces mesures étaient légales; mais ce qui ne l'était pas, ce fut le rappel des individus qui, ayant déjà tiré à la conscription et s'étant trouvés libérés par le sort, n'en étaient pas moins contraints à prendre les armes, s'ils avaient moins de trente ans. Cette levée produisit une grande quantité d'hommes propres à supporter les fatigues de la guerre. Il y eut bien à ce sujet quelques murmures, principalement dans le Midi, la Vendée et la Bretagne; cependant, l'immense majorité du contingent marcha, tant était grande l'habitude de l'obéissance!... Mais cette abnégation des populations entraîna le gouvernement dans une mesure encore plus illégale, et d'autant plus dangereuse qu'elle frappait la classe supérieure; car, après avoir fait marcher les hommes que le sort avait exemptés, on força ceux qui s'étaient fait remplacer (ainsi que la loi les y autorisait) à prendre néanmoins les armes, bien que plusieurs familles se fussent gênées et même ruinées pour conserver leurs fils, car les remplaçants coûtaient alors 12, 15, 18 et jusqu'à 20,000 francs, qu'il fallait payer *comptant*. Il y eut même des jeunes gens qui, s'étant fait remplacer jusqu'à *trois fois*, n'en furent pas moins obligés de partir, et l'on en vit qui servaient dans la même compagnie que l'individu payé par eux pour les substituer!... Cette iniquité provenait des conseils de Clarke, ministre de la guerre, et de Savary, ministre de la police, qui persuadèrent à l'Empereur que, pour prévenir pendant la guerre tout mouvement hostile au gouvernement, il fallait éloigner de l'intérieur les fils des familles influentes et les envoyer à l'armée pour servir en quelque sorte d'otages!... Mais afin d'atténuer un peu aux yeux de la classe aisée l'odieux de cette mesure, l'Empereur créa, sous la dénomination de *gardes d'honneur*, quatre régiments de cavalerie légère spécialement destinés à recevoir les jeunes gens bien élevés. Ces corps, auxquels on donna un brillant uniforme de hussards, eurent des officiers généraux pour colonels.

À ces levées plus ou moins légales, l'Empereur ajouta le produit d'une conscription anticipée et de nombreux et excellents bataillons formés avec les matelots, ouvriers ou artilleurs de la marine militaire, tous hommes faits, instruits au maniement des armes, et qui, ennuyés de la vie monotone des ports, désiraient ardemment depuis longtemps aller acquérir de la gloire auprès de leurs camarades de l'armée de terre. Ils devinrent bientôt d'excellents et redoutables fantassins. Le nombre de ces marins s'élevait à plus de 30,000. Enfin l'Empereur, obligé d'employer tous les moyens pour reconstituer l'armée, dont une grande partie avait péri dans les glaces de la Russie, affaiblit encore ses armées d'Espagne, en y prenant non seulement quelques milliers d'hommes pour compléter sa garde, mais plusieurs brigades et divisions entières, composées de vieux soldats habitués aux fatigues et aux dangers.

De leur côté, les Russes, et surtout les Prussiens, se préparaient à la guerre. L'infatigable baron de Stein parcourait les provinces en prêchant la croisade contre les Français, et en organisant son *Tugenbund* ou ligue de la vertu, dont les adeptes juraient de prendre les armes pour la liberté de l'Allemagne. Cette société, qui nous suscita de si nombreux ennemis, agissait ouvertement dans la Prusse déjà en guerre avec Napoléon, et s'insinuait dans les États et les armées de la Confédération du Rhin, malgré quelques souverains et de l'aveu tacite de plusieurs autres, si bien que presque toute l'Allemagne en secret était notre ennemie, et les contingents qu'elle joignait à nos forces militaires se préparaient à nous trahir à la première occasion, ainsi que les événements le prouvèrent bientôt. Ces événements n'auraient pas tardé à se produire, si la mollesse et la lenteur naturelles aux Allemands ne les eussent empêchés d'agir beaucoup plus tôt qu'ils ne le firent, car les débris de l'armée française, qui avaient repassé l'Elbe à la fin de 1812, restèrent paisiblement cantonnés sur la rive gauche de ce fleuve pendant les quatre premiers mois de 1813, sans que les Russes et les Prussiens, postés en face, osassent les attaquer!... Ils ne se croyaient pas assez forts, bien que la Prusse eût mis sur pied sa landwehr, composée de tous les hommes valides, et que Bernadotte, oubliant qu'il était né Français, nous eût déclaré la guerre et eût joint les troupes suédoises à celles des ennemis de sa véritable patrie!...

Pendant le séjour que nous fîmes sur la rive gauche de l'Elbe, bien que l'armée française reçût continuellement des renforts, sa cavalerie était encore peu nombreuse, si l'on en excepte quelques régiments dont le mien faisait partie; aussi lui avait-on assigné comme cantonnements plusieurs communes et les deux petites villes de Brenha et de Landsberg, situées dans un excellent pays, non loin de Magdebourg. J'éprouvai là un bien vif chagrin. L'Empereur, voulant activer l'organisation des nouvelles levées, et pensant que la présence des chefs de corps serait pour cela momentanément fort utile aux dépôts de leurs régiments, décida que tous les colonels se rendraient en France, excepté ceux qui auraient encore un certain nombre d'hommes présents sous les armes. Le chiffre fixé pour la cavalerie était de quatre cents; j'en avais plus de six cents à cheval!... Je fus donc forcé de rester, lorsque j'aurais été si heureux d'embrasser ma femme et l'enfant qu'elle m'avait donné pendant mon absence!...

À la peine que je ressentais, se joignit encore une grande contrariété. Le bon général Castex, dont j'avais eu tant à me louer pendant la campagne de Russie, nous quitta pour entrer dans les grenadiers à cheval de la garde. Sa brigade et celle du général Corbineau, qui venait d'être nommé aide de camp de l'Empereur, furent réunies sous les ordres du général Exelmans. Le général Wathiez devait remplacer le général Castex, et le général Maurin, Corbineau; mais comme ces trois généraux s'étaient rendus en France après la campagne de Russie et que j'étais le seul colonel présent, le général Sébastiani, au corps duquel la nouvelle division allait être attachée, m'en donna le commandement, ce qui ajoutait aux obligations que j'avais à remplir dans mon régiment un surcroît de charges, puisque je devais, par un temps affreux, visiter souvent les cantonnements des trois autres. La blessure que j'avais reçue au genou, bien que cicatrisée, me faisait encore souffrir, et je ne sais vraiment comment j'aurais pu continuer ce service jusqu'à la fin de l'hiver, lorsqu'au bout d'un mois le général Wathiez, ayant rejoint l'armée, prit le commandement de la division.

Peu de jours après, sans que je l'eusse demandé, je reçus l'ordre de me rendre en France, afin d'organiser le très grand nombre de recrues et de chevaux envoyés au dépôt de mon régiment. Ce dépôt se trouvait dans le département de Jemmapes, à Mons en Belgique, qui faisait alors partie de l'Empire. Je me mis en route sur-le-champ. Mon voyage fut rapide, et comme je compris que, autorisé à venir en France pour affaires de *service*, il ne serait pas convenable de solliciter le plus petit congé pour aller à Paris, j'acceptai l'offre que me fit Mme Desbrières, ma belle-mère, de conduire à Mons ma femme et mon fils. Après une année de séparation et tant de dangers courus, je revis ma chère femme avec un bien grand plaisir et embrassai pour la première fois notre petit Alfred, âgé de huit mois. Ce jour fut un des plus beaux de ma vie! Vous comprendrez surtout la joie que j'éprouvai en embrassant mon enfant et en me rappelant qu'il avait été sur le point de devenir orphelin le jour même de sa naissance!...

Je passai au dépôt la fin d'avril, ainsi que les mois de mai et de juin, dans de très grandes occupations. Les recrues envoyées au 23e étaient fort nombreuses, les hommes superbes et de race belliqueuse, car ils provenaient presque tous des environs de Mons, ancienne province du Hainaut, d'où l'Autriche tirait ses meilleurs cavaliers, principalement les célèbres dragons de La Tour, lorsque les Pays-Bas lui appartenaient. Les habitants de cette contrée aiment et soignent bien les chevaux. Ceux que le pays produit étant un peu trop forts pour des chasseurs, j'obtins l'autorisation d'en faire acheter dans les Ardennes, d'où nous tirâmes une assez belle remonte.

J'avais trouvé au dépôt quelques bons officiers et sous-officiers. Plusieurs de ceux qui avaient fait la campagne de Russie s'y étaient rendus pour se rétablir de leurs blessures ou de maladies; enfin le ministre m'avait envoyé quelques jeunes sous-lieutenants sortant de l'École de cavalerie et de Saint-Cyr. Avec de tels éléments, je formai promptement divers escadrons qui n'étaient sans doute pas parfaits, mais dont les hommes pouvaient figurer sans inconvénient parmi les vieux cavaliers revenant de Russie que j'avais laissés sur l'Elbe et avec lesquels ils devaient être fondus à leur arrivée. Dès qu'un escadron était prêt, il partait pour l'armée.

CHAPITRE VINGT-TROIS

Reprise des hostilités sur l'Elbe.—Batailles de Lutzen et de Bautzen.—Armistice.—Je rejoins mon régiment.—État de l'armée.—Malaise général.—Napoléon devait traiter.—Force des armées en présence.

Pendant que je m'occupais activement à reconstituer mon régiment et que tous les colonels, principalement ceux de cavalerie, étaient retenus en France par les mêmes soins, les hostilités recommencèrent sur l'Elbe, que les alliés avaient franchi.

L'Empereur, ayant quitté Paris, se trouvait le 25 avril à Naumbourg en Saxe, à la tête de 170,000 hommes, dont un tiers seulement étaient Français, une partie des troupes récemment dirigées sur l'Allemagne n'étant point encore arrivées sur le théâtre de la guerre. Les deux autres tiers de l'armée de Napoléon étaient formés des contingents de la Confédération du Rhin, dont la plupart étaient fort mal disposés à combattre pour lui. Le général Wittgenstein, auquel notre désastre de la Bérésina avait donné quelque célébrité, bien que les éléments nous eussent fait beaucoup plus de mal que ses combinaisons, commandait en chef les troupes russes et prussiennes réunies, fortes de 300,000 hommes, qui se présentèrent le 28 avril devant l'armée de Napoléon, aux environs de Leipzig.

Il y eut le 1er mai un vif engagement à Poserna, dans la plaine déjà célèbre par la mort de Gustave-Adolphe. Le maréchal Bessières y fut tué d'un coup de canon. L'Empereur le regretta plus que l'armée, qui n'avait pas oublié que les conseils donnés par ce maréchal, le soir de la bataille de la Moskova, avaient empêché Napoléon de compléter la victoire en faisant combattre sa garde, ce qui eût changé la face des événements et amené la destruction complète des troupes russes.

Le lendemain de la mort du maréchal Bessières, et pendant que Napoléon continuait sa marche sur Leipzig, il fut attaqué à l'improviste et en flanc par les Russo-Prussiens, qui avaient passé la rivière de l'Elster avant le jour. Dans cette bataille, qui prit le nom de Lutzen, l'action fut des plus vives; les troupes nouvellement arrivées de France combattirent avec la plus grande valeur. Les régiments de marine se firent particulièrement remarquer. Les ennemis, battus de toutes parts, se retirèrent vers l'Elbe; mais les Français, n'ayant presque pas de cavalerie, ne purent faire que peu de prisonniers, et leur victoire fut incomplète. Néanmoins, elle produisit un très grand effet moral dans toute l'Europe, et surtout en France, car ce premier succès prouvait que nos troupes avaient conservé toute leur supériorité, et que les glaces de la Russie avaient pu seules les vaincre en 1812.

L'empereur Alexandre et le roi de Prusse, qui, après avoir assisté à Lutzen à la défaite de leurs armées, s'étaient rendus à Dresde, furent obligés d'en sortir à l'approche de Napoléon victorieux, qui prit, le 8, possession de cette ville, où son allié le roi de Saxe vint bientôt le rejoindre. Après un court séjour à Dresde, les Français y passèrent l'Elbe et suivirent les Prusso-Russes, dont ils joignirent et battirent l'arrière-garde à Bischofswerda.

L'empereur Alexandre, mécontent de Wittgenstein, avait pris lui-même le commandement des armées alliées; mais ayant été défait à son tour par Napoléon au combat de Wurtchen, il reconnut probablement son insuffisance pour la direction des troupes, car bientôt il renonça à les conduire.

Les Russo-Prussiens s'étant arrêtés et retranchés à Bautzen, l'empereur des Français fit tourner leur position par le maréchal Ney, et remporta le 21 mai une victoire que le manque de cavalerie rendit encore incomplète; mais les ennemis eurent 18,000 hommes hors de combat, et s'enfuirent dans le plus grand désordre.

Le 22, les Français, s'étant mis à la poursuite des Russes, atteignirent leur arrière-garde en avant du défilé de Reichenbach. Le peu de cavalerie qu'avait Napoléon était commandé par le général Latour-Maubourg, militaire des plus distingués, qui la mena avec tant de vigueur que les ennemis furent enfoncés et abandonnèrent le champ de bataille après de grandes pertes. Celles des Français, bien que peu nombreuses, leur furent très sensibles. Le général de cavalerie Bruyère, excellent officier, eut les deux jambes emportées et mourut de cette affreuse blessure. Mais l'événement le plus funeste de cette journée fut produit par un boulet qui, après avoir tué le général Kirgener (beau-frère du maréchal Lannes), blessa mortellement le maréchal Duroc, grand maréchal du palais, homme aimé de tout le monde, le plus ancien et le meilleur ami de Napoléon. Duroc ayant survécu quelques heures à sa blessure, l'Empereur se rendit auprès de lui et donna les preuves d'une grande sensibilité. Son désespoir fut des plus touchants. Les témoins de cette scène déchirante remarquèrent que, obligé de quitter son ami pour reprendre la direction de l'armée, Napoléon, en s'éloignant de Duroc, baigné de ses larmes, lui donna rendez-vous dans «*un monde meilleur*»!

Cependant l'armée française, poursuivant ses succès, était parvenue en Silésie, et occupa le 1er juin Breslau, sa capitale. Alors, frappés de terreur, les alliés, surtout les Prussiens, reconnurent ce qu'il y avait de critique dans leur position, et se sentant, malgré leur jactance, incapables d'arrêter seuls les Français, ils voulurent gagner du temps, dans l'espoir que l'Autriche, mettant un terme à ses hésitations, joindrait enfin ses armes aux leurs. Les Prusso-Russes envoyèrent donc des parlementaires chargés de solliciter un armistice qui, sous la médiation de l'Autriche, allait, disait-on, amener la conclusion d'un traité de paix. L'empereur Napoléon ayant cru devoir accorder cet armistice, il fut signé le 4 juin, pour durer jusqu'au 10 août.

Pendant que Napoléon marchait de succès en succès, le maréchal Oudinot se fit battre à Luckau et perdit 1,100 hommes. L'Empereur espérait que, pendant l'armistice, les nombreux renforts qu'il attendait de France et surtout la cavalerie, dont il avait si vivement regretté l'absence, le rejoindraient et pourraient participer à une nouvelle campagne, si elle devenait indispensable. Cependant, malgré cet avantage, plusieurs généraux regrettaient que l'Empereur n'eût pas poursuivi ses succès. Ils disaient que si l'armistice nous donnait le temps de faire arriver nos réserves sur le théâtre de la guerre, il laissait aussi la même faculté aux Russo-Prussiens, qui, outre les Suédois déjà en marche pour venir défendre leur cause, avaient l'espoir de voir se joindre à eux les Autrichiens. Ces derniers n'étaient pas prêts en ce moment, mais ils allaient avoir plus de deux mois pour organiser et mettre en mouvement leurs nombreuses troupes.

En apprenant à Mons les victoires de Lutzen et de Bautzen, je fus peiné de n'y avoir pas participé; mais les regrets que j'éprouvai furent atténués quand j'eus acquis la certitude que mon régiment ne s'y était pas trouvé; en effet, il était alors en avant de Magdebourg, sur la route de Berlin. M. Lacour, ancien aide de camp du général Castex, avait été vers la fin de 1812 nommé chef d'escadron au 23e de chasseurs, qu'il commandait en mon absence. C'était un officier très brave, qui s'était fait lui-même une demi-éducation avec des livres, ce qui lui donnait des prétentions peu en rapport avec l'habit militaire; en outre, son peu d'entente du commandement exposa le régiment à des pertes qu'on aurait pu éviter et dont je parlerai plus loin. Pendant mon séjour au dépôt, je reçus comme second chef d'escadrons M. Pozac, brillant officier sous tous les rapports, auquel sa valeur avait fait obtenir un sabre d'honneur à la bataille de Marengo.

Vers la fin de juin, tous les colonels envoyés en France pour organiser de nouvelles forces, ayant rempli cette tâche, reçurent l'ordre de retourner en poste à l'armée, bien que les hostilités dussent encore être suspendues pendant quelque temps. Je fus donc contraint de me séparer de ma famille, auprès de laquelle je venais de passer des jours si heureux; mais l'honneur et le devoir parlaient, il fallait obéir!

Je repris la route d'Allemagne et me rendis d'abord à Dresde, où l'Empereur avait convoqué tous les colonels, afin de les questionner sur la composition des détachements dirigés par eux sur l'armée. J'appris à ce sujet une chose qui me navra le cœur!... J'avais organisé dans mon dépôt quatre superbes escadrons de 150 hommes chacun. Les deux premiers (heureusement les plus beaux et les meilleurs) avaient rejoint le régiment; le troisième m'avait été enlevé par décision impériale, pour se rendre à Hambourg, où il fut incorporé dans le 28e de chasseurs, un des plus faibles régiments de l'armée. Cet ordre étant régulier, je m'y soumis sans murmurer. Mais il n'en fut pas de même lorsque je fus informé que le 4e escadron, que j'avais fait partir de Mons, ayant été vu à son passage à Cassel par Jérôme, roi de Westphalie, ce prince l'avait trouvé si beau que, de son autorité privée, il l'avait incorporé dans sa garde!... Je sus que l'Empereur, très irrité de ce que son frère s'était permis de s'emparer ainsi d'un détachement de ses troupes, lui avait ordonné de se remettre sur-le-champ en route, et j'espérais qu'il me serait rendu; mais le roi Jérôme fit agir quelques aides de camp de l'Empereur, qui représentèrent à Sa Majesté que la garde du roi de Westphalie étant uniquement composée d'Allemands peu sûrs, il serait convenable de lui laisser un escadron français sur lequel il pût compter; qu'en second lieu, le Roi venait de donner à grands frais à cet escadron le brillant uniforme des hussards de sa garde; enfin que même en perdant un escadron, le 23e de chasseurs serait encore un des plus forts régiments de la cavalerie française. Quoi qu'il en soit, l'incorporation de mon escadron dans la garde westphalienne fut ainsi maintenue, malgré mes vives réclamations. Je ne pouvais me consoler de cette perte et trouvais souverainement injuste de me voir ainsi dépouillé du fruit de mes peines et de mes travaux.

Je rejoignis mon régiment non loin de l'Oder, dans le pays de Sagan, où il était cantonné près de la petite ville de Freistadt, ainsi que la division Exelmans dont il faisait partie. M. Wathiez, mon nouveau général de brigade, avait été mon capitaine au 25e de chasseurs. Il fut toujours très bien pour moi. Nous allâmes loger dans un charmant et confortable château, nommé Herzogwaldau, placé au centre de plusieurs villages occupés par mes cavaliers.

Pendant notre séjour en ce lieu, il se passa un épisode fort bizarre. Un chasseur nommé Tantz, le seul mauvais sujet qu'il y eût au régiment, s'étant fortement grisé, osa menacer un officier qui le faisait conduire à la salle de police. Mis en jugement, cet homme fut condamné à mort et la sentence ratifiée. Or quand la garde, commandée par l'adjudant Boivin, alla chercher Tantz pour le conduire au lieu où il devait être fusillé, elle le trouva complètement nu dans la prison, sous prétexte qu'il faisait trop chaud. L'adjudant, très brave militaire, mais dont l'intelligence n'égalait pas le courage, au lieu de faire habiller le condamné, se borna à lui faire endosser un manteau; mais, arrivé sur le pont-levis des larges fossés du château, Tantz jette le manteau à la figure des hommes de garde, s'élance dans l'eau, la traverse à la nage, gagne la campagne et va joindre les ennemis de l'autre côté de l'Oder. On n'entendit plus parler de lui!... Je cassai l'adjudant pour avoir manqué de surveillance, mais il reconquit bientôt ses épaulettes par un trait de courage que je rapporterai sous peu.

Les escadrons que je venais de joindre au régiment portaient sa force numérique à 993 hommes, dont près de 700 avaient fait la campagne de Russie. Les soldats nouvellement arrivés étaient fortement constitués et presque tous tirés de la légion départementale de Jemmapes, ce qui avait beaucoup facilité leur instruction comme cavaliers. J'incorporai mes nouveaux escadrons dans les anciens. De part et d'autre on se préparait à la lutte, mais les ennemis avaient utilisé leur temps à nous susciter un puissant adversaire, en décidant l'Autriche à marcher contre nous!...

L'empereur Napoléon, que de nombreuses victoires avaient habitué à ne pas compter avec ses ennemis, se crut de nouveau invincible en se voyant en Allemagne à la tête de 300,000 hommes, et il n'examina pas assez les forces dont se composaient les éléments qu'il allait opposer à l'Europe *entière*, coalisée contre lui.

L'armée française venait, ainsi que je l'ai déjà dit, de recevoir une très forte espèce d'hommes; aussi, jamais elle n'avait été aussi belle! Mais comme, à l'exception de quelques régiments, la plupart de ces nouveaux soldats n'avaient point encore combattu, et que les désastres de la campagne de Russie avaient jeté dans les corps une perturbation dont les effets se faisaient encore sentir, nos superbes troupes formaient une armée plus propre à montrer pour obtenir la paix, qu'à faire en ce moment la guerre; aussi presque tous les généraux et colonels qui voyaient les régiments de près étaient-ils d'avis qu'il leur fallait quelques années de paix.

Si de l'armée française on passait à l'examen de celle de ses alliés, on ne trouvait que mollesse, mauvaise volonté et désir d'avoir l'occasion de trahir la France!... Tout devait donc porter Napoléon à traiter avec ses adversaires, et pour cela il aurait dû se rattacher d'abord son beau-père l'empereur d'Autriche, en lui restituant la Dalmatie, l'Istrie, le Tyrol et une partie des autres provinces qu'il lui avait arrachées en 1805 et 1809. Quelques concessions de ce genre, faites à la Prusse, auraient calmé les alliés qui, à ce qu'il paraît, offraient à Napoléon de lui rendre les colonies enlevées à la France et de lui garantir toutes les provinces en deçà du Rhin et des

Alpes, de même que la haute Italie; mais il devait abandonner l'Espagne, la Pologne, Naples et la Westphalie.

Ces propositions étaient convenables; cependant; après en avoir conféré avec les diplomates étrangers envoyés pour traiter avec lui, Napoléon rudoya M. de Metternich, le principal d'entre eux, et les renvoya tous sans rien céder. On assure même qu'en les voyant sortir du palais de Dresde, il ajouta: «Comme nous allons les battre!....» L'Empereur paraissait oublier que les armées ennemies étaient près de *trois fois* plus nombreuses que celles qu'il pouvait leur opposer. En effet, il n'avait pas plus de 320,000 hommes en Allemagne, tandis que les alliés pouvaient mettre en ligne près de 800,000 combattants!

La fête de l'Empereur tombait au 15 août, mais il ordonna de l'avancer, parce que l'armistice finissait le 10. Les réjouissances de la Saint-Napoléon eurent donc lieu dans les cantonnements. Ce fut la dernière fois que l'armée française célébra le jour de la naissance de son empereur! Il y eut fort peu d'enthousiasme, car les officiers les moins clairvoyants comprenaient que nous étions à la veille de grandes catastrophes, et les préoccupations des chefs se reflétaient sur l'esprit des subalternes. Cependant, chacun se préparait à bien faire son devoir, mais avec peu d'espoir de succès, tant était grande l'infériorité numérique de notre armée, comparée aux troupes innombrables des ennemis, et déjà, parmi nos alliés de la Confédération du Rhin, le général saxon Thielmann avait déserté avec sa brigade pour se joindre aux Prussiens, après avoir tenté de leur livrer la forteresse de Torgau. Il régnait donc dans l'esprit de nos troupes un grand malaise et peu de confiance.

Ce fut en ce moment qu'on apprit le retour en Europe du célèbre général Moreau, qui, condamné au bannissement en 1804, à la suite de la conspiration de Pichegru et de Cadoudal, s'était retiré en Amérique. La haine que Moreau portait à Napoléon lui faisant oublier ce qu'il devait à sa patrie, il flétrit ses lauriers en allant se ranger parmi les ennemis de la France! Mais ce nouveau Coriolan subit bientôt la peine que méritait cette conduite infâme!...

Cependant, un immense demi-cercle se formait autour de l'armée française. Un corps de 40,000 Russes était en Mecklembourg; Bernadotte, prince royal de Suède, occupait Berlin et les environs avec une armée de 120,000 hommes, composée de Suédois, Russes et Prussiens. Les deux grandes armées russe et prussienne, fortes de 220,000 hommes, dont 35,000 de cavalerie, cantonnaient en Silésie, entre Schweidnitz et l'Oder; 40,000 Autrichiens étaient postés à Lintz, et la grande armée autrichienne, dont le nombre s'élevait à 140,000 hommes, était réunie à Prague; enfin, derrière et à peu de distance de cette première ligne composée de 560,000 combattants, d'immenses réserves étaient prêtes à marcher.

L'empereur Napoléon avait ainsi distribué ses troupes: 70,000 hommes, concentrés auprès de Dahmen en Prusse, devaient agir contre Bernadotte; le maréchal Ney, avec 100,000 hommes, gardait une partie de la Silésie. Un corps de 70,000 hommes se trouvait aux environs de Zittau. Le maréchal Saint-Cyr, avec 16,000 hommes, occupait le camp de Pirna et couvrait Dresde. Enfin, la garde impériale, forte de 20 à 25,000 hommes, était autour de cette capitale, prête à se porter où besoin serait. En ajoutant à ces forces les garnisons laissées dans les places, les troupes de Napoléon étaient infiniment moins nombreuses que celles des ennemis. Cette énumération ne comprend pas les armées laissées en Espagne et en Italie.

CHAPITRE VINGT-QUATRE

Du choix des chefs de corps.—Rupture de l'armistice.—Trahison de Jomini.—
Combats en Silésie sur le Bober.—Épisodes divers.—Douloureux échec.

L'empereur des Français avait divisé son armée en quatorze corps, dits d'infanterie, bien qu'ils eussent chacun une division ou au moins une brigade de cavalerie légère. Les généraux en chef furent: pour le premier corps, Vandamme; pour le 2e le maréchal Victor; 3e, maréchal Ney; 4e, général Bertrand; 5e, général Lauriston; 6e, maréchal Marmont; 7e, général Reynier; 8e, prince Poniatowski; 9e, maréchal Augereau; 10e (enfermé dans Danzig), le général Rapp; 11e, maréchal Macdonald; 12e, maréchal Oudinot; 13e, maréchal Davout; 14e maréchal Saint-Cyr; enfin la garde, sous les ordres directs de l'Empereur. La cavalerie était divisée en cinq corps ainsi commandés, savoir: le 1er, par le général Latour-Maubourg; 2e, général Sébastiani; 3e, général Arrighi; 4e, général Kellermann; 5e, général Milhau. La cavalerie de la garde était sous les ordres du général Nansouty.

Si l'armée applaudit à quelques-uns de ces choix, tels que ceux de Davout, Ney, Augereau, Reynier et Saint-Cyr, elle regrettait de voir des commandements importants: à Oudinot, qui avait commis plus d'une erreur dans la campagne de Russie; à Marmont, qui par trop de précipitation venait de perdre la bataille des Arapiles; à Sébastiani, qui semblait au-dessous d'une telle tâche; enfin, elle se plaignit que pour une campagne qui devait décider du sort de la France, l'Empereur *essayât* les talents stratégiques de Lauriston et de Bertrand. Le premier était un bon artilleur; le second, un excellent ingénieur; mais n'ayant ni l'un ni l'autre dirigé des troupes sur le terrain, ils étaient par conséquent dans l'impossibilité formelle de mener un corps d'armée.

Napoléon, se rappelant que lorsqu'il fut nommé général en chef de l'armée d'Italie, il n'avait encore commandé que quelques bataillons, ce qui ne l'empêcha pas de conduire une armée dès son début, crut probablement que Lauriston et Bertrand pourraient faire de même; mais les hommes universels comme Napoléon sont fort rares, et il ne pouvait espérer en rencontrer de tels dans ces nouveaux chefs de corps. C'est ainsi que l'affection personnelle qu'il vouait à ces généraux l'entraîna dans l'erreur qu'il avait déjà commise en confiant une armée à l'artilleur Marmont.

En vain on discutera sur ce point; l'histoire des guerres passées nous prouve que pour être général en chef, les théories ne suffisent pas, et que, à *très peu*, mais *très peu d'exceptions près*, il faut avoir servi dans les régiments d'infanterie ou de cavalerie et y avoir commandé comme *colonel* pour être à même de bien diriger des masses de troupes, car c'est un apprentissage que très peu d'hommes peuvent bien faire comme officiers généraux, surtout comme chefs d'armée. Jamais Louis XIV ne confia en rase campagne le commandement d'un corps de troupes au maréchal de Vauban, qui était cependant un des hommes les plus capables de son siècle, et, si on le lui eût offert, il est à présumer que Vauban l'eût refusé, pour s'en tenir à sa spécialité, l'attaque et la défense des places. Marmont, Bertrand et Lauriston n'eurent pas la même modestie, et l'affection que Napoléon leur portait l'empêcha d'écouter aucune des observations qu'on lui fit à ce sujet.

Le roi Murat, qui s'était rendu à Naples après la campagne de Russie, rejoignit l'Empereur à Dresde. Les coalisés, c'est-à-dire les Autrichiens, Russes et Prussiens, ouvrirent la campagne par un manque de bonne foi indigne des nations civilisées. Bien que, aux termes de la dernière convention, les hostilités ne dussent commencer que le 16 août, ils attaquèrent nos avant-postes le 14 et mirent la plus grande partie de leurs troupes en marche, par suite de la trahison de Jomini.

Jusqu'à ce jour, on n'avait vu que deux généraux saxons, Thielmann et Langueneau, s'avilir au point de passer à l'ennemi; mais l'uniforme de général français était encore exempt d'une telle tache. Ce fut un Suisse, le général Jomini, qui la lui imprima. Ce malheureux était simple commis, au traitement de 1,200 francs, dans les bureaux du ministère de la République helvétique, en 1800, lorsque le général Ney fut envoyé à Berne par le premier Consul pour s'entendre avec le gouvernement de la Suisse sur les moyens de défense de cet État, alors notre allié. Les fonctions du commis Jomini, spécialement chargé de la tenue des registres de situation de la République helvétique, l'ayant mis en rapport avec le général Ney, celui-ci fut à même d'apprécier ses moyens, qui étaient grands, et, cédant à ses vives sollicitations, il le fit admettre comme lieutenant et bientôt comme capitaine dans un régiment suisse qu'on formait pour le service de la France. Le général Ney, prenant de plus en plus son protégé en affection, le fit faire *officier français*, le choisit pour aide de camp, et lui donna le moyen de publier les ouvrages qu'il écrivait sur l'art de la guerre, ouvrages qui, bien que trop vantés, ne manquent certainement pas de mérite.

Grâce à cette haute protection, Jomini devint promptement colonel, général de brigade, et se trouvait chef d'état-major du maréchal Ney lors de la reprise des hostilités, en 1813. Séduit alors par les brillantes promesses des Russes et oubliant ce qu'il devait au maréchal Ney, à l'Empereur, ainsi qu'à la France, sa patrie adoptive, il déserta en emportant les états de situation de l'armée, ainsi que toutes les notes relatives au plan de campagne qui allait s'ouvrir, et, de crainte que, en apprenant sa fuite, Napoléon ne modifiât ses projets, il insista auprès des alliés pour qu'ils commençassent les hostilités deux jours avant celui fixé pour la rupture de l'armistice. L'empereur Alexandre, au grand étonnement de l'Europe, récompensa la trahison de Jomini en le nommant son aide de camp, ce qui choqua tellement la délicatesse de l'empereur d'Autriche que, dînant un jour chez Alexandre et apercevant Jomini au nombre des convives, il s'écria tout haut: «Je sais que les souverains sont quelquefois dans la nécessité de se servir de déserteurs, mais je ne conçois pas qu'ils les reçoivent dans leur état-major et même à leur table!...»

La trahison de Jomini, chef d'état-major du maréchal Ney, ayant fait tomber aux mains des alliés les ordres de marche dictés par Napoléon, fut pour celui-ci un coup des plus funestes, car plusieurs de ses corps d'armée furent attaqués pendant leur mouvement de concentration et obligés de céder à l'ennemi des positions importantes, faute de temps pour en préparer la défense.

Cependant, l'Empereur, dont le projet était de se porter en Bohême, trouvant partout les ennemis prévenus et sur leurs gardes dans cette direction, résolut de marcher sur l'armée prussienne de Silésie et d'y faire reprendre l'offensive par les corps français, qui avaient été forcés de se retirer devant Blücher. En conséquence, Napoléon se rendit, le 20 août, à Löwenberg, où il attaqua une masse considérable de coalisés, composée de Prussiens, Russes et Autrichiens. Divers combats eurent lieu, les 21, 22 et 23, dans les environs de Goldenberg, Graditzberg et Bunslau. Les ennemis perdirent 7,000 hommes, tués ou pris, et se retirèrent derrière la Katzbach.

Pendant un des nombreux engagements qui eurent lieu durant ces trois jours, la brigade Wathiez, qui poursuivait les ennemis, fut arrêtée tout à coup par un large et bourbeux ruisseau, affluent du Bober. Il n'existait d'autre passage que deux ponts en bois, situés à un demi-quart de lieue l'un de l'autre, et que l'artillerie russe couvrait de boulets. Le 24e de chasseurs, qui était passé sous le commandement du brave colonel Schneit, ayant reçu l'ordre d'attaquer le pont de gauche, s'y porta avec son intrépidité habituelle; mais il n'en fut pas de même du 11e régiment de hussards hollandais, qui, nouvellement admis dans la brigade, avait pour mission d'enlever le pont de droite. En vain son colonel, M. Liégeard, bon et brave officier, le seul Français qu'il y eût dans ce corps, exhorta ses cavaliers à le suivre; pas un ne bougeait, tant ils étaient dominés par la peur. Mais comme mon régiment, placé par son tour de service en seconde ligne, recevait presque autant de boulets que le 11e de hussards, je courus sur le front de ce corps pour aider le colonel à décider ses cavaliers à fondre sur l'artillerie ennemie, ce qui était le seul moyen d'en faire cesser le feu, mais voyant mes efforts infructueux, et prévoyant que la lâcheté des Hollandais ferait perdre beaucoup de monde à mon régiment, je le fis passer devant eux et allais le lancer, lorsque je vis le pont de gauche s'écrouler sous le premier peloton du 24e, dont plusieurs hommes et chevaux furent noyés. Les Russes, en se retirant, avaient préparé cet événement, en faisant scier avec une telle habileté les principales poutres destinées à soutenir le tablier que, à moins d'être prévenu, on ne pouvait s'en apercevoir.

À la vue de ce funeste accident, je craignis que les ennemis eussent tendu un piège semblable sur le pont vers lequel je dirigeais la tête de ma colonne; j'arrêtai un moment sa marche afin de faire examiner le passage. Cette inspection était très difficile, car non seulement c'était le pont vers lequel les ennemis braquaient leur artillerie, mais la fusillade d'un de leurs bataillons le couvrait de balles! J'allais donc demander un homme de bonne volonté pour cette périlleuse entreprise, et j'avais la certitude d'en trouver, lorsque l'adjudant Boivin, que j'avais cassé naguère pour avoir, faute de surveillance, laissé évader le chasseur condamné à mort, mit pied à terre et vint à moi en disant «qu'il ne serait pas juste qu'un de ses camarades fût tué en allant reconnaître le passage, et qu'il me priait de lui permettre de remplir cette mission, afin de réparer sa faute». Cette noble détermination me plut, et je répondis: «Allez, monsieur, et vous retrouverez votre épaulette au bout du pont!...»

Boivin, s'avançant alors avec calme, au milieu des boulets et des balles, examine le tablier du pont, descend au-dessous et revient me donner l'assurance que tout est solide et que le régiment peut passer!... Je lui rendis son grade; il reprit son cheval, et, se plaçant en tête de l'escadron qui allait franchir le pont, il marcha le premier sur les Russes, qui n'attendirent pas notre attaque et se retirèrent promptement. L'Empereur ayant, le mois suivant, passé la revue du régiment et fait plusieurs promotions, je fis nommer M. Boivin sous-lieutenant.

Notre nouveau général, M. Wathiez, sut acquérir, dans ces divers combats, l'estime et l'affection des troupes. Quant au général Exelmans, commandant de la division, nous ne le connaissions encore que par la voix publique de l'armée qui nous avait informés de sa brillante valeur; mais elle le signalait aussi pour manquer souvent d'esprit de suite dans le commandement. Nous en eûmes la preuve dans le fait suivant, qui signala la reprise des hostilités.

Au moment où la division exécutait une retraite que mon régiment devait couvrir, le général Exelmans, sous prétexte de tendre un *piège* à l'avant-garde prussienne, m'ordonne de mettre à sa disposition ma compagnie d'élite et mes 25 plus habiles tirailleurs, dont il confie le commandement au chef d'escadrons Lacour; puis il place ces 150 hommes au milieu d'une plaine entourée de bois, et après avoir défendu de bouger sans son ordre, il s'en va et les oublie complètement!... Les ennemis arrivent, et, voyant le détachement ainsi abandonné, ils s'arrêtent, de crainte qu'on ne l'ait mis là afin de les attirer dans une embuscade. Pour s'en assurer, ils font glisser isolément quelques hommes à droite et à gauche dans les bois, et, n'entendant aucun coup de feu, ils en augmentent insensiblement le nombre, au point d'environner entièrement nos cavaliers! En vain quelques officiers font observer au commandant Lacour que cette marche enveloppante a pour but de lui couper la retraite; Lacour, très brave militaire, mais n'ayant aucune initiative, s'en tient à la lettre de l'ordre qu'il avait reçu, sans penser que le général Exelmans l'a peut-être oublié, qu'il serait bon de l'envoyer prévenir et de faire tout au moins reconnaître le terrain par lequel il pourra se retirer. On lui a dit de rester *là*, il y restera, dussent ses hommes y être pris ou périr.

Pendant que le chef d'escadrons Lacour exécutait sa consigne plutôt en simple sergent qu'en officier supérieur, la division s'éloignait!... Le général Wathiez et moi, ne voyant pas revenir le détachement, et ne sachant où trouver Exelmans qui galopait à travers champs, avions de sinistres pressentiments. Je demande alors et obtiens du général Wathiez de retourner vers le commandant Lacour. Je pars au grand galop avec un escadron, et j'arrive pour être témoin d'un spectacle affreux, surtout pour un chef de corps qui aime ses soldats!

Les ennemis, après avoir débordé les deux flancs et même les derrières de notre détachement, l'avaient fait charger de front par des forces infiniment supérieures, si bien que 700 à 800 lanciers prussiens entouraient nos 150 hommes, qui, pour comble de malheur, n'avaient pour toute retraite qu'une mauvaise passerelle en planches, posée sur le ruisseau très encaissé d'un moulin voisin!... Nos cavaliers ne pouvaient marcher que *par un* dans cet étroit défilé. Il y eut donc encombrement, et ma compagnie d'élite perdit plusieurs hommes. Un grand nombre de chasseurs, apercevant alors une immense cour, pensèrent qu'elle avait issue sur le ruisseau, et, dans l'espoir de trouver un pont, ils s'engagèrent dans ce passage, où tout le détachement les suivit. Le ruisseau longeait en effet la cour, mais il formait en cet endroit la retenue du moulin, dont les berges étaient soutenues par de larges dalles glissantes, ce qui en rendait l'accès extrêmement difficile pour les chevaux et donnait un avantage immense aux ennemis, qui, pour assurer la capture de tous les Français entrés dans cette vaste cour, en avaient fermé les portes.

Ce fut en ce moment critique que je parus de l'autre côté du ruisseau avec l'escadron de renfort que j'avais amené à la hâte. Je lui fis mettre pied à terre, quatre chevaux étant tenus par un seul homme; tous les autres cavaliers, armés de leurs carabines, coururent à la passerelle que gardait un escadron de Prussiens. Mais ceux-ci, restés à cheval et n'ayant que quelques pistolets pour toute arme de jet, ne purent résister au feu bien nourri des nombreuses carabines de nos chasseurs. Aussi furent-ils contraints de s'éloigner de quelques centaines de pas, en laissant sur le terrain une quarantaine de blessés et de morts.

Ceux de mes cavaliers qui étaient enfermés dans la cour voulurent profiter de ce moment de répit pour forcer la grande porte en faisant à cheval une vigoureuse sortie; mais je leur criai de n'en rien faire, parce que cet acte de vigueur ne les eût pas sauvés, car, pour me rejoindre, ils auraient été dans l'obligation d'aller avec leurs chevaux franchir le ruisseau sur la passerelle, ce qu'ils n'auraient pu exécuter qu'en marchant un par un, en prêtant le flanc et tournant le dos aux Prussiens, qui n'auraient pas manqué de les charger et de les exterminer pendant ce mouvement. Le rivage était garni d'arbres de rivière, au milieu desquels les fantassins pouvaient braver impunément une nombreuse cavalerie. Je plaçai donc en tirailleurs le long du ruisseau les hommes de l'escadron qui avaient déjà mis pied à terre, et, dès qu'ils furent en communication avec la cour du moulin, je fis dire à ceux qui s'y trouvaient de mettre également pied à terre, de prendre leurs carabines, et, pendant que cent d'entre eux tiendraient par leurs feux les ennemis à distance, les autres, se glissant derrière la ligne des tireurs, se passeraient de main en main les chevaux jusqu'au delà de la passerelle.

Pendant que ce mouvement, couvert par un cordon de 180 tirailleurs à pied, s'exécutait avec le plus grand ordre, les lanciers prussiens, furieux de voir leur proie près de leur échapper, essayèrent de troubler notre retraite par une vigoureuse attaque; mais leurs chevaux embarrassés par les branchages des saules, par des flaques d'eau, des trous nombreux, et pouvant à peine avancer au petit pas sur ce terrain fangeux, ne parvinrent jamais à joindre nos tirailleurs à pied, dont le feu bien ajusté, exécuté à très petite distance, leur fit éprouver une grande perte!...

Cependant, le major prussien qui commandait cette charge, poussant audacieusement sur le milieu de notre ligne, cassa d'un coup de pistolet la tête au lieutenant Bachelet, un des bons officiers de mon régiment. Je regrettai vivement M. Bachelet, qui fut promptement vengé par les chasseurs de son peloton, car le major prussien, percé de plusieurs balles, tomba mort auprès de lui!

La chute de leur chef, les nombreuses pertes qu'ils venaient d'éprouver, et surtout l'impossibilité de nous joindre, déterminèrent les ennemis à renoncer à leur entreprise; ils se retirèrent. Je fis relever les blessés et exécutai ma retraite sans être suivi. Mon régiment perdit dans cette déplorable affaire un officier et neuf cavaliers tués; treize avaient été faits prisonniers. Le lieutenant Maréchal était au nombre de ces derniers. La perte de ces vingt-trois hommes me déchira le cœur avec d'autant plus de raison qu'elle était inutile et qu'elle portait entièrement sur les plus intrépides guerriers du corps, dont la plupart étaient désignés pour la décoration ou l'avancement. Je ne pus jamais me consoler du chagrin que me causa ce rude échec! Il acheva de nous indisposer à l'égard d'Exelmans. Il en fut quitte pour être réprimandé par le général Sébastiani et par l'Empereur, auprès duquel le recommandait d'ailleurs l'amitié de Murat. Le vieux général Saint-Germain, ancien colonel et même créateur du 23e de chasseurs, pour lequel il avait conservé beaucoup d'affection, ayant dit hautement qu'Exelmans méritait un châtiment exemplaire, ces généraux se prirent de querelle et en seraient venus aux mains si l'Empereur ne s'y fût personnellement opposé. Le commandant Lacour, dont l'inhabileté avait si grandement contribué à cette catastrophe, perdit de ce jour ma confiance.

CHAPITRE VINGT-CINQ

Bataille des 28 et 27 août devant Dresde.—Vandamme à Kulm.—Fière attitude de Vandamme prisonnier.

Après les journées des 21, 22 et 23 août, dans lesquelles nous avions battu le corps prussien du feld-maréchal Blücher, qui s'était retiré derrière la Katzbach, l'Empereur venait de donner des ordres de poursuite pour le lendemain. Mais apprenant que la grande armée austro-prusso-russe, forte de 200,000 hommes, commandée par le prince de Schwartzenberg, venait de déboucher, le 22, des montagnes de Bohême en se dirigeant vers la Saxe, Napoléon prit avec lui toute sa garde, la cavalerie de Latour-Maubourg et plusieurs divisions d'infanterie. Il se porta à marches forcées sur Dresde, où le maréchal Saint-Cyr avait été s'enfermer avec les troupes qu'il avait retirées à la hâte du camp de Pirna.

L'Empereur, en s'éloignant de la Silésie, se fit suivre par le maréchal Ney et confia au maréchal Macdonald la direction de la nombreuse armée qu'il laissait sur le Bober, c'est-à-dire les 3e, 5e et 11e corps d'infanterie et le 2e de cavalerie, avec une très imposante artillerie, ce qui formait en totalité un effectif de 75,000 hommes. Le commandement d'une telle masse de combattants était une tâche trop lourde pour Macdonald, ainsi que la suite le démontra.

Vous avez dû remarquer que plus le nombre des troupes engagées est considérable, moins je décris en détail leurs mouvements: d'abord, parce que cela demanderait un travail immense que je craindrais de n'être pas capable de mener à bonne fin; en second lieu, ce serait rendre la lecture de ces Mémoires trop fatigante. Je serai donc encore plus concis sur les événements de la guerre de 1813, auxquels 600,000 à 700,000 hommes prirent part, que je ne l'ai été dans les récits des précédentes compagnes.

Le 28 août, 200,000 alliés ayant cerné la ville de Dresde, dont les fortifications étaient à peine à l'abri d'un coup de main, la situation du maréchal Saint-Cyr devint infiniment critique, car il n'avait que 17,000 Français pour résister aux forces immenses des ennemis. Ceux-ci, bien mal servis par leurs espions, ignoraient l'arrivée prochaine de Napoléon, et, pleins de confiance en leur grand nombre, ils remirent l'attaque au lendemain. Leur assurance s'accrut en voyant venir à eux deux régiments westphaliens qui, désertant le service du roi Jérôme, se joignirent aux Autrichiens.

Le maréchal Saint-Cyr, inquiet, s'attendait à être attaqué le 26 au matin; mais il fut rassuré sur les résultats du combat par la présence de l'Empereur, qui ce jour-là même entra de bonne heure à Dresde à la tête de la garde et de nombreuses troupes de toutes armes. Peu d'instants après, les ennemis, croyant encore n'avoir affaire qu'au seul corps de Saint-Cyr, marchèrent sur la ville avec une telle impétuosité qu'ils enlevèrent plusieurs redoutes, et déjà, les Russes et les Prussiens, maîtres du faubourg de Pirna, essayaient d'enfoncer la porte de Freyberg, lorsque, par ordre de l'Empereur, cette porte s'ouvrit tout à coup et donna passage à une colonne d'infanterie de la garde impériale, dont la première brigade était commandée par le brave général Cambronne!... Ce fut comme l'apparition de la tête de Méduse!... L'ennemi recula épouvanté, son artillerie fut enlevée au pas de course, et les canonniers tués sur leurs affûts! De toutes les portes de Dresde de pareilles sorties ayant été faites simultanément avec le même résultat, les coalisés abandonnèrent les redoutes prises par eux et s'enfuirent dans les campagnes voisines, où Napoléon les fit charger par sa cavalerie jusqu'au pied des collines. Dans cette première journée, l'ennemi perdit 5,000 hommes mis hors de combat, et on lui fit 3,000 prisonniers. Les Français eurent 2,500 hommes tués ou blessés: cinq généraux étaient au nombre de ces derniers.

Le lendemain 27, ce fut l'armée française qui, à son tour, prit l'initiative de l'attaque, bien qu'elle eût 87.000 hommes de moins que ses adversaires. L'engagement fut d'abord vif et sanglant; mais la pluie qui tombait par torrents sur un sol des plus gras eut bientôt converti le champ de bataille en larges flaques d'eau fangeuse, où nos troupes, dans leur marche vers l'ennemi, avaient grand'peine à se mouvoir. Néanmoins, on avançait toujours, et déjà la jeune garde faisait reculer la gauche des ennemis, lorsque l'Empereur, s'étant aperçu que le prince de Schwartzenberg, généralissime des coalisés, avait commis la faute de ne pas soutenir suffisamment son aile gauche, la fit écraser par l'infanterie du maréchal Victor et par la cavalerie de Latour-Maubourg.

Le roi Murat, qui commandait cette partie de la ligne française, y parut plus brillant que jamais, car, après avoir forcé le défilé de Cotta, il tourna et sépara de l'armée autrichienne le corps de Klenau, sur lequel il se précipita le sabre à la main à la tête des carabiniers et des cuirassiers. Le mouvement fut décisif: Klenau ne put résister à cette terrible charge!... Presque tous ses bataillons, enfoncés, furent forcés de mettre bas les armes, et deux autres divisions d'infanterie éprouvèrent le même sort.

Pendant que Murat battait ainsi la gauche des ennemis, leur aile droite était mise en déroute par la jeune garde, de sorte qu'à trois heures, la victoire était assurée, et les coalisés battaient en retraite vers la Bohême.

Dans cette deuxième et sanglante journée, les ennemis laissèrent sur le champ de bataille 48 drapeaux, 26 canons et 40,000 hommes, dont 20,000 prisonniers. La perte principale tomba sur l'infanterie autrichienne, qui eut deux généraux tués, trois blessés et deux faits prisonniers.

Il est à noter qu'à cette époque, les armes à percussion étant à peine connues, les fantassins de toutes les nations se servaient encore de fusils à pierre, dont le feu devenait à peu près impossible dès que la poudre de l'amorce était mouillée. Or, comme la pluie n'avait cessé de tomber pendant toute la journée, elle contribua beaucoup à la défaite de l'infanterie ennemie attaquée par nos cavaliers. Il se passa même, à ce sujet, un fait très remarquable.

Une division de cuirassiers, commandée par le général Bordesoulle, se trouvant en présence d'une forte division d'infanterie autrichienne formée en carré, la fit sommer de se rendre. Le général ennemi s'y étant refusé, Bordesoulle, s'avançant, lui fit observer que pas un des fusils de sa troupe n'était en état de tirer. L'Autrichien répondit que ses soldats se défendraient à la baïonnette avec d'autant plus d'avantage que les chevaux des Français, enfonçant dans la boue jusqu'aux jarrets, ne pourraient venir les choquer du coup de poitrail qui fait la force de la cavalerie. «Je vais foudroyer votre carré avec mon artillerie!...—Mais vous n'en avez pas, car elle est restée dans les boues!—Cependant, si je vous montre les canons placés derrière mon premier régiment, vous rendrez-vous?—Il le faudrait bien, puisqu'il ne me resterait aucun moyen de défense!»

Le général français fit alors avancer jusqu'à trente pas des ennemis une batterie de six pièces dont les artilleurs, la lance à feu en main, s'apprêtaient à tirer sur le carré. À cette vue, le général autrichien et sa division mirent bas les armes.

La pluie ayant ainsi paralysé le feu de l'infanterie des deux armées et beaucoup ralenti la marche de la cavalerie, ce fut l'artillerie qui, malgré la grande difficulté de se mouvoir sur un terrain détrempé par des pluies diluviennes, joua le rôle principal, surtout l'artillerie française, dont Napoléon avait fait doubler les attelages avec des chevaux momentanément retirés aux fourgons de l'administration qui étaient en sûreté dans la ville de Dresde; aussi nos pièces de campagne firent-elles un grand ravage, et ce fut un de leurs boulets qui frappa Moreau.

La voix publique annonçait depuis quelque temps le retour en Europe de cet ancien et illustre général français, qu'elle assurait avoir pris du service parmi les ennemis de son pays; mais très peu de gens ajoutaient foi à ce bruit, qui fut cependant confirmé le soir de la bataille de Dresde d'une manière fort bizarre. Notre avant-garde poursuivait les ennemis en déroute, lorsque l'un de nos hussards apercevant à l'entrée du village de Notnitz un magnifique chien danois qui, d'un air inquiet, paraissait chercher son maître, l'attire, s'en empare et lit sur son collier ces mots: «J'appartiens au général Moreau.» On apprend alors, par le curé du lieu, que le général Moreau vient de subir chez lui une double amputation; un boulet français, tombé au milieu de l'état-major de l'empereur de Russie, avait d'abord brisé l'un des genoux du célèbre transfuge; puis, ayant traversé le corps de son cheval, il avait été frapper l'autre jambe de Moreau. Cet événement ayant eu lieu au moment de la défaite des armées alliées, l'empereur Alexandre, pour éviter que Moreau ne fût pris par les Français, l'avait fait porter à bras par des grenadiers, jusqu'au moment où la poursuite de nos troupes s'étant ralentie, on avait pu panser le blessé et lui couper les deux cuisses!... Le curé saxon, témoin de cette cruelle opération, rapportait que Moreau, à qui l'on n'avait pu cacher que sa vie était en danger, se maudissait lui-même et répétait sans cesse: «Comment, moi! moi, Moreau, mourir au milieu des ennemis de la France, frappé par un boulet français!...» Il expira le 1er septembre, et les Russes emportèrent son corps.

Personne dans l'armée française ne regretta Moreau, dès qu'on sut qu'il avait pris les armes contre sa patrie. Un parlementaire russe étant venu réclamer le chien de la part du colonel Rapatel, aide de camp de Moreau, dont il avait suivi la fortune, on lui remit cet animal, mais sans le collier, qui fut envoyé au roi de Saxe. Ce collier figure à présent parmi les curiosités de la galerie de Dresde.

Cependant, le prince de Schwartzenberg, généralissime des troupes ennemies battues à Dresde, ayant indiqué la ville de Tœplitz comme point de réunion aux débris de ses armées, les Autrichiens effectuèrent leur retraite par la vallée de Dippotiswald, les Russes et les Prussiens par la route de Telnitz, et les débris du corps de Klenau par celle de Freyberg. L'empereur Napoléon suivit jusqu'auprès de Pirna les mouvements des colonnes françaises qui poursuivaient les vaincus; mais, au moment d'arriver dans cette ville, il fut pris d'une indisposition subite, accompagnée d'un léger vomissement, et causée par la fatigue qu'il avait éprouvée pour être resté cinq jours constamment à cheval, exposé à une pluie incessante.

L'un des plus grands inconvénients attachés à la position des princes, c'est qu'il se trouve toujours dans leur entourage quelques personnes qui, voulant témoigner d'un excès d'attachement, feignent de s'alarmer à leur moindre indisposition et exagèrent les précautions qu'il faut prendre: c'est ce qui arriva en cette circonstance. Le grand écuyer Caulaincourt conseilla à Napoléon de retourner à Dresde, et les autres grands officiers n'osèrent donner l'avis infiniment meilleur de continuer jusqu'à Pirna, distant seulement d'une lieue. La jeune garde s'y était déjà rendue, et l'Empereur y eût trouvé, avec le repos dont il avait besoin, l'immense avantage d'être à même d'ordonner les mouvements des troupes engagées à la poursuite des ennemis, ce qu'il ne pouvait faire de Dresde, situé à une bien plus grande distance du centre des opérations. Napoléon laissa donc aux maréchaux Mortier et Saint-Cyr le soin de soutenir le général Vandamme, chef du 1er corps, qui, détaché de la Grande Armée depuis trois jours, avait battu un corps russe, menaçait à présent les derrières des ennemis, interceptait la route de Dresde à Prague et occupait Peterswalde, d'où il dominait le bassin de Kulm en Bohême, ainsi que la ville de Tœplitz, point des plus importants, par où les coalisés devaient nécessairement faire leur retraite. Mais la rentrée de Napoléon à Dresde annula le succès qu'il venait de remporter et amena un immense revers, dont les effets contribuèrent infiniment à la chute de l'Empire. Voici le récit très succinct de cette catastrophe célèbre.

Le général Vandamme était un très bon et fort brave officier, qui, déjà illustré dès les premières guerres de la Révolution, avait presque constamment commandé en chef divers corps dans celles de l'Empire; aussi l'on s'étonnait qu'il n'eût pas encore reçu le bâton de maréchal, dont ses manières brusques et cassantes l'avaient privé. Ses détracteurs ont dit, après sa défaite, que le désir d'obtenir enfin cette haute récompense l'avait poussé à se jeter à l'étourdie, avec 20,000 hommes seulement, sur le chemin de 200,000 ennemis, auxquels il prétendait barrer le passage; mais la vérité est qu'ayant été prévenu par le major général qu'il serait soutenu par les deux armées des maréchaux Saint-Cyr et Mortier, et reçu l'*ordre formel* d'aller s'emparer de Tœplitz pour couper toute retraite aux ennemis, le général Vandamme dut obéir.

Se croyant certain d'être soutenu, il descendit donc bravement le 29 août vers Kulm, d'où, poussant devant lui les troupes ennemies, il chercha à gagner Tœplitz; et il est positif que si Mortier et Saint-Cyr eussent exécuté les ordres qu'ils avaient reçus, les corps prussiens, russes et autrichiens, engagés dans des chemins affreux et se trouvant coupés de la Bohême par la prise de Tœplitz, se fussent vus attaqués en tête et en queue, et contraints de mettre bas les armes. Vandamme eût alors reçu les plus grands éloges, de ceux mêmes qui l'ont blâmé depuis.

Quoiqu'il en soit, Vandamme, arrivé devant Tœplitz le 30 au matin, s'y trouva en présence de la division d'Ostermann, un des meilleurs et des plus braves généraux de l'armée russe, et il l'attaqua avec d'autant plus de vigueur que, voyant descendre des hauteurs de Peterswalde un corps d'armée qui suivait la route parcourue la veille par ses propres troupes, il dut croire que c'étaient les armées de Mortier et de Saint-Cyr, dont l'Empereur lui avait fait promettre le secours. Mais au lieu d'amis, ces nouveaux venus étaient deux fortes divisions prussiennes, conduites par le général Kleist, et qui, dirigées sur Kulm, d'après l'avis de Jomini, venaient de passer entre les corps de Saint-Cyr et de Mortier sans que ces maréchaux s'en fussent aperçus, tant était grand le mauvais vouloir de Saint-Cyr lorsqu'il devait seconder un de ses camarades, mauvais vouloir qui dans cette circonstance influa sur le général Mortier!... Ni l'un ni l'autre ne bougèrent lorsque leur coopération, jointe aux efforts courageux de Vandamme, eût infailliblement amené la défaite totale des ennemis. En effet, leurs colonnes d'infanterie, de cavalerie, d'artillerie et d'équipages, jetées dans le plus grand désordre, se trouvaient entassées pêle-mêle dans les étroits défilés des hautes montagnes qui séparent la Silésie de la Bohême.

Au lieu du secours qu'il attendait, le général Vandamme vit paraître les deux divisions du général Kleist, qui fondirent à l'instant sur lui. Vandamme, tout en continuant de combattre en tête les Russes d'Ostermann, placés devant Tœplitz, retourna son arrière-garde contre Kleist, qu'il attaqua avec furie. Déjà les ennemis faiblissaient de toutes parts, lorsque les immenses renforts qui leur survinrent, portant leurs forces à plus de 100,000 hommes, établirent une telle disproportion avec les 15,000 combattants qui restaient au général Vandamme, que celui-ci, malgré sa valeur et sa ténacité, dut penser à faire retraite sur les corps de Saint-Cyr et de Mortier, qu'il croyait être non loin de lui, d'après ce que l'Empereur lui avait fait écrire par le prince Berthier.

Arrivés au défilé de Telnitz, les Français le trouvèrent occupé par les divisions ennemies du corps du général Kleist, qui leur barraient entièrement le passage. Mais nos bataillons, précédés par la cavalerie du général Corbineau qui, malgré l'aspérité des montagnes, avait réclamé l'honneur de continuer à faire l'avant-garde, se précipitèrent sur les Prussiens avec une telle impétuosité qu'ils les culbutèrent et parvinrent à franchir le défilé, après avoir pris toute l'artillerie ennemie, dont ils ne purent emmener que les chevaux, à cause du mauvais état des chemins.

Les militaires qui ont fait la guerre comprendront qu'un tel succès ne peut être obtenu qu'au prix de bien du sang, et qu'après un aussi terrible combat, le 1er corps d'armée fût infiniment réduit Cependant Vandamme, environné de tous côtés par des forces décuples des siennes, refusa de se rendre, et, se plaçant en tête de deux bataillons du 85e, les seuls dont il pût encore disposer, il fondit au milieu des ennemis, dans l'espoir d'y trouver la mort. Mais son cheval ayant été tué, un groupe nombreux de Russes se précipita sur lui et le fit prisonnier.

Les généraux, les officiers et jusqu'aux simples soldats ennemis, admirant le courage de Vandamme, eurent pour lui les plus grands égards; mais, chose incroyable, et cependant certaine, les bons procédés cessèrent et se changèrent en outrages dès que le prisonnier eut été conduit à Prague, devant l'empereur de Russie et le grand-duc Constantin, son frère, qui, oubliant ce qu'on doit au courage malheureux, lui adressèrent la parole en termes insultants; le grand-duc Constantin lui arracha lui-même son épée. Vandamme, indigné de ce procédé, s'écria: «Mon épée est facile à prendre ici; il eût été plus noble de venir la chercher sur le champ de bataille; mais il paraît que vous n'aimez que les trophées qui ne vous coûtent pas cher!...» En entendant ces paroles, l'empereur Alexandre, furieux, ordonna d'arrêter Vandamme, auquel il donna les épithètes de *pillard* et de *brigand*!

Vandamme répondit, en regardant fièrement Alexandre en face: «Je ne suis ni *pillard* ni *brigand*; mais, dans tous les cas, mes contemporains et l'histoire ne me reprocheront pas d'avoir trempé mes mains dans le sang de mon père!» Alexandre pâlit à cette allusion faite à la catastrophe de l'assassinat de Paul Ier, son père, auquel la voix publique l'accusait d'avoir donné son assentiment, de crainte d'être lui-même mis à mort par les conjurés. Atterré par les souvenirs de la scène horrible à laquelle il devait le trône, et que Vandamme venait de lui rappeler d'une façon presque directe devant son nombreux état-major et un peloton de ses gardes, Alexandre s'éloigna rapidement. Le général français, gardé à vue, fut conduit à Wintka, aux frontières de la Sibérie, et ne revit sa patrie qu'après la paix de 1814.

La bataille de Kulm coûta au 1er corps de l'armée française 2,000 hommes tués et 8,000 faits prisonniers, parmi lesquels se trouvait son général en chef. Le surplus des soldats de Vandamme, au nombre de 10,000, commandés par les généraux Teste, Mouton-Duvernet, du Monceau et Corbineau, étant parvenus à se faire jour les armes à la main, allèrent rejoindre Saint-Cyr et Mortier. Ces deux maréchaux avaient gravement manqué à leur devoir en ne poursuivant pas l'ennemi en déroute et en s'arrêtant, ainsi qu'ils le firent, le premier à Reinhards-Grimme, et Mortier à Pirna, d'où ils entendaient le bruit du combat que soutenait le brave et malheureux Vandamme.

On doit s'étonner que de Dresde, si voisin de Reinhards et de Pirna, Napoléon n'ait pas envoyé quelques-uns de ses nombreux aides de camp s'assurer que Saint-Cyr et Mortier s'étaient mis en marche pour se porter au secours de Vandamme, ainsi qu'il le leur avait prescrit. Ces deux maréchaux, n'ayant pas exécuté les ordres qu'ils avaient reçus, méritaient d'être traduits devant un conseil de guerre; mais déjà l'armée française, accablée sous le nombre immense des ennemis que Napoléon avait soulevés contre lui, en était arrivée à un tel point d'épuisement que, si l'Empereur eût voulu punir tous ceux qui manquaient de zèle, il eût dû renoncer à se servir de presque tous les maréchaux. Il se borna donc à réprimander Saint-Cyr et Mortier, parce qu'il avait plus que jamais besoin de cacher ses désastres. En effet, ce n'était pas seulement à Kulm que ses troupes avaient éprouvé des revers, mais sur tous les points de l'immense ligne qu'elles occupaient.

CHAPITRE VINGT-SIX

Défaite d'Oudinot à Gross-Beeren et de Macdonald à la Katzbach.—Le plateau de Jauër.—Nous repassons la Katzbach.

On a dit avec raison que, dans les dernières campagnes de l'Empire, la guerre était rarement bien faite lorsque Napoléon ne dirigeait pas en personne le combat. Il est donc à regretter que ce grand capitaine ne fût pas bien pénétré de cette vérité et eût trop de confiance dans les talents de ses lieutenants, dont plusieurs n'étaient pas à la hauteur de leur tâche, bien qu'ils ne manquassent pas de présomption, ainsi qu'on venait d'en avoir de nouveaux exemples. Au lieu d'ordonner aux chefs des corps d'armée qu'il détachait de se tenir autant que possible sur la *défensive*, jusqu'à ce qu'il vînt avec de puissantes réserves écraser les forces placées devant eux, l'Empereur leur laissait beaucoup trop de latitude, et, comme chacun voulait faire parler de soi et avoir *sa bataille d'Austerlitz*, ils attaquaient souvent à contresens et se faisaient battre par leur faute.

C'est ce qui était advenu au maréchal Oudinot, auquel Napoléon avait donné une armée considérable, composée des corps de Bertrand et de Reynier, en le chargeant d'observer les nombreuses troupes prussiennes et suédoises réunies auprès de Berlin, sous le commandement supérieur de Bernadotte, devenu prince de Suède. Le maréchal Oudinot, étant moins fort que son adversaire, aurait dû temporiser; mais l'habitude d'aller en avant, la vue des clochers de Berlin, et la crainte de ne pas répondre à la confiance de Napoléon l'entraînant, il poussa droit devant lui le corps de Bertrand, qui fut battu, ce qui n'empêcha pas Oudinot de persister, malgré ce premier échec, à vouloir s'emparer de Berlin. Mais il perdit une grande bataille à Gross-Beeren et fut contraint de se retirer par la route de Wittemberg, après avoir essuyé de très nombreuses pertes.

Peu de jours après, le maréchal Macdonald, que Napoléon avait laissé sur la Katzbach à la tête de plusieurs corps d'armée, voulut aussi profiter du moment de liberté que lui laissait l'éloignement de l'Empereur, pour essayer de gagner une bataille et faire oublier la sanglante défaite qu'il avait éprouvée à la Trébia, dans la campagne d'Italie de 1799; mais il se fit encore battre!

Macdonald, très brave de sa personne, était constamment malheureux à la guerre, non qu'il manquât d'aptitude, mais parce que, semblable aux généraux de l'armée autrichienne et surtout au célèbre maréchal Mack, il était trop compassé et trop exclusif dans ses mouvements stratégiques. Avant le combat, il se traçait un plan de conduite qui était presque toujours bon; mais il aurait dû le modifier selon les circonstances, et c'est ce que son esprit lent ne savait pas faire. Il agissait comme certains joueurs d'échecs qui, lorsqu'ils dirigent leur partie et celle de l'adversaire absent, conduisent tout à bien dans leur intérêt tant qu'ils jouent seuls et ne savent plus que faire, lorsque, dans une partie réelle, l'adversaire place ses pièces tout autrement qu'ils ne l'avaient supposé!... Aussi le 26 août, le jour même où l'Empereur remportait une victoire éclatante devant Dresde, le maréchal Macdonald perdait une bataille que les Français ont nommée de la Kaztbach et les Allemands de Jauër[1].

L'armée française, forte de 75,000 hommes, dont mon régiment faisait partie, était placée entre Liegnitz et Goldenberg, sur la rive gauche de la petite rivière de la Katzbach, qui la séparait de plusieurs corps prussiens commandés par le feld-maréchal Blücher. Le terrain que nous occupions était entrecoupé de mamelons boisés qui, bien que praticables pour la cavalerie, rendaient cependant ses mouvements difficiles, mais offraient par cela même d'immenses avantages à l'infanterie. Or, comme les principales forces de Macdonald consistaient en troupes de cette arme, et qu'il n'avait que les 6,000 chevaux du corps de Sébastiani, tandis que les ennemis disposaient de 15 à 20,000 cavaliers, placés sur l'immense plateau de Jauër, dont le sol est presque partout uni, tout faisait un devoir à Macdonald d'attendre les Prussiens dans la position qu'il occupait. Ajoutons à cette considération que la Katzbach, peu encaissée à la rive gauche sur laquelle nous nous trouvions, l'est infiniment du côté opposé, de sorte que, pour gagner le plateau de Jauër, il faut gravir une colline élevée, couverte de rochers, et n'offrant qu'un chemin pierreux et fort rapide.

La Katzbach, qui coule au fond de cette gorge, n'a de ponts que devant les rares villages de la contrée, et n'offre que des gués fort étroits, qui deviennent impraticables à la moindre crue d'eau. Cette rivière couvrait le front de l'armée française, ce qui nous était on ne peut plus favorable; mais le maréchal Macdonald, voulant attaquer les Prussiens, abandonna les grands avantages qu'offrait cette position et se mit la Katzbach *à dos*, en ordonnant à ses troupes de la traverser sur plusieurs points. Le corps de cavalerie de Sébastiani, dont faisait partie la division Exelmans, dans laquelle se trouvait mon régiment, devait franchir la rivière au gué de Chemochowitz.

Le temps, qui était déjà menaçant le matin, aurait dû porter le maréchal à remettre son attaque à un autre jour, ou l'engager du moins à agir sur-le-champ. Il ne prit aucun de ces deux partis et perdit des moments précieux à donner des ordres de détail, si bien que ce ne fut qu'à deux heures de l'après-midi que ses colonnes se mirent en mouvement. Mais à peine l'armée était-elle en marche qu'elle fut assaillie par un orage affreux, qui fit gonfler la Katzbach et rendit le gué tellement difficile que la division de cuirassiers du général Saint-Germain ne put le passer.

Arrivés sur la rive opposée, nous dûmes gravir par un défilé fort étroit une côte des plus raides, dont la pluie avait rendu le terrain si glissant que nos chevaux s'abattaient à chaque pas. Nous fûmes donc obligés de mettre pied à terre et ne remontâmes à cheval qu'après avoir atteint l'immense plateau qui domine la vallée de la Kaztbach. Nous y trouvâmes plusieurs divisions d'infanterie française, que les généraux avaient prudemment placées auprès des bouquets de bois dont cette plaine est garnie; car, ainsi que je l'ai déjà dit, on savait que l'ennemi nous était infiniment supérieur en cavalerie, désavantage d'autant plus grand que les armes à percussion n'étant pas connues à cette époque, la pluie mettait les fantassins hors d'état de faire feu.

En arrivant dans ces vastes plaines, nous fûmes très étonnés de ne pas voir d'ennemis! Le silence complet qui y régnait me parut cacher quelque piège, car nous avions la certitude que la nuit précédente le maréchal Blücher occupait cette position avec plus de 100,000 hommes. Il était donc nécessaire, à mon avis, de bien faire reconnaître le pays avant de s'y engager. Le général Sébastiani pensa différemment; aussi, dès que la division Roussel d'Urbal fut formée, il la lança dans l'immensité de la plaine, non seulement avec l'artillerie qui lui appartenait, mais encore avec celle de la division Exelmans, que nous avions eu tant de peine à conduire sur le plateau.

Dès qu'Exelmans, qui s'était éloigné de ses troupes, nous rejoignit à la sortie du défilé et s'aperçut que Sébastiani avait emmené ses canons, il courut après ce général pour les réclamer et laissa sa division sans ordres. Les deux brigades qui la composaient étaient à cinq cents pas l'une de l'autre, sur le même front, et ployées en colonnes par régiment. Le mien formait la tête de la brigade Wathiez, ayant derrière lui le 24e de chasseurs. Le 11e de hussards était à la queue.

Le plateau de Jauër est tellement vaste que, bien que la division Roussel d'Urbal, partie en avant, fût composée de sept régiments de cavalerie, nous l'apercevions à peine à l'horizon. À mille pas du flanc droit de la colonne dont je faisais partie, se trouvait un des nombreux bouquets de bois dont la plaine est parsemée. Si mon régiment eût été seul sur ce point, j'aurais certainement fait fouiller ce bois par un peloton; mais comme Exelmans, très jaloux de son autorité, avait établi comme règle que pas un homme de sa division ne devait sortir des rangs sans son ordre, je n'avais osé prendre les précautions d'usage, et, par le même motif, le général commandant la brigade avait cru devoir s'en abstenir aussi. Cette obéissance passive fut sur le point de nous être fatale.

J'étais placé devant mon régiment, qui, ainsi que je l'ai déjà dit, se trouvait en tête de la colonne, lorsque, tout à coup, j'entends derrière moi de très grands cris: ils provenaient de l'attaque imprévue de nombreux lanciers prussiens qui, sortant à l'improviste du bois, s'étaient jetés sur le 24e de chasseurs et le 11e de hussards, qu'ils avaient pris en flanc et mis dans le plus grand désordre. La charge des ennemis, étant oblique, avait d'abord porté sur la queue de notre colonne, puis sur le centre, et menaçait de venir frapper en tête. Mon régiment allait donc être attaqué par le flanc droit. La situation était d'autant plus critique que l'ennemi avançait rapidement. Mais, plein de confiance dans le courage et l'intelligence de mes cavaliers de tous grades, je commandai un *changement de front à droite* au grandissime galop.

Cette manœuvre, si dangereuse devant l'ennemi, s'exécuta avec tant de vélocité et d'ordre que, en un clin d'œil, le régiment se trouva en ligne devant les Prussiens, et comme ceux-ci, en marchant *obliquement* vers nous, présentaient le flanc, nos escadrons profitèrent de cet avantage et pénétrèrent tous dans les rangs ennemis, qu'ils enfoncèrent et où ils firent un grand carnage.

En voyant le succès obtenu par mon régiment, le 24e de chasseurs, revenu de la surprise occasionnée par l'attaque de flanc qui l'avait d'abord rompu, se rallia promptement et repoussa la partie de la ligne ennemie qui lui était opposée. Quant au 11e de hussards, entièrement composé de Hollandais, dont l'Empereur avait cru faire des Français par un simple décret, il fut impossible à son chef de le ramener à la charge. Mais nous sûmes nous passer de l'assistance de ces mauvais soldats, car le 23e et le 24e suffirent pour achever la déroute des trois régiments prussiens qui nous avaient attaqués.

Pendant que nos chasseurs les poursuivaient à outrance, un vieux colonel ennemi, déjà, démonté, ayant reconnu mon grade à mes épaulettes et craignant d'être achevé par quelqu'un de mes cavaliers, vint se réfugier près de moi, où, malgré l'animation du combat, personne n'osa plus le frapper dès que je l'eus pris sous ma sauvegarde. Bien que cet officier marchât à pied dans des terres labourées changées en boue, il suivit pendant un quart d'heure les mouvements précipités de mon cheval, en s'appuyant d'une main sur mon genou, et me répétant sans cesse: «Vous êtes mon *anche* tutélaire!…» Ce vieillard me faisait vraiment pitié, car il allait tomber de fatigue et ne voulait cependant pas me quitter, lorsque, voyant un de mes chasseurs ramenant un cheval de prise, je le fis prêter au colonel prussien, que j'envoyai sur les derrières, sous la conduite d'un sous-officier de confiance. Vous verrez que cet officier ennemi ne tarda pas à me témoigner sa reconnaissance.

Cependant, le plateau de Jauër et les rives de la Katzbach étaient devenus subitement le théâtre d'une sanglante bataille, car de chaque bois il sortait des troupes prussiennes. La plaine en fut bientôt couverte. Mon régiment, dont je n'avais pu modérer l'ardente poursuite, se trouva bientôt devant une brigade d'infanterie ennemie dont les fusils, mis hors de service par la pluie, ne purent nous envoyer une seule balle. J'essayai de rompre le carré prussien; mais nos chevaux, empêtrés dans la boue jusqu'aux jarrets, ne purent avancer qu'au petit pas, et l'on sait que, sans élan, il est à peu près impossible à la cavalerie de pénétrer dans les rangs serrés des bataillons qui, bien composés et bien commandés, présentent bravement une haie de baïonnettes. En vain nous arrivions si près des ennemis que nous parlions avec eux et frappions leurs fusils avec la lame de nos sabres, nous ne pûmes jamais enfoncer leurs lignes, ce qui nous eût été facile si le général en chef Sébastiani n'eût pas envoyé l'artillerie de la brigade sur un autre point.

Notre situation et celle de l'infanterie ennemie placée devant nous étaient vraiment ridicules, car on se regardait dans le blanc des yeux sans se faire le moindre mal, nos sabres étant trop courts pour atteindre des ennemis dont les fusils ne pouvaient partir! Les choses étaient depuis quelque temps dans cet état, lorsque le général Maurin, commandant une brigade voisine de la nôtre, envoya à notre aide le 6e régiment de lanciers, dont les longues armes, dépassant les baïonnettes ennemies, tuèrent en un instant beaucoup de Prussiens, ce qui permit, non seulement à nos lanciers, mais aux chasseurs du 23e et du 24e, de pénétrer dans le carré ennemi, où nos cavaliers firent un affreux carnage. Pendant ce terrible combat, on entendait la voix sonore du brave colonel Perquit, qui criait, avec un accent alsacien des plus prononcés: «*Bointez*, lanciers! *bointez!*»

La victoire se déclarait ainsi en notre faveur sur cette partie du vaste champ de bataille, lorsqu'elle nous fut ravie par l'arrivée imprévue de plus de 20,000 cavaliers prussiens, qui, après avoir écrasé la division Roussel d'Urbal, si imprudemment envoyée seule à plus d'une lieue en avant, venaient attaquer la nôtre avec des forces infiniment supérieures!

L'approche de cette énorme masse ennemie nous fut signalée par l'arrivée du général Exelmans, qui avait, ainsi que je l'ai déjà dit, quitté momentanément sa division pour aller, presque seul, réclamer au général Sébastiani sa batterie d'artillerie, que ce général en chef avait si mal à propos envoyée joindre celle de Roussel d'Urbal. N'ayant pu rencontrer Sébastiani, il n'était arrivé auprès de la première division que pour être témoin de la prise des canons de Roussel d'Urbal ainsi que des siens propres, et se trouver entraîné dans l'affreuse déroute des escadrons de son collègue. Nous eûmes le pressentiment de quelque malheur, en voyant accourir notre général, la figure altérée, ayant perdu son chapeau et même sa ceinture! Aussi nous empressâmes-nous d'arrêter nos soldats, occupés à sabrer les fantassins ennemis que nous venions d'enfoncer. Mais, pendant que nous nous efforcions de remettre nos gens en bon ordre, nous fûmes totalement enveloppés par les nombreux escadrons prussiens qui poursuivaient jusque dans nos rangs les débris de la division d'Urbal!...

En un clin d'œil, le corps d'armée de cavalerie de Sébastiani, fort tout au plus de 5 à 6,000 combattants, fut accablé par 20,000 cavaliers ennemis, qui, outre l'immense supériorité du nombre, avaient l'avantage d'être presque tous des *uhlans,* c'est-à-dire d'être armés de lances, tandis que nous n'avions que quelques escadrons qui en portassent!... Aussi, malgré la vive résistance que nous cherchions à opposer, les groupes que nous formions étaient constamment dispersés par les Prussiens, qui, nous poussant sans cesse, nous ramenèrent enfin à l'extrémité de la plaine, au point où commence la descente de la profonde gorge au bas de laquelle coule la rivière de la Katzbach!

Nous fûmes reçus sur ce point par deux divisions d'infanterie française, auprès desquelles nous espérions nous rallier; mais les fusils de nos fantassins étaient si mouillés qu'ils ne pouvaient faire feu. Il ne leur restait d'autre moyen de défense qu'une batterie de six canons et leurs baïonnettes, qui arrêtèrent un moment les cavaliers ennemis; mais les généraux prussiens ayant fait avancer une vingtaine de bouches à feu, celles des Français furent en un instant démontées, et leurs bataillons furent enfoncés!... Alors, un hourra général lança contre nos troupes les 20.000 cavaliers ennemis, qui nous rejetèrent en désordre vers la Katzbach!...

Cette rivière, que nous avions traversée le matin avec tant de peine, bien qu'elle soit peu considérable, avait été transformée en torrent impétueux par les pluies diluviennes qui n'avaient cessé de tomber pendant toute la journée. Les eaux, refluant sur les deux rives, couvraient presque entièrement les parapets du pont de Chemochowitz et empêchaient de reconnaître si le gué de ce nom était encore praticable. Cependant, comme c'était par ces deux passages que nous étions venus le matin, on se dirigea vers ces points. Le gué était infranchissable pour les fantassins: beaucoup s'y noyèrent, mais le pont sauva la grande masse.

Je réunis autant que possible mon régiment, que je fis marcher par demi-pelotons très serrés, qui, se soutenant mutuellement, entrèrent dans l'eau avec assez d'ordre et gagnèrent la rive opposée, n'ayant perdu que deux hommes. Tous les autres régiments de cavalerie prirent la même direction, car, malgré la confusion inséparable d'une telle retraite, les cavaliers comprirent qu'il fallait laisser les ponts aux fantassins. J'avouerai que la descente de la côte fut un des moments les plus critiques de ma vie... Le terrain, très escarpé, glissait sous les pieds de nos chevaux, qui trébuchaient d'ailleurs à chaque pas sur de nombreux quartiers de roches. Enfin la mitraille que vomissait sur nous l'artillerie ennemie achevait de rendre notre situation horrible. J'en sortis néanmoins sans éprouver aucun accident personnel, grâce au courage, à l'ardeur, ainsi qu'à l'adresse de mon excellent cheval turc, qui, marchant au bord des précipices comme un chat sur un toit, me sauva la vie, non seulement dans cette affaire, mais dans plusieurs autres. Je reparlerai plus tard de cet excellent animal.

Les troupes d'infanterie et de cavalerie françaises qui venaient d'être précipitées du haut du plateau de Jauër se crurent à l'abri des ennemis dès qu'elles eurent franchi la Katzbach; mais les Prussiens avaient dirigé une forte colonne vers un pont situé au-dessus de celui de Chemochowitz, où elle avait passé la Katzbach, de sorte qu'en arrivant sur la rive que nous avions quittée le matin, nous fûmes très étonnés d'y être attaqués par de nombreux escadrons de uhlans. Cependant, malgré la surprise, quelques régiments, au nombre desquels le maréchal Macdonald cita le mien dans son rapport, se portèrent sans hésiter contre les ennemis... Je ne sais néanmoins ce qui serait advenu sans l'arrivée de la division du général Saint-Germain, qui, laissée le matin sur la rive gauche et n'ayant par conséquent pas pris part au combat, se trouva toute portée pour venir à notre aide. Cette division, composée de deux régiments de carabiniers, d'une brigade de cuirassiers et de six pièces de 12, attaquant avec fureur les ennemis, rejeta dans la rivière tous ceux qui l'avaient franchie pour venir nous couper la retraite, et comme il n'y a rien d'aussi terrible que les troupes qui, après avoir subi un échec, reprennent l'offensive, les cavaliers des divisions Exelmans et Roussel d'Urbal exterminèrent tout ce qu'ils purent atteindre.

Ce retour offensif nous fut d'une grande utilité, car il arrêta les ennemis, qui n'osèrent ce jour-là nous suivre au delà de la Katzbach. Cependant, le désastre de l'armée française fut immense, car le maréchal Macdonald lui ayant fait le matin traverser la rivière sur tous les ponts et les gués qui existaient entre Liegnitz et Goldeberg, c'est-à-dire sur une ligne de plus de cinq lieues, et presque tous les passages ayant été momentanément interceptés par l'inondation, l'armée française se trouva étendue sur un long cordon, ayant les Prussiens à dos, et en face une rivière presque infranchissable; aussi les scènes désastreuses dont j'avais été témoin sur le plateau de Jauër ainsi qu'au pont de Chemochowitz se reproduisirent-elles sur tous les points du champ de bataille! Partout la pluie paralysa le feu de notre infanterie et favorisa les attaques de la cavalerie prussienne, quatre fois plus nombreuse que la nôtre!... Partout la retraite fut rendue très périlleuse par la difficulté que nos troupes éprouvèrent à franchir la Katzbach débordée. La plupart des hommes qui essayèrent de franchir cette rivière à la nage se noyèrent. Le général de brigade Sibuet fut de ce nombre: nous ne pûmes sauver que quelques pièces d'artillerie.

---

1. Ou Janowitz.

CHAPITRE VINGT-SEPT

Concentration sur Dresde.—Épisodes.—Les Baskirs.—Napoléon au camp de Pilnitz.—Je suis comblé de faveurs.

Après la malheureuse affaire de la Katzbach, le maréchal Macdonald, cherchant à réunir ses troupes, indiqua comme points de ralliement les villes de Bunzlau, de Lauban et de Gorlitz. Une nuit des plus obscures, des chemins défoncés, la pluie tombant toujours à torrents, rendirent la marche lente et fort pénible; aussi beaucoup de soldats, surtout des confédérés, s'égarèrent ou restèrent en arrière.

L'armée de Napoléon perdit à la bataille de la Katzbach 13,000 hommes tués ou noyés, 20,000 prisonniers et 50 pièces de canon. Ce fut une véritable calamité. Le maréchal Macdonald, dont les faux calculs stratégiques avaient amené cette catastrophe irréparable, sut, tout en perdant la confiance de l'armée, conserver son estime par la franchise et la loyauté avec lesquelles il convint de ses torts; car le lendemain du désastre, ayant réuni auprès de lui tous les généraux et colonels, il nous dit, après nous avoir engagés à contribuer tous à la conservation de l'ordre, «que, dans les troupes et parmi les officiers, chacun avait fait son devoir; qu'un seul était cause de la perte de la bataille, et que le coupable était *lui*, parce qu'en voyant la pluie, il n'aurait pas dû quitter un terrain accidenté pour aller attaquer dans de vastes plaines un ennemi dont les escadrons étaient infiniment plus nombreux que les nôtres, ni se mettre une rivière à dos par un temps orageux». Ce noble aveu désarma la critique, et chacun s'efforça de contribuer au salut de l'armée, qui battit en retraite vers l'Elbe, par Bautzen.

Le destin semblait vouloir nous accabler; car, peu de jours après que le maréchal Oudinot eut perdu la bataille de Gross-Beeren, Macdonald celle de la Katzbach et Vandamme celle de Kulm, les Français éprouvèrent un immense revers. Le maréchal Ney, qui avait remplacé Oudinot dans le commandement des troupes destinées à marcher sur Berlin, n'ayant pas des forces assez considérables pour remplir cette mission difficile, fut battu à Jutterbach par le transfuge Bernadotte, et contraint d'abandonner la rive droite de l'Elbe.

L'Empereur revint à Dresde avec sa garde. Les divers corps d'armée aux ordres de Macdonald prirent position non loin de cette ville, tandis que le maréchal Ney, après avoir refoulé les Suédois sur la rive droite, réunissait ses troupes sur la rive gauche, à Dessau et à Wittemberg. Durant près de quinze jours, de la fin de septembre au commencement d'octobre, l'armée française resta presque immobile autour de Dresde. Mon régiment était bivouaqué auprès de Veissig, sur les hauteurs de Pilnitz, qu'occupait une de nos divisions d'infanterie, soutenue par la cavalerie de Sébastiani et d'Exelmans.

Bien qu'il n'eût pas été conclu d'armistice officiel, la lassitude des deux partis établit entre eux une suspension d'armes de *fait*, dont chacun profita pour se préparer à de nouveaux et plus terribles combats.

Ce fut au camp de Pilnitz que je reçus une lettre du colonel de cavalerie prussienne auquel j'avais prêté un cheval, après qu'il eut été pris et blessé par des cavaliers de mon régiment au début de la bataille de la Katzbach. Cet officier supérieur, nommé M. de Blankensée, ayant été délivré par les siens lorsque la chance tourna contre nous, n'en était pas moins reconnaissant de ce que j'avais fait pour lui, et, afin de me le prouver, il m'envoya dix chasseurs et un lieutenant de mon régiment qui, restés blessés sur le champ de bataille, avaient été à leur tour faits prisonniers. M. de Blankensée les avait fait panser, et, après les avoir comblés de soins pendant quinze jours, il avait obtenu de ses chefs l'autorisation de les faire conduire aux avant-postes français, et me les adressait avec mille remerciements, m'assurant qu'il me devait la vie. Je crois qu'il avait raison, mais je n'en fus pas moins sensible à l'expression de la reconnaissance d'un des chefs de nos ennemis.

Tandis que nous campions sur le plateau de Pilnitz, il se passa un fait curieux dont toute la division fut témoin.

Dans un moment d'ivresse, un brigadier du 4e de chasseurs avait manqué de respect à son lieutenant, et un lancier du 6e que son cheval mordait avec fureur, ne pouvant lui faire lâcher prise, l'avait frappé au ventre avec des ciseaux, ce qui avait amené la mort de l'animal. Certainement ces deux hommes méritaient d'être punis, mais seulement par mesure disciplinaire. Le général Exelmans les *condamna à mort* de son autorité privée, et ayant fait monter la division à cheval pour assister à leur exécution, il en forma un grand carré dont trois faces seulement étaient pleines, et sur la quatrième on creusa deux trous devant lesquels on conduisit les deux patients.

Ayant été en course toute la nuit, je rentrais au camp en ce moment, et voyant ces lugubres préparatifs, je ne mis point en doute que les coupables n'eussent été jugés et condamnés. Mais j'appris bientôt qu'il n'en était rien, et, m'approchant d'un cercle formé par le général Exelmans, les deux généraux de brigade et tous les chefs des régiments, j'entendis M. Devence, colonel du 4e de chasseurs, et M. Perquit, colonel du 6e de lanciers, supplier le général de division de vouloir bien faire grâce aux deux coupables. Le général Exelmans refusait, tout en parcourant au pas le front des troupes pendant qu'on implorait sa clémence.

Je n'ai jamais pu me défendre d'exprimer mon indignation quand je vois commettre un acte qui me semble injuste. J'eus peut-être tort, mais apostrophant les colonels Devence et Perquit, je leur dis qu'ils compromettaient leur dignité en souffrant qu'on promenât dans le camp comme criminels des hommes de leurs régiments qui n'avaient pas été *jugés*, et j'ajoutai: «L'Empereur n'a concédé à personne le droit de *vie* ou de *mort*, et s'est personnellement réservé celui de faire grâce.»

Le général Exelmans s'émut en voyant l'effet produit par ma sortie et s'écria qu'il *pardonnait* au chasseur du 4e mais que le lancier allait être fusillé; c'est-à-dire qu'il graciait le soldat qui avait manqué à son lieutenant, et voulait faire exécuter celui qui avait tué un cheval.

Pour mettre à mort ce malheureux, on fit demander dans chaque régiment deux sous-officiers; mais comme ceux-ci n'ont pas de mousqueton, ils durent prendre ceux de quelques soldats. Dès que cet ordre me fut transmis, je ne répondis pas à mon adjudant-major, qui me *comprit*; aussi aucun homme du 23e ne se présenta pour participer à l'exécution. Le général Exelmans s'en aperçut et ne dit rien!... Enfin une détonation retentit, et tous les assistants frémissent d'indignation! Exelmans ordonne alors que, selon l'usage, on fasse défiler les troupes devant le *cadavre*. On se met en marche. Mon régiment était le second dans la colonne, et j'hésitais pour savoir si je devais le faire passer devant le corps de cette malheureuse victime de la sévérité d'Exelmans, lorsque de grands éclats de rire se firent entendre dans le 24e de chasseurs, qui, marchant devant moi, était déjà arrivé sur le lieu de l'exécution. J'envoyai un adjudant pour s'informer de ce qui causait cette joie indécente en présence d'un cadavre, et j'appris bientôt que le *mort* se portait à merveille!

En effet, tout ce qui venait de se passer n'était qu'une parodie inventée pour effrayer les soldats qui seraient tentés de manquer à la discipline; parodie qui consistait à fusiller un homme *à blanc*, c'est-à-dire sans balles! Et pour que le secret de ce simulacre d'exécution fût mieux gardé, notre chef en avait chargé des sous-officiers, auxquels on avait distribué des cartouches qui ne contenaient que de la poudre!... Mais comme, pour compléter l'illusion, il fallait que les troupes *vissent* le cadavre, Exelmans avait prescrit au lancier qui devait jouer ce rôle de se jeter la face contre terre dès qu'on ferait feu sur lui, de contrefaire le mort, et de s'éloigner de l'armée la nuit suivante avec des habits de paysan et un peu d'argent qu'on lui avait remis à cette intention! Mais le soldat, qui était un Gascon des plus madrés, ayant fort bien compris que le général Exelmans outrepassait ses pouvoirs et n'avait pas plus le droit de le fusiller sans jugement que de le renvoyer sans congé, était resté *debout* après la détonation, et refusait de s'éloigner, à moins qu'on ne lui délivrât une feuille de route qui le garantît d'être arrêté par la gendarmerie!

En apprenant que c'était cette discussion entre le général et le prétendu *mort* qui avait excité les éclats de rire du 24e de chasseurs placé en tête de la colonne, je ne voulus pas que mon régiment participât à cette comédie, qui, selon moi, était bien plus contraire à la discipline que les fautes qu'on voulait punir ou prévenir. Je fis donc faire demi-tour à mes escadrons, et, prenant le trot, je les éloignai de cette scène pénible pour les faire rentrer au camp, où je leur fis mettre pied à terre. Cet exemple ayant été suivi par tous les généraux de brigade et les colonels de la division, Exelmans resta seul avec le prétendu mort, qui reprit tranquillement le chemin du bivouac, où dès son arrivée il se mit à manger la soupe avec ses camarades, dont les éclats de rire recommencèrent de plus belle!...

Pendant notre séjour sur le plateau de Pilnitz, les ennemis, surtout les Russes, reçurent de nombreux renforts, dont le principal, conduit par le général Benningsen, ne comptait pas moins de 60,000 hommes et se composait des corps de Doctoroff, de celui de Tolstoï et de la réserve du prince Labanoff. Cette réserve venait d'au delà de Moscou et comptait dans ses rangs une très grande quantité de Tartares et de Baskirs, armés seulement d'arcs et de flèches.

Je n'ai jamais compris dans quel but le gouvernement russe amenait d'aussi loin et à grands frais de telles masses de cavaliers irréguliers qui, n'ayant ni sabres, ni lances, ni aucune espèce d'armes à feu, ne pouvaient résister à des troupes réglées et ne servaient qu'à épuiser le pays et à affamer les corps réguliers, les seuls capables de résister à des ennemis européens. Nos soldats ne furent nullement étonnés à la vue de ces Asiatiques à demi sauvages qu'ils surnommaient les *Amours*, à cause de leurs arcs et de leurs flèches!

Néanmoins, ces nouveaux venus, qui ne connaissaient pas encore les Français, avaient été si exaltés par leurs chefs presque aussi ignorants qu'eux, qu'ils s'attendaient à nous voir fuir à leur approche: il leur tardait donc de nous joindre. Aussi, dès le jour même de leur arrivée devant nos troupes, ils se lancèrent en bandes innombrables sur elles; mais ayant été reçus partout à coups de fusil et de mousqueton, les Baskirs laissèrent un grand nombre de morts sur le terrain.

Ces pertes, loin de calmer leur frénésie, semblèrent les animer encore davantage, car, marchant sans ordre, et tous les passages leur étant bons, ils voltigeaient sans cesse autour de nous comme des essaims de guêpes, se glissaient partout, et il devenait fort difficile de les joindre. Mais aussi, quand nos cavaliers y parvenaient, ils en faisaient d'affreux massacres, nos lances et nos sabres ayant une immense supériorité sur leurs flèches! Toutefois, comme les attaques de ces barbares étaient incessantes et que les Russes les faisaient soutenir par des détachements de hussards afin de profiter du désordre que les Baskirs pourraient jeter sur quelques points de notre ligne, l'Empereur ordonna à ses généraux de redoubler de surveillance et de visiter souvent nos avant-postes.

Cependant, on se préparait des deux côtés à reprendre les hostilités, qui, ainsi que je l'ai déjà dit, n'avaient été suspendues par aucune convention, mais seulement *de fait*. Le plus grand calme régnait dans notre camp, lorsqu'un matin où, selon mon habitude, j'avais mis habit bas et me préparais à me raser en plein air devant un petit miroir cloué à un arbre, je me sens frappé sur l'épaule!... Comme je me trouvais au milieu de mon régiment, je me retournai vivement pour savoir quelle était la personne qui se permettait cette familiarité à l'égard de son colonel... J'aperçus l'Empereur, qui, voulant examiner les positions voisines sans donner l'éveil aux ennemis, était venu en poste avec un seul aide de camp. N'ayant aucun détachement de sa garde, il s'était fait suivre d'escadrons choisis par portions égales dans tous les régiments de la division. Ayant pris, sur son ordre, le commandement de l'escorte, je marchai toute la journée auprès de lui et n'eus qu'à me louer de sa bienveillance.

Comme on se disposait à retourner à Pilnitz, nous aperçûmes un millier de Baskirs qui accouraient vers nous de toute la vitesse de leurs petits chevaux tartares. L'Empereur, qui n'avait pas encore vu des troupes de ce genre, s'arrêta sur un monticule, en demandant qu'on tâchât de faire quelques prisonniers. J'ordonnai à cet effet à deux escadrons de mon régiment de se cacher derrière un bouquet de bois, tandis que le surplus continuait à marcher dans une autre direction. Cette ruse bien connue n'aurait pas trompé des Cosaques, mais elle réussit parfaitement avec les Baskirs, qui n'ont pas la moindre notion de la guerre. Ils passèrent donc auprès du bois, sans le faire visiter par quelques-uns des leurs, et continuaient à suivre la colonne, lorsque tout à coup nos escadrons, les attaquant à l'improviste, en tuent un grand nombre et en prennent une trentaine.

Je les fis conduire auprès de l'Empereur, qui, après les avoir examinés, manifesta l'étonnement que lui faisait éprouver la vue de ces piteux cavaliers, qu'on envoyait, sans d'autres armes qu'un arc et des flèches, combattre des guerriers européens munis de sabres, de lances, de fusils et de pistolets!... Ces Tartares Baskirs avaient des figures chinoises et portaient des costumes fort bizarres. Dès que nous fûmes rentrés au camp, mes chasseurs s'amusèrent à faire boire du vin aux Baskirs, qui, charmés de cette bonne réception, si nouvelle pour eux, se grisèrent tous et exprimèrent leur joie par des grimaces et des gambades si extraordinaires qu'un rire homérique, auquel Napoléon prit part, s'empara de tous les assistants!...

Le 28 septembre, l'Empereur, ayant passé la revue de notre corps d'armée, me donna les témoignages d'une bienveillance véritablement exceptionnelle, car lui, qui n'accordait que très rarement plusieurs récompenses à la fois, me nomma en même temps *officier de la Légion d'honneur, baron*, et m'accorda une *dotation*!... Il combla aussi mon régiment de faveurs, en disant que c'était le seul du corps de Sébastiani qui se fût maintenu en bon ordre à la Katzbach, eût enlevé des canons à l'ennemi, et repoussé les Prussiens partout où il les avait joints.

Le 23e de chasseurs fut redevable de cette distinction aux éloges qu'avait faits de lui le maréchal Macdonald, qui, lors de la déroute de la Katzbach, avait cherché un refuge dans les rangs de mon régiment et assisté aux belles charges qu'il fit pour rejeter les ennemis au delà de la rivière.

La revue terminée, et les troupes ayant repris le chemin de leur camp, le général Exelmans passa sur le front de mon régiment et le complimenta à haute voix de la justice que l'Empereur venait de rendre à sa valeur, et, s'adressant particulièrement à ma personne, il s'attacha à faire un éloge véritablement exagéré des qualités du colonel.

Cependant l'armée française se concentrait aux environs de Leipzig, tandis que toutes les forces des ennemis se dirigeaient aussi sur cette ville, autour de laquelle leur grand nombre leur permettait de former un cercle immense, qui se resserra chaque jour davantage, et qui avait évidemment pour but d'enfermer les troupes françaises et de leur couper toute retraite.

Il y eut le 14 octobre un vif combat de cavalerie à Wachau, entre l'avant-garde austro-russe et la nôtre; mais, après des succès balancés, on se replia de part et d'autre dans ses positions respectives, et l'action se termina par ce qu'il y a de plus ridicule à la guerre, une canonnade qui dura jusqu'à la nuit, sans autre résultat qu'une grande perte d'hommes.

L'Empereur, après avoir laissé à Dresde une garnison de 25,000 hommes, commandés par le maréchal Saint-Cyr, se rendit à Leipzig, où il arriva le 15 au matin.

CHAPITRE VINGT-HUIT

Napoléon, sourd aux avis du roi de Wurtemberg, se décide à combattre à Leipzig.—Combat de Wachau.—Topographie de Leipzig.—Position de nos troupes.—Surprise avortée des souverains alliés au Kelmberg.—Alternatives de la journée du 16 octobre.

On ne connaîtra jamais bien l'exacte vérité sur la bataille de Leipzig, tant à cause de l'étendue et de la complication du terrain sur lequel on combattit plusieurs jours, qu'en raison du nombre immense des troupes de différentes nations qui prirent part à cette mémorable affaire. Ce sont principalement les documents relatifs à l'armée française qui manquent, parce que plusieurs commandants de corps d'armée, de division, et une partie des chefs d'état-major, ayant trouvé la mort sur le champ de bataille, ou étant restés au pouvoir de l'ennemi, la plupart des rapports n'ont jamais pu être terminés, et ceux qui l'ont été se ressentent de la précipitation et du désordre inévitables qui présidèrent à leur rédaction. D'ailleurs, comme à Leipzig j'étais colonel d'un régiment encadré dans une division dont je dus suivre tous les mouvements, il ne me fut pas possible d'aussi bien connaître ceux des autres corps que je l'avais fait dans les campagnes précédentes, lorsque, étant aide de camp de divers maréchaux, j'avais dû, par position, avoir connaissance de l'ensemble général des opérations de l'armée en portant des ordres sur les diverses parties du champ de bataille. Je dois donc plus que jamais circonscrire mon récit et le borner à ce qui est absolument nécessaire pour vous donner un aperçu des faits les plus importants de la bataille de Leipzig, dont le résultat eut une si grande influence sur les destinées de l'Empereur, de la France et de l'Europe.

Le cercle de fer dans lequel les ennemis se préparaient à enfermer l'armée française n'était point encore complet autour de Leipzig, lorsque le roi de Wurtemberg, homme d'un caractère violent, mais plein d'honneur, crut de son devoir de prévenir Napoléon que l'Allemagne entière allait, à l'instigation des Anglais, se soulever contre lui, et qu'il ne lui restait plus que le temps nécessaire pour se retirer avec les troupes françaises derrière le Mein, car toutes celles de la Confédération germanique l'abandonneraient sous peu pour se joindre à ses ennemis. Il ajouta que lui-même, roi de Wurtemberg, ne pourrait s'empêcher de les imiter, car il devait enfin céder à ses sujets qui le poussaient à suivre le torrent de l'esprit public allemand, en rompant avec lui pour se ranger du côté des ennemis de la France.

L'Empereur, ébranlé par l'avis du plus capable comme du plus fidèle de ses alliés, eut, dit-on, la pensée de faire retraite vers les montagnes de la Thuringe et de la Hesse, de s'y couvrir de la rivière de la Saale et d'attendre que les alliés vinssent l'attaquer à leur désavantage dans ces contrées difficiles, boisées et remplies de défilés.

L'exécution de ce plan pouvait sauver Napoléon; mais pour cela, il fallait agir promptement, lorsque les armées ennemies n'étaient pas encore entièrement réunies ni assez rapprochées pour nous attaquer pendant la retraite; mais au moment de se déterminer à abandonner une partie de ses conquêtes, l'Empereur ne put s'y résoudre, tant il lui paraissait pénible de laisser croire qu'il se considérait comme *vaincu*, puisqu'il cherchait un refuge derrière des montagnes si difficiles à traverser. Le trop de courage de ce grand capitaine nous perdit; il ne considéra pas que son armée, très affaiblie par de nombreuses pertes, comptait dans ses rangs beaucoup d'étrangers qui n'attendaient qu'une occasion favorable pour le trahir, et qu'elle se trouvait exposée à être accablée par des forces supérieures dans les immenses plaines de Leipzig. Il aurait donc bien fait de la conduire dans les montagnes de la Thuringe et de la Hesse, si favorables à la défense, et d'annuler ainsi une partie des forces des rois coalisés. D'ailleurs, l'approche de l'hiver et la nécessité de nourrir leurs nombreuses troupes devaient bientôt forcer les ennemis à se séparer, tandis que l'armée française, garantie sur son front et ses flancs par l'extrême difficulté de venir l'attaquer dans un pays hérissé d'obstacles naturels, aurait eu derrière elle les fertiles vallées du Mein, du Rhin et du Necker.

Cette proposition nous aurait du moins permis de gagner du temps et peut-être de fatiguer les alliés au point de leur faire désirer la paix. Mais la confiance que Napoléon avait en lui, comme dans la valeur de ses troupes, l'ayant emporté sur ces considérations, il prit le parti d'attendre les ennemis dans les plaines de Leipzig.

Cette fatale décision était à peine prise, qu'une seconde lettre du roi de Wurtemberg vint informer l'Empereur que le roi de Bavière, ayant subitement changé de parti, venait de pactiser avec les coalisés, et que les deux armées bavaroise et autrichienne, cantonnées sur les bords de l'Inn, s'étant réunies en un seul camp sous les ordres du général de Wrède, marchaient sur le Rhin; enfin que le Wurtemberg, bien qu'à regret, mais contraint par la force de cette armée, était obligé d'y joindre la sienne; en conséquence, l'Empereur devait s'attendre à ce que bientôt 100,000 hommes cerneraient Mayence et menaceraient les frontières de France.

À cette nouvelle inattendue, Napoléon crut devoir revenir au projet de se retirer derrière la Saale et les montagnes de la Thuringe; mais il était trop tard, puisque déjà les forces principales des alliés étaient en présence de l'armée française et trop rapprochées d'elle pour qu'il fût possible de la mettre en retraite sans qu'elle fût attaquée pendant ce mouvement difficile. L'Empereur se détermina donc à combattre!... Ce fut un grand malheur, car l'effectif des troupes françaises ou alliées de la France que Napoléon avait réunies autour de Leipzig ne s'élevait qu'à 157,000 hommes, dont seulement 29,000 de cavalerie, tandis que le prince de Schwartzenberg, généralissime des ennemis, disposait de 350,000 combattants, dont 54,000 de cavalerie!...

Cette armée immense se composait de Russes, Autrichiens, Prussiens et

Suédois, que l'ex-maréchal français Bernadotte conduisait contre ses compatriotes, contre ses anciens frères d'armes! Le nombre total des combattants des deux partis s'élevait à 507,000 hommes, sans compter les troupes laissées dans les places fortes.

La ville de Leipzig, l'une des plus commerçantes et des plus riches de l'Allemagne, est placée vers le milieu de la vaste plaine qui s'étend depuis l'Elbe jusqu'aux montagnes du Harz, de la Thuringe et de la Bohême. La situation de cette contrée l'a presque toujours rendue le théâtre principal des guerres qui ont ensanglanté la Germanie. La petite rivière de l'Elster, qu'on pourrait nommer un ruisseau, tant elle est peu large et peu profonde, coule du sud au nord jusqu'à Leipzig, dans une vallée peu encaissée, au milieu de prairies humides. Ce cours d'eau se divise en un grand nombre de bras, qui opposent un véritable obstacle aux opérations ordinaires de la guerre et nécessitent une infinité de ponts pour mettre en communication les villages qui bordent la vallée.

La Pleisse, autre ruisseau de la même nature, mais encore plus faible que l'Elster, coule à une lieue et demie de celui-ci, auquel elle se joint sous les murs de Leipzig.

Au nord de la ville vient se jeter la Partha, faible ruisseau qui serpente dans un vallon étroit et présente à chaque pas des gués ou de petits ponts à traverser.

Leipzig, se trouvant au confluent de ces trois ruisseaux et presque entourée vers le nord et l'ouest par leurs bras multipliés, est ainsi la clef du terrain occupé par leurs rives. La ville, peu considérable, était à cette époque environnée par une vieille muraille, percée par quatre grandes portes et trois petites. La route de Lutzen par Lindenau et Markranstadt était la seule par laquelle l'armée française pût encore communiquer librement avec ses derrières.

C'est dans la partie du terrain situé entre la Pleisse et la Partha que se livra le plus fort de la bataille. On y remarque le Kelmberg, qui est un mamelon isolé, surnommé la *redoute suédoise*, parce que, dans la guerre de Trente ans, Gustave-Adolphe avait établi quelques fortifications sur ce point, qui domine au loin toute la contrée.

La bataille de Leipzig, commencée le 16 octobre 1813, dura trois jours; mais l'engagement du 17 fut infiniment moins vif que ceux du 16 et du 18.

Sans vouloir entrer dans les détails de cette mémorable affaire, je crois devoir néanmoins indiquer les principales positions occupées par l'armée française, ce qui donnera une idée générale de celles des ennemis, puisque chacun de nos corps d'armée avait en face de lui au moins un corps étranger et souvent deux.

Le roi Murat dirigeait notre aile droite, dont l'extrémité s'appuyait à la petite rivière de la Pleisse, auprès des villages de Connewitz, Dölitz et Mark-Kleeberg que le prince Poniatowski occupait avec ses Polonais. Après ceux-ci et derrière le bourg de Wachau, se trouvait le corps du maréchal Victor. Les troupes du maréchal Augereau occupaient Dösen.

Ces divers corps d'infanterie étaient flanqués et appuyés par plusieurs masses de la cavalerie des généraux Kellermann et Michaud.

Le centre, aux ordres directs de l'Empereur, se trouvait à Liebert-Wolkwitz. Il était composé des corps d'infanterie du général Lauriston, ainsi que de celui du maréchal Macdonald, ayant avec eux la cavalerie de Latour-Maubourg et de Sébastiani. (Mon régiment, qui faisait partie du corps de ce dernier général, était placé en face du monticule du Kelmberg ou redoute suédoise.)

L'aile gauche, commandée par le maréchal Ney, se formait du corps d'infanterie du maréchal Marmont, ainsi que de ceux des généraux Reynier et Souham, soutenus par la cavalerie du duc de Padoue. Elle occupait Taucha, Plaussig et les rives de la Partha. Un corps d'observation, fort de 45,000 hommes, aux ordres du général Bertrand, était détaché au delà de Leipzig pour garder Lindenau, Lindenthal, Gohlis, les passages de l'Elster et la route de Lutzen.

À Probstheyda, derrière le centre, se trouvait, aux ordres du maréchal Oudinot, la réserve composée de la jeune, de la vieille garde, et de la cavalerie de Nansouty.

Le vénérable roi de Saxe, qui n'avait pas voulu s'éloigner de son ami l'empereur des Français, était resté dans la ville de Leipzig avec sa garde et plusieurs régiments français qu'on y avait laissés pour y maintenir l'ordre.

Pendant la nuit du 15 au 16, les troupes du maréchal Macdonald avaient fait un mouvement pour se concentrer sur Liebert-Wolkwitz en s'éloignant du Kelmberg, ou redoute suédoise; mais comme on ne voulait cependant pas abandonner ce poste aux ennemis avant la fin de la nuit, je reçus l'ordre de le surveiller jusqu'au petit point du jour. La mission était fort délicate, car, pour la remplir, je devais me porter en avant avec mon régiment jusqu'au pied du monticule, pendant que l'armée française se retirerait d'une demi-lieue dans la direction opposée. J'allais courir le risque de me voir cerné et même enlevé avec toute ma troupe par l'avant-garde ennemie, dont les éclaireurs ne manqueraient pas de gravir le sommet du monticule, dès que les premières heures de l'aurore leur permettraient d'apercevoir ce qui se passait dans de vastes plaines situées à leurs pieds et occupées par l'armée française.

Le temps était superbe, et, malgré la nuit, on y voyait passablement à la clarté des étoiles; mais, comme en pareil cas on aperçoit infiniment mieux de bas en haut les hommes qui arrivent sur une hauteur, tandis qu'ils ne peuvent eux-mêmes apercevoir ceux qui sont en bas, je portai mes escadrons le plus près possible du monticule, afin que l'ombre projetée par le sommet cachât mes cavaliers, et après avoir prescrit le plus profond silence et une parfaite immobilité, j'attendis les événements.

Le hasard fut sur le point d'en produire un qui eût été bien heureux pour la France, pour l'Empereur, et eût rendu mon nom à tout jamais célèbre!... Voici le fait.

Une demi-heure avant les premières lueurs de l'aurore, trois cavaliers, venant du côté des ennemis, grimpent à petits pas sur le monticule du Kelmberg, d'où ils ne pouvaient nous apercevoir, tandis que nous distinguions parfaitement leur silhouette et entendions leur conversation. Ils parlaient français: l'un était Russe, les deux autres Prussiens. Le premier, qui paraissait avoir autorité sur ses compagnons, ordonna à l'un d'eux d'aller prévenir *Leurs Majestés* qu'il n'y avait aucun Français sur ce point-là et qu'elles pouvaient monter, car dans quelques minutes on apercevrait toute la plaine; mais qu'il fallait profiter de ce moment pour que les Français n'envoyassent pas des tirailleurs de ce côté...

L'officier auquel s'adressaient ces paroles fit observer que les escortes, marchant au pas, étaient encore bien éloignées. «Qu'importe, lui fut-il répondu, puisqu'il n'y a ici personne que nous!» À ces mots, ma troupe et moi redoublâmes d'attention et aperçûmes bientôt, sur le haut du monticule, une vingtaine d'officiers ennemis, dont l'un mit pied à terre.

Quoique, en établissant une embuscade, je n'eusse certainement pas la prévision de faire une bonne capture, j'avais cependant prévenu mes officiers que, si l'on voyait quelques ennemis sur la redoute suédoise, il faudrait, au signal que je ferais avec mon mouchoir, que deux escadrons contournassent ce monticule, l'un par la droite, l'autre par la gauche, afin de cerner les ennemis qui se seraient ainsi hasardés à venir si près de notre armée. J'étais donc plein d'espoir, lorsque l'ardeur immodérée d'un de mes cavaliers fit échouer mon projet. Cet homme, ayant par hasard laissé tomber la lame de son sabre, prit à l'instant sa carabine en main, et, de crainte d'être en retard lorsque je donnerais le signal de l'attaque, il tira au beau milieu du groupe étranger et tua un major prussien.

Vous pensez bien qu'en un clin d'œil tous les officiers ennemis, qui n'avaient d'autre garde que quelques ordonnances et se voyaient sur le point d'être environnés par nous, s'éloignèrent au grand galop. Nos gens ne purent les suivre bien loin, de crainte de tomber eux-mêmes dans les mains des escortes qu'on entendait accourir. Mes chasseurs prirent néanmoins deux officiers, dont on ne put tirer aucun renseignement. Mais j'appris depuis, par mon ami le baron de Stoch, colonel des gardes du grand-duc de Darmstadt, que l'empereur Alexandre de Russie et le roi de Prusse se trouvaient au nombre des officiers qui avaient été sur le point de tomber aux mains des Français auprès de la redoute suédoise. Cet événement aurait alors changé les destinées de l'Europe. Le hasard en ayant décidé autrement, il ne me restait plus qu'à me retirer lestement, avec tout mon monde, vers l'armée française.

Le 16 octobre, à huit heures du matin, les batteries des alliés donnèrent le signal de l'attaque. Une vive canonnade s'engagea sur toute la ligne, et l'armée alliée marcha sur nous de tous les points. Le combat commença à notre droite, où les Polonais, repoussés par les Prussiens, abandonnèrent le village de Mark-Kleeberg. À notre centre, les Russes et les Autrichiens attaquèrent *six fois* Wachau et Liebert-Wolkwitz, et furent constamment battus avec de très grandes pertes. L'Empereur, regrettant sans doute d'avoir abandonné le matin la redoute suédoise que les ennemis avaient occupée et d'où leurs artilleurs faisaient pleuvoir sur nous une grêle de mitraille, ordonna de se réemparer de ce monticule, ce qui fut promptement exécuté par le 22e d'infanterie légère, soutenu par mon régiment.

Ce premier succès obtenu, l'Empereur, ne pouvant agir sur les ailes des ennemis qui, par leur supériorité. numérique, présentaient un front trop étendu, résolut de les occuper à leurs extrémités, pendant qu'il essayerait de percer leur centre. En conséquence, il dirigea sur Wachau le maréchal Mortier avec deux divisions d'infanterie, et le maréchal Oudinot avec la jeune garde. Le général Drouot, avec soixante bouches à feu, soutenait l'attaque, qui réussit.

De son côté, le maréchal Victor enfonça et mit en déroute le corps russe, commandé par le prince Eugène de Wurtemberg; mais, après des pertes considérables, celui-ci rallia son corps à Gossa. En ce moment, le général Lauriston et le maréchal Macdonald débouchant de Liebert-Wolkwitz, l'ennemi fut culbuté, et les Français s'emparèrent du bois de Grosspossnau. Le général Maison reçut une blessure en s'emparant de ce point important.

En vain la nombreuse cavalerie autrichienne du général Klenau, soutenue par un pulk de Cosaques, essaya de rétablir le combat; elle fut culbutée et mise en désordre par le corps de cavalerie du général Sébastiani. Le combat fut des plus acharnés; mon régiment y prit part; je perdis quelques hommes, et mon premier chef d'escadrons, M. Pozac, fut blessé d'un coup de lance à la poitrine, pour avoir négligé de la garantir, selon l'usage, avec son manteau roulé en fourrageur.

Cependant, le prince de Schwartzenberg, voyant sa ligne fortement ébranlée, fit avancer ses réserves pour la soutenir, ce qui détermina l'Empereur à ordonner une grande charge de cavalerie, à laquelle prirent part les deux corps de Kellermann, de Latour-Maubourg et les dragons de la garde. Kellermann renversa une division de cuirassiers russes; mais, pris en flanc par une autre division, il dut se replier sur les hauteurs de Wachau, après avoir enlevé plusieurs drapeaux à l'ennemi.

Le roi Murat fit alors avancer de l'infanterie française, et le combat se renouvela. Le corps russe du prince de Wurtemberg, enfoncé derechef, perdit vingt-six pièces de canon. Ainsi maltraité, le centre de l'armée ennemie pliait et allait être enfoncé, lorsque l'empereur de Russie, témoin de ce désastre, fit avancer rapidement la nombreuse cavalerie de sa garde, qui, rencontrant les escadrons de Latour-Maubourg dans le désordre qui suit toujours une charge à fond, les ramena à leur tour et reprit aux Français vingt-quatre des canons qu'ils venaient d'enlever. Ce fut dans cette charge que le général Latour-Maubourg eut la cuisse emportée par un boulet.

Cependant, comme aucun des deux partis n'avait obtenu d'avantages marquants, Napoléon, pour décider la victoire, venait de lancer sur le centre ennemi la réserve composée de la vieille garde à pied et à cheval et d'un corps de troupes fraîches arrivant de Leipzig, lorsqu'un régiment de cavalerie ennemie, qui s'était glissé ou égaré sur les derrières des Français, jeta quelque inquiétude parmi nos troupes en mouvement, qui s'arrêtèrent, se formèrent en carré pour ne pas être surprises, et, avant qu'on ait pu connaître la cause de cette alerte, la nuit vint suspendre sur ce point les opérations militaires.

D'autres événements s'étaient passés sur l'extrême droite des Français. Pendant toute la journée, le général Merfeld avait inutilement tenté de s'emparer du passage de la Pleisse, défendu par le corps de Poniatowski et ses Polonais; cependant, vers la fin du jour, il parvint à se rendre maître du village de Dölitz, ce qui compromettait notre aile droite; mais les chasseurs à pied de la vieille garde, conduits par le général Curial, étant accourus de la réserve au pas de charge, culbutèrent les Autrichiens au delà de la rivière et leur firent quelques centaines de prisonniers, parmi lesquels se trouvait le général Merfeld, qui tombait pour la troisième fois au pouvoir des Français.

Quoique les Polonais se fussent laissé enlever Dölitz, l'Empereur, pour relever leur moral, crut devoir donner le bâton de maréchal de France à leur chef, le prince Poniatowski, qui ne jouit pas longtemps de l'honneur de le porter.

De l'autre côté de la rivière de l'Elster, le général autrichien Giulay s'était emparé du village de Lindenau, après sept heures d'un combat acharné. L'Empereur, informé de ce grave événement, qui compromettait la retraite de la majeure partie de ses troupes, fit attaquer si vigoureusement Lindenau par le général Bertrand que ce poste fut repris à la baïonnette.

À notre gauche, l'impatience de Ney faillit amener une grande catastrophe. Ce maréchal, qui commandait l'aile gauche, placée par l'ordre de l'Empereur, voyant qu'à dix heures du matin aucune troupe ne paraissait devant lui, envoya de son autorité privée, sous la conduite du général Souham, un de ses corps d'armée à Wachau, où le combat paraissait fortement engagé; mais, pendant ce mouvement irréfléchi, le maréchal prussien Blücher, dont la marche avait été retardée, parut avec l'armée de Silésie et s'empara du village de Möckern. Alors Ney, qui, diminué d'une partie de ses troupes, n'avait plus à sa disposition que le corps de Marmont, fut obligé, sur le soir, de se replier jusque dans les murs de Leipzig et de se borner à défendre le faubourg de Halle.

Les Français perdirent beaucoup de monde dans cet engagement, qui produisit d'ailleurs un fort mauvais effet sur ceux de nos soldats qui, placés en avant ou sur les flancs de Leipzig, entendaient le canon et la fusillade derrière eux. Cependant, vers les huit heures du soir, le combat cessa totalement de part et d'autre, et la nuit fut tranquille.

CHAPITRE VINGT-NEUF

Vaine tentative d'armistice.—Bataille du 18 octobre.—Bernadotte combat contre nous.—Défection des Saxons.—Loyauté du roi de Wurtemberg.—Résultat indécis du combat.

Cette première journée avait laissé la victoire indécise; cependant elle était à l'avantage des Français, puisque, avec des forces infiniment moins considérables, ils avaient non seulement tenu tête aux coalisés, mais les avaient chassés d'une partie du terrain qu'ils occupaient la veille.

Les troupes des deux partis se préparaient à renouveler le combat le lendemain matin; mais, contrairement à leur attente, la journée du 17 s'écoula sans qu'aucun mouvement hostile eût lieu de part ni d'autre. Les coalisés attendaient l'arrivée de l'armée russe de Pologne, ainsi que des troupes qu'amenait le prince royal de Suède, Bernadotte, ce qui devait accroître infiniment leurs forces.

De son côté, Napoléon, regrettant d'avoir rejeté les propositions de paix qui lui avaient été faites deux mois auparavant, pendant l'armistice, espérait quelque résultat d'une mission pacifique qu'il avait envoyée la nuit précédente aux souverains alliés par le général autrichien comte de Merfeld, qui venait d'être fait prisonnier.

Il se produit quelquefois des séries de faits bien étranges. Le comte de Merfeld était le même qui, seize ans auparavant, était venu demander au général Bonaparte, alors chef de l'armée d'Italie, le célèbre armistice de Léoben. C'était lui qui avait rapporté à Vienne le traité de paix conclu entre le gouvernement autrichien et le Directoire, représenté par le général Bonaparte. C'était lui qui, dans la nuit de la bataille d'Austerlitz, avait transmis à l'empereur des Français les propositions d'armistice faites par l'empereur d'Autriche, et comme la singulière destinée du général Merfeld le conduisait de nouveau vers Napoléon au moment où celui-ci avait à son tour besoin d'armistice et de paix, l'Empereur sourit à l'espoir que cet intermédiaire amènerait encore le résultat qu'il désirait. Mais les choses étaient trop avancées pour que les souverains alliés consentissent à traiter avec Napoléon, dont la proposition seule dénotait un grand embarras. Aussi, quoiqu'ils n'eussent pu nous vaincre dans la bataille du 16, ils ne perdirent pas l'espoir de nous accabler par un nouvel effort de leurs troupes, supérieures en nombre, et comptaient beaucoup sur la défection des corps allemands qui se trouvaient encore parmi nous, et dont les chefs, tous membres de la société secrète du *Tugenbund*, profitèrent du repos que donna l'espèce d'armistice du 17, pour se concerter sur la manière dont ils devaient exécuter leur insigne trahison. La mission du comte de Merfeld n'obtint même pas de réponse.

Le 18 octobre, dès le matin, l'armée des coalisés commença l'attaque contre nous. Le 2e corps d'armée de cavalerie, dont mon régiment faisait partie, se trouva placé, comme il l'avait été le 16, entre Liebert-Wolkwitz et le Kelmberg, ou redoute suédoise. Le combat, engagé sur tous les points, fut surtout terrible vers notre centre, au village de Probstheyda, qu'attaquèrent à la fois un corps russe et un corps prussien; tous deux furent repoussés avec des pertes immenses. On se battait sur tous les points. Les Russes attaquèrent très vivement Holzhausen, que Macdonald défendit avec succès.

Vers onze heures, on entendit une canonnade en arrière de Leipzig, du côté de Lindenau, et l'on apprit que, sur ce point, nos troupes venaient de rompre le cercle dans lequel l'ennemi se flattait d'enfermer l'armée française, et que le corps du général Bertrand marchait sur Weissenfeld, dans la direction du Rhin, sans que l'ennemi eût pu l'en empêcher. L'Empereur prescrivit alors d'évacuer les équipages vers Lutzen.

Cependant, le plateau de Leipzig était, vers Connewitz et Lössnig, le théâtre d'un épouvantable engagement; la terre répétait au loin le bruit des feux précipités d'un millier de canons. Les ennemis tentaient de forcer le passage de la Pleisse. Ils furent repoussés, bien que les Polonais eussent fait manquer quelques-unes des charges à la baïonnette de notre infanterie.

Alors, le 1er corps de cavalerie française, voyant les escadrons autrichiens et prussiens venir au secours de leurs alliés, sortit de derrière le village de Probstheyda, et, se précipitant au milieu des ennemis, il les enfonça et les poursuivit jusque sur leurs réserves, qu'amenait le prince Constantin de Russie. Les alliés, encore enfoncés sur ce point, réunirent des forces immenses pour enlever Probstheyda; mais ces formidables masses y furent si bien reçues par quelques-unes de nos divisions d'infanterie et par les chasseurs à pied de la vieille garde, qu'elles reculèrent promptement. Nous perdîmes là les généraux Vial et Rochambeau. Celui-ci venait d'être nommé maréchal de France par l'Empereur.

Bernadotte, prince de Suède, n'avait point encore combattu contre les Français, et paraissait, dit-on, indécis; mais enfin, stimulé et même menacé par le maréchal prussien Blücher, il se détermina à passer la Partha au-dessus du village de Mockau, à la tête des troupes suédoises et d'un corps russe placé sous ses ordres[1]. Lorsqu'une brigade de hussards et de lanciers saxons, postés sur ce point, vit arriver les Cosaques qui précédaient Bernadotte, elle marcha vers eux comme pour les charger; mais faisant tout à coup volte-face et oubliant à quoi ils exposaient leur vieux roi, notre allié, qui se trouvait au milieu des troupes de Napoléon, les infâmes Saxons dirigèrent leurs fusils et leurs canons contre les Français!

La tête d'armée conduite par Bernadotte, suivant la rive gauche de la Partha, se dirigea vers Sellerhausen, défendu par Reynier. Ce général, dont le corps d'armée était presque entièrement composé de troupes provenant des contingents allemands, ayant été témoin de la désertion de la cavalerie saxonne, se défiait de l'infanterie de cette nation, qu'il avait placée près de la cavalerie de Durutte, afin de la contenir; mais le maréchal Ney, trop confiant, lui prescrivit de déployer les Saxons et de les envoyer soutenir un régiment français qui défendait le village de Paunsdorf. Mais à peine les Saxons furent-ils à quelque distance des troupes françaises, que, apercevant dans la plaine de Paunsdorf les enseignes prussiennes, ils se précipitèrent vers elles au pas de course, ayant à leur tête l'indigne général Russel, leur chef. Quelques officiers français, ne pouvant comprendre une pareille trahison, pensaient que les Saxons allaient attaquer les Prussiens; aussi le général Gressot, chef d'état-major de Reynier, courut-il vers eux pour modérer ce qu'il croyait être un excès d'ardeur; mais il ne trouva plus devant lui que des ennemis! Cette défection d'un corps d'armée tout entier, qui produisit un vide effrayant dans le centre de l'armée française, eut, de plus, le grave inconvénient de ranimer l'ardeur des alliés, et, sur-le-champ, la cavalerie wurtembergeoise suivit l'exemple des Saxons.

Non seulement le prince de Suède Bernadotte accueillit dans ses rangs les perfides Saxons, mais il réclama le secours de leur artillerie pour augmenter l'effet de la sienne, et supplia même l'ambassadeur anglais de lui prêter la batterie de fusées à la Congrève qu'il avait amenée avec lui, et que l'ancien maréchal de France fit diriger sur les Français.

À peine le corps saxon fut-il dans les rangs des ennemis, qu'il signala sa trahison en faisant contre nous une décharge générale de toute son artillerie, dont le commandant s'écria, en arrivant parmi les Russes, «qu'après avoir brûlé la moitié de ses munitions pour les Français, il allait tirer le reste contre eux!» En effet, il lança sur nous une grêle de projectiles, dont mon régiment reçut une très large part, car je perdis là une trentaine d'hommes, au nombre desquels était le capitaine Bertin, officier du plus grand mérite: ce brave eut la tête emportée par un boulet.

C'était cependant Bernadotte, un Français, un homme auquel le sang français avait procuré une couronne, qui nous portait ainsi le coup de grâce!

Au milieu de cette déloyauté générale, le roi de Wurtemberg présenta une honorable exception, car, ainsi que je l'ai déjà dit, il avait prévenu Napoléon que les circonstances allaient le forcer à abandonner son parti; mais, même après qu'il eut pris cette suprême décision, il mit dans son exécution les procédés les plus loyaux, en prescrivant à celles de ses troupes placées dans son voisinage de n'agir contre les Français qu'après leur avoir dénoncé les hostilités dix jours d'avance, et, bien que devenu ennemi de la France, il chassa de son armée le général, ainsi que plusieurs officiers wurtembergeois, qui avaient entraîné ses troupes dans les rangs des Russes pendant la bataille de Leipzig, et retira toutes les décorations aux régiments transfuges.

Cependant Probstheyda continuait à être le théâtre de la lutte la plus meurtrière. La vieille garde, déployée derrière le village, se tenait prête à voler au secours de ses défenseurs. Le corps prussien de Bulow, ayant essayé de faire un mouvement en avant, fut écrasé; mais nous perdîmes dans ce combat le brave général Delmas, militaire distingué et homme des plus honorables, qui, brouillé avec Napoléon depuis la création de l'Empire, avait passé dix ans dans la retraite, mais avait sollicité du service dès qu'il avait vu sa patrie en danger.

Au milieu d'une affreuse canonnade et de vives attaques partielles, les Français se maintenaient sur toute la ligne dans leurs positions. Ainsi, vers la gauche, le maréchal Macdonald et le général Sébastiani avaient conservé le terrain situé entre Probstheyda et Stötteritz, malgré les nombreuses attaques des Autrichiens de

Klenau et des Russes de Doctoroff, lorsque tout à coup celles de nos troupes qui étaient placées sur ce point furent assaillies par une charge de plus de 20,000 Cosaques et Baskirs. Les efforts de ces derniers portèrent principalement sur le corps de cavalerie du général Sébastiani.

En un clin d'œil, les barbares entourèrent à grands cris nos escadrons, contre lesquels ils lancèrent des milliers de flèches, qui ne nous causèrent que très peu de pertes, parce que les Baskirs, étant totalement irréguliers, ne savent pas se former en rangs et marchent tumultueusement comme un troupeau de moutons. Il résulte de ce désordre que ces cavaliers ne peuvent tirer horizontalement devant eux sans tuer ou blesser ceux de leurs camarades qui les précèdent. Les Baskirs lancent donc leurs flèches paraboliquement, c'est-à-dire en l'air, en leur faisant décrire une courbe plus ou moins grande, selon qu'ils jugent que l'ennemi est plus ou moins éloigné; mais cette manière de lancer les projectiles ne permettant pas de viser exactement pendant le combat, les neuf dixièmes des flèches s'égarent, et le petit nombre de celles qui atteignent les ennemis ayant usé pour s'élever en l'air presque toute la force d'impulsion que la détente de l'arc leur avait communiquée, il ne leur reste plus en tombant que celle de leur propre poids, qui est bien faible; aussi ne font-elles ordinairement que de fort légères blessures. Enfin, les Baskirs n'ayant aucune autre arme, c'est incontestablement la troupe la moins dangereuse qui existe au monde.

Cependant, comme ils arrivaient sur nous par myriades, et que plus on tuait de ces guêpes, plus il en survenait, l'immense quantité de flèches dont ils couvraient l'air devait nécessairement, dans le nombre, faire quelques blessures graves; ainsi, un de mes plus braves sous-officiers légionnaires, nommé Meslin, eut le corps traversé par une flèche qui, entrée par la poitrine, lui sortait dans le dos! L'intrépide Meslin, prenant la flèche à deux mains, la cassa et arracha lui-même les deux tronçons de son corps, ce qui ne put le sauver: il succomba peu d'instants après. C'est, je crois, le seul exemple de mort que l'on puisse citer à la suite d'un coup de flèche tiré par un Baskir. Mais j'eus plusieurs hommes et chevaux atteints, et fus moi-même blessé par cette arme ridicule.

J'avais le sabre à la main; je donnais des ordres à un officier et j'étendais le bras pour lui indiquer le point vers lequel il devait se diriger, lorsque je sentis mon sabre arrêté par une résistance étrange, et éprouvai une légère douleur à la cuisse droite, dans laquelle était implantée d'un pouce dans les chairs une flèche de quatre pieds de long dont l'ardeur du combat m'avait empêché de sentir le coup. Je la fis extraire par le docteur Parot et placer dans une des caisses de l'ambulance régimentaire, car je voulais la conserver comme monument curieux; je regrette qu'elle se soit égarée.

Vous comprenez bien que pour une blessure aussi légère, je ne m'éloignai pas de mon régiment, d'autant plus que le moment était fort critique... En effet, les renforts amenés par Bernadotte et Blücher attaquaient vivement le bourg de Schönfeld, situé non loin du lieu où la Partha entre dans la ville de Leipzig. Les généraux Lagrange et Friederichs, qui défendaient ce point important, repoussèrent *sept assauts* et chassèrent sept fois les alliés des maisons qu'ils avaient enlevées. Le général Friederichs fut tué dans ce combat; c'était un excellent et très brave officier, qui joignait à ces qualités morales l'avantage d'être le plus bel homme de toutes les armées françaises.

Cependant, les ennemis allaient peut-être se rendre maîtres de Schönfeld, lorsque le maréchal Ney vola au secours de ce village, qui resta au pouvoir des

Français. Le maréchal Ney reçut à l'épaule une contusion qui le força de quitter le champ de bataille.

Quand la nuit vint, les troupes des deux armées étaient sur une grande partie de la ligne dans la même position qu'au commencement de la bataille; ce soir-là, les cavaliers de mon régiment, ainsi que ceux de toutes les divisions du corps de Sébastiani, attachèrent leurs chevaux aux mêmes piquets qui leur avaient servi à la fin des trois journées précédentes, et presque tous les bataillons occupèrent les mêmes bivouacs. Ainsi cette bataille, dont les ennemis ont tant célébré le succès, fut indécise, puisque, bien inférieurs en nombre, ayant contre nous presque toutes les nations de l'Europe et comptant une foule de traîtres dans nos rangs, nous ne perdîmes pas *un pouce de terrain*!... Aussi le général anglais sir Robert Wilson, qui se trouvait à Leipzig en qualité de commissaire britannique, et dont le témoignage ne peut être suspecté de partialité, dit-il au sujet de cette bataille: «Malgré la défection de l'armée saxonne au milieu du combat, malgré le courage ardent et persévérant des troupes alliées, on ne put enlever aux Français *un seul* des villages qu'ils se proposaient de garder comme essentiels à leur position. La nuit termina l'action, laissant aux Français, surtout aux défenseurs de Probstheyda, la gloire d'avoir inspiré à leurs ennemis une généreuse envie!...»

Après le coucher du soleil, au moment où commençait l'obscurité, je reçus l'ordre de faire cesser sur le front de mon régiment ce tiraillement inutile qui suit ordinairement les engagements sérieux. Ce n'est pas sans peine que l'on parvient à séparer alors les hommes des deux partis qui viennent de combattre les uns contre les autres, d'autant plus que, pour ne pas faire connaître cette disposition aux ennemis, qui pourraient en profiter pour fondre à l'improviste sur nos avant-postes, on ne se sert ni de tambours ni de trompettes pour prescrire aux tirailleurs de cesser le feu et de se réunir pour rejoindre leurs régiments; mais on fait prévenir à voix basse les chefs des pelotons, qui envoient des sous-officiers chercher en silence les petits postes. Les ennemis, de leur côté, agissant de même, le feu diminue insensiblement et finit bientôt entièrement.

Afin de m'assurer qu'on n'oubliait aucune vedette sur le terrain et que cette petite retraite vers le bivouac était exécutée en bon ordre, je la faisais habituellement diriger par un adjudant-major. Celui qui était de service ce soir-là se nommait le capitaine Joly, militaire instruit, fort capable et d'un grand courage, mais un peu obstiné. Il en avait donné des preuves quelques mois avant la bataille, lorsque, chargé de distribuer aux officiers des chevaux de remonte, dont l'Empereur faisait présent à ceux d'entre eux qui avaient fait la campagne de Russie, M. Joly, malgré mes observations et celles de ses amis, avait choisi pour lui un superbe cheval blanc, dont ni moi ni aucun de mes camarades n'avions voulu à cause de sa robe trop éclatante, et que j'avais d'abord mis au rang des trompettes. Aussi, le soir de la bataille de Leipzig, au moment où M. Joly, en remplissant ses fonctions, marchait au pas derrière la ligne des tirailleurs, la blancheur de sa monture fut si bien remarquée par les ennemis, malgré l'obscurité, que le cheval et le maître furent tous deux grièvement blessés. Le capitaine avait reçu une balle au travers du corps et mourut pendant la nuit, dans une maison du faubourg de Halle, où j'avais fait transporter la veille le commandant Pozac.

Bien que la blessure de celui-ci ne fût pas dangereuse, il se désolait en pensant que probablement l'armée française s'éloignerait et qu'il resterait prisonnier des ennemis, qui s'empareraient alors du sabre d'honneur qui lui avait été donné par le premier Consul après la bataille de Marengo, lorsqu'il n'était encore que sous-officier; mais je calmai ses justes regrets en me chargeant du glorieux sabre, qui, transporté par un des chirurgiens du régiment, fut remis à Pozac à son retour en France.

---

1. Le comte de Rochechouart nous raconte d'une façon très pittoresque la mission qu'il eut à remplir auprès de Bernadette, qui hésitait encore à passer l'Elbe au mois de septembre; il nous décrit également sa rencontre avec le prince royal de Suède, «superbe au milieu de la mitraille, entouré de morts et de blessés...», sur le champ de bataille de Leipzig. (*Note de l'éditeur.*)

CHAPITRE TRENTE

Situation critique.—Défaut de prévoyance dans l'organisation de la retraite.—Adieux du roi de Saxe.—Magnanimité exagérée de Napoléon.—Les alliés pénètrent dans Leipzig.—Rupture prématurée du pont de l'Elster.—Quel fut le sort de mon régiment.

Le calme de la nuit ayant enfin succédé dans les champs de Leipzig à la terrible bataille dont ils venaient d'être témoins, les chefs des deux partis purent examiner leur position.

Celle de l'empereur Napoléon était la plus défavorable: en effet, si l'on a blâmé ce grand homme de ne s'être pas retiré derrière la Saale huit jours avant la bataille, lorsqu'il pouvait encore éviter de compromettre le salut de son armée, autour de laquelle des forces infiniment plus nombreuses que les siennes allaient former un grand cercle de fer, à plus forte raison beaucoup de militaires ont-ils désapprouvé les opérations de l'Empereur, lorsqu'à Leipzig il se laissa complètement cerner sur le champ de bataille par les ennemis. Je dis *complètement*, car le 18, à onze heures du matin, le corps autrichien de Lichtenstein s'étant emparé du village de Kleinzschocher, sur la rive gauche de l'Elster, il fut un moment où la route de Leipzig à Weissenfels, seule retraite qui restât aux Français, se trouva interceptée, et l'armée de Napoléon complètement environnée.

Cette situation critique ne dura, il est vrai, qu'une demi-heure; mais fut-il prudent de s'exposer aux fâcheux événements qui auraient pu en résulter, et n'aurait-il pas mieux valu, avant que toutes les forces ennemies se fussent réunies pour entourer l'armée française, que le chef de celle-ci l'eût abritée derrière les montagnes de la Thuringe et la rivière de la Saale?...

Nous approchons d'un moment bien critique!... Les Français avaient conservé leurs positions pendant les trois jours qu'avait duré la bataille; mais ce succès moral n'avait été obtenu qu'au prix de bien du sang, car, tant en tués qu'en blessés, ils avaient près de 40,000 hommes hors de combat!... Il est vrai que les ennemis en avaient perdu 60,000; différence énorme à leur désavantage, qu'il faut attribuer à l'obstination qu'ils mirent à attaquer les villages retranchés par nous. Mais comme le nombre des troupes alliées était infiniment plus considérable que celui des Français, notre armée, après avoir perdu 40,000 combattants, se trouvait proportionnellement bien plus affaiblie que la leur.

Ajoutons à cela que l'artillerie française ayant tiré depuis trois jours 220,000 coups de canon, dont 95,000 dans le seul engagement du 18, les réserves étaient épuisées, et il n'y restait pas plus de 16,000 coups, c'est-à-dire de quoi entretenir le feu du combat pendant deux heures seulement. Ce défaut de munitions, qu'on aurait dû prévoir avant de s'engager loin de nos frontières contre des forces infiniment supérieures, mettant Napoléon hors d'état de livrer une nouvelle bataille, qu'il eût peut-être gagnée, il fut contraint de se résoudre à ordonner la retraite.

L'exécution en était infiniment difficile, à cause de la nature du terrain que nous occupions, et qui, parsemé de prairies humides, de ruisseaux, et traversé par trois rivières, présentait une quantité de petits défilés qu'il fallait passer sous les yeux et à petite portée des ennemis, qui pouvaient facilement jeter le désordre dans nos rangs pendant cette marche périlleuse.

Un seul moyen pouvait assurer notre retraite; c'était l'établissement d'une infinité de *ponceaux* sur les prairies, les fossés, les petits cours d'eau, et celui de ponts plus grands sur les rivières de la Partha et de la Pleisse, et principalement de l'Elster, qui reçoit ces divers affluents aux portes et même dans la ville de Leipzig. Or, rien n'était plus facile que la création de ces passages indispensables, puisque la ville et les faubourgs de Leipzig, placés à une petite portée de fusil, offraient une immense provision de poutres, de planches, de madriers, de clous, de cordes, etc.

Toute l'armée avait donc la persuasion que de nombreux passages avaient été établis dès son arrivée devant Leipzig; qu'on les avait augmentés le 16 et surtout le 17, dont la journée entière s'était écoulée sans combat. Eh bien!... par un concours de circonstances déplorables et d'une négligence incroyable, aucune mesure n'avait été prise!... et parmi les documents qui nous sont restés sur cette célèbre bataille, on ne trouve rien, *absolument rien d'officiel*, qui démontre qu'il eût été pris des mesures pour faciliter, en cas de retraite, l'écoulement des nombreuses colonnes engagées au delà des défilés que forment les rivières ainsi que les rues de la ville et des faubourgs de Leipzig. Aucun des officiers échappés à la catastrophe, pas plus que les auteurs qui l'ont décrite, n'ont pu prouver que les chefs de l'armée aient rien fait pour l'établissement de passages nouveaux et la libre circulation sur ceux déjà existants. Seulement, le général Pelet, qui est, avec raison, très grand admirateur de Napoléon et pousse quelquefois cette admiration jusqu'à l'exagération, le général Pelet écrivit, quinze ans après la bataille, «que M. Odier, sous-inspecteur aux revues, c'est-à-dire sous-intendant de la garde impériale, lui a dit plusieurs fois qu'il était présent lorsque dans la matinée (il ne spécifie point de quel jour) l'Empereur donna l'ordre à *un* général de l'état-major de suivre la construction des ponts et le chargea spécialement de ce travail». Le général Pelet ne fait pas connaître le nom de l'officier général auquel l'Empereur aurait donné cet ordre; cependant, il eût été fort important de le savoir.

M. Fain, secrétaire de Napoléon, dit, dans ses *Mémoires*, «que l'Empereur ordonna d'établir dans les marais voisins quelques nouveaux passages qui pussent faciliter la traversée de ce long défilé».

Je ne sais jusqu'à quel point l'histoire admettra la vérité de ces assertions posthumes; mais en les supposant véridiques, plusieurs auteurs pensent que le chef de l'armée française n'aurait pas dû se borner à *donner un ordre* à un général d'état-major qui n'avait peut-être à sa disposition ni sapeurs ni le matériel nécessaire, et qu'il aurait fallu charger de l'établissement de nouveaux passages plusieurs officiers, et au moins un par régiment dans chaque corps d'armée, car il est *constant* que personne ne s'en occupa. Et en voici le véritable motif, qui ne fut alors connu que de bien peu de personnes.

L'Empereur avait pour chef d'état-major général le maréchal prince Berthier, qui ne l'avait pas quitté depuis la célèbre campagne d'Italie en 1796. C'était un homme capable, exact, dévoué, mais qui, ayant souvent éprouvé les effets de la colère impériale, avait conçu une telle crainte des boutades de Napoléon qu'il s'était promis de ne jamais prendre l'initiative sur *rien*, de ne faire aucune *question*, et de se borner à faire exécuter les ordres qu'il recevait *par écrit*. Ce système, qui maintenait les bons rapports du major général avec son chef, était nuisible aux intérêts de l'armée; car, quelles que fussent l'activité et les vastes capacités de l'Empereur, il était physiquement impossible qu'il vît *tout* et s'occupât de *tout*; et cependant, s'il oubliait quelque chose d'important, rien n'était fait.

Il paraît qu'il en fut ainsi à Leipzig, où, presque tous les maréchaux et généraux chefs de corps d'armée ayant à plusieurs reprises, et notamment les deux derniers jours, fait observer à Berthier combien il était nécessaire d'établir de nombreux passages pour assurer la retraite en cas de revers, le major général leur avait constamment répondu: «L'Empereur ne l'a pas ordonné!» On ne put rien en obtenir; aussi, pas une poutrelle, pas une planche n'avaient été placées sur un ruisseau lorsque, dans la nuit du 18 au 19, l'Empereur prescrivit de battre en retraite sur Weissenfels et la rivière de la Saale.

Les alliés avaient éprouvé de si grandes pertes que, sentant l'impossibilité de recommencer la lutte, ils n'osaient nous attaquer de nouveau et étaient sur le point de se retirer eux-mêmes, lorsque, apercevant les gros bagages de l'armée se diriger vers Weissenfels par Lindenau, ils comprirent que Napoléon se préparait à la retraite, et firent leurs préparatifs pour être à même de profiter des chances que ce mouvement pouvait amener en leur faveur.

Le moment le plus affreux d'une retraite, surtout pour un chef de corps, est celui où il faut se séparer des blessés qu'on est forcé d'abandonner à la pitié des ennemis, qui souvent n'en ont aucune et pillent ou achèvent les malheureux trop fortement atteints pour suivre leurs camarades. Cependant, comme le pire de toutes choses est d'être laissé gisant sur la terre, je profitai de la nuit pour faire relever par les soldats valides tous les blessés de mon régiment, que je réunis dans deux maisons contiguës, d'abord pour les soustraire au premier moment de fureur des ennemis pris de vin qui occupaient le faubourg, et en second lieu pour les mettre à même de s'aider les uns les autres et de soutenir mutuellement leur moral. Un chirurgien sous-aide, M. Bordenave, m'ayant offert de rester avec eux, j'acceptai, et à la paix je fis avoir la décoration de la Légion d'honneur à cet estimable docteur, dont les bons soins avaient sauvé la vie à beaucoup d'hommes.

Cependant, les troupes se mirent en marche pour s'éloigner de ce champ de bataille témoin de leur gloire et inondé de tant de sang! L'empereur Napoléon quitta son bivouac à huit heures du soir, se rendit en ville et s'établit dans l'auberge des *Armes de Prusse*, sur le boulevard du Marché aux chevaux. Après avoir donné quelques ordres, Napoléon alla visiter le vénérable roi de Saxe, qu'il trouva faisant des préparatifs pour le suivre.

Ce roi, modèle des amis, s'attendait à ce que, pour le punir de la fidélité inaltérable qu'il avait eue pour l'empereur des Français, les souverains alliés lui arracheraient son royaume, et cependant, ce qui l'affligeait le plus, c'était la pensée que son armée s'était *déshonorée* en passant à l'ennemi. Napoléon ne pouvait consoler ce digne vieillard, et ce ne fut qu'avec peine qu'il obtint de lui qu'il resterait à Leipzig dans ses États et enverrait un de ses ministres vers les confédérés pour demander un accommodement.

Cet émissaire parti, l'Empereur fit ses adieux au vieux roi de Saxe, à la Reine, à la princesse leur fille, modèle de toutes les vertus, qui avait suivi son père jusque sous les canons ennemis. La séparation fut d'autant plus touchante que l'on apprit que les alliés refusaient de prendre aucun engagement sur le sort qu'ils réservaient au monarque saxon... Ce prince allait donc se trouver à leur merci... Il avait de belles provinces... Que de motifs pour que ses ennemis fussent impitoyables!

Vers huit heures du soir, la retraite commença par les corps des maréchaux Victor et Augereau, les ambulances, une partie de l'artillerie, la cavalerie et la garde impériale.

Pendant que ces troupes défilaient à travers le faubourg de Lindenau, les maréchaux Ney, Marmont et le général Reynier gardaient les faubourgs de Halle et de Rosenthal. Les corps de Lauriston, de Macdonald et de Poniatowski entrèrent successivement dans la ville et s'établirent derrière les barrières, dont les murs étaient crénelés. Tout était ainsi disposé pour qu'une résistance opiniâtre faite par notre arrière-garde mît l'armée à même d'opérer régulièrement sa retraite. Néanmoins, Napoléon, voulant éviter à la ville de Leipzig les horreurs qui suivent toujours un combat dans les rues, avait permis aux magistrats d'adresser une demande aux souverains alliés pour régler, par un armistice de quelques heures, l'évacuation de la ville. Cette proposition philanthropique fut rejetée, et les alliés, dans l'espoir que le désordre se mettrait dans l'arrière-garde française et qu'ils en profiteraient, n'hésitèrent pas à exposer à une destruction totale l'une des plus grandes villes de l'Allemagne!

Ce fut alors que, dans leur indignation, plusieurs généraux français proposèrent à l'Empereur d'assurer la retraite de son armée en la massant dans l'intérieur de la ville et incendiant les faubourgs, excepté celui de Lindenau, par lequel nos troupes s'écouleraient, pendant que le feu arrêterait les ennemis.

Je pense que le refus de consentir à ce que la retraite eût lieu sans combat nous donnait le droit d'employer tous les moyens de défense possibles, et le feu étant le plus certain en pareil cas, nous aurions dû nous en servir; mais Napoléon ne put s'y résoudre, et cette magnanimité exagérée lui coûta sa couronne, car le combat dont je vais parler lui fit perdre presque autant d'hommes que la bataille de trois jours qu'il venait de livrer. Elle nous fut même bien plus funeste, car elle porta la désorganisation dans l'armée, qui, sans cela, pouvait arriver en France encore très puissante. Or, la belle résistance que ces faibles débris opposèrent aux alliés pendant trois mois démontra assez ce que nous aurions pu faire si tous les guerriers français qui avaient survécu à la grande bataille eussent repassé le Rhin en conservant leurs armes et leur organisation!... La France eût probablement repoussé l'invasion!...

Mais il en fut autrement, car pendant que Napoléon, par une générosité trop chevaleresque et blâmable selon moi, refusait de faire incendier une ville ennemie, ce qui devait assurer sans coup férir la retraite d'une partie de son armée, le prince royal de Suède, l'indigne Bernadotte, blâmant le peu d'ardeur que les alliés mettaient à exterminer les Français ses compatriotes, lança toutes les troupes placées sous ses ordres contre le faubourg de Taucha, s'en rendit maître et pénétra ainsi jusque sur les boulevards et dans la ville.

Entraînés par cet exemple, le maréchal Blücher et ses Prussiens, ainsi que les Russes et les Autrichiens, font de même, et attaquent de toutes parts les derrières des colonnes françaises, qui se retiraient vers le pont de Lindenau. Enfin, pour combler la mesure, une vive fusillade éclata auprès de ce pont de l'Elster, seule retraite qui restât à nos troupes!... Cette fusillade provenait des bataillons des gardes saxonnes qui, laissées en ville auprès de leur roi, et regrettant de n'avoir pu déserter avec les autres régiments de leur armée, voulaient donner des preuves de leur *patriotisme allemand*, en attaquant *par derrière* les Français qui passaient sur la place du château où résidait leur souverain!... En vain ce malheureux et vénérable prince, paraissant au balcon du palais au milieu des balles, criait à ses officiers et soldats: «Tuez-moi, lâches!... Tuez votre roi, afin qu'il ne soit pas témoin de votre déshonneur!...» Les misérables continuèrent d'assassiner les Français!... Alors, dans son indignation, le roi saxon, rentrant dans ses appartements, saisit le drapeau de sa garde et le jeta dans le feu!...

Le coup de pied de l'âne fut donné à nos troupes, en cette fatale circonstance, par un bataillon badois qui, signalé pour sa *lâcheté*, avait été laissé en ville pendant la bataille, afin de fendre les bûches nécessaires pour chauffer les fours à pain!... Ces infâmes Badois, abrités derrière les fenêtres et les murs de la grande boulangerie, tirèrent aussi sur nos soldats, dont ils tuèrent un grand nombre!...

Cependant, les Français résistèrent courageusement et se défendirent dans les maisons, et bien que toutes les armées alliées eussent pénétré en masse dans la ville, dont elles occupaient les boulevards et les rues principales, nos troupes, malgré les pertes immenses qu'elles éprouvaient, disputaient le terrain pied à pied, en se retirant en bon ordre vers le grand pont de l'Elster à Lindenau.

L'Empereur était difficilement parvenu à sortir de la ville et à gagner le faubourg par lequel l'armée s'écoulait. Il s'arrêta et mit pied à terre au dernier pont, celui dit *du Moulin*, et ce fut alors seulement qu'il fit charger la mine du grand pont. Il adressa de là aux maréchaux Ney, Macdonald et Poniatowski l'ordre de conserver la ville encore pendant vingt-quatre heures, ou du moins jusqu'à la nuit, afin de laisser au parc d'artillerie, ainsi qu'aux équipages et à l'arrière-garde, le temps nécessaire pour traverser le faubourg et les ponts. Mais à peine l'Empereur, remonté à cheval, se fut-il éloigné de mille pas sur la route de Lutzen, que tout à coup on entendit une terrible explosion!...

Le grand pont de l'Elster venait de sauter!... Cependant, les troupes de Macdonald, de Lauriston, de Reynier et de Poniatowski, ainsi que plus de deux cents pièces d'artillerie, se trouvaient encore sur le boulevard de Leipzig, et tout moyen de retraite leur était enlevé! Le désastre était à son comble!...

Pour expliquer la cause de cette catastrophe, on a dit plus tard que des tirailleurs prussiens et suédois, auxquels les Badois avaient ouvert les portes de Halle, s'étant glissés de proche en proche jusqu'aux environs du pont où, réunis à des gardes saxons, ils s'étaient emparés de plusieurs maisons et tiraient sur les colonnes françaises, le sapeur chargé de mettre le feu à la mine, trompé par cette fusillade, pensa que l'ennemi arrivait, et que le moment d'exécuter sa consigne et de faire sauter le pont était venu; il avait donc mis le feu aux poudres. D'autres attribuèrent cette déplorable erreur au colonel du génie Montfort, qui, en apercevant quelques tirailleurs ennemis, aurait, de son autorité privée, ordonné de mettre le feu à la mine. Cette dernière version fut adoptée par l'Empereur, qui ordonna de mettre en jugement M. de Montfort, dont on fit le *bouc émissaire* de ce fatal événement; mais il fut démontré plus tard qu'il n'y avait pris aucune part.

Quoi qu'il en soit, l'opinion de l'armée accusa encore le major général de négligence, et l'on disait avec raison qu'il aurait dû confier la garde du pont à une brigade entière, dont le général aurait été chargé, sous sa *responsabilité personnelle*, d'ordonner lui-même de mettre le feu aux poudres lorsqu'il reconnaîtrait que le moment était favorable. Mais le prince Berthier se défendait avec sa réponse habituelle: «L'Empereur ne l'avait pas ordonné!...»

Après la rupture du pont, quelques-uns des Français auxquels cet événement coupait la retraite se jetèrent dans l'Elster, qu'ils espéraient traverser à la nage. Plusieurs y parvinrent: le maréchal Macdonald fut de ceux-là; mais le plus grand nombre, entre autres le prince Poniatowski, se noyèrent, parce que, après avoir traversé la rivière, ils ne purent gravir ses bords fangeux, qui étaient d'ailleurs bordés de tirailleurs ennemis.

Ceux de nos soldats qui étaient restés en ville et dans les faubourgs après la rupture du pont, ne songeant plus qu'à vendre chèrement leur vie, se barricadèrent derrière les maisons et combattirent vaillamment toute la journée et une partie de la nuit suivante; mais les cartouches leur ayant manqué, ils furent forcés dans leurs retranchements improvisés et presque tous égorgés! Le carnage ne cessa qu'à deux heures du matin!...

Pendant cela, les souverains alliés, réunis sur la grande place et ayant Bernadotte parmi eux, savouraient leur victoire et délibéraient sur ce qu'ils auraient à faire pour en assurer le résultat.

On porte à 13,000 le nombre des Français massacrés dans les maisons, et à 25,000 celui des prisonniers. Les ennemis ramassèrent 250 pièces de canon.

Après le récit des événements généraux qui terminèrent la bataille de Leipzig, je crois devoir vous faire connaître ceux qui ont particulièrement trait à mon régiment et au corps de cavalerie de Sébastiani, dont il faisait partie. Comme nous avions repoussé pendant trois jours consécutifs les attaques des ennemis et conservé notre champ de bataille, l'étonnement et la douleur furent grands parmi les troupes, lorsqu'on apprit le 18 au soir que, faute de munitions de guerre, nous allions battre en retraite!... Nous espérions du moins, et il paraît que c'était le projet de l'Empereur, qu'elle se bornerait à aller derrière la rivière de la Saale, auprès de la place forte d'Erfurt, où nous pourrions renouveler nos provisions de poudre et recommencer les hostilités. Nous montâmes donc à cheval le 18 octobre à huit heures du soir, et abandonnâmes ce champ de bataille sur lequel nous avions combattu pendant trois jours et où nous laissions les corps de tant de nos infortunés et glorieux camarades.

À peine fûmes-nous hors du bivouac, que nous éprouvâmes les inconvénients résultant de la négligence de l'état-major impérial, qui n'avait absolument rien préparé pour faciliter la retraite d'une armée aussi nombreuse!... De minute en minute, les colonnes, surtout celles d'artillerie et de cavalerie, se trouvaient arrêtées au passage de larges fossés, de marais et de ruisseaux sur lesquels il eût été cependant si facile de jeter de petits ponts!... Les roues et les chevaux enfonçaient dans la boue, et la nuit étant des plus obscures, il y avait encombrement partout; notre marche fut donc des plus lentes, tant que nous fûmes dans la plaine et les prairies, et souvent complètement arrêtée dans la traversée des faubourgs et de la ville. Mon régiment qui faisait la tête de colonne de la division d'Exelmans, qui ouvrait cette pénible marche, n'arriva au pont de Lindenau qu'à quatre heures du matin de la journée du 19 octobre. Lorsque nous franchîmes ce passage, nous étions bien loin de prévoir l'épouvantable catastrophe dont il serait témoin dans quelques heures!

Le jour parut: la route, large et belle, était couverte de nombreuses troupes de toutes armes, ce qui annonçait que l'armée serait encore considérable en arrivant sur la Saale. L'Empereur passa... Mais en longeant au galop les flancs de la colonne, il n'entendit pas les acclamations accoutumées qui signalaient toujours sa présence!... L'armée était mécontente du peu de soin qu'on avait mis à assurer sa retraite dès son départ du champ de bataille. Qu'auraient dit les troupes si elles avaient été informées de l'imprévoyance avec laquelle avait été dirigé le passage de l'Elster, qu'elles venaient de traverser, mais où tant de leurs camarades allaient bientôt trouver la mort!...

Ce fut pendant la halte de Markranstadt, petite ville située à trois lieues de Leipzig, que nous entendîmes la détonation de la mine qui détruisait le pont de l'Elster; mais, au lieu d'en être peiné, chacun s'en réjouit, car on ne mettait pas en doute que le feu n'eût été mis aux poudres qu'après le passage de toutes nos colonnes et pour empêcher celui des ennemis.

Pendant les quelques heures de repos que nous prîmes à Markranstadt, sans nous douter de la catastrophe qui venait d'avoir lieu sur la rivière, je pus voir nos escadrons en détail et connaître les pertes éprouvées par le régiment durant la bataille des trois jours. J'en fus effrayé!... Car elles s'élevaient à 149 hommes, dont 60 tués, parmi lesquels se trouvaient deux capitaines, trois lieutenants et onze sous-officiers, ce qui était énorme sur un chiffre de 700 hommes avec lequel le régiment était arrivé sur le champ de bataille le 16 octobre au matin. Presque tous les blessés l'avaient été par les boulets ou la mitraille, ce qui donnait malheureusement peu d'espoir pour leur guérison!... Mes pertes se fussent peut-être élevées au double si, pendant la bataille, je n'eusse pris la précaution de soustraire autant que possible mon régiment au feu du canon. Ceci mérite explication.

Il est des circonstances et des positions où le général le plus humain se trouve dans la pénible obligation de placer ses troupes en évidence sous les boulets de l'ennemi; mais il arrive aussi très souvent que certains chefs étalent inutilement leurs lignes sous les batteries ennemies et ne prennent aucune mesure pour éviter les pertes d'hommes, ce qui cependant est quelquefois bien facile, principalement pour la cavalerie, qui, par la vélocité de ses mouvements, peut en un instant se porter sur le point où elle est nécessaire, et prendre la formation qu'on désire. C'est surtout dans les grandes masses de cavalerie et sur les grands champs de bataille que ces précautions conservatrices sont les plus nécessaires, et où cependant on s'en occupe le moins.

Ainsi, à Leipzig, le 16 octobre, Sébastiani, général en chef du 2e corps de cavalerie, ayant placé les nombreux escadrons de ses trois divisions entre le village de Wachau et celui de Liebert-Wolkwitz, en assignant approximativement à chaque général de division l'emplacement que la sienne devait occuper, celle d'Exelmans se trouva établie sur un terrain ondulé, entrecoupé par conséquent de petites buttes et de bas-fonds. Le corps d'armée formait une ligne considérable. Les ennemis avaient leur cavalerie à grande portée de nous et ne pouvaient donc pas nous surprendre. Je profitai des bas-fonds qui existaient sur le terrain où notre brigade était formée, pour y masquer mon régiment, qui, ainsi garanti du canon et cependant se trouvant à son rang et prêt à agir, eut le bonheur de voir s'écouler une grande partie de la journée sans perdre un seul homme, car les boulets passaient au-dessus des cavaliers, tandis que les corps voisins éprouvaient des pertes notables.

Je me félicitais d'avoir si bien placé mes escadrons, lorsque le général Exelmans, sous prétexte que chacun devait avoir sa part de danger, m'ordonna, malgré les représentations du général de brigade, de porter le régiment à cent pas en avant de la ligne. J'obéis, mais en très peu de temps j'eus un capitaine tué, M. Bertin, et une vingtaine d'hommes hors de combat. J'eus alors recours à une nouvelle méthode: ce fut d'envoyer de braves cavaliers, bien espacés, tirer des coups de carabine sur l'artillerie des ennemis, qui, à leur tour, firent aussi avancer des tirailleurs, de sorte que ces groupes des deux partis s'étant mis ainsi à tirailler entre les lignes, les canonniers ennemis ne pouvaient faire feu sur mon régiment, de crainte de tuer leurs propres gens. Il est vrai que les nôtres éprouvaient le même embarras; mais ce silence de l'artillerie des deux partis sur un point minime de la bataille était tout à notre avantage, les alliés ayant infiniment plus de canons que les Français. D'ailleurs, notre infanterie et celle des ennemis étant en ce moment aux prises dans le village de Liebert-Wolkwitz, la cavalerie française et la leur n'avaient qu'à attendre l'issue de ce terrible combat; il était inutile qu'elles se démolissent mutuellement à coups de boulets, et mieux valait s'en tenir à un engagement entre des tirailleurs qui, la plupart du temps, brûlent leur poudre aux moineaux. Aussi mon exemple fut-il suivi par tous les colonels des autres brigades, et les ennemis placés devant elles ayant aussi fait taire leurs canons, la vie de bien des hommes fut épargnée. Un plus grand nombre l'eût été si le général Exelmans ne fût venu ordonner de faire rentrer les tirailleurs, ce qui devint le signal d'une grêle de boulets que les ennemis lancèrent sur nos escadrons. Heureusement, la journée touchait à sa fin.

C'était le 16 au soir. Tous les colonels de cavalerie du 2e corps s'étaient si bien trouvés de cette manière d'épargner leurs hommes que, d'un commun accord, nous l'employâmes tous dans la bataille du 18. Quand les corps ennemis tiraient le canon, nous lancions nos tirailleurs, et, comme ils auraient enlevé les pièces si on ne les eût défendues, nos adversaires étaient contraints d'envoyer des tirailleurs contre les nôtres, ce qui, des deux côtés, paralysait l'artillerie. Les chefs de la cavalerie ennemie placés en face de nous, ayant probablement deviné et approuvé le motif qui nous faisait agir, firent de même, de sorte que dans la troisième journée les canons attachés à la cavalerie des deux partis furent beaucoup moins employés. Cela n'empêchait pas de s'aborder mutuellement dans des charges vigoureuses, mais au moins elles avaient pour but d'attaquer ou de défendre une position, et alors on ne doit pas s'épargner, tandis que les canonnades sur place, qui ont trop souvent lieu de cavalerie à cavalerie, ne servent qu'à faire périr inutilement beaucoup de braves gens. Voilà ce qu'Exelmans ne voulait pas comprendre; mais comme il courait sans cesse d'une aile à l'autre, dès qu'il s'éloignait d'un régiment, le colonel lançait ses tirailleurs en avant, et le canon se taisait.

Tous les généraux de cavalerie, ainsi que Sébastiani, furent tellement persuadés des avantages de cette méthode, qu'Exelmans reçut enfin l'ordre de ne plus *agacer* les canonniers ennemis en faisant tirer les nôtres sur eux, lorsque nos escadrons, étant en observation, n'avaient ni attaque à faire ni à repousser.

Deux ans plus tard, j'employai ce même système à Waterloo devant l'artillerie anglaise, et je perdis beaucoup moins de monde que si j'eusse agi autrement. Mais revenons à Markranstadt.

CHAPITRE TRENTE-ET-UN

Je recueille sur l'Elster les débris de notre armée.—Massacre de cinq cents brigands alliés.—Retraite sur la Saale.—Erfurt.—Murat quitte l'armée.—Les Austro-Bavarois à Hanau.—Je force le défilé de Gelnhausen, sur la Kinsig.—L'armée devant Hanau.

Pendant la halte que l'Empereur et les divisions sorties de Leipzig faisaient en ce lieu, on apprit le funeste événement de la rupture du pont de Lindenau, qui privait l'armée de presque toute son artillerie, de la moitié de ses troupes restées prisonnières, et livrait des milliers de nos camarades blessés aux outrages et au fer de la soldatesque ennemie, enivrée et poussée au massacre par ses infâmes officiers! La douleur fut générale!... Chacun regrettait un parent, un ami, des camarades aimés!... L'Empereur parut consterné!... Cependant, il ordonna de faire rebrousser chemin jusqu'au pont de Lindenau à la cavalerie de Sébastiani, afin de recevoir et de protéger les hommes isolés qui auraient pu franchir la rivière sur quelques points, après la catastrophe causée par l'explosion de la mine.

Afin de hâter le secours, mon régiment et le 24e de chasseurs, qui étaient les mieux montés du corps d'armée, reçurent l'ordre de précéder cette colonne et de partir au *grand trot*. Le général Wathiez étant indisposé, je dus, comme étant le plus ancien colonel, le remplacer dans le commandement de la brigade.

Dès que nous eûmes parcouru la moitié de la distance qui nous séparait de Leipzig, nous entendîmes de nombreux coups de fusil, et, en approchant des faubourgs, nous distinguâmes les cris de désespoir jetés par les malheureux Français qui, n'ayant plus aucun moyen de retraite, manquant de cartouches pour se défendre, traqués de rue en rue, de maison en maison, et accablés par le nombre, étaient lâchement égorgés par les ennemis, surtout par les Prussiens, les Badois et les gardes saxonnes.

Il me serait impossible d'exprimer la fureur qu'éprouvèrent alors les deux régiments que je commandais!... Chacun respirait la vengeance et pensait à regret qu'elle était à peu près impossible, puisque l'Elster, dont le pont était brisé, nous séparait des assassins et des victimes! Notre exaspération s'accrut encore lorsque nous rencontrâmes environ 2,000 Français, la plupart sans vêtements et presque tous blessés, qui n'avaient échappé à la mort qu'en se jetant dans la rivière et l'avaient traversée à la nage au milieu des coups de fusil qu'on leur tirait de la rive opposée!... Le maréchal Macdonald se trouvait parmi eux; il n'avait dû la vie qu'à sa force corporelle et à son habitude de la natation. Il était complètement nu, et son cheval s'était noyé. Je lui fis donner à la hâte quelques vêtements et lui prêtai le cheval de main qui me suivait constamment, ce qui lui permit d'aller au plus tôt rejoindre l'Empereur à Markranstadt et de lui rendre compte du désastre dont il venait d'être témoin et dont un des principaux épisodes était la mort du maréchal Poniatowski, qui avait péri dans les eaux de l'Elster.

Le surplus des Français qui étaient parvenus à franchir la rivière s'étaient vus obligés de se débarrasser de leurs armes pour pouvoir nager et n'avaient plus aucun moyen de défense; ils couraient à travers champs pour éviter de tomber dans les mains de 4 à 500 Prussiens, Saxons et Badois, qui, non contents de s'être baignés dans le sang français pendant les massacres exécutés dans la ville et les faubourgs, avaient, au moyen de poutres et de planches, établi une passerelle au-dessus des arches du pont que la mine avait détruit et s'en étaient servis pour traverser l'Elster et venir tuer ceux de nos malheureux soldats qu'ils pouvaient atteindre sur la route de Markranstadt!...

Dès que j'aperçus ce groupe d'assassins, je prescrivis à M. Schneit, colonel du 24e, un mouvement qui, concordant avec ceux de mon régiment, enferma tous les brigands dans un vaste demi-cercle, et je fis à l'instant sonner la charge!... Elle fut terrible, effroyable!... Les bandits, surpris, n'opposèrent qu'une très faible résistance, et il en fut fait un très grand massacre, car on ne donna quartier à *aucun*!...

J'étais si outré contre ces misérables que, avant la charge, m'étais bien promis de passer mon sabre au travers du corps de tous ceux qui me tomberaient sous la main. Cependant, me trouvant au milieu d'eux et les voyant *ivres*, *sans ordre* et sans autres chefs que deux officiers saxons qui tremblaient à l'approche de notre vengeance, je compris qu'il ne s'agissait plus d'un combat, mais d'une *exécution*, et qu'il ne serait pas bien à moi d'y participer. Je craignis de trouver du *plaisir* à tuer de ma main quelques-uns de ces scélérats! Je remis donc mon sabre au fourreau et laissai à nos cavaliers le soin d'exterminer ces assassins, dont les deux tiers furent couchés morts sur place!...

Les autres, parmi lesquels se trouvaient deux officiers et plusieurs gardes saxons, s'enfuirent vers les débris du pont, dans l'espoir de traverser de nouveau la rivière sur la passerelle; mais, comme on ne pouvait y marcher qu'un à la fois, et que nos chasseurs les serraient de près, ils gagnèrent une grande auberge voisine, d'où ils se mirent à tirer sur mes gens, aidés en cela par quelques pelotons badois et prussiens postés sur la rive opposée.

Comme il était probable que le bruit de ce combat attirerait vers le pont des forces considérables, qui, sans franchir la rivière, pourraient détruire mes deux régiments par une vive fusillade et quelques coups de canon, je résolus de hâter la conclusion, et fis mettre pied à terre à la grande majorité des chasseurs, qui, prenant leurs carabines et bien munis de cartouches, attaquèrent l'auberge par ses derrières et mirent le feu aux écuries et aux greniers à foin!... Les assassins que renfermait ce bâtiment, se voyant alors sur le point d'être atteints par les flammes, essayèrent de faire une sortie; mais à mesure qu'ils se présentaient aux portes, nos chasseurs les tuaient à coups de carabine!

En vain ils députèrent vers moi un des officiers saxons; je fus impitoyable et ne voulus pas consentir à traiter en *soldats* qui se rendent après s'être honorablement défendus, des *monstres* qui avaient égorgé nos camarades prisonniers de guerre! Ainsi les 4 à 500 assassins prussiens, saxons et badois qui avaient franchi la passerelle furent *tous* exterminés!... J'en fis prévenir le général Sébastiani, qui arrêta à mi-chemin les autres brigades de cavalerie légère.

Le feu que nous avions allumé dans les greniers à fourrages de l'auberge gagna bientôt les habitations voisines. Une grande partie du village de Lindenau, qui borde les deux côtés de la grande route, fut brûlée, ce qui dut arrêter le rétablissement du pont et le passage des troupes ennemies chargées de poursuivre et d'inquiéter l'armée française dans sa retraite.

Cette prompte expédition terminée, je ramenai la brigade à Markranstadt, ainsi que les 2,000 Français échappés à la catastrophe du pont. Il y avait parmi eux plusieurs officiers de tous grades; l'Empereur les questionna et voulut connaître ce qu'ils savaient relativement à l'explosion de la mine et aux massacres commis par les alliés sur les Français prisonniers de guerre. Il est probable que ce triste récit fit regretter à Napoléon de n'avoir pas suivi le conseil qui lui avait été donné, le matin, d'assurer la retraite de son armée et d'empêcher les ennemis de nous attaquer pendant ce mouvement, en leur barrant le passage par le feu mis aux faubourgs et même, au besoin, à la ville de Leipzig, dont presque tous les habitants s'étaient enfuis pendant la bataille des trois jours.

Dans le retour offensif que je venais de faire jusqu'au pont de Lindenau, la brigade que je commandais avait eu seulement trois blessés, dont un de mon régiment; mais c'était un des plus intrépides et des plus intelligents sous-officiers. Il avait la décoration de la Légion d'honneur et se nommait Foucher. Une balle, reçue à l'attaque de l'auberge qu'il fallait incendier, lui avait fait *quatre* trous, en traversant ses deux cuisses de part en part!... Malgré cette grave blessure, le courageux Foucher fit toute la retraite à cheval, ne voulut point entrer à l'hôpital d'Erfurt, auprès duquel nous passâmes peu de jours après, et suivit le régiment jusqu'en France. Il est vrai que ses camarades et tous les cavaliers de son peloton prenaient un soin tout particulier de lui: il le méritait à tous égards.

En m'éloignant de Leipzig, où les alliés avaient égorgé des milliers de prisonniers français, je craignais pour les malheureux blessés de mon régiment que j'y avais laissés, et au nombre desquels se trouvait le chef d'escadrons Pozac; mais, heureusement, le faubourg éloigné dans lequel je les avais logés ne fut pas visité par les Prussiens.

Vous avez vu que, pendant le dernier jour de la grande bataille, un corps autrichien ayant voulu nous couper la retraite en s'emparant de Lindenau, où passe la grande route qui conduit à Weissenfels et de là à Erfurt, l'Empereur l'avait fait repousser par les troupes du général Bertrand. Celui-ci, après avoir rouvert les communications, avait gagné Weissenfels, où nous le rejoignîmes.

Après les pertes que nous avait occasionnées la rupture du pont de Lindenau, il n'était plus possible de songer à arrêter sur la Saale ce qui restait de l'armée française; aussi Napoléon passa-t-il cette rivière. Quinze jours avant la bataille, ce cours d'eau lui offrait une position inexpugnable qu'il avait alors dédaignée pour courir les chances d'un engagement général en pays découvert, en se mettant à dos trois rivières et une grande ville qui présentaient des défilés à chaque pas!... Le grand capitaine avait trop compté sur son *étoile* et sur l'incapacité des généraux ennemis.

Dans le fait, ceux-ci commirent des fautes tellement grossières que non seulement, malgré l'immense supériorité du nombre de leurs troupes, ils ne purent, pendant une bataille de trois jours, nous enlever *un seul* des villages que nous défendions; mais j'ai entendu le roi des Belges, qui servait alors dans l'armée russe, avouer devant le duc d'Orléans que, par deux fois, les alliés furent jetés dans une telle confusion que l'ordre de la retraite fut donné à leurs armées! Mais les événements ayant changé, ce fut la nôtre qui dut céder à la mauvaise fortune!

Après avoir passé la Saale, Napoléon remercia et congédia les officiers et quelques troupes de la Confédération du Rhin qui, soit par honneur, ou faute d'occasion d'abandonner notre armée, se trouvaient encore dans ses rangs. L'Empereur poussa même la magnanimité jusqu'à laisser les armes à tous ces militaires, qu'il avait le droit de retenir comme prisonniers, puisque leurs souverains s'étaient rangés parmi ses ennemis. L'armée française continua sa retraite jusqu'à Erfurt, sans autre événement que le combat de Kosen, où une seule division française battit un corps d'armée autrichien et fit prisonnier le comte de Giulay, son général en chef.

Toujours séduit par les espérances d'un grand retour offensif vers l'Allemagne et par les ressources que lui offriraient, en pareil cas, les places fortes dont il était contraint de s'éloigner, Napoléon établit une nombreuse garnison à Erfurt. Il avait laissé à Dresde 25,000 hommes et le maréchal Saint-Cyr; à Hambourg, 30,000, sous le maréchal Davout, et les nombreuses places de l'Oder et de l'Elbe étaient aussi gardées en proportion de leur importance: ce furent de nouvelles pertes à ajouter à celles que nous coûtaient déjà les forteresses de Danzig et de la Vistule.

Je ne répéterai point, à cette occasion, ce que j'ai dit sur l'inconvénient de disséminer une trop grande partie de ses forces pour conserver des places dont on était forcé de s'éloigner.

Je me bornerai à dire que Napoléon laissa dans les forteresses de l'Allemagne 80,000 soldats, dont *pas un seul* ne revit la France avant la chute de l'Empire, qu'ils eussent peut-être prévenue si on les avait réunis sur nos frontières!

L'arsenal d'Erfurt répara les pertes de notre artillerie. L'Empereur, qui jusque-là avait supporté les revers avec une fermeté stoïque, fut cependant ému par l'abandon du roi Murat, *son beau-frère*, qui, sous prétexte d'aller défendre son royaume de Naples, s'éloigna de Napoléon auquel il devait tout!... Murat, jadis si brillant à la guerre, n'avait rien fait de remarquable pendant cette campagne de 1813. Il est certain que ce prince, bien qu'il fût encore dans nos rangs, entretenait une correspondance avec M. de Metternich, premier ministre d'Autriche, qui, en mettant sous ses yeux l'exemple de Bernadotte, lui garantissait au nom des souverains alliés la conservation de son royaume, s'il venait se ranger parmi les adversaires de Napoléon. Ce fut à Erfurt que Murat quitta l'armée française, et, à peine arrivé à Naples, il se prépara à nous faire la guerre!

Ce fut aussi à Erfurt que l'Empereur apprit la manœuvre audacieuse des Bavarois, ses anciens alliés, qui, après avoir trahi sa cause et s'être réunis à un corps autrichien et à plusieurs pulks de Cosaques, s'étaient mis en marche sous le commandement du général comte de Wrède, qui non seulement avait la prétention de s'opposer au passage de l'armée française, mais encore de la faire prisonnière, ainsi que son empereur!

Le général de Wrède côtoyait notre armée à deux journées de marche et se trouvait déjà à Wurtzbourg avec 60,000 hommes. Il en détacha 10,000 sur Francfort, et avec les 50,000 autres il se dirigea vers la petite place forte de Hanau, afin de barrer le passage aux Français. Le général de Wrède, qui avait fait la campagne de Russie avec nous, croyait trouver l'armée française dans le déplorable état auquel le froid et la faim avaient réduit les débris de celle de Moscou, lorsqu'elle parvint sur la Bérésina. Mais nous lui prouvâmes bientôt que, malgré nos malheurs, nous avions encore des troupes en bon état, et suffisantes pour battre des Austro-Bavarois!

Le général de Wrède, ignorant que depuis Erfurt les troupes de ligne des alliés, que nous avions combattues à Leipzig, ne nous suivaient plus que de fort loin, était devenu très entreprenant et croyait nous mettre entre deux feux. Cela ne lui était pas possible; cependant, comme plusieurs corps ennemis cherchaient à déborder notre droite par les montagnes de la Franconie, pendant que les Bavarois se présentaient en tête, notre situation pouvait devenir critique.

Napoléon, s'élevant alors à la hauteur du danger, marcha vivement sur Hanau, dont les avenues sont couvertes par d'épaisses forêts et surtout par le célèbre défilé de Gelnhausen, que traverse la Kinzig. Ce cours d'eau, dont les rives sont très escarpées, coule entre deux montagnes qui ne laissent entre elles qu'un étroit passage pour la rivière, le long de laquelle on a établi une très belle grande route, taillée dans le roc, et allant de Fulde à Francfort-sur-le-Mein, par Hanau.

Le corps de cavalerie de Sébastiani, qui avait fait l'avant-garde depuis Weissenfels jusqu'à Fulde, où l'on entre dans les montagnes, devait être remplacé par l'infanterie, en arrivant sur ce point. Je n'ai jamais connu les motifs qui s'opposèrent à ce que ce grand principe de guerre fût suivi dans cette grave circonstance; mais, à notre étonnement, la division de cavalerie légère d'Exelmans continua de marcher en avant de l'armée. Mon régiment et le 24e de chasseurs étaient en tête. Je commandais la brigade. Nous apprîmes par les paysans que l'armée austro-bavaroise occupait déjà Hanau, et qu'une forte division venait au-devant des Français, pour leur disputer le passage du défilé.

Ma situation, comme chef d'avant-garde, devint alors fort critique; car comment pouvais-je, *sans un seul fantassin* et avec de la cavalerie resserrée entre de hautes montagnes et un torrent infranchissable, combattre des troupes à pied, dont les éclaireurs, grimpant sur les rochers, allaient nous fusiller à bout portant? J'envoyai sur-le-champ à la queue de la colonne prévenir le général de division; mais Exelmans fut introuvable. Cependant, comme j'avais ordre d'*avancer* et ne pouvais arrêter les divisions qui me suivaient, je continuai ma marche, lorsqu'à un coude que fait la vallée, mes éclaireurs me firent prévenir qu'ils étaient en face d'un détachement de hussards ennemis.

Les Austro-Bavarois avaient commis la même faute que nos chefs; car si ceux-ci faisaient attaquer avec de la cavalerie un long et étroit défilé dans lequel dix à douze chevaux seulement pouvaient passer de front, nos ennemis envoyaient de la cavalerie pour *défendre* un passage où cent voltigeurs auraient arrêté dix régiments de cavalerie! Ma joie fut donc extrême en voyant que l'ennemi n'avait pas d'infanterie, et comme je savais par expérience que lorsque deux colonnes de partis divers se rencontrent sur un terrain étroit, la victoire est à celle qui, fondant sur la tête de l'autre, la pousse toujours sur les fractions qui sont derrière elle, je lançai au triple galop ma compagnie d'élite, dont le premier peloton put seul aborder l'ennemi; mais il le fit si franchement que la tête de la colonne autrichienne fut enfoncée et tout le reste mis dans une si grande confusion que mes cavaliers n'avaient qu'à pointer.

Nous continuâmes cette poursuite pendant plus d'une heure. Le régiment ennemi que nous avions devant nous était celui de Ott. Jamais je ne vis de hussards aussi beaux. Ils arrivaient de Vienne, où on les avait complètement habillés de neuf. Leur costume, bien qu'un peu théâtral, faisait un très bel effet: pelisse, dolman blancs, pantalon et shako amarante; tout cela propre et luisant à plaisir. On aurait dit qu'ils venaient du bal ou de jouer la comédie!... Cette brillante tenue contrastait d'une étrange façon avec la toilette plus que modeste de nos chasseurs, dont beaucoup portaient encore les vêtements usés avec lesquels ils avaient bivouaqué pendant dix-huit mois, tant en Russie qu'en Pologne et en Allemagne, et dont les couleurs distinctives s'étaient effacées au contact de la fumée du canon et de la poussière des champs de bataille; mais sous ces habits râpés se trouvaient des cœurs intrépides et des membres vigoureux! Aussi les blanches pelisses des hussards de Ott furent-elles horriblement ensanglantées, et ce régiment coquet perdit, tant en tués qu'en blessés, plus de 200 hommes, sans qu'aucun des nôtres ne reçût le plus petit coup de sabre, les ennemis ayant toujours fui sans avoir une seule occasion de se retourner. Nos chasseurs prirent un grand nombre d'excellents chevaux et de pelisses dorées.

Tout allait bien pour nous jusque-là; cependant, en suivant au grand galop le torrent des vainqueurs qui poursuivaient les vaincus, je n'étais pas sans inquiétude sur la conclusion de cet étrange combat, car l'affaissement des montagnes qui bordaient des deux côtés la Kinzig annonçait que nous approchions du point où se termine la vallée, et il était probable que nous trouverions là une petite plaine garnie d'infanterie, dont la fusillade et le canon devraient nous faire payer bien cher notre succès. Mais heureusement il n'en fut rien, et, en sortant du défilé, nous n'aperçûmes pas un fantassin, mais seulement de la cavalerie, dont faisait partie le gros du régiment des hussards de Ott que nous venions de si malmener et qui, dans sa frayeur, continua sa fuite précipitée et entraîna une quinzaine d'escadrons, qui se retirèrent sur Hanau.

Le général Sébastiani fit alors déboucher ses trois divisions de cavalerie, que vinrent bientôt appuyer l'infanterie des maréchaux Macdonald et Victor, et plusieurs batteries. Enfin, l'Empereur et une partie de sa garde parurent, et le surplus de l'armée française suivait.

C'était le 29 octobre au soir; on établit les bivouacs dans un bois voisin; nous n'étions qu'à une lieue de Hanau et de l'armée austro-bavaroise.

CHAPITRE TRENTE-DEUX

Épisode.—Bataille de Hanau.—Retraite sur le Rhin.—Derniers efforts des ennemis.
—*Azolan*.—Fuite de Czernicheff.—Reconstitution des corps de troupes.

Voici maintenant quels motifs avaient retenu Exelmans en arrière lors de notre passage dans le défilé. Avant l'entrée de la vallée, les éclaireurs lui avaient présenté deux soldats autrichiens faits prisonniers au moment où, éloignés de leur armée, ils maraudaient et buvaient dans un village isolé. Exelmans, les ayant fait questionner en allemand par un de ses aides de camp, fut très étonné qu'ils répondissent en bon français et leur demanda où ils avaient si bien appris notre langue. Un de ces malheureux, à moitié ivre, croyant alors se donner de l'importance, s'écria qu'ils étaient *Parisiens*! À peine ces mots étaient-ils prononcés que le général, furieux de voir des Français porter les armes contre leurs compatriotes, ordonna qu'on les fusillât sur-le-champ. On les saisit, et le pauvre garçon qui, pour faire le gentil, s'était vanté d'être Français, venait d'être mis à mort, lorsque son camarade, dégrisé par ce terrible spectacle, protesta que ni l'un ni l'autre n'avaient jamais mis les pieds en France, mais qu'étant nés à Vienne, de parents parisiens naturalisés Autrichiens, ils avaient été considérés comme regnicoles et forcés, comme tels, d'obéir à la loi du recrutement et d'entrer dans le régiment qu'on leur avait désigné. Pour prouver ce qu'il avançait, il montra son livret et celui de son infortuné compagnon, qui constataient le fait. Cédant enfin aux instances de ses aides de camp, Exelmans consentit à épargner cet innocent.

Entendant alors le bruit du combat qui commençait, le général voulut gagner la tête de la colonne que je commandais; mais, arrivé à l'entrée du défilé, il lui devint impossible d'y pénétrer et de trouver place dans les rangs, tant était rapide le galop des deux régiments qui l'occupaient en poursuivant les ennemis. Après l'avoir tenté à maintes reprises, le général fut bousculé avec son cheval et roula dans la Kinzig, où il fut sur le point de se noyer.

L'Empereur, se préparant à combattre, profita de la nuit pour diminuer la file des voitures. Tous les bagages furent dirigés vers la droite, sur Coblentz, sous l'escorte de quelques bataillons et de la cavalerie des généraux Lefebvre-Desnouettes et Milhau. Ce fut un grand allégement pour l'armée.

Le 30 au matin, l'Empereur n'avait encore à sa disposition que les corps d'infanterie de Macdonald et de Victor, qui ne présentaient qu'un effectif de 5.000 baïonnettes, soutenu par les divisions de cavalerie de Sébastiani.

Du côté par lequel nous arrivions, une grande forêt que la route traverse couvre les approches de Hanau. Les gros arbres de cette forêt permettent d'y circuler sans trop d'embarras. La ville de Hanau est bâtie sur la rive opposée de la Kinzig.

Le général de Wrède, qui ne manquait pourtant pas de moyens militaires, avait commis la faute énorme de placer son armée de telle sorte qu'elle avait la rivière à dos, ce qui la privait de l'appui qu'auraient pu lui donner les fortifications de Hanau, avec lesquelles le général bavarois ne pouvait communiquer que par le pont de Lamboy, qui restait son seul moyen de retraite. Il est vrai que la position occupée par lui barrait la route de Francfort et de France, et qu'il se croyait certain de nous empêcher de forcer le passage.

Le 30 octobre, au point du jour, la bataille s'engagea comme une grande partie de chasse. Quelques coups de mitraille, le feu de nos tirailleurs d'infanterie et une charge en fourrageurs exécutée par la cavalerie de Sébastiani, dispersèrent la première ligne ennemie, assez maladroitement postée à l'extrême lisière du bois; mais dès qu'on eut pénétré plus avant, nos escadrons ne pouvant agir que dans les rares clairières qu'ils rencontraient, les voltigeurs s'engagèrent seuls sur les pas des Bavarois, qu'ils poussèrent d'arbre en arbre jusqu'au débouché de la forêt. Alors ils durent s'arrêter en face d'une ligne ennemie forte de 40,000 hommes, dont le front était couvert de 80 bouches à feu!

Si l'Empereur eût eu alors auprès de lui toutes les troupes qu'il ramenait de Leipzig, une attaque vigoureuse l'aurait rendu maître du pont de Lamboy, et le général de Wrède aurait payé cher sa témérité; mais les corps des maréchaux Mortier, Marmont, et le général Bertrand, ainsi que le grand parc d'artillerie, retardés par le passage de plusieurs défilés, principalement par celui de Gelnhausen, n'étant pas encore arrivés, Napoléon ne pouvait disposer que de 10,000 combattants!... Les ennemis auraient dû profiter de ce moment pour fondre vivement sur nous. Ils ne l'osèrent point, et leur hésitation donna à l'artillerie de la garde impériale le temps d'arriver.

Dès que le brave général Drouot, qui la commandait, eut quinze pièces sur le champ de bataille, il commença à canonner, et sa ligne, s'accroissant successivement, finit par présenter cinquante bouches à feu, qu'il fit avancer en tirant, bien que fort peu de troupes fussent encore derrière lui pour la soutenir. Mais, à travers l'épaisse fumée que vomissait cette formidable batterie, il n'était pas possible que les ennemis s'aperçussent que les pièces n'étaient pas appuyées. Enfin, les chasseurs à pied de la vieille garde impériale parurent, au moment où un coup de vent dissipait la fumée!...

À la vue des bonnets à poil, les fantassins bavarois, saisis de terreur, reculèrent épouvantés. Le général de Wrède, voulant à tout prix arrêter ce désordre, fit charger sur notre artillerie toute la cavalerie autrichienne, bavaroise et russe dont il pouvait disposer, et en un instant notre immense batterie fut entourée par une nuée de cavaliers ennemis!... Mais à la voix de l'intrépide général Drouot, leur chef, qui, l'épée à la main, leur donnait l'exemple d'une courageuse résistance, les canonniers français, saisissant leurs fusils, restèrent inébranlables derrière les affûts, d'où ils tiraient à brûle-pourpoint sur les ennemis. Cependant, le grand nombre de ceux-ci aurait fini par les faire triompher, lorsque, sur l'ordre de l'Empereur, toute la cavalerie de Sébastiani ainsi que toute celle de la garde impériale, grenadiers à cheval, dragons, chasseurs, mameluks, lanciers et gardes d'honneur, fondant sur les cavaliers ennemis avec furie, en tuèrent un très grand nombre, dissipèrent le surplus, et s'élançant ensuite sur les carrés de l'infanterie bavaroise, ils les enfoncèrent, leur firent éprouver des pertes immenses, et l'armée bavaroise, mise en déroute, s'enfuit vers le pont de la Kinzig et la ville de Hanau.

Le général de Wrède était fort brave; aussi, avant de s'avouer vaincu par des forces moitié moins considérables que les siennes, il résolut de tenter un nouvel effort, et, réunissant tout ce qui lui restait de troupes disponibles, il nous attaqua à l'improviste. Tout à coup la fusillade se rapprocha de nous, et la forêt retentissait de nouveau du bruit du canon; les boulets sifflaient dans les arbres, dont les grosses branches tombaient avec fracas... L'œil cherchait en vain à percer la profondeur de ce bois; à peine pouvait-on entrevoir la lueur des décharges d'artillerie, qui brillaient par intervalles dans l'ombre projetée par le feuillage épais des hêtres immenses sous lesquels nous combattions.

En entendant le bruit occasionné par cette attaque des Austro-Bavarois, l'Empereur dirigea de ce côté les grenadiers à pied de sa vieille garde, conduits par le général Friant, et bientôt ils eurent triomphé de ce dernier effort des ennemis, qui se hâtèrent de s'éloigner du champ de bataille pour se rallier sous la protection de la place de Hanau, qu'ils abandonnèrent aussi pendant la nuit en y laissant une énorme quantité de blessés. Les Français occupèrent cette place.

Nous n'étions plus qu'à deux petites lieues de Francfort, ville considérable, ayant un pont en pierre sur le Mein. Or, comme l'armée française devait longer cette rivière pour gagner, à Mayence, la frontière de France qui était à une marche de Francfort, Napoléon détacha en avant le corps du général Sébastiani et une division d'infanterie pour aller occuper Francfort, s'emparer de son pont et le détruire. L'Empereur et le gros de l'armée bivouaquèrent dans la forêt.

La grande route de Hanau à Francfort longe de très près la rive droite du Mein. Le général Albert, mon ami, qui commandait l'infanterie dont nous étions accompagnés, était marié depuis quelques années à Offenbach, charmante petite ville bâtie sur la rive gauche, précisément en face du lieu où, après avoir laissé derrière nous les bois de Hanau, nous fîmes reposer nos chevaux dans l'immense et belle plaine de Francfort.

En se voyant si près de sa femme et de ses enfants, le général Albert ne put résister à l'envie d'avoir de leurs nouvelles et surtout de les rassurer sur son compte, après les dangers qu'il venait de courir aux batailles de Leipzig et de Hanau, et pour cela il s'exposa peut-être plus qu'il ne l'avait été dans ces sanglantes affaires, car, s'avançant en uniforme et à cheval jusqu'à l'extrême rivage du Mein, il héla, malgré nos observations, un batelier dont il était connu; mais pendant qu'il causait avec cet homme, un officier bavarois, accourant à la tête d'un piquet de fantassins, fit apprêter les armes et allait tirer sur le général français, lorsqu'un groupe nombreux d'habitants et de bateliers, se plaçant devant les fusils, empêcha les soldats de faire feu, car Albert était très aimé à Offenbach.

En voyant cette ville où je venais de combattre pour mon pays, j'étais bien loin de penser qu'elle deviendrait un jour mon asile contre la *proscription* du gouvernement de la France, et que j'y passerais *trois ans* dans l'exil!...

L'Empereur, après avoir quitté la forêt de Hanau pour se rendre à Francfort, avait à peine fait deux lieues, lorsqu'il apprit que la bataille recommençait derrière lui. En effet, le général bavarois, qui avait craint, après sa déconfiture de la veille, d'être talonné à outrance par l'Empereur, s'était rassuré en voyant l'armée française plus empressée de gagner le Rhin que de le poursuivre, et, revenant sur ses pas, il attaquait vivement notre arrière-garde. Mais les corps de Macdonald, Marmont et celui de Bertrand, qui avaient occupé Hanau pendant la nuit, ayant laissé les Austro-Bavarois s'engager encore une fois au delà de la Kinzig, les reçurent à coups de baïonnette, les culbutèrent et en firent un très grand massacre!... Le général en chef de Wrède fut grièvement blessé, et son gendre, le prince d'Œttingen, fut tué.

Le commandement de l'armée ennemie échut alors au général autrichien Fresnel, qui ordonna la retraite, et les Français continuèrent tranquillement leur marche vers le Rhin. Nous le repassâmes le 2 et le 3 novembre 1813, après une campagne entremêlée de victoires éclatantes et de revers désespérants qui, ainsi que je l'ai déjà dit, eurent pour principale cause l'erreur dans laquelle tomba Napoléon, lorsqu'au lieu de faire la paix au mois de juin, après les victoires de Lutzen et de Bautzen, il se brouilla avec l'Autriche, ce qui entraîna la Confédération du Rhin, c'est-à-dire toute l'Allemagne; de sorte que Napoléon eut bientôt toute l'Europe contre lui!...

Après notre rentrée en France, l'Empereur ne s'arrêta que six jours à Mayence, et se rendit à Paris, où il s'était fait précéder de vingt-six drapeaux pris à l'ennemi. L'armée blâma le prompt départ de Napoléon. On convenait que de grands intérêts politiques l'appelaient à Paris, mais on pensait qu'il aurait dû se partager entre sa capitale et le soin de réorganiser son armée, et aller de l'une à l'autre pour exciter le zèle de chacun, car l'expérience avait dû lui apprendre qu'en son absence rien ou très peu de chose se faisait.

Les derniers coups de canon que j'entendis en 1813 furent tirés à la bataille de Hanau, comme aussi ce jour-là faillit être le dernier de ma vie! Mon régiment chargea *cinq fois*, dont deux sur les carrés d'infanterie, une sur l'artillerie et deux sur les escadrons bavarois. Mais le plus grand danger que je courus provint de l'explosion d'un caisson chargé d'obus qui prit feu tout auprès de moi. J'ai dit que, par ordre de l'Empereur, toute la cavalerie française fit une charge générale dans un moment très difficile. Or, il ne suffit pas, en pareil cas, qu'un chef de corps, surtout lorsqu'il est engagé dans une forêt, lance son régiment droit devant lui, comme je l'ai vu faire à plusieurs; mais il doit, d'un coup d'œil rapide, examiner le terrain sur lequel vont arriver ses escadrons, afin d'éviter de les conduire dans des fondrières marécageuses.

Je marchai donc quelques pas en avant, suivi de mon état-major régimentaire, ayant à côté de moi un trompette qui, d'après mon ordre, signalait aux divers escadrons les obstacles qu'ils allaient trouver devant leur ligne. Bien que les arbres fussent largement espacés entre eux, le passage de la forêt était difficile pour la cavalerie, parce que le terrain se trouvait jonché de morts, de blessés, de chevaux tués ou mourants, d'armes, de canons et de caissons abandonnés par les Bavarois; et l'on comprend qu'il est très difficile, en pareil cas, qu'un colonel allant au grand galop sur les ennemis au milieu des balles et des boulets, tout en examinant le terrain que ses escadrons vont traverser, puisse s'occuper de sa personne!... Je m'en rapportais donc pour cela à l'intelligence et à la souplesse de mon excellent et brave cheval turc *Azolan!* Mais le petit groupe qui me suivait de plus près ayant été infiniment diminué par un coup de mitraille qui avait blessé plusieurs de mes ordonnances, je n'avais à mes côtés que le trompette de service, charmant et bon jeune homme, lorsque sur toute la ligne du régiment j'entends ces cris: «Colonel! colonel!

Prenez garde!...» Et j'aperçois à dix pas de moi un caisson de l'artillerie bavaroise qu'un de nos obus venait d'enflammer!

Un arbre énorme, abattu par quelques boulets, me barrait le chemin en avant; passer de ce côté m'eût pris trop de temps. Je crie au trompette de se baisser, et, me couchant sur l'encolure de mon cheval, je le présente devant l'arbre pour le sauter. *Azolan* s'élance très loin, mais pas assez pour franchir toutes les branches touffues, au milieu desquelles ses jambes sont empêtrées. Cependant le caisson flambait déjà, et la poudre allait prendre feu! Je me considérais comme perdu... quand mon cheval, comme s'il eût compris notre danger commun, se mit à faire des bonds de quatre à cinq pieds de haut, toujours en s'éloignant du caisson, et dès qu'il fut en dehors des branchages, il prit un galop tellement rapide en allongeant et baissant son corps, qu'il s'en fallait de bien peu qu'il ne fût réellement *ventre à terre*.

Je frissonnai lorsque la détonation se produisit. Il paraît que je me trouvais hors de la portée des éclats d'obus, car ni moi ni mon cheval ne fûmes atteints. Mais il n'en avait pas été de même pour mon jeune trompette; car, le régiment ayant repris sa marche après l'explosion, on aperçut ce malheureux jeune homme mort et horriblement mutilé par les éclats de projectiles. Son cheval était aussi broyé en morceaux.

Mon brave *Azolan* m'avait déjà sauvé à la Katzbach. Je lui devais donc la vie pour la seconde fois. Je le caressai, et la pauvre bête, comme pour exprimer sa joie, se mit à hennir de sa voix la plus claire. Il est des moments où l'on est porté à croire que certains animaux ont infiniment plus d'intelligence qu'on ne le pense généralement.

Je regrettai vivement mon trompette, qui, tant par son courage que par ses manières, s'était fait aimer de tout le régiment. Il était fils d'un professeur du collège de Toulouse, avait fait ses classes, et trouvait un grand plaisir à débiter des tirades de latin. Une heure avant sa mort, ce pauvre garçon ayant remarqué que presque tous les arbres de la forêt de Hanau étaient des hêtres, dont les branches, se projetant au loin, formaient une espèce de toit, l'occasion lui parut favorable pour réciter l'églogue de Virgile qui commence par ce vers:

Tityre, tu patulæ recubans sub tegmine fagi...

ce qui fit beaucoup rire le maréchal Macdonald, qui, passant en ce moment devant nous, s'écria: «Voilà un petit gaillard dont la mémoire n'est pas troublée par ce qui l'entoure! C'est bien certainement la première fois qu'on récite des vers de Virgile sous le feu du canon ennemi!»

«Celui qui se sert de l'épée périra par l'épée», disent les Livres saints. Si cette parabole n'est point applicable à tous les militaires, elle l'était sous l'Empire à beaucoup d'entre eux. Ainsi M. Guindet, qui, en octobre 1806, avait tué au combat de Saalfeld le prince Louis de Prusse, fut tué lui-même à la bataille de Hanau. Ce fut sans doute la crainte d'avoir un pareil sort qui engagea le général russe Czernicheff à fuir devant le danger.

Vous devez vous rappeler que, dans les premiers mois de 1812, cet officier, alors colonel aide de camp et favori de l'empereur Alexandre, se trouvant à Paris, avait abusé de sa haute position pour séduire deux pauvres employés du ministère de la guerre, qui furent exécutés pour avoir vendu l'état de situation des armées françaises, et que le colonel russe n'évita la juste punition que lui auraient infligée les tribunaux qu'en s'échappant furtivement de France. Rentré dans son pays, M. de

Czernicheff, bien qu'il fût plus courtisan que militaire, y devint officier général et commandait à ce titre une division de 3,000 Cosaques, la seule troupe russe qui parût à la bataille de Hanau, où son chef joua un rôle qui le rendit la fable des Autrichiens et des Bavarois présents à cet engagement.

En effet, Czernicheff, qui, en marchant contre nous, chantait hautement victoire tant qu'il crut n'avoir à combattre que des soldats malades et sans ordre, changea de ton dès qu'il se vit en présence de braves et vigoureux guerriers revenant de Leipzig. Le général de Wrède eut d'abord toute sorte de peine à le faire entrer en ligne, et dès que Czernicheff entendit la terrible canonnade de notre artillerie, il mit ses 3,000 cavaliers au trot et s'éloigna bravement du champ de bataille, au milieu des huées des troupes austro-bavaroises, indignées de cette honteuse conduite. Le général de Wrède étant accouru en personne lui faire de sanglants reproches, M. de Czernicheff répondit que les chevaux de ses régiments avaient besoin de manger, et qu'il allait les faire rafraîchir dans les villages voisins. Cette excuse fut trouvée si ridicule que, quelque temps après, les murs de presque toutes les villes d'Allemagne furent couverts de caricatures représentant M. de Czernicheff faisant manger à ses chevaux des bottes de lauriers cueillis dans la forêt de Hanau. Les Allemands, malgré leur flegme habituel, sont quelquefois très caustiques.

En repassant le Rhin, les troupes dont se composaient les débris de l'armée française s'attendaient à voir finir leurs misères dès qu'elles toucheraient le sol de la patrie; mais elles éprouvèrent une bien grande déception, car l'administration et l'Empereur lui-même avaient tellement compté sur des succès, et si peu prévu notre sortie de l'Allemagne, que rien n'était préparé sur notre frontière pour y recevoir des troupes et les réorganiser. Aussi, dès le jour même de notre entrée à Mayence, les soldats et les chevaux auraient manqué de vivres si l'on ne les eût dispersés et logés chez les habitants des bourgs et villages voisins. Mais ceux-ci, qui, depuis les premières guerres de la Révolution, avaient perdu l'habitude de nourrir des soldats, se plaignirent hautement, et il est de fait que cette charge était trop lourde pour les communes.

Comme il fallait garder, ou du moins surveiller les divers points de l'immense ligne que forme le Rhin depuis Bâle jusqu'à la Hollande, on établit comme on le put les nombreux malades et blessés dans les hôpitaux de Mayence. Tous les hommes valides rejoignirent les noyaux de leurs régiments; puis les divisions et corps d'armée, dont la plupart ne se composaient que de très faibles cadres, furent répartis le long du fleuve. Mon régiment, ainsi que tout ce qui restait du corps de cavalerie de Sébastiani, descendit le Rhin à petites journées; mais, bien que le temps fût superbe et le paysage charmant, chacun était navré de douleur, car on prévoyait que la France allait perdre ces belles contrées, et que ses malheurs ne se borneraient pas là.

Mon régiment passa quelque temps à Clèves, puis quinze jours dans la petite ville d'Urdingen, et descendit ensuite jusqu'à Nimègue. Pendant ce triste voyage, nous étions péniblement affectés en voyant à la rive opposée les populations allemandes et hollandaises arracher de leurs clochers le drapeau français pour y replacer celui de leurs anciens souverains!… Malgré ces tristes préoccupations, tous les colonels tâchaient de réorganiser le peu de troupes qui leur restaient; mais que pouvions-nous faire sans effets, équipements ni armes de rechange?…

La nécessité de faire vivre l'armée forçait l'Empereur à la tenir disséminée, tandis que pour la réorganiser il aurait fallu créer de grands centres de réunion. Nous étions donc dans un cercle vicieux. Cependant les ennemis, qui auraient dû passer le Rhin peu de jours après nous pour empêcher notre réorganisation, se sentaient encore si affaiblis par les rudes coups que nous leur avions portés dans la dernière campagne, qu'il leur fallait du temps pour se remettre. Ils nous laissèrent donc tranquilles tout le mois de novembre et de décembre, que je passai en grande partie sur les bords du Rhin, dans un fantôme de corps d'armée, commandé par le maréchal Macdonald.

Je reçus enfin, ainsi que les autres colonels de cavalerie, l'ordre de conduire tous mes hommes démontés au dépôt de mon régiment, pour tâcher d'y reconstituer de nouveaux escadrons. Le dépôt du 23e de chasseurs étant encore à Mons, en Belgique, je m'y rendis. Ce fut là que je vis la fin de l'année 1813, si fertile en grands événements, et pendant laquelle j'avais couru bien des dangers et supporté bien des fatigues.

Avant de terminer ce que j'ai à dire sur cette année, je crois devoir indiquer sommairement les derniers événements de la campagne de 1813.

CHAPITRE TRENTE-TROIS

Derniers événements de 1813.—Reddition des places.—Violation déloyale de la capitulation de Dresde.—Désastres en Espagne.—Affaire de Vitoria.—Joseph regagne la frontière.—Retraite de Soult sur Bayonne.—Suchet en Catalogne.—Situation en Tyrol et en Italie.

Les places fortes d'Allemagne dans lesquelles, en se retirant, l'armée française avait laissé des garnisons, furent bientôt cernées et plusieurs même assiégées. Presque toutes succombèrent. Quatre seulement tenaient encore à la fin de 1813.

C'était d'abord Hambourg, où commandait l'intrépide maréchal Davout, qui sut conserver cette place importante jusqu'au moment où, l'Empereur ayant abdiqué, le nouveau gouvernement rappela la garnison en France; secondement, Magdebourg, que le général Le Marois, aide de camp de l'Empereur, sut aussi conserver jusqu'à la fin de la guerre; troisièmement, Wittemberg, que défendait avec courage le vieux général Lapoype, et qui fut enlevé d'*assaut* le 12 janvier suivant; enfin Erfurt, qui fut obligé de capituler faute de vivres.

Toutes les autres forteresses que l'Empereur avait voulu conserver au delà du Rhin, et dont les plus importantes étaient Dresde, Danzig, Stettin, Zamosk, Torgau et Modlin, se trouvaient déjà au pouvoir de l'ennemi. L'occupation des deux premières fut un *déshonneur* pour les armées alliées! En effet, lorsque, après la bataille de Leipzig, Napoléon se retira vers la France avec les débris de son armée, en laissant à Dresde un corps de 25,000 hommes, commandé par le maréchal Saint-Cyr, celui-ci essaya de s'ouvrir, les armes à la main, un passage au travers des troupes ennemies qui le bloquaient. Il les repoussa plusieurs fois, mais enfin, accablé par des forces supérieures et manquant de vivres, il fut contraint d'accepter la capitulation honorable qui lui était offerte. Elle portait que la garnison conserverait ses armes, qu'elle ne serait pas prisonnière de guerre et retournerait en France par journées d'étape.

Le maréchal aurait voulu que ses troupes réunies marchassent en corps d'armée et bivouaquassent tous les soirs sur le même point, ce qui leur eût permis de se défendre en cas de trahison; mais les généraux ennemis ayant fait observer que, par suite de l'épuisement du pays, il ne serait pas possible de trouver tous les jours vingt-cinq mille rations dans la même localité, le maréchal français dut céder devant cette nécessité. Il consentit donc à ce que son armée fût divisée en plusieurs petites colonnes de 2 à 3,000 hommes, qui voyageraient à une et même deux étapes de distance.

Pendant les premiers jours, tout se passa convenablement; mais dès que la dernière colonne française fut sortie de Dresde, après avoir fait la remise des forts et des munitions de guerre, les généraux étrangers déclarèrent qu'ils n'avaient pas eu le droit de signer la capitulation sans l'agrément de leur généralissime prince de Schwartzenberg, et que celui-ci la désapprouvant, elle était nulle! Mais on offrait de ramener nos troupes à Dresde, et de les replacer exactement dans la situation où elles se trouvaient le jour de la capitulation, c'est-à-dire avec des vivres pour quelques jours seulement, pénurie que les Français avaient cachée aux étrangers tant que nous occupions la place, et qui, désormais connue par ceux-ci, rendait leur nouvelle proposition illusoire!...

Nos troupes furent indignées de cet odieux manque de foi; mais que pouvaient entreprendre des détachements isolés de 2 à 3,000 hommes, que les ennemis avaient pris la précaution de faire entourer par des bataillons placés d'avance sur les lieux où chaque petite colonne française devait apprendre la rupture de la capitulation de Dresde? Toute résistance devenait impossible; nos gens furent donc dans la triste nécessité de mettre bas les armes!...

Après la trahison commise sur le champ de bataille de Leipzig, venait la transgression des capitulations, engagements jusque-là sacrés parmi toutes les nations civilisées. Les Allemands n'en ont pas moins chanté *victoire*, car tout, même l'infamie, leur paraissait permis pour abattre l'empereur Napoléon. Tous les souverains alliés ayant adopté ce nouvel et inique droit des gens, inconnu de nos pères, ils le mirent en pratique à l'égard de la garnison de Danzig.

Le brave général Rapp, après avoir longtemps défendu cette place avec la plus grande vigueur, mais n'ayant enfin plus de vivres, consentit à se rendre, à condition que la garnison rentrerait en France. Cependant, malgré le traité signé par le prince de Wurtemberg, commandant le corps d'armée qui faisait le siège, cette condition fut indignement violée, et les courageux défenseurs de Danzig, encore au nombre de 16,000, furent envoyés comme prisonniers en Russie, où la plupart périrent de misère.

Un des traits les plus saillants de ce siège mémorable fut la conduite d'un capitaine d'infanterie de la garnison, nommé M. de Chambure. Cet officier, rempli de courage et d'intelligence, avait demandé et obtenu l'autorisation de faire une *compagnie franche*, choisie parmi les plus intrépides volontaires. Cette troupe s'était vouée aux entreprises les plus téméraires. Elle allait pendant la nuit surprendre les postes des assiégeants, pénétrait dans leurs tranchées, dans leurs camps, détruisait leurs ouvrages sous le feu même de leurs batteries, enclouait leurs pièces et allait au loin dans la campagne enlever ou piller leurs convois. Chambure, s'étant embarqué pendant la nuit avec ses hommes, surprit un cantonnement russe, mit le feu à un parc de munitions, détruisit plusieurs magasins, tua ou blessa plus de cent cinquante hommes, n'en perdit que trois et rentra dans la place, triomphant.

Peu de temps après, M. de Chambure se porte une nuit sur la batterie de brèche, s'en empare, encloue toutes les bouches à feu, et, joignant la raillerie au courage, il dépose dans la gueule d'un mortier une lettre adressée au prince de Wurtemberg et ainsi conçue: «Prince, vos bombes m'empêchant de dormir, je suis venu enclouer vos mortiers; ne m'éveillez donc plus, ou je serai forcé de vous faire de nouvelles visites.» En effet, Chambure revint plusieurs fois, réussit constamment et répandit la terreur parmi les travailleurs et les canonniers ennemis. Horace Vernet a popularisé son nom en le représentant au moment où il dépose dans un mortier la lettre adressée au prince de Wurtemberg.

Les nombreuses défections qui se produisirent à cette époque me rappellent l'anecdote suivante[1]. Parmi les généraux qui secondèrent le célèbre Washington, combattant pour l'indépendance américaine, le plus brave, le plus capable, le plus estimé de l'armée était le général Arnold. Il perdit une jambe dans une bataille, et son patriotisme était si grand qu'il n'en continua pas moins à combattre les ennemis de son pays; mais enfin, s'étant brouillé avec Washington au sujet d'un passe-droit dont il croyait avoir à se plaindre, le général Arnold déserta, alla prendre du service dans l'armée anglaise et devint un des plus grands ennemis de ses compatriotes. Quelque temps après, un armistice ayant été signé et quelques officiers américains s'étant avancés entre les deux camps, plusieurs officiers anglais, au nombre desquels se trouvait le général Arnold, s'approchèrent d'eux, et l'on causa paisiblement.

Cependant le général Arnold, s'apercevant que sa présence déplaisait à ses anciens amis, leur dit qu'il s'en étonnait, car s'il était actuellement leur adversaire, ils ne devaient pas oublier les éminents services qu'il avait rendus jadis à l'Amérique, pour laquelle il avait perdu une jambe. Alors un Américain lui répondit: «Nous nous en souvenons si bien que, si jamais nous te faisons prisonnier, ta jambe de bois sera déposée dans le temple de la Patrie, comme un monument destiné à rappeler à nos derniers neveux l'héroïque valeur dont tu fis preuve lorsque tu combattais pour l'indépendance de ta patrie; mais après avoir rendu cet honneur à ta jambe, nous ordonnerions d'accrocher le surplus de ton corps à la potence, pour servir d'exemple à tous les traîtres qui combattent contre leur patrie!»

Mais reprenons l'examen de la situation des armées françaises en décembre 1813.

L'Espagne, cause première de toutes les catastrophes qui signalèrent la fin du règne de Napoléon, avait été dégarnie, dans le cours de cette année, d'une grande partie de ses meilleures troupes, que l'Empereur envoya renforcer l'armée d'Allemagne. Cependant, l'effectif de celles qui restèrent dans la péninsule Ibérique s'élevait encore à plus de 100,000 nommes. Ce nombre, bien qu'insuffisant, aurait cependant contenu les ennemis, si Napoléon en avait laissé le commandement au maréchal Soult. Mais comme il voulait absolument faire de son frère Joseph un *général* qui sût défendre le royaume qu'il lui avait donné, ce fut à ce prince, homme fort estimable, mais antimilitaire, que l'Empereur confia la direction des armées d'Espagne. Il lui donna, il est vrai, pour major général et conseil, le maréchal Jourdan; mais celui-ci, vieilli avant l'âge, et qui n'avait pas fait la guerre depuis les premières campagnes de la Révolution, était aussi usé au moral qu'au physique et n'inspirait aucune confiance aux troupes. Aussi, malgré les talents dont firent preuve Suchet, Reille, Bonnet, Gazan, Foy, Harispe, Decaen, Clausel et autres généraux qui servaient sous les ordres du roi Joseph, les armées anglo-portugaises, commandées par lord Wellington et aidées par les guérillas espagnoles, nous firent éprouver d'irréparables pertes.

Les Français, resserrés sur tous les points, avaient déjà été contraints d'abandonner Madrid, les deux Castilles, et de repasser l'Èbre, pour concentrer leurs principales forces autour de la ville de Vitoria, lorsque, attaqués dans cette position par des masses trois fois supérieures en nombre, ils perdirent une bataille dont les suites furent d'autant plus désastreuses que le roi Joseph et le maréchal Jourdan n'avaient pris aucune précaution pour assurer la retraite; aussi fut-elle des plus désordonnées. Les équipages du Roi, les parcs d'artillerie, les nombreuses voitures d'une foule d'Espagnols qui, ayant pris parti pour Joseph, cherchaient à fuir la vengeance de leurs compatriotes, les fourgons du trésor, ceux de l'administration militaire, etc., etc., tout cela se trouva bientôt pêle-mêle, au point que les routes en furent encombrées et que les régiments avaient grand'peine à se mouvoir au milieu de cette confusion. Cependant, ils ne se débandèrent pas, et, malgré les vigoureuses attaques des ennemis, le gros de l'armée parvint à gagner Salvatierra et la route de Pampelune, par laquelle la retraite fut exécutée.

La bataille de Vitoria fit honneur aux talents et à la valeur du général Clausel, qui rallia l'armée et lui donna une direction. Dans cette malheureuse journée, les Français perdirent 6,000 hommes tués, blessés ou faits prisonniers, et laissèrent au pouvoir des ennemis une grande partie de leur artillerie et presque tous leurs bagages.

Malgré cet échec, nos troupes, dont le moral était excellent, auraient pu se maintenir dans la Navarre, en s'appuyant à la place forte de Pampelune et aux montagnes des Pyrénées; mais le roi Joseph ordonna de continuer la retraite et de franchir la Bidassoa, dont notre arrière-garde, commandée par le général Foy, eut ordre de détruire le pont. Ainsi, dès la fin de juin, nous avions abandonné l'Espagne sur cette partie de la frontière; néanmoins, le maréchal Suchet tenait encore en Aragon, en Catalogne et dans le royaume de Valence; mais les résultats de la bataille de Vitoria furent si malheureux pour nous que, Wellington ayant pu envoyer des renforts dans le midi de, l'Espagne, Suchet dut évacuer le royaume et la ville de Valence.

Ceci avait lieu au moment où l'Empereur était encore triomphant en Allemagne. Dès qu'il fut informé de la situation des affaires au delà des Pyrénées, il s'empressa de révoquer les pouvoirs donnés par lui au roi Joseph ainsi qu'au maréchal Jourdan, et nomma le maréchal Soult son lieutenant général auprès de toutes les armées d'Espagne.

Celui-ci, après avoir réorganisé les divisions, fit de grands efforts pour secourir la garnison française laissée dans Pampelune; mais ce fut en vain; cette place fut obligée de capituler, et le maréchal Soult dut ramener ses troupes sur la Bidassoa. La forteresse de Saint-Sébastien, gouvernée par le brave général Rey, se défendit très longtemps; mais enfin elle fut prise d'assaut par les Anglo-Portugais, qui, oubliant les droits de l'humanité, pillèrent, violèrent et massacrèrent les malheureux habitants de cette ville espagnole, bien qu'ils fussent leurs alliés! Les officiers anglais ne prirent aucune mesure pour mettre un terme à ces atrocités, qui durèrent trois fois vingt-quatre heures, à la honte de Wellington, des généraux de son armée et de la nation anglaise!…

Le maréchal Soult défendit pied à pied la chaîne des Pyrénées, et battit plusieurs fois Wellington; mais les forces supérieures dont celui-ci disposait lui permettant de reprendre sans cesse l'offensive, il parvint enfin à s'établir en deçà de nos frontières et porta son quartier général à Saint-Jean de Luz, première ville de France, que n'avaient pu lui faire perdre ni les défaites éprouvées par le roi François Ier, ni les guerres désastreuses de la fin du règne de Louis XIV.

On ne conçoit pas qu'après la défection des troupes allemandes à Leipzig, le maréchal Soult ait cru pouvoir conserver dans l'armée française des Pyrénées plusieurs milliers de soldats d'outre-Rhin!... Ils passèrent tous à l'ennemi dans une même nuit, et augmentèrent les forces de Wellington.

Cependant, le maréchal Soult, après avoir réuni plusieurs divisions sous les remparts de Bayonne, se reporta contre les Anglo-Portugais. Il y eut le 9 décembre, à Saint-Pierre de Rube, une bataille qui dura cinq jours consécutifs, et qui fut une des plus sanglantes de cette guerre, car elle coûta 16,000 hommes aux ennemis et 10,000 aux Français, qui revinrent néanmoins prendre leur position autour de Bayonne.

Avant que ces événements se produisissent vers les Basses-Pyrénées, le maréchal Suchet, ayant appris en octobre les revers que Napoléon venait d'éprouver en Allemagne, et comprenant qu'il lui serait impossible de se maintenir dans le midi de l'Espagne, se prépara à se rapprocher de la France. À cet effet, il se replia sur Tarragone, dont il fit sauter les remparts après avoir retiré la garnison, qui vint augmenter son armée, dont la retraite, bien qu'inquiétée par les Espagnols, s'opéra dans le plus grand ordre, et à la fin de décembre 1813, Suchet et les troupes sous ses ordres se trouvèrent établis à Girone.

Pour compléter cet examen de la situation des armées françaises à la fin de 1813, il est nécessaire de rappeler qu'au printemps de cette année, l'Empereur, comptant fort peu sur l'Autriche, avait réuni dans le Tyrol et dans son royaume d'Italie une nombreuse armée, dont il avait confié le commandement à son beau-fils Eugène de Beauharnais, vice-roi de ce pays. Ce prince était bon, fort doux, très dévoué à l'Empereur; mais quoique infiniment plus militaire que Joseph, roi d'Espagne, il s'en fallait cependant de beaucoup qu'il fût capable de conduire une armée. La tendresse que l'Empereur avait pour Eugène l'abusait sur ce point.

Ce fut le 24 août, jour où devait finir en Allemagne l'armistice conclu entre Napoléon et les alliés, que les Autrichiens, jusque-là restés neutres, se déclarèrent nos ennemis au delà des Alpes. Les troupes italiennes combattaient dans nos rangs, mais les Dalmates avaient abandonné notre parti pour prendre celui de l'Autriche. Le prince Eugène avait sous ses ordres d'excellents lieutenants, parmi lesquels on distinguait: Verdier, Grenier, Gardanne, Gratien, Quesnel, Campo et l'Italien Pino. Les hostilités ne furent jamais bien vives, car les chefs des deux armées avaient compris que ce serait des événements qui surviendraient en Allemagne que dépendrait le succès de la campagne. Il y eut néanmoins de nombreux combats avec des résultats divers; mais enfin les forces supérieures des Autrichiens, auxquelles vint bientôt se joindre un corps anglais débarqué en Toscane, contraignirent le vice-roi à ramener l'armée franco-italienne en deçà de l'Adige.

On apprit au mois de novembre la défection de Murat, roi de Naples. L'Empereur, auquel il devait tout, ne put d'abord y croire. Elle n'était cependant que trop réelle! Murat venait de joindre ses drapeaux à ceux de l'Autriche, qu'il avait si longtemps combattue, et ses troupes occupaient déjà Bologne. Telle est la versatilité des Italiens, qu'ils accueillirent partout avec acclamations les Austro-Napolitains, qu'ils détestaient auparavant et haïrent encore davantage peu de temps après. Au mois de décembre, l'armée du vice-roi, forte seulement de 43,000 hommes, occupait Vérone et ses environs.

L'empereur Napoléon, voyant toute l'Europe coalisée contre lui, ne put se dissimuler que la première condition de paix qu'on lui imposerait serait le rétablissement des Bourbons sur le trône d'Espagne. Il résolut donc de faire de son propre mouvement ce qu'il prévoyait devoir être forcé de faire plus tard. Il rendit la liberté au roi Ferdinand VII, retenu à Valençay, et ordonna à l'armée de Suchet de se retirer sur les Pyrénées.

Ainsi, à la fin de 1813, nous avions perdu toute l'Allemagne, toute l'Espagne, la plus grande partie de l'Italie, et l'armée de Wellington, qui venait de franchir la Bidassoa et les Pyrénées occidentales, campait sur le territoire *français*, en menaçant Bayonne, la Navarre et le Bordelais.

---

1. Dans les garnisons de la plupart des places fortes, et notamment dans celle de Danzig, composées de troupes de diverses nationalités, on eut à regretter quelques désertions même parmi les officiers; ceux-ci trouvèrent dans le camp russe l'accueil le plus empressé et nous combattirent dans la campagne de France.

CHAPITRE TRENTE-QUATRE

1814. Je suis nommé au commandement du département de Jemmapes.—Situation difficile.—Soulèvement conjuré.—Extermination d'un parti de Cosaques dans Mons.—Rappel de nos troupes vers Paris.—Mon dépôt est transféré à Nogent-le-Roi.

Je commençai à Mons l'année 1814, pendant laquelle je ne courus pas d'aussi grands dangers physiques que dans les précédentes, mais où j'éprouvai de bien plus grandes peines morales.

Comme j'avais laissé à Nimègue tous les cavaliers de mon régiment qui avaient encore leurs chevaux, je ne trouvai à Mons, où était le dépôt, que des hommes démontés, auxquels je cherchais à donner des chevaux tirés des Ardennes, lorsque les événements s'y opposèrent.

Le 1er janvier, les ennemis, après avoir hésité près de trois mois avant d'oser envahir la France, passèrent le Rhin sur plusieurs points, dont l'un des deux plus importants fut d'abord Caub, bourgade située entre Bingen et Coblentz, au pied des rochers de Lurlai, qui, en resserrant infiniment le fleuve, rendent sa traversée très facile. L'autre passage eut lieu à Bâle, dont les Suisses livrèrent le pont de pierre, en violant la neutralité de leur territoire, neutralité qu'ils réclament ou abandonnent tour à tour, selon leurs intérêts du moment.

On évalue de 5 à 600,000 hommes le nombre des troupes que les alliés, nos ennemis, firent alors entrer dans la France, épuisée par vingt-cinq ans de guerre, qui avait plus de la moitié de ses soldats prisonniers en pays étrangers, et dont plusieurs provinces étaient prêtes à se séparer à la première occasion. De ce nombre était la province dont Mons, chef-lieu du département de Jemmapes, faisait partie.

Cette vaste et riche contrée, annexée à la France d'abord en *fait* par la guerre en 1792, et puis en *droit* par le traité d'Amiens, s'était si bien habituée à cette union, qu'après les désastres de la campagne de Russie, elle avait montré le plus grand zèle et fait d'énormes sacrifices pour aider l'Empereur à remettre ses troupes sur un bon pied. Hommes, chevaux, équipement, habillement…, elle avait obtempéré à toutes les demandes sans murmurer!... Mais les pertes que nous venions d'éprouver en Allemagne ayant découragé les Belges, je trouvai l'esprit de cette population totalement changé. Elle regrettait hautement le gouvernement paternel de la maison d'Autriche, sous lequel elle avait longtemps vécu, et désirait vivement se séparer de la France, dont les guerres continuelles ruinaient son commerce et son industrie. En un mot, la Belgique n'attendait que l'occasion de se révolter, ce qui eût été d'autant plus dangereux pour nous que, par sa position topographique, cette province se trouvait sur les derrières du faible corps d'armée que nous avions encore sur le Rhin. L'Empereur envoya donc quelques troupes à Bruxelles, dont il donna le commandement au général Maison, homme capable et des plus fermes.

Celui-ci, ayant parcouru plusieurs départements, reconnut que celui de Jemmapes, surtout la ville de Mons, était animé du plus mauvais esprit. On y parlait publiquement d'une prise d'armes contre les faibles garnisons françaises qui l'occupaient, ce que ne pouvait empêcher le général O..., qui en avait le commandement; car ce général, vieux, goutteux, sans énergie, étant né en Belgique, paraissait craindre de se compromettre vis-à-vis de ses compatriotes. Le comte Maison le suspendit de ses fonctions et me donna le commandement du département de Jemmapes.

La mission était d'autant plus difficile que, après les Liégeois, les habitants du Borinage, ou pays montois, sont les plus hardis et les plus turbulents de toute la Belgique, et que, pour les contenir, je n'avais qu'un petit bataillon de 400 conscrits, quelques gendarmes, et 200 cavaliers démontés de mon régiment, parmi lesquels se trouvaient une cinquantaine d'hommes nés dans le pays, et qui, en cas de collision, auraient été se joindre aux insurgés. Je ne pouvais donc vraiment compter que sur les 150 autres chasseurs, qui, provenant de l'ancienne France, et ayant tous fait la guerre avec moi, m'auraient suivi partout. Ils avaient de bons officiers. Ceux de l'infanterie, et surtout le chef de bataillon, étaient on ne peut mieux disposés à me seconder.

Je ne pouvais cependant me dissimuler que, si l'on en venait aux mains, la partie ne serait pas égale. En effet, de l'hôtel où j'étais logé, je voyais tous les jours 3 à 4,000 paysans et ouvriers de la ville, armés de gros bâtons, se réunir sur la grande place et prêter l'oreille aux discours de plusieurs anciens officiers autrichiens, tous nobles et riches, et qui, ayant quitté le service lors de la réunion de la Belgique à la France, prêchaient actuellement contre l'Empire, qui les avait accablés d'impôts, leur avait enlevé leurs enfants pour les envoyer à la guerre, etc., etc. Ces propos étaient écoutés avec d'autant plus d'avidité, qu'ils sortaient de la bouche de seigneurs grands propriétaires, et s'adressaient à leurs fermiers et aux gens qu'ils occupaient, et sur lesquels ils avaient une très grande influence!...

Ajoutez à cela que chaque jour apportait des nouvelles de la marche des ennemis, qui approchaient de Bruxelles, en poussant devant eux les débris du corps d'armée du maréchal Macdonald. Tous les employés français quittaient le département pour se réfugier à Valenciennes et à Cambrai. Enfin, le maire de Mons, M. Duval de Beaulieu, homme des plus honorables, crut devoir me prévenir que ma faible garnison et moi n'étions plus en sûreté au milieu d'une nombreuse population exaltée, et que je ferais bien d'évacuer la ville, ce à quoi personne ne mettrait obstacle, mon régiment et moi y ayant toujours parfaitement bien vécu avec les habitants.

Je compris que cette proposition partait d'un comité composé d'anciens officiers autrichiens, et qu'on avait chargé le maire de venir me la transmettre dans l'espoir de m'intimider!... Je résolus donc de *montrer les dents*, et dis à M. Duval que je le priais d'assembler le conseil municipal ainsi que les notables, et qu'alors je répondrais à la proposition qu'il venait de me faire.

Une demi-heure après, toute ma garnison était sous les armes, et dès que le conseil municipal, accompagné des plus riches habitants, se présenta sur la place, je montai à cheval pour être entendu de tous, et après avoir prévenu le maire qu'avant de causer avec lui et son conseil j'avais un ordre très important à donner aux troupes, je fis connaître à mes soldats la proposition qu'on venait de m'adresser d'abandonner sans combat la ville confiée à notre garde. Ils en furent indignés et l'exprimèrent hautement!... J'ajoutai que je ne devais pas leur dissimuler que les remparts étant démolis sur plusieurs points et manquant d'artillerie, il serait fort difficile de les défendre contre des troupes de ligne; que cependant, le cas échéant, nous combattrions vigoureusement; mais que si, contre le droit des gens, c'étaient les habitants de la ville et de la campagne qui se portaient contre nous, nous ne devrions pas nous borner à la *défensive*, mais que nous les attaquerions en employant tous les moyens, car tous sont permis contre des *révoltés*!... qu'en conséquence, j'ordonnais à mes soldats de s'emparer du clocher, d'où, après une demi-heure d'attente et trois roulements de tambour, ils feraient feu sur les attroupements qui occuperaient la place, tandis que des patrouilles dissiperaient ceux qui obstrueraient les rues, en fusillant principalement les gens de la campagne qui avaient quitté leur travail pour venir nous chercher noise. J'ajoutai que, si le combat s'engageait, j'ordonnais, comme le meilleur moyen de défense, de *mettre le feu à la ville* pour occuper les habitants, et de tirer constamment sur l'incendie pour les empêcher de l'éteindre!...

Cette allocution vous paraîtra sans doute bien acerbe; mais songez à la position critique dans laquelle je me trouvais, n'ayant que 700 hommes, dont très peu avaient fait la guerre, n'attendant aucun renfort et me voyant entouré d'une multitude qui augmentait à chaque instant; car l'officier qui commandait le poste envoyé sur le clocher m'informa que toutes les routes aboutissant à la ville étaient couvertes de masses de charbonniers, sortant des mines de Jemmapes et se dirigeant sur Mons. Ma faible troupe et moi courions le risque d'être écrasés, si je n'eusse montré une grande énergie!... Mon discours avait produit beaucoup d'effet sur les riches nobles, promoteurs de l'émeute, ainsi que sur les habitants de la ville, qui commencèrent à se retirer; mais comme les paysans ne bougeaient pas, je fis avancer deux caissons de munitions, distribuer cent cartouches à chaque soldat, charger les armes, et ordonnai aux tambours de faire les trois roulements précurseurs de la fusillade!

À ce terrible signal, la foule immense qui encombrait la place se mit à courir tumultueusement vers les rues voisines, où chacun se pressait à l'envi pour chercher un refuge, et peu d'instants après, les chefs du parti autrichien, ayant le maire à leur tête, vinrent me serrer les mains et me conjurer d'épargner la ville! J'y consentis, à condition qu'ils enverraient *à la minute* porter l'ordre aux charbonniers et ouvriers de retourner chez eux. Ils s'exécutèrent avec empressement, et les jeunes élégants les mieux montés s'élancèrent sur leurs beaux chevaux et sortirent par toutes les portes de la cité, pour aller au-devant des masses, qu'ils renvoyèrent dans leurs villages sans que personne y mît d'opposition.

Cette obéissance passive me confirma dans la pensée que l'émeute avait des chefs puissants, et que ma garnison et moi eussions été arrêtés si je n'eusse intimidé les meneurs, en les menaçant d'employer tous les moyens, même le feu, plutôt que de rendre à des émeutiers la ville confiée à ma garde!...

Les Belges sont grands musiciens. Il devait y avoir ce soir-là un concert d'amateurs, auquel mes officiers et moi étions invités, ainsi que M. de Laussat, préfet du département, homme ferme et courageux. Nous convînmes de nous y rendre comme à l'ordinaire, et nous fîmes bien, car on nous reçut parfaitement, du moins en apparence. Tout en causant avec les nobles qui avaient dirigé le mouvement, nous leur fîmes comprendre que ce n'était pas aux populations à décider par la rébellion du sort de la Belgique, mais bien aux armées belligérantes; qu'il y aurait donc folie à eux d'exciter au combat des ouvriers et des paysans et de faire verser le sang pour hâter de quelques jours une solution qu'il fallait attendre.

Un vieux général autrichien retiré à Mons, où il était né, dit alors à ses compatriotes qu'ils avaient eu grand tort de comploter l'arrestation de la garnison, car c'eût été attirer de nombreuses calamités sur la ville, puisque des militaires ne doivent jamais rendre les armes *sans combattre*! Chacun convint de la justesse de l'observation, et à compter de ce jour, la garnison et les habitants vécurent en très bon accord, comme par le passé. Les Montois nous donnèrent même peu de jours après une preuve éclatante de leur loyauté; voici à quelle occasion.

À mesure que l'armée des alliés avançait, une foule de vagabonds, surtout des Prussiens, s'équipaient en *Cosaques*, et, poussés par le désir du pillage, ces maraudeurs se ruaient sur tout ce qui avait appartenu à l'administration pendant l'occupation des Français et s'emparaient même sans répugnance des effets des individus non militaires de cette nation.

Une forte bande de ces prétendus Cosaques, après avoir traversé le Rhin et s'être répandue dans les départements de la rive gauche, avait poussé jusqu'aux portes de Bruxelles et pillé le château impérial de Tervueren, où elle avait enlevé tous les chevaux du haras que l'Empereur y avait formé; puis, se fractionnant en divers détachements, ces maraudeurs parcouraient la Belgique. Il en vint dans le département de Jemmapes, où ils essayèrent de soulever les populations; mais n'ayant pas réussi, ils pensèrent que cela provenait de ce que Mons, le chef-lieu, ne se prononçait pas pour eux, tant était grande la terreur que le colonel qui y commandait avait inspirée aux Montois!... Ils résolurent donc de m'enlever ou de me tuer; mais pour ne point me donner l'éveil en employant un trop grand nombre d'hommes à cette expédition, ils se bornèrent à envoyer 300 Cosaques.

Il paraît que le chef de ces partisans avait été assez bien renseigné, car, sachant que j'avais trop peu de monde pour faire bien garder les vieilles portes et les anciens remparts, alors à moitié démolis, il fit pendant une nuit obscure approcher de la ville ses cavaliers, dont la majeure partie, après avoir mis pied à terre, pénétra en silence dans les rues et se dirigea vers la grande place et l'hôtel de la Poste, où j'avais d'abord logé. Mais depuis que j'étais informé du passage du Rhin par les ennemis, je me retirais tous les soirs à la caserne, où je passais la nuit au milieu de mes troupes. Bien m'en prit, car les Cosaques allemands entourèrent l'hôtel dont ils fouillèrent tous les appartements, et furieux de ne pas trouver d'officiers français, ils s'en prirent à l'aubergiste, qu'ils maltraitèrent, pillèrent, et dont ils burent le meilleur vin au point de se griser, officiers comme soldats.

Un Belge, ancien brigadier de mon régiment, nommé Courtois, auquel j'avais fait obtenir la décoration comme étant l'un de mes plus braves guerriers, entrait en ce moment à l'hôtel. Cet homme, né à Saint-Ghislain près de Mons, avait perdu une jambe en Russie l'année précédente. J'avais été assez heureux pour le sauver en lui procurant les moyens de regagner la France. Il en avait conservé une telle reconnaissance que, pendant le séjour que je fis à Mons dans le cours de l'hiver de 1814, il venait très souvent chez moi et se parait, dans ces occasions, de l'uniforme du 23e de chasseurs qu'il avait si honorablement porté. Or, il advint que pendant la nuit dont il est question, Courtois, regagnant le logis d'un de ses parents chez lequel il recevait l'hospitalité, aperçut le détachement ennemi qui se dirigeait vers l'hôtel de la Poste. Bien que le brave brigadier sût que je n'y passais plus les nuits, il voulut néanmoins s'assurer que *son colonel* ne courait aucun danger, et pénétra bravement dans l'hôtel, où il entraîna son parent.

À la vue de l'uniforme français et de la décoration de la Légion d'honneur, les Prussiens eurent l'infamie de se jeter sur le malheureux estropié et voulurent lui arracher la croix qui brillait sur sa poitrine!... Le vieux soldat ayant cherché à défendre sa décoration, les Cosaques prussiens le tuèrent, traînèrent son cadavre dans la rue, puis continuèrent leur orgie!

Mons était si grand relativement à ma faible garnison, que je m'étais retranché dans la caserne, et concentrant ma défense de nuit sur ce point, j'avais interdit à ma troupe d'aller du côté de la grande place, bien que je fusse instruit que les ennemis s'y trouvaient, car je ne connaissais pas leur nombre et craignais que les habitants ne se réunissent à eux!... Mais dès que ceux-ci furent informés de l'*assassinat* de Courtois, leur compatriote, homme estimé de toute la contrée, ils résolurent de le venger, et, oubliant momentanément leurs griefs contre les Français, ils députèrent vers moi le frère de Courtois ainsi que les plus notables et les plus braves d'entre eux, pour m'engager à me mettre à leur tête, afin de chasser les Cosaques!

Je crois bien que les excès et le pillage que ceux-ci avaient commis à l'hôtel de la Poste, inspirant à chaque bourgeois des craintes pour sa famille et sa maison, les portaient, au moins autant que la mort de Courtois, à repousser les Cosaques, et qu'ils eussent agi tout différemment si, au lieu d'assassins et de pillards, des troupes réglées eussent pénétré dans la ville! Néanmoins, je crus devoir profiter de la bonne volonté de ceux des habitants qui venaient de s'armer en notre faveur. Je pris donc une partie de ma troupe, et me portai vers la place, tandis qu'avec le surplus, le chef de bataillon, qui connaissait parfaitement la ville, allait, par mon ordre, s'embusquer auprès de la brèche par laquelle les Cosaques prussiens avaient pénétré dans la place.

Dès les premiers coups de fusil que nos gens tirèrent sur ces drôles, le plus grand tumulte régna dans l'hôtel et sur la place!... Ceux des ennemis qui ne furent pas tués à l'instant s'enfuirent à toutes jambes; mais beaucoup s'égarèrent dans les rues, où ils furent assommés en détail. Quant à ceux qui parvinrent jusqu'au lieu où ils avaient laissé leurs chevaux attachés aux arbres de la promenade, ils y trouvèrent le chef de bataillon qui les accueillit par une fusillade à brûle-pourpoint! Le jour venu, on compta dans la ville ou sur la vieille brèche plus de 200 ennemis morts, et nous n'avions pas perdu un seul homme, nos adversaires ne s'étant point défendus, tant ils étaient abrutis par le vin et les liqueurs fortes!... Ceux d'entre eux qui survécurent à cette surprise, en se laissant glisser le long des débris des vieux remparts, se jetèrent dans la campagne, où ils furent tous pris ou tués par les paysans devenus furieux en apprenant la mort du malheureux Courtois, considéré comme la gloire de la contrée, et qui, surnommé par eux *la jambe de bois*, leur était devenu aussi cher que le général Daumesnil, autre *jambe de bois*, l'était aux faubouriens de Paris.

Je ne cite pas le combat de Mons comme une affaire dont je puisse tirer vanité, car, avec les gardes nationaux, j'avais douze à treize cents hommes, tandis que les Cosaques prussiens n'en comptaient guère que 300; mais j'ai cru devoir rapporter cet engagement bizarre, pour démontrer combien l'esprit des masses est versatile. En effet, tous les paysans et charbonniers du Borinage qui, un mois avant, se portaient en masse pour exterminer ou du moins désarmer le petit nombre de Français laissés dans Mons, venaient de prendre parti pour eux contre les Prussiens, parce que ceux-ci avaient tué l'un de leurs compatriotes! Je regrettai aussi beaucoup le brave Courtois, tombé victime de l'attachement qu'il avait pour moi.

Le trophée le plus important de notre victoire fut les 300 et quelques chevaux que les ennemis abandonnèrent entre nos mains. Ils provenaient presque tous du pays de Berg, et étaient fort bons; aussi je les incorporai dans mon régiment, pour lequel cette remonte inattendue arriva fort à propos.

Je passai encore un mois à Mons, dont les habitants étaient redevenus parfaits pour nous, malgré l'approche des armées ennemies. Mais les progrès de celles-ci devinrent enfin si considérables que les Français durent non seulement abandonner Bruxelles, mais toute la Belgique, et repasser les frontières de l'ancienne France. Je reçus ordre de conduire le dépôt de mon régiment à Cambrai, où, avec les chevaux pris naguère aux Cosaques prussiens, je pus remettre dans les rangs 300 bons cavaliers revenus de Leipzig, et former deux beaux escadrons, qui, sous la conduite du commandant Sigaldi, furent bientôt dirigés sur l'armée que l'Empereur avait réunie en Champagne. Ils s'y firent remarquer, et soutinrent la gloire du 23e de chasseurs, surtout à la bataille de Champaubert, où fut tué le brave capitaine Duplessis, officier des plus remarquables.

J'ai toujours eu une grande prédilection pour la lance, arme terrible entre les mains d'un bon cavalier. J'avais donc demandé et obtenu l'autorisation de distribuer à mes escadrons des lances que les officiers d'artillerie ne pouvaient emporter en évacuant les places du Rhin. Elles furent si bien appréciées que plusieurs autres corps de cavalerie en demandèrent aussi, et se félicitèrent d'en avoir.

Les dépôts des régiments étant obligés de passer sur la rive gauche de la Seine afin de ne pas tomber entre les mains des ennemis, le mien se rendit à Nogent-le-Roi, arrondissement de Dreux. Nous avions un assez bon nombre de cavaliers, mais presque plus de chevaux. Le gouvernement faisait les plus grands efforts pour en réunir à Versailles, où il avait créé un dépôt central de cavalerie, sous les ordres du général Préval.

Celui-ci, de même que son prédécesseur le général Bourcier, entendait beaucoup mieux les détails de remonte et d'organisation que la guerre, qu'il avait très peu faite. Il s'acquittait fort bien de la mission difficile dont l'Empereur l'avait chargé; mais comme il ne pouvait cependant improviser des chevaux ni des équipements, et qu'il tenait d'ailleurs à ne mettre en route que des détachements bien organisés, les départs étaient peu fréquents. J'en gémissais, mais aucun colonel ne pouvait se rendre à l'armée sans un ordre de l'Empereur, qui, pour ménager ses ressources, avait défendu d'envoyer à la guerre plus d'officiers que n'en comportait le nombre d'hommes qu'ils avaient à commander. Ce fut donc vainement que je priai le général Préval de me laisser aller en Champagne. Il fixa mon départ pour la fin de mars, époque à laquelle je devais conduire à l'armée un régiment dit *de marche*, composé des hommes montés de mon dépôt et de plusieurs autres.

Je fus autorisé à résider jusqu'à ce moment-là à Paris, au sein de ma famille, car M. Caseneuve, mon lieutenant-colonel, suffisait pour commander et réorganiser les 200 hommes qui se trouvaient encore à Nogent-le-Roi, et je pouvais, du reste, les inspecter en quelques heures. Je me rendis donc à Paris, où je passai une grande partie du mois de mars, un des plus pénibles de ma vie, bien que je fusse auprès de ce que j'avais de plus cher. Mais le gouvernement impérial, auquel j'étais attaché et que j'avais si longtemps défendu au prix de mon sang, croulait de toutes parts. Les armées ennemies occupaient, de Lyon, une grande partie de la France, et il était facile de prévoir qu'elles arriveraient bientôt dans la capitale.

CHAPITRE TRENTE-CINQ

Belle campagne de Napoléon.—La résistance devient impossible.—Insuffisance des mesures prises pour préserver Paris.—Arrivée des alliés.—Retour tardif de l'Empereur sur la capitale.—Paris aurait dû tenir.—Intrigues ourdies contre Napoléon.

Les plus grands antagonistes de l'Empereur sont forcés de convenir qu'il se surpassa lui-même dans la campagne d'hiver qu'il fit dans les trois premiers mois de 1814. Jamais général n'avait fait preuve de tant de talents, ni réalisé d'aussi grandes choses avec d'aussi faibles ressources. On le vit, avec quelques milliers d'hommes, dont une grande partie étaient des conscrits inexpérimentés, tenir tête à toutes les armées de l'Europe, faire face partout avec les mêmes troupes, qu'il portait d'un point à un autre avec une rapidité merveilleuse, et, profitant habilement de toutes les ressources du pays pour le défendre, il courait des Autrichiens aux Russes, des Russes aux Prussiens, pour revenir de Blücher à Schwarzenberg et de celui-ci à Sacken, quelquefois repoussé par eux, mais beaucoup plus souvent vainqueur. Il eut un moment l'espoir de chasser du territoire français les étrangers qui, découragés par leurs nombreuses défaites, songeaient à repasser le Rhin. Il n'eût fallu pour cela qu'un nouvel effort de la nation; mais la lassitude de la guerre était générale, et de toutes parts, surtout à Paris, on conspirait contre l'Empire.

Plusieurs écrivains militaires ont exprimé leur étonnement de ce que la France ne s'était pas levée en masse, comme en 1792, pour repousser les étrangers, ou bien qu'elle n'ait pas imité les Espagnols en formant dans chaque province un centre de défense nationale.

On répond à cela que l'enthousiasme qui avait improvisé les armées de 1792 était usé par vingt-cinq ans de guerres et les trop fréquentes conscriptions anticipées faites par l'Empereur, car il ne restait dans la plupart de nos départements que des vieillards et des enfants. Quant à l'exemple tiré de l'Espagne, il n'est nullement applicable à la France, qui, ayant laissé prendre trop d'influence à la ville de Paris, ne peut rien quand celle-ci ne se met pas à la tête du mouvement, tandis qu'en

Espagne, chaque province, formant un petit gouvernement, avait pu agir et se créer une armée, lors même que Madrid se trouvait occupé par les Français. Ce fut la *centralisation* qui perdit la France.

Il n'entre point dans le plan que je me suis donné de raconter les hauts faits de l'armée française dans la célèbre campagne de 1814; car il faudrait pour cela écrire des volumes, commenter tout ce qui a été publié à ce sujet, et je ne me sens pas le courage de m'appesantir sur les malheurs de mon pays; je me bornerai donc à dire qu'après avoir disputé pied à pied le terrain compris entre la Marne, l'Aube, la Saône et la Seine, l'Empereur conçut un vaste projet qui, s'il réussissait, devait sauver la France. C'était de se porter avec le gros de ses troupes, par Saint-Dizier et Vitry, vers la Lorraine et l'Alsace, ce qui, en menaçant fortement les derrières de l'ennemi, devait lui faire craindre d'être séparé de ses dépôts, de n'avoir plus aucun moyen de retraite, et le déterminer à se retirer vers la frontière, tandis qu'il en avait encore les moyens.

Mais pour que le superbe mouvement stratégique projeté par l'Empereur pût avoir un bon résultat, il fallait le concours de deux conditions qui lui manquaient, savoir: la fidélité des hauts fonctionnaires de l'État, et les moyens d'empêcher les ennemis de s'emparer de Paris, dans le cas où, sans se préoccuper de la marche que l'Empereur faisait sur leurs derrières, ils se porteraient vers la capitale. Malheureusement, la fidélité à l'Empereur était tellement affaiblie dans le Sénat et le Corps législatif, que ce furent les principaux membres de ces assemblées, tels que Talleyrand, le duc de Dalberg, Laisné et autres, qui, par des émissaires secrets, informaient les souverains alliés de la désaffection de la haute classe parisienne à l'égard de Napoléon, et les engageaient à venir attaquer la capitale.

Quant aux moyens de défense, je dois avouer que Napoléon n'y avait pas suffisamment pourvu, car on s'était borné à couvrir de quelques palissades les barrières de la rive droite, sans faire aucun ouvrage pour y placer du canon. Et comme le très petit nombre de troupes de ligne, d'invalides, de vétérans et d'élèves de l'École polytechnique qui formaient la garnison était insuffisant pour qu'on pût même essayer de résister, l'Empereur, en s'éloignant de la capitale au mois de janvier, pour aller se mettre à la tête des troupes réunies en Champagne, avait confié à la garde nationale la défense de Paris, où il laissait son fils et l'Impératrice. Il avait réuni aux Tuileries les officiers de la milice bourgeoise, qui, selon l'habitude, avaient répondu par de nombreux *serments* et les plus belliqueuses protestations au discours chaleureux qu'il leur adressa. L'Empereur avait nommé l'Impératrice *régente*, et désigné pour lieutenant général commandant supérieur son frère Joseph, ex-roi d'Espagne, le meilleur, mais le plus *antimilitaire* de tous les hommes.

Napoléon, se faisant illusion au point de croire qu'il avait ainsi pourvu à la sûreté de la capitale, pensa qu'il pouvait la livrer pour quelques jours à ses propres forces, pour aller avec le peu de troupes qui lui restaient exécuter le projet de se jeter sur les derrières des ennemis. Il partit donc pour la Lorraine vers la fin de mars. Mais à peine était-il à quelques jours de marche, qu'il apprit que les alliés, au lieu de le suivre, ainsi qu'il l'avait espéré, s'étaient dirigés sur Paris, en poussant devant eux les faibles débris des corps des maréchaux Marmont et Mortier, qui, postés sur les hauteurs de Montmartre, essayaient de les défendre, sans que la garde nationale les secondât autrement que par l'envoi de quelques rares tirailleurs.

Ces fâcheuses nouvelles ayant dessillé les yeux de Napoléon, il fit rétrograder ses colonnes vers Paris, dont il prit lui-même la route sur-le-champ.

Le 30 mars, l'Empereur, voyageant rapidement en poste et sans escorte, venait de dépasser Moret, lorsqu'une vive canonnade se faisant entendre, il conçut l'espoir d'arriver avant l'entrée des alliés dans la capitale, où sa présence aurait certainement produit une très vive sensation sur le peuple, qui demandait des armes. (Il y avait cent mille fusils et plusieurs millions de cartouches dans les casernes du Champ de Mars, mais le général Clarke, ministre de la guerre, ne voulut pas en permettre la distribution.)

Arrivé au relais de Fromenteau, à cinq lieues seulement de Paris, l'Empereur, n'entendant plus le canon, comprit que cette ville était au pouvoir des ennemis, ce qui lui fut confirmé à Villejuif. En effet, Marmont avait signé une capitulation qui livrait la capitale aux ennemis!…

Cependant, à l'approche du danger, on avait éloigné de Paris l'Impératrice et son fils le roi de Rome, qui s'étaient rendus à Blois, où le roi Joseph, abandonnant le commandement dont l'Empereur l'avait revêtu, les suivit bientôt. Les troupes de ligne évacuèrent Paris par la barrière de Fontainebleau, route par laquelle on attendait l'Empereur.

Il est impossible de donner une idée de l'agitation dans laquelle se trouvait alors la capitale, dont les habitants, divisés par tant d'intérêts différents, venaient d'être surpris par une invasion que peu d'entre eux avaient prévue… Quant à moi, qui m'y attendais, et qui avais vu de si près les horreurs de la guerre, j'étais bien tourmenté de savoir où je mettrais en sûreté ma femme et mon jeune enfant, lorsque le bon vieux maréchal Sérurier ayant offert un asile à toute ma famille à l'hôtel des Invalides, dont il était gouverneur, je fus tranquillisé par la pensée que, les lieux habités par les vieux soldats ayant été partout respectés par les Français, les ennemis agiraient de même envers nos anciens militaires. Je conduisis donc ma famille aux Invalides et m'éloignai de Paris avant l'entrée des alliés, pour me rendre à Versailles aux ordres du général Préval, qui me donna le commandement d'une petite colonne composée de cavaliers disponibles de mon régiment, ainsi que de ceux des 9e et 12e de chasseurs.

Lors même que les alliés n'eussent pas marché sur Paris, cette colonne devant être réunie ce jour-là même à Rambouillet, je m'y rendis. J'y trouvai mes chevaux et équipages de guerre, et pris le commandement des escadrons qui m'étaient destinés.

La route était couverte par les voitures des personnes qui s'éloignaient de la capitale. Je ne m'en étonnai pas; mais je ne pouvais comprendre d'où provenait le grand nombre de troupes de diverses armes qu'on voyait arriver de toutes les directions par détachements qui, si on les eût réunis, auraient formé un corps assez considérable pour arrêter les ennemis devant Montmartre et donner le temps à l'armée, qui accourait de la Champagne et de la Brie, de sauver Paris. Mais l'Empereur, trompé par son ministre de la guerre, n'avait donné aucun ordre à ce sujet, et ignorait probablement qu'il lui restât encore de si grands moyens de défense, dont voici l'énumération, d'après les documents pris au ministère de la guerre, savoir:

Quatre cents canons, suffisamment approvisionnés, soit à Vincennes, soit à l'École militaire du Champ de Mars, ou au dépôt central d'artillerie. Plus de 50,000 fusils neufs dans ces mêmes lieux. Quant aux hommes, le roi Joseph et Clarke, le ministre de la guerre, pouvaient disposer de troupes amenées à Paris par les maréchaux Marmont et Mortier, et dont l'effectif s'élevait à 19,000 hommes; de 7 à 8,000 soldats de la ligne casernés à Paris; de 3,000 hommes appartenant aux dépôts de la garde impériale; de 15 à 18,000 cavaliers démontés, casernés à Versailles ou dans les environs; de 18 à 20,000 conscrits ou soldats de dépôts destinés aux régiments de la ligne, et des gardes nationales actives casernées à Saint-Denis, Courbevoie, Rueil et autres villages des environs de Paris; de plus de 2,000 officiers en congé, blessés, sans emploi ou en retraite, qui étaient venus offrir leurs services; enfin de 20,000 ouvriers, presque tous anciens soldats, qui demandaient à contribuer à la défense de Paris.

Ces forces réunies présentaient un effectif de plus de 80,000 hommes, qu'il était facile de rassembler en quelques heures et d'utiliser à la défense de la capitale jusqu'à l'arrivée de Napoléon et de l'armée qui le suivait.

Joseph et Clarke, prévenus dès le 28 mars au matin de l'approche des ennemis, qui n'attaquèrent que le 30, eurent donc quarante-huit heures pour employer ces ressources, mais aucune ne fut mise en usage. Enfin, pour comble d'impéritie, au moment où les troupes ennemies attaquaient Romainville, Joseph et Clarke faisaient sortir de Paris, par la barrière de Passy, 4,000 des meilleurs fantassins ou cavaliers de la garde impériale, pour aller renforcer à Blois l'escorte de l'Impératrice qui était déjà plus nombreuse qu'il n'était nécessaire pour le moment.

Dès que Napoléon apprit que Paris avait capitulé et que les deux petits corps de Marmont et de Mortier avaient évacué la place en se retirant vers lui, il leur envoya l'ordre de venir prendre position à Essonnes, à sept lieues et à mi-chemin de Paris à Fontainebleau, et se rendit lui-même dans cette dernière ville, où arrivaient les têtes de colonnes de l'armée revenant de Saint-Dizier, ce qui indiquait l'intention dans laquelle était l'Empereur de marcher sur Paris, dès que ses troupes seraient réunies.

Les généraux ennemis ont avoué plus tard que s'ils eussent été attaqués par l'Empereur, ils n'auraient osé recevoir la bataille, en ayant derrière eux la Seine et l'immense ville de Paris avec son million d'habitants, qui pouvaient se révolter pendant la bataille, barricader les rues ainsi que les ponts, et leur couper la retraite; aussi étaient-ils résolus à se retirer pour aller camper sur les hauteurs de Belleville, Charonne, Montmartre et les buttes Chaumont, qui dominent la rive droite de la Seine et la route d'Allemagne, lorsque survinrent dans Paris de nouveaux événements qui les retinrent dans cette ville.

M. de Talleyrand, ancien évêque marié, avait été, en apparence, l'un des hommes les plus dévoués à l'Empereur, qui l'avait comblé de richesses, fait prince de Bénévent, grand chambellan, etc., etc. M. de Talleyrand, dont l'amour-propre était blessé de n'être plus le confident de Napoléon et le ministre dirigeant de sa politique, s'était mis, surtout depuis les désastres de la campagne de Russie, à la tête de la sourde opposition que faisaient les mécontents de tous les partis, et principalement le *faubourg Saint-Germain*, c'est-à-dire la haute aristocratie, qui, après s'être soumise en apparence et avoir même servi Napoléon aux jours de sa prospérité, s'était posée en ennemie et, sans se compromettre ouvertement, attaquait par tous les moyens le chef du gouvernement. Les principaux chefs de ce parti étaient: l'abbé de Pradt, que l'Empereur avait nommé archevêque de Malines; le baron Louis, l'abbé de Montesquiou, M. de Chateaubriand, le député Laisné, etc., etc.

Presque tous ces hommes de talent, dirigés par Talleyrand, le plus habile et le plus intrigant de tous, attendaient depuis quelque temps l'occasion de renverser Napoléon. Ils comprirent qu'ils n'en trouveraient jamais une aussi favorable que celle que leur offrait l'occupation de la France par un million et demi d'ennemis, et la présence à Paris de tous les souverains de l'Europe, dont la plupart avaient été grandement humiliés par Napoléon. Mais, bien que celui-ci fût en ce moment très affaibli, il n'était point encore totalement abattu, car, outre l'armée qu'il ramenait avec lui et qui venait de faire des prodiges, il lui restait celle de Suchet entre les

Pyrénées et la Haute-Garonne, des troupes nombreuses commandées par le maréchal Soult, et il y avait deux belles divisions à Lyon; enfin, l'armée d'Italie était encore formidable, de sorte que, malgré l'occupation de Bordeaux par les Anglais, Napoléon pouvait encore réunir des forces considérables et prolonger indéfiniment la guerre, en soulevant les populations exaspérées par les exactions des ennemis.

M. de Talleyrand et son parti comprirent que s'ils donnaient à l'Empereur le temps de faire arriver sous Paris les troupes qui le suivaient, il pourrait battre les alliés dans les rues de la capitale ou se retirer dans quelques provinces dévouées, où il continuerait la guerre jusqu'à ce que les alliés, fatigués, consentissent à faire la paix. Il fallait donc, selon Talleyrand et ses amis, changer la face du gouvernement. Mais là se trouvait la grande difficulté, car ils voulaient rétablir en la personne de Louis XVIII la famille des Bourbons sur le trône, tandis qu'une partie de la nation désirait y laisser Napoléon, ou tout au moins y appeler son fils.

La même divergence d'opinion existait parmi les souverains alliés, car les rois d'Angleterre et de Prusse se rangeaient du côté des Bourbons, tandis que l'empereur de Russie, qui ne les avait jamais aimés et qui craignait que l'antipathie de la nation française pour ces princes et les émigrés n'amenât quelque nouvelle révolution, n'était pas éloigné de prendre les intérêts du fils de Napoléon.

Pour couper court à ces discussions et décider la question en prenant les devants, l'astucieux Talleyrand, voulant en quelque sorte *forcer la main* aux souverains étrangers, fit paraître à cheval sur la place Louis XV une vingtaine de jeunes gens du faubourg Saint-Germain, parés de cocardes blanches et conduits par le vicomte Talon, mon ancien compagnon d'armes, de qui je tiens ces détails. Ils se dirigèrent vers l'hôtel de la rue Saint-Florentin, habité par l'empereur Alexandre, en criant à tue-tête: «Vive le roi Louis XVIII! Vivent les Bourbons! À bas le tyran!…»

Ces cris ne produisirent d'abord sur les curieux rassemblés qu'un sentiment de stupéfaction, à laquelle succédèrent les menaces de la foule, ce qui ébranla les membres les plus résolus de la cavalcade. Ce premier élan de royalisme ayant manqué son effet, ils recommencèrent la scène sur différents points des boulevards. Sur quelques-uns on les hua, sur d'autres on les applaudit. Comme l'entrée des souverains alliés approchait et qu'il fallait aux Parisiens un *cri* pour les animer, celui jeté par le vicomte Talon et ses amis retentit toute la journée aux oreilles de l'empereur Alexandre, ce qui permit à Talleyrand de dire le soir à ce monarque: «Votre Majesté a pu juger par elle-même avec quelle unanimité la nation désire le rétablissement des Bourbons!»

À compter de ce moment, la cause de Napoléon fut perdue, bien que ses adhérents fussent infiniment plus nombreux que ceux de Louis XVIII, ainsi que les événements le prouvèrent l'année suivante.

LETTRES ÉCRITES PAR LE COLONEL DE MARBOT EN 1815

(¹)

(Après le licenciement du 23e de chasseurs et son incorporation au 3e de la même arme, le colonel de Marbot est nommé au commandement du 7e de hussards (d'Orléans). Ce régiment fait partie du 1er corps d'observation, aux ordres du comte d'Erlon.)

Cysoing, 10 avril 1815.

… Je suis en face de Tournay et je garde la ligne depuis Mouchin jusqu'à Chéreng. Quand je dis que je garde la ligne, je n'ai pas grand'peine, car les Anglais ne font aucun mouvement et sont aussi tranquilles à Tournay que s'ils étaient à Londres. Je crois que tout se passera à l'amiable. J'ai été hier à Lille, où j'ai été on ne peut mieux reçu par le général en chef comte d'Erlon.

Saint-Amand, 5 mai.

… Je viens de recevoir l'ordre de former une députation de cinq officiers et dix sous-officiers ou soldats pour aller à Paris, au Champ de Mai. L'ordre porte que le colonel sera lui-même à la tête de la députation. Celles de tous les régiments de la division doivent se mettre en route pour être rendues le 17 à Arras et partir le lendemain pour Paris. Tout est ici fort tranquille, et l'on n'y parle pas de guerre. Il y a beaucoup de désertions dans les troupes étrangères. Les hommes qui en arrivent assurent que tout ce qui est belge, saxon ou hollandais, désertera à nous. Mon régiment devient de jour en jour plus considérable. J'ai 700 hommes. Dans mon dépôt, il en est arrivé 52 hier; le costume les flatte tant qu'ils arrivent *drus comme mouches*; on ne sait où les fourrer…

Saint-Amand, 8 mai.

... Depuis huit jours, la désertion est au dernier degré dans les troupes étrangères. Les soldats belges, saxons, hanovriens, arrivent par bandes de 15 à 20. Ils affirment que les Russes ne viennent pas et qu'on croit qu'il n'y aura pas de guerre. Cela paraît ici presque certain. S'il en arrive ainsi, que de paroles perdues! Que de projets qui se trouveront manqués!...

Pont-sur-Sambre, 13 juin.

... Je suis arrivé ce matin de Paris à Valenciennes. J'ai trouvé mon régiment sur la place. Il traversait la ville pour aller vers Maubeuge. Je n'ai eu que le temps de mettre mes effets sur mes chevaux, de confier ma voiture à un ami et de partir. Je tombais de sommeil, mais il a fallu marcher toute la journée au milieu d'une armée immense. Nous venons de prendre position pour cette nuit... Nous marchons!... Il paraît que le gant est jeté définitivement... Je ne crois pas qu'on se batte avant cinq jours...

Merbes-le-Château, 14 juin.

... Nous avons encore marché aujourd'hui, et j'ai été à cheval ce matin à trois heures... Nous voilà sur l'extrême frontière. L'ennemi se retire, et je ne crois pas qu'il y ait un grand engagement. Tant pis, car nos troupes sont bien animées...

(Après une brillante affaire, le 17 juin, à Jenappe, le colonel de Marbot est nommé général de brigade; la chute de l'Empire empêche que cette nomination soit confirmée. Après Waterloo, le colonel se retire avec son régiment sur Valenciennes, puis vers Paris et derrière la Loire.)

Laon, 26 juin 1813.

Je ne reviens pas de notre défaite!... On nous a fait manœuvrer comme des citrouilles. J'ai été, avec mon régiment, flanqueur de droite de l'armée pendant presque toute la bataille. On m'assurait que le maréchal Grouchy allait arriver sur ce point, qui n'était gardé que par mon régiment, trois pièces de canon et un bataillon d'infanterie légère, ce qui était trop faible. Au lieu du maréchal Grouchy, c'est le corps de Blücher qui a débouché!... Jugez de la manière dont nous avons été arrangés!... Nous avons été enfoncés, et l'ennemi a été sur-le-champ sur nos derrières!... On aurait pu remédier au mal, mais personne n'a donné d'ordres. Les gros généraux ont été à Paris faire de mauvais discours. Les petits perdent la tête, et cela va mal... J'ai reçu un coup de lance dans le côté; ma blessure est assez forte, mais j'ai voulu rester pour donner le *bon exemple*. Si chacun eût fait de même, cela irait encore, mais les soldats désertent à l'intérieur; personne ne les arrête, et il y a dans ce pays-ci, quoi qu'on dise, 50,000 hommes qu'on pourrait réunir; mais alors il faudrait *peine de mort* contre tout homme qui quitte son poste et contre ceux qui donnent permission de le quitter. Tout le monde donne des congés, et les diligences sont pleines d'officiers qui s'en vont. Jugez si les soldats sont en reste! Il n'y en aura pas un dans huit jours, si la *peine de mort* ne les retient... Si les Chambres veulent, elles peuvent nous sauver; mais il faut des moyens *prompts* et des lois *sévères*... On n'envoie pas un bœuf, pas de vivres, rien...; de sorte que les soldats pillent la pauvre France comme ils faisaient en Russie... Je suis aux avant-postes, sous Laon; on nous a fait promettre de ne pas tirer, et tout est tranquille...

(Lettre écrite en 1830 par le colonel de Marbot au général E. de Grouchy.)

MON GÉNÉRAL,

J'ai reçu la lettre par laquelle vous exprimez le désir de connaître la marche des reconnaissances dirigées par moi sur la Dyle, le jour de la bataille de Waterloo. Je m'empresse de répondre aux questions que vous m'adressez à ce sujet.

Le 7e de hussards, dont j'étais colonel, faisait partie de la division de cavalerie légère attachée au 1er corps, formant, le 18 juin, la droite de la portion de l'armée que l'Empereur commandait en personne. Au commencement de l'action, vers onze heures du matin, je fus détaché de la division avec mon régiment et un bataillon d'infanterie placé sous mon commandement. Ces troupes furent mises en potence à l'extrême droite, derrière Frichemont, faisant face à la Dyle.

Des instructions particulières me furent données, de la part de l'Empereur, par son aide de camp Labédoyère et un officier d'ordonnance dont je n'ai pas retenu le nom. Elles prescrivaient de laisser le gros de ma troupe toujours en vue du champ de bataille, de porter 200 fantassins dans le bois de Frichemont, un escadron à Lasne, poussant des postes jusqu'à Saint-Lambert; un autre escadron moitié à Couture, moitié à Beaumont, envoyant des reconnaissances jusque sur la Dyle, aux ponts de Moustier et d'Ottignies. Les commandants de ces divers détachements devaient laisser de quart de lieue en quart de lieue des petits postes à cheval, formant une chaîne continue jusque sur le champ de bataille, afin que, par le moyen de hussards allant au galop d'un poste à l'autre, les officiers en reconnaissance pussent me prévenir rapidement de leur jonction avec l'avant-garde des troupes du maréchal Grouchy, qui devaient arriver du côté de la Dyle. Il m'était enfin ordonné d'envoyer directement à l'Empereur les avis que me transmettraient ces reconnaissances. Je fis exécuter l'ordre qui m'était donné.

Il me serait impossible, après un laps de temps de quinze années, de fixer au juste l'heure à laquelle le détachement dirigé vers Moustier parvint sur ce point, d'autant plus que le capitaine Éloy, qui le commandait, avait reçu de moi l'injonction de s'éclairer au loin et de marcher avec la plus grande circonspection. Mais en remarquant qu'il partit à onze heures du champ de bataille, et n'avait pas plus de deux lieues à parcourir, on doit présumer qu'il les fit en deux heures, ce qui fixerait son arrivée à Moustier à une heure de l'après-midi. Un billet du capitaine Éloy, que me transmirent promptement les postes intermédiaires, m'apprit qu'il n'avait trouvé aucune troupe à Moustier, non plus qu'à Ottignies, et que les habitants assuraient que les Français laissés sur la rive droite de la Dyle passaient la rivière à Limal, Limelette et Wavre.

J'envoyai ce billet à l'Empereur par le capitaine Kouhn, faisant fonction d'adjudant-major. Il revint accompagné d'un officier d'ordonnance, lequel me dit de la part de l'Empereur de laisser la ligne des postes établie sur Moustier, et de prescrire à l'officier qui éclairait le défilé de Saint-Lambert de le passer, en poussant le plus loin possible dans les directions de Limal, Limelette et Wavre. Je transmis cet ordre, et envoyai même ma carte au chef du détachement de Lasne et Saint-Lambert.

Un de mes pelotons, s'étant avancé à un quart de lieue au delà de Saint-Lambert, rencontra un peloton de hussards prussiens, auquel il prit plusieurs hommes, dont un officier. Je prévins l'Empereur de cette étrange capture, et lui envoyai les prisonniers.

Informé par ceux-ci qu'ils étaient suivis par une grande partie de l'armée prussienne, je me portai avec un escadron de renfort sur Saint-Lambert. J'aperçus au delà une forte colonne, se dirigeant vers Saint-Lambert. J'envoyai un officier à toute bride en prévenir l'Empereur, qui me fit répondre d'avancer hardiment, que cette troupe ne pouvait être que le corps du maréchal Grouchy venant de Limal et poussant devant lui quelques Prussiens égarés, dont faisaient partie les prisonniers que j'avais faits.

J'eus bientôt la certitude du contraire. La tête de la colonne prussienne approchait, quoique très lentement. Je rejetai deux fois dans le défilé les hussards et lanciers qui la précédaient. Je cherchais à gagner du temps en maintenant le plus possible les ennemis, qui ne pouvaient déboucher que très difficilement des chemins creux et bourbeux dans lesquels ils étaient engagés; et lorsque enfin, contraint par des forces supérieures, je battais en retraite, l'adjudant-major, auquel j'avais ordonné d'aller informer l'Empereur de l'arrivée *positive* des Prussiens devant Saint-Lambert, revint en me disant que l'Empereur prescrivait de prévenir de cet événement la tête de colonne du maréchal Grouchy, qui devait déboucher en ce moment par les ponts de Moustier et d'Ottignies, puisqu'elle ne venait pas par Limal et Limelette.

J'écrivis à cet effet au capitaine Éloy; mais celui-ci, ayant vainement attendu sans voir paraître aucune troupe, et entendant le canon vers Saint-Lambert, craignit d'être coupé. Il se replia donc successivement sur ses petits postes, et rejoignit le gros du régiment resté en vue du champ de bataille, à peu près au même instant que les escadrons qui revenaient de Saint-Lambert et Lasne, poussés par l'ennemi.

Le combat terrible que soutinrent alors derrière les bois de Frichemont les troupes que je commandais et celles qui vinrent les appuyer, absorba trop mon esprit pour que je puisse spécifier exactement l'heure; mais je pense qu'il pouvait être à peu près sept heures du soir; et comme le capitaine Éloy se replia au trot et ne dut pas mettre plus d'une heure à revenir, j'estime que ce sera vers six heures qu'il aura quitté le pont de Moustier, sur lequel il sera, par conséquent, resté cinq heures. Il est donc bien surprenant qu'il n'ait pas vu votre aide de camp, à moins que celui-ci ne se soit trompé sur le nom du lieu où il aura abordé la Dyle.

Tel est le précis du mouvement que fit le régiment que je commandais pour éclairer pendant la bataille de Waterloo le flanc droit de l'armée française. La marche, la direction de mes reconnaissances furent d'une si haute importance dans cette mémorable journée, que le maréchal Davout, ministre de la guerre, m'ordonna à la fin de 1815 d'en relater les circonstances dans un rapport que j'eus l'honneur de lui adresser et qui doit se trouver encore dans les archives de la guerre[2].

Des faits que je viens de raconter est résultée pour moi la conviction que l'Empereur attendait sur le champ de bataille de Waterloo le corps du maréchal Grouchy. Mais sur quoi cet espoir était-il fondé? C'est ce que j'ignore, et je ne me permettrai pas de juger, me bornant à la narration de ce que j'ai vu.

J'ai l'honneur d'être, etc.

Les récits du général de Marbot se terminant à la bataille de Waterloo, nous avons pensé que le lecteur désirerait connaître la suite de la carrière du vaillant soldat. Nous la trouvons retracée dans un article biographique publié au *Journal des Débats*, par M. Cuvillier-Fleury, le lendemain de la mort du général: il y parle précisément des *Mémoires* dont il avait eu connaissance et qu'il engage vivement la famille à publier. Nous avons donc cru ne pouvoir mieux faire que de terminer cette publication en reproduisant ici *in extenso* l'article de M. Cuvillier-Fleury, l'un des morceaux les plus éloquents du célèbre académicien.

LE GÉNÉRAL DE MARBOT
(Article du *Journal des Débats* du 22 novembre 1854.)

Une nombreuse assistance, composée de parents et d'amis, de généraux, de magistrats, de membres de l'ancienne pairie, et de personnes distinguées, au milieu desquelles on remarquait le maréchal ministre de la guerre, accompagnait, samedi dernier, à l'église de la Madeleine, et conduisait ensuite au champ du repos les restes mortels de M. le général baron de Marbot, enlevé le 16 novembre, et après une courte maladie, à l'affection et aux regrets de sa famille.

Le nom de Marbot avait été doublement inscrit dans l'histoire de la Révolution et de l'Empire. Le père du général qui vient de mourir, ancien aide de camp de M. de Schomberg, député de la Corrèze à l'Assemblée constituante, avait commandé la 1re division militaire, présidé le Conseil des Anciens, et il était mort des suites d'une blessure qu'il avait reçue au siège de Gênes. Ce fut pendant cette campagne, si fatale à son père, que Jean-Baptiste-Marcellin de Marbot fit le premier apprentissage de la guerre, comme simple soldat au 1er régiment de hussards. Il était né le 18 août 1782, au château de la Rivière (Corrèze), et il n'avait que dix-sept ans quand il entra au service. Un mois plus tard, à la suite d'un brillant fait d'armes, il fut nommé sous-lieutenant; et c'est ainsi que s'ouvrit pour lui, entre cette perte irréparable qui lui enlevait son plus sûr appui et cette promotion rapide qui le désignait à l'estime de ses chefs, la rude carrière où il devait s'illustrer.

Marbot appartenait à cette génération qui n'avait que très peu d'années d'avance sur le grand mouvement de 89, et pour laquelle la Révolution précipitait pour ainsi dire la marche du temps; car il faut bien le remarquer ici: parmi ceux qui, voués au métier des armes, devaient porter si haut et si loin la gloire du nom français, tous n'avaient pas eu le même bonheur que le jeune Marbot. L'ancien régime faisait payer cher aux plus braves le tort d'une origine obscure et d'une parenté sans blason. On attendait quelquefois quinze et vingt ans une première épaulette. Plusieurs quittaient l'armée faute d'obtenir un avancement mérité. Ce fut ainsi que Masséna prit son congé le 10 août 1789, après quatorze ans de service comme soldat et sous-officier. Moncey mit treize ans à gagner une sous-lieutenance. Soult porta six ans le fusil. Bernadotte ne fut sous-lieutenant qu'après avoir passé dix ans dans le régiment de Royale-Marine. Il mit à peine le double de ce temps-là, une fois la Révolution commencée, pour devenir de sous-lieutenant roi de Suède[3]. Marbot, soldat en 1799, était déjà capitaine en 1807. On lui avait tenu compte des canons qu'il avait enlevés aux Autrichiens, dans une brillante charge de cavalerie, pendant la seconde campagne d'Italie; on lui avait su gré de l'énergique activité de ses services comme aide de camp du maréchal Augereau pendant la bataille d'Austerlitz. Ce fut donc comme capitaine qu'il fit la campagne d'Eylau. Pendant la bataille de ce nom, et au moment le plus critique de cette sanglante journée, Augereau lui donna l'ordre de se rendre en toute hâte sur l'emplacement qu'occupait encore le 14e de ligne, cerné de tous côtés par un détachement formidable de l'armée russe, et d'en ramener, s'il le pouvait, les débris. Mais il était trop tard. Pourtant Marbot, grâce à la vitesse de son cheval, et quoique plusieurs officiers du maréchal, porteurs du même ordre, eussent rencontré la mort dans cette périlleuse mission, Marbot pénètre jusqu'au monticule où, pressés de toutes parts par un ennemi acharné, les restes de l'infortuné régiment tentaient leur dernier effort et rendaient leur dernier combat. Marbot accourt; il demande le colonel; tous les officiers supérieurs avaient péri. Il communique à celui qui commandait à leur place, en attendant de mourir, l'ordre qu'il avait reçu. Cependant les colonnes russes, débouchant sur tous les points et bloquant toutes les issues, avaient rendu toute retraite impossible… «Portez notre aigle à l'Empereur, dit à Marbot, avec d'héroïques larmes, le chef du 14e de ligne, et faites-lui les adieux de notre régiment en lui remettant ce glorieux insigne que nous ne pouvons plus défendre…» Ce qui se passa ensuite, Marbot ne le vit pas: atteint par un boulet qui le renversa sur le cou de son cheval, puis emporté par l'animal en furie hors du carré où le 14e achevait de mourir jusqu'au dernier homme, l'aide de camp d'Augereau fut renversé quelques moments après, puis laissé pour mort sur la neige, et il eût été confondu dans le même fossé avec les cadavres qui l'entouraient, si un de ses camarades ne l'eût miraculeusement reconnu et ramené à l'état-major.

Le général Marbot racontait parfois, et avec une émotion communicative, ce dramatique épisode de nos grandes guerres; et c'est bien le lieu de faire remarquer ici tout ce qu'il mettait d'esprit, de verve, d'originalité et de couleur dans le récit des événements militaires auxquels il avait pris part; il n'aimait guère à raconter que ceux-là. Précision du langage, vigueur du trait, abondance des souvenirs, netteté lumineuse et véridique, don de marquer aux yeux par quelques touches d'un relief ineffaçable les tableaux qu'il voulait peindre, rien ne manquait au général Marbot pour intéresser aux scènes de la guerre les auditeurs les plus indifférents ou les plus sceptiques. Son accent, son geste, son style coloré, sa vive parole, cette chaleur sincère du souvenir fidèle, tout faisait de lui un de ces conteurs si attachants et si rares qui savent mêler au charme des réminiscences personnelles tout l'intérêt et toute la gravité de l'histoire.

Le général Marbot a laissé plusieurs volumes de mémoires manuscrits, qui ne sont entièrement connus que de sa famille. Pour nous, à qui sa confiante amitié avait pourtant donné plus d'une fois un avant-goût de ce rare et curieux travail, œuvre de sa vigoureuse vieillesse, nous n'anticiperons pas sur une publication qui ne saurait être, nous l'espérons, ni éloignée, ni incomplète. Depuis Eylau jusqu'à Waterloo, les services de Marbot ont d'ailleurs assez d'éclat pour qu'il ne soit pas nécessaire de les rappeler longuement, et mieux vaut attendre qu'il nous les raconte. De l'état-major d'Augereau, Marbot passe en 1808 à celui du maréchal Lannes, en 1809 à celui du maréchal Masséna. Il fait sous ces deux chefs illustres les deux premières campagnes d'Espagne, blessé le 1er novembre 1808 d'un coup de sabre à Agreda, puis d'un coup de feu qui lui traverse le corps au siège de Saragosse, La même année, il reçoit un biscaïen à la cuisse et un coup de feu au poignet à Znaïm, au moment même où une trêve vient d'être signée, et où il est envoyé entre les deux armées ennemies avec mission de faire cesser le feu. Marbot, comme on a pu le remarquer, est blessé partout, et partout on le retrouve. L'ambulance ne le retient jamais si longtemps que le champ de bataille. Sa vigoureuse constitution le sauve des suites de ses blessures. Sa convalescence même est héroïque. Son courage et sa vocation tirent parti même des mauvaises chances. Blessé ou non, les maréchaux, commandant en chef des corps d'armée dans des positions difficiles, veulent tous avoir Marbot dans leur état-major, et on comprend que ce n'est pas seulement l'intrépide sabreur que les maréchaux recherchent, c'est aussi l'officier sérieux, instruit, d'excellent conseil, l'homme de bon sens, l'esprit avisé et plein de ressources, l'intelligence au service du courage, et le calme dans la décision[4]; c'est tout cela qui désigne sans cesse le jeune Marbot à la confiance et au choix des généraux; et c'est ainsi qu'il passe les dix premières années de sa vie militaire, faisant la guerre sous les yeux des plus illustres lieutenants de Napoléon, à la grande école, celle du commandement supérieur, ayant vu de près, dans plusieurs campagnes mémorables, le fort et le faible de ce grand art si plein de prodiges et de misères, de concert et d'imprévu, de hautes conceptions et de méprisable hasard, ayant saisi son secret, et capable pour sa part de nous le donner dans cette confidence posthume dont il a laissé à de dignes fils la primeur et l'héritage.

En 1812, le capitaine Marbot quitte définitivement l'état-major des maréchaux. Nous le retrouvons à la tête d'un régiment de cavalerie (le 23e de chasseurs), qu'il commande avec supériorité pendant toute la campagne de Russie; et à la Bérézina c'est lui qui protège, autant que la mauvaise fortune de la France le permet alors, le passage de nos troupes, et qui contribue à refouler les forces ennemies qui écrasaient leurs héroïques débris. Blessé tout à la fois d'un coup de feu et d'un coup de lance à Jacobowo pendant la retraite, il revient peu de mois après, et à peine guéri, recevoir en pleine poitrine la flèche d'un Baskir sur le champ de bataille de Leipzig. Au combat de Hanau, le dernier que nos troupes livrèrent sur le sol de l'Allemagne, le colonel Marbot retrouve sa chance, il est blessé par l'explosion d'un caisson; et enfin à Waterloo, dans une charge de son régiment, il reçoit d'une lance anglaise, et après des prodiges de valeur, une nouvelle blessure, mais non pas encore la dernière.

L'aveugle et fanatique réaction qui emporta un moment le gouvernement restauré après les Cent-jours fit inscrire le nom de Marbot sur la liste de proscription du 24 juillet 1815. La réaction lui devait cela. Marbot se réfugia en Allemagne; et c'est là, sur ce théâtre de nos longues victoires, qu'il composa ce remarquable ouvrage[5] qui lui valut quelques années après, de la part de l'empereur Napoléon mourant sur le rocher de Sainte-Hélène, cet immortel suffrage de son patriotisme et de son génie: «... Au colonel Marbot: je l'engage à continuer à écrire pour la défense de la gloire des armées françaises, et à en confondre les calomniateurs et les apostats[6]!...»

La Restauration était trop intelligente pour garder longtemps rancune à la gloire de l'Empire. Elle pouvait la craindre, mais elle l'admirait. La lettre de Vérone, dans laquelle le sage roi Louis XVIII avait rendu un si grand témoignage au héros d'Arcole et des Pyramides, était toujours le fond de sa politique à l'égard des serviteurs du régime impérial. Le général Rapp était un aide de camp du Roi. Les maréchaux de Napoléon commandaient ses armées. Marbot fut rappelé de l'exil et nommé au commandement du 8e régiment de chasseurs à cheval. Déjà, en 1814, et très peu de temps après le rétablissement de la monarchie des Bourbons, le colonel Marbot avait été appelé à commander le 7e de hussards, dont M. le duc d'Orléans était alors le colonel titulaire. Cette circonstance avait décidé en lui le penchant qui le rapprocha depuis de la famille d'Orléans, et qui, plus tard, l'engagea irrévocablement dans sa destinée. Homme de cœur et d'esprit comme il l'était, attaché plus encore peut-être par sa raison que par sa passion à ces principes de 89 et à ces conquêtes de la France démocratique que la Charte de 1814 avait consacrés, esprit libéral, cœur patriote, Marbot s'était senti tout naturellement entraîné vers un prince qui avait pris une part si glorieuse en 1792 aux premières victoires de l'indépendance nationale et qui, le premier aussi, en 1815, avait protesté du haut de la tribune de la pairie contre la réaction et les proscripteurs. Aussi quand le duc de Chartres fut en âge de compléter par des études militaires la brillante et solide éducation qu'il avait reçue à l'Université, sous la direction d'un professeur éminent, ce fut au colonel Marbot que fut confiée la mission de diriger le jeune prince dans cette voie nouvelle ouverte à son intelligence et à son activité; et tout le monde sait que le disciple fit honneur au maître. Dès lors le général Marbot (le Roi l'avait nommé maréchal de camp après la révolution de Juillet) ne quitta plus le duc d'Orléans jusqu'à sa mort; et il le servit encore après, en restant attaché comme aide de camp à son jeune fils. Devant le canon d'Anvers, en 1831; plus tard, en 1835, pendant la courte et pénible campagne de Mascara où il commanda l'avant-garde; en 1839, pendant l'expédition des Portes de Fer; en 1840, à l'attaque du col de Mouzaïa, partout Marbot garda sa place d'honneur et sa part de danger auprès du prince, et il reçut sa dernière blessure à ses côtés. «... C'est votre faute si je suis blessé», dit-il en souriant au jeune duc, comme on le rapportait à l'ambulance.—«Comment cela? dit le prince.—Oui, monseigneur; n'avez-vous pas dit au commencement de l'action: Je parie que si un de mes officiers est blessé, ce sera encore Marbot? Vous avez gagné!...»

Je montre là, sans y insister autrement, un des côtés de la physionomie militaire de Marbot: il avait, dans un esprit très sérieux, une pointe d'humeur caustique très agréable. Il était volontiers railleur sans cesser d'être bienveillant. Une singulière finesse se cachait dans ce qu'on pouvait appeler quelquefois chez lui son gros bon sens. J'ajoute que les dons les plus rares de l'intelligence, la puissance du calcul, la science des faits et le goût des combinaisons abstraites s'alliaient en lui à une imagination très inventive, à une curiosité très littéraire et à un génie d'expression spontanée et de description pittoresque qui n'était pas seulement le mérite du conteur, comme je l'ai dit, mais qui lui assurait partout, dans les délibérations des comités, dans les conseils du prince, et jusque dans la Chambre des pairs, sur les questions les plus générales, un légitime et sérieux ascendant. D'un commerce très sûr, d'une loyauté à toute épreuve, sincère et vrai en toute chose, Marbot avait, dans la discussion, une allure, non pas de guerrier ni de conquérant,—personne ne supportait mieux la contradiction,—mais de raisonneur convaincu et déterminé, qui pouvait se taire, mais qui ne se rendait pas. Il avait, si on peut le dire, la discussion intrépide comme le cœur; il marchait droit à la vérité, comme autrefois à la bataille. Il affirmait quand d'autres auraient eu peut-être intérêt à douter; il tranchait des questions qu'une habileté plus souple eût réservées, et il n'y avait à cela, je le sais, aucun risque sous le dernier règne. L'époque, le lieu, l'habitude des controverses publiques, l'esprit libéral et curieux du prince qu'il servait, tout autorisait et encourageait chez Marbot cette franchise civique du vieux soldat. D'ailleurs, comment l'arrêter? Elle lui était naturelle comme sa bravoure et elle découlait de la même source.

Le livre que l'Empereur avait si magnifiquement récompensé par deux lignes de sa main, plus précieuses que le riche legs qu'il y avait joint, ce livre aujourd'hui épuisé, sinon oublié, est pourtant ce qui donnerait à ceux qui n'ont pas connu le général Marbot l'idée la plus complète de son caractère, de son esprit et de cet entrain qui n'appartenait pas moins à sa raison qu'à son courage. Le livre est presque tout entier technique, et il traite de l'art de la guerre dans ses plus vastes et dans ses plus minutieuses applications; malgré tout et en dépit de cette spécialité où il se renferme, c'est là une des plus attachantes lectures qu'on puisse faire. Je ne parle pas de cette verve de l'auteur qui anime et relève les moindres détails; c'est là l'intérêt qui s'adresse à tout le monde, c'est le plaisir; l'ouvrage a d'autres mérites, je veux dire cette vigueur du ton, cette ardeur du raisonnement, ce choix éclairé et cette mesure décisive de l'érudition mise au service des théories militaires,—mais surtout cet accent de l'expérience personnelle et ce reflet de la vie pratique, lumineux commentaire de la science. Tel est ce livre du général Marbot. Il l'écrivit à trente-quatre ans. Le livre est l'homme; et je comprends qu'il ait plu à l'Empereur et qu'il ait agréablement rempli quelques-unes de ces longues veillées de Sainte-Hélène; il lui rappelait un de ses officiers les plus énergiques et les plus fidèles; il ralliait dans leur gloire et ranimait dans leur audace tous ces vieux bataillons détruits ou dispersés; il flattait, dans le vainqueur d'Austerlitz, l'habitude et le goût de ces grandes opérations de guerre offensive dont la théorie intrépide et la pratique longtemps irrésistible avaient été l'instrument de sa grandeur et la gloire de son règne. Marbot flattait ces souvenirs dans l'Empereur déchu plus qu'il ne l'aurait voulu faire peut-être dans l'Empereur tout-puissant; mais il écrivait en homme convaincu. Il défendait la guerre d'invasion comme quelqu'un qui n'avait jamais fait autre chose, avec conviction, avec vérité, par entraînement d'habitude et sans parti pris de plaire à personne. Il était l'homme du monde qui songeait le moins à plaire, quoiqu'il y eût souvent bien de l'art dans sa bonhomie, bien du cœur et bien de l'élan dans sa rudesse. Le général Rogniat avait écrit[7] que les passions les plus propres à inspirer du courage aux troupes étaient, selon lui, «le fanatisme religieux, l'amour de la patrie, l'honneur, l'ambition, l'amour, enfin le désir des richesses... *Je passe sous silence la gloire*, ajoute l'auteur; *les soldats entendent trop rarement son langage pour qu'elle ait de l'influence sur leur courage...*» C'était là, il faut bien l'avouer, une opinion un peu métaphysique pour l'époque où le général Rogniat écrivait, et qui, fût-elle fondée (ce que je ne crois pas), n'était ni utile à répandre ni bonne à dire. «... Mais quoi! s'écrie le colonel Marbot dans sa réponse, quoi! ils n'entendaient pas le langage de la gloire, ces soldats qui jurèrent au général Rampon de mourir avec lui dans la redoute de Montélésimo! Ceux qui, saisissant leurs armes à la voix de Kléber, préférèrent une bataille *sanglante* à une capitulation *honteuse!* Ils n'entendaient pas le langage de la gloire, ces soldats d'Arcole, de Rivoli, de Castiglione et de Marengo, ceux d'Austerlitz, d'Iéna et de Wagram! Ces milliers de braves qui couraient à une mort presque certaine dans le seul espoir d'obtenir la croix de la Légion, n'entendaient pas le langage de la gloire!... Que veulent donc ces braves soldats qui s'élancent les premiers sur la brèche ou s'enfoncent dans les rangs des escadrons ennemis? Ils veulent se distinguer, se faire une réputation d'hommes intrépides, qui attirera sur eux l'estime de leurs chefs, les louanges de leurs compagnons et l'admiration de leurs concitoyens. Si ce n'est pas là l'amour de la gloire, qu'est-ce donc[8]?...»

J'ai cité cette héroïque tirade, non pas pour donner une idée du style du général Marbot: il a d'ordinaire plus de tempérance, plus de mesure, plus d'originalité, même dans sa force; mais *ce style à la baïonnette*, qu'on aurait pu taxer de déclamation dans un temps différent du nôtre, a aujourd'hui un incontestable à-propos.

Une fois en guerre, qui ne reconnaît que cette façon de juger le soldat français est à la fois la plus équitable, la plus politique et la plus vraie? Marbot était le moins pindarique et le moins déclamateur des hommes, quoiqu'il y eût parfois bien de l'imagination dans son langage. Mais un sûr instinct lui avait montré ce qui fait battre la fibre populaire sous l'uniforme du soldat et sous le drapeau de la France; et aujourd'hui, après quarante ans, en rapprochant de ces lignes épiques, détachées d'un vieux livre, la liste récemment présentée au général Canrobert des 8,000 braves qui se sont fait inscrire pour l'assaut de Sébastopol, n'est-ce pas le cas de répéter avec le général Marbot: Si l'amour de la gloire n'est pas là, où est-il donc?...

Cette solidarité traditionnelle de la bravoure dans les rangs de l'armée française, aussi loin que remontent dans le passé ses glorieuses annales, est très nettement marquée dans l'ouvrage que le colonel Marbot écrivait en 1816 et qu'il publiait quelques années après. S'il l'eût écrit vingt ou trente ans plus tard, il n'eût pas seulement nommé les conquérants de l'Égypte, de l'Allemagne et de l'Italie; il eût signalé, dans les héritiers de ces belliqueux instincts, la même flamme d'héroïsme qui animait les pères; il les eût suivis sous les murs de Cadix, dans les champs de la Morée et à l'attaque du fort l'Empereur. Plus tard, il eût cité ces infatigables soldats qui nous ont donné l'Afrique: il les avait vus à l'œuvre. Il est mort en faisant comme nous tous de patriotiques vœux pour le succès de nos armes, engagées si glorieusement et si loin! Les drapeaux changent, les révolutions s'accumulent, les années s'écoulent: la bravoure française ne varie pas. Elle est dans la race et dans le sang. Marbot était plus que personne un type éminent de ce *courage de nature*, comme il l'appelle, qui n'a pas seulement la solidité, mais l'élan, qui n'attend pas l'ennemi, qui court à lui et le surprend, comme les zouaves à l'Alma, par ces apparitions soudaines qui font de la vitesse elle-même un des éléments de la victoire. Ce courage de l'invasion, de l'offensive, cet art ou plutôt ce don de marcher en avant, «de tirer avantage des lenteurs de l'ennemi, de l'étonner par sa présence, et de frapper les grands coups avant qu'il ait pu se reconnaître», cette sorte de courage était bien celle qui convenait à une nation prédestinée, plus qu'aucune autre, par la franchise de son génie, par l'expansion contagieuse de son caractère, par la facilité de sa langue acceptée de tous, à la diffusion de ses sentiments et de ses idées; et il n'est pas inutile de le rappeler, au moment où un si grand nombre de Français sont en ligne devant un redoutable ennemi. Marbot avait, avec toutes les qualités sérieuses du métier, ce courage d'avant-garde, et il était cité dans l'armée pour l'audace de ses entreprises ou de ses aventures. Un jour (c'était, je crois, au début de la campagne de Russie, et il venait d'être nommé colonel), il arrive à la tête de son régiment devant un gué qu'il avait mission de franchir. Le passage était défendu par un nombreux détachement de Cosaques, appuyés sur une artillerie imposante. Marbot fait reconnaître la position, qui est jugée imprenable. «Marchons, dit-il, mes épaulettes sont d'hier, il leur faut un baptême; en avant!...» En disant cela, il pique des deux. Il y eut là, pendant quelques instants, une lutte corps à corps, sabre contre sabre, et des provocations d'homme à homme, comme dans un chant d'Homère. Enfin l'ennemi céda, les canons furent pris. Marbot reçut sa huitième blessure, mais il passa.

Le général Marbot avait été fidèle à l'Empire jusqu'à souffrir, en mémoire de cette glorieuse époque, la proscription et l'exil. Nous avons vu comment la Restauration lui rendit à la fin justice, et comment la dynastie de Juillet lui donna sa confiance. La révolution de Février le mit à la retraite. Le général Marbot se résigna. Il accepta sans se plaindre une disgrâce qui le rattachait encore à la royauté déchue. Il avait la qualité des nobles cœurs, il était fidèle. Le souci très éclairé et très intelligent du père de famille n'avait jamais affaibli chez lui le citoyen ni le soldat. Après avoir été un des héros de l'épopée impériale, il fut un des personnages les plus considérables et les plus favorisés de la monarchie de Juillet, et il s'en est souvenu jusqu'à son dernier jour, non sans un mélange de douloureuse amertume quand il songeait à cette jeune branche d'un tronc royal, brisée fatalement sous ses yeux, mais avec une imperturbable sérénité de conscience en songeant aussi qu'il n'avait jamais cessé, depuis soixante ans, de servir son pays sur tous les champs de bataille, dans toutes les rencontres sérieuses, dans l'armée, dans le Parlement, dans les affaires publiques, dans l'éducation d'un prince, et jusque dans ces derniers et trop courts loisirs de sa verte vieillesse, consacrés au récit de nos grandes guerres et au souvenir de nos victoires immortelles.

CUVILLIER-FLEURY.

ÉTATS DE SERVICE
de JEAN-BAPTISTE-ANTOINE-MARCELLIN BARON DE MARBOT
NÉ À ALTILLAC (CORRÈZE) LE 18 AOÛT 1782

Entré au 1er régiment de hussards 28 septembre 1799.
Maréchal des logis 1er décembre 1799.
Sous-lieutenant 31 décembre 1799.
Passé au 25e régiment de chasseurs à cheval 11 juin 1801.
Envoyé à l'école d'équitation de Versailles 12 septembre 1802.
Nommé aide de camp du général Augereau 31 août 1803.
Lieutenant 11 juillet 1804.
Capitaine 3 janvier 1807.
Passé aide de camp du maréchal Lannes 2 novembre 1808.
Chef d'escadrons 3 juin 1809.
Passé aide de camp du maréchal Masséna 18 juin 1809.
Passé au 1er régiment de chasseurs 23 novembre 1811.
Passé au 23e — 28 janvier 1812.
Colonel — — 15 novembre 1812.
Passé au 7e de hussards 8 octobre 1814.
Porté sur la 2e liste de l'ordonnance royale du 24 juillet 1815.
Sorti de France d'après la loi du 12 janvier 1816.
Rappelé par l'ordonnance du 15 octobre 1818.
Admis au traitement de réforme 1er avril 1820.
Rétabli en demi-solde avec rappel du 1er avril 1820.
Colonel du 8e régiment de chasseurs 22 mars 1829.
Aide de camp de S. A. R. le duc d'Orléans 12 août 1830.
Maréchal de camp 22 octobre 1830.
Compris dans le cadre d'activité de l'état-major général 22 mars 1831.
Commandant la 1re brigade de cavalerie au camp de Compiègne 18 juin 1834.
Commandant une brigade de grosse cavalerie au camp de Compiègne 10 juillet 1836.
Lieutenant général maintenu dans ses fonctions d'aide de camp de S. A. R. le duc d'Orléans 21 octobre 1838.
Mis à la disposition du gouverneur de l'Algérie 3 avril 1840.
Rentré en France 11 avril 1840.
Membre du comité d'état-major 20 septembre 1841.
Nommé inspecteur général pour 1842 du 14e arrondissement de cavalerie 22 mai 1842.
Commandant les troupes destinées à figurer la ligne ennemie dans le corps d'opérations sur la Marne 29 mai 1842.
Aide de camp de S. A. R. Monseigneur le comte de Paris 20 juillet 1842.
Inspecteur général pour 1843 du 8e arrondissement de cavalerie 11 juin 1843.
Inspecteur général pour 1844 du 6e arrondissement de cavalerie 25 mai 1844.

Membre du comité de cavalerie 13 avril 1845.
Inspecteur général pour 1845 du 2e arrondissement de cavalerie 24 mai 1845.
Inspecteur général pour 1846 du 2e arrondissement de cavalerie 27 mai 1846.
Inspecteur général pour 1847 du 13e arrondissement de cavalerie 11 juin 1847.
Maintenu dans la 1re section du cadre de l'état-major général 1er août 1847.
Admis à faire valoir ses droits à la retraite par décret du 17 avril 1848.
Retraité par arrêté du 8 juin 1848.
Décédé à Paris 16 novembre 1854.

CAMPAGNES

An VIII, Italie.—An IX, Ouest.—An X, Gironde.—An XII, au camp de Bayonne.—An XIII, au camp de Brest.—An XIV, 1805, 1806 et 1807, Grande Armée.—1808 et 1809, Espagne et Autriche.—1810 et 1811, Portugal.—1812, Russie.—1813 et 1814, Grande Armée.—1815, Belgique.—1831, 1832, à l'armée du Nord.—1835, 1839 et 1840, en Algérie.

BLESSURES

Un coup de baïonnette au bras gauche. Affecté d'étourdissements considérables par le passage d'un boulet, qui a enlevé la corne de son chapeau à la bataille d'Eylau 8 février 1807.
Un coup de sabre au front à Agréda 1er novembre 1808.
Un coup de feu au travers du corps au siège de Saragosse 9 février 1809.
Un coup de biscaïen dans la cuisse droite à la bataille d'Essling 22 mai 1809.
Un coup de feu au poignet gauche au combat de Znaïm 12 juillet 1809.
Un coup d'épée dans le visage et un coup de sabre dans le ventre au combat de Miranda de Corvo 14 mars 1811.
Un coup de feu à l'épaule gauche au combat de
Jakoubowo 31 juillet 1812.
Un coup de lance au genou droit au combat de Plechtchénitsoui 4 décembre 1812.
Un coup de flèche dans la cuisse droite à la bataille de Leipzig 18 octobre 1813.
Un coup de lance dans la poitrine à la bataille de Waterloo 18 juin 1815.
Une balle au genou gauche dans l'expédition de Médéah 12 mai 1840.

DÉCORATIONS

Ordre de la Légion d'honneur. Chevalier 16 octobre 1808.
— Officier 28 septembre 1813
— Commandeur 21 mars 1831.
— Grand officier 30 avril 1836.
Chevalier de Saint-Louis 10 septembre 1814.
Grand-croix de la Couronne de chêne de Hollande décembre 1832.
Grand officier de Léopold de Belgique août 1842.
Pair de France en 1845.

---

1. Ces lettres sont les seuls documents que nous possédions sur la campagne de Waterloo.

2. Les démarches faites au ministère de la guerre pour trouver ce rapport sont malheureusement restées infructueuses. (*Note des éditeurs.*)
3. Voir les *Portraits militaires* de M. de La Barre-Duparcq, p. 23 Paris, 1853.
4. Plurimum audaciæ ad pericula capessenda, plurimum consilii intra ipsa pericula erat...» (Tite-Live, lib. XXI, *De Annibale.*)
5. *Remarques critiques* sur l'ouvrage de M. le lieutenant général Rogniat, intitulé: *Considérations sur l'art de la guerre,* par le colonel Marbot (Marcellin), Paris, 1820. Marbot écrivit aussi en 1825 un autre ouvrage, qui eut alors un certain retentissement et qui le méritait; il est intitulé: *De la nécessité d'augmenter les forces militaires de la France.*
6. Paragraphe II, n° 31, du testament de Napoléon. Le legs de l'Empereur à Marbot était de *cent mille francs.*
7. *Considérations sur l'art de la guerre,* p. 410.
8. *Remarques critiques,* etc., p. 191-192.

Copyright © 2022 par Alicia Editions
Couverture et mise en page : Canva.com, Alicia Ed.
Tous Droits Réservés